KB039407

헌법강의 Ⅰ

헌법일반론·기본원리론·국가조직론

방승주

박영사

Constitutional Law I

Constitutional Theories · Constitutional Principles · Governmental Structure

Prof. Dr. Seung-Ju Bang
School of Law
Hanyang University

Parkyoung Publishing & Company
Seoul, Republic of Korea
2021

■ 머리말 ■

드디어 이번에 『헌법강의 I』교과서를 내게 되었다.

돌이켜 보면 1996년 3월 1일 독일에서 유학을 마치고 귀국하여 헌법재판소에 들어가 헌법연구원으로서 헌법재판실무를 익히면서, 대학 출강을 하기 시작한지 벌써 25년, 그리고 대학 강단에 선 지 만 20년째인 금년, 이제 그동안 대학 복사실에 맡겨서 학생들에게 배부해 오던 강의안을 부족하지만 보완하여 출판을 하기로 한 것이다.

처음 생각할 때엔 헌법강의안을 묶어 통합만 시키면 그리 어렵지 않게 교과서로서의 모습을 갖추게 될 줄 알았으나, 그것은 처음부터 오산이었다. 특히 기본권일반론을 정리하고 개별기본권론을 정리해 나갈 때에는 너무 시간이 많이 걸려안 되겠다 싶었다. 그리하여 일단 금년 1학기 개강 전에는 『헌법강의 I』교과서를 먼저 출판하기로 하고 이 부분에만 집중을 하였는데도 금년 겨울 방학이 벌써 다지나가 버렸다.

다행히 때마침 독일 하노버대학교 법대에서 박사과정을 밟고 있는 제자 조하늬 석사가 잠시 귀국한 틈을 타서뿐만 아니라, 다시 독일로 가서까지 마다하지않고 문헌 업데이트와 방주 초안 등의 작업을 맡아 헌신적으로 수고해 주었다. 그리고 저자의 지도하에 헌법 전공 석사과정을 밟고 있는 서울특별시의회 운영전문위원실 이소민 입법지원관이 부속법률 업데이트 작업을 도맡아 주었다. 사랑하는 제자들의 이러한 헌신적인 도움이 없었다면 이번에 이나마 때맞춰 교과서를 출판하는 일은 거의 불가능했을 것이다. 이들의 수고에 고마움을 표하면서 그들이 학문적으로 대성할 수 있게 되기를 기원한다.

이『헌법강의 I』교과서에서는 기본권을 제외한 헌법 전반을 다룬다. 이번에 교과서로서 최소한의 모습을 갖출 수 있도록 하려다 보니 여기저기서 퍼즐 조각을 갖다 맞출 수밖에 없었다. 다시 말해서 그동안 저자가 논문이나 헌법주석으로 발표하였거나, 또는 국가기관의 연구용역이나 자문의뢰를 받아 보고하였던 원고들을 상당부분 퍼즐로 활용할 수밖에 없었다. 물론 그 퍼즐들로도 충분하지는 않았기 때문에, 여기 저기 뚫린 구멍들은 헌법주석서나 기존 교과서들을 참고하면서 저자의 생각을 담고, 관련 헌법재판소 판례들을 추려 넣어 어느 정도 메꿀 수는 있었지만, 저자가 볼 때 아직까지 매우 부족하고 엉성한 부분이 많이 보이는, 그야 말로 앞으로 계속해서 학계와 독자들의 비판과 지적을 들어가면서 수정·보완해 나가야 할 하나의 헌법교과서로서의 기초(플랫폼) 내지 설계도 정도에 지나지 않은 상태가 겨우 된 것이 아닌가 생각된다.

다만 이번에 이렇게나마 사용하게 된 이 퍼즐들을 만들어 내기까지 그 동안 저자는 나름대로 학술발표나 논문 또는 연구용역을 완성하느라, 수많은 밤을 연구실에서 지샜고, 밤샘 연구를 하다 창밖에서 먼동이 트는 모습을 보게 된 적도 적지 않았다.

아무튼 중요한 것은 저자가 이 책에서 그동안 제기되지 않았거나 충분히 논의되지 않았던 난제들, 그리고 기존의 확립된 이론으로 충분히 설명될 수 없다고 생각된 문제들에 대하여 과감하게 비판적인 문제제기를 하였다는 것이다. 물론 저자 역시 이러한 문제들에 대하여 앞으로도 계속 더 천착해야 하는 문제들이기도 하다. 그러한 사례들을 몇 가지만 들면 다음과 같다.

가령 제1장 헌법일반론과 제2장 기본원리론에서는 첫째, 올해로 102주년을 맞이하는 3·1 독립혁명으로 건립된 대한민국임시정부와 그에 의하여 제정된 대한민국임시헌장의 의미의 적극적 고양, 둘째, 이 대한민국임시헌장 제1조가 천명하고 있는 "대한민국은 민주공화제로 함"에서 출발하고 있는 민주공화제, 즉 민주공화국의 원리의 실질적 해석, 셋째, 대한민국의 건국 시점은 1948년이 아니라 1919년 3·1 독립혁명 시점이며, 따라서 일제 식민지배에 대한 제대로 된 청산 필요성과 일본군위안부피해자나 강제징용피해자 등에 대한 보다 적극적인 보상과 지원의 필요성, 넷째, 입법부작위와 관련하여 통설·판례가 채택하고 있는 진정입법부작위와 부진정입법부작위의 구분론의 문제점, 다섯째, 신뢰보호원칙과 관련하여 진정소급입법과 부진정소급입법의 구분의 문제점 등을 강조하고 있다. 그리고 제3장 국가조직론에서 무엇보다 떠오르는 관점으로는 첫째, 남북합의서의 법적 성격과 관련하여 이를 단순한 신사협정으로만 파악할 것이 아니라 법적 구속력을 인정하고 필요할 경우 준조약으로서 헌법 제60조에 따라 국회의 동의를 요하는 것으로 해석할 필요성, 둘째, 대한민국의 주권문제로서 전시작전권 환수, 셋째, 헌법 제77조에 따라 계엄제도를 규정하고 있는 현행 계엄법의 조속한 개정 필요성 등에 대한 강조가 그것이다.

기존의 통설·판례의 관점에서 본다면 다소 엉뚱하기도 할 수 있는 이러한 여러 문제제기들을 교과서에서 굳이 언급하는 이유는 이러한 화두를 던짐으로써 앞으로 학계와 실무에서도 지속적으로 이러한 문제들에 대하여 공론화하고 그럼으로써 적절한 답변이 이루어질 수 있도록 할 뿐만 아니라, 또한 무심코 지나칠 수 있는 일반적 사안과 관련해서도 헌법적으로 중요한 문제제기를 함으로써 헌법적 리걸마인드를 키우기 위한 목적이기도 하다.

그러므로 이 책에 담겨진 모든 내용들이 다 로스쿨 학생들만을 위한 것이라고 할 수는 없으나 앞서 언급하였듯이 저자가 대학 강단에서 20년 이상 강의해 온 강의안의 내용들이 대부분 이 책의 구성부분으로 들어가 있기 때문에 로스쿨의 수업에서 이 책의 상당한 부분이 강의의 대상으로 포함될 것이다. 그러면서도 동시에 실무와 학계에서의 계속적인 연구를 위한 토대가 될 수 있는 저자의 그간의 연구내용들도 상당수 들어가 있으므로 보다 심층적인 연구를 필요로 하는 연구자들은 그러한 내용과 또한 저자가 인용한 원 출처들을 참고할 수 있을 것이다.

학문은 결코 학자 개인의 힘으로만 할 수 있는 일은 아니다. 저자 역시 지금까지 저자의 존경하는 두 분의 은사 고려대학교의 계희열 교수님과 독일 하노버대학교의 한스-페터 슈나이더(Hans-Peter Schneider) 교수님을 비롯하여, 저자가 방문학자로 머문 기간 동안 늘 따뜻한 학문적 파트너 역할을 마다하지 않으셨던 독일 콘슈탄츠(Konstanz)대학교의 마우러(Hartmut Maurer) 교수님, 하일브로너(Kay

Hailbronner) 교수님과 렝기어(Rudolf Rengier) 교수님, 자유 베를린대학교 쿠니히 (Philip Kunig) 교수님, 저자가 헌법재판소 재직 시 실무적 지도를 아끼지 않으셨던 정경식 전 헌법재판관님과 김문희 전 헌법재판관님, 하경철 전 헌법재판관님, 그리고 저자가 미국 하버드 로스쿨 동아시아법연구소(Harvard Law School, East Asian Legal Studies) 풀브라이트 방문학자(Fulbright Visiting Scholar)로 지원할 당시, 기꺼이 추천서를 써 주셨을 뿐 아니라 유익한 조언을 아끼지 않으셨던 존경하는 이강국 전 헌법재판소장님과 김종대 전 헌법재판관님 그리고 허영 교수님(초대 헌법재판연구원장님), 그리고 저자를 방문학자로 초청해 주시고, 다양한 학문적 토론의 기회를 제공해 주셨던 하버드 로스쿨 동아시아법연구소 소장 앨포드(William P. Alford) 교수님 등을 결코 잊을 수 없다. 그 외에도 한·독·일 3개국 국제학술회의를 통해서 20년째 매 2년마다 학술교류를 해 오고 있는 독일 콘슈탄츠(Konstanz)대학교와 일본 간사이(關西 Kansai)대학교의 여러 동료교수님들과, 그리고 한국공법학회와 한국헌법학회의 원로, 선·후배 동료교수님들, 그 밖의 전·현직 헌법재판소 재판관님 그리고 동료 연구관들로부터의 직·간접적인 가르침과 학문적 경쟁 및 자극이 있었기에 부족하나마 그간의 연구결과들이 축적되어 이것을 토대로 수정·보완하여 어느 정도 교과서의 형태를 선보일 수 있게 된 것 아닌가 생각된다. 이 자리를 빌려 우선 이 모든 분들의 학은에 깊은 감사의 말씀을 드린다.

그리고 지금까지 돌이켜보니 헌법재판소와 대법원, 국회, 법제처, 대검찰청, 치안문제연구소, 국가균형발전위원회 등 수많은 국가기관들과 한국연구재단 등이 부족한 사람에게 연구과제와 용역 그리고 헌법전문가로서의 자문을 의뢰하여 주셔서 결과적으로 다양한 분야의 연구가 가능하게 되었다. 그동안 저자에게 연구과제를 맡겨주신 모든 국가기관과 연구기관 책임자분들께도 감사의 말씀을 드리고 싶다.

2002년 저자의 첫 번째 저서『헌법소송사례연구』를 출판해 주신이래, 2015년에 『헌법사례연습』과 그리고 이번에 세 번째 출판을 허락해 주신 박영사 안종만 회장님, 안상준 대표님과 조성호 이사님, 그리고 저자의 다소 까다로운 요구를 한 번도 거절하지 않으시고 끝까지 편집작업을 훌륭하게 마무리 해 주신 김상인 위원님과 박영사 모든 관계자분들께 진심으로 감사의 말씀을 드린다.

끝으로 작년에 결혼 30주년을 맞이하고서도 코로나19로 인하여 제대로 된 여행도 못하고 있음에도 지금까지 평생 까다로운 남편 곁에서 묵묵히 자리를 지키며 내조를 아끼지 않고 남편의 기쁨이 되어 준 사랑하는 아내와 그리고 학업 · 직장생활에 성실히 임하고 있는 사랑하는 두 딸에게 그리고 늘 자식들을 위해서 기도를 끊이지 않으시는 어머님과 사랑하는 형제자매 가정 모두의 사랑과 기도와 성원에 대하여, 그리고 지금까지 세 번째 저서를 출판할 수 있도록 건강과 지혜를 허락해 주신 하나님께 진심으로 감사를 드린다.

코로나19로 인한 화상강의 개강을 코앞에 앞두고 2021년 3월
저 멀리 잠실타워가 내다보이는 행당 언덕 연구실에서

저자 방승주

■ 차 례 ■

제 1 장　헌법일반론

제 2 장　헌법의 기본원리

제 3 장　국가조직론

제1장 헌법일반론

제 1 장 헌법일반론

제 1 절 헌법의 의의

Ⅰ. 헌법의 개념

1. 헌법이란 무엇인가?

헌법은 한 국가의 최고효력을 가지는 법적 기본질서이다.

첫째, 헌법은 국가의 법적 기본질서이다. 국가가 아닌 다른 사회단체나 공동체도 자체적인 최고의 규범을 가질 수 있으며 그러한 규범도 헌법이라고 말할 수 있다. 그러나 그러한 규범들은 그 사회나 공동체 내부적인 효력을 가질 뿐, 외부적인 효력을 가지지 못한다. 따라서 우리가 법질서의 일종으로서 "헌법"이라고 할 경우에는 국가의 헌법을 주로 일컫는 것이며, 이하에서 다룰 헌법강의의 대상도 사회단체나 어떠한 다른 공동체의 헌법도 아닌 국가의 헌법을 대상으로 하는 것이다. *국가의 법적 기본질서*

한편 국가의 헌법이라고 할 경우에 무엇이 국가인가를 생각해 볼 필요가 있다. 여기에서 국가는 통치의 기반이 되는 일정한 영토와 그리고 그 구성원이라고 할 수 있는 국민 그리고 독립된 국가권력을 대·내외적으로 행사할 수 있는 단체로서, 국제사회에 의하여 그 일원으로 승인된 정치공동체라고 할 수 있을 것이다. *영토, 국민, 권력*

우리 대한민국 정치공동체는 1948년 7월 17일 대한민국 헌법을 제정하였으며, 이 헌법에 따라서 1948년 8월 15일 대한민국 정부가 수립되어 국제사회의 일원으로서 오늘날까지 존재해 오고 있다. *대한민국 정치공동체*

그러므로 이하에서 다룰 헌법강의의 대상은 대한민국의 헌법이지 *대한민국 헌법*

미국이나 독일 등 그 밖의 나라의 헌법이 아니다. 물론 이러한 각국의 헌법은 서로 공통적인 내용들을 가질 수 있으며, 오늘날 보편적인 헌법 규범이라고 할 수 있는 내용이 있을 수 있다. 이러한 내용은 우리 헌법을 해석함에 있어서 실정헌법의 해석으로 해결이 안 될 경우에 비교법적 차원에서 보충적으로 고려될 수 있을 것이다. 그리고 우리 헌법의 규범규조와 동일하거나 유사한 규범내용을 가진 헌법이 있을 경우에 그 해석론이 우리의 헌법해석론을 뒷받침하기 위한 보충적 논리로 고려될 수는 있을 것이다.

최고효력   둘째, 헌법은 국가의 최·고· 효·력·을 가지는 기본질서이다. 여기에서 최고 효력을 가지는 기본질서라고 하는 말은 헌법이 가장 최상위의 효력을 가지기 때문에 그와 저촉되는 어떠한 규범이나 국가적 행위도 효력을 가질 수 없다고 하는 것을 의미한다.

기본질서   셋째, 헌법은 국가의 최고 효력을 가지는 기·본·질·서·이다. 여기에서 기본질서라고 하는 말은 가장 기본적인 규범 내지 질서를 의미한다. 즉 국가 공동체의 생활을 규율하기 위하여 필요한 가장 기본적이고도 중요한 사항을 규율하는 기초질서라고 하는 의미이다. 따라서 이러한 기본질서는 국가공동체의 생활을 위해서 필요한 각 분야의 규범들을 모두 상세하게 담을 수는 없다. 그러한 내용들은 오히려 입법자에게 맡겨져 있는 것이며, 국가 공동체의 생활을 규율하기 위하여 없어서는 안 되는 가장 중요하고도 필수적인 내용만을 간략하게 규정하고 있는 것이 헌법이다.

2. 무엇이 헌법사항인가?

헌법사항-헌법의 규율대상   그렇다면 그 법적인 기초의 내용에는 무엇이 담겨질 수 있을까? 또는 문제를 달리 제기한다면 어떠한 내용이 담겨져야 하는가? 즉 이 물음은 어떠한 내용이 헌법사항인가에 관한 질문이다. 어떠한 내용이 헌법사항인가에 관해서는 일률적으로 말할 수는 없고, 또한 헌법학자들도 그에 관하여 일치된 견해에 도달할 수는 없다. 그것은 하나의 정치적 공동체의 구성원들이 그 공동체에 가장 기본적인 법질서라고 생각하는 바가 곧 그 공동체의 헌법사항이라고 보아야 할 것이기 때문이다.

하나의 정치적 공동체의 기본적인 법질서에 해당된다고 볼 수 있는 내용들을 든다면 다음과 같다.

우선 그 정치적 공동체의 구조와 구성에 관한 규정이다. 특히 이 공동체를 이끌어 나갈 기관의 조직과 구성에 관한 규정이다. 이것은 그 정치적 공동체의 뼈대에 관한 규정들이라고 할 수 있을 것이다. 그리고 이러한 기관들의 권한에 관한 규정을 들 수 있는데, 이는 뼈대를 둘러싸고 있는 근육에 비유해 볼 수 있을 것이다.

그리고 그러한 정치적 공동체의 구성원이 될 수 있는 자격에 관한 규정 역시 기본적인 법질서에 해당된다고 볼 수 있을 것이며, 이 구성원과 공동체와의 관계에 관한 규정, 즉 구성원의 권리와 의무에 관한 규정 역시 빠질 수 없는 기본적인 법질서라고 할 수 있을 것이다.

다음으로 이 정치적 공동체가 추구하는 이념이나 목적 역시 기본적 법질서의 구성부분에 속한다고 할 수 있으며, 이 부분은 정치적 공동체의 정신적 구성부분이라고 할 수 있을 것이다.

그 외에도 정치적 공동체가 중요하다고 생각하는 사항에 관하여 정한 대강의 규범 역시 헌법사항에 들어갈 수 있다. 즉 국제관계에 관한 사항이나, 전통문화에 관한 사항, 또는 경제질서에 관한 사항을 들 수 있으며, 우리나라나 구 동·서독과 같이 분단국가의 경우에는 통일에 관한 사항 역시 국가적으로 중요한 기본적 법질서에 해당한다고 할 수 있다.

이 점과 관련하여 한 나라의 수도의 위치는 과연 헌법사항인가 아닌가? 이 부분에 관하여 우리 헌법재판소는 헌법사항에 해당한다고 보고, 우리 헌법이 명문으로 규정하지는 않았지만, 수도가 서울이라는 사실은 관습헌법에 해당한다고 하면서, 헌법개정이 없이 수도를 이전하는 것은 관습헌법에 위반한다는 이유로 수도이전특별법에 관하여 위헌선언한 바 있었다. 그러나 한 나라의 행정부 또는 국가기관이 어디에 위치해야 할 것인가가 역사적으로 중요한 의미를 가져서 그 나라 국민이 헌법에 못 박아 놓지 않은 경우라면, 그러한 위치의 문제가 반드시 헌법사항

정치적 공동체의 구조와 구성

구성원의 자격

공동체의 이념이나 목적

공동체가 중요하다고 생각하는 사항

수도의 위치도 헌법사항인가?

이라고 할 수는 없고, 더구나 관습헌법이라고 할 수는 더욱 없다. 오히려 헌법이 그에 관하여 아무런 규정을 두지 않았다면, 수도에 관한 문제는 입법자에게 일임된 사항이라고 봐야 할 것이다.

3. 헌법의 法源, 실질적 의미와 형식적 의미의 헌법 구별론?

전술한 수도이전특별법의 위헌결정에서 특별히 문제가 되었던 바와 같이, 무엇이 헌법인가의 문제는 헌법의 존재형식 즉, 헌법의 *法源*(법원)문제를 제기하기도 한다.

우선 형식적인 "헌법전"에 존재하는 모든 규정은 헌법이라고 할 수 있다. 이러한 형식적인 헌법전에 존재하는 규정이라면, 그 내용이 무엇이든간에 그 정치적 공동체가 가장 중요하다고 보고, 그 공동체의 기본질서로서 채택하였다고 볼 수 있기 때문에, 일정한 기준을 설정하고 그러한 기준에 부합하지 않는 내용은 단지 형식적으로만 헌법이지 실질적으로는 헌법이 아니라고 하는 등의 가치판단을 하는 것은 문제가 있다고 본다. 가령, 바이마르 공화국 헌법상의 풍치조항[1]이나 미국 헌법의 금주조항[2], 스위스 헌법의 도살조항[3] 역시 그 나라 국민이 가장 중요하다고 생각하는 바를 헌법사항으로 올린 것이다. 그 규정은 그 나라의 역사적·전통적인 배경을 기초로 하는 조항이기 때문에, 그것은 단지 형식적으로만 헌법이지 실질적으로는 헌법이 아니라는 등의 가치판단은 잘못된 것이며, 실무적으로도 아무런 실익이 없는 평가라고 볼 수 있을 것이다. 왜냐하면, 구체적으로 그 규정에 위반된 법률적 규정의 경우 이것은 곧 헌법위반이라는 판단을 하여야 할 것이기 때문이다.

물론 이와 관련하여 어떠한 개별 헌법규정이 다른 개별 헌법규정의 내용에 배치되는 경우에 그 효력을 어떻게 보아야 할 것인가의 문제는

(좌측 여백)
헌법의 존재형식

형식적 의미의 헌법-헌법전

개별 헌법규정의 위헌여부

---

1) 바이마르공화국헌법 제150조(미술, 천연기념물, 명승풍경은 국가의 보호를 받는다).
2) 미국연방 수정헌법 제18조. 하지만 이 규정은 1933년에 미국연방 수정헌법 제21조에 의해 폐기되었다.
3) 현재에는 폐기되었으나, 과거 스위스 헌법 제25조 제2항에는 출혈 전에 마취하지 않고 식육동물을 도살할 수 없다고 규정.

또 다른 차원의 문제라고 볼 것이다(개별 헌법규정의 위헌여부의 문제).

다음으로 "헌법전"에 담아 있지는 않고, "법률"에 담아 있지만 그 내용이 헌법적 내용이라고 할 수 있는 것이 있겠는가 하는 문제이다. 즉 실질적 의미의 헌법이라고 하는 것이다. 소위 실질적 의미의 헌법이라고 할 때에는 국가기관의 조직, 구성, 권한에 관한 규정, 그리고 국민과 국가와의 관계에 관한 모든 법규범[4]으로 일컬어지고 있는 것이 보통이다. 이러한 내용에 해당된다고 할 수 있는 것으로는 가령 정부조직법, 법원조직법, 국회법, 선거법 등을 들 수 있는데, 과연 그러한 규정들을 실질적인 의미에 있어서 헌법이라고 할 때에 그 실익이 무엇인가 하는 문제를 제기해 볼 수 있다. 위헌법률심판에 있어서 이와 같은 법률들은 위헌여부의 심사기준이 되는 규범이 아니라, 오히려 위헌심사의 대상 밖에 될 수 없는 규정들이다. 따라서 "실질적 의미의 헌법"이라고 하는 개념은, 엘리네크(Georg Jellinek)[5]식 헌법개념에 기초하고 있는 것으로서, 강학상의 개념구별을 위해서 필요하였는지 모르겠으나, 오늘날 헌법재판이 활성화되어 있는 국가에서는 더 이상 유용하지 않은 무의미한 개념이라고 밖에 볼 수 없다.

실질적 의미의 헌법

다음으로 "헌법전"에는 포함되어 있지는 않지만, 소위 "관습"으로서 존재하는 헌법을 인정할 수 있겠는가의 문제가 제기된다. 우선 우리나라는 불문헌법 국가가 아니라, 헌법전을 가지고 있는 성문헌법 국가이다. 성문헌법국가의 경우, 소위 헌법관습법을 인정할 여지는 매우 줄어든다고 할 수 있다. 이론적으로 헌법관습법의 존재가능성을 부인하기는 힘드나, 구체적으로 어떠한 내용이 헌법관습법에 해당할 것인가, 그리고 그것을 인정하기 위한 요건은 무엇이며, 이를 누가 인식할 것인가 등의 문제를 추구해 들어가기 시작하면 많은 문제를 안고 있는 것이 소위 헌법관습법이라고 할 수 있다. 우리 헌법재판소의 경우 수도가 서울

헌법관습법

---

4) 계희열, 헌법학(상), 박영사 2004, 5면.
5) "국가의 헌법은 일반적으로 국가의 최고기관을 지정하고 그 구성방법과 최고기관 상호간의 관계 그리고 권한을 확정하며, 나아가 개인의 국가권력에 대한 원칙적인 지위를 규정하는 법규정들을 포함한다." Georg Jellinek, Allgemeine Staatslehre, 3. Aufl.(6. Neudruck), Darmstadt 1959, S. 505.

이라는 사실을 소위 관습헌법으로 인정한 바 있으나[6] 이러한 입장에는 동의할 수 없다. 전술한 바와 같이 행정부의 장소적 위치가 반드시 헌법사항에 해당된다고 볼 수는 없으며, 우리 헌법제정자는 수도의 위치를 의식적으로 헌법에서 제외하였을 수도 있기 때문이다.

헌법관습법 인정 여지 매우 제한적

결국 헌법의 법원으로서 소위 헌법관습법을 인정할 수 있는 여지는 성문헌법국가의 경우 매우 제한적이라고 밖에 볼 수 없다. 그리고 실질적 의미의 헌법은 법형식상 법률에 지나지 않으며, 그 자체가 위헌심사의 대상이 될 수밖에 없다는 점을 고려한다면, 오늘날 헌법의 존재형식은 "헌법전"이라고 할 수 있을 것이다. 물론 불문헌법국가의 경우에는 헌법이 관습으로서 존재한다고 할 수 있을 것이나, 이것은 불문헌법국가의 사정이다.

국제법규의 헌법 법원성?

다음으로 국제법적 규범들을 헌법의 법원으로서 생각해 볼 수 있을 것인가가 문제된다. 가령 오스트리아의 경우 1950. 11. 4. 유럽인권협약과 1952. 3. 20. 추가의정서를 오스트리아 헌법의 구성부분으로 인정하고 있다.[7] 우리 헌법은 헌법에 의하여 체결·공포된 조약과 일반적으로 승인된 국제법규에 대해서 국내법과 같은 효력을 인정하고 있다. 여기에서 말하는 국내법과 같은 효력은 헌법적 효력인가 아니면 법률적 효력인가가 문제될 수 있다. 만일 헌법적 효력을 가지는 국제법규가 있다면, 그것 역시 헌법의 법원이 될 수 있을 것이지만, 헌법에 의하여 체결·공포된 조약의 경우 그 조약의 형식과 내용에 따라서 법률이나 법률 하위의 법규범과 같은 효력을 가진다고 보는 것이 일반적 입장이며, 또한 일반적으로 승인된 국제법규의 경우도, 헌법과 같은 효력을 가지지는 못하는 것으로 보고 있다(자세한 것은 이하 '헌법의 적용범위'와 관련하여 다룸).

열거되지 않은 기본권

다만 우리 헌법 제37조 제1항은 기본권으로 열거되어 있지 아니하

---

6) 헌재 2004.10.21. 2004헌마554, 판례집 16-2, 1~75. 이에 대한 평석으로 방승주, 수도가 서울이라는 사실이 과연 관습헌법인가?, 공법학연구 제6권 제1호(2005. 2), 153-175면.

7) 이에 대하여는 Klecatsky/Morscher, Das österreichische Bundesverfasungsrecht, 3. Aufl., Wien 1982, S. 1046 ff.

다 하여 경시되지 않는다고 하는 규정을 두고 있다. 따라서 비록 우리
헌법이 열거하고 있는 기본권이 아니라 하더라도 국제법적으로 인류에
게 보편타당하게 적용되어야 할 인권이라고 할 수 있는 권리의 경우는
우리 헌법이 수용하여 보장한다고 볼 수 있기 때문에, 그러한 인권의 경
우는 헌법적 법원으로서의 성질을 가진다고 볼 수 있을 것이다. 다만 어
떠한 국제법규가 국내법으로서의 효력을 가지는지는 법원이나 헌법재판
소에 의하여 재판을 통하여 확인되어야 할 필요가 있다고 보겠다. 즉 우
리 헌법은 국내법으로서의 국제법규범을 확인하는 별도의 절차규정을
마련하고 있지 않기 때문에, 규범통제절차를 통해서 법원이나 헌법재판
소가 확인할 수밖에 없다.

4. 실정헌법과 불문헌법, 특히 관습헌법

국가의 최고 기본질서를 헌법전에 성문화한 경우 그 헌법을 실정헌
법이라고 하며, 이에 반하여 실정화된 헌법전이 없이 불문의 상태로 존
재하는 헌법을 불문헌법이라고 한다. 영국은 대표적으로 불문헌법 국가
이다. 그런데 성문헌법전을 가지고 있는 나라에서도 불문헌법이 존재할
수 있겠는지 문제가 될 수 있다.

불문헌법은 성문화되지는 않았지만 헌법적 효력을 가지는 모든 규
범을 일컫는다고 할 수 있다. 따라서 여기에는 대표적으로 관습헌법이
포함된다. 관습헌법은 성문헌법이 없는 나라에서 계속적으로 반복되어
온 헌법적 관행이 모아져서 이루어진 헌법이라고 할 수 있다. 이에 반하
여 성문헌법국가에서 헌법이 직접 규정하고 있지는 않지만 역시 계속적
으로 반복되어 온 헌법적 관행이 있을 수 있는바, 이러한 관행이 헌법적
효력을 가지는 것으로서 그 법공동체에 의하여 받아들여진 경우에는 헌
법관습법이라고 할 수 있다. 그런데 이러한 헌법관습법이 어떠한 경우에
어떠한 조건으로 성립될 수 있을 것인지는 논란의 대상이 될 수 있다.

이론적으로 볼 때, 성문헌법이 국가 공동체의 모든 기본적인 질서
에 관하여 빠짐없이 규율할 수는 없기 때문에, 어떠한 영역에서 헌법적
흠결을 보이는 경우에는 헌법관습법이 성립될 여지가 완전히 배제된다

실정헌법 vs
불문헌법,
관습헌법

성문화되지 않
았으나 헌법적
효력을 가지는
모든 규범

헌법적 흠결의
보충

고 볼 수는 없을 것이다.

관습헌법론의
위험성

그러나 적어도 오늘날 성문헌법이 존재하는 경우에 헌법제정자가 어떠한 영역에 대하여 헌법으로 성문화하지 않은 경우에, 언제 어떠한 요건 하에서 이러한 사항을 헌법적 흠결로 볼 수 있는지, 아니면 헌법제정자의 의도적인 배제로 볼 것인지, 그리고 헌법적 흠결로 볼 경우에도 언제 어떠한 요건 하에서 그와 관련된 관습헌법이 성립되었다고 볼 수 있을 것인지는 매우 엄격한 기준으로 심사하지 않으면 안 될 것이다. 그렇지 않은 경우 자칫 헌법재판소가 관습헌법의 이름으로 헌법제정행위를 할 수 있을 것이기 때문이다.

수도이전위헌
결정

2004년 헌법재판소는 수도이전특별법과 관련하여 서울이 수도라고 하는 사실을 관습헌법으로 인정하고, 그럼에도 불구하고 수도의 이전을 헌법개정의 방법으로가 아니라 특별법의 제정의 방법으로 추진한 것은 헌법개정과 관련한 국민투표를 실시하지 아니하고 수도를 이전하려 한 것이기 때문에 위헌이라고 하는 취지로 결정[8]을 한 바 있다.

수도이전위헌
결정의 문제점

그러나 이러한 논리는 여러 가지 면에서 헌법해석의 논리를 벗어난 것으로서 헌법재판소가 위헌적 결정을 한 것이라고 판단된다. 우선 관습헌법이든 성문헌법이든 적어도 헌법적 효력을 가지는 규범이라고 한다면, 사전에 그 존재에 관하여 누구도 의심할 여지없이 인식하고 있지 않으면 안 될 것이다. 즉 수도가 서울이라는 사실이 관습헌법이어서 헌법개정의 방법이 아니고는 수도이전이 허용될 수 없는 정도였다면, 어느 누구라도 이를 확실하게 인식하고 있을 정도가 되었어야 했다. 그런데 대통령과 여당은 물론이거니와 이 특별법안을 통과시킨 압도적 다수가 전혀 그것이 헌법임을 인식하지 못했었다면, 과연 그것이 관습헌법이었다고 인정할 수 있을 것인지 먼저 의심하지 않으면 안 된다. 수도가 서울이라는 사실이 관습헌법이었다는 것은 헌법재판소의 결정선고 때에 비로소 국민들이 알게 되었다. 국민들이 전혀 인식하지 못하고 있던 또 하나의 헌법이 헌법재판소의 결정선고와 동시에 탄생된 것인데, 그렇다면 헌법재판소는 국민이 알지도 못하고 있던 헌법을 기준으로 위헌심사

8) 헌재 2004.10.21, 2004헌마554, 신행정수도의 건설을 위한 특별조치법 위헌확인, 판례집 제16권 2집 하, 1, 2-7.

를 한 것이 된다. 이러한 재판은 법치국가 헌법 하에서는 도저히 있을 수 없는 것이고, 있어서는 안 되었던 것이라고 할 수밖에 없다.

뿐만 아니라 수도의 이전이 헌법개정대상으로서 국민투표를 거쳐야 하는 대상이었다면, 먼저 대통령이나 국회 재적의원 과반수의 발의로 헌법개정의 발의가 있었어야 하고 일정한 공고기간을 거칠 뿐만 아니라, 국회에서 재적의원 2/3의 의결로 헌법개정안이 의결되지 않으면 국민은 수도이전과 관련하여 국민투표를 할 수 있는 상황이 아니다. 국회는 그와 같은 표결을 한 적이 없다. 그런데 그러한 절차를 거치지 않았음에도 불구하고 국민의 국민투표권의 침해를 인정한 것은 존재하지도 않는 국민투표권을 인정하고 그 침해를 인정한 것으로서, 오히려 그 인정 자체가 위헌적이었다고 할 수 있을 것이다. 그러한 의미에서 종전 헌법재판소의 수도이전위헌결정은 헌법적 논리전개에 있어서 결정적인 하자가 있었던 결정이었다고 할 수 있을 것이다.[9]

그 밖에 불문헌법에는 헌법재판소에 의하여 형성된 판례헌법도 포함된다고 할 수 있다. 헌법재판소가 헌법재판을 하는 과정에서 일정한 헌법의 해석의 관행이 축적되어 헌법에 대한 보충적 해석이 이루어진 경우에는 그러한 확립된 판례는 거의 헌법적 효력을 가진 규범이 되었다고 볼 수 있을 것이다. 다만 그렇게 헌법재판소의 해석에 의하여 성립된 판례헌법은 명시적인 헌법문언에 반하거나 그와 충돌하는 내용이어서는 안 될 것이며, 다만 그 내용을 구체화하거나 보충하는 것이 되어야 할 것이다.

헌법개정 절차 없었음

헌법보충적 해석으로서 판례 헌법

II. 헌법의 특성

헌법은 다음과 같은 여러 가지 특성을 가진다.

1. 최고규범성(Vorrang)

헌법은 정치적 공동체의 최고 효력을 가지는 법적 기본질서라고 할

최고규범성

---

9) 이에 대한 자세한 비판은 방승주 (주 6), 153-175면 참조.

수 있다. 따라서 한 국가의 모든 법규범은 헌법에 저촉되어서는 안 되며, 저촉되는 경우 효력을 상실한다. 이러한 특성이 최고규범성이다.

최고규범성의
근거

우리 헌법 역시 우리나라 법질서의 최고 정점에 위치하여 최고의 효력을 갖는다. 이를 알 수 있는 것으로서는 위헌법률심판제도를 비롯한 헌법재판제도를 보장하고 있는 헌법 제107조 제1항, 제111조 제1항, 불가침의 기본적 인권에 대한 국가의 보장의무를 규정하고 있는 헌법 제10조, 대통령의 헌법수호의무 규정(제66조 제2항), 대통령의 헌법준수에 관한 취임선서규정(제69조) 등을 들 수 있다.

2. 개방성

개방성,
추상성

헌법규정은 정치적 공동체의 이념과 목표 등을 천명하는 내용을 담고 있기 때문에 그 자체가 매우 개방적이고 추상적이기도 하다. 그리고 기본적 인권에 관한 보장들도 추상적인 내용들을 담고 있다. 가령, 자유민주적 기본질서(헌법전문, 제4조), 인간으로서의 존엄(제10조), 평등(제11조), 민주주의원칙(제32조 제2항), 지역간의 균형 있는 발전(제123조 제2항) 등등은 모두 추상적이고 개방적인 개념들이라고 할 수 있으며, 헌법은 정치적 공동체의 가장 중요한 법적인 기본질서만을 대략적으로 규정하고 있기 때문에, 다른 법률보다 이와 같이 개방적이고 추상적인 개념들이 많다. 물론 다른 법률, 가령 민법 등에도 일반조항의 경우(제2조 신의성실의 원칙, 제103조 선량한 풍속 등) 역시 개방적이고 추상적인 것도 있기 때문에, 이러한 개방성·추상성이 헌법의 고유한 특성이라고 말할 수는 없지만 어떠한 법규범보다도 이러한 개방적이고 추상적 개념들이 많이 들어가 있는 규범이 헌법이라고 할 수는 있다.

구체적 확정성

헌법이 이와 같이 개방성·추상성을 띤 내용을 담고 있다고 해서, 구체적이며 확정적 규정이 없는 것은 아니다. 오히려 국가기관의 조직, 구성, 권한에 관한 규정들은 구체적이고 확정적이지 않으면 안 된다. 따라서 국가조직에 관한 헌법규정들은 국가이념이나 기본권을 담고 있는 규정들과 비교할 때, 개방성·추상성을 특징으로 하는 것이 아니라, 구체적 확정성을 그 특징으로 함을 간과해서는 안 된다.

이러한 개방성·추상성의 정도는 결국 헌법의 해석을 어떻게 할 것인가의 문제와 밀접한 관련이 있다. '헌법의 해석은 결국 헌법의 구체화'다 라고 하는 명제는 이러한 개방적·추상적인 헌법규정에 국한되는 말이며, 국가조직에 관한 규정과 같이 구체적 확정성을 띤 헌법규정의 경우는 처음부터 해석의 여지가 매우 제한적일 수밖에 없다.

헌법특성과 헌법해석의 관계

3. 정치성

헌법은 다른 어떠한 법보다 정치성을 띠고 있다고 할 수 있다. "정치적"이라는 말은 권력을 둘러싼 투쟁과 갈등을 전제로 한 개념이라고 볼 수 있을 것이다. 헌법은 국가권력을 담당하는 국가기관의 조직, 구성에 관한 규정이며, 또한 권력들 상호간에 서로 견제와 균형을 이룰 수 있도록 권력통제에 관한 규정들을 담고 있다. 특히 여러 가지 다양한 정치적 세력들 간의 타협의 산물로 이루어진 것이 헌법이라고 할 수 있다. 우선 정치적 공동체가 어떠한 이념을 취할 것인지에 관한 노선상의 투쟁과 갈등 그 자체도 정치적인 것이며, 또한 일정한 정치적 공동체에 대한 지배권 내지는 통치권을 경쟁을 통하여 쟁취하기 위한 경기규칙이라고 할 수 있는 헌법의 제정은 권력투쟁의 전초전이라고도 할 수 있을 것이기 때문에 그만큼 정치적이라고 할 수 있을 것이다.

권력을 둘러싼 투쟁과 갈등

물론 이러한 정치성은 헌법만이 갖는 특징이라고 할 수는 없다. 가령 국가기관의 조직, 구성, 권한에 관한 규정들은 다분히 정치적 성격을 띤다고 볼 수 있을 것이다. 특히 선거법의 경우 그 어떠한 법보다 정치적이라고 볼 수 있을 것이며, 그 외에도 정당법, 정치자금법 등의 전형적인 정치관계법 말고도 가령, 경제문제나 환경문제 등과 같이 중요한 국가적 관심사가 되는 것은 모두 정치적인 문제가 될 수 있다. 하지만 헌법은 이러한 정치적 성격이 가장 강한 법규범이라고 하는 데에는 이론의 여지가 있을 수 없다.

정치적 성격이 가장 강한 법규범

4. 자기보장성

자기보장성이란 헌법은 그 효력을 보장해 주는 다른 외부적 힘이 없고, 그 스스로가 효력을 보장해야 한다는 것을 말한다. 가령 일반 법률의 경우 그 효력이 침해되는 경우에 법원이 강제력을 관철시켜 줄 수 있지만, 헌법 자체가 침해될 경우에는 이를 구제해 줄 수 있는 외부적 기관이나 힘이 존재하지 않는다는 이유에서 이러한 자기보장성이 강조되고 있기도 하다.[10]

자기보장성 개념의 한계

하지만, 헌법재판기관이 존재하는 헌법 하에서 헌법의 효력이 침해되는 경우에, 이를 보장해 주는 제도적 장치가 존재하는 것은 다른 일반 법률의 경우와 비교할 때, 큰 차이가 없다고 볼 수 있다. 물론 이러한 헌법재판기능 자체가 마비되거나, 다른 국가기관에 의하여 헌법재판소의 결정이 무시되는 경우에는 헌법의 효력을 보장할 수 있는 다른 수단 자체가 더 이상 없게 되며, 이때에는 국민이 직접 나서서 헌법의 효력을 수호하지 않으면 안 되게 된다. 이 경우도 헌법이 스스로 그 효력을 수호하는 것이라고 보기는 힘들기 때문에, 자기보장성이라고 하는 개념은 헌법의 특성으로서 적절한 개념이라고 보기는 힘들지 않나 생각된다.

국민투표법 개정 필요성

2017년 문재인 정부가 출범하고 나서 헌법개정이 중요한 이슈가 되었던 바, 정부와 여당은 개헌국민투표를 2018년 6월 지방선거와 연계시킬 계획으로 개헌을 추진하였었고, 야당은 이에 반대한 바 있었다. 그런데 개헌국민투표를 하기 위해서는 국민투표법에 따라 국민투표를 진행해야 한다. 그러나 국민투표법 제14조 제1항은 투표인명부에 등재되기 위해서는 주민등록이나 재외동포법상 국내거소신고가 되어 있는 경우에만 가능하기 때문에, 여전히 해외 거주 재외국민들은 국민투표에 참여할 수 없도록 하고 있었고, 이 규정에 대해서 헌법재판소는 2014년 7월 24일 이 규정을 2015년 12월 31일까지 개정하도록 명하는 헌법불합치결정을 선고하였으나, 국회는 아직까지[11] 이를 개정하지 않고 있다. 만일 이 규정을 정비하지 않고서 해외 거주 재외국민들이 투표인명부에 등록할 수 있는 제도적 장치를 마련하지 않은 채, 개헌국민투표가 강행되어 국민투표로 확정되고 대통령이 공포하였다고 가정한다면 어떻게

---

10) K. Hesse 저/ 계희열 역, 헌법의 기초이론, 박영사, 2001, 10면.
11) 최종확인: 2021년 1월 7일.

될까? 이 경우 이 헌법개정은 절차적 합법성이나 실질적 정당성이 결여되어 위헌인 헌법개정에 해당하므로, 이에 대하여 헌법소원 등 심판이 청구되는 경우 헌법재판소로서는 위헌심사를 하여 그 위헌을 확인하고, 침해된 헌법의 효력을 다시 회복시키는 역할을 하여야 할 것이다.[12]

헌법개정절차를 위반한 헌법개정

그러나 만일 그와 같이 헌법재판소가 잘못된 국민투표에 대하여 위헌결정을 하였음에도 불구하고 정치권이 이를 승복하지 않은 채, 헌법재판소의 결정을 무시하는 경우에는 어떻게 하여야 할 것인가? 이때에는 할 수 없이 국민이 나서서 무너진 헌법의 효력을 회복시키기 위하여 필요한 저항권을 행사할 수밖에 없을 것이다. 그러나 현행 헌법 하에서 헌법재판소는 정당해산과 탄핵심판까지 인용하는 결정을 내린 바 있었고, 모든 국가의 법질서가 헌법재판소의 결정에 기속되어 순순히 헌법재판소 결정을 따르고 있다. 이러한 의미에서 87년 현행 헌법은 작동하고 있다고 할 수 있고, 이러한 헌법 하에서는 바로 헌법재판소가 헌법의 보장기능을 다하고 있다고 평가할 수 있다. 이러한 헌법 하에서라면 굳이 국민이 초헌법적인 저항권을 행사하지 않는다 하더라도 헌법이 보장될 수 있다고 본다.

5. 이념성

헌법은 정치적 공동체가 추구할 이념과 목표를 지향하는 내용을 담고 있기 때문에 매우 이념적이라고 할 수 있을 것이다. 가령 우리 헌법은 자유민주주의를 기본 이념으로 채택하고 있으며, 그 목적이나 활동이 자유민주적 기본질서에 위배되는 정당의 경우에는 정당해산절차에 따라 해산될 수 있다(제8조 제4항). 즉 자유민주주의는 우리 헌법이 추구하는 궁극적인 이념이자 목표이기도 하다. 반대로 사회주의 헌법의 경우는 사회주의가 그 헌법의 이념적 근간을 이룬다.

자유민주적 기본질서

6. 다른 특성에 대한 비판적 검토

---

12) 방승주, "진정 개헌하려면 국민투표법부터 개정하라", 한국일보 2018. 3. 2. 25면.

조직규범성?,
기본권보장규
범성?

그 밖에 조직규범성, 기본권보장규범성을 헌법의 특성으로 드는 교과서들[13]이 있으나, 이것은 헌법의 특성이라고 하기 보다는 헌법의 각 구성부분의 내용에 해당된다고 보아야 할 것이다.

역사성?

또한 역사성[14] 역시 마찬가지이다. 헌법은 제정 당시의 역사적 산물이라고 할 수 있을 것이다. 그러나 모든 법은 그 사회의 역사적 단면을 내포하고 있다고 할 수 있으며, 이러한 역사성은 단지 헌법에만 고유한 특성이라고 할 수는 없을 것이다. 뿐만 아니라 헌법은 어떠한 역사적 산물로서 고착되어서는 안 되고, 사회적 현실의 변화를 능히 수용할 수 있도록 미래를 향하여 개방되어야 한다. 그러한 관점에서 볼 때, 역사성이 헌법의 고유한 특성이라고 강조할 필요성은 더욱 없어진다고 보겠다.

생활규범성?

생활규범성[15] 역시 헌법이 가지는 성질 중의 하나이다. 오늘날 헌법은 단지 국가권력을 조직하고 권력상호간의 통제와 제한에 관한 내용만을 규정하는 것이 아니라, 국민의 실 생활에 직접 효력을 가지는 규범으로서의 기능도 한다. 특히 기본권은 국민의 생활을 규율하고 보장하는 규범이라고 할 수 있을 것이며, 더구나 오늘날 기본권은 대국가적 방어권으로서의 효력을 넘어서 보호의무로서의 기능이나 간접적으로 대사인적 효력까지 가지는 규범이라고 할 수 있기 때문에, 그 생활규범으로서의 성격이 더욱 강조될 수 있다고 할 수 있다. 하지만, 이러한 생활규범성은 가령 민법이나 상법과 같은 다른 법률도 역시 가지는 성질로서 헌법에 고유한 특성이라고 할 수만은 없지 않나 생각된다.

권력제한규범
성?

끝으로 권력제한규범성[16]을 헌법의 특성으로 들기도 하는데, 이것은 권력의 통제와 균형에 관한 내용들을 말하는 것으로, 넓게 헌법의 정치성에 포함되는 특성이라고 볼 수 있을 것이다.

---

13) 권영성, 헌법학원론, 법문사, 2010, 13-14면; 홍성방, 헌법학(상), 박영사, 2016, 18면; 양건, 헌법강의, 2020, 법문사, 14면; 정재황, 신헌법입문, 박영사, 2018, 16면.

14) 권영성 (주 13), 12면.

15) 허영, 한국헌법론, 박영사, 2020, 28-30면.

16) 권영성 (주 13), 14면; 허영 (주 15), 31-32면; 홍성방 (주 13), 21면; 양건 (주 13), 15면; 정재황 (주 13), 15-16면.

Ⅲ. 헌법의 기능

헌법은 어떠한 기능을 하는가? 이 문제를 생각함에 있어서는 이러한 질문을 왜 하는가를 생각해 보지 않으면 안 된다고 본다. 헌법의 기능을 파악하는 것은 헌법 자체가 가지는 고유한 과제와 기능을 잊지 않으면서, 헌법을 해석함으로써 구체적인 헌법해석에 있어서 방향성을 상실하지 않기 위한 목적이 아닌가 생각된다. 헌법의 기능과 과제를 정확하게 인식할 때에, 개별 헌법규정에 대한 고립적 해석으로부터 탈피하여 헌법 전체가 가지는 과제와 기능에 부합하는 해석을 할 수 있게 될 것이라고 생각할 수 있다.

헌법의 기능

1. 정치적 통합기능

헌법은 여러 가지 기능과 과제를 가지고 있지만, 가장 중요한 기능과 과제는 정치적 공동체에 대한 통합기능이라고 할 수 있을 것이다. 통합이라고 하는 말은 흩어져 있는 인간이나 인간집단들을 일정한 구심점을 매개로 삼아서 하나의 단체나 공동체로 만드는 과정을 뜻한다고 할 수 있다.17) 헌법 이전의 상태에서는 각각 다양한 이념과 다양한 정치적 세력들이 서로 대립하며, 경우에 따라서는 각자 독립적 세력을 형성하기 위하여 원심작용을 하는 데 반하여, 이러한 세력들을 하나의 공동체로 묶어주고, 통일된 정치적 공동체가 될 수 있게 하는 역할을 하는 것이 헌법이라고 볼 수 있을 것이다.

정치적 통합기능

이러한 기능과 역할은 동시에 헌법의 과제이기도 하다. 따라서 헌법은 다양한 정치적 세력들과 이념들 그리고 경향들 간의 갈등적 요소와 원심적 작용들을 하나로 묶어주고 통일하는 역할과 과제를 수행하여야 한다. 따라서 헌법의 개별규정에 대한 해석 역시 정치적 공동체의 통합이라고 하는 관점에서 이루어질 필요가 있는 것이다.

헌법의 과제

다만 이러한 통합에 있어서 가장 기본적인 전제조건은 조정과 타협

자율적 합의

---

17) 방승주, 사회통합과 헌법재판, 저스티스 통권 제134-2호(2013. 2. 특집호 I), 352-373(353-354)면.

을 통한 공동체 구성원들의 자율적인 합의(Konsens)라고 할 것이다.[18]

2. 법적 지도기능: 법해석의 지침기능

법질서의 통일
적 운영

헌법은 국가의 최고 규범으로서 이러한 헌법에 저촉되는 하위 법규는 효력을 가질 수 없다. 헌법은 한 나라 공동체의 법적 생활의 최고 규범으로서, 각 법이 가져야 할 내용의 한계를 설정하고 법이 추구해야 할 이념적 목표를 설정한다고 할 수 있다. 그리하여 전체 법질서가 통일적으로 운영될 수 있도록 하는 기능을 수행한다고 할 수 있다.

법률해석의 기
준 및 지침

또한 법률의 해석이 애매모호하거나 불분명할 경우, 또는 다의적으로 해석될 경우에는, 이 법률에 대하여 헌법에 합치되는 해석(소위 법률에 대한 헌법합치적 해석)을 하여야 하는데, 헌법은 결국 법률해석의 기준이요 지침으로서 기능한다고 할 수 있다.

3. 이념적 지표기능

이념적으로 지
향해야 할 목
표제시

헌법은 하나의 정치적 공동체가 이념적으로 지향해야 할 목표를 제시하고 있기 때문에, 이념적 지표로서의 기능을 한다고 할 수 있다. 우리 헌법의 경우 자유민주적 기본질서와 민주주의를 신봉하고 있기 때문에, 이러한 자유민주적 기본질서와 민주주의 이념에 반하는 정당의 경우는 헌법재판소에 의하여 해산될 수 있으며, 독일 기본법의 경우 소위 기본권실효제도도 두고 있다. 이와 같이 자유민주주의의 적대세력에 대하여 대항하고 방어하고자 하는 민주주의를 방어적 민주주의라고 하는데, 우리 헌법상 자유민주적 기본질서는 이러한 방어적 민주주의라고 이해되고 있다.

4. 권력제한기능

삼권분립의 국
가권력구조

우리 헌법은 전통적인 의미의 삼권분립을 기본적인 국가 구조로 채택하고 있으면서, 동시에 헌법재판소제도와 지방자치제도 등을 보장하

---

18) 방승주 (주 17), 352-373 (354)면.

고 있다. 권력분립의 궁극적인 목적은 국가권력을 분립시켜서 상호간에 견제와 균형을 이룸으로써, 국가권력이 권력남용을 통해서 국민의 기본권을 침해하는 것을 방지하고자 함이다. 우리 헌법은 이러한 입법, 행정, 사법권력 상호간의 견제와 균형 장치와 같은 전통적인 수평적 권력분립과 더불어서, 또한 지방자치제도를 통하여 중앙정부와 지방자치단체간의 권력을 수직적으로 분립시키고 있다. 이를 통하여 우리 헌법은 권력제한기능을 수행한다고 할 수 있다.

다만 현행 지방자치제도와 관련해서는 중앙정부와 지방자치단체 상호간의 권력통제와 감시가 이루어지고 있다고 하기 보다는 중앙정부의 지방자치단체에 대한 일방적인 감독과 통제만 이루어지고 있는 것이 현실이라고 할 수 있기 때문에, 가령 지방자치권과 관련되는 입법에 있어서는 지방자치단체가 의견을 제시할 수 있는 통로를 보장하는 등의 방법으로 지방자치권한을 더욱 강화할 필요성이 있다고 하겠다.

수직적 권력분립으로서 지방자치제도의 문제점

또한 최근 국회에서 통과되어 이제 그 구성을 앞두고 있는 고위공직자수사처(공수처)의 설치에 관한 논의는 검찰권력의 분권화를 지향하는 논의라고 할 수 있다. 국가권력을 담당하는 하나의 조직에 지나치게 권력이 독점되고, 또한 그 권력행사에 대해서 다른 기관에 의한 실질적 통제가 되지 않는 경우, 그 조직은 권력남용과 국민의 기본권침해행위를 남발하게 된다고 하는 것을 최근 국정원의 댓글사건과 상납금사건, 그리고 민간인사찰 사건, 간첩조작 사건 등을 통해서 충분히 확인할 수 있다.

검찰권력의 분권화로서 고위공직자수사처

따라서 허울뿐인 전통적인 권력분립론에 안주할 것이 아니라, 실제로 권력을 독점하고 국민의 생명과 신체의 자유 등 기본권침해를 일삼는 그러한 국가조직과 이를 비호하는 사법조직이 존재하였다면, 그에 대한 과거의 잘못된 행위에 대하여 낱낱이 밝히고, 그에 대하여 준엄하게 책임을 묻는, 철저한 과거청산작업이 이루어지지 않으면 안 된다. 이것을 기반으로, 그러한 조직들이 더 이상 그러한 행위를 할 수 없도록 국가조직의 실질적 분권화가 이루어지게끔 해야 진정한 의미의 권력분립의 이념과 목적이 실현될 수 있다고 생각된다.

5. 기본권보장기능

국가존재의 목
적으로서 기본
권보장기능

헌법의 가장 중요한 기능은 국민들의 기본권을 보장하는 기능이라
고 할 수 있다. 국가가 존재하는 목적은 국민의 기본권을 보장하기 위한
것이다. 우리 헌법은 제10조에서 국가는 개인이 가지는 기본적 인권을
확인하고 이를 보장할 의무가 있다고 표현하고 있다. 기본권보장은 모
든 국가기관의 활동 목적이요 지침이자 방향이다.

대국가적 방어
권과 기본권보
호의무

오늘날 국가는 국민의 기본권을 침해하여서는 안 된다는 의미에서
기본권이 대국가적 방어권으로서의 역할을 수행하기도 하지만, 제3자에
의한 기본권침해를 국가가 적극적으로 보호하여야 한다는 의미에서 이
기본권은 국가의 기본권보호의무로서 기능하기도 한다.

제 2 절 헌법의 해석

Ⅰ. 헌법해석의 의의

헌법의 해석이라 함은 헌법조문의 의미와 내용을 밝히는 것이다. 헌법조문은 헌법의 특성에서 말했듯이 개방성, 추상성을 특징으로 하는 조문들이 많이 있기 때문에, 이러한 추상적 규정의 의미내용을 밝히는 일은 쉽지 않다. 이러한 개방적이며, 추상적인 헌법규정의 해석에 대하여 콘라드 헷세(Konrad Hesse)는 구체화1)라고 하기까지 하였다.

헌법조문의 의미와 내용의 구체화

일단 헌법도 다른 법률과 마찬가지로 법조문의 형식을 가진 문장으로 구성되어 있기 때문에 일단 일반적인 법해석방법을 떠나서는 헌법을 해석할 수 없다. 그러므로 일단 일반적이고 전통적인 법해석방법에는 어떠한 것들이 있는지 살펴볼 필요가 있다.

Ⅱ. 전통적인 법해석방법

1. 전통적 해석방법의 내용

전통적인 법해석방법을 수립한 사비뉘(Savigny)에 의하면 법해석방법에는 다음과 같은 '가'부터 '라'까지의 4가지 방법이 존재하며, 그 밖에 오늘날 목적론적 해석, 헌법합치적 해석 등이 추가되고 있다.

사비뉘의 전통적인 해석방법

가. 문법적 해석

조문의 문언을 문법적으로 해석하는 방법이다. 이러한 문법적 해석방법은 모든 문장(Text)해석에 있어서 공통적이고도 기초적인 해석방법이며, 모든 문장(Text)은 문법을 벗어나서 해석을 하여서는 안 된다. 결

조문의 문언에 대한 문법적 해석

---

1) 콘라드 헷세 저, 계희열 역, 통일 독일헌법원론, 박영사 2001, 36면.

국 문법적 해석은 조문을 문구의 의미에 따라서 해석하는 방법인데, 여기에서 주로 기준이 되는 것은 일반적인 언어용례이지만, 거기에 국한되는 것은 아니고 경우에 따라서는 법학적인 전문용어가 기준이 되기도 한다.[2]

> **판례** 이 점에 관하여 보건대, 법률해석의 기본원칙인 문리해석에 의할 때, 법인은 약사가 아닌 것이 명백하고, 이는 구성원(주식회사의 경우에는 주주, 합명회사, 합자회사, 유한회사의 경우에는 사원을 의미한다) 전원이 약사로 된 법인이라 해도 마찬가지이며, 이러한 법문의 명백성에도 불구하고 이를 확장하여 법인도 약국을 개설할 수 있는 것으로 해석할 근거가 없을 뿐 아니라, 현재 법원의 행정기관에서도 이 사건 법률조항에 의하여 법인은 약국을 개설할 수 없는 것으로 해석하고 있는 점 등을 고려할 때, 결국 이 사건 법률조항은 모든 법인의 약국개설을 허용하지 않고 있는 것으로 볼 수밖에 없다.
>
> 그렇다면, 이 사건 법률조항에 의하여 약사가 아닌 자연인 및 이들로 구성된 법인은 물론 약사들로만 구성된 법인의 약국설립 및 경영이라는 직업수행도 제한되고, 따라서 약사 개인들이 법인을 구성하는 방법으로 그 직업을 수행하는 자유도 제한된다고 하겠다.
>
> (헌재 2002. 9. 19, 2000헌바84, 판례집 제14권 2집, 268, 279-280.)

> **판례** 종전 결정에서 헌법재판소는 헌법 제32조 제6항의 "국가유공자·상이군경 및 전몰군경의 유가족은 법률이 정하는 바에 의하여 우선적으로 근로의 기회를 부여받는다."는 규정을 넓게 해석하여, 이 조항이 국가유공자 본인뿐만 아니라 가족들에 대한 취업보호제도(가산점)의 근거가 될 수 있다고 보았다. 그러나 오늘날 가산점의 대상이 되는 국가유공자와 그 가족의 수가 과거에 비하여 비약적으로 증가하고 있는 현실과, 취업보호대상자에서 가족이 차지하는 비율, 공무원시험의 경쟁이 갈수록 치열해지는 상황을 고려할 때, 위 조항의 폭넓은 해석은 필연적으로 일반 응시자의 공무담임의 기회를 제약하게 되는 결과가 될 수 있으므로 위 조항은 엄격하게 해석할 필요가 있다. 이러한 관점에서 위 조항의 대상자는 조문의 문리해석대로 "국가유공자", "상이군경", 그리고 "전몰군경의 유가족"이라고 봄이 상당하다.
>
> (헌재 2006. 2. 23. 2004헌마675 등, 판례집 18-1상, 269 [헌법불합치])

---

2) Christoph Gröpl, Staatsrecht I, 12. Aufl., 2020, Rn. 194; Hartmut Maurer, Staatsrecht, 6. Aufl., 2010, Rn. 51.

나. 논리적 해석

조문의 논리를 중심으로 하는 해석방법이다. 문법적 해석과 함께 논리적 법칙을 존중하여 해석을 하지 않으면 안 된다는 것을 말한다.

조문의 논리 중심적 해석

> **판례** 한편, 입법자는 개정민법 제1026조 제2호 소정의 추가적인 고려기간에 관하여 "제1019조 제1항, 제3항의 기간 내에" 또는 "제1019조의 기간 내에"로 규정하지 아니하고 구 민법과 동일하게 "제1019조 제1항의 기간 내에"로 규정하였는데, 이는 입법기술적인 흠결로 볼 수 있다. 그러나 대법원에서 위 입법기술적 흠결에 관련하여 논리적 해석을 통하여 이 사건 법률조항 소정의 추가적 고려기간 내에 신고된 '특별한정승인'의 효력을 인정함으로써[대법원 2002. 11. 8.자 2002스70 결정[공2003. 1. 15.(170), 221], 대법원 2002. 1. 17.자 2001스16 결정[공2002. 3. 15.(150), 579] 참조] 제1026조 제2호에 의한 단순승인의제의 법률효과를 무조건적으로 인정하지는 않고 있으므로, 이러한 입법기술적 흠결로 인하여 입법형성의무의 내용이 제대로 이행되지 아니하였다고 보기는 어렵다.
>
> (헌재 2003. 12. 18, 2002헌바91, 판례집 제15권 2집 하, 530, 539)

다. 역사적 해석

역사적 해석이란 조문의 역사적 배경을 중심으로 한 해석방법을 일컫는다. 그 조문이 성립된 배경이나, 성립사를 중심으로 한 해석이라고 할 수 있을 것이다. 이러한 역사적 해석의 경우에 법제정자의 주관적 의지를 중시하여 이를 읽어내는 해석이라고 볼 수 있을 것이다.

역사적 배경, 법제정자의 주관적 의지 중시

> **판례** 토지소유권이 그 핵심인 재산권이라는 관념은 그것이 생겨난 이후 오늘에 이르기까지 끊임없이 변천되어 온 역사에 기초를 두고 있으므로 헌법에 규정된 재산권보장의 성격을 명백히 파악하기 위하여서는 토지소유권 관념에 대한 역사적 이해가 필요하다.
>
> (헌재 1989. 12. 22, 88헌가13, 판례집 제1권, 357, 368-368)

> **판례** 우리 헌법상 체포·구속적부심사제도는 영미법상 인신보호영장제도(the Writ of Habeas Corpus)를 연원으로 하고 있고, 그 중에서도 미국법의 영향을 직접적으로 받았다고 보는 것이 지배적인 견해이다. 그런데 미국식 인신보호영장제도의 경우 그 제도의 일반적 특성을 '법률적 차원'에서 수용한 남조선과도정부 법령 제176호(이하, '미군정법령 제176호'라고 한다.) 제17조 내지 제18

조가 1948. 4. 1. 시행됨으로써 우리나라에 도입된 것인데, 그 직후인 1948. 7. 17. 제정된 헌법 제9조 제3항은 '누구든지 체포, 구금을 받은 때에는 즉시 변호인의 조력을 받을 권리와 그 당부의 심사를 법원에 청구할 권리가 보장된다.'라고 규정하여 체포·구금에 관한 적부심사제도를 '헌법적 차원'의 제도로 격상시켰다.

그 후 1962년 헌법(제3공화국헌법) 제10조 제5항에는 '누구든지 체포·구금을 받은 때에는 적부의 심사를 법원에 청구할 권리를 가진다. 사인(私人)으로부터 신체의 자유의 불법한 침해를 받은 때에도 법률이 정하는 바에 의하여 구제를 법원에 청구할 권리를 가진다.'라고 규정되었다가 1972년 헌법(제4공화국헌법)에서는 이에 관한 규정이 삭제되었고, 1980년 헌법(제5공화국헌법) 제11조 제5항에 '누구든지 체포·구금을 당한 때에는 법률이 정하는 바에 의하여 적부의 심사를 법원에 청구할 권리를 가진다.'라고 규정되었다가, 현행 헌법 제12조 제6항에는 '누구든지 체포 또는 구속을 당한 때에는 적부의 심사를 법원에 청구할 권리를 가진다.'라고 규정되었다. 위와 같은 제도의 연혁 등에 비추어 보면, 우리 헌법제정권자는 1948. 당시 시행중이던 미군정법령 제176호 제17조 내지 제18조에 규정된 미국식 인신보호영장제도를 구체적으로 의식한 상태에서 제헌헌법 제9조 제3항을 규정하였다고 봄이 상당하고, 광복헌법 제9조 제3항과 현행 헌법 제12조 제6항의 규정내용 등을 서로 비교하여 볼 때, 헌법개정으로 인하여 제헌헌법에 규정되었던 '적부심사청구권'의 본질적 내용이 변경되었다고 보기는 어렵다.

(헌재 2004. 3. 25, 2002헌바104, 판례집 제16권 1집, 386, 395-396)

라. 체계적 해석

전제 법질서의
상호관계 중시

체계적 해석이란 법조문의 체계를 고려한 해석이며, 법조문 내에서의 개별 문구, 각 법률, 법영역 나아가 전체 법질서 상호간의 관계가 서로 모순이 되지 않게 하는 해석이라고 할 수 있다.[3] 문법적, 논리적으로 아무리 잘 된 해석이라 하더라도 법조문 상호간의 관계에서 체계적으로 모순되는 해석이 나오면 이는 바른 해석이라고 할 수 없을 것이기 때문에 체계적 해석의 필요성이 나오는 것이다.

판례 위 연혁적인 배경 등을 바탕으로 하여 현행 헌법 제12조 제6항 및 관련

---

3) Christoph Gröpl (주 2), Rn. 195.

헌법규정에 대하여 체계적인 해석을 하는 경우, 그 본질적 내용 등을 다음과 같이 정리할 수 있다.

첫째, 우리 헌법 제12조에 규정된 '신체의 자유'는 수사기관 뿐만 아니라 일반 행정기관을 비롯한 다른 국가기관 등에 의하여도 직접 제한될 수 있으므로, 헌법 제12조 소정의 '체포·구속' 역시 포괄적인 개념으로 해석해야 한다. 따라서 최소한 모든 형태의 공권력 행사기관이 '체포' 또는 '구속'의 방법으로 '신체의 자유'를 제한하는 사안에 대하여는 헌법 제12조 제6항이 적용된다고 보아야 한다.

둘째, 우리 헌법 제27조 제1항, 제101조 제1항, 제103조 등 사법권 행사에 관련된 헌법 규정에 근거하여 공권력행사기관 등이 체포·구속의 방법으로 '신체의 자유'를 제한하는 사안에 관련하여 그 원인관계의 정당성에 다툼이 있는 경우 법원이 최종적인 사법적 판단을 하게 된다. 그런데 법치국가의 원칙에 비추어 볼 때, 예컨대 위와 같은 원인관계의 정당성을 부인하는 취지의 판결이 확정된 경우, 구속주체인 국가기관 등이 당사자의 '신체의 자유'에 대한 제한을 더 이상 유지할 수 없음은 너무나 당연하기 때문에, 이러한 일반적인 사법적 절차에 따라서 피구속자의 '신체의 자유'를 회복시키기 위하여 우리 헌법제정권자가 헌법 제12조 제6항을 별도로 규정하였다고 보기는 어렵다. 따라서 헌법 제12조 제6항은 당사자가 체포·구속된 원인관계 등에 대한 최종적인 사법적 판단절차와는 별도로 체포·구속 자체에 대한 적부 여부를 법원에 심사청구할 수 있는 절차(Collateral Review)를 헌법적 차원에서 보장하는 규정으로 봄이 상당하다.

셋째, 우리 헌법의 연혁 등에 비추어 볼 때, 헌법 제12조 제6항에 규정된 '적부'는 당해 체포·구속 자체의 '헌법적 정당성 여부'로 해석함이 상당하므로, 결국 당사자의 청구에 따라서 법원이 당해 체포·구속 자체의 '헌법적 정당성'을 심사함과 동시에 만일 이러한 정당성이 인정되지 아니하면 이를 이유로 하여 법원이 그 당사자를 석방하도록 결정할 수 있는 제도가 법률에 규정되어야만 헌법에서 요구하는 입법형성의무가 제대로 이행된 것으로 볼 수 있다(우리 헌법은 이러한 측면에서 모든 유형의 '자유박탈의 허용과 계속'에 대하여 판사가 전적으로 결정하도록 하되, 피구속자에게 헌법적 차원에서 위와 같은 절차개시권을 보장하지 아니한 독일 기본법과는 구조적으로 상당한 차이가 있다.).

넷째, 헌법 제12조 제6항에 입법형식 등에 대한 특별한 제한이 설정되어 있지 아니한 이상, 입법자는 미군정법령 제176호 제17조 내지 제18조와 같이 전반적인 영역에 대하여 적용되는 일반법의 형식을 선택할 수도 있고(Civil Action의 성격을 가진 미국식 인신보호영장제도의 형식을 전반적으로 수용한 일본의 인신보호법 등 참조), 형사소송법과 같은 개별 법률을 통하여 한정적인 영역에만 적용되는 체포·구속적부심사제도를 규정할 수도 있는데, 위와 같은 개별규정 등이 헌법적 요구사항을 충족시키는 이상 최소한 그 적용영역에 대하여는 입법형성의무가 제대로 이행되었다고 보아야 한다. 다만 헌법 제12조 제6항에는 당사자의 '법관 대면기회'가 명시적으로 규정되어 있지 아니하므로 모든 당사자(피체포자·구속자)에게 '법관 대면기회'를 보장하는 것이 그 본질적 내용에 포함된다고 보기 어렵고, 따라서 피고인에게 당해 구속 자체의 헌법적 정당성에 관하여 법원으로부터 심사받을 수 있는 구속취소청구권을 인정하고 있는 형사소송법 제93조의 경우도 그 적용영역에 대하여는 헌법 제12조 제6항이 요구하는 최소한도의 요건을 충족시킨 것으로 볼 수 있다.

다섯째, 행정처분 등에 의한 체포·구속의 경우와는 달리 법원의 재판에 근거한 체포·구속에 대하여는, 특별한 사정이 없는 한 구속적부심절차에서 '헌법적 정당성'을 심사할 때에 그 정당성을 추정함이 상당하다. 법원은 헌법 제27조, 제12조 제1항 등에 근거하여 피고인에 대하여 유죄판결을 하면서 징역형을 선고할 수도 있고, 헌법 제12조 제3항에 근거하여 수사단계에서 피의자에 대한 체포·구속영장을 발부할 수도 있는데, 이 경우 당사자들의 '신체의 자유'가 직접적으로 제한되는 것은 사법권행사의 본질적이고도 핵심적인 내용에 해당하고, 이러한 본질적 특성 때문에 우리 헌법에서 '법관은 헌법과 법률에 의하여 그 양심에 따라 독립하여 심판한다.'라고 규정한 다음(제103조), 대법원을 정점으로 하는 단일한 법원조직이 사법권을 행사하도록 하면서(제101조), 바로 그 법원으로 하여금 헌법 제12조 제6항 소정의 적부심사를 담당하도록 하고 있기 때문이다.

위와 같은 우리 헌법의 전체적인 체계 및 제도의 연혁 등에 비추어 볼 때, 체포·구속이 법원의 재판에 근거하여 이루어진 경우에는, 당해 재판에 명백한 하자가 존재하는 등 예외적인 사유가 인정되는 경우에 한하여 법원이 적부심사절차에서 그 재판의 헌법적 정당성 여부를 다시 심사하도록 허용하는 법률을 제정함으로써 헌법적 요건을 충족시킬 수 있고, 그 재판에 관련된 단순위법사항까지 법원이 다시 포괄적인 심사를 하여야 하는 제도를 형성해야 할 의무가 입법자에게 부과되는 것은 아니다. 따라서 법원의 영장에 의하여 체포·구속이 이루어진 경우 현행 형사소송법 제214조의2에서 피의자에게는 체포·구속적부심사청구권을, 같은 법 제93조에서 피고인에게는 구속취소청구권을 각 인정하면서 법원으로 하여금 단순위법사항까지 다시 포괄적으로 심사하도록 규정하고 있는 것은 헌법적 요구를 상회하는 수준의 권리를 당사자에게 부여한 것으로 해석할 수 있고, 이는 우리 형사소송법의 제정당시 사법제도를 배경

으로 한 입법자의 정책적 선택의 결과로 보인다[한국형사정책연구원, 형사소송
법제정자료집 (1990) 참조].

(헌재 2004. 3. 25, 2002헌바104, 판례집 제16권 1집, 386, 396-398)

판례 우선, 앞에서 살핀 바와 같이 이 사건 법률조항을 포함한 구 소득세법 어
디에도 필요경비의 의미에 관하여 규정한 조항은 없으나, 소득세는 기간과세
의 원칙에 의하여 인위적으로 확정된 과세기간을 단위로 과세소득을 산정하
고, 거주자에게 귀속되는 모든 총수입금액과 필요경비는 어떤 일정한 원칙 또
는 기준에 의하여 특정한 과세기간에 귀속시킬 필요가 있다는 소득세제상의
일반 원칙을 전제로, 위 (가)항에서 살핀 바와 같은 구 소득세법 제31조 제1항,
제2항 및 같은 법률의 다른 규정들과의 체계적 해석과 이 사건 법률조항 자체
의 문리적 해석에 의하면, 필요경비란 총수입금액을 얻기 위하여 사용하거나
소비한 비용으로 당해 연도의 총수입금액에 대응하는 비용의 합계액을 의미하
는 것으로서, 통상의 주의력 및 법 감정을 가진 일반인이라면 객관적, 합리적
인 해석에 의하여 그 의미를 명백히 알 수 있어 이에 관하여 자의적, 임의적인
여러 가지 해석이 나올 수 없다고 보여진다.

(헌재 2002. 6. 27, 2000헌바88, 판례집 제14권 1집, 579, 586-587)

판례 헌법재판소는 심판대상이 된 법률조항의 위헌 여부만을 판단한다. 그런데
어떤 법률조항은 법률 내에서 고립하여 존재하는 것이 아니라, 다른 법률조항
들을 전제로 하거나 조건으로 하기도 하고, 다른 법률조항들과 결부하여 하나
의 법률효과를 지향하기도 한다. 그러한 법률조항의 의미와 기능은 체계적 관
련성 속에서만 올바로 이해될 수 있다. 특히 민법 제778조와 같이 어떤 법제도
의 근거조항인 경우 더욱 그러하다. 호주제는 민법 제4편 제2장 '호주와 가족'
을 중심으로 한 여러 법률조항들이 그물망처럼 서로 연결되어 구성된 제도이
다. 민법 제778조는 그러한 호주제의 근거조항으로서 핵심적 위상을 차지하고
있는 조항이다. 따라서 민법 제778조는 호주제와의 관련성을 떠나서는 고립적
으로 그 위헌 여부를 제대로 판단할 수 없다.

한편 민법 제781조 제1항 본문 후단 및 제826조 제3항 본문 또한 호주제의
골격을 구성하는 주요 법률조항들이고 민법 제778조와도 불가분의 밀접한 관
계에 있다.

그렇다면 이 사건 심판대상조항들의 위헌 여부는 결국 호주제라는 제도 자
체의 위헌 여부로 귀착된다고 할 것이므로, 이 사건에서는 호주제 전반의 내
용, 위헌 여부를 살펴보고 이와 결부시켜서 심판대상조항들의 위헌 여부를 판

단함이 상당하다.

(헌재 2005. 2. 3, 2001헌가9, 판례집 제 17권 1집, 1, 12)

마. 목적론적 해석

법조문의 의미
와 목적 중시

이러한 4가지 해석방법 외에도 법조문의 의미와 목적을 중시하여 해석하는 목적론적 해석도 들 수 있다. 목적론적 해석은 입법자의 역사적 의지가 아니라, 시간의 흐름에 따라서 바뀔 수도 있는, 규범에 표현되어 있는 목적을 지향하는 해석이다.[4] 그만큼 목적론적 해석은 탄력적 해석이 될 수 있을 것이다.

> 판례 이 사건 법률의 입법경과와 입법목적, 같은 법률의 다른 규정들과의 체계 조화적 해석, 관계부처의 법률해석, 다른 처벌법규와의 비교 등을 고려하여 목적론적으로 해석할 때, 이 사건 법률의 '청소년이용음란물'에는 실제인물인 청소년이 등장하여야 한다고 보아야 함이 명백하고, 따라서 법률적용단계에서 다의적으로 해석될 우려가 없이 건전한 법관의 양식이나 조리에 따른 보충적인 해석에 의하여 그 의미가 구체화되어 해결될 수 있는 이상 죄형법정주의에 있어서의 명확성의 원칙을 위반하였다고 볼 수 없다.
>
> (헌재 2002. 4. 25, 2001헌가27, 판례집 제14권 1집, 251, 264)

바. 헌법합치적 해석

헌법합치적 해석은 법률이 여러 가지로 해석될 수 있는 경우에, 위헌적 해석 결과는 버리고, 합헌적 해석결과를 선택하여 그 법률을 해석하는 것을 말한다.

2. 전통적 해석방법 상호간의 관계

가. 객관적 해석과 주관적 해석

위에서 든 전통적인 해석방법은 어떠한 법률을 해석할 때에 어떠한 한 방법만을 가지고 해석을 해야 한다는 것을 의미하는 것은 처음부터 아니었을 것이다. 오히려 법률을 해석함에 있어서 해석의 기준이나 표

---

4) Christoph Gröpl (주 2), Rn. 197.

준이 되는 것이 무엇인지에 관한 여러 가지 다양한 관점들을 지적한 것
이라고 볼 수 있을 것이다.

따라서 해석기준에 따른 해석의 결과가 서로 상이하거나 모순되는
경우에 어떠한 해석의 결과를 따라야 할 것인가의 문제가 제기되는데,
이러한 문제를 풀 수 있는 어떠한 법칙이나 기준이 따로 존재한다고 할
수는 없을 것이다.

특히 어떠한 법률의 객관적인 의지가 해석의 목표인가 아니면 법제   역사적 해석과
정자의 주관적인 의지를 밝히는 것이 해석의 목표인가가 문제될 수 있   목적론적 해석
고, 어느 것이 목표인가에 따라서 그 결론이 달라질 수 있다.5) 역사적   의 차이
해석은 입법자의 주관적 의지를 중시하는 해석이라고 할 수 있는 데 반
하여, 목적론적 해석은 법률의 객관적인 의지를 중시하는 해석이라고
보아야 할 것이다.6) 각 해석의 결과가 동일한 경우에는 문제가 없으나,
서로 다를 경우에 어떠한 해석의 결과를 따라야 할 것인지가 문제될 수
있고, 이에 관해서는 논란이 있을 수 있다. 하지만 이 문제와 관련해서
는 어떠한 법률이 존재하는 경우에, 그 법률을 제정한 법제정자의 의지
도 중요하지만, 그 법률을 운용하고 적용하는 현 세대가 그 법률의 객관
적인 의미내용을 어떻게 파악하며, 파악된 내용에 대해서 법공동체가
공감대를 가질 수 있는가 하는 것이 더 중요한 것 아닌가 생각된다. 왜
냐하면, 법률은 제정당시의 입법자의 의도로서 고정되어 있어야 하는
것이 아니라, 끊임없는 사회적 변화와 공동체 구성원의 의사에 따라서
해석이 탄력적으로 이루어져야 할 필요가 있기 때문이다. 법해석과 그
운용의 주체는 과거의 법제정자가 아니라, 그 객관적인 의미를 밝혀야
하는 법관이나 재판관 그리고 그 법의 적용을 받는 현 시대의 국민들이
기 때문이다.

다만 어떠한 법조문의 객관적인 의미 내용이 무엇인가를 밝힘에 있   법문의 객관적
어서도 여러 가지 의견이 분분한 경우가 있을 수 있는데, 그러한 경우에   인 의미내용을
법제정 당시의 입법자의 의도나 입법취지를 참고하면 그 법문의 객관적   밝히는 방법

---

5) 이러한 논의는 오늘날 의미를 잃었다고 보는 견해로, Hartmut Maurer (주 2), Rn.
   49.
6) Christoph Gröpl (주 2), Rn. 196−197.

인 의미내용을 밝히는 데 상당한 도움이 될 수 있을 것이라고 본다. 따라서 마우러(Maurer)가 지적하고 있듯이 문법적, 체계적, 역사적, 목적론적 해석 등 여러 해석의 원리를 통해서 입법당시의 객관화된 입법자의 의지를 밝히고 또한 아울러 법률의 기초가 되어 있는 상황이 본질적으로 변화되었는지를 묻는 것이 중요하다고 볼 수 있을 것이다.7) 그리고 후자가 인정될 수 있는 경우에는 원래의 입법취지나 목적에 부합하게 법률의 해석이 이루어져야 할 것인데, 이것은 법의 계속형성(법관법, 법보충적 해석)의 문제가 된다.8)

나. 해석방법 상호간의 우선순위

해석방법 상호간의 우선순위 설정 필요

위에서 든 여러 가지 해석의 기준에 입각하여 행한 해석의 결과가 상이할 경우에 어떠한 해석을 취해야 할 것인지, 즉 해석방법 상호간의 우선순위를 어느 정도 확정해 놓을 필요가 있다고 본다. 그렇지 않은 경우 해석결과의 일관성이 문제될 수 있기 때문이다.

우선 문법적 해석은 어떠한 법조문의 문언에 대한, 문법에 입각한 해석으로서 모든 문장(Text)이해의 기초가 되는 것이므로, 가장 우선시 하여야 할 필요가 있다.

다음으로 문법적 해석을 기초로 한 해석결과를 토대로 논리적 해석이 이루어져야 한다. 그런데 이러한 논리적 해석은 목적론적 해석과 충돌할 수 있다. 그러한 경우에 어떠한 해석을 우선적으로 적용하여야 하는가의 문제가 제기된다.

법해석의 배후에 존재하는 법정책적 판단의 상이성

이러한 논리적 해석과 목적론적 해석간의 충돌은 사실상, 법해석의 배후에 존재하고 있는 법정책적 판단의 상이함에서 올 수 있다. 다시 말해서, 문법적 논리적 해석의 결과가 법정책적으로 바람직스럽지 않은 경우에, 입법목적을 고려하여 그 의미내용을 확대하거나 축소하는 해석방법을 취할 때에 이를 목적론적 해석이라고 할 수 있겠다.

목적론적 해석의 위험성

그런데, 이러한 목적론적 해석의 미명 하에, 법문의 문법적 의미내

---

7) Hartmut Maurer (주 2), Rn. 49.
8) Hartmut Maurer (주 2), Rn. 49.

용에서 벗어나는 해석을 하는 경우에, 입법자의 의도에서 완전히 동떨어진 이질적 내용을 법문에 삽입시키게 될 수 있다. 이러한 경우에 해석의 이름으로 완전히 입법작용을 하게 되는 결과를 초래할 수 있으며, 입법작용은 민주적으로 정당화된 입법자에 의해서 이루어지도록 명령하고 있는 헌법상 권력분립원리에 위배되는 결과를 초래할 수 있다. 그러므로 목적론적 해석은 될 수 있는 한 신중하게 하여야 할 것이며, 법적용자를 입법자가 제정한 법규정에 구속시키기 위해서는 가급적 문법적, 논리적 해석에 엄격하게 국한시켜야 할 필요가 있다.

그렇다고 하여 문법적, 논리적 해석만이 중요하다는 것은 아니다. 문법적, 논리적 해석만을 가장 중요한 것으로 간주하게 되면, 소위 법실증주의에 빠질 위험이 있다. 법실증주의는 입법취지나 입법목적 또는 법문이 가지는 체계적 관련보다는 법문이 가지는 문법적, 논리적 의미 내용을 절대시하는 태도라고 할 수 있을 것이다. 특히 법률이라고 하는 형식만 가지고 있다면, 그것이 어떻게 성립되었든, 제정된 법률의 형식적 효력의 측면과 그 문법적 내용만을 중시하여 해석하기 때문에, 법해석자를 법문에 강하게 구속할 수 있으며, 따라서 법적 안정성을 보장할 수 있다는 장점은 있으나, 자칫 잘못하면 형식적 합법성만을 가지고 실질적인 정당성을 결여한 법조문을 맹목적으로 적용하여, 전체적으로 법이 추구하는 이념이나 법공동체가 지향해야 할 실질적 정의를 상실할 수 있다. 그렇기 때문에 무작정 법문구의 의미 내용만을 중시하는 태도가 반드시 올바르다고 볼 수는 없다.

특히 법문구의 문법적 의미나 내용만을 중시하는 태도는 어떠한 법률이 불법적 방법으로 제정된 경우에 그러한 해석방법의 심각성이 크게 나타날 수 있다. 만일 법관이 독재자에 의해서 불법적 방법으로 통과된 법률을, 그 문구의 의미내용에 충실하게 해석하여 적용한다면, 그 법관은 독재자의 하수인으로서의 역할에 충실한 것일 뿐, 법이 추구해야 하는 정의에는 눈이 먼 상태가 된 것이라고 할 수밖에 없다. 따라서 법문구의 문법적 논리적 의미내용만을 중시하는 법실증주의는 법적용자가 나치나 우리나라 박정희와 전두환 군사정권과 같은 독재 치하에서 권력

문법적, 논리적 해석의 문제점

어떠한 법률이 불법적 방법으로 제정된 경우

의 하수인으로 전락되는 것을 막기가 대단히 어렵다는 것을 알 수 있다. 따라서 이와 같이 불법이 지배하는 정치적 공동체의 법질서 하에서는 단순히 문법적, 논리적 해석만을 우선으로 하는 해석은 법적 정의에 반하는 해석의 결과를 초래할 수 있으므로, 입법취지와 법목적을 고려하는 목적론적 해석을 함께 고려하면서 해석하지 않으면 안 될 것이다.

목적론적 해석의 필요

체계적 해석: 문법적, 논리적 해석의 맹점 보완

그리고 체계적 해석은 문법적, 논리적 해석의 맹점을 보완해 줄 수 있는 중요한 해석의 기준일 뿐만 아니라, 법 전체가 추구하는 커다란 틀이 더 중요할 수 있기 때문에, 만일 문법적, 논리적 해석의 결과가 체계적 해석의 결과와 충돌할 경우에는 체계적 해석에 보다 많은 비중을 두지 않으면 안 될 것이다. 하지만 구체적인 사례를 떠나서 추상적 차원에서 어떠한 해석이 우선한다고 단정하기는 곤란할 것이다.

Ⅲ. 새로운 헌법해석방법의 필요성 여부

전통적 해석방법의 유효성

아무튼 이러한 전통적인 해석방법이 없이는 헌법조문 역시 해석을 할 수 없다. 따라서 헌법 해석 역시 일단 이러한 전통적 해석방법으로부터 출발하지 않으면 안 된다. 더 나아가 많은 헌법해석이 이러한 전통적 해석방법으로 해결될 수 있다. 특히 이러한 전통적 해석방법으로 해결될 수 있는 헌법조문은 일반 법률과 그 규범구조가 유사한 헌법조문의 경우에 그렇다고 할 수 있다. 위에서도 언급하였듯이 헌법조문에도 추상적, 개방적 규정만 있는 것이 아니라. 국가기관의 조직, 구성, 권한에 관한 규정들을 비롯해서 정치적 공동체의 구체적인 내용에 관하여 확정적으로 규정해야 할 필요가 있는 사항들은 상당히 구체적이고 확정적으로 규정하고 있기 때문에 이러한 내용들은 전통적인 해석방법을 통해서도 해석이 될 수 있다.

헌법의 특성에 맞는 해석원리 도입 필요

다만 이렇게 구체적 확정성이 없는 추상적, 개방적인 규정들의 경우에 기존의 전통적 해석방법만으로는 해결되기 어렵다는 점이 문제이다. 이러한 규정들에 대한 해석을 위해서는 어느 정도 헌법의 특성에 맞는 해석원리를 동원할 필요가 있다.

헌법의 특성에 맞는 해석원리로서 다음과 같은 원리들이 제시되고 있다.

1. 새로운 헌법해석원리의 내용

가. 헌법의 통일성의 원리

헌법의 통일성의 원리란 헌법의 조문은 개별적 고립적으로 해석해 서는 안되고, 어떠한 헌법조항을 해석할 경우에도 헌법을 전체적으로 고찰하는 과정에서 통일적으로 해석해야 한다는 원리이다.

헌법의 전체적 고려

나. 실제적 조화의 원리

실제적 조화의 원리란 헌법상 충돌하는 여러 가지 헌법적 법익이 있을 경우에 양자에 대하여 단순한 법익형량의 방법으로 어느 한 헌법 적 법익을 우선시하고 다른 헌법적 법익을 무시해서는 안 되고, 양 법익 이 최적으로 실현될 수 있도록 조화있게 해석해야 한다는 원리이다.

충돌하는 헌법적 법익의 최적 실현

판례 이와 같이 두 기본권이 충돌하는 경우 그 해법으로는 기본권의 서열이론, 법익형량의 원리, 실제적 조화의 원리(=규범조화적 해석) 등을 들 수 있다. 헌법재판소는 기본권 충돌의 문제에 관하여 충돌하는 기본권의 성격과 태양에 따라 그때그때마다 적절한 해결방법을 선택, 종합하여 이를 해결하여 왔다. 예컨대, 국민건강증진법시행규칙 제7조 위헌확인 사건에서 흡연권과 혐연권의 관계처럼 상하의 위계질서가 있는 기본권끼리 충돌하는 경우에는 상위기본권 우선의 원칙에 따라 하위기본권이 제한될 수 있다고 보아서 흡연권은 혐연권을 침해하지 않는 한에서 인정된다고 판단한 바 있다(헌재 2004. 8. 26. 2003헌마457, 판례집 16-2, 355, 361 참조). 또, 정기간행물의등록등에관한법률 제16조 제3항 등 위헌 여부에 관한 헌법소원 사건에서 동법 소정의 정정보도청구권(반론권)과 보도기관의 언론의 자유가 충돌하는 경우에는 헌법의 통일성을 유지하기 위하여 상충하는 기본권 모두가 최대한으로 그 기능과 효력을 발휘할 수 있도록 하는 조화로운 방법이 모색되어야 한다고 보고, 결국은 정정보도청구제도가 과잉금지의 원칙에 따라 그 목적이 정당한 것인가 그러한 목적을 달성하기 위하여 마련된 수단 또한 언론의 자유를 제한하는 정도가 인격권과의 사이에 적정한 비례를 유지하는 것인가의 관점에서 심사를 한 바 있다.

(헌재 1991. 9. 16. 89헌마165, 판례집 3, 518, 527-534 참조)[9]

판례 이 사건 경고는 청구인 ○○방송의 방송의 자유를 제한하는 것이므로 그러한 제한은 헌법 제37조 제2항에 따른 비례의 원칙에 부합되어야 한다. 한편 이 사건에서는 기본권 간에 충돌문제가 존재하는바, 헌법의 통일성을 유지하기 위하여 상충하는 기본권 모두가 최대한으로 그 기능과 효력을 발휘할 수 있도록 하는 조화로운 방법이 모색되고 있는지도 검토되어야 할 것이다(헌재 2005. 11. 24. 2002헌바95, 판례집 17-2, 392, 401 참조). 헌법은 언론·출판의 자유를 보장하는 동시에 그것이 인간의 존엄성에서 유래하는 개인의 일반적 인격권이나 명예권 등의 희생을 강요할 수는 없음을 분명히 밝히고 있으므로, 언론의 자유와 인격권(명예권)의 충돌 문제에 있어서는 헌법을 규범조화적으로 해석하여 이들을 합리적으로 해석하여 조화시키기 위한 노력이 있어야 한다.
(헌재 1991. 9. 16. 89헌마165, 판례집 3, 518, 524)[10]

다. 기능적 정당성의 원리

자신의 권한과 기능범위에 부합하는 해석 강조

기능적 정당성의 원리란 헌법해석기관은 헌법해석의 이름으로 타 국가기관의 권한을 침해하는 해석을 하여서는 안 되고 자신의 권한과 기능의 범위에 부합하는 해석을 하여야 한다는 원리이다. 다시 말해서 헌법재판소가 헌법해석의 방법으로 입법자나 사법부의 고유한 기능과 권한을 침해하는 결과를 가져와서는 안 되고 헌법재판의 기능과 과제에 부합하는 그러한 해석에 머물러야 한다는 것이다(그 구체적인 내용들은 아래에서 자세히 살핀다).

라. 통합작용의 원리

정치적 공동체의 통합 지향

통합작용의 원리란 헌법해석은 정치적 공통체가 통합될 수 있는 방향으로 이루어져야지 오히려 정치적 공동체가 분열되는 방향으로 해석되어서는 안 된다고 하는 의미로서 루돌프 스멘트(Rudolf Smend)의 통합론적 해석방법에 영향을 받은 원리라고 할 수 있다.

---

9) 헌재 2005. 11. 24, 2002헌바95, 판례집 제17권 2집, 392, 401.
10) 헌재 2007. 11. 29, 2004헌마290, 판례집 제19권 2집, 611, 634.

마. 규범력의 원리

규범력이라고 하는 것은 헌법규범이 현실생활을 규율하고 지도하여 헌법의 이념에 맞는 방향으로 바꾸어 나갈 수 있는 규범으로서의 힘이라고 할 수 있을 것이다. 헌법을 해석함에 있어서는 헌법이 될 수 있으면 규범력을 잘 발휘할 수 있는 방향으로 해석을 해야 한다고 하는 원리이다.

> 규범력 발휘 지향

2. 새로운 헌법해석원리에 대한 비판적 검토

위에서 설명한 원리들은 주로 독일의 콘라드 헷세(Konrad Hesse)가 스멘트의 통합론을 이어받아 주장한 이래 독일의 헌법 교과서에서 소개되고 있으며 국내에서는 계희열 교수가 그 교과서에서 처음 소개한 내용들이라고 할 수 있다.

> 새로운 헌법해석원리의 검토

그런데 이 가운데 일부의 내용들을 자세히 들여다보면, 전통적인 해석방법에 의해서도 포섭될 수 있는 내용들이 있다.

즉 우선 헌법의 통일성의 원리와 실제적 조화의 원리라고 하는 것은 체계적 해석방법에 의해서 설명될 수 있다.[11]

> 체계적 해석방법에 의한 설명

다만 기능적 정당성의 원리, 헌법의 규범력의 원리와 통합작용의 원리는 기존의 전통적인 해석방법에 의해서 모두 설명될 수 있는 내용이라고 하기는 힘들어 보인다.

우선 기능적 정당성의 원리는 헌법재판소가 헌법해석기관으로서 국가기관의 행위의 헌법합치성을 사후적으로 심사할 수 있을 뿐, 자신이 주도적·창조적으로 헌법을 실현할 수 있는 기관이 아니라는 점을 고려하고 있다. 이러한 기능적 정당성의 원리는 그러한 관점 하에서 여러 가지 유용한 해석의 관점들이 도출될 수 있는 중요한 원리라고 할 수 있다.

> 기능적 정당성의 원리: 유용한 해석의 관점 도출가능

그 밖에 헌법의 규범력의 원리와 통합작용의 원리는 헌법재판소 역

> 규범력의 원리

---

11) 동지, Christoph Gröpl (주 2), Rn. 212-213. 전체적으로 체계적 해석에 포함될 수 있어 이러한 헌법해석의 원리들을 새로운 것이라고 할 수 없다고 보는 견해로는 Hartmut Maurer (주 2), Rn. 66.

및 통합작용의
원리: 헌법해
석을 위한 지
침

시 헌법기관 중 하나로서 자신의 존립기반이라고 할 수 있는 헌법이 최
대한 규범력을 발휘할 수 있는 방향으로 해석해야 하며, 또한 정치적 공
동체의 통합을 촉진해야 한다는 원리로 이해할 수 있으므로, 그러한 관
점이 일정한 헌법해석을 전제로 하는 구체적 분쟁사건에서 어떠한 구체
적 결론을 제시해 줄 수 있는 원리로서 기능하기는 쉽지 않을 것으로
보인다. 오히려 헌법해석에 있어서 하나의 지침 내지는 방향을 제시하
는 정도의 원리라고 볼 수 있을 것이다.

3. 결 론

기능적 정당성
의 원리: 새로
운 헌법해석의
가장 유용한
관점

이러한 여러 가지 점들을 고려해 본다면, 위에서 제시된 여러 가지
헌법해석원리들 가운데서 기능적 정당성의 원리의 경우는 새로운 헌법
해석의 원리로서 가장 유용하고도 중요한 관점(Topoi)으로서, 오늘날 그
로부터 독일 연방헌법재판소[12]나 우리 헌법재판소[13]가 여러 가지 파생
적 관점들을 도출하고 있는 헌법해석의 원리에 해당한다고 생각된다.

---

12) 이에 관하여는 방승주, 독일 연방헌법재판소의 입법자에 대한 통제의 범위와 강
   도, 헌법논총 제7집(1996), 299-348면 참조.
13) 이에 관하여는 방승주, 헌법재판소의 입법자에 대한 통제의 범위와 강도 - 입법
   자의 형성의 자유와 그 한계에 대한 헌법재판소의 지난 20년간의 판례를 중심으
   로, 공법연구 제37집 제2호(2008. 12), 113-171면; 계희열, 헌법재판과 국가기능
   - 헌법재판의 기능적 및 제도적(관할권적) 한계를 중심으로, 헌법재판소(간), 헌
   법재판의 회고와 전망 - 창립 10주년 기념세미나, 1998, 201-266면 참조.

제 3 절 기능법적 헌법해석 방법

헌법재판소가 지금까지 판례에서 구체화한 기능적 정당성의 관점, 즉 기능법적 관점들의 사례들을 들면 다음과 같다.

Ⅰ. 행위규범과 통제규범의 구분

헌법재판소는 같은 헌법규정이라 하더라도 입법자에게는 행위규범이요, 헌법재판소는 통제규범을 의미할 수 있다는 점을 인정하고 있다. 행위규범과 통제규범의 구분

가령 평등원칙의 경우 입법자는 평등원칙을 근거로 하여 무엇이 다르고 무엇이 같은지 나름대로 차등의 기준을 설정하여 규율할 수 있는데 반하여, 헌법재판소는 어떠한 규정이 평등원칙에 위반되는지 여부를 심사할 경우에는 입법자가 결정한 결정내용이 평등원칙에 위반되는지 여부를 사후적으로 통제하는 것이기 때문에 사후적 통제기관으로서 입법자가 명백하게 같은 것을 자의적으로 다르게, 또는 다른 것을 자의적으로 같게 취급한 경우가 아니면 위헌을 확인할 수 없다는 것이다. 달리 말해서 입법자는 평등원칙을 행위의 지침으로 그리고 헌법재판소는 그것을 통제의 지침으로 삼아야 하기 때문에, 처음부터 그 의미는 같을 수 없다고 보는 것이다. 행위기관으로서의 입법자와 사후 통제기관으로서의 헌법재판소

마찬가지로 사회적 기본권과 국가의 기본권보호의무 역시 입법자에게는 행위규범이요, 헌법재판소에게는 통제규범이라고 봄으로써, 우선적으로 입법자에게 형성의 자유를 인정하고 있다.

> **판례** 헌재 1997. 1. 16. 90헌마110등 병합, 교통사고처리특례법 제4조 등에 대한 헌법소원
>
> 재판관 김문희, 재판관 정경식, 재판관 고중석, 재판관 신창언의 합헌의견
> 어떤 행위를 범죄로 하고 이를 어떻게 처벌해야 하는가, 즉 범죄의 유형과 형량을 결정하는 것은 원칙적으로 형성의 자유를 갖는 立法者의 결정사항에 속하는바, 다른 국가기관의 행위의 합헌성을 심사하는 헌법재판소에게 헌법은

재판규범 즉 통제규범을 의미하고, 통제규범으로서의 평등원칙은 단지 자의적인 입법의 금지기준만을 의미하게 되므로 헌법재판소는 입법자의 위와 같은 결정에서 차별을 정당화할 수 있는 합리적인 이유를 찾아볼 수 없는 경우에만 평등원칙의 위반을 선언하게 된다. 특례법 제4조 제1항의 경우 입법자는 입법목적을 실현하기 위하여 형사처벌의 여부를 결정하는데 있어서 행위의 경과실·중과실을 차별의 기준으로 삼았는바, 경과실·중과실이란 차별의 기준은 法이 의도하는 입법목적을 달성하기에 적합한 것이며, 또한 경과실·중과실간의 그 성질과 비중에 있어서 확인될 수 있는 차이가 형사처벌에 관한 차별대우를 정당화한다 하겠고, 나아가 입법자가 교통사고와 같은 대중적 현상을 규율하기 위하여 규율대상을 유형화함에 있어 규율대상을 빠짐없이 포착한다는 것이 불가능한 것이기 때문에 언제나 불가피하게 소수의 불이익이 따르기 마련이고, 이에 대하여 입법자가 법률제정 이후 이미 한 차례 그 사이의 경험을 토대로 현실에 나타난 규율의 결점을 보완하였으며, 계속적인 차별화를 통하여 평등원칙에 합치하려는 노력을 기울였으므로, 중과실로 인하여 발생하는 교통사고로 말미암아 신체의 피해를 입게 된 일부를 특례법 제3조 제2항 단서에 포함시키지 못한 것은 범죄의 유형화에 따른 어쩔 수 없는 결과이므로 그 이유만으로 평등원칙에 반한다고 할 수 없고, 같은 이유로 범죄유형화로 말미암아 그 당연한 결과로 발생하는 일부 소수 형사피해자의 재판절차진술권에 대한 제한은 특례법이 달성하려고 하는 입법목적에 비추어 정당화된다고 할 것이므로 이 사건 법률조항은 과잉제한금지의 원칙에 위반되지 않는다.[1]

판례 헌재 1997. 5. 29. 94헌마33, 1994년 생계보호기준 위헌확인

모든 국민은 인간다운 생활을 할 권리를 가지며 국가는 생활능력없는 국민을 보호할 의무가 있다는 헌법의 규정은 입법부와 행정부에 대하여는 국민소득, 국가의 재정능력과 정책 등을 고려하여 가능한 범위안에서 최대한으로 모든 국민이 물질적인 최저생활을 넘어서 인간의 존엄성에 맞는 건강하고 문화적인 생활을 누릴 수 있도록 하여야 한다는 행위의 지침 즉 행위규범으로서 작용하지만, 헌법재판에 있어서는 다른 국가기관 즉 입법부나 행정부가 국민으로 하여금 인간다운 생활을 영위하도록 하기 위하여 객관적으로 필요한 최

---

1) 헌재 1997. 1. 16, 90헌마110, 판례집 제9권 1집, 90, 91-93. 이 판례는 2009년에 변경되었다. 헌재 2009. 2. 26. 2005헌마764, 2008헌마118(병합) 교통사고처리특례법 제4조 제1항 등 위헌확인 - 7:2 위헌. 이에 관하여는 방승주, 교통사고처리특례법 제4조 제1항의 위헌여부 심사기준 - 헌재 2009. 2. 26. 2005헌마764, 2008헌마118 병합결정에 대한 평석, 법률신문 2008. 3. 26.

소한의 조치를 취할 의무를 다하였는지의 여부를 기준으로 국가기관의 행위의
합헌성을 심사하여야 한다는 통제규범으로 작용하는 것이다. 그러므로 국가가
인간다운 생활을 보장하기 위한 헌법적인 의무를 다하였는지의 여부가 사법적
심사의 대상이 된 경우에는, 국가가 생계보호에 관한 입법을 전혀 하지 아니하
였다든가 그 내용이 현저히 불합리하여 헌법상 용인될 수 있는 재량의 범위를
명백히 일탈한 경우에 한하여 헌법에 위반된다고 할 수 있다.[2]

판례 공무원연금법 제51조 등 위헌확인

　한편, 모든 국민은 인간다운 생활을 할 권리를 가지고 국가는 생활능력 없는
국민을 보호할 의무가 있다는 헌법의 규정은 모든 국가기관을 기속하는 것이
지만, 그 중 입법부나 행정부에 대해서는 국민소득, 국가의 재정능력과 정책
등을 고려하여 가능한 범위 안에서 최대한으로 모든 국민이 물질적인 최저생
활을 넘어서 인간의 존엄성에 맞는 건강하고 문화적인 생활을 누릴 수 있도록
하여야 한다는 행위의 지침, 즉 행위규범으로 작용하는데 반해, 헌법재판에 있
어서는 다른 국가기관, 즉 입법부나 행정부가 국민으로 하여금 인간다운 생활
을 영위하도록 하기 위하여 객관적으로 필요한 최소한의 조치를 취할 의무를
다하였는지를 기준으로 국가기관의 행위의 합헌성을 심사하여야 한다는 통제
규범으로 작용하는 등, 그 기속의 의미가 동일하지 아니하다(헌재 2001. 4. 26.
2000헌마390, 판례집 13-1, 977, 989; 헌재 2009. 11. 26. 2007헌마734, 판례집
21-2하, 576, 595 등 참조).

　(헌재 2011. 11. 24. 2010헌마510, 판례집 23-2하, 513, 523 [기각])

판례 헌재 2005. 2. 24. 2003헌바72, 지방세법 제288조 제1항 등 위헌소원, 판례
집 17-1, 228, 235 - 평등

판례 헌재 2004. 10. 28. 2002헌마328, 2002년도 국민기초생활보장최저생계비 위
헌확인, 공보 제98호, 1187 [기각] - 인간다운 생활권

판례 헌재 2003. 7. 24. 2002헌마522 등, 참전유공자예우에관한법률 제6조 제1항
위헌확인, 판례집 15-2상, 169 [기각]

판례 헌재 2004. 9. 23. 2004헌마192, 국립사범대학졸업자중교원미임용자임용등
에 관한특별법 제2조 위헌확인, 판례집 16-2상, 604 [기각] - 평등

판례 헌재 2001. 11. 29. 99헌마494, 재외동포의출입국과법적지위에관한법률 제
2조 제2호 위헌확인, 판례집 13-2, 714 [헌법불합치] - 평등

---

2) 헌재 1997. 5. 29, 94헌마33, 판례집 제9권 1집, 543.

Ⅱ. 입법자의 형성의 자유의 인정

입법자의 형성
의 자유

헌법재판소는 법률에 대한 위헌심사에 있어서 대부분의 경우 원칙적으로 입법자에게 형성의 자유를 인정하고 있다. 특히 헌법이 일정한 사항을 법률로 규정할 것을 입법자에게 위임해 놓은 경우에는 거의 대부분 넓은 형성의 자유를 인정한다. 이와 같이 입법자에게 형성의 자유를 인정한 경우에는 헌법재판소가 통제의 강도를 완화하는 것이 타당하다고 할 수 있다. 입법자의 형성의 자유가 넓게 인정된다고 해 놓고서는 또 다시 심판대상에 대하여 엄격한 심사기준을 잣대로 하여 통제하는 것은 앞뒤 논리가 맞지 않는 것이라고 할 수 있을 것이다.

기본권 관련성
에 따른 입법
형성의 자유
축소

다만 헌법이 입법사항을 입법자에게 위임해 놓은 경우라 하더라도, 규율대상이 당사자의 기본권과 밀접하게 관련되는 경우에는 그러한 기본권관련성의 정도에 따라서 다시 입법자의 형성의 자유의 범위가 축소될 수 있다. 그러한 경우에는 입법자의 형성의 자유를 일응 인정하였다 하더라도, 기본권의 관련성의 정도에 따라서 헌법재판소의 통제의 강도가 더욱 강화될 수 있다. 이와 같은 사례가 보여 주고 있듯이 입법자의 형성의 자유와 그 한계의 문제는 단순히 실정 헌법규정이 어느 정도로 추상적으로 규정되었는지 아니면 확정적으로 규정되어 있는지의 문제가 아니라, 구체적 사건에서 개별적으로 검토해야 할 사항이라고 할 수 있다.3)

Ⅲ. 통제의 강도의 조절

통제의 강도:
명백성 통제,
납득가능성 통
제, 내용통제

헌법재판소는 입법자의 형성의 자유가 인정되는 정도에 따라서 위헌심사에 있어서 통제의 강도를 조절하기도 한다. 즉 입법자의 형성의 자유가 넓게 인정되는 경우에는 명백성통제나 납득가능성통제로 그치며, 기본권과의 관련성이 많고 기본권침해의 중대성이 인정되는 경우에

---

3) 이에 대하여 자세한 것은 방승주 헌법재판소의 입법자에 대한 통제의 범위와 강도 - 입법자의 형성의 자유와 그 한계에 대한 헌법재판소의 지난 20년간의 판례를 중심으로, 공법연구 제37집 제2호(2008. 12), 113-171면.

는 내용통제를 가하게 된다.

이러한 명백성통제, 납득가능성통제, 그리고 내용통제라고 하는 통제의 강도의 조절은 대표적인 기능법적인 방법론의 구사라고 할 수 있을 것이다.

1. 명백성통제의 사례

판례 이 사건 법률조항에 대한 위헌 여부의 심사는, '입법자는 어떠한 목적을 위해 어느 정도로 선거권을 제한할 수 있는가'에 대한 것이 아니라 '입법자는 부재자가 현실적으로 투표할 수 있게 하는 절차를 어느 정도로 마련해야 하는가'에 대한 심사라 할 것이고, 부재자투표에 관한 내용은 사회적·경제적·지리적·기술적 여건에 의해 크게 좌우되므로, 그 절차를 규정함에 있어서는 입법자에게 폭넓은 형성의 자유가 인정된다고 보아야 한다.

그러므로 이 사건 법률조항의 위헌 여부는, 현재의 사회적·경제적·지리적·기술적 여건을 고려할 때, 부재자투표기간을 선거일 전 6일부터 2일간으로 규정한 것이 입법형성의 한계를 벗어나 현저히 부당한 것인지 여부를 심사함으로써 결정지어야 할 것이다.

(헌재 2010. 4. 29. 2008헌마438, 판례집 제22권 1집 하, 110, 120)

판례 헌재 2004. 10. 28. 2002헌마328, 2002년도 국민기초생활보장최저생계비 위헌확인, 공보 제98호, 1187 [기각]

2. 납득가능성통제의 사례

판례 헌재 2002. 10. 31. 99헌바76, 2000헌마505(병합), 구 의료보험법 제32조 제1항 등 위헌소원, 국민건강보험법 제40조 제1항 위헌확인, 판례집 14-2, 410

이 사건과 같이, 헌법재판소의 규범심사과정에서 결정의 전제가 되는 중요한 사실관계가 밝혀지지 않는다든지 특히 법률의 효과가 예측되기 어렵다면, 이러한 불확실성이 공익실현을 위하여 국민의 기본권을 침해하는 입법자와 기본권을 침해당하는 국민 중에서 누구의 부담으로 돌아가야 하는가 하는 문제가 제기된다. 법률이 개인의 핵심적 자유영역(생명권, 신체의 자유, 직업선택의 자유 등)을 침해하는 경우 이러한 자유에 대한 보호는 더욱 강화되어야 하므로, 입법자는 입법의 동기가 된 구체적 위험이나 공익의 존재 및 법률에 의하여 입법목적이 달성될 수 있다는 구체적 인과관계를 헌법재판소가 납득하게끔 소명·입증해야 할 책임을 진다고 할 것이다. 반면에, 개인이 기본권의 행사를 통하여 일반적으로 타인과 사회적 연관관계에 놓여지는 경제적 활동을 규제하는 사회·경제정책적 법률을 제정함에 있어서는 입법자에게 보다 광범위한 형성권이 인정되므로, 이 경우 입법자의 예측판단이나 평가가 명백히 반박될 수 있는가 아니면 현저하게 잘못되었는가 하는 것만을 심사하는 것이 타당하다고 본다.[4)]

비록 강제지정제에 의하여 의료인의 직업활동이 포괄적으로 제한을 받는다 하더라도 강제지정제에 의하여 제한되는 기본권은 '직업선택의 자유'가 아닌 '직업행사의 자유'이다. 직업선택의 자유는 개인의 인격발현과 개성신장의 불가결한 요소이므로, 그 제한은 개인의 개성신장의 길을 처음부터 막는 것을 의미하고, 이로써 개인의 핵심적 자유영역에 대한 침해를 의미하지만, 일단 선택한 직업의 행사방법을 제한하는 경우에는 개성신장에 대한 침해의 정도가 상대적으로 적어 핵심적 자유영역에 대한 침해로 볼 것은 아니다. 의료인은 의료공급자로서의 기능을 담당하고 있고, 의료소비자인 전 국민의 생명권과 건강권의 실질적 보장이 의료기관의 의료행위에 의존하고 있으므로, '의료행위'의 사회적 기능이나 사회적 연관성의 비중은 매우 크다고 할 수 있다. 이러한 관점에서 볼 때, '국가가 강제지정제를 택한 것은 최소침해의 원칙에 반하는가'에 대한 판단은 '입법자의 판단이 현저하게 잘못 되었는가'하는 명백성의 통제에 그치는 것이 타당하다고 본다.[5)]

판례 헌재 2004. 8. 26. 2002헌가1 병역법 제88조 제1항 제1호 위헌제청

이 사건으로 돌아와 보건대, 비록 양심의 자유가 개인의 인격발현과 인간의 존엄성실현에 있어서 매우 중요한 기본권이기는 하나, 양심의 자유의 본질이 법질서에 대한 복종을 거부할 수 있는 권리가 아니라 국가공동체가 감당할 수 있는 범위 내에서 개인의 양심상 갈등상황을 고려하여 양심을 보호해 줄 것을 국가로부터 요구하는 권리이자 그에 대응하는 국가의 의무라는 점을 감안한다면, 입법자가 양심의 자유로부터 파생하는 양심보호의무를 이행할 것인지의 여부 및 그 방법에 있어서 광범위한 형성권을 가진다고 할 것이다.

한편, 이 사건 법률조항을 통하여 달성하고자 하는 공익은 국가의 존립과 모

---

4) 헌재 2002. 10. 31. 99헌바76, 판례집 제14권 2집, 410, 410-411.
5) 헌재 2002. 10. 31. 99헌바76, 판례집 제14권 2집, 410, 411-411

든 자유의 전제조건인 '국가안보'라는 대단히 중요한 공익으로서, 이러한 중대
한 법익이 문제되는 경우에는 개인의 자유를 최대한으로 보장하기 위하여 국
가안보를 저해할 수 있는 무리한 입법적 실험을 할 것을 요구할 수 없다. 뿐만
아니라, 병역의무의 이행을 거부함으로써 양심을 실현하고자 하는 경우는 누
구에게나 부과되는 병역의무에 대한 예외를 요구하는 경우이므로 병역의무의
공평한 부담의 관점에서 볼 때, 타인과 사회공동체 전반에 미치는 파급효과가
크다고 할 수 있고, 이로써 기본권행사의 강한 사회적 연관성이 인정된다.
따라서 이러한 관점에서 볼 때, '국가가 대체복무제를 채택하더라도 국가안보
란 공익을 효율적으로 달성할 수 있기 때문에 이를 채택하지 않은 것은 양심
의 자유에 반하는가.'에 대한 판단은 '입법자의 판단이 현저하게 잘못되었는가.'
하는 명백성의 통제에 그칠 수밖에 없다.[6]

국가안보상의 중요정책에 관하여 결정하는 것은 원칙적으로 입법자의 과제
이다. 국가의 안보상황에 대한 입법자의 판단은 존중되어야 하며, 입법자는 이
러한 현실판단을 근거로 헌법상 부과된 국방의 의무를 법률로써 구체화함에
있어서 광범위한 형성의 자유를 가진다.

한국의 안보상황, 징병의 형평성에 대한 사회적 요구, 대체복무제를 채택하
는 데 수반될 수 있는 여러 가지 제약적 요소 등을 감안할 때, 대체복무제를
도입하더라도 국가안보라는 중대한 헌법적 법익에 손상이 없으리라고 단정할
수 없는 것이 현재의 상황이라 할 것인바, 대체복무제를 도입하기 위해서는 남
북한 사이에 평화공존관계가 정착되어야 하고, 군복무여건의 개선 등을 통하
여 병역기피의 요인이 제거되어야 하며, 나아가 우리 사회에 양심적 병역거부
자에 대한 이해와 관용이 자리잡음으로써 그들에게 대체복무를 허용하더라도
병역의무의 이행에 있어서 부담의 평등이 실현되며 사회통합이 저해되지 않는
다는 사회공동체 구성원의 공감대가 형성되어야 하는데, 이러한 선행조건들이
충족되지 않은 현 단계에서 대체복무제를 도입하기는 어렵다고 본 입법자의
판단이 현저히 불합리하다거나 명백히 잘못되었다고 볼 수 없다.

병역의무와 양심의 자유가 충돌하는 경우 입법자는 법익형량과정에서 국가
가 감당할 수 있는 범위 내에서 가능하면 양심의 자유를 고려해야 할 의무가
있으나, 법익형량의 결과가 국가안보란 공익을 위태롭게 하지 않고서는 양심
의 자유를 실현할 수 없다는 판단에 이르렀기 때문에 병역의무를 대체하는 대
체복무의 가능성을 제공하지 않았다면, 이러한 입법자의 결정은 국가안보라는
공익의 중대함에 비추어 정당화될 수 있는 것으로서 입법자의 '양심의 자유를

---

6) 헌재 2004. 8. 26. 2002헌가1, 판례집 제16권 2집 상, 141, 158-159.

보호해야 할 의무'에 대한 위반이라고 할 수 없다. 그렇다면 이 사건 법률조항은 양심적 병역거부자의 양심의 자유나 종교의 자유를 침해하는 것이라 할 수 없다.[7]

> **판례** 그러나 정당설립의 자유에 대한 제한은 오늘날의 정치현실에서 차지하는 정당의 중요성 때문에 원칙적으로 허용되지 않는다는 것이 헌법의 결정이므로 정당설립의 자유를 제한하는 법률의 경우에는 입법수단이 입법목적을 달성할 수 있다는 것을 어느 정도 확실하게 예측될 수 있어야 한다. 다시 말하면, 헌법재판소는 정당설립의 자유에 대한 제한의 합헌성의 판단과 관련하여 '수단의 적합성' 및 '최소침해성'을 심사함에 있어서 입법자의 판단이 명백하게 잘못되었다는 소극적인 심사에 그치는 것이 아니라, 입법자로 하여금 법률이 공익의 달성이나 위험의 방지에 적합하고 최소한의 침해를 가져오는 수단이라는 것을 어느 정도 납득시킬 것을 요청한다.
>
> (헌재 1999. 12. 23. 99헌마135, 판례집 11-2, 800, 816-817)

Ⅳ. 일반화·유형화, 시간적 적응의 자유의 관점

복잡한 사실관계의 규율

또한 헌법재판소는 입법자가 복잡한 사실관계에 대하여 규율할 경우에는 우선 일반화·유형화함으로써, 필요한 경험을 축적할 수 있다고 하는 관점을 받아들이고 있다. 달리 말해서 이러한 일반화·유형화의 경우에는 비록 그로 인하여 일정한 불평등이 초래된다 하더라도 그것이 지나치게 크지 않고 또한 그 불평등의 범위도 그렇게 넓다고 볼 수 없을 경우에는 평등의 원칙에 위반된다고 볼 수 없다고 하는 관점이다.

경험을 축적할 수 있는 시간적 적응의 자유

복잡한 사실관계의 경우 입법자에게 나름대로 경험을 축적할 수 있는 시간적 여유, 즉 시간적 적응의 자유가 인정될 수 있다고 하는 관점 역시 헌법재판소가 입법자와의 관계에 있어서 스스로의 기능법적 한계를 도출해 내고자 하는 판례라고 할 수 있다.

> **판례** 또한 입법자가 규율의 결과를 쉽게 예측할 수 없는 복잡한 사실관계의 규율에 있어서는 입법자에게 시간적으로 적응할 수 있는 기간이 주어지며, 입법

---

7) 헌재 2004. 8. 26. 2002헌가1, 판례집 제16권 2집 상, 141, 159-160.

자가 시간의 경과와 함께 그 규정의 부정적 효과와 그로 인한 규범의 위헌성을 충분히 인식하고 경험할 시간을 가졌음에도 불구하고 사후적인 개선의 노력을 하지 않은 경우에 비로소 헌법적으로 비난할 여지가 있다. 따라서 교통과실범에 대한 규율과 같이 규율의 효과를 쉽게 조감할 수 없는 규율영역에서는 우선 입법자에게 경험을 축적할 적절한 시간을 부여해야 하고, 입법목적을 달성하려는 실용적인 측면에서 입법자는 이 초기단계에서는 대강의 유형화와 일반화를 통하여 대상을 규율할 수 있다. 그러한 경우에는 입법자가 보다 합리적인 해결책을 위한 경험자료의 축적에도 불구하고, 법규정의 사후적 보완 노력과 입법자가 새롭게 인식한 내용에 상응하는 보다 상세한 차별화를 실시하지 않았을 때에 비로소 그 규범은 헌법재판소에 의하여 위헌으로 선언될 수 있다.[8]

> 판례 입법자가 복잡한 생활관계를 새로이 규율함에 있어서는 충분한 경험이 쌓일 때까지 우선 대략적으로 유형화하고 일반화하는 규정을 만드는 것으로 만족해야 할 경우가 있다. 또 사실적 상황이 변화함에 따라 종전의 규정을 개정할 필요가 생겼지만 그렇다고 이를 단순하고 조급히 수행해서는 안 되는 경우도 있을 수 있다. 이 경우들에는 불평등이 현존한다고 하여 당해 규정이 바로 위헌이 되는 것은 아니며, 입법자는 그러한 불평등을 제거하는 데에 어느 정도의 기간을 요구할 수 있다고 보아야 한다.[9]

우리 헌법재판소는 평등의 단계적인 실현가능성을 언급하고 있는데 이러한 판례는 바로 시간적 적응의 자유의 관점과 매우 유사하다. 입법자가 처음부터 일거에 평등을 실현하고자 할 경우에는 오히려 아무 것도 이룰 수 없기 때문에, 일정한 영역부터 단계적으로 평등을 실현하는 것은 가능하며, 그로 인하여 불평등한 결과가 초래된다고 하더라도 평등원칙에 위반된다고 볼 수는 없다고 하는 것이다.

평등의 단계적 실현

> 판례 중학교 의무교육의 단계적 실시: 교육법 제8조의2에 관한 위헌심판
> 헌법상 평등의 원칙은 국가가 언제 어디에서 어떤 계층을 대상으로 하여 기본 권에 관한 사항이나 제도의 개선을 시작할 것인지를 선택하는 것을 방해하지는 않는다. 말하자면 국가는 합리적인 기준에 따라 능력이 허용하는 범위 내

---

8) 헌재 1997. 1. 16. 90헌마110, 판례집 제9권 1집, 90, 116−117.
9) 헌재 2004. 10. 28. 2002헌바70, 판례집 제16권 2집 하, 159, 160.

에서 법적 가치의 상향적 구현을 위한 제도의 단계적 개선을 추진할 수 있는 길을 선택할 수 있어야 한다. 그것이 허용되지 않는 다면 모든 사항과 계층을 대상으로 하여 동시에 제도의 개선을 추지하는 예외적인 경우를 제외하고는 어떠한 제도의 개선도 평등의 원칙 때문에 그 시행이 불가능하다는 결과에 이르게 되어 불합리할 뿐 아니라 평등의 원칙이 실현하고자 하는 가치와도 어긋나기 때문이다(당재판소 1990.6.25.선고, 89헌마107 결정 참조). 따라서 국가가 종전의 상황을 개선함에 있어서 그 개선의 효과가 일부의 사람에게만 미치고 동일한 상황하에 있는 다른 사람에게는 미치지 않아 그들 사이에 일견 차별이 생기게 된다고 하더라도 그것만으로는 평등의 원칙을 위반한 것이라고는 할 수 없다. 이러한 사정은 특히 이 사건과 같이 제도의 개선에 과다한 재원이 소요되는 경우에 분명하다(위 결정 참조).

(헌재 1991. 2. 11. 90헌가27, 판례집 3, 11, 25-25)

V. 변형결정: 헌법불합치결정, 헌법합치적 해석(한정위헌·한정합헌), 촉구결정, 경고결정

헌법재판소의 변형결정

헌법재판소는 입법자의 형성의 자유를 존중하기 위하여 위헌결정과 합헌결정의 범주를 벗어나는 다양한 변형된 결정유형을 발전시켜 왔다.

변형결정의 목적: 법적 안정성의 도모

헌법재판소가 입법자의 형성의 자유 등 타 국가기관의 권한영역을 침해하지 않고서 가급적 기존의 법률의 합헌성을 유지함으로써 법적 안정성을 도모하려는 목적으로 변형결정을 사용하는 경우가 있는데 이 경우는 헌법재판의 기능적 한계를 유지하기 위한 목적에도 해당한다고 할 수 있다. 다만 헌법재판소가 이러한 변형결정을 반드시 필요하지 않은 경우에도 남용하는 경우에는 오히려 헌법재판의 기능적 한계를 유지하는 것이 아니라 유월할 가능성도 있기 때문에 변형결정의 사용은 매우 주의를 기울여야 하고, 판례에 의하여 정립된 변형결정의 목적과 취지에 부합하는 그러한 변형결정을 구사하기 위하여 노력해야 한다.

1. 헌법불합치결정[10]

---

10) 이에 관하여는 방승주, 헌법불합치결정의 문제점과 그 개선방안, 헌법학연구 제13권 제3호(2007. 9), 49-106면; 같은 이, 헌법불합치결정과 그에 대한 국회 및

헌법불합치결정은 대표적으로 평등원칙 위반 사례의 경우, 위헌을 제거할 수 있는 방법으로서 지금까지 국가가 혜택을 부여해 주던 집단에게 더 이상 혜택을 부여하지 않기로 하는 방법이 있을 수 있는가 하면, 반대로 지금까지 혜택을 받지 못하던 집단에게도 혜택을 부여함으로써, 모두 평등하게 다루는 방법이 있을 수 있다. 이와 같이 위헌성을 제거할 수 있는 방법이 여러 가지가 있는 경우, 어떠한 한 방법으로 결정하는 것은 헌법재판소가 할 일이 아니라고 보고, 그러한 결정을 입법자에게 일임하는 방법으로서 헌법불합치결정이 존재한다.

위헌성제거방법이 여러 가지인 경우 이를 입법자에게 위임하는 헌법불합치

이러한 헌법불합치결정은 주로 적용중지와 절차의 정지, 그리고 입법개선의무가 그 법적 효과로서 나타나게 된다. 즉 위헌으로 확인된 법률을 더 이상 적용할 수 없으며 법원 역시 입법자가 위헌을 제거하는 법률을 개정할 때까지 절차를 정지하여야 한다. 그리고 입법자는 원칙적으로 결정이 선고된 시점까지 소급적으로 위헌성을 제거할 수 있는 경과규정을 포함하는 법개정을 하지 않으면 안된다.

적용중지, 절차의 정지, 입법개선의무

2. 헌법합치적 해석: 한정위헌결정 · 한정합헌결정

어떠한 법률이 일반적인 법해석방법에 의할 경우 합헌적으로 해석될 수도 있고, 위헌적으로 해석될 수도 있는 경우, 위헌적인 해석가능성은 배제하고 합헌적인 해석가능성을 채택함으로써, 법률의 효력을 유지시켜 주는 해석방법을 헌법합치적 해석이라고 한다.

헌법합치적 해석: 법률의 효력 유지

이와 같이 헌법합치적 해석을 하는 이유는 법률이 합헌적으로 해석될 수 있는 가능성이 있을 경우에는 가급적 그러한 가능성을 살려서 법률의 효력을 유지시킴으로써, 과도하게 입법영역에 개입하지 않기 위한 목적에 있다고 할 수 있다. 그러한 의미에서 입법자의 형성영역을 될 수 있는 한 존중하기 위한 해석방법이다.

입법자의 형성영역 존중

이러한 헌법합치적 해석에 입각하여 내린 헌법재판소의 결정유형이 한정위헌결정과 한정합헌결정이다.

한정위헌결정과 한정합헌결정

법원의 반응 – 2006년 6월 이후의 위헌법률심판("헌가" 및 "헌바")사건을 중심으로, 헌법학연구 제17권 제4호(2011. 12), 343−393면 참조.

입법자가 의도
하지 않던 이
질적 내용 삽
입하는 경우
입법영역 침해

다만 헌법재판소가 헌법합치적 해석의 가능성의 테두리를 넘어서
서 과도하게 입법자가 의도하지 않던 내용을 오히려 삽입시키는 해석을
하는 경우에는 입법자의 형성영역을 오히려 침해할 수 있는 소지가 있
기 때문에 주의를 요한다고 하겠다.

법원과의 관계
에 있어서 기
능적 한계

또한 우리 헌법재판 실무에 있어서 재판소원이 법률상 인정되지 않
고 있는 현실에서 한정위헌결정 내지 한정합헌결정은 사실상 법원의 재
판에 직접 개입하는 결과를 야기하게 되어 자칫 헌법재판소와 법원과의
분쟁11)을 야기할 수 있으므로, 법원과의 관계에서도 헌법재판소가 헌법
합치적 해석의 기능적 한계를 지키기 위해서 노력하여야 할 것이다(이에
관하여 자세한 것은 아래 '법률에 대한 헌법합치적' 해석 참조).

3. 촉구결정과 경고결정

법적·사실적
상황의 변화
로 법률이 위
헌으로 된 경
우 개정촉구

어떠한 법률이 법적·사실적 상황의 변화로 인하여 이미 위헌으로
되었으나, 헌법재판소가 입법자에게 법률을 개정할 수 있는 시간적 여
유를 부여하기 위하여 주문에서 (아직은) 합헌으로 결정하면서도, 결정이
유에서 법적, 사실적 상황의 변화로 인한 위헌성을 드러냄으로써 입법
자에게 개정을 촉구하는 결정을 촉구결정이라고 한다.

실제로 아직은
합헌일 경우
경고결정

이와 구분되는 결정으로서 경고결정이 있다. 경고결정은 법적·사
실적 상황의 변화로 인하여 법률이 위헌으로 되어 가고 있으나 실제로
아직은 합헌일 경우에, 헌법재판소는 결정주문에 (아직은) 합헌으로 결정
하면서도, 결정이유에서 입법자에게 완곡하게 입법적 대처를 할 것을
경고할 수 있는데 이러한 결정유형을 경고결정이라고 한다.

입법자에게
현실상황적응
을 위한 시간
적 여유 부여

모두 법적·사실적 상황변화에 따른 법률의 위헌성을 헌법재판소
가 감지하였음에도 불구하고, 입법자가 현실 상황에 적응할 수 있는 시
간적 여유를 부여하기 위한 목적으로 법률에 대해서 (아직은) 합헌이라
고 하면서도 입법자의 대처를 촉구 내지 경고하는 결정이라고 할 수 있
는데, 결국 실체법적 위헌성의 판단과 달리 입법자와의 관계에서 헌법

---

11) 한정위헌결정의 기속력에 대하여는 방승주, "한정위헌결정의 기속력을 부인한 대
법원 판결의 위헌 여부", 헌법소송사례연구, 박영사 2002, 343-404면 참조.

재판소가 기능법적 자제를 하는 변형결정이라고 할 수 있다.

판례 양심적 병역거부 결정

양심적 병역거부의 문제는 이제 우리나라에서도 국가공동체의 주요한 현안이 되었다. 이미 오래 전부터 여호와의 증인을 중심으로 종교적 양심을 이유로 병역을 거부하는 현상이 존재하였고, 최근에는 이러한 현상이 불교신자, 평화주의자들에게까지 확산되는 것을 엿볼 수 있다. 병역기피자는 이 사건 법률조항에 의하여 형사처벌을 받는 것은 물론이고, 공무원, 임·직원으로의 취업을 제한받고 각종 관허업의 허가·인가·면허 등을 받을 수 없으며(병역법 제76조), 형사처벌을 받은 후에도 공무원임용자격이 상당한 기간 동안 박탈되는 등(국가공무원법 제33조 등) 사회적으로 막대한 불이익을 받게 된다.

양심적 병역거부자의 수는 비록 아직 소수에 불과하나, 입법자는 이 사건 법률조항의 시행으로 인하여 양심갈등의 상황이 집단적으로 발생한다는 것을 그동안 충분히 인식하고 확인할 수 있었으므로, 이제는 양심적 병역거부자의 고뇌와 갈등상황을 외면하고 그대로 방치할 것이 아니라, 이들을 어떻게 배려할 것인가에 관하여 진지한 사회적 논의를 거쳐 나름대로의 국가적 해결책을 찾아야 할 때가 되었다고 판단된다.

국제적으로도 이미 1967년부터 유럽공동체, 국제연합의 차원에서 양심적 병역거부를 인정하여야 한다는 결의를 반복하기에 이르렀고, 1997년 국제연합의 조사에 의할 때, 징병제를 실시하는 93개국 중 양심적 병역거부를 전혀 인정하고 있지 않는 국가는 약 절반에 불과할 정도로 이미 많은 국가에서 입법을 통하여 이 문제를 해결하고 있다.

입법자는 헌법 제19조의 양심의 자유에 의하여 공익이나 법질서를 저해하지 않는 범위 내에서 법적 의무를 대체하는 다른 가능성이나 법적 의무의 개별적인 면제와 같은 대안을 제시함으로써 양심상의 갈등을 완화해야 할 의무가 있으며, 이러한 가능성을 제공할 수 없다면, 적어도 의무위반시 가해지는 처벌이나 징계에 있어서 그의 경감이나 면제를 허용함으로써 양심의 자유를 보호할 수 있는 여지가 있는가를 살펴보아야 한다.

그러므로 입법자는 양심의 자유와 국가안보라는 법익의 갈등관계를 해소하고 양 법익을 공존시킬 수 있는 방안이 있는지, 국가안보란 공익의 실현을 확보하면서도 병역거부자의 양심을 보호할 수 있는 대안이 있는지, 우리 사회가 이제는 양심적 병역거부자에 대하여 이해와 관용을 보일 정도로 성숙한 사회가 되었는지에 관하여 진지하게 검토하여야 할 것이며, 설사 대체복무제를 도

입하지 않기로 하더라도, 법적용기관이 양심우호적 법적용을 통하여 양심을
보호하는 조치를 취할 수 있도록 하는 방향으로 입법을 보완할 것인지에 관하
여 숙고하여야 한다.[12]

판례 **간통죄 합헌결정**

선량한 성도덕과 일부일처주의 혼인제도의 유지 및 가족생활의 보장을 위하
여나 부부간의 성적 성실의무의 수호를 위하여, 그리고 간통으로 인하여 야기
되는 배우자와 가족의 유기, 혼외자녀 문제, 이혼 등 사회적 해악의 사전예방
을 위하여 배우자 있는 자의 간통행위를 규제하는 것은 불가피한 것이며, 그러
한 행위를 한 자를 2년 이하의 징역에 처할 수 있도록 규정한 형법 제241조의
규정은 성적 자기결정권에 대한 필요 및 최소한의 제한으로서 헌법 제37조 제
2항에 위반되지 않는다. 간통죄가 피해자의 인내심이나 복수심의 다과 및 행
위자의 경제적 능력에 따라 법률적용의 결과가 달라지는 측면이 있는 점을 무
시할 수는 없으나, 이는 개인의 명예와 사생활보호를 위하여 간통죄를 친고죄
로 하는데서 오는 부득이한 현상으로서 형법상 다른 친고죄에도 나타날 수 있
는 문제이지 특별히 간통죄에만 해당되는 것은 아니며, 배우자 있는 자의 간통
행위 규제가 불가피하고 배우자 모두에게 고소권이 인정되어 있는 이상 간통
죄의 규정은 헌법 제11조 제1항의 평등원칙에도 반하지 아니한다. 그리고 간통
죄의 규정은 선량한 성도덕과 일부일처주의 혼인제도의 유지, 가족생활의 보
장 및 부부쌍방의 성적 성실의무의 확보를 위하여, 그리고 간통으로 인하여 생
길 수 있는 사회적 해악의 사전예방을 위하여 필요한 법률이어서 헌법 제36조
제1항의 규정에 반하는 법률이 아니다.

다만 입법자로서는, 첫째 기본적으로 개인 간의 윤리적 문제에 속하는 간통
죄는 세계적으로 폐지추세에 있으며, 둘째 개인의 사생활 영역에 속하는 내밀
한 성적 문제에 법이 개입함은 부적절하고, 셋째 협박이나 위자료를 받기 위한
수단으로 악용되는 경우가 많으며, 넷째 수사나 재판과정에서 대부분 고소취
소되어 국가 형벌로서의 처단기능이 약화되었을 뿐만 아니라, 다섯째 형사정
책적으로 보더라도 형벌의 억지효나 재사회화의 효과는 거의 없고, 여섯째 가
정이나 여성보호를 위한 실효성도 의문이라는 점 등과 관련, 우리의 법의식의
흐름과의 면밀한 검토를 통하여 앞으로 간통죄의 폐지여부에 대한 진지한 접
근이 요구된다.

(헌재 2001. 10. 25. 2000헌바60, 판례집 13-2, 480)

---

12) 헌재 2004. 8. 26. 2002헌가1, 판례집 제16권 2집 상, 141, 160-161.

간통죄의 위헌여부에 대하여 헌법재판소는 4:5로 위헌의견(1인 재판관 헌법불합치의견)이 다수였으나, 위헌에 이르기 위한 정족수가 미달되어 합헌으로 결정되었다가[13], 결국 위헌결정으로 판례가 변경[14]되었다.

VI. 법률에 대한 헌법합치적 해석

1. 의 의

법률에 대한 헌법합치적 해석이란 전술한 바와 같이 어떠한 법률이 일반적인 법해석방법에 따를 때 합헌적으로 해석될 수도 있고, 위헌적으로 해석될 수도 있는 경우에 위헌적인 해석을 배제하고 합헌적 해석을 따르는 법률해석 방법이라고 할 수 있다.

이러한 법률에 대한 헌법합치적 해석 또는 합헌적 법률해석은 법원이 법률을 해석함에 있어서는 물론이거니와 헌법재판소가 법률에 대한 위헌심판을 할 경우에도 역시 요구되는 법률해석방법이다.

그런데 법률해석방법을 왜 헌법해석이라고 하는 주제 하에서 다루는지에 대해서 의문이 제기될 수 있다. 그것은 헌법합치적 해석이 한편으로는 법률에 대한 해석이지만, 다른 한편으로는 헌법에 합치되는 해석을 지향하므로 헌법해석과도 관련되기 때문이다.

오히려 법원이 구체적 사건에서 법률을 해석, 적용할 경우에 늘 요구되는 과제이기 때문에 법원은 이러한 과제를 잘 수행하지 않으면 안 된다. 재판에 대한 헌법소원이 허용되어 있는 경우에는 법원이 법률에 대한 헌법합치적 해석을 잘 하였는지 여부가 헌법재판소에서 다시 한번 심사될 수 있다.

다의적 해석 가능성이 있을 경우 위헌적 해석가능성 배제하고 합헌적 해석가능성 채택

법률해석과 헌법해석의 관련성

2. 근 거

---

13) 헌재 2008. 10. 30. 2007헌가17·21, 2008헌가7·26, 2008헌바21·47(병합), 판례집 제20권 2집 상, 696, 696−697.

14) 헌재 2015. 2. 26. 2009헌바17 등 (병합), 형법 제241조 위헌소원: 7:2 간통죄 위헌 결정.

헌법합치적 해
석의 이론적
근거

    법률에 대한 헌법합치적 해석을 과연 왜 하여야 하는가 하는 문제
는 지금까지 여러 가지의 이론적 근거들이 들어져 왔다. 가령 법률의 합
헌성 추정, 입법자에 대한 존중, 법질서의 통일성, 국가 간의 신뢰보호
등을 들 수 있다.15)

가. 법률의 합헌성 추정

여러 단계의
법률안 작성
과정에서의 위
헌성 제거

    법률이 제정되기까지는 여러 가지 단계와 절차를 거치게 된다. 정
부제출 법률안의 경우는 정부에서 법률안을 작성하는 과정에서도 각 부
처에서 법률안을 마련하여 법제처심의와 국무회의를 거쳐서 정부제출
법률안으로 최종 승인되기까지 수많은 심사를 거치게 되고 또한 입법예
고나 공청회를 거치기도 한다. 이러한 과정에서 여러 가지 위헌적인 요
소들은 걸러내어질 수 있다.

국회에서의 법
안 심의과정

    또한 국회에서 법률안의 심의과정에서도 규정된 절차와 단계를 거
치는 경우에는 상당부분 위헌적 요소를 법안 심의과정에서 제거할 수
있다.

공포된 법률에
대한 합헌 추
정

    그리하여 국회의원 다수가 법률안을 찬성하여 통과시킨 후, 대통령
이 법률안을 거부하지 아니하고 공포하여 탄생시킨 법률은 일단 합헌이
라고 추정을 받을 수 있을 것이다.

법률의 합헌성
추정은 추정일
뿐 위헌심사
대기

    하지만 이러한 법률의 합헌성 추정은 원칙적이고 일반적인 논리의
전개로서는 가능하나, 구체적으로 국회에서도 다수가 소수의 인권이나
기본권을 침해하거나 또는 수의 힘으로 적법한 절차를 무시하고 다수의
횡포를 보여주는 사례의 경우 반드시 합헌성 추정을 받을 수는 없을 것
이다. 이러한 경우를 통제하기 위해서 사법심사와 헌법재판제도가 존재
하기도 하는 것이다. 아무튼 법률의 합헌성 추정은 "추정"이라고 하는

---

15) 허영, 한국헌법론, 박영사, 2020, 76−78면은 법질서의 통일성, 권력분립의 정신,
법률의 추정적 효력, 국가 간의 신뢰보호를, 권영성, 헌법학원론, 법문사, 2010,
27−28면은 법질서의 통일성 유지, 권력분립, 민주적 입법기능의 존중, 법적 안정
성의 유지를, 양건, 헌법강의, 법문사, 2020, 57면은 법질서의 통일성 유지, 의회
의 입법권에 대한 존중, 법적 안정성의 유지를, 홍성방, 헌법학(상), 박영사, 2016,
39−41면은 법질서의 통일성, 입법권존중, 법률의 추정적 효력을 법률에 대한 헌
법합치적 해석의 근거로 들고 있다.

말 그 자체가 암시하고 있듯이, 법률에 위헌의 요소가 발견된다면 그 법률은 위헌선언될 수 있는 대상일 뿐인 것이다.

나. 입법권에 대한 존중

어떠한 법률이 합헌으로 해석될 수도 있고, 위헌으로 해석될 수도 있을 경우에 될 수 있으면 위헌적 해석가능성은 제거하고 합헌적으로 해석될 수 있는 가능성을 살려서 그 법률의 효력을 유지시킨다면, 입법 영역을 최대한 존중하는 일이 될 것이다. 입법자가 법률을 개정하거나 새로이 제정하기 위해서는 입법단계에서 많은 절차와 심의를 거쳐야 하고, 그러한 입법과정 자체가 상당한 기간을 요구하기 때문에, 그러한 어려운 과정을 거쳐서 탄생한 법률에 대해서는 가급적 그 효력을 유지시킬 수 있는 쪽으로 해석한다면 그 만큼 입법권을 존중하는 일이 될 것이다.

합헌적 해석의 필요: 입법권에 대한 존중

다. 법질서의 통일성

한 국가의 법질서는 헌법을 정점으로 법률, 법규명령, 조례와 규칙 등의 순서로 그 효력이 단계화되어 있다. 헌법보다 하위인 규범들은 최상위의 헌법에 배치되는 내용을 가져서는 안 된다. 따라서 하위법령의 해석에 있어서는 가급적이면 상위법에 합치되는 방향으로 해석을 할 때에 이러한 법단계구조에 맞는 통일적인 법질서가 보장될 수 있다. 그러므로 법질서의 통일성은 헌법합치적 해석의 중요한 이론적 근거가 될 수 있다.

상위법 합치적 해석 필요

라. 국가 간의 신뢰보호

국가 간의 조약과 관련된 법률에 대하여 헌법재판소가 내국 헌법에 위반됨을 이유로 위헌결정을 하여 그 효력을 상실시킬 경우, 그간 체결되었던 국가 간의 조약과 국가 간의 신뢰가 문제될 수 있다. 이러한 경우에는 합헌적 해석을 통하여 위헌으로 해석될 수 있는 가능성은 배제하고 합헌적으로 해석될 수 있는 가능성을 살려서 그 법률을 잘 해석할

조약에 대한 위헌결정으로 인한 국가간 신뢰손상위험

필요가 있다.

헌법 제6조는 "헌법에 의하여 체결·공포된 조약과 일반적으로 승인된 국제법규는 국내법과 같은 효력을 가진다"고 하고 있다. 그러므로 조약의 경우 국내법과 같은 효력을 가지는데, 일단 법률적 차원의 조약의 경우는 법률적 효력을 가지는 것으로 받아들여진다. 이러한 조약의 위헌여부가 문제된 경우에도 가급적 헌법합치적 해석을 할 필요가 있는 것이다. 만일 그러한 가능성이 있음에도 불구하고 동 조약에 대해서 헌법재판소가 위헌결정을 하는 경우, 당사국 사이에 체결된 조약의 효력이 국내에서 깨지게 되는 것이므로 국가 간의 조약의 효력과 신뢰가 계속 유지되기 힘들다.

그러므로 이러한 경우에는 헌법합치적 해석이 요구된다고 할 수 있을 것이다.

3. 유 형

헌법합치적 해석의 유형에는 법률의 해석·적용기관인 법원이 하는 헌법합치적 해석과 헌법의 해석·적용기관인 헌법재판소가 하는 헌법합치적 해석이 있다.

가. 법원의 법률에 대한 헌법합치적 해석

법원은 구체적 사건에서 법률을 해석, 적용할 때에 가급적 그 법률이 헌법, 특히 기본권에 최대한 합치될 수 있는 방향으로 해석·적용하여 재판을 하여야 한다. 이러한 해석을 독일 학계에서는 '헌법정향적 해석'이라고 하기도 한다.

그런데 이러한 법원의 헌법합치적 해석은 그 구체적 사건 자체에서만 효력을 가질 뿐, 일반적인 구속력을 가질 수 있는 해석이라고 할 수는 없다. 그러한 점에서 헌법재판소의 헌법합치적 해석의 효력과 다르다.

물론 대법원이 하는 법률에 대한 일정한 헌법합치적 해석은 하급법원에 대한 사실상의 구속력을 가진다고 볼 수 있다. 즉 어떠한 하급법원이 대법원의 확립된 판례와 다른 해석에 입각하여 재판을 한 경우, 그 재판은 상고심인 대법원에 의하여 파기·환송될 가능성이 농후한 것이다. 따라서 하급법원은 대법원의 판례에 법적으로 구속되지는 않는다 하더라도, 사실상 구속된다고 볼 수 있다.

> **사례** 대법원 2004. 7. 15. 선고 2004도2965 전원합의체판결, 이강국 대법관의 반대의견
>
> 종래의 대법원 판례는 이 사건 법률조항 소정의 '정당한 사유'의 의미를, 병역법에서 규정한 내용의 추상적 병역의무 자체를 이행할 의사는 가지고 있었으나 병무청장 등의 결정으로 구체화된 병역의무를 귀책사유 없이 불이행할 수밖에 없었던 사유, 예컨대 갑작스러운 질병의 발생 등으로 예정된 기일에 입영할 수 없었던 사유 등으로 한정하여 해석·적용해 왔고(대법원 1967. 6. 13. 선고 67도677 판결, 1990. 2. 27. 선고 88도2285 판결, 2003. 12. 26. 선고 2003도5365 판결 등 참조), 이에 따라 종교적 양심상의 결정에 의하여 현역 입영을 거부한 행위는 위 '정당한 사유'에 해당될 여지가 전혀 없었다(대법원 1969. 7. 22. 선고 69도934 판결 등 참조).
>
> 그러나 이러한 해석은, 병역법을 전체 법질서, 특히 헌법과의 관계를 고려하지 않고 병역법 그 자체만으로 분리·한정하여 해석한 결과이거나 추상적인 가치형량만을 거쳐 이 사건 법률조항이 추구하는 헌법적 가치가 피고인이 주장하는 양심의 자유의 헌법적 가치보다 더 우월하거나 적어도 동등한 가치를 가진다는 이유로 피고인에 대하여 이 사건 법률조항의 적용을 배제할 수 없다고 함으로써, 피고인에 대한 병역의 의무는 완전히 이행되도록 하는 대신 피고인에게 보장된 양심의 자유는 일방적으로 희생되는 결과가 되었으며, 더 나아가서 서로 충돌하는 헌법적 법익이나 가치들은 그 모두가 가장 잘 실현될 수 있도록 조화롭게 해석되어야 한다는 헌법적 요청도 소홀히 한 결과가 되었다. 물론, 위 '정당한 사유'를 병역법 그 자체만으로 분리·한정하여, 즉 병역법의 차원에서만 해석하는 경우에는 달리 해석할 여지가 없음은 분명해 보인다. 그러나 이러한 해석은, 헌법이 바로 법률의 효력근거이며 수권의 근거이자 인식의 척도가 되고 있음을 전혀 고려하지 않은 평면적인 해석에 불과한 것이라고 생각한다. 일반 다른 법률을 해석하는 경우와 마찬가지로 병역법, 특히 병역법상의 형벌조항을 해석함에 있어서도 상위 규범인 헌법의 가치와 방향, 특히 기본권의 국가권력에 대한 기속력을 주목하고 그것의 헌법적 의미와 내용이 최대한 실현되고 관철될 수 있도록 함으로써 상·하 규범 사이에서의 실질적이

고 내용적인 합치가 확보되도록 하는 것이 무엇보다도 중요하며, 더 나아가 상호 충돌하고 있는 양심의 자유와 국방의 의무라고 하는 헌법적 가치와 법익이 동시에 가장 잘 실현될 수 있는 조화점을 찾아내어야 하는 노력이 뒤따라야 하는 것이다. 그 결과 비록 입법자들이 예상하고 있지 않았다고 하더라도 그보다 상위규범인 헌법에 의하여 보호되고 실현되어야 하는 헌법상의 기본권인 양심의 자유가 병역의무나 그에 의한 형벌법규보다 더한층 보호되어야 하거나 적어도 동등하게 보호되어야 할 이유가 있고, 그리고 병역의무와의 규범 조화적인 해석에 의하여 이 사건 법률조항의 적용을 일정한 범위로 제한하는 것이 요구되어진다면 그러한 사유는 위 법조 소정의 '정당한 사유'에 포섭될 수 있다고 할 것이다.

대법원 판례 군인사법 제48조 제4항 후단의 '무죄의 선고를 받은 때'의 의미와 관련하여, 형식상 무죄판결뿐 아니라 공소기각재판을 받았다 하더라도 그와 같은 공소기각의 사유가 없었더라면 무죄가 선고될 현저한 사유가 있는 이른바 내용상 무죄재판의 경우도 이에 포함된다고 확대 해석함이 법률의 문의적(문의적) 한계 내의 합헌적 법률해석에 부합한다.[16]

나. 헌법재판소의 법률에 대한 헌법합치적 해석

헌법재판소와 법원의 법률에 대한 헌법합치적 해석이 상이할 경우

헌법재판소 역시 법률에 대한 위헌여부의 심판에 있어서 심판대상이 된 법률에 대하여 헌법합치적 해석을 할 수 있다. 그런데 그러한 해석의 결론이 법원의 그것과 상이할 경우 문제가 될 수 있다.

재판소원제도가 있는 경우

일단 재판에 대한 헌법소원이 허용되어 있는 경우에는 법원이 헌법재판소의 헌법합치적 해석과 상이한 재판을 할 경우에, 다시 재판에 대한 헌법소원심판에서 그 재판이 파기·환송될 수 있기 때문에, 법적으로 뿐만 아니라 사실상 헌법재판소의 헌법합치적 해석에 구속된다고 볼 수 있다.

재판소원제도가 없는 경우

그러나 재판에 대한 헌법소원이 허용되어 있지 아니한 우리나라와 같은 경우에 있어서 법원이 헌법재판소와 상이한 재판을 하더라도 그 재판은 더 이상 통제될 수 없게 되어 있어 최고 재판기관 간에 상이한 결론이 병존할 수 있는 가능성이 있다. 그리고 그로 인하여 법적 불안정

---

16) 대법원 2004. 8. 20. 선고 2004다22377 판결【급여등】[공2004.10.1.(211),1583].

성이 야기될 수 있는 가능성이 있는 것이 사실이다.

이러한 문제를 해결하기 위해서 가장 바람직한 것은 재판에 대한 헌법소원을 법적으로 허용하는 것이다.

재판소원 인정 필요

현재 헌법재판소는 헌재가 위헌으로 결정한 법률을 계속 적용함으로써 국민의 기본권을 침해하는 재판의 경우는 예외적으로 헌법소원의 대상이 될 수 있는 재판에 해당한다고 판시[17])하여 예외적인 재판소원을 가능하게 하고 있다.

예외적인 재판 소원 가능성

4. 헌법재판소의 헌법합치적 해석: 한정위헌결정과 한정합헌 결정

헌법재판소의 법률에 대한 헌법합치적 해석의 결과로 나온 변형결정이 바로 한정위헌결정과 한정합헌결정이다.

헌법합치적 해 석의 결과

한정위헌결정은 "…하게 해석하는 한 헌법에 위반된다"고 하는 취지의 결정이며, 한정합헌결정은 "…하게 해석하는 한 헌법에 위반되지 아니한다"고 하는 취지의 결정이다.

위에서도 언급하였듯이 한정위헌결정과 한정합헌결정은 법원의 재판과 다른 법률해석을 전제로 헌법재판소가 일정한 해석유형에 대하여 위헌을 선언하는 내용의 결정이기 때문에 대법원과 권한다툼을 야기하기도 하였다.

대법원과의 권 한다툼 야기

가. 한정위헌결정의 허용성

대법원은 95누11405결정[18])과 95재다14결정[19]), 그리고 2004두 10289 결정(상속세부과처분무효확인등 소송)에서 헌법재판소의 한정위헌결정은 법률에 대한 헌법합치적 해석을 전제로 하는 것인데 법률에 대한 해석권한은 대법원을 최고법원으로 하는 법원에 전속되어 있는 권한이므로 헌법재판소가 행한 법률에 대한 헌법합치적 해석은 단순한 견해에

한정위헌결정 의 허용성

---

17) 헌재 1997. 12. 24. 96헌마172결정.
18) 대법원 1996. 4. 9. 선고 95누11405 판결.
19) 대법원 2001. 4. 27. 선고 95재다14 판결.

불과하고 어떠한 기속력도 가질 수 없다고 하면서 한정위헌결정의 기속력을 부인하였다.[20]

"상속인"의 범위

대법원의 2004두10289사건에서 문제가 된 것은 구 상속세법 제18조 제1항으로 "상속인은 상속재산 중 각자가 받았거나 받을 재산의 점유비율에 따라 상속세를 연대해 납부할 의무가 있다"고 한 규정이다. 피상속인이 사망하기 전에 재산을 증여받고 상속을 포기한 자가 상속인에 포함되는지 여부가 쟁점이 된 사건이다. 대법원[21]은 위 규정이 상속을 포기한 자의 상속세 납세의무의 근거가 될 수도 없다고 본 데 반하여, 헌법재판소[22]는 상속개시 전에 피상속인으로부터 상속재산가액에 가산되는 재산을 증여받고 상속을 포기한 자"를 "상속인"의 범위에 포함시키지 않는 것은 헌법에 위반된다고 보았다. 그러자 대법원은 헌법재판소의 이 한정위헌결정의 기속력을 다시 한 번 부인하고 상속개시 전에 증여받고 상속을 포기한 자는 상속인에 속하지 아니한다는 종전의 입장을 거듭 확인하였다.[23]

헌법이론적으로 정당

그러나 한정위헌결정은 위에서도 언급한 바와 같이 법률에 대한 헌법합치적 해석에 기한 것으로서 헌법이본적으로 성낭화된다.

헌법재판소의 헌법합치적 해석의 권한과 그 필요성

그리고 위헌법률심판은 법률과 헌법의 해석을 전제로 한다. 일반적으로 제정된 지 오래된 법률의 경우에는 법원의 판례가 축적되어 확립된 판례에 따라 법률을 해석한다 하더라도 원칙적으로 문제될 것이 없겠지만, 가령 제정된 지 얼마 되지 않아 위헌심판이 먼저 제기된 사례에서 법원의 법률해석이 없을 경우에는 헌법재판소가 나름대로 법률의 해석을 한 후 그 결과가 헌법에 합치되는지 여부를 판단하여야 할 것이다. 이러한 경우 헌법재판소는 당연히 법률에 대한 헌법합치적 해석을 할 권한과 의무가 있으며, 위헌법률심판이 제도화되어 있는 경우라면 법률에

---

20) 이에 관하여 방승주 (주 11), 343-404면.

21) 대법원 1998. 6. 23. 선고 97누5022 판결 【상속세부과처분취소】 [공1998.8.1.(63), 2020].

22) 헌재 2008. 10. 30. 2003헌바10, 구 상속세법 제18조 제1항 등 위헌소원, 판례집 제20권 2집 상, 727.

23) 대법원 2009. 2. 12. 선고 2004두10289 판결 【상속세부과처분무효확인등】 [공2009 상,343].

대한 해석권한은 법원에게만 전속되어 있는 권한이라고 볼 수는 없다.

　　그리고 만일 법률의 해석의 가능성이 다양하여 합헌적으로 해석될 수 있는 가능성이 있음에도 불구하고 법원의 해석의 결과에 따를 때 그 내용이 위헌인 경우에, 법률에 대한 헌법합치적 해석이 불가능하다면 무조건 법원의 해석에 따른 법률내용이 위헌이므로 그 법률을 위헌선언 하는 방법 밖에 없을 것이다. 그러나 만약 그와 같이 하게 되면 헌법재 판소가 입법권을 지나치게 침해할 수 있게 되는 것이다.

> 대법원의 논리에 따를 경우 입법권에 대한 침해가능성

　　그러므로 이와 같은 점들을 고려할 때 법률에 대한 헌법합치적 해 석과 또한 한정위헌 및 한정합헌결정은 헌법재판소의 권한 범위 내에 속할 뿐만 아니라 오히려 불분명할 경우에는 헌법합치적으로 해석해야 할 의무를 지기도 한다는 점을 주의해야 할 것이다.

> 헌법합치적 해석은 의무이기도 함

　　그 밖에 대법원의 법해석으로 폐지되었던 법률의 부칙이 여전히 효 력을 가지는 것으로 해석하여 법효력을 인정한 경우 이러한 해석에 대 하여 헌법재판소는 그와 같이 해석하는 것은 헌법에 위반된다고 본 바 있었으며[24], 또한 특별히 공무원의제규정이 없음에도 불구하고 위원회 위원 등을 공무원으로 간주하여 그 공무원의 뇌물죄를 특정범죄가중처 벌법상 가중처벌이 되는 뇌물죄로 적용한 것에 대하여 죄형법정주의에 위반된다는 이유로 한정위헌을 선고한 바 있다.[25][26]

> 한정위헌 결정의 일종으로서 해석위헌

---

24) 헌재 2012. 5. 31. 2009헌바123·126(병합), 구 조세감면규제법 부칙 제23조 위헌 소원 사건.

25) 헌재 2012. 12. 27. 2011헌바117, 구 특정범죄 가중처벌 등에 관한 법률 제2조 제1 항 위헌소원 등, 판례집 제24권 2집 하, 387.

26) 이와 관련된 문헌으로 방승주, 조세법률주의와 헌법재판, 법학논총 제29집 제4호 (2012. 12), 199면 이하; 임미원, 법관의 법형성에 관한 일고찰, 공법연구 제41집 제1호(2012. 10), 165면 이하; 이철송, 폐지된 세법규정이 해석을 통해 효력을 유 지할 수 있는가?, 조세법연구 제18권 제3호(2012), 673면; 김영환, 법학방법론의 이론적 체계와 실천적 의의 - 소위 GS 칼텍스 사건을 중심으로, 법철학연구 제17 권 제3호(2014), 5면 이하; 남복현, 법률해석과 관련한 헌법재판소와 대법원의 갈 등, 그 원인과 해법: 대법 2013. 3. 28. 선고 2012두299판결을 중심으로, 법학논고 제45권(2014), 97면 이하; 이동식, 한국에 있어서 조세법의 해석·적용, 조세학술 논문집 제30집 제2호(2014), 109면 이하; 남복현, 한정위헌청구의 적법성과 위헌 결정의 법적 효과 - 헌재 2012. 12. 27. 2011헌바117 결정, 공법학연구 제14권 제1 호(2013. 2), 71면 이하; 박선영, 헌법 제7조 제1항 '공무원'의 개념과 범위 그리고 책임, 공법학연구 제14권 제4호(2013), 3면 이하; 오수정, 헌법재판소와 대법원의 합리적 권한배분 - 헌법재판소의 뇌물죄 한정위헌결정(2011헌바117)에 대한 비판

나. 한정위헌결정의 효력[27]: 기판력, 기속력, 일반적 구속력

한정위헌결정
의 효력: 기판
력, 기속력, 일
반적 구속력

법원은 전술한 바와 같이 한정위헌결정의 기속력을 부인하고 있으나, 위에서 설명한 바와 같이 법적으로 정당화될 수 있는 해석의 유형이기 때문에 그러한 해석 하에 나온 한정위헌결정은 나름대로의 법적 효과를 갖는다.

헌법재판소의 한정위헌결정 역시 일정한 규범내용에 대한 위헌결정이기 때문에 그러한 규범내용에 대한 헌법재판소의 위헌결정은 다른 위헌결정이 가지는 기판력, 기속력, 일반적 구속력을 모두 갖는다고 보아야 할 것이다.

(1) 기판력: 실질적 확정력

실질적 확정력
과 형식적 확
정력

헌법재판소가 일정한 법률에 대한 한정위헌이나 한정합헌을 결정함으로써 일정한 규범내용에 대하여 위헌선언을 한 경우, 이러한 결정선고는 당해사건 당사자를 기속할 뿐만 아니라 헌법재판소 역시 추후의 소송에서 이러한 결정을 뒤집는 결정을 할 수 없다. 다시 말해서 헌법재판소가 내린 결정을 당사자가 더 이상 다툴 수 없는 불가쟁력(不可爭力)과 또한 헌법재판소 스스로가 그 결정을 다시 변경할 수 없는 불가변력(不可辯力)이 형식적 확정력이라고 한다면 그러한 형식적 확정력 있는 결정이 추후의 소송에서도 효력을 발휘하여, 당사자의 새로운 청구의 경우 앞선 결정에 의하여 차단효가 발생하는 것을 기판력이라고 한다.

이미 헌법재판소가 위헌으로 결정한 일정한 해석유형이 있다면 그 해석유형을 둘러싼 분쟁은 이미 실질적으로 확정된 것이므로, 추후의 소송에서 더 이상 다툴 수 없다. 따라서 당사자는 그 문제에 관하여 더 이상 추후의 소송으로 다툴 수 없으며, 헌법재판소 역시 추후의 소송에서 이와 다른 내용의 결정을 할 수 없다.

(2) 기속력: 국가기관에 대한 구속력

적 고찰, 중앙법학 제15권 제2호(2013); 조영승, 한정위헌결정과 한정위헌청구의 적법성에 관한 소고, 비교법학 제25권(2014), 96면 이하 등 참조.

27) 이에 관하여는 방승주, 헌법재판소의 헌법합치적 해석의 효력, 고려대학교 법학연구소, 김남진교수 정년기념논문집, 법학논집 특별호, 현대 공법학의 재조명, 1997, 411－444면 참조.

헌법재판소의 위헌결정은 국가기관과 지방자치단체, 법원을 모두 구속한다. 기속력은 기판력의 주관적 범위를 국가기관으로 확장한 것이다.

한정위헌결정이나 한정합헌결정의 경우도 일정한 규범유형에 대하여 위헌결정을 한 것이기 때문에 이러한 결정은 국가기관을 구속한다. 다시 말해서 우리 헌법재판소법상 "위헌결정"이라고 하는 말에는 "한정위헌결정"은 물론 "한정합헌결정"까지 포함되는 것으로 해석하여야 할 것이다. 물론 대법원은 이에 대하여 반대함은 전술한 바와 같다.

(3) 일반적 구속력: 국민에 대한 구속력

법률에 대한 위헌결정은 결정이 있는 날로부터 효력을 상실한다. 따라서 위헌결정의 기속력의 주관적 범위는 결국 모든 국민에게로 확장되어 일반적 구속력을 미치게 된다.

이러한 일반적 구속력은 한정위헌결정이나 한정합헌결정에 모두 인정될 수 있는 효력이다. 일정한 규범유형에 대한 헌법재판소의 유권적 위헌판단이 이루어진 것이므로 어떠한 국가기관이나 어떠한 국민도 이에 배치되는 의미의 법생활을 하여서는 안된다는 것이다.

따라서 가령 사죄광고가 민법 제764조의 명예회복에 적당한 처분에 포함될 수 없다고 본 헌법재판소의 한정위헌결정(헌재 1991. 4. 1. 89헌마160)이 존재하는 한, 법원은 더 이상 사죄광고를 명하는 판결을 내려서는 안될 뿐만 아니라, 그러한 결정은 국민들에게도 일반적인 구속력을 미치는 것이기 때문에 국민들간의 법생활에 있어서도 사죄광고를 요구하거나 또한 그러한 광고에 응해서도 안된다는 것이다.

5. 한 계

법률에 대한 헌법합치적 해석은 두 가지 차원에서 검토해 볼 수 있다. 하나는 헌법재판소와 입법자와의 관계, 다른 하나는 헌법재판소와 법원과의 관계에서이다.

가. 입법자와의 관계에서

법률에 대한 헌법합치적 해석은 입법권을 될 수 있는 한 존중하고, 법질서의 안정성을 지키기 위함이다. 그런데 만일 헌법재판소가 법률에 대한 헌법합치적 해석을 통하여 입법자가 애초에 의도하지 않았던 다른 내용의 것을 법률내용에 추가하는 것은 더 이상 헌법합치적 해석이라고 할 수 없고, 오히려 입법행위에 가깝다. 그러므로 가능한 해석들 가운데 위헌적인 해석가능성을 제거하고 배제하는 것은 가능하나, 새로운 내용을 추가하는 것은 입법자의 취지에 맞지 않기 때문에, 이러한 경우에는 오히려 법률을 위헌선언함으로써 입법자가 새로이 입법하게 하는 것이 더욱 합헌적이라고 할 수 있다.

결국 법률문언의 의미내용에 반하는 해석은 헌법합치적 해석이라고 할 수 없다.

> **판례** 법률 또는 법률의 위 조항은 원칙적으로 가능한 범위안에서 합헌적으로 해석함이 마땅하나 그 해석은 법의 문구와 목적에 따른 한계가 있다. 즉, 법률의 조항의 문구가 간직하고 있는 말의 뜻을 넘어서 말의 뜻이 완전히 다른 의미로 변질되지 아니하는 범위내이어야 한다는 문의적 한계와 입법권자가 그 법률의 제정으로써 추구하고자 하는 입법자의 명백한 의지와 입법의 목적을 헛되게 하는 내용으로 해석할 수 없다는 법목적에 따른 한계가 바로 그것이다. 왜냐하면, 그러한 범위를 벗어난 합헌적 해석은 그것이 바로 실질적 의미에서의 입법작용을 뜻하게 되어 결과적으로 입법권자의 입법권을 침해하는 것이 되기 때문이다.
>
> (헌재 1989. 7. 14. 88헌가5, 판례집 1, 69, 86)

나. 법원과의 관계에서

법률해석의 우선권은 법원에게

법률에 대한 해석을 담당하는 일차적 기관은 역시 법원이며 법원이 법률해석의 전문기관이라고 할 수 있다. 그러므로 법률을 구체적 사건에 적용함에 있어서 해석의 우선권은 법원이 가진다고 할 수 있다. 그러나 반대로 법률이 헌법에 위반되는지 여부의 관점에서의 법률해석권한은 헌법재판소가 우선권을 가진다고 할 수 있다.

헌법해석의 우선권은 헌법재판소에게

아무튼 헌법재판소는 헌법심에 있어서, 법원은 법률심에 있어서 전문기관이므로 순수히 법률의 해석·적용과 관련되는 법률심에 대하여 헌법재판소가 지나치게 법원의 법률해석에 관여하는 것은 헌법재판소의 기능적 한계를 넘어선다고 할 수 있다.

제 4 절 헌법의 제정과 개정

I. 헌법의 제정

1. 헌법제정의 의의

헌법의 제정이란 한 나라의 최고 기본질서인 헌법을 창설하는 행위를 말한다. 헌법을 창설한다는 것은 따라서 한 국가를 창설하는 것과 같은 의미이다. 그러나 국가권력은 창설된 헌법에 따라서 구성되는 것이므로 어떻게 본다면 국가가 헌법을 창설하는 것이 아니라, 헌법이 국가를 창설한다는 말이 더 적합한 표현일 수 있다.

국가의 헌법창설 vs 헌법의 국가창설

그러나 곰곰히 생각해 본다면 헌법 자체는 결코 국가를 창설할 수 있는 살아 있는 존재인 것은 아니다. 오히려 그 헌법을 만들고 헌법대로 국가기관을 구성하는 사람의 행위가 있으며 그 행위에 의해서 국가와 국가기관이 창설된다고 보는 것이 더 정확한 표현이 될 것이다.

사람의 행위 전제

그렇다면 그 헌법을 처음으로 만든 주체는 헌법보다 먼저 존재한다고 볼 수 있다. 그러한 주체가 존재하는 상태는 아직 완전한 국가로 존재하지 않을 수도 있지만 최소한 헌법을 제정한 주체는 존재한다고 볼 수 있다.

헌법제정주체는 헌법보다 먼저 존재

2. 헌법제정권력

이러한 주체, 즉 헌법을 제정할 수 있는 권한은 누구에게 있는가 그리고 누가 과연 헌법제정권력의 실제 행사자인가가 문제될 수 있다. 과거 계몽 군주국가시대와 같이 군주가 흠정헌법을 제정하는 경우도 있었으며, 그 후 신분제 의회와 군주가 협약하여 헌법을 제정하는 단계를 거쳐서, 국민의회 시대에 접어들면서 의회와 국민이 헌법을 제정하는 민정헌법의 역사적 단계에 접어들게 된다.

헌법제정권력의 귀속

당위적 관점과
현실적 관점

그런데 헌법을 제정할 수 있는 권한, 즉 헌법제정권력이 누구에게 있는가 하는 질문은 당위적 질문인데 반해서 누가 실제로 그 헌법제정권력을 행사하였는가 하는 질문은 사실적 질문이다. 따라서 헌법제정권력의 주체를 논함에 있어서도 이러한 두 가지의 관점에서, 즉 당위적 관점과 현실적 관점에서 고찰해 볼 수 있다.

가. 주 체

헌법제정권력
의 주체: 국민

군주국가시대에는 헌법제정권력이 군주에게 있었으며, 과두국가에 있어서 헌법제정권력은 소수의 귀족에게, 그리고 민주국가에 있어서 헌법제정권력은 국민에게 있다. 오늘날과 같이 민주주의가 이제 보편적 이념이 되어 있는 상황에서 헌법제정권력이 국민에게 있다는 것은 더 이상 이론의 여지가 없다.

현실적으로도
과연 그러한
가?

다만 당위적으로는 그렇다 하더라도 과연 실제로 헌법제정권력을 누가 행사하였는가 하는 문제를 제기해 본다면 각 국가마다 당연히 국민이 헌법제정권력을 행사하고 있다고 평가하기는 어렵다.

헌법제정권력
행사의 주체:
국민

우리 대한민국의 경우 헌법제정권력은 사실 제헌의회의원인 198인이 선출되어 이들이 헌법을 제정하였으며, 별도로 국민투표를 거치지 아니하고 이들이 제정한 헌법을 대한민국의 헌법으로 공포하였다. 그러나 이들은 국민의 대표로 선출된 의원이며 이들의 행위는 곧 국민의 행위로 간주될 수 있으므로 우리 대한민국의 헌법제정권력은 국민에게 있었을 뿐만 아니라, 국민이 행사하였다고 평가할 수 있을 것이다.

헌법제정이전
국민의 범위
의 문제

한편 헌법이 창설되고 이 헌법에 근거하여 국민이 될 수 있는 자격까지 규정한 경우에 국민의 범위에 대해서는 뚜렷한 선을 그을 수 있다. 그러나 아직 헌법이 제정되기 전에 헌법을 제정할 수 있는 국민에 누가 포함될 것인가 하는 문제는 생각보다 그리 간단한 문제는 아닐 것으로 생각된다.

헌법제정이전
대한민국 영토
에 존재한 국
민이 헌법제정

가령 아직 대한민국이 건국되기 전에 어떠한 인적 범위까지를 국민으로 볼 것인가의 문제가 그것이다. 결국 제헌의회 의원의 선거권을 가진 유권자의 범위를 규정하는 문제도 이와 밀접한 관련이 있었을 것이다. 아무튼 중요한 것은 헌법이 제정되기 전부터 이미 대한민국의 영토에는 대한민국의 국민이 존재하였으며, 이들 대한민국 국민 전체에게 헌법제정권력이 존재하였고, 또한 제헌의회가 이러한 국민의 헌법제정권력을 대의제적으로 행사하였다고 하는 것을 인정하는 데에는 큰 무리가 없을 것이다.

권력과 그 권력의 행사 주체

　우리나라의 경우 최초로 헌법제정권력이 탄생한 것은 언제인가가 문제될 수 있다. 이와 관련하여 1919년 3월 1일 조선의 전 겨레가 한 마음으로 일제에 항거하면서 우리 조선이 독립국임과 조선인이 자주민임을 선포하였는데, 이러한 독립선언 이후 곧바로 결성된 대한민국임시정부와 임시의정원에 의하여 제정된 대한민국임시헌장은 우리 민족 최초의 헌법문서라고 보아야 할 것이다. 일제에 국권을 빼앗긴 상태에서 한반도에서 이들이 민주적인 선거와 투표를 거쳐서 헌법을 제정할 수 있는 물리적 가능성이 없었다는 점을 감안한다면, 당시 임시의정원의 대한민국임시헌장의 선포는 우리 헌정사에 있어서 헌법제정권력이 행사한 헌법이며, 이 헌법 제1조에서 대한민국은 민주공화제임을 선포한 이래로 현행헌법에 이르기까지 민주공화국으로서의 대한민국의 정체성이 그대로 유지되고 있다.[1)]

대한민국 헌법 제정권력의 탄생시기: 1919년 3월 1일

　다만 이와 관련한 현재의 법적 문제로는 대법원의 강제징용배상판결이다. 일본 정부와 최고재판소의 입장에서는 1965년 한일청구권협정에 의하여 과거 일제식민지배에 대한 일본국의 책임이행은 모두 끝났다고 보는 데 반하여, 우리 대법원은 식민지배의 합법성과 유효성을 전제로 한 일본 최고재판소의 그러한 입장, 즉 1965년 한일청구권협정으로 일제식민지배에 대한 한일간의 모든 문제가 다 해결되었다고 보는 것은, 일제식민지배가 유효했으며 합법적임을 전제로 한 것이기 때문에, 우리 3·1운동으로 건립된 대한민국임시정부의 법통을 계승하는 현행 헌법과 우리 헌법 하에서의 대한민국의 공서에 반하는 해석이므로, 그러한 일본 최고재판소의 판결을 받아들일 수 없으며, 가령 미쓰비시나 신

1919년 3.1운동으로 건립된 대한민국임시정부의 법통계승과 2018년 대법원의 강제징용배상판결

---

1) 이에 대해서는 방승주, 민주공화국 100년의 과제와 현행헌법, 헌법학연구, 제25권 제2호(2019. 6.), 137-192와 그곳에서 인용한 문헌들 참조.

일본제철등과 같은 소위 전범기업들에 의한 강제징용자들에 대한 반인
도적 불법행위에 대한 정신적 손해, 즉 위자료 배상의 문제는 전혀 해결
된 적이 없기 때문에, 이 전범기업들에 대한 강제징용피해자들의 개인
적 배상청구권은 1965년 한일청구권협정에도 불구하고 여전히 살아 있
으며, 피해자들에 대하여 전범기업이 신일철주금(구 일본제철) 사건2)의
경우 1억과 미쯔비시 사건3)의 경우 8천만원씩 배상하라고 하는 결정을
2018년 판결에서 선고한 것이다.

사견: 온전한
헌법제정권력
의 행사는 통
일 이후 가능

　　결국 일본은 일제 36년간의 한반도 지배가 합법적이고 유효했다고
보는 데 반하여, 이러한 해석은 3·1운동으로 건립된 대한민국임시정부의
법통을 계승하는 대한민국 헌법 하에서 우리는 받아들일 수 없다고 하
는 것이다. 그렇다면 일제의 사실상의 지배는 무효였고, 그 효력을 인정
할 수 없다고 하는 것인데, 결국 일제 36간 대한민국 헌법제정권력은
임시정부헌법을 통하여 불완전하기는 하였지만 임시헌법(provisorische
Verfassung)의 제정주체로서 존재하였고, 이 임시헌법에 장차 국토를 광
복(수복)한 후에 국회를 소집하여 헌법을 제정하되 국회성립 전에는 본
임시헌법이 헌법을 대한다고 분명하게 명시하고 있었다(1925. 4. 7. 대한민
국임시헌법 제6장 제32조). 하지만 1948년 대한민국 헌법은 그러한 임시정
부의 의도대로 제정되지는 못하였고, 1945년 8월 15일 해방 후 1948년
7월 17일까지 한반도를 지배했던 미군정에 의한 제약 하에, 남한 만의
단독정부로 구성될 수밖에 없었다. 그렇다면 3·1운동으로 탄생한 대한민
국의 최초의 헌법제정권력이 온전하게 행사될 수 있었던 것은 아닌데,
이 온전한 행사는 결국 통일 이후로 미루어졌다고 봐야 할 것이다. 남북
이 통일되어 남북한 전체 국민이 하나의 통일된 민주공화국 헌법을 제
정하는 날, 대한민국의 헌법제정권력주체가 드디어 온전한 헌법제정권
력을 행사하는 때가 될 것이다.4)

　　일제 강점 하 대한민국의 헌법제정권력과 대한민국임시정부 헌법
의 효력 및 그 이후 1948년 광복헌법의 연속성에 대하여는 앞으로 대한

---

2) 대법원 2018. 10. 30. 선고 2013다61381 전원합의체 판결.
3) 대법원 2018. 11. 29 선고 2013다67587 판결.
4) 이에 관하여 방승주 (주 1), 137-192 참조.

민국 헌법의 정통성의 차원에서 많은 후속적 연구가 이루어져야 할 것이다.

나. 내용: 무엇이 헌법사항인가?

헌법제정행위는 한 나라의 정치적 공동체의 운명을 스스로 결정하는 행위이기 때문에 이러한 헌법제정행위를 할 수 있는 권한과 힘을 의미하는 헌법제정권력은 원칙적으로 자신의 정치적 공동체의 장래의 운명과 관련된 모든 사항에 대하여 결정하고 헌법으로 규정할 수 있다.

다만 헌법은 한 나라 정치적 공동체의 최고 기본질서를 의미하기 때문에 모든 사항에 대하여 빠짐없이 규율해야 하는 것은 아니고, 장래의 입법자에게 일정한 사항의 결정을 위임할 수 있다.

그렇다면 무엇이 헌법사항이 될 것인가가 문제될 것이다. 한 국가를 이끌어 갈 국가기관의 조직, 구성, 권한에 관한 사항과, 또한 국민과 국가와의 관계, 즉 권리와 의무에 관한 사항을 규정하지 않으면 안될 것이며, 그 외에도 국가가 지향하는 정치적 이념과 기본적 가치, 그리고 제도에 관한 사항이 핵심적 헌법사항에 포함될 것이다.

이러한 사항들 가운데 어떠한 것이 필수적인 헌법사항이고 어떠한 것이 필수적인 것은 아니지만 그 나라 정치적 상황에 따라서 임의로 헌법에 규정할 수도 있고 그렇지 않을 수도 있는 사항인가의 경계를 엄밀하게 나누는 것은 쉽지 않은 일이다.

하지만 가령 전통적인 삼권분립원칙에 따라서 입법, 행정, 사법을 비롯한 국가기관의 조직, 구성, 권한에 관한 사항이 없이는 헌법이라고 할 수 없을 것이다. 왜냐하면 헌법의 제정은 국가를 창설하는 일이기도 한 까닭에 정치공동체를 이끌고 다스릴 국가기관의 조직과 구성에 관한 사항은 국가창설을 위하여 없어서는 안 되는 내용이기 때문이다. 또한 헌법과 국가를 창설하는 이유는 그 구성원, 즉 국민의 복리를 위한 것이라고 할 수 있기 때문에, 그 국민과 국가 내지 정치적 공동체와의 관계에 관한 사항이 포함되지 않으면 안 된다. 달리 말해서 국민의 권리와 의무에 관한 사항은 필수적인 헌법사항이라고 할 수 있다.

[방주]

헌법제정사항: 정치적 공동체의 장래의 운명과 관련된 모든 사항

입법자에 일정 사항의 결정을 위임 가능

국가기관의 조직·구성·권한, 권리와 의무, 정치적 이념 및 기본적 가치, 제도

필수적 헌법사항과 임의적 헌법사항

국가기관의 조직·구성·권한, 국민의 권리와 의무에 관한 사항

정치적 이념
및 기본정신,
공동체의 가치
및 제도

그 외에 이러한 정치공동체의 지배체제 내지는 정치적 이념과 기본
정신, 그리고 그 공동체가 추구하는 기본적인 가치와 일정한 제도 등도
헌법으로 규정하여야 할 필수적인 내용에 해당한다고 할 수 있다. 구체
적으로 그것이 어떠한 내용이 되어야 할 것인가는 그 나라 정치공동체
의 구성원의 결정에 달려 있다.

수도의 위치
규정에 대한
사견: 필수적
헌법사항에
불포함

이와 관련하여 가령 정부의 소재, 즉 수도가 어디에 위치해야 할
것인가는 과연 필수적인 헌법사항이라고 할 수 있을 것인지의 문제가
제기될 수 있다. 이에 대하여 헌법에 직접 규정하고 있는 나라도 있고,
그렇지 않은 나라도 있다. 수도의 위치에 관한 사항은 위에서 말한 여러
가지 필수적인 헌법사항에 포함된다고 하기 힘들다. 수도가 어디에 위
치하고 있는지에 따라서, 그 나라의 국가기관의 조직, 구성, 권한, 그리
고 국민과 국가와의 관계와 기타 정치이념이나 기본가치 및 제도들이
달라질 수는 없기 때문이다. 이러한 의미에서 수도의 위치를 헌법사항
으로 볼 뿐만 아니라, 이를 관습헌법으로 보고, 수도이전을 헌법개정의
방법으로 추진하지 않고 법률로 하려 한 것이 헌법에 위반된다고 하는
헌법재판소의 결정에는 이의를 제기하지 않을 수 없다.

이와 마찬가지로 國語, 國歌 등도 헌법사항이며 헌법에 명문으로
규정되어 있지 않으므로 관습헌법에 해당하는 것으로 보고 있는 헌법재
판소의 수도이전위헌결정에서의 판시내용은 전술한 바와 같이 찬성하기
힘들다.

다. 한 　계

헌법제정권력
의 한계

헌법제정권력이 헌법을 제정함에 있어서 어떠한 한계가 있을 것인
가의 문제이다.

(1) 한계부인설

한 계 부 인 설:
시에예스와 칼
슈미트

헌법제정권력론을 최초로 주장하였던 시에예스(Emmanuel－Joseph
Sieyès: 1748－1836)나 그 후 칼 슈미트(Carl Schmitt: 1888－1985)의 경우, 헌
법제정권력의 한계를 인정하지 아니하였다. 헌법제정권력은 시원적이고
절대적이며 불가양의 권력이기 때문에 어떠한 내용이든지 제한을 받지

아니하고서 규정할 수 있다는 것이다.

(2) 한계인정설

그에 반하여 헌법제정권력도 무엇이든지 다 규정할 수 있는 것은 아니라는 입장이 한계인정설이다.

한계인정설에 의하면 헌법제정권력의 한계에는 법원리적 한계, 정치이념적 한계, 자연법적 한계, 국제법적 한계 등이 있다.

법원리적 한계는 정의라든가 법적 안정성 등 법 자체의 내재적인 원리에는 헌법제정권력도 구속된다고 하는 의미가 될 것이다. 그리고 정치이념적 한계는 헌법제정 당시 그 사회를 지배하는 정치적 이데올로기를 벗어날 수 없다고 하는 것이다. 그리고 자연법적 한계는 헌법제정권력도 자연법의 테두리를 벗어날 수 없다고 하는 것이며, 마지막으로 국제법적 한계란 가령 패전국이 전승국의 지배에서 자유로울 수 없는 상황과 같이 한 국가의 헌법제정권력은 국제법질서의 한계를 갖게 된다고 하는 것이다.

해방 후 남한은 대한민국, 북한은 조선민주주의인민공화국을 각각 단독 정부와 국가로 구성하여 분단이 되었던 것은 국제법적 힘의 질서, 즉 미·소의 일본에 대한 승리와 이를 통한 해방 그리고 미·소군의 한반도 진주와 남한의 경우 미군에 의한 통치와도 밀접한 관련이 있다고 봐야 할 것이다.

(3) 헌법제정권력의 한계

헌법제정행위는 한 나라 정치공동체가 여러 가지 역사적, 정치적, 국제적 상황 가운데서 그 공동체의 최고 기본질서와 국가를 창설하는 행위이다. 그러므로 사실적 관점에서 본다면 처음부터 일정한 제약이 따르지 않을 수 없다.

이러한 제약 내지 한계는 두 가지로 나눌 수 있다. 첫째가 규범적 한계, 둘째가 사실적 한계이다.

(가) 규범적 한계

규범적 한계에는 실질적 정당성과 절차적 합법성이 있다.[5]

---

5) 이하는 Hans—Peter Schneider, Die verfassungsgebende Gewalt, in: Isensee/Kirchhof

[여백 주석]
한계인정설

법원리적 한계

정치이념적 한계

자연법적 한계

국제법적 한계

해방 후 남북의 현실

헌법제정행위는 국가 창설 행위

규범적 한계와 사실적 한계

실질적 정당성과 절차적 합법성

실질적 정당
성: 인권보장

우선 헌법제정에 있어서도 헌법은 실질적인 내용적 측면에서 정당성을 가지지 않으면 안된다. 그 실질적 정당성의 내용에 속하는 것으로는 첫째, 인권보장을 들 수 있다. 오늘날 인류사회에서 보편적인 이념이자 가치로 인정되고 있는 일정한 질서 내지 규범에 구속되지 않을 수 없다. 그렇다면 그 보편적인 가치로 인정되고 있는 것은 무엇일까? 그것은 우선적으로 인간의 존엄과 가치를 인정하고 존중하는 인권이라고 하는 규범이다.

문명사회에서
국가와 사회의
존재이유는 인
권존중과 보장

오늘날 현대 문명사회에서 국가와 사회가 존재하는 이유는 모두 개인과 인류의 복지와 행복을 위한 것이라고 할 수 있다. 그렇다면 어떠한 정치적 공동체가 조직되어 국가를 창설할 경우에 그 국가와 헌법이 지향해야 할 최고의 이념이자 가치라고 할 수 있는 것은 당연히 인간존엄을 기초로 하는 인권이지 않으면 안 된다. 따라서 헌법제정권력은 그 정치공동체의 구성원의 인권을 존중하고 이를 보장하는 것을 내용으로 하는 헌법을 제정하지 않으면 안 된다.

인권보장 실현
을 위한 국가
와 정치제제
채택 필요

둘째, 이와 같이 인권이 어떠한 헌법제정권력도 존중해야 할 가장 지고한 기본적 가치라고 한다면 인권을 법문으로 뿐만 아니라 실질적으로 존중하고 인권보장을 실현할 수 있는 국가와 정치체제는 무엇이 될 것인가의 문제가 제기된다. 만일 일정한 정치체제만이 이와 같이 인간존엄에 기반을 둔 인권을 실현할 수 있는 체제라고 한다면, 헌법제정권력은 그러한 정치체제를 채택하지 않으면 안 될 것이고, 따라서 그러한 정치체제에의 구속을 받는다고 보아야 할 것이다.

인권보장을 위
한 정치체제:
민주주의

인권이라고 하는 것은 결국 자유와 평등을 그 본질로 한다고 본다면, 국민이 모두가 평등하게 자유로울 수 있는, 즉 국민의 인권이 제대로 보장될 수 있는 유일한 정치체제는 민주주의라고 할 수 있다. 다시 말해서 만일 오늘날 새로이 헌법을 제정하는 헌법제정권력이 있다면 그 권력은 민주주의적 정치체제를 따르지 않으면 안 된다고 하는 구속을 받는다고 보아야 할 것이다.

인권침해의 구
제를 위한 제
도: 법치주의

셋째, 민주주의적 정치체제는 반드시 법치주의가 뒷받침해 주지 않으면 제대로 실현될 수 없다. 즉 민주주의가 국민의 인권, 즉 자유와 평

(Hrsg.), HStR, VII, § 158의 생각을 참고로 함. Rdnr. 29−33.

등을 실현하기 위한 정치적 제도라고 한다면, 법치주의는 국민의 인권에 대한 침해를 방지하고 또한 인권이 침해된 경우에 그 구제를 가능하게 하는 법적인 제도적 장치라고 할 수 있다. 따라서 민주주의와 법치주의는 불가분의 관계로서 민주주의가 없이 법치주의의 실현은 불가능하고, 또한 법치주의 없이 민주주의의 실현 역시 불가능하다. 그렇다면 오늘날 새로이 헌법을 제정해야 할 헌법제정권력은 법치주의적 제도를 헌법에 담지 않으면 안 된다. 다시 말해서 오늘날의 헌법제정권력은 앞으로 헌법에 담아야 할 법치주의에 미리 구속되지 않을 수 없다고 할 수 있다.

다음으로 절차적 합법성이 있다. 후술하는 헌법제정의 절차에서 상술하는 바와 같이 헌법제정 역시 사전에 국민적 의사로 합의된 헌법제정의 절차를 준수하지 않으면 안 된다. 가령 헌법제정회의의 과반수나 2/3 다수결로 합의할 것을 헌법제정의 요건으로 사전에 합의하였으나 그러한 정족수를 채우지 못한 경우와 같이 사전에 합의된 절차에 위반할 경우 이러한 헌법제정과정은 절차적 합법성을 위반할 수 있는 것이다.

절차적 합법성: 사전에 합의된 절차 준수 필요

(나) 사실적 한계

헌법제정권력의 사실적 한계는 국제법적 한계를 들 수 있을 것이다. 국가 간의 전쟁 후 패전국의 주권은 승전국의 주권에 의해서 제약을 받는 경우가 그 대표적 사례라고 할 수 있을 것이다. 즉 독일과 일본의 헌법제정의 경우가 그러하였다. 이러한 국제법적 한계는 순수히 규범적 차원에서 나오는 한계라고 하기 보다는 국제정치적 현실로부터 나오게 되는 한계라고 할 수 있을 것이다.[6]

국제정치적 현실로부터의 한계

오늘날의 예를 든다면 이라크가 새로이 헌법을 제정할 당시에 점령국 미국에 의한 직·간접적 제약을 받았던 사례를 들 수 있을 것이다. 그밖에 신생 독립국이나 독립운동을 벌이고 있는 정치적 공동체들의 경우 그 주변 국가들에 의한 압력이나 제약 등이 있을 수 있는데, 그 국가와의 관계에 대한 사전적 조율이나 협약 등은 헌법제정권력을 행사함에 있어서 일종의 제약적 요소로서 기능할 수 있다.

오늘날의 사례

---

6) 동지 허영, 한국헌법론, 박영사, 2020, 46면.

3. 헌법제정의 절차

가. 헌법제정권력의 절차구속 여부

헌법제정권력
한계부인론의
문제

헌법제정권력의 한계를 부인하고 그 권력은 무엇이든지 행할 수 있다고 보는 입장에서는 헌법제정의 절차도 별로 문제될 것이 없을 것이다. 즉 어떠한 절차를 사전에 마련해 놓았다 하더라도 다시 그 절차를 임의로 바꾸어서 헌법을 제정할 수 있을 것이기 때문이다.

헌법제정권력
의 절차구속

그러나 헌법제정권력의 경우도 인권과 민주주의, 그리고 법치주의의 한계를 넘어설 수 없다고 본다면, 일정한 사전적 절차를 우선 마련하고 그 절차에 의하지 않으면 안 될 것이다. 다시 말해서 절차에 구속된다고 보아야 할 것이다.

헌법제정절차
에 관한 사전
합의 필요

이것은 헌법제정의 절차에 관한 국민의 사전적 합의가 먼저 존재할 것을 전제로 한다. 헌법제정의 절차에 관한 사전적 합의는 결국 민주주의적 방식, 즉 다수결에 의하여 국민의 다수의사를 확인하는 방법 밖에 없을 것이다. 만일 정치적 공동체 구성원의 다수의사로 헌법제정절차를 확정하였다면, 그러한 절차를 위반하여서는 안 될 것이다. 그러한 절차를 바꾸기 위해서는 최소한 사전합의에 이르게 된 의사결정방식과 같거나 그 요건이 더 가중된 방법으로 그 절차를 개정한 후, 개정된 절차에 따라서 헌법을 제정하여야 할 것이다. 이러한 절차적 정당성을 준수해야 한다고 하는 것은 헌법제정권력을 구속하는 민주주의원리와 또한 법치주의의 원리로부터 나온다고 할 수 있다.

헌법제정권력
을 구속하는
민주주의적 관
점과 법치주의
적 관점

우선 민주주의적 관점인데, 국민의 다수가 확정하여 정당화한 그 사전적 절차를 무시한 상태에서 국민 다수에 의하여 정당화되지 않은 그러한 절차에 따라 헌법을 제정하는 것은 민주주의적 관점에서 문제가 될 수 있다. 한편 법치주의적 관점에서 본다면, 사전에 합의된 절차를 거치지 아니하는 것은 절차를 위반한 것일 뿐만 아니라, 다수 국민들의 예측가능성에 반하는 것이기 때문에, 법적 안정성에도 반하는 것이다.

헌법제정회의
는 헌법제정권
력의 의사에
반할 수 없음

그러므로 헌법제정권력이 헌법을 제정하기 위하여 정치적 공동체의 구성원의 합의에 의하여 마련한 헌법제정의 절차를 준수하지 않으면 안 된다.

여기에서 말하는 헌법제정권력은 국민이기는 하지만 실질적으로 헌법제정을 주도하는 기관은 국민에 의하여 헌법제정의 위임을 받은 헌법제정회의라고 할 수 있다. 이 헌법제정회의는 국민이 헌법제정을 위하여 사전에 합의한 절차를 위반하여서는 안 된다는 것이다. 왜냐하면 헌법제정회의가 헌법제정권력의 주체인 국민의 의사에 반하여 행위를 할 수는 없기 때문이다.

나. 헌법제정의 절차

헌법제정의 절차와 관련해서는 우선 헌법안을 마련하는 헌법제정회의의 구성이 가장 우선적인 절차라고 할 수 있을 것이다. 왜냐하면 국민 다수가 헌법안을 마련하기는 사실상 힘들기 때문이다. 국민의 의사를 대변할 수 있는 일정한 대의기관의 필요성, 여기에서도 간접민주주의의 필요성이 존재하는 것이다.

헌법제정회의를 구성하는 방법은 국회의원 총선거에 준하는 방법으로 할 수 있을 것이다. 물론 이 경우에도 소선거구제와 다수대표제에 의한 방법, 중선거구제와 소수대표제에 의한 방법 등 여러 가지가 있을 수 있으며, 또한 사실상 존재하는 각 정치세력에 대한 지지비율을 감안하는 방법으로 비례대표제를 혼합하여 구성하는 방법이 있을 수 있다. 아무튼 이러한 사전적인 헌법제정회의를 구성하는 방법 역시 여러 정치세력들 간의 타협을 통해서 통일된 안이 도출되어야 할 것이며, 이러한 합의에 따라서 헌법제정회의를 구성한 후, 헌법제정을 위한 절차의 상당한 부분을 위 헌법제정회의에 위임하여 정할 수 있을 것이다.

헌법제정회의에서 헌법안을 마련할 경우에는 각 정치세력의 초안을 기초로 하여 헌법제정회의의 통일적인 안을 전체회의의 다수결에 의하여 의결할 수 있을 것이다. 다만 헌법제정회의 구성원의 과반수로 할 것인지 아니면 2/3 다수결로 할 것인지가 문제될 수 있으나, 헌법제정의 경우도 전체 국민의 합의를 도출하기 위해서는 헌법제정회의 구성원의 2/3다수결로 의결하는 것이 바람직하다고 볼 수 있다.

그 후 국민투표에 회부하여 유권자 과반수의 찬성으로 최종 확정하

헌법제정회의

헌법제정 절차: 대의기관의 필요

헌법제정회의의 구성방법

헌법제정회의의 헌법안에 대한 2/3다수결 필요

국민투표에 회부 또는 헌법제정회의의 의결로 확정

는 절차를 두는 방법이 있을 수 있고, 이러한 국민투표절차를 생략한 채 헌법제정회의의 의결로 헌법안을 확정하는 방법이 있을 수 있다. 1948년 대한민국헌법도 국민투표가 없이 헌법제정회의의 의결로 확정한 사례라고 할 수 있다.

연방국가의 경우

연방국가의 경우 각 支邦(州)의 대표들로 구성된 상원 등의 의결을 거침으로써 연방국가적 정당성을 다시 한번 확인하는 절차를 둘 수도 있다.

4. 헌법제정의 한계나 절차를 위반한 헌법제정의 효력

헌법제정의 한계를 일탈하여 제정된 헌법의 효력문제

헌법제정의 과정에서 헌법제정의 추진주체(가령 헌법제정회의)가 헌법제정의 한계를 일탈하여 헌법제정을 의결하였을 경우 그 헌법의 효력은 어떻게 될 것인가가 문제될 수 있다.

실질적 정당성 혹은 형식적 합법성의 결여

우선 헌법제정에 있어서도 전술한 바와 같이 실질적 정당성과 형식적 합법성을 갖추어야 한다. 따라서 헌법제정의 한계를 일탈하였다는 것은 실질직 정당성이니 이니면 형식적 합법성을 결여한 채 헌법을 제정하였음을 의미할 것이다.

첫째, 실질적 정당성을 결여한 경우를 생각해 볼 수 있다.

실질적 정당성의 결여: 인간의 존엄의 불인정 및 인권보장 결여

만일 새로이 제정한 헌법이 인간으로서의 존엄을 인정하지 않고 인권을 보장하지 않는다면, 다시 말해서 정치적 공동체의 구성원의 자유와 평등을 위하는 것이 아니라, 이 구성원들이 오로지 전체 공동체나 국가의 구성분자로서 국가의 생존을 위해서 일하는 부수적 존재에 불과한 것으로 전제한다면, 이 헌법은 더 이상 존재의 이유와 존재 가치를 상실하게 되는 것이다. 따라서 이러한 헌법은 비록 헌법제정의 절차를 거쳐서 통과가 되었다 하더라도 그 정당성이 없기 때문에, 유효한 헌법이라고 할 수 없다. 따라서 국민은 저항권을 행사하여 새로운 헌법을 제정할 권리와 책무가 있다고 할 수 있다.

인권보장을 위해서는 민주주의적 정치체제 보장 필요

또한 이러한 인권을 실현하기 위해서는 민주주의적 정치체제가 보장되지 않으면 안된다. 모두가 동등하게 1인 1표씩 행사하여 선거권을 가질 뿐만 아니라, 누구라도 자신이 국민의 대표로 선출 될 수 있는 가

능성, 오늘의 다수가 내일의 소수가 될 수 있고, 오늘의 소수가 내일의
다수가 될 수 있는 가능성, 복수정당제와 야당의 활동과 자유, 언론 · 출
판 · 집회 · 결사의 자유와 같은 민주주의에 있어서 가장 기본적인 국민
의 기본권이 보장되지 않는다면, 그러한 헌법 하에서는 국민의 다수가
지배하기 보다는 권력을 독점하고 있는 소수가 지배할 따름이며, 이러
한 체제 하에서 국민은 더 이상 자유와 평등을 누릴 수 없다. 따라서 민
주주의적 지배체제를 결여한 헌법의 제정은 그 실질적 정당성을 상실한
다고 볼 수 있으며, 따라서 그 헌법은 국민의 헌법이라고 하기 보다는
일부 소수의 헌법으로서의 의미 밖에 갖지 못한다고 할 것이다.

    또한 위에서 논한 것과 같은 논리로 법치주의의 보장이 결여되어 | 법치주의의 보
있는 헌법 역시 민주주의적 정치체제를 법적으로 뒷받침할 수 없을 뿐 | 장 필요
만 아니라, 인권의 보장을 할 수 없기 때문에 법치주의를 보장하지 않는
헌법은 실질적 정당성이 결여되어 있는 헌법이라고 보아야 할 것이다.

    둘째, 절차적 합법성을 결여한 경우이다.

    정치적 공동체가 사전적 합의로 헌법제정의 절차를 정하였으나, 헌 | 절차적 합법성
법제정을 대의적으로 담당하는 기관이 이러한 절차를 위반하거나 또는 | 결여: 사전합
스스로 규정한 절차에 위반하여 헌법을 제정한 경우, 이 헌법제정은 절 | 의된 한법제정
차적 합법성에 위반된 헌법제정이기 때문에, 유효한 헌법제정행위로서 | 철자의 위반
받아들이기 힘들다. 특히 이러한 절차위반의 경우는 진정한 헌법제정권
력의 주체라고 할 수 있는 국민의 뜻과 배치되는 방향으로 헌법을 제정
할 가능성이 높고, 또한 이미 국민의 뜻으로 확인된 바 있는 절차가 지
켜지지 않았다면, 헌법제정권력의 의사에 이미 반한 것이라고 볼 수 있
을 것이므로 이러한 헌법제정행위를 유효하다고 볼 수는 없을 것이다.

    만일 헌법제정을 담당하는 대의기관이 이와 같은 방식으로 헌법제 | 헌법제정권력
정을 한다면 진정한 헌법제정권력의 주체인 국민은 언제든지 자신의 의 | 주체인 국민의
사에 따른 헌법을 제정하기 위해서 필요한 행위를 할 수 있는 권리와 | 행동 필요
책무가 있다고 볼 수 있을 것이다.

    물론 아직 헌법기관이 창설되기 전이기 때문에, 이러한 헌법의 효 | 정당성 있는
력을 다툴 수 있는 헌법기관은 존재하지 않는다고 할 수 있으므로, 헌법 | 헌법제정 재시
 | 도와 실패 시

저항권 행사
가능

재판기관이나 사법기관을 통하여 헌법의 무효를 다투는 소송은 제기할
방법이 없을 것이며, 설사 있다 하더라도 사전적 절차에 위반된 무효의
헌법에 의하여 창설된 기관에게 헌법의 효력을 다투는 소송을 제기하는
것은 그 자체가 모순적이라고 보아야 할 것이므로 오히려 이러한 상태
에서는 국민이 할 수 있는 남은 유일한 방법은 진정한 국민의사에 따른
정당성 있는 헌법제정의 재시도와 그것이 관철되지 않을 경우 저항권의
행사 외에는 다른 방법이 없을 것이다.

Ⅱ. 헌법의 개정

1. 헌법개정의 의의

헌법개정

헌법개정이란 헌법전체를 새로이 변경하거나 또는 헌법의 개별조
문을 수정, 삭제, 또는 증보하는 헌법의 전부 또는 일부의 변경행위를
일컫는다.

헌법개혁: 새
로운 헌법 마
련

헌법전체를 변경하여 새로운 헌법을 마련하는 경우는 보통 헌법개
혁이라고도 일컫는데, 이 때 기존의 헌법제(개)정의 주체세력도 역시 바뀌
고 헌법 자체도 바뀌는 경우에는 더 이상 헌법개정이 아니라, 일종의 혁
명{칼 슈미트(Carl Schmitt)적 용어에 의하면 헌법파괴(Verfassungsvernichtung)}[7]
에 해당한다. 보통 헌법개혁이라 할 경우에는 헌법제(개)정의 주체는 변
함 없이 헌법의 내용만 전체적으로 바뀌게 되는 경우를 일컫는다.

그러나 가령 남북이 통일되어 남북의 국민이 주체세력이 되어 새로
운 대한민국의 헌법이 제(개)정되는 경우 여전히 헌법제(개)정의 주체가
국민이고 또한 현행헌법 제4조가 명시하고 있듯이 자유민주적 기본질서
하에서의 통일헌법의 제정만 가능하기 때문에 이러한 경우에는 헌법의
개혁이라고 할 수는 있어도 혁명이라고 할 수는 없을 것이다.

헌법 개별조문
의 수정, 삭제,
증보

헌법의 개별조문의 수정, 삭제, 증보는 통상적으로 많은 나라에서
이루어지고 있는 현상으로서 필요한 경우에 헌법의 일부 내용이 개정된

---

7) Carl Schmitt, Verfassungslehre, Berlin 1954, S. 99 ff.

다고 해서 특별히 문제될 것은 없다.

　다만 헌법이 너무 빈번하게 개정되는 경우에는 법적 안정성의 측면에서 바람직하지 않을 수 있기 때문에, 헌법개정을 다른 법률의 개정보다 더 까다롭게 하는 경성헌법주의를 택하는 것이 보통이며 우리의 경우도 마찬가지이다.

경성헌법주의

　아무튼 헌법의 개정은 일단 사회의 현실적 변화에 대하여 헌법해석으로 대처할 수 있는 가능성이 더 이상 없을 경우에, 최후적으로 하는 것이어야 할 것이다.

헌법해석으로 안될 때 헌법 개정

2. 헌법개정권력

　헌법개정을 누가 할 수 있는가 즉 헌법개정을 할 수 있는 권한을 헌법개정권력이라고 한다.

헌법개정권력

가. 주 체

　헌법개정을 할 수 있는 주체가 바로 헌법개정권력의 주체이다. 헌법제정권력의 주체가 국민이듯이, 역시 헌법의 내용을 변경하는 주체도 국민이 될 수밖에 없는 것은 오늘날 현대 민주주의 시대에서는 더 이상 이론의 여지가 없다.

헌법개정권력 의 주체: 국민

　그리고 헌법개정절차에 관해서는 헌법이 명시적으로 규정하는 것이 일반적이다. 이 경우 헌법개정안에 대하여 국민투표를 거치도록 하고 있는 경우에는 국민이 헌법개정권력을 직접 행사하도록 하고 있는데 반하여, 민주적으로 정당화된 의회가 헌법개정안을 최종적으로 의결하도록 하고 있는 경우에는 국민이 헌법개정권력을 대의기관을 통하여 간접적으로 행사하도록 하고 있는 경우라고 할 수 있을 것이다.

국민투표에 의한 직접민주주의 혹은 대의 기관에 의한 간접민주주의적 방식 가능

　또한 헌법개정권력의 주체에 대하여는 헌법전문에 밝히고 있는 경우가 많다. 우리 헌법전문 역시 국민이 헌법개정의 주체임을 밝히고 있다.

헌법전문에서 명시

　다만 국민투표를 거쳤다고 해서 반드시 국민이 사실상 헌법개정권력을 행사하였다고 단정할 수는 없다. 우리 헌법개정사가 보여주고 있

헌법개정권력 의 사실상 행 사문제

듯이, 기존 헌법의 개정절차를 무시한 채, 헌법개정안을 심의하고 다루어야 할 국회를 해산하고서, 전국에 비상사태를 선포한 상태에서 헌법개정안을 작성하여 이를 국민투표에 회부하여 확정하였다고 해서 이러한 초헌법적이고 탈헌법적인 헌법개정이 정당화될 수 있는 것은 아니다. 따라서 국민투표는 국민의 의사표현의 자유와 야당의 자유 그 밖의 모든 정치적 자유가 허용된 상태에서 국민의 진정한 의사가 표출되지 않는다면 그것은 한낱 권력자의 장식적 의미의 헌법을 국민의 이름으로 포장하는 것에 지나지 않을 것이다.

나. 내 용

헌법개정권력
의 내용

헌법개정권력의 내용은 말 그대로 헌법을 개정할 수 있는 권한의 내용이다. 즉 헌법을 어떻게 어떠한 내용으로 개정할 수 있을 것인가에 관해서는 제헌헌법이 헌법개정에 관한 절차에서 규정하는 것이 보통이다.

헌법개정권력이 할 수 있는 권한의 내용적 범위는 어디까지인가의 문제는 헌법개정의 한계논의로서 다룰 수 있다.

3. 헌법개정의 한계[8]

헌법개정의 절
차적 한계

헌법개정의 한계란 헌법개정권력이 헌법개정의 방법으로 개정할 수 없는 일정한 내용이 존재하는가의 문제이다. 결국 이것은 실질적 한계에 관한 문제이며, 헌법개정의 절차에 관한 헌법규정은 헌법개정의 절차적 한계에 해당한다고 할 수 있을 것이다.

헌법개정의 실질적 한계에 관하여는 한계 부인론과 인정론으로 나눌 수 있다.

가. 부인론

헌법개정권력
의 한계부인론

법실증주의 학자들은 헌법개정의 한계를 부인한다. 국내에서는 박

---

8) 이에 대한 상세한 것은 계희열, 헌법학(상), 박영사 2004, 113면 이하; 허영, 한국헌법론, 박영사 2020, 55면 이하 참조.

일경 교수의 경우가 이 부인론의 대표적 입장이다. 그는 헌법개정의 한계를 유월한 헌법에 대한 무효확인기관의 결여, 헌법개정의 한계는 주장하는 학자마다 그 내용이 다르다고 하는 주관적 기준문제, 헌법개정권자와 헌법제정권자는 모두 국민으로 동일하다는 점, 실정법적 한계역시 이 개정금지조항을 먼저 개정하고 나서 개정하고자 하는 대상을 개정하면 된다고 하는 점 등을 들어, 개정한계론은 정치적, 이데올로기적 주장이 될 수 있을 지언정 법적 주장은 아니라고 한다.9)

나. 인정론

(1) 칼 슈미트(Carl Schmitt)의 논리

인정론에 따르면 헌법개정권력은 헌법제정권력이 내린 근본적인 결단에 대해서는 더 이상 건드릴 수 없다고 보는 것으로서 칼 슈미트(Carl Schmitt)가 이론적 기초를 제공하였다. 칼 슈미트에 따르면 시원적인 권력인 헌법제정권력자가 정치적 실존의 양식에 대하여 내린 근본적인 결단에 해당하는 것은 헌법(Verfassung)이며, 그 밖의 헌법규정들은 헌법률(Verfasungsgesetz)로서 파생적 권력에 해당하는 헌법개정권력자는 근본적인 결단에 해당하는 헌법은 개정할 수 없고, 단지 헌법률에 해당하는 헌법규정들만 개정할 수 있다고 보고 있다.

칼 슈미트: 헌법제정권력의 근본적인 결단 개정 불가

이러한 논리에 의하면 헌법개정권력자는 근본적인 결단에 해당한다고 할 수 있는 헌법규정은 헌법개정의 대상으로 할 수 없다.

(2) 통합론적 입장

또한 독일의 루돌프 스멘트(Rudolf Smend) 학파를 이어가는 콘라드 헷세(Konrad Hesse)나 페터 해벌레(Peter Häberle)의 경우는 역시 헌법개정의 한계를 인정하는 입장인데, 그 논거는 헌법개정권력자는 헌법을 개정할 수 있으나 그 헌법의 계속성과 동일성에 반하는 내용의 헌법개정은 허용할 수 없다고 보고 있다.

통합론적 입장: 헌법의 계속성과 동일성에 반하는 헌법개정 불가

---

9) 박일경, 신헌법[증보판], 박영사 1970, 184면 이하.

다. 결 론

사견: 전체 헌법의 동일성과 계속성이 파괴되는 헌법개정은 개정대상에서 제외

결론적으로 근본적인 결단에 해당하는 헌법으로 보든, 헌법의 계속성과 동일성에 해당하는 내용으로 보든, 헌법에는 분명 가장 근본적인 헌법적 결단의 내용으로서 그것을 개정할 경우에는 전체 헌법의 동일성과 계속성이 파괴될 수 있는 그러한 내용이 있다고 볼 수 있다. 그러한 내용은 헌법개정권력자가 더 이상 개정대상으로 삼을 수 없다고 보아야 할 것이다.

확인의 어려움

그런데 그러한 근본적인 결단에 해당하는 헌법으로서 헌법개정의 대상이 될 수 없는 조항이 무엇인지를 헌법이 명시적으로 규정한 경우에는 비교적 헌법개정의 대상이 될 수 없는 헌법조항을 확인하기가 용이하다고 할 수 있는 데 반하여, 그렇지 않은 경우에는 이를 확인하기가 쉽지 아니하다.

인간존엄, 인권보장, 민주주의, 법치주의는 헌법개정 불가대상

하지만 최소한 헌법제정권력의 한계에 해당한다고 볼 수 있는 내용들, 즉 인간존엄을 기초로 하는 인권의 보장, 민주주의와 법치국가적 질서는 결코 헌법개정의 대상이 될 수 없는 우리 헌법의 계속성과 동일성에 해당하는 내용이라고 보아야 할 것이기 때문에 이러한 내용들에 대한 개정은 허용될 수 없다고 보아야 할 것이다.

구체적 개별적 고찰 필요

그 밖의 내용들이 헌법개정의 한계에 해당할 것인지는 구체적 개별적으로 살펴야 할 것이다. 가령 권력분립원리, 의사공개의 원칙, 법관의 독립, 재판공개의 원칙 등은 자유민주적 기본질서와 법치국가질서의 본질적 구성부분에 속하여 헌법개정의 한계에 해당한다고 봐야 할 것이다.

4. 헌법개정의 한계를 일탈한 헌법개정의 법적 효과

한계를 일탈한 헌법개정의 법적효과

헌법개정의 한계를 인정한다면 헌법개정의 한계를 일탈한 헌법개정은 어떠한 법적 효과를 가지는지를 분명히 해야 할 것이다.

우리 헌법재판소는 헌법의 개별규정은 위헌법률심판이나 헌법소원심판의 대상이 될 수 없다고 보고 있다.

판례 "(1) 이 사건 심판청구는 헌법 제29조 제2항을 그 대상의 일부로 하고 있으므로, 우선적으로 헌법의 개별조항이 헌법재판소법 제68조 제2항에 의한 헌법소원심판의 대상이 되는지 여부가 문제된다.

(2) 헌법 제111조 제1항 제1호 및 헌법재판소법 제41조 제1항은 위헌법률심판의 대상에 관하여, 헌법 제111조 제1항 제5호 및 헌법재판소법 제68조 제2항, 제41조 제1항은 헌법소원심판의 대상에 관하여 그것이 법률임을 명문으로 규정하고 있으며, 여기서 위헌심사의 대상이 되는 법률이 국회의 의결을 거친 이른바 형식적 의미의 법률을 의미하는 것에는 아무런 의문이 있을 수 없다. 따라서 형식적 의미의 법률과 동일한 효력을 갖는 조약 등은 포함된다고 볼 것이지만 헌법의 개별규정 자체는 그 대상이 아님이 명백하다.

(3) 그럼에도 불구하고, 이른바 헌법제정권력과 헌법개정권력을 준별하고, 헌법의 개별규정 상호간의 효력의 차이를 인정하는 전제하에서 헌법제정규범에 위반한 헌법개정에 의한 규정, 상위의 헌법규정에 위배되는 하위의 헌법규정은 위헌으로 위헌심사의 대상이 된다거나, 혹은 헌법규정도 입법작용이라는 공권력 행사의 결과이므로 헌법재판소법 제68조 제1항에 의한 헌법소원의 대상이 된다는 견해가 있을 수는 있다.

(4) 그러나, 우리나라의 헌법은 광복헌법이 초대국회에 의하여 제정된 반면 그후의 제5차, 제7차, 제8차 및 현행의 제9차 헌법 개정에 있어서는 국민투표를 거친 바 있고, 그간 각 헌법의 개정절차조항 자체가 여러 번 개정된 적이 있으며, 형식적으로도 부분개정이 아니라 전문까지를 포함한 전면개정이 이루어졌던 점과 우리의 현행 헌법이 독일기본법 제79조 제3항과 같은 헌법개정의 한계에 관한 규정을 두고 있지 아니하고, 독일기본법 제79조 제1항 제1문과 같이 헌법의 개정을 법률의 형식으로 하도록 규정하고 있지도 아니한 점 등을 감안할 때, 우리 헌법의 각 개별규정 가운데 무엇이 헌법제정규정이고 무엇이 헌법개정규정인지를 구분하는 것이 가능하지 아니할 뿐 아니라, 각 개별규정에 그 효력상의 차이를 인정하여야 할 형식적인 이유를 찾을 수 없다. 이러한 점과 앞에서 검토한 현행 헌법 및 헌법재판소법의 명문의 규정취지에 비추어, 헌법제정권과 헌법개정권의 구별론이나 헌법개정한계론은 그 자체로서의 이론적 타당성 여부와 상관없이 우리 헌법재판소가 헌법의 개별규정에 대하여 위헌심사를 할 수 있다는 논거로 원용될 수 있는 것이 아니다.

또한 국민투표에 의하여 확정된 현행 헌법의 성립과정과 헌법 제130조 제2항이 헌법의 개정을 국민투표에 의하여 확정하도록 하고 있음에 비추어, 헌법은 그 전체로서 주권자인 국민의 결단 내지 국민적 합의의 결과라고 보아야 할

것으로, 헌법의 규정을 헌법재판소법 제68조 제1항 소정의 공권력 행사의 결과
라고 볼 수도 없다.

(5) 물론 헌법은 전문과 단순한 개별조항의 상호관련성이 없는 집합에 지나
지 않는 것이 아니고 하나의 통일된 가치체계를 이루고 있는 것이므로, 헌법의
전문과 각 개별규정은 서로 밀접한 관련을 맺고 있고, 따라서 헌법의 제규정
가운데는 헌법의 근본가치를 보다 추상적으로 선언한 것도 있고, 이를 보다 구
체적으로 표현한 것도 있어서 이념적·논리적으로는 규범 상호간의 우열을 인
정할 수 있는 것이 사실이다. 그러나, 그렇다 하더라도, 이 때에 인정되는 규
범 상호간의 우열은 추상적 가치규범의 구체화에 따른 것으로 헌법의 통일적
해석에 있어서는 유용할 것이지만, 그것이 헌법의 어느 특정규정이 다른 규정
의 효력을 전면 부인할 수 있는 정도의 개별적 헌법규정 상호간에 효력상의
차등을 의미하는 것이라고는 볼 수 없다.

(6) 우리 헌법재판소가 이 사건의 심판대상이기도 한 국가배상법 제2조 제1
항 단서에 대하여 동 규정이 "일반국민이 직무집행중인군인과의 공동불법행위
로 직무집행중인 다른 군인에게 공상을 입혀 그 피해자에게 공동의 불법행위
로 인한 손해를 배상한 다음 공동불법행위자인 군인의 부담부분에 관하여 국
가에 대하여 구상권을 행사하는 것을 허용하지 아니한다고 해석하는 한, 헌법
에 위반된다"고 판시한 것(헌법재판소 1994.12.29. 선고, 93헌바21 결정)은 헌법
상의 제규정을 가치통일적으로 조화롭게 해석·적용하기 위하여 개별 헌법규
정의 의미를 제한적으로 해석하였던 대표적인 예라고 할 수 있는데, 이를 넘어
서서 명시적으로 헌법의 개별규정 그 자체의 위헌 여부를 판단하는 것은 헌법
재판소의 관장사항에 속하는 것이 아니다.

(7) 따라서 이 사건심판청구 중 헌법 제29조 제2항을 대상으로 한 부분은 부
적법하다.[10]

그러나 위헌심판의 대상이 되어야 한다고 하는 반대견해(재판관 하
경철)도 피력된 바 있는 바 그 내용을 인용하면 다음과 같다.

|판례| **하경철 재판관의 반대의견**
헌법에는 보다 상위의 근본규정에 해당하는 헌법규정과 그러한 근본규정에 해

---

10) 헌재 1995. 12. 28. 95헌바3, 판례집 제7권 2집, 841, 845–848; 2005. 5. 26, 2005헌
바28 헌법 제29조 제2항 등 위헌소원; 헌재 2005. 5. 26. 2005헌바28, 헌법 제29조
제2항 등 위헌소원 [합헌, 각하].

당하지 않는 보다 하위의 헌법규정이 있을 수 있고, 하위의 헌법규정이 상위의 헌법규정과 합치하지 않는 모든 경우에 그 효력을 부인할 수 있는 것은 아니나, 더 이상 감내할 수 없을 정도로 일반인의 정의감정에 합치하지 아니하는 경우에는 헌법의 개별조항도 헌법 제111조 제1항 제1호 및 제5호, 헌법재판소법 제41조 제1항 및 제68조 제2항 소정의 법률의 개념에 포함되는 것으로 해석하여 헌법재판소가 그 위헌성을 확인할 수 있다. 군인등 신분이라는 이유만으로 국가배상청구권을 박탈한 헌법 제29조 제2항은 상위규정이며 민주주의 헌법의 기본이념이고 근본규정이라고 할 수 있는 헌법 제11조 제1항의 평등원칙에 위배되고 인간의 존엄과 가치를 보장한 헌법 제10조에도 위배된다.[11]

헌법개정의 한계는 전술한 바와 같이 실질적 한계와 절차적 한계가 있다. 실질적 한계이든 절차적 한계이든 헌법개정의 한계를 위반한 헌법개정이 이루어져 개정헌법으로 확정되었다면 그러한 헌법개정은 효력이 없다고 보아야 할 것이다.[12]

헌법개정의 한계를 위반한 헌법개정은 무효

문제는 이러한 헌법개정의 무효를 누가 확인할 것인가이다. 헌법제정의 경우와는 달리 헌법개정의 한계를 일탈한 헌법개정의 경우에는 이미 헌법재판소이든 아니면 법원이든 헌법재판기능을 담당하는 기관이 존재하기 마련이다. 일단 이러한 헌법재판기관이 헌법개정의 무효를 확인할 수 있다고 보아야 할 것이다.

헌법재판기관이 헌법개정의 무효확인주체

헌법재판소가 헌법개정의 위헌을 확인할 수 있는 절차는 위헌법률심판이나 헌법소원심판을 통해서 개시될 수 있다. 위헌법률심판은 헌법재판소가 법률의 위헌여부를 심판하는 절차이다. 이 때 법률개념에는 넓게 실정법에 해당하는 헌법의 개별규정도 포함된다고 해석할 수 있다. 또한 헌법소원심판은 공권력의 행사 또는 불행사에 의하여 기본권을 침해당한 자가 헌법소원심판을 청구할 경우에 헌법재판소가 이에 대하여 심판하는 절차인데, 이 때 공권력의 행사 개념에는 헌법개정안의 발의, 의결, 그리고 국민투표를 통한 최종 확정에 이르기까지 국가기관의 헌법개정을 위한 일련의 행위들이 전체적, 포괄적으로 공권력의 행

---

11) 헌재 2001. 2. 22, 2000헌바38, 판례집 제13권 1집, 289, 289−290.
12) 이에 대하여는 방승주, 소위 이중배상금지규정과 헌법규정의 위헌심사가능성, 헌법소송사례연구, 박영사 2002, 86−136면.

사 개념에 포함될 수 있을 것이다. 그렇다면 헌법개정의 한계를 일탈한 헌법개정의 경우는 대표적으로 국민의 기본권을 침해할 수 있는 공권력 행사에 해당하기 때문에 이에 대하여 헌재법 제68조 제1항의 헌법소원이나 또는 제2항의 위헌법률심판형 헌법소원으로 다툴 수 있는 것으로 보아야 할 것이다.

긴급조치의 위
헌여부에 대한
심사권　　비록 헌법은 아니지만 구 유신헌법 제53조에 따라 내려진 대통령의 긴급조치에 대한 위헌심사권을 누가 갖는가 하는 문제에 대해서도 헌법 재판소는 '법률'의 개념을 그 효력에 따라 넓게 해석한 후 법률적 효력을 가지는 긴급조치의 위헌여부의 심사권은 대법원이 아니라 헌법재판소가 갖는다고 확인한 바 있다.[13]

헌법재판소가
위헌심사권 소
유　　헌법개정절차를 명백히 위반한 헌법개정의 결과인 헌법조항 역시 위헌법률심판권한과 헌법소원심판권한을 부여하여 침해된 헌법의 효력을 회복하도록 권한을 부여한 헌법재판소가 심판대상으로 삼아 그 위헌·무효를 확인할 수 있어야 할 것이다.

5. 헌법개정의 절차

헌법개정의
절차　　헌법개정의 절차는 우선 헌법개정안의 발의와 공고, 헌법개정안에 대한 의회의 의결, 그리고 필요한 경우에 국민투표에 의한 확정의 순서로 이루어진다. 연방국가의 경우에는 각 지방(주)의 의사를 대변하는 상원이나 제2원(가령 독일의 경우 연방참사원)의 동의도 필요로 한다. 그리고 국민투표를 거치게 하는 헌법례(우리나라)도 있지만 국민투표가 없이 의회의 의결로 확정되는 국가도 있다(가령 독일의 경우는 연방의회와 연방참사원의 의결로 확정된다).

6. 현행 헌법상 헌법개정에 관한 규정

가. 헌법개정안의 발의

헌법개정안의
발의　　헌법개정안은 국회재적의원 과반수 또는 대통령이 발의한다(제128조

---

13) 헌재 2013. 3. 21. 2010헌바132 등, 판례집 25-1, 180, 180-181.

제1항).

나. 헌법개정안의 공고

제안된 헌법개정안은 대통령이 20일 이상의 기간 공고하여야 한다
(제129조)

20일 이상 공
고

다. 국회의 의결

국회는 헌법개정안이 공고된 날로부터 60일 이내에 의결하여야 하
며, 국회의 의결은 재적의원 2/3이상의 찬성을 얻어야 한다(제130조 제1
항).

60일 이내 의
결, 2/3 이상
찬성필요

라. 국민투표

헌법개정안은 국회가 의결한 후 30일 이내에 국민투표에 붙여야 하
며, 국회의원선거권자 과반수의 투표와 투표자 과반수의 찬성을 얻어야
한다(제130조 제2항).

30일 이내 국
민투표 회부

마. 공 포

헌법개정안이 국민투표에 의하여 확정되면 대통령은 즉시 이를 공
포하여야 한다(제130조 제3항).

대통령의 즉시
공포

바. 효력제한규정

대통령의 임기연장 또는 중임변경을 위한 헌법개정은 그 헌법개정
제안 당시의 대통령에 대하여는 효력이 없다(제128조 제2항).

임기연장 헌법
개정의 효력제
한

제 5 절 헌법의 적용범위

헌법의 적용범위

헌법의 적용범위란 대한민국의 헌법이 유효하게 적용될 수 있는 대상을 의미한다. 헌법의 적용범위는 장소적 적용범위와 인적 적용범위로 나누어서 고찰해 볼 수 있다.

I. 장소적 적용범위

장소적 적용범위: 한반도와 그 부속도서

일단 우리 헌법은 대한민국의 영토는 한반도와 그 부속도서로 한다고 하고 있다(제3조). 따라서 대한민국의 영토에 대한민국의 헌법이 적용된다고 일응 말할 수 있다. 그러나 북한지역에는 사실상 대한민국 헌법의 효력이 미치지 못하고 있다. 그로 인하여 헌법규범과 현실간의 괴리현상이 나오게 된다.

1. 대한민국의 영역

가. 영역의 개념

영역: 영토, 영해, 영공

영역이란 한 국가의 통치권이 미치는 공간적 범위를 일컫는다. 영역은 영토와 영해, 영공으로 이루어진다. 우리 헌법은 대한민국의 영토는 한반도와 그 부속도서로 한다고 하고 있다.

(1) 영 토

영토란 영역의 구성부분이 되는 토지

영토란 영역의 구성부분이 되는 토지를 일컫는다. 이 영토를 기준으로 일정한 거리까지의 해역을 영해라고 하고 그 수직 상공을 영공이라고 하기 때문에 영토는 영역설정의 기준이 될 수 있는 토지의 범위라고 할 수 있다.

대한민국의 영토는 한반도와 그 부속도서

우리 헌법은 대한민국의 영토는 한반도와 그 부속도서로 한다고 하고 있다. 따라서 북한지역까지 포함하는 한반도와 그 부속도서 즉 섬이 모두 대한민국의 영토라고 하는 것이다.

판례 국민의 개별적 기본권이 아니라 할지라도 기본권보장의 실질화를 위하여
서는, 영토조항만을 근거로 하여 독자적으로는 헌법소원을 청구할 수 없다 할
지라도, 모든 국가권능의 정당성의 근원인 국민의 기본권 침해에 대한 권리구
제를 위하여 그 전제조건으로서 영토에 관한 권리를, 이를테면 영토권이라 구
성하여, 이를 헌법소원의 대상인 기본권의 하나로 간주하는 것은 가능한 것으
로 판단된다.
(헌재 2001. 3. 21, 99헌마139, 판례집 제13권 1집, 676, 677-677)

판례 이 사건 협정조항은 어업에 관한 협정으로서 배타적경제수역을 직접 규
정한 것이 아니고, 이러한 점들은 이 사건 협정에서의 이른바 중간수역에 대해
서도 동일하다고 할 것이어서 독도가 중간수역에 속해 있다 할지라도 독도의
영유권문제나 영해문제와는 직접적인 관련을 가지지 아니하므로, 이 사건 협
정조항이 헌법상 영토조항을 위반하였다고 할 수 없다.
(헌재 2009. 2. 26, 2007헌바35, 판례집 제21권 1집 상, 076, 76-76)

(2) 영 해

영해란 영토로부터 일정한 거리까지의 해역을 일컫는다. 과거에는   영해란 영토로
착탄거리설에 따라서 3해리를 기준으로 하였으나 오늘날에는 국가의 관   부터 일정한
리능력에 따라서 6해리, 12해리, 200해리를 기준으로 하고 있기도 하   거리까지의 해
다.[1] 우리나라는 영해 및 접속수역법에 따라서 원칙적으로 12해리까지   역
를 영해로 인정하고 있으며(제1조), 대한해협에 관해서만 3해리를 적용
하고 있다. 통치권은 영해의 해상 및 해저지하 그리고 영해의 상공에까
지 미친다(1958년 4월 29일 영해 및 접속수역에 관한 협약 제2조).

영해를 통과하는 외국 선박은 무해통항권을 가지나, 연안국의 법령   무해통항권
을 준수하여야 한다.

(3) 영 공

영토와 영해의 수직 상공이 영공이다. 영공의 범위가 어디까지인가   영토와 영해의
에 대해서는 여러 가지 학설(영공무한계설, 인공위성설, 대기권설, 인력설)이   수직 상공
있으나, 지배가능한 상공에까지 미친다고 보는 것이 일반적이다.

---

1) 계희열, 헌법학(상), 박영사 2005, 168면.

나. 영역의 변경

영역변경에도
국가의 동일성
불변

국가의 영역은 자연적 원인에 의해서이든 또는 국제조약에 의해서이든 변경될 수 있다. 영역의 변경에 대하여는 우리 헌법은 아무런 규정을 두고 있지 아니하다. 영역이 변경되었다 하더라도 국가의 동일성에는 변화가 없으며 통치권이 미치는 범위에 있어서 변화가 있을 뿐이다. 영역변경의 법적 효과는 소속 국민의 국적과 해당 영역에 적용될 국법의 변경가능성이다.[2]

2. 북한과의 대치현실과 북한의 법적 지위

통치권이 미치
지 못하는 북
한지역

우리 헌법은 대한민국의 영토는 한반도와 그 부속도서로 한다고 하여 북한지역까지 우리의 영토로 삼고 있지만 사실상 우리의 통치권은 북한지역에 미치지 못하고 있다.

우리 헌법재판소도 국가보안법에 대한 결정에서 남북이 대치하고 있는 현실을 감안하여 국가보안법을 한정합헌으로 결정하고 있는데 이는 남북대치의 현실을 극명하게 잘 표현하고 있는 판례라고 할 수 있다.

> 판례 이상 본 바 문제의 소재는 법문의 다의성과 그 적용범위의 광범성에 있으며 이 때문에 국가존립·안전을 위태롭게 하거나 자유민주적 기본질서에 해악을 줄 구체적인 위험이 없는 경우까지도 형사처벌이 확대될 위헌적 요소가 생기게 되어 있는 점이며, 이는 단순한 입법 정책의 문제를 떠난 것이다. 그러나 제7조 제1항의 그 다의성 때문에 위헌문제가 생길 수 있다고 해서 전면위헌으로 완전폐기되어야 할 규정으로는 보지 않으며 완전폐기에서 오는 법의 공백과 혼란도 문제지만, 남북간에 일찍이 전쟁이 있었고 아직도 휴전상태에서 남북이 막강한 군사력으로 대치하며 긴장상태가 계속되고 있는 마당에서는 완전폐기함에서 오는 국가적 불이익이 폐기함으로써 오는 이익보다는 이익형량상 더 클 것이다. 분명히 평화시대를 기조로 한 형법상의 내란죄나 외환죄는 고전적이어서 오늘날 우리가 처한 국가의 자기안전·방어에는 다소 미흡하다. 따라서 제7조 제1항은 이와 별도로 그 존재의의가 있다고 할 것이며 또 침략행위나 민주체제전복을 부추기는 내용의 언동까지도 표현의 자유라는 이름으

---

2) 권영성, 헌법학원론, 법문사, 2010, 122면; 계희열 (주 1), 169면.

로 보호하는 것이 헌법이 아닐진대 여기에 합헌적이고 긍정적인 면도 간과할 수 없을 것으로, 다만 위헌적 요소가 있어서 정비되어야 할 불완전한 것일 뿐 이다. 어떤 법률의 개념이 다의적이고 그 어의의 테두리 안에서 여러 가지 해 석이 가능할 때 헌법을 그 최고 법규로 하는 통일적인 법질서의 형성을 위하 여 헌법에 합치되는 해석 즉 합헌적인 해석을 택하여야 하며, 이에 의하여 위 헌적인 결과가 될 해석을 배제하면서 합헌적이고 긍정적인 면은 살려야 한다 는 것이 헌법의 일반 법리이다. 이러한 합헌적 제한해석과 주문예는 헌법재판 제도가 정착된 여러 나라에 있어서 널리 활용되는 통례인 것으로서 법률에 일 부합헌적 요소가 있음에도 불구하고 위헌적 요소 때문에 전면위헌을 선언할 때 생길 수 있는 큰 충격을 완화하기 위한 방안이기도 하다. 국가보안법 제7조 제1항 소정의 찬양·고무·동조 그리고 이롭게 하는 행위 모두가 곧바로 국가 의 존립·안전을 위태롭게 하거나 또는 자유민주적 기본질서에 위해를 줄 위 험이 있는 것이 아니므로 그 행위일체를 어의대로 해석하여 모두 처벌한다면 합헌적인 행위까지도 처벌하게 되어 위헌이 되게 된다는 것은 앞서 본 바이다. 그렇다면 그 가운데서 국가의 존립·안전이나 자유민주적 기본질서에 무해한 행위는 처벌에서 배제하고, 이에 실질적 해악을 미칠 명백한 위험성이 있는 경 우로 처벌을 축소제한하는 것이 헌법 전문·제4조·제8조 제4항·제37조 제2항 에 합치되는 해석일 것이다.

(헌재 1990. 4. 2, 89헌가113, 판례집 제2권, 49, 61-63)

통일 전 서독 기본법은 기본법의 효력이 서독지역에만 미치고 나머 지 동독지역은 서독 헌법에 가입하는 것을 조건으로 기본법의 효력이 미침을 규정하고 있었다(구 기본법 제23조). 그리고 또한 제146조에서는 기본법의 효력은 독일국민이 자유로운 결정으로 의결한 헌법이 효력을 발하게 되는 때에 그 효력을 상실함을 규정함으로써, 기본법 제23조에 따른 가입에 의한 통일(흡수통일)과, 제146조에 의한 통일의 두 가지 방 법을 예정하고 있었다.

그러나 우리 헌법은 현실과 맞지 않게 북한지역까지 우리의 헌법이 적용되는 것으로 규정하고 있으며, 다른 한편 제4조에 통일조항이 추가 되었다.

*통일 전 서독
기본법*

*헌법과 현실과
의 괴리*

3. 헌법 제3조와 헌법 제4조의 관계

평화통일조항
으로서 헌법
제4조

헌법 제4조는 대한민국은 통일을 지향하며, 자유민주적 기본질서에 입각한 평화적 통일정책을 수립하고 이를 추진한다고 규정하고 있다. 이러한 평화통일조항에 입각하여 대한민국 정부는 북한을 대화와 협력의 상대로 인정하고 꾸준히 통일정책을 추진해 나가고 있다.

평화통일을 위
한 남북협력
사례

가령 평화통일을 위한 남북공동성명(1972. 7. 4), 6.23선언과 남북대화(1973. 6. 23), 한민족동동체통일방안에 기초한 7.7특별선언(1988. 7. 7), 남북교류협력에 관한 법률의 제정(1990. 8. 1), 남북한의 UN 동시 가입(1991. 9), 남북사이의 화해와 교류협력에 관한 합의서(1991. 12), 6.15 공동선언(2000. 6. 15) 등이 그것이다.

북한의 핵실험
과 남북경협
및 교류 중단

하지만 박근혜 정부 하에서 북한의 제4차 핵실험에 대한 대북조치로 2016년 2월 10일 개성공단사업을 전면 중단하기로 함에 따라 남북간의 유일하게 남아 있던 경협사업도 전면적으로 중단되면서 남북간의 정치적·군사적 대치관계는 최고조에 달한 상태였다. 그러나, 2017년 박근혜 전 대통령의 탄해과 새로이 대통령으로 당선된 무재인 정부 하에서 동계올림픽을 통한 남북교류의 재개 그리고 이어진 판문점선언과 평양선언, 싱가폴에서의 북미회담이 이루어져 남북화해와 종전선언 및 한반도에서의 영구적 평화체제의 보장이 논의되는 듯싶었으나, 하노이에서 북핵 포기와 체제보장의 빅딜과 관련한 북미회담이 결렬되고, 북핵의 유지와 UN의 대북제재 지속으로 인하여 한반도에서의 종전선언 및 평화체제보장 논의는 사실상 거의 답보상태에 접어들고 남북간의 교류마저 끊긴 상태에 있다.

판문점선언 비
준행위에 대한
헌법소원 각하

이와 관련하여 강○창 외 12784명의 청구인들이 판문점선언과 관련한 남북합의서 제25호에 대한 비준행위 등이 자신들의 자위권, 생명권, 영토권 등 기본권을 침해한다고 주장하며 대통령을 피청구인으로 하여 헌법소원심판을 청구하였으나, 헌법재판소가 이를 각하한 바 있다.[3]

---

3) 헌재 2019. 2. 19. 2019헌마72, 결정문[각하(4호)]; 헌재 2019. 7. 16. 2019헌마671, 결정문[각하(4호)].

이와 관련 남북교류협력에 관한 법률에 따라 북한과의 접촉을 위해서 통일부장관의 승인을 받도록 하는 것이 헌법 제4조에 위반되는 것 아닌지 여부에 대하여 헌법재판소는 합헌으로 선언한 바 있다.[4]

남북교류협력에 관한 법률 합헌

그런데 이와 같이 북한을 대화의 상대로 인정하고 평화통일을 추구하라고 하는 헌법 제4조와 북한을 반국가단체로 볼 수 있는 근거가 되는 헌법 제3조와의 관계가 어떻게 되는 것인지에 대하여 계속적으로 논란이 되고 있다.

헌법 제3조와 제4조의 관계 논란

이에 관하여 과거 학설들에 따르면 헌법 제3조의 영토조항을 근거로 한반도의 유일한 합법정부는 오로지 대한민국정부로서 북한은 아직 미수복지역이며, 북한을 점령하고 있는 집단은 반국가단체로서 축출해야 할 대상인 것으로 해석해 왔으며 이를 소위 "미수복지역논리" 또는 "반국가단체지배지역논리" 또는 "유일합법정부론"[5]이라고 할 수 있다. 이러한 논리에 따르면, 평화적 통일을 추진하기 위해서 북한의 실체를 인정하지 않을 수 없으므로 헌법 제3조와 제4조는 서로 양립할 수 없는 모순관계에 있는 것처럼 보일 수 있다.[6]

미수복지역논리: 모순관계에 직면

이와 관련하여 일반법과 특별법의 관계에 따라 제4조가 우선하는 것으로 보는 특별법우선설[7], 북한의 실체를 인정하고 평화통일을 지향하려면 과거의 미수복지역논리 등은 지양되어야 하고, 영토조항을 문언 그대로 해석할 수는 없다고 보면서 영토조항을 미래지향적이고 초시대적인 청사진을 의미하는 규정으로 이해하는 견해[8], 헌법 제3조를 현실적 상황의 변화와는 상관없이 법규범적인 것으로 이해하는 입장[9] 등으로 나누어진다.

특별법우선설, 미래지향적 청사진설, 현실상황의 변화와 무관한 법규범설

그러나 헌법 제3조의 문언을 잘 살펴보면 "대한민국의 영토는 한반도와 그 부속도서로 한다."고 규정하고 있다. "…라고 한다."는 표현은 "현상태에 대한 기술"(존재 Sein)이라고 하기 보다는 "앞으로 이루어져야

헌법 제3조: 통일의 영토적 한계

---

4) 헌재 2000. 7. 20, 98헌바63, 판례집 제12권 2집 , 52, 63-64.
5) 허영, 한국헌법론, 박영사, 2020, 207면.
6) 이러한 입장으로 권영성 (주 2), 123면.
7) 계희열 (주 1), 174면.
8) 허영 (주 5), 207-209면.
9) 정종섭, 헌법학원론, 박영사, 2018, 113면.

할 상태"(당위 Sollen)를 나타내 주는 표현이라고 할 수 있다. 즉 헌법 제3조는 대한민국의 영토가 남한지역 뿐만이 아니라, 북한지역까지 모두 포함된다고 선언함으로써, 앞으로 이루어지게 될 통일의 영토적 한계를 명시하고 있는 조항으로 해석할 수 있다. 또한 앞으로 이루어질 통일된 대한민국의 영토는 한반도에 국한되며, 주변국들에 대하여 더 이상의 영토적 야심이 없음도 대외적으로 천명하는 의미를 가지기도 한다.10)

헌법 제4조:
통일의 방법
과 전제조건

그리고 헌법 제4조는 통일의 방법과 전제조건으로서 평화통일 및 자유민주적 기본질서 하에서의 통일을 강조하고 있는 것이다.

따라서 양 조항은 결코 모순관계에 있다고 볼 필요가 없이 충분히 조화있게 해석할 수 있는 것이다. 즉 제3조는 통일의 영토적 범위, 그리고 제4조는 통일의 방법과 전제조건을 가리킨다고 봄으로써, 모두 앞으로의 통일에 대비한 조문이라고 이해하면 될 것이다.11)

헌법재판소 판례에 의하면 북한을 통일을 위하여 대화를 해야 하는 상대로서 보면서도 남북이 서로 군사적으로 대립하고 있는 현실을 감안 여전히 적으로서의 지위도 있으므로 그에 대하여는 국가보안법으로 대처해야 할 필요성이 있음을 인정하고 있다.

> **판례** 현 단계에 있어서의 북한은 조국의 평화적 통일을 위한 대화와 협력의 동반자임과 동시에 대남적화노선을 고수하면서 우리자유민주체제의 전복을 획책하고 있는 반국가단체라는 성격도 함께 갖고 있음이 엄연한 현실인 점에 비추어, 헌법 제4조가 천명하는 자유민주적 기본질서에 입각한 평화적 통일정책을 수립하고 이를 추진하는 한편 국가의 안전을 위태롭게 하는 반국가활동을 규제하기 위한 법적 장치로서, 전자를 위하여는 남북교류협력에관한법률 등의 시행으로써 이에 대처하고 후자를 위하여는 국가보안법의 시행으로써 이에 대처하고 있는 것이다.
> (헌재 1993. 7. 29, 92헌바48, 판례집 제5권 2집, 65, 75-75)

---

10) 동지, 홍성방, 헌법학(상), 박영사, 2016, 84면.
11) 방승주, 헌법재판소와 대법원의 남북관계 관련 판례에 대한 헌법적 평가, 공법연구 제39집 제2호, 2010. 12, 203–229면 참조. 마찬가지 입장에서 앞으로 냉전적 시대에 정립된 대법원 판례가 변경될 필요가 있다고 보는 지적으로 이장희(창원대), 한반도 평화체제의 구축에 대비한 북한의 법적 지위관련 판례의 검토, 헌법학연구 제24권 제4호(2018. 12), 35–68면.

이 점은 대법원 역시 마찬가지이다.

> **대법원 판례** 북한이 여전히 우리나라와 대치하면서 우리나라의 자유민주주의 체제를 전복하고자 하는 적화통일노선을 완전히 포기하였다는 명백한 징후를 보이지 않고 있고, 그들 내부에 뚜렷한 민주적 변화도 보이지 않고 있는 이상, 북한은 조국의 평화적 통일을 위한 대화와 협력의 동반자임과 동시에 적화통일노선을 고수하면서 우리의 자유민주주의 체제를 전복하고자 획책하는 반국가단체라는 성격도 아울러 가지고 있다고 보아야 하고, 남북 사이에 정상회담이 개최되고 남·북한 사이의 교류와 협력이 이루어지고 있다고 하여 바로 북한의 반국가단체성이 소멸하였다거나 대한민국의 안전을 위태롭게 하는 반국가활동을 규제함으로써 국가의 안전과 국민의 생존 및 자유를 확보함을 목적으로 하는 국가보안법의 규범력이 상실되었다고 볼 수는 없다.
> (대법원 2004. 8. 30. 선고 2004도3212 판결)

4. 북한주민의 법적 지위

이러한 문제는 또한 대한민국 국민의 범위가 어디까지인가와 연관된다. 대법원은 북한 주민들 역시 헌법상 대한민국 국민으로 간주하고 있다.12)

> **대법원 판례** 【강제퇴거명령처분무효확인등】
> 조선인을 부친으로 하여 출생한 자는 남조선과도정부법률 제11호 국적에관한임시조례의 규정에 따라 조선국적을 취득하였다가 제헌헌법의 공포와 동시에 대한민국 국적을 취득하였다 할 것이고, 설사 그가 북한법의 규정에 따라 북한국적을 취득하여 중국 주재 북한대사관으로부터 북한의 해외공민증을 발급받은 자라 하더라도 북한지역 역시 대한민국의 영토에 속하는 한반도의 일부를 이루는 것이어서 대한민국의 주권이 미칠 뿐이고, 대한민국의 주권과 부딪치는 어떠한 국가단체나 주권을 법리상 인정할 수 없는 점에 비추어 볼 때, 그러한 사정은 그가 대한민국 국적을 취득하고 이를 유지함에 있어 아무런 영향을 끼칠 수 없다.
> (대법원 1996. 11. 12. 선고 96누1221 판결)

---

12) 대법원 1996. 11. 12. 선고 96누1221 판결.

선거권 부여
여부

그렇다면 해외에 있는 북한 주민들도 대한민국 국민이므로, 재외국
민으로서 선거권을 행사할 수 있는가의 문제도 제기된 바 있다.13) 그러
나 이들에게 선거권을 부여하는 것은 그들이 대한민국 국민으로서 대한
민국헌법의 적용을 받고자 하는 의사, 즉 귀순의사를 분명히 한 경우라
면 허용될 것이지만, 그러한 의사의 확인도 없이 선거권을 행사하고자
한다고 해서 그들에게 모두 선거권을 부여해야 할 필요는 없을 것이다.
그러므로 재외국민의 선거권을 인정하게 되면, 조총련계 재일교포들에
게까지 모두 선거권을 부여하여야 하기 때문에 재외국민들의 선거권을
인정할 수 없다고 하는 논리는 현실적 차이를 감안하지 않고 지나치게
형식논리에 집착하여 대한민국 국민이었던 자로서 해외에 거주하고 있
는 진정한 재외국민들의 선거권의 문제를 지나치게 경시한 논리이기 때
문에, 받아들일 수 없다고 할 것이다.

재외국민선거
권 제한조항
헌법불합치

2007년 헌법재판소는 자신의 이러한 과거 판례(헌재 1999. 1. 28. 97헌
마253)를 변경하여 재외국민의 선거권을 제한한 관련 공직선거법 조항
등을 헌법불합치로 결정한 바 있다.

판례 "북한주민이나 조총련계 재일동포가 선거에 영향을 미칠 위험성이 있다는
것이 재외국민의 선거권 행사를 부정하는 근거가 되기는 어렵다.
그 이유는 설사 재외국민에게 선거권 행사를 인정할 경우라도, 남북한의 대치
상태가 종식되지 않고 있는 우리의 특수한 상황하에서는, 북한주민이나 조총
련계 재일동포의 선거권 행사에 대한 제한은 어느 정도 허용될 수 있을 것으
로 보기 때문이다. 한편 북한주민이나 조총련계 재일동포가 신분을 위장하여
선거권을 행사할 위험성도 존재한다고 하지만 현행 재외국민등록법에 의한 재
외국민등록제도 및 현행 '재외동포의 출입국과 법적지위에 관한 법률'에 의한
재외국민 국내거소신고제도를 활용하여 그러한 위험성을 예방하는 것이 선거
기술상 불가능한 것은 아니다. 또한 북한주민이나 조총련계 재일동포가 아닌
재외국민의 경우에는 북한주민이나 조총련계 재일동포와는 달리 우리나라 여
권을 소지하고 있으므로 양자의 구분이 가능하다. 따라서 북한주민이나 조총
련계 재일동포가 선거에 영향을 미칠지도 모른다는 막연하고 추상적인 위험성
만으로 재외국민의 선거권 행사를 전면적으로 부정하는 것을 정당화할 수는

13) 헌재 1999. 1. 28, 97헌마253, 판례집 제11권 1집, 54, 61−62.

없다."

(헌재 2007. 6. 28, 2004헌마644, 판례집 제19권 1집, 859, 876-876)

Ⅱ. 인적 적용범위

그리고 인적 적용범위가 존재한다. 인적 적용범위는 어떠한 사람들에게 헌법의 효력이 미치는가 하는 문제이다.

헌법의 인적 적용범위

1. 국 민

우선 대한민국 헌법은 대한민국 국민에게 효력이 미친다. 국민이란 대한민국의 국적을 가지고 있는 자를 일컫는다. 대한민국의 국민이 되는 요건은 법률로 정한다.

대한민국국적 소지자

가. 국적의 취득

(1) 선천적 취득

선천적 취득은 부모의 국적을 따르는 속인주의(Abstammungsprinzip; ius sanguinis)와 출생지를 기준으로 국적을 취득하는 속지주의(Territorialprinzip; ius soli)로 나눌 수 있다.

속인주의, 속지주의

우리 국적법은 부모의 일방이 대한민국 국민인 경우, 대한민국의 국적을 자동 취득하도록 하고 있다(제2조 제1항). 하지만 구 국적법에서는 부계혈통주의를 채택하고 있었기 때문에 어머니가 대한민국국적을 가지고 있고, 아버지가 외국국적을 가지고 있는 경우 출생으로 대한민국국적을 취득하지 못하게 한 구 국적법 제2조 제1항 제1호의 위헌여부가 문제된 바 있었는데[14], 간단하게 요약하면 다음과 같다.

속인주의와 부모양계혈통주의

구 국적법 제2조 제1항은 父가 대한민국 국적을 가지고 있는 경우에만 출생과 동시에 대한민국 국적을 취득하도록 함으로써, 부계혈통주

구 국적법상 부계혈통주의

---

14) 헌재 2000. 8. 31. 97헌가12, 판례집 제12권 2집, 167. 국적법 제2조 제1항 제1호 위헌제청.

에 대한 위헌
법률심판

의를 채택하고 있었다. 대한민국에 밀입국을 하였던 김○○씨는 다음
날 경찰의 불심검문에 그가 밀입국을 하였음이 발각되어 바로 강제퇴거
명령을 받게 되었다. 그러나 김씨는 자신의 아버지가 해방전 북한에서
태어나서 중국으로 이주하였음을 주장하면서, 그가 대한민국 국민이었
기 때문에 자신도 대한민국 국민이라고 주장하였다. 그러나 이것이 받
아들여지지 않자 어머니가 북한에서 태어났고, 어머니가 대한민국 헌법
에 의할 경우 대한민국 국민임에도 국적법은 부계혈통주의를 채택하고
있기 때문에, 헌법상 평등의 원칙에 반하여 위헌이라고 주장하면서 위
헌법률심판을 제청신청하였고, 법원은 이를 받아들여 헌법재판소에 위
헌법률심판을 제청하였다.

부모양계혈통
주의의 10년
소급 경과규정

그러나 이 국적법의 위헌여부가 헌법재판소에 계류 중일 동안 국적
법이 개정되어 부모양계혈통주의를 채택하게 되었고, 부모 중 어느 일
방이 대한민국 국민이기만 하면 출생과 동시에 대한민국 국적을 취득할
수 있도록 되었다. 다만 부칙 제7조에서 이러한 부모양계혈통주의 규정
의 소급적용을 10년까지로만 한정하였다.

경과규정 잠정
적 계속 적용
명령(헌법불합
치)

따라서 헌법재판소는 이 사건에는 신법이 적용되므로 구법 제2조
제1항에 대해서는 각하하였으나, 어쨌든 부계혈통주의를 규정하였던 구
법 제2조 제1항은 헌법 제11조의 평등의 원칙에 위반된다고 보았고, 또
한 신법 부칙 제7조에 대하여도 부모양계혈통주의의 소급적용을 10년까
지로만 한정한 것은 평등의 원칙에 위반되나 어느 정도까지 소급적용을
해야 할 것인지는 입법자가 결정해야 할 사항이며, 또한 위헌결정으로
당장 그 효력을 상실시킬 경우에는 법적 공백상태의 발생으로 인하여
부칙 제7조의 적용을 받을 수 있는 자녀의 경우도 더 이상 대한민국의
국적을 취득할 수 있는 법적 근거가 상실되므로, 입법자가 이를 개정할
때까지 잠정적으로 계속적용을 명하는 헌법불합치결정을 내렸다.

소급적용 20년
으로 확대

이러한 헌법불합치결정에 따라 입법자는 소급적용의 기간을 20년
으로 확대하였고, 사실상 청구인은 그 적용대상이 되지 않았으나, 당해
법원은 다른 이유로 원고승소 판결을 내렸다.[15]

---

15) 서울고등법원 2002. 12. 26. 96구10128 강제퇴거명령처분등 무효확인 사건 원고승

(2) 후천적 취득

후천적 취득의 방법으로는 인지, 귀화, 수반취득, 국적회복 등이 있다.　후천적 취득

나. 국적의 상실

국적법은 외국국적을 취득한 경우에 일정한 요건에 따라 국적이 상　복수국적 원칙
실됨을 규정하고 있다(국적법 제15조). 우선 자진하여 외국국적을 취득한　적 불허
자는 그 외국국적을 취득한 때에 대한민국 국적을 상실하며(제15조 제1
항), 또한 다른 사유(1. 외국인과의 혼인으로 그 배우자의 국적을 취득하게 된
자, 2. 외국인에게 입양되어 그 양부 또는 양모의 국적을 취득하게 된 자, 3. 외국
인인 부 또는 모에게 인지되어 그 부 또는 모의 국적을 취득하게 된 자, 4. 외국
국적을 취득하여 대한민국 국적을 상실하게 된 자의 배우자나 미성년의 자로서
그 외국의 법률에 따라 함께 그 외국 국적을 취득한 자)로 외국국적을 취득하
게 된 때에는 그 외국 국적을 취득한 때부터 6개월 내에 법무부장관에
게 대한민국 국적을 보유할 의사가 있다는 뜻을 신고하지 아니하면 그
외국 국적을 취득한 때로 소급하여 대한민국 국적을 상실한 것으로 본
다(제15조 제2항).

국적법은 종전에는 이중국적을 원칙적으로 인정하지 않고 국적선　복수국적의 예
택의무를 부과하고 있었으나, 2010년 5월 4일 법률 제10275호로 복수국　외적, 제한적
적을 원칙적으로 금지하되 예외적·제한적으로 허용하는 방향으로 국적　허용
법이 개정되었다. 즉 만 20세가 되기 전에 복수국적자가 된 자는 만 22
세가 되기 전까지, 만 20세가 된 후에 복수국적자가 된 자는 그 때부터
2년 내에 하나의 국적을 선택하여야 하나, 제10조 제2항에 따라 법무부
장관에게 대한민국에서 외국 국적을 행사하지 아니하겠다는 뜻을 서약
한 복수국적자는 이러한 의무에서 제외된다(제12조 제1항).

그리고 병역법 제8조에 따라 병역준비역에 편입된 자는 편입된 때　병역과
부터 3개월 이내에 하나의 국적을 선택하거나 제3항 각호(1. 현역·상근　국적선택
예비역·보충역 또는 대체역으로 복무를 마치거나 마친 것으로 보게 되는 경우,

소. 이에 대해서는 방승주, 헌법불합치결정의 문제점과 그 개선방안, 헌법학연구
　제13권 제3호(2007. 9), 49-106(84, 각주 37)면.

2. 전시근로역에 편입된 경우, 3. 병역면제처분을 받은 경우)의 어느 하나에 해당하는 때부터 2년 이내에 하나의 국적을 선택하여야 한다. 다만 제13조에 따라 대한민국 국적을 선택하려는 경우에는 위 각호의 어느 하나에 해당하기 전에도 할 수 있다(제12조 제2항).

직계존속(直系尊屬)이 외국에서 영주(永住)할 목적 없이 체류한 상태에서 출생한 자는 병역의무의 이행과 관련하여 위 각 호의 어느 하나에 해당하는 경우에만 제14조에 따른 국적이탈신고를 할 수 있다(제12조 제3항).

국적이탈신고
제한조항 헌법
불합치

위와 같이 복수국적자의 경우 병역의무를 이행하지 않은 경우에는 국적이탈신고를 할 수 없도록 규정한 이 국적법 조항과 관련하여 헌법재판소는 종전에는 합헌결정[16]을 선고하였었으나, 2020년 9월 24일 동 조항이 거주·이전의 자유에서 나오는 국적이탈의 자유를 침해한다고 하는 이유로 판례를 변경하여 입법자의 개선입법이 있을 때까지 잠정적 계속 적용을 명하는 헌법불합치결정을 선고하였다.[17]

대한민국 국적
을 취득한 외
국인의 1년 내
외국국적 포기
의무와 예외

또한 대한민국 국적을 취득한 외국인으로서 외국 국적을 가지고 있는 자는 대한민국 국적을 취득한 날부터 1년 내에 그 외국 국적을 포기하여야 한다(제10조 제1항). 다만 귀화와 국적회복허가의 경우와 본인의 뜻에도 불구하고 외국 법률과 제도로 인하여 외국국적 포기를 하기 어려운 국적취득자의 경우 외국 국적을 행사하지 아니하겠다는 뜻을 법무부장관에게 서약하도록 함으로써 복수국적 불인정의 예외를 두고 있다(제10조 제2항). 이와 같은 의무를 이행하지 아니한 자는 그 기간이 지난 때에 대한민국 국적을 상실한다(제10조 제3항).

2. 재외국민의 보호

가. 헌법과 법률규정

국가의 재외국
민 보호의무

해외에 거주하고 있는 국민을 재외국민이라고 한다. 국가는 법률이 정하는 바에 따라 재외국민을 보호할 의무를 진다.

---

16) 헌재 2004. 8. 26. 2002헌바13; 헌재 2006. 11. 30. 2005헌마739.
17) 헌재 2020. 9. 24. 2016헌마889, 공보 제288호, 1274.

이에 따라 현행법으로 재외국민등록법이 있으며, 동 시행령과 시행규칙, 그리고 재외국민보조금교부규정(대통령령)과 동 시행규칙이 규정되어 있다.

재외국민등록
법

재외국민등록법은 외국에 거주하거나 체류하는 대한민국 국민을 등록하도록 하여 재외국민의 현황을 파악함으로써 재외국민의 국내외 활동의 편익을 증진하고, 관련 행정 사무를 적절하게 처리하며, 그 밖에 재외국민 보호정책의 수립에 이바지함을 목적으로 규정된 것이다(제1조).

재외국민등록
법의 입법목적

해외에서 테러단체나 해적 그 밖에 인종범죄혐의자들에 의한 재외국민에 대한 납치, 살인 등과 같은 사건이 빈발하고 있는데 반하여, 외교당국이 그에 대하여 적절한 보호조치를 취하지 못하고 있다는 지적에 따라, 재외국민들을 효과적으로 보호하기 위한 재외국민보호법안이 국회에 제출되어 논의되어 왔다.[18] 제20대 국회에서 드디어 재외국민보호를 위한 영사조력법이 통과된 후, 2019. 1. 15. 공포되어 2년의 유예기간을 거쳐서 2021. 1. 16.부터 시행된다.

재외국민보호
를 위한 영사
조력법 시행

한편 재외동포(在外同胞)의 대한민국에의 출입국과 대한민국 안에서의 법적 지위를 보장함을 목적으로 재외동포의 출입국과 법적지위에 관한 법률이 제정되어 있다.

재외동포의 출
입국과 법적
지위에 관한
법률

> 판례 정부수립이전이주동포를 재외동포법의 적용대상에서 제외한 것은 합리적 이유없이 정부수립이전이주동포를 차별하는 자의적인 입법이어서 헌법 제11조의 평등원칙에 위배된다.
>
> (헌재 2001. 11. 29. 99헌마494, 판례집 제13권 2집, 714, 716)

---

18) 이에 대하여는 방승주, 범죄피해자구조청구권의 기본권주체, 유럽헌법연구 제19호 (2015. 12), 155-191(188). 17대 국회에서는 김선일 군 피살사건이 일어난 직후에 재외국민보호법안이 상정되어 논의되다가 국회회기 종료와 함께 폐기된 바 있었으며, 제18대 국회에서는 신낙균의원안(2008. 12. 5. 의안번호 1802891)과 김정훈 의원안(2008. 12. 9 의안번호 1802933)이 제출된 바 있고, 제19대 국회에서도 하태경 의원안, 유기준 의원안, 김정훈 의원안, 김성곤 의원안, 원유철 의원안이 제출된 바 있으며, 한편 2010. 12. 24. 외교부에서는 재외국민보호법 제정에 관한 정부입장(정부안)을 발표한 바 있다.

나. 재외국민의 선거권

국가가 재외국민에 대한 보호의무를 제대로 수행하는지 여부를 감시하고 통제하기 위해서는 재외국민들의 선거권과 피선거권이 인정되지 않으면 안된다.

헌법재판소는 1999년 선거권행사를 위해서는 국내에 주민등록이 되어 있을 것을 요건으로 하고 있던 공직선거법 관련조항들을 합헌으로 결정하였으나 8년 만인 2007년 6월 28일 동 조항들에 대하여 헌법불합치를 선언하였고, 2008년 12월 31일까지 이를 개정하도록 입법자에게 개정명령을 내리면서 그때까지 잠정적으로 계속적용을 명하였다.

국회는 개정시한을 넘기기는 하였으나 2009년 2월 5일 공직선거법 및 국민투표법 그리고 주민투표법 등에서 재외국민의 참정권을 인정하는 개정법률을 통과시켰고, 2009년 2월 12일 법률 제9466호로 공포되었다.

다만 국회의원선거와 관련하여 지역구국회의원선거권은 국내에 주민등록이 되어 있거나 국내거소신고가 되어 있는 재외국민들에게만 인정하고 그렇지 않은 장기체류자들에게는 비례대표국회의원선거권만을 인정하고 지역구국회의원선거권은 부여하지 않고 있는 등 재외국민들에 대한 차별적 요소가 아직까지 남아 있기 때문에 또 다시 위헌논란을 야기하였고, 실제로 헌법재판소에 헌법소원심판이 청구되었으나, 국민투표권제한만 헌법불합치로 결정되고, 나머지 지역구 국회의원선거권의 제한은 헌법에 위반되지 않는다고 판시되었다.[19]

그러나 이는 재외국민의 선거권제한에 대하여 헌법에 합치하지 않는다고 본 종전 판례의 취지에도 역행하는 과거 회귀적 결정에 해당된다고 생각된다.[20]

---

[19] 헌재 2014. 7. 24. 2009헌마256 등, 공보 제214호, 1272.

[20] 방승주, 재외국민의 지역구국회의원선거권 배제조항의 위헌여부 - 헌재 2014. 7. 24. 2009헌마256, 2010헌마394(병합) 결정, 법률신문 2014. 9. 25. (https://www.lawtimes.co.kr/Legal-Info/Cases-Commentary-View.aspx?serial=1090) 참조.

3. 외국인

외국인은 원칙적으로 대한민국 헌법의 적용대상이 아니다. 그러나 국내에 거주하는 외국인의 경우 대한민국 헌법과 국내법의 적용을 받는 것은 당연하다.

국내 거주 외국인

그리고 외국인이 대한민국 영토 내에 거주하고 있을 동안 인간으로서의 기본권, 즉 인권의 주체가 될 수 있다고 할 수 있다. 즉 인간으로서의 존엄과 가치, 행복추구권을 비롯하여, 반드시 대한민국 국민에게만 허용된다고 볼 수 없는 기본권의 주체가 될 수 있기 때문에 그러한 한도 내에서 대한민국 헌법의 적용을 받는다고 볼 수 있다.

외국인의 기본권주체성

특히 지방자치단체의 의회의원과 장의 선거와 관련해서는 외국인이라 하더라도 영주체류자격 취득 후 3년이 경과한 자로서 해당 지방자치단체의 외국인등록대장에 올라 있는 사람은 관할 지방자치단체의 선거에서 선거를 할 수 있게 되었다(공직선거법 제15조 제2항 제3호).

외국인의 지방자치단체 선거권

우리 헌법은 외국인에 대하여는 국제법과 조약이 정하는 바에 의하여 그 지위가 보장된다고 규정하고 있다. 그러나 위에서도 언급하였듯이 인권적 성격을 가지는 기본권의 경우에는 비록 국제법과 조약의 규정이 없다 하더라도 외국인에게도 그 주체성이 인정되어야 할 것이다.

국제법과 조약에 따른 지위 보장

> [판례] 민사소송법 제117조 제1항 등 위헌소원
>
> 헌법 제6조 제2항에 의하면 외국인은 국제법과 조약이 정하는 바에 의하여 그 지위가 보장되는데, 우리나라에 효력이 있는 국제법과 조약 중 국내에 주소 등을 두고 있지 아니한 외국인이 소를 제기한 경우에 소송비용담보제공명령을 금지하는 국제법이나 조약을 찾아볼 수 없고, 이 사건 법률조항은 그 적용대상을 외국인으로 한정하고 있지 아니할 뿐만 아니라 외국인을 포함하여 국내에 주소 등을 두고 있지 아니한 원고의 재판청구권을 침해한다고 볼 수 없으므로, 이 사건 법률조항은 헌법 제6조 제2항에 위배되지 아니한다.
>
> (헌재 2011. 12. 29. 2011헌바57, 판례집 23-2하, 728.)

Ⅲ. 국제법규의 국내법적 효력

조약 및 국제
법규의 국내
법적 효력

헌법 제6조 제1항에 따르면 헌법에 의하여 체결·공포된 조약과 일반적으로 승인된 국제법규는 국내법과 같은 효력을 가진다. 여기에서 국내법과 같은 효력은 어떠한 정도의 효력을 말하는 것인지가 문제된다. 즉 국내에서 국내법과 같은 효력을 가지는 국제법규의 내용이 어떠한 것이며, 구체적으로 어떠한 효력을 가지는가가 헌법의 효력과 관련하여 문제될 수 있다. 왜냐하면 만일 이러한 국제법규가 헌법과 같은 효력을 가진다면, 기존 헌법과 충돌하는 경우 신법우선의 원칙에 따라서 국제법규가 우선적 효력을 가지게 될 것이고, 따라서 헌법의 효력과 밀접한 관련을 가지기 때문이다.

1. 헌법에 의하여 체결·공포된 조약

가. 의 의

헌법에 의하여
체결·공포된
조약

헌법에 의하여 체결·공포된 조약의 의미가 무엇인지 먼저 문제된다. 일단 조약이란 국가나 국제기구 등 국제법주체간에 일정한 권리·의무관계를 창설하기 위해서 문서로서 체결한 합의라고 할 수 있다. 따라서 그 이름이 무엇이든[21] 최소한 2개 이상의 국제법주체들이 일정한 사항에 관하여 서로 구속력을 가지는 것으로서 받아들인 문서상의 약속이 조약이라고 할 수 있다. 따라서 이러한 조약에는 양자조약은 물론 다자조약이 있을 수 있다.

헌법적 절차에
따라 체결되고
공포된 조약

헌법에 의하여 체결·공포된 조약이란 헌법이 규정하고 있는 절차에 따라서 체결되고 공포된 조약을 일컫는다. 조약의 체결·비준권한은 대통령에게 있다(헌법 제73조). 하지만 상호원조 또는 안전보장에 관한 조약, 중요한 국제조직에 관한 조약, 우호통상항해조약, 주권의 제약에 관한 조약, 강화조약, 국가나 국민에게 중대한 재정적 부담을 지우는 조약 또는 입법사항에 관한 조약의 체결·비준에 대해서는 국회가 동의권

---

21) 헌재 1999. 4. 29, 97헌가14, 판례집 제11권 1집, 273.

을 가진다(헌법 제60조 제1항).[22]

　이와 관련 헌법 제6조 제1항은 "체결 · 공포"라고 하는 개념을 쓰고 있고, 헌법 제60조 제1항과 제73조에서는 "체결 · 비준"의 개념을 쓰고 있어서 체결과 비준의 개념이 서로 같은 것인지 다른 것인지 논란이 있을 수 있다. 헌법상 조약의 체결과 조약의 비준의 개념을 해석함에 있어서 국제법상의 개념을 참고해 볼 수 있을 것이다. 국제관습법상 조약법을 성문화한 「1969년 조약법에 관한 비엔나 협약(Vienna Convention on the Law of Treaties)」에서도 체결(conclusion)이라는 용어를 사용하고 있지만 명확하게 개념정의를 하고 있지는 않고 있다. 다만 조약의 체결 및 발효(Conclusion and Entry of Treaties)라는 제목하에 있는 조약의 체결 항목에서 조약체결이란 조약이 성립되기 위한 일련의 과정 전체를 규정하고 있는 것으로 보아 이 체결의 의미에 비준의 절차까지 포함된 것으로 보고 있다. 그리고 '비준'이란 위 협약 제11조에 규정된 바와 같이 전권대표들에 의해 조약문이 확정된 다음에 헌법상 조약체결권을 가진 국가최고기관이 이를 확인하고 당해 조약의 구속을 받겠다는 동의의 의사를 표시하는 것으로서 조약의 구속력을 최종적으로 인정하는 행위라고 한다.[23] 그러나 이러한 국제법적 개념을 헌법상 개념해석에 그대로 끌어들일 수는 없고, 문언적, 역사적, 체계적, 목적론적 해석방법을 통하여 종합적으로 해석해 볼 때, 헌법 제60조 제1항이 규정하고 있는 "체결 · 비준"은 정식조약이든 약식조약이든 어떤 형식과 방법에 의해서 조약이 맺어지는지를 불문하고 정부의 조약체결권 행사에 있어 상대국에 대하여 그 조약에 구속됨을 최종적으로 표시하는 행위를 통합적으로 의미하는 것으로 보는 견해가 있다.[24]

> "체결·공포"와 "체결·비준" 개념의 차이

> 체결 · 비준은 조약에 구속됨을 최종적으로 표시하는 행위를 통합적으로 의미

---

22) 헌재 2008. 3. 27, 2006헌라4, 공보 제138호, 424; 헌재 1999. 4. 29, 97헌가14, 판례집 제11권 1집, 273, 283−283; 헌재 2001. 3. 21, 99헌마139, 판례집 제13권 1집, 676, 705.

23) 이상 김선택, 헌법상의 외교권한 배분과 구체화 입법의 헌법적 한계 − 조약체결에 있어서 의회 관여권을 중심으로, 한국헌법학회 · 한국국제경제법학회 공동학술대회, 조약체결에 관한 정부 국회간 권한 배분, 2006. 11. 18, 발표자료, 1−51(21−22)면.

24) 김선택 (주 23), 31면; 동지 허영 (주 5), 193−194면.

약식조약의 성
립은 체결, 정
식조약의 성립
은 비준으로
구분하는 견해

반면 헌법 제6조 제1항에서 명기하고 있는 체결은 서명만으로 조약이 성립하는 경우에는 서명으로 체결된 것을 말하고, 비준까지 요구되는 경우에는 서명 이후에 비준이 행해진 단계까지 포함하여 체결이라고 지칭하는 것으로 보는 입장도 있다. 제6조 제1항의 체결의 의미를 이와 같이 본다면 제60조 제1항과 제73조의 「체결」은 비준이 필요 없이 서명으로 성립하는 조약의 성립을 의미하고, 비준까지 필요한 조약의 성립은 「비준」에 해당한다고 보는 입장이 그것이다.[25]

조약체결에 있
어서 국회의
동의권 침해를
이유로 제기한
국회의원의 권
한쟁의심판청
구 부적법

한편 한미 FTA의 체결과정에서 대통령이 국회의 조약 체결·비준 동의권을 침해하였다고 주장하면서 국회의원들이 대통령에 대하여 권한쟁의심판을 제기한 바 있었다. 그러나 헌법재판소는 소위 제3자소송담당을 인정하지 않기 때문에 국회의원들이 국회를 대신하여 대통령을 상대로 권한쟁의심판을 청구할 수 없는 것으로 보았다.[26]

내용상 합헌적
조약

헌법에 의하여 체결·공포된 조약이란 또한 그 내용이 합헌적인 조약을 일컫는다고 할 수 있다. 왜냐하면 위헌적인 조약이 국내에서 효력을 가지는 경우 그와 저촉되는 범위 내에서 헌법의 효력이 침해된다고 할 수 있을 것이기 때문이다.[27]

나. 조약의 국내법적 효력

합헌조약과 위
헌조약

조약의 국내법적 효력은 합헌조약과 위헌조약으로 나누어서 고찰해 볼 수 있다.

(1) 합헌조약의 효력

국내법과 같은
효력

헌법 제6조 제1항은 "헌법에 의하여 체결·공포된 조약은 국내법과 같은 효력을 가진다"고 규정하고 있다.

법률과 같은
효력

여기에서 말하는 국내법은 어떠한 법을 말하는가가 문제될 수 있으나, 통상적으로 법률과 같은 효력을 가진다고 보며[28] 판례 역시 마찬가

---

25) 정종섭 (주 9), 261-263면.
26) 헌재 2007. 10. 25, 2006헌라5, 판례집 제19권 2집, 436; 헌재 2007. 7. 26, 2005헌라8, 공보 제130호, 824, 825; 헌재 2008. 1. 17, 2005헌라10, 판례집 제20권 1집상, 70.
27) 헌재 1999. 4. 29, 97헌가14, 판례집 제11권 1집, 273, 273-274; 헌재 2008. 12. 26, 2008헌마419, 공보 제147호, 245, 254-254.

지이다. 다만 순수히 행정협정으로서의 의미를 가지는 경우에는 명령·규칙과 같은 효력을 가진다고 본다.29)

(2) 위헌조약의 효력

조약체결이 합헌적이기 위해서는 조약체결 절차의 합헌성뿐만 아니라 내용적 합헌성이 갖추어져야 한다. 그런데 이 두 가지가 다 결여된 경우에는 진정위헌조약이라고 할 수 있으며, 이는 국제법적으로 뿐만 아니라 국내법적으로 효력을 가질 수 없다.

반면 절차는 합헌이나 내용이 위헌인 경우와 절차는 위헌이나 내용이 합헌인 경우와 같은 준위헌조약의 경우 그 효력이 문제될 수 있다. 전자의 경우는 조약체결 절차상으로는 아무런 문제가 없으나 국내 헌법에의 위반이 문제가 되고 있으므로 국내법적 효력을 가질 수 없으나 국제법적으로는 유효하다. 그 반대의 경우, 즉 내용적으로는 위헌의 문제가 없으나, 절차법적으로 문제가 있는 경우(가령 비밀조약)에도 역시 국제법적으로는 유효하나 국내법상으로는 원칙적으로 효력을 가질 수 없다고 본다. 다만 특별한 긴급한 상황에서 헌법이 정하는 절차를 따를 수 없는 불가피한 사정이 있는 경우 내용적으로 위헌의 문제가 없는 조약의 경우에는 예외적으로 그 국내법적 효력이 인정되어야 할 것으로 본다.30)

다. 조약에 대한 규범통제

헌법에 의하여 체결·공포된 조약은 국내법과 같은 효력이 있으므로, 만일 그 조약이 법률과 같은 효력이 있는 경우에 그 위헌여부가 재판의 전제가 된 경우에는 법원은 헌법재판소에 위헌법률심판을 제청하

(방주) 명령·규칙과 같은 효력

(방주) 절차와 내용의 합헌성 결여시 위헌 조약

(방주) 소위 준위헌조약

(방주) 위헌법률심판 제청

---

28) 계희열 (주 1), 187면; 허영 (주 5), 194-196면.
29) 계희열 (주 1), 187면; 허영 (주 5), 195-196면; 양건, 헌법강의, 2020, 법문사, 173면; 정문식, 헌법 제6조, (사) 한국헌법학회 편, 헌법주석 [1], 박영사 2013, 157-175(171). 헌재 2001. 9. 27, 2000헌바20, 판례집 제13권 2집, 322, 327; 헌재 1998. 11. 26, 97헌바65, 판례집 제10권 2집, 685, 699; 헌재 2015. 6. 25. 2013헌바193, 판례집 제27권 1집 하, 438, 445; 헌재 2013. 11. 28. 2012헌마166, 판례집 제25권 2집 하, 559, 562 [각하].
30) 계희열 (주 1), 188면.

명령·규칙의
효력의 경우
대법원

여야 하고 헌법재판소의 위헌여부심판에 따라 재판할 것이며, 명령·규칙(법규명령)과 같은 효력이 있는 조약의 경우에는 대법원이 그 위헌여부가 재판의 전제가 된 경우에는 그에 대하여 최종적으로 심사할 수 있을 것이다.[31]

헌법소원심판
청구가능

또한 조약에 의하여 기본권을 침해받은 국민은 헌법재판소에 헌법소원심판을 청구할 수 있을 것이므로 이 경우 헌법재판소는 조약의 위헌여부에 대하여 판단할 수 있게 된다.[32]

12.28 합의에
대한 헌법소
원 각하

일본군 위안부문제에 관한 한일외교장관합의에 대하여 위안부피해자들이 헌법소원심판청구을 청구하였으나 헌법재판소는 이 합의는 구속력 있는 조약으로 볼 수 없으므로, 공권력행사성이나 기본권침해의 가능성을 부인하면서 각하한 바 있으며[33], 또한 조약체결을 해야 할 국가의 의무위반(조약체결부작위)을 주장하는 헌법소원에 대하여 각하한 사례도 있다.[34]

조약에 대한
헌법합치적
해석의 필요

위헌심판에 있어서는 조약의 특수성인 국제간의 신뢰관계를 고려할 때, 조약 내용에 위헌성이 있다 하더라도 조약에 대한 헌법합치적 해석의 가능성을 이용하여 조약의 효력을 유지하는 결정주문을 선택할 수 있을 것이다.

이와 관련하여 헌법재판소는 한정위헌을 구하는 위헌소원에 대하여 각하한 사례가 있다.[35]

---

31) 동지, 권영성 (주 2), 177면. 이에 반하여 조약의 특성상 조약 자체의 규범통제는 부적당하다고 주장한 학자로는 허영 (주 5), 197면; 홍성방 (주 10), 281-282면; 헌재 2001. 9. 27, 2000헌바20, 판례집 제13권 2집, 322, 327.
32) 헌재 2004. 12. 16, 2002헌마579, 판례집 제16권 2집 하, 568; 헌재 2006. 2. 23, 2005헌마268, 판례집 제18권 1집 상, 298, 303-304.
33) 헌재 2019. 12. 27. 2016헌마253, 판례집 제31권 2집 하, 212 [각하,기타]. 이 합의의 헌법적 문제에 관하여 방승주, 위안부 피해자 문제에 대한 한일외교장관 회담의 헌법적 문제점, 민주법학 제60호(2016. 3), 105-144.
34) 헌재 2006. 3. 30, 2003헌마806, 판례집 제18권 1집 상, 381.
35) 헌재 2001. 9. 27, 2000헌바20, 판례집 제13권 2집, 322 국제통화기금조약 제9조 제3항 등 위헌소원. 다만 한정위헌결정을 구하는 헌법소원의 적법성과 관련해서는 헌법재판소가 판례를 변경하여 원칙적으로 적법하고 예외적으로 부적법하다고 하는 입장으로 선회하였으므로 주의를 요한다. 헌재 2012. 12. 27. 2011헌마117, 판례집 제24권 2집 하, 387.

2. 일반적으로 승인된 국제법규

가. 의 의

일반적으로 승인된 국제법규란 일반적으로 구속력이 있는 것으로 국제사회에 의하여 보편적으로 받아들여지고 있는 국제관습법이나 조약 등의 국제규범을 일컫는다.36)

이와 관련하여 헌법에 의하여 체결·공포된 조약이 아닌 조약은 국내법으로서의 효력을 인정할 수 없다고 하면서, 우리나라가 체결당사국이 아닌 조약 중에 일반적으로 승인된 국제법규에 해당하는 조약이 있다면 그것은 국제관습법으로 인정되는 것이어야 한다고 하는 입장들도 있다.37) 가령 집단학살금지협약의 경우 이미 우리나라는 체결당사국이라고 하는 것이다(1951. 1. 12. 발효).

여기에서 "일반적으로 승인"되었는지 여부는 굳이 우리나라가 직접 승인하지 않았다 하더라도 국제사회에 의하여 널리 통용되고 받아들여지고 있으면 일반적으로 승인된 것으로 볼 수 있을 것이다.

그리고 여기에서 "일반적"이라고 하는 말은 관련되는 당사국들에 의하여 널리 인정된 경우를 일컫는다고 할 수 있다. 가령 해상에 관한 국제법규와 관련해서는 널리 해상국들에 의하여 승인되고 있는 경우에 일반적으로 승인되었다고 할 수 있는 것이다.

일반적으로 승인된 국제법규의 사례로서는 포로에 관한 인도적 처우, 약탈금지와 같은 전쟁법상의 원칙들, 외교사절의 법적 지위에 관한 원칙, 집단학살(genocide)의 금지협정, 조약준수의 원칙(pacta sunt servanda), 포로에 관한 제네바협정 등과 같은 조약법 등을 들 수 있다.38)

과연 일반적으로 승인된 국제법규인지 여부는 누가 확인할 것인가 하는 문제가 제기된다. 그것은 헌법에 의하여 체결·공포된 조약의 경우와는 달리 특별히 국내법적 수용절차가 따로 규정되어 있지 아니하기

국제관습법, 국제규범

일반적으로 승인된 국제법규는 체결당사국으로 인정 가능

일반적 승인 여부 판단·기준

해당 당사국들에 의하여 널리 인정된 경우

일반적으로 승인된 국제법규의 사례

일반적으로 승인된 국제법규의 확인은 법원이나 헌법재판소

---

36) 성낙인, 헌법학, 법문사 2021, 334면.
37) 양건 (주 29), 174면. 유사한 취지로, 정문식 (주 29), 160면; 성낙인 (주 36), 334면과 그곳에서 인용된 문헌들.
38) 계희열 (주 1), 183–184면.

때문이다. 결국 어떠한 국제규범이 일반적으로 승인된 국제법규인지 여부는 구체적 재판과정에서 법원이 확인하여야 할 것이며, 만일 해당규범의 효력이 문제되는 경우 법원이 그 위헌여부심판의 제청을 헌법재판소에 하거나 혹은 헌법소원심판에서 국제법규의 효력여부의 문제가 제기되는 경우에는 헌법재판소가 일반적으로 승인된 국제법규인지 여부를 판단하게 될 것이다.

나. 효 력

일반적으로 승인된 국제법규의 국내법적 효력

일반적으로 승인된 국제법규 역시 국내법적 효력을 갖는다. 이 때 국내법적 효력은 헌법적 효력인지 아니면 법률적 효력인지 또는 그 하위규범과 같은 효력인지 문제가 될 수 있다.

학설의 입장

이에 대하여는 헌법보다는 하위지만 법률보다는 상위의 효력을 갖는다는 입장39)과, 국제법규의 내용에 따라서 법률보다 상위의 효력, 법률과 동등한 효력, 법률보다 하위의 효력을 가질 수 있다고 하는 입장40), 법률과 같은 효력을 갖는다는 입장41)으로 견해가 갈린다.

사견: 헌법보다 하위, 법률보다 상위

생각건대 일반적으로 승인되어 이미 국제규범으로 통용되고 있는 국제법규가 국내에서 법률적 효력 밖에 갖지 못하는 경우 그와 상반되는 내용의 법률이 통과되면 신법우선의 원칙42)에 따라 그 효력은 상실하게 될 것인데, 이는 국제법존중주의 내지는 국제평화주의를 천명하고 있는 헌법정신(헌법전문 및 제5조 제1항, 제6조 제1항)에 입각하여 볼 때 문제가 있다고 할 수 있다. 따라서 일반적으로 승인된 국제법규는 헌법보다는 하위이지만 법률보다는 상위의 효력을 가진다고 보는 것이 타당하다고 생각된다.

---

39) 계희열 (주 1), 184면; 홍성방 (주 10), 282면; 성낙인 (주 36), 335면.
40) 양건 (주 29), 175면.
41) 권영성 (주 2), 175면; 전광석, 한국헌법론, 집현재, 2021, 169-170면은 법률과 같은 효력을 가진다고 하면서도 충돌하는 법률을 개폐하는 효력을 갖는다고 하는데, 후자의 효력은 법률보다 상위의 효력을 가질 때에만 성립하는 효력 아닌가 생각된다.
42) 이와 같은 입장으로 권영성 (주 2), 175면.

다. 규범통제

어떠한 국제규범이 일반적으로 승인된 국제법규라고 할 수 있는지, 그리하여 그 규범이 국내에서 재판의 준거규범이 될 수 있는지 또는 그 규범이 상위규범이라고 할 수 있는 헌법에 위반되지 않는지 여부의 문제는 결국 국내 재판기관인 법원이 판단해야 할 문제이다. 따라서 이러한 절차는 특별히 일반적으로 승인된 국제법규의 수용절차를 따로 두고 있지 않는 우리 헌법하에서는 결국 일종의 수용절차적 의미를 갖는다고 할 수 있다. 그리고 일단 그 존재가 확인된 다음 그 위헌여부가 재판의 전제가 된 경우에는 법원은 헌법재판소에 그 위헌여부의 심판을 제청할 수 있을 것이다.

일반적으로 승인된 국제법규의 확인권한은 법원, 위헌심판권은 헌법재판소

그리고 또한 법률이나 처분 등을 통해서 헌법상 기본권 뿐만 아니라, 일반적으로 승인된 국제법규에 의하여 보장된다고 할 수 있는 권리가 침해되었거나 국제법규가 위반되었음을 주장하면서 헌법소원심판을 청구하는 경우에 헌법재판소는 일반적으로 승인된 국제법규나 국제법규 상의 권리가 존재하는지, 특히 그것이 헌법 제37조 제1항의 열거되어 있지 아니한 권리로서 우리 헌법상 기본권의 성격을 가질 수 있는지 여부를 판단하여야 할 것이다. 따라서 이러한 심사과정에서 결국 일반적으로 승인된 국제법규가 국내법으로 수용될 수 있는지 여부가 결정될 것이다.43)

헌법소원의 경우 역시 헌법재판소가 판단

요컨대 헌법재판소는 국제연합의 「인권에 관한 세계선언」, 이를 뒷받침하기 위한 「시민적 및 정치적 권리에 관한 국제규약」 중 가입 당시 유보한 부분, 국제연합교육과학문화기구와 국제노동기구가 채택한 「교원지위에 관한 권고」, 우리나라가 회원이 아닌 국제노동기구의 조약, 우리나라가 비준하지 아니한 강제노동의 폐지에 대한 국제노동기구의 조

국제규범의 국내법적 효력 부인 사례

---

43) 헌재 1991. 7. 22, 89헌가106, 판례집 제3권, 387, 사립학교법 제55조 등에 관한 위헌심판; 헌재 1998. 7. 16, 97헌바23, 판례집 제10권 2집, 243 구 형법 제314조 위헌소원; 헌재 2008. 12. 26, 2005헌마971, 공보 제147호, 111: 공무원의 노동조합 설립 및 운영 등에 관한 법률 위헌확인 등; 헌재 2014. 5. 29. 2010헌마606, 판례집 제26권 1집 하, 354, 373; 헌재 2018. 6. 28. 2011헌바379 등, 판례집 제30권 1집 하, 370 [헌법불합치, 합헌]: 병역법 제88조 제1항 등 위헌소원 등; 헌재 2014. 5. 29. 2010헌마606, 결정문[기각, 각하].

약, 그 밖에 각종 국제위원회의 권고 등은 국내법적 구속력(효력)이 없는 것으로 보고 있다.

제 2 장 헌법의 기본원리

제 2 장   헌법의 기본원리

제 6 절   민주주의원리

제 1 관   민주주의의 개념과 헌법상 구체화

Ⅰ. 개념과 의의

민주주의(民主主義)란 말 그대로 국민이 주인이 되어 다스리는 국가형태라고 할 수 있다. 민주주의를 나타내는 Democracy는 희랍어의 '국민'을 뜻하는 'demos'와 '다스린다' 또는 '지배한다'고 하는 뜻을 담은 'cratia'의 합성어로부터 유래한다.[1]

국민이 다스리는 국가형태

민주주의를 가장 이상적인 형태로 정의한 것은 링컨의 저 유명한 게티스버그 연설에서 나온 말이라고 할 수 있을 것이다. 즉 국민의, 국민에 의한, 국민을 위한 지배(정부)(government of the people, by the people, for the people)가 그것이다. 여기에서 국민의 지배는 주권의 소재, 즉 국민주권을 의미한다고 할 수 있을 것이다. 그리고 국민에 의한 지배는 통치기관의 구성이 국민에 의하여 이루어지며, 또한 국가적 의사결정이 국민의 뜻에 따라 이루어지는 지배를 의미한다고 할 수 있다. 그리고 국민을 위한 지배는 국가의 모든 정치적 의사결정이 국민을 위해, 즉 국민의 이익을 위해서 이루어져야 한다는 것을 뜻한다고 볼 수 있다.

국민의, 국민에 의한, 국민을 위한 지배

국민이 직접 스스로 지배하고 다스리는 국가형태가 되려면 그 이상

민주주의의 이상은 직접민주주의

---

1) 계희열, 헌법학(상), 2005, 221면.

적 형태는 직접민주주의가 되어야 할 것이다. 즉 모든 국가적 의사를 국민이 직접 결정하는 방식인데, 오늘날 이러한 직접민주주의는 가장 작은 단위의 도시국가의 경우에서도 실현되기가 거의 불가능에 가깝다고 할 수 있다.

통상적인 형태는 간접민주주의 혹은 대의민주주의

그러므로 직접 다스리기 보다는 국민이 자신들을 대표할 수 있는 대표자를 선출하여 그에게 국가적 의사결정을 위임하고 신탁하는 형태의 간접민주주의 내지는 대의민주주의가 현대 민주국가의 통상적인 형태라고 할 수 있을 것이다. 이와 같은 대의민주주의 하에서는 국민대표에 의한 국가적 의사결정은 궁극적으로 국민에게 귀속될 수 있으며, 이들은 국민에 대하여 정치적으로 책임을 진다고 하는 점에서, 결국 국민에 의한 지배가 실현된다고 할 수 있다.

간접민주주의에 직접민주주의 가미

물론 이러한 대의민주주의국가에서도 여러 가지 직접민주주의적 제도들을 헌법에 채택하여 실시하는 것이 보통이다. 우선 국민대표를 국민이 직접 선출하는 선거제도와 그리고 경우에 따라서 국가적 의사를 국민이 직접 결정하게 되는 국민표결제도, 국민발안, 국민소환제도를 채택하는 경우가 바로 그것이다.

대의민주주의하 대표자는 정치적으로 구속될 뿐

대의민주주의 하에서는 한번 국민이 대표자를 선출하고 나면, 그 대표자가 어떠한 결정을 하더라도 이를 효과적으로 통제하기는 어렵다. 즉 대표자는 국민의 의사에 법적으로 구속되는 것이 아니라, 정치적으로 구속될 뿐이며, 헌법과 법률에 따라서 나름대로 자신의 소신대로 국가적 의사결정을 하면 되기 때문이다.

국민대표의 독단적 결정은 민주주의와 거리

그러하다 보니 국민대표는 선거 시에만 국민을 존중하고, 그 이후로는 국민의 의사와는 상관없이 독단에 빠질 가능성도 배제할 수 없다. 만일 국민 다수에 의하여 대표만을 선출하고 나면 그 대표가 국민의 의사와 상관없이 국가적 의사결정을 한다고 한다면, 이를 참다운 민주주의라고 말하기는 힘들 것이다.

선거와 선거 사이에도 국민의 지속적 감시와 통제 필요

그러므로 이러한 문제와 폐단을 없애기 위해서는 선거와 선거의 중간에도 국민은 끊임없이 언론·출판·집회·결사의 자유와 또한 정당 설립 및 활동의 자유 등을 통해서 국민대표를 지속적으로 비판하고 감시할 수 있지 않으면 안 된다. 그러므로 모든 민주주의 국가에서는 선거 뿐만 아니라, 정치적 기본권이 법적 사실적으로 폭넓게 보장되고 있는 것이다. 다시 말해서 국민이 여론을 통하여 통치기관에 대하여 지속적 적으로 감시하고 통제함으로써 국가적 의사결정을 국민의 뜻대로 하도 록 만들 수 있게 되는 것이다.

결국 민주주의란 국민 각자가 가지는 개인의 존엄과 자유 그리고 평등을 실현시키기 위하여 다수결의 원리에 따라 국민대표를 주기적으 로 선출하고, 그 국민대표에게 국가적 의사결정권한을 맡기되, 그들의 의사결정이 국민의 의사대로 이루어질 수 있도록 지속적으로 감시하고 통제하며, 만일 그들의 정치적 의사결정이 국민의 뜻과 배치될 경우 그 정치적 책임을 물음으로써, 국민 다수 의사에 의한 지배를 유지하되 소 수의 인권을 보호하는 통치형태라고 할 수 있을 것이다.

개인의 존엄과 자유·평등의 실현 위해 다 수결에 의한 국민대표의 선 출과 신탁, 소 수자의 인권보 호가 보장된 국가

헌법재판소는 자유민주적 기본질서에 대하여 우리 헌법이 채택하 고 있는 전반적인 헌법적 기본질서를 모두 포괄하는 것으로 이해하고 있다.

자유민주적 기 본질서(헌재)

판례 헌재 1990. 4. 2, 89헌가113, 판례집 제2권, 49 국가보안법 제7조에 대한 위헌심판

다만 여기에서 국가의 존립·안전을 위태롭게 한다 함은 대한민국의 독립을 위협 침해하고 영토를 침략하여 헌법과 법률의 기능 및 헌법기관을 파괴 마비 시키는 것으로 외형적인 적화공작 등일 것이며, 자유민주적 기본질서에 위해 를 준다 함은 모든 폭력적 지배와 자의적 지배 즉 반국가단체의 일인독재 내 지 일당독재를 배제하고 다수의 의사에 의한 국민의 자치, 자유·평등의 기본 원칙에 의한 법치주의적 통치질서의 유지를 어렵게 만드는 것이고, 이를 보다 구체적으로 말하면 기본적 인권의 존중, 권력분립, 의회제도, 복수정당제도, 선 거제도, 사유재산과 시장경제를 골간으로 한 경제질서 및 사법권의 독립 등 우 리의 내부 체제를 파괴·변혁시키려는 것으로 풀이할 수 있을 것이다.[2]

판례 헌법 제8조 제4항이 의미하는 '민주적 기본질서'는, 개인의 자율적 이성을 신뢰하고 모든 정치적 견해들이 각각 상대적 진리성과 합리성을 지닌다고 전

---

2) 헌재 1990. 4. 2, 89헌가113, 판례집 제2권, 49, 64.

제하는 다원적 세계관에 입각한 것으로서, 모든 폭력적·자의적 지배를 배제하고, 다수를 존중하면서도 소수를 배려하는 민주적 의사결정과 자유·평등을 기본원리로 하여 구성되고 운영되는 정치적 질서를 말하며, 구체적으로는 국민주권의 원리, 기본적 인권의 존중, 권력분립제도, 복수정당제도 등이 현행 헌법상 주요한 요소라고 볼 수 있다.

(헌재 2014. 12. 19. 2013헌다1, 공보 제219호, 95 [인용(해산)])

II. 민주주의원리의 헌법상 구체화

자유민주적 기본질서

우리 헌법은 헌법전문과 헌법 제1조, 제4조, 제8조 제4항 등에서 민주주의, 자유민주적 기본질서 또는 민주적 기본질서를 천명하고 있다. 민주주의 내지 자유민주적 기본질서는 우리 헌법이 채택하고 있는 3대 구조원리(민주주의원리, 법치국가원리, 사회국가원리) 중 하나로서, 헌법상 국가조직과 통치기구를 구성하는 정치적 원리라고 할 수 있다.

민주주의의 제도적 요소

이러한 민주주의의 제도적 요소를 국민의, 국민에 의한 국민을 위한 지배라고 하는 민주주의의 핵심적 요소의 순서에 따라서 분류하여 살펴보면 다음과 같다.

국민의 지배이념의 구체화: 국민주권

첫째 "국민의 지배"라고 하는 이념을 구현하기 위한 제도적 요소로서는 무엇보다도 대한민국은 민주공화국이라고 하는 공화국의 선언과 대한민국의 주권은 국민에게 있다고 하는 주권재민의 원칙선언이다.

국민에 의한 지배이념의 구체화: 선거제도와 국민투표 등

둘째, "국민에 의한 지배"를 실현하거나 표현하고 있는 제도적 요소로서는 모든 권력은 국민으로부터 나온다고 하는 헌법 제1조 제2항 후문의 선언과, 국민대표를 선출하기 위한 선거제도의 보장, 국가적 의사를 국민이 직접 결정할 수 있는 국민투표제도, 국민의 정치적 의사형성을 매개할 수 있는 정당의 자유, 국민의 정치적 의사결정을 자유롭게 할 수 있기 위한 기본 전제로서 정치적 기본권의 보장(언론·출판, 집회·결사의 자유, 선거권과 피선거권, 공무담임권 등 참정권의 보장), 국가적 의사결정에 있어서 의사결정의 방법이라고 할 수 있는 다수결의 원리의 채택, 지역적 사무와 관련하여 주민자치를 보장하는 지방자치의 헌법적 보장

등을 들 수 있다.

셋째, "국민을 위한 지배"이념을 표현하고 이를 실현하기 위한 제 도적 요소로서는 인간존엄을 비롯한 자유와 평등의 기본적 인권의 보 장, 다수의 독재를 방지하기 위한 소수자의 기본권보호 등을 비롯한 기 본권의 보장을 들 수 있다.

이상에서 든 제도적 요소들을 개별적으로 살펴보면 다음과 같다.

기본적 인권의 보장 및 소수자의 기본권보장

제 2 관 "국민의 지배" 이념의 구체화

I. 민주공화국의 선언

우리 헌법 제1조 제1항은 대한민국은 민주공화국임을 선포하고 있 다. 이로써 대한민국은 군주나 소수의 귀족이 지배하는 군주국가나 과 두국가가 아니라 모든 국민이 국가의 주인이고 국민에 의하여 통치되는 국가임을 선포함으로써, 대한민국이 지향하는 국가형태 내지는 국체가 무엇인지를 분명히 하고 있다고 할 수 있다.

민주공화국의 선언

현대 국가에는 입헌군주제의 형태를 띠고서도 얼마든지 민주주의 가 발달한 나라들도 있다. 그렇지만 그러한 군주국가에서 군주는 과거 의 군주주의시대에 국가의 주권을 행사하던 것과는 달리 사실상 의전적 권한 밖에 가지지 않고, 실질적으로는 민주적으로 선출된 대표자가 통 치권을 행사하는 것이 보통이다. 그러므로 그러한 민주주의적 입헌군주 국가에서는 사실상 형식적으로만 군주국이지, 실질적으로는 모든 국가 의 통치가 국민의 뜻에 의해서 이루어지는 공화국이라고 할 수 있는 것 이다.

현대 입헌군주국은 형식적으로 군주국이나 실질적 공화국

대한민국은 1919년 3·1대혁명에서 과거의 군주주의와 제국주의로 부터 대한민국이 자주독립국임과 대한국민이 자주민임을 선포하였으며,

3.1대혁명에서 민주공화국 대한민국이 탄생

이를 계기로 탄생한 대한민국임시정부에 의해서 제정된 대한민국임시헌장 이래 '대한민국은 민주공화국'이라고 하는 대원칙이 현행 헌법(제1조)에 이르기까지 면면히 헌법적 전통으로 이어져 내려오고 있다. 대한민국임시정부 수립 당시 대한민국은 민주공화국임을 천명한 것은 대한민국이 더 이상 군주국가나 귀족국가가 아니라 국민이 나라의 주인으로서, 국민의 뜻에 따라서 국민에 의하여 지배되는 민주국가라고 하는 것을 대·내외에 명시적으로 천명하고 독립을 선포한 것으로서, 매우 중요하고도 실질적인 역사적 의미를 가지는 것이다.

군주제의 거부를 넘어서는 실질적 의미의 공화국원리

이제 민주주의, 법치주의 그리고 사회국가원리의 이념과 가치가 보편화된 오늘날에는 이 공화국의 천명에서 다른 헌법적 원리들과 구분되는 실질적 의미를 찾는 것이 쉽지 않아 보이기는 하지만, 공화국원리가 단순히 군주제의 거부에서 끝나는 형식적 의미가 아니라, 모든 종류의 전제와 독재에 대한 거부를 내포하며, 또한 모든 국민이 똑같이 자유로운 국가임을 요구하는 것이기 때문에, 자유와 평등을 그 이념적 기초로 하고 있고, 공공복리를 지향하는 공직윤리와 국민에 대한 공무원의 책임을 중시할 뿐만 아니라, 국민들에 대해서도 민주시민(Citoyen)으로서의 책임과 윤리 그리고 덕성을 요구하는 실질적 의미를 가지는 원리로서 이해해야 할 것이다.3)

3·1독립혁명의 정신과 대한민국임시헌장상의 민주공화국이념과 평등(3균)사상

그리고 사회 깊숙이 뿌리 박혀 있는 갖가지 차별적 요소와 정치·경제·사회·문화의 다양한 영역에서 권력적이고 지배적 요소들을 제거하고 만인평등을 지향하는 국가라는 의미로서 대한민국임시헌장 상에 나타난 3·1독립혁명의 숭고한 정신과 의미를 계속해서 현행헌법의 해석에 구현시켜 나가라고 하는 명령으로서의 의미도 있다고 하겠다.

1. 민주공화국에 대한 해석4)

민주공화국원리의 구체화를

헌법의 해석방법 역시 전통적인 법해석방법을 완전히 떠나서 존재

---

3) 자세한 것은 방승주, 민주공화국 100년의 과제와 현행헌법, 헌법학연구 제25권 제2호(2019. 6), 137−192면 참고.

4) 이하 방승주 (주 3), 169면 이하를 기초로 함.

할 수는 없고, 문법적, 논리적, 역사적, 체계적 해석과 목적론적 해석 등을 동원하되, 헌법의 개방성과 광의성이라고 하는 특성을 감안하여 새로운 헌법해석의 관점들을 다양하게 고려하지 않으면 안 된다. 그러므로 헌법의 구조원리와 관계된 해석의 경우에도 전통적인 방법 가운데 어느 한 해석방법에만 치우칠 수는 없으나, 민주공화제와 같은 경우 특히 그것이 서구의 민주제와 공화제사상 그리고 민족자결주의 등의 사조에 영향을 받아 3·1독립선언서를 기초로 하여 대한민국임시헌장을 거쳐 대한민국 헌법 제1조가 탄생하게 되었고, 또한 현행헌법은 대한민국 임시정부의 법통계승을 전문에서 선언하고 있는 점 등을 중요한 논점으로 감안하지 않으면 안 될 것이다. 우선 이하에서 (민주)공화국에 대한 해석론들을 먼저 살펴 본 후, 우리 헌법 제1조를 어떻게 해석해야 할 것인지에 대하여 결론을 내려 보고자 한다.

위해서 탄생배경을 고려하는 역사적 해석 필요.

가. 형식적 개념설

우리 학계의 지배적인 학설 역시 민주공화국과 관련하여 공화국의 의미를 군주제의 부정 내지 거부로 해석하고 오늘날 이미 군주제가 극복된 이상 이 공화국의 의미는 더 이상 커다란 의미가 없는 것으로 대체로 이해하고 있는 것으로 보이는데, 이것 역시 독일 통설의 영향을 받은 것 아닌가 생각된다.

군주제의 부정 내지 거부 이상의 의미 부인

유진오 박사는 그의 헌법해의에서 헌법 제1조에 대하여 다음과 같이 설명을 하고 있다. "본조는 대한민국의 국가의 국체와 정체를 제정하였는데 보통 공화국이라 하면 세습군주를 가지고 있지 않은 국가를 말하고 또 20세기 초기에 이르기까지는 공화국과 민주국은 동의어로 사용하였으며 각 민주국가는 「공화국」(republic)의 명칭만을 사용하는 것이 보통이었다(예, 와이말독일헌법, 구파란헌법, 기타 각 민주국가헌법). 그러나 근시에 이르러서는 공화국중에도 권력분립을 기본으로 하는 민주정체를 채택하는 국가도 있고(예, 영미불일 등), 의회제도와 사법권의 독립을 폐지 혹은 유명무실하게 하는 독재정체를 채택하는 국가도 있고(예, 나치스 독일, 파시스트이태리), 또 소련과 같이 3권귀일을 기본으로 한 쏘베트제

유진오의 국체·정체 구별론

도를 채택하고 있는 국가도 있어 공화국의 정부형태가 동일하지 않음으로 본조에 있어서 우리 나라는 공화국이라는 명칭만을 사용하지 않고 권력분립을 기본으로 하는 공화국임을 명시하기 위하여 특히 「민주공화국」이라는 명칭을 사용한 것이다. 제2차 세계대전 이후에 제정한 불란서신헌법과 이태리신헌법도 「공화국」이라는 명칭만을 사용하지 않고 「민주공화국」이라는 명칭을 사용하고 있다(불헌 제1조, 이헌 제1조). 이상을 요언하면 대한민국의 국체는 「공화국」이며 정체는 「민주국」인데 그를 합하여 「민주공화국」이라 한 것이다"5)

공화국의 4유
형: 귀족국가,
과두국가, 민
주국가, 소비
에트국가

그리고 그는 각주에서 군주국가를 전제군주국가와 입헌군주국가의 2유형으로, 공화국가를 귀족정치국가, 과두정치국가(독재정국가), 민주정치국가, 쏘베트정치국가의 4유형으로 나누고 있다.6)

유진오의 국체·
정체구별론은
우리 학계의
형식적 개념설
의 뿌리

유진오의 이러한 국체·정체 구별론7)은 공화국을 군주제의 거부를 넘어서 종교적, 형이상학적, 이데올로기적인 지배의 정당화에 대한 거부와 모든 종류의 전제에 대한 거부를 포함하는 공화국의 실질적 이해에 따를 경우 단순히 세습군주의 거부를 기준으로 하는 매우 형식적 개념으로 출발한 것 아닌가 생각되는데8), 그 이후 우리 헌법학계의 통설9)은 대체로 유진오 박사의 이러한 설명과 분류를 따른 것 아닌가 생각된다.10)

---

5) 유진오, 헌법해의, 명세당, 1949, 19-20쪽.

6) 유진오 (주 5), 20쪽.

7) 오늘날 이러한 국체·정체 구별론은 이미 극복되었고, 민주공화국 자체를 한국의 국가형태로 설명하는 것이 일반화되었다고 하는 지적으로 김선택, 공화국원리와 한국헌법의 해석, 헌법학연구 제15권 제3호 (2009. 9), 213-250(230)면과 우리 학계의 국체·정체구별 무용론들에 대해서는 같은 곳, 각주 40)의 문헌들 참조. 그 밖에 계희열, 헌법학(상), 박영사, 2004, 199쪽.

8) 동지, 김선택 (주 7), 229쪽과 각주 41)의 문헌들. 그 밖에 내용상 드라이어 (Dreier)의 실질적 개념설 비판론에 입각한 것으로 보이는 한수웅, 헌법학 제8판, 법문사, 2018, 104쪽.

9) 김선택 (주 7), 231쪽과 각주 41)의 문헌들 참조. 그 밖에 input, output모델로 국가형태를 분류하면서 대한민국 국가형태를 권위주의적 모델에 가까운 제도적 모델로 파악하면서도 민주공화국에 대해서는 형식적 개념으로 이해하고 있는 견해로 허영, 한국헌법론, 박영사 2020, 216-217쪽; 군주제의 부정과 국민주권주의원리에 따라 권위주의 및 전체주의를 배격함을 의미한다고 하는 성낙인, 헌법학 2021, 법문사, 122쪽 등 다수 학설.

10) 김선택 (주 7), 44-76면, 231면과 각주 41)의 문헌들 참조.

나. 실질적 개념설

최근에 이 (민주)공화국 개념을 실질적으로 이해하려고 시도하는 학설들이 나타나고 있다.

김선택의 경우 독일의 그뢰쉬너(Gröschner)[11]의 이론을 주로 참고하여, 국민주권이 확립된 오늘날 공화국개념에 대한 종래의 이해는 더 이상 실익을 갖지 못하는 바, 동 개념이 실질적인 내용을 가지는 원리로 이해될 수 있는지, 만약 그것이 가능하다면 헌법해석에 어떠한 구체적인 결과를 가져올 수 있는지 모색하는 것이 헌법학의 과제라고 전제하면서, (민주)공화국은 헌법원리규정으로서 대한민국이라는 국가를 구성하는 구조적인 원리로서 비군주국이라는 형식원리를 넘어서 "국가 및 공직제도의 본질과 국가와 국민의 관계를 이해하는 패러다임의 전환을 요청하는 실질원리로 이해되어야 한다고 하고 있다. 그는 이러한 실질적 이해를 기초로 한국헌법의 재해석을 시도해 본다면 ① 국가의 정당화원리로서의 민주공화국, ② 헌법적 관계로서의 국가-국민관계, ③ 공화국적 국가상과 인간상, ④ 기본권의 공화국적 이해, ⑤ 국가조직-공직질서의 공화국적 이해, ⑥ 시민의 덕성과 공화국시민교육을 들 수 있다고 하고 있다. 그러면서도 이러한 해석이 개인보다 공동체를 우선시하는 논거로, 즉 국가에게 유리한 추정의 근거로 확장될 경우 그러한 해석이 한국의 후진적인 정치·사회문화와 결합하여 '민주'공화국이 그 역으로 타락할 우려가 있음을 경고하고 있다.[12]

장영수는 좁은 의미의 공화국은 고유의 권리로부터 ― 즉 공동체 구성원의 합의와는 상관없이 ― 나오는 모든 통치권력, 특히 세습에 의한 권력을 주장하는 군주적 통치권력을 부정하는 국가를 지칭하는 것이며, 넓은 의미의 공화제(res publica: 공동-체)의 요청에 따라 모든 공권력이 공동체에 귀속되며, 공공복리에 봉사하는 국가를 의미한다고 한다. 이러한 공화국을 요구하는 것은 공화국에서만 모든 시민이 자유롭고 평등한 인간으로 살아갈 수 있기 때문이라는 것이다.[13]

최근 실질적 개념

독일의 그뢰쉬너의 실질적 개념설에 기초한 학설

키케로의 res publica, res populi사상을 추종하는 입장

---

11) R. Gröschner, Die Republik, in: HStR II, 3. Aufl., 2004, § 23.
12) 김선택 (주 7), 243-244면.
13) 장영수, 헌법 제1조, 한국헌법학회(편), 헌법주석[1], 2013, 53-84(64).

민주공화국에
서 자유·평등
의 실질적 요
소 추구설

미국의 공화주
의와 대의제주
권론 연계 입
장

비지배적 자유

독일 공화주의
론 추구

공공선이나 시
민적 덕목 추
구

균평·균등에

이국운은 대한민국은 민주공화국이라고 하는 헌법 제1조를 발화자의 관점에서 읽어보자고 제안을 하면서, 결국 이 민주공화국의 개념에서 자유·평등의 요소를 실질적으로 찾아내려는 시도를 하고 있으며[14], 한상희는 미국에서의 공화주의 논쟁을 소개하면서 우리 공화주의와 대의제 주권론을 연계하여 이해하고자 하는 것으로 보이나 그의 공화국개념의 구체적인 실질 내용이 무엇인지는 파악하기 쉽지 않아 보이고[15], 김종철은 필립 페팃의 신공화주의 이론을 받아들여 우리 헌법 제1조의 민주공화국 원리로부터 반독재이념, 비지배적 자유[16], 시민의 평등을 도출해 내고 있다.[17] 한편 이계일은 대부분의 공화주의 연구들이 영미 학자들의 이론에 의존하고 있는 것과 달리 독일 헌법학자들의 공화주의에 관한 논의를 상세히 소개하면서 우리 헌법상 공화주의에 대한 헌법 해석론 정립을 진지하게 시도하고 있으며[18], 장용근은 실질적 공화국 개념의 입장에서 공화주의로부터 공공선이나 시민적 덕목 등의 의미를 찾고, 법치주의와 민주주의 등 다른 헌법원리와의 개념 구분을 시도한 바 있다.[19]

정치학자들 가운데서 서희경·박명림은 조소앙 선생의 3균수의에

---

14) 이국운, 대한민국 헌법 제1조의 한 해석, 법과사회 제45호(2013), 233-256면.

15) 한상희, 민주공화국의 의미 - 그 공화주의적 실천규범의 형성을 위하여, 헌법학연구 제9권 제2집(2009), 27-91면.

16) 이 '비지배(적) 자유' 개념은 미국 프린스턴 대학교의 정치학 교수 필립 페팃(Philip Pettit) 등이 역설해 온 신공화주의의 핵심적 개념으로서, 우리 정치학계에 상당한 영향을 미치고 있는 것으로 보인다. 이에 관해서는 필립 페팃 지음/곽준혁 옮김, 신공화주의 - 비지배 자유와 공화주의 정부, 나남, 2012.

17) 가령 김종철, 헌법전문과 6월항쟁의 헌법적 의미 - 민주공화국 원리를 중심으로, 헌법학연구 제24권 제2호(2018), 211-234(221-225)면; 김종철, 공화적 공존의 전제로서의 평등, 헌법학연구 제19권 제3호(2013), 1-38면; 비지배적 자유를 강조하는 그 밖의 (정치학적) 문헌들에 대해서는 정태호, 민주공화국 완성을 위한 헌법개정 및 법률차원의 제도개혁, 대한민국임시정부기념사업회·헌법이론실무학회 주최, 3·1대혁명과 대한민국 임시정부헌법 - 민주공화국 100년의 평가와 과제, 2019. 4. 6. 발제집 165-200(168)면, 각주 8) 참조.

18) 이계일, 공화국 원리의 함의에 대한 이념사적 고찰 - 고전적 공화주의 이론의 유형화와 그 법적 구체화의 상관관계를 중심으로, 법학연구 제21권 제2호(2011), 67-112면.

19) 장용근, 공화주의의 헌법적 재검토, 세계헌법연구 제16권 제1호(2010), 303-330면.

영향을 가장 강력하게 받은 대한민국 임시헌장의 민주공화제는 결국 균 서 그 본질을
찾는 입장
평·균등, 달리 말해서 평등이념을 지향하는 원리라고 주장하면서 공화
주의의 실질적 내용을 균평·균등에서 찾고 있다. 우선적으로 3·1운동
의 자유·평등·민주주의는 대한민국 임시정부 및 대한민국 국가수립
을 위한 헌법적 기본정신이 되었으며 이는 단순한 정신의 계승을 넘어
헌법원칙으로 조문화, 구체화되었음을 의미하며, 이러한 정신은 대한민
국임시헌장과 1948년 헌법에 그대로 계승되고 있고, 조소앙 선생의 3균
주의 정신이 정치의 민주화는 물론 경제, 사회의 민주화와 균형이념에
서 구체화되고 있다고 보고 있다.[20]

다. 사 견

우리 헌법상 민주공화국의 개념을 어떻게 이해할 것인가와 관련해 민주공화국개
념의 구체화에
있어서 고려해
야 할 요소들
서는 대한민국 임시헌장에 최초로 그 개념이 도입된 역사적 배경으로서
3·1독립혁명과 그 정신, 그리고 그 개념을 구상한 것으로 알려지고 있
는 조소앙 선생이 서구 민주주의로부터 영향을 받았을 가능성, 현행 헌
법상 자유민주적 기본질서를 보장하고 있는 민주주의원리, 법치국가원 역사적 배경과
헌법 전체적
체계 고려
리, 사회국가원리, 직업공무원제도의 보장과 기본권보장 등 헌법 전체적
인 체계를 고려하여 결론을 내려야 할 것이다.

민주공화국 개념이 정당화(Legitimation)의 소재라고 하는 것은 우선 지배에 대한
정당화 문제
적으로 인정할 수 있다고 보인다. 즉 공화제원리의 핵심 개념은 무엇보
다도 지배에 대한 정당화 문제라고 할 수 있는데, 이데올로기에 의한 정
당화는 여전히 과거와 같이 전제와 독재를 유발할 수 있다. 그 이유는
자신이 추구하는 이데올로기를 폭력으로 강제하는 데까지 이를 수 있기
때문이다.[21] 특히 우리 대한민국의 경우 독재와 전제가 사이비 이데올
로기에 의하여 정당화된 경우가 많았는데, 공화국원리는 바로 그 어떠
한 형태의 이데올로기에 의하여 정당화되는 폭력과 전제, 그리고 독재
에 대한 거부를 의미하는 것이다.

---

20) 서희경/박명림, 민주공화주의와 대한민국 헌법 이념의 형성, 정신문화연구 2007
통호 제30권 제1호(2007), 77-111(88)면.
21) W. Henke, Die Republik, in: HStR 1. Aufl., 1987, § 21, Rn. 15.

군주제에 대한
거부

헤른리트의 군
주제의 4가지
특성: 종신제,
세습제, 파면
불가, 무책임

첫째, 무단 장
기집권 내지
종신집권의 거
부
둘째, 권력세
습의 거부
셋째, 최고통
치자의 파면가
능성
넷째, 최고통
지자에 대한
책임추궁가능
성

민주공화국의 헌법적 기능은 우선 민주제와 공화제의 결합개념이
며, 공화제가 군주제에 대한 거부인 것은 부인할 수 없다.[22]

군주제의 특성을 살펴 보건대, 1901년 "헌법제정과 헌법개정의 대
상으로서 국가형태"라고 하는 단행본[23]을 쓴 오스트리아의 헤른리트
(Rudolf Hermann von Herrnritt)는 군주제의 결정적 특징으로 종신제
(Lebenslänglichkeit), 세습제(Erblichkeit), 파면불가(Unabsetzbarkeit), 군주무책
임(Unverantwortlichkeit)의 4가지 요소를 든 바 있는데[24], 중요한 군주제적
요소를 적절하고도 핵심적으로 잘 드러내고 있다고 생각된다. 결국 공
화제라고 하는 것은 이러한 군주제를 거부한다고 하는 것이므로, 첫째,
통치가 선거를 통한 것이라 하더라도 최고 통치권자가 무단으로 집권연
장이나 종신집권을 도모한다면, 이는 공화제원리에 반하는 것이다. 둘째
만일 어떠한 국가가 공화국이라고 하는 명칭을 사용하고 있다 하더라
도, 최고통치권을 세습한다면 이는 실질적으로 (민주)공화국이라 할 수
없다. 셋째, 최고통치권자가 불법을 행하는 경우에는 최고통치권자의 지
위를 박탈시킬 수 있는 파면가능성이 있을 때에 공화국이라 할 수 있
다.[25] 넷째, 최고통치권자가 전제와 폭정을 통하여 사실상 군수로 행하
는 경우, 그리고 수많은 국민들을 집단적으로 학살하는 등, 국민의 생명
권 및 자유에 대한 광범위한 침해를 야기하고도 아무런 책임을 지지 않
는다면, 그러한 통치자가 지배하고 있는 동안에는 결코 민주공화국이라
고 할 수 없다. 즉 모든 형태의 전제와 독재에 대한 거부를 포함하여야
할 뿐만 아니라, 통치권자가 저지른 불법행위에 대하여 법적인 책임을
묻고 추궁할 수 있어야 한다.

---

22) 이에 반하여 공화주의 이념사적으로 보면 공화국개념이 반드시 군주제의 거부였
던 것은 아니라는 점에 대하여는 이계일 (주 18), 71−89면.
23) Rudolf Hermann von Herrnritt, Die Staatsform als Gegenstand der
Verfassungsgesetzgebung und Vefassungsänderung, Wien 1901.
24) Rudolf Hermann von Herrnritt (주 23), S. 26.
25) 2016년 12월 박근혜 전 대통령의 국정농단과 불법으로 인한 탄핵소추와 2017년
헌법재판소의 탄핵결정(헌재 2017. 3. 10. 2016헌나1, 판례집 제29권 1집, 1)은
3·1 대혁명정신을 이어 받은 촛불시민들의 비폭력적 저항을 통하여 헌법 제1조
의 민주공화국의 원리가 제대로 작동하게 만든 역사적인 명예혁명에 해당한다고
할 것이다.

　　다음으로 조선인이 3·1독립혁명을 목숨 걸고 결행한 이유 중의 하나는 사람이 날 때부터 천부적으로 부여받은 인간의 존엄과 자유를 일제의 압제와 폭정(Despotie, Tyrannei)에 의하여 짓밟혔기 때문에 이러한 폭정에 항거하면서, 이러한 압제와 폭정으로부터 자유롭고, 남녀노소·빈부귀천이 없이 일체 평등한, 개개인이 황제와 같이 평등하게 자유롭고, 평화롭게 공영할 수 있는 공동체인 자주독립국을 창설하기 위함이었고, 1919년 4월 11일 대한민국임시헌장에서의 제1조 대한민국은 민주공화제로 한다는 선언은 바로 그러한 헌법제정권력의 근본결단을 한 마디로 압축시킨 뜻이 부여되어 있다고 할 수 있다. 즉 민주공화국은 모든 국민이 "자유"로운 국가요, 정치적으로 뿐만 아니라, 사회·경제적 "평등"을 지향한 국가라고 할 수 있을 것인데, 우리 헌법은 이러한 조소앙 선생의 균평·균등사상을 구체화하고 있는 헌법조항이 여러 군데서 발견(가령 헌법 제119조 "경제의 민주화", "균형있는 국민경제의 성장")되고 있는 바, 민주공화국은 바로 이러한 자유와 평등을 실현하고자 하는 국가라 할 수 있다. 이에 대하여는 그러한 이념이 이미 민주주의와 법치국가원리 그리고 사회국가원리에 내재되어 있으므로 따로 공화국에서 찾을 필요는 없다고 하는 반론이 있을 수도 있으나[26], 헌법원리의 내용과 이념의 중첩현상은 다른 원리들(민주주의, 법치주의, 사회국가원리 등) 상호간에서도 얼마든지 일어나는 현상이며, 서로 보완관계 가운데서 각자의 고유한 내용이 존재하는 한, 어느 정도의 중첩적 기능 가운데 상호 제어하고 보완하는 실질적 기능까지 부인할 필요는 없다고 생각된다. 가령 지배적 다수가 다수결의 원리로 승리했다고 해서 그러한 승리를 토대로 개인이나 단체 또는 특정 지역의 사익만을 추구하는 사례의 경우, 공화국에 내재되어 있다고 할 수 있는 공공복리지향 원리로 이러한 '다수의 독재'를 제어할 수 있다고 봐야 할 것이기 때문이다.

　　나아가 민주공화국은 애초에 서구 정치사상과 선진 민주국가형태로부터 계수된 것임을 부인할 수 없으므로, 서구 정치이념사로부터 나오는 공화국의 개념적 징표들을 받아들일 필요가 있다고 생각된다. 그

3·1 대혁명은 인간존엄과 자유·평등의 유린에 대한 항거

자유와 평등 실현국가

서구 정치이념사의 개념적 징표 포섭 필요

---

26) 가령 한수웅 (주 8), 같은 곳.

가운데서 중요한 것으로는, 국회의원과 공무원 등 공직자의 "공공복리"를 지향하는 공직윤리, 공무원의 국민에 대한 책임(헌법 제7조 제1항: "공무원은 국민전체에 대한 봉사자이며, 국민에 대하여 책임을 진다"), 민주시민(Citoyen)[27]으로서의 윤리의식과 덕목이 그것이다.

공무원의 책임과 민주시민의 덕성

이 가운데 전술한 우리 헌법 제7조의 공무원은 국민에 대한 봉사자이며 국민에 대하여 책임을 진다고 하는 조항은 이미 로마의 정치철학자 키케로나 독일 칸트의 철학이나 토마(Thoma)의 공화국사상과도 일맥상통하는 직업공무원제 규정으로서 이는 공화국원리의 기본적 요소에 해당하므로, 헌법개정의 한계에 해당한다고 해석할 수 있을 것이다.

헌법개정의 한계로서 직업공무원제

그리고 공무원의 국민에 대한 봉사자로서의 책임과 공공복리지향 책임을 보다 강력하게 실현하기 위해서는, 국가공무원법과 국회법에 공공복리구체화 절차를 보다 투명하게 규정해야 할 것이며, 국회의원과 공무원의 권력사유화와 사익추구를 방지하기 위한 제재규정과 처벌규정을 보다 강화해야 할 필요성이 있다고 생각된다.

권력사유화와 사익추구방지를 위한 제재 및 처벌규정 강화필요

다음으로 공공복리를 지향할 책임은 주로 국회의원과 공무원에게 요구할 수 있음은 자명하지만, 과연 소위 사회적 영역에 있는 공적 기구들과 그 책임자들에 대해서까지 공화국 원리를 확대 적용하여 공적 책임을 지울 수 있겠는가 하는 헌법이론적 문제가 제기된다. 그것은 특히 우리나라와 같이 각종 경제적, 사회적 권력을 사유화하고 그 권력을 남용하는 사례들이 빈발하는 정치공동체에서 특히 시민적 덕목과 책임이 요구되기 때문이다. 더불어서 기본권의 대사인적 효력의 적용과 같이 이러한 공화국원리로부터 나오는 일정한 사회적 책임을 법적 의무화할 수 있을 것인지의 문제가 제기될 수 있다. 독일의 클라인(Klein)은 국가와 사회의 이원론에 입각한 것으로 보이는 근거로 이에 대하여 반대하는 입장인 것으로 보이며, 일응 이러한 법적 의무화의 경우 또다시 시민의 자유를 지나치게 제한할 가능성이 발생할 수 있는 것도 엄연한 사실

공적 기구와 책임자들의 공적 책임 강조 필요

---

27) R. Gröschner (주 11), Rn. 74; 한편 국가와 사회의 대립의 극복을 전제로 한 시민국가에서의 책임있는 시민(Citoyen)에 대하여 한스 페터 슈나이더(Hans-Peter Schneider) 저/방승주 譯, 시민사회의 국가, 「시민국가」의 헌법이론에 관한 고찰, 동아법학 제26호(1999), 339-355(341)면.

이다. 그러나 오늘날 여러 분야에서 사실상 국가와 사회의 역할이 실질적으로 구별하기 힘든 것이 사실이고 양자가 상호 협력관계 속에서 지속적인 상호작용을 주고받고 있는 점을 고려한다면, 국가와 사회를 대립적으로 보는 엄격한 이원론은 상대화되거나 극복되어야 할 것이므로28), 국가적 영향력에 버금갈 정도의 사회적 영향력을 행사하는 사기업이나 단체의 경우에도 이러한 공공복리지향을 위한 법적 의무를 좀 더 강하게 도입할 헌법적 근거로 바로 이 공화국원리를 원용할 수 있지 않을까 생각되는 바, 이에 관한 논의와 검토를 앞으로도 더 계속 해야 할 것이라고 생각한다.

국가적 영향력에 버금가는 기업이나 단체에 공공복리지향의무 부과 필요

2. 공화국원리의 구체화로서 직업공무원제도

헌법 제7조 제1항은 공무원은 국민전체에 대한 봉사자이며, 국민에 대하여 책임을 진다고 규정하고 있고, 동조 제2항은 공무원의 신분과 정치적 중립성은 법률이 정하는 바에 의하여 보장한다고 규정하고 있다. 이 규정은 전통적인 직업공무원제의 핵심원칙을 선언한 것으로서 입법자가 이러한 직업공무원제의 핵심을 침해하지 않으면서 그 내용을 법률로 구체화하도록 하는 소위 제도보장의 하나라고 할 수 있다.29) 공무원의 국민전체에 대한 봉사자로서의 신분, 그리고 국민에 대한 책임정신의 헌법적 강조는 바로 이 공화국원리를 구체화하는 헌법적 규정이라고 볼 수 있다.

공화국원리의 구체화로서 헌법 제7조 제1항

이 직업공무원제도에 대한 헌법재판소의 초기 판례를 소개하면 다음과 같다.

직업공무원제에 대한 헌재 판례

판례 우리나라는 직업공무원제도를 채택하고 있는데, 이는 공무원이 집권세력의 논공행상의 제물이 되는 엽관제도(獵官制度)를 지양하고 정권교체에 따른

---

28) 이에 관하여 "국가와 사회는 더 이상 대립적인 것으로서 다루어져서는 안 되고, 국가가 사회로부터 나오고 사회에 의하여 조건지워지며, 또한 사회에 의하여 구성된다고 하는 관점에서 상호 관련적으로 이해해야 한다."고 하는 한스 페터 슈나이더 저/방승주 역 (주 27), 341면.

29) 헌재 1989. 12. 18, 89헌마32 등, 판례집 제1권, 343, 353; 방승주, 헌법소송사례연구, 박영사 2002, 74면.

국가작용의 중단과 혼란을 예방하고 일관성있는 공무수행의 독자성을 유지하기 위하여 헌법과 법률에 의하여 공무원의 신분이 보장되는 공직구조에 관한 제도이다. 여기서 말하는 공무원은 국가 또는 공공단체와 근로관계를 맺고 이른바 공법상 특별권력관계 내지 특별행정법관계 아래 공무를 담당하는 것을 직업으로 하는 협의의 공무원을 말하며 정치적 공무원이라든가 임시적 공무원은 포함되지 않는 것이다.

직업공무원제도하에 있어서는 과학적 직위분류제(職位分類制), 성적주의 등에 따른 인사의 공정성을 유지하는 장치가 중요하지만 특히 공무원의 정치적 중립과 신분보장은 그 중추적 요소라고 할 수 있는 것이다. 그러나 보장이 있음으로 해서 공무원은 어떤 특정정당이나 특정상급자를 위하여 충성하는 것이 아니고 국민전체에 대한 공복으로서 법에 따라 그 소임을 다할 수 있게 되는 것으로서 이는 당해 공무원의 권리나 이익의 보호에 그치지 않고 국가통치 차원에서의 정치적 안정의 유지와 공무원으로 하여금 상급자의 불법부당한 지시나 정실(情實)에 속박되지 않고 오직 법과 정의에 따라 공직을 수행하게 하는 법치주의의 이념과 고도의 합리성, 전문성, 연속성이 요구되는 공무의 차질없는 수행을 보장하기 위한 것이다.

헌법이 "공무원은 국민전체에 대한 봉사자이며, 국민에 대하여 책임을 진다. 공무원의 신분과 정치적 중립성은 법률이 정하는 바에 의하여 보장된다."(헌법 제7조, 구 헌법 제6조)라고 명문으로 규정하고 있는 것은 바로 직업공무원제도가 국민주권원리에 바탕을 둔 민주적이고 법치주의적인 공직제도임을 천명하고 정권담당자에 따라 영향받지 않는 것은 물론 같은 정권하에서도 정당한 이유없이 해임당하지 않는 것을 불가결의 요건으로 하는 직업공무원제도의 확립을 내용으로 하는 입법의 원리를 지시하고 있는 것으로서 법률로서 관계규정을 마련함에 있어서도 헌법의 위와 같은 기속적 방향(羈束的方向) 제시에 따라 공무원의 신분보장이라는 본질적 내용이 침해되지 않는 범위내라는 입법의 한계가 확정되어진 것이라 할 것이다.

그렇기 때문에 공무원에 대한 기본법인 국가공무원법이나 지방공무원법에서도 이 원리를 받들어 공무원은 형의 선고, 징계 또는 위 공무원법이 정하는 사유에 의하지 아니하고는 그 의사에 반하여 휴직, 강임 또는 면직당하지 아니하도록 하고, 직권에 의한 면직사유를 제한적으로 열거하여 직제와 정원의 개폐 또는 예산의 감소 등에 의하여 폐직 또는 과원이 되었을 때를 제외하고는 공무원의 귀책사유없이 인사상 불이익을 받는 일이 없도록 규정하고 있는 것이다. 이는 조직의 운영 및 개편상 불가피한 경우외에는 임명권자의 자의적 판

단에 의하여 직업공무원에게 면직등 불리한 인사조치를 함부로 할 수 없음을
의미하는 것으로서 이에 어긋나는 것일 때에는 직업공무원제도의 본질적 내용
을 침해하는 것이 되기 때문이다.

(헌재 1989. 12. 18. 89헌마32 등, 판례집 1, 343, 352-354 [위헌,각하])

우리 헌법이 강조하고 있는 국민에 대한 봉사자로서의 신분과 국민 공무원의 신분
에 대한 책임을 지킬 수 있으려면 공무원의 신분보장뿐만 아니라, 공무 보장과 공무원
원의 생활보장도 적절하게 이루어질 때 현실적으로 공무원이 국민에 대 의 생활보장은
한 봉사자로서 청렴하게 정치적 중립성을 지키면서 국가 행정을 수행해 직업공무원제
나갈 수 있다. 따라서 공무원의 신분보장과 생활보장은 직업공무원제를 의 양대 축
떠받치고 있는 중요한 두 축이라고 할 수 있다.[30]

Ⅱ. 주권재민(국민주권)의 천명

헌법 제1조 제2항 전문은 "대한민국의 주권은 국민에게 있고"라고 주권재민, 국
규정함으로써, 주권의 소재가 국민에게 있음, 즉 주권재민 내지 국민주 민주권원리의
권원리를 천명하고 있다. 그러므로 사실 주권의 소재를 기준으로 군주 천명
국과 공화국을 구분하기도 하는데, 우리 헌법 제1조 제2항은 주권의 소
재가 국민에게 있음을 확실히 함으로써, 제1조 제2항 전문은 제1조 제1
항의 공화국의 의미를 좀 더 분명히 해 주고 있다고 할 수 있을 것이다.

여기에서 주권의 의미가 무엇인가 먼저 문제될 수 있다. 주권은 말 국민의 지배
그대로 주인된 권리 내지는 주인된 권한이라고 할 수 있을 것이다.[31] (정부) 이념의
구체화

---

30) 이에 관해서는 방승주 (주 29), 74-75면 참조.

31) 칼 슈미트(Carl Schmitt)는 그의 정치신학이라고 하는 책(Politische Theologie –
Vier Kapitel zur Lehre von der Souveränität, 9. Auf., Berlin 2009, S. 13)에서 "비상
사태에 대하여 결정하는 자가 주권을 가진 자이다"(Souverän ist, wer über den
Ausnahmezustand entscheidet.)라고 하고 있다. 우리 국민은 국가가 위기, 즉 비상
사태에 처했을 때 늘 떨쳐 일어나 국난을 극복하였으며, 일제 강점기에도 일제에
맞서서 나라의 독립을 위하여 무장 투쟁을 전개하는 등 치열하게 독립운동을 전
개한 끝에 연합국의 승전과 일제의 항복을 통하여 광복을 맞이하였으며, 결국 남
한만의 단독정부수립으로 불완전하기는 하였지만 주권국가를 설립하였다. 국가
가 위기를 맞이하였을 때 그 운명에 대하여 결정하기 위하여 늘 봉기하고 일어섰
던 국민이 있었기에 이 대한민국은 5천년 역사를 수호하며 생존해 올 수 있었고,

즉 대한민국의 주인은 누구인가 하는 것인데, 과거 군주국가시대에는 군주에게 있다고 할 수 있겠지만, 이제 민주주의 시대에 민주국가에서 그 나라의 주인인 권리 내지 권한은 군주나 특정한 소수 집단에게 있는 것이 아니라, 국민에게 있음은 더 이상 논란의 여지가 없는 것이다. 따라서 이 조항은 "국민의 지배(정부)"의 이념을 구체화해 주고 있는 조항이라고 볼 수 있을 것이다.

제 3 관 "국민에 의한 지배" 이념의 구체화

Ⅰ. 헌법 제1조 제2항 후문

국민에 의한 국가권력의 조직·구성

모든 권력은 국민으로부터 나온다고 하는 헌법 제1조 제2항 후문은 국가권력이 국민에 의하여 조직·구성된다고 하는 것을 말해 준다. 다시 말해서 국가의 모든 권력, 즉 입법, 행정, 사법을 비롯한 국가의 통치를 담당하는 모든 기관은 국민에 의해서 선출되고 조직된다고 하는 것을 뜻한다.

모든 국가기관은 소위 정당성의 사슬로 연결

물론 그렇다고 해서 모든 국가기관이 국민에 의하여 직접 선출되기만 한다는 것을 뜻하지는 않는다. 우리 헌법은 행정부의 수반인 대통령과 입법부의 구성원인 국회의원의 경우는 국민이 직접 선출하지만, 나머지 기관의 경우, 즉 사법부나 그 밖의 정부의 각료 내지 국무위원 등은 헌법이 정하는 절차에 따라서 대통령이 임명하는 방법을 취하기도 하며, 또 나머지 공무원들의 경우는 그 행정각부의 장관이 임명하기도 한다. 아무튼 이러한 방법을 통해서 임명된 공무원들의 경우도 소위 정당성의 사슬(Legitimationskette)로 연결되어 있는 것으로, 즉 간접적으로는

국난을 극복하고 국가를 구하기 위해서 자신의 목숨을 초개와 같이 버리기를 주저하지 않았던 수많은 민초와 백성들이 바로 이 한반도의 비상상태를 결정해 왔던 것이다. 이러한 의미에서 바로 그들이 주권을 가진 자이다.

국민에 의하여 임명된 것으로 볼 수 있기 때문에 그들의 행위, 즉 국가적 의사결정은 종국적으로는 국민에게 귀속될 수 있게 된다. 그러므로 이러한 의미에서 모든 권력은 결국 국민으로부터 나온다고 볼 수 있는 것이다.

이와 관련하여 제1문에서 말하는 국민의 개념은 이념적 전체로서의 국민으로, 그리고 제2문에서 말하는 국민의 개념은 유권자의 총체로서의 국민으로 구분하여 볼 필요가 있겠는가의 문제가 제기될 수 있다. 즉 주권의 소재는 전체국민에게 있다고 할 수 있겠지만, 모든 국가권력을 구성하고 조직하는 행위를 하는 국민은 결국 유권자라고 하는 이유에서, 전자의 국민은 이념적 전체로서의 국민, 후자의 국민은 유권자의 총체로서의 국민이라고 본다는 것이다.

이념적 전체로서의 국민(제1문), 유권자의 총제로서의 국민(제2문)

생각건대 국가의 통치기관을 구성하는 국민은 유권자로서의 국민인 것은 맞는 말이다. 그렇지만 그 유권자는 결국 나머지 비유권자나 혹은 선거나 투표에 참여하지 아니한 나머지 유권자의 뜻까지도 반영하는 차원에서 선거와 투표를 한다고 본다면, 이 유권자의 뜻이 결국 전체 국민의 뜻이라고 볼 수 있을 것이다. 그렇다면 추상적 의미에서의 주권의 소지자는 전체 국민으로, 그리고 실제적인 통치권의 구성주체는 유권자로 굳이 나누어서 보아야 할 실익이나 의미는 별반 없다고 할 수 있을 것이다.

유권자의 뜻은 전체 국민의 뜻

오히려 유권자가 아닌 나머지 국민들, 가령 선거권 연령에 미달한 국민들 역시 주권의 소지자이며, 잠재적으로 국가권력 구성의 주체라고 할 수 있기 때문에, 국가권력의 구성에 있어서도 가급적이면 이들을 포괄한 전체 국민의 의사가 최대한 반영될 수 있도록 선거권연령을 가능한 한 하향조정하는 것이 의미가 있다고 볼 수 있을 것이다. 그리고 청소년과 아동의 교육이나 복지와 관련된 정책의 수행에 있어서는 그들의 직접적인 의사를 반영하여 국가적 의사를 결정하는 것도 매우 중요하다고 보아야 할 것이다. 이러한 의미에서 최근 선거법 개정으로 선거권연령을 18세로 하향조정한 것은 그 의미가 적지 않으며, 가능하다면 더 낮출 필요성에 대해서도 진지하게 검토해 나가야 할 것이다. 이렇게 되

선거권 연령 하향조정 필요

면 청소년이나 교육관련 정책이 보다 청소년 친화적으로 변화할 수 있는 계기가 마련될 수 있을 것이다.

다른 한편 통치기관의 구성 측면이 아니라, 통치권의 행사, 즉 지배권력의 행사 자체도 국민에 의해서 이루어지게 될 때 국민에 의한 지배라고 하는 이념이 제대로 실현될 수 있다. 그리고 그러할 경우에 비로소 모든 권력은 국민으로부터 나온다고 하는 뜻이 보다 더 구체적으로 실현될 수 있을 것이다. 다시 말해서 국가의 모든 정책결정과 법제정 및 법집행이 비록 국민이 선출한 통치기관에 의해서 이루어진다 하더라도, 그러한 통치권의 행사 자체가 국민의 뜻대로 이루어지게 될 때에 비로소 모든 권력은 국민으로부터 나온다고 하는 국민주권의 이념이 제대로 실현될 수 있다고 하는 의미이다.

이와 관련하여 헌법재판소는 형식적 국민주권론과 실질적 국민주권론을 구분하여 판시하면서 무소속 후보에게 기탁금의 납부에 차등을 둔 국회의원선거법 제33조 제34조를 헌법불합치로 선고한 바 있다.[32)]

Ⅱ. 선거제도의 보장과 선거의 원칙

1. 선거제도의 보장

우리 헌법은 제24조에서 법률이 정하는 바에 의하여 국민의 선거권을 보장할 뿐만 아니라, 제41조 제1항에서 국회의원선거와 관련하여, 그리고 제67조 제1항에서 대통령선거와 관련하여 선거의 원칙을 규정하고 있다. 지방자치단체의 선거와 관련해서는 지방의회 의원선거만을 법률로 정하도록 하고 있다(제118조).

즉 우리 헌법은 국민의 대표로서 대통령과 국회의원을 국민이 직접 선출하도록 하고 있다. 그리하여 국가기관의 구성을 국민이 직접 구성하고 조직하도록 헌법이 보장하고 있다. 구체적으로 선거구와 비례대표제 그리고 기타 선거절차 등 선거에 관한 구체적 사항에 대하여는 법률

---

32) 헌재 1989. 9. 8, 88헌가6, 판례집 제1권, 199 국회의원선거법 제33조, 제34조의 위헌확인; 헌재 1991. 3. 11선고, 91헌마21.

로 정하도록 하고 있으며(제41조 제3항; 제67조 제5항; 제118조 제2항), 이에
따라 공직선거법은 선거에 관하여 자세한 사항을 규정하고 있다.

2. 선거의 원칙[33]

가. 기본개념과 입헌취지

헌법 제41조 제1항은 "국회는 국민의 보통·평등·직접·비밀선거에
의하여 선출된 국회의원으로 구성한다."고 규정하고 있다. 국회는 국민의
선거에 의하여 선출된 국민대표에 의하여 구성되는 대의기관이다. 이 조
항은 국회의원의 선거에 있어서 지켜져야 할 선거의 원칙을 분명히 밝히
고 있다. 민주선거의 원칙에는 보통·평등·직접·비밀선거 외에도 자유
선거가 있는데, 이 자유선거는 당연히 전제되어 있다고 보아야 할 것이다.

이 선거의 원칙은 대한민국은 민주공화국이며, 대한민국의 주권은
국민에게 있고, 모든 권력은 국민으로부터 나온다고 하는 헌법 제1조와
밀접 불가분의 관계에 있는 것으로서, 민주주의원리와 국민주권원리를
구체화하고 실현할 수 있는 선거제도가 되기 위해서 반드시 지켜지지
않으면 안 되는 원칙을 천명한 것이다. 다시 말해서 명목상 선거가 실시
된다 하더라도, 선거에 있어서 만일 보통, 평등, 직접, 비밀, 자유선거의
원칙이 준수되지 아니한다면 그러한 선거는 진정한 의미의 민주선거라
고 할 수 없다는 것이다.

이러한 헌법 제41조 제1항의 보통·평등·직접·비밀선거는 객관
적인 선거의 원칙을 규정하는 것이기도 하지만, 국민이 그러한 객관적
원칙에 따라서 선거할 수 있는 권리 자체를 보장하는 것이라고 할 수
있기 때문에 이 조항과 또한 헌법 제67조 제1항 및 헌법 제24조로부터
보통선거권, 평등선거권, 직접선거권, 비밀선거권 등의 주관적 권리가
도출된다고 할 수 있다.[34]

헌법상 선거의
원칙

헌법 제1조와
밀접 불가분의
관계

객관적인 원칙
이자 주관적
권리임

---

33) 이하 방승주, 헌법 제41조, (사) 한국헌법학회 편, 헌법주석 [국회, 정부] 제40조
　　~제100조, 경인문화사 2017, 17-67(21-41)면을 기초로 수정·보완함.
34) 방승주, "재외국민 선거권제한의 위헌여부", 헌법학연구 13권 2호(2007. 6),
　　305-349, 313면; 허영, 한국헌법론, 박영사, 2020, 823면

나. 연 혁

선거의 원칙에 관한 규정은 1948년 광복헌법 이래 별다른 변화 없이 계속 이어져 내려오고 있다. 다만 그 문구나 조문의 위치 등은 약간씩 달라진 바 있으며 그 내용은 다음과 같다.

(1) 광복헌법

1948년 광복헌법 제32조는 "국회는 보통, 직접, 평등, 비밀선거에 의하여 공선된 의원으로써 조직한다. 국회의원의 선거에 관한 사항은 법률로써 정한다."고 규정하였다. 현행헌법과는 달리 직접선거를 평등선거 앞에 위치시키고 있다.

(2) 제1차 개정헌법(1952. 7. 7) – 제4차 개정헌법(1960. 11. 29)

제1차 개정헌법부터 제4차 개정헌법 때까지 제32조에서 "양원은 국민의 보통, 평등, 직접, 비밀투표에 의하여 선거된 의원으로써 조직한다."고 하는 조항을 유지하고 있다. 이때부터 평등선거가 직접선거의 앞에 위치하게 되었다.

(3) 제5차 개정헌법(1962. 12. 26) – 제6차 개정헌법(1969. 10. 21)

제5차 개정헌법부터 제6차 개정헌법 때까지 제36조 제1항에서 "국회는 국민의 보통·평등·직접·비밀선거에 의하여 선출된 의원으로 구성한다."는 규정이 유지되고 있다.

(4) 제7차 개정헌법(1972. 12. 27) – 유신헌법

유신헌법 제76조 제1항은 "국회는 국민의 보통·평등·직접·비밀선거에 의하여 선출된 의원 및 통일주체국민회의가 선거하는 의원으로 구성한다."고 규정하였다.

(5) 제8차 개정헌법(1980. 10. 27)

제5공화국 헌법 제77조 제1항은 "국회는 국민의 보통·평등·직접·비밀선거에 의하여 선출된 의원으로 구성한다."고 규정하였다.

(6) 제9차 개정헌법(1987. 10.29) – 현행 헌법

현행헌법은 제41조 제1항에서 "국회는 국민의 보통·평등·직접·비밀선거에 의하여 선출된 국회의원으로 구성한다."고 규정하고 있다.

이상의 내용에 비추어 볼 때 우리 헌법상 민주선거의 원칙, 즉 보통·평등·직접·비밀선거의 원칙은 광복헌법 이래로 한 번도 포기되지 않고 유지되어 오고 있음을 알 수 있다.

헌법개정의 한계에 속하는 원칙

다. 입헌례

(1) 독일 기본법

독일 기본법 제38조 제1항 제1문은 "독일 연방의회의 의원은 보통, 직접, 자유, 평등 및 비밀선거에 의하여 선출된다."고 규정하고 있다. 따라서 독일 기본법은 민주선거의 5대원칙을 모두 명문화하고 있다.

민주선거 5대 원칙 명문화

(2) 이태리 헌법

이태리헌법 제56조 제1항은 "하원의원은 보통·직접선거로 선출한다."고 규정하고 있다. 그리고 제58조 제1항은 "상원의원은 선거일 현재 25세에 달한 선거인의 보통·직접선거를 통해 선출한다."고 규정하고 있다.[35] 5대 원칙 가운데 보통선거와 직접선거를 명문화하고 있다.

보통·직접선거원칙만 명문화

(3) 프랑스 헌법

프랑스는 상·하원 양원제를 택하고 있다. 하원의원은 직접선거에 의하여 선출(제24조 제2항)하는 데 반하여, 상원의원은 간접선거에 의하여 선출한다(제24조 제3항).[36] 하원의원선거의 경우 직접선거를 명문화하고 있다.

상원의원 간접선거, 하원의원 직접선거 명문화

라. 체계적 관계

(1) 다른 조문과의 관계

민주선거의 원칙은 이 조항에서 뿐만 아니라, "대통령은 국민의 보통·평등·직접·비밀선거에 의하여 선출한다."고 규정하고 있는 헌법 제67조 제1항에서도 확인되고 있다.

헌법 제67조 제1항의 민주선거의 원칙에 관한 규정

이 선거의 원칙은 전술한 바와 같이 헌법 제1조 제2항의 국민주권원리와 헌법 제24조의 선거권과도 밀접한 관계에 있다. 즉 헌법 제24조

국민주권원리와 선거권과의 밀접한 관계

---

35) 중앙선거관리위원회, 이탈리아 선거법, 2004, 6-7면.
36) 중앙선거관리위원회, 프랑스 선거법, 2004, 8-9면.

에서 보장하는 선거권은 헌법 제1조 제2항의 국민주권원리를 실현가능
하게 하는 기본권이며, 선거가 하나의 형식적인 요식행위로 끝나는 것
이 아니라, 민주국가에서 진정으로 국가기관의 구성을 국민의 뜻에 따
라 할 수 있게 하는 실질적인 주권행위로서의 의미를 지니게 할 수 있
는 원칙이 바로 이러한 민주선거의 원칙이라고 할 수 있는 것이다.

선거는 정치적
의사형성행위
로서의 의미

한편 선거가 국민의 직접적인 정치적 의사형성행위로서의 의미를
가지려면, 선거 자체가 공정하게 이루어지지 않으면 안 된다. 선거의 공
정한 관리를 위하여 우리 헌법은 제7장에서 선거관리에 관한 장을 마련
하고 있으며, 선거와 국민투표의 공정한 관리 및 정당에 관한 사무를 처
리하기 위하여 선거관리위원회를 두고 있다. 그리고 선거운동은 각급

균등한 선거운
동기회의 보장

선거관리위원회의 관리 하에 법률이 정하는 범위 안에서 하되, 균등한
기회가 보장되어야 한다고 규정하고 있다(제116조 제1항). 그리고 선거에
관한 경비는 법률이 정하는 경우를 제외하고는 정당 또는 후보자에게
부담시킬 수 없다고 함으로써 선거공영제의 원칙을 천명하고 있다. 그

선거공영제의
원칙

러므로 선거운동에 있어서의 기회균등보장이나 선거공영제의 원칙은 선
거에 관한 사항을 규정함에 있어서 가지게 되는 입법자의 형성의 자유
에 대한 제한요소로 작용할 수 있다.

(2) 선거원칙 상호간의 관계

(가) 보통선거원칙과 평등선거원칙

모두 평등원칙
에 뿌리를 둠

우선 보통선거원칙과 평등선거원칙의 관계가 문제된다. 보통선거원
칙은 선거할 수 있는 자격, 그리고 또한 피선될 수 있는 자격과 관련한
평등을 요구하는 것이다.[37] 이에 반하여 평등선거원칙은 선거권의 행사
내용과 방법과 관련한 평등, 즉 계산가치의 평등과 결과가치의 평등을
요구하는 것이다.[38] 이 원칙들은 모두 헌법 제11조 제1항 제1문의 일반
적 평등원칙에 대한 특별규정이라고 할 수 있다.[39]

(나) 비밀선거원칙과 보통선거원칙

---

37) Pieroth, in: Jarass/Pieroth, GG(15 Aufl.), Art. 38, Rn. 4; Magiera, in: Sachs, GG(8
   Aufl.), Art. 38 GG, Rn. 82.
38) 방승주 (주 34), 314면; 전광석, 한국헌법론, 집현재, 2021, 612−613면.
39) 방승주 (주 34), 315면; Magiera (주 37), Rn. 79.

한편 비밀선거와 보통선거의 원칙이 서로 충돌하는 경우를 생각해 볼 수 있다. 가령 원양어업에 종사하는 선원들에게 팩시밀리를 통한 부재자투표를 허용하게 되는 경우 비밀선거원칙이 침해될 우려가 있다는 주장이 있을 수 있다. 하지만 이 경우에는 보통선거원칙이 비밀선거원칙에 우월하다고 보아야 할 것이다. 왜냐하면 비밀선거원칙은 그 자체가 목적이 아니다. 선거인 스스로가 비밀선거권을 침해받는 한이 있다 하더라도 선거에 참여해야겠다고 한다면, 팩시밀리를 통한 선거의 방법을 통해서라도 그 선거권을 인정하여야 할 것이며, 이는 일정한 연령에 달한 모든 국민에게 선거권을 부여하는 보통선거원칙에 부합하는 일이 될 것이다. 따라서 이 경우에는 보통선거원칙이 비밀선거원칙에 우선하며, 우편투표 등의 경우에도 마찬가지 법리가 적용되어야 할 것이다. 헌법재판소 역시 이러한 입장에 입각하고 있다.[40]

> 보통선거 원칙이 비밀선거원칙에 우선

(다) 비밀선거원칙과 자유선거원칙

다음으로 비밀선거와 자유선거는 떼려야 뗄 수 없는 불가분의 관계에 있다. 다시 말해서 자유선거란 선거를 할 것인지 말 것인지 아니면 누구를 뽑을 것인지에 관하여 자신의 의사에 따라서 자유롭게 할 수 있어야 한다는 것을 말하는데, 이러한 자유의사에 의한 선거는 선거의 비밀이 지켜지지 않고서는 불가능하기 때문이다. 따라서 자유선거는 비밀선거가 제대로 보장될 때, 비로소 보장될 수 있다.

> 비밀선거 없이 자유선거 없으므로 양자는 불가분의 관계

마. 규범적 내용, 개념과 원리에 대한 판례 및 학설

(1) 보통선거의 원칙

보통선거란 원칙적으로 일정한 연령에 도달한 모든 국민에게 선거권이 인정되는 선거이다. 보통선거는 선거하고 피선될 자격과 관련된 평등을 의미한다. 보통선거는 평등선거의 특별한 경우이다. 보통선거의 원칙은 국민으로 하여금 선거에의 참여로부터 부당하게 배제하는 것을 금지한다. 보통선거의 원칙은 입법자에게 일정한 국민집단을 정치적, 경

> 일정한 연령에 도달한 모든 국민에게 인정되는 선거권

---

40) 헌재 2007. 6. 28. 2005헌마772, 공보 129, 781, 785−786; 이에 반하여 이부하, 선거원칙에 대한 논의와 선거권과 관련한 헌법재판의 심사기준, 법학논총 제31집 (2014), 183면.

제적 또는 사회적 이유로 선거권의 행사로부터 배제하는 것을 금지하며

모든 국민에게 인정되는 선거권

또한 원칙적으로 모든 국민이 그의 선거권을 가능한 한 평등한 방법으로 행사할 수 있어야 한다는 것을 요구한다.[41] 보통선거는 또한 공천권과도 관계된다.

선거권의 제한은 예외적으로 가능

민주주의 국가에서 국민주권과 대의제 민주주의의 실현수단으로서 선거권이 갖는 중요성으로 인해 한편으로 입법자는 선거권을 최대한 보장하는 방향으로 입법을 하여야 하며, 또 다른 한편에서 선거권을 제한하는 법률의 합헌성을 심사하는 경우에는 그 심사의 강도도 엄격하여야 한다. 선거권을 제한하는 입법은 헌법 제24조에 의해서 곧바로 정당화될 수는 없고, 헌법 제37조 제2항의 규정에 따라 국가안전보장·질서유지 또는 공공복리를 위하여 필요하고 불가피한 예외적인 경우에만 그 제한이 정당화될 수 있으며, 그 경우에도 선거권의 본질적인 내용을 침해할 수 없다. 더욱이 보통선거의 원칙은 선거권자의 능력, 재산, 사회적 지위 등의 실질적인 요소를 배제하고 성년자이면 누구라도 당연히 선거권을 갖는 것을 요구하므로 보통선거의 원칙에 반하는 선거권 제한의 입법을 하기 위해서는 헌법 제37조 제2항의 규정에 따른 한계가 한층 엄격히 지켜져야 한다.[42]

국내 주민등록이 안 되어 있는 재외국민에 대한 선거권제한 헌법불합치

헌법재판소는 선거인(투표인)명부에 등재되기 위해서는 국내에 주민등록이 되어 있을 것을 요구함으로써 재외국민의 선거권(국민투표권)을 제한하는 것[43]은 재외국민의 선거권(국민투표권) 뿐만 아니라 보통선거의 원칙에 위반된다고 하면서, 관련 공직선거법 및 국민투표법 조항을 2008년 12월 31일까지 개정하도록 명하는 동시에 그 때까지 잠정적으로 계속적용을 명하는 헌법불합치결정을 선고하였다.[44] 또한 헌법재판소는 선상에 장기 기거하는 자들이 팩시밀리 등을 통해서 부재자 투표를 할 수 있도록 허용하지 않고 있는 것은 그들의 선거권을 침해하는

원양선원에 대한 부재자투표 불허용 헌법불합치

---

41) BVerfGE 58, 202 (205).

42) 헌재 2007. 6. 28. 2004헌마644, 2005헌마360(병합), 판례집 제19권 1집, 859(860, 879)

43) 이에 대하여는 방승주 (주 34) 및 그 곳에서 인용된 문헌들 참조.

44) 헌재 2007. 6. 28. 2004헌마644, 판례집 제19권 1집, 859: 공직선거및선거부정방지법 제15조 제2항 등 위헌확인 등.

것이라고 확인하고 역시 공직선거법(2005. 8. 4. 법률 제7681호로 개정된 것)
제38조 제3항과 제158조 제4항에 대하여 헌법불합치결정을 내린 후, 입
법자가 2008년 12월 31일까지 개정할 때까지 잠정적으로 계속 적용할
것을 명하였다.[45]

　　이러한 헌법불합치결정에 따라 국회는 재외국민들로 하여금 임기
만료에 의한 비례대표국회의원선거와 대통령선거에 참여할 수 있도록
하였고, 또한 국내에 주민등록이나 재외동포의 출입국과 법적 지위에
관한 법률상 거소신고가 되어 있는 재외국민들에게 국민투표권을 부여
하는 법개정을 하였다.[46] 하지만 재외국민들은 여전히 지역구국회의원
선거에 참여할 수 없고, 또한 재·보궐선거에도 참여할 수 없으며, 국민
투표의 경우 국내에 주민등록이나 거소신고가 되어 있지 아니한 경우
여전히 국민투표를 할 수 없도록 한 것은 자신들의 선거권과 국민투표
권을 침해하는 것이라고 하면서 다시 헌법재판소에 헌법소원심판을 청
구하였다. 이러한 헌법소원에 대하여 헌법재판소는 지역구국회의원선거
와 재·보궐선거를 배제한 것에 대한 헌법소원심판청구는 기각하고, 주
민등록이나 거소신고가 되어 있지 아니한 재외국민들에게 국민투표를
배제한 국민투표법(2009. 2. 12. 법률 제9467호로 개정된 것) 제14조 제1항은
청구인들의 국민투표권을 침해한다고 확인하면서 2015. 12. 31.까지 동
법률조항 부분을 개정할 것을 명하면서 그때까지 잠정적으로 계속 적용
할 것을 명하는 헌법불합치결정을 선고하였다.[47] 헌법불합치로 선고된
이 국민투표법 제14조 제1항은 개정시한인 2015년 12월 31일이 경과되
었음에도 아직까지 개정되지 않았으나, 헌법재판소가 설정한 잠정적 효
력유예기간이 이미 경과되었으므로 2016년 1월 1일부터 그 효력을 상실

개정 공직선거
법에 대한 헌
법소원심판에
서 해외거주
재외국민들의
국민투표를 배
제한 것만 헌
법불합치

국민투표법의
개정기한이 이
미 훨신 지났
으나 아직 개
정 안됨

---

45) 헌재 2007. 6. 28. 2005헌마772, 공보 129, 781. 이러한 헌법재판소의 헌법불합치결
　　정에 따라 2012. 2. 29. 법률 제11374호로 개정된 공직선거법에 의하여 도입되었
　　다.

46) 법개정의 구체적 내용과 그 헌법적 문제점에 대하여는 방승주, 재외국민 선거권
　　행사의 공정성 확보방안 연구, 대검찰청 2010년도 정책연구용역 보고서, 2011, 7
　　면 이하 참고할 것.

47) 헌재 2014. 7. 24. 2009헌마256, 2010헌마394(병합). 이에 대한 비판적 평석으로 방
　　승주, 재외국민의 지역구국회의원선거권 배제조항의 위헌여부, 법률신문 제4257
　　호, 2014. 9. 25.

하였다. 입법자인 국회는 조속히 헌법재판소의 헌법불합치결정의 취지
에 맞게 동조항을 정비하는 작업을 수행해야 할 것이다.[48]

수형자의 선거
권제한 보통선
거원칙 위반
여부

　　그리고 2004. 3. 25. 헌법재판소는 금고 이상의 형의 선고를 받고
그 집행이 종료되지 아니한 자에 대하여 선거권을 배제하고 있는 구 공
직선거및선거부정방지법 제18조 제1항 제2호에 대하여 보통선거원칙
위반여부에 대하여는 명시적으로 언급하지 않은 채, 합헌선언을 하였으
나, 김영일 재판관의 반대의견은 선거권을 침해할 뿐 아니라, 보통선거
원칙에 위반된다는 입장을 취하였었다.[49] 그 후 헌법재판소는 2009. 10.
29. 2007헌마1462 결정에서 5명의 재판관이 금고 이상의 형의 선고를
받고 그 집행이 종료되지 아니한 자(이하 '수형자'라 한다)는 선거권이 없
다고 규정하고 있는 공직선거법 제18조 제1항 중 제2호 전단 부분에 대
하여 위헌의견을 제시하였으나 위헌에 이르기 위한 정족수에 미달되어
합헌으로 결정되었다가, 드디어 2014. 1. 28. 2012헌마409 등(병합) 결정
에서 헌법재판소는 집행유예기간 중인 자와 수형자의 선거권을 제한하
고 있는 공직선거법(2005. 8. 4. 법률 제7681호로 개정된 것) 제18조 제1항
제2호 중 '유기징역 또는 유기금고의 선고를 받고 그 집행이 종료되지
아니한 자(이하 '수형자'라 한다)'에 관한 부분과 '유기징역 또는 유기금고
의 선고를 받고 그 집행유예기간 중인 자(이하 '집행유예자'라 한다)'에 관
한 부분 및 형법(1953. 9. 18. 법률 제293호로 제정된 것) 제43조 제2항 중

'집행유예자'
부분 단순 위
헌, '수형자' 부
분 헌법불합치

수형자와 집행유예자의 '공법상의 선거권'에 관한 부분은 헌법 제37조
제2항에 위반하여 청구인들의 선거권을 침해하고 보통선거원칙에 위반
하여 집행유예자와 수형자를 차별취급하는 것이므로 평등원칙에도 어긋

---

48) 제20대 국회에서 이와 관련한 국민투표법개정을 위하여 제출된 국민투표법 개정
　　안으로는 2016. 8. 2. 김도읍의원대표발의안(의안번호 2001337), 2017. 5. 11. 이원
　　욱의원대표발의안(의안번호 2006858), 2017. 6. 14. 심재권의원대표발의안(의안번
　　호 2007388), 2017. 9. 18. 함진규의원대표발의안(의안번호 2009470), 2017. 11. 17.
　　이용호의원대표발의안(의안번호 2010219)에 있으며, 2017. 10. 17. 중앙선거관리위
　　원회위원장의 개정의견도 이러한 내용을 포함하고 있으나 현재까지 이와 관련한
　　국민투표법 개정이 이루어지지 않고 있는 것은 문제라고 생각한다. 이에 대하여
　　는 방승주, "진정 개헌하려면 국민투표법부터 개정하라" 한국일보 2018년 3월 2
　　일자 25면 참조.
49) 헌재 2004. 3. 25. 2002헌마411, 제16권 1집, 468(478, 482).

난다고 하면서, '집행유예자' 부분은 단순 위헌결정[50]을 선고하였고, '수형자' 부분은 2015. 12. 31.을 시한으로 입법자가 개정할 때까지 계속 적용할 것을 명하는 헌법불합치결정을 선고하였다.[51] 그 후 입법자는 공직선거법 제18조 제1항 제2호를 2015. 8. 13. 법률 제13497호에 의하여 "1년 이상의 징역 또는 금고의 형의 선고를 받고 그 집행이 종료되지 아니하거나 그 집행을 받지 아니하기로 확정되지 아니한 사람. 다만, 그 형의 집행유예를 선고받고 유예기간 중에 있는 사람은 제외한다."고 개정하였다.[52] 그러나 이 결정에서 헌법재판소는 "심판대상조항의 입법목적에 비추어 보더라도, 구체적인 범죄의 종류나 내용 및 불법성의 정도 등과 관계없이 이와 같이 일률적으로 선거권을 제한하여야 할 필요성이 있다고 보기는 어렵다. 보통선거의 원칙과 선거권 보장의 중요성을 감안할 때 선거권의 제한은 필요 최소한의 범위에서 엄격한 기준에

---

50) 같은 날 같은 심판대상을 다룬 다른 사건에서도 '집행유예자'에 관한 부분이 같은 취지로 위헌으로 선고되었다. 헌재 2014. 1. 28. 2013헌마105, 판례집 제26권 1집 상, 189 [위헌, 각하].: "공직선거법(2005. 8. 4. 법률 제7681호로 개정된 것) 제18조 제1항 제2호 중 '유기징역 또는 유기금고의 선고를 받고 그 집행유예기간 중인 자'에 관한 부분, 형법(1953. 9. 18. 법률 제293호로 제정된 것) 제43조 제2항 중 유기징역 또는 유기금고의 선고를 받아 그 형의 집행유예기간 중인 자의 '공법상의 선거권'에 관한 부분은 헌법에 위반된다."

51) 헌재 2014. 1. 28. 2012헌마409 등, 판례집 제26권 1집 상, 136.

52) 공직선거법 일부개정법률안(대안)(2015. 7. 의안번호 1916189)이 밝히고 있는 개정의 이유는 다음과 같다: "최근 헌법재판소에서는 형의 집행유예기간인 자에 대한 선거권 제한에 대하여는 위헌결정을, 수형자의 선거권 제한에 대하여는 헌법불합치결정을 선고하였는바, 집행유예자에게 선거권을 부여하도록 하고 수형자에 대하여는 1년 이상의 징역 또는 금고형을 선고받은 경우에만 선거권을 제한하도록 함으로써 사회 구성원으로서 권리의 행사를 통한 수형자의 재사회화에 이바지함과 동시에 이들의 선거권을 최대한 보장하려는 것임." 정치개혁특별위원회의 법률안(대안) 제안 당시에는 첫째, 집행유예자에게 선거권을 부여하도록 하고, 둘째 수형자에 대하여는 1년 이상의 징역 또는 금고형을 선고받은 경우에만 선거권을 제한하되, 다만 자격정지형이 병과된 수형자는 선고형에 관계없이 자격정지 기간 동안 선거권을 제한하도록 하였으나(2015. 7. 1. 제334회 국회(임시회) 정치개혁특별위원회 회의록 제9호, 5쪽), 이에 대하여 법사위의 체계·자구심사 과정에서 형평논란이 일자 이 규정은 추후 관련 형법조항의 개정과 보조를 맞추면서 다시 검토하는 조건으로 이를 삭제하기로 하면서, 이와 같이 1년 이상의 징역 또는 금고형을 선고받은 경우에만 선거권을 제한하는 것으로 정리되었다. 2015. 7. 3. 제334회 국회(임시회) 법제사법위원회 회의록 제5호, 17쪽 이하와 공직선거법 일부개정법률안(대안) 검토보고(전문위원 임재주) 참고.

따라 이루어져야 한다. 범죄자의 선거권을 제한할 필요가 있다 하더라도 그가 저지른 범죄의 경중을 전혀 고려하지 않고 수형자와 집행유예자 모두의 선거권을 제한하는 것은 침해의 최소성원칙에 어긋난다."고 보았었으며, 집행유예자에 대해서는 단순한 위헌결정을, 수형자에 대해서는 구체적으로 어느 범위까지 선거권을 제한해야 할 것인지에 대하여 입법형성의 자유가 있다고 보고서 입법자가 늦어도 2015년 12월 31일까지 개정할 것을 조건으로 하는 헌법불합치결정을 선고했었던 것이다. 그런데 개정된 법률조항은 1년 이상의 징역형이나 금고형을 선고받은 수형자들에 대하여 여전히 일률적이고 획일적으로 선거권을 제한하고 있는 것이기 때문에, 헌법재판소가 수형자의 선거권을 일률적으로 제한하고 있는 조항에 대하여 헌법불합치결정을 선고하였던 이유와 취지를 충분히 제대로 반영한 것인지 의문이 제기되는 것이 사실이다.

헌법불합치결정취지 충분히 반영한 것인지 의문

100만원 이상 벌금형선고를 받은 자와 당선무효가 된 자에 대한 선거권 및 피선거권제한 합헌

선거권연령제한 입법자의 형성의 자유

국회의원 피선거권연령 25세 합헌

한편 공직선거법위반죄를 범하여 100만원 이상의 벌금형의 선고를 받은 자와 또한 당선무효가 된 자에 대하여 선거권과 피선거권을 제한하는 구 공직선거법 제264조와 제265조의2 제1항은 공무담임권이나 평등권, 선거권, 피선거권 등을 침해하지 않는다고 보았다.[53]

그리고 헌법재판소는 선거권 연령을 몇 세로 해야 할 것인지는 입법자의 형성의 자유에 맡겨진 것으로 20세[54]이든, 19세[55]이든 합헌으로 본 바 있으며, 최근 21대 국회의원 총선거부터 선거권 연령은 18세 이상으로 하향 조정되었다.

한편 국회의원의 피선거권 행사연령을 25세 이상의 국민으로 정한 공직선거및선거부정방지법 제16조 제2항에 대하여 헌법재판소는 합헌으로 보았다.[56]

---

53) 헌재 2011. 12. 29. 2009헌마476, 판례집 제23권 2집 하, 806; 헌재 2013. 7. 25. 2012헌마174, 판례집 제25권 2집 상, 306 [기각]; 헌재 2014. 4. 24. 2012헌마287, 판례집 제26권 1집 하, 223 [기각, 각하].

54) 헌재 1997. 6. 26. 96헌마89, 판례집 제9권 1집, 674 [기각]; 헌재 2001. 6. 28. 2000헌마111, 판례집 제13권 1집, 1418 [기각].

55) 헌재 2013. 7. 25. 2012헌마174, 판례집 제25권 2집 상, 306 [기각].

56) 헌재 2005. 4. 28, 2004헌마219, 판례집 제17권 1집, 547, 554-555.

(2) 평등선거의 원칙

평등선거는 모든 사람이 그의 선거권을 형식적으로 가능한 한 평등한 방법으로 행사할 수 있어야 한다는 것을 말한다.57) 이것은 선거에 대하여는 모든 선거인이 동등한 수의 표를 가져야 한다고 하는 계산가치의 평등을 의미하며, 또한 모든 표들은 의석배분에 있어서 동일하게 고려되어야 한다고 하는 결과가치의 평등을 요구한다. 피선거권에 대하여 선거의 평등이란 모든 입후보자의 기회의 균등을 의미한다. 모든 입후보자는 자신에게 유효하게 던져진 표들이 선거의 결과를 밝힘에 있어서 자신을 위하여 고려되어야 하며, 다른 입후보자에게 던져진 표와 동등한 가치로 평가되도록 요구할 수 있는 권리를 갖는다.58) 내용적으로 이것은 정당의 기회균등이라고 할 수 있다. 평등선거는 공천권 및 입후보와도 관계된다.59)

계산가치의 평등과 결과가치의 평등

헌법재판소 역시 평등선거의 원칙은 평등의 원칙이 선거제도에 적용된 것으로서 투표의 수적 평등, 즉 복수투표제 등을 부인하고 모든 선거인에게 1인 1표(one man, one vote)를 인정함을 의미할 뿐만 아니라, 투표의 성과가치의 평등, 즉 1표의 투표가치가 대표자 선정이라는 선거의 결과에 대하여 기여한 정도에 있어서도 평등하여야 함(one vote, one value)을 의미한다60)고 판시하고 있다.

1인 1표, 1표 1가치의 원칙

(가) 투표가치의 평등

우선 평등선거의 원칙은 투표가치의 평등을 요구한다. 이것은 모든 사람에게 1인 1표를 인정하는 것을 요구한다. 투표가치의 평등은 계산가치와 결과가치의 평등을 요구한다. 계산가치는 1인 1표의 원칙과 같이 누구나 동일한 수의 표를 던질 수 있어야 한다는 것을 뜻한다.

투표가치의 평등 = 계산가치의 평등 + 결과가치의 평등

---

57) BVerfGE 79, 161 (166).

58) BVerfGE 85, 148 (157).

59) 나아가서 선거의 평등은 독일 연방헌법재판소의 확립된 판례에 따르면 정치적 의사형성의 예비영역 특히 정당과 지방자치 차원에서 그들과 경합되는 집단들을 위하여 당비와 후원금의 세제상의 고려에 의한 간접적 국고보조와도 관계된다고 한다(BVerfGE 78, 350 [358]). 하지만 Pieroth는 이에 대하여 부정적이다. 왜냐하면 그렇게 되면 선거의 평등의 경계가 무한히 확대될 것이기 때문이라는 것이다. Pieroth (주 37), Rn. 6.

60) 헌재 1995. 12. 27. 95헌마224, 판례집 제7권 2집, 760.

선거결과에 미 치는 영향의 평등

　　그리고 결과가치의 평등은 투표자들이 던진 표가 선거결과에 미치는 영향에 있어서 실질적으로 평등해야 한다는 것을 의미한다. 구체적으로 어떤 때에 결과가치의 평등을 말할 수 있느냐는 간단하지가 않다. 이와 관련해서 제기되는 것이 선거구획정과 선거구 인구의 불균형의 문제이다.

선거구획정에 있어서는 인구 비례가 가장 중요하고도 기 본적인 원칙

　　이와 관련하여 헌법재판소는 『헌법이 요구하는 투표가치의 평등은 선거제도의 결정에 있어서 유일, 절대의 기준이라고는 할 수 없으며, 국회는 구체적인 선거제도를 정함에 있어서 합리적인 다른 정책적 목표도 고려할 수 있는 것이지만, 적어도 선거구의 획정에 있어서는 인구비례의 원칙을 "가장 중요하고 기본적인 기준"으로 삼아야 한다.』[61]고 판시한 바 있다.

1인 1표제 하 에서의 전국구 비례대표선거 제는 직접·평 등선거원칙 위 반

　　그리고 『현행 1인 1표제하에서의 비례대표의석배분방식에서, 지역구후보자에 대한 투표는 지역구의원의 선출에 기여함과 아울러 그가 속한 정당의 비례대표의원의 선출에도 기여하는 2중의 가치를 지니게 되는데 반하여, 무소속후보자에 대한 투표는 그 무소속후보자의 선출에만 기여할 뿐 비례대표의원의 선출에는 전혀 기여하지 못하므로 투표가치의 불평등이 발생하는바, 자신이 지지하는 정당이 자신의 지역구에 후보자를 추천하지 않아 어쩔 수 없이 무소속후보자에게 투표하는 유권자들로서는 자신의 의사에 반하여 투표가치의 불평등을 강요당하게 되는바, 이는 합리적 이유없이 무소속 후보자에게 투표하는 유권자를 차별하는 것이라 할 것이므로 평등선거의 원칙에 위배된다.』[62]고 보았다.

재외국민들에 대한 지역구국 회의원선거권 배제 합헌선언

　　한편 전술하였듯이 헌법재판소는 2014년 7월 24일 2009헌마256 사건에서 재외국민들에 대하여 지역구 국회의원선거권은 제외한 채 전국구 비례대표국회의원 선거권만을 부여한 공직선거법조항에 대하여 재외국민들이 제기한 헌법소원심판에서 해당조항에 대하여 합헌결정을 선고하였다.[63] 그러나 국내에 주민등록이 되어 있거나 거소신고가 되어 있

---

61) 헌재 1995. 12. 27. 95헌마224, 판례집 제7권 2집, 760.
62) 헌재 2001. 7. 19. 2000헌마91, 판례집 제13권 2집, 77, 79.
63) 헌재 2014. 7. 24. 2009헌마256 등, 판례집 제26권 2집 상, 173 [헌법불합치, 기각, 각하].

는 국민들에 대하여는 지역구 국회의원선거권과 전국구 비례대표국회의
원 선거권까지 1인 2표를 부여하는 데 반하여, 재외국민들에 대하여는
전국구 비례대표국회의원 선거권만을, 즉 1인 1표만을 부여하는 것은
평등선거의 원칙에 위반된다고 생각된다.[64]

사견: 평등선
거원칙 위반

(나) 결과가치의 평등과 선거구획정

1) 선거구간의 인구편차와 평등선거의 원칙

선거구획정과 관련하여서 어떤 선거구는 인구 5만명이 1명의 국회
의원을 선거하고 어떤 선거구에 있어서는 인구 25만명이 1명의 국회의
원을 선출하는 경우에는 사실상 한 쪽에는 5만분의 1이고 한쪽에는 25
만분의 1로서의 표의 비중을 갖기 때문에 5:1이라고 하는 결과가치의
불평등이 존재할 수 있다. 우리 헌법재판소는 선거구간의 인구편차를
초기에 상한인구수와 하한인구수간의 비율 4:1을 넘는 경우 위헌으로
보다가[65], 3:1을 넘는 경우 위헌으로 보았으며, 선거구간의 인구편차를
앞으로는 2:1을 넘지 않도록 조정할 것을 촉구하였다.[66]

선거구 획정과
인구비례

그리고 2014년 헌법재판소는 최대선거구와 최소선거구간의 비율
2:1을 넘어서는 국회의원지역선거구구역표에 대하여 위헌으로 판단하
고, 2015. 12. 31.을 시한으로 입법자가 개정할 때까지 잠정적으로 계속
적용을 명하는 헌법불합치결정을 선고하였다.[67]

최대선거구와
최소선거구간
비율 2:1

그리고 지방선거에 있어서 인구편차의 문제는 아직까지 상한인구
수와 하한인구수 4:1의 비율을 기준으로 위헌여부를 판단하고 있다. 즉
『시ㆍ도의원 지역선거구의 획정에는 인구 외에 행정구역ㆍ지세ㆍ교통
등 여러 가지 조건을 고려하여야 하므로, 그 기준은 선거구 획정에 있어
서 투표가치의 평등으로서 가장 중요한 요소인 인구비례의 원칙과 우리

지방선거에 있
어서 인구편차
4:1

---

64) 방승주 (주 47), 13면.

65) 헌재 1995. 12. 27. 95헌마224, 판례집 제7권 2집, 760 공직선거및선거부정방지법
[별표1]의 「국회의원지역선거구구역표」 위헌확인.

66) 헌재 2001. 10. 25. 2000헌마92, 판례집 제13권 2집, 502 공직선거및선거부정방지
법 [별표1] '국회의원지역선거구구역표' 위헌확인. 독일 연방선거법{Gesetz v. 30.
7. 2004 (BGBl. I S. 1950)}의 경우 현재 15%의 편차까지만을 허용하고 있다.
Martin Morlok, in: Dreier, GG(3. Aufl.), Art. 38, Rn. 109.

67) 헌재 2014. 10. 30. 2012헌마192 등, 판례집 제26권 2집 상, 668. 이에 따라 국회의
원지역선거구구역표는 2016. 3. 3. 법률 제14073호로 개정되었다.

나라의 특수사정으로서 시·도의원의 지역대표성 및 인구의 도시집중으로 인한 도시와 농어촌 간의 극심한 인구편차 등 3개의 요소를 합리적으로 참작하여 결정되어야 할 것이며, 현시점에서는 상하 60%의 인구편차(상한 인구수와 하한 인구수의 비율은 4 : 1) 기준을 시·도의원 지역선거구 획정에서 헌법상 허용되는 인구편차기준으로 삼는 것이 가장 적절하다고 할 것이다.』[68]고 보고 있다.

2) 게리맨더링과 평등선거의 원칙

게리맨더링이 인정되기 위한 요건

선거구획정을 특히 특정한 정당에게만 유리하게 인위적으로 조작하여 분할하는 이른바 게리맨더링(Gerrymandering)은 위헌성이 농후하다고 할 수 있다. 게리맨더링이 될 수 있기 위한 요건으로서 헌법재판소는 다음을 들고 있다. 『특정지역의 선거인들이 자의적인 선거구 획정으로 인하여 정치과정에 참여할 기회를 잃게 되었거나, 그들이 지지하는 후보가 당선될 가능성을 의도적으로 박탈당하고 있음이 입증되어 특정지역의 선거인들에 대하여 차별하고자 하는 국가권력의 의도와 그 집단에 대한 실질적인 차별효과가 명백히 드러난 경우에는 그 선거구획정은 입법적 한계를 벗어난 것으로서 헌법에 위반된다.』[69]는 판시가 그것이나.

사표의 발생 최소화수단: 비례대표제

그 밖에 선거참여자들의 투표 중 결과발생에 전혀 영향을 미치지 못하는 이른바 사표의 발생이 최대한 억제되어야 결과가치의 평등까지도 실현시키는 실질적인 평등선거가 이루어질 수 있다. 사표의 발생을 최소화시킬 수 있는 것은 비례대표제[70]인데 이것이 평등선거의 원칙에 가장 충실하다고 평가되는 것도 바로 그 때문이다.

저지조항과 평등선거 원칙

비례대표제의 운영과 관련하여 소위 저지조항이 평등선거의 원칙에 위반되지 않는지 여부의 문제가 제기될 수 있다. 이와 관련하여 독일

---

68) 헌재 2007. 3. 29. 2005헌마985, 판례집 제19권 1집, 281; 시·군·자치구의원선거와 관련하여 이와 같은 결정으로, 헌재 2009. 3. 26. 2006헌마14, 판례집 제21권 1집 상, 482; 헌재 2010. 7. 29. 2010헌마208, 판례집 제22권 2집 상, 462; 헌재 2010. 12. 28. 2010헌마401, 판례집 제22권 2집 하, 834; 헌재 2012. 2. 23. 2010헌마282, 판례집 제24권 1집 상, 303.

69) 헌재 1998. 11. 26. 96헌마54, 판례집 제10권 2집, 742; 1998.11.26. 96헌마74, 판례집 제10권 2집, 764 공직선거및선거부정방지법 [별표1]의 「국회의원지역선거구구역표」위헌확인; 2001. 10. 25. 2000헌마92, 판례집 제13권 2집, 502.

70) Magiera (주 37), Rn. 98.

연방헌법재판소는 의회의 원활한 기능을 보장하기 위한 목적으로 일정한 득표율에 미달하는 정당의 경우 비례대표제 의석을 배분하지 아니하는 소위 저지조항(Sperrklausel)은 원칙적으로 평등선거의 원칙에 반하지 않는다고 보았으나[71], 통일 후 첫 번째 전체 독일 선거라고 하는 특수한 상황 하에서 5%저지 조항을 독일 전체 선거구에 획일적으로 적용하는 것은 허용되지 않는다[72]고 본 바 있다. 또한 독일 연방헌법재판소는 평등선거원칙을 선거비용의 보상[73], 기부금을 둘러싼 정당간의 경쟁[74] 등에 대해서도 확대 적용하고 있다. 이 경우에는 선거운동에 있어서 평등을 말하기 보다는 기회의 균등을 언급하고 있지만 내용에 있어서는 크게 다르지 않다.[75]

헌법재판소는 『저지조항의 인정여부, 그 정당성여부는 각 나라의 전체 헌정상황에 비추어 의석배분에서의 정당간 차별이 불가피한가에 따라 판단되어야 하는바, 현행 저지조항에서 설정하고 있는 기준이 지나치게 과도한 것인지의 판단은 별론으로 하더라도, 현행 저지조항은 지역구의원선거의 유효투표총수를 기준으로 한다는 점에서 현행 의석배분방식이 지닌 문제점을 공유하고 있다.』고 하면서 1인 1표에 의한 전국구비례대표제 의석배분에 있어서 저지조항은 1인1표 전국구비례대표제가 가지는 유권자의 정당지지도를 그대로 직접 반영하지 못한다고 하는 문제점을 포함하고 있는 것으로 보았다.[76] 한편 이 1인 1표 전국구비례대표제 위헌결정에서 헌법재판소는 무소속후보를 지지한 선거인의 경우 정당후보자를 지지한 선거인에 비하여 전국구비례대표의석배분에 아무런 영향을 미칠 수 없기 때문에 결과적으로 투표가치의 불평등을 강요받게 되는 것이므로 평등선거원칙에도 위반됨을 인정한 바 있다.[77]

1인 1표에 의한 전국구비례대표제·의석배분에 있어서 저지조항은 유권자의 정당지지도를 직접 반영하지 못함

---

71) BVerfGE 1, 208 (247 f.); 82, 322 (338); 95, 408 (419, 421 f.) 등을 인용하며, Magiera (주 37), Rn. 99.
72) BVerfGE 82, 322 (339 ff.).
73) BVerfGE 69, 92 (106).
74) BVerfGE 69, 92 (106).
75) Hans Meyer, Wahlgrundsätze, Wahlverfahren, Wahlprüfung, in: HStR III 2005, § 46, Rn. 35.
76) 헌재 2001. 7. 19. 2000헌마91, 판례집 제13권 2집, 77, 98.
77) 헌재 2001. 7. 19. 2000헌마91, 판례집 제13권 2집, 77, 98.

(3) 직접선거의 원칙

국민대표가 선거인단의 중간 개입이 없이 국민에 의하여 직접 선출됨

직접선거란 대표자의 선출이 결정적으로 선거인에 의하여, 즉 투표를 통하여 그리고 투표시에 확정되는 것이 보장되는 선거를 말한다. 직접선거는 국민대표의 구성원이 선거인단의 중간개입이 없이 국민에 의하여 직접적으로 선거될 것을 요구한다. 이것은 대표를 임의로 선출하고 또한 개별선거인에게 미래의 국민대표의 구성원을 선거에 의하여 독자적으로 결정할 가능성을 빼앗는 기관이 선거인과 피선거인과의 사이에 개입되는 모든 선거절차를 배제한다.[78] 따라서 피선거인 스스로가 정당에 가입하지 않거나 추후에 탈퇴하거나 또는 제명되는 경우에 대해서도 자유로이 의사결정을 하는 경우에는 직접선거의 원칙이 침해되는 것은 아니다. 직접선거의 원칙은 입후보자의 선출을 다른 입후보자의 선출에 좌우되게 하는 가능성을 배제하는 것도 아니다.[79] 따라서 명부에 의한 선거 자체는 문제되지 않는다.

직접선거원칙의 의미

헌법재판소는 직접선거의 원칙에 대하여 다음과 같이 판시하고 있다. 즉『직접선거의 원칙은 선거결과가 선거권자의 투표에 의하여 직접 결정될 것을 요구하는 원칙이다. 국회의원선거와 관련하여 보면, 국회의원의 선출이나 정당의 의석획득이 중간선거인이나 정당 등에 의하여 이루어지지 않고 선거권자의 의사에 따라 직접 이루어져야 함을 의미한다. 역사적으로 직접선거의 원칙은 중간선거인의 부정을 의미하였고, 다수대표제하에서는 이러한 의미만으로도 충분하다고 할 수 있다. 그러나 비례대표제하에서 선거결과의 결정에는 정당의 의석배분이 필수적인 요소를 이룬다. 그러므로 비례대표제를 채택하는 한 직접선거의 원칙은 의원의 선출뿐만 아니라 정당의 비례적인 의석확보도 선거권자의 투표에 의하여 직접 결정될 것을 요구하는 것이다.』[80]

정당의 비례의석의 확보도 유권자에 의하여 직접 결정될 것

1인 1표에 의한 전국구비례대표제는 위헌

한편 헌법재판소는 고정명부식을 채택한 것 자체는 직접선거의 원칙에 위반되지 않으나, 1인 1표에 의한 전국구비례대표제도는 이 직접선거의 원칙에 위반된다고 보았다. 왜냐하면 1인 1표에 의한 전국구비

---

78) BVerfGE 47, 253 (279 f.).
79) BVerfGE 7, 63 (69).
80) 헌재 2001. 7. 19. 2000헌마91, 판례집 제13권 2집, 77, 95－96.

례대표제에 의해서는 선거권자들의 투표행위로써 정당의 의석배분, 즉 비례대표국회의원의 선출을 직접, 결정적으로 좌우할 수 없기 때문이라는 것이다.[81]

비례대표의원이 당적상실을 할 경우에 의원직을 상실하도록 한다면 이는 직접선거의 원칙에 위배되는지 여부가 문제될 수 있다. 정당으로부터 제명당한 경우에는 의원직을 상실하지 않는다고 보아야 하지만 탈당한 경우에는 의원직을 상실하는 것으로 본다고 하여도 직접선거의 원칙에 위반된다고 볼 수는 없을 것이다. 선거인들이 정당의 명부에 대하여 지지를 표한 것은 특정한 정당을 지지한 것이라고 볼 수 있을 것이기 때문이다.

비례대표의원
의 당적상실과
의원직 상실

한편 헌법재판소는 의원의 자진 탈당에도 불구하고 전국구국회의원직을 당연히 상실하는 것은 아니라고 본 바 있다.[82] 헌법재판소는 이 결정에서 직접선거의 원칙과의 관련성에 대해서는 언급하지 않았다.

(4) 비밀선거의 원칙

비밀선거는 선거인이 누구에게 투표하였는가를 제3자가 알 수 없도록 하는 것이다. 이는 선거인의 결정에 영향을 미칠 수 있는 직접·간접의 강제나 압력으로부터 선거권자인 국민의 자유로운 결정을 보장하고자 하는 것이다. 비밀선거의 원칙상 누가 어떻게 선거하려는지, 선거하는지, 또는 선거했는지를 밝히기를 강요당하지 아니한다. 이것은 투표과정에만 국한된 것이 아니라 선거준비과정에도 적용된다.[83]

유권자가 누구
에게 투표하였
는가에 대해
제3자가 알 수
없도록 하는
것

(5) 자유선거의 원칙

선거인의 결정의 자유를 침해할 수 있는 직접적 또는 간접적 강제나 압력이 존재하지 않는 선거를 자유선거라고 할 수 있다. 이는 선거의 비밀이 엄격하게 지켜지는 것을 전제로 한다.[84] 현행 헌법상 이는 전제가 되어 있다고 볼 수 있다.[85] 헌법재판소는 자유선거의 근거로서 국민

직·간접적
강제나 압력이
없는 선거

---

81) 헌재 2001. 7. 19. 2000헌마91, 판례집 제13권 2집, 77, 96-97.
82) 헌재 1994. 4. 28. 92헌마153, 판례집 제6권 1집, 415, 424-428.
83) BVerfGE 4, 375 (386 f.); 12, 33 (35 f.); 12, 135 (139).
84) Magiera (주 37), Rn. 90.
85) 계희열 (주 1), 315면; 허영, (주 34), 828면

주권의 원리, 의회민주주의의 원리 및 참정권에 관한 규정(제1조, 제24조, 제25조, 제41조 제1항, 제67조 제1항 등)을 들고 있다.[86]

자유선거원칙
의 보호영역

헌법재판소는 자유선거의 원칙의 보호영역을 다음과 같이 설명하고 있다.

『이러한 자유선거의 원칙은 선거의 전 과정에 요구되는 선거권자의 의사형성의 자유와 의사실현의 자유를 말하고, 구체적으로는 투표의 자유, 입후보의 자유 나아가 선거운동의 자유를 뜻한다. 특히 선거운동의 자유는 널리 선거과정에서 자유로이 의사를 표현할 자유의 일환이므로 표현의 자유의 한 태양이기도 하므로 언론, 출판, 집회, 결사의 자유를 보장한 헌법 제21조에 의하여도 보호받는다.』[87]

선거의 자유의
내용

선거의 자유에는 다음과 같은 내용이 포함된다.

(가) 선거에 참여할 것인지 여부에 대한 결정의 자유

선거 참여 여
부 결정의 자
유

자유선거의 원칙에는 선거에 참여할 것인지 여부에 대하여 결정할 자유가 포함된다.[88] 즉 자유선거에는 선거에 참여하지 않을 자유도 포함된다.[89] 왜냐하면 선거에 참여하지 않는 것이 또 선거와 관련한 나름대로의 입장표명이 될 수 있기 때문이다. 따라서 선거의 의무는 자유선거의 원칙과 합치되지 않는다.[90] 이에 대하여 헌법재판소는 최소투표율제를 채택하지 않더라도 국민주권원리에 반하지 않는다고 보고 있고, 투표를 하지 않은 경우에 과태료나 벌금 등을 과하는 투표의 강제는 자유선거의 원칙에 대한 위반이라고 보았다.[91]

선거의무와 자
유선거의 원칙

---

86) 헌재 2006. 7. 27. 2004헌마215, 판례집 제18권 2집, 200, 204; 헌재 2008. 10. 30. 2005헌바32.

87) 헌재 2004. 3. 25. 2001헌마710, 판례집 제16권 1집, 422, 435-436; 2001. 8. 30. 99헌바92, 판례집 제13권 2집, 174, 193을 인용하며, 헌재 2008. 10. 30. 2005헌바32.

88) Pieroth (주 37), Rn. 16.

89) "투표참여의 강제를 의미하는 의무투표제는 자유선거원칙에 반한다고 볼 수 있으므로, 투표율 제고방안으로서 시행 가능한 것은 일부 국가에서 시행되는 투표용지에 기권란을 병기하는 것이다."는 의견으로, 기현석, 대의민주주의에서 보통선거의 원칙과 투표율 제고방안, 세계헌법연구 제16권 제2호(2010), 11-12면.

90) Magiera (주 37), Rn. 90; 김철수, 헌법학신론, 박영사, 2013, 225면; 허영 (주 34), 828면

91) 헌재 2003. 11. 27. 2003헌마259, 판례집 제15권 2집 하, 339, 348-349.; 선거권이 자연권이 아니라는 점, 선거권은 대의민주주의와 필수 불가결하게 결부되어 인정되는 권리라는 점, 선거는 민주주의를 실현하는 수단으로서 인정되는 권리라는

(나) 선거를 어떻게 할 것인지 여부에 대한 결정의 자유

자유선거의 원칙에는 선거를 어떻게 할 것인가 즉, 선거시에 누구를 뽑을 것인지에 대하여 결정할 자유가 포함된다. 자유선거는 우선 투표행위가 강제와 부당한 압력으로부터 자유로워야 한다는 것을 의미한다.[92] 선거의 자유는 선거의 전이든 선거 후이든 보장된다. 선거의 자유는 결정의 자유를 심각하게 침해하기에 적합한 모든 조치로부터 선거인을 보호한다.[93] 고정명부가 자유선거의 원칙을 침해한다고 하는 주장에 대하여 독일 연방헌법재판소는 이를 부인한 바 있다.[94]

어떻게 선거할 것인지에 대한 자유

한편 1인1표 비례대표제 위헌확인 사건[95]에서 권성 재판관은 1인1표 비례대표제가 자유선거의 원칙에도 위배된다고 하는 보충의견을 제시한 바 있다.[96]

1인 1표 비례대표제는 자유선거원칙에도 위배(권성)

(다) 자유로운 공천권의 보장

선거의 자유에는 원칙적으로 모든 선거권자가 자유롭게 후보자를 공천할 수 있는 권리가 포함된다. 정당은 참여자격이 있는 당원들이 참여할 수 있도록 하기 위하여 법적으로 가능한 그리고 그들에게 기대가능한 조직적 조치들을 취해야 한다.[97] 자유로운 후보자공천의 원칙과

자유로운 후보자공천은 자유선거의 전제(독일 연방헌재)

점, 선거는 최소한 유권자의 과반수가 선거에 참여하여야 민주적 정당성을 확보할 수 있다는 점을 들어서 법률로써 투표참여를 강제하는 나라들도 있다(예: 그리스, 벨기에, 오스트레일리아). 공직선거법은 「선거권자는 성실하게 선거에 참여하여 선거권을 행사하여야 한다」(동법 제6조 제3항)라고 하여 법적 의무를 부과하고 있으나, 위반 시 제재규정이 없으므로 민주시민으로서 선거에 성실히 참여해야 할 국민의 의무를 단순히 확인하는 정도의 규정이라고 봐야할 것이다.

92) BVerfGE 44, 125 (139).
93) BVerfGE 40, 11 (41).
94) BVerfGE 7, 63 (69).
95) 헌재 2001. 7. 19. 2000헌마91, 판례집 제13권 2집, 77, 77~102.
96) "1인 1표제 하에서는 유권자가 지지하는 후보자와 지지하는 정당이 다를 경우 유권자는 후보자와 정당 중 어느 한 쪽에 대한 지지를 포기하지 않을 수 없게 되는데 이것은 지지하는 후보자나 정당을 위하여, 지지하지 않는 정당측이나 후보자측에게, 투표하지 않을 수 없도록 강제하는 것이고 경우에 따라서는 후보자와 정당 중 하나를 선택하기 어려워 투표 자체를 포기하고 말게 강제하는 것을 의미하므로 결국 유권자의 의사형성의 자유 내지 결심의 자유를 부당하게 축소하고 그 결과로 투표의 자유를 침해하는 것이 되므로 자유선거의 원칙에도 어긋난다." 헌재 2001. 7. 19. 2000헌마91, 판례집 제13권 2집, 77, 96－97(101－102).
97) BVerfGE 89, 243 (256).

이러한 원칙의 준수를 보장한다고 하는 입증을 독일 연방헌법재판소는 자유선거의 전제조건에 해당된다고 보았다.[98]

후보자공천과
정의 하자는
선거무효사유
(함부르크 주
헌법재판소)

그리고 독일 함부르크 州 헌법재판소는 중요한 의미가 있는 한 사건에서 시장선거를 무효화시켰다. 왜냐하면 정당의 공천과정에서 가령 지도부의 후보자추천에 비하여 반대추천을 차별하였다든가 아니면 의회 구성원의 공천권을 제한하는 등의 선거의 자유를 침해하는 중대한 오류가 있었기 때문이라는 것이다.[99]

(라) 선거운동의 자유

선거운동의 자유는 선거권행사의 전제

헌법재판소는 선거운동의 자유[100]를 "선거권 행사의 전제"로 보고 있다. 따라서 선거운동의 제한은 선거권, 곧 참정권의 제한으로 보는 것이다. 선거운동의 자유 역시 헌법 제37조 제2항에 따라 필요한 경우, 특히 선거의 공정을 기하기 위하여 제한될 수 있다고 보고 있다.[101]

국가기관의 선거개입 금지

헌법재판소가 판시하고 있듯이 선거의 자유에는 선거운동의 자유도 역시 포함된다. 따라서 국가공권력의 불공정한 선거운동 개입은 금지된다.[102] 선거운동기간 중에 국가기관이 정당차원의 선거운동에 개입하여 선거에 영향을 미치는 행위는 선거의 자유를 침해할 소지가 있다.[103] 이와 관련하여 독일의 마이어(Meyer)는 국가기관의 선거개입과

국가기관의 선거개입과 비국가기관의 선거개입은 위법성 여부 판단 차이

국가기관이 아닌 자의 선거개입을 구분하여 다루고 있다. 즉 국가기관의 선거개입은 원칙적으로 금지된다고 보고 있다. 따라서 선거 전 2-3개월간 정부의 홍보업무는 원칙적으로 엄격하게 금지해야 할 필요가 있다고 본다.[104] 그리고 국가기관이 아닌 자의 선거개입의 경우는 언론의

---

98) BVerfGE 47, 253 (283).
99) Urteil v. 4. 5. 1993, in: DVBl 1993, S. 1070 ff; Hans Meyer (주 75), Rn. 28. 이 결정의 내용에 대하여는 방승주, "권력구조의 민주화와 정당 - 야당기능의 활성화와 당내민주주의를 중심으로", 헌법학연구 8권 2호(2002. 8), 9-52 (43-44). 그 밖에 이와 비슷한 상황에서 합헌결정을 내린 독일 연방헌법재판소의 판례로 BVerfGE 89, 243 (264)과 그 대략적 내용은 방승주, 위 논문, 43-44.
100) 선거운동의 자유와 제한에 관하여는 방승주, 선거운동의 자유와 제한에 대한 평가와 전망, 헌법학연구 제23권 제3호(2017), 25-67면.
101) 헌재 1999. 9. 16. 99헌바5, 판례집 제11권 2집, 326(336).
102) 이러한 국가의 중립의무를 평등선거를 실현하기 위한 기회균등의 요청으로 파악하는 견해로는 허영 (주 34), 826-827면.
103) Magiera (주 37), Rn. 93; 동지, Hans Meyer (주 75), Rn. 24.

자유나 결사의 자유에 의하여 보호되는 것이기 때문에 위법성의 기준을 설정하는 것이 더욱 까다롭다.[105]

　　그리고 사설 신문의 경우는 선거운동에 있어서 일방적으로 자신의 입장을 표명하는 것이 허용된다. 그러나 만일 이 신문이 독점적 지위에 있으면서도 일정한 후보자의 광고를 거부한다면 이는 자유선거를 침해할 수 있다고 보고 있다.[106] 이에 반하여 공법상으로 설립된 신문은 더욱 강력하게 구속된다고 한다.[107]

공법상 설립된 신문과 사설신문의 경우 구속여부 차이

　　대통령이나 공무원의 선거중립의무 역시 이러한 자유선거의 원칙과 결부하여 생각해 볼 수 있을 것이다. 헌법재판소는 대통령 역시 자연인으로서 정치적 표현의 자유의 기본권주체인 것은 맞으나, 동시에 선거의 공정성을 책임져야 할 행정부의 수반으로서, 그의 선거중립의무가 매우 긴요하다고 보았다. 그러한 의미에서 선거활동에 관하여 대통령의 정치활동의 자유와 선거중립의무가 충돌하는 경우에는 후자가 강조되고 우선하여야 한다고 하면서, 중앙선관위의 대통령에 대한 선거중립의무 위반의 경고조치에 대한 헌법소원심판청구에 대하여 기각한 바 있다.[108]

대통령의 정치활동의 자유와 선거중립의무 충돌시 후자가 우선(헌재)

---

104) Hans Meyer (주 75), Rn. 24.

105) 이와 관련하여 연방헌법재판소는 가령 해고를 통한 위협이나, 사민당(SPD)이 승리할 경우에는 기존 투자도 취소하고, 고용규모도 유지하지 않고, 새로운 직원도 채용하지 않겠다고 하는 기업의 통지를 분명하게 불법적 선거개입으로 판단하고 있지 아니하다고 한다. BVerfGE 66, 369 (380 ff.)를 인용하며, Hans Meyer (주 75), Rn. 25.

106) BVerfGE 42, 53 (62)를 인용하며, Hans Meyer (주 75), Rn. 27

107) 그리고 자체적으로 구성한 방송에 대해서는 "최소한의 내용적 형평성, 객관성과 상호존중(ein Mindestmaß an inhaltlicher Ausgewogenheit, Sachlichkeit und ge-genseitiger Achtung)"이 요구된다고 하고 있다. 이와 관련하여 공영 방송국에서 2002년도의 수상후보자들간의 TV토론회는 자체적으로 구성한 방송으로 간주되었으며 FDP후보의 배제에 대한 소송에서 뮌스터 고등행정법원은 기각결정을 내린 바 있는데{Beschl. v. 15. 8. 2002, in: DÖV 2003, S. 733 (LS)} 그와 관련한 편집부의 구상을 원칙적으로 상당한 합리적 차별에 해당하는 것으로 보기는 하였으나 어느 정도의 의무도 존재함을 밝히고 있다. Hans Meyer (주 75), Rn. 27.

108) 헌재 2008. 1. 17. 2007헌마700, 대통령의 선거중립의무 준수요청 등 조치 취소, 공보 136, 217, 231; 同旨: 헌재 2004. 5. 14. 2004헌나1, 판례집 제16권 1집, 609, 637.

Ⅲ. 국민투표의 보장

헌법은 제72조에서 중요정책에 관한 국민투표와 제130조 제2항에
서 국회에서 의결된 헌법개정안에 관한 국민투표를 보장하고 있다.

국민투표는 선거와 더불어서 국민이 직접 국가적 의사결정을 하는
직접민주주의 제도의 대표적인 것이라 할 수 있다.

그렇지만 국민투표는 대통령이 외교·국방 통일 기타 국가안위에 관
한 중요정책에 대하여 필요하다고 인정하여 회부할 때에, 그리고 헌법
개정안이 국회재적의원 2/3의 찬성으로 의결될 경우에 국민이 할 수 있
게 된다. 따라서 국민투표권은 이와 같이 국민투표에 회부될 경우에 국

민이 자신의 의사표시를 할 수 있는 권리로서 잠재적 기본권이라고 할
수 있을 것이다.109)

그러나 헌법재판소는 수도이전위헌결정에서 수도가 서울이라는 사
실이 관습헌법임에도 헌법개정절차를 거쳐 국민투표를 하지 않고 단순
히 수도이전특별법을 통해서 수도를 이전하려 했다고 하는 이유로 국민
의 국민투표권을 침해하였다고 하면서 위헌선언을 한 바 있다.

또한 김영일 재판관은 수도이전의 문제는 외교, 국방, 통일과 관련
되는 대단히 중요한 정책에 관한 문제이기 때문에, 이 문제에 관하여 국
민투표에 회부할 것인지 여부는 대통령의 재량에 해당하는 것이 아니라
재량이 영으로 수축하여 국민투표에 회부할 의무가 발생하는 것임에도
회부하지 않았기 때문에 국민투표권을 침해하였다고 하는 취지의 별개
의견을 펼쳤다.

그러나 위 두 가지 견해 모두 우리 헌법상 국민투표제도에 관하여
잘못 이해하고 있다. 즉 헌법개정과 관련해서는 어떠한 사항이 헌법개
정사항이라고 해서 이를 헌법개정이 아니고 법률로 추진할 경우에 당연
히 국민투표권이 침해될 수 있는 것이 아니라, 헌법개정사항이 국회에
의하여 의결될 경우에, 그러한 국민투표를 실시하지 못하게 하였다면
그러한 공권력 작용은 국민투표권을 침해한 것이 될 수 있을 것이다. 그

---

109) 방승주 (주 34), 306-308 각주 4) 참조.

러나 수도이전과 관련하여 헌법개정안이 국회에서 의결된 바가 없었다.

그리고 김영일 재판관의 의견과 관련해서도 행정행위의 재량의 영으로의 수축이론을 고도의 통치행위적 성격을 가진 대통령의 중요정책에 관한 국민투표회부권에 가감없이 대입시켜 적용하는 것은 전혀 같지 않은 사항을 같게 다루는 모순이 있다고 할 수 있다. 그러므로 수도이전 위헌결정에서 국민투표권을 침해하였다고 하는 헌법재판소의 결론은 받아들일 수 없다.

재량의 영으로의 수축이론적 용도 부적절

국민투표와 관련해서는 통치권자의 의사에 거의 좌우된다거나 그때 그때의 국민의 순간적 감정에 좌우될 소지가 있다는 등의 회의적 시각110)이 있을 수 있고, 실제로 독일 기본법과 같이 영역변경과 관련한 경우가 아니고는 국민투표제도를 헌법상 두고 있지 아니한 입헌예도 있다. 그러나 우리 헌법상 헌법개정 시의 국민투표와 중요정책에 관한 국민투표는 이제 우리 헌정사의 거의 전통으로 자리잡고 있다고 보아도 과언이 아닐 것으로 보인다. 따라서 굳이 국민투표제도를 폐지해야 할 것까지는 없다고 생각된다.

이와 관련하여 대통령이 중요정책에 관한 국민투표를 통해서 신임을 물을 수 있을 것인지 여부가 문제된 바 있다. 헌법재판소는 이에 대하여 부정적으로 본 바 있다.111)

대통령이 신임을 묻는 국민투표를 회부하겠다고 한 발언에 대하여 청구한 헌법소원심판에 대하여는 공권력행사성을 부인하면서 각하한 바 있었다.112)

---

110) 계희열 (주 7), 233면.
111) 헌재 2004. 5. 14, 2004헌나1, 판례집 제16권 1집, 609 대통령(노무현) 탄핵.
112) 헌재 2003. 11. 27, 2003헌마694, 판례집 제15권 2집 하, 350.

Ⅳ. 정당제도와 정당의 자유의 보장

1. 서 론

의회민주주의
와 정당제도

우리 헌법은 제8조에서 정당에 대하여 규정하고 있다. 오늘날 의회
민주주의를 위해서는 정당의 활동과 기능이 없이는 거의 불가능할 정도
로 정당의 정치적 의의와 중요성이 높아졌다. 특히 오늘날 민주주의적
선거를 위해서는 정당의 민주적 기능의 역할이 매우 중요하다고 할 수
있다. 그러나 우리 정치 현실을 되돌아보면, 끊임없는 정당의 명칭변경
과, 이합집산, 새로운 정당의 창당 등의 과정이 그치지 않고 있고, 선진

한국정당정치
의 폐해

국에서는 일어나지 않는 정당정치의 폐해들이 계속 반복되고 있다고 보
인다. 과연 헌법에 의하여 보호되고 있는 정당이 의회민주주의의 발전
을 위하여 제대로 역할을 다 하고 있는 것인지 아니면 서구에서 발전된
정당제도와 이론이 헌법과 법률에 의하여 수용되어, 제도적 외양은 갖
추었지만, 대한민국의 현실과 맞지 않아 오히려 그 기능을 제대로 다 하
지 못하고 있는 것은 아닌지? 그렇다면 그 주된 원인은 무엇이며, 그 문
제에 대한 해결방안은 어디서 찾아야 할 것인지 등이 모두 우리 헌법현
실에서 중요하게 다루어야 할 문제라고 보인다.

정당제도와 선
거제도의 다룸
에 있어서 더
욱 현실에 기
반한 헌법이론
적 접근 필요

특히 정당제도와 선거제도는 대한민국의 민주주의의 형성과 발전
을 위해서 가장 중요한 정치적 제도에 해당하므로, 이러한 제도들에 대
한 개혁을 제대로 해 나감으로써, 굳이 헌법을 개정하지 않는다 하더라
도, 정치적 후진성을 극복하고 보다 선진화된 민주주의로 나갈 수 있는
가능성을 모색할 수 있지 않을까 하는 생각에서 정당제도와 선거제도를
다룸에 있어서는 우리 현실에 대한 철저한 분석과 그에 기반한 헌법이
론적 접근이 절실히 필요하다고 보아야 할 것이다.

2. 정당의 정의

헌법 제8조의
정당규정

헌법 제8조가 규정하고 있는 것은 정당설립의 자유와 복수정당제
의 보장, 그리고 정당의 목적·조직·활동이 민주적이어야 함, 정당의

국가적 보호와 자금보조, 정당해산에 관한 것이 전부이고 따로 정당이 무엇인지는 정의하고 있지 않다.

참고로 독일 연방헌법재판소는 다음과 같이 정당을 정의하고 있다. "정당은 계속적으로 또는 장기간 연방 또는 주(支邦)의 영역에 대하여 정치적 의사형성에 영향을 미치고 또한 독일 연방의회나 주의회에서의 국민대표에 참여하고자 하며, 그 조직의 규모와 공고성(Festigkeit), 당원의 수와 일반 대중에 있어서의 현출(Hervortreten)과 같은 사실적 상황의 전체적 형상에 따를 때, 그러한 목적의 진지성이 충분히 보장되는 시민의 단체이다. 여기에서 결정적인 기준은 연방의회나 주의회에서 자신의 의원들을 통하여 정치적 의사형성에 영향을 미치고자 하는 목적설정의 진지성(Ernsthaftigkeit)과 계속성(Dauerhaftigkeit)이다."113)

정당법 제2조는 『이 법에서 "정당"이라 함은 국민의 이익을 위하여 책임있는 정치적 주장이나 정책을 추진하고 공직선거의 후보자를 추천 또는 지지함으로써 국민의 정치적 의사형성에 참여함을 목적으로 하는 국민의 자발적 조직을 말한다』고 규정하고 있다.

여기에서 개념적 요소를 분석해 보면, 첫째, "국민의 이익을 위하여야 함"이다. 즉 국민의 이익을 위한 단체이어야 하지, 국민의 일부 집단이나 소수, 또는 개인의 이익만을 위한 단체는 정당이 될 수 없다. 다만 어떤 정당이든 이 점 때문에, 속으로는 국민 일부 집단이나 소수의 이익만을 추구하고자 하면서도, 대외적인 정당의 목적은 국민의 이익을 위한 것으로 표방할 것이기 때문에, 국민의 이익을 위하는지 여부만을 가지고서 정당인지 여부를 판별하기는 힘들다고 할 것이다.

둘째, "책임있는 정치적 주장이나 정책의 추진"이다. 여기에서 책임있는 정치적 주장이나 정책을 추진한다고 하는 것은 정당이 정치적 주장이나 정책추진에 있어서 진지성을 가지고 있어야 한다는 것을 의미한다고 할 수 있다. 따라서 어떠한 정치적 주장이나 정책을 추진하는 경우에 그에 대하여 책임을 지고서 진지하게 밀고 나갈 수 있어야 하지, 단

---

113) BVerfGE 91, 262 [266 f.] 정당개념 I: Christoph Gröpl, Staatsrecht I, 12. Aufl., München 2020, Rn. 373에서 재인용.

순히 한번 해 보고 말거나, 책임을 지지 못하는 성질과 유형의, 허황되거나 근거가 없는 정치적 주장이나 정책추진을 한다면 그것은 정당이라고 할 수 없다는 것이다. 이 요소는 독일 연방헌법재판소가 강조하고 있는 진지성을 어느 정도 포함하고 있는 요소라고 볼 수 있을 것이다.

공직선거의 후보자 추천 및 지지

셋째, "공직선거의 후보자의 추천 또는 지지"이다. 정당이라면 명실공히 다가오는 선거에서 후보를 추천하여 당선되게 함으로써, 국가나 자치단체의 기관을 구성하고, 이로써 자신의 정책을 국가나 지방자치단체의 정책으로 실현해 나가고자 하는 단체라야 할 것이다. 따라서 이러한 선거에 후보자의 추천을 하지 않는 단체는 진정한 의미의 정당이라고 하기 힘들다.

정치적 의사형성 참여

넷째, "정치적 의사형성에 참여함을 목적으로 함"이다. 앞선 둘째와 셋째의 개념요소들은 이 정치적 의사형성에의 참여를 위한 수단으로서의 성격을 가진다. 즉 정치적 의사형성에 참여한다는 것은, 국가기관의 인적 구성에 참여하거나, 또는 이미 선출된 국가기관의 구성원이 정책형성을 함에 있어서 그 방향을 제시하거나 비판을 함으로써 국가운영에 영향을 미치는 것을 말한다고 볼 것이다. 결국 정당은 책임 있는 정치적 주장이나 정책추진 그리고 후보자추천을 통하여 자신의 정책을 국가의 정책으로 실현하고자 하는 단체라고 할 수 있을 것이다.

국민에 의한 자발적 조직

다섯째, "국민의 자발적 조직"이다. 정당은 국민이 자발적으로 조직한 단체이어야지 국가나 그와 유사한 단체에 의하여 설립된 단체는 결코 정당이 될 수 없다. 즉 정당은 국가로부터 자유로워야 한다. 이와 같이 정당이 사회적 영역으로부터 나온 단체라고 하는 점에서, 이를 국가기관으로 보는 것은 문제가 있다고 보아야 할 것이다. 헌법이 정당에 대하여 일정한 정치적 의사형성에 대한 매개기능을 부여하고 그러한 차원에서 이를 보호하고 자금을 지원하며 또한 그 해산에 있어서도 다른 사적 단체와 달리 정당해산심판절차를 통해서만 하도록 보호한다고 해서

사적 단체로서의 성격 잃지 않음

이 정당이 국가기관이 된다고 할 수는 없고, 여전히 사적 단체로서의 성격을 잃지 않는다고 보아야 할 것이다(Maurer, Gröpl. 이에 대해서는 정당의 법적 지위에 관한 부분에서 다시 언급).

이러한 정당의 정의는 정당법상 정의이므로 헌법상 정당 개념이 이 것으로 충분할 것인지 여부가 문제될 수 있고, 충분하지 않다면 그 밖에 어떠한 개념요소가 필요한지 검토해 볼 필요가 있다.

정당법상 정의 와 헌법상 정 당개념

이와 관련하여 헌법재판소는 헌법 및 정당법상 정당의 개념적 징표 로서 다음을 들고 있다. 즉 "① 국가와 자유민주주의 또는 헌법질서를 긍정할 것, ② 공익의 실현에 노력할 것, ③ 선거에 참여할 것, ④ 정강 이나 정책을 가질 것, ⑤ 국민의 정치적 의사형성에 참여할 것, ⑥ 계속 적이고 공고한 조직을 구비할 것, ⑦ 구성원들이 당원이 될 수 있는 자 격을 구비할 것 등"을 들면서, 정당은 정당법 제2조에 의한 정당의 개념 표지 외에 예컨대 독일 정당법 제2조가 규정하고 있는 바와 같이 "상당 한 기간 또는 계속해서", "상당한 지역에서" 국민의 정치적 의사형성에 참여해야 한다는 개념표지가 요청된다고 하고 있다.114)

정당의 개념 적 징표에 대 한 헌법재판 소의 견해

이 가운데서 ②, ③, ④, ⑤는 정당법 제2조가 제시하고 있는 정의 에 부합한다고 보인다. 특히 ③과 관련해서는 최근 4년간 임기만료에 의한 국회의원선거 또는 임기만료에 의한 지방자치단체의 장 선거나 시·도의회의원 선거에 참여하지 아니한 정당은 등록취소가 된다고 하 는 정당법 제44조 제1항 제2호에 의해서 더욱 구체화되고 있다.

그리고 ⑥은 독일 연방헌법재판소가 제시하고 있는 공고성을 어느 정도 반영하는 요소로서 필요하다고 보인다. ⑦의 경우 어떠한 단체이 든 단체를 한번 결정하고 설립하는 것은 계속적인 조직과 구성원을 가 진다는 것이고, 일반적으로 그 자격을 구비하는 것 역시 당연한 일이므 로, 이러한 요소들을 굳이 정당의 개념적 표지로서 보아야 할 것인지는 의문이다.

그리고 과연 "① 국가와 자유민주주의 또는 헌법질서를 긍정할 것" 이 정당의 정의나 개념표지에 포함되어야 할 것인지도 의문이다. 물론 대한민국의 정당이 대한민국의 존립과 자유민주적 기본질서를 인정하지 않고 오히려 이를 파괴하는 것을 목적으로 삼는다면 이는 정당해산심판

헌법재판소 정당개념표지 의 문제점

---

114) 헌재 2006. 3. 30. 2004헌마246, 정당법 제25조 등 위헌확인, 판례집 제18권 1집 상, 402, 412-413.

의 대상이 되는 위헌 정당이 될 것이다. 그러나 그렇다고 하여 이러한 요소를 정당개념의 표지로 하는 경우에는 어떠한 단체가 정당등록신청을 할 때에 이러한 요건을 갖추었는지 여부를 중앙선관위에서 사전에 심사를 해야 한다는 것을 의미할 수 있는데, 어떠한 정당이 국가와 자유민주주의 또는 헌법질서를 긍정하는지 여부의 문제는 헌법 제8조 제4항에 따라 정당해산심판을 담당하는 헌법재판소가 심사하고 결정해야 하는 것이지 이것을 중앙선관위가 사전에 실질적으로 심사할 수는 없는 일이기 때문에 이것을 굳이 정당의 개념적 표지로까지 삼을 필요가 있을 것인지에 대해서는 의문이 제기되는 것이다.[115]

헌법재판소의 정의와 관련해서 본다면 ①과 ⑦을 제외하고 ②, ③, ④, ⑤, ⑥은 필요한 요소라고 생각된다.

그리고 "상당한 기간 또는 계속해서"라는 요건과 "상당한 지역에서"라고 하는 요건이 정당의 필수적 개념으로 필요할 것인지와 관련해서는 국민들이 어떠한 정당을 설립하여 선거에서 후보를 출마시키고 차기 정권과 의석을 쟁취하기 위해서 노력하며, 국민들의 정치적 의사형성에 참여하는 활동을 하고자 한다면, 이러한 단체의 설립과 활동이 상당한 기간 동안 계속될 것이며, 상당한 지역에서 정당활동을 해야 하는 것은 당연한 일일 것이다.

우리 정당법도 정당의 정의조항에서 이러한 표현을 직접 쓰고 있지는 않는다 하더라도, 정당등록을 위해서는 5 이상의 시·도당을 가져야 하고 또한 시·도당은 1,000인 이상의 시·도당원을 가져야 한다고 하고 있기 때문에(정당법 제17조, 제18조), "상당한 지역에서"라고 하는 요소와, 그리고 4년간 공직선거에 참여하지 않는 정당의 등록을 취소하도록 하고 있는 조항(정당법 제44조 제1항 제2호)을 통하여 "상당한 기간" 또는 "계속해서"와 같은 요건을 나름대로 구체화하고 있다고 할 수 있다.

그리고 우리 헌법재판소는 들고 있지 않지만 독일 연방헌법재판소

---

115) 동지, 내용적인 실질적 통제는 헌법재판소에 맡겨져 있으며, 선거관리위원회의 심사는 형식적 심사에 국한된다고 하는 지적에 대하여는 무엇보다 Philip Kunig, Parteien, in: HStR III 3. Aufl., 2005, § 40, Rn. 36, 49; 국내에서는 한수웅, 헌법학 제8판, 2018, 201쪽.

가 강조하고 있는 소위 목적의 "진지성" 요건도 이 정당법 제44조 제1
항 제2호가 어느 정도 반영을 해주고 있지 않나 생각되며, 비록 추상적
이기는 하지만 필요한 개념이라고 생각된다.

정당의 정의

결론적으로 위 ②, ③, ④, ⑤의 요소에 "상당한 기간"의 요소, "상
당한 지역"의 요소, 그리고 "목적의 진지성"의 요소를 정당의 정의에 받
아들일 수 있을 것이다. 따라서 정당이란 "상당한 기간 동안 상당한 지
역에 걸쳐서 국민의 이익을 위하여 책임있는 정치적 주장이나 정책을
추진하고 공직선거의 후보자를 추천 또는 지지함으로써 국민의 정치적
의사형성에 진지하게 참여하는 것을 목적으로 하는 국민의 자발적 조
직"이라고 정의할 수 있을 것이다.

3. 우리 헌법상 정당의 수용

정당에 관한 헌법적 규정이 처음으로 도입된 것은 1960년 제2공화
국 헌법에서이다. 제2공화국헌법은 제13조 제2항에서 정당의 보호를 규
정하고 위헌정당의 해산은 헌법재판소의 판결에 따르도록 규정하였다.

1960년 헌법에
정당 최초 수
용

1962년 제3공화국헌법은 정당국가적 요소들을 여기에 추가하였다.
가령 대통령이나 국회의원 후보자는 정당의 추천을 받아야 입후보할 수
있고 정당이 해산되거나 탈당하는 경우 의원직을 상실하도록 하였다.

1962년 헌법에
정당국가적 요
소 강화

1972년의 소위 유신헌법은 국회의원의 무소속 입후보를 허용하고
소위 통일주체국민회의의 대의원선거에서는 당원의 입후보를 금지하였
다. 이로써 정당국가적 경향은 약화되었다.

1972년 유신헌
법하 정당국가
적 요소 약화

1980년의 제5공화국헌법은 정당에 대한 국고보조조항을 신설, 정당
의 추천을 받은 대통령 또는 국회의원 후보자는 무소속 후보자와 차별
하여 우대하는 규정을 두었다. 그러나 이 규정(국회의원선거법 제33, 34조)
은 헌법불합치로 선언되어 개정되기에 이르렀었다.[116]

1980년 헌법,
국고보조조항
신설

현행헌법은 제5공화국헌법의 것과 동일하다. 다만 제8조 제2항에서
정당의 조직과 활동 뿐 아니라 그 목적도 민주적이어야 한다고 규정하

현행헌법상 정
당에 관한 규
정

---

116) 헌재 1989. 9. 8, 88헌가6, 판례집 제1권, 199 국회의원선거법 제33조, 제34조의
    위헌판결; 헌재 1991. 3. 11선고, 91헌마21.

고 있다. 그 밖에 위헌정당 해산심판의 헌법재판소관할(제111조 1항 3호), 헌법재판소재판관의 정당가입금지(제112조 2항), 헌법재판소에 의한 정당의 해산결정(제113조 1항), 선거관리위원회의 정당에 관한 사무처리와 정당사무에 관한 규칙제정(제114조 1항과 6항), 선거관리위원회위원의 정당가입금지(제114조 4항), 정당의 선거비용부담제한(제116조 2항) 등의 규정이 있다.

4. 정당의 과제와 기능

정치적 의사형성의 의미

정당의 헌법상의 과제는 정치적 의사형성에 참여하는 것이다. 정치적 의사형성에 참여한다는 것은 다음을 의미한다.

선거에의 참여

첫째, 국민의 대표를 선출하는 선거에 참여함을 의미한다. 선거에는 국가적 선거와 지방선거가 있으며, 국가적 선거에는 대통령 선거와 국회의원선거가 있고, 지방선거에는 지방자치단체장의 선거와 지방의회의원선거로 나누어진다. 정당은 이러한 선거에서 승리하기 위하여 좋은 후보를 양성 발굴하여 선거에 출마시킬 뿐만 아니라, 국민의 지지를 얻을 수 있는 정책을 개발하여 국민에게 홍보하고 선거운동에 참여하는 일을 한다.

정책발굴과 국가적 의사로 관철 노력

둘째, 정책을 발굴하여 국가적 의사로 관철시키기 위하여 노력하는 것을 의미한다. 어떠한 정당이 대통령선거에서 승리하거나 국회의 다수당으로서의 지위를 획득한 경우, 국가적 의사결정을 위해서는 좋은 정책을 발굴하여 시행하여야 할 것이다. 결국 정부여당은 자신의 정책이 종국적으로 국가적 의사가 될 가능성이 큰 것이므로, 국가적 의사형성에 직접적으로 참여하는 기능을 하게 되는 것이다.

야당의 경우 비판, 통제, 대안제시 기능

셋째, 정권을 획득하지 못한 나머지 정당, 즉 야당의 경우는 정부정책에 대하여 비판하고 통제하며 대안을 제시함으로써[117] 차기 선거에서 정권을 쟁취하기 위하여 노력해야 할 과제를 가지고 있으며 또한 그러한 기능을 수행한다고 할 수 있다. 이러한 과정에서 다음 번 정권을 획

---

117) 이에 대하여는 방승주 (주 99), 9-52 (17-19).

득하기 위하여 참신한 정치적 인재를 발굴하여 양성을 하는 과제를 가지고 있는 것은 여당이나 야당의 경우 모두 마찬가지라고 할 수 있다.

5. 정당의 법적 지위

가. 사적 결사로서의 지위

독일의 마우러(Maurer)에 따르면 정당은 정치사회적 영역에 뿌리를 두고 있기 때문에, 이러한 영역에서 적용되는 법형식에 따라서 독일 민법 제21조의 권리능력이 있는 사단이든지 또는 동법 제54조의 권리능력 없는 사단이라고 한다. 이 두 가지 법적 형태 가운데 어느 것을 취할 것인지는 각 정당의 결정에 달려 있지만 오늘날 대부분의 정당은 전통적으로 권리능력 없는 사단을 택하고 있다고 한다.[118]

우리 헌법재판소 역시 정당을 권리능력 없는 사단[119]으로 인정하고 있다.

나. 헌법상의 지위: 정당의 헌법상 권리와 의무

정당의 법적 형태가 권리능력 없는 사단과 같은 사법상의 단체라고 하는 지적과 그리고 정당이 헌법에 수용되어 있다는 사실로부터 정당의 헌법상의 지위에 대한 결론을 모두 도출해 낼 수 있는 것은 아니다.[120]

독일 연방헌법재판소는 정당에 대한 자신의 첫 번째 판결에서 특히 라이프홀츠(Leibholz)의 영향을 받아 정당이 기본법 제21조로부터 나오는 정당의 권리를 법적으로 다투는 한에서, 정당은 헌법기관의 성격을 가진다고 하는 판시를 하였다. 즉 정당은 좁은 의미에서의 국가기관이라고 할 수는 없지만, 그럼에도 불구하고 헌법기관으로서의 기능을 수행한다는 것이다. 그리고 정당은 헌법적으로 보장된 권리를 가지고 국가에 대립할 뿐만 아니라, 헌법생활의 인자(Faktoren)로서 헌법 내부적 영역에 귀속된다는 것이다. 독일 연방헌법재판소는 명백하게 한편으로는

[여백 주석]
정치사회적 영역에 뿌리

권리능력 없는 사단

정당의 헌법상 지위

정당의 헌법기관적 성격(초기 독일 연방헌재)

---

118) Hartmut Maurer, Staatsrecht I, München 2010, S. 333.
119) 헌재 2006. 3. 30. 2004헌마246, 판례집 제18권 1집 (상), 402, 410.
120) 이하 Hartmut Maurer (주 118), S. 334 ff. 참조.

보다 좁은 '국가적으로 제도화된 영역'과 다른 한편으로 보다 넓은 '헌법
적으로 제도화된 영역'을 구별하고자 하였다는 것이다.[121]

권한쟁의심판
과 헌법소원심
판 청구(인)능
력 여부

　　정당의 헌법상의 지위가 가지는 실제적 의미는 헌법소송에서 찾을
수 있다. 즉 정당이 여타의 헌법기관과 마찬가지로 소위 권한쟁의심판
을 청구할 수 있는지 여부와 그리고 정당의 헌법상의 지위로부터 나오
는 권리를 가지고서 헌법소원심판을 청구할 수 있는지 하는 문제이다.
독일 연방헌법재판소는 정당의 조직상의 지위를 들면서 권한쟁의심판청
구의 당사자적격을 인정하였다. 이러한 결정에는 의회, 정부와 같은 좁
은 의미의 헌법기관들만이 아니라 정당, 지방자치단체, 교회 등 넓은 의
미의 헌법기관들도 바이마르 공화국 헌법 제19조에 따른 헌법쟁송의 당
사자적격을 인정한 바이마르 공화국 국사재판소 판례도 영향을 미쳤다.
독일 연방헌법재판소는 기본법상 정당의 헌법상의 지위에 따를 때 이러
한 국사재판소의 판례에 못 미치게 하는 것은 타당하지 않다고 본 것이
다.[122]

초기 독일 연
방헌재판결 학
계 비판 봉착

　　그러나 정당을 헌법기관으로 본 독일 연방헌법재판소 입장은 학계
에서 많은 비판에 부딪쳐 받아들여지지 않았다. 독일 연방헌법재판소
자신도 그 다음에는 1966년 7월 19일(BVerfGE 20, 56, 97 ff.)의 원칙판결
을 통해서 이러한 헌법기관설의 입장으로부터 거리를 두기 시작하였다.

헌법적 제도로
서의 지위

이제는 정당은 기본법 제21조에 의하여 "헌법적 제도로서의 지위"로 격
상되었다고 하는 보다 일반적인 표현을 하고 있을 뿐이다.[123] 독일 연
방헌법재판소는 정당은 기본법 제93조 제1항 제1호의 의미에서의 "다른
참가자(andere Beteiligte)로서 기본법 제21조 제1항에 의하여 보장된 헌법
적 지위, 즉 동 조항에 의하여 매개된 권리의 침해를 기관쟁송을 통해서
연방헌법재판소에 다툴 수 있고 또한 그래야 한다는 입장을 고수하고
있다.[124]

---

121) Hartmut Maurer (주 118), S. 334 ff. Rn. 22.
122) Hartmut Maurer (주 118), S. 334 ff. Rn. 23.
123) Hartmut Maurer (주 118), Rn. 24.
124) BVerfGE 4, 27; BVerfGE 82, 322 (355); 92, 80 (87); 109, 275 (278)을 인용하면서
　　 Hartmut Maurer (주 118), S. 334 ff. Rn. 25.

요컨대 마우러(Maurer)의 설명에 따를 때, 정당의 헌법상의 지위라 헌법을 근거로
정당에게 부여
되는 권리와
의무고 하는 것은 헌법을 근거로 정당에게 부여되는 권리와 의무의 이상도 이하도 아닌 것으로 이해된다. 과거 독일 연방헌법재판소의 초기 판례와 문헌에서 출현했던, 헌법적 제도, 헌법의 통합적 구성부분, 헌법생활의 인자, 헌법기관, 독자적인 공법적 지위, 준헌법상 제도 등의 수식어나 서술들은 모두 과거에 헌법적으로 아직 해명되지 않은 정당의 헌법적 의미를 강조하기 위한 마땅한 시도였기는 하지만, 이러한 표현들은 헌법적 지위의 과잉한 격상으로서 오해를 불러일으키기에 쉽다고 하겠다.125)

독일에서는 전술한 바와 같이 정당이 사적 결사로서의 법적 지위를 소위 "다른 참
가자"로서 소
송참가가능성
을 두고 있는
독일과 우리는
사정이 다름유지하고 있으나 그렇다고 하여 헌법기관으로서의 지위에서가 아니라 "다른 참가자"들로서 기관쟁송에 참가한다고 하는 점을 고려해 본다면, 우리의 경우 정당의 권한쟁의 당사자능력을 어떻게 보아야 할 것인지에 대하여 어느 정도 시사점을 준다고 생각된다.

정당의 헌법기관 내지 국가기관으로서의 성격을 인정한 국내 학 초기 독일 연
방헌재 판례의
영향설126)은 독일 연방헌법재판소의 초기 판례나 학설에 영향을 받은 것으로 이해가 된다.

정당은 여전히 정치사회적 영역에 뿌리를 두고서 권리능력 없는 사 헌법적으로 특
별히 보호되는
헌법상의 권리
와 의무를 가
진 사적 단체단이라고 할 수 있는 점, 정당이 헌법에 의하여 특별히 보호되며, 국가의 정치적 생활영역에 깊이 관여하는 것은 사실이지만 그렇다고 하여 국가기관과 마찬가지라고 할 수 있는 지위는 아니라는 점 등을 고려해 볼 때, 정당의 법적 지위는 결국 헌법적으로 특별히 보호되며 헌법상의 권리와 의무를 지고 있는 사적 단체라고 보아야 할 것이다. 이러한 점을 고려해 볼 때, 국가기관 상호간의 권한의 존부나 권한의 침해에 관한 다툼이라고 할 수 있는 권한쟁의심판에 있어서 정당의 당사자능력을 인정하기는 쉽지 않아 보인다. 그리고 우리 헌법재판소가 정당(비록 등록취소가 된 정당이기는 하지만)에 대하여 헌법소원심판 청구능력을 인정한

---

125) Hartmut Maurer (주 118), S. 334 ff. Rn. 26.
126) 가령 계희열 (주 7), 269면 이하

점127)을 고려해 보면, 정당은 권리능력 없는 사단으로서 국가기관에 의하여 그 권리가 침해될 경우 헌법소원심판을 통해서 권리구제를 다툴 수 있다고 할 것이고, 따라서 권한쟁의심판의 당사자가 될 수는 없다고 새기는 것이 타당한 결론으로 보인다.128)

6. 정당설립과 활동의 자유

가. 보호영역

정당설립의 자유

헌법 제8조로부터 나오는 정당개념을 넘어서는 전제조건 부과 금지

우리 헌법 제8조 제1항은 정당의 설립은 자유이며 복수정당제는 보장된다고 규정함으로써 정당설립의 자유를 보장하고 있다.

정당설립의 자유는 누구든지 대한민국 국민이라면 정당을 자유롭게 설립할 수 있다는 것을 의미한다. 정당설립의 자유는 허가나 등록과 같은 형식적 전제조건이나 헌법 제8조로부터 나오는 정당의 개념을 넘어서는 그러한 실질적 전제조건에 좌우시키는 것을 금지한다. 물론 그렇다고 해서 어떠한 법률을 적용함에 있어서 해당 조직이 정당으로 간주될 수 있는지를 심사하는 것을 배제하는 것은 아니다.129) 그리하여 선관위가 어떠한 단체가 정당법에 따른 정당으로서 등록될 수 있는지 여부를 심사하는 것도 배제되지 않는다.

조직의 자유
정책프로그램 설정의 자유

다음으로 정당설립의 자유는 정당을 설립할 수 있는 자유 자체뿐만 아니라, 조직을 어떻게 만들 것인지와 관련되는 조직의 자유, 그리고 당헌·당규와 정강정책 등 정당의 정책프로그램을 어떻게 설정할 것인지에 대한 프로그램의 자유를 포함한다.130) 그리고 그로부터 또한 정당의 존립에 대한 보호도 도출된다. 왜냐하면 만일 정당이 일정한 시점이 지난 후 제한되거나 축출되게 되면 정당설립의 자유 자체가 허상이 될 것

---

127) 헌재 2006. 3. 30. 2004헌마246, 정당법 제25조 등 위헌확인, 판례집 제18권 1집 상, 402 [기각].
128) 그러한 한에서 정당에 대하여 국가기관적 성격을 인정할 경우 권한쟁의의 당사자능력을 인정할 필요가 있다고 하는 종래의 저자의 주장{방승주 (주 99), 9-52(16)}은 변경할 필요가 있다고 생각된다.
129) Hartmut Maurer (주 118), S. 334 ff. Rn. 36.
130) Hartmut Maurer (주 118), S. 334 ff. Rn. 37.

이기 때문이다.

그리고 정당설립의 자유는 정당에 가입할 자유와 정당으로부터 탈퇴할 자유까지 모두 포함한다. 정당설립의 자유는 정확하게 말한다면 정당 자체에게 인정된다고 하기 보다는 정당을 설립하고자 하는 개인에게 인정되는 자유이지만, 정당 그 자체에게도 인정될 수밖에 없다.131) 정당을 통·폐합하거나 또는 해산을 할 경우를 생각한다면 통·폐합이나 해산은 개인이 아니라 정당 자체가 할 수밖에 없는 것이기 때문에, 정당 자체에게도 이러한 통·폐합과 해산의 자유가 포함된 정당설립의 자유가 인정되어야 할 것이다. 우리 헌법재판소 역시 정당에게도 설립의 자유가 인정된다고 보았다(헌재 2006. 3. 30. 2004헌마246).

정당 가입·탈퇴의 자유

또한 정당설립의 자유는 논리필연적으로 정당활동의 자유를 전제로 한다.132) 정당활동의 자유는 정당의 설립목적을 실현하기 위한 모든 활동을 포함한다. 가령 정당의 목적 실현을 위한 집회나, 기타 당보나 선전물의 출판 및 배포, 언론기관이나 신문 그리고 인터넷 매체 등을 통한 정당에 대한 홍보 등 이러한 모든 활동은 집회 및 언론·출판의 자유와도 관련되지만, 정당활동의 자유에 의해서 특별히 보호된다고 볼 수 있을 것이다.

정당활동의 자유

나. 정당설립과 활동의 자유의 기본권주체

정당설립과 활동의 자유의 기본권주체는 국민에 한정된다고 보아야 할 것이다. 왜냐하면 정치적 의사형성을 매개하는 정당을 통하여 결국 국가적 의사결정에 참여하는 것이 바로 정당설립의 목적이기 때문에 이는 선거와 밀접한 관련을 가지며, 결국 정당설립과 활동의 자유는 국민들만 가질 수 있는 기본권인 참정권과 밀접한 관련을 가지는 기본권이라고 할 수 있기 때문이다.

기본권 주체는 국민

물론 외국인의 경우 지방선거에 한하여 선거에 참여할 수 있고 따라서 그러한 범위 내에서 선거운동의 자유를 누릴 수 있다 하더라도, 이

외국인의 경우 결사의 자유에 의하여 보호

---

131) Hartmut Maurer (주 118), S. 334 ff. Rn. 38.
132) 헌재 2014. 1. 28. 2012헌마431 등, 판례집 제26권 1집 상, 155 [위헌].

러한 권리는 헌법적인 기본권이라고 하기 보다는 법적 권리에 지나지 않는다. 그리고 외국인과 관련되는 정당유사의 단체를 결성할 수 있는 자유가 있다고 할 것이지만 그것은 어디까지나 결사의 자유에 의하여 보호된다고 보아야 할 것이지 정당설립의 자유에 의하여 보호되는 것은 아니다.

다. 제 한

정당설립 및 활동의 자유의 제한

정당설립과 활동의 자유에 영향을 미치는 모든 국가적 행위는 이 자유에 대한 제한이라고 보아야 할 것이며, 설립을 하지 못하게 하거나 반대로 설립을 강제하는 공권력 행위, 활동을 방해할 수 있는 모든 그 밖의 유형, 무형의 공권력 행사는 정당활동의 자유에 대한 제한이 될 수 있다.

헌법 제37조 제2항의 법률유보
사실상의 간접적 제약초래의 경우

이러한 제한은 헌법 제37조 제2항에 따라서 국가안전보장 · 질서유지 · 공공복리를 위하여 필요한 경우에 한하여 법률로써 할 수 있다.

다만 사실상의 간접적 제약의 초래의 경우는 입법자가 일일이 이를 예측할 수는 없는 것이기 때문에 이 경우 법률유보가 반드시 적용되어야 하는지는 논란이 있을 수 있다. 그러나 이러한 제약이 과잉하게 정당활동의 자유를 침해하는 결과가 야기되는 경우에는 단순한 제약이 아니라 위헌적 침해가 될 수 있을 것이다.

라. 제한의 한계

과잉금지원칙 준수 필요

정당설립과 활동의 자유에 대한 제한 역시 무제한적으로 할 수 있는 것은 아니고, 필요한 최소한의 범위 내에서 과잉금지의 원칙을 준수하면서 하여야 하며, 제한하는 경우에도 그 본질적인 내용은 침해할 수 없다(헌법 제37조 제2항).

7. 정당의 기회균등

헌법적 근거

정당의 기회균등은 특별히 헌법 제8조가 규정하고 있지는 않지만,

정당설립의 자유와 복수정당제도, 일반적 평등의 원칙, 헌법 제41조 제1
항과 제67조 제1항의 평등선거의 원칙 등 여러 헌법조항들에 대한 해석
을 통하여 보장되는 것으로 볼 수 있다.[133]

    정당의 기회균등의 원칙은 특히 국가가 어떠한 급부나 그 밖의 혜
택을 제공하는 경우에 현실적인 문제가 될 수 있다. 독일[134]과 그리고
독일 이론에 영향을 받은 우리나라에서도 종전에는 정당은 완전히 도식
적으로 평등하게 취급해야 한다고 주장되었다.[135] 이러한 도식적 평등
은 선거절차에서만 적용된다. 오히려 다수 의석을 차지하고 있는 국민
적 정당이나 그렇지 못한 군소정당의 경우 그 규모와 그 비중이 서로
다르기 때문에 이와 상관없이 획일적이고 도식적으로 평등하게 대우하
는 것은 문제가 있는 것으로 볼 수 있다.[136] 그리하여 여기에서 말하는
평등의 경우 과연 획일적, 도식적 평등이 적절한지 아니면 비례적 평등
이 적절한지 하는 문제가 제기되는 것이다.[137]

    이와 관련하여 독일 연방헌법재판소는 "단계화된 기회균등"[138]을
허용하여 왔다. 그리고 독일 정당법 제5조는 이러한 "단계화된 평등취
급"[139]을 실정화하고 있다. 즉 동조는 평등취급이라고 하는 제목 하에
제1항에서 "공권력의 주체가 정당에 어떠한 시설을 제공하거나 다른 공
적 급부를 보장하여야 하는 경우 모든 정당들을 평등하게 취급해야 한
다. 이 보장의 범위는 정당의 의의에 따라 정당의 목적 달성을 위하여
필요한 최소한의 정도에 이르기까지 단계화될 수 있다. 정당의 의의는
특히 종전 선거에서 획득한 의석수의 결과에 따라서도 산정된다. 연방
의회에서 원내교섭단체를 구성한 정당에 대해서는 최소한 다른 정당에
대한 보장의 절반은 보장되어야 한다."고 규정하고 있다.[140]

    이러한 독일 정당법 제5조의 위헌여부와 관련하여 학계에서는 의

국가의 급부나
혜택제공의 경
우 문제됨

단계화된 기회
균등

그 위헌여부

---

133) 같은 취지, Christoph Gröpl (주 113), Rn. 391; Hartmut Maurer (주 118), S. 344.
134) 가령 Christoph Gröpl (주 113), S. 106. Rn. 393.
135) 가령 계희열 (주 7), 273.
136) Christoph Gröpl (주 113), S. 106. Rn. 393.
137) Hartmut Maurer (주 118), S. 345.
138) Christoph Gröpl (주 113), S. 106. Rn. 394.
139) Hartmut Maurer (주 118), S. 334 ff. Rn. 44.
140) Hartmut Maurer (주 118), S. 334 ff. Rn. 44.

문 내지 논란이 제기되고 있으나[141] 마우러(Maurer)와 같은 학자의 경우 가령 수용능력이 제한되어 있는 경우에(만) 차등이 불가피하다고 하는 제한적인 헌법합치적 해석을 통하여 그 합헌성을 인정하고 있기도 하다.[142]

단계화된 기회
균등의 한계

어쨌든 단계화된 기회균등이 허용된다 하더라도 그 한계가 유지되어야 하는데, 그 한계는 이러한 단계화를 근거로 정당에 대한 지원이 아예 배제되거나 또는 정당이 정치적 경쟁에 대한 국가적 제한에 의하여 정당의 자유로운 경쟁이 문제시될 정도로 불이익을 입는 경우에 존재한다.[143]

8. 정당의 당내 민주주의

가. 헌법적 근거

당내 민주주의
의 헌법적 근
거

헌법 제8조 제1항은 정당설립의 자유를 보장하면서도 제2항에서 정당의 목적·조직과 활동이 민주적이어야 한다는 헌법적 한계를 요구하고 있다. 그리고 정당이 국민의 정치적 의사형성에 참여하는 데 필요한 조직을 확보하고 정당의 민주적인 조직과 활동을 보장함으로써 민주정치의 건전한 발전에 기여함을 목적으로 정당법이 규정되어 있다. 즉 헌법과 정당법은 정당의 목적과 조직은 물론 그 활동이 모두 민주적이어야 할 것을 요구하는 것이다.

당원에 의한
선거와 투표
를 통한 상향
식 민주주의

여기에서 민주적이라고 하는 말의 의미는 국민주권의 원리(헌법 제1조 제2항), 민주선거의 원칙(헌법 제41조 제1항, 제67조 제1항), 다수결의 원칙(헌법 제49조, 제130조 제2항 등) 등의 민주주의 관련 헌법규정을 고려하여 볼 때, 당의 집행기관과 대의기관 등 당의 조직구성에 있어서는 물론, 당내의 정치적 의사결정을 함에 있어서는 원칙적으로 당원에 의한 선거와 투표를 통하여 상향식으로 하여야 하며, 당 조직도 정기적으로 이루어지는 선거를 통하여 당원들의 신임을 물어야 할 것을 요구하는

---

141) 위헌론으로는 가령 Kunig, Parteien, in: HStR III 3. Aufl., 2005, § 40 Rn. 99.
142) Hartmut Maurer (주 118), S. 334 ff. Rn. 44.
143) Christoph Gröpl (주 113), S. 106. Rn. 394.

것이라고 할 수 있다.[144)]

나. 당내 민주주의의 개별적 요소

(1) 조직구성의 민주화: 당직선거의 민주화

최소한 정당의 조직구성이 민주적이려면, 당내 기관과 조직이 주기적으로 이루어지는 선거에 의해서 상향식으로 구성되어야 하며, 정당의 운영이 당 지도부에 의해서 독단적으로가 아니라, 당원들의 의사에 따라서 상향식으로 이루어져야 할 것이다.[145)]

당내 기관과 조직의 선거를 통한 상향식 구성

정당법 제29조 제1항은 "정당은 민주적인 내부질서를 유지하기 위하여 당원의 총의를 반영할 수 있는 대의기관 및 집행기관과 소속국회의원이 있는 경우에는 의원총회를 가져야 한다"고 규정하고 있다. 그러면서도 이와 같은 대의기관 및 집행기관의 구성을 위한 구체적인 민주주의적 절차와 방법에 관하여는 아무런 규정도 하지 아니한 채, 제2항에서 기관의 조직, 권한 기타의 사항에 관하여는 당헌에 모두 위임하고 있다.

정당법상 정당의 기구에 관한 규정

기관구성의 방법과 절차는 당헌에 위임

헌법 제8조 제2항이 규정하고 있는 당내민주주의의 원칙은 헌법상 매우 중요한 원칙이므로 당조직구성에 있어서 최소한의 민주적 절차를 정당법이 규정하고 만일 이를 위반하는 경우에 이에 대한 제재방법을 마련함으로써, 정당조직의 민주적 구성을 법적으로 강제하는 것이 헌법의 요구라고 할 수 있음에도 불구하고 정당법은 이를 포괄적으로 당헌에 위임하고 있다.[146)]

정당법의 포괄적 위임의 문제

(2) 후보자공천의 민주화: 공직선거의 민주화

정당은 대통령, 국회의원, 지방자치단체장, 지방의회의원 등의 공직선거후보자를 출마시켜서 당선시키는 것을 가장 중요한 과제로 하고 있다. 이러한 공직선거후보자의 공천이 어떻게 이루어지느냐에 따라서 당내민주주의가 이루어졌는지를 판단할 수 있을 뿐만 아니라, 여기에 민주주의의 성패가 달렸다고 하여도 과언이 아니다.

후보자공천의 민주화

---

144) 방승주 (주 99), 9-52 (29).
145) Hartmut Maurer (주 118), S. 347. Rn. 46.
146) 방승주 (주 99), 30면.

<table>
<tr><td>상향식 공천
필요</td><td>헌법상 당내민주주의가 후보자 공천과 관련하여 요구하는 것은 당원의 의사를 반영하는 상향식 공천을 해야 한다는 것이다.</td></tr>
</table>

상향식 공천
필요

헌법상 당내민주주의가 후보자 공천과 관련하여 요구하는 것은 당원의 의사를 반영하는 상향식 공천을 해야 한다는 것이다.

당내 공천절차
에 관한 규정

정당법은 1963년 시행 이래로 제31조에 "정당의 공직선거후보자의 추천은 민주적이어야 하며, 그 절차에 관하여는 당헌으로 이를 정하여야 한다."고 하는 공직선거후보자 추천의 민주화에 관한 규정이 2004. 3. 12. 시행된 법률 제7190호까지는 계속해서 더 자세한 규정으로 개정되면서 유지되어 왔으나, 2005. 8. 4. 법률 제7683호로 전부 개정된 정당법부터 이러한 조항이 삭제되었다. 이는 아마도 2005. 8. 4. 법률 제7681호로 개정된 공직선거법 제6장의 2에서 정당의 후보자 추천을 위한

당내경선제도
의 신설

당내경선제도가 신설되면서 여기에 자세한 규정을 둔 때문이 아니었겠나 생각된다. 이 조항들에 따라 각 정당은 후보자 추천을 위하여 당내경선을 실시할 수 있으며, 당내 경선을 실시하는 경우에 선거관리를 선거관리위원회에 위탁할 수 있고, 또한 당내 경선운동으로 허용되는 운동방법을 구체적으로 적시하고 있다. 즉 당내경선운동은 선거사무소의 설치나 그 선거사무소에 간판·현판 또는 현수막을 설치·게시하는 행위, 1종의 경선홍보물의 1회 발송, 명함배부와 직접적인 지지호소, 1종의 홍보물의 1회 발송, 정당 주최 합동연설회 또는 합동토론회를 옥내에서 개최하는 방법(공직선거법 제57조의3 제1항)이 그것이다.

전략공천제는
상향식 공천과
거리

다만 공직선거법상 당내경선은 각 정당의 재량에 맡겨져 있고, 필요한 경우 소위 전략공천을 통해서 당 지도부가 후보자를 결정하는 것을 마치 당연한 것인 양 하고 있는 작금의 정당 실태는 상향식 공천의 민주이념과는 거리가 먼 것이 아닌가 생각된다.

(3) 정당재정의 민주화: 재정운영의 투명화

정당재정의
투명성

우리 헌법 제8조 제3항은 정당은 법률이 정하는 바에 의하여 국가의 보호를 받으며, 국가는 법률이 정하는 바에 의하여 정당운영에 필요한 자금을 보조할 수 있다고 규정하고 있다. 그리고 정치자금의 적절한 제공을 보장하고 그 수입과 지출내역을 공개하여 투명성을 확보하며 정치자금과 관련한 부정을 방지함으로써 민주정치의 건전한 발전에 기여함을 목적으로 정치자금법이 제정되어 있다. 정치자금법의 목적이 밝히

고 있듯이 정치자금의 운영이 투명하고 정당하게 이루어지지 않으면 당
내민주주의가 확립될 수 없음은 당연한 일이다.

헌법이 규정하고 있듯이 국가는 정당운영에 필요한 자금을 보조할
수 있을 뿐이지, 정당운영에 필요한 자금을 전적으로 또는 대부분 지원
해 주는 격이 되어서는 안 될 것인데, 과연 우리 정당국고보조금이 이러
한 보조금으로서의 원칙을 지키고 있는 것인지는 한번 따져 봐야 할 일
이다.

정당국고보조 금은 '보조'에 국한되어야 함

9. 정당에 대한 국고보조

정당의 조직과 활동에 소요되는 비용의 충당은 당비와 기부금(후원
금) 그리고 국고보조로 이루어진다. 국고보조는 국가가 정당운영에 필요
한 자금을 보조하는 것으로, 그것을 독일에서는 다음과 같이 직접적인
국고보조와 간접적 국고보조로 나누어 설명[147]하고 있는데 이러한 분류
는 우리에게도 적용할 수 있겠다. 직접적 국고보조란 정당이 국고로부
터 직접적 지원을 받는 것을 뜻하고, 간접적 국고보조란 정당에 대한 기
부금이나 후원금에 대하여 국가가 조세부과를 포기함으로써 세제상의
혜택을 부여하여 결과적으로 그러한 범위 내에서 국가가 정당에게 간접
적인 지원을 하는 것을 뜻한다. 세제상의 혜택은 기부자나 후원자가 받
게 되지만 정당에 보다 많은 기부를 하게 하는 유인을 만들게 된다.[148]

직접적 국고보 조와 간접적 국고보조

우선 정치자금법은 누구든지 이 법에 의하지 아니하고는 정치자금
을 기부하거나 받을 수 없다고 규정하고 있으므로 이 법에 규정되지 않
는 방법으로 정치자금을 주거나 받게 되면 위법한 정치자금수수가 된다
(정치자금법 제2조 제1항).

위법한 정치자 금

정치자금의 종류는 당비, 후원금, 기탁금, 보조금, 정당의 당헌 · 당
규 등에서 정한 부대수입, 정치활동을 위하여 정당, 예비후보자, 후보자
또는 당선인, 후원회 · 정당의 간부 또는 유급사무직원, 그 밖에 정치활

정치자금의 종 류

---

147) Hartmut Maurer (주 118), S. 348, Rn. 48 – Rn. 55; Christoph Gröpl (주 113), S.
107 ff.
148) Hartmut Maurer (주 118), S. 348, Rn. 48.

동을 하는 사람에게 제공되는 금전이나 유가증권 또는 그 밖의 물건, 그리고 여기에 열거된 사람(정당 및 중앙당창당준비위원회를 포함)의 정치활동에 소요되는 비용이다(정치자금법 제3조 제1호).

가. 직접적 국고보조

정치자금법상 보조금의 정의

정치자금법이 열거하고 있는 정치자금의 종류 가운데 보조금은 "정당의 보호·육성을 위하여 국가가 정당에 지급하는 금전이나 유가증권을 말한다"고 정의되어 있다. 일단 정치자금법상 정의만을 보면 국고로부터의 "보조"만을 규정하고 있는 헌법 제8조 제3항의 취지보다 훨씬 더 나아가 정당의 보호·육성을 목적으로 국가가 정당에 지급할 수 있는 것으로 해 놓고 있기 때문에, 과연 이러한 규정이 헌법에 비추어 정당화될 수 있을 것인지 앞으로 좀 더 면밀한 검토가 필요할 것으로 보인다. 이러한 규정으로 인하여 정당에 대한 국고로부터의 과도한 지원이 만연하게 되는 것은 아닌지 하는 문제의식에서이다.

정당운영을 국고보조금에 거의 전적으로 의존할 수 있는 정도의 비율은 헌법정신에 위반

헌법규정은 국고보조를 어느 정도로 어떻게 배분할 수 있는지에 관하여 아무런 기준을 제공하고 있지 않으나, 적어도 "보조"라고 하는 개념에 착안한다면, 국가가 정당의 운영과 활동비를 보조하여 지원하는 정도가 되어야지, 정당이 국고보조금에 자신의 운영비를 거의 전적으로 의존하게 하는 정도의 비율로 지급해서는 안 된다고 할 것이다.

독일 연방헌재 (BVerfGE 85, 264)의 기준

이와 관련하여 독일 기본법은 비록 국고보조에 관한 명문규정을 두고 있지는 않지만 독일 기본법상 국고보조와 관련하여 어떠한 헌법적 한계를 그을 것인가에 대하여 독일 연방헌법재판소가 자신의 종래의 판례를 변경하면서 BVerfGE 85, 264 판결에서 아주 전향적이고도 새로운 헌법적 기준을 제시하였으며, 결국 입법자로 하여금 그러한 기준을 따를 수밖에 없게 강제하기도 하였는데, 이 판시는 또한 우리 헌법의 해석에 있어서도 하나의 준거가 될 수 있는 기준을 제시하고 있기 때문에 그 내용을 간략하게 소개해 보고자 한다.[149]

---

149) 마찬가지 취지로 이에 관하여 언급하고 있는 국내 문헌으로는 가령, 박범영/손승범, 정당재정에 대한 국고보조의 헌법상 정당화 기준, 의정연구 제35권(2012. 6), 75-108.

즉 정당에 대한 국고보조는 더 이상 선거에 대한 정당의 참여가 아니라, 일반적으로 기본법 제21조에 따른 정당의 과제를 기준으로 한다는 것이다. 이 정당의 과제는 정당이 국가로부터 자유로운, 그리고 정치적, 사회적 영역에 뿌리를 둔 단체로서 자기 스스로 국민과 유권자의 동의와 지지를 얻기 위해서 노력을 하지 않으면 안 된다는 점으로부터 출발을 한다. 따라서 국고보조는 더 이상 유권자의 수가 아니라 정당이 획득한 표와 그리고 정당에 납부된 당비 및 기부금의 총액을 근거로 책정되어야 한다는 것이다. 그리고 국고보조는 정당 재정의 부분적 재원이 되어야 하며 그리고 일정한 상한액에서 끝나야 한다는 것이다.[150]

정당이 획득한 표와 당비 및 기부금총액을 기준으로

나. 간접적 국고보조

정치자금법은 이 법에 의하여 정치자금을 기부한 자 또는 기부받은 자에 대하여는 「조세특례제한법」이 정하는 바에 따라 그 정치자금에 상당하는 금액에 대한 소득세 및 증여세를 면제하되, 개인이 기부한 정치자금은 해당 과세연도의 소득금액에서 10만원까지는 그 기부금액의 110분의 100을, 10만 원을 초과한 금액에 대해서는 해당 금액의 100분의 15(해당 금액이 3천만 원을 초과하는 경우 그 초과분에 대해서는 100분의 25)에 해당하는 금액을 종합소득산출세액에서 공제하고, 「지방세특례제한법」에 따라 그 공제금액의 100분의 10에 해당하는 금액을 해당 과세연도의 개인지방소득세 산출세액에서 추가로 공제한다. 다만, 제11조(후원인의 기부한도 등) 제3항의 규정에 의한 익명기부, 후원회 또는 소속 정당 등으로부터 기부받거나 지원받은 정치자금을 당비로 납부하거나 후원회에 기부하는 경우에는 그러하지 아니하다(제59조 제1항)고 규정하고 있다.

정치자금법상 조세의 감면 (제59조)

이와 같이 당비나 기부금에 대하여 세제상의 혜택을 부여하는 것을 간접적 국고보조라 칭할 수 있는데, 독일의 경우 이러한 세제상의 혜택이 헌법에 위반되는 것 아닌지에 대한 문제제기가 계속해서 이루어져 왔으나 독일 연방헌법재판소는 1992년 4월 9일 판결에서 새로운 기준을 제시하였으며 그 사이에 이것은 소득세법으로 구체화되었다.[151]

당비나 기부금에 대한 세제상 혜택

---

150) Hartmut Maurer (주 118), S. 351 f.

기회균등원칙
위반 가능성

　　문제는 다음과 같은 데에 있었다. 즉 기부금에 대한 세제상의 혜택은 기회균등의 원칙에 저촉될 수 있다. 왜냐하면 그것은 소득이 보다 많은 국민집단에 의하여 지지되고 있는 정당을 우대하는 것인데, 한편으로는 이러한 소득이 보다 많은 국민집단은 기부를 할 능력을 가지고 있기도 하지만, 다른 한편으로는 이 기부금이 특별지출로서 공제되는 경우에 그러한 세제상의 혜택은 보다 유리하게 작용을 하기 때문이다. 헌법적인 관점에서는 과연 왜 당비와 정당에 대한 기부금이 도대체 세제상의 혜택을 받아야 하는지 하는 문제가 제기되는 것이다. 이를 정당화할 만한 합리적인 사유가 보이지 않는다는 것이다.

정당들의 기존
경쟁상태 왜곡
위헌

　　독일 연방헌법재판소는 "만일 국가가 정당에 대한 기부에 대하여 세제상의 혜택을 줌으로써, 소득이 많은 납세자에 대하여 다른 정당 보다 많은 흡인력을 행사하는 정당이 보다 유리하게 되는 경우 국가는 이러한 세제상의 혜택을 통하여 정당들의 기존의 경쟁상태를 왜곡시키는 것이다. 정당에 대한 당비와 기부금에 대한, 허용되는 세제상의 혜택의 헌법적 한계 - 이는 국가의 다른 방식에 의한 급부에 의해서도 잘 조정이 되지 않는데 - 는 이러한 혜택으로 인하여 정당들간의 기존의 경쟁상태가 현저히 중대하게 변경되기에 적합한 경우에 도달된다."152)고 판시하였다. 이러한 독일 연방헌법재판소 판결을 계기로 한 법개정에 의하여 세제상의 혜택이 현저하게 축소되었다.153)

정당관련 조직
및 시설에 대
한 재정적 기
부와 혜택 포
함

　　그리고 간접적 국고보조라고 하는 개념 하에서는 당비와 기부금에 대한 세제상의 혜택이 포함되는 것이 보통이기는 하지만, 이 개념은 보다 넓게 잡아서 정당과 관련되고 또한 정당에 유용한 조직과 시설들에 대하여 보장되는 기부와 혜택들을 포함시킬 수 있는데 가령 정당관련 재단들에 대한 재정적 기부 등이 바로 그것이다.154)

---

151) BVerfGE 85, 264.
152) BVerfGE 8, 51 (65 ff.); 24, 300 (357 ff.); 52, 63 (88 ff.); 73, 40 (89)과 BVerfGE 52, 63 (91)를 인용하며, BVerfGE 85, 264 (313).
153) Hartmut Maurer (주 118), S. 352.
154) Hartmut Maurer (주 118), S. 353.

10. 정당의 해산[155]

정당의 해산에는 자진해산과 강제해산이 있다. 정당도 국민의 자발
적인 결사이기 때문에 당원의 자발적 해산결의에 의해 자유롭게 해산될
수 있다(정당법 제45조).

*자진해산과 강
제해산*

그러나 정당은 헌법상 국민의 정치의사형성이라는 중대한 과제를
지고 있기 때문에 함부로 강제해산 될 수 없다. 이는 정당만이 갖는 특
권이다.

강제해산 불가

가. 정당해산의 의의

정당해산제도는 바로 헌법과 민주주의를 보호하는 예방적 제도 중
의 하나로서 일종의 방어적 민주주의의 한 유형이라고 할 수 있다. 왜냐
하면 헌법적대적 정당이 나타날 경우에는 이것이 일찍 제거될 때에만
헌법과 민주주의를 보호할 수 있기 때문이다.

*방어적 민주주
의*

정당의 해산은 헌법상 정당설립과 활동의 자유를 매우 심각하게 침
해하는 효과가 있기 때문에 다른 일반결사의 해산과는 달리 엄격한 해
산의 요건을 직접 헌법에 규정하고 헌법재판소의 결정에 의해서만 해산
될 수 있도록 하고 있다. 즉 정당은 입법권이나 행정권 또는 일반 사법
기관에 의해 해산될 수 없다.[156]

*정당설립과 활
동의 자유에
대한 침해가능
성*

나. 정당해산의 요건

헌법 제8조 제4항은 정당해산의 요건으로 "정당의 목적이나 활동이
민주적 기본질서에 위배될 때"를 들고 있다.

*정당의 목적이
나 활동이 민
주적 기본질서
위배*

(1) 정　당

우선 해산의 대상은 정당이다. 정당법상의 개념요건을 갖추고 등록
을 마쳐야 정당이다. 정당의 방계조직이나 위장조직 대체정당 등은 이
에서 제외된다. 이들에 대해서는 일반결사에 관한 헌법 제21조의 규정
이 적용된다.

*정당법상 요건
갖추고 등록을
마친 정당*

---

155) 이하에 대하여는 계희열 (주 7), 291면 이하 참조.
156) 헌재 2014. 12. 19. 2013헌다1, 판례집 제26권 2집 하, 1 [인용(해산)].

(2) 민주적 기본질서

독일 연방헌재
의 자유민주적
기본질서의 정
의

이 문제와 관련해서는 독일 연방헌법재판소가 사회주의제국당(SRP)과 공산당(KPD)의 금지판결에서 내린 자유민주적 기본질서에 대한 정의가 우리 헌법 하에서의 민주적 기본질서의 정의에 관한 어느 정도의 준거점을 제공해 줄 수 있다.

사회주의제국
당

1952년의 사회주의제국당의 해산심판에서의 독일 연방헌법재판소는 자유민주적 기본질서에 대하여 다음과 같이 정의하고 있다. 즉 "자유민주적 기본질서란 모든 폭력의 지배나 자의적 지배를 배제하고 그때그때의 다수의사에 따른 국민의 자결 그리고 자유와 평등을 기초로 한 법치국가적 통치질서를 말한다. 이 질서의 기본적 원리에는 적어도 다음과 같은 것이 포함되어야 한다. 즉 기본법에 구체화된 기본적 인권, 특히 생명권과 인격의 자유로운 발현권의 존중, 국민주권, 권력분립, 정부의 책임성, 행정의 합법률성, 사법권의 독립, 복수정당제의 원리와 헌법상 야당의 구성과 활동의 권리를 가진 모든 정당의 기회균등이다."(BVerfGE 12, 45 [51])

1990년 헌법재
판소 찬양·고
무죄 한정합헌
결정에서의 정
의

이와 유사하게 우리 헌법재판소도 1990. 4. 2. 89헌가113(국가보안법 제7조에 대한 위헌심판) 결정에서 "자유민주적 기본질서에 위해를 준다 함은 모든 폭력적 지배와 자의적 지배 즉 반국가단체의일인독재 내지 일당독재를 배제하고 다수의 의사에 의한 국민의 자치, 자유·평등의 기본원칙에 의한 법치주의적 통치질서의 유지를 어렵게 만드는 것이고 이를 보다 구체적으로 말하면 기본적 인권의 존중, 권력분립, 의회제도, 복수정당제도, 선거제도, 사유재산과 시장경제를 골간으로 한 경제질서 및 사법권의 독립 등 우리의 내부 체제를 파괴·변혁시키려는 것으로 풀이할 수 있을 것이다."라고 판시한 바 있다.[157]

민주적 기본질
서의 조건 확
대해석 금지

그러나 이러한 기준을 완전히 충족한 정당이라는 것은 찾아 볼 수 없고, 어느 정도로 이러한 기준들이 준수되지 않을 때 민주적 기본질서에 위배되느냐의 문제에 관하여는 이 판시들이 아무런 대답도 주지 않는다. 이로 인하여 경우에 따라서는 야당탄압의 한 수단으로 될 위험도

---

157) 헌재 1990. 4. 2. 89헌가113, 판례집 제2권, 49 [64].

있다. 그리하여 이러한 남용가능성을 줄이기 위해서는 민주적 기본질서의 조건들을 지나치게 확대해석해서는 안 된다고 볼 것이다.

첫째, 독일 연방헌법재판소에 따르면 한 정당의 정치노선이 자유민주적 기본질서에 계속 대항해서 투쟁하는 경향을 보이거나 이 투쟁이 계획적으로 추진되는 것을 인식할 수 있다고 하는 것만 가지고서는 이러한 정당해산의 요건이 충족되었다고 볼 수 없다는 것이다.

둘째, 정당이 헌법의 개별규정이나 전체제도를 부인하는 것만으로는 아직 정당의 위헌성의 근거가 될 수 없다고 한다.

셋째, 헌법의 기본원리에 적대적 행위가 존재하느냐의 여부는 정당의 목적, 또한 당원만이 아니라 그 추종자들의 행태에 따라 가려진다. 이 때 근거가 되는 것이 정당의 내부질서이다.

2014년에 헌법재판소는 정부가 제소한 통합진보당에 대한 정당해산심판에서 이 정당을 해산하였다. 이 결정에서 헌법재판소가 제시하고 있는 민주적 기본질서의 정의는 위 국가보안법 결정에서의 정의보다 훨씬 단조로워졌다. 헌법재판소는 "헌법 제8조 제4항이 의미하는 '민주적 기본질서'는, 개인의 자율적 이성을 신뢰하고 모든 정치적 견해들이 각각 상대적 진리성과 합리성을 지닌다고 전제하는 다원적 세계관에 입각한 것으로서, 모든 폭력적 · 자의적 지배를 배제하고, 다수를 존중하면서도 소수를 배려하는 민주적 의사결정과 자유 · 평등을 기본원리로 하여 구성되고 운영되는 정치적 질서를 말하며, 구체적으로는 국민주권의 원리, 기본적 인권의 존중, 권력분립제도, 복수정당제도 등이 현행 헌법상 주요한 요소라고 볼 수 있다."[158]고 하고 있다.

(3) 목적과 활동

정당의 목적과 활동이 무엇인가에 대하여는 헌법재판소가 통합진보당 해산결정에서 잘 판시하고 있다.

즉 "'정당의 목적'이란, 어떤 정당이 추구하는 정치적 방향이나 지향점 혹은 현실 속에서 구현하고자 하는 정치적 계획 등을 통칭한다. 이는 주로 정당의 공식적인 강령이나 당헌의 내용을 통해 드러나겠지만,

---

158) 헌재 2014. 12. 19. 2013헌다1, 판례집 제26권 2집 하, 1 [인용(해산)].

자유민주적 기본질서에 대한 계속적 투쟁만 가지고는 요건 부족

헌법의 개별규정이나 전체제도 부인만으로도 부족

정당의 목적, 당원과 추종자의 행태

2014년 통합진보당에 대한 정당해산심판에서의 정의

정당의 목적과 활동의 정의

정당의 목적이란 추구하는 정치적 방향이나 계획

그밖에 정당대표나 주요 당직자 등의 공식적 발언, 정당의 기관지나 선전자료와 같은 간행물, 정당의 의사결정과정에서 일정한 영향력을 가지거나 정당의 이념으로부터 영향을 받은 당원들의 행위 등도 정당의 목적을 파악하는 데에 도움이 될 수 있다. 만약 정당의 진정한 목적이 숨겨진 상태라면 이 경우에는 강령 이외의 자료를 통해 진정한 목적을 파악해야 한다.

정당에게 귀속 시킬 수 있는 일반 활동

한편 '정당의 활동'이란, 정당 기관의 행위나 주요 정당관계자, 당원 등의 행위로서 그 정당에게 귀속시킬 수 있는 활동 일반을 의미한다."159)

(4) 민주적 기본질서에 위배될 때

실질적인 해악 을 끼칠 수 있 는 구체적 위 험성

다음으로 민주적 기본질서에 위배될 때가 언제인가가 문제된다. 이에 대해서 헌법재판소는 "헌법 제8조 제4항은 정당해산심판의 사유를 '정당의 목적이나 활동이 민주적 기본질서에 위배될 때'로 규정하고 있는데, 여기서 말하는 민주적 기본질서의 '위배'란, 민주적 기본질서에 대한 단순한 위반이나 저촉을 의미하는 것이 아니라, 민주사회의 불가결한 요소인 정당의 존립을 제약해야 할 만큼 그 정당의 목적이나 활동이 우리 사회의 민주적 기본질서에 대하여 실질적인 해악을 끼칠 수 있는 구체적 위험성을 초래하는 경우를 가리킨다."고 판시하고 있다.160)

비례의 원칙 적용

또한 정당해산은 정당활동의 자유에 대한 근본적인 제한을 초래하기 때문에 정당을 해산할 정도로 민주적 기본질서에 위배되는지 여부에 대한 심사에 있어서 비례의 원칙을 적용하였다.

즉 "강제적 정당해산은 헌법상 핵심적인 정치적 기본권인 정당활동의 자유에 대한 근본적 제한이므로, 헌법재판소는 이에 관한 결정을 할 때 헌법 제37조 제2항이 규정하고 있는 비례원칙을 준수해야만 한다. 따라서 헌법 제8조 제4항의 명문규정상 요건이 구비된 경우에도 해당 정당의 위헌적 문제성을 해결할 수 있는 다른 대안적 수단이 없고, 정당해산결정을 통하여 얻을 수 있는 사회적 이익이 정당해산결정으로 인해 초래되는 정당활동 자유 제한으로 인한 불이익과 민주주의 사회에 대한

---

159) 헌재 2014. 12. 19. 2013헌다1, 판례집 제26권 2집 하, 1 [인용(해산)].
160) 헌재 2014. 12. 19. 2013헌다1, 판례집 제26권 2집 하, 1 [인용(해산)].

중대한 제약이라는 사회적 불이익을 초과할 수 있을 정도로 큰 경우에
한하여 정당해산결정이 헌법적으로 정당화될 수 있다."161)

다. 정당해산의 절차

(1) 정당해산의 제소

제소권자는 정부이다(제8조 제4항).

대통령은 제소에 앞서 국무회의의 심의를 거쳐야 한다(제89조 14호).

제소권자는 정부

(2) 해산의 결정

정당의 해산은 헌법재판소의 9인의 재판관 중 6인 이상의 찬성을
얻으면 결정된다.

6인 이상의 찬성으로 인용

헌법재판소법 제57조는 "헌법재판소는 청구인의 신청 또는 직권으
로 종국결정의 선고시까지 피청구인의 활동을 정지하는 결정을 할 수
있다."고 규정하고 있어 활동정지결정이 마치 헌법재판소의 재량인 것
처럼 규정하고 있으나, 헌법 제65조 제3항에 의하면 "탄핵소추의 의결
을 받은 자는 탄핵심판이 있을 때까지 그 권한행사가 정지된다."고 규정
하고 있기 때문에 권한행사의 정지는 헌법적으로 이미 결정되어 있는
것이다. 따라서 헌법재판소의 결정은 이를 확인하는 효력을 가질 뿐인
것으로 이해해야 할 것이다.

권한행사의 정지

(3) 결정의 집행

정당해산을 명하는 결정서는 피청구인 외에 국회, 정부 및 중앙선
거관리위원회에도 송달하여야 한다(헌재법 제58조 제2항).

정당의 해산을 명하는 헌법재판소의 결정은 중앙선거관리위원회가
정당법에 따라 집행한다(헌재법 제60조).

중앙선관위는 해산결정이 내려진 정당의 등록을 말소하고 지체없
이 그 뜻을 공고해야 한다(정당법 제47조)..

집행의 주체는 중앙선관위

라. 해산결정의 효과

헌법재판소의 정당에 대한 해산결정은 창설적 효력을 갖기 때문에

해산결정의 창설적 효력

---

161) 헌재 2014. 12. 19. 2013헌다1, 판례집 제26권 2집 하, 1 [인용(해산)].

이 시점에서부터 정당은 모든 특권을 상실한다.

해산결정의 주요 효과는 다음과 같다.

(1) 대체정당의 금지(정당법 제40조)

정당이 헌법재판소의 결정으로 해산된 때에는 해산된 정당의 강령과 동일하거나 유사한 것으로 정당을 창당하지 못한다.

(2) 유사명칭 등의 사용금지(정당법 제41조)

헌법재판소의 결정에 의하여 해산된 정당의 명칭과 같은 명칭은 정당의 명칭으로 다시 사용하지 못한다.

(3) 잔여재산의 국고귀속(정당법 제48조 제2항).

헌법재판소의 해산결정에 의하여 해산된 정당의 잔여재산은 국고에 귀속한다.

(4) 해당 정당소속 의원의 의원직 상실 여부

정당소속의원의 의원직 상실여부

해산결정을 받은 정당소속의 의원은 의원직을 상실하는가의 문제가 제기된다.

(가) 긍정설

긍정설

긍정설에 의하면 오늘날의 정당국가적 민주주의에 있어서 의원은 정당의 재정적·기술적 도움으로 의원에 당선될 뿐 아니라 오늘날의 선거는 인물보다 정당을 선택하는 선거이기 때문에 해산된 정당에 소속된 의원이 의원직을 상실하는 것은 당연하다는 입장이다(Leibholz).

(나) 부정설

부정설

이에 반하여 의원직 상실에 반대하는 견해에 따르면 의원의 정당성은 독립적이기 때문에 정당이 해산판결을 받은 경우에도 의원직을 상실하지 않는다고 하는 입장이다.

(다) 헌법재판소의 입장

헌법재판소의 긍정설

헌법재판소는 의원직을 상실한다고 하는 입장이다. 즉 "헌법재판소의 해산결정으로 정당이 해산되는 경우에 그 정당 소속 국회의원이 의원직을 상실하는지에 대하여 명문의 규정은 없으나, 정당해산심판제도의 본질은 민주적 기본질서에 위배되는 정당을 정치적 의사형성과정에서 배제함으로써 국민을 보호하는 데에 있는데 해산정당 소속 국회의원의 의원직을 상실시키지 않는 경우 정당해산결정의 실효성을 확보할 수 없게 되므로, 이러한 정당해산제도의 취지 등에 비추어 볼 때 헌법재판소의 정당해산결정이 있는 경우 그 정당 소속 국회의원의 의원직은 당선 방식을 불문하고 모두 상실되어야 한다."162)

마. 정당해산제도의 문제점163)

첫째, 정당해산제도는 헌법보호수단으로서 민주질서를 어느 정도 보호할 수 있으나 민주적 정당성을 얻거나 강화하지는 못한다.

둘째, 이는 정치적 자유의 제한이라는 결과를 수반한다.

셋째, 정당제도를 위축시킬 위험성을 내포하고 있다.

넷째, 자유민주주의와 헌법의 보호를 구실로 야당을 탄압하는 수단이 될 위험성이 있다.

다섯째, 이미 강력해진 헌법적대적 정당은 해산이 곤란하고 별로 문제되지 않는 헌법적대적 정당은 해산의 효과가 헌법보호의 관점에서 보았을 때 그리 크지 않다는 것이다.

정당해산제도의 문제점

V. 정치적 기본권의 보장

민주주의는 정치적 기본권을 보장하지 않으면 안된다. 정치적 기본권으로서는 크게 정당설립 및 활동의 자유와 언론·출판, 집회·결사의 자유 그리고 참정권을 들 수 있다.

정치적 기본권

1. 정당의 자유164)

정당은 국민의 정치적 의사를 매개하는 국민의 자발적인 정치적 결사라고 할 수 있다. 정당은 국민들 가운데 존재하는 수많은 정치적 대안들, 달리 말해서 정책적 대안과 인물적 대안을 몇 가지로 좁혀서 선택

국민의 정치적 의사 매개

---

162) 헌재 2014. 12. 19. 2013헌다1, 판례집 제26권 2집 하, 1 [인용(해산)].
163) 이하 계희열 (주 7), 297-298면 참고.
164) 위 IV. 정당제도와 정당의 자유의 보장 참조.

가능하도록 만들고 이를 통하여 국민이 정치적 결정을 효과적으로 할 수 있도록 매개하는 기능을 한다.

복수정당제
보장

민주주의 국가의 특징은 이러한 정당의 설립과 활동의 자유를 보장한다는 점이다(헌법 제8조 제1항). 달리 말해서 복수정당제가 보장된다. 복수정당제가 보장될 때에 비로소, 정권을 획득하지 못한 정당들, 즉 야당은 정부와 여당에 대하여 효과적으로 비판, 통제, 대안형성의 기능[165]을 할 수 있게 된다. 이러한 비판과 통제, 대안형성을 통해서 야당은 다음 번 선거에서는 정권을 교체하여 다시 여당이 될 수 있는 가능성을 가지게 된다. 그러한 야당의 견제기능이 없는 경우에 정권은 쉽사리 부패할 수밖에 없고, 또한 장기집권을 할 가능성이 많으며, 이러한 과정에서 국민 기본권은 침해될 수밖에 없고, 이제 국민이 주인이 아니라, 정권을 획득한 소수 내지 일인이 주인으로서 소수지배 내지 독재가 출현하게 되는 것이다.

그러므로 민주주의에 있어서 복수정당제와 정당설립 및 활동의 자유는 없어서는 안 되는 필수적인 요소라고 볼 수 있을 것이다.[166]

2. 언론 · 출판 · 집회 · 결사의 자유 등 민주주의적 기본권의 보장

언론 · 출판 ·
집회 · 결사의
자유

언론 · 출판의 자유 집회 · 결사의 자유는 민주주의에서 가장 중요한 기본권이라고 할 수 있다.

표현의 자유와
민주주의

언론 · 출판의 자유는 말하고, 듣고, 볼 자유를 보장하는 자유이다. 민주주의 사회에서 언론 · 출판의 자유, 즉 표현의 자유는 마치 공기와도 같아서 이러한 공기가 없이 숨을 쉴 수 없는 것과 같이 표현의 자유가 없는 민주주의는 생각할 수 없다.

방송과 신문의
자유 포함

언론 · 출판의 자유에는 방송과 신문의 자유가 포함된다. 방송과 신문 그리고 현대적인 인터넷 등의 첨단 매체는 국민들의 정치적 의사형성에 결정적인 기여를 하게 된다. 다시 말해서 정부와 국회 그리고 사법

---

165) 방승주 (주 99), 9-52면.
166) 방승주 (주 99), 9면.

부를 비롯한 모든 국가기관의 행위에 대하여 보도를 통하여 국민에게 알리고 그들의 행위가 국민의 뜻에 따라 이루어지고 있는지를 끊임없이 감시하고 비판하고 견제할 수 있게 한다.

따라서 이러한 언론기관의 활동이 자유롭게 보장되지 않으면, 단순히 개인적 차원에서 말하고 듣고 볼 자유가 보장된다고 해서 저절로 민주주의가 이루어지는 것은 아니다. 다시 말해서 국민에 의한 지배의 이념이 제대로 실현되기 위해서는 우선적으로 국민의 대표가 국민의 뜻에 따라서 선출되어야 하기도 하지만, 선거와 선거 사이의 기간 동안 선출된 국민대표가 국민의 뜻에 따라서 국가적 의사결정을 하지 않으면 안 되는데, 이러한 국민의 뜻과 여론의 형성을 가능하게 하는 결정적인 매개체가 바로 언론기관이라고 할 수 있다. 다시 말해서 언론기관은 통치기관과 국민간의 의사소통을 가능하게 하는 기능을 한다고 할 수 있다.

통치기관과 국민간 의사소통의 매개

집회 · 결사의 자유는 집단적인 의사표현의 자유라고 할 수 있다. 특히 정치적으로 뜻을 같이하는 국민들이 정부의 일정한 정책에 대하여 효과적으로 항의하고 반대하기 위해서는 집단적으로 시위를 할 수 있어야 하며, 나아가 이들이 또한 사회적으로 일정한 단체를 결성하여 나름대로 자신들의 이익을 대변하기 위한 노력을 기울일 수 있어야 한다. 이러한 단체들은 경우에 따라서 자신들의 이익과 의사를 관철하기 위하여 단체의 이름으로 정부나 국회에 집단적인 의사표시를 할 수 있게 된다.

집회 · 결사의 자유

따라서 집회 및 결사의 자유는 개인적 차원에서의 여론형성을 집단적 차원으로 할 수 있게 하는 자유이기 때문에 크게 볼 때, 언론 · 출판의 자유와 더불어서 정치적 표현의 자유를 가능하게 하는 자유라고 할 수 있다.

정치적 표현의 자유를 가능하게 하는 자유

그러므로 이러한 언론·출판의 자유와 집회 · 결사의 자유는 통치를 담당하는 국가기관이 국민의 뜻에 따른 지배, 즉 국민에 의한 지배를 가능하게 하는 비판과 감시 견제의 기능을 가능하게 하는 것이기 때문에, 민주주의에 있어서 없어서는 안 되는 필수적인 정치적 기본권이라고 보아야 할 것이다.

국민에 의한 지배 및 비판과 감시, 견제 기능

3. 참정권의 보장

정치에 직접
참여할 권리

참정권은 선거권과 피선거권, 그리고 공무담임권을 모두 일컫는다
고 할 수 있다. 한마디로 정치에 직접 참여할 수 있는 권리인 것이다.

헌법상 선거권
및 피선거권

우리 헌법은 제24조에서 법률이 정하는 바에 의하여 선거권을 보장
하고 있다. 그리고 또한 피선거권의 경우도 가령 대통령의 경우 국회의
원의 피선거권이 있고 선거일 현재 40세에 달한 국민에게 보장하고 있
고, 국회의원과 지방자치단체의 장 및 의회의원의 경우는 헌법이 직접
피선거권 행사연령을 제한하고 있지는 않지만 공직선거법이 25세 이상
의 국민으로 피선거권을 부여하고 있다.

공무담임권

공무담임권은 한편으로는 공무원임용시험과 선거를 통해서 공무원
이 될 수 있는 기회를 보장하는 권리이다. 공무원임용시험은 주로 행정
직 공무원이 되기 위한 시험이기는 하지만 이러한 시험을 통해서 고위
공직자로 올라갈수록, 점차 단순 행정직의 차원을 넘어서 대통령과 행
정각부 장관의 명을 받아 국가의 정책입안과 결정에 참여할 가능성이
높아지기 때문에, 이와 같이 공무담임권을 통해서 국민이 직접 정치에
참여할 수 있는 기회가 열릴 수 있게 된다.

피선거권의 보
장과 민주주의
의 이념 실현

또한 국민은 각종 선거에 후보자로 직접 출마하여 대통령이나 국회
의원 그리고 지방자치단체의 장과 지방의회 의원으로 선출될 수 있는
기회가 보장되어 있다. 이와 같이 누구에게나 피선거권이 보장됨으로
말미암아, 국가권력이 어떠한 개인이나 집단, 소수 귀족이나 어떠한 한
정당에게만 전속된 것이 아니라, 국민 일반에 의하여 행사될 수 있다고
하는 것이기 때문에, 결국 이러한 피선거권의 보장은 국민에 의한 지배
라고 하는 민주주의의 이념을 곧바로 구현하는 것이라고 할 수 있다.

Ⅵ. 다수결의 원리[167)]

1. 다수결의 원리의 의의

다수결의 원리란 어떠한 공동체가 의사결정을 함에 있어서 과반수
의 찬성으로 의사결정을 하는 것을 원칙으로 삼는 것을 다수결의 원리
라고 한다.

과반수에 의한
의사결정원리

2. 다수결의 원리의 정당성의 근거

민주주의에 있어서 다수결의 원리를 왜 택하는가와 그것이 왜 정당
하다고 할 수 있는가의 문제는 여러 가지 차원에서 설명할 수 있다.

다수결원리의
정당성 근거

첫째, 다수가 결정하는 것이 옳기 때문에 다수가 결정해야 한다고
하는 입장이 있을 수 있다. 그러나 진리가 반드시 다수에 있는 것은 아
니다. 즉 다수가 결정한다고 해서 모두 옳다고 할 수는 없다. 그러므로
이러한 논거는 다수결의 원리의 정당성의 근거가 될 수는 없다.

다수결의 옳음
에서 정당성을
찾는 관점

둘째, 경제적 관점, 즉 이익극대화의 관점에서 설명해 볼 수 있다.
즉 어떠한 공동체가 의사결정을 하기 위해서는 여러 가지 방법이 있을
수 있다. 만장일치와 다수결원리, 독재가 그것이다. 가급적 공동체 전체
구성원들이 모두가 만족할 수 있는 의사결정방법은 만장일치이다. 그러
나 만장일치는 현실적으로 그 결과에 도달하기 위해서는 너무나 많은
시간과 비용이 소요되므로 현실적으로 만장일치의 방법을 택할 수는 없
다. 그렇다고 해서 1인 독재에 의할 경우 의사결정의 비용은 가장 최소
한으로 들겠지만, 전체 구성원들은 그 결정에 만족할 수 없기 때문에,
이 결정을 집행하는 데 많은 비용이 들게 될 것이다. 따라서 가장 적정
한 비용이 드는 의사결정방법은 다수결의 원리라는 것이다. 이것은 의
사결정의 과정에 있어서 적정한 비용 밖에 소요되지 않으면서도, 결정
의 집행에 있어서도 다수가 찬성하였기 때문에 그에 저항하는 집단이

이익극대화의
관점

---

167) 이에 관하여는 방승주, 민주주의에 있어서 다수결의 원리, 고려대학교 대학원
석사학위논문 1986 참조.

많지 않아 비용이 많이 들지 않는다는 것이다.

민주주의적
가치 실현의
관점

    셋째, 민주주의적 가치의 실현의 관점이 있다. 즉 다수결에 의할 때, 가장 많은 사람의 자유가 실현될 수 있다고 하는 의미에서 자유의 관점을 강조하는 입장과, 또한 반대로 다수가 결정할 때 평등이 실현될 수 있다고 하는 의미에서 평등의 관점을 강조하는 입장, 그리고 다수가 결정할 때, 가장 많은 사람이 동시에 자유로울 수 있기 때문에, 자유와 평등이 모두 실현될 수 있다고 하는 입장이 있다.

평등한 자결권
(자유와 평등)

    생각건대, 경제적 관점에서의 비용분석의 관점도 상당히 설득력 있는 논거라고 말할 수 있을 것이다. 하지만 민주주의에 있어서는 때로는 비용이 많이 드는 경우가 있다 하더라도 어떠한 사항이 옳은 경우에는 그것을 관철해야 할 필요가 있을 수도 있다. 그렇기 때문에 무조건적으로 이익극대화나 경제적 관점만을 정당성의 근거로 보기는 어렵다는 측면이 있다. 이러한 점을 고려한다면, 민주주의적 가치의 실현에서 다수결의 원리의 정당성의 근거를 찾는 것이 가장 설득력 있다고 할 수 있다. 이 가운데서 다수결은 모두가 1인 1표를 전제로 하기 때문에 평등이 실현될 수 있을 뿐만 아니라, 비록 자신의 뜻대로 결정되지 않았다 하더라도 최대한의 많은 사람이 자신들의 뜻을 관철시킬 수 있었다고 하는 점에서 보면 최대다수의 최대자유가 보장될 수 있다고 하는 의미에서, 평등한 자결권, 즉 자유와 평등이 결국 다수결의 원리의 정당성의 근거가 된다고 할 수 있을 것이다.

3. 다수결원리적용의 전제조건

정치적 의사결
정원리

    첫째, 다수결의 원리는 일단 정치적 공동체의 의사결정 방식이다. 따라서 다수결의 원리를 모든 영역에서 사용할 수는 없다. 즉 학문적 영역이나, 경제적 영역, 그 밖에 가족적 영역에서 모든 구성원이 1인 1표를 전제로 하는 다수결의 원리로 안건을 결정할 수는 없는 것이다. 1인 1표에 의한 다수결이 가장 확실히 가능한 영역은 정치적 영역이라고 할 수 있다.

둘째, 이러한 정치적 영역에서도 우선 그 공동체가 어떠한 안건을 결정하기 위해서, 의사결정방식으로 다수결의 원리를 적용하고, 그 결과 여하와 상관없이 모든 구성원이 결정에 승복하고 구속된다고 하는 사전의 합의가 필요하다. 일반 사회적 영역에서도 구성원의 의사의 평등이 전제로 된 공동체는 다수결의 원리를 의사결정방식으로 사용할 수 있을 것이다. 그러나 이 경우에도 다수결의 원리의 적용이 사전에 합의되어야 하고, 이러한 사전의 합의는 원칙적으로 만장일치로 이루어져야 할 것이다.

다수결원리에 대한 사전 합의 필요

셋째, 다수결의 원리를 적용하기 위해서는 전체 공동체의 구성원의 수가 몇 명인지 확정될 수 있어야 한다. 그래야만 과반수가 되었는지 아니면 안 되었는지를 확인할 수 있기 때문이다. 국가의 선거가 있을 때마다 사전에 유권자수를 확정하는 이유도 바로 선거의 당락을 결정하는 과반수 또는 상대다수의 기준을 확인하기 위한 것이다.

전체 공동체 구성원수의 확정

넷째, 다수결에 참여하는 공동체의 구성원들이 모두 1인 1표씩 행사할 수 있어야 한다. 즉 표의 계산가치가 평등하지 않으면 안 된다. 이 말은 다수결에 참여하는 자의 의견이 각자가 가진 정치적 식견이나 재산의 다과나 그 밖의 모든 능력과 상관없이 원칙적으로 동등하다고 하는 것을 전제로 해야 한다는 것을 의미한다.

계산가치의 평등

또한 어떠한 대표기관이 다수결의 원리를 적용할 경우에는 그 대표기관의 구성에 있어서의 평등도 보장되지 않으면 안 된다. 다시 말해서 이질적 집단의 대표들이 모여 하나의 합의체를 이루는 경우 각각의 집단들은 가령 자신의 인구수에 비례하여 대표를 파견할 수 있어야 한다. 즉 대표기관의 구성 단계에서부터 평등원칙에 반하는 경우에는 그들이 전체적으로 다수결로 결정한다 하더라도 결과적으로 민주적 의미의 다수결이 되기는 힘들기 때문이다.

대표기관 구성의 평등

다섯째, 공동체가 다수결의 원리로 어떠한 안건을 결정하기 위해서는 사전에 자유로운 토론이 충분히 이루어질 수 있지 않으면 안 된다. 이와 같은 자유로운 토론은 언론·출판의 자유 등 표현의 자유를 전제로

표현의 자유 보장

한다. 즉 자유로운 여론의 형성가능성이 없으면, 활발하게 토론이 이루어질 수 없고, 따라서 사전에 준비된 힘있는 소수나 독재자의 결정을 다수결의 이름으로 확인하고 통과시키는 기능 밖에 될 수 없다. 즉 거수기의 역할 밖에 할 수 없는 분위기에서의 다수결은 오히려 독재를 다수결로 미화하는 것에 지나지 않기 때문에 의미가 없다. 따라서 다수결이 민주적 의미의 진정한 다수의사가 되기 위해서는 여론형성의 자유, 언론·출판의 자유가 보장되지 않으면 안 된다.

다수관계의 교
체가능성과 다
수결의 변경가
능성

여섯째, 오늘의 소수가 내일의 다수가 될 수 있고, 오늘의 다수가 내일의 소수가 될 수 있는 가능성이 보장되어야 한다. 즉 다수관계의 교체가능성과 다수결의 변경가능성이 보장되지 않으면 안 된다. 이것은 언론·출판의 자유와 여론형성의 자유가 보장되어 있는 경우 별 문제없이 달성될 수 있는 사실적 전제조건이라고 할 수 있을 것이다.

4. 다수결원리의 한계

다수결 원리의
한계

다수결의 원리의 한계는 첫째, 어떠한 경우에 다수결의 원리를 적용할 수 없는가의 문제이기도 하고, 둘째, 다수결원리 적용의 전제조건이 갖추어졌다 하더라도 다수결의 원리로 결정할 수 없는 영역은 어떠한 것인가의 문제이기도 하다.

전제조건이 결
여된 곳에서
다수결원리 적
용불가

첫째, 다수결원리적용의 전제조건이 결여된 곳에서는 다수결의 원리를 적용할 수 없다. 즉 학문의 영역이나, 경제적 영역 – 가령 주주들의 경우 회사에서의 자본참여 비율에 따라서 의결권이 다를 수 있는 것과 마찬가지로 이 영역에서는 원칙적으로 다수결원리의 획일적 적용은 배제된다. 가족적 영역 등에서는 다수결의 원리를 적용할 수 없다.

공동체의 일정
사항 적용불가

둘째, 다수결원리적용의 전제조건이 갖추어졌다 하더라도 공동체의 일정한 사항에 대해서는 다수가 다수결의 원리로 결정할 수 없다고 보아야 할 것이다. 그러한 사항으로는 다음과 같은 것들이 있다.

가. 다수결의 원리 자체에 대한 폐지

정치적 공동체는 앞으로 영구적으로 다수결의 원리를 폐지하자고 하는 결정을 다수결로 할 수는 없을 것이다. 이는 영구적으로 민주주의를 포기하기로 하는 결정에 해당하는 것인데, 결국 이러한 결정은 다수결 대신 가령 1인 독재나 소수결을 택하는 결정을 통해서 그들의 의사표시의 가치를 나머지 구성원들의 의사표시의 가치보다 훨씬 높은 것으로 평가하고 그것을 영구화하기로 하는 결정이기 때문에, 이는 민주주의적 평등원칙에 정면으로 반한다. 따라서 다수결로 다수결의 원리를 폐지하기로 하는 결정은 할 수 없다.

> 다수결로 다수결의 원리 자체에 대한 폐지 불가

나. 극복될 수 없는 소수자들의 운명에 대한 결정

정치적 공동체 내에서는 가령 도저히 극복될 수 없는 소수자들(가령 언어적, 인종적, 민족적, 출신국적상의 소수)이 존재할 수 있는데, 이들의 운명에 대하여 전체 공동체가 다수결로 결정할 수는 없다. 다시 말해서 이 소수자들의 생존권이나 기타 중대한 기본권을 침해하는 내용의 결정을 나머지 다수가 다수결로 결정하는 경우 이는 그들에 대한 인권침해가 되는 것이며, 이러한 안건은 사실상 민주주의적 다수가 결정할 사항이 아니다. 만일 민주주의의 다수가 소수자의 인권과 기본권을 해하는 내용의 결정을 할 경우에, 이를 다수의 횡포이고 다수결의 남용이라고 할 수 있는데, 이때에는 법치국가원리에 따라서 사법부가 이러한 민주주의적 다수의 남용에 대하여 개입하지 않을 수 없게 되는 것이다.

> 극복될 수 없는 소수자들의 인권침해 불가

우리 인류 역사를 보게 되면, 민주주의나 다수결의 이름으로 무수히 소수자의 인권을 짓밟은 사례들을 볼 수 있는데, 이러한 사례들이 발생하지 않도록 하기 위해서는 사법부가 소수자들의 기본권을 효과적으로 보호할 수 있도록 하여야 할 것이다. 민주주의의 한계는 바로 여기에 있다고 볼 수 있다.

> 민주주의의 한계로서 소수자 보호

판례 국회의원과 국회의장 간의 권한쟁의: 법률안 가결 선포행위 무효확인 청구에 관한 판단

가. 입법절차에서의 하자와 그에 대한 평가

국회의 입법절차는 법률안의 제출부터 심의·표결 및 가결 선포와 정부에의

이송에 이르기까지 여러 과정을 거쳐 진행되며, 그 과정에 국회의 구성원인 다수의 국회의원들이 참여하여 국민의 의사나 상충하는 이익집단간의 이해를 반영하게 된다.

이와 같은 국회 입법절차의 특성상 그 개개의 과정에서 의도적이든 아니든 헌법이나 법률의 규정을 제대로 준수하지 못하는 잘못이 있을 수 있고, 그러한 잘못이 현실로 나타날 경우 그로 인하여 일부 국회의원들의 입법에 관한 각종의 권한이 침해될 수 있으나, 만일 이러한 사정만으로 곧바로 법률안의 가결 선포행위를 무효로 한다면 국법질서의 안정에 위해를 초래하게 되므로, 국회의 입법과 관련하여 일부 국회의원들의 권한이 침해되었다 하더라도 그것이 입법절차에 관한 헌법의 규정을 명백히 위반한 흠에 해당하는 것이 아니라면 그 법률안의 가결 선포행위를 곧바로 무효로 볼 것은 아니라 할 것이다.

헌법은 국회의 의사절차에 관한 기본원칙으로 제49조에서 '다수결의 원칙'을, 제50조에서 '회의공개의 원칙'을 선언하고 있으므로, 결국 법률안의 가결 선포행위의 효력은 입법절차상 위 헌법규정을 명백히 위반한 하자가 있었는지에 따라 결정된다 할 것이다(헌재 2009. 10. 29. 2009헌라8, 판례집 21 – 2하, 14, 81 – 82, 85 – 86; 헌재 1997. 7. 16. 96헌라2, 판례집 9 – 2, 154, 172 – 173 참조).

나. 이 사건의 경우

앞서 본 바와 같이, 이 사건 법률안들에 대해 청구인의 반대토론 신청이 적법하게 이루어졌음에도 이를 허가하지 않은 채 표결을 강행하여 가결을 선포한 행위는 국회법 제93조에 위반된다 할 것이다.

그러나 그 심의 · 표결 절차에 있어 그 밖에 국회법상 다른 위반사항이 없고, 이 사건 법률안들은 재적의원 과반수 이상의 출석과 출석의원 중 압도적 다수의 찬성으로 가결되었을 뿐만 아니라 회의공개의 원칙 또한 준수되어, 헌법에 규정된 다수결의 원칙(제49조)이나 회의공개의 원칙(제50조) 등 국회의 의사원칙을 위반하였다고 볼 수 없다.

다. 소결론

결국 피청구인의 이 사건 법률안들에 대한 가결 선포행위는 비록 국회법 제93조를 위반하여 청구인의 심의 · 표결권을 침해한 것이지만, 그것이 입법절차에 관한 헌법규정을 위반하였다는 등 가결 선포행위를 취소 또는 무효로 할 정도의 하자에 해당한다고 보기는 어렵다.

(헌재 2011. 8. 30. 2009헌라7, 판례집 23 – 2상, 220 [인용(권한침해),기각])

Ⅶ. 지방자치의 보장[168]

우리 헌법 제117조는 "① 지방자치단체는 주민의 복리에 관한 사무를 처리하고 재산을 관리하며, 법령의 범위 안에서 자치에 관한 규정을 제정할 수 있다"고 규정하고 있으며, "② 지방자치단체의 종류는 법률로 정한다"고 규정하고 있다. 또한 제118조에서 "① 지방자치단체에 의회를 둔다. ② 지방의회의 조직·권한·의원선거와 지방자치단체의 장의 선임방법 기타 지방자치단체의 조직과 운영에 관한 사항은 법률로 정한다"고 규정하고 있다.

헌법상 지방자치의 보장

지방자치제도는 주민의 복리에 관한 사무를 주민이 직접 처리하게 함으로써, 지역과 관련된 사무에 대해서는 그 지역과 가장 밀접한 이해관계가 있는 주민이 직접 선출한 대표자와 의회에 의해서 처리하게 하는 소위 풀뿌리 민주주의를 실현하기 위한 제도라고 할 수 있다.

풀뿌리 민주주의 실현

따라서 지방자치제도는 "국민에 의한 지배"의 이념을 실현하기 위한 민주주의적 제도의 한 요소라고 할 수 있다. 지방자치제도 가운데 "국민에 의한 지배"의 이념을 실현하는 제도적 요소는 다음과 같은 것들이 있다.

국민에 의한 지배이념 실현

첫째, 지방의회 의원과 지방자치단체의 장을 주민들이 직접 선거하여 선출한다. 지방의회는 법령의 범위 안에서 자치에 관한 규정, 즉 조례를 제정할 수 있다. 이러한 조례를 통하여 주민의 복리에 관한 사무처리, 즉 자치에 관한 규율을 할 수 있게 된다. 이것은 물론 법령의 범위 안에서이기는 하지만 그 지역 주민의 권리에 대한 제한이나 의무의 부과에 관한 사항일 수 있다. 따라서 그러한 사항에 관한 규율을 할 수 있는 기관은 원칙적으로 그 지역 주민에 의하여 선출되어 민주적으로 정당화된 지역 입법자라고 할 수 있는 지방의회인 것이다.

지방의회 의원 및 단체의 장 직접 선출

그리고 지방자치단체의 장은 주민의 복리에 관한 사무처리, 즉 지역사무에 관한 행정권을 가진 기관이다. 지역과 관련한 여러 가지 정책

주민의 복리에 관한 사무처리권

---

168) 이에 대해서는 방승주, 중앙정부와 지방자치단체와의 관계 - 지방자치에대한 헌법적 보장의 내용과 한계를 중심으로, 공법연구 제35집 제1호(2006. 10), 55-119면 참조.

적 결정을 함에 있어서 주민에 의하여 직접 선출되어 민주적으로 정당
화된 자치단체장에게 그 주민은 그 지역사무의 처리권한을 위임하였다
고 할 수 있다. 따라서 4년의 임기동안 자치단체장은 지방의회의 통제
를 받으면서 자기 책임하에 주민복리에 관한 사무를 처리할 수 있지만,
이러한 정책결정에 대한 정치적 책임은 4년 후의 선거에서 지역 주민들
이 다시 묻게 된다. 지역 주민은 이와 같이 자치단체의 장과 의회의원의
선거를 통해서 중앙무대에서의 정치지도자의 선출과 유사한 정치적 결
정을 한정된 지역적 범위 내에서 실습할 수 있게 된다.

정치적 실습장
으로서 기능

　뿐만 아니라 단체장이나 의회의원으로 출마한 지역 주민은 이제 중
앙정치무대로 진출하기에 앞서서 지역적 규모에서 정치적 경험을 쌓을
수 있는 기회를 가질 수 있게 된다. 이러한 의미에서 지방자치는 중앙정
치 무대에 진출하기 위한 정치초년생들의 정치적 실습장이 될 수 있다
는 점이 풀뿌리 민주주의의 중요한 의미 가운데 하나가 될 것이다.

주민투표제,
주민소환제

　둘째, 헌법이 직접 규정하고 있지는 않지만, 주민투표제와 주민소
환제와 같은 직접 민주주의적 요소들을 지방자치차원에서 실시할 수 있
다는 점이다. 지방자치단체의 일정한 정책을 주민이 직접 결정하게 하
는 주민투표제와, 일정한 조건하에 지방자치단체장이나 지방의회의원을
소환할 수 있는 주민소환제도는 지방자치 선거와 더불어서 주민이 직접
지역과 관련된 정치적 의사결정을 할 수 있는 제도 중의 하나라고 할
수 있다.

재외국민의
주민투표권

　이와 관련하여 재외동포의 출입국과 법적지위에 관한 법률에 따라
국내에 거소신고가 되어 있는 재외국민들에 대하여 주민등록이 되어 있
지 않다는 이유로 주민투표에 참여할 수 없도록 되어 있는 주민투표법
에 대하여도 헌법재판소는 평등의 원칙에 위반된다는 이유로 헌법불합
치결정을 내린 바 있다.[169]

　이 헌법불합치결정에 따라 2009.2.12 법률 제9468호에 의하여 주
민투표법 제5조 제1항은 개정되어 재외동포의 출입국과 법적 지위에 관
한 법률 제6조에 따라 국내거소신고가 되어 있는 재외국민도 주민투표

---

169) 헌재 2007. 6. 28, 2004헌마643, 판례집 제19권 1집 , 843, 843－845.

권을 가지게 되었다.

셋째, 지역주민들이 지역과 관련된 사무에 관하여 직접 참여할 수 있는 가능성이 있다는 것이다. 지방자치 역시 대의제를 전제로 하기 때문에, 주민투표나 주민소환제도와 같이 직접민주주의적 요소가 제도화된 경우가 아니면, 이러한 주민의 참여는 조례가 규정한 범위 내에서 보장되는 주민의 권리라고 할 수 있겠으나, 이러한 주민의 참여는 헌법적으로 보면 언론·출판, 집회·결사의 자유 등 국민의 기본권에 의해서 보장되는 활동이라고 할 수 있을 것이다.

지역관련사무
직접 참여가능

제 4 관 "국민을 위한 지배"이념의 구체화

Ⅰ. 인간존엄과 자유·평등의 보장

민주주의는 국민의 인간으로서의 존엄과 그리고 자유·평등을 보장하기 위한 국가체제라고 할 수 있다. 민주주의의 어원 자체가 국민이 스스로 다스리는 통치체제를 의미하듯이, 인간존엄은 인간이 자신의 일에 대하여 자율적으로 결정할 수 있는 인격적 존재로서 가지게 되는 가치라고 할 수 있을 것이다. 국민이 다른 사람에게 타율적으로 지배받는 것이 아니라, 스스로의 일에 대하여 스스로 자율적으로 결정하는 것이 인간존엄과 자유의 본질이라고 한다면, 민주주의는 이러한 인간존엄과 자유를 가장 잘 실현할 수 있는 국가형태라고 할 수 있을 것이다.

인간의 존엄
및 자유, 평등
의 보장

특히 민주주의는 정치적 자유를 보장하는 체제이다. 국민이 통치기관의 구성에 평등하게 영향을 미치기 위해서는 평등한 선거권과 피선거권이 보장되어야 할 뿐만 아니라, 한번 선출된 국민의 대표가 국가적 의사결정을 국민의 뜻에 따라 할 수 있도록 지속적으로 감시하고 통제할 수 있어야 하는데, 이러한 감시와 통제를 가능하게 하는 것이 바로 언

정치적 자유
보장

론·출판의 자유와 집회·결사의 자유 등의 민주주의적 기본권이라고 할 수 있다. 그러므로 민주주의는 이러한 언론·출판의 자유와 집회·결사의 자유의 보장이 없이는 결코 제대로 실현될 수 없으며, 또한 민주주의가 제대로 실현되어 있지 아니한 나라에서는 이러한 자유가 잘 보장되지 않고 있는 것이 현실이다. 그러므로 민주주의는 인간존엄을 국가가 추구해야 할 가장 중요한 가치이자 이념으로 상정하고 있으면서도, 그 실현을 위해서 폭넓게 국민의 정치적 자유를 보장하는 체제라고 할 수 있다.

정치적
평등의 보장

그리고 민주주의는 국민이 누구나 똑같이 존엄하고 자유로울 수 있도록 보장하는 통치체제로서 평등을 보장한다. 인간이 자유만을 갖는다면 그것은 다른 사람에 대한 지배와 억압의 자유까지 포함될 수 있고, 그리하여 그것은 지배받고 억압되고 있는 사람들에게는 더 이상 자유가 될 수 없다. 누구나 자유로울 수 있기 위해서는 평등하게 자유로워야 한다. 민주주의는 이러한 평등한 자유를 실현하기 위하여 소위 1人 1票 (one man one vote)의 원칙에 따라서 국민 누구에게나 정치적 평등을 보장하는 통치체제이다. 그러므로 정치적 영역에서 이 평등은 엄격한 형식적 평등, 도식적 평등의 원칙이 적용된다.

소수 엘리트에
의한 지배가
아니라 국민에
의한 지배

모든 권력은 국민으로부터 나온다고 할 때에 이 국민은 어떠한 한 개인이나 집단 등의 일정한 정치적 엘리트만을 일컫는 것이 아니라, 모든 국민을 일컫는다고 할 수 있다. 한편으로 모든 국민이 국가기관의 구성에 있어서 동일한 영향력을 행사할 수 있을 때, 그는 스스로 다스린다고 하는 민주주의의 이념에 더 가까워질 수 있을 것이다. 다른 한편으로 국가의 정치적 의사결정에 있어서 그 영향력의 행사면에서도 각 국민이 동일한 힘을 발휘할 수 있을 때에 정치적 평등은 제대로 실현될 수 있다. 다시 말해서 법을 제정함에 있어서도 법제정에 영향력을 미치는 실질적 힘의 행사에 있어서는 아직까지 평등이 실현되어 있지 아니하고, 정치적, 경제적, 사회적, 문화적 차원에서의 소수 엘리트나 지배권력에 의해서 좌우되는 측면이 많이 있다. 다시 말해서 주도적인 엘리트에 의해서 법제정이나 정책이 좌우되는 경우가 흔히 벌어질 수 있는데, 이렇

게 국가적 의사결정이 소수 엘리트에 의해서 이루어지는 것이 아니라, 국민 다수의 뜻에 따라서 이루어지게 될 때에 소위 국민에 의한 지배 (government by the people)가 보다 현실화될 수 있게 될 것이다.

그러므로 모든 국민이 법 앞에 평등하며, 정치, 경제, 사회, 문화 등 모든 영역에서 차별받지 않는다고 하는 평등이념(우리 헌법 제11조)은 민주주의의 실현에 있어서 중요한 실질적 요소로서 기능하게 되는 것이다.

민주주의의 실
질적 요소인
평등이념

Ⅱ. 소수자의 기본권보호

다수자가 수의 힘으로 소수자의 생존을 위협하는 결정을 내린다면 그것은 민주주의에 있어서 다수의 힘의 남용이라고 할 수 있을 것이다. 그러므로 의사결정 메커니즘으로 다수결의 원리를 채택하고 있는 민주주의에 있어서도 소수자의 운명이나 그들의 기본권을 다수가 함부로 침해하게 할 수는 없다. 그와 같은 역할을 할 수 있는 제도적 장치가 바로 소수자의 기본권보호에 관한 헌법규정, 즉 기본권보장이라고 할 수 있다.

소수자의 기본
권 보호

대한민국은 전통적으로 단일 민족국가에 가까웠다고 볼 수 있기 때문에, 가령 인종이나 민족, 또는 언어 등과 관련하여 소수자가 그리 뚜렷하게 존재하여 왔다고 볼 수는 없다. 그렇기 때문에 이러한 표지와 관련한 소수자들의 기본권을 특별히 더 보호하고자 하는 기본권규정은 존재하지 않는다.

전통적으로
소수자보호규
정 미존재

그러나 사회적 약자의 기본권보호에 관한 규정은 여러 가지가 있다. 여자의 근로는 특별한 보호를 받으며, 고용·임금 및 근로조건에 있어서 부당한 차별을 받지 아니한다는 여자의 근로보호조항(제32조 제4항), 연소자의 근로는 특별한 보호를 받는다고 하는 연소자 근로보호조항(제32조 제5항), 국가유공자·상이군경 및 전몰군경의 유가족은 법률이 정하는 바에 의하여 우선적으로 근로의 기회를 부여받는다고 하는 국가유공자 등의 근로보호조항(제32조 제6항)을 들 수 있다.

근로보호조항

최근 다문화가정이 많이 늘어나면서, 다른 국가 출신의 국민들의

이주노동자의
인권보호

인권보호의 문제가 새로운 이슈로 떠오르고 있다. 그리고 외국 국적의 이주노동자들의 노동관련 인권보호의 문제도 매우 중요한 문제가 된지 오래이다. 그리고 가령 외국국적 교포들의 경우 국적은 비록 외국국적을 가지고 있지만 과거에 대한민국 국민이었거나, 대한민국 국민이었던 부모를 두고 있는 사람으로서 대한민국에서 취업활동을 하기 위한 목적으로 국내에 입국하여, 대한민국 국민임을 주장하는 경우도 있다.

외국인의 기본
권주체성

이와 같이 새로이 출현하고 있는 소수자들의 기본권, 특히 그들의 생존권을 보장하기 위해서, 외국인의 기본권주체성을 적극적으로 인정하고, 그들의 인권과 기본권을 보호하기 위한 적극적인 헌법해석이 필요하다고 볼 수 있다.

재외국민의
정치적참여
보장

한편 대한민국 국민이지만 외국으로 이주하여 그곳에서 영주자격을 취득한 장기체류 재외국민들의 경우, 체류국의 국적을 취득하지 않고 있기 때문에, 그곳에서 시민권을 행사하지도 못하고, 또한 종래까지는 대한민국에서도 선거권이나 국민투표권을 행사할 수 없어서 그들의 정치적 이익은 보호받지 못한 채, "영원한 소수자요, 영원한 이방인"으로서 전락될 위험에 처해 있었으나, 그들의 헌법소원심판 청구를 헌법재판소가 인용하여 관련규정을 헌법불합치로 결정하였고, 그에 따라 국회가 최근 공직선거법, 국민투표법, 주민투표법 등을 개정하여 참정권을 행사할 수 있도록 한 바 있음은 이미 언급한 바와 같다.

제5관 세 가지 이념 상호간의 관계

전술한 민주주의의 세 가지 이념, 즉 국민의, 국민에 의한, 국민을 위한 지배이념 가운데 그 어느 것 하나가 빠질 경우에는 민주주의가 온전히 이루어질 수 없다.

세 이념간의 상호관계

가령 과거 군주국가나 권위주의 국가와 같은 일인 독재국가도 자신이 전적으로 국민을 위함을 표방하면서 자신의 독재를 정당화하고자 하는 경우가 많았었음을 상기할 수 있다. 그들이 아무리 국가와 국민을 위한 정치, 심지어 가장 현명한 정치를 한다 하더라도, 그것만으로 민주주의적 정당성을 얻을 수는 없다. 왜냐하면 그들의 정치적 지배는 국민에 의하여 위임되거나 신탁된 적이 없었기 때문이다. 그리고 그러한 지배의 경우 결코, 국민의 지배라고 말할 수 없다. 특히 군주국가의 경우에는 주권이 국민에게 있는 것이 아니라 군주에게 있다고 여겨졌기 때문에, 이러한 지배체제는 처음부터 민주주의와는 상관없는 것이었다.

'국민을 위한 지배'이념으로 독재를 정당화 할 수 없음

한편 그 반대로 국민에 의해서 신탁되어 민주적 정당성을 갖추었으나 그 정부가 만일 국민을 위한 지배가 아니라, 정치지도자들의 소수이익만을 위해서 정치를 한다면 그것 역시 민주주의적 정부나 지배라고 평가하기는 힘들다. 민주적으로 정당화된 정부 역시 계속해서 민주주의를 유지하기 위해서는 국민의 이익과 국민의 기본권보호를 위하여 정책을 입안하고 추진하지 않으면 안 될 것이다. 그러한 의미에서 국민을 위한 지배 이념 역시 어떠한 지배체제가 민주주의로 평가받기 위하여 없어서는 안 되는 중요한 요소 중의 하나라고 보아야 할 것이다.

소수이익만을 위한 정치는 '국민을 위한 지배' 이념에 위배

제 7 절 법치국가원리

제 1 관 법치국가원리의 의의

I. 법치국가의 개념: 형식적 법치국가와 실질적 법치국가

법으로 다스리 는 국가

法治國家(법치국가)란 말 그대로 법으로 다스리는 국가라고 하는 의미이다. 어떠한 통치자가 법에 따라 국가를 다스리거나 지배하지 아니하고, 자신의 법과 상관없이 자신의 뜻과 힘으로만 다스릴 경우, 국민들은 더 이상 국가적 행위에 대하여 예측을 할 수 없게 될 것이므로, 그들의 기본권은 더 이상 보장되기 힘들게 될 것이다.

역사적 투쟁의 산물

민주주의가 그러하듯이 법치국가 역시 역사적인 투쟁의 산물로 이루어진 것이다. 다시 말해서 절대왕정에 맞서서 시민들이 자신의 자유와 평등, 그리고 재산권을 지키기 위해서, 의회를 구성하여 왕권을 제한하고 통제할 수 있는 메커니즘을 만들고, 의회가 제정한 법률에 의하지아니하고는 시민의 자유나 재산권을 제한할 수 없도록 할 뿐만 아니라, 사법부에 의한 권리구제가 가능하도록 한 것이다.

형식적 법치국가

그러므로 시민적 법치국가가 탄생하던 초기에는 일단 의회는 시민편이었으며, 의회가 제정한 법률에 따라 국가가 통치하기만 하면 국민의 기본권은 보장될 수 있는 것으로 생각되었다. 다시 말해서 그 법률의구체적인 내용이 과연 정의로운 법인가 여부는 크게 문제되지 않았으며, 법률로 다스리기만 하면 일단 법치국가라고 할 수 있었다. 그러한의미에서 이를 형식적 법치국가라고 하기도 한다.

형식적 법치국 가는 법률의 내용은 불문

그러나 이러한 형식적 법치국가는 법률에 의한 지배라고 하는 외형만 갖추면 그 법률의 내용이 정의롭든지 정의롭지 않든지 여하와 상관없이 정당화되는 국가로서, 법률의 이름으로 온갖 불법을 자행할 수 있는 가능성을 내포하고 있었기 때문에, 실상 이러한 형식적 법치국가사상은 법률의 이름으로 불법을 자행하는 불법국가의 출현를 효과적으로 방어하거나 막을 수 없었다.

이러한 형식적 법치국가사상에 반발하여 등장한 개념이 실질적 법치국가개념이라고 할 수 있다. 실질적 법치국가란 법률에 의한 지배로서 충분한 것이 아니라, 올바른 법, 정의로운 법에 의하여 지배하는 국가를 의미한다. 다시 말해서 인간의 존엄과 가치를 존중하고 정의를 추구하는 정의로운 국가라고 하는 것이다. 과거 나치시대의 히틀러 정권이 법률의 이름으로 온갖 인권과 인간존엄을 유린하고 말살하는 만행을 저질렀던 역사적 과오를 되풀이 하지 않기 위해서, 실질적 법치국가는 인간존엄과 정의를 지향하는 정의로운 법에 의하여 다스려지는 국가를 뜻하게 된 것이다.

특히 현대 산업사회가 출현하면서 발생하는 산업사회의 모순, 즉 빈익빈 부익부의 문제, 대량실업의 문제, 환경오염의 문제 등 국가가 직접 야기하지 아니하였지만, 더 이상 국가가 방치할 수 없는 여러 가지 사회적 문제들에 대하여 국가가 적극 개입함으로써, 인간이 인간답게 살고, 자유를 누리기 위한 최소한의 전제조건들을 조성해 나가는 국가, 즉 사회국가의 사상이 출현하면서, 이러한 사회적 법치국가는 실질적 법치국가와 거의 동일한 개념이 되었다.[1]

Ⅱ. 법치국가의 이념

그러므로 실질적 법치국가가 추구하는 이념 역시 인간존엄과 자유, 평등, 정의라고 할 수 있다. 즉 올바른 법, 정의로운 법으로 다스리는 법치국가는, 인간존엄과 자유, 평등, 정의를 지향하는 국가이기 때문이다.

그러므로 법치국가는 시민적 법치국가시대부터 싹튼 사상이지만,

실질적 법치국가

사회적 법치국가

인간존엄, 자유, 평등

계속적으로 추구해야 할 이상적 국가

---

1) 계희열, 헌법학(상), 박영사 2004, 344면.

점차 민주화된 헌법국가가 성립되어 가는 과정에서 완성된 국가의 개념
이라고 할 수 있다. 따라서 민주주의가 그러하듯이 법치국가 역시 100%
완전한 이상형은 이 지구상에 존재하지 않는다고 할 수 있다. 오히려 그
것은 계속해서 추구해야 할 이상적 국가라고 할 수 있을 것이다.

Ⅲ. 법치국가와 민주주의와의 관계

민주주의와의
불가분의 관계

법치국가와 민주주의는 서로 떼려야 뗄 수 없는 관계라고 할 수 있
다. 즉 법치국가가 아닌데 민주주의일 수 없고, 그 반대로 민주주의가
아닌데 법치국가일 수는 없는 것이다. 민주주의는 인간존엄과 자유, 평
등을 실현하기 위한 정치적 지배이념이라고 할 수 있는데 비하여 법치
국가는 인간존엄과 자유, 평등을 실현하기 위한 법적 지배이념이라고
할 수 있을 것이다. 민주주의와 법치국가는 모두 헌법국가가 성립되면
서 발전하고 각 나라의 헌법에 수용되어, 오늘날 대부분의 서구 민주국
가의 헌법에 구체화되어 있는 제도라고 할 수 있다.

Ⅳ. 법치국가원리의 의의

법치국가가 성
립되는 과정에
서 얻어진 원
리들

법치국가원리란 결국 위에서 설명한 법치국가가 성립되는 과정에
서 얻어진 여러 가지 원리들이라고 할 수 있다. 이러한 원리들은 일단
헌법에 명문으로 규정되어 제도화된 것들과 또한 명문화되지는 않았지
만, 학설이나 헌법재판소의 판례에 의하여 인정되고 있는 것들로 나누
어 볼 수 있을 것이다.

제2관 법치국가원리의 구체적 내용

I. 법의 최고성

우선 법치국가는 헌법을 정점으로 법률, 법규명령, 규칙의 서열로 이어지는 법의 단계구조를 기초로 하여 이루어진다. 그리하여 법치국가원리의 가장 기초적인 원리로서 법의 최고성을 들 수 있다. 법의 최고성이란 법(Recht)이 모든 국가기능의 행위의 기준이 된다고 하는 의미이다. 여기에서 말하는 법에는 헌법과 법률이 모두 포함되며, 따라서 법의 최고성 개념에는 헌법의 우위와 법률의 우위가 모두 포함된다. 즉 모든 국가작용이 헌법과 법률에 구속된다고 하는 것이 법의 최고성이라고 할 수 있다.

헌법과 법률의 우위와 구속

1. 헌법의 우위

헌법은 한 국가의 최고 효력을 가진 법적 기본질서이다. 그러므로 헌법은 모든 다른 법규범에 비하여 우월한 효력을 가지고 있다. 따라서 헌법에 위반되는 모든 다른 법규범과 그 밖의 모든 국가작용은 효력을 가질 수 없다. 이것을 헌법의 우위라고 한다.

헌법에 위반되는 법규범과 국가작용 무효

특히 법률은 헌법에 위반되어서는 안 된다. 그러므로 법률을 제정하는 형식적 의미의 입법자인 국회는 헌법에 직접적으로 구속된다고 할 수 있다. 법집행자에 속하는 행정이나 사법의 경우도 당연히 헌법에 구속된다고 할 수 있지만 그러한 법집행기관이 더 직접적으로 구속되는 규범은 법률인 것이다.

법률의 헌법에 대한 구속

헌법의 우위를 제도화 내지 구체화하고 있는 우리 헌법규정은 국가의 기본권 확인 및 보장의무(헌법 제10조 제2문), 위헌법률심판제도(헌법 제107조 제1항; 제111조 제1항 제1호), 탄핵심판(제111조 제1항 제2호), 정당해

헌법의 우위의 제도화 및 구체화 규정

산심판(제8조 제4항; 제111조 제1항 제3호), 권한쟁의심판(제111조 제1항 제4호), 법률이 정하는 헌법소원심판(제111조 제1항 제5호), 본질내용침해금지조항(제37조 제2항 후문) 등을 들 수 있다.

2. 법률의 우위

형식적 의미의 법률에 대한 구속

법률의 우위라 함은 의회에 의해서 제정된 형식적 의미의 법률이 헌법을 제외한 다른 어떠한 법원, 즉 법규명령, 규칙, 행정명령 등보다 우선한다는 것을 말한다. 법률의 우위란 법집행기관은 법률에 구속된다는 것, 즉 법률에 위반되는 어떠한 행위도 하여서는 안 된다는 것을 의미한다. 여기에서 법집행기관은 행정과 사법이 있으며, 행정과 사법기관은 무엇보다도 법률에 구속되기 때문에 법률에 위반되거나 또는 법률의 적용을 거부하여서는 안 된다는 것을 법률의 우위라고 할 수 있다.

위반금지, 적용명령

이러한 법률의 우위는 법집행기관이 법률에 위반하여서는 안 된다고 하는 위반금지(Abweichungsverbot)와 다른 한편 법률을 적용하라고 하는 적용명령(Anwendungsgebot)을 그 내용으로 한다고 할 수 있다. 이 말은 법집행기관은 입법자의 의지를 실현하기 위하여 모든 것을 행하여야 한다는 것을 의미하며, 심지어 어떠한 법률이 위헌이라고 생각할 경우에도 헌법재판소가 이를 위헌선언하기 전까지는 충실하게 적용하여야 한다는 것을 뜻하는 것이다.[2]

법원의 위헌법률심판 제청권

물론 법원은 재판에 적용하여야 할 어떠한 법률이 위헌이라고 판단할 경우에는 이를 그대로 적용하여서는 안 되고, 헌법재판소에 위헌법률심판을 제청하여야 하며, 헌법재판소의 심판에 따라 재판하여야 한다(헌법 제107조 제1항).

명령·규칙·처분의 위헌·위법여부심사제도

이러한 법집행기관의 법률에 대한 구속의 원칙, 즉 법률의 우위를 암시하거나 구체화하고 있는 헌법규정으로는 명령·규칙·처분에 대한 위법여부의 심사제도(제107조 제2항)를 들 수 있다.

---

2) Ingo v. Münch, Staatsrecht, 1993, Rn. 341 f.

Ⅱ. 법률유보와 의회유보[3)]

1. 법률유보

가. 법률의 유보와 법률유보

법률유보와 관련해서는 우선 법률의 유보 개념을 먼저 상기할 필요 법률의 유보
(Vorbehalt des
Gesetzes) 사상
가 있다. 시민적 법치국가가 성립될 당시 법률의 유보 사상은 시민의 자
유와 재산을 제한하기 위해서는 의회에 의하여 제정된 법률에 근거가
있지 않으면 안 된다는 것이었다. 이러한 법률의 유보는 법치국가사상
으로부터도 나오지만 시민의 자유와 재산을 제한하기 위해서는 시민에
의하여 민주적으로 정당화된 입법자가 만든 법률에 의하지 않으면 안
된다고 하는 민주주의 사상으로부터도 나온 것이다.

사실 이러한 법률의 유보 사상이 각 실정헌법에 구체화되어 기본권 기본권제한을
위한 근거 내
지 수권조항으
로서 법률유보
(Gesetzesvorb
ehalt)
제한을 위한 근거조항이 된 것이 기본권제한을 위한 법률유보라고 할
수 있다. 즉 법률유보는 헌법이 의회로 하여금 국민의 기본권을 제한할
수 있도록 수권해 놓은 조항이라고 할 수 있다(가령 헌법 제12조 제1항 제2
문, 제23조 제3항, 제37조 제2항, 그 밖의 조세법률주의 – 헌법 제59조).

이와 관련하여 법률의 유보는 국민의 자유와 재산의 보호를 위한 법률유보의
기본권보호
기능
도구개념인 데 반하여, 법률유보는 오히려 자유와 재산에 대한 제한을
위한 수권개념이라고 구분하는 입장도 있으나(Dreier), 이러한 구분 역시
부자연스럽다. 왜냐하면 법률의 유보 사상 역시 의회에 의하여 제정된,
즉 수권법률이 있으면 국민의 자유와 재산에 대하여 제한할 수 있다고
거꾸로 말할 수 있는 것이기 때문에, 제한의 수권 개념으로 쓰일 수 있
다는 점에서 그러하다. 결국 법률의 유보 사상은 법치국가이념 내지 법
치국가의 성립 당시 발전되어 온 국민의 기본권 보호를 위한 개념이기
는 하지만 이러한 사상이 각 국가의 헌법에 구체화되면서 법률유보가
된 것으로 이해할 수 있다. 따라서 법률유보의 경우에도 역으로 법률적
근거가 없이는 국민의 기본권을 제한할 수 없는 것으로 이해할 수 있기

---

3) 법률유보와 의회유보에 대하여는 방승주, "법률유보와 의회유보" 헌법실무연구
제10권, 2009, 1–29면 참조.

때문에 법률유보에 대해서도 역시 기본권보호의 기능을 인정할 수 있는 것이다.

기본권제한을 위한 법률적 근거 요구

법률유보라고 하는 것은 결국 국민의 자유와 재산을 제한하기 위해서는 법률적 근거가 있어야 한다고 하는 것이다. 이 때 법률적 근거라고 하는 것은 반드시 형식적 의미의 법률만을 말하는 것은 아니며, 의회가 행정부에 수권하는 경우에는 행정입법 역시 법률적 근거에 해당될 수 있다는 점에서, 여기에서의 "법률"개념은 실질적 의미의 법률이라고 말할 수 있다.4)

법률유보는 헌법조문에서 확인 가능

실정화된 법률의 유보, 즉 법률유보의 경우는 우리 헌법상 구체적으로 열거되어 있으므로 일정한 경우에 법률유보를 찾아 확인할 수 있다. 따라서 어떠한 경우에 법률적 근거가 필요한지에 대해서는 실정 헌법조항을 살펴보면 비교적 어렵지 않게 해결될 수 있다.

헌법이 법률에 위임하지 않은 경우의 문제

그런데 이와 같이 실정헌법이 법률로 정하도록 위임하지 않은 경우에도 일정한 사항에 대해서는 법률적 근거가 있어야만 행정부가 행위를 할 수 있는지 여부에 대하여 문제가 될 수 있다.

급부영역의 문제

특히 일정한 급부영역에 있어서는 국민의 기본권을 제한하는 것이 아니라는 이유로 법률적 근거가 없이도, 행정부가 임의로 급부행위를 수행할 수 있는가 아니면, 이러한 영역에서도 모두 법률적 근거를 필요로 하는가의 문제이다.

복효적 행정행위의 법률적 근거 필요

우선 국가의 국민 일부에 대한 수혜적 행위가 그와 경쟁관계에 있는 다른 국민에 대해서는 오히려 경쟁관계를 해친다고 하는 의미에서 기본권의 제한을 동반할 수 있는 경우와 같이, 소위 복효적 행정행위의 경우에는 어차피 기본권제한이 존재하므로 법률적 근거가 필요하다고 할 수 있을 것이다.5)

기본권제한을 동반하는 수혜적 조치

그러나 그러한 기본권제한을 동시에 수반하지 않는 수혜적 조치와 같은 경우에도 항상 법률적 근거가 필요한지에 대해서는 논란이 있으나, 민주주의적 관점이나, 국민의 기본권과의 관계에 있어서 본질적인

---

4) 동지 홍성방, 헌법학(상), 박영사, 2016, 492면.
5) Ingo v. Münch (주 2), Rn. 345.

내용이라고 할 수 있는 사항에 대해서는 입법사항으로서 법률적 근거가 있어야 한다고 보는 것이 타당하다고 생각된다.

아무튼 우리 헌법은 어떠한 경우에 법률적 근거가 필요한지에 대해서는 주로 "법률로써"또는 "법률이 정하는 바에 의하여"라고 하는 표현을 통하여 명시적으로 밝히고 있다.

"법률로써" 또 는 "법률이 정 하는 바에 의 하여"

결국 우리 헌법이 이와 같은 표현으로써 입법자에게 법률로 규정하도록 위임한 것은 단순히 기본권의 제한을 위한 제한유보의 경우뿐만 아니라, 기본권의 내용을 구체화해 주거나 어떠한 제도를 구체화하기 위한 형성유보의 경우도 포함된다. 특히 사회적 기본권의 구체화나 청구권적 기본권의 구체화를 위해서는 "법률이 정하는 바에 의하여"라고 하는 표현을 쓰고 있는데, 이러한 경우 소위 형성적 법률유보[6]인 경우가 대부분이라고 할 수 있다.

형성적 법률유 보

국민기본권에 대한 침해 영역에서 대표적으로 구체화된 법률유보의 원칙이 바로 죄형법정주의(제13조 제1항)와 조세법률주의(제59조)라고 할 수 있을 것이다.

죄형법정주의, 조세법률주의

나. 죄형법정주의

법률이 없으면 형벌도 없고 범죄도 없다(Nullum crimen, nulla poena sine lege)고 하는 원칙이 죄형법정주의[7]이다. 형벌영역에서 행위 시의 법률에 의하여 범죄를 구성하지 아니하는 행위로 소추되지 아니한다고 하는 죄형법정주의 원칙은 행위 시 사전에 제정된 형벌규정이 없이는 처벌되지 아니한다고 하는 것이므로 형벌영역에 있어서의 법률유보의 구체화라고 할 수 있을 것이다.

죄형법정주의 는 형벌영역에 있어서 법률유 보

다. 조세법률주의

또한 헌법 제59조는 조세의 종목과 세율은 법률로 정한다고 하고

과세권을 통한

---

6) 입법위임과 법률유보의 구체적 사례에 대하여는 방승주, 헌법재판소의 입법자에 대한 통제의 범위와 강도, 공법연구 제37집 제2호(2008. 12), 113-171(124-127) 면.

7) 헌재 1993. 5. 13, 92헌마80, 판례집 제5권 1집, 365, 382-383.

재산권제한 법
률적 근거 필
요

있는데 이는 조세법률주의8)의 헌법적 근거조항으로 이해되고 있다. 조세는 국민의 재산권에 대한 제한을 초래9)할 수 있기 때문에 법률에 근거하지 않으면 안 된다고 하는 의미이다. 물론 조세와 관련된 규정이라고 해서 모두 법률로 규정하여야 하는 것은 아니고, 불가피하게 행정입법으로 위임할 수 있는 사항도 있다. 다만 과세와 관련하여 행정입법으로 위임할 경우에도 구체적으로 범위를 정하여서 위임하여야 한다고 하는 포괄위임입법금지의 원칙이 적용된다.

우리 헌법재판소 판례에서는 조세법률주의와 포괄위임입법금지의 원칙의 위반이 동시에 확인되는 사례가 많이 있다.

2. 의회유보

국회가 제정한
법률의 필요

법률유보가 법률적 근거, 즉 법률 자체나 아니면 법규명령의 근거가 없이는 국민의 기본권을 침해할 수 없다고 하는 원리인데 반하여, 의회유보는 일정한 사항에 대해서는 반드시 형식적 의미의 입법자인 국회가 제정한 법률이 필요하다고 하는 원리이다.10) 따라서 의회유보는 행정입법으로의 위임금지를 명령하는 것이기도 하지만 동시에 법률 자체가 지나치게 불명확한 경우에는 법률이 본질적인 사항을 규정하지 못하고 행정부에 재량의 여지가 지나치게 많이 부여될 수 있는 가능성이 있으므로, 의회유보는 동시에 법률의 명확성을 요구하는 개념이기도 하다(동지, Dreier).

형식적 의미의
법률로 제정할
필요가 있는
경우

어떠한 경우에 형식적 입법자인 국회가 제정한 법률이 필요한가 하는 문제는 소위 국민의 기본권제한과 관련된 본질적인 내용(법치국가원리상의 기준)은 물론이거니와, 그 밖에도 이해당사자의 범위가 매우 광범위

---

8) 헌재 1992. 12. 24, 90헌바21, 판례집 제4권, 890, 899-900; 헌재 2012. 5. 31. 2009헌바123 등, 판례집 제24권 1집 하, 281, 281-283; 헌재 2012. 7. 26. 2009헌바35 등, 공보 제190호, 1303.

9) 이에 관해서는 방승주, 과세의 재산권적 한계 - 소위 "반액과세의 원칙"에 대한 비판과 그 대안을 중심으로, 헌법학연구 제13권 제1호(2007. 3), 411-447면; 방승주, 헌법과 조세정의, 헌법학연구 제15권 제4호(2009. 12), 1-41면.

10) 헌재 1999. 5. 27, 98헌바70, 판례집 제11권 1집, 633; 헌재 2006. 5. 25, 2003헌마715, 판례집 제18권 1집 하, 112, 122-122.

하고 다양하여 그 이해관계의 조정을 위해서는 국회의 입법과정을 거치게 해야 할 필요성이 있는 경우(민주주의원리상의 기준)에는 모두 형식적 의미의 법률로 제정하여야 할 것이다.

만일 국회가 형식적 의미의 법률로 직접 제정해야 할 것을 행정입법으로 위임한 경우 그 법률은 법률유보원칙에 위반되는 것이 아니라 의회유보의 원칙에 위반되는 것이다.

위임해서는 안되는 본질적 입법사항

Ⅲ. 포괄위임입법금지의 원칙

헌법 제75조는 "대통령은 법률에서 구체적으로 범위를 정하여 위임받은 사항과 법률을 집행하기 위하여 필요한 사항에 관하여 대통령령을 발할 수 있다"고 규정하고 있다. 이 가운데 전반부 즉 구체적으로 범위를 정하여 위임받은 사항에 대하여 대통령령을 발할 수 있다고 한 부분을 우리 학계11)와 판례는 포괄위임입법금지의 원칙으로 받아들이고 있다.

포괄위임입법금지의 원칙의 헌법적 근거

포괄위임입법금지의 원칙이란 국회가 행정입법으로 위임할 경우에 포괄적으로 위임해서는 안 되고, 위임의 범위와 내용을 구체적으로 특정하여 명확하게 위임하여야 한다는 원칙이다.12)

위임의 범위와 내용은 명확하게 위임

헌법재판소는 이 포괄위임입법금지의 원칙을 의회입법의 원칙(의회유보)과 혼용해서 사용하고 있는 것으로 보이나, 양 원칙은 구별되어야 한다. 즉 의회유보는 일정한 입법사항(특히 국민의 기본권과 관련된 본질적인 사항)에 대해서는 위임금지를 의미하지만 포괄위임입법금지의 원칙은 위임이 허용되는 것을 전제로 위임할 경우에는 구체적으로 범위를 정하여서 위임하여야 하지 포괄적으로 위임해서는 안 된다는 것을 의미한다. 즉 국민의 기본권과 관련하여 본질적이지 않은 사항에 관하여 행정입법으로 위임할 경우에도 구체적으로 범위를 정하여서 위임하라고 하는 의미로 새겨야 할 것이다.

의회입법 원칙과의 차이

---

11) 허영, 한국헌법론, 박영사, 2020, 1058면; 권영성, 헌법학원론, 법문사, 2010, 1013-1014면; 정종섭, 헌법학원론, 박영사, 2018, 169-171면.
12) 헌재 1998. 2. 27, 95헌바59, 판례집 제10권 1집, 103, 111-112.

입법위임에서
의 명확성의
원칙

포괄위임입법금지의 원칙은 결국 행정입법으로 위임함에 있어서 그 내용과 범위를 명확하게 하라고 하는 것이므로 그것은 또한 입법위임에 있어서의 명확성의 원칙이라고 할 수 있다.

규율영역에 따
른 정도의 차
이 존재

헌법재판소는 위임입법에 있어서 요구되는 명확성의 정도도 규율영역에 따라서 달라질 수 있음을 말하고 있다. 가령 기본권침해영역에서는 급부행정영역에서보다 구체성이 더욱 엄격하게 요청된다.13)

행정규칙으로
위임도 가능
(헌법재판소,
반대의견 있
음)

국회가 입법사항을 대통령령이나 총리령, 부령이 아니라 고시와 같은 행정규칙으로 위임해도 되는가 여부에 대하여 헌법재판소는 가능하다고 보고 있으나14), 반대의견15)은 헌법은 제75조와 제95조에서 국회가 입법사항을 위임할 수 있는 입법형식으로서 대통령령, 총리령, 부령을 들고 있고, 그 밖의 입법형식으로는 대법원규칙, 헌법재판소규칙, 중앙선거관리위원회규칙 밖에 없으므로 이러한 입법형식이 아닌 고시와 같은 행정규칙으로의 위임은 허용되지 않는다고 하는 견해가 그것이다.

포괄위임금지
위반 사례

포괄위임입법금지원칙 위반을 확인한 사례로는 다음과 같은 것들이 있다.16) 구 식품위생법 제97조 제6호 위헌제청 등17), 공직선거법 제60조 제1항 제5호 위헌제청18), 의료기기법 제32조 제1항 제5호 등 위헌제청19), 국토의 계획 및 이용에 관한 법률제2조 제6호 등 위헌소원 등20), 구 군인연금법 제21조 제3항 제2호 등 위헌제청21), 구 군인연금법 제21조 제5항 제2호 위헌제청22), 영화진흥법 제21조 제3항 제5호 등 위헌제청23), 의료법 제46조 제4항 등 위헌제청24) 등이다.

---

13) 헌재 1998. 2. 27, 95헌바59, 판례집 제10권 1집, 103, 111−112.
14) 헌재 2004. 10. 28. 99헌바91, 판례집 제10권 2집 하, 104, 105.
15) 헌재 2004. 10. 28. 99헌바91, 판례집 제10권 2집 하, 104, 108.
16) 그 밖에 이에 관하여는 방승주, 위헌입법의 현황과 대책, 저스티스 통권 제106호 (2008/9), 254−292(262−264) 참조할 것.
17) 헌재 2016. 11. 24. 2014헌가6 등, 판례집 제28권 2집 하, 87 [위헌].
18) 헌재 2016. 6. 30. 2013헌가1, 판례집 제28권 1집 하, 413 [위헌].
19) 헌재 2011. 9. 29. 2010헌가93, 판례집 제23권 2집 상, 501 [헌법불합치].
20) 헌재 2011. 6. 30. 2008헌바166 등, 판례집 제23권 1집 하, 288 [헌법불합치,합헌].
21) 헌재 2010. 7. 29. 2009헌가4, 판례집 제22권 2집 상, 95 [위헌,각하].
22) 헌재 2009. 3. 26. 2007헌가5 등, 판례집 제21권 1집 상, 312 [위헌,각하].
23) 헌재 2008. 7. 31. 2007헌가4, 판례집 제20권 2집 상, 20 [헌법불합치].
24) 헌재 2007. 7. 26. 2006헌가4, 판례집 제19권 2집, 1 [위헌].

그에 반하여 포괄위임입법금지원칙 위반을 부인한 사례로는 2015. 1. 29. 2013헌바173 사건 결정에서 전원일치로 제1종 특수면허 없이 특수자동차를 운전한 경우 무면허운전자로 처벌하면서 제1종 특수면허로 운전할 수 있는 자의 종류를 행정안전부령에 위임하고 있는 도로교통법 제152조 제1호 중 제80조 제2항 제1호 라목에 따른 제1종 특수면허를 받지 아니하고 자동차를 운전한 사람 부분은 포괄위임입법금지의 원칙에 위반되지 않는다고 하면서 합헌결정을 선고하였다.

다음으로 재위임이 가능할 것인지 여부가 문제된다. 이에 대하여 헌법재판소는 법률에서 위임받은 사항을 전혀 규정하지 아니하고 그대로 재위임하는 것은 허용되지 않으며 위임받은 사항에 관하여 대강을 정하고 그 중의 특정사항을 범위를 정하여 하위법령에 다시 위임하는 경우에만 재위임이 허용된다고 보고 있다.[25]

Ⅳ. 명확성의 원칙

1. 명확성의 원칙의 의의

명확성의 원칙이란 법률의 규율내용이 명확하여 그 법률이 무엇을 금지하고 무엇을 허용하는지 그리고 그 규율내용이 무엇인지에 대하여 국민들이 분명히 알 수 있어야 한다는 원칙이다. 만일 어떠한 법률이 지나치게 불명확하거나 불분명한 경우에, 명확성의 원칙 위반으로 위헌일 수 있다.

달리 말하면 "명확성의 원칙은, 법규범의 의미내용이 불확실하면 법적안정성과 예측가능성을 확보할 수 없고 법집행당국의 자의적인 법해석과 집행을 가능하게 하므로, 기본권을 제한하는 법규범의 내용은 명확하여야 한다는 헌법상 원칙이다. 다만 명확성의 원칙은 모든 법률에서 동일한 정도로 요구되는 것은 아니고 개개의 법률이나 법조항의

---

25) 헌재 1996. 2. 29. 94헌마213, 판례집 제8권 1집, 147 [기각, 각하]; 헌재 2002. 10. 31. 2001헌라1, 판례집 제14권 2집, 362 [기각]; 헌재 2007. 8. 30. 2003헌바51 등, 판례집 제19권 2집, 213 [합헌].

포괄위임금지
위반 부인 사
례

위임받은 사항
에 대하여 전
혀 규정하지
않고서 하는
재위임은 금지

명확성의 원칙
의 의의

법적 안정성과
예측가능성

규율영역에 따
라 명확성의
요구정도 달리
적용

성격에 따라 요구되는 정도에 차이가 있을 수 있고, 각 구성요건의 특수성과 그러한 법률이 제정되게 된 배경이나 상황에 따라 달라질 수 있다. 일반적으로 어떠한 규정이 수익적 성격을 가지는 경우에는 부담적 성격을 가지는 경우에 비하여 명확성의 요구가 완화되어 요구된다."[26]

> 판례 "명확성원칙은 법치국가원리로부터 도출되는바, 이에 따라 법규범은 명확한 용어로 규정함으로써 적용대상자에게 그 규제내용을 미리 알 수 있도록 공정한 고지를 하여 장래의 행동지침을 제공하고, 동시에 법집행자에게 객관적 판단지침을 주어 차별적이거나 자의적인 법해석을 예방할 수 있어야 한다."[27]

2. 명확성의 원칙과 법률에 대한 헌법합치적 해석

명확성원칙 위반 확인 전 법률에 대한 헌법합치적 해석 노력 필요

그러나 법률은 보통의 경우 일반적, 추상적 규율을 그 내용으로 하기 때문에, 어느 정도로 명확하여야 과연 법률이 예측가능성이 있어 명확성의 원칙에 부합한다고 할 수 있는지 한마디로 단정하기는 곤란하다. 즉 모든 법률은 추상적이고 일반적 개념을 가질 수 있다. 이러한 추상적이고도 일반적 법률개념을 해석하는 것은 일단 법관의 몫이다. 법관이 이러한 개념을 해석함에 있어서 일단 통상적인 해석방법으로 해석이 되지 않을 정도로 불분명하고 불확실한 개념을 가지고 있는 경우에는 일단 명확성원칙에 위반될 가능성이 있지만, 그와 같이 명확성의 원칙 위반을 확인하기 전에 헌법에 합치되는 해석의 가능성을 먼저 추구해야 한다. 만일 통상적 해석방법으로 헌법에 합치되는 해석의 방법을 찾을 수 있는 경우에는 굳이 위헌선언 하지 아니하고, 합헌으로 해석될 수 있는 의미내용을 살려서 법률의 효력을 유지시키는 것이 법률에 대한 헌법합치적 해석임은 이미 설명한 바와 같다.

헌재 판례

헌법재판소도 "당해 법률이 제정된 목적과 그 규정내용 및 다른 규범과의 연관성 등을 고려하면 일정한 합헌적 해석이 가능한지의 여부에

---

26) 헌재 1992. 2. 25. 89헌가104, 판례집 4, 64, 78.를 인용하며, 헌재 2009. 3. 26., 2007헌마1327.

27) 헌재 1992. 4. 28. 90헌바27 등, 판례집 4, 255, 268－269 ; 헌재 1998. 4. 30. 95헌가16, 판례집 10－1, 327, 341－342 등을 인용하며, 헌재 2008. 12. 26, 2007헌마1422, 판례집 제20권 2집 하, 910, 923－924.

따라 명확성의 구비 여부가 가려져야 할 것이다(헌법재판소 1992. 2. 25. 선
고, 89헌가104 결정 참조)"고 하고 있다.[28]

3. 명확성의 원칙의 심사기준의 다양성

명확성의 원칙의 위반여부의 심사에 있어서도 그 심사의 엄격성이
다 같은 것은 아니다. 즉 형벌이나 조세와 같이 침해영역에 있어서 요구
되는 명확성의 정도는 훨씬 더 높게 요구되고, 그에 반하여 급부행정영
역에 있어서 명확성의 정도는 그보다 낮아도 상관이 없다고 하는 것이
헌법재판소 판례이다.[29]

심사기준의
다양성

헌법재판소는 명확성의 정도는 모든 법규범에 있어서 동일한 정도
로 요구되는 것은 아니고 개개의 법규범의 성격에 따라 요구되는 정도
에 차이가 있을 수 있으며 각각의 구성요건의 특수성과 그러한 법규범
이 제정되게 된 배경이나 상황에 따라 달라질 수 있다(헌재 1992. 2. 25.
89헌가104, 판례집 4, 64, 78-79 참조)고 하고 있다. 또한 일반적이거나 불
확정된 개념이 사용된 경우에도 당해 법규범의 입법목적과 다른 규정들
을 원용하거나 다른 규정과의 상호관계를 고려하여 합리적인 해석이 가
능한지 여부에 따라 명확성 여부가 가려져야 할 것이다(헌재 2001. 6. 28.
99헌바34, 판례집 13-1, 1255, 1265 참조)는 것이다.[30]

명확성의 요구
정도 법규범의
성격에 따라
다름

합리적 해석
가능 여부에
따라

형벌영역에서의 명확성의 원칙이 바로 죄형법정주의에서 도출되는
형벌법규의 명확성의 원칙이라고 할 수 있고[31], 조세법률주의에서 구체
화된 명확성의 원칙이 과세요건명확주의라고 할 수 있을 것이다.[32]

형벌영역과 조
세영역에서의
명확성원칙

4. 과도한 광범성의 원칙

또한 헌법재판소 판례에 따르면 어떠한 법률조항이 과도하게 광범

과도한 광범성
의 원칙

28) 헌재 1997. 1. 16, 89헌마240, 판례집 제9권 1집, 45, 83-84.
29) 헌재 1998. 2. 27, 95헌바59, 판례집 제10권 1집, 103, 111-112.
30) 헌재 2008. 12. 26, 2007헌마1422, 판례집 제20권 2집 하, 910, 923-924.
31) 헌재 2008. 12. 26, 2005헌마971, 판례집 제20권 2집 하, 666, 694.
32) 헌재 2003. 12. 18, 2002헌가2, 판례집 제15권 2집 하, 367, 379.

위한 내용을 담고 있을 경우[33])에 소위 과도한 광범성의 원칙(overbreadth theory)[34])위반이라고 하는 논리를 펴고 있는데 크게 보면 이러한 과도한 광범성의 원칙 역시 명확성의 원칙의 범위 내에 포함된다고 할 수 있다.

5. 명확성의 원칙과 포괄위임입법금지의 원칙의 관계

특별한 명확성
의 원칙으로서
포괄위임금지

포괄위임입법금지의 원칙은 결국 위임입법에 있어서 위임의 명확성을 요구하는 원칙이므로 위임입법에 있어서 적용되는 특별한 명확성의 원칙이라고 할 수 있다.[35])

6. 헌법재판소 판례

가정의례에 관
한 법률사건:
위헌

헌법재판소는 경조기간 중 주류 및 음식물의 접대를 금지하면서 다만 가정의례의 참뜻에 비추어 합리적인 범위 안에서 대통령령이 정하는 행위는 그러하지 아니하다고 규정한 가정의례에 관한 법률 제4조 제1항 제7호 중 경사기간 중에 주류 및 음식물의 접대를 금지한 부분 및 동 조항에 위반한 경우 혼례 또는 회갑연 등에 있어서는 그 당사자를 200만원 이하의 벌금에 처하도록 한 동법 제15조 제1항 제1호에 대하여 이 조항들은 죄형법정주의의 명확성의 원칙을 위반하여 청구인의 일반적 행동의 자유를 침해한다는 이유로 위헌결정을 선고하였다.[36])

산업기술의 유
출방지 및 보
호에 관한 법
률사건: 위헌

그리고 '관계 중앙행정기관의 장이 소관 분야의 산업경쟁력 제고를 위하여 법령에 따라 지정 또는 고시·공고한 기술'을 범죄구성요건인 '산업기술'의 요건으로 하고 있는 구 산업기술의 유출방지 및 보호에 관한 법률 제36조 제2항 중 제14조 제1호 가운데 '부정한 방법에 의한 산업기술 취득행위'에 관한 부분은 죄형법정주의의 명확성원칙에 위배된다고 보았다.[37])

---

33) 헌재 1990. 4. 2, 89헌가113, 판례집 제2권, 49, 60.
34) 헌재 1998. 4. 30, 95헌가16, 판례집 제10권 1집, 327, 353.
35) 헌재 2008. 7. 31, 2006헌바2, 판례집 제20권 2집 상, 113, 125.
36) 헌재 1998. 10. 15, 98헌마168, 판례집 제10권 2집, 586, 586−587.
37) 헌재 2013. 7. 25. 2011헌바39, 판례집 제25권 2집 상, 65 [위헌].

또한 표현의 자유의 영역에서 표현의 자유를 규제하는 어떠한 법률이 명확하지 않은 내용을 담고 있을 경우 이는 표현의 자유에 대한 위축효과(chilling effect)를 야기할 수 있기 때문에 이와 같은 표현의 자유의 규제와 관련된 법률에 있어서 명확성의 정도는 보다 엄격하게 요구된다고 할 수 있다.[38]

표현의 자유 제한 법률의 경우 위축효과

2009년 7월 30일 2007헌마718 결정에서 헌법재판소 다수의견은 선거일 전 180일부터 선거일까지 선거에 영향을 미치게 하기 위하여 일정한 내용의 문서 기타 이와 유사한 것을 배부하는 등의 행위를 금지하는 공직선거법 제93조 제1항 본문 중 '기타 유사한 것' 부분에 대하여 이 사건 법률조항은 매체의 형식에 중점을 두고 있는 것이 아니라 사람의 관념이나 의사를 시각이나 청각 또는 시청각에 호소하는 방법으로 다른 사람에게 전달하는 것에 중점을 두고 있는 것이고, 일반조항으로서의 '기타 이와 유사한 것'은 선거에 영향을 미치게 하기 위하여 정당 또는 후보자를 지지, 추천하거나 반대하는 내용을 포함할 수 있는 가독성 내지 가청성을 가진 공직선거법 제93조 제1항에 열거된 매체와 유사한 매체, 관념이나 의사전달의 기능을 가진 매체나 수단을 의미하는 것으로 볼 수 있으므로, 죄형법정주의 명확성의 원칙에 반하지 않으며, 이 조항에 따라 'UCC(이용자제작콘텐츠)'의 배포를 금지하는 것이 과잉금지원칙에 위배하여 선거운동의 자유를 침해하는 것은 아니라고 판단하였다. 이에 반하여 반대의견은 공직선거법 제93조 제1항의 구성요건 행위가 시간적·내용적으로 한정되어 있다는 이유만으로 '기타 이와 유사한 것'에 '관념이나 의사전달의 기능을 가진 모든 매체나 수단'이 포함된다고 해석할 수는 없으며, 위 조항의 구체적인 예시만으로는 표현의 형식, 방법, 파급력 등이 다양한 많은 매체 중에서 어느 것이 일반조항인 '기타 이와 유사 한 것'에 포함될지를 추론하기도 쉽지 않다면서, 이 사건 법률조항은 구체적 예시에 의하여 그 범위와 한계가 명백하게 드러나지 않는바, 헌법상 명확성의 원칙에 위배된다고 보았다. 그리고 이 사건 법

탈법방법에 의한 문서·도화의 배부 게시 등 금지(공직선거법 제93조 제1항 본문) 사건

---

38) 헌재 2008. 7. 31, 2007헌가4, 판례집 제20권 2집 상, 20, 35-36; 헌재 2002. 6. 27, 99헌마480, 판례집 제14권 1집 , 616, 627-628.

률조항의 입법목적의 정당성은 인정되나, 'UCC(이용자제작콘텐츠)'의 배포의 경우 후보자의 경제력에 따른 불균형 문제가 심각하지 않고, 후보자 간 공정성을 해치거나 선거의 평온을 깨뜨린다고 보기 어려우므로 이를 금지하는 것이 목적달성을 위한 적절한 수단이라 할 수 없으며, 목적 달성을 위한 다른 덜 제약적인 수단들도 존재한다는 점에서 최소침해성원칙에도 위배된다고 하면서 이 사건 법률조항은 과잉금지원칙에 위배하여 선거운동의 자유를 침해한다고 보았다.[39]

사견: 위헌의견 타당

살피건대 이 사건에서는 위헌의견이 타당하다고 생각된다.[40] 헌법재판소 역시 추후 2011년 12월 결정에서 판례를 변경하여 헌법재판소는 SNS가 ' 기타 이와 유사한 것'에 '정보통신망을 이용하여 인터넷 홈페이지 또는 그 게시판·대화방 등에 글이나 동영상 등 정보를 게시하거나 전자우편을 전송하는 방법'이 포함된다고 해석한다면 위헌이라고 하면서 한정위헌결정을 선고하였다.[41]

그 밖의 명확성원칙 위반 사례

명확성원칙 위반을 확인한 그 밖의 사례로는 '제한상영가' 등급의 영화를 '상영 및 광고·선전에 있어서 일정한 제한이 필요한 영화'라고 정의한 영화진흥법 제21조 제3항 제5호[42], "의료업무에 관한 광고의 범위 기타 의료광고에 필요한 사항은 보건복지부령으로 정한다."는 규정 위반 시 300만 원 이하의 벌금에 처하도록 한 구 의료법 제69조 중 '제46조 제4항' 부분[43], 조세범처벌법 제13조 제1호의 '법에 의한 정부의 명령사항'[44] 등이 있다.

---

39) 헌재 2009. 7. 30. 2007헌마718, 판례집 제21권 2집 상, 311.
40) 이에 관하여는 방승주, 재외국민 선거권 행사의 공정성 확보방안 연구, 대검찰청 2011, 96-105면 참조.
41) 헌재 2011. 12. 29, 2007헌마1001, 판례집 제23권 2집 하, 739.
42) 헌재 2008. 7. 31. 2007헌가4, 판례집 제20권 2집 상, 20 [헌법불합치].
43) 헌재 2007. 7. 26. 2006헌가4, 판례집 제19권 2집, 1 [위헌].
44) 헌재 2007. 5. 31. 2006헌가10, 판례집 제19권 1집, 558 [위헌].

V. 과잉금지의 원칙(비례의 원칙)

1. 과잉금지의 원칙의 의의

과잉금지의 원칙은 법치국가원리에서 도출되는 가장 중요한 원칙이라고 할 수 있다. 즉 국가가 공익적 목적을 위하여 국민의 기본권을 제한함에 있어서는 필요한 최소한도에 그쳐야 한다고 하는 원칙이다. 이 원칙은 다른 말로 비례의 원칙이라고도 한다.

필요한 최소한도에서 제한

비례의 원칙이란 목적과 수단 사이의 관계에 비례성이 있어야 한다고 하는 원칙이다. 달리 말해서 국가가 추구하는 목적과 이를 달성하기 위하여 선택한 수단에 의하여 제한되는 기본권의 중요성 간의 관계가 서로 비슷하거나 최소한 목적의 중요성이 제한되는 기본권의 중요성보다는 우월해야 한다고 하는 원칙이다. 이를 좁은 의미의 비례의 원칙이라고도 한다.

목적과 수단 사이 관계에 비례성

오늘날의 비례의 원칙은 이러한 좁은 의미의 비례의 원칙(법익의 균형성)을 벗어나서 수단의 적합성(방법의 적정성), 수단의 필요성(침해의 최소성)이 추가되고 있으며, 나아가 우리 헌법재판소는 목적 자체가 헌법이 허용하는 목적에 부합하여야 한다고 하는 목적의 정당성까지 심사하고 있다.

목적의 정당성, 방법의 적정성, 침해의 최소성, 법익의 균형성

비례의 원칙은 처음에는 경찰행정법상의 원칙으로 출발하였으나, 오늘날 기본권을 제한하는 입법의 경우에 준수하여야 할 대원칙으로 발전하였으며, 우리 헌법재판소는 기본권제한과 관련된 거의 모든 헌법소원심판과 위헌법률심판에서 이 비례의 원칙 내지 과잉금지의 원칙을 위헌여부의 심사기준으로 택하고 있다.

위헌법률심판에서의 심사기준

이러한 비례의 원칙 내지 과잉금지원칙의 실정법상의 근거를 굳이 찾는다면 헌법 제37조 제2항의 "필요한 경우에 한하여"를 들 수 있을 것이나, 이러한 명문규정이 없다 하더라도 비례의 원칙은 법치국가원리에서 도출되는 불문의 헌법상의 원리라고 할 수 있을 것이다.[45]

실정법상 근거

법치국가원리에서 도출되는 헌법상 원리

---

45) 헌재 1992. 12. 24, 92헌가8, 판례집 제4권, 853, 878−879.

2. 과잉금지의 원칙의 구체적 내용

가. 목적의 정당성

헌법적으로 정
당화되는 목적
일 것

목적의 정당성이란 입법자가 기본권제한을 통해서 추구하는 목적
이 헌법적으로 정당화되는 목적이어야 한다는 것을 말한다. 즉 헌법은
입법자에게 기본권을 제한할 수 있도록 수권을 해 놓은 조항들이 있는
데(가령 헌법 제37조 제2항의 일반적 법률유보조항과 그 밖에 개별적 법률유보조
항), 그러한 헌법조항에는 일정한 목적을 명시해 놓고 있다. 즉 국가안
전보장, 질서유지, 공공복리(헌법 제37조 제2항)나 타인의 명예나 권리, 공
중도덕이나 사회윤리(헌법 제21조 제4항), 공공필요(헌법 제23조 제3항) 등이
그것이다.

국민경제의 성
장 및 안정과
적정한 소득
분배의 유지 등

또한 헌법상 경제질서에 관한 규정을 보면, 국가가 여러 가지 경제
에 관한 규제와 조정을 할 수 있도록 하고 있는데, 이러한 경제에 관한
규제와 조정을 위한 조치들은 균형있는 국민경제의 성장 및 안정과 적
정한 소득분배의 유지, 시장의 지배와 경제력남용의 방지, 경제주체간의
조화를 통한 경제의 민주화 등을 추구하는 것이어야 한다(헌법 제119조
제2항). 그 밖에 지역간의 균형있는 발전(제123조 제2항), 중소기업의 보호·
육성(제123조 제3항), 대외무역의 육성(제125조) 등도 국가가 추구할 수 있
는 목적에 해당된다.

원칙적으로 가
장 완화된 심
사

목적의 정당성이 있는지 여부의 심사는 원칙적으로 가장 완화된 심
사가 되어야 한다. 입법자가 어떠한 정책을 추진할 때에 헌법적으로 정
당화될 수 없는 목적을 추구하는 경우는 거의 찾아보기 힘들기 때문이
다. 그럼에도 불구하고 우리 헌법상의 기본권제한입법이 추구해야 할
목적이 분명히 헌법에 명시적으로 규정되어 있는 이상, 입법자가 추구
하는 목적이 그러한 헌법상의 목적에 부합하는지 여부를 심사하는 것은
당연하다. 따라서 이러한 목적의 정당성은 과잉금지원칙 위반여부의 심
사에서 제외하여야 한다고 하는 학계 일부의 주장[46]은 설득력이 없다고

---

46) 가령, 정종섭 (주 9), 383면; 전광석, 한국헌법론, 법문사, 2021, 273−275면; 양건,
    헌법강의, 법문사, 2020, 315면; 이부하, 비례성원칙과 과소보호금지원칙, 헌법학
    연구 제13권 제2호(2007. 6), 283면.

하겠다.

헌법재판소가 입법목적의 정당성을 부인한 사례는 많지 않다. 가령 구속된 이후에 구속의 사유가 처음부터 존재하지 않는 사실이 밝혀지거나 그 후 구속의 사유가 소멸한 것으로 인정되는 경우에는 특별한 사정이 없는 한 원칙적으로 형사절차의 어느 단계에서나 구속이 취소되어야 함은 당연함에도 불구하고 계속 구속하여 신체의 자유를 제한하는 것은 목적의 정당성이 없다고 본 "형사소송법 제331조 단서 규정에 대한 위헌심판"[47] 사건의 경우나, "동성동본금혼에 관한 민법 제809조 제1항 위헌제청 사건의 경우"[48]를 들 수 있다.

나. 방법의 적정성

방법의 적정성이란 입법자가 추구하는 목적의 달성을 위해서 선택한 수단이나 방법이 목적달성에 기여할 수 있는 것이어야 한다는 것을 말한다. 여기에서 기여라고 하는 것은 어느 정도의 기여만 있으면 충분한 것이지 그것이 반드시 최선의 기여가 되어야 하는 것은 아니다. 즉 최선의 수단을 선택하였는지, 다시 말해서 입법자가 선택한 수단이 가장 합목적적인지 여부의 심사는 헌법재판소가 할 일이 아니다. 그러한 심사를 하게 되면 헌법재판소가 오히려 정책을 결정하는 기관이 될 것이기 때문이다.

따라서 이 방법의 적정성의 심사 역시 매우 완화된 심사가 될 수밖에 없다. 왜냐하면 어떠한 목적을 달성하기 위한 수단은 여러 가지가 있을 수 있으며, 어떠한 수단이 가장 목적 달성을 위하여 적합할 것인가 하는 문제는 입법자 내지 정책결정기관이 정해야 할 문제이기 때문이다.

그럼에도 불구하고 방법의 적정성이 없다는 이유로 위헌결정을 한 사례도 있다. 가령 이 사건 법률조항이 규정한 구입명령제도는 지방소

입법목적의 정당성 부인 사례

목적달성에 기여할 수 있는 방법(수단)인지

완화된 심사

방법의 적정성 위반 사례

---

47) 헌재 1992. 12. 24, 92헌가8, 판례집 제4권, 853, 885 – 886.
48) 헌재 1997. 7. 16. 95헌가6 등, 판례집 제9권 2집, 1 [헌법불합치]: "결국 이 사건 법률조항은 헌법 제10조, 제11조 제1항, 제36조 제1항에 위반될 뿐만 아니라 그 입법목적이 이제는 혼인에 관한 국민의 자유와 권리를 제한할 "사회질서"나 "공공복리"에 해당될 수 없다는 점에서 헌법 제37조 제2항에도 위반된다 할 것이다."

주업체를 경쟁으로부터 직접 보호함으로써 오히려 경쟁을 저해하는 것이기 때문에 공정하고 자유로운 경쟁을 유지하고 촉진하려는 목적인 "독과점규제"라는 공익을 달성하기 위한 적정한 조치로 보기 어렵다고 하면서, 이 사건 법률조항이 규정한 구입명령제도는 이러한 공익을 실현하기에 적합한 수단으로 보기 어렵다고 한 자도소주 50%이상 구입명령제도에 대한 위헌법률심판 사건의 경우이다.[49]

형사소송법 제331조 단서규정에 대한 위헌법률심판사건

그리고 전술한 형사소송법 제331조 단서 규정은 비록 하급심의 오판의 가능성을 방지하려는 것이라 할지라도 그 입법목적과 인신구속방법을 비교 형량하여 볼 때 명백히 헌법 제12조 제1항 및 제3항이 규정하고 있는 적법절차의 원칙에 위배된다고 아니할 수 없으며, 헌법 제37조 제2항에서 금지하고 있는 과잉입법으로서 목적의 정당성 뿐 아니라 방법의 적절성, 피해의 최소성 및 법익의 균형성을 잃어 비례의 원칙에 반하는 위헌적인 것이라 판단한 사례도 있다.[50]

다. 침해의 최소성

덜 침해적인 수단이 있음에도 더 침해적인 수단 선택하면

그러나 침해의 최소성으로 들어가면 심사기준은 매우 강화된다. 즉 침해의 최소성은 입법자가 목적을 달성함에 있어서 될 수 있는 한 관련 당사자의 기본권을 가장 덜 침해하는 수단이나 방법을 선택하여야 한다는 것을 의미한다. 따라서 보다 덜 침해적인 다른 수단이 있는데도 더 침해적인 수단을 선택하였다면 곧바로 침해의 최소성원칙에 위반될 소지가 있다.

보통의 경우 엄격한 심사

그러므로 이러한 침해의 최소성 원칙의 심사에 있어서는 헌법재판소의 심사의 강도가 매우 강해지는 것이 보통이다.

엄격심사의 가능성 높음

그러나 목적을 달성하기에 거의 동일하게 적합한 수단들 가운데 보다 덜 침해적인 다른 수단이 있는가 하는 문제는 헌법재판소가 매우 쉽게 상정할 수 있기 때문에, 이 침해의 최소성 단계에서 헌법재판소가 대부분의 법률에 대하여 매우 엄격한 심사를 할 가능성이 많은 것이 헌법

---

49) 헌재 1996. 12. 26. 96헌가18, 판례집 제8권 2집, 680 [위헌].
50) 헌재 1992. 12. 24. 92헌가8, 판례집 제4권, 853 [위헌].

재판의 현실이라고 할 수 있다.

사실상 목적달성을 하기 위해서 어떠한 수단을 선택할 것인가 하는 문제와 관련하여 어느 정도의 기본권 침해를 야기하지만 보다 효과적인 수단이라고 생각될 때 입법자는 덜 침해적인 다른 수단이 존재함에도 불구하고 더 침해적인 수단을 선택하게 되는 경우가 흔히 있을 수 있다. 그런데 이 때 마다 헌법재판소는 침해의 최소성원칙 위반을 확인하게 된다면, 사실상 입법자의 형성의 자유는 매우 제한될 수밖에 없다. 그러므로 침해의 최소성과 관련해서 무조건적으로 엄격한 심사로 일관하는 것은 타당하지 않고, 규율영역의 특성이나 관련되는 기본권의 중대성, 입법자의 형성의 자유의 범위 등을 균형 있게 살펴서 그때그때 침해의 최소성과 관련해서도 엄격심사를 할 것인지 아니면 완화된 심사를 할 것인지 여부를 결정한 후, 침해의 최소성 위반여부를 심사하여야 할 것이라고 생각된다.

개별사건의 특성 고려 필요

그러한 사례들로는 이미 전술한 바와 같이 명백성통제나 납득가능성통제를 구사하여 입법자의 예측판단에 대하여 완화된 심사를 한 후 심판대상조항에 대하여 합헌판단을 하고 있는 요양기관강제지정제에 관한 구 의료보험법 제32조 제1항 등 위헌소원 사건 등[51]을 들 수 있다.

입법자의 예측판단에 대한 완화된 심사의 사례

라. 법익의 균형성

법익의 균형성은 앞에서 말한 바와 같이 좁은 의미의 비례의 원칙이다. 즉 목적과 수단간의 관계가 비례성이 있는가, 추구하는 목적의 중요성과 선택한 수단에 의하여 제한되는 기본권의 중대성 간에 균형이 존재하는가의 문제이다. 즉 입법자가 추구하는 목적의 중요성이 제한되는 기본권의 중요성보다 우월하여야 하는 것이다.

목적과 수단사이의 균형심사

이러한 좁은 의미의 비례성은 구체적 당사자에게 그러한 기본권제한을 기대할 수 있는가 하는 관점에서 기대가능성 또는 적정성(Angemessenheit)이라고 표현하기도 한다.

기본권제한의 기대가능성, 적정성

---

51) 헌재 2002. 10. 31, 99헌바76, 판례집 제14권 2집, 410, 432-436. 위 제3절, III, 2. 참조.

이러한 네 가지 단계에서 어느 하나라도 위반된다고 판단되면 그것은 과잉금지의 원칙위반이라고 결론을 내릴 수 있다.

3. 과잉금지의 원칙의 적용영역과 입법자의 형성의 자유

가. 자유권적 기본권

자유권적 기본권의 침해 심사

과잉금지의 원칙은 원칙적으로 자유권에 대한 제한의 경우 그 제한의 위헌여부를 심사하기 위한 심사기준이라고 할 수 있다. 본디 자유는 천부인권적인 것으로서 전국가적·초국가적 권리라고 볼 수 있고, 이에 대하여 제한을 할 경우 국가는 공익목적이 불가피하게 그 제한을 정당화할 경우에 필요한 최소한에 한해서만 할 수 있다고 하는 것이다. 이러

본질내용 침해 금지

한 의미에서 소위 본질내용침해의 금지조항(헌법 제37조 제2항)도 존재하는 것이다. 그렇다면 과잉금지의 원칙이 적용될 수 있는 영역은 원칙적으로 자유권적 기본권이라고 할 수 있을 것이다.

나. 청구권적 기본권과 사회적 기본권

완화된 심사기준의 적용 필요

그 외에 청구권적 기본권이나 사회적 기본권의 경우는 입법자가 기본권의 내용을 형성할 책임을 지게 된다. 입법자가 구체적으로 기본권의 내용과 한계를 구체화할 때에 비로소 기본권의 내용과 한계가 밝혀지는 것을 특색으로 한다. 하지만 이러한 형성법률은 경우에 따라서 형성이 아니라 오히려 기본권에 대한 제한적 기능을 하기도 한다는 데에 문제가 있다. 그러므로 제한적 내용을 가지고 있는 형성법률에 대하여 과잉금지 내지 비례의 원칙 적용을 전혀 안 할 수는 없지만, 이때에는 원칙적으로 입법자에게 넓은 형성의 자유가 인정되기 때문에 완화된 심사기준이 적용되어야 할 것이다.[52]

다. 평등권의 경우

---

52) 방승주, 교통사고처리특례법 제4조 제1항의 위헌여부 심사기준, 법률신문 제3733호(2009. 3. 26.) 15면.

제대군인가산점 판결 이후 헌법재판소는 헌법이 명시적으로 평등 취급을 명한 경우나 차별로 인하여 다른 기본권에 대한 중대한 제한을 초래하는 경우에는 입법자의 형성의 자유가 축소되어 비례의 원칙에 입각한 엄격한 심사를 하여야 한다고 하면서 평등권 침해여부의 심사에 있어서도 일정한 전제조건하에 비례의 원칙 위반여부를 심사하고 있다. 그리고 그 심사의 내용을 보면 자유권침해의 심사도식과 다르지 않게 목적의 정당성과 방법의 적정성, 침해의 최소성, 법익의 균형성을 적용하고 있다.

자의금지심사와 비례의 원칙 심사

그러나 평등권의 경우 일정한 요건 하에 비례의 원칙에 입각한 엄격한 심사를 한다 하더라도 그 내용이 자유권침해와 같은 4가지의 심사도식을 적용하는 것은 적절치 않다고 생각된다. 입법자가 일정한 경우에 차별을 하는 것은 같은 것을 같게, 다른 것을 다르게 대우하는 것이기 때문에, 일정한 국민집단 간에 현실적으로 존재하는 차이와 그에 걸맞는 차별적 대우가 서로 비례성이 있는지 다시 말해서 차이와 차별이 서로 적정한 관계에 있는지 여부를 심사하는 데 그쳐야 할 것으로 보인다. 차별취급의 적정성 정도만을 심사하는 좁은 의미의 비례성 심사에 머무는 것이 타당하다는 것이다.

좁은 의미의 비례성 심사만 적용할 필요

라. 참정권의 경우

우리 헌법상 선거권(제24조)이나 공무담임권(제25조)의 경우도 "법률이 정하는 바에 의하여"라고 하는 소위 형성유보가 달려 있다. 그러므로 가령 선거권이나 공무담임권을 제한하는 법률의 경우에도 원칙적으로 입법자에게 형성의 자유가 인정되어 완화된 심사기준을 적용해야 하는지 문제가 제기될 수 있다. "법률이 정하는 바에 의하여"라고 하는 단서가 붙어 있는 기본권이라고 하더라도, 구체적 사건에서 기본권제한이 과잉한지 여부의 심사는 엄격한 심사를 받게 될 수도 있다. 즉 선거에 있어서는 민주선거의 원칙(헌법 제41조 제1항, 제67조 제1항)이 적용되기 때문에 가령, 국민임에도 불구하고 국내에 주민등록이 되어 있지 아니한 재외국민의 경우 선거에 참여할 수 없게 되어 있는 경우에는, 보통선거

형성적 법률유보 경우 완화된 심사가 원칙

민주주의에 있어서 선거권 등이 가지는 의미

의 원칙상 엄격한 심사기준이 적용되는 것이 타당하다고 할 수 있다. 특히 정치적 영역에서의 평등은 절대적 평등, 도식적 평등이 적용된다고 할 수 있기 때문에 그러하다.[53]

마. 입법자의 형성의 자유

완화된 심사기준 선택

입법자의 형성의 자유가 인정되는 영역에서는 원칙적으로 엄격한 과잉금지원칙의 심사를 하기보다는 완화된 심사기준을 선택하여야 한다. 왜냐하면 재량이나 형성의 자유가 인정된다는 의미는 그 범위 내에서 입법자가 어떻게 결정하든 문제가 될 것이 없다는 뜻이기 때문이다. 다만 그 재량이나 형성의 자유의 한계를 일탈하였는지 여부만을 가볍게 심사하는 것까지 포기할 수는 없으므로 그러한 차원에서의 완화된 심사가 요청된다고 할 수 있다. 입법자의 형성의 자유가 인정된다고 해 놓고서 과잉금지의 원칙 위반여부에 대하여 상세히 심사하는 것은 앞뒤 논리가 맞지 않는 말이 되는 것이다.

완화된 심사의 대표적 사례들

양심적 병역거부결정은 입법자에 대한 형성의 자유 내지 예측판단에 대하여 명백성 통제에 머물면서 사실상 과잉금지의 원칙 심사를 자제하고 있는 대표적 사례에 해당하는 판례[54]라고 생각된다.

Ⅵ. 법적 안정성과 신뢰보호의 원칙

1. 법적 안정성: 시간적 관점에서의 예측가능성

법률이 갖추어

법의 최고성은 법단계 구조와 관련한 헌법과 법률의 효력에 관한

---

53) 이에 대하여는 방승주, 재외국민 선거권제한의 위헌여부, 헌법학연구 제13권 제2호(2007. 6), 305−349.

54) 헌재 2004. 8. 26, 2002헌가1, 판례집 제16권 2집 상, 141, 158−160. 사실상 판례를 변경한 것으로 헌재 2018. 6. 28. 2011헌바379 등, 판례집 제30권 1집 하, 370 [헌법불합치, 합헌]. 병역법 제5조 제1항은 헌법재판소의 헌법불합치결정에 따라 2020. 1. 1. 법률 제16852호로 개정되어 제6호가 삽입되었다: "6. 대체역: 병역의무자 중 「대한민국헌법」이 보장하는 양심의 자유를 이유로 현역, 보충역 또는 예비역의 복무를 대신하여 병역을 이행하고 있거나 이행할 의무가 있는 사람으로서 「대체역의 편입 및 복무 등에 관한 법률」에 따라 대체역에 편입된 사람"

문제였고, 법률유보와 의회유보, 그리고 포괄위임입법금지의 원칙과 명확성의 원칙, 그리고 과잉금지의 원칙은 모두 법률이 갖추어야 할 요건 내지 원칙의 문제였다.

야 할 내용적 요건

그런데 시간적 관점에서 바라볼 때, 법률이 가져야 할 또 다른 원칙이 있다면 그것이 법적 안정성이고 신뢰보호의 원칙이라고 할 수 있을 것이다. 달리 말해서 어떠한 법률이 너무 쉽사리 그리고 얼마 되지 않은 기간 내에 개정되어 다른 내용이 될 경우에는 국민들의 입장에서는 여전히 예측가능성이 없어지고 한번 법률의 내용에 대하여 걸었던 신뢰가 무너질 수 있게 되며 이로 인하여 여러 가지 혼란상태가 야기될 수 있다.

법률이 갖추어야 할 시간적 요건: 법적 안정성과 신뢰보호원칙

그러므로 법률 자체도 될 수 있으면 명확하게 규정되어야 하지만, 시간적 관점에서도 법률은 법적 안정성을 가져야 한다. 법적 안정성이라고 하는 것은 결국 시간적 관점에서의 예측가능성이라고 말할 수 있을 것이다. 결국 국민이 법률에 대하여 그동안 부여해 온 정당한 신뢰는 그만큼 보호받을 가치가 있는 것이다.

시간적 관점에서의 예측가능성 보장

하지만 오늘날과 같이 급변하는 산업사회에서 국가는 다양한 법률로 사회적 변화에 대처해야 할 필요성이 있기 때문에, 한번 제정된 법률을 계속해서 유지할 것을 기대하기는 힘들다. 그러므로 어떠한 경우에 입법자가 법률을 개정해도 되고, 어떠한 경우에는 개정을 해서는 안 되는지의 문제는 법치국가원리에서 나오는 신뢰보호의 원칙으로 다루고 있다.

산업사회에서의 적용을 위한 법개정 필요성과의 조화 필요

2. 신뢰보호의 원칙의 의의와 구체적 내용

가. 신뢰보호의 원칙의 의의

신뢰보호의 원칙은 국민이 국가적 행위에 보낸 정당한 신뢰는 보호받아야 한다는 것이다. 특히 어떠한 법률내용에 대하여 믿고 신뢰하였다면, 그러한 신뢰는 보호되어야 한다는 것이다. 우리 헌법 역시 제13조 제1항은 형벌불소급의 원칙을, 그리고 제13조 제2항은 참정권과 재산권에 대한 소급적 박탈을 금지함으로써 참정권과 재산권에 대한 소급입법

국가적 행위에 대한 국민의 정당한 신뢰는 보호받아야 한다는 원칙

금지의 원칙55)을 천명하고 있다. 이는 법치국가원리에서 도출되는 신뢰보호원칙의 실정법적 근거라고 할 수 있을 것이다.

나. 독일연방헌법재판소 제1재판부와 제2재판부의 심사기준의 차이

독일 연방헌재의 판례 수용

우리 헌법재판소는 독일 연방헌법재판소가 전개한 소위 진정소급입법과 부진정소급입법의 구분을 받아들여서 소급입법의 위헌여부에 대한 심사기준으로 삼고 있다.

제1재판부 판례를 수용하였으나 제2재판부 판례도 참고할 필요

그런데 독일 연방헌법재판소에는 제1재판부와 제2재판부가 있으며 각 재판부가 소급입법의 구분기준을 달리 발전시켜 왔음을 주의할 필요가 있다. 우리 헌법재판소가 받아들인 이론은 제1재판부의 이론이기 때문에, 앞으로 헌법재판소의 실무 전개에 있어서 진정소급입법과 부진정소급입법을 나누는 기준을 보다 정밀하게 하기 위해서는 제2재판부가 사용하고 있는 기준도 참고할 필요가 있다고 생각된다.

제1재판부 진정소급효와 부진정소급효로 구분

독일 연방헌법재판소가 진정소급효와 부진정소급효를 최초로 구분한 것은 BVerfGE 11, 139 판결에서였다. "어떠한 법률이 과거에 속하는 이미 완료된 법률요건(abgewickelte, der Vergangenheit angehörende Tatbestände)을 사후에 개정하는 경우에만 진정소급입법(Eine retroaktive Rückwirkung)이라 할 수 있다."는 것이다. 이에 반하여 법률이 아직 완료되지 않은 현재의 사실관계(Sachverhalte)와 법률관계(Rechtsbeziehungen)에 향후적으로만 영향을 미치는 경우에는 부진정소급효(Eine retrospektive Rückwirkung)로 봐야 한다는 것이다. 제1재판부의 이러한 구분론은 현재까지 계속 유지되고 있다.56) 그에 반하여 제2재판부는 1983년과 1986년에 다른 개념을 개발하였다. 그에 따르면 만일 어떠한 법률의 시간적 적용범위의 시점(始點)이 그 법률이 법적으로 존재하여 유효하게 된 시점(時點) 전(vor)으로 정해진 경우 이 법률은 소급효를 갖는다는 것이다.57)

---

55) 소급입법금지의 원칙에 대해서는 강태수, 헌법상 개별적 소급입법금지원칙의 예외에 관한 고찰, 경희법학 제53권 제3호(2018), 2–41면.

56) BVerfGE 95, 64, 86; BVerfGE 101, 239, 263: Hartmut Maurer, Staatsrecht I, 6. Aufl., München 2010, S. 563 f.

57) BVerfGE 63, 343, 353; BVerfGE 72, 200, 241. Maurer (주 56), S. 564.

제1재판부는 사실관계와 그것이 완료되었는지 여부에 초점을 맞추는 데 반하여, 제2재판부는 법률이 규정하고 있는 법률효과를 기준으로 삼고 있는 것이다. 그리하여 제2재판부는 소급효를 "법률효과의 소급효"(Rückbewirkung von Rechtsfolgen)로 파악하고 있는 것이다. 물론 그렇다고 해서 제2재판부가 향후로만 효력을 가지지만 이미 과거에 발생한 사실관계나 법률관계에 영향을 미치며 또한 이에 대하여 부담을 주는 법률들이 있다고 하는 점에 대하여 그냥 지나치는 것은 아니다. 제2재판부에 의하면 이러한 사례들은 결코 시간적 적용범위의 문제가 아니라, 법률의 대상적 적용범위의 문제일 뿐이라는 것이다. 그리하여 제2재판부는 이러한 사례들에 대해서는 소위 "법률요건의 소급관련(tatbestandliche Rückanknüpfung)"이라고 부른다. 이 "법률요건의 소급관련"은 어떠한 법률이 공포되기 전의 시점에 성립된 상황(Gegebenheiten)에 법률효과의 발생을 결부시킬 경우에 늘 일어나는 고유한 문제일 뿐이라는 것이다.[58] 그리고 법률효과의 소급효는 주로 법치국가원리(법적 안정성, 신뢰보호)를 기준으로 심사하고, 법률요건의 소급관련의 경우는 주로 기본권을 기준으로 심사하여야 한다고 보고 있다.[59] 제2재판부 역시 이러한 입장을 계속 고수하고 있다.

요컨대 독일 연방헌법재판소의 경우 제1재판부는 "진정소급효"와 "부진정소급효"로 구분하고 있는데 반하여, 제2재판부는 "법률효과의 소급효"와 "법률요건의 소급관련"으로 명백하게 요건과 효과를 구분하고 있는 것이다. 다만 제2재판부는 1997년 12월 3일 BVerfGE 97, 67 판결에서 법률효과의 소급효를 진정소급효에, 그리고 법률요건의 소급관련을 부진정소급효에 대칭시키고 있으므로, 제1재판부의 구분과 내용에 있어서는 크게 다르지 않다고 봐야 할 것이다.[60]

그리고 제2재판부는 불가피한 공익적 사유가 있을 경우, 또는 개인의 보호할만한 신뢰가 없거나 더 이상 없어지게 된 경우에 한하여 법치

제2재판부는 법률효과의 소급효와 법률요건의 소급관련으로 구분

진정소급효 = 법률효과의 소급효
부진정소급효 = 법률요건의 소급관련

진정소급효의 예외적 허용사유도 예시적

---

58) BVerfGE 72, 200, 242.

59) Alfred Katz/Gerald G. Sander, Staatsrecht, 19. Aufl., Heidelberg, 2019, Rn. 212.

60) 이에 대한 지적으로는 이부하, 헌법상 신뢰보호원칙에 대한 고찰, 한양법학 제32권(2010. 11), 147−170(161)면.

국가적 소급효금지의 예외가 인정될 수 있다고 하면서[61], 연방헌법재판소가 정립한 이러한 정당화사유들은 사례 유형적으로 정립된 것이지 그 자체가 완결된 것은 아니라고 부연하고 있다.[62]

다. 우리 헌법재판소의 심사기준과 사례

헌법재판소의
입장

헌법재판소는 신법이 이미 종료된 사실관계나 법률관계에 적용되는지, 아니면 현재 진행 중인 사실관계나 법률관계에 적용되는지에 따라 '진정소급입법'과 '부진정소급입법'으로 구분하고 있는데, 전자는 헌법상 원칙적으로 허용되지 않고 특단의 사정이 있는 경우에만 예외적으로 허용되는 반면, 후자는 원칙적으로 허용되지만 소급효를 요구하는 공익상의 사유와 신뢰보호 요청 사이의 교량과정에서 신뢰보호의 관점이 입법자의 입법형성권에 일정한 제한을 가하게 된다는 데 차이가 있다고 하고 있다.[63]

(1) 진정소급입법 사례

5.18 특별법
사건

헌법재판소는 5.18특별법 사건에서 이러한 독일 연방헌법재판소의 진정소급입법과 부진정소급입법에 대한 구분론을 받아들여 교과서적으로 잘 구분하여 판시하고 있다. 즉 헌법재판소에 따르면, 기존의 법에 의하여 형성되어 이미 굳어진 개인의 법적 지위를 사후입법을 통하여 박탈하는 것 등을 내용으로 하는 진정소급입법은 개인의 신뢰보호와 법적 안정성을 내용으로 하는 법치국가원리에 의하여 헌법적으로 허용되지 않는 것이 원칙이지만, 특단의 사정이 있는 경우, 즉 기존의 법을 변경하여야 할 공익적 필요는 심히 중대한 반면에 그 법적 지위에 대한 개인의 신뢰를 보호하여야 할 필요가 상대적으로 정당화될 수 없는 경우에는 예외적으로 허용될 수 있다고 한다.[64] 그리고 그러한 진정소급

---

61) BVerfGE 72, 200 (258)을 인용하며 BVerfGE 97, 67 (79 f.).

62) BVerfGE 72, 200 (258 ff.)을 인용하며 BVerfGE 97, 67 (80).

63) 헌재 2001. 4. 26. 99헌바55, 판례집 13-1, 869, 884 ; 헌재 2002. 7. 18. 99헌마574, 판례집 14-2, 29, 43를 인용하며, 헌재 2009. 5. 28, 2005헌바20, 판례집 제21권 1집 하, 446, 463-463; 헌재 2009. 5. 28, 2005헌바20, 판례집 제21권 1집 하, 446, 463.

64) 헌재 1989. 3. 17. 선고, 88헌마1 결정; 헌재 1989. 12. 18. 선고, 89헌마32·33 결

입법이 허용되는 예외적인 경우로는 일반적으로, 국민이 소급입법을 예상할 수 있었거나, 법적 상태가 불확실하고 혼란스러웠거나 하여 보호할 만한 신뢰의 이익이 적은 경우와 소급입법에 의한 당사자의 손실이 없거나 아주 경미한 경우, 그리고 신뢰보호의 요청에 우선하는 심히 중대한 공익상의 사유가 소급입법을 정당화하는 경우를 들 수 있다고 하면서 위 독일 연방헌법재판소가 들고 있는 요소들을 거의 그대로 받아들였다. 그리고 이를 대별하면 진정소급입법이 허용되는 경우는 구법에 의하여 보장된 국민의 법적 지위에 대한 신뢰가 보호할 만한 가치가 없거나 지극히 적은 경우와 소급입법을 통하여 달성하려는 공익이 매우 중대하여 예외적으로 구법에 의한 법적 상태의 존속을 요구하는 국민의 신뢰보호이익에 비하여 현저히 우선하는 경우로 크게 나누어 볼 수 있다고 부연하고 있다.[65] 이 진정소급입법과 부진정소급입법의 구분론은 그 이후 헌법재판소 판례에서도 받아들여져 확립된 판례가 되었다.[66]

헌법재판소는 이러한 법리를 5.18 특별법에 적용한 후 합헌결정을 선고하였는데, 특히 4인의 법정(합헌)의견은 "그러므로 이 사건 반란행위자들 및 내란행위자들의 군사반란죄나 내란죄의 공소시효완성으로 인한 법적 지위에 대한 신뢰이익이 보호받을 가치가 별로 크지 않음에 비하여 이 법률조항은 위 행위자들의 신뢰이익이나 법적 안정성을 물리치고도 남을 만큼 월등히 중대한 공익을 추구하고 있다고 평가할 수 있다. 그렇다면 이 법률조항이 위 행위자들의 공소시효완성에 따르는 법적 지위를 소급적으로 박탈하고, 그들에 대한 형사소추를 가능하게 하는 결

5.18 특별법
사건

정 등을 인용하며 헌재 1996. 2. 16, 96헌가2, 판례집 제8권 1집, 51, 87 – 88.

65) 헌재 1996. 2. 16, 96헌가2, 판례집 제8권 1집, 51, 87 – 88: 재판관 김진우, 재판관 이재화, 재판관 조승형, 재판관 정경식의 법정(합헌)의견.

66) 가령 헌재 1989. 12. 18. 89헌가32, 판례집 제1집, 343; 헌재 1999. 4. 29. 94헌바37, 판례집 제11권 1집, 289, 290; 헌재 2006. 6. 29. 2005헌마165·314·555·807, 2006헌가3 병합; 헌재 1998. 9. 30. 97헌바38 사등기담보등에 관한법률 부칙 제2조 등 위헌소원; 헌재 2011. 3. 31, 2008헌바141, 친일반민족행위자 재산의 국가귀속에관한특별법 제2조 등 위헌소원 등, 공보 제174호, 548, 562 – 563. 이 헌재 결정을 따르고 있는 대법원 판례로 대법원 2011. 5. 13. 선고 2009다26831, 26848, 26855, 26862 판결 (원인무효로인한소유권등기말소등·독립당사자참가의소·독립당사자참가의소·독립당사자참가의소) 판례공보 2011. 6. 15. 제372호, 1120, 1122.

과를 초래하여 그 합헌성 인정에 있어서 위에서 본 바와 같은 심히 엄격한 심사기준이 적용되어야 한다고 하더라도, 이 법률조항이 공소시효의 완성이라는 헌법상의 기본권이 아닌 단순한 법률적 이익에 대한 위와 같은 미약한 신뢰보호의 필요성에 현저히 우선하는 중대한 공익을 추구하고 있으므로 헌법적으로 정당화된다고 할 것이다. 우리 헌정사에 공소시효에 관한 진정소급입법을 단 한번 예외적으로 허용한다면 바로 이러한 경우에 허용하여야 한다고 할 것이다. 이러한 경우가 진정소급입법의 원칙적 금지의 예외에 해당하지 않는다면, 그 예외는 대체 어디에 해당되고 무엇을 위한 예외인지 진지한 의문을 제기하지 않을 수 없다."고 하면서 5.18특별법이 진정소급입법에 해당된다 하더라도 이는 합헌이라고 판단하였다.[67]

(2) 부진정소급입법 사례

법률개정이익과 당사자신뢰이익 사이의 법익형량

부진정소급입법에 있어서 개정을 해야 할 공익과 당사자의 신뢰이익 간의 법익 형량을 어떠한 기준으로 해야 할 것인지에 대하여 헌법재판소는 다음과 같은 기준을 제시하고 있다. 즉 "신뢰보호의 원칙은 헌법상 법치국가 원리로부터 파생되는 것으로, 법률이 개정되는 경우 기존의 법질서에 대한 당사자의 신뢰가 합리적이고 정당한 반면, 법률의 제정이나 개정으로 야기되는 당사자의 손해가 극심하여 새로운 입법으로 달성코자 하는 공익적 목적이 그러한 당사자의 신뢰가 파괴되는 것을 정당화할 수 없는 경우, 그러한 새 입법은 허용될 수 없다는 것이다. 이러한 신뢰보호원칙의 위반 여부는 한편으로는 침해되는 이익의 보호가치, 침해의 정도, 신뢰의 손상 정도, 신뢰침해의 방법 등과 또 다른 한편으로는 새로운 입법을 통하여 실현하고자 하는 공익적 목적 등을 종합적으로 형량하여야 한다."[68]

공소시효가 아직 완성되지 않은 경우

헌법재판소도 5.18특별법 사건[69]에서 법원이 만일 특별법이 처벌하고자 하는 대상범죄의 공소시효가 아직 완성되지 않은 것으로 판단한

---

67) 헌재 1996. 2. 16. 96헌가2 등, 판례집 제8권 1집, 51 (90).
68) 헌재 2009. 5. 28, 2005헌바20, 판례집 제21권 1집 하, 446, 446-447.
69) 헌재 1996. 2. 16, 96헌가2, 판례집 제8권 1집, 51, 87-88.

다면 특별법은 부진정소급효를 가지는 것이라고 판시하면서 형벌규정에 관한 법률 이외의 법률은 부진정소급효를 갖는 경우에는 원칙적으로 허용되고, 단지 소급효를 요구하는 공익상의 사유와 신뢰보호의 요청 사이의 교량과정에서 신뢰보호의 관점이 입법자의 형성권에 제한을 가할 뿐이라고 하고 있다. 그리고 당사자의 신뢰이익과 헌정질서파괴범죄자들을 응징하여 정의를 회복하여야 할 공익을 비교 형량한 후 당사자의 신뢰이익은 미약한 데 비하여 후자의 공익이 훨씬 더 중대한 이익이라고 평가하고 이 특별법은 헌법에 위반되지 않는다고 판단하였다.

한편 현재 공무원이나 사립학교교직원으로 재직하고 있는 자로서 퇴직연금에 대한 기여금을 납입하고 퇴직하는 경우 장차 받게 될 퇴직연금에 대한 급여액의 산정기초를 종전에 '퇴직 당시의 보수월액'으로 하던 것을 '최종 3년간 평균보수월액'으로 변경한 공무원연금법 제27조 제3항, 사립학교교직원연금법 제35조 제3항에 대하여 위 퇴직연금에 대한 기대는 재산권의 성질을 가지고 있으나 확정되지 아니한 형성 중에 있는 권리로서 이는 아직 완성되지 아니하고 진행과정에 있는 사실 또는 법률관계를 규율대상으로 하는 이른바 부진정소급입법에 해당되는 것이어서, 종래의 법적 상태의 존속을 신뢰한 청구인들에 대한 신뢰보호만이 문제될 뿐, 소급입법에 의한 재산권박탈의 문제는 아니므로, 위 법률조항은 소급입법에 의한 재산권박탈금지의 원칙을 선언하고 있는 헌법 제13조 제2항에 위반되지 아니하며, 신뢰보호의 원칙에도 위반되지 않는다고 판단한 바 있다.[70]

그리고 이 사건에서 연금액조정에 대한 경과조치규정은 신설규정인 공무원연금법 제43조의2 및 사립학교교직원연금법 제42조 제1항 중 공무원연금법 동 조항을 준용하고 있는 부분을 그 시행일인 2001. 1. 1.부터 적용함에 있어서 기존 연금수급자들의 연금액을 2000. 12. 31. 현재의 연금액을 기준으로 조정한다는 내용으로서 법개정 이후의 법률관계만을 규율하고 있을 뿐이므로, 이미 종료된 과거의 사실관계 또는 법률관계에 새로운 법률이 소급적으로 적용되어 과거를 법적으로 새로이

퇴직연금 급여액 산정기초의 사후적 개정

이 사건에서의 결론

경과조치규정에 대해서 부진정소급효로 파악

---

70) 헌재 2003. 9. 25, 2001헌마93, 판례집 제15권 2집 상, 319, 320-321.

평가하는 진정소급입법에는 해당되지 않는다고 하면서 연금액조정 경과
조치규정은 기존의 법적 상태에 대한 신뢰를 법치국가적 관점에서 헌법
적으로 보호하여 주어야 할 것인지 여부가 문제될 뿐, 소급입법금지의
원칙에는 위배되지 아니한다고 하고 있다. 결국 헌법재판소는 이 경규
조치규정에 대해서도 부진정소급효로 파악하면서 공익과 신뢰보호이익
중 무엇이 더 중요한지에 대하여 법익형량을 하고 있다. 즉 연금액조정
경과조치규정에 의하여 물가연동제 방식에 의한 연금액의 조정을 기존
연금수급자들에 적용함으로써 달성하려는 공익[71]이 기존 연금수급자들
의 신뢰이익보다 더 크다고 본 것이다. 그리고 또한 이 형량에서 입법자
가 행한 완화조치, 즉 그 경과조치규정의 일부개정으로 각 연도 보수변
동률과 물가변동률이 2% 이상 차이가 나는 경우 3년마다 그 이상 차이
가 나지 않게 조정하도록 하여 기존제도에 대한 신뢰에 어느 정도 배려
를 하고 있음도 고려하고 있다. 이러한 법익형량 하에 헌법재판소는 이
경과조치규정 역시 신뢰보호의 원칙에 위배된다고 볼 수 없다[72]는 결론
에 이른 것이다.

연금지급개시
연령조항

　　　또한 연금지급개시연령조항과 관련해서도 1995. 12. 29. 연금법이
개정되어 1996. 1. 1. 임용된 공무원부터 60세의 연금지급개시연령제를
부활하여 실시하게 되었고, 향후 그 적용·범위를 확대하거나 연령을 높
일 가능성을 전혀 예상할 수 없었다고 보기도 어려운 점을 고려할 때,
보호하여야 할 신뢰의 가치가 크지 아니하고, 이 법 시행 당시 이미 재
직기간이 20년을 경과한 자의 경우에는 종전 규정에 의하고, 나머지의
경우도 2001년·2002년 50세로 하는 것을 시초로 순차적으로 향상시켜
2020년에 59세로 하는 등 전체적으로 비례의 원칙에 입각한 경과조치를
마련하고 있는 것을 감안할 때, 그 신뢰의 손상정도가 크지 아니한 반
면, 연금재정악화로 인한 연금재정안정의 도모와 연금제도의 기본원리
에 충실한 합리화라는 것은 긴급하고도 중대한 공익이므로 양자를 비교
형량하여 볼 때, 위 법률조항이 입법목적으로 달성하고자 하는 공익이

---

71) 헌재 2003. 9. 25, 2001헌마93, 판례집 제15권 2집 상, 319, 323.
72) 헌재 2003. 9. 25, 2001헌마93, 판례집 제15권 2집 상, 319, 324.

우월하다고 할 것이어서, 위 연금지급개시연령제한규정은 신뢰보호의
원칙에 위배된다고 할 수 없다고 판단하였다.[73]

이 공무원연금법 사건에서 알 수 있듯이 재직기간이 20년이 넘는
공무원들이나 사립학교 교원 등과 같이 연금기대권(Rentenanwartschaft)을
이미 획득한 자들이나, 아니면 이미 퇴직하여 연금을 수급하고 있는 자
들에까지도 헌법재판소는 연금을 현재 지급받고 있다고 하는 이유로 부
진정소급입법으로 파악하고 있는데 이는 잘못이라고 생각된다. 연금의
경우는 지급의 방법에 있어서 퇴직 후에도 지속적으로 연금을 수급하도
록 애초부터 그렇게 설계가 되어 있었던 것이기 때문에, 현재 연금을 수
급받고 있다고 해서 법률관계나 사실관계가 현재 진행중이라고 파악하
고 부진정소급입법으로 볼 수는 없다. 오히려 애초의 연금법 규정이 연
금기여금을 20년 이상 납부하는 경우 20년 이후 퇴직하게 되면 일정한
액수의 연금을 수급받을 것으로 규정하고 있었고, 이 규정을 신뢰하여
20년 이상 기여금을 납부한 공무원이나 사립학교 교원 등은 이미 이 법
률요건이 완료되어 그 법이 규정한 법률효과가 발생한 것이다. 법률요
건이 이미 완료되어 법률효과가 발생하였는가 아닌가를 퇴직연금을 일
시금을 받았는가 아니면 연금으로 받고 있는가와 같은 우연한 선택에
좌우시킬 수 있는 것은 아니다. 그러므로 연금법과 관련한 불이익한 개
정의 경우를 일률적으로 부진정소급입법으로 파악하여 완화된 심사 끝
에 합헌결정을 하는 헌법재판소는 사회보험법상의 권리도 일정한 전제
조건을 갖춘 경우, 헌법 제23조의 재산권에 의한 강력한 보호를 받을
수 있다고 하는 관점을 간과하고 있으며, 또한 이미 법률요건이 완료되
어 법률효과(연금기대권 또는 연금수급권)가 발생한 경우에까지 진정소급
입법이 아니라 부진정소급입법으로 완화된 심사를 하는 것이기 때문에
이는 소급입법금지의 원칙 내지 신뢰보호원칙의 법리를 오해한 잘못이
있다고 하겠다.[74]

연금법의 개정
에 있어서 진
정소급효와 부
진정소급효 구
분의 문제점

---

73) 헌재 2003. 9. 25, 2001헌마93, 판례집 제15권 2집 상, 319, 324.
74) 이에 관하여 방승주, 헌법사례연습, 2015, 9번 사례, 공무원연금법상 연금조정규
정의 소급적용과 신뢰보호원칙, 91-103(101)쪽; 동지, 전광석, 사회적 기본권과
헌법재판, 헌법논총 제19집(2008), 741-771(762, 각주 50).

최고보상제도
사건

헌법재판소는 마찬가지 관점에서 2000년 7월 1일부터 시행되는 최고보상제도를 2000년 7월 1일 전에 장해사유가 발생하여 장해보상연금을 수령하고 있던 수급권자에게도 2년 6월의 유예기간을 거쳐서 2003년 1월 1일부터 적용하도록 하는 산재법 부칙 제7조 중 "2002. 12. 31.까지는" 부분('심판대상조항)에 대해서도 이 심판대상조항은 청구인들과 같은 기존의 장해보상연금 수급권자들에 대하여 이미 발생하여 이행기가 도래한 장해연금 수급권의 내용을 변경하지는 아니하고, 심판대상조항 시행 이후의 법률관계, 즉 장래 이행기가 도래하는 장해연금 수급권의 내용을 변경하는 것에 불과하므로, 이미 종료된 과거의 사실관계 또는 법률관계에 새로운 법률이 소급적으로 적용되어 과거를 법적으로 새로이 평가하는 진정 소급입법에는 해당되지 않는다[75]고 하면서, 이 조항을 진정소급입법이 아니라 부진정소급입법으로 보았다. 그러면서도 헌재는 최고보상제를 도입하는 입법자의 결단은 최고보상제도 시행 이후에 산재를 입는 근로자들부터 적용할 수 있을 뿐, 제도 시행 이전에 이미 재해를 입고 산재보상수급권이 확정적으로 발생한 청구인들에 대하여 그 수급권의 내용을 일시에 급격히 변경하여 가면서까지 적용할 수 있는 것은 아니라고 하면서, 심판대상조항은 신뢰보호의 원칙에 위배하여 청구인들의 재산권을 침해하는 것으로서 헌법에 위반된다고 판시하였다.[76]

진정소급효와
부진정소급효
의 구분의 문
제점

그러나 앞의 연금법 사건에서와 마찬가지로 산재보상수급권이 확정적으로 발생한 청구인들에 대하여 그 수급권의 내용을 비록 경과기간을 거쳐서이기는 하지만 일시에 급격히 변경하여 적용하는 것은 이미 완료된 법률요건에 대하여 기존의 법률효과인 산재보상수급권보다 훨씬 불리한 내용의 법률 효과를 귀속시키는 법개정이라고 할 수 있기 때문에, 이 역시 부진정소급입법이 아니라 진정소급입법에 해당된다. 다만 이 결정에서 헌재가 심판대상조항을 부진정소급입법으로 파악하면서도 법익 형량에 있어서는 당사자의 신뢰이익이 더욱 우월한 것으로 보았듯

---

75) 헌재 2005. 6. 30. 2004헌마42, 판례집 제17권 1집, 973, 983을 인용하며, 헌재 2009. 5. 28, 2005헌바20, 판례집 제21권 1집 하, 446, 463.

76) 헌재 2009. 5. 28, 2005헌바20, 판례집 제21권 1집 하, 446, 446-447.

이, 심판대상조항을 진정소급입법으로 파악할 경우에는 더욱 더 엄격한
심사기준이 적용되는 것이므로, 역시 심판대상조항은 당사자의 신뢰이
익을 침해하여 그의 재산권을 과잉하게 침해하였다고 하는 동일한 결론
에 이르게 되는 것은 당연하다.

 그 밖에도 헌법재판소는 국가보위입법회의에 의한 공무원신분 박   신뢰보호원칙
탈 사건77)과 택지소유상한에관한법률 사건78) 및 언론중재법 시행 전의 위반 사례
언론보도로 인한 정정보도청구에 대해서도 언론중재법을 소급적용하도
록 한 언론중재법 부칙 제2조 사건79)에서 신뢰보호의 원칙 위반을 확인
하고 있다.

 그에 반하여 '가입자자격을 상실한 후 1년이 경과한 국민연금가입   신뢰보호원칙
자'는 반환일시금을 받을 수 없도록 개정된 구 국민연금법 제67조 제1 위반 부인 사
항(이하 '이 사건 법률조항')은 1999. 1. 1.부터 시행되어 그 이후에 이루어 례
진 반환일시금의 청구에 대하여 적용될 뿐, 그 시행 이전에 구법상의 요
건을 충족한 자는 종전의 규정에 따라 급여를 지급받게 되므로 이미 종
결된 과거의 사실 또는 법률관계에 사후적으로 적용함으로써 과거를 법
적으로 새로이 평가하여 재산권을 박탈하는 소급입법이라고 할 수 없다
고 보았다. 그리고 반환일시금의 수급요건, 수급권자의 범위, 급여금액
등을 법률로 형성함에 있어 입법자는 광범위한 형성의 자유를 누린다고
할 것이어서, 입법자는 여러 사정을 고려하여 반환일시금에 대한 새로
운 규율을 할 수 있는 것이므로, 반환일시금 제도가 계속 유지될 것이라
는 신뢰는 헌법상의 보호가치가 큰 신뢰라고 보기 어렵다는 이유로 이
사건 법률조항은 신뢰보호원칙에 위배되지 않는다고 판시하였다.80)

 그리고 대기환경보전법시행규칙 제8조 제1호 본문 중 "1% 미만"
부분(이하 "비율조항")에 의하여 청구인들은 관련 제품들을 대기환경보전
법상의 첨가제로는 휘발유에 40%까지 첨가하여 판매할 수 없게 되자
이 비율조항이 첨가제의 첨가비율을 1% 미만으로 제한한 것과 이러한

---

77) 헌재 1989. 12. 18, 89헌마32, 판례집 제1권, 343면 이하, 354-355면.
78) 헌재 1999. 4. 29, 94헌바37, 판례집 제11권 1집, 289면 이하, 290면.
79) 헌재 2006. 6. 29, 2005헌마165, 판례집 제18권 1집 하, 337면 이하, 338면.
80) 헌재 2004. 6. 24, 2002헌바15, 판례집 제16권 1집, 719, 719-720.

제한규정을 신설하면서 경과규정을 두지 아니한 것이 첨가비율에 대한 제한이 없는 기왕의 법규를 신뢰하고 영업을 하여온 청구인들의 신뢰에 반하여 청구인들의 영업의 자유를 침해한 것인지에 대하여 헌법재판소는 이를 부인하였다.[81]

라. 진정소급입법과 부진정소급입법의 구분기준 재정립 필요성

구분기준의 애매모호성

독일 연방헌법재판소 제2재판부가 독자적인 기준을 마련하여 진정소급입법을 "법률효과의 소급효", 부진정소급입법을 "법률요건의 소급관련"으로 달리 평가하면서 새로운 구분론을 펼친 것은 나름대로 이미 완료된 사실관계와 법률관계에 적용되는 것인지 아니면 아직 진행중인 사실관계와 법률관계에 적용되는 것인지에 따른 구분기준이 애매모호하기 때문이었을 것으로 생각된다.

새로운 구분론에 대한 평가

다만 마우러(Maurer) 같은 학자도 제2재판부가 "법률효과의 소급효"와 "법률요건의 소급관련"으로 달리 평가하여 소급입법의 문제를 심사하고 있음에도 불구하고 대체로 제1재판부의 종전의 구분론에 의한 결론은 크게 차이가 없다고 보고 있다.[82] 그럼에도 불구하고 그는 제2재판부의 공식이 좀 더 명료하다고 보면서 진정소급입법과 부진정소급입법의 구분기준을 다음과 같이 정리하고 있다. 즉 우선 어떠한 법률이 공포되기 전의 시점에 법률효과가 발생하는 것으로 규정한다면 그것은 진정소급효(법률효과의 소급효) 입법이다.[83] 그리고 어떠한 법률이 향후효를 가지기는 하지만, 법률요건의 적용대상에 공포되기 전, 즉 법률이 제정되기 전에 생성된 사실관계나 법률관계 또는 법적 지위들이 포함되는 경우 이 법률은 부진정소급효(법률요건의 소급관련) 입법이라는 것이다.[84]

제2재판부 공식의 장점

제2재판부의 공식에 기반을 둔 이러한 기준은 보다 분명한 구분을 가능하게 할 수 있다고 생각되는 바, 앞으로 보다 더 심도 있는 검토와

---

81) 헌재 2005. 2. 03, 2003헌마544, 판례집 제17권 1집, 133, 135.
82) 만일 서로 차이가 있다면 제1재판부와 제2재판부 전원합의체를 소집하여 이 문제에 관하여 결론을 내야 하는데 그런 적이 없다는 것이다. Maurer (주 56), S. 564 f. Katz/G. Sander (주 59), Rn. 212.
83) Maurer (주 56), S. 565 f.
84) Maurer (주 56), S. 566.

논의를 거쳐서 법률요건과 법률효과를 고려한 구분기준을 우리 판례에도 반영할 필요가 있다고 생각된다. 아무튼 이상의 독일 연방헌법재판소 제1재판부와 제2재판부 판례와 학설들을 참고하여 진정소급입법과 부진정소급입법을 재정리해 본다면 다음과 같이 잠정 정리할 수 있을 것이다.

즉 진정소급입법(법률효과의 소급효)은 어떠한 법률요건이 이미 완성되어 법률이 예정하고 있던 법률효과가 이미 발생하였음에도 불구하고, 사후적으로 새로운 법률을 제(개)정하여 구법이 규정하던 법률효과보다 불리한 법률효과를 과거로 소급시켜서 적용하는 경우라고 할 수 있을 것이다. 이러한 진정소급입법은 우선 형벌영역에서는 절대적으로 금지된다. 왜냐하면 죄형법정주의 원칙에서 나오는 형벌불소급의 원칙에 따라서 행위 시에 존재하지도 않던 처벌법규에 의하여 처벌하는 것은 형사정의에 어긋나기 때문이다.

법률요건과 법률효과 개념을 사용한 새로운 구분론

형벌영역 절대적 금지

그리고 이러한 진정소급입법은 그 밖의 비형벌영역에서도 원칙적으로 금지된다. 그러나 예외적으로 보호할 만한 신뢰가 거의 없거나 그보다는 소급입법을 통해서 추구하는 공익이 훨씬 중요할 경우에 예외적으로 진정소급입법도 허용될 수 있는데, 독일 연방헌법재판소에 의해서 개발되어 우리 헌법재판소가 받아들인 요건들은 앞선 5.18특별법 판례를 통해서 소개한 바와 같으나 독일 연방헌법재판소의 판례의 내용을 구체적으로 열거하면 다음과 같다.

비형벌영역: 원칙적 금지, 예외적 허용

① 만약 법률의 법적 효과의 발생이 소급적으로 관련되는 시점에, 그러한 규정이 고려될 수 있었던 경우, 즉 관계된 법적 지위가 신뢰보호의 필요성이 없는 경우

② 지금까지의 법적 상황이 특별히 불분명하고 혼란하거나 위헌적으로 흠결이 있는 경우. 독일연방헌법재판소의 판례에 따르면 만약 법률규정이 합헌성에 대하여 진지한 의심이 발생될 정도로 체계위배적이고 부당했던 경우에도 신뢰요건이 발생하지 않을 수 있다.

③ 이로써 아무런 손해가 야기되지 않거나 또는 전혀 중요하지 않은 손해가 야기 된 경우("경미유보(輕微留保)")

④ 신뢰보호보다 우선하며 따라서 법적 안정성보다 우위에 있는, 불가피한 공익적 사유가 소급효를 예외적으로 정당화하는 경우(vgl. BVerfGE 13, 261 ff.; 30, 367 (387 ff.); 72, 200 (257 ff.); 88, 384 (403 f.))이다.[85]

이 사유들은 예시적인 것

전술하였듯이 독일 연방헌법재판소의 제2재판부는 이러한 정당화 사유들이 망라적인 것은 아니고 사례관련적으로 정립된 것일 뿐이라고 함으로써 그 밖의 사유들도 더 추가될 수 있는 가능성을 열어두고 있는 점은 흥미롭다.

부진정소급입법의 재정립

다음으로 부진정소급입법이란 아직 법률요건이 완성되지 않고 현재 진행 중인 경우에, 법률을 개정함으로써 구법에서 예정하고 있던 법률효과보다 불리한 법률효과를 소급적으로 야기시키는 경우라고 할 수 있다. 어떠한 법률이 장래를 향하여 향후효를 가지기는 하지만, 법률요건의 적용대상에 그 법률이 공포되기 전, 즉 법률이 제정되기 전에 생성된 사실관계나 법률관계 또는 법적 지위들과 관련되는 경우 이 법률은 이러한 부진정소급효(법률요건의 소급관련) 입법이 될 것이다.[86]

입법자에 대한 넓은 형성의 자유 인정

입법자는 변화하는 현실에 대처하기 위하여 아직 법률요건이 완성되기 전이라 하더라도 법을 개정해야 할 필요성이 있으며, 향후효를 가지는 입법이라 하더라도 개정법률의 발효 전 성립된 사실관계나 법률관계 또는 법적 지위들을 규율대상으로 삼을 필요가 있을 수 있다. 이와 같은 부진정소급입법의 경우 입법자에게 원칙적으로 넓은 형성의 자유가 주어진다.

경과규정의 필요

그러나 그러한 개정의 경우에도 당사자가 가지는 정당한 신뢰는 보호하여야 한다. 따라서 이러한 경우에 입법자는 당사자의 신뢰를 보호하기 위하여 적절하게 경과규정을 둠으로써, 당사자의 기본권침해가 최소한으로 될 수 있도록 노력하여야 한다. 그러한 의미에서 경과규정의 필요성은 신뢰보호의 원칙으로부터도 나올 수 있지만 과잉금지원칙상 침해의 최소성 원칙으로부터도 도출될 수 있다.

구분기준의 애매모호성

우리 헌법재판소는 독일 연방헌법재판소의 제1재판부의 입장을 주

---

85) Katz/G. Sander (주 59), Rn. 203; Hartmut Maurer (주 56), S. 570. Rn. 119.
86) Maurer (주 56), S. 566.

로 수용하여 공식을 정립하고 있는데, 진정소급효와 부진정소급효의 구체적 기준을 나누는 기준이 매우 추상적이고 막연하기[87] 때문에 그로 인하여 신뢰보호원칙 적용실무에 있어서도 법적 안정성의 문제가 발생할 소지가 적지 않다고 보인다.[88] 그러므로 앞으로 독일 연방헌법재판소 제2재판부가 사용하고 있는 구분기준인 "법률효과의 소급효"인지 아니면 "법률요건의 소급관련"에 불과할 뿐인지의 공식이나 또는 어떠한 법률이 구법에 의한 법률요건이 완성되어 법률효과가 이미 발생했음에도 불구하고, 새로운 법률효과를 소급적으로 귀속시키는 법률인지 아니면, 법률요건이 현재 진행 중이지만 구법에서 예정하던 법률효과보다 불리한 법률효과를 발생시키는 법률인지 여부의 기준을 채택함으로써 구분기준을 보다 명확하게 구체화해 나갈 필요가 있다고 생각된다.

3. 신뢰보호원칙 위반여부에 있어서 형량의 요소

헌법재판소는 신뢰보호원칙 위반 여부에 대한 심사기준과 관련해서 전술한 최고보상제도와 관련한 산업재해보상보험법 제38조 제6항 위헌소원심판[89]에서 다음과 같이 교과서적으로 밝히고 있다.

신뢰보호원칙 위반에 대한 심사기준

"신뢰보호의 원칙은 헌법상 법치국가 원리로부터 파생되는 것으로, 법률이 개정되는 경우에는 기존 법질서와의 사이에 어느 정도의 이해관계의 상충은 불가피하다고 할 것인바, 이 경우 기존의 법질서에 대한 당사자의 신뢰가 합리적이고 정당한 반면, 법률의 제정이나 개정으로 야기되는 당사자의 손해가 극심하여 새로운 입법으로 달성코자 하는 공익적 목적이 그러한 당사자의 신뢰가 파괴되는 것을 정당화할 수 없는 경우, 그러한 새 입법은 허용될 수 없다는 것이다(헌재 1995. 6. 29. 94헌바39, 판례집 7-1, 896, 910 참조).

이러한 신뢰보호원칙의 위반 여부는 한편으로는 침해되는 이익의

---

87) 우리 헌재 판례에 따른 '종결된 사실관계'와 '종결되지 않은 사실관계'의 구분도 명확하지 않다고 하는 입장으로 한수웅, 헌법학 제8판, 법문사 2018, 273면.

88) 동지, 이부하 (주 60), 161.

89) 헌재 2009. 5. 28, 2005헌바20, 판례집 제21권 1집 하, 446, 463-464.

보호가치, 침해의 정도, 신뢰의 손상 정도, 신뢰 침해의 방법 등과 또 다른 한편으로는 새로운 입법을 통하여 실현하고자 하는 공익적 목적 등을 종합적으로 형량하여야 한다(헌재 2001. 2. 22. 98헌바19, 판례집 13-1, 212, 219-220 ; 헌재 2001. 4. 26. 99헌바55, 판례집 13-1, 869, 885-886 참조).

신뢰이익의 존재와 달성 공익 사이의 형량

따라서 신뢰보호원칙의 위반 여부를 판단함에 있어서는, 첫째, 보호가치 있는 신뢰이익이 존재하는가, 둘째, 과거에 발생한 생활관계를 현재의 법으로 규율함으로써 달성되는 공익이 무엇인가, 셋째, 개인의 신뢰이익과 공익상의 이익을 비교 형량하여 어떠한 법익이 우위를 차지하는가를 살펴보아야 할 것이다."

시혜적 소급입법

그리고 시혜적 소급입법의 경우에는 입법자에게 넓은 형성의 자유가 인정된다고 하면서 입법자의 판단을 존중하고 있다.90)

Ⅶ. 법치국가의 제도적 요소

법치국가의 제도적 요소

위에서 논의된 내용들은 법치국가원리에서 도출되는 법 내지 법률에 관한 원리들이었다고 할 수 있다. 이러한 원리들과 더불어서 법치국가는 다음과 같은 제도적 요소들을 포함하고 있다.

1. 기본권의 보장

기본권과 그 구제절차 보장

법치국가는 법에 의한 지배를 제도화함으로써 국민의 기본권을 보장하는 것이 그 궁극적 목적이었다. 그러므로 법치국가는 예외 없이 국민의 기본권을 제도적으로 보장할 뿐만 아니라, 실질적으로 국민의 기본권침해가 있을 경우에 그에 대한 구제절차까지 잘 정비되어 있는 것이 보통이다.

헌법 제2장의 기본권과 그 밖의 기본권보장

우리 헌법도 제2장에서 국민의 기본적인 권리 즉 기본권을 자세하게 규정하고 있다. 인간으로서의 존엄과 가치 및 행복추구권과 평등권 그리고 신체의 자유를 비롯한 자유권적 기본권과, 참정권, 청구권적 기

---

90) 헌재 1995. 12. 28. 95헌마196, 판례집 제7권 2집, 893, 899-901을 인용하며, 헌재 1998. 11. 26, 97헌바67, 판례집 제10권 2집, 701, 709.

본권, 사회적 기본권에 이르기까지 상당히 자세하게 기본권목록을 가지고 있으며, 헌법 제37조 제1항은 그 밖에도 열거되어 있지 아니한 권리라고 해서 경시되지 아니한다고 하는 조항을 둠으로써, 국민의 기본권을 빠짐없이 보장하려 하고 있다. 그 밖에 기본권장이 아니면서도 가령 정당의 설립과 활동의 자유(헌법 제8조)나, 경제활동의 자유(헌법 제119조 제1항), 보통·평등·직접·비밀선거제도(헌법 제41조 제1항, 제67조 제1항) 등을 통하여 우리 헌법은 국민의 자유와 권리를 제도적으로 보장하고 있다.

2. 권력분립

국민의 기본권을 보장하기 위해서는 권력을 통제할 수 있어야 한다. 그런데 권력은 권력으로밖에 통제할 수 없다. 따라서 권력을 효과적으로 통제하고 견제와 균형을 이룸으로써 국민의 기본권을 보장하기 위하여 법치국가 헌법은 예외 없이 권력분립을 제도화하고 있다.

권력의 통제, 견제, 균형

우리 헌법도 입법, 행정, 사법의 3권을 분립시키고 있으며, 여기에 헌법재판소를 두고 있다. 헌법은 헌법재판소를 법원과 더불어서 병립적으로 규정하고 있다. 그러나 기능적 측면에서는 헌법을 둘러싼 분쟁이 발생한 경우에 당사자의 청구에 의하여 헌법재판소가 무엇이 헌법인지를 유권적으로 밝히는 기능을 하는 것이기 때문에 이러한 기능은 사법기능에 해당한다고 할 수 있다. 그러므로 헌법재판소가 법원과 병립적으로 설치되어 있지만 기능적으로 볼 때 우리 헌법은 크게 3권 분립의 원칙에 따라 권력을 분할하고 있다고 할 수 있다.

삼권분립

3. 사법부에 의한 권리구제제도

사법부, 특히 헌법재판소의 기능은 주로 입법과 행정에 대한 통제기능을 하는 것이라고 할 수 있다. 우선 행정부가 위법한 행위를 하는 경우에 그 처분의 위법성을 확인하고 그로부터 국민의 권리를 구제하는 소송이 행정소송이라고 할 수 있으며, 또한 법률의 위헌여부가 재판의 전제가 된 경우에, 그리고 법원이 그 법률의 위헌성에 대하여 의심을 하

행정소송, 위헌법률심판

는 경우에는 법원이 직접 법률의 위헌여부를 판단해서는 안 되고, 헌법 재판소에 위헌법률심판을 제청하여 그 심판에 의하여 재판을 하도록 하고 있다(헌법 제107조 제1항). 결국 법원은 위헌법률심판제청을 통하여 입법권의 위헌적 행위를 통제할 수 있는 길을 열게 되는 것이다.

행정심판제도,
국가배상청구
권

행정소송의 전심절차로서 행정심판제도가 있으며 이 경우에도 사법절차가 준용되도록 규정되어 있다(헌법 제107조 제2, 3항). 그리고 공무원의 직무상 불법행위로 손해를 입은 경우에는 국가배상청구권이 보장된다(헌법 제29조)

헌법소원심판

헌법재판소는 사법부를 제외한 국가의 모든 공권력행사가 국민의 기본권을 침해한 경우에 그에 대한 당사자의 헌법소원심판청구(헌법 제111조 제1항 제5호; 헌재법 제68조 제1항)를 받아 이 심판을 통하여 기본권 침해 여부를 확인함으로써, 위헌적인 공권력행사를 통제할 수 있다. 그리고 또한 법원의 제청에 의한 위헌법률심판(헌법 제107조 제1항, 제111조 제1항 제1호)이나 또는 위헌법률심판제청신청이 기각된 경우에 그에 대한 헌법소원심판(헌법 제111조 제1항 제5호; 헌재법 제68조 제2항)을 통하여 입법자의 위헌적 입법행위에 대하여 통제할 수 있게 된다.

이와 같이 법치국가는 국가의 위헌 또는 위법적인 공권력행사에 의하여 국민이 자신의 권리나 기본권을 침해받은 경우에 그에 대하여 효과적으로 구제할 수 있는 제도적 장치를 마련하여 권리가 실질적으로 보장되도록 장치를 마련하고 있다. 이러한 사법적 권리구제제도가 보장되어 있지 않다면 그 나라를 법치국가라고 평가하기는 힘들 것이다.

Ⅷ. 법치국가와 국가긴급사태

국가긴급사태
는 법치국가여
부 판단의 시
금석

한 나라가 긴급사태에 처하게 되었을 때에 그 나라가 법치국가인지 아닌지 여부를 가장 쉽게 가늠할 수 있을 것이다. 왜냐하면 긴급사태의 극복을 위한 비상대권이 통치자에게 부여된 경우에도 이를 남용하지 않고 주어진 절차와 요건에 맞게 스스로를 제한하면서 위기를 극복할 수 있는 국가야말로 가장 안정된 법치국가라고 할 수 있기 때문이다. 이러한 관점에서 볼 때 국가비상사태는 법치주의의 예외라고 보는 것은 타당하지 않다.

우리헌법은 국가긴급사태에 대비하여 이를 극복하고 헌법을 보호할 수 있도록 대통령에게 긴급명령권, 긴급재정·경제처분 및 그 명령권(제76조) 그리고 계엄선포권(제77조)을 부여하고 있다.

국가긴급사태 하에서도 대통령은 긴급사태를 극복하여 정상상황을 회복하기 위하여 필요한 최소한의 범위에서 긴급권을 발동하여야 할 것이며, 비상사태나 계엄사태 하에서의 명령권자의 처분 역시 그러한 의미에서 사법부에 의한 사후통제 하에 놓이게 되는 것은 정상적 상황 하에서의 국가공권력에 대한 사법적 통제와 마찬가지라고 할 수 있을 것이다.

헌법재판소 역시 대통령의 긴급재정명령이 대통령의 고도의 통치행위에 해당되기는 함에도 불구하고 헌법소원심판의 대상의 예외가 될 수 없음을 분명히 한 바 있다.91)

다만 구 유신 헌법 제53조 하에서 이루어진 대통령의 긴급조치에 대한 위헌소원과 관련하여 헌법재판소 지정재판부는 2010년 3월 9일 2010헌바97결정에서 우선 헌법의 개별규정은 위헌심사의 대상이 될 수 없다는 이유로, 그리고 긴급조치의 경우는 당해사건의 재판의 전제성을 갖추지 못하였다는 이유로 각하하였었다.

그러자 대법원은 2010. 12. 16. 선고 2010도5986 전원합의체 판결에서 대통령의 긴급조치는 국회에 의하여 제정된 형식적 의미의 법률이 아니라고 주장하고, 명령·규칙의 위헌여부가 재판의 전제가 된 경우에는 대법원이 이를 최종적으로 심사할 수 있도록 하고 있는 헌법 제107조 제2항에 따라서 대통령의 긴급조치의 위헌여부의 관할권은 대법원이 가진다고 하면서 그 위헌여부에 관하여 심사한 후 위헌을 선고하였다.

그 후 헌법재판소는 2013년 3월 21일 2010헌바132 등, 구 헌법 제53조 등에 관한 위헌소원사건에서 이 대통령의 긴급조치는 법률적 효력을 가지고 있으므로 헌법 제107조 제1항에 따라 그 위헌심사권은 헌법

우측 난외 주기:
대통령의 긴급재정경제명령권과 계엄선포권

최소한의 긴급권 발동과 사후통제

긴급재정명령은 헌법소원대상

긴급조치에 대한 헌법소원 각하사례

대법원의 위헌심사

법률적 효력이 있는 긴급조치의 위헌심사권

---

91) 헌재 1996. 2. 29, 93헌마186, 판례집 제8권 1집, 111, 115-116.

재판소가 가지는 것으로 보았으며, 또한 대통령의 긴급조치의 사법심사를 배제했었던 유신헌법 제53조 제4항에 대해서는 현행헌법이 과거 구유신헌법에 대한 반성적 견지에서 이 사법심사배제조항을 승계하지 않았다는 이유로 그 효력을 배제하고서 이 긴급조치의 위헌여부에 대하여 심사를 한 후, 역시 위헌결정을 선고하였다.

제 8 절 사회국가원리

제 1 관 사회국가의 의의

사회국가라 함은 국민이 각자의 경제적 생활에 대하여는 스스로 책임지는 것을 원칙으로 하되, 생활능력이 없는 국민들에 대하여는 국가가 최저생활을 보장하고, 경제질서와 관련해서도 개인과 기업의 자유와 창의를 기초로 하되, 산업사회에서 출현하는 제반 경제·사회적 문제에 대하여 국가가 적극적으로 개입하고 조정하여 해결함으로써, 국민 모두가 골고루 균형있게 잘 살 수 있도록 노력하는 나라라고 할 수 있을 것이다.

사회국가이념과 사상은 산업사회의 출현과 함께 발생한 빈익빈 부익부, 대량해고와 실업, 환경오염 등 여러 가지 사회적 모순에 대하여 해결하기 위한 방법의 일환으로 출현하였다고 할 수 있다. 이러한 모순들을 극복하고 해결하기 위하여 생산수단을 국유화하고 사유재산을 부인하며, 국가에 의한 계획경제의 방법을 선택한 것이 바로 사회주의적 혁명을 통한 방법이고, 이와 같이 급진적인 방법이 아니라, 점진적 개혁적 방법으로 자본주의 경제체제가 내포한 여러 가지 모순에 대하여 수정하고 보완하는 수정자본주의적 개혁을 통한 방법이 제시되었는데 바로 사회국가이념은 이러한 수정자본주의에 입각하여 산업사회의 모순을 해결하기 위한 방법이라고 할 수 있다.[1]

사회주의국가는 국민의 사유재산권을 부인하고 생산수단을 국유화하며 국가에 의한 계획경제를 통하여 국민 모두가 평등하게 일하고 평등하게 분배받아 모두가 평등하게 잘 사는 국가를 지향하였다. 따라서

(우측 여백 주석)
사회국가의 개념

사회국가이념과 사상

사회주의국가와의 구별

---

1) 계희열, 헌법학(상), 박영사 2004, 373면.

사회주의국가는 자유와 평등이라고 하는 두 가지 인권적 요소 가운데 평등만을 절대화하여 추구하는 국가라고 할 수 있다. 그러나 사회주의 국가는 구 소련을 비롯한 동구 사회주의 제 국가들의 몰락과 민주화가 웅변으로 말해 주고 있듯이 결국 분배 이전에 분배할 빵의 문제도 해결하지 못하였던, 실패한 체제라고 볼 수 있을 것이다.

자유시장경제 질서를 기반으로 국가의 개입과 조정

이에 반하여 사회국가는 원칙적으로 경제생활과 관련하여 개인과 기업의 자유와 창의를 전제로 하는 자유시장경제질서를 원칙으로 하되, 이러한 자유시장경제질서가 지나친 자유의 남용으로 인하여 제대로 작동되지 않을 경우에 국가가 적극적으로 개입하고 조정함으로써, 시장기능을 회복하고, 또한 국민들이 모두가 골고루 잘 살 수 있도록, 최소한의 사회보장 및 복지제도를 도입하고 실시하는 나라라고 할 수 있다. 따라서 국가의 개입과 조정, 그리고 국가에 의한 국민생활의 보장은 보충적인 것이라 할 수 있다.[2]

복지국가와의 구별

이러한 의미에서 사회국가는 요람에서부터 무덤에 이르기까지 국민생활 전체를 국가가 완벽하게 책임지는 것을 목표로 하는 복지국가와는 구별된다. 사회국가는 국민이 자신의 생활을 원직적으로 각사의 책임으로 영위할 수 있도록 하되, 생활능력이 없는 국민들에 대하여 국가가 보충적·보완적으로만 도움을 주는 국가라고 할 수 있다.

사회국가이념의 채택유형

이러한 사회국가이념을 각국이 헌법에 채택한 방법은 몇 가지 유형으로 나누어진다. 즉 사회국가임을 천명하기만 하고 사회국가의 구체적인 제도적 내용들에 대해서는 별다른 언급을 하지 않는 나라(가령 독일 기본법), 사회국가와 사회적 기본권 등 사회국가적 제도들을 모두 언급하고 있는 나라(이태리 헌법), 사회국가임을 천명하지는 않고, 사회적 기본권이나 경제조항 등을 통하여 사회국가임을 보여주고 있는 나라(대한민국 헌법)가 바로 그것이다.

판례 헌법 제119조는 제1항에서 "대한민국의 경제질서는 개인과 기업의 경제상

---

2) 헌재 1998. 5. 28. 96헌가4 등, 판례집 10-1, 522, 533-534; 헌재 2002. 7. 18. 2001헌마605, 공보 71, 667, 673를 인용하며, 헌재 2003. 2. 27, 2002헌바4, 판례집 제15권 1집, 205, 216.

의 자유와 창의를 존중함을 기본으로 한다"고 규정하여 자유시장 경제질서를 기본으로 하고 있음을 선언하고 있으나, 한편 그 제2항에서 "국가는 균형있는 국민경제의 성장 및 안정과 적정한 소득의 분배를 유지하고, 시장의 지배와 경제력의 남용을 방지하며 경제주체간의 조화를 통한 경제의 민주화를 위하여 경제에 관한 규제와 조정을 할 수 있다"고 규정하여, 우리 헌법이 자유시장 경제질서를 기본으로 하면서 사회국가원리를 수용하여 실질적인 자유와 평등을 아울러 달성하려는 것을 근본이념으로 하고 있음을 밝히고 있다(헌재 1998. 5. 28. 96헌가4등, 판례집 10-1, 522, 533-534 ; 헌재 2002. 7. 18. 2001헌마605, 공보 71, 667, 673).

　(헌재 2003. 2. 27. 2002헌바4, 판례집 제15권 1집 , 205, 216-216)

판례　사회국가란 한마디로, 사회정의의 이념을 헌법에 수용한 국가, 사회현상에 대하여 방관적인 국가가 아니라 경제·사회·문화의 모든 영역에서 정의로운 사회질서의 형성을 위하여 사회현상에 관여하고 간섭하고 분배하고 조정하는 국가이며, 궁극적으로는 국민 각자가 실제로 자유를 행사할 수 있는 그 실질적 조건을 마련해 줄 의무가 있는 국가이다.

　(헌재 2002.12.18, 2002헌마52, 판례집 제14권 2집 , 904, 909-909)

판례　우리 헌법 제119조는 제1항에서 대한민국의 경제질서는 개인과 기업의 경제상의 자유와 창의를 존중함을 기본으로 한다고 규정하여 사유재산제도, 사적 자치의 원칙, 과실책임의 원칙을 기초로 하는 자유시장 경제질서를 기본으로 하고 있음을 선언하면서, 한편 그 제2항에서 국가는 균형있는 국민경제의 성장 및 안정과 적정한 소득의 분배를 유지하고, 시장의 지배와 경제력의 남용을 방지하며, 경제주체간의 조화를 통한 경제의 민주화를 위하여 경제에 관한 규제와 조정을 할 수 있다고 규정하고, 또한 헌법 제34조 제1항은 모든 국민은 인간다운 생활을 할 권리를 가진다, 제5항은 신체장애자 및 질병·노령 기타의 사유로 생활능력이 없는 국민은 법률이 정하는 바에 의하여 국가의 보호를 받는다고 규정하여 사회국가원리를 수용하고 있어, 결국 우리 헌법은 자유시장 경제질서를 기본으로 하면서 사회국가원리를 수용하여 실질적인 자유와 평등을 아울러 달성하려는 것을 근본이념으로 하고 있다 (헌재 1998. 5. 28. 96헌가4등, 판례집 10-1, 522, 533-534). 즉 우리 헌법의 경제질서는 사유재산제를 바탕으로 하고 자유경쟁을 존중하는 자유시장 경제질서를 기본으로 하면서도 이에 수반되는 갖가지 모순을 제거하고 사회복지·사회정의를 실현하기 위하여 국가적 규제와 조정을 용인하는 사회적 시장경제질서로서의 성격을 띠고 있다.

(헌재 1996. 4. 25. 92헌바47, 판례집 8-1, 370, 380)

이러한 우리 헌법의 경제질서 원칙에 비추어 보면, 사회보험방식에 의하여 재원을 조성하여 반대급부로 노후생활을 보장하는 강제저축 프로그램으로서의 국민연금제도는 상호부조의 원리에 입각한 사회연대성에 기초하여 고소득계층에서 저소득층으로, 근로 세대에서 노년 세대로, 현재 세대에서 미래세대로 국민간의 소득재분배 기능을 함으로써 오히려 위 사회적 시장경제질서에 부합하는 제도라 할 것이므로 국민연금제도가 헌법상의 시장경제질서에 위배된다는 위 주장은 이유 없다 할 것이다.

(헌재 2001. 2. 22. 99헌마365, 판례집 13-1, 301, 314-315.)

제2관 사회국가의 이념

사회국가가 추구하는 이념

사회국가가 추구하는 이념이 무엇인가에 대하여 생각해 보아야 할 필요가 있다. 사회국가는 무엇보다도 국민 모두가 더불어서 골고루 잘 살 수 있도록 노력하는 나라라고 할 수 있다.

인간다운 생활과 평등, 균형

우선적으로 사회국가가 추구하는 이념은 인간다운 생활과 평등이라고 말할 수 있을 것이다. 인간다운 생활은 인간의 존엄에 부합하는 삶이라고 할 수 있다. 그리고 모두가 골고루 인간다운 삶을 살 수 있는 나라가 사회국가이므로 여기에서 강조해야 할 것은 평등, 균형의 이념이라고 할 수 있다.

사회적 정의

개인이나 기업이 자유로운 경제활동을 통하여 벌어들인 부를 통하여 사실상 다른 국민을 지배하는 상태가 된다면, 더 이상 자유시장경제가 제대로 작동하기 힘들 뿐만 아니라, 경제적으로 예속된 국민계층은 계속해서 경제적 고통 가운데 생활할 수밖에 없게 될 것이다. 이러한 경우에 국민 모두가 공정하고 자유롭게 경제활동에 참여하고, 생산된 부를 공정하게 배분할 수 있도록 하기 위해서는 불가피하게 국가가 개입하지 않을 수 없다. 이와 같이 자유롭고 공정한 경제활동의 보장과 이를 통한 공정한 부의 분배를 일컬어서 우리는 사회적 정의라고 말할 수 있을 것이다. 따라서 사회국가가 추구하는 이념은 사회적 정의라고 달리 말할 수 있을 것이다. 그러나 이러한 사회적 정의의 본질은 결국 평등이념이라고 할 수 있다.

Ⅰ. 인간존엄: 인간다운 생활

인간존엄은 인간은 고유한 인격적 존재로서 어느 누구로부터도 신체적, 정신적 정체성이나 완전성을 침해받지 아니할 권리라고 말할 수 있다. 이러한 의미에서 인간존엄은 국가에 의하여 자신의 신체적, 정신적 정체성이나 완전성을 침해받지 아니할 주관적 공권이라고 할 수 있다.[3]

인간존엄권

그러나 한편 인간이 최소한의 물질적 생활을 영위하지 못하게 되면 인간이 인간으로서 존엄하고 가치 있는 삶을 살 수 없다.[4] 즉 인간존엄이 침해된다고 볼 수 있는 상황에는 인간이 아무런 생활과 생존능력이 없음에도 불구하고 아무런 도움을 받지 못하고 방치되고 있는 상태도 포함될 수 있다.

인간다운 생활
의 보장 필요

그러므로 국가는 국민이 인간존엄에 부합하는 생활(인간다운 생활)을 할 수 있도록 하기 위하여 최대한 노력을 기울여야 할 것이며, 그것이 국가의 존재 목적이기도 한 것이다.

국가의 존재
목적

이러한 인간다운 삶을 보장하기 위하여 우리 헌법은 헌법 제34조에서 인간다운 생활을 할 권리를 비롯하여 여러 가지 사회적 기본권을 보장하고 있으며, 그 밖에 국가에게 사회보장과 사회복지의 증진에 노력할 의무를 부과하고 있다(제34조 제2항).

사회적 기본권
과 국가의 사
회복지 증진의
무

---

3) 이에 관하여는 방승주, 헌법 제10조, (사) 한국헌법학회, 헌법 주석 Ⅰ, 박영사, 2013, 283-388(298)면.

4) 방승주 (주 2), 268면.

Ⅱ. 평 등

경제적·사회
적 영역에서
기회의 평등

　　민주주의가 추구하는 평등은 정치적 영역에서의 평등이고, 법치국
가원리가 추구하는 평등은 법적용상의 평등과 법제정(내용)상의 평등,
다시 말해서 법적 평등이라면, 사회국가가 추구하는 평등은 경제적, 사
회적 영역에서의 (사실상의) 기회의 평등이라고 할 수 있을 것이다.

경제의 균형있
는 발전

　　법치국가원리 하에서 중요한 자유의 이념이 각 개인의 자유로운 경
제활동을 보장함에 따라 이로 인하여 국민과 개인의 경제력의 차이가
매우 커질 수 있다. 이러한 경제력의 차이는 사실상의 차이라고 할 수
있는데, 그로 인하여 국민 경제가 불균형한 상태에 빠지게 될 수도 있기
때문에, 경제의 균형있는 발전을 위해서는 국가가 어느 정도 개입하거
나, 조세 등을 통해서 부의 재분배를 시도할 수 있다.

헌법상 평등이
념의 구체화
규정

　　이러한 관점에서 우리 헌법은 양성평등(제36조 제1항), 경제의 민주
화(제119조 제2항), 또는 균형있는 국민경제의 성장(제119조 제2항), 국토의
균형있는 개발(제120조; 제122조) 등의 평등이념을 구체화하고 있는 많은
규정을 두고 있는데, 결국 이러한 조항들은 사회·경제적 영역에서의 평
등 내지 정의의 이념을 추구하는 것이라고 할 수 있다.

Ⅲ. 사회적 정의

배분적 정의와
실질적 평등

　　사회국가원리의 이념 중 하나는 사회적 정의라고 할 수 있다. 여기
에서 말하는 정의는 배분적 정의, 그리고 실질적 평등이라고 할 수 있을
것이다. 자유시장경제로 인하여 빈익빈 부익부 현상과 독과점 현상이
일어나 시장기능이 제대로 작동하지 않을 때 적극적으로 국가가 이러한
경제질서에 개입하여 자유시장경제가 작동할 수 있도록 개입 조정할 수
있는 이유는 실질적 정의를 위한 것이다. 또한 개인이나 일정한 집단이
나 일정한 소수자가 생활능력이 없거나 지나치게 개발이 되지 않아, 국
민의 생활수준의 차이가 지나치게 커지게 되면 이것이 사회문제를 유발
할 수 있다. 적어도 사회적 법치국가 그리고 복지국가에서는 아무리 생

활능력이 없는 자라 하더라도 인간다운 생활을 해 나갈 수 있도록 국가
와 공동체가 그 생활무능력자의 생계와 거처를 보조하고 뒷받침하여 더
불어서 같이 잘 살아나갈 수 있도록 하지 않으면 안 된다. 생활무능력자
에 대한 이러한 사회적 급부와 보조는 그 근원에 있어서는 "각자에게
그의 몫을"이라고 하는 배분적 정의에 밑받침하고 있는 것이라 할 수
있겠다.

생활무능력자
에 대한 사회
적 급부와 보
조

제 3 관   사회국가의 한계

I. 현실적 한계

사회국가가 아무리 모두가 골고루 잘 사는 이상국가를 추구한다고
하더라도, 그러한 국가를 실현할 수 있는 물질적 재원이 없으면, 사회국
가라고 하는 이념은 한낱 공론에 불과하고 단순한 이념으로 그치고 말
것이다. 사회국가를 실현하기 위하여 도입한 많은 사회복지와 사회보장
과 관련한 제도나 사회적 기본권도 그저 프로그램규정에 지나지 않는
것으로 받아들여질 수밖에 없을 것이다.

물질적 재원의
필요

결국 사회국가의 이념은 이를 실현하기 위한 물질적 재원을 국민으
로부터 거두어들여야 하기 때문에, 다른 한편으로는 국민들의 재산권을
제한하는 측면이 있을 수 있다. 또한 부의 재분배라고 하는 차원에서 어
느 곳에 어느 정도로 국가적 재원이 쓰여야 할 것인지에 대하여 민주적
으로 정당화된 입법자가 상충하는 이해관계의 조정과 타협을 거쳐서 결
정하여야 하기 때문에 사회국가의 실현에 있어서 입법자는 넓은 형성의
자유를 가질 수밖에 없고, 그러한 한에서 헌법재판소의 입법자에 대한
통제의 강도는 약화될 수밖에 없다.[5)]

입법자의 넓
은 형성의 자
유가 인정

Ⅱ. 다른 헌법의 구조원리로부터 나오는 한계

1. 법치주의로부터 나오는 한계

법률에 근거
필요

사회국가의 실현은 우선 법치주의의 원리에 따라 이루어져야 한다. 사실 사회국가적 차원에서 정부가 생활능력 없는 국민들에게 최저생계비를 제공하거나 어떠한 기업에게 자금지원을 하는 경우에도, 일단 법률유보의 원칙에 따라서 법률에 근거가 있어야 할 것이다. 이러한 사회국가적 차원에서의 지원은 급부행정 영역에 속하는 것이기 때문에 침해와는 차원이 다르므로 법률의 근거가 없이도 행정부가 재량에 따라 시행하면 된다고 보는 입장이 있을 수 있으나, 국가의 국민 일부에 대한 일방적 지원은 경쟁관계에 있는 다른 국민들에 대해서는 간접적으로 침해를 의미할 수 있기 때문에, 이러한 경우에는 법률유보에 따라 법률적 근거가 필요할 것이며, 그 밖에 순수한 급부적 영역이라 하더라도 국회가 마련한 법률에 따라서 국민에 대한 사회보장과 사회복지 정책을 수행하여야 할 것이다.

경제의 규제와
조정을 위한
기본권제한에
있어서 헌법원
칙 준수 필요

한편 경제에 관한 규제와 조정을 하는 경우에는 국민의 재산권이나 직업선택의 자유 등 경제적 기본권에 대한 제한을 초래할 수 있는데, 이러한 경우에도 가급적 공익목적을 추구하기 위하여 필요한 최소한의 제한에 그쳐야 한다고 하는 과잉금지의 원칙을 준수하여야 할 것이다. 또한 당연히 국민이 국가적 정책에 대하여 얻게 된 정당한 신뢰를 보호할 수 있도록 신뢰보호의 원칙도 준수하여야 한다. 그 밖에 명확성의 원칙, 포괄위임입법금지의 원칙 등의 제 원칙들도 준수하면서 사회보장 및 사회복지와 경제규제 관련 입법이 이루어져야 할 것이다.

2. 민주주의원리로부터 나오는 한계

민주주의원리
에 뿌리

법률유보는 동시에 민주주의원리에도 그 뿌리가 있다는 점은 이미

---

5) 방승주, 헌법재판소의 입법자에 대한 통제의 범위와 강도, 공법연구 제37집 제2호, 한국공법학회, 2008. 12, 121면.

전술한 바와 같다. 즉 국민의 기본권에 대한 제한은 민주적으로 정당화
된 입법자에 의하여 제정된 법률에 근거가 있을 경우에만 허용된다고
하는 것이다. 법률유보의 이러한 민주주의적 관점은 기본권 제한하고만
관련된 것이 아니라, 국민의 사회적 기본권을 실현하는 영역, 그리고 경
제에 관한 규제와 조정과 관련된 영역에서도, 민주적으로 정당화된 입   입법자가 주도
법자가 충돌하는 제반 법익들을 조정하고 형량하면서 주도권을 쥐고 결   해야 함
정을 해 나가야 한다고 하는 맥락에서도 설명될 수 있다.

　　따라서 아무리 사회보장 또는 복지정책과 경제에 관한 규제와 조정   민주적 토론과
의 문제가 시급하다 하더라도, 그러한 문제는 입법자에 의해서 민주적   타협을 거친
인 토론과 타협을 통해서 결정되어야 하기 때문에, 법률적 근거가 없이   의회의 결정에
단순히 행정부의 독자적인 재량만으로 결정되어서는 안 된다.   근거

Ⅲ. 사회국가의 이념 자체로부터 나오는 한계

　　사회국가는 오로지 평등의 이념을 절대시하는 사회주의국가와도 구   사회국가의
분될 뿐만 아니라, 요람에서 무덤에 이르기까지 국민의 복지를 국가가   한계
거의 완벽하게 책임을 지는 복지국가와도 구분된다. 사회국가는 자유와
평등을 균형 있게 추구하며, 개인과 기업의 자유와 창의를 전제로 국가
는 개인의 삶에 대한 지원과 개입, 그리고 경제에 관한 규제와 조정을
보충적이고 보완적으로 할 뿐, 국가가 적극적으로 주도하지는 않는다.
바로 이러한 이념에 사회국가의 한계도 존재한다고 할 수 있을 것이다.

　　그러나 이러한 한계는 우리 헌법의 전체적인 관점에서 보면 헌법의   헌법 체계적
체계적인 해석으로부터 나오는 한계라고 할 수 있다.   해석과 관련

　　우선 국가는 사회복지, 사회보장의 증진을 위해 노력해야 할 의무   복지국가이념
를 지지만, 우리 헌법은 국민의 경제활동의 자유(직업선택의 자유, 거주이   은 체계적 해
전의 자유, 재산권의 보장)를 통하여 국민이 각자 자신의 생존을 스스로 책   석에 불부합
임질 뿐만 아니라 이를 통하여 개인의 인격과 자아를 실현해 나갈 수
있도록 보장하고 있다. 따라서 국민의 경제생활이나 복지를 국가가 전
적으로 책임지는 사회주의나 복지국가 이념은 우리 헌법의 체계적 해석

에 부합하지 않는다고 봐야 할 것이다.

또한 헌법 제119조 제1항은 대한민국의 경제질서는 개인과 기업의 경제상의 자유와 창의를 존중함을 기본으로 한다고 하면서, 제2항에서 국가의 경제에 관한 규제와 조정의 가능성을 열어두고 있다. 그러므로 이러한 규제와 조정의 한계는 개인과 기업의 경제상의 자유와 창의를 존중하는 데에 있다고 하겠다.

제 4 관 다른 원리와의 관계

Ⅰ. 민주주의원리와의 관계

사회국가원리는 국민 모두가 골고루 잘 사는 나라를 지향하는 원리이다. 따라서 민주주의의 이념 가운데, 국민을 위한 지배의 이념을 현실적으로 실현하기 위한 원리이자 이념이라고 보아야 할 것이다. 민주주의가 실력 있는 소수 엘리트뿐만 아니라, 진정으로 국민 전체를 위한 지배이념을 실현하기 위해서는 사회국가원리를 충실히 이행하고 실현하는 민주주의가 되지 않으면 안 될 것이다.

따라서 사회국가원리는 결국 민주주의의 3대 지배 이념 가운데 하나를 실현하는 실질내용이라고 할 수 있다. 이러한 관점에서 사회국가는 민주주의의 이념 없이 실현될 수 없으며, 민주주의 역시 사회국가 이념 없이 실현되기 힘들다.

그리고 사회적, 경제적 영역에서의 평등 내지 균형이념, 내지 경제의 민주화(헌법 제119조 제2항)의 개념은 민주주의 원리를 사회, 경제적 영역에 적용한 것이라고 할 수 있을 것이다. 따라서 사회, 경제적 영역에서의 민주화와 민주주의를 다른 말로 말한다면 그것이 바로 사회국가

이념이라고 할 수 있을 것이다.

이와 같이 민주주의원리와 사회국가원리는 불가분의 관계에 있으며, 결국 평등이념을 정치적 영역에서 적용하느냐, 아니면 사회적·경제적 영역에서 적용하느냐에 따라서 구분되는 원리라고 평가할 수 있을 것이다.

결국 우리 헌법에서 사회국가원리가 구체적으로 어떻게 구현되었는가를 살피려면, 사회 · 경제적 영역에서 평등이념이 어떻게 규정되어 있는가를 찾아보면 어렵지 않게 파악할 수 있다.

민주주의와 사회국가원리의 불가분의 관계

Ⅱ. 법치국가원리와의 관계

법치국가원리는 국가권력을 제한함으로써 국민의 기본권을 보호하고자 하는 이념인데 반하여, 사회국가원리는 국민의 사회복지, 사회보장을 위하여 적극적으로 급부를 이행할 뿐만 아니라, 자유로운 시장경제질서가 제대로 작동되지 않을 경우에는 적극적으로 경제에 관한 규제와 조정의 권한을 부여하는 원리이기 때문에, 법치국가원리와는 달리 오히려 국가적 개입과 간섭을 요구하는 원리라고 할 수 있다. 따라서 자유주의적 법치국가와 사회국가원리는 서로 상반된 이념을 추구한다고 할 수 있을 것이다.

법치국가와 상반된 이념 추구

하지만 오늘날 실질적 법치국가이념은, 단순히 법률에 의한 통치의 차원을 넘어서 정의롭고, 올바른 법에 의한 통치를 추구하는 것이며, 사회적, 경제적 차원에서 지나친 불균형과 불평등이 존재하는 경우는 사회적 정의의 이념에 합당하다고 볼 수 없다. 따라서 국가가 올바르고 정의로운 법에 의하여 국민을 지배하기 위해서는 사회적, 경제적 차원에서 가급적 평등하고도 균형있는 법정책을 추구하지 않으면 안 되는데, 이러한 관점은 실질적 법치국가와 사회국가가 공통적으로 추구하는 것이다. 따라서 사회국가와 법치국가는 서로 상반된 이념을 추구하면서도, 오늘날 실질적 법치국가의 관점에서 보면 사회국가와 법치국가는 서로 공통적 이념을 추구한다고 할 수 있다.

실질적 법치국가의 관점에서 공통적 이념 추구

그리하여 오늘날의 법치국가를 사회적 법치국가라고 칭하는 이유
도 바로 여기에 있다고 하겠다.

제5관 사회국가원리의 관점에서 적용될 수 있는 구체적 원리들

I. 보충성의 원칙

보충성원칙의
의미

　　보충성의 원칙[6]은 사회의 보다 작은 단위가 해결할 수 있는 문제
를 보다 큰 단위가 맡아서 처리하여서는 안 된다고 하는 것이다. 다시
말해서 보다 큰 단위는 작은 단위가 해결할 수 없는 경우에 보충적으로
개입하여야 한다는 원리이다. 이러한 원리는 가령 연방주의나 지방자치
제도의 경우에 적용되는 것으로서 보다 작은 단위, 즉 지방자치단체나
주가 해결할 수 있는 사무를 보다 큰 단위의 광역지방자치단체나 국가
가 해결하려 해서는 안 된다는 것이다. 그와 같이 하는 경우 보다 작은

작은 단위의
자율성이나 책
임성 존중

단위의 자율성이나 책임성을 해칠 수 있기 때문에 바람직하지 않다는
것이다.

사회국가원리
와 보충성원칙
의 관계

　　이러한 보충성의 원칙은 사회국가적 관점에서도 적용될 수 있다.
달리 말해서 개인의 생존에 대해서는 일차적으로 개인 스스로가 책임을
져야 하는 것이지 사회나 국가가 대신해서는 안 된다는 것이다. 뿐만 아
니라, 국민의 경제생활영역에 있어서도 개인과 기업이 스스로의 자유와

---

6) 우리 학계에서 보충성의 원칙은 카톨릭 사회이론으로부터 유래한다고 소개되고
있지만(가령 홍성방, 헌법학(상), 박영사, 2016, 253면) Heberlein에 의하면 그 뿌
리는 아리스토텔레스, 알투지우스 그리고 토마스 아퀴나스에게까지 거슬러 올라
가며, 또한 자유주의적 국가이론에도 영향을 미쳤다고 한다. Horst Heberlein,
Subsidiarität und kommunale Selbstverwaltung, NVwZ 1995, S. 1052 ff.

창의를 기초로 활동을 해야 하지 국가가 이를 대신하게 되면 개인과 기업의 자유와 창의가 침해될 수 있다고 하는 것이다. 따라서 사회국가원리에서 국가에게 요구하는 개입은 어디까지나 보충적인 것이지 그것이 원칙이 될 수 없다는 것이다.

> **판례** 그러나 생활이 어려운 국민에게 필요한 급여를 행하여 이들의 최저생활을 보장하기 위해 제정된 '국민기초생활 보장법'은 수급자가 자신의 생활의 유지·향상을 위하여 그 소득·재산·근로능력 등을 활용하여 최대한 노력하는 것을 전제로 이를 보충·발전시키는 것을 기본원칙으로 하며 부양의무자에 의한 부양과 다른 법령에 의한 보호가 이 법에 의한 급여에 우선하여 행하여지도록 하는 보충급여의 원칙을 채택하고 있다('국민기초생활 보장법' 제3조). 즉, 기초생활보장급여의 수급은 부양의무자 또는 다른 법령에 의한 보호가 결여된 경우에 보충적으로 적용되는 것이다.
> (헌재 2011. 3. 31. 2009헌마617 등, 판례집 23-1상, 416, 423.)

Ⅱ. 과소금지원칙

과소금지원칙은 국가가 자신에게 부과된 기본권보호의무를 이행하지 아니하여 위헌인지 여부를 심사함에 있어서 기준이 되는 원칙이라고 할 수 있다. 과잉금지의 원칙이 국가가 공익목적을 위하여 국민의 기본권을 제한함에 있어서 지나치게 과잉하게 제한한 것은 아닌지에 관한 심사로서 방어권적 기본권의 침해여부에 대한 위헌심사의 기준인 데 반하여 과소금지의 원칙은 오히려 제3자가 국민의 기본권적 법익을 침해하거나 침해할 우려가 있는 경우에 국가가 취해야 할 국민에 대한 기본권보호의무를 다 했는지 여부를 심사하는 심사의 기준이라고 할 수 있다.[7] 기본권보호의무를 구체적으로 어떻게 이행해야 할 것인지는 입법자가 여러 가지 사정을 고려하여 결정해야 하기 때문에 원칙적으로 입법자에게 넓은 형성의 자유가 인정되며, 따라서 헌법재판소가 그 위헌여부를 심사함에 있어서는 국가가 국민의 기본권을 보호하기 위하여 필

기본권보호의무 이행여부의 심사기준

---

7) 방승주, 헌법소송사례연구, 박영사 2002, 440-486, 461면이하

요한 최소한의 조치도 이행하지 않았다고 볼 수 있는가의 심사, 즉 명백성통제에 국한하여야 한다는 것이다.[8]

사회적 기본권 침해여부에 대한 심사에도 적용가능

국가가 국민의 사회적 기본권을 침해하였는가 또는 국가가 사회복지나 사회보장의 증진의무에 위반하였는가의 심사에 있어서도 사실 같은 원리가 적용될 수 있다고 할 수 있다. 다시 말해서 사회복지, 사회보장의 증진의무를 어떻게 이행해야 할 것인지 그리고 국민으로부터 어느 정도의 세금을 거두어서 어떠한 곳에 다시 재분배해야 사회적 정의가 실현될 것인지에 관해서는 민주적으로 정당화된 입법자가 가장 잘 판단할 수 있는 위치에 있기 때문에 입법자에게 넓은 형성의 자유가 주어진다고 할 수 있다. 이러한 관점에서 사회적 기본권의 침해여부, 그리고 사회복지, 사회보장의 증진의무의 위반여부를 심사함에 있어서는 국가가 최소한의 사회복지, 보장의무도 전혀 이행하지 아니하였는가의 심사, 즉 입법형성의 자유의 한계에 관한 명백성통제에 머무를 수밖에 없다. 같은 맥락에서 헌법재판소도 "국가가 인간다운 생활을 보장하기 위한 헌법적 의무를 다하였는지 여부가 사법적 심사의 대상이 된 경우에는, 국가가 최저생활보장에 관한 입법을 전혀 하지 아니하였다든가 그 내용이 현저히 불합리하여 헌법상 용인될 수 있는 재량의 범위를 명백히 벗어난 경우에 한하여 헌법에 위반된다고 할 수 있다."고 하고 있다.[9]

이러한 의미에서 사회국가의 관점에서 적용될 수 있는 원리는 과잉금지의 원칙이 아니라 과소금지의 원칙이라고 할 수 있을 것이다.

---

8) 방승주, 헌법재판소의 입법자에 대한 통제의 범위와 강도 - 입법자의 형성의 자유와 그 한계에 대한 헌법재판소의 지난 20년간의 판례를 중심으로, 공법연구 제37집 제2호(2008. 12), 113-171(151-153).

9) 헌재 2012. 2. 23. 2011헌마123, 판례집 제24권 1집 상, 365, 372; 헌재 2013. 9. 26. 2010헌마204 등, 15.

제 6 관 헌법상 사회국가원리의 구체적 내용

Ⅰ. 사회국가이념의 반영

1. 헌법전문

"정의·인도와 동포애로써 민족의 단결을 공고히 하고, 모든 사회적 폐습과 불의를 타파하며", "정치·경제·사회·문화의 모든 영역에 있어서 각인의 기회를 균등히 하고, 능력을 최고도로 발휘하게 하며", "안으로는 국민생활의 균등한 향상을 기하고" 등의 문구는 사회정의나 박애, 기회균등 등 사회국가의 기초적 이념을 반영하는 내용이라고 할 수 있을 것이다.

헌법전문의 사회국가이념

2. 인간으로서의 존엄과 가치

인간존엄권은 모든 기본권의 핵으로서 주관적 공권으로서의 의미를 가질 뿐 아니라, 헌법의 최고 가치를 천명하는 객관적 원리로서의 측면도 가지고 있다. 인간다운 생활을 할 권리의 기초이자 뿌리이기도 하다.

인간의 존엄성

3. 평등원칙

헌법 제11조의 평등원칙 역시 사회적, 경제적 영역에 있어서의 평등을 포함하는 개념이다. 즉 누구든지 성별·종교 또는 사회적 신분에 의하여 정치적·경제적·사회적·문화적 생활의 모든 영역에 있어서 차별을 받지 아니한다고 하는 차별금지규정은 특히 사회적, 경제적 영역에서의 평등을 추구하는 사회국가사상의 뿌리라고 할 수 있을 것이다.

사회적, 경제적 영역에서의 평등

Ⅱ. 경제적 기본권의 보장

1. 재산권과 사유재산제도의 보장 및 재산권 행사의 공공복리 적합의무

경제적 기본권
규정

우리 헌법은 국민의 재산권을 보장(제23조)함으로써, 사유재산제도를 경제질서의 기초로 삼고 있으면서도, 동시에 재산권의 행사는 공공복리에 적합하여야 한다고 하는 공공복리적합의무를 부과하고 있다. 이러한 공공복리적합의무는 바로 재산권자의 사회적 책임을 반영하는 규정으로서 사회국가원리가 구체화된 규정이라고 할 수 있을 것이다.

> 판례 헌법은 제23조 제1항에서 "모든 국민의 재산권은 보장된다"고 하는 재산권 보장에 대한 일반적인 원칙규정을 두고 있으며, 아울러 제13조 제2항은 소급입법에 의한 재산권의 박탈을 금지하고, 제119조 제1항은 "대한민국의 경제질서는 개인과 기업의 경제상의 자유와 창의를 존중함을 기본으로 한다"고 규정하고 있다. 즉, 우리 헌법은 사유재산제도와 경제활동에 대한 사적자치의 원칙을 기초로 하는 자본주의 시장경제질서를 기본으로 하고 있음을 선언하고 있는 것이다. 이는 국민 개개인에게 자유스러운 경제활동을 통하여 생활의 기본적 수요를 스스로 충족시킬 수 있도록 하고 사유재산과 그 처분 및 상속을 보장해 주는 것이 인간의 자유와 창의를 보장하는 지름길이고 궁극에는 인간의 존엄과 가치를 증대시키는 최선의 방법이라는 이상을 배경으로 하고 있는 것이다(헌재 1989. 12. 22. 88헌가13, 판례집 1, 357, 367-368).
> (헌재 2002. 8. 29. 2001헌가24, 판례집 제14권 2집 , 138, 151-151)

2. 직업선택의 자유의 보장

헌법 제15조의
직업의 자유

헌법은 모든 국민에게 직업선택의 자유를 보장하고 있다(제15조). 이는 자본주의적 자유시장경제질서의 한 요소라고 할 수 있다. 다만 사회국가원리에 따라서 필요한 경우에 직업선택의 자유도 일정한 제한을 받을 수 있음은 물론이다.

> 판례 직업의 선택 혹은 수행의 자유는 각자의 생활의 기본적 수요를 충족시키

는 방편이 되고, 또한 개성신장의 바탕이 된다는 점에서 주관적 공권의 성격이 두드러진 것이기는 하나, 다른 한편으로는 국민 개개인이 선택한 직업의 수행에 의하여 국가의 사회질서와 경제질서가 형성된다는 점에서 사회적 시장경제질서라고 하는 객관적 법질서의 구성요소이기도 하다.

 (헌재 2002. 9. 19, 2000헌바84, 판례집 제14권 2집, 268, 277.)

판례 헌법 제15조는 "모든 국민은 직업선택의 자유를 가진다"고 규정하고 있다. 여기서 규정하는 직업선택의 자유는 자신이 원하는 직업을 자유롭게 선택하는 좁은 의미의 '직업선택의 자유'와 그가 선택한 직업을 자기가 원하는 방식으로 자유롭게 수행할 수 있는 '직업수행의 자유'를 포함하는 "직업의 자유"를 뜻한다(헌재 1998. 3. 26. 97헌마194, 판례집 10-1, 302, 314). 이러한 직업의 선택 혹은 수행의 자유는 각자의 생활의 기본적 수요를 충족시키는 방편이 되고, 또한 개성신장의 바탕이 된다는 점에서 주관적 공권의 성격이 두드러지고, 한편으로는 국민 개개인이 선택한 직업의 수행에 의하여 국가의 사회질서와 경제질서가 형성된다는 점에서 사회적 시장경제질서라고 하는 객관적 법질서의 구성요소이기도 하다(헌재 1997. 4. 24. 95헌마273, 판례집 9-1, 487, 496).

 (헌재 2002. 4. 25, 2001헌마614, 판례집 14-1, 410, 427)

Ⅲ. 사회적 기본권

우리 헌법은 제34조의 인간다운 생활을 할 권리를 비롯하여, 능력에 따라 균등하게 교육을 받을 권리(제31조), 근로의 권리(제32조 제1항 제1문), 근로자의 고용의 증진과 적정임금의 보장 노력의무와 최저임금제 시행의무(제32조 제1항 제2문), 민주주의원칙에 따른 근로의 의무의 내용과 조건의 규정(제32조 제2항), 인간의 존엄성을 보장하도록 근로조건의 기준을 법률로 정할 의무(제32조 제3항), 여자와 연소자의 근로의 보호(제32조 제4항, 제5항), 노동3권(제33조), 건강하고 쾌적한 환경에서 생활할 권리와 국가의 환경보전노력의무(제35조), 국민이 쾌적한 주거생활을 할 수 있도록 노력할 국가의 의무(제35조 제3항), 개인과 양성평등에 입각한 혼인과 가족생활 보장의무(제36조 제1항), 모성보호노력의무(제36조 제2항), 보건에 관하여 보호받을 권리(제36조 제3항) 등, 국민의 권리를 보장하거

인간다운 생활권 등 사회적 기본권 보장

나 국가의 의무를 부과하고 있다.

이러한 사회적 기본권과 국가의 의무에 대한 규정은 국민 모두가 골고루 인간답게 살 수 있도록 하기 위한 것이다.

Ⅳ. 경제질서

1. 사회적 시장경제질서의 채택

사회적 시장경제질서 규정

헌법은 제119조에서 대한민국의 경제질서는 개인과 기업의 경제상의 자유와 창의를 존중함을 기본으로 한다고 하고 있다(제1항). 그와 동시에 국가는 균형있는 국민경제의 성장 및 안정과 적정한 소득의 분배를 유지하고, 시장의 지배와 경제력의 남용을 방지하며, 경제주체간의 조화를 통한 경제의 민주화를 위하여 경제에 관한 규제와 조정을 할 수 있다고 함으로써(제2항), 경제에 관한 국가의 개입가능성을 열어 두고 있다.

수정 자본주의의 이념 구체화

이러한 경제질서에 대하여 우리는 사회적 시장경제질서라고 칭할 수 있을 것이다. 사회적 시장경제질서는 수정 자본주의의 이념을 구체화한 경제질서라고 할 수 있다.

> [판례] 우리 헌법은 전문 및 제119조 이하의 경제에 관한 장에서 "균형있는 국민경제의 성장과 안정, 적정한 소득의 분배, 시장의 지배와 경제력남용의 방지, 경제주체간의 조화를 통한 경제의 민주화, 균형있는 지역경제의 육성, 중소기업의 보호육성, 소비자보호" 등 경제영역에서의 국가목표를 명시적으로 규정함으로써 국가가 경제정책을 통하여 달성하여야 할 공익을 구체화하고 있다. 이와 같이 우리 헌법의 경제질서는 사유재산제를 바탕으로 하고 자유경쟁을 존중하는 자유시장 경제질서를 기본으로 하면서도 이에 수반되는 갖가지 모순을 제거하고 사회복지·사회정의를 실현하기 위하여 국가적 규제와 조정을 용인하는 사회적 시장경제질서로서의 성격을 띠고 있다(헌재 1996. 4. 25. 92헌바47, 판례집 8-1, 370, 380 ; 1998. 5. 28. 96헌가4등, 판례집 10-1, 522, 533-534). 그러나 경제적 기본권의 제한을 정당화하는 공익이 헌법에 명시적으로 규정된 목표에만 제한되는 것은 아니고, 헌법은 단지 국가가 실현하려고 의도하는 전형적인 경제목표를 예시적으로 구체화하고 있을 뿐이므로 기본권의 침해를 정당화할 수 있는 모든 공익을 아울러 고려하여 법률의 합헌성 여부를 심사하여

야 한다(헌재 1996. 12. 26. 96헌가18, 판례집 8-2, 680, 692-693).

(헌재 2001. 6. 28. 2001헌마132, 판례집 제13권 1집, 1441, 1456-1457.)

판례 금융실명거래 및 비밀보장에 관한 법률 부칙 제2조 위헌확인

헌법 제119조 제2항은 국가가 경제영역에서 실현하여야 할 목표의 하나로서 "적정한 소득의 분배"를 들고 있지만, 이로부터 반드시 소득에 대하여 누진세율에 따른 종합과세를 시행하여야 할 구체적인 헌법적 의무가 조세입법자에게 부과되는 것이라고 할 수 없다. 오히려 입법자는 사회·경제정책을 시행함에 있어서 소득의 재분배라는 관점만이 아니라 서로 경쟁하고 충돌하는 여러 목표, 예컨대 "균형있는 국민경제의 성장 및 안정", "고용의 안정" 등을 함께 고려하여 서로 조화시키려고 시도하여야 하고, 끊임없이 변화하는 사회·경제상황에 적응하기 위하여 정책의 우선순위를 정할 수도 있다. 그러므로 "적정한 소득의 분배"를 무조건적으로 실현할 것을 요구한다거나 정책적으로 항상 최우선적인 배려를 하도록 요구하는 것은 아니라 할 것이다.

입법자는 이 사건 법률조항의 시행 이전에 소득재분배에 기여하고 공평과세를 실현할 수 있는 금융소득종합과세를 장기적으로 도입하기로 계획하였으나, 급격한 경제상황의 변화로 인하여 소득재분배의 관점보다는 국민경제의 안정과 효율성에 우선을 두는 방향으로 경제정책을 전환해야 할 필요가 있었고, 이 과정에서 금융소득종합과세가 국민경제에 조금이라도 나쁜 영향을 미칠 수 있다면 당면한 경제위기를 극복하기 위하여 일단 유보해야 한다고 판단한 것으로 보인다. 이 사건 법률조항은 "적정한 소득의 분배"만이 아니라 "균형있는 국민경제의 성장과 안정"이라는, 경우에 따라 상충할 수 있는 법익을 함께 고려하여 당시의 경제상황에 적절하게 대처하기 위하여 내린 입법적 결정의 산물로서, 그 결정이 현저히 불합리하다거나 자의적이라고 할 수 없으므로 이를 두고 헌법상의 경제질서에 위반되는 것이라고 볼 수 없다.

(헌재 1999. 11. 25. 98헌마55, 판례집 제11권 2집, 593, 610-611.)

판례 여객자동차운수사업법 제73조의 2 등 위헌확인(백화점 셔틀버스 사건)

우리 헌법은 전문 및 제119조 이하의 경제에 관한 장에서 균형있는 국민경제의 성장과 안정, 적정한 소득의 분배, 시장의 지배와 경제력남용의 방지, 경제주체간의 조화를 통한 경제의 민주화, 균형있는 지역경제의 육성, 중소기업의 보호육성, 소비자보호 등 경제영역에서의 국가목표를 명시적으로 규정함으로써, 우리 헌법의 경제질서는 사유재산제를 바탕으로 하고 자유경쟁을 존중

하는 자유시장 경제질서를 기본으로 하면서도 이에 수반되는 갖가지 모순을 제거하고 사회복지·사회정의를 실현하기 위하여 국가적 규제와 조정을 용인하는 사회적 시장경제질서로서의 성격을 띠고 있다.

(헌재 2001. 6. 28. 2001헌마132, 판례집 제13권 1집, 1441, 1441-1442.)

판례 구 상속세 및 증여세법 제24조 위헌소원

상속세제도는 국가의 재정수입의 확보라는 일차적인 목적 이외에도 자유시장경제에 수반되는 모순을 제거하고 사회정의와 경제민주화를 실현하기 위하여 국가적 규제와 조정들을 광범위하게 인정하는 사회적 시장경제질서의 헌법이념에 따라 재산상속을 통한 부의 영원한 세습과 집중을 완화하여 국민의 경제적 균등을 도모하려는 목적도 아울러 가지는 조세제도이다. 이러한 경제·사회적인 목적의 효율적인 수행을 위하여 상속세법은 과세가액에 따라 누진세율을 적용하여 상속세를 산출하도록 규정하고 있다.

(헌재 2003. 1. 30. 2001헌바61, 판례집 제15권 1집, 25, 34.)

판례 주세법 제38조의7 등 위헌제청

헌법 제119조 제2항은 독과점규제라는 경제정책적 목표를 개인의 경제적 자유를 제한할 수 있는 정당한 공익의 하나로 명문화하고 있다. 독과점규제의 목적이 경쟁의 회복에 있다면 이 목적을 실현하는 수단 또한 자유롭고 공정한 경쟁을 가능하게 하는 방법이어야 한다. 그러나 주세법의 구입명령제도는 전국적으로 자유경쟁을 배제한 채 지역할거주의로 자리잡게 되고 그로써 지역독과점현상의 고착화를 초래하므로, 독과점규제란 공익을 달성하기에 적정한 조치로 보기 어렵다.

(헌재 1996. 12. 26. 96헌가18, 판례집 제8권 2집, 680.)

2. 경제적 평등이념의 구체화

경제적 평등이념의 구체화

헌법은 경제에 관한 장에서 경제적 평등이념을 구체화하는 많은 규정을 두고 있다. 가령 균형있는 국민경제의 성장 및 안정과 적정한 소득의 분배 유지, 시장의 지배와 경제력남용의 방지, 경제주체간의 조화를 통한 경제의 민주화(제119조 제2항), 국토의 균형있는 개발과 이용(제120조 제2항; 제122조), 지역 간의 균형있는 발전을 위하여 지역경제를 육성할 의무(제123조 제2항)가 그것이다.

판례 헌법 제123조가 규정하는 지역경제육성의 목적은 일차적으로 지역 간의 경제적 불균형의 축소에 있다. 입법자가 개인의 기본권침해를 정당화하는 입법목적으로서의 지역경제를 주장하기 위하여는 문제되는 지역의 현존하는 경제적 낙후성이라든지 아니면 특정 입법조치를 취하지 않을 경우 발생할 지역 간의 심한 경제적 불균형과 같은 납득할 수 있는 구체적이고 합리적인 이유가 있어야 한다. 그러나 전국 각도에 균등하게 하나씩의 소주제조기업을 존속케 하려는 주세법에서는 수정되어야 할 구체적인 지역 간의 차이를 확인할 수 없고, 따라서 1도1소주제조업체의 존속유지와 지역경제의 육성 간에 상관관계를 찾아볼 수 없으므로 "지역경제의 육성"은 기본권의 침해를 정당화할 수 있는 공익으로 고려하기 어렵다.

(헌재 1996. 12. 26, 96헌가18, 판례집 제8권 2집, 680, 680-681.)

판례 경제의 민주화의 의미

헌법상의 경제질서에 관한 규정은, 국가행위에 대하여 한계를 설정함으로써 경제질서의 형성에 개인과 사회의 자율적인 참여를 보장하는 '경제적 기본권'과 경제영역에서의 국가활동에 대하여 기본방향과 과제를 제시하고 국가에게 적극적인 경제정책을 추진할 수 있는 권한을 부여하는 '경제에 대한 간섭과 조정에 관한 규정'(헌법 제119조 이하)으로 구성되어 있다.

특히 헌법 제119조는 개인의 경제적 자유를 보장하면서 사회정의를 실현하는 경제질서를 경제헌법의 지도원칙으로 표명함으로써 국가가 개인의 경제적 자유를 존중하여야 할 의무와 더불어 국민경제의 전반적인 현상에 대하여 포괄적인 책임을 지고 있다는 것을 규정하고 있다. 우리 헌법은 헌법 제119조 이하의 경제에 관한 장에서 균형있는 국민경제의 성장과 안정, 적정한 소득의 분배, 시장의 지배와 경제력남용의 방지, 경제주체간의 조화를 통한 경제의 민주화, 균형있는 지역경제의 육성, 중소기업의 보호육성, 소비자보호 등의 경제영역에서의 국가목표를 명시적으로 언급함으로써 국가가 경제정책을 통하여 달성하여야 할 '공익'을 구체화하고, 동시에 헌법 제37조 제2항의 기본권제한을 위한 법률유보에서의 '공공복리'를 구체화하고 있다(헌재 1996. 12. 26, 96헌가18, 판례집 8-2, 680, 692-693). 따라서 헌법 제119조 제2항에 규정된 '경제주체간의 조화를 통한 경제민주화'의 이념도 경제영역에서 정의로운 사회질서를 형성하기 위하여 추구할 수 있는 국가목표로서 개인의 기본권을 제한하는 국가행위를 정당화하는 헌법규범이다.

그러나 이 사건 법률 조항이 자본증가와 자본감소의 명령을 할 수 있도록 한 것은 금융거래의 보호와 예금자보호라는 공익을 실현하기 위한 것으로서 헌법 제119조 제2항의 '경제민주화'와 아무런 연관이 없을 뿐이 아니라, '경제민주화'의 이념이 경제영역에서의 국가행위의 한계를 설정하고 청구인의 기본권을 보호하는 헌법규범이 아니라 개인의 경제적 자유에 대한 제한을 정당화하는 근거규범이라는 점에서도 헌법 제119조 제2항의 '경제민주화'는 이 사건 법률 조항의 위헌성을 판단하는 근거로서 고려될 수 없다.

(헌재 2004. 10. 28, 99헌바91, 판례집 제16권 2집 하, 104, 128-129.)

[판례] 헌법 제119조 제2항에 규정된 '경제주체간의 조화를 통한 경제민주화'의 이념은 경제영역에서 정의로운 사회질서를 형성하기 위하여 추구할 수 있는 국가목표로서 개인의 기본권을 제한하는 국가행위를 정당화하는 헌법규범이다.

(헌재 2003. 11. 27. 2001헌바35, 판례집 15-2하, 222, 224.)

[판례] 농지개량사업은 일반적으로 추수가 끝난 후 다음 해 파종 때까지 불과 5~6개월의 짧은 기간 안에 시행, 완료되어야 하는데다가 사업시행, 완료 후에는 파종을 위하여 조속히 농지 등에 관한 권리관계가 확정되어야 하므로 먼저 토지소유권의 귀속관계를 확정한 후 그 청산의 과정에 들어가야 할 필요가 있고, 농지개량사업은 국고와 지방비의 재정부담 아래 사실상 토지소유자 등 이해관계인의 자발적인 의사와 참여 하에 이루어지며, 농지개량사업은 국가가 공공이익을 위하여 국민의 재산권을 강제적으로 취득하는 것이 아니라 농지의 구획 또는 형질을 변경하여 그것과 동가치의 다른 농지와 교환(환지)하여 줄 뿐 권리의 실질에는 변경을 주지 않으며, 금전으로 청산하는 경우에도 그 청산금의 지불 및 징수의 방법과 시기를 당해 환지계획에서 정하여야 하고, 청산금은 수용(강제취득)에 따른 특별한 희생에 대한 보상이라는 기능과 함께 사업구역내 토지소유자간의 경제적 이득의 불균형을 조절하기 위한 기능을 아울러 가지고 있는 등 농지개량사업의 특성에 비추어 볼 때, 법이 토지수용법의 규정과는 달리 90일의 청산기한을 규정한 것은 수긍할 수 있고, 이를 가리켜 입법형성권의 한계를 벗어난 것이라거나 과잉금지의 원칙에 위반한 것이라고는 볼 수 없다.

(헌재 2000. 4. 27. 99헌바58, 판례집 12-1, 544, 554.)

[판례] 헌재 2008. 11. 13. 2006헌바112 등(병합), 구 종합부동산세법 제53조 등 위헌소원

3. 국토와 자원의 국가 보호

광물 기타 중요한 지하자원·수산자원·수력과 경제상 이용할 수 있는 자연력은 법률이 정하는 바에 의하여 일정한 기간 그 채취·개발 또는 이용을 특허할 수 있다(제120조 제1항). 국토와 자원은 국가의 보호를 받으며, 국가는 그 균형있는 개발과 이용을 위하여 필요한 계획을 수립한다고 규정하고 있다(제120조 제2항)[10].

국가균형발전특별법, 지방분권특별법, 국토기본법, 국토의 계획 및 이용에 관한 법률은 바로 이러한 헌법규정을 실행하기 위한 법들이라고 할 수 있다.[11]

광물, 기타 중요한 자원의 보호

4. 농·어업과 중소기업의 보호·육성

헌법은 농·어업과 중소기업의 보호·육성에 관한 규정을 두고 있다. 가령 경자유전의 원칙과 소작제도의 금지(제121조 제1항), 농지의 임대차와 위탁경영의 예외적 허용(제121조 제2항), 농·어촌종합개발과 그 지원 등 필요한 계획의 수립·시행의무(제123조 제1항), 농수산물의 수급 균형과 유통구조의 개선노력 및 가격안정도모의무(제123조 제4항), 중소기업의 보호·육성의무(제123조 제3항), 농·어민과 중소기업의 자조조직 육성의무(제123조 제5항)가 바로 그것이다.

농·어업과 중소기업의 보호·육성에 관한 규정

> 판례 청구인 주식회사 ○○는 헌법 제119조에 의하면 대한민국의 경제질서는 개인과 기업의 경제상의 자유와 창의를 존중함을 기본으로 하고 경제주체간의 조화를 통한 경제의 민주화를 위하여 경제에 관한 규제와 조정을 할 수 있게 되어 있는 한편, 헌법 제123조 제3항 및 제5항에서는 국가는 중소기업을 보호·육성할 책임이 있고 그 자율적 활동과 발전을 보장하도록 하고 있는데 이 사건 조항들은 이와 같은 헌법의 규정에 위반된다고 주장한다. 그러나 이미 앞에서 검토한 바에 의하면 이 사건 조항들이 대한민국의 경제질서에 어긋나거나 중소기업을 보호·육성할 국가의 책임에 어긋나는 내용을 포함하고 있

---

10) 이와 유사한 독일 기본법 조항에 대하여 사회국가적 조항이 아니라 사회주의적 조항이라고 평가하는 견해로 Hartmut Maurer, Staatsrecht 1, 6. Aufl, 2010, S. 231.
11) 양건, 헌법강의, 법문사, 2020, 229면.

다고는 볼 수 없어 이 주장은 이유가 없다.

(헌재 2005. 2. 3, 2003헌마544, 판례집 제17권 1집, 133, 156-157.)

> [판례] 우리 헌법은 제123조 제3항에서 중소기업이 국민경제에서 차지하는 중요성 때문에 "중소기업의 보호"를 국가경제정책적 목표로 명문화하고, 대기업과의 경쟁에서 불리한 위치에 있는 중소기업의 지원을 통하여 경쟁에서의 불리함을 조정하고, 가능하면 균등한 경쟁조건을 형성함으로써 대기업과의 경쟁을 가능하게 해야 할 국가의 과제를 담고 있다. 중소기업의 보호는 넓은 의미의 경쟁정책의 한 측면을 의미하므로 중소기업의 보호는 원칙적으로 경쟁질서의 범주 내에서 경쟁질서의 확립을 통하여 이루어져야 한다. 중소기업의 보호란 공익이 자유경쟁질서 안에서 발생하는 불리함을 국가의 지원으로 보완하여 경쟁을 유지하고 촉진시키려는 데 그 목적이 있으므로, 구입명령제도는 이러한 공익을 실현하기에 적합한 수단으로 보기 어렵다.
>
> (헌재 1996. 12. 26, 96헌가18, 판례집 제8권 2집, 680, 681.)

5. 소비자보호운동 보장

소비자보호운동 규정

국가는 건전한 소비행위를 계도하고 생산품의 품질향상을 촉구하기 위한 소비자보호운동을 법률이 정하는 바에 의하여 보장한다(제124조). 이 조항으로부터 소비자의 권리를 도출하는 견해도 있다.[12]

이를 실현하기 위한 법으로는 소비자보호법, 제조물책임법, 품질경영 및 공산품 안전관리법, 부정경쟁 방지 및 영업비밀 보호에 관한 법률, 식품위생법, 계량에 관한 법률 등이 있다.[13]

6. 대외무역 육성

대외무역 육성을 위한 규정

국가는 대외무역을 육성하며, 이를 규제·조정할 수 있다(제125조). 대외무역에 관한 법률로는 대외무역법, 무역거래기반조성에 관한 법률, 외국환거래법 등이 있다.[14]

---

12) 가령 양건 (주 11), 231면.
13) 계희열 (주 1), 398면.
14) 양건 (주 11), 233면.

7. 사영기업의 국·공유화 원칙적 금지

국방상 또는 국민경제상 긴절한 필요로 인하여 법률이 정하는 경우를 제외하고는, 사영기업을 국유 또는 공유로 이전하거나 그 경영을 통제 또는 관리할 수 없다고 함(제126조)으로써, 사영기업의 국·공유화를 원칙적으로 금지하고 있다. 이는 우리 경제질서가 사유재산제도를 근간으로 하는 자본주의 시장경제질서를 기초로 하고 있음을 분명히 한 것이라고 할 수 있다.

사유재산제도를 기본으로 하는 자유시장 경제질서

> **판례** 헌법 제126조는 국방상 또는 국민경제상 긴절한 필요로 인하여 법률이 정하는 경우를 제외하고는, 사영기업을 국유 또는 공유로 이전하거나 그 경영을 통제 또는 관리할 수 없다고 규정하고 있다. 여기서 '사영기업의 국유 또는 공유로의 이전'은 일반적으로 공법적 수단에 의하여 사기업에 대한 소유권을 국가나 기타 공법인에 귀속시키고 사회정책적·국민경제적 목표를 실현할 수 있도록 그 재산권의 내용을 변형하는 것을 말하며, 또 사기업의 '경영에 대한 통제 또는 관리'라 함은 비록 기업에 대한 소유권의 보유주체에 대한 변경은 이루어지지 않지만 사기업 경영에 대한 국가의 광범위하고 강력한 감독과 통제 또는 관리의 체계를 의미한다고 할 것이다. 그런데 이 사건에 있어서 이 사건 법률조항들이 규정하는 운송수입금 전액관리제로 인하여 청구인들이 기업경영에 있어서 영리추구라고 하는 사기업 본연의 목적을 포기할 것을 강요받거나 전적으로 사회·경제정책적 목표를 달성하는 방향으로 기업활동의 목표를 전환해야 하는 것도 아니고, 그 기업경영과 관련하여 국가의 광범위한 감독과 통제 또는 관리를 받게 되는 것도 아니며, 더구나 청구인들 소유의 기업에 대한 재산권이 박탈되거나 통제를 받게 되어 그 기업이 사회의 공동재산의 형태로 변형된 것도 아니다. 따라서 '국방상 또는 국민경제상 긴절한 필요'에 관한 요건이 충족되는지의 여부를 살펴 볼 필요도 없이, 이 사건에서 헌법 제126조의 사기업의 국·공유화 내지 그 경영의 통제·관리조항이 적용될 여지는 없다고 할 것이다.
> (헌재 1998. 10. 29, 97헌마345, 판례집 제10권 2집, 621, 635.)

8. 과학기술의 혁신 등을 통한 국민경제의 발전노력 의무

고학기술의 혁
신과 정보 및
인력개발

국가는 과학기술의 혁신과 정보 및 인력의 개발을 통하여 국민경제
의 발전에 노력하여야 하며(제127조 제1항), 국가표준제도를 확립하여야
하고(제127조 제2항), 필요한 자문기구를 둘 수 있도록 하고 있다(제127조
제3항).

국가과학기술
자문회의

이 헌법조항에 따라 국가과학기술자문회의법이 제정되었으며, 국가
과학기술자문회의가 설치되어 있다.

제3장 국가조직론

제3장 국가조직론

제9절 국가권력의 구성원리로서 권력분립원리

I. 권력분립원리의 의의

권력분립의 원리란 국가권력의 행사를 입법권, 행정권, 사법권이라 고 하는 특별한 국가기관에 관장시켜 권력들이 상호간에 견제하고 균형을 이루게 함으로써, 국가권력 행사의 자제와 합리성을 도모하고 동시에 국민의 기본권을 보장하기 위하여 고안된 근대 입헌주의사상의 핵심이자 민주헌법국가의 핵심적 구성부분이라고 할 수 있다.

권력분립원리는 국가권력의 행사를 완화하는 기능(완화기능), 국가 조직의 구성을 적절하고도 합리화하는 기능(합리화기능), 또한 국가기관 상호간에 통제를 하는 기능(통제기능), 끝으로 권력제한을 통하여 개인의 자유를 보장하는 기능(보호기능)을 한다.[1]

권력분립원리에 관하여 헌법재판소는 다음과 같이 설명하고 있다.

> 판례 우리 헌법은 국가의 기능을 입법·사법·행정으로 분립하여 상호간의 견제와 균형을 이루게 하는 권력분립제도를 채택하여 입법권은 국회에(헌법 제40조), 사법권은 법관으로 구성된 법원(헌법 제101조)에 속하도록 하고 있는 바, 입법부와 사법부의 관계에 있어서는 권력 상호간의 견제와 균형을 위하여 헌법이 명시적으로 규정한 예외를 제외하고는 원칙적으로 입법부에게 사법작

(우측 난외주) 권력 상호간 견제 및 균형

(우측 난외주) 완화, 합리화, 통제, 보호기능

---

[1] Helmuth Schulze—Fielitz, in: Horst Dreier (Hrsg), GG, Bd. II, 3. Aufl., 2015, Art 20 (Rechtstaat), Rn. 68.

> 용을 수행할 권한을 부여하지 않고 있고 사법작용의 영역을 침범하지 못하게
> 하고 있으나, 입법부와 행정부의 관계에서는 기본적으로 입법부가 제정한 법
> 률에 따라 행정부가 그 집행을 하도록 함으로써 입법부에 의한 행정권력의 통
> 제가 이루어지도록 하는 것이 권력분립의 원리에 오히려 부합하는 것이다.
> (헌재 2005. 12. 22, 2005헌바50, 판례집 제17권 2집, 729, 739.)

Ⅱ. 권력분립원리의 구체적 내용과 양태

권력분립원리는 기능적 권력분립, 제도적 및 조직적 권력분립, 인
적 권력분립의 세 가지 차원에서 고찰해 볼 수 있다.

1. 기능적 권력분립

입법, 집행, 사법

기능적으로 보면 국가권력은 입법, 집행, 사법이라고 하는 실질적
국가기능으로 나누어질 수 있다.

입법기능은 법을 제정하는 기능이고, 집행 기능은 제정된 법을 집
행하는 기능이며, 사법기능은 법을 둘러싸고 분쟁이 발생하였을 경우
무엇이 법인지를 유권적으로 확인해 주는 기능이라고 할 수 있다.

2. 제도적 및 조직적 권력분립

국회, 정부, 법원

제도적 및 조직적으로 볼 때, 수평적 권력분립의 의미에서 입법기
능은 국회(헌법 제3장)에, 집행기능은 정부(제4장)에, 사법기능은 법원(제5
장)에 있다. 이와 같이 실질적 국가기능을 각 국가기관에 일임하는 것은
조직의 분리의 원칙에 따른 것이다.

사법권력의 양분화

우리 헌법은 권력분립을 전통적인 3권분립으로만 국한하고 있지는
않다. 즉 현행 헌법은 헌법재판제도(제6장)를 둠으로써 사법권력도 양분
하여 일반 법률적 사법은 대법원에, 헌법적 사법은 헌법재판소에 관장
시킴으로써, 사법권력의 분립도 도모하고 있다고 할 수 있다.

선거관리제도 별도 규정

그 밖에 헌법은 선거의 공정한 관리를 담당하는 선거관리제도를 별
도의 장(제7장)으로 둠으로써, 선거와 관련한 업무를 관장하고 국가기관

이 선거와 관련하여 정치적 중립성을 유지하지 않을 경우에 이를 통제하고 제한하는 역할을 담당하는 선거관리위원회를 설치하고 있다. 이 장의 제목은 앞의 "국회", "정부", "법원", "헌법재판소"와는 달리 국가기관의 형태가 아니라, 실질적 기능의 형태로 두고 있음을 주의할 필요가 있다. 따라서 중앙선거관리위원회가 비록 헌법기관이기는 하지만 전통적인 의미에서의 권력분립의 의미로 또 하나의 국가권력기관을 열거하고 있는 것은 아님을 주의할 필요가 있다.

그리고 끝으로 지방자치(제8장)를 보장하고 있는데 지방자치는 수직적 권력분립의 제도적 구현형태라고 하는 것을 감안하면, 행정을 중앙과 지방 차원으로 나눔으로써, 민주주의와 권력분립 그리고 주민의 기본권[2]과 복리 증진이라고 하는 지방자치의 이념을 우리 헌법이 추구하고 있음을 엿볼 수 있다.

지방자치의 보장

한편 국가의 세입·세출의 결산, 국가 및 법률이 정한 단체의 회계검사와 행정기관 및 공무원의 직무에 관한 감찰을 하기 위하여 대통령소속 하에 감사원을 두고 있는데, 실질적으로 이 감사원은 전 국가기관과 지방자치단체에 대한 감찰기능을 수행하고 있다고 볼 수 있다.

감사원

3. 인적 권력분립

인적으로 보면 각 국가기관을 관장하는 자들은 원칙적으로 다른 국가기관을 담당할 수 없도록 분리해야 한다. 결국 겸직금지에 관한 조항(국회의원 헌법 제43조)은 이러한 인적 분립을 보장하기 위한 목적이라고할 수 있다. 예를 들어 법관이 국회의원이나 행정관료를 겸한다거나 또는그 반대의 경우는 금지된다.[3] 국회법은 의원으로 하여금 국무총리 또는국무위원의 직 이외의 다른 직을 겸할 수 없도록 하고 있으며, 다만 공익목적의 명예직이나 다른 법률에서 의원이 임명 위촉되도록 정한 직, 정당법에 따른 정당의 직의 경우에는 예외로 하고 있다(국회법 제29조).

권력 상호간 원칙적 겸직금지

---

2) 방승주, 중앙정부와 지방자치단체와의 관계 – 지방자치에 대한 헌법적 보장의 내용과 한계를 중심으로, 공법연구 제35집 제1호(2006. 10), 55–119(79–80)면.
3) 헌재 1991. 3. 11. 90헌마28, 판례집 제3권, 63 [위헌, 기각].

> **판례** 겸직금지의 입법취지는 법률의 집행이나 적용을 담당하는 공직자가 동시에 법률의 제정에 관여하는 현상, 즉 집행공직자가 의원겸직을 통하여 행정의 통제자가 되어 자신을 스스로 통제하는 것을 허용하지 않고 이로써 이해충돌의 위험성을 방지하자는 것으로서, 입법과 행정 간의 권력분립이라는 헌법상의 원칙을 유지하고 실현시키는 데 있고, 공직자의 정치적 중립성을 그 전제조건으로 하고 있는바, 이러한 겸직금지의 필요성은 지방의회의원의 경우에도 마찬가지로 인정된다. 즉, 지방행정기관 소속의 공무원 또는 정부투자기관의 경영에 관한 결정이나 그 집행에 상당한 영향력을 행사할 수 있는 자가 동시에 지방의회의원이라면, 지방의회의원직에 터잡아 지방행정기관이나 정부투자기관을 통제하는 입법기관의 구성과 의사형성에 결정적인 영향을 미치고 지방의회에서 그들의 의결권을 지방행정기관이나 정부투자기관의 부당한 이익을 위하여 행사할 가능성이 있으며, 의원직을 위와 같이 수행하는 것은 결국 지방자치단체와 그 주민들의 이익에 반하고 권력분립의 원칙에도 배치된다. 그러므로, 이러한 위험성을 배제하기 위해서 입법권자는 입후보 제한 및 겸직금지의 규정을 마련하여 이러한 지위에 있는 자들의 공무담임권을 사실상 배제할 수 있는 것이다.
> (헌재 1995. 5. 25, 91헌마67, 판례집 제7권 1집, 722, 739-740.)

4. 수평적 및 수직적 권력분립

수평적 권력분립과 수직적 권력분립

수평적 권력분립은 입법·행정·사법 간의 3권 분립과 같이 국가기관이 수평적으로 상호 견제와 균형의 관계에 있는 것을 의미하는 데 반하여, 수직적 권력분립은 국가권력을 가령 연방제도와 같이 연방정부와 지방(주)정부로 나눈다든가, 지방자치제도에 있어서 중앙정부와 지방정부로 행정권력을 나누는 경우를 일컫는다.

지방정부의 입법참여를 위한 제도적 장치 필요

우리나라에서는 아직까지 중앙정부가 지방정부를 통제하는 제도적 장치는 많은 데 반하여 지방정부가 중앙정부의 입법작용에 영향을 미칠 수 있는 제도적 장치는 거의 전무한 상태에 가깝다. 따라서 수직적 권력분립의 측면에서 본다면 상호 견제와 균형의 관계라고 하기 보다는 일방적 통제시스템이라고 일컫는 것이 더 현실에 맞을 것이나, 앞으로 국회나 행정부의 입법과정, 특히 지방자치단체의 이해관계와 관련된 입법

이나 행정에 있어서는 지방자치단체가 의견을 제출하고 입법과정에 참
여할 수 있는 가능성을 열어 놓는 제도적 장치가 마련되어야 할 것이다.

Ⅲ. 권력의 분배원리

실질적인 기능적 측면에서 입법은 입법기관인 국회에, 그리고 법률
의 집행기능은 행정부에, 그리고 법을 둘러싼 분쟁이 발생한 경우에 무
엇이 법인지를 유권적으로 확인하는 기능인 사법기능은 법원에 맡겨야
할 것이며, 또한 헌법의 해석을 둘러싸고 분쟁이 발생한 경우에 헌법이
무엇인지를 확인하는 기능인 헌법적 사법기능은 오늘날 많은 나라가 독
립된 헌법재판소에 맡기고 있다.

그러나 오늘날 국가기능을 이와 같이 고유한 국가권력 담당자가 전
적으로 담당하기는 힘든 영역이 있으며, 그에 따라 국가권력과 기능이
상호 교차하고 연쇄되어 있는 경우가 많이 발생한다.

다만 그러한 필요성이 있다 하더라도 각 국가기능의 핵심적인 고유
영역은 원래의 국가기관이 담당할 수 있도록 유지되어야 헌법상 권력분
립의 원칙에 부합한다고 볼 수 있다.

1. 입법기능의 행정부로의 위임

실질적인 입법기능을 행정부로 위임하는 것이 바로 입법위임이다
(헌법 제75조). 오늘날 현대국가에서 위임입법의 필요성은 더 이상 논란
의 여지가 없다. 그러나 권력분립의 원칙의 측면에서 볼 때, 그리고 민
주주의의 원리에서 볼 때, 국민의 기본권과 관련된 기본적이고도 본질
적인 사항은 의회 스스로가 입법한 후, 나머지 부차적이고 세부적인 사
항에 대해서만 행정부의 입법사항으로 위임할 수 있다고 하는 것이 의
회유보이자 의회입법의 원칙이다.[4]

따라서 의회가 자신이 스스로 결정해야 할 사항을 행정부로 과도하

실질적 기능의
측면

국가권력과 기
능의 상호교차

핵심적 고유영
역은 해당 기
관만 권한 행
사

입법위임과
의회유보

과도한 위임
불가

---

4) 이에 관해서는 방승주, 법률유보와 의회유보, 헌법실무연구 제10권(2009), 1-29
면.

게 위임한다면 이는 의회입법의 원칙에도 위반되는 것이지만 궁극적으로는 권력분립의 원칙에도 위반된다고 할 수 있을 것이다.[5]

포괄위임입법금지

그리고 위임을 하는 경우에는 구체적으로 범위를 정해서 위임을 하여야지 포괄적으로 위임을 해서는 안 된다고 하는 것(헌법 제75조)이 포괄위임입법금지의 원칙인데 헌법재판소는 포괄위임입법금지원칙에 위반하는 경우에는 결국 권력분립의 원칙에도 위반된다고 하는 입장을 보이고 있다.[6]

고시나 훈령으로 위임 가능

다음으로 국회가 입법사항을 위임할 경우에는 대통령령이나 총리령 또는 부령으로 위임을 하여야 할 것이지만 때로는 고시나 훈령으로 위임할 경우도 있는데 이것이 권력분립의 원리에 위반되는 것은 아닌지의 문제도 제기되었으나 헌법재판소는 위반이 아니라고 보았다.[7]

2. 행정기능

행정의 합법률성, 법률유보원칙 준수

행정기능의 핵심은 법률을 적용하고 집행하는 것이다. 행정은 위법치국가원리에서도 설명하였듯이 행정의 합법률성의 원칙과 법률유보원칙에 따라서 행정권력이 어떠한 공권력을 행사하기 위해서는 반드시 법률에 근거가 있지 않으면 안 된다. 그리고 행정은 법률로부터 벗어나서는 안 되며, 또한 법률이 명령하는 바를 집행하여야 한다. 다시 말해서 행정 공무원은 혹 자신의 행위의 근거가 되는 법령이 헌법에 위반된다고 하는 의심이 든다 하더라도 위헌심사권이 있는 기관인 헌법재판소나 법원이 그 위헌여부에 대하여 유권적으로 판단을 하기 전까지는 일단 그 법률을 집행하여야 하는 것이다.

위임범위 내 법규명령과 행정명령 제정

그리고 위에서도 언급하였듯이 집행과정에서는 법규명령과 행정명령(행정규칙)을 발하여 규율해야 할 필요성이 있을 수 있으며, 이러한 영역은 크게 행정기능에 속하고 그것이 입법부로부터 위임받은 범위를 벗어나지 않는 한 권력분립의 원리에 위반된다고 볼 수는 없다.

---

5) 콘라드 헷세 저/계희열 역, 통일 독일헌법원론, 박영사 2001, 324면.
6) 헌재 1998. 5. 28, 96헌가1, 판례집 제10권 1집, 509, 521.
7) 헌재 2004. 10. 28. 99헌바91, 판례집 제16권 2집 하, 104, 119.

다음으로 지방자치 역시 국가 전체의 권력구조의 틀 가운데서 본다면 행정기능에 귀속된다고 볼 수 있을 것이다.[8] 조례의 경우는 지방입법자에 의하여 제정된 규범으로서 그 지역 주민들의 권리와 의무에 관한 규율을 포함하고 있지만, 이 역시 국가권력의 기능구조에서 본다면 행정의 영역에 포함된다고 보아야 할 것이다.

조례제정

아무튼 국회가 입법사항을 위임할 경우에 행정입법으로 위임할 경우보다는 조례로 위임할 경우에 보다 포괄적으로 위임할 수 있다고 하는 것이 헌법재판소의 판례이다.[9]

조례로 위임 시 더 포괄적 위임가능

한편 헌법재판소는 대통령이 국회의 인사청문회의 견해를 수용하지 않은 행위는 권력분립원리에 대한 위반이 아니라고 보고 있다.[10]

대통령의 인사 청문회의 견해 비수용 권력분립위반 아님

또한 대통령이 행하는 긴급재정경제명령의 경우 의회주의 및 권력분립의 원칙에 대한 중대한 침해가 되므로 위기의 직접적 원인의 제거에 필수불가결한 최소한도 내에서 헌법이 정한 절차에 따라 행사되어야 함을 강조하고 있는 헌재 판례도 있다.[11]

헌법규정에 따른 긴급재정경제명령 가능

한편 주민의 조례제정·개폐청구가 법령에 위반되는 경우 지방자치단체장이 각하할 수 있는 권한은 지방의회의 권한을 침해하는 것이라 볼 수 없고, 또한 권력분립의 원칙과는 상관없다고 보고 있다.[12]

조례제정·개폐청구 각하권

3. 사법기능

사법기능은 법을 둘러싼 분쟁이 발생하였을 때에 구체적인 사실관계를 증거에 입각하여 확인하고 그 사실관계에 법률을 해석·적용하는

법률의 해석 및 적용

---

8) BVerfGE 78, 344. 방승주, 지방자치제도의 발전을 위한 헌법개정의 방향, 지방자치법연구 통권 제22호, 제9권 제2호(2009. 6)), 3-30(12)면.
9) 헌재 1995. 4. 30. 92헌마264, 판례집 제7권 1집, 564(572). 다만 헌법재판소는 헌법 제75조, 제95조가 정하는 포괄적인 위임입법의 금지는, 그 문리해석상 정관에 위임한 경우까지 그 적용 대상으로 하고 있지 않고, 또 권력분립의 원칙을 침해할 우려가 없다는 점 등을 볼 때, 법률이 정관에 자치법적 사항을 위임한 경우에는 원칙적으로 적용되지 않는다고 한다. 헌재 2001. 4. 26. 2000헌마122, 농업기반공사 및농지기금관리법 부칙 제6조 단서 위헌확인, 판례집 제13권 1집, 962 [기각].
10) 헌재 2004. 5. 14. 2004헌나1, 판례집 제16권 1집, 609, 651.
11) 헌재 1996. 2. 29. 93헌마186, 판례집 제8권 1집, 111, 121.
12) 헌재 2009. 7. 30. 2007헌바75, 판례집 제21권 2집 상, 170, 179-180.

기능이라고 할 수 있다.

헌법과 법률에
구속

이와 같이 사법부는 구체적인 사건에 법률을 해석, 적용하는 기관이기 때문에 사법부 역시 헌법과 법률에 구속된다. 구체적인 사건에 법률을 적용하는 과정에서 법률조항이 다의적으로 해석될 경우에는 가급적 헌법에 합치되는 해석을 해야 하며, 통상적인 법해석 방법에 의할 경우에도 이러한 헌법합치적 해석이 불가능할 정도로 법문이 불명확할 경우에는 명확성의 원칙에 위반되어 위헌일 가능성이 있는 것이므로, 이때 법원은 그 위헌법률심판을 헌법재판소에 제청해야 하며 법원은 헌법재판소의 심판에 의하여 재판을 한다(헌법 제107조 제1항).

일반조항에 대
한 법관의 법
보충적 해석

한편 법률은 일반적, 추상적 규율에 해당할 뿐만 아니라, 특히 민법과 같은 경우 신의성실의 원칙이나 공서양속 조항과 같은 일반조항을 입법자가 의도적으로 규율하는 경우도 많이 있다. 이러한 민법상의 일반조항을 법관이 해석, 적용할 때 법관이 법보충적 해석을 통하여 일반조항을 구체화시키게 된다. 다만 법관에 의한 이러한 법보충적 해석은 법률의 문의적 한계를 벗어날 수 없지만, 일반조항의 경우에는 처음부터 문의적 한계를 확인하기 어려운 추상성을 특징으로 하고 있기 때문에, 오히려 이러한 일반조항의 구체화 과정에서 법관은 기본권이 가지고 있는 의의나 중요성, 기본권의 보호영역 등을 오해하고서 잘못 판결을 할 경우 법관이 그 판결로서 당사자의 기본권을 침해할 수 있는 가능성도 존재할 수 있다. 따라서 구체적인 재판에서 법관은 기본권에 합치된 해석을 통하여 기본권의 효력을 사법질서에 발휘시킬 수 있도록 하지 않으면 안 된다. 법관의 이러한 작용은 결국 기본권의 간접적 대사인효로 나타나는 것이며, 또한 사법질서에 있어서 기본권보호의무의 이행에 다름 아니다.13)

사법질서에 있
어서 기본권보
호의무의 이행

재판소원 원칙
적 금지

만일 법관이 일반조항을 구체화함에 있어서 충돌하는 기본권적 법익의 형량을 잘못하여 당사자 중 일방의 기본권의 중요성을 지나치게 소홀하게 다루어 재판을 하는 경우 그 재판은 그 당사자의 기본권을 침

---

13) 이에 대한 상세는 방승주, 사법질서에 있어서 국가의 기본권보호의무 - 최근 독일 연방헌법재판소 판례의 분석을 중심으로, 공법학연구 제7권 제5호(2006. 12), 47-83면.

해할 수 있으므로, 재판에 대한 헌법소원심판이 허용되어 있는 독일과 같은 나라에서는 이 재판에 대하여 당사자가 헌법소원심판을 청구할 수 있게 된다. 하지만 우리의 경우 재판에 대한 헌법소원은 원칙적으로 배제되어 있고 예외적으로 헌재가 위헌으로 결정한 법령을 적용함으로써 국민의 재판을 침해한 경우에만 재판소원이 가능하므로, 예외적인 사례에 해당되지 않는 한, 헌법재판소가 민사재판을 실효성 있게 통제할 수 있는 가능성은 거의 차단되어 있다고 할 수 있다.

한편 사법부의 기능과 관련하여 헌법재판소가 권력분립원리 위반을 확인한 사례로는 증거에 입각하여 판사가 판단하는 것이 사법의 본질임에도 불구하고 이와 같은 과정을 생략한 채, 일정한 양형을 하도록 하는 것은 입법부가 사법의 본질을 침해하여 권력분립의 원리에 위반되는 것이라든가[14], 혹은 지나치게 높은 법정형의 경우 법관의 양형재량권을 침해한다고 하는 판례[15]가 바로 그것이다.

사법기능과 관련한 헌재 판례

또한 '파산관재인의 선임 및 직무감독에 관한 사항'은 대립당사자간의 법적 분쟁을 사법적 절차를 통하여 해결하는 전형적인 사법권의 본질에 속하는 사항이 아니며, 따라서 입법자에 의한 개입여지가 넓으므로, 그러한 입법형성권 행사가 자의적이거나 비합리적이 아닌 한 사법권의 본질을 침해한다고까지는 할 수 없다고 한 판례[16]도 있다.

파산관재인의 선임 및 직무감독에 관한 사항은 사법권의 본질에 속하지 않음

한편 회사정리절차의 개시와 진행의 여부를 실질적으로 금융기관의 의사에 종속시키고 있는 금융기관의 연체대출금에 관한 특별조치법 제7조의3에 대한 위헌심판에서 이 조항이 금융기관에 과도한 특권을 부여하고 있어 평등의 원칙에 위반될 뿐만 아니라, 회사정리절차의 개시여부는 법관이 판단하는 갱생가능성에 의하여 결정하게 되어 있고, 정리절차개시 후의 정리계획수행여부도 모든 이해관계인의 의견과 제반사정에 입각한 법관판단의 정리계획의 수행가능성에 의하여 정하도록 되어 있음에도 불구하고, 회사정리법상의 법원의 권한을 무력화시키고 법원으로 하여금 금융기관의 의사를 따르지 않을 수 없게 만든 위 특례규

회사정리절차의 개시와 진행을 금융기관의 의사에 종속시킨 것은 법관독립 침해

---

14) 헌재 1996. 1. 25, 95헌가5, 판례집 제8권 1집, 1, 18−19.
15) 헌재 1992. 4. 28. 90헌바24, 판례집 제4권, 225, 237−240.
16) 헌재 2001. 3. 15, 2001헌가1, 판례집 제13권 1집, 441, 462−463.

정은 법관의 독립을 위협하는 특권이라고 판단한 바 있다.[17]

4. 헌법재판기능

헌법재판의 기
능

헌법재판기능 역시 구체적으로 헌법을 둘러싼 분쟁이 발생하였을 경우에 무엇이 헌법인지를 유권적으로 밝혀주는 기능이라고 할 수 있다.

헌재의 관장사
항

헌법재판소는 법원의 제청에 의한 법률의 위헌심판, 탄핵의 심판, 정당의 해산심판, 권한쟁의의 관한 심판, 법률이 정하는 헌법소원에 관한 심판을 관장한다(헌법 제111조 제1항).

사후적 통제기
능

헌법재판소의
기능적 한계

이러한 여러 헌법재판을 통하여 헌법재판소는 사후적, 통제적 기능을 하는 것이며, 헌법재판소가 헌법해석의 이름으로 입법자의 기능이나 또는 구체적인 사건에 법률을 해석하여 적용하는 법원기능을 대체해서는 안 될 것이다. 이러한 관점, 즉 헌법재판소의 기능적 한계[18]를 강조하는 모든 판시는 헌법재판소와 입법자 등 타 국가기관간의 권력분립을 염두에 두고 그 원칙을 준수하기 위하여 스스로의 권한을 자제하는 일종의 헌법재판소의 사법자제의 판례라고 할 수 있는데 가령, 행위규범과 통제규범의 구분[19], 입법자의 형성의 자유의 존중[20], 부작위에 대한

---

17) 헌재 1990. 6. 25. 89헌가98 등, 판례집 제2권, 132, 153-155. 여기에 대해서는 "다수의견이 금융질서에 관한 고도의 전문성과 합리성을 요구하는 경제관계 특별법을 일반 권리관계의 법률과 같은 차원에서 심리판단한 잘못이 있고 그럼으로써 거시적이고 현실적 상황을 고려한 헌법상의 규범통제가 아니라 당사자 간의 분쟁해결은 사법부만이 전단적으로 심리판단할 수 있다는 차원에 기초한 논리를 가지고 헌법에 위배된다고 판단함으로써 권력분립제도와 헌법재판의 민주적 성격에 반하는 결론을 도출한 것이라 하지 않을 수 없다."고 하는 한병채 재판관의 반대의견(160-162)이 개진되었는데 이 반대의견이 오히려 설득력이 있지 않나 생각된다.

18) 이에 관해서는 무엇보다 방승주, 독일 연방헌법재판소의 입법자에 대한 통제의 범위와 강도, 헌법논총 제7집(1996), 299-348면; 방승주, 헌법재판소의 입법자에 대한 통제의 범위와 강도 - 입법자의 형성의 자유와 그 한계에 대한 헌법재판소의 지난 20년간의 판례를 중심으로, 공법연구 제37집 제2호(2008. 12), 113-171면; 계희열, 헌법재판과 국가기능, 헌법재판의 회고와 전망 - 창립 10주년 기념세미나, 헌법재판소 1998, 201-266면 참조.

19) 헌재 1997. 1. 16, 90헌마110, 판례집 제9권 1집, 90, 114-115.

20) 헌재 1995. 3. 23, 92헌가4, 판례집 제7권 1집, 289, 303.

위헌심사에 있어서 헌법으로부터 유래하는 작위의무나 보호의무의 존재 요구21), 국회의 자율권의 존중22) 등의 판례들을 들 수 있다. 이와 같은 헌법재판소의 태도들은 헌법재판소의 기능적 한계를 인식하고 타 국가 기관의 고유영역을 침해하지 않기 위한 권력분립의 원칙으로부터 나오는 헌법해석론이라고 할 수 있을 것이다.

---

21) 이에 대하여는 방승주 외 3인, 공권력의 불행사에 대한 헌법소원심판 구조 연구, 헌법재판연구 제29권, 헌법재판소 2018, 65–160면 참조; 헌재 2006. 4. 27, 2005헌마968, 공보 제115호, 677, 679; 헌재 2002. 12. 18, 2002헌마52, 판례집 제14권 2집, 904, 911; 헌재 1996. 11. 28, 93헌마258, 판례집 제8권 2집, 636, 643; 헌재 2003. 6. 26, 2000헌마509, 판례집 제15권 1집, 741, 749; 헌재 2009. 11. 26, 2008헌마385, 판례집 제21권 2집 하, 647, 661; 최근 일본군위안부문제와 관련한 행정청의 부작위에 대하여 적극적으로 그 위헌을 확인한 사례도 있다. 헌재 2011. 8. 30, 2008헌마648, 판례집 제23권 2집 상, 417, 417.

22) 헌재 2003. 10. 30, 2002헌라1, 판례집 제15권 2집 하, 17, 32–33.

제 10 절 국 회

Ⅰ. 국회의 구성[1]

의회의 구성 　　의회를 어떻게 구성할 것인가, 다시 말해서 하나의 합의체, 즉 단원제로 할 것인가 아니면 둘 또는 그 이상의 합의체, 즉 양원제 또는 3원제나 4원제로 구성할 것인가에 대해서는 각국의 역사와 전통적 사정에 따라 달리 규정되고 있다.[2]

1. 양원제와 단원제

가. 양원제

양원제 채택 국가 　　양원제는 영국의 귀족원(House of Lords)과 서민원(House of Representatives)으로부터 유래한다. 양원제의 유형은 각국이 가지고 있는 정치적, 역사적 상황과 밀접한 관련을 가지고 있다.[3] 가령 신분제(예컨대 영국), 연방제(예컨대 미국, 독일[4], 스위스)로 인한 이해관계를 의회에 반영하여야 할 필요가 있는 경우에 채택되어 왔으며, 또한 지역대표(제2공화국의 참의원, 일본의 참의원)나 직능대표(독일 바이에른주, 아일랜드)로서 의회에서의 정책결정이나 심의에 있어서 보다 많은 전문성이나 신중을 기할 목적으로 양원제를 채택한 사례가 있다.[5] 양원제는 오늘날 영국, 미국, 독일, 일본, 스페인, 스위스, 이태리[6], 호주, 브라질 등이 채택하고 있다.[7]

---

1) 이하 방승주, 헌법 제41조, (사) 한국헌법학회 편, 헌법주석 [국회, 정부] 제40조 ~제100조, 경인문화사, 2017, 18면 이하를 기초로 수정·보완함.
2) 이에 대하여는 김철수, 헌법학개론, 박영사, 2007, 1248면 이하 참조.
3) 성낙인, 헌법학, 법문사, 2021, 416면.
4) 독일의 연방참사원제도에 대하여는 Dieter Wyduckel, Der Bundesrat als Zweite Kammer, DÖV 1989, S. 181 ff.
5) 이상 홍성방, 헌법학(下), 박영사, 2014, 110; 성낙인 (주 3), 412; 송길웅, "양원제에 관한 연구", 헌법학연구 제6권 제4호(2000. 12), 183면 이하(188).

양원제의 장점으로는 연방국가에 있어서 지방이익의 옹호가능성, 상원의 구성이 직능대표로 구성될 수 있는 가능성, 상원이 원로원적인 역할을 함으로써 급진적인 개혁에 제동을 걸 수 있는 가능성, 하원의 경솔한 의결이나 과오를 시정할 수 있는 가능성, 상원이 하원과 정부간의 충돌을 완화할 수 있는 가능성 등이 들어지고 있다.8)

양원제 장점

이에 반하여 양원제의 단점으로는 국회의결의 지연가능성, 양원의 구성으로 인한 비용의 과다가능성, 상원의 견제작용으로 인한 하원의 대정부견제기능의 약화가능성, 연방제 상원의 경우 지방이익의 옹호를 위하여 연방 전체국민의 의사가 왜곡될 수 있는 가능성 등이 들어지고 있다.9)

양원제 단점

나. 단원제

단원제는 루소(Rousseau)나 시에예스(Siéyès)에 의해서 주장되었다.10) 한편 시에예스는 "제2원이 제1원과 동일한 결의를 한다면 제2원은 불필요한 존재이고, 제2원이 제1원과 다른 결정을 한다면 제2원은 해로운 존재이다."라고 하여 양원제에 대하여 반대하였다.11) 역사적으로 최초의 단원제를 채택한 것은 1791년의 프랑스 헌법12)이며, 오늘날 우리나라와 덴마크, 룩셈부르크, 파나마, 뉴질랜드, 리히텐슈타인 등이 채택하고 있다.13)

단원제 채택국가

단원제의 장점으로서는 국정의 신속한 처리가능성, 국회의 경비절약, 국민의사의 직접 반영가능성 등이 있으며, 단점으로서는 국정심의의 경솔가능성, 그리고 국회의 정부에 대한 횡포가능성 등이 지적되고 있다.14)

단원제 장·단점

---

6) 이태리 양원제에 대하여는 Sergio Mattarella, Der Zweikammersystem in Italien, AöR 108 1983, S. 370 ff.
7) 김철수 (주 2), 1248면.
8) 이상 김철수 (주 2), 1249면.
9) 김철수 (주 2), 1249면.
10) 김철수 (주 2), 1248면.
11) 홍성방 (주 5), 112-113면에서 재인용.
12) 홍성방 (주 5), 113면.
13) 김철수 (주 2), 1249면.

의회내 견제기
능은 야당 몫

일찍이 유진오 박사는 권력분립의 관점에서 양원제의 필요성을 강조하였다.[15] 그러나 단원제 국회를 채택하고 있는 우리 헌법상 이러한 의회 내의 내부적 견제기능은 오늘날 야당[16]이 해야 하는 것 아닌가 생각된다.

2. 우리 헌법상 국회구성의 변천

국회 구성 변
천

우리 광복헌법은 양원제의 도입 필요성을 인식하면서도, 헌법기초위원회에서 복잡다단한 건국초기의 상황을 고려한 끝에 양원제의 도입보다는 단원제의 장점을 인정하고 이를 택하였다.[17] 그 후 제1차 개정헌법(1952. 7. 7)부터 제4차 개정헌법(1960. 11. 29)까지 양원제를 채택하였다. 제1차 헌법개정에 의하여 양원제가 도입되었음에도 불구하고 4.19 때까지는 참의원선거를 하지 않고 단원제로 운영하였다.[18] 그 후 제5차 개정헌법(1962. 12. 26)인 제3공화국 헌법부터 현행헌법에 이르기까지 단원제가 유지되고 있다.

3. 현행헌법상 국회의 구성과 개정에 관한 논의

현행 단원제
채택

현행헌법은 전술한 바와 같이 단원제 국회제도를 채택하고 있다(제41조 제1항). 다시 말해서 국민의 보통·평등·직접·비밀선거에 의하여 선출된 국회의원으로 구성된 단일한 합의체에 의하여 국회가 구성된다.

단원제의 폐해
와 양원제 도
입 논의

현행헌법상 단원제 국회제도의 폐해를 지적하면서, 전국 단위의 직능별·계층별·세대별 구성단위로 대표될 수 있는 상·하원의 양원제의 도입[19], 또는 의원내각제개헌이나 통일시대를 대비하여 연방제적 양

---

14) 김철수 (주 2), 1249면.
15) 유진오, 헌법해의, 명세당 1949, 79면.
16) 야당의 헌법상 기능에 대하여는 방승주, 권력구조의 민주화와 정당 – 야당기능의 활성화와 당내민주주의를 중심으로, 헌법학연구 제8권 제2호(2002. 8), 9면 이하.
17) 유진오 전문위원, 헌법안 제1독회, 제1회 국회속기록 제17호(1948. 6. 23), 211면.
18) 김철수 (주 2), 1263면.
19) 가령 정영화, "의회개혁과 국가경쟁력 – 양원제 도입의 논거로서 13대–17 총선거의 실증분석", 세계헌법연구 제11권 1호(2005. 6), 19 이하(42–43).

원제 또는 지역대표적 양원제의 도입[20], 또는 지방자치에 의해 간선되는 상원을 설치하여 하원과 행정부를 견제하게 함으로써 지나치게 중앙집권화된 권력구조를 지방분권적 구조로 개혁하기 위한 수단으로서 양원제의 도입[21]을 제안하거나 또는 헌법개정의 필요성을 피력하는 견해들이 있으나, 이에 대하여 "의원내각제와 더불어 양원제가 성공을 거두지 못했다고 하는 다수의 평가와 더불어, 의안심의의 신중성 보다는 국가정책결정의 효율성을 강조하는 우리 의정현실의 특성을 고려할 때, 양원제도입은 신중을 기하여야 할 것"이라는 견해[22]가 대립되어 있다.

4. 국회의원의 수[23]

국회의원의 수는 법률로 정하되, 200인 이상으로 한다(헌법 제41조 제2항). 이 조항은 국회의원의 수에 관하여는 법률에 위임하되 그 최소한의 수를 200인으로 함을 헌법적으로 확정하고 있는 조항이다. 공직선거법은 국회의 의원정수를 지역구국회의원 253명과 비례대표국회의원 47명을 합하여 300명으로 하고 있다. 하나의 국회의원지역선거구에서 선출할 국회의원의 정수는 1인으로 한다.(공직선거법 제21조).

현재 지역구의원 및 비례대표의원 합하여 300인

---

20) 성낙인, "국회구성원리로서의 양원제", 고시연구 1995년 5월호, 97면 이하.; 이승우, "남북통일에 대비한 헌법개정의 필요성과 방향", 공법연구 제39집 제2호 (2010), 231 이하(246-253). 안성호, 양원제 개헌론 -지역대표형 상원연구-, 신광문화사, 2013. 4, 182면 이하. 이준일, "통일 후의 의회형태로서 양원제 - 양원제에 관한 비교법적 검토와 함께-", 세계헌법연구 제20권 1호(2014), 93 이하 (112-113); 통일을 위한 양원제의 필요성 및 양원의 구성방법, 복수정당제 실시 등의 의견으로, 도회근, "통일헌법의 권력구조", 공법연구 제40집 제2호(2011. 12), 35 이하(45-55).

21) 송길웅 (주 5), 202.

22) 한국헌법학회, 헌법개정연구, 2006, 241; 전광석, 한국헌법론, 집현재, 2021, 632; 신우철, "양원제 개헌론 재고(再考)", 법과 사회 38권(2010), 99면 이하(101-124); 양원제가 지역균형발전에 도움이 되지 않을 것이라는 의견으로, 홍완식, "헌법개정에 있어서 국회 분야 논점", 헌법학연구 제12권 제4호(2006), 421면 이하(439).

23) 방승주 (주 1), 42면 이하.

Ⅱ. 국회의원 선거제도

1. 선거의 원칙[24)]

제2장, 제6절, 제3관, II. 2 선거의 원칙 참조.

2. 선거구와 비례대표제 등 법정주의[25)]

가. 서 론

국민의 대표자 선출

선거란 선거의 자격을 갖는 국민(유권자)이 일정한 범위의 후보자들 가운데서 하나 또는 다수의 국민의 대표자를 선출하는 행위라고 할 수 있다. 이러한 선거를 통해서 국민은 국가의 통치와 운영을 담당할 대표자를 선출하고 그에게 일정한 기간동안 국가적 의사결정권을 위임한다. 이로써 그들의 국가적 의사결정은 곧 국민에게 귀속되는 것이다. 이러한 선거는 국가권력에 대하여 민주적 정당성을 부여하는 작용과 기능을 한다.[26)]

선거관련 사항 규정에 광범위한 입법형성의 자유 인정

국회의원의 선거에 관한 사항은 헌법이 자세히 규정하고 있지 않은 채, 입법자에게 위임하고 있다. 따라서 일단 선거와 관련된 사항을 규정함에 있어서 입법자는 광범위한 형성의 자유를 가진다고 볼 수 있다. 다만 헌법이 이 조항에서 명시하고 있는 바, 선거구와 비례대표제를 도입할 것인지 여부에 대해서는 입법자에게 하등의 형성의 자유가 존재한다고 할 수 없고, 오로지 그러한 제도를 어떻게 도입할 것인지의 문제에 대해서만 형성의 자유를 가질 뿐이다. 또한 헌법 제41조 제1항이 규정하고 있는 보통·평등·직접·비밀선거의 원칙은 이러한 입법자의 형성의 자유의 한계로서 기능한다고 할 수 있을 것이다. 다시 말해서 선거제도를 형성함에 있어서 입법자는 민주선거의 원칙이 잘 실현될 수 있도록 하여야 할 것이다.

---

24) 방승주 (주 1), 21면 이하.
25) 방승주 (주 1), 45면 이하.
26) Magiera, Art. 38, in: Sachs GG−Kommentar, 8. Aufl., 2018, Rn. 75.

그러므로 이하에서는 입법자가 선거구와 비례대표제, 그리고 기타 선거에 관한 사항에 대하여 규정하여야 하는 내용은 어떠한 것들이 있으며, 그러한 규정과 관련하여 입법자의 형성의 자유와 그 한계는 어디에 놓여 있는지 등을 중심으로 살펴보기로 한다.

나. 연 혁

(1) 광복헌법

1948년 광복헌법 제32조는 "국회는 보통, 직접, 평등, 비밀선거에 의하여 공선된 의원으로써 조직한다. 국회의원의 선거에 관한 사항은 법률로써 정한다."고 규정하여 선거에 관한 사항을 입법자에게 포괄적으로 위임하였다.

선거에 관한 사항 입법자에 포괄적 위임

(2) 제1차 개정헌법(1952. 7. 7)

제1차 개정헌법은 양원제를 도입하였으며 이에 따라 기존 선거관련조항에 양원개념을 삽입하였다. 그리고 양원의원의 겸직금지규정을 두었고, 또한 국회의원의 정수와 선거에 관한 사항은 입법자에게 포괄적으로 위임하였다.

양원제 도입

(3) 제3차 개정헌법(1960. 6. 15)

제3차 개정헌법에서는 이러한 내용을 제32조 제3항으로 하여 민의원의원의 정수와 선거에 관한 사항은 법률로써 정한다고 규정하여 선거에 관한 사항의 법정주의의 기조를 유지하고 있다.

선거제도 법정주의 기조 유지

(4) 제5차 개정헌법(1962. 12. 26)

제5차 개정헌법인 제3공화국 헌법 역시 제36조 제4항에서 국회의원의 선거에 관한 사항은 법률로 정한다고 규정하였다.

국회의원의 선거에 관한 사항 법률위임

(5) 제7차 개정헌법(1972. 12. 27)

제7차 개정헌법인 유신헌법은 같은 내용을 제76조 제3항에서 규정하였다.

(6) 제8차 개정헌법(1980. 10. 27)

제8차 개정헌법인 소위 제5공화국 헌법부터 현행헌법과 같은 내용으로 규정하였다. 즉 제77조 제3항에서 "국회의원의 선거구와 비례대표제 기타 선거에 관한 사항은 법률로 정한다."고 규정한 것이다.

(7) 제9차 개정헌법(1987. 10. 29)

제9차 개정헌법인 현행헌법은 제41조 제3항에서 소위 제5공화국 헌법의 규정내용을 그대로 유지하고 있다.

다. 선거구

(1) 선거구의 개념

선거구라 함은 의원을 선출하는 단위로서의 지역을 말한다.[27] 선거 구를 구체적으로 어떻게 할 것인지, 즉 소선거구제로 할 것인지 아니면 중선거구제나 대선거구제로 할 것인지에 관해서는 헌법이 직접 결정하 지 아니하고 입법자에게 결정을 위임하였다. 따라서 선거구에 관한 결 정에 있어서 입법자는 형성의 자유를 가지지만, 그 형성의 자유의 한계 는 민주적인 선거의 원칙, 특히 평등선거의 원칙이 잘 유지되는 데에 있 다고 할 것이다.

의원을 선출하는 단위

(2) 선거구의 유형

선거구에는 소선거구와 중선거구 그리고 대선거구가 있다. 소선거 구는 1인의 후보가, 중선거구는 2내지 4[28] 또는 5[29]인의 후보가, 대선 거구는 그 이상의 후보가 당선인으로 확정되는 선거구이다.[30] 현행 공 직선거법상 국회의원지역선거구는 소선거구제도를 채택하고 있다. 다시 말해서 이 선거구에서 최다득표를 한 후보자가 선출되는 것이다. 이에 반하여 비례대표제 국회의원선거는 전국을 단위로 하는 대선거구제도를 채택하고 있다. 또한 대통령선거도 전국을 단위로 하는 것이기 때문에 대선거구라고 할 수 있다.

소선거구, 중선거구, 대선거구

유신헌법 하에서는 소위 2인 선거구제를 채택한 적도 있었다. 2인 선거구제는 최다득표를 한 다수대표자만이 아니라, 소수대표자도 선출

2인 선거구제 와 그 폐해

---

27) 김철수 외 8인, 주석헌법, 법원사, 1995, 310면.
28) 계희열, 헌법학(상), 박영사, 2005, 317면.
29) 김철수 (주 2), 252면.
30) 일부 학자들은 소선거구와 대선거구만으로 구분하고, 중선거구를 따로 구분하지 않는다. 이 경우에 선거구에서 2인 이상을 선출하는 경우에 대선거구로 본다.: 양 건, 헌법강의, 법문사, 2020, 1233면.

되게 하는 제도이다. 그러나 이러한 2인 선거구제는 최다득표를 한 사람은 물론 그에 훨씬 못 미치는 차점자 역시 당선자로 결정되게 하는 제도로서 선거구민의 다수관계를 의석수로 정확하게 반영하는 데 한계가 있는 제도라고 할 수 있다. 특히 이러한 2인 선거구제는 여당에게는 반드시 1석을 안정적으로 확보하게 해주며, 나머지 1석을 둘러싸고 야당끼리 경쟁하는 구도가 될 수밖에 없기 때문에, 처음부터 여당에게만 유리하고, 야당에게는 불리한, 비민주적인 제도라고 할 수 있을 것이다. 최근에도 지역적 대립의 극복 등을 위한 대안[31]으로서 제안되기도 하나, 바로 이러한 운영과정에서의 비민주성 때문에 그러한 선거구제도의 도입은 신중을 기해야 할 것이라고 생각된다.

(3) 선거구와 다수대표제와의 관계

한편 선거구와 다수대표제와의 관계가 문제될 수 있다. 소선거구제에서는 가장 많은 득표를 한 후보가 당선되기 때문에 다수대표제라고 할 수 있다. 투표자의 과반수를 득표한 후보자가 당선되도록 하는 제도를 절대다수대표제라고 할 수 있으며, 과반수가 아니더라도, 최다득표자가 당선되도록 하는 제도를 상대다수대표제라고 할 수 있다. 절대다수대표제를 택하는 경우에는 양당제, 상대다수대표제를 택하는 경우에는 다당제의 형성이 용이해진다고 할 수 있다. 현행 공직선거법은 국회의원선거에 있어서는 물론, 대통령선거와 지방자치단체장 및 지방의회의원선거에 있어서 상대다수대표제를 채택하고 있다.

절대다수대표제, 상대다수대표제

(4) 선거구의 획정

(가) 선거구획정위원회

우리 공직선거법은 국회의원의 지역선거구를 획정하기 위해서 선거구획정위원회제도를 두고 있다(공직선거법 제24조). 국회의원선거구획정위원회는 중앙선거관리위원회에 두되, 직무에 관하여 독립의 지위를 가진다(동조 제2항). 국회의원선거구획정위원회는 중앙선거관리위원회위원장이 위촉하는 9명의 위원으로 구성하되, 위원장은 위원 중에서 호선한

선거구획정제도

---

31) 가령 소위 도·농복합선거구제를 제시하면서 중·대선거구제의 도입을 주장하는 견해로, 손형섭, "선거구제도에 관한 새로운 試論 — 소위 도농복합선거구제의 수용가능성 논의 —", 세계헌법연구 제18권 1호(2012), 27 이하(43—46).

다(동조 제3항). 국회의원선거구획정위원회는 제25조제1항에 규정된 기준에 따라 작성되고 재적위원 3분의 2 이상의 찬성으로 의결한 선거구획정안과 그 이유 및 그 밖에 필요한 사항을 기재한 보고서를 임기만료에 따른 국회의원선거의 선거일 전 13개월까지 국회의장에게 제출하여야 한다(동조 제11항). 선거구획정위원회에 관하여 전문개정되기 전인 2014. 12. 30. 법률(제12946호)까지는 "국회가 국회의원지역선거구에 관한 규정을 개정하는 때에는 선거구획정위원회의 선거구획정안을 존중하여야 한다."고 하는 규정이 있었으나, 2015. 6. 19. 전문개정된 이래로 이 선거구획정안 존중의무 조항은 삭제되었다. 이 부분은 상당히 후퇴된 것 아닌가 한다.

(나) 선거구획정의 기준

인구·행정구역·지리적 여건·교통·생활문화권 등을 고려

국회의원지역구는 시·도의 관할구역 안에서 인구·행정구역·지리적 여건·교통·생활문화권 등을 고려하여 다음 각 호의 기준에 따라 획정한다. 1. 국회의원지역구 획정의 기준이 되는 인구는 선거일 전 15개월이 속하는 달의 말일 현재 「주민등록법」 제7조제1항에 따른 주민등록표에 따라 조사한 인구로 한다. 2. 하나의 자치구·시·군의 일부를 분할하여 다른 국회의원지역구에 속하게 할 수 없다. 다만, 인구범위(인구비례 2:1의 범위를 말한다.)에 미달하는 자치구·시·군으로서 인접한 하나 이상의 자치구·시·군의 관할구역 전부를 합하는 방법으로는 그 인구범위를 충족하는 하나의 국회의원지역구를 구성할 수 없는 경우에는 그 인접한 자치구·시·군의 일부를 분할하여 구성할 수 있다(공직선거법 제25조 제1항).

(공직선거법 제25조 제1항)

(5) 선거구획정과 평등선거원칙

인구편차가 지나칠 경우 평등선거의 원칙 위반

선거구를 획정함에 있어서는 특히 선거구간 인구편차가 지나치게 심하지 않도록 하여야 한다. 인구편차가 지나친 경우에는 평등선거의 원칙에 위반될 수 있다. 전술한 바와 같이 우리 헌법재판소는 이와 관련 최대선거구와 최소선거구간의 비율을 4:1로 하였다가 최근에는 3:1로 하여 그 이상을 초과하는 인구편차의 경우 위헌으로 보았으며, 앞으로 입법자가 2:1(평균인구수 기준 상하 33.33% 편차)까지 인구편차를 줄일 것을 촉구한 바 있었으며, 최근 최대선거구와 최소선거구간의 비율이 2:1을 넘어서는 국회의원지역선거구구역표에 대하여 위헌으로 판단하고, 2015. 12. 31.을 시한으로 입법자가 개정할 때까지 잠정적으로 계속 적용을 명하는 헌법불합치결정을 선고하였음[32]은 전술한 바와 같다.

그리고 선거구를 획정함에 있어서 특정 정당에게 유리하게 선거구를 인위적으로 조작하는 게리맨더링의 경우도 역시 평등선거의 원칙에 위반될 수 있는 소지가 있다. 이와 관련하여 우리 헌법재판소는 게리맨더링이 인정될 수 있기 위한 요건을 매우 엄격하게 설정하고 있음은 전술한 바와 같다.

게리맨더링은 평등선거 원칙에 위반

라. 비례대표제

(1) 비례대표제의 개념

비례대표제란 각 정당의 득표율에 따라 의석을 배분하는 제도를 일컫는다.[33] 이러한 비례대표제는 소수자라 하더라도 의석배분에 영향을 미칠 수 있기 때문에, 사표를 방지하고 평등선거원칙의 이념을 가장 잘 실현할 수 있는 선거제도라고 평가된다.

득표율에 따른 의석배분

(2) 비례대표제의 연혁

우리나라의 전국구 비례대표제도는 1962년 제5차 개정 헌법 하에서 처음 도입되었다. 그러나 당시의 전국구 비례대표제도는 순수한 비례대표제와는 거리가 멀었다. 왜냐하면 제1당의 득표율이 과반수를 초과할 경우에는 정당의 득표율에 따라서 전국구 의석을 배분하지만, 제1당이 과반 이하를 득표하였을 경우에는 제1당에게 전국구 의석의 1/2을 배분하게 하였기 때문이다. 또한 제2당의 득표가 제3당 이하 정당의 총 득표수의 2배를 초과한 때에는 득표율에 따라 의석을 배분하지만, 그렇지 못한 경우에는 제1당에게 배분하고 남은 잔여 의석의 2/3를 배분하게 하였다. 이러한 제도는 비례대표제라고 하기보다는 주로 쿠데타 등을 통해 집권한 권위주의 정권이 의회 내 과반수의 안정의석을 확보하

비례대표제 도입과정

---

32) 헌재 2014. 10. 30. 2012헌마192 등, 판례집 제28권 1집, 642

33) 허영, 한국헌법론, 2020, 834면

기 위한 방법으로 즐겨 채택하였던 소위 추가의석할당제라고 할 수 있다.[34] 이러한 전국구제도는 소위 제4공화국과 제5공화국을 거치면서 추가의석할당제의 성격을 보다 분명하게 띠었다. 1972년 유신헌법 이후 채택된 소위 유신정우회제도와 전국구 의석의 2/3를 제1당에 배분하도록 한 제5공화국의 전국구제도는 야당이 의회다수를 점하는 것을 아예 불가능하게 하였다.[35]

제13대 국회의
원선거

그 후 1988년 제13대 국회의원선거에서는 지역구총선거에서 5석이상의 의석을 차지한 각 정당의 지역구의석비율에 따라 전국구의석을 배분하되, 지역구총선거에서 제1당의 지역구의석수가 지역구의석총수의 100분의 50 미만일 때에는 제1당에 전국구의석총수의 2분의 1(단수는 1로 한다)을 배분하고 잔여의석은 제2당 이하의 정당에 그 지역구의석비율로 배분하였다(국회의원선거법 제133조: 1988. 3. 17. 법률 제4003호).

지역구의석비
율에 따른 의
석 배분

제14대 국회의원선거부터는 지역구의석비율에 따라서 전국구의석을 배분하는 방법으로 바뀌었다. 즉 중앙선거관리위원회는 지역구총선거에서 5석 이상의 의석을 차지한 각 정당의 지역구의석비율에 따라 전국구의석을 배분하였으며, 지역구총선거에서 의석을 얻지 못하였거나 5석 미만을 차지한 정당으로서 그 득표수가 유효투표총수의 100分의 3 이상인 정당이 있는 때에는 그 정당에 대하여 우선 1석씩을 배분함으로

3% 저지조항
도입

써(1991. 12. 31. 법률 4462호로 개정된 국회의원선거법 제133조 제1항), 3% 저지조항을 도입하였다.

득표율을 기준
으로 의석 배
분, 저지조항
5%로 상향

통합선거법에 따라서 이루어진 제15대 국회의원선거에서부터는 득표율을 기준으로 의석을 배분하는 방식으로 바뀌었지만 1인 1표제는 유지되었다. 즉 중앙선거관리위원회가 지역구국회의원총선거에서 5석 이상의 의석을 차지하였거나 유효투표총수의 100分의 5 이상을 득표한 각 정당에 대하여 지역구국회의원총선거에서 얻은 득표비율에 따라 전국구국회의원의석을 배분하였으며, 다만 지역구국회의원총선거에서 유효투표총수의 100分의 3 이상 100分의 5 미만을 득표한 각 정당에 대하여는

---

34) 서복경, "한국 선거제도의 특성과 변천과정", 입법정보 100호 특집(2003. 7. 11), 9면.
35) 서복경 (주 34), 9면.

전국구국회의원의석 1석씩을 배분하였다(1994. 3. 16 법률 4739호로 제정된 공직선거및선거부정방지법 제189조). 이때부터는 저지조항은 5%로 상향조정 되었다.

1인 1표에 의한 비례대표제 위헌선언

제16대 국회의원선거에서도 비례대표제는 마찬가지 내용대로 시행 되었다. 그 후 2001년 7월 19일 2000헌마91등 공직선거및선거부정방지 법 제146조 제2항 위헌확인 등 사건에서 헌법재판소는 1인 1표에 의한 비례대표제에 대하여 위헌을 선언하였다.

1인 2표로 개정

이에 따라 지역구국회의원선거와 비례대표제국회의원선거로 각각 1인 2표씩을 인정하는 공직선거법의 개정이 시도의원선거의 경우 2002. 3. 7 법률 제6663호에 의하여, 그리고 국회의원선거의 경우 2004. 3. 12 법률 7189호에 의하여 이루어졌다.

저지조항 3%로 하향조정

제17대 국회의원선거에서는 저지조항이 다시 3%로 하향조정되었 고, 제18대 · 제19대 국회의원선거에서도 마찬가지로 시행되었다.

(3) 1인 1표에 의한 전국구 비례대표제의 위헌성

진정한 국민의사 반영 어려움

헌법재판소는 1인 1표에 의한 전국구 비례대표제에 대하여 이러한 비례대표제 방식에 의하면, 유권자가 지역구후보자나 그가 속한 정당 중 어느 일방만을 지지할 경우 지역구후보자 개인을 기준으로 투표하 든, 정당을 기준으로 투표하든 어느 경우에나 자신의 진정한 의사는 반 영시킬 수 없으며, 후보자든 정당이든 절반의 선택권을 박탈당할 수밖 에 없을 뿐만 아니라, 신생정당에 대한 국민의 지지도를 제대로 반영할 수 없어 기존의 세력정당에 대한 국민의 실제 지지도를 초과하여 그 세 력정당에 의석을 배분하여 주게 되는 바, 이는 선거에 있어 국민의 의사 를 제대로 반영하고, 국민의 자유로운 선택권을 보장할 것 등을 요구하 는 민주주의원리에 부합하지 않는다[36]고 하였다.

직접선거의 원칙에 위배

그리고 비례대표의원의 선거는 지역구의원의 선거와는 별도의 선거 이므로 이에 관한 유권자의 별도의 의사표시, 즉 정당명부에 대한 별도 의 투표가 있어야 함에도 현행제도는 정당명부에 대한 투표가 따로 없으 므로 결국 비례대표의원의 선출에 있어서는 정당의 명부작성행위가 최

---

36) 헌재 2001. 7. 19. 2000헌마91, 판례집 제13권 2집, 77(78).

종적·결정적인 의의를 지니게 되고, 선거권자들의 투표행위로써 비례대표의원의 선출을 직접·결정적으로 좌우할 수 없으므로 직접선거의 원칙에 위배될 뿐만 아니라, 1인 1표제 하에서의 비례대표의석배분방식에서, 지역구후보자에 대한 투표는 지역구의원의 선출에 기여함과 아울러 그가 속한 정당의 비례대표의원의 선출에도 기여하는 2중의 가치를 지니게 되는데 반하여, 무소속후보자에 대한 투표는 그 무소속후보자의 선출에만 기여할 뿐 비례대표의원의 선출에는 전혀 기여하지 못하므로 투표가치의 불평등이 발생하여 평등선거의 원칙에 위배된다고 보았다.[37]

(4) 현행 비례대표제의 구체적 내용

1인 2표의 전국구 비례대표제

이러한 위헌결정에 따라 개정된 현행 비례대표제는 1인 2표에 의한 전국구 비례대표제이다(공직선거법 제146조 제2항). 즉 지역선거구 국회의원선거를 위한 1표와 정당명부에 의한 비례대표국회의원선거를 위한 1표가 유권자에게 주어진다.

득표율 3%, 지역구의석 5석의 저지조항도입

중앙선거관리위원회는 다음 각 호의 어느 하나에 해당하는 정당(이하 이 조에서 "의석할당정당"이라 한다)에 대하여 비례대표국회의원의석을 배분한다. 1. 임기만료에 따른 비례대표국회의원선거에서 전국 유효투표총수의 100분의 3 이상을 득표한 정당, 2. 임기만료에 따른 지역구국회의원선거에서 5 이상의 의석을 차지한 정당(공직선거법 제189조 제1항). 비례대표국회의원의석은 공직선거법 제189조 제2항에서 규정한 다소 복잡한 산식에 따라 각 의석할당정당에 배분한다(공직선거법 제189조 제2항). 따라서 득표율 3%, 그리고 지역구의석 5석이라고 하는 저지조항을 두고 있다.

후보자 중 50% 이상을 여성으로 추천

또한 정당이 비례대표국회의원선거 및 비례대표지방의회의원선거에 후보자를 추천하는 때에는 그 후보자 중 50/100 이상을 여성으로 추천하되, 그 후보자명부의 순위의 매 홀수에는 여성을 추천하여야 한다(공직선거법 제47조 제3항).

마. 기타 선거에 관한 사항

---

37) 헌재 2001. 7. 19. 2000헌마91, 판례집 제13권 2집, 77(79).

선거구와 비례대표제 외에도 선거에 관하여 규정해야 할 사항은 매우 많다. 현행 공직선거법이 규정하고 있는 내용을 개관해 본다면 다음 사항들이 있다. 즉 선거권과 피선거권, 선거구역과 의원정수, 선거기간과 선거일, 선거인명부, 후보자추천과 등록, 선거운동, 선거비용, 투·개표, 당선인의 확정, 재·보궐선거, 선거에 관한 쟁송, 선거법위반에 대한 제재규정, 그 밖에 정당의 선거사무에 관한 사항 등이 그것이다.

(1) 선거권과 피선거권

만 18세로서 특별한 결격사유(제18조)가 없는 국민은 국회의원의 선거권을 가지며(제15조), 또한 만 25세가 된 국민으로서 일정한 결격사유가 없는 국민은 국회의원의 피선거권을 가진다. 한편 수형자의 피선거권제한과 관련하여 헌법재판소는 『선거범으로서 형벌을 받은 자에 대하여 일정기간 피선거권을 정지시키는 규정 자체는, 선거의 공정성을 해친 선거사범에 대하여 일정기간 피선거권의 행사를 정지시킴으로써 선거의 공정성을 확보함과 동시에 본인의 반성을 촉구하기 위한 법적조치로서, 국민의 기본권인 공무담임권과 평등권을 합리적 이유없이 자의적으로 제한하는 위헌규정이라고 할 수 없다』[38]고 보았으나, 최근 2014. 1. 28. 2012헌마409 등(병합) 결정에서 헌법재판소는 심판대상조항이 청구인들의 선거권을 침해하고 보통선거원칙에 위반하여 집행유예자와 수형자를 차별취급하는 것이므로 평등원칙에도 어긋난다고 하면서, 집행유예자 부분은 단순 위헌을 선고하고, 수형자 부분은 2015. 12. 31.을 시한으로 입법자가 개정할 때까지 계속 적용할 것을 명하는 헌법불합치결정을 선고[39] 하였음은 위에서 언급한 바와 같다.

한편 공직선거법 위반죄를 범하여 100만원 이상의 벌금형의 선고를 받은 자와 당선이 무효로 된 자에 대하여 선거권과 피선거권을 제한하는 구 공직선거법규정에 대하여 합헌으로 판단[40]하였음도 전술한 바와 같다.

만18세 선거권, 만25세 피선거권

---

38) 헌재 1995. 12. 28. 95헌마196, 판례집 제7권 2집, 893(902); 헌재 2008. 1. 17. 2004헌마141, 판례집 제20권 1집 상, 97(103).
39) 헌재 2014. 1. 28. 2012헌마409 등, 판례집 제26권 1집, 136.
40) 헌재 2011. 12. 29. 2009헌마476, 판례집 제23권 2집 하, 806(831).

(2) 국회의 의원정수와 선거구

위에서 언급하였듯이 국회의 의원정수는 지역구국회의원 253명과 비례대표국회의원 47명을 합하여 300명으로 한다(제21조 제1항). 하나의 국회의원지역선거구(이하 "국회의원지역구"라 한다)에서 선출할 국회의원의 정수는 1인으로 함(동조 제2항)으로써, 소선거구제를 채택하고 있다.

현행 국회의원 정수가 300인 것이 '국회의원의 수는 법률로 정하되, 200인 이상으로 한다'고 규정하는 헌법 제41조 제2항에 위반되는지 여부에 대하여 논란이 된 바 있다.[41] 생각건대, 합헌설이 잘 지적하고 있듯이 헌법 제31조 제2항에서 국회의원의 수는 법률로 정하되 200인 이상으로 한다고 규정하고 있는 것은 국회의원 수의 하한선만을 못 박고 있을 뿐 상한선을 못 박고 있지는 아니하므로, 국회가 의원수를 300명 이상으로 증원하는 것은 입법형성권에 속하는 것이며 따라서 의원수를 300명으로 증원하였다고 해서 그것이 위헌이라고 할 수는 없을 것이다.

(3) 선거기간과 선거일

선거기간은 공직선거법 제33조에 규정되어 있다. 국회의원선거의 선거기간은 후보자등록마감일 후 6일부터 선거일까지의 14일이다(제33조 제1항 제2호, 동조 제3항 제2호). 국회의원선거는 그 임기만료일 전 50일 이후 첫번째 수요일을 선거일로 한다(제34조 제1항 제2호).

(4) 선거인명부

선거를 실시하는 때마다 구(자치구가 아닌 구를 포함한다)·시(구가 설치되지 아니한 시를 말한다)·군(이하 "구·시·군"이라 한다)의 장은 대통령선거에서는 선거일 전 28일, 국회의원선거와 지방자치단체의 의회의원 및 장의 선거에서는 선거일 전 22일(이하 "선거인명부작성기준일"이라 한다) 현재 제15조에 따라 그 관할 구역에 주민등록이 되어 있는 선거권자(지방

---

41) 하한선을 유지하는 한 의원정수의 증원은 국회의 입법형성권에 속한다는 견해로는 정만희, "선거구획정의 기본문제", 공법학연구 제13권 제3호(2012), 117면 이하(146-147); 299명이 마지노선이라는 입장으로 성낙인, "시대변화에 순응한 공직선거법제의 정립", 헌법학연구 제18권 제2호(2012. 6), 51면 이하(65); 300명으로 증원하는 데 대하여 부정적 입장으로는 조소영, "국회의원 정수에 관한 헌법적 고찰", 공법학연구 제13권 제2집(2012), 37면 이하(44). 그 밖의 학설대립에 대해서는 조소영, 같은 곳, 각주 22), 23) 참조할 것.

자치단체의 의회의원 및 장의 선거의 경우 제15조제2항제3호에 따른 외국인을 포함하고, 제218조의13에 따라 확정된 재외선거인명부 또는 다른 구·시·군의 국외부재자신고인명부에 올라 있는 사람은 제외한다)를 투표구별로 조사하여 선거인명부작성기준일부터 5일 이내(이하 "선거인명부작성기간"이라 한다)에 선거인명부를 작성하여야 한다(공직선거법 제37조 제1항 제1문).[42] 이 경우 제218조의13에 따라 확정된 국외부재자신고인명부에 올라 있는 사람은 선거인명부의 비고란에 그 사실을 표시하여야 한다(공직선거법 제37조 제1항 제2문).

(5) 후보자추천과 등록

정당은 선거에 있어 선거구별로 선거할 정수 범위안에서 그 소속당원을 후보자(이하 "정당추천후보자"라 한다)로 추천할 수 있다. 다만, 비례대표자치구·시·군의원의 경우에는 그 정수 범위를 초과하여 추천할 수 있다. 이와 같이 정당이 후보자를 추천하는 경우에는 민주적인 절차를 따라야 한다(제47조 제1항 제2항). 또한 정당이 비례대표국회의원후보자를 추천할 경우에는 50/100을 매 홀수마다 여성으로 추천하여야 하며, 또한 지역구국회의원 후보자를 추천하는 경우에는 30/100이상을 여성으로 추천하도록 노력하여야 한다(제47조 제3항, 제4항). 또한 무소속으로 국회의원후보로 출마하고자 하는 자는 관할선거구선거관리위원회가 후보자등록신청개시일 전 5일부터 검인하여 교부하는 추천장을 사용하여(제48조 제2항), 300인 이상 500인 이하의 선거인의 추천을 받아야 한다(제48조 제2항 제2호).

> 정당의 후보자
> 추천

국회의원선거의 경우 선거일 전 20일부터 2일간 후보자등록을 신청하여야 한다(제49조 제1항). 기타 등록절차에 관해서는 제49조에 자세하게 규정되어 있다.

> 2일간 후보자
> 등록신청

(6) 선거운동

공직선거법은 "선거운동"이라 함[43]은 당선되거나 되게 하거나 되지

> 당선되거나,

---

42) 헌재 2007. 6. 28. 2004헌마644, 판례집 제19권 1집, 859: 공직선거및선거부정방지법 제15조 제2항 등 위헌확인 사건에 대한 결정에 따라 2009. 2. 12. 법률 제9466호로 개정됨.

43) 헌법재판소는 공직선거법상 선거운동의 개념에 대하여 "특정 후보자의 당선 내

되게 하거나,
되지 못하게
하기 위한 행
위

못하게 하기 위한 행위를 말한다고 하면서도 다만, 선거에 관한 단순한 의견개진 및 의사표시, 입후보와 선거운동을 위한 준비행위, 정당의 후보자 추천에 관한 단순한 지지·반대의 의견개진 및 의사표시, 통상적인 정당활동, 설날·추석 등 명절 및 석가탄신일·기독탄신일 등에 하는 의례적인 인사말을 문자메시지(그림말·음성·화상·동영상 등을 포함)로 전송하는 행위 등은 선거운동으로 보지 아니한다고 하고 있다(제58조).

선거기간개시
일부터 선거일
전일까지

사전선거운동
원칙적 금지

선거운동기간과 관련하여 선거운동은 선거기간개시일부터 선거일 전일까지에 한하여 이를 할 수 있다고 규정하고 있다(제59조)[44]. 그리하여 이러한 선거일 전의 선거운동, 즉 소위 사전선거운동은 원칙적으로 금지하고 있는데, 이러한 사전선거운동의 원칙적 금지는 나머지 긴 선거운동기간 동안 일반 유권자에 대하여 선거운동에 대하여 최근 후보자나 예비후보자 등에게 허용하고 있는 인터넷 홈페이지를 통한 선거운동[45] 등의 예외적인 경우를 제외하면 거의 전면적으로 선거운동을 금지

지 이를 위한 득표에 필요한 모든 행위 또는 특정 후보자의 낙선에 필요한 모든 행위 중 당선 또는 낙선을 위한 것이라는 목적의사가 객관적으로 인정될 수 있는 능동적, 계획적 행위를 말하는 것"이라 하고 있다, 헌재 2001. 8. 30. 2000헌마121 등, 판례집 제13권 2집, 263(274); 헌재 2004. 3. 25. 2001헌마710, 판례집 제16권 1집. 422(435); 그러나 이러한 선거운동의 정의규정과 그에 대한 헌법재판소와 대법원의 개념보충은 매우 불명확하고 애매모호하여 헌법에 위반된다는 의견으로, 방승주, 재외국민 선거권 행사의 공정성 확보방안 연구, 대검찰청 2010년도 정책연구용역 보고서 (2011. 9), 71면. 동지, 김현태, "선거운동의 자유와 공정에 관한 연구", 경기대학교 정치전문대학원 박사학위논문, 2006, 70.

44) 이와 관련 헌법재판소는 선거운동기간 전의 선거운동을 원칙적으로 금지하면서, 후보자와 후보자가 되고자 하는 자가 자신이 개설한 인터넷 홈페이지를 이용한 선거운동을 할 경우에는 그 예외를 인정하는 것이 합리적인 이유 없이 일반 유권자의 선거운동의 자유를 침해한다고 볼 수 없다고 한 바 있다. 헌재 2010. 6. 24. 2008헌바169, 판례집 제22권 1집 하, 497; 이에 반하여 위헌의견으로 방승주 (주 44), 93면.

45) 이에 대하여는 정재황, "인터넷 선거운동의 법제에 대한 연구", 선진상사법률연구 제16권(2003), 5면 이하; 조소영, "인터넷 선거운동(E-Campaigning)에 대한 헌법적 고찰", 헌법학연구 제11권 제2호(2005), 417면 이하; 조소영, "공직선거법상 인터넷 관련 규제에 대한 헌법적 검토", 세계헌법연구, 제13권 1호(2007), 41면 이하; 김종철, "공직선거법상 인터넷언론규제에 대한 비판적 고찰", 언론과 법 제8권 제2호(2009), 1 이하; 황성기, "인터넷과 선거운동"; 언론과 법 제9권 제1호(2010), 177 이하; 손형섭, "인터넷 선거운동의 자유화에 관한 법적 연구 - Condorcet의 배심정리를 적용하여", 세계헌법연구, 제16권 제3호(2010), 289면 이

하는 것이기 때문에, 이는 유권자인 국민의 선거운동의 자유를 지나치
게 제한하는 것이어서 위헌이라고 지적할 수밖에 없다.[46]

공직선거법은 선거운동의 방법과 관련하여 가령 선거벽보(제64조)[47],
선거공보(제65조)[48], 선거공약서(제66조), 현수막(제67조), 어깨띠 등 소품
(제68조), 신문광고(제69조), 방송광고(제70조), 방송연설(제71조[49], 제72
조), 경력방송(제73조, 제74조), 공개장소에서의 연설·대담(제79조)[50], 연
설금지장소(제80조), 단체의 후보자 등 초청 대담·토론회(제81조, 제82조,
제82조의2, 3)[51], 정보통신망을 이용한 선거운동(제82조의4), 선거운동정보

선거운동의
방법

하; 황창근, "인터넷 선거운동에 관한 공직선거법의 규제체계 연구", 홍익법학 제
13권 제1호(2012), 145면 이하; 박주민, "인터넷을 통한 선거운동과 공직선거법",
인하대학교 법학연구, 제15집 제1호(2012. 3), 149면 이하.

46) 방승주 (주 43), 86–89; 방승주, 선거운동의 자유와 제한에 대한 평가와 전망, 헌
법학연구 제23권 제3호 (2017. 9), 25면 이하(43–44); 동지, 정만희, 헌법과 통치
구조, 법문사 2003, 392면. 박종보, 헌법 제116조, (사) 한국헌법학회 편, 헌법주석
[법원, 경제질서 등] 제101조~제130조, 경인문화사, 2017, 1353면 이하
(1360–1363); 이성환, "선거관계법에 대한 헌법재판소 결정의 문제점", 헌법실무
연구회(편), 헌법실무연구 제1권(2000), 321면 이하(332–333); 이욱한, "선거운동
규제의 법리", 공법연구 제28집 제4호 제1권(2000), 101면 이하(109–111); 최희경,
"정치적 표현에 관한 헌법적 고찰 – 선거운동의 자유를 중심으로", 이화여대 법
학연구소, 법학논집 제15권 제1호(2010), 259면 이하(271); 이에 반하여 국회의원
선거와의 형평상 대통령선거의 선거기간을 오히려 현재보다도 더 단축시켜야 한
다는 견해로, 김도협, "선거운동에 관한 규제와 그 개선방안에 관한 고찰", 세계
헌법연구 제18권 1호(2012), 185면 이하(194).

47) 헌재 1999. 9. 16. 99헌바5, 법 제64조 제1항: 선전벽보에 비정규학력게재금지 합
헌, 판례집 제11권 2집, 326.

48) 헌재 2014. 5. 29. 2012헌마913, 공보 212, 1016: 헌법재판소는 이 결정에서 후보자
가 시각장애선거인을 위한 점자형 선거공보 1종을 책자형 선거공보 명수 이내에
서 임의로 작성할 수 있도록 한 공직선거법(2010. 1. 25. 법률 제9974호로 개정된
것) 제65조 제4항 중 대통령선거에 관한 부분은 시각장애인의 선거권과 평등권을
침해한다고 볼 수 없다는 이유로 헌법소원청구를 기각함.

49) 헌재 1999. 6. 24. 98헌마153, 자치구·시·군의 장선거에서 후보자의 방송연설을
종합유선방송만을 이용하여 실시하고 지역방송국을 이용할 수 없도록 방송연설
매체를 제한한 법 제71조 합헌.

50) 선거운동기간 중 공개장소에서 비례대표국회의원후보자의 연설·대담을 금지하는
공직선거법(2010. 1. 25. 법률 제9974호로 개정된 것) 제79조 제1항 및 공직선거법
(2004. 3. 12. 법률 제7189호로 개정된 것) 제101조는 비례대표국회의원후보자인
청구인의 선거운동의 자유 및 정당활동의 자유와 평등권을 침해하지 않는다고
하는 판례로 헌재 2013. 10. 24. 2012헌마311, 공보 205, 1544.

51) 헌재 1999. 1. 28. 98헌마172, 판례집 제11권 1집, 84: 언론기관에 의한 후보자의
초청범위 등의 제한을 가능하도록 한 법 제82조 제2항 합헌; 헌재 1998. 8. 27. 97

의 전송제한(제82조의5), 인터넷언론사 게시판·대화방의 실명확인제(제82조의6)[52], 인터넷광고(제82조의7), 교통편의의 제공(제83조), 무소속후보자의 정당표방금지(제84조), 공무원 등의 선거관여 등 금지(제85조), 공무원 등의 선거에 영향을 미치는 행위 금지(제86조)[53], 단체의 선거운동금지(제87조)[54], 타후보자를 위한 선거운동금지(제88조), 유사기관의 설치금지(제89조), 시설물설치 등의 금지(제90조), 확성장치와 자동차 등의 사용제한(제91조), 영화 등을 이용한 선거운동금지(제92조), 탈법방법에 의한 문서·도화의 배부·게시 등 금지(제93조)[55], 방송·신문 등에 의한 광고의

헌마372 (병합), 판례집 제10권 2집, 461, 방송토론회진행사항결정행위 취소: 대통령선거방송토론위원회가 여론조사결과 평균지지율 10%이상 후보만 초청한 결정 합헌; 헌재 2009. 3. 26. 2007헌마1327, 2009헌마437(병합), 판례집 제21권 1집 상, 708: 선거방송대담토론회의 참가기준으로 여론조사결과 평균지지율 5% 이상을 요구하고 있는 공직선거법조항 합헌. 마찬가지로 헌재 2013. 10. 24. 2012헌마347.

52) 헌재 2010. 2. 25. 2008헌마324, 2009헌바31(병합), 판례집 제22권 1집 상, 347: 인터넷언론사에 대하여 선거운동기간 중 게시판·대화방 등에 정당·후보자에 대한 지지·반대의 글을 게시할 수 있도록 하는 경우 실명을 확인받도록 하는 기술적 조치를 할 의무, 위와 같은 글이 "실명인증"의 표시가 없이 게시된 경우 삭제할 의무를 부과한 것은 명확성의 원칙, 사전검열금지의 원칙에 위배되지 않음.

53) 헌법재판소는 공무원의 선거운동기획행위를 전면 금지하고 있는 공직선거법 제86조 제1항 제2호 등에 대하여 종전의 합헌판례를 변경하여 위헌 선언하였다. 헌재 2008. 5. 29. 2006헌마1096, 공보 140, 807.

54) 헌재 1999. 11. 25. 98헌마141, 판례집 제11권 2집, 614, 법 제87조 단서: 단체의 선거운동 제한 합헌. 이에 대한 비판으로는 방승주 (주 43), 80–86면; 단체의 선거운동에 대하여 부정적 견해로, 성낙인, "선거제도와 선거운동", 저스티스 통권 제130호(2012. 6), 6면 이하(27).

55) 헌법재판소는 '구 공직선거 및 선거부정방지법'(1997. 11. 14. 법률 제5412호로 개정된 것) 제93조 제1항에 대한 위헌소원사건(헌재 2001. 8. 30. 99헌바92등, 판례집 제13권 2집, 174)에서 합헌결정을 선고한 이래 다수의 위헌소원사건에서 합헌결정을 선고한 바 있고(헌재 2001. 10. 25. 2000헌마193, 판례집 제13권 2집, 526; 헌재 2001. 12. 20. 2000헌바96등, 판례집 제13권 2집, 830; 헌재 2002. 5. 30. 2001헌바58, 판례집 제14권 1집, 499; 헌재 2006. 5. 25. 2005헌바15, 공보 116, 803; 헌재 2007. 1. 17. 2004헌바82, 판례집 제19권 1집, 1; 헌재 2008. 10. 30. 2005헌바32, 판례집 제20권 2집 상, 750; 헌재 2009. 2. 26. 2006헌마626, 판례집 제21권 1집 상, 211; 헌재 2009. 5. 28. 2007헌바24, 판례집 제21권 1집 하, 599; 헌재 2009. 7. 30. 2007헌마718, 판례집 제21권 2집 상, 311), 이와 유사한 취지의 내용을 규정하고 있던 '구 지방의회의원선거법' 제181조 제2호 등 위헌소원사건(헌재 1995. 4. 20. 92헌바29, 판례집 제7권 1집, 499)에서도 합헌결정을 선고한 바 있다. 이에 반하여 그 위헌성을 지적하는 견해로, 고민수, "유권자의 선거운동의 자유에 대한 제한과 문제점 - 공직선거법 제93조 제1항 위헌확인사건(2007헌마718)에 대한 헌법적 고찰", 언론과 법, 제8권 제2집(2009), 29면 이하. 윤영미, "선거의 공정성에

금지(제94조), 신문·잡지 등의 통상방법 외의 배부금지(제95조), 허위논평·보도 등 금지(제96조), 방송·신문의 불법이용을 위한 행위 등의 제한(제97조), 선거운동을 위한 방송이용의 제한(제98조), 구내방송에 의한 선거운동금지(제99조), 녹음기 등의 사용금지(제100조), 타연설회 등의 금지(제101조), 야간연설 등의 제한(제102조), 각종 집회 등의 제한(제103조), 연설회장에서의 소란행위 등의 금지(제104조), 행렬 등의 금지(제105조)[56], 호별방문의 제한(제106조), 서명·날인운동의 금지(제107조), 여론조사의 결과공표 금지(제108조)[57], 선거여론조사를 위한 휴대전화 가상번호의 제공(제108조의2), 정책·공약에 관한 비교평가결과의 공표제한(제108조의2), 서신·전보 등에 의한 선거운동의 금지(제109조)[58], 후보자 등의 비방금지(제110조)[59], 허위사실 등에 대한 이의제기(제110조의2), 의정활동 보고(제111조)[60], 허용된 기부 외의 기부행위의 금지(제112조)[61], 후보자 등의

관한 검토", 헌법학연구 제16권 제3호(2010. 9), 573면 이하. 최희경 (주 46), 274면; 방승주 (주 43), 96−104면; 종전의 합헌 결정(헌재 2009. 7. 30. 2007헌마718, 21−2상)을 변경하고 동조항에 대하여 한정위헌을 선고한 결정으로 헌재 2011. 12. 29. 2007헌마1001, 2010헌바88, 2010헌마173·191(병합), 23−2하, 799 참조.

56) 헌재 2006. 7. 27. 2004헌마215, 공직선거및선거부정방지법 제105조 제1항 위헌확인: 합헌.

57) 헌재 1995. 7. 21. 92헌마177, 199(병합), 판례집 제7권 2집, 112(113): 대통령선거법 제65조 위헌확인: "대통령선거의 중요성에 비추어 선거의 공정을 위하여 선거일을 앞두고 어느 정도의 기간 동안 선거에 관한 여론조사결과의 공표를 금지하는 것 자체는 그 금지기간이 지나치게 길지 않는 한 위헌이라고 할 수 없다."; 헌재 1999. 1. 28. 98헌바64, 판례집 제11권 1집, 33; 헌재 1998. 5. 28. 97헌마362, 판례집 제10권 1집, 712; 헌재 1998. 5. 28. 97헌마362등 − 기각(법 제108조 제1항).

58) 헌재 2007. 8. 30. 2004헌바49, 판례집 제19권 2집, 258 − 합헌. 이에 대하여 위헌의 입장으로, 최희경 (주 46), 276면.

59) 헌재 2010. 11. 25. 2010헌바53, 판례집 제22권 2집 하, 425, 공직선거법 제110조 등 위헌확인− 합헌.

60) 헌재 1996. 3. 28. 96헌마18 등, 법 제111조 등 위헌확인 − 기각.

61) 헌재 2014. 2. 27. 2013헌바106, 공보 209, 474: 헌법재판소는 이 판례에서 공직선거법(2004. 3. 12. 법률 제7189호로 개정된 것) 제257조 제1항 제1호의 '제113조 제1항' 중 '후보자가 되고자 하는 자' 부분(이하 '이 사건 법률조항'이라 한다)은 죄형법정주의의 명확성원칙에 위배되지는 않으며, 동법 제112조 제2항 제6호가 '그 밖에 위 각 호의 어느 하나에 준하는 행위로서 중앙선거관리위원회규칙으로 정하는 행위'로 규정하는 것은 포괄위임입법금지 원칙에 위배되지 않고, 기부행위의 제한기간을 폐지하여 상시 제한하도록 한 이 사건 법률조항들은 일반적 행동자유권 등을 침해하지 않는다고 보았다.

기부행위제한(제113조)[62], 정당 및 후보자의 가족 등의 기부행위제한(제114조), 제3자의 기부행위제한(제115조), 기부의 권유·요구 등의 금지(제116조), 기부받는 행위 등의 금지(제117조), 선거일 후 답례금지(제118조) 등의 사례가 보여주고 있듯이 아주 자세한 제한과 금지 및 이에 위반할 경우에 대한 처벌규정[63]을 두고 있어, 공직선거법이 마치 선거운동의 제한에 관한 법전인 것 같은 인상마저 주고 있다. 그러나 공정선거를 명목으로 너무 자세하게 선거운동을 제한하고 규제하는 것은 자유선거의 원칙에 비추어 볼 때 문제가 있다. 그 사이에 선거운동금지와 관련된 여러 조항들이 삭제된 것을 볼 때, 선거운동금지가 지나치게 과도하다고 하는 비판을 어느 정도 반영하는 노력의 결과인 것으로 보이기는 하나, 근본적으로 선거운동을 공직선거법상 "선거운동을 할 수 있는 자"로 국한하여 마치 일부 정치인들만이 누릴 수 있는 특권인 것처럼 전제하고, "원칙적인 금지와 예외적인 허용" 방식으로 규제하려고 하는 태도가 문제이며, 이는 선거운동의 자유와 정당설립 및 활동의 자유를 비롯한 정치적 자유와 언론·출판·집회·결사의 자유 등 민주주의적 표현의 자유를 폭넓게 보장하고 있는 우리 헌법의 정신에 부합하지 않는다고 하는 것을 명심하고 선거운동규제에 관한 공직선거법의 전체적인 패러다임을 혁신적으로 개선하여 선거운동의 "원칙적인 허용과 예외적인 금지"의 방향으로 과감하게 나가야 할 것이라고 생각한다.[64]

(7) 선거소송과 당선소송

62) 헌재 2010. 9. 30. 2009헌바201, 공보 186, 1684: 공직선거법(2004. 3. 12. 법률 제7189호로 개정된 것)제113조 제1항 등 위헌소원 - 합헌.

63) 이와 관련 공직선거법상 사후매수죄에 대한 합헌결정으로, 헌재 2012. 12. 27. 2012헌바47. 이에 대한 비판으로 방승주, "후보단일화와 공직선거법상 사후매수죄의 위헌여부 - 헌재 2012. 12. 27. 2012헌바47 공직선거법 제232조 제1항 제2호 위헌소원결정에 대한 비판", 안암법학 제40호(2013), 1 이하(11-34 참고).

64) 이에 관한 자세한 지적으로는 방승주 (주 43), 67면 이하 참조할 것. 동지, 성낙인 (주 54), 23면; 김종서, "인터넷 선거운동의 주요 쟁점 검토", 헌법학연구 제18권 제2호(2012), 1면 이하; 홍석한, "선거운동의 자유와 규제에 관한 헌법적 고찰 - 헌법재판소 판례에 대한 평가를 중심으로", 헌법학연구 제19권 제4호(2013. 12), 123 이하; 이에 반하여 선거운동에 대한 제한을 최소화해야 하나 우리 현실을 감안할 때 선거운동에 대한 규제가 불가피하다는 의견으로, 임종훈, "선거운동의 자유와 현행 선거법상 규제의 문제점", 공법연구 제29집 제4호(2001), 29면 이하(42-44).

국회의원선거에 있어서 선거의 효력에 관하여 이의가 있는 선거인 · 정당(후보자를 추천한 정당에 한한다) 또는 후보자는 선거일부터 30日이내에 당해 선거구선거관리위원회위원장을 피고로 하여 대법원에 소를 제기할 수 있다(제222조 제1항).

선거의 효력에 관한 소 제기 가능

국회의원선거에 있어서 당선의 효력에 이의가 있는 정당(후보자를 추천한 정당에 한한다) 또는 후보자는 당선인결정일부터 30日이내에 제52조(등록무효)제1항 · 제3항 또는 제192조(피선거권상실로 인한 당선무효 등)제1항부터 제3항까지의 사유에 해당함을 이유로 하는 때에는 당선인을, 제188조(지역구국회의원당선인의 결정 · 공고 · 통지)제1항 내지 제4항, 제189조(비례대표국회의원의석의 배분과 당선인의 결정 · 공고 · 통지) 또는 제194조(당선인의 재결정과 비례대표국회의원의석 및 비례대표지방의회의원의석의 재배분)제4항의 규정에 의한 결정의 위법을 이유로 하는 때에는 당해 선거구선거관리위원회위원장을 각각 피고로 하여 대법원에 소를 제기할 수 있다(제223조).

당선무효소송

Ⅲ. 국회의원의 법적 지위

1. 국회의원의 임기: 제42조

국회의원의 임기는 4년으로 한다. 따라서 국회의원선거는 매 4년마다 주기적으로 실시된다. 이에 반하여 대통령의 임기는 5년인데, 이로 인하여 국회의원의 임기와 대통령의 임기가 서로 같지 않아, 경우에 따라서는 대통령을 배출한 정당과 의회다수당을 배출한 정당이 서로 다를 수 있는, 즉 여소야대 현상도 출현할 수 있는 상황이 되었다.

4년임기

보기에 따라서는 이와 같이 대통령의 임기와 국회의원의 임기가 다름으로 인하여 국민이 국회의원선거를 통하여 대통령을 중간에 한번 심판할 수 있으며, 여소야대 국회의 경우 대통령에 대하여 실질적으로 통제할 수 있는 가능성이 열린다고 하는 의미에서 긍정적으로 보는 시각도 가능하다.[65] 그러나 헌법정책적으로 본다면 대통령의 임기 역시 4년으로 하되 연임이 가능하게 하며, 국회의원선거와 그 실시시기를 동시

국회의원과 대통령 임기차이에 의한 장 · 단점

에 또는 비슷하게 하는 경우, 대통령이 다수 여당이 장악한 의회의 지지
를 받게 됨으로써 강력하게 자신의 정치철학을 실현해 나갈 수 있는 장
점이 있다고 할 수 있다.[66] 물론 이 경우에도 지나치게 대통령이 독주
를 할 가능성을 배제할 수 없기 때문에, 의회가 정부를 통제할 수 있는
실질적 지위에 있으려면 야당이 다수를 점하는 여소야대 의회가 필요하
다고 할 수 있다. 어쨌든 그러한 선택은 국민이 하게 될 것이며, 대통령
을 배출한 정당과 다른 야당에게 국민이 의회다수의 지위를 부여할 수
도 있으므로, 이와 같은 경우에는 대통령과 국회 간에 실질적인 견제와
균형의 관계가 가능하게 될 것이라고 할 수 있다.

2. 국회의원의 겸직금지: 제43조

국무총리 및
국무위원 외
겸직금지

헌법 제43조는 국회의원은 법률이 정하는 직을 겸할 수 없다고 규
정하고 있으며, 전술한 바와 같이 국회법 제29조는 국무총리 및 국무위
원 이외의 다른 직의 겸직을 금하고 있으며, 명예직이나 다른 법률이 허
용한 직 그리고 정당직은 허용하고 있다.

국무총리 및
국무위원 겸직
에 대한 찬·
반논의

그런데 국회의원이 국무총리 및 국무위원을 겸직할 수 있도록 하고
있는 데 대하여 이를 의원내각제적 요소로 보고 이를 유지하는 데 찬성
하는 견해[67]도 있지만, 대통령제를 채택하고 있는 주요국가의 경우 국
회의원의 국무위원직의 겸직을 금지하고 있는 데 비추어서 우리의 경우
도 대통령제를 채택하고 있는 이상 헌법상 체계정당성[68]에 반하므로 국
무위원과의 겸직은 금지해야 한다고 지적하거나 겸직금지로의 (헌)법개
정에 찬성하고 있는 견해[69]도 있다.

---

65) 가령 송기춘, 정부형태와 국가경쟁력, 세계헌법연구 제11권 제1호(2005), 47면 이
   하(60).
66) 가령 정태호, 대통령 임기제 개헌의 필요성과 정당성, 헌법학연구 제13권 제1호
   (2007. 3), 1면 이하(39).
67) 조한상/신희성, 개정 국회법상 국회의원 겸직제한제도에 관한 고찰, 의정연구 제
   41호(2014), 88면 이하(110-111), 각주 25 참조.
68) 조재현, 정부형태에 관한 헌법개정논의, 법학연구 제18권 제4호(2008), 225면 이
   하(250-251).
69) 조한상/신희성 (주 67), 110-111면; 홍완식, 헌법개정논의에 관한 고찰, 일감법학
   제10권(2005), 159면 이하(172-173).

현행 헌법은 제3공화국 헌법70) 때와는 달리 헌법 자체가 국회의원 과 국무위원의 겸직을 금지하지는 않고 있으며, 국회의원의 겸직금지를 법률로 위임하고 있을 뿐만 아니라, 국회법이 이를 받아 겸직금지의 대 상에서 국무위원직을 제외하고 있는 이상, 그 자체가 위헌이라고 할 수 는 없을 것이다. 그러나 그럼에도 불구하고 과연 국회의원직과 국무위 원직을 겸직할 수 있도록 허용하는 것이 입법정책상 바람직할 것인지 여부의 문제는 좀 더 신중히 검토해 볼 여지가 있다고 하겠다.

국회의원의 국 무위원 겸직 가능

한 청구인은, 자신이 거주하고 있는 용산구의 지역구국회의원인 진 영이 국무위원으로 보건복지부장관을 겸직함으로써 지역구를 대표하여 의정활동을 충실하게 수행할 수 없으므로, 국회의원의 국무위원 겸직은 청구인의 선거권 등을 침해한다고 주장하면서, 2013. 10. 18. 헌법소원 심판을 청구하였다. 이에 대하여 헌법재판소 제3지정재판부는 2013. 11. 5. 국회의원의 겸직이 금지되는 직에 국무위원을 포함시키고 있지 않은 국회법 제29조 제1항은 국회의원의 겸직이 금지되거나 허용되는 직업에 대한 규정으로서, 청구인은 위 국회법 조항과 간접적·사실적으로만 관 련되어 있다고 할 것이므로 청구인의 심판청구는 청구인에 대한 자기관 련성이 없어 부적법하다면서 각하하였다.71)

관련 헌법소원

한편 지방의회의원으로 하여금 지방공사의 직원을 겸직할 수 없도 록 한 조항이 국회의원으로 하여금 국무위원이 될 수도 있도록 하고 있 는 조항과 비교하여 차별한 것은 아닌지의 문제가 제기된 헌법소원심판 사건에서 헌법재판소는 지방의회의원과 국회의원은 서로 비교할 수 있 는 대상이 아니라고 하면서 평등권침해를 부인한 바 있다.72)

지방의회의원 의 지방공사 직 원 겸직 금지 합헌

3. 국회의원의 특권

가. 불체포특권: 제44조

국회의원은 현행범인 경우를 제외하고는 회기중 국회의 동의 없이

국회의원의 불체포특권

---

70) 1962. 12. 26. 제5차 개정헌법 제39조 국회의원은 대통령·국무총리·국무위원·지방 의회의원 기타 법률이 정하는 공사의 직을 겸할 수 없다.

71) 헌재 2013. 11. 5. 2013헌마701, 결정문[각하(4호)].

72) 헌재 2012. 4. 24. 2010헌마605, 판례집 제24권 1집 하, 192 [기각].

체포 또는 구금되지 아니한다. 그리고 국회의원이 회기전에 체포 또는 구금된 때에는 현행범인이 아닌 한 국회의 요구가 있으면 회기중 석방된다(헌법 제44조). 이를 국회의원의 불체포특권이라 한다.

의회의 보호 목적

이러한 불체포특권은 비단 형사절차에 대해서만이 아니라 경찰이나 검찰에 의한 수사절차에 대해서도 적용된다. 이 불체포특권은 의회의 보호를 위하여 전통적으로 선언되어 오던 것이다. 19C에는 가령 비판적이거나 국가위해적인 표현을 이유로 하는 가벌적 행위를 근거로 정부의 요구에 의하여 마음에 들지 않는 의원들을 체포하거나 의회로부터 격리하는 일이 빈번히 이루어졌다. 이러한 위험은 이제 더 이상 발생할 가능성이 거의 없어졌다고 할 수 있기 때문에 전통적인 의미의 불체포특권은 시대에 뒤떨어진 것으로 설명되기도 한다. 그리고 독일 연방의회와 같은 경우 이러한 문제점을 인식하고 원칙과 지침들을 통해서 불체포특권의 취소를 용이하게 하고 정형화하였다.[73]

불체포특권의 남용 방지를 위한 제도 필요

우리나라에서도 국회의원 개인의 불법이나 비리에 대한 수사를 위해 수사기관이 체포영장을 발부받아 체포하고자 하는 경우에 소위 방탄국회를 열어 체포하지 못하도록 체포동의안을 부결하는 등의 방법으로 국회의원의 불체포특권이 남용되는 사례가 빈번하게 발생하곤 하였으며, 이로 인하여 국회의원의 불체포특권을 폐지해야 한다고 하는 견해도 대두되고 있다. 그러나 오늘날 국회의원의 불체포특권은 국회의 기능유지를 위한 것이며, 정당정치가 발달한 오늘날 실질적으로 정부 여당에 대하여 견제할 수 있는 기능을 수행하는 것은 야당이라고 할 수 있기 때문에, 궁극적으로 이러한 국회의원의 면책특권과 불체포특권은 야당기능의 보호를 위해서도 유지되어야 할 것이라고 본다.[74] 다만 불

---

73) Hartmut Maurer, Staatsrecht I, München 2010, S. 409f. 가령 연방의회 의사규칙 제107조와 부서 6의 불체포특권사항에 대한 원칙에 따르면 가령 그 허용여부에 대한 결정들은 선거심사, 불체포특권 및 의사규칙에 관한 위원회의 소관사항으로 맡기고 있으며, 검찰의 수사절차의 개시는 일반적으로 허용되고 있고 가령 교통범과 경범죄 등과 같은 특정한 범죄들은 일반적으로 의회의 동의가 가능한 것으로 선언되고 있다.

74) 동지, 이종수, 국회의원의 특권 폐지를 둘러싼 논의에 대한 비판적 검토: 면책특권과 불체포특권을 중심으로, 의정연구 제39권 (2013), 5−31면.

체포특권의 남용방지를 위해서는 독일과 같이 국회 자체가 위원회를 통하여 불체포특권을 허용할 것인지 여부에 대하여 자체적으로 심사하게 하는 등의 절차를 통하여, 국회의 개최를 통한 불체포특권의 행사를 개인비리에 대한 수사를 방해하기 위한 목적으로 사용하지 않도록 조치를 취할 필요가 있을 것으로 생각된다.

이석기 전 의원에 대한 체포동의안이 국회에서 가결되었을 때 이를 무기명투표로 한 것에 대하여 자신의 알권리가 침해되었다고 주장하면서 2013. 9. 6. 제기한 헌법소원심판에서 지정재판부는 알권리의 침해의 여지가 없음과 자기관련성이 없음을 이유로 하여 각하한 바 있다.[75]

관련 헌법소원

나. 면책특권: 제45조

헌법 제45조는 국회의원은 국회에서 직무상 행한 발언과 표결에 관하여 국회에서 책임을 지지 아니한다고 규정하고 있는 바, 이를 국회의원의 면책특권이라 한다. 대법원은 면책특권과 관련하여 다음과 같은 판례를 전개하고 있다.

직무상 행한 발언과 표결에 대한 면책

대법원 판례 면책특권의 대상이 되는 행위는 국회의 직무수행에 필수적인 국회의원의 국회 내에서의 직무상 발언과 표결이라는 의사표현행위 자체에만 국한되지 않고 이에 통상적으로 부수하여 행하여지는 행위까지 포함되므로, 국회의원이 국회의 위원회나 국정감사장에서 국무위원·정부위원 등에 대하여 하는 질문이나 질의는 국회의 입법활동에 필요한 정보를 수집하고 국정통제기능을 수행하기 위한 것이므로 면책특권의 대상이 되는 발언에 해당함은 당연하고, 또한 국회의원이 국회 내에서 하는 정부·행정기관에 대한 자료제출의 요구는 국회의원이 입법 및 국정통제 활동을 수행하기 위하여 필요로 하는 것이므로 그것이 직무상 질문이나 질의를 준비하기 위한 것인 경우에는 직무상 발언에 부수하여 행하여진 것으로서 면책특권이 인정되어야 한다. 그리고 면책특권이 인정되는 국회의원의 직무행위에 대하여 수사기관이 그 직무행위가 범죄행위에 해당하는지 여부를 조사하여 소추하거나 법원이 이를 심리한다면, 국회의원이 국회에서 자유롭게 발언하거나 표결하는데 지장을 주게 됨은 물론 면책특권을 인정한 헌법규정의 취지와 정신에도 어긋나는 일이 되기 때문에,

---

75) 헌재 2013. 10. 1. 2013헌마631, 결정문[각하(4호)].

소추기관은 면책특권이 인정되는 직무행위가 어떤 범죄나 그 일부를 구성하는 행위가 된다는 이유로 공소를 제기할 수 없고, 또 법원으로서도 그 직무행위가 범죄나 그 일부를 구성하는 행위가 되는지 여부를 심리하거나 이를 어떤 범죄의 일부를 구성하는 행위로 인정할 수 없다.[76]

대법원 판례　헌법 제45조는 "국회의원은 국회에서 직무상 행한 발언과 표결에 관하여 국회 외에서 책임을 지지 아니한다"고 규정하여 국회의원의 면책특권을 인정하고 있다. 그 취지는 국회의원이 국민의 대표자로서 국회 내에서 자유롭게 발언하고 표결할 수 있도록 보장함으로써 국회가 입법 및 국정통제 등 헌법에 의하여 부여된 권한을 적정하게 행사하고 그 기능을 원활하게 수행할 수 있도록 보장하는 데에 있다. 따라서 면책특권의 대상이 되는 행위는 국회의 직무수행에 필수적인 국회의원의 국회 내에서의 직무상 발언과 표결이라는 의사표현행위 자체에만 국한되지 아니하고 이에 통상적으로 부수하여 행하여지는 행위까지 포함하며, 그와 같은 부수행위인지 여부는 구체적인 행위의 목적·장소·태양 등을 종합하여 개별적으로 판단하여야 한다.

국회의원인 피고인이, 구 국가안전기획부 내 정보수집팀이 대기업 고위관계자와 중앙일간지 사주 간의 사적 대화를 불법 녹음한 자료를 입수한 후 그 대화 내용과, 전직 검찰간부인 피해자가 위 대기업으로부터 이른바 떡값 명목의 금품을 수수하였다는 내용이 게재된 보도자료를 작성하여 국회 법제사법위원회 개의 당일 국회 의원회관에서 기자들에게 배포한 사안에서, 피고인이 국회 법제사법위원회에서 발언할 내용이 담긴 위 보도자료를 사전에 배포한 행위는 국회의원 면책특권의 대상이 되는 직무부수행위에 해당하므로, 피고인에 대한 허위사실적시 명예훼손 및 통신비밀보호법 위반의 점에 대한 공소를 기각하여야 한다.[77]

대법원 판례　헌법 제45조는 "국회의원은 국회에서 직무상 행한 발언과 표결에 관하여 국회 외에서 책임을 지지 아니한다."고 규정하여 국회의원의 면책특권을 인정하고 있는바, 이는 국회의원이 국민의 대표자로서 국회 내에서 자유롭게 발언하고 표결할 수 있도록 보장함으로써 국회가 입법 및 국정통제 등 헌법에 의하여 부여된 권한을 적정하게 행사하고 그 기능을 원활하게 수행할 수

---

76) 대법원 1996. 11. 8. 선고 96도1742 판결[특정범죄가중처벌등에관한법률위반(뇌물)·특정경제범죄가중처벌등에관한법률위반(공갈)·폭력행위등처벌에관한법률위반·공갈·뇌물수수].

77) 대법원 2011. 5. 13. 선고 2009도14442 판결[통신비밀보호법위반·명예훼손].

있도록 보장하는 데에 그 취지가 있는 것이다 (대법원 1992. 9. 22. 선고 91도 3317 판결, 1996. 11. 8. 선고 96도1742 판결 등 참조). 이러한 면책특권의 목적 및 취지 등에 비추어 볼 때, 발언내용 자체에 의하더라도 직무와는 아무런 관련이 없음이 분명하거나, 명백히 허위임을 알면서도 허위의 사실을 적시하여 타인의 명예를 훼손하는 경우 등까지 면책특권의 대상이 된다고 할 수는 없다 할 것이지만, 발언 내용이 허위라는 점을 인식하지 못하였다면 비록 발언 내용에 다소 근거가 부족하거나 진위 여부를 확인하기 위한 조사를 제대로 하지 않았다고 하더라도, 그것이 직무 수행의 일환으로 이루어진 것인 이상 이는 면책특권의 대상이 된다고 할 것이다.[78]

4. 국회의원의 의무(제46조 제1항 제3항)

국회의원은 청렴의 의무가 있다(제46조 제1항). 그리고 국회의원은 그 지위를 남용하여 국가 · 공공단체 또는 기업체와의 계약이나 그 처분에 의하여 재산상의 권리 · 이익 또는 직위를 취득하거나 타인을 위하여 그 취득을 알선할 수 없다(제46조 제3항).

청렴의무

> 판례 헌법 제1조 제2항은 "대한민국의 주권은 국민에게 있고 모든 권력은 국민으로부터 나온다."라고 규정하고, 헌법 제7조 제1항은 "공무원은 국민 전체에 대한 봉사자이며, 국민에 대하여 책임을 진다."라고 규정하여 공무원 일반에 대한 충실의무를 규정하고 있는 한편, 특히 국회의원에 대해서는 겸직금지의무(헌법제43조), 청렴의무(헌법제46조제1항), 국가이익 우선의무(헌법 제46조 제2항), 지위남용 금지의무(헌법 제46조 제3항) 조항 등을 통해 이를 더욱 강조하고 있다. 따라서 국회의원은 자신의 사적인 이해관계와 국민에 대한 공적인 이해관계가 충돌할 경우 당연히 후자를 우선하여야 할 이해충돌회피의무 내지 직무전념의무를 지게 되는바, 이를 국회의원 개개인의 양심에만 맡겨둘 것이 아니라 국가가 제도적으로 보장할 필요성 또한 인정된다. 결국 이 사건 법률조항은 국민의 수임자 내지 대표자로서의 국회의원이 그 이해충돌 회피의무를 다하도록 하는 입법목적을 가지는바, 그 정당성이 인정된다.
> (헌재 2012. 8. 23. 2010헌가65, 판례집 24-2상, 369, 384-384)

---

78) 대법원 2007. 1. 12. 선고 2005다57752 판결[손해배상(기)].

5. 자유위임[79)]

자유위임

국회의원은 국가이익을 우선하여 양심에 따라 직무를 행한다(제46조 제2항). 이 조항은 소위 자유위임의 헌법상 근거조항으로 이해되고 있다.

국가의 이익을 위해 자신의 양심에 따라 의사결정 참여

자유위임의 원칙은 국회의원은 어떠한 지시나 명령에 구속되지 않고서 국가의 이익을 위하여 자신의 양심에 따라 국가적 의사결정에 참여한다고 하는 원칙을 말한다.[80)] 이 원칙은 의원의 신분 및 직무수행과 관련하여 의원으로서의 독자성과 독립성에 저해가 되는 그 어떠한 시도나 규정들로부터 개별 의원들을 보호하기 위한 것이다.[81)]

효력과 의미

이 자유위임의 원칙은 첫째, 의원과 선거인 및 일정한 이익단체와의 관계에 대하여, 둘째, 의원과 그 소속정당 및 원내교섭단체와의 관계에 대하여, 그리고 셋째, 원내교섭단체 및 그 정당 상호간의 관계에 대하여 일정한 효력과 의미를 가진다.[82)]

의사표결과 관련한 계약 및 합의는 위헌

선거인이나 이익단체에 대한 관계에 있어서 자유위임의 원칙은 의원의 의사와 표결과 관련된 어떠한 계약이나 합의 및 기타의 사실상의 구속이나 그러한 구속의 시도를 금지하는 것이다. 그러한 지시와 계약은 위헌이며 민법상 위법한 법률행위로서 자유위임의 원칙에 위반되어 무효이다. 다만 가령 직원의 고용이나 해고 또는 근로시간 등과 관련한 일련의 노동법상의 구속은 자유위임에 대한 침해가 아니라, 오히려 모든 국가권력이 헌법과 법률에 구속되는 것을 표현해 주고 있을 따름이기 때문에 문제되지 않는다.[83)] 아무튼 이러한 의원의 외부영향으로부터의 자유는 형법적으로도 보장되고 있는 바, 의원들이 국회나 지방의회 표결과 관련하여 표를 매수·매도하거나 어떠한 이익을 주고받는 행위는 뇌물죄의 처벌대상이 되는 것이다.[84)]

---

79) 이하 방승주, 코로나19사태에 대비한 국회 원격회의와 원격표결제도 도입에 관한 헌법적 고찰, 공법연구 제49권 제2호(2020. 12), 409-441(421-423)를 기초로 함.

80) 명재진, 헌법 제46조, (사) 한국헌법학회 편, 헌법주석 [국회, 정부] 제40조~제100조, 경인문화사 2017, 110-119(115); 이하 방승주 (주 79).

81) Hermann Butzer, in: BeckOK GG, 44 Ed. Aug. 2020, Art. 38, Rn. 122.

82) Butzer (주 81), Rn. 125.

83) Butzer (주 81), Rn. 126.

다음으로 의원의 정당과 원내교섭단체와의 관계와 관련해서는 한 편으로는 이 자유위임의 원칙이 정당설립과 활동의 자유에 의해서 제한 되는 것은 아니라는 점을 고려해야 한다. 이 양 헌법적 규범들 간에 충 돌이 있는 경우 무엇이 우선한다고 봐야 할 것인가와 관련하여 독일의 붓처(Butzer)와 같은 학자는 자유위임의 원칙은 의회법과 관련한 특별규 정으로서 일반적 규정이라고 할 수 있는 정당의 설립과 활동의 자유에 관한 규정에 우선한다고 보기도 한다.[85] 그러면서도 다른 한편으로 의 원의 소속 정당과 원내교섭단체에 대한 정치적 구속은 헌법적으로 허용 된다고 지적하고 있다.[86] 즉 정당기속과 관련해서는 그렇지 않을 경우 정치적 의사형성과 그리고 정치적 과정을 매개하고 조직함에 있어서 정 당에 대하여 특별한 기능을 부여하고 있는 정당설립과 활동의 자유에 대한 헌법조항(독일 기본법 제21조)은 그 의미를 다하게 될 것이며, 또한 원내교섭단체의 형성과 관련해서는 의원들이 자유위임의 행사 가운데서 설립한 원내교섭단체가 의회의 업무를 위하여 포기할 수 없다고 하는 사실이 간과될 것이라고 하고 있다.[87]

이와 관련하여 우리 헌법재판소는 "국회의원은 어느 누구의 지시나 간섭을 받지 않고 국가이익을 우선하여 자신의 양심에 따라 직무를 행 하는 국민 전체의 대표자로서 활동을 하는 한편, 현대 정당민주주의의 발전과 더불어 현실적으로 소속 정당의 공천을 받아 소속 정당의 지원 이나 배경 아래 당선되고 당원의 한 사람으로서 사실상 정치의사 형성 에 대한 정당의 규율이나 당론 등에 영향을 받아 정당의 이념을 대변하 는 지위도 함께 가지게 되었다"고 하면서 정당의 사실상의 기속에 의하 여 자유위임은 어느 정도 제한될 수 있음을 인정하고 있다.[88] 그러나

자유위임의 원 칙이 정당 및 교섭단체기속 에 우선

정당기속에 의 한 자유위임의 제한가능성

---

84) Butzer (주 81), Rn. 127; Kluth, in: Schmidt−Bleibtreu/Klein/Hofmann/Hopfauf, GG, 14 Aufl. 2017, Art. 38 Rn. 82.
85) Butzer (주 81), Rn. 129.
86) BVerfGE 112, 118 (135); BVerfGE 118, 277 (329); Butzer (주 81), Rn. 129; 헌재 2003. 10. 30. 2002헌라1, 판례집 제15권 2집 하, 17, 33−34.
87) BVerfGE 112, 118 (135); BVerfGE 118, 277 (329); Butzer (주 81), Rn. 129.
88) 헌재 2020. 5. 27. 2019헌라3 등, 공보 제284호, 770, 784; 헌재 2003. 10. 30. 2002 헌라1, 판례집 제15권 2집 하, 17, 33−34.

정당국가적 경향에도 불구하고 정당 내지 교섭단체기속 보다는 언제나 자유위임관계에 우선적인 효력을 인정하는 것이 옳다고 보는 견해[89]도 있다. 언제 정당의 일정한 행위가 의원에 대하여 허용되지 않는 압력을 행사하는 것이고 언제가 단순히 정치적인 충성(Loyalität)을 요구하는 것일 뿐인지의 한계는 유동적이라고 할 수밖에 없으나[90], 우리 국회법은 의원은 국민의 대표자로서 소속 정당의 의사에 기속되지 아니하고 양심에 따라 투표한다고 규정(제114조의2)하여 자유위임의 원칙이 우선하도록 하고 있다.

　이와 관련하여 헌법재판소는 전국구의원이 비록 소속 정당을 탈당하였다 하더라도 의원직을 당연히 상실하는 것은 아니라는 판시를 한 바 있다.[91]

6. 평등위임[92]

　독일[93]에서와는 달리 우리 학계나 실무에서는 아직까지 소위 평등위임 내지 의원평등(Gleichheit des Madats) 원칙의 근거나 내용에 대해서 본격적으로 다루어진 바는 없는 것으로 보인다.[94] 그러나 헌법 제46조 제2항은 전술한 자유위임의 원칙을 천명하는 것이기도 하지만, 모든 국회의원이 자신의 양심에 따라 정치적 의사형성과 국가적 의사결정에 평등하게 참여할 수 있다고 하는 것을 전제로 하는 것이기 때문에 이 규

---

89) 가령 허영 (주 33), 744, 1020면. 동지, 명재진, 헌법 제42조, (사) 한국헌법학회 편, 헌법주석 [국회, 정부] 제40조~제100조, 경인문화사 2017, 68-82(75); 유사하게 국민대표자로서의 지위가 우선한다고 보는 입장으로 성낙인 (주 3) 441면; 홍성방 (주 5), 108면.

90) 이와 관련한 상세한 독일의 사례에 대해서는 Butzer (주 81), Rn. 132 ff.

91) 헌재 1994. 4. 28. 92헌마153, 판례집 제6권 1집, 415, 425-426.

92) 이하 방승주 (주 79), 423면 이하를 기초로 함.

93) 가령 Martin Morlock, in: H. Dreier (Hrsg), GG-Kommentar, Bd II, 3. Aufl. 2015, Art. 38, Rn. 169.

94) 굳이 의원간 평등문제가 언급된 것은 국회의원선거법 제33조와 제34조에 대한 헌법재판소의 헌법불합치결정에서 헌법불합치결정을 내릴 수밖에 없는 사유로, '국회의 동질성 보장'과 '선출조건에 있어서 평등성'을 들고 있는 정도이다. 헌재 1989. 9. 8. 88헌가6, 판례집 1, 199, 256. 다만 예외적으로 "의원지위의 평등에 대한 요청"을 언급하는, 한수웅, 헌법학, 제8판, 법문사 2018, 1205, 1206면.

정은 평등위임 또는 의원평등의 원칙에 대한 근거가 된다고 할 수 있다.

의원평등, 즉 평등위임에 관해서는 독일 연방헌법재판소가 다음과 같이 잘 묘사하고 있다. 즉 "연방의회의 모든 구성원은 원칙적으로 평등한 권리와 의무를 가진다. 이것은 특히 독일 연방의회가 원칙적으로 그 전체로서, 즉 개별 국회의원이나 일부 의원집단 또는 원내 다수가 아니라, 모든 구성원들의 참여를 통해서 연방의회의 대의기능을 행사한다는 사실로부터 나온다. 각 의원은 연방의회의 업무, 그 심의와 표결에 참여할 의무를 진다. 이것은 특히 의회의 대정부 통제기능에도 적용된다{vgl. BVerfGE 80, 188 (217 f.); 92, 130 (134) 확립된 판례}. 따라서 구조적으로 정부를 지지하는 의원들에게도 개별 사안에서 반대할 가능성이 열려져 있다."95) "헌법생활의 필수적 제도로서, 연방의회의 업무에 대한 정치적 구성원리로서 그리고 정치적 의사형성의 중추적 요인으로서 원내교섭단체는 의원들이 모인 단체(Zusammenschlüsse)이기 때문에, 마찬가지로 기본법 제38조 제1항 제2문에서 그 법적 지위의 근거를 찾을 수 있는 원내교섭단체에도 이러한 기준은 적용된다."96) "의원과 그 단체의 평등원칙에 대한 위배는 특별한 사유가 있을 경우에만 헌법적으로 정당화되는데{BVerfGE 93, 195 (204); 96, 264 (278) 등 확립된 판례}, 이 사유는 그 자체가 헌법에 의하여 정당화되며 또한 의원평등과 균형을 이룰 수 있는 정도로 중요성이 있어야 한다. 그러한 사유에 대한 요건은 평등선거권 내에서의 차별을 위해서 설정되는 정도에 준한다. 왜냐하면 이 의원평등은 민주적인 의사형성 전개의 두 번째 단계, 즉 의원의 지위와 활동에 영향을 미치기 때문이다{BVerfGE 102, 224 (237 f.); 112, 118 (134); 130, 318 (352) 등 확립된 판례}. 연방의회의 의사형성과 결정에 참여할 개별 의원의 권리가 문제되어서는 안 된다{BVerfGE 80, 188 (218f.); 84, 304 (323 f.) 참

독일의 의원평등

---

95) BVerfGE 40, 296 (318); 44, 308 (316); 56, 396 (405); 80, 188 (218); 93, 195 (204); 96, 264 (278); 123, 267 (342); 130, 318 (342); 140, 115 (149 f. Rn. 91)을 인용하며 BVerfGE 142, 25 (60, Rn. 96).

96) Art. 53 a Abs. 2 GG, BVerfGE 70, 324 (362 f.); 80, 188 (219 f.); 84, 304 (322); 93, 195 (204); 원내교섭단체 평등원칙에 대해서는 vgl. BVerfGE 93, 195 (204); 112, 118 (133); 130, 318 (354); 135, 317 (396 Rn. 153); 140, 115 (150 f. Rn. 92)를 인용하며 BVerfGE 142, 25 (61 Rn. 97).

조}"97)

입법권 및 대
정부통제권의
의원평등

위 독일 연방헌법재판소 판례를 통해서 알 수 있듯이, 우리 헌법상
으로도 입법권을 비롯하여 대정부 통제권은 모든 국회의원들 전체가 속
하고 있는 국회가 가지는 것이며, 이러한 의미에서 그 구성원인 국회의
원과 원내교섭단체는 원칙적으로 국회에서의 의사형성과 표결에 있어서
평등하게 참여할 수 있는 권리와 의무를 갖는다고 할 수 있다.98)

대리표결제도
의 정당성

이러한 의원평등과 관련하여 특히 문제될 수 있는 것은 대리표결제
도이다. 즉 오늘날 세계적으로 대유행을 하고 있는 코로나19사태에 대
비하여 영국을 비롯한 미국 등 많은 나라가 의원들이 대면회의나 원격
회의에 참여하여 표결할 수 없을 경우에 대비하여 다른 의원들에게 표
결을 위임하는 대리투표제도를 도입하고 있다. 이와 같이 다른 의원에
게 투표권을 위임하게 되면 위임받는 국회의원이 나머지 국회의원들에
비해서 의결이나 선거 시에 자신의 표뿐만 아니라 위임받은 표까지 행
사할 수 있게 되고, 그로 인하여 표결해야 할 결정이나 선거에 대하여
보다 많은 영향력을 행사할 수 있다는 의미에서 부당하게 우대되는 것
은 아닌지 하는 문제가 제기될 수 있기 때문이다. 다시 말해서 모든 의
원들에게 평등하게 인정되는 투표권의 행사와 관련해서 의원평등, 즉
평등위임이 완전히 보장되지 않는 것은 아닌지 하는 문제가 제기되나99)
코로나19사태와 같은 비상시기에 국회의 기능유지를 위해서는 이러한
대리표결제도도 정당화될 수 있다고 보는 것이 타당할 것이다.100)

7. 법률안 제출권(제52조)과 법률안 심의·표결권

심의하고 표결
할 법률안 제
출 권한

법률안 제출권이란 국회가 심의하고 표결할 수 있는 법률안을 제출
할 수 있는 권한을 일컫는데 우리 헌법은 이러한 법률안 제출권을 국회

---

97) BVerfGE 142, 25 (61 Rn. 98).

98) 동지, 한수웅 (주 94), 1206−1207면.

99) 미국에서도 공화당 의원들은 의원의 표결권은 위임될 수 없다고 하는 이유로 위
헌론을 펼치면서 대리표결제도 도입에 대하여 반대하였다고 한다. 전진영, 코로
나19로 인한 의회 표결제도의 변화: 대리투표의 도입, 국회입법조사처, 이슈와 논
점 제1752호, 2020. 9. 10, 3면.

100) 이에 대하여는 방승주 (주 79) 참조.

의원과 정부에 부여하고 있다. 국회는 입법을 담당하는 국가기관이므로 국회의원이 법률안제출권을 가지는 것은 당연하지만, 대통령제 국가에서 정부에게도 법률안제출권을 부여하고 더욱이 대통령이 법률안거부권까지 행사할 수 있도록 하는 것은 권력분립의 원칙상 지나치게 대통령에게 권한을 너무 많이 부여한 것 아닌가 하는 점에서 법률안제출권을 폐지해야 한다고 하는 개정의견도 제시되고 있다.[101]

법률안 심의·표결권은 헌법 제40조와 제41조 제1항으로부터 도출되는 국회의원의 권한으로서 법률안에 대하여 심의하고 표결할 수 있는 권한을 말한다.

> 판례 국회의원은 국민에 의하여 직접 선출되는 국민의 대표로서 여러 가지 헌법상·법률상의 권한이 부여되어 있지만 그 중에서도 가장 중요하고 본질적인 것은 입법에 대한 권한임은 두말할 나위가 없고, 이 권한에는 법률안제출권(헌법 제52조)과 법률안 심의·표결권이 포함된다. 국회의원의 법률안 심의·표결권은 비록 헌법에는 이에 관한 명문의 규정이 없지만 의회민주주의의 원리, 입법권을 국회에 귀속시키고 있는 헌법 제40조, 국민에 의하여 선출되는 국회의원으로 국회를 구성한다고 규정하고 있는 헌법 제41조 제1항으로부터 당연히 도출되는 헌법상의 권한이다.[102]

---

101) 가령 이성환, 헌법 제52조, (사) 한국헌법학회 편, 헌법주석 [국회, 정부] 제40조 ~제100조, 경인문화사 2017, 196-204(198-200).

102) 헌재 1997. 7. 16, 96헌라2, 판례집 제9권 2집, 154, 169; 2000. 2. 24. 99헌라2, 한일어업협정과 관련한 국회의장과 국회의원 간의 권한쟁의; 헌재 2001. 3. 21, 99헌마139, 대한민국과 일본국 간의 어업에 관한 협정 위헌소원, 판례집 제13권 1집, 676, 677-678; 헌재 2010. 7. 29. 2010헌라1, 판례집 제22권 2집 상, 201, 201-202.

Ⅳ. 국회의 조직

1. 의장과 부의장 제48조[103]

가. 의장·부의장의 선거

국 회 의 장 과 부의장의 선 출

의장과 부의장은 국회에서 무기명투표로 선거하고 재적의원 과반수의 득표로 당선된다(국회법 제15조 제1항). 재적의원 과반수의 득표자가 없을 때에는 2차투표를 하고, 2차투표에도 제1항의 득표자가 없을 때에는 최고득표자가 1명이면 최고득표자와 차점자에 대하여, 최고득표자가 2명 이상이면 최고득표자에 대하여 결선투표를 하되, 재적의원 과반수의 출석과 출석의원 다수득표자를 당선자로 한다(제15조 제3항). 의장과 부의장의 선거는 국회의원 총선거 후 첫 집회일에 실시하며, 처음 선출된 의장 또는 부의장의 임기가 만료되는 경우에는 그 임기만료일 5일 전에 실시한다. 다만, 그 날이 공휴일인 경우에는 그 다음 날에 실시한다(제15조 제2항).

국회의장과 부의장의 보궐선거

의상 또는 부의장이 궐위된 때나 의장과 부의장이 모두 궐위된 때에는 지체 없이 보궐선거를 실시한다(제16조).

의장직 직무대행

의장 등 선거에 있어서 국회의원총선거 후 최초의 집회에서 의장과 부의장을 선거할 때나 의장과 부의장이 모두 궐위되어 그 보궐선거를 할 때 등에는 출석의원 중 최다선의원이, 최다선의원이 2인 이상인 경우에는 그 중 연장자가 의장의 직무를 대행한다(제18조).

나. 의장·부의장의 임기와 사임

2년임기

의장과 부의장의 임기는 2년으로 한다. 다만, 국회의원 총선거 후 처음 선출된 의장과 부의장의 임기는 그 선출된 날부터 개시하여 의원의 임기개시 후 2년이 되는 날까지로 한다(제9조). 그런데 의원의 임기시작은 국회의원 총선거가 있는 해의 5월 30일인데 반하여 새 국회의 최

---

103) 이하 방승주, 헌법 제48조, (사) 한국헌법학회 편, 헌법주석 [국회, 정부] 제40조 ~제100조, 경인문화사 2017, 134−158를 기초로 수정·보완함.

초 집회일, 즉 의장단 선출일은 의원의 임기개시 후 제7일에 집회하도록 되어 있다(국회법 제5조 제3항, 제15조 제2항). 따라서 이 7일 동안은 의정공백이 발생할 가능성이 있으므로 총선이 있는 해에는 의원의 임기가 개시되는 5월 30일을 최초집회일로 하여 의장단을 선출할 수 있도록 보완할 필요가 있다고 지적되고 있다.104)

의장과 부의장은 국회의 동의를 얻어 그 직을 사임할 수 있다(제19조). 사임의 의사표시는 서면 또는 구두로 가능하다. 이에 관해서는 국회법이 아무런 규정을 두고 있지 아니하고 있는데, 정치적 이유 등으로 인해 동의하지 아니한 선례도 있다. 한편 국회의장에 대한 불신임결의안 또는 사임(사퇴)권고결의안이 제출된 경우에는 어떻게 처리해야 할 것인지가 문제될 수 있다. 이에 대하여 국회법에는 별도의 규정이 마련되어 있지 아니하나, 정치적인 이유 등으로 인해 발의된 국회의장의 사임권고결의안 등에 대해서는 본회의에서 표결처리하거나 국회운영위원회에서 폐기 처리한 사례가 있다.105)

국회동의에 의한 의장·부의장직 사임

다. 국회의장의 지위와 권한

(1) 의장의 직무

국회의장의 지위와 권한에 관하여 헌법은 아무런 규정을 두고 있지 아니하다. 다만 국회법에서 의장은 국회를 대표하고 의사를 정리하며, 질서를 유지하고 사무를 감독한다고 규정하고 있을 뿐이다(국회법 제10조). 이 조항을 고려해 볼 때, 국회의장은 국회대표권자로서의 지위, 의사정리권자로서의 지위, 질서유지권자로서의 지위, 사무감독권자로서의 지위를 갖는다고 할 수 있다.106)

국회법상 의장의 직무

(2) 의장의 권한

(가) 권한의 종류

국회법이 규정하고 있는 여러 가지 국회의장의 권한들은 국회대표권, 의사정리권, 질서유지권, 사무감독권으로 대별해 볼 수 있다.107)

국회법상 의장의 권한

---

104) 이러한 지적으로 정호영, 국회법론 제3판, 법문사, 2012, 194면.
105) 구체적인 사례로는 정호영 (주 104) 194−195면 참조.
106) 정호영 (주 104), 195면 이하 참조.

1) 국회대표권

국회대표권자
로서의 권한

국회법에서 규정하고 있는 많은 권한들 가운데서 의사정리권, 질서유지권, 사무감독권에 속하지 아니하는 권한들은 대체로 의장의 국회대표권자로서의 권한에 속한다고 볼 수 있다.

사례

가령 의석배정권(제3조), 임시회의 공고권(제5조), 위원회출석 발언권(제11조), 국회소관예산요구서 제출권(제23조 제2항), 국회의 예비금지출권(제23조 제4항), 상임위원장 사임허가권(제41조 제5항), 예산결산특별위원회 위원 선임권(제45조 제2항), 윤리심사자문위원회위촉권(제46조의2 제2항), 인사청문특별위원회 설치권(제46조의3), 특별위원회위원장 사임허가권(제47조 제3항), 상임위원 선임 및 개선권(제48조 제1항), 정보위원회위원 선임 및 개선권(제48조 제3항), 특별위원회위원선임권(제48조 제4항), 전원위원회위원장 지명권(제63조의2 제3항), 법률안재의결의 경우 대통령이 공포하지 않을 때 법률안공포권(헌법 제53조 제6항, 국회법 제98조 제3항), 폐회 중 국회의원의 사직허가권(제135조 제1항) 등이 그것이다.

2) 의사정리권

원활한 의사진
행을 위한 권
한

의사정리권은 의사지휘권이라고도 불리는데. 이러한 의사정리권은 회의에 있어서 의사진행을 원활하게 할 수 있도록 정리할 수 있는 권한은 물론 의사의 진행결과를 정리하는 권한도 포함된다. 국회의장의 의사정리권에 속한다고 볼 수 있는 권한으로는 다음과 같은 것들이 있다.

사례

가령 연간 국회 운영 기본일정 확정권(제5조의2), 휴회 중 회의재개권(제8조 제2항), 소관 상임위원회 결정권(제37조 제2항), 전문위원 발언허가권(제42조 제6항), 위원회개회권(제52조), 개의시변경권(제72조), 정족수 미달 시 유회선포권(제73조 제2항), 회의중지·산회선포권(제73조 제3항, 제74조), 원격영상회의[108] 개최권(제73조의2), 회의의 비공개 결정권(제75조), 의사일정작성권(제76조), 의사일정변경권(제77조), 상임위원회회부권(제81조), 특별위원회회부권(제82조), 관련위원회회부권(제83조), 예산안과 결산보고서 회부권(제84조 제2항), 예산안과 결산의 예산결산특별위원회 회부

---

107) 이러한 분류로서 정호영 (주 104), 195면 이하.
108) 이에 관해서는 방승주 (주 79) 참조.

권(제84조 제6항), 심사기간지정권(세칭 직권상정권한: 제85조 제1항, 제86조 제2항), 수정안의 표결순서결정권(제96조), 의안의 정부이송권(제98조), 의원의 발언허가권(제99조 제1항), 발언시간결정권(104조 제1항), 발언자수 결정권(제104조 제4항), 5분자유발언허가권(제105조 제1항), 의원의 발언 허가권(제99조), 질의나 토론의 종결선포권(제108조 제2항), 표결할 안건의 제목 선포권(제110조 제1항), 가결선포권(제112조 제3항), 표결결과선포권(제113조), 감표위원지명권(제114조 제2항), 참고문서의 게재허가권(제116조), 국무위원등의 발언허가권(제120조 제1항), 국무총리에 대한 국무우원 대리출석답변 승인권(제121조 제4항), 대정부질문 추가시간허가권(제122조의2 제3항), 긴급현안질문을 위한 국무총리 또는 국무위원의 출석요구 의결권(제122조의3 제4항), 청원요지서의 작성과 회부권(제124조) 등이 그것이다.

이 가운데서 가장 논란이 될 수 있는 의장의 권한으로는 소위 심사기간 지정을 통한 직권상정[109] 권한이다. 지금까지 국회에서 야기된 많은 의장석 점거사태와 그 밖의 여러 가지 폭력사태, 그리고 법률안의 소위 날치기 통과 등의 문제가 야기된 대부분의 사건들은 의장의 직권상정과 충분한 심의와 토론을 거치지 않은 본회의에서의 속전속결식 법률안통과와 관련된 것이 대부분이다. 이와 같은 소위 법률안의 날치기 통과가 이루어지고 나면 이에 반대하던 정당소속 국회의원들이 국회의장을 상대로 권한쟁의심판을 헌법재판소에 청구하여 그 무효를 주장하곤 하였다. 이러한 국회의 후진적 행태를 방지하고 의안심의절차를 합리화하기 위한 방안으로 2012년 5월 2일 소위 국회선진화법이라고 하는 이름으로 국회법이 일부 개정되었으며, 여기에서 의장의 직권상정 요건은 1. 천재지변의 경우, 2. 전시·사변 또는 이에 준하는 국가비상사태의 경우, 3. 의장이 각 교섭단체대표의원과 합의하는 경우로 한정하되, 1. 천

심사기간 지정을 통한 직권상정권의 문제

---

[109] 의장의 직권상정제도의 문제점에 대하여 음선필, "국회 입법과정의 분석 및 개선방안 —제18대 국회를 중심으로—", 홍익법학 제13권 제2호(2012), 131면 이하(162 이하); 박인수, "국회의장 직권상정제도", 입법정책 제4권 제2호(2010), 7 이하(16); 정치현실에서 직권상정제도의 실제 운영에 관한 분석으로, 전진영, "국회의장 직권상정제도의 운영현황과 정치적 함의", 한국정치연구 제20집 제2호(2011), 53면 이하(64 참조).

재지변의 경우와 2. 전시·사변 또는 이에 준하는 국가비상사태의 경우에 해당할 때에는 의장이 각 교섭단체대표의원과 협의하여 이와 관련된 안건에 대해서만 심사기간을 지정할 수 있도록 개정되었다(국회법 제85조 제1항 및 제86조 제2항).

신속처리대상
안건 지정절차

신속처리대상안건 지정절차를 살펴보면, 위원회에 회부된 안건(체계·자구심사를 위하여 법제사법위원회에 회부된 안건 포함)을 신속처리대상안건으로 지정하려는 경우, 의원은 재적의원 과반수가 서명한 신속처리대상안건 지정요구 동의(動議)를 의장에게 제출하고, 안건의 소관위원회 소속 위원은 소관 위원회 재적위원 과반수가 서명한 신속처리안건 지정동의를 소관 위원회 위원장에게 제출하여야 한다. 이 경우 의장 또는 안건의 소관 위원회 위원장은 지체 없이 신속처리안건 지정동의를 무기명투표로 표결하되, 재적의원 5분의 3이상 또는 안건의 소관 위원회 재적위원 5분의 3이상의 찬성으로 의결한다(제85조의2 제1항). 의장은 신속처리안건 지정동의가 가결되었을 때에는 그 안건을 제3항의 기간 내에 심사를 마쳐야 하는 안건으로 지정하여야 한다. 이 경우 위원회가 신속처리대상안건에 대한 대안을 입안한 경우 그 대안을 신속처리대상안건으로 본다(동조 제2항). 위원회는 신속처리대상안건에 대한 심사를 그 지정일로부터 180일 이내에 마쳐야 한다. 다만, 법제사법위원회는 신속처리대상안건에 대한 체계·자구 심사를 그 지정일, 제4항에 따라 회부된 것으로 보는 날 또는 제86조 제1항에 따라 회부된 날부터 90일 이내에 마쳐야 한다(동조 제3항). 위원회(법제사법위원회 제외)가 신속처리대상안건에 대하여 지정된 기간 내에 심사를 마치지 아니하였을 때에는 그 기간이 끝난 다음 날에 소관 위원회에서 심사를 마치고 체계·자구 심사를 위하여 법제사법위원회로 회부된 것으로 본다. 다만, 법률안 및 국회규칙안이 아닌 안건은 바로 본회의에 부의된 것으로 본다(동조 제4항). 법제사법위원회가 신속처리대상안건(체계·자구심사를 위하여 법제사법위원회에 회부되었거나 회부된 것으로 보는 신속처리대상안건 포함)에 대하여 기간 내에 심사를 마치지 아니하였을 때에는 그 기간이 끝난 다음 날에 법제사법위원회에서 심사를 마치고 바로 본회의에 부의된 것으로 본다(동조

제5항). 지정된 신속처리대상안건은 본회의에 부의된 것으로 보는 날부터 60일 이내에 본회의에 상정되어야 하고(동조 제6항), 그렇지 않았을 때에는 그 기간이 지난 후 처음으로 개의되는 본회의에 상정된다(동조 제7항). 다만 의장이 각 교섭단체 대표의원과 합의한 경우에는 신속처리대상안건에 대한 위 규정들을 적용하지 아니 한다(동조 제8항).

또한 의원은 재적의원 3분의 1 이상의 요구가 있는 경우 본회의 심의 안건에 대하여 시간의 제한을 받지 않고 무제한 토론할 수 있고, 무제한 토론을 실시하는 본회의는 '1일 1차 회의'의 원칙에도 불구하고 무제한 토론 종결 선포 전까지 산회하지 아니하도록 하며, 회의 중 재적의원 5분의 1 이상이 출석하지 아니하였을 때에도 회의를 계속한다(제106조의2 제4항). 더 이상 토론할 의원이 없거나, 재적의원 3분의 1 이상이 제출한 무제한토론 종결동의를 동의 제출 때부터 24시간이 지난 후 재적의원 5분의 3 이상의 찬성으로 의결한 경우 의장은 무제한토론의 종결을 선포한 후 해당 안건을 지체 없이 표결해야 한다(동조 제7항). 무제한 토론 중 회기가 종료된 경우(동조 제8항)에는 무제한토론의 종결이 선포된 것으로 보며 이 경우 해당 안건은 바로 다음 회기에서 지체 없이 표결하여야 한다(동조 제8항). 무제한토론으로 인하여 예산안과 세입예산안 부수 법률안 등의 처리가 지체되는 것을 방지하기 위하여 이에 대한 무제한토론은 매년 12월 1일까지 적용하고 실시 중인 무제한토론, 계속 중인 본회의, 제출된 무제한토론의 종결동의에 대한 심의절차 등은 12월 1일 밤 12시에 종료하는 것으로 규정하였다(동조 제10항).

그러나 2014년 9월 초에 세월호특별법의 제정 과정에서 다른 모든 쟁점법안의 심의가 교착상태에 빠지고 장기간 국회가 공전되자, 새누리당 의원들이 국회의 신속한 법안처리에 장애가 되고 있는 해당 국회법 조항들의 위헌여부에 대하여 문제제기를 한 바도 있었으며,[110] 급기야 2015년 1월 30일에는 국회법 제85조 제1항 제3호 중 '각 교섭단체대표의원과의 합의' 부분 및 제85조의2 제1항 중 '재적위원 5분의3 이상의 찬성' 부분이 가중된 특별정족수를 요구하고 있어 헌법상 다수결의 원

무제한 토론제도

신속처리안건 지정제도를 둘러싸고 헌법소원심판과 권한쟁의심판 청구

---

110) http://www.nocutnews.co.kr/news/4083272(최종방문일: 2021. 2. 24)

리 등에 반하여 위헌이며, 피청구인들(국회의장, 국회 기획재정위원회 위원
장)은 위헌인 위 국회법 조항들에 근거하여 심사기간을 지정하지 아니
하거나 신속처리대상안건으로 지정하지 아니한 것이므로, 위 국회법 조
항들 및 위와 같은 피청구인들의 행위가 국회의원인 청구인들의 법률안
심의·표결권을 침해하였다고 주장하면서 헌법재판소에 권한쟁의심판
을 청구한 바 있었으나, 피청구인들의 표결실시거부행위와 심사기간 지
정거부행위는 청구인들의 신속처리안건지정동의에 대한 표결권이나 법
률안 심의·표결권을 침해하거나 침해할 위험성이 없다는 이유로 이 심
판청구는 각하되었다.[111]

3) 질서유지권

회의장의 질서
를 유지하게
하는 권한

국회의 의사진행을 원활하게 하기 위해서는 회의장의 질서를 유지
하기 위해서 일정한 조치를 취할 수 있는 권한이 필요한데 이러한 권한
을 질서유지권이라고 할 수 있다. 이러한 질서유지권에 속하는 권한으
로는 다음과 같은 것들이 있다.

사례

경호권(제143조), 경찰공무원의 파견요구권(제144조 제2항), 현행범인
체포명령권(제150조), 회의장 출입 허가권(제151조), 방청허가권(제152조 제
1항), 방청금지와 신체검사권(제153조), 방청인에 대한 퇴장명령권(제154조
제1항), 징계 회부 및 본회의 보고권(제156조), 징계의결선포권(제163조 제5
항) 등이 그것이다.

4) 사무감독권

사무총장 감독
권한

국회의 사무총장은 의장의 감독을 받아 국회의 사무를 통할하고,
소속공무원을 지휘·감독한다. 따라서 국회의 사무를 통할하고 소속공

---

111) 헌재 2016. 5. 26. 2015헌라1, 판례집 제28권 1집 하, 170 [각하]. 한편 관련국회
법조항들이 국회에서의 법안 처리를 사실상 불가능하게 하여 다수결의 원칙 및
의회주의에 위배되고, 국민주권주의 및 선거에 의해 국회에 입법권을 위임한 국
민의 정치적 기본권을 침해한다고 주장하면서 일부 변호사들이 2014. 9. 18. 헌법
소원심판을 청구하기도 하였으나 이 역시 기본권침해의 관련성이 없다는 이유로
각하되었다. 헌재 2016. 5. 26. 2014헌마795; 국회선진화법의 위헌여부에 대한 학
계의 논의로는 장영수, 국회선진화법의 합헌성 여부에 대한 검토, 고려법학 제80
호(2016), 103-144면. 장영수, 이른바 국회선진화법의 문제점 - 5분의3 이상의
다수결과 국회의장의 직권상정요건을 중심으로, 입법학연구 제13집 제1호(2016),
1-30; 박경철, 국회선진화법의 의의와 평가, 강원법학 제48호(2016), 307-349면.

무원의 지휘·감독에 책임을 지고 있는 사무총장을 감독할 권한이 사무감독권이라고 할 수 있다. 이러한 권한에 속하는 것으로는 다음과 같은 것들이 있다.

가령 사무총장임면권(제21조 제3항), 국회도서관장 임면권(제22조 제3항), 국회예산정책처장 임면권(제22조의2 제3항), 국회입법조사처장 임면권(제22조의3 제3항), 전문위원 임명권(제42조 제3항), 위촉된 심사보조자에 대한 수당의 지급기준과 그 밖에 필요한 사항 결정권(제43조 제4항), 의원의 청가허가권(제32조 제2항), 교섭단체정책연구위원 임면권(제34조 제2항), 비밀문건의 보안관리결정권(제70조 제5항), 국회공보발간권(제80조) 등이 그것이다.

사례

(나) 권한관련 헌법재판소 판례

헌법재판소는 몇몇 국회의장과 국회의원간의 권한쟁의 심판에서 국회의장이 국회의원들의 심의·표결권 등 권한을 침해하였는지 여부에 관하여 다룬 바 있으므로, 이하에서는 심판이 선고된 시간적 순서대로 다루어 보도록 하겠다.

국회의원의 심의·표결권 침해여부

1995. 2. 29. 90헌라1, 국회의원과 국회의장간의 권한쟁의 사건에서 헌법재판소는 헌법 제111조 제1항 제4호 및 헌법재판소법 제62조 제1항 제1호는 헌법재판소가 관장하는 국가기관 상호간의 권한쟁의심판을 국회, 정부, 법원 및 중앙선거관리위원회 상호간의 권한쟁의심판으로 한정하고 있으므로, 그에 열거되지 아니한 기관이나 또는 열거된 국가기관 내의 각급기관은 비록 그들이 공권적 처분을 할 수 있는 지위에 있을지라도 권한쟁의심판의 당사자가 될 수 없으며 또 위에 열거된 국가기관 내부의 권한에 관한 다툼은 권한쟁의심판의 대상이 되지 않는다고 하면서 국회의원이나 교섭단체가 국회의장을 상대로 권한쟁의심판청구를 할 수 없다고 선고한 바 있었다.112)

국회의원의 권한쟁의심판 청구인능력을 부인한 초기 헌재 판례

그러나 1997. 7. 16. 야당의원들에게는 개의일시를 통지하지 않고 여당의원들끼리 법률안을 소위 날치기 통과시킨 것이 문제가 된 96헌라2, 국회의원과 국회의장간의 권한쟁의사건에서 헌법재판소는 이러한 판

제1차 날치기 통과 권한쟁의심판에서 판례를 변경하여

---

112) 헌재 1995. 2. 23. 90헌라1, 판례집 제7권 1집, 140.

권한쟁의심판 당사자를 예시 규정으로 보고 국회의원에 대해서도 청구인 능력 인정함

례를 변경하고, 헌법재판소법 제62조 제1항 제1호가 국가기관 상호간의 권한쟁의심판을 "국회, 정부, 법원 및 중앙선거관리위원회 상호간의 권한쟁의심판"이라고 규정하고 있더라도 이는 한정적, 열거적인 조항이 아니라 예시적인 조항이라고 해석하는 것이 헌법에 합치되므로 이들 기관 외에는 권한쟁의심판의 당사자가 될 수 없다고 단정할 수 없다고 판시하였다. 그리고 이 결정에서 헌법재판소는 『국회의장이 야당의원들에게 본회의 개의일시를 국회법에 규정된 대로 적법하게 통지하지 않음으로써 그들이 본회의에 출석할 기회를 잃게 되었고, 그 결과 법률안의 심의·표결과정에 참여하지 못하게 되었다면 이로써 야당의원들의 헌법에 의하여 부여된 법률안 심의·표결의 권한이 침해된 것이다.』고 하여 청구를 인용한 바 있다. 그러나 이 사건에서 헌법재판소는 국회의장의 법률안의 가결·선포행위의 위헌여부에 대하여는 재판관 사이에 의견이 나뉘었는바, 재판관 3인(김용준, 김문희, 이영모)은『국회의 입법과 관련하여 일부 국회의원들의 권한이 침해되었다 하더라도 그것이 입법절차에 관한 헌법의 규정을 명백히 위반한 흠에 해당하는 것이 아니라면 그 법률안의 가결선포행위를 무효로 볼 것은 아니라고 할 것인바, 우리 헌법은 국회의 의사절차에 관한 기본원칙으로 제49조에서 '다수결의 원칙'을, 제50조에서 '회의공개의 원칙'을 각 선언하고 있으므로, 이 사건 법률안의 가결선포행위의 효력 유무는 결국 그 절차상에 위 헌법규정을 명백히 위반한 흠이 있는지 여부에 의하여 가려져야 할 것이다.』[113]고 전제하고, 피청구인의 이 사건 법률안의 가결선포행위에는 국회법위반의 하자는 있을지언정 입법절차에 관한 헌법의 규정을 명백히 위반한 흠이 있다고 볼 수 없으므로, 이를 무효라고 할 수는 없다고 하였다.[114] 이에 반하여 재판관 3인(이재화, 조승형, 고중석)의 의견은 "국회는 헌법 또는 법률에 특별한 규정이 없는 한 재적의원 과반수의 출석과 출석의원 과반수의 찬성으로 의결한다. 가부동수인 때에는 부결된 것으로 본다."고 규정하고 있는 헌법 제49조는 의회민주주의의 기본원리인 다수

---

113) 헌재 1997. 7. 16. 96헌라2, 판례집 제9권 2집, 154(173).
114) 헌재 1997. 7. 16. 96헌라2, 판례집 제9권 2집, 154(174).

결원리를 선언한 것으로서 이는 단순히 재적의원 과반수의 출석과 출석의원 과반수에 의한 찬성을 형식적으로 요구하는 것에 그치지 않는다고 하면서, 헌법 제49조는 국회의 의결은 통지가 가능한 국회의원 모두에게 회의에 출석할 기회가 부여된 바탕위에 재적의원 과반수의 출석과 출석의원 과반수의 찬성으로 이루어져야 한다는 것으로 해석하여야 한다고 보았다.115) 이러한 해석 하에 신한국당 소속의원들만 출석한 가운데 그들만의 표결로 이 사건 법률들이 가결되었음을 선포한 피청구인의 이 사건 법률안의 가결선포행위는 국회의원인 청구인들의 권한을 침해한 것임과 아울러 다수결원리를 규정한 헌법 제49조에 명백히 위반되는 것이라고 보았으나, 가결·선포행위의 위헌·무효를 선언하기 위한 재판관 과반수의 정족수에 이르지 못하여 이 부분에 관한 청구는 기각되었다.116)

> 심의·표결권 침해는 확인하였으나 가결·선포행위의 무효 확인은 기각.

그리고 1998. 7. 14. 98헌라3, 74 국회의장과 국회의원간의 권한쟁의사건에서는 표결이 적법하게 진행되어 정상적으로 종결된 것인지 불분명하고, 이에 관한 여·야의 합의조차 무산된 경우에 국회의장에게 개표절차를 진행하여 표결결과를 선포하여야 할 작위의무가 있는지 여부가 문제되었는데, 헌법재판소는 『국회의장은 표결이 적법하게 진행되어 정상적으로 종결된 경우에는 개표절차를 진행하여 표결결과를 선포할 의무가 있다. 그러나 국무총리 임명동의안에 대한 투표가 진행되던 중 투표의 유효성을 둘러싸고 여·야간에 말다툼과 몸싸움이 벌어져 정상적인 투표가 이루어지지 않은 끝에 자정의 경과로 상당수의 국회의원들이 투표를 마치지 못한 가운데 본회의가 자동산회되었고, 이미 행하여진 투표가 과연 적법하게 진행되어 정상적으로 종결된 것인지 관련법규나 국회의 의사관행에 비추어도 분명하지 않은 사정이라면 그 투표절차를 둘러싼 여러 문제는 국회가 여·야의 합의를 통하여 자율적으로 처리할 수 있다고 할 것이나, 여·야간에 타협과 절충이 실패하였다면

> 피청구인의 부작위를 다투는 권한쟁의심판에서 헌법상 작위의무가 없다고 하는 이유로 심판청구를 각하한 사례

---

115) 헌재 1997. 7. 16. 96헌라2, 판례집 제9권 2집, 154(174).

116) 이와 관련하여 각하의견에 동참한 재판관들이 본안판단을 하지 않은 데 대한 문제점 제기와 헌재 태도에 관한 비판적 견해로는, 방승주, "위헌입법의 현황과 대책", 저스티스 통권 제106호(2008. 9), 254면 이하(256−257).

투표절차에 관한 최종적 판단권은 국회의장인 피청구인에게 유보되어 있다. 피청구인으로서는 이미 행해진 투표의 효력 여하, 투표의 종결 여부, 개표절차의 진행 여부 등 의사절차를 어떻게 진행할 것인지에 관한 선택권을 가진다고 할 것인데, 피청구인이 이와 같이 논란의 여지가 많은 사실관계하에서 개표절차를 진행하여 표결결과를 선포하지 아니하였다 하여 그것이 헌법이나 법률에 명백히 위배되는 행위라고는 인정되지 않으므로 다른 국가기관은 이를 존중하여야 한다. 따라서 투표가 정상적으로 종결되었는지에 관하여 헌법재판소가 독자적으로 판단하는 것은 바람직하지 않으며, 그 결과 피청구인에게 개표절차를 진행하여 표결결과를 선포할 의무가 있음을 인정할 수 없고, 그러한 작위의무가 인정되지 않는 이상 피청구인의 부작위에 의한 권한침해를 다투는 권한쟁의심판은 허용되지 않는다.」117)고 판시하였다.

국회의장(부의장)이 이의유무를 물어 가결선포한 행위에 대하여 청구한 권한쟁의 심판에서 기각 4, 인용 3, 각하 2로 재판관 의견이 갈리자 심판청구를 기각한 사례 1

그리고 2000. 2. 24. 99헌라1, 국회의장과 국회의원 간의 권한쟁의 사건에서는 국회의장(피청구인)을 대리한 국회부의장이 국회 본회의에서 일부 국회의원들이 의사진행을 방해하는 가운데, 남녀차별금지및구제에관한법률안 등 법률안들을 가결·선포한 행위가 헌법 또는 법률에 의한 국회의원들(청구인)의 법률안 심의·표결권을 침해하는지 여부가 문제되었는데, 4인의 기각의견은 국회의 자율권을 존중하여야 하는 헌법재판소로서는 이 사건 법률안 가결·선포행위와 관련된 사실인정은 국회본회의 회의록의 기재내용에 의존할 수밖에 없고, 피청구인의 이 사건 법률안 가결·선포행위가 헌법 제49조, 국회법 제112조 제3항 위반으로 인정할 수 있는 증거가 없으므로, 청구인들의 법률안 심의·표결권을 침해하는 위법이 있다는 이 사건 권한쟁의심판청구는 기각을 면할 수 없다고 보았으며, 3인의 인용의견과 2인의 각하의견이 있었으나 결과적으로 심판청구는 기각되었다.118)

같은 사례 2

그리고 2000. 2. 24. 99헌라2 국회의장과 국회의원 간의 권한쟁의 사건에서는 피청구인을 대리한 국회부의장 김○호가 1999. 1. 6. 제199

---

117) 헌재 1998. 7. 14. 98헌라3, 판례집 제10권 2집, 74(74-75).
118) 헌재 2000. 2. 24. 99헌라1, 판례집 제12권 1집, 115(116).

회 임시회 제6차 본회의에서 대한민국과일본국간의어업에관한협정비준
동의안(이하 '이 사건 어업협정안'이라고 한다)을 상정한 뒤, 안건에 대한 이
의유무를 물어 '이의없습니다'하는 의원이 있자 이 사건 어업협정안이
가결되었음을 선포하였던 바, 청구인들은 위 안건에 대하여 이의유무를
물었을 때에 "이의있습니다"라고 반대의사를 분명히 하였음에도 불구하
고 피청구인이 이를 무시하고 전원찬성으로 가결·선포한 것은, 청구인
들의 이 사건 어업협정안 심의·표결권을 침해한 위법이 있다는 이유로
1999. 1. 25. 이 권한쟁의심판청구를 하였다. 이에 관해서도 재판관 4인
(이재화, 고중석, 이용모, 하경철)은 기각의견, 재판관 3인(김용준, 김문희, 한
대현)은 인용의견, 재판관 2인(정경식, 신창언)은 각하의견이었으므로, 결
론적으로 심판청구는 기각되었다.

또한 2003. 10. 30. 2002헌라1, 국회의원과 국회의장간의 권한쟁의
사건에서는 국회의장인 피청구인이 국회의원인 청구인을 그 의사에 반
하여 국회 보건복지위원회에서 사임시키고 환경노동위원회로 보임한 행
위는 청구인이 소속된 정당내부의 사실상 강제에 터 잡아 교섭단체대표
의원이 상임위원회 사·보임 요청을 하고 이에 따라 이른바 의사정리권
한의 일환으로 이를 받아들인 것으로서, 그 절차·과정에 헌법이나 법
률의 규정을 명백하게 위반하여 재량권의 한계를 현저히 벗어나 청구인
의 권한을 침해한 것으로는 볼 수 없다고 보았다.[119]

국회의장의 상
임위원에 대한
사·보임행위에
대한 권한쟁의
심판청구 기각
사례

다음으로 2006. 2. 23. 2005헌라6, 국회의원과 국회의장 간의 권한
쟁의사건에서는 수정안의 개념을 넓게 해석하고, 국회의장이 방위사업
청 신설을 내용으로 하는 의안을 복수차관제와 일부청의 차관급 격상을
내용으로 하는 정부조직법 개정안의 수정안으로 보고 처리한 것은 국회
법에 위반되지 않는다고 보았다.[120]

국회법상 수정
안의 개념과
범위

그리고 2008. 4. 24. 국회의장이 교섭단체 대표의원과 직접 협의하
지 않고 의사일정의 순서를 변경한 것이 국회법 제77조에 위반되는지
여부와 관련한 2006헌라2, 국회의원과 국회의장 간의 권한쟁의사건에서

2006헌라2, 국
회의원과 국회
의장간의 권한
쟁의

---

119) 헌재 2003. 10. 30. 2002헌라1, 판례집 제15권 2집 하, 17(19). 따름 판례: 헌재
2020. 5. 27. 2019헌라3 등, 공보 제284호, 770, 784
120) 헌재 2006. 2. 23. 2005헌라6, 판례집 제18권 1집 상, 82.

헌법재판소는 『국회법상 '협의'의 개념은 의견을 교환하고 수렴하는 절차라는 성질상 다양한 방식으로 이루어질 수 있고, 그에 대한 판단과 결정은 종국적으로 국회의장에게 맡겨져 있다. 피청구인 국회의장은 장내 소란으로 국회법에 따른 정상적인 의사진행을 기대하기 어려운 상황에서 효율적인 회의 진행을 위하여 의사일정 제5항이던 사립학교법 중 개정법률안을 제일 먼저 상정하여 심의할 필요가 있다고 판단한 점, 사립학교법 중 개정법률안의 상정 자체에 반대하던 한나라당 대표의원과의 협의는 실질적인 의미가 없는 상황이었던 점, 당시 회의록에 의하면 한나라당 의원들을 포함하여 274명의 의원들이 본회의장에 출석하고 있는 것으로 기재되어 있으므로 의사일정을 변경하더라도 그 자체로 국회의원들의 심의·표결에 지장이 있었다고 보기 어려운 점 등을 고려해 볼 때, 피청구인이 한나라당 대표의원과 직접 협의 없이 의사일정순서를 변경하였다고 하여 국회법 제77조 위반으로 보기 어렵다.』[121]고 판시하였다.

미디어법 날치기 통과사건

다음으로, 2009. 10. 29. 2009헌라8·9·10(병합), 소위 미디어법의 날치기통과 문제가 관련되는 국회의원과 국회의장 간의 권한쟁의사건에서 헌법재판소는 세 개의 법안 통과 과정을 분리하여 국회의장이 국회의원의 권한을 침해하였는지 여부에 대하여 다루었다.[122]

심의·표결권의 침해 확인

첫째, 이 사건 각 법률안의 가결선포행위로 인한 권한침해확인 청구에 관하여 결론적으로 피청구인의 법률안 가결선포행위는 청구인들의 법률안 심의·표결권을 침해한 것이라고 확인하였다. 이와 관련되는 세

---

121) 헌재 2008. 4. 24. 2006헌라2, 공보 139, 498(498).

122) 이 판결에 대한 평석으로 박경철, "입법절차의 위법과 법률안가결선포행위의 효력 – 헌재 2009. 10. 29. 선고, 2009헌라8·9·10(병합)결정에 대한 헌법적 검토", 공법연구 제38집 제2호(2009. 12), 285면 이하; 이부하, "변칙적으로 가결·선포된 법률의 효력 – 헌재 2009. 10. 29. 2009헌라8·9·10(병합) 판례 평석을 겸하여", 세계헌법연구 제17집 2호(2011), 456면 이하; 이상명, "판례평석: 국회의원의 심의표결권 침해에 대한 권한쟁의심판 – 대상판결: 헌재 2009. 10. 29. 2009헌라8·9·10(병합) 결정", 한양법학 제21권 제1집(2010. 2), 197면 이하; 홍기원, "법치주의의 요청으로서의 입법절차의 공정성 – 일반론의 정립을 위한 비교법적 고찰", 공법학연구 제12권 제2호(2011), 57면 이하; 임지봉, "입법절차상의 흠결과 법률의 효력; 헌법재판소 미디어법 관련 권한쟁의심판사건 결정의 헌법적 문제점", 법과 사회 제38권(2010), 69면 이하.

부적인 내용을 요약해서 살펴보면 다음과 같다.

① 우선 각 법률안의 본회의 직권상정의 위헌여부가 문제되었다. 우선 청구인들은, 대다수 국민들이 이 사건 각 법률안을 반대하고 있음에도 여야 간 합의나 협상을 무시한 채 국회의장이 이를 본회의에 직권상정하여 강행처리한 것은 적법절차의 원칙이나 대의민주주의 원리에 반한다고 주장하였으나, 이 주장은 받아들여지지 않았다.

② 다음으로 신문법안의 가결·선포행위가 청구인들의 심의·표결권을 침해하였는지 여부가 문제되었다. ⅰ) 먼저 제안취지 설명절차의 위법 여부이다. 우선 신문법 수정안이 회의진행시스템이 아닌 e-의안시스템에 의하여 제안취지 설명이 되었으므로 그것이 국회법 제93조에 위배되어 청구인들의 심의·표결권을 침해하였는지 여부가 쟁점이 되었으나, 재판관 다수의 견해는 이 부분은 위법하지 않다고 보았다. ⅱ) 다음으로 질의·토론절차의 위법 여부이다. 피청구인은 신문법 원안 등 3개의 법률안을 상정한 후 곧바로 질의와 토론을 실시하지 않겠다고 선언하고, 곧이어 신문법 수정안을 상정한 다음 이에 대한 표결을 선포하였는바, 피청구인의 이러한 절차 진행이 법률안 심의에 있어 질의·토론 절차에 관한 국회법 제93조에 위배하여 청구인들의 심의·표결권을 침해하였는지 여부가 문제되었는데, 헌법재판소는 청구인들 이러한 주장을 받아들였다. ⅲ) 끝으로 표결절차의 헌법적 정당성 여부이다. 신문법 수정안에 대한 표결이 진행되는 과정에서 무질서한 상태에서 여러 번에 걸쳐 권한 없는 자에 의한 투표가 이루어지는 등 헌법상 다수결 원리에 반하는 명백한 절차적 하자가 있어 그로 인하여 청구인들의 법률안 심의·표결권이 침해되었는지 여부가 쟁점이 되었는데, 이것이 바로 소위 무권 또는 대리투표행위의 위헌성 문제[123]이다. 이에 관하여 헌법재판소는 신문법 수정안 표결 과정의 현저한 무질서와 불합리 내지 불공정은 그 표결 결과의 정당성에 영향을 미쳤을 개연성이 있으며, 결국 피청구인의 신문법 수정안의 가결선포행위는 헌법 제49조 및 국회법

본회의 직권상정의 위헌여부

신문법안의 가결·선포행위로 인한 심의·표결권 침해여부

---

123) 이에 관하여는 방승주, 재투표 및 대리투표 논란 어떻게 보아야 할 것인가, 법률신문 2009. 8. 6: https://www.lawtimes.co.kr/LawEdit/Edit/EditContents.aspx?kind=ba04&serial =48366 (최종방문일: 2021. 2. 24.)

제109조의 다수결원칙에 위배되어 청구인들의 표결권을 침해하였다고 보았다.

방송법안으로 인한 가결·선포행위의 심의·표결권 침해여부

③ 다음으로 방송법안의 가결·선포행위가 청구인들의 심의·표결권을 침해하였는지에 관한 것이다. ⅰ) 먼저 제안취지 설명절차의 위법여부이다. 방송법 수정안은 15:37 국회의 e-의안시스템에 입력되었고, 15:55 회의진행시스템에 입력되었으며, 피청구인이 15:58 방송법 수정안에 대한 표결을 선포하여 그 표결이 시작되었던 바, 위와 같은 경위에 비추어 방송법 수정안에 대한 제안취지 설명절차가 국회법 제93조에 따라 적법하게 이루어졌는지 여부가 문제되었으나, 이 부분은 신문법안의 경우와 마찬가지로 적법한 것으로 받아들여졌다. ⅱ) 다음으로 질의토론절차의 위법여부이다. 즉, 피청구인은 의사진행의 모두에서 방송법 원안 등 3건의 법률안을 상정한 후 곧바로 질의와 토론을 실시하지 않겠다고 선언하고, 신문법수정안에 대한 표결이 종료된 다음 방송법 수정안을 상정하여 이에 대한 표결을 선포하였는바, 피청구인의 이러한 절차 진행이 법률안 심의에 있어 질의·토론 절차에 관한 국회법 제93조에 위배하여 청구인들의 심의·표결권을 침해하였는지 여부가 문제되었는데, 헌법재판소의 다수의견은 당시 위 법안에 대한 질문토론을 신청한 의원이 있었다고 볼 수 없는 점, 회의장의 혼란스러운 상태 등을 고려할 때 질문토론의 기회를 부여하지 않았다고 하더라도 그것이 국회법 제93조에 위배하여 청구인들의 심의·표결권을 침해한 것이라고 보기는 어렵다고 보았다. ⅲ) 또한 일사부재의의 원칙 위반여부가 문제되었다. 먼저 일사부재의의 원칙 위반여부와 관련하여 헌법재판소 다수의견은 방송법안에 대한 투표가 종료되어 재적의원 과반수의 출석에 미달되었음이 확인된 이상, 방송법안에 대한 국회의 의사는 부결로 확정되었다고 보아야 할 것임에도 피청구인이 이미 존재하는 국회의 방송법안에 대한 확정된 부결의사를 무시하고 재표결을 실시하여 그 표결 결과에 따라 방송법안의 가결을 선포한 것은 일사부재의원칙에 위배하여 청구인들의 표결권을 침해하였다고 보았다.[124] 결론적으로 헌법재판소는 피

---

124) 일사부재의의 원칙 위반이 아니라고 보는 견해로 방승주 (주 123); 위반이라고

청구인의 방송법안의 가결선포행위는 청구인들의 법률안 심의·표결권을 침해하였다고 보았다.

④ 마지막으로 인터넷멀티미디어법안 및 금융지주회사법안의 가결선포행위로 인한 심의·표결권의 침해 여부가 문제되었다. ⅰ) 제안취지 설명절차의 위법 여부와 관련해서, 피청구인이 인터넷멀티미디어법안 등 3건의 법률안을 상정한 다음 "오늘 회의의 심사보고와 제안 설명은 단말기 회의록으로 대체한다."고 함으로써, 이 사건 본회의에서 심의·표결될 모든 안건의 제안취지 설명을 위와 같은 방식에 의한다고 선언한 것으로 이해될 수 있음은 위에서 언급한 바와 같으므로, 피청구인이 위 선언 이후 계속하여 의사를 진행하는 과정에서 금융지주회사법안을 상정하면서 제안취지의 설명 방식을 별도로 언급하지 않았다고 해서 국회법 제93조의 규정에 반한다고 볼 수 없다고 하였다.[125] ⅱ) 다음으로 역시 질의·토론절차의 위법여부가 문제되었다. 피청구인은 의사진행의 모두에서 인터넷멀티미디어법안 등 3건의 법률안을 상정한 후 곧바로 질의와 토론을 생략한다고 선언하였고, 금융지주회사법 원안을 상정한 후 질의·토론에 관하여 아무런 언급도 없이 금융지주회사법 수정안이 제출되어 있음을 고지하고 위 수정안에 대한 표결을 선포하였는바, 피청구인의 이러한 절차 진행이 법률안 심의에 있어 질의·토론 절차에 관한 국회법 제93조에 위배하여 청구인들의 심의·표결권을 침해하였는지 여부인 것이다. 이 부분에 관하여 헌법재판소의 다수견해는 피청구인이 이와 같이 질의·토론절차를 생략하였다 해서 청구인들의 심의·표결권을 침해하였다고 할 수 없다고 보았다. ⅲ) 그리고 금융지주회사법 수정안이 적법한 수정동의에 해당하는지 여부가 문제되었다. 즉, 청구인들의 주장처럼 금융지주회사법 수정안이 금융지주회사법 원안과 전혀 별개의 의안으로서 국회법 제95조가 정한 수정동의의 한계를 벗어남으로써, 금융지주회사법 수정안이 비록 가결되었다고 하더라도 금융지주회사법 원안에 대한 표결이 이루어진 것으로는 볼 수 없는지

인터넷멀티미디어법안 및 금융지주회사법안의 가결·선포행위로 인한 심의·표결권의 침해 여부

보는 견해로, 김경제, "방송법개정안 2차 의결의 헌법적 문제점 - 2009. 7. 22. 방송법안 국회의결과 관련하여", 유럽헌법연구 제8호(2010. 12), 265면 이하.

125) 헌재 2009. 10. 29. 2009헌라8 등, 판례집 제21권 2집 하, 14(75).

여부인데, 이에 대하여 헌법재판소는 금융지주회사법 수정안이 국회법 상 수정동의에 해당되는 이상 위원회의 심사를 거치지 아니하고 본회의 에 곧바로 제출될 수 있는 것이므로 이로써 국회법의 규정을 위반한 경 우로 볼 수는 없다고 하였다.[126) iv) 결론적으로 피청구인의 인터넷멀 티미디어법안 및 금융지주회사법안의 각 가결선포행위가 청구인들의 심 의·표결권을 침해하였는지 여부에 대해서 헌법재판소의 다수의견은 그 렇지 않다고 보았다.[127)

신문법안과 방 송법안의 가 결·선포행위 의 무효확인청 구에 대하여

둘째, 이에 반하여 위 신문법안과 방송법안의 가결·선포행위의 무 효확인청구에 대해서는 동 법안의 가결선포행위의 무효확인까지는 하지 아니하고 가결선포행위의 효력 문제는 국회의 자율에 맡기는 듯한 결론 이었다고 할 수 있다. 즉, ① 신문법안 가결선포행위의 무효확인 청구와 관련하여 다수의견은 다양한 이유로 기각의견이었던 바, 대체로 국회의 원이 국회의장을 상대로 국회에서의 입법절차의 하자로 말미암아 자신 의 심의·표결권이 침해되었다고 주장하는 이 사건과 같은 유형의 권한 쟁의심판에 있어서도 특히 국회의 입법에 관한 자율권을 존중하는 의미 에서 헌법재판소는 원칙적으로 처분의 권한 침해만을 확인하고, 권한 침해로 인하여 야기된 위헌·위법 상태의 시정은 피청구인에게 맡겨두 는 것이 바람직하다 라는 취지였다.[128) ② 다음으로 방송법안의 가결· 선포행위의 무효확인청구에 대해서도 헌법재판소 다수의견은 마찬가지 이유로 기각이었다. ③ 인터넷멀티미디어법안 및 금융지주회사법안의 각 가결선포행위에 관한 무효확인 청구 역시 이유 없어 기각하였다.[129)

미디어법에 대 하여 재심의하 지 않은 부작 위에 대한 권 한쟁의심판 청 구 기각

한편 이 결정이 선고된 후 채 두 달이 못된 2009. 12. 18. 청구인들 중 일부 국회의원들은 청구인들의 법률안에 관한 심의·표결권이 침해 되었다고 하는 헌법재판소의 확인에도 불구하고 국회의장이 동 법률안 에 대하여 국회의원들이 다시 심의·표결할 수 있도록 조치를 취하지

---

126) 헌재 2009. 10. 29. 2009헌라8 등, 판례집 제21권 2집 하, 14(79).
127) 헌재 2009. 10. 29. 2009헌라8 등, 판례집 제21권 2집 하, 14(79).
128) 다기하게 갈라진 기각의견의 상세는 헌재 2009. 10. 29. 2009헌라8 등, 판례집 제 21권 2집 하, 14(79 이하 참조).
129) 헌재 2009. 10. 29. 2009헌라8 등, 판례집 제21권 2집 하, 14(88).

않고 있는 부작위가 국회의원들의 법률안 심의·표결권을 침해하였다는 이유로 국회의장을 상대로 권한쟁의심판을 청구하였다. 헌법재판소는 2010. 11. 25. 이 2009헌라12 국회의원과 국회의장 간의 권한쟁의 사건[130])에 대하여 결론적으로 기각결정을 선고하였는데, 재판관들 중 4인의 의견은 각하, 1인의 의견은 기각, 나머지 3인의 의견은 인용이었으며, 결론적으로 기각이었다. 그러므로 기각의견을 낸 김종대 재판관의 의견이 법정의견이라고 보아야 할 것이며 그 내용은 다음과 같다. "청구인들이 2009헌라8등 사건 권한침해확인결정의 기속력으로 단순히 피청구인에게 이 사건 각 법률안 가결선포행위의 위헌·위법성을 제거할 의무가 있다는 확인을 구하는 취지라면, 그러한 의무는 종전 권한침해확인결정의 기속력에 의하여 이미 발생한 것이므로 이 사건 권한쟁의심판청구를 통하여 거듭 구할 필요성이 없다. 청구인들이 이 사건에서 주장하는 바와 같이 피청구인의 부작위에 대한 위법 확인결정이 이루어진다 한들 그 선언에 따른 기속력이나 구체적 실현방법 또한 종전 권한침해확인결정의 기속력 및 실현방법과 하등 다를 바 없으므로, 앞서 한 권한침해확인결정 외에 새로이 부작위의 위법을 확인해 줄 필요성이 없기 때문이다. ... 따라서, 이 사건 심판청구는 권한침해확인결정의 기속력의 한계를 벗어난 부당한 것이거나, 종전 권한침해확인결정에 따라 이미 발생한 기속력의 재확인을 구하는 불필요한 것이어서 어느 모로 보나 이유 없으므로 이를 기각함이 상당하다."[131])

한편 2010. 12. 28. 2008헌라7, 국회의원과 국회의장 등 간의 권한쟁의 사건에서 헌법재판소는 국회 상임위원회가 그 소관에 속하는 의안, 청원 등을 심사하는 권한은 법률상 부여된 위원회의 고유한 권한이므로, 국회 상임위원회 위원장이 위원회를 대표해서 의안을 심사하는 권한이 국회의장으로부터 위임된 것임을 전제로 한 국회의장에 대한 심판청구는 피청구인적격이 없는 자를 상대로 한 청구로서 부적법하다고

국회의장의 피청구인적격이 없어 심판청구를 각하한 사례

---

130) 이에 대하여 박경철, "입법절차의 하자를 이유로 하는 권한침해확인결정의 심판대상과 기속력의 내용 - 헌법재판소의 2009헌라8·9·10(병합) 결정과 2009헌라12결정과 관련하여", 공법학연구 제13권 제2호(2012. 5), 227면 이하.

131) 헌재 2010. 11. 25. 2009헌라12, 판례집 제22권 2집 하, 320(334).

하였다. 또한 피청구인의 부작위에 의하여 청구인의 권한이 침해당하였다고 주장하는 권한쟁의심판은 피청구인에게 헌법상 또는 법률상 유래하는 작위의무가 있음에도 불구하고 피청구인이 그러한 의무를 다하지 아니한 경우에 허용되는데, 이 사건 당일 국회의장에게 국회 외교통상통일위원회 전체회의가 원만히 이루어지도록 질서유지조치를 취할 구체적 작위의무가 있었다고 보기 어려우므로, 이를 전제로 한 국회의장에 대한 이 사건 심판청구는 피청구인적격이 인정되지 아니하여 부적법하다고 판시하였다.132)

방위사업법 날치기 권한쟁의 사건

헌법재판소는 2011. 8. 30. 2009헌라7, 국회의원과 국회의장 간의 권한쟁의 사건에서, '한국정책금융공사법안' 및 '신용정보의 이용 및 보호에 관한 법률 전부개정법률안(대안)'(이하 이들을 합하여 '이 사건 법률안들'이라 한다)은 위원회의 심사를 거친 안건이지만 청구인으로부터 적법한 반대토론 신청이 있었으므로 원칙적으로 피청구인이 그 반대토론 절차를 생략하기 위해서는 반드시 본회의 의결을 거쳐야 할 것인데(국회법 제93조 단서), 피청구인은 청구인의 반대토론 신청이 적법하게 이루어졌음에도 이를 허가하지 않고 나아가 토론절차를 생략하기 위한 의결을 거치지도 않은 채 이 사건 법률안들에 대한 표결절차를 진행하였으므로, 이는 국회법 제93조 단서를 위반하여 청구인의 법률안 심의·표결권을 침해하였다고 판시하였다. 그러나 한편 그것이 다수결의 원칙(헌법 제49조)과 회의공개의 원칙(헌법 제50조)과 같은 입법절차에 관한 헌법의 규정을 명백히 위반한 흠에 해당하는 것이 아니라면 그 법률안의 가결 선포행위를 곧바로 무효로 볼 것은 아니라고 하면서, 피청구인의 이 사건 법률안들에 대한 가결 선포행위는 그것이 입법절차에 관한 헌법규정을 위반하였다는 등 가결 선포행위를 취소 또는 무효로 할 정도의 하자에 해당한다고 보기는 어렵다고 판시하였다.133)

2011년도 예산안 등 처리와 관련한 권한쟁의 사건

그리고 2012. 2. 23. 2010헌라6 등 국회의원과 국회의장 간의 권한쟁의 사건에 관한 결정에서 헌법재판소는 국회의장이 2010. 12. 8. 열린

132) 헌재 2010. 12. 28. 2008헌라7 등, 판례집 제22권 2집 하, 567(567).
133) 헌재 2011. 8. 30. 2009헌라7, 판례집 제23권 2집 상, 220(220-221).

제294회 국회(정기회) 제15차 본회의에서 2011년도 예산안, 국군부대의 아랍에미리트군 교육 훈련 지원 등에 관한 파견 동의안 외 4건의 법률안을 직권 상정하고 심의·의결하는 과정에서 국회법을 위반한 사정이 있는지 여부에 대하여 판단하였으나, 앞에서 언급한 2008. 4. 24. 2006헌라2 결정에서와 같은 논지로 국회법위반 및 심의·표결권 침해, 그리고 가결선포행위의 무효에 대하여 모두 부인하고 심판청구를 기각하였다.134)

끝으로 전술한 바와 같이 최근 2016. 5. 26. 헌법재판소는 제19대 국회의 여당의원들이 국회선진화법의 위헌성과 그리고 그에 입각한 피청구인의 심사기일 지정거부행위 등이 자신들의 심의·표결권 등을 침해하였음을 주장하면서 국회의장을 피청구인으로 하여 청구한 권한쟁의심판청구를 각하하였다.135)

국회선진화법 통과에 대한 권한쟁의심판 청구 각하

(3) 의장의 당적보유금지

의원이 의장으로 당선된 때에는 당선된 다음 날부터 그 직에 있는 동안은 당적을 가질 수 없다. 다만, 국회의원총선거에 있어서 「공직선거법」 제47조의 규정에 의한 정당추천후보자로 추천을 받고자 하는 경우에는 의원 임기만료일전 90일부터 당적을 가질 수 있다(국회법 제20조의2 제1항)136).

의장의 당적보 유금지

당적을 이탈한 의장이 그 임기를 만료한 때에는 당적을 이탈할 당시의 소속정당으로 복귀한다(국회법 제20조의2 제2항).

임기만료시 소 속정당으로 복 귀

(4) 임시의장과 직무대행 등

의장이 사고가 있을 때에는 의장이 지정하는 부의장이 그 직무를 대리한다(국회법 제12조 제1항)137). 의장이 심신상실 등 부득이한 사유로

부의장의 의장 직무대리

---

134) 헌재 2012. 2. 23. 2010헌라5·6(병합), 판례집 제24권 1집 상, 48(67-68).
135) 헌재 2016. 5. 26. 2015헌라1, 판례집 제28권 1집 하, 170 [각하]
136) 개정 2007. 12. 14.
137) 국회부의장이 권한쟁의심판청구의 피청구인이 될 수 있는지 여부와 관련하여 헌법재판소는 『권한쟁의심판에 있어서는 처분 또는 부작위를 야기한 기관으로서 법적 책임을 지는 기관만이 피청구인 적격을 가지므로, 권한쟁의심판청구는 이들 기관을 상대로 제기하여야 한다. 국회의장과는 달리 국회부의장은 국회의장의 위임에 따라 그 직무를 대리하여 법률안 가결선포행위를 할 수 있을 뿐, 법률안 가결선포행위에 따른 법적 책임을 지는 주체가 될 수 없으므로 권한쟁의심판청구

의사표시를 할 수 없게 되어 직무대리자를 지정할 수 없을 때에는 소속 의원 수가 많은 교섭단체 소속 부의장의 순으로 의장의 직무를 대행한 다(국회법 제12조 제2항). 의장 등 선거에 있어서 국회의원총선거 후 최초 로 의장과 부의장을 선거할 때 등, 일정한 경우에는 출석의원 중 최다선 의원이, 최다선의원이 2인 이상인 경우에는 그중 연장자가 의장의 직무 를 대행한다(국회법 제18조).

임시의장의 선 출

의장과 부의장이 모두 사고가 있을 때에는 임시의장을 선출하여 의 장의 직무를 대행하게 한다(국회법 제13조). 임시의장은 무기명투표로 선 거하되 재적의원 과반수의 출석과 출석의원 다수득표자를 당선자로 한 다(국회법 제17조).

사무총장의 의 장직무 대행

국회의원총선거 후 의장이나 부의장이 선출될 때까지의 임시회의 집회공고에 관하여는 사무총장이 의장의 직무를 대행한다. 최초로 선출 된 의장과 부의장의 임기만료일까지 부득이한 사유로 의장이나 부의장 을 선출하지 못한 때에도 또한 같다(국회법 제14조).

2. 원내 교섭단체와 그 밖의 그룹들

원내의 정당 또는 정파

교섭단체(Negotiation Group)는 원칙적으로 국회에 일정 수 이상의 의 석을 가진 정당에 소속된 의원들로 구성되는 원내의 정당 또는 정파를 말한다.[138]

20인이상 의원 이 있을 때 교 섭단체구성

국회에 20인 이상의 소속의원을 가진 정당은 하나의 교섭단체가 된 다. 그러나 다른 교섭단체에 속하지 아니하는 20인 이상의 의원으로 따 로 교섭단체를 구성할 수 있다(국회법 제33조 제1항). 교섭단체의 대표의 원은 그 단체의 소속의원이 연서·날인한 명부를 의장에게 제출하여야 하며, 그 소속의원에 이동이 있거나 소속정당의 변경이 있을 때에는 그 사실을 지체없이 의장에게 보고하여야 한다. 다만, 특별한 사유가 있을 때에는 당해 의원이 관계서류를 첨부하여 이를 보고할 수 있다(동조 제2

의 피청구인 적격이 인정되지 아니한다.」고 판시하였다. : 헌재 2009. 10. 29. 2009헌라8·9·10(병합), 판례집 제21권 2집 하, 14(35).

138) 헌재 2003. 10. 30. 2002헌라1, 판례집 제15권 2집 하, 17, 29−34(30).

항). 어느 교섭단체에도 속하지 아니하는 의원이 당적을 취득하거나 소속정당을 변경한 때에는 그 사실을 즉시 의장에게 보고하여야 한다(동조 제3항).

독일 공법학자 마우러(Maurer)에 따르면 원내 교섭단체를 구성하지 못한 정당소속 의원들이라 하더라도 그룹을 만들어 의회에서 의정활동을 수행할 수 있도록 해야 할 필요가 있다. 그리고 원내 교섭단체는 의원의 수에 비례하여 지원을 받을 수 있도록 해야 한다고 한다. 즉 의원들은 자기들 단체의 수에 비례한 위원회 위원석을 점유할 권리가 있다는 것이다.[139] 하지만 독일 연방헌법재판소에 따르면 조사위원회나 조정위원회 또는 공동위원회에서의 위원회위원석 점유권이라든가 아니면 교섭단체에 지급되는 보조금 전액을 청구할 수 있는 권리 등은 인정되지 않는다고 한다[140].

> 원내 교섭단체를 구성하지 못한 정당소속 의원도 단체설립가능

헌법재판소는 공직선거및선거부정방지법에 의해 설립된 대통령선거방송토론위원회가 공영방송 텔레비전을 이용한 후보자 대담·토론회에 참석할 후보자의 선정기준에 관하여, 원내교섭단체 보유 정당의 대통령후보자와 여론조사결과 평균지지율 10% 이상인 대통령후보자를 초청하여 3회에 걸쳐 다자간 합동방송토론회를 개최하기로 정한 1997. 11. 24. 자 결정 및 그 공표행위는 헌법상 평등의 원칙과 국민의 알권리 및 후보자 선택의 자유와 선거운동에 있어서의 기회균등원칙을 침해하지 않는다고 보았다.[141]

> 평균지지율 10% 이상 후보자만 방송토론회에 초청한 것 합헌

3. 위원회

국회의 위원회는 상임위원회와 특별위원회의 두 가지가 있다(국회법 제35조). 상임위원회는 그 소관에 속하는 의안과 청원등의 심사 기타 법률에서 정하는 직무를 행한다(국회법 제36조).

> 상임위원회와 특별위원회

---

139) Maurer (주 73), S. 423.
140) BVerfGE 84, 304, 327 ff. Maurer (주 73), S. 421 ff.
141) 헌재 1998. 8. 27. 97헌마372 등, 판례집 제10권 2집, 461, 473-479.

가. 상임위원회

국회법은 1. 국회운영위원회, 2. 법제사법위원회, 3. 정무위원회, 4. 기획재정위원회, 5. 교육위원회, 6. 과학기술정보방송통신위원회, 7. 외교통일위원회, 8. 국방위원회, 9. 행정안전위원회, 10. 문화체육관광위원회, 11. 농림축산식품해양수산위원회, 12. 산업통상자원중소벤처기업위원회, 13. 보건복지위원회, 14. 환경노동위원회, 15. 국토교통위원회, 16. 정보위원회, 17. 여성가족위원회 등 17개의 상임위원회를 두고 그 소관사항을 상세히 규정하고 있다(국회법 제37조).

나. 특별위원회(국회법 제44조)

본회의 의결로 필요한 경우 특별위원회를 둘 수 있음

국회는 둘 이상의 상임위원회와 관련된 안건이거나 특히 필요하다고 인정한 안건을 효율적으로 심사하기 위하여 본회의의 의결로 특별위원회를 둘 수 있다. 특별위원회의 활동 및 존속기간, 종료, 활동기간 연장, 활동결과보고서 등에 대하여는 국회법 제44조에 자세히 규정되어 있다.

또한 국회법은 예산안, 기금운용계획안 및 결산(세입세출결산과 기금결산을 말한다. 이하 같다)을 심사하기 위하여 예산결산특별위원회를 두고서 이에 관한 자세한 규정을 제45조에 두고 있다.

윤리특별위원회

그리고 국회법은 의원의 자격심사·징계에 관한 사항을 심사하기 위하여 제44조 제1항에 따라 윤리특별위원회를 구성하고 있다. 윤리특별위원회는 의원의 징계에 관한 사항을 심사하기 전에 제46조의2에 따른 윤리심사자문위원회의 의견을 청취하여야 한다. 이 경우 윤리특별위원회는 윤리심사자문위원회의 의견을 존중하여야 한다. 윤리특별위원회의 운영 등에 관하여 국회법에서 정한 사항 외에 필요한 사항은 국회규칙으로 정하도록 하고 있다(국회법 제46조).

헌법기관의 임명동의안과 국회선출안 등의 심사를 위한 인사청문특별위원회

국회는 헌법에 의하여 그 임명에 국회의 동의를 요하는 대법원장·헌법재판소장·국무총리·감사원장 및 대법관에 대한 임명동의안과 의장이 각 교섭단체 대표의원과 협의하여 제출한 헌법재판소 재판관 및 중앙선거관리위원회 위원에 대한 선출안 등을 심사하기 위하여 인사청

문특별위원회를 둔다. 다만, 대통령직인수에관한법률 제5조 제2항의 규정에 의하여 대통령당선인이 국무총리후보자에 대한 인사청문의 실시를 요청하는 경우에 의장은 각 교섭단체대표의원과 협의하여 그 인사청문을 실시하기 위한 인사청문특별위원회를 둔다. 인사청문특별위원회의 구성과 운영에 관하여 필요한 사항은 따로 법률로 정한다(국회법 제46조의3).

위원회는 소관 사항을 분담·심사하기 위하여 상설소위원회를 둘 수 있고, 필요한 경우 특정한 안건의 심사를 위하여 소위원회를 둘 수 있다. 이 경우 소위원회에 대하여 국회규칙으로 정하는 바에 따라 필요한 인원 및 예산 등을 지원할 수 있다(국회법 제57조 제1항). 소위원회에 관한 자세한 사항은 국회법 제57조가 규정하고 있다.

상설소위원회

V. 국회의 회의

1. 정기회와 임시회: 제47조

국회의 정기회는 법률이 정하는 바에 의하여 매년 1회 집회되며, 국회의 임시회는 대통령 또는 국회재적의원 4분의 1이상의 요구에 의하여 집회된다(제1항). 정기회의 회기는 100일을, 임시회의 회기는 30일을 초과할 수 없다(제2항). 대통령이 임시회의 집회를 요구할 때에는 기간과 집회요구의 이유를 명시하여야 한다(제3항).

국회 정기회 규정

우리 국회의 경우 소위 제3공화국까지는 연 회기일수의 제한이 없었고, 정기회와 임시회의 회기도 제5대 국회까지는 의결로 제한 없이 연장이 가능하였다. 정기회 및 임시회 회기일수 제한 규정은 1962년 개정헌법(제5차)에서 신설되었으며, 1972년 개정헌법(제7차)에서는 국회의 상설화를 막기 위하여 "정기회와 임시회의 회기를 합하여 150일을 초과할 수 없다"는 규정을 신설하여 유지하여 오다가 현행 헌법에서는 정기회와 임시회의 합산에 관한 제한규정을 삭제하였다.[142]

정기회와 임시회 규정의 변천

---

142) 박선영, 헌법 제47조, (사) 한국헌법학회 편, 헌법주석 [국회, 정부] 제40조~제100조, 경인문화사 2017, 121－133(122).

정기회 매년
9월 1일
정기회와 임시회에 관한 국회법의 규정을 보면 다음과 같다.

정기회는 매년 9월 1일에 집회한다. 그러나 그 날이 공휴일인 때에는 그 다음 날에 집회한다(제4조).

임시회 공고와
집회
임시회의 집회요구가 있을 때에는 의장은 집회기일 3일전에 공고한다. 이 경우 2 이상의 집회요구가 있을 때에는 집회일이 빠른 것을 공고하되, 집회일이 같은 때에는 그 요구서가 먼저 제출된 것을 공고한다(국회법 제5조 제1항). 의장은 제1항의 규정에 불구하고 내우·외환·천재·지변 또는 중대한 재정·경제상의 위기, 국가의 안위에 관계되는 중대한 교전상태나 전시·사변 또는 이에 준하는 국가비상사태에 있어서는 집회기일 1일 전에 공고할 수 있다(제2항). 국회의원 총선거 후 최초의 임시회는 의원의 임기 개시 후 7일에 집회하며, 처음 선출된 의장의 임기가 만료되는 때가 폐회중인 경우에는 늦어도 임기만료일 5일까지 집회한다. 그러나 그 날이 공휴일인 때에는 그 다음 날에 집회한다(제3항).

교섭단체 대표
의원과의 협의
를 거쳐 국회
운영 기본일정
확정
의장은 국회의 연중 상시 운영을 위하여 각 교섭단체 대표의원과의 협의를 거쳐 매년 12월 31일까지 다음 연도의 국회 운영 기본일정(국정감사를 포함한다)을 정하여야 한다. 다만, 국회의원 총선거 후 처음 구성되는 국회의 해당 연도 국회 운영 기본일정은 6월 30일까지 정하여야 한다(제5조의2 제1항).

연간 국회운영
기본일정
연간 국회 운영 기본일정은 다음 각 호의 기준에 따라 작성한다. 1. 2월·3월·4월·5월 및 6월 1일과 8월 16일에 임시회를 집회한다. 다만, 국회의원 총선거가 있는 경우 임시회를 집회하지 아니하며, 집회일이 공휴일인 경우에는 그 다음 날에 집회한다. 2. 정기회의 회기는 100일로, 제1호에 따른 임시회의 회기는 해당 월의 말일까지로 한다. 다만, 임시회의 회기가 30일을 초과하는 경우에는 30일로 한다. 3. 2월, 4월 및 6월에 집회하는 임시회의 회기 중 한 주(週)는 제122조의2에 따라 정부에 대한 질문을 한다(제5조의2 제2항).

회기
국회의 회기는 의결로 정하고 그 연장도 의결로 정하도록 되어 있으며, 국회의 회기는 집회 후 즉시 정하여야 한다(국회법 제7조). 또한 국

회는 의결로 기간을 정하여 휴회할 수 있으며, 휴회중이라도 대통령의   휴회
요구가 있을 때, 의장이 긴급한 필요가 있다고 인정할 때 또는 재적의원
4분의 1 이상의 요구가 있을 때에는 회의를 재개한다(국회법 제8조)

2. 의사결정의 원리: 제49조 다수결의 원리 – 제6절, 제3관, VI 참조

판례 헌재 2009. 10. 29. 2009헌라8, 국회의원과 국회의장 등 간의 권한쟁의

헌법 제49조가 천명한 다수결의 원칙은 국회의 의사결정 과정의 합리성 내지 정당성이 확보될 것을 전제로 한 것이고, 국회의원의 법률안 표결권은 국회의 구성원으로서 자신과 다른 국회의원의 표결권이 모두 정당하게 행사되고 확인되는 과정을 거쳐 국회의 최종 의사로 확정되는 국회입법권의 근본적인 구성요소이다. 따라서 법률안에 대한 표결의 자유와 공정이 현저히 저해되고 이로 인하여 표결 결과의 정당성에 영향을 미칠 개연성이 인정되는 경우라면, 그러한 표결 절차는 헌법 제49조 및 국회법 제109조가 규정한 다수결 원칙의 대전제에 반하는 것으로서 국회의원의 법률안 표결권을 침해한다.

신문법 수정안 표결 전후의 무질서하였던 회의장 상황 및 현행 전자투표 방식의 맹점 등을 고려할 때, 피청구인으로서는 표결과정에서 요구되는 최소한의 질서를 확보하고 위법한 투표행위나 투표 방해행위를 제지하는 등의 조치를 취하였어야 함에도 그러지 못한 결과, 신문법 수정안에 대한 표결 과정에 권한 없는 자에 의한 임의의 투표행위, 위법한 무권 또는 대리투표행위로 의심받을 만한 여러 행위, 투표방해 또는 반대 투표행위 등 정상적인 절차에서 나타날 수 없는 투표행위가 다수 확인되는바, 신문법 수정안에 대한 표결 절차는 자유와 공정이 현저히 저해되었다.

신문법 수정안 표결 전후 상황, 위법의 의심이 있는 투표행위의 횟수 및 정도 등을 종합하면, 신문법 수정안의 표결 결과는 극도로 무질서한 상황에서 발생한 위법한 투표행위, 정당한 표결권 행사에 의한 것인지를 객관적으로 가릴 수 없는 다수의 투표행위들이 그대로 반영된 것으로서, 표결과정의 현저한 무질서와 불합리 내지 불공정이 표결 결과의 정당성에 영향을 미쳤을 개연성이 있다. 결국, 피청구인의 신문법안 가결선포행위는 헌법 제49조 및 국회법 제109조의 다수결 원칙에 위배되어 청구인들의 표결권을 침해한 것이다.

> 판례 헌재 2010. 11. 25. 2009헌라12, 국회의원과 국회의장 간의 권한쟁의
>
> 판례 헌재 2010. 12. 28, 2008헌라7, 국회의원과 국회의장 등 간의 권한쟁의, 판례집 제22권 2집 하, 567, 568
>
> 판례 헌재 2011. 08. 30, 2009헌라7, 국회의원과 국회의장 간의 권한쟁의, 판례집 23-2상, 220.

3. 의사공개의 원칙[143]: 제50조

국회 의사결정의 민주적 정당성 보장

국회의 의사결정이 민주적 정당성을 가지려면 이 회의공개의 원칙이 유지되지 않으면 안 된다. 이 회의공개의 원칙은 국회에서 일어나는 모든 일에 대하여 희망하는 국민은 직접 방청할 수 있어야 하고, 방송사와 신문 등 언론이 직접 보도할 수 있어야 하며, 이러한 보도와 회의록 공개를 통해서 국민들이 국회에서 일어나는 일들에 대하여 투명하게 알 수 있어야 한다는 것이다.[144]

민주주의와 의회주의의 본질적 요소, 헌법개정의 한계에 해당

의회에서 일어나는 모든 논의와 결정과정을 투명하게 공개하는 것은 민주주의와 의회주의의 본질적인 요소[145]로서 독일의 몰록(Morlock)과 같은 학자는 그 자체가 포기할 수 없는 헌법개정의 한계에 속하는 사항으로 보는데 우리 헌법 하에서도 이는 타당하다(헌법개정의 한계에 해당된다)고 생각된다.[146] 이 공개는 형식적 공개뿐만 아니라 실질적 공개

---

143) 방승주 (주 79), 418면 이하 참조.

144) 헌재 2000. 6. 29. 98헌마443 등, 판례집 제12권 1집, 886 [기각]; Steffen Johann Iwers, Durchführung von Sitzungen, Abstimmungen und Wahlen des Landtages in krisenhaften Notlagen, Landtag Brandenburg, Parlamentarischer Beratungsdienst vom 23. Juni 2020, S. 6, 8; 신현직, 헌법 제50조, 김철수 외 9인 공저, 주석헌법, 법원사 1992, 314-316(315)면과, 김철수 (주 2), 1283면에서는 '국회회의록의 공표나 배부의 자유'를 '방청의 자유'와 '보도의 자유'와 같은 차원에서 기술하고 있으나, 국회의 입장에서는 '회의록을 작성하고 이를 공개할 의무로, 이에 반하여 국민의 입장에서 본다면 '회의록에 대한 접근의 자유'로 표현하는 것이 더 적절해 보인다.

145) BeckOK GG/Brocker, 45. Ed. 15.11.2020, GG Art. 42 Rn. 1; 박선영, 헌법 제50조, (사) 한국헌법학회 편, 헌법주석 [국회, 정부] 제40조-제100조, 2017, 175-185(183)면.

146) Martin Morlock, in: H. Dreier (Hrsg), GG-Kommentar, Bd II, 3. Aufl. 2015, Art. 42, Rn. 20.

도 포함되는데, 실질적 공개란 국회에서의 논의가 투명하고 수긍할 만하며 또한 명료해야 한다는 것을 말한다. 다시 말해서 현안이 되고 있는 문제에 대하여 국민이 독자적인 의사형성을 할 수 있기 위해서는 의회에서의 논의가 분명하고 이해할 수 있어야 한다는 것이다.[147]

여기에서 공개의 대상이 되는 회의에 본회의가 포함되는 것은 확실하지만, 과연 위원회도 포함될 것인지가 문제된다. 우리 헌법 제50조 제1항 제1문의 조문구조와 유사한 규정을 하고 있는 독일 기본법 제42조의 공개대상 회의에 위원회가 포함될 것인지, 포함된다면 어느 범위 내에서 포함될 것인지에 관해서 독일에서는 상당히 논란이 되고 있다.[148] 우리의 경우, 헌재 판례[149]와 긍정설[150]에 따르면 이 공개대상 회의에는 위원회도 당연히 포함된다고 보는 데 반하여, 헌법 제50조 제1항의 "국회의 회의"는 본회의를 말하는 것이기 때문에, 회의공개의 원칙의 적용범위에 위원회 회의가 당연히 포함되는 것은 아니나, 대의민주주의에서의 회의공개원칙의 중요성, 오늘날 의회의 의사가 실질적으로 위원회에서 결정된다는 점, 그리하여 회의공개의 원칙이 제대로 기능하려면 위원회에 대해서도 이를 적용해야 할 필요성이 있다는 점에서 그 근거를 찾고자 하는 신중론[151]도 있다.

생각건대, 헌법 제50조 제1항의 "국회의 회의"의 의미는 그것이 본

공개의 대상 문제

위원회의 회의

---

147) Martin Morlock (주 146), Rn. 21.

148) Maunz/Dürig/Klein, 90. EL Februar 2020, GG Art. 42, Rn. 38-46; 위원회 회의에도 공개의 원칙이 적용되어야 한다고 강조하고 있는 견해로는 가령 Martin Morlock (주 146), Rn. 24; Iwers (주 144), S. 20.에 따르면 위원회 회의를 디지털 원격회의로 할 수 있는가 하는 문제는 의사규칙의 자율에 맡겨져 있다고 보고 있다.

149) 헌재 2009. 9. 24. 2007헌바17, 판례집 제21권 2집 상, 469 [합헌,각하]; 헌재 2000. 6. 29. 98헌마443 등, 판례집 제12권 1집, 886, [기각]: "결국 본회의든 위원회 회의든 국회의 회의는 원칙적으로 공개하여야 하고, 원하는 모든 국민은 원칙적으로 그 회의를 방청할 수 있는 것이다."(897).

150) 성낙인 (주 3), 425면; 홍성방 (주 5), 126면; 전광석 (주 22), 643면; 김하열, 헌법강의, 박영사 2018, 777면; 신현직 (주 144), 315면; 박선영 (주 145), 176면; 헌재 2000. 6. 29. 98헌마443 등, 판례집 제12권 1집, 886 [기각]; 이준일. 헌법학강의 제7판, 홍문사 2019, 881-882면.

151) 한수웅, 헌법학, 제8판, 법문사 2018, 1134면. 의사공개의 원칙은 국회의 본회의에만 적용되는 것이고, 국회의 위원회는 공개하지 않을 수도 있다는 입장으로 김철수 (주 2), 1282면.

도 공개대상에 포함

회의이든 위원회이든 국회의 헌법상 기능을 실현하기 위하여 "국회에서 이루어지는 모든 회의"라고 하는 의미로 새길 수 있는 가능성도 있다는 점과, 오늘날 대의민주주의 하에서 국회의 의사결정이 보다 투명하게 이루어지도록 하려면 본회의뿐만 아니라, 위원회에도 원칙적으로 회의 공개의 원칙이 적용되어야 할 필요성이 있다는 점을 고려한다면 긍정설이 타당한 해석이라고 생각된다. 아무튼 우리 헌법 제50조는 출석의원 과반수의 찬성이 있거나, 의장이 국가의 안전보장을 위하여 필요하다고 인정할 때에는 공개하지 아니할 수 있으며, 공개하지 아니한 회의내용의 공표에 관하여는 법률이 정하는 바에 의한다고 규정하고 있으므로, 회의의 공개여부의 문제에 관해서도 최종적으로는 국회의 자율권에 맡겨져 있다고 볼 수 있다.

회의공개 원칙의 제한

우리 헌법 제50조는 국회의 회의는 공개한다고 규정하고 있다(제1항 본문). 다만 출석의원 과반수의 찬성이 있거나 의장이 국가의 안전보장을 위하여 필요하다고 인정할 때에는 공개하지 아니할 수 있다(제1항 단서). 공개하지 아니한 회의내용의 공표에 관하여는 법률이 정하는 바에 의한다(제2항).

국회법 제75조

그리고 국회법 제75조는 이 회의공개의 원칙을 다음과 같이 구체화하고 있다. 즉, 본회의는 공개한다. 다만, 의장의 제의 또는 의원 10인 이상의 연서에 의한 동의로 본회의의 의결이 있거나 의장이 각 교섭단체대표의원과 협의하여 국가의 안전보장을 위하여 필요하다고 인정할 때에는 공개하지 아니할 수 있다(제1항). 회의의 비공개 제의나 동의에 대하여는 토론을 하지 아니하고 표결한다(제2항).

정보위원회 회의비공개 원칙

정보위원회의 회의는 공개하지 않는 것을 원칙으로 하고 있다. 다만 공청회 인사청문회의 경우 위원회의 의결로 공개할 수도 있다(국회법 제54조의2).

소위원회 회의공개 원칙

또한 소위원회의 회의도 공개를 원칙으로 하나 소위원회의 의결로 공개하지 아니할 수 있다(국회법 제57조 제5항).

위원장은 의원으로부터 비공개회의록 기타 비밀참고자료의 열람의 요구가 있을 때에는 심사·감사 또는 조사에 지장이 없는 한 이를 허용하여야 한다. 그러나 국회 밖으로는 대출하지 못한다(국회법 제62조).

그리고 청문회 역시 공개하지만 위원회 의결로 공개하지 아니할 수 있다(국회법 제65조 제4항).

공개하지 아니한 회의의 내용은 공표되어서는 아니된다. 다만, 본회의의 의결 또는 의장의 결정으로 제1항 단서의 사유가 소멸되었다고 판단되는 경우에는 이를 공표할 수 있다(국회법 제118조 제4항).

본회의 또는 위원회의 의결로 공개하지 아니하기로 한 경우를 제외하고는 의장 또는 위원장은 회의장안(본회의장은 방청석에 한한다)에서의 녹음·녹화·촬영 및 중계방송을 국회규칙이 정하는 바에 따라 허용할 수 있다(국회법 제149조의2 제1항). 제1항의 녹음·녹화·촬영 및 중계방송을 하는 자는 회의장의 질서를 문란하게 하여서는 아니 된다(제2항).

징계에 관한 회의는 공개하지 아니한다. 다만, 본회의 또는 위원회의 의결이 있을 때에는 그러하지 아니하다(국회법 제158조).

> **판례** 이 사건 한미 FTA 비준동의안(이하, '이 사건 동의안'이라 한다)은 헌법 제60조 제1항의 국회의 동의를 필요로 하는 조약에 해당하므로 소수당 소속 외통위 위원인 청구인들 각자에게 이 사건 동의안에 대한 심의·표결권이 인정되며, 상임위원회 위원장의 질서유지권은 상임위원회에서 위원들을 폭력으로부터 보호하고 안건이 원활하게 토의되게 하기 위하여 발동되는 것이므로, 위와 같은 목적을 위하여 행사되어야 하는 한계를 지닌다.
>
> 외통위 위원장인 피청구인이 이 사건 당일 개의 무렵부터 회의 종료시까지 외통위 회의장 출입문의 폐쇄상태를 유지함으로써 회의의 주체인 소수당 소속 외통위 위원들의 회의장 출석을 봉쇄한 것은 '상임위원회 회의의 원활한 진행'이라는 질서유지권의 인정목적에 정면 배치되는 것으로서 질서유지권 행사의 한계를 벗어난 행위이므로, 이를 정당화할 만한 특별한 사정이 있었다는 점에 대한 입증책임이 피청구인에게 부과된다 할 것인데, 이 사건에 나타난 사정을 종합하더라도 이를 정당화할 만한 불가피한 사정이 있었다고 보기 어렵다.
>
> 그러므로 피청구인이 청구인들의 출입을 봉쇄한 상태에서 이 사건 회의를 개의하여 한미 FTA 비준동의안을 상정한 행위 및 위 동의안을 법안심사소위원회에 심사회부한 행위는 헌법 제49조의 다수결의 원리, 헌법 제50조 제1항의 의사공개의 원칙과 이를 구체적으로 구현하는 국회법 제54조, 제75조 제1항에

옆: 청문회 공개원칙

옆: 비공개 내용 공표불가

옆: 녹음·녹화·촬영 및 중계방송 허용

옆: 징계에 관한 회의 비공개

반하는 위헌, 위법한 행위라 할 것이고, 그 결과 청구인들은 이 사건 동의안
심의과정(대체토론)에 참여하지 못하게 됨으로써, 이 사건 상정·회부행위로
인하여 헌법에 의하여 부여받은 이 사건 동의안의 심의권을 침해당하였다 할
것이다.152)

4. 회기계속의 원칙: 제51조

임기 중 일체
성과 동일성
유지

국회에 제출된 법률안 기타의 의안은 회기 중에 의결되지 못한 이
유로 폐기되지 아니한다. 다만, 국회의원의 임기가 만료된 때에는 그러
하지 아니하다. 이와 같이 국회에 제출된 의안이 회기 중에 의결되지 못
하였다 하더라도 그 이유로 폐기되지 아니한다는 원칙이 회기계속의 원
칙이다. 이것은 국회가 매 회기마다 독립된 별개의 국회가 아니라, 임기
중에는 일체성과 동일성을 가지는 국회로서 존재한다는 것을 의미한
다.153)

회기불계속의
원칙

이에 반하여 회기불계속의 원칙은 의회의 1회기 중에 심의가 완료
되지 아니한 안건은 그 회기가 끝남으로써 소멸하고 다음 회기에 계속
되지 아니한다는 원칙을 말하는데 오늘날 영국이나 일본이 회기불계속
의 원칙을 채택하고 있는 대표적인 나라이다.154)

VI. 국회의 권한

1. 법률안 의결권: 제53조

국회권한중 가
장 고유하고
본질적인 권한

법률안에 대하여 의결할 수 있는 권한은 국회의 권한 중에서 가장
고유하고도 본질적인 권한이라고 할 수 있다. 국회의원이나 정부에서
제출한 법률안은 국회에서 본회의에 상정된 후 소관 상임위원회에 회부
된다. 상임위원회에 회부된 법률안은 먼저 제안이유 설명, 대체토론, 소

---

152) 헌재 2010. 12. 28, 2008헌라7, 판례집 제22권 2집 하, 567, 568.
153) 권영성, 헌법학원론, 법문사, 2010, 890면; 박선영, 헌법 제51조, (사) 한국헌법학
　　회 편, 헌법주석 [국회, 정부] 제40조-제100조, 2017, 186-195, 187면.
154) 박선영 (주 153), 189면.

위원회 회부, 표결 등의 과정을 거쳐서 상임위원회에서 통과여부가 결정된다. 이 과정에서 수정안이 제출될 수도 있고 법률안이 폐기될 수도 있다. 상임위원회 스스로가 수정안을 제출할 수도 있다. 상임위원회에서 통과되지 못하면 법률안은 폐기되어 본회의에 상정되지 않는 것이 보통이지만 예외적으로 국회의원 상당수가 본 회의에서 심의를 요구하면 본회의에서 다시 심의할 수 있다.[155)]

국회에서 의결된 법률안은 정부에 이송되어 15일 이내에 대통령이 공포한다(헌법 제53조 제1항). 법률안에 이의가 있을 때에는 대통령은 제1항의 기간 내에 이의서를 붙여 국회로 환부하고, 그 재의를 요구할 수 있다. 국회의 폐회중에도 또한 같다(제2항). 대통령은 법률안의 일부에 대하여 또는 법률안을 수정하여 재의를 요구할 수 없다(제3항). 재의의 요구가 있을 때에는 국회는 재의에 붙이고, 재적의원과반수의 출석과 출석의원 3분의 2 이상의 찬성으로 전과 같은 의결을 하면 그 법률안은 법률로서 확정된다(제4항). 대통령이 제1항의 기간 내에 공포나 재의의 요구를 하지 아니한 때에도 그 법률안은 법률로서 확정된다(제5항). 대통령은 제4항과 제5항의 규정에 의하여 확정된 법률을 지체없이 공포하여야 한다. 제5항에 의하여 법률이 확정된 후 또는 제4항에 의한 확정법률이 정부에 이송된 후 5일 이내에 대통령이 공포하지 아니할 때에는 국회의장이 이를 공포한다(제6항). 법률은 특별한 규정이 없는 한 공포한 날로부터 20일을 경과함으로써 효력을 발생한다(제7항).

법령의 공포절차에 관하여는 "법령 등 공포에 관한 법률"에 상세히 규정되어 있다. 법률 공포문의 전문에는 국회의 의결을 받은 사실을 적고, 대통령이 서명한 후 대통령인을 찍고 그 공포일을 명기하여 국무총리와 관계 국무위원이 부서한다(법령 등 공포에 관한 법률 제5조 제1항). 헌법 제53조 제6항에 따라 국회의장이 공포하는 법률의 공포문 전문에는 국회의 의결을 받은 사실과 「대한민국헌법」 제53조 제6항에 따라 공포한다는 뜻을 적고, 국회의장이 서명한 후 국회의장인(國會議長印)을 찍

의결된 법률안은 대통령이 공포

법령의 공포절차

---

155) 이성환, 헌법 제53조, (사) 한국헌법학회 편, 헌법주석 [국회, 정부] 제40조 – 제100조, 2017, 205면 이하(209).

고 그 공포일을 명기하여야 한다(동조 제2항).

2. 예산안 심의 · 확정권: 제54조

예산안 의결권   국회는 국가의 예산안을 심의·확정한다.(헌법 제54조 제1항) 이것을 예산안 의결권이라고도 한다.

    예산과 관련하여 헌법은 다음과 같은 규정들을 두고 있다. 국회는 정부의 동의 없이 정부가 제출한 지출예산 각항의 금액을 증가하거나 새 비목을 설치할 수 없다(제57조). 한 회계연도를 넘어 계속하여 지출할 필요가 있을 때에는 정부는 연한을 정하여 계속비로서 국회의 의결을 받아야 한다. 예비비는 총액으로 국회의 의결을 얻어야 한다. 예비비의 지출은 차기국회의 승인을 얻어야 한다(제55조). 정부는 예산에 변경을 가할 필요가 있을 때에는 추가경정예산안을 편성하여 국회에 제출할 수 있다(제56조).

국가재정의 집 행계획   예산이라 함은 1회계년도에 예상되는 총세입과 총세출을 총괄적으로 계상 편성하여 국회의 의결을 얻은 국가재정의 집행계획이라고 할 수 있다. 국가가 그 기능을 수행하기 위해서는 예산이 따르기 마련이기 때문에 예산의 집행계획이 없는 국가작용이란 존재할 수 없는 것이다.156)

법률의 형식과 비법률의 형식   예산의 존재형식은 두 가지로 나뉘어질 수 있는데 첫째 독일과 같이 법률의 형식으로 존재하는 경우와 둘째, 우리나라와 같이 법률이 아니라 단지 예산안으로 존재하는 경우이다. 비록 법률의 형식이 아닌 비법률형식을 취하는 나라의 예산이라 하더라도 그 예산이 과연 법규범으로서의 성격을 갖는가 하는 문제가 논란이 된다. 그러나 비록 비법률형식을 띤다 하더라도 예산에 관한 준칙규범으로서의 성격을 띤다고 하는 견해가 유력하다.157)

예산과 법률의 밀접 불가분의 관계   예산과 법률은 서로 밀접 불가분의 관계를 갖는다. 예산의 뒷받침이 없는 법률의 집행은 그 자체가 공론에 불과하고, 또한 법률적 근거가 없는 예산의 집행 역시 가능하지 않기 때문이다. 그러한 의미에서 법률

---

156) 이하 허영 (주 33), 994면 이하 주로 참조함.

157) 허영 (주 33), 994-995면.

과 예산은 서로 일정한 연계가 되어야 하며, 예산을 수반하는 법률을 제
정하는 경우에는 비용추계서를 반드시 첨부하도록 하는 국회법규정 역
시 이러한 점을 반영하는 것이라고 할 수 있다(국회법 제79조의2). 또한
세목 또는 세율과 관계있는 법률의 제정 또는 개정을 전제로 하여 미리
제출된 세입예산안을 국회가 심사할 수 없도록 한 것(국회법 제84조 제7
항)도 이와 같은 법률과 예산과의 연계성을 반영한 규정이라고 봐야 할
것이다.158)

예산은 국가재정법 제19조에 따라 예산총칙, 세입세출예산, 계속비, **예산총칙, 세**
명시이월비와 국고채무부담행위를 총칭한다. 예산총칙에는 세입세출예 **입세출예산,**
산, 계속비, 명시이월비 및 국고채무부담행위에 관한 총괄적 규정을 두 **계속비, 명시**
고 국채와 차입금의 한도액, 재정증권의 발행과 일시차입금의 최고액, **이월비, 국고**
그 밖에 예산집행에 필요한 사항을 규정한다(국가재정법 제20조). 세입세 **채무부담행위**
출예산은 독립기관 및 중앙관서의 소관별로 구분한 후 소관 내에서 일
반회계·특별회계로 구분하여 회계연도의 일체의 수입과 지출을 내용으
로 규정한다(동법 제21조). 계속비는 완성에 수년도를 요하는 공사나 제
조 및 연구개발사업과 같이 한 회계연도를 넘어서 계속적으로 지출할
필요가 있는 경비이다(동법 제23조). 명시이월비는 세출예산 중 경비의
성질상 연도 내에 지출을 끝내지 못할 것이 예측되는 때에는 그 취지를
세입세출예산에 명시하여 미리 국회의 승인을 얻은 후 다음 연도에 이
월하여 사용할 수 있다(동법 제24조). 국고채무부담행위란 국가가 채무를
부담하는 행위를 말하는데, 국가가 법률에 따른 것과 세출예산금액 또
는 계속비의 총액의 범위 안의 것 외에 채무를 부담하는 행위를 하는
때에 미리 예산으로써 국회의 의결을 얻어야 한다(동법 제25조).

우리 헌법은 회계연도마다 예산을 편성하는 1년 예산주의를 채택 **1년 예산주의,**
하고 있어서 예산의 효력도 당해 회계연도에만 미친다. 다만 계속비의 **계속비는 5년**
경우에는 그만큼 연장되지만 5년을 넘지 못한다. 예산은 국가재정작용 **까지 연장가능**
의 준칙규범이기 때문에 국가기관만을 구속하고 국민에게는 직접적 효
력이 없다. 예산이 가지는 이러한 대국가적 효력은 세출예산에서 더 확

---

158) 허영 (주 33), 995면.

실히 드러나는데 세출예산의 집행은 국가재정법에 의하여 엄격히 제약을 받기 때문이다. 이에 반해서 세입예산은 일종의 영구세주의의 본질상 세입예정표에 지나지 않는다고 한다. 예산은 어떠한 경우에도 법률을 개정하는 효력을 발휘하지는 않는다.159)

예산의 성립   예산이 성립하기 위해서는 정부에 의해서 예산안이 편성되어 국회에 제출되고, 국회의 심의를 거쳐 의결된 후 정부에 이송되어 대통령이 서명·공포하여야 한다.

예산안 의결·심의 절차   국회는 늦어도 회계연도 개시 90일 전까지 예산안을 국회에 제출하여야 한다. 그리고 국회는 제출된 예산안을 늦어도 회계연도 개시 30일 전까지 이를 의결하여야 한다(헌법 제54조 제2항). 예산안의 심의는 법률안의 심의절차와 유사한데, ⅰ) 예산안제출에 따른 정부의 시정연설청취, ⅱ) 예산안의 소관 상임위원회 회부·심사·보고, ⅲ) 예산안의 예산결산특별위원회 회부·심사, ⅳ) 예산안 및 기금운용계획안에 대한 공청회 개최, ⅴ) 예산안 본회의 상정·심의·의결 등의 절차가 그것이다.

예산안 심의권의 제약   법률안심의와는 달리 예산안심의에 있어서 국회가 받는 몇 가지 제약사항이 있다. ⅰ) 정부의 동의 없이 정부가 제출한 지출예산 각 항의 금액을 증액하거나 새 비목을 설치하지 못함(제57조). ⅱ) 예산안에 대한 수정동의는 의원 50인 이상의 찬성이 있어야만 가능함(국회법 제95조 제1항), ⅲ) 계속비로서 이미 국회의 의결을 얻은 항목은 수정할 수 없음(헌법 제55조 제1항), ⅳ) 국회가 늦어도 회계연도 개시 30일 전까지는 예산안을 의결하여야 함(헌법 제54조 제2항) 등이 그것이다.

준예산제도   이러한 법정기한 내에 예산안이 의결되지 못하는 상황에 대비하여 소위 준예산제도가 마련되어 있다(헌법 제54조 제3항). 준예산제도란 새로운 회계연도가 개시될 때까지 국회가 예산안을 의결하지 못했을 경우에는 국회에서 예산안이 의결될 때까지 ⅰ) 헌법이나 법률에 의하여 설치된 기관 또는 시설의 유지·운영, ⅱ) 법률상의 지출의무의 이행, ⅲ) 이미 예산으로 승인된 사업의 계속을 위한 경비는 전년도 예산에 준하여 집행할 수 있도록 하는 것이다.

---

159) 이상 허영 (주 33), 996면 참조.

국회가 의결한 예산안은 정부로 이송되어 대통령이 서명하고 관보에 게재함으로써 공포하게 되며, 국무총리와 관계국무위원의 부서가 필요하다.

3. 결산심사권

국회는 결산심사권을 갖는데 예산안의결권을 가지는 국회가 결산에 대하여 심사할 수 있는 권한을 가지는 것은 당연한 일이다. 결산심사는 예산집행에 대한 일종의 사후심사적인 성격을 가지는 것이다. 우리 헌법은 국회에 대한 감사원의 결산감사보고의무(헌법 제99조)의 형식으로 국회의 결산심사권을 간접적으로 규정하고 있다. 정부의 결산보고에 대해서는 국가재정법이 자세히 규정하고 있는데 이 국가재정법은 결산심사 전에도 정부의 예산집행에 대한 국회의 심의기능과 감시기능을 강화하는 규정을 두고 있다.[160]

예산집행에 대한 사후심사

4. 국채 등 국가의 부담을 초래하는 계약체결 의결권: 제58조

국회는 정부의 중요 재정행위에 대한 동의 · 승인권을 가진다.

정부의 국채모집에 대한 동의권(제58조), 국가나 국민에게 중대한 재정적 부담을 지우는 조약의 체결 · 비준에 대한 동의권(제60조 제1항), 예비비지출에 대한 승인권(제55조 제2항 제2절). 대통령의 긴급 재정 · 경제처분 또는 명령에 대한 승인권(제76조 제1항과 제4항)이 그것이다.

정부의 재정행위에 대한 동의 · 승인권

5. 조약의 체결 · 비준 동의권: 제60조 제1항

가. 조약의 체결·비준 동의권의 의미

조약은 국가와 국가 혹은 국가와 국제기구 간에 문서로서 체결된 합의나 약속이라고 할 수 있다. 국회는 그 입법기능의 일환으로 중요한 조약의 체결 · 비준에 대한 동의권을 갖는데 그것은 국회의 통제기능적

외교적 권한에 대한 외부적 통제

---

160) 이상 허영 (주 33), 998-999면 참조.

시각에서 본다면 대통령이 행사하는 외교적 권한에 대한 외부적 통제의 의미를 갖게 된다.[161]

기본권의 제한·재정적 부담을 초래하는 조약에 대한 의회유보원칙

나아가 조약은 헌법 제60조에 따라 국내법적 효력을 가지게 되기 때문에 일종의 국민들에 대해서도 법률과 같은 법적 구속력을 가진다고 할 수 있다. 이러한 내용 가운데는 국가나 국민에게 재정적 부담을 주는 경우도 있을 수 있지만 그 밖에 기본권을 제한하는 내용이 있을 수도 있다. 우리 헌법 제40조에 의하면 입법권은 국회가 가지는데, 이와 같이 국내법적 효력을 가지는 조약의 체결·비준의 경우는 결국 일종의 입법 행위와 유사하다 할 수 있다. 그리고 헌법 제37조 제2항에 의하면 국민의 기본권의 제한을 위해서는 법률로써 하도록 되어 있으므로, 결국 이것은 조약의 체결·비준과 관련해서도 법치국가원리와 민주주의원리에서 도출되는 의회유보의 원칙에 따라서 국회가 동의권을 행사하도록 헌법이 규정하고 있다고 할 수 있다. 그러한 의미에서 이 헌법 제60조는 의회유보원칙의 확인이라고 할 것이다.[162]

나. 국회의 동의를 요하는 조약

헌법상 국회의 동의를 요하는 조약 규정

헌법 제60조 제1항은 국회는 상호원조 또는 안전보장에 관한 조약, 중요한 국제조직에 관한 조약, 우호통상항해조약, 주권의 제약에 관한 조약, 강화조약, 국가나 국민에게 중대한 재정적 부담을 지우는 조약 또는 입법사항에 관한 조약의 체결·비준에 대한 동의권을 가진다고 규정하고 있다.

열거조항

이 조항은 국제조약과 관련해서 국회의 동의가 필요한 조약을 열거함으로써, 그에 해당되지 않는 조약의 경우에는 국회의 동의가 없이도 체결할 수 있도록 하고 있는 조항이다. 그러나 여기에서 열거하고 있는 조항들의 의미가 매우 광범위하고 추상적이기 때문에, 해석하기에 따라서는 대부분의 조약들이 헌법 제60조 제1항의 범위에 포함된다고 볼 여지도 없지 않다. 나아가 학설에 따라서는 이를 예시규정으로 보고 있기

---

161) 허영 (주 33), 983-984면; 방승주 위안부 피해자 문제에 대한 한일외교장관회담의 헌법적 문제점, 민주법학 제60호(2016. 3), 105-144(109)면.
162) 방승주 (주 161), 112면.

도 하다.163) 어쨌거나 중요한 것은 적어도 헌법 제60조 제1항에서 열거하는 중요한 조약의 경우에는 국회가 동의를 하게 함으로써 법률적 효력을 부여하고, 그러한 법률적 효력을 가지는 조약에 대해서 민주적으로 정당화된 입법자가 통제를 할 수 있게 하는 데 그 취지가 있다고 할 수 있다.

다. 국회의 동의를 요하는 조약에 남북합의서가 포함되는지?

남북관계 발전에 관한 법률 제21조 제3항은 "국회는 국가나 국민에게 중대한 재정적 부담을 지우는 남북합의서 또는 입법사항에 관한 남북합의서의 체결·비준에 대한 동의권을 가진다."고 규정하고 있다. 그리고 최근 정치권 일각에서는 이 조항을 개정하여 모든 남북합의서에 대하여 국회의 동의권을 확대하는 방안에 대해서 검토하고 있는 것으로 보인다.

> 남북합의서에 대한 국회의 동의권

이와 관련하여 과연 남북이 체결한 합의서에 대해서도 국회의 동의권을 부여할 수 있을 것인지 아니면 부여해야 하는 것인지가 문제될 수 있다. 이 점과 관련해서는 다음과 같은 몇 가지 사항을 염두에 두어야 할 것이다.164)

(1) 남북합의서의 법적 성격

남북합의서는 남한과 북한 간에 문서로서 체결된 합의라고 할 수 있는 바, 그 법적 성격과 관련하여 이를 조약으로 볼 것인지 여부와 관련하여 논란이 있다.

> 남북합의서의 법적성격 문제

남북은 국제법적으로 본다면 둘 다 UN에 가입된 독립국가라 할 수 있기 때문에, 국제법상 양국이 문서로서 체결한 합의의 경우 국제법적으로 일응 조약이라고 할 수 있을 것이다.165)

> 각 국을 독립 국가로 보는 경우

---

163) 이에 관해서는 박종보, 헌법 제60조, (사) 한국헌법학회 편, 헌법주석 [국회, 정부] 제40조~제100조, 경인문화사 2017, 298－327(305), 각주 13)의 문헌들 참조.

164) 이하의 내용은 저자가 국회 법제실 법제총괄과(담당 김기현 법제관)로부터 의뢰받아 2020. 1. 8. 제출한 『남북관계 발전에 관한 법률』 일부개정법률안에 대한 자문의견서를 기초로 한 것이다.

165) 이장희, 남북기본합의서의 법적 성격과 실천방안, 국제법학회논총 제43권 제1호 (1998. 6), 227－248(230)면.

우리 헌법상 규정

　　그러나 대한민국 헌법 제3조는 대한민국의 영토는 한반도와 그 부속도서로 한다고 하고 있으면서도 제4조에서 대한민국은 통일을 지향하며, 자유민주적 기본질서에 입각한 평화적 통일정책을 수립하고 이를 추진한다고 규정하고 있기 때문에, 북한은 한편으로는 반국가단체로서의 측면도 가지고 있지만, 다른 한편으로는 통일을 추진하기 위해서 대화와 협력의 상대로 인정할 수밖에 없다는 것이 헌법재판소와 대법원의 입장이다.166) 나아가 남북기본합의서(전문)나 남북관계 발전에 관한 법률 자체(제3조)도 남북은 서로를 나라와 나라 사이의 관계가 아니라 민족 내부의 특수한 관계로 파악하고 있다.

법적 구속력 없는 신사협정

　　이러한 두 가지 반국가단체의 성격과 대화와 협력의 상대이기도 한 야누스적 성격을 가지고 있는 북한과 체결한 합의의 법적 성격에 대해서 이를 국내법적으로도 과연 조약으로 볼 수 있을 것인지 하는 문제는 간단한 문제는 아니다. 그러나 어쨌든 이와 관련해서 헌법재판소167)와 대법원168)은 남북합의서의 법적 성격을 법적 구속력이 없는 신사협정 정도에 해당하는 것으로 파악하고 있다.

조약에 준하는 정도의 법적 성격 인정 필요

　　그러나 남북관계의 발전과 앞으로 통일의 실현을 위해서는 이와 같이 냉전시대에 정립되었다고 할 수 있는 구속력 없는 신사협정론에 얽매여 있을 필요는 없다고 생각된다. 남북이 계속해서 대화와 협력을 하고 또한 이를 문서로서 합의하여 그러한 합의가 남·북간의 관계에서뿐만 아니라, 남한과 북한의 국내법 질서에서도 효력을 가지기 위해서는 적어도 남북합의서에 대해서 조약에 준하는 정도의 법적 성격을 부여하지 않으면 안 될 것이며169), 더불어 강조해야 할 것은 남한만이 일방적으로 그와 같은 효력을 부여하는 것이 아니라, 북한 역시 그와 같이

---

166) 이에 대하여는 위 제5절, I, 3. 참조. 헌재 1993. 7. 29, 92헌바48, 판례집 제5권 2집, 65, 75-75; 대법원 2004. 8. 30. 선고 2004도3212 판결.

167) 헌재 1997. 1. 16. 92헌바6 등, 판례집 제9권 1집, 1, 23; 헌재 2000. 7. 20. 98헌바63, 판례집 제12권 2집, 52 [합헌].

168) 대법원 1999. 7. 23. 선고 98두14525 판결.

169) 이에 관해서는 방승주, 헌법재판소와 대법원의 남북관계 관련 판례에 대한 헌법적 평가, 공법연구 제39집 제2호(2010. 12), 203-229(220)과 그 곳 각주 57)의 문헌들 참조. 그 밖에도 이장희 (주 165), 230면: "법적 구속력 있는 합의".

함으로써 남북합의서가 상호주의의 원칙에 따라 남북에서 각각 효력을 가지는 합의로 인정될 수 있을 때, 준 조약으로서의 남북합의서의 의미를 얻게 될 것이다.

(2) 헌법 제60조의 의미와 남북합의서에 대한 적용 가능성

남북관계의 발전에 따라 특히 노무현 정부시절 개성공단사업 등 남북경협사업이 활발하게 전개되자 남북 간의 합의를 단순히 신사협정에 지나지 않는 것이 아니라, 상호간에 구속력 있는 합의로 인정하고 발전시켜 나갈 필요를 서로 느끼고, 이에 따라 남한의 경우 남북관계발전에 관한 법률이 제정되어, 여기에서 헌법 제60조 제1항을 준용하여 이 가운데 "국가나 국민에게 중대한 재정적 부담을 지우는 남북합의서" 또는 "입법사항에 관한 남북합의서"의 체결 · 비준에 관해서는 국회가 동의권을 가지도록 규정한 것이다(제21조 제3항).

헌법 제60조를 남북합의서에 준용

당시에 왜 헌법 제60조 제1항에서 열거하고 있는 내용 전체를 받아들이지 않고, 중대한 재정적 부담을 지우는 남북합의서 또는 입법사항에 관한 남북합의서의 체결 · 비준에 대해서만 국회의 동의권을 부여하고자 했을까를 생각해 본다면, 그것은 국가와 국민에게 재정적 부담을 지우거나 입법으로 그 추진을 뒷받침해야 할 필요가 있는 입법사항에 관해서는 국회의 동의를 얻지 않게 되면 남북협력은 제대로 추진되기 힘들다고 판단했기 때문이었을 것이다.

입법동기

그런데 남북관계의 발전 정도에 따라서는 헌법 제60조 제1항에 따라 국회동의를 요하는 나머지 조약들의 경우, 즉 상호원조 또는 안전보장에 관한 조약, 중요한 국제조직에 관한 조약, 우호통상항해조약, 주권의 제약에 관한 조약, 강화조약과 같은 내용의 남북합의서의 체결 · 비준을 해야 할 경우가 있을 수도 있다. 그렇다면 이 사항들에 대해서는 과연 왜 국회가 동의권을 가지도록 하지 않았는지 하는 의문이 드는 것이 사실이다.

나머지 사항

상호원조에 관한 남북합의서로서는 가령 오늘날 코로나19사태를 맞이하여 진단키트나 백신 또는 치료제와 같이 감염병의 예방과 치료를 위한 약품과 장비 등에 대한 원조에 관한 합의가 이루어질 수도 있을

남북합의서의 체결 · 비준을 명확하게 할 필요 존재

것이다. 그리고 안전보장에 관한 남북합의서의 경우는 가령 남·북간의 제반 군사적 합의가 모두 포함된다고 할 수 있을 것이다. 나아가 남·북간의 종전선언과 평화협정과 같은 경우에는 강화조약에 준하는 강화합의서에 해당된다고 할 수 있을 것이다. 물론 이러한 합의의 경우 대부분 국가와 국민에게 재정적 부담을 수반할 수 있기 때문에, 현행 남북관계 발전에 관한 법률 제21조 제3항에 따른 규정 정도로 하더라도 국회가 동의권을 행사하게 하는 데 별반 문제될 것은 없다고 보이기는 하나, 국회의 동의대상이 되는 남북합의서의 체결·비준을 보다 명확하게 하려면 나머지 사항들에 대해서도 열거하는 것이 입법정책적으로 더 바람직스럽다고 할 수는 있을 것이다.

남북관계 발전과 관련한 법률을 남·북 모두 제정하고 시행하도록 합의 필요

다만 문제는 남북합의서에 대한 국회 동의에 관한 규정을 포함하여 남북관계 발전에 관한 법률이 남한만 규정하고 있는 것인지 아니면, 북한 역시 그러한 법률을 두고 있어서 상호간의 의회차원에서의 법률적 이행을 담보하도록 하고 있는 것인지는 매우 중요한 쟁점 사항에 해당된다고 생각된다. 어차피 남북관계의 발전은 남과 북이 상호간에 추진해야 할 문제이지 남한만 단독으로 할 수 있는 것이 아니라는 섬을 감안한다면, 현행 남북관계 발전에 관한 법률과 같은 수준과 내용의 법률을 북한도 제정하여 시행하도록 남북이 서로 합의를 하는 것이 먼저 추진해야 할 과제가 아닌가 생각된다.

북한도 같은 수준과 내용의 입법을 이행하는 것을 조건으로

만일 북한도 역시 현행 남북관계 발전에 관한 법률과 같은 정도의 수준과 내용의 입법을 약속한다고 하면, 문제는 많이 달라질 수 있을 것이다. 그렇다고 한다면 다음 단계로, 헌법 제60조 제1항에서 열거하고 있는 나머지 조약사항들에 대해서도 남북관계 발전에 관한 법률에 담을 필요성도 잘 검토하고, 이와 관련해서도 남북이 상호 약속과 합의를 해서 북한도 같은 수준과 내용의 입법을 이행하도록 하는 조건 하에서 남북관계 발전에 관한 법률의 개정을 추진해 보면 좋을 것으로 생각된다.

(3) 개정의 경우 문제점

만일 현행 남북관계발전에 관한 법률 제23조 제3항에서 규정하고 있는 "국가나 국민에게 중대한 재정적 부담을 지우는 남북합의서 또는 입법사항에 관한 남북합의서의" 부분을 모두 삭제하고서 단순히 모든 남북합의서의 체결·비준에 대하여 국회가 동의권을 가지도록 규정하고자 한다면 여기에는 다음과 같은 몇 가지 문제점이 제기될 수 있다.

첫째, 헌법 제60조 제1항이 열거하고 있는 조약들의 경우에는 헌법 제6조 제1항에 따라 국내법적 효력, 특히 법률적 효력을 가지는 조약들에 해당하며, 나머지 국회의 동의를 요하지 않는 조약들의 경우에는 법규명령(시행령) 정도의 효력을 가지는 것(용어는 좋아 보이지는 않으나 소위 고시류 조약)으로 구분을 하고 있는데, 남북합의서의 경우에도 어떠한 경우는 법률적 효력을, 어떠한 경우는 시행령 정도의 효력을 가지는 것들이 있을 수 있음에도 불구하고, 모든 남북합의서에 법률적 효력을 인정하려 하는 것이기 때문에, 과연 그것이 합당한지 의문이 제기된다.

모든 남북합의서에 법률적 효력 인정의 문제

둘째, 헌법 제60조 제1항이 열거하고 있는 국회의 동의를 필요로 하는 조약들은 비록 그 내용이 광범위하고 추상적이며 상호간에 어느 정도 중첩될 수 있는 내용이기는 하지만, 그래도 이와 같이 열거를 함으로써 무엇이 국회의 동의를 요하는 것이며 무엇이 그렇지 않은지에 관하여 헌법제(개)정자가 명시를 한 것이다.

열거조항으로 동의권한 명시

국가와 국가 간의 문서상 합의라고 할 수 있는 국제조약의 경우에도 그러한데, 민족 내부간의 특수한 관계로서 남북한의 관계에서 맺어진 합의의 경우 그 효력 상의 차이를 모두 무시하고서 모두 국회의 동의를 요하게 할 필요가 있을 것인지 그러한 입법이 과연 현행 헌법의 체계와 서로 상합한다고 할 수 있을 것인지 의문이 제기된다.

효력의 차이 간과의 문제 발생

물론 국제조약의 경우 모든 조약에 대해서 의회의 동의를 거치게 하는 국가들도 있으며, 헌법 제60조 제1항이 규정하고 있는 내용들이 광범위하고 추상적이어서 대부분의 국제조약에 대해서 민주적으로 정당화된 입법자인 국회가 동의를 하도록 하는 것이 헌법정책적으로 더 바람직스럽기는 하지만, 경우에 따라서 이미 체결한 조약을 이행하는 정도의 의미밖에 없는 기술적 사항들의 경우까지 일일이 국회가 동의를 해야 할 것인지는 좀 더 생각해 봐야 할 것이다.

동의권 범위의 문제

셋째, 만일 이와 같이 기존에 규정하고 있던 "재정적 부담을 지우

동의없는 잦은 체결·비준으

로 인한 사문
화 가능성

는 남북합의서" 또는 "입법사항에 관한 남북합의서"마저 삭제하여 모든 남북합의서에 대하여 국회가 동의권을 가지게 되었음에도 불구하고, 현실적으로 국회의 동의를 얻지 못하거나 또는 시행령 정도에 해당하는 내용으로서 국회 동의절차에 붙이기에 적절하지 못하다고 할 수 있는 내용의 남북합의서를 정부가 국회의 동의에 붙이지 않고 그대로 체결·비준하는 관행이 쌓이게 되면, 남북관계 발전에 관한 법률 제21조 제3항은 결국 의미 없는 조항으로 사문화될 가능성도 배제할 수 없을 것이다.

6. 선전포고, 해외파병, 외국군주류에 대한 동의권: 제60조 제2항

외교정책 및
방위정책에
대한 국회의
통제기능

국회는 정부의 외국에 대한 선전포고, 국군의 외국에의 파견 또는 외국군대의 우리 영역 안에서의 주류결정에 대한 동의권을 가지고 있다. 이는 대통령의 외교적 권한과 국군통수권을 바탕으로 하는 그의 외교정책과 방위정책에 대한 국회의 통제기능을 의미한다.[170)]

> **판례** 이 사건 파병결정은 대통령이 파병의 정당성뿐만 아니라 북한 핵 사태의 원만한 해결을 위한 동맹국과의 관계, 우리나라의 안보문제, 국·내외 정치관계 등 국익과 관련한 여러 가지 사정을 고려하여 파병부대의 성격과 규모, 파병기간을 국가안전보장회의의 자문을 거쳐 결정한 것으로, 그 후 국무회의 심의·의결을 거쳐 국회의 동의를 얻음으로써 헌법과 법률에 따른 절차적 정당성을 확보했음을 알 수 있다. 그렇다면 이 사건 파견결정은 그 성격상 국방 및 외교에 관련된 고도의 정치적 결단을 요하는 문제로서, 헌법과 법률이 정한 절차를 지켜 이루어진 것임이 명백하므로, 대통령과 국회의 판단은 존중되어야 하고 헌법재판소가 사법적 기준만으로 이를 심판하는 것은 자제되어야 한다. 이에 대하여는 설혹 사법적 심사의 회피로 자의적 결정이 방치될 수도 있다는 우려가 있을 수 있으나 그러한 대통령과 국회의 판단은 궁극적으로는 선거를 통해 국민에 의한 평가와 심판을 받게 될 것이다.
>
> (헌재 2004. 4. 29. 2003헌마814, 판례집 제16권 1집, 601, 602-602)

---

170) 허영 (주 33), 1010면.

7. 국정감사권과 국정조사권: 제61조

헌법 제61조는 "국회는 국정을 감사하거나 특정한 국정사안에 대하여 조사할 수 있으며, 이에 필요한 서류의 제출 또는 증인의 출석과 증언이나 의견의 진술을 요구할 수 있다(제1항). 국정감사 및 조사에 관한 절차 기타 필요한 사항은 법률로 정한다(제2항)"고 규정하고 있다. 국정감사와 조사에 관한 절차와 기타 필요한 사항을 규정함을 목적으로 국정감사 및 조사에 관한 법률과 또한 국회에서의 증언·감정 등에 관한 법률이 제정·시행되고 있으며, 국회법 역시 국정감사 및 조사에 관한 규정을 두고 있다.

국정감사 및 조사권은 국회의 대정부 통제기능 가운데 가장 실효성이 큰 제도로 간주되고 있다.[171]

국정감사와 국정조사는 그 주체, 동인, 대상, 시기 면에서 구별된다. 즉 국정감사는 국정전반에 관하여 소관상임위원회별로 매년 9월 10일부터 20일간, 정기적으로 법률이 정하는 감사의 대상기관을 상대로 공개리에 행해짐. 이에 반하여 국정조사는 특정한 국정사안에 대하여 조사할 필요가 생겨 국회의 재적의원 1/4 이상의 요구가 있는 경우에 조사의원회(특별위원회 또는 상임위원회)가 공개리에 행한다는 차이가 있다.[172]

국정감사는 매년 예산안심의에 앞서 일정기간 행하는 일종의 포괄적 통제기능이라면 국정조사는 수시로 국정의 특정사안에 관해서만 행하는 일종의 제한적 통제기능이라고 볼 수 있다.[173]

> 판례 헌재 2010. 7. 29. 2010헌라1, 국회의원과 법원 간의 권한쟁의
> 청구인은 이 사건 가처분재판과 이 사건 간접강제재판으로 인해 입법에 관한 국회의원의 권한과 국정감사 또는 조사에 관한 국회의원의 권한이 침해되었다는 취지로 주장하나, 이 사건 가처분재판이나 이 사건 간접강제재판에도 불구하고 청구인으로서는 얼마든지 법률안을 만들어 국회에 제출할 수 있고 국회

---

171) 허영 (주 33), 1001면.
172) 허영 (주 33), 1005면.
173) 허영 (주 33), 1001면.

오른쪽 여백 주석:
- 헌법상 국정감사권 및 국정조사권 규정
- 대정부 통제기능
- 포괄적 통제기능과 제한적 통제기능

에 제출된 법률안을 심의하고 표결할 수 있어 입법에 관한 국회의원의 권한인 법률안 제출권이나 심의·표결권이 침해될 가능성이 없으며, 이 사건 가처분재판과 이 사건 간접강제재판은 국정감사 또는 조사와 관련된 국회의원의 권한에 대해서도 아무런 제한을 가하지 않고 있어, 국정감사 또는 조사와 관련된 국회의원으로서의 권한이 침해될 가능성 또한 없다. 따라서 이 사건 권한쟁의 심판청구는 청구인의 권한을 침해할 가능성이 없어 부적법하다.

(헌재 2010. 7. 29. 2010헌라1, 판례집 제22권 2집 상, 201, 201-202)

8. 국무총리·국무위원 또는 정부위원 출석요구권: 제62조

출석요구원

국회는 국무총리·국무위원 또는 정부위원을 국회본회의 또는 위원회에 출석시켜 정책에 대한 질문을 할 수 있다. 우리 국회법은 국회의 정책통제적 출석요구 및 질문권을 심지어 대법원장·헌법재판소장·중앙선거관리위원회위원장·감사원장에게까지도 확대시켜 놓고 있다.

정부는 국회의 출석요구가 없어도 필요한 경우 국회본회의나 그 위원회에 출석하여 국정처리상황을 보고하거나 의견을 진술할 수 있으나 국회의 요구가 있는 경우에는 반드시 출석하여 답변을 해야 한다. 다만 의장 또는 의원장의 승인을 얻어 국무총리는 국무위원을, 그리고 국무위원은 정부위원을 대리로 출석·답변하게 할 수 있다. 국회가 갖는 이와 같은 대정부출석요구 및 질문권은 대통령제에서는 원칙적으로 허용되지 않는다는 점을 고려할 때 우리의 정부형태가 변형된 대통령제라는 것을 말해 주는 하나의 징표라고도 보고 있다.[174]

변형된 대통령제의 징표

9. 국무총리·국무위원 해임건의권: 제63조

대통령 임명권의 통제장치

국회는 국무총리 또는 국무위원의 해임을 대통령에게 건의할 수 있다. 이는 대통령이 갖는 국무총리 및 국무위원임명권에 대한 국회의 통제장치로서 국회의 국무총리임명동의권과 함께 변형된 대통령제의 내용을 이루는 하나의 제도적 징표라고 할 수 있다.[175]

---

174) 허영 (주 33), 1010면.
175) 허영 (주 33), 1011면.

국회가 해임건의안을 다루기 위해서는 국회재적의원 1/3 이상의 발의가 있어야 하며(제63조 제2항), 해임건의안이 발의된 때에는 의장은 발의 후 처음 개의하는 본회의에 보고하고, 그때로부터 24시간 이후 72시간 이내에 무기명투표로 표결해야 한다. 이 기간내에 표결하지 아니한 때에는 그 해임건의안은 폐기된 것으로 본다(국회법 제112조 제7항)

해임건의안의
발의, 보고,
표결, 폐기

10. 의사와 내부규율에 관한 규칙제정권: 제64조 제1항

국회는 하나의 헌법기관으로서 스스로의 문제를 자주적으로 처리할 수 있는 자율권을 가지는데 이러한 자율기능에는 규칙자율권, 신분자율권, 조직자율권, 의사자율권, 질서자율권 등이 속한다.[176)]

스스로의 문제
자주적 처리

국회는 법률에 저촉되지 아니하는 범위 안에서 의사와 내부규율에 관한 규칙을 제정할 수 있다.(제64조 제1항)

국회가 규칙으로 정할 수 있는 것은 '의사'와 '내부규율'에 관한 것인데 의사와 내부규율에 관한 사항도 대부분은 국회법으로 규정하고 있기 때문에 규칙으로 정할 사항은 많지 않다. 또한 규칙제정도 법률에 저촉되지 아니하는 범위 내에서만 허용되기 때문에 국회규칙도 규범통제의 대상이 된다. 국회규칙은 그 제정권원으로 볼 때에는 국회의 자율입법이고, 그 내용면에서 볼 때에는 법률의 시행세칙이고, 그 효력면에서는 명령과 유사하다.[177)]

의사와 내부
규율에 관한
규칙자율권

국회규칙의 효력은 명령과 유사하지만 명령과 다른 점은 그 효력이 국회구성원이나 국회출입자에게만 미친다는 점이다. 국회규칙은 규칙자율권에 의한 것으로서 행정법상의 법규명령과는 그 성질이 다르기 때문이다.[178)]

국회규칙의
효력

국회의 의사규칙은 국회 내부적인 효력을 가지는 것이다. 그러므로 그 규칙에 위반하여 통과된 법률은 여전히 유효하다. 다만 의사규칙에 대한 위반이 동시에 헌법에 위반되는 경우에 의사규칙에 위반하여 통과

국회 내부력
효력

---

176) 허영 (주 33), 1014면.
177) 허영 (주 33), 1015면.
178) 허영 (주 33), 1015면.

된 법률은 효력을 가질 수 없다고 보아야 할 것이다.[179)]

미디어법 권한
쟁의심판

이와 관련 헌법재판소는 미디어법 통과를 둘러싸고 제기된 국회의
원과 국회의장간의 권한쟁의심판에서 국회의원의 심의·표결권 침해는
확인하였으나 국회의장의 법률안에 대한 가결선포행위의 무효는 기
각[180)]한 바 있다. 하지만 헌법재판소는 가결선포행위의 무효도 확인했
었어야 하지 않나 생각된다.[181)]

11. 의원의 자격심사 및 징계권과 의원의 제명권: 제64조 제2항, 제3항

신분자율권,
자율처리권

국회의 자율권 중의 하나로 신분자율권이 있다. 국회는 의원의 자
격심사·윤리심사 및 징계·사직 등 의원의 신분에 관한 사항에 대해서
자율처리권을 가진다(제64조 제2항, 제3항).

이에 관하여는 법원에 제소할 수 없다(제64조 제4항).

의원의 자격
심사

의원이 다른 의원의 자격에 대하여 이의가 있을 때에는 30명 이상
의 연서로 의장에게 자격심사를 청구할 수 있다(국회법 제138조). 국회가
행하는 의원의 자격심사는 의원선거에 관한 선거소송 또는 당선소송과
는 달라서 선거나 당선자결정의 유·무효를 결정하는 것이 아니고, 의원
의 의원으로서의 적격성을 심사하는 것이다. 의원의 자격심사에 관해서
는 국회법(제138조-142조)이 그 절차와 방법에 대하여 자세하게 규정하
고 있으며, 자격심사의 소관위원회는 윤리특별위원회이고 최종결정은
본회의가 그 의결로써 하지만 의원의 무자격결정에는 국회 재적의원
2/3이상의 찬성이 필요하다(국회법 제142조 제3항).

> **판례** 국회는 국민의 대표기관, 입법기관으로서 폭넓은 자율권을 가지고 있고,
> 그 자율권은 권력분립의 원칙이나 국회의 지위, 기능에 비추어 존중되어야 하
> 는 것이지만, 한편 법치주의의 원리상 모든 국가기관은 헌법과 법률에 의하여
> 기속을 받는 것이므로 국회의 자율권도 헌법이나 법률을 위반하지 않는 범위

---

179) Maurer (주 73), S. 417.
180) 헌재 2009. 10. 29. 2009헌라8 등, 판례집 제21권 2집 하, 14(88).
181) 이에 관하여는 방승주 (주 123) 참고.

내에서 허용되어야 하고 따라서 국회의 의사절차나 입법절차에 헌법이나 법률의 규정을 명백히 위반한 흠이 있는 경우에도 국회가 자율권을 가진다고는 할 수 없다.

헌법 제64조도 국회의 자율권에 관하여 국회는 법률에 저촉되지 아니하는 범위 안에서 의사와 내부규율에 관한 규칙을 제정할 수 있고, 의원의 자격심사·징계·제명에 관하여 자율적 결정을 할 수 있다고 규정하고 있다.

이 사건은 국회의장이 국회의원의 헌법상 권한을 침해하였다는 이유로 국회의원인 청구인들이 국회의장을 상대로 권한쟁의심판을 청구한 사건이므로 이 사건 심판대상은 국회의 자율권이 허용되는 사항이라고 볼 수 없고, 따라서 헌법재판소가 심사할 수 없는 국회내부의 자율에 관한 문제라고 할 수는 없다.

(헌재 1997. 7. 16. 96헌라2, 판례집 제9권 2집, 154, 165-165)

또한 국회는 의원이 가지는 불체포특권과 면책특권의 적용에 관한 자율결정권을 가진다(제44조와 제45조).

> 불체포특권과 면책특권 적용에 대한 자율결정권

12. 탄핵소추 의결권: 제65조

국회가 가지는 통제기능 가운데 고전적·사법적 통제기능에 해당된다고 할 수 있는 것이 탄핵소추의결권이다.[182]

> 고전적·사법적 통제기능

국회는 대통령을 비롯한 고위공직자에 대해서 탄핵소추의결권을 가진다(제65조). 탄핵소추의결권은 국회의 여러 통제기능 가운데서 가장 오랜 역사를 가지는 고전적인 제도이지만 현실적으로는 그 소추절차가 지나치게 엄격해서 제약요건이 많아 그 실효성이 많지 않으나, 우리나라의 경우 노무현대통령의 탄핵소추의결이 이루어진 바 있었고, 박근혜대통령 탄핵심판에서는 청구가 인용되어 박근혜 전대통령은 파면되기도 하였다.

> 대통령 및 고위공직자를 대상

우리 헌법은 소추기관과 심판기관을 나누어서 전자는 국회에 후자는 헌법재판소에 맡기고 있다.

판례 헌재 2004. 5. 14. 2004헌나1, 판례집 제16권 1집, 609 대통령(노무현) 탄핵:

---

182) 허영 (주 33), 1000−1001면.

강의안 123면.

판례 헌재 2017. 3. 10. 2016헌나1, 공보 제245호, 1 [인용(파면)]

13. 헌법개정안 의결권(제130조 제1항)

국회는 헌법개정안이 공고된 날로부터 60일 이내에 의결하여야 하며, 국회의 의결은 재적의원 2/3 이상의 찬성을 얻어야 한다(제130조 제1항).

14. 헌법기관구성원의 동의권과 선출권

국회는 국무총리(제86조), 감사원장(제98조 제2항), 대법원장(제104조 제1항), 대법관(제104조 제2항), 헌법재판소장(제111조 제4항)의 임명 동의권을 가지며, 또한 헌법재판소재판관 3인(제111조 제3항), 중앙선거관리위원회위원 3인(제114조 제2항)에 대한 선출권을 가진다.

15. 대통령 결선투표권(제67조 제2항)

대통령선거에 있어서 최고득표자가 2인 이상인 때에는 국회의 재적의원 과반수가 출석한 공개회의에서 다수표를 얻은 자를 당선자로 한다(제67조 제2항).

제11절 정 부

Ⅰ. 정부형태론

1. 대통령제

    정부형태로서 대통령제의 특징은 의회와 정부의 수반이 모두 직접 국민에 의하여 선출되며, 각자는 법적으로 독립적이라는 점이다. 대통령제의 전형적인 사례는 미국의 대통령제라고 할 수 있다.

    대통령제 국가에서 대통령은 국가의 원수이자 행정부의 수반이 된다.[1] 우리 헌법 제66조 역시 대통령은 국가의 원수이며, 외국에 대하여 국가를 대표한다고 하고 있고(제1항), 또한 행정부의 수반임을 분명히 하고 있다(제4항).

    미국식 대통령제는 집행부와 의회의 엄격한 권력분립에 기초하고 있으며, 몽테스키외의 3권분립을 실현할 수 있는 이상적 모델로 평가받아 왔으나, 미국 이외의 나라에서는 이러한 순수한 대통령제는 별반 성공한 사례가 없다고 지적되고 있다.[2]

국회의원과 정부수반 모두 국민이 선출

국가 원수이자 행정부 수반

미국식 순수 대통령제 엄격한 3권분립에 기초

2. 의원내각제

    의원내각제에서는 국민이 단지 의회만을 선출할 뿐이며, 이 의회가 정부의 수반(수상)이나 또는 정부 전체를 선출하고 또한 이 정부에 대하여 불신임할 수 있다는 것이다. 따라서 정부는 이 의회의 존재에 종속되어 있지만 정부가 현직에 있는 한에서는 고유한 권한을 가지고 있으며 의회에 대해서도 마찬가지이다. 따라서 정부는 의회의 기구나 위원회일

의회만 직접 선출, 정부는 의회에 종속

---

1) 성낙인, 헌법학 2021, 549면.
2) 성낙인 (주 1), 533면.

뿐만 아니라, 의회와 더불어서 병존하는 기관이라고 할 수 있다.[3] 의원내각제는 처음에 영국에서 성립되었으나 오늘날에는 많은 선진국가들에 의하여 채택되어 있다. 현실적으로 의원내각제에 있어서 총선거는 장래 정부수반(수상)이 누구인지에 따라 완전히 달라질 수 있기 때문에, 총선거가 오히려 수상선거에 좌우되는 듯한 인상을 받는다고 지적되기도 한다.[4]

3. 혼합형 정부형태

의회와 대통령 선출, 수상임명

혼합형 정부형태에서도 국민이 각자 고유한 권한을 가진 의회와 대통령을 선출한다. 그리고 의회와 대통령의 사이에 정부의 수반(수상)이 있는데, 이 수상은 대통령에 의하여 임명될 수 있으나, 의회의 신임에도 의존하고 있다. 왜냐하면 그는 언제든지 의회에 의하여 불신임될 수 있기 때문이다. 그러한 사례는 1919년의 바이마르 공화국 헌법이며, 오늘날에는 프랑스 헌법, 러시아 등 동유럽 국가 헌법들을 들 수 있는데, 이 헌법들의 경우 대통령의 강력한 지위 때문에 오히려 대통령제에 가깝다고 할 수 있다.[5]

4. 우리의 정부형태

의 원 내 각 제 요소가 가미된 대통령제

우리의 정부형태는 대통령제라고 할 수 있다. 다만 대통령이 국회의 동의를 얻어 국무총리를 임명하고 내각은 국무총리의 제청을 받아 대통령이 임명하도록 되어 있으며, 미국식 대통령제와는 달리 대통령이 법률안 제출권을 가지고 있고, 의회의 대정부 견제기능에 관한 다수 조항을 두고 있는 등 일부 순수 대통령제와는 달리, 의원내각제적 요소가 가미되어 있다고 볼 수 있으나, 국무총리는 대통령의 영을 받들어 행정 각부를 통할하고 대통령을 보좌하는 임무를 가지고 있을 뿐, 독자적으로 정부의 수반이 될 수 없다고 하는 점에서 혼합형 정부형태라고 볼

---

3) Hartmut Maurer, Staatsrecht I, 6. Aufl., München 2010, S. 367.
4) Maurer (주 3), S. 367.
5) Maurer (주 3), S. 367.

수는 없고, 대통령제 또는 대통령중심제라고 할 수 있을 것이다.[6]

Ⅱ. 대통령

1. 대통령의 법적 지위: 제66조

가. 이 조항의 연혁

1948년 광복헌법부터 제3차 개정헌법은 "대통령은 행정권의 수반이며 외국에 대하여 국가를 대표한다."(제51조)고 규정하였다.

제2공화국헌법(1960년 헌법)은 "대통령은 국가의 원수이며 국가를 대표한다."(제51조)고 규정하였다.

제3공화국헌법(1962년, 1969년 헌법) 제63조 제1항은 "행정권은 대통령을 수반으로 하는 정부에 속한다. ② 대통령은 외국에 대하여 국가를 대표한다."고 규정하였다.

제4공화국헌법(1972년 유신헌법) 제43조는 "① 대통령은 국가의 원수이며, 외국에 대하여 국가를 대표한다. ② 대통령은 국가의 독립·영토의 보전·국가의 계속성과 헌법을 수호할 책무를 진다. ③ 대통령은 조국의 평화적 통일을 위한 성실한 의무를 진다. ④ 행정권은 대통령을 수반으로 하는 정부에 속한다."고 규정하였는데 현행 헌법과 같은 체제이다.

제5공화국헌법(1980년 헌법)은 조문의 위치가 제38조로 바뀐 외에 내용은 같다.

그리고 현행 1987년 헌법 역시 조문의 위치가 제66조로 바뀐 외에 내용은 같다.

대통령의 국가원수로서의 지위를 처음 언급한 헌법은 제2공화국 헌법이다. 제2공화국 헌법은 의원내각제를 채택하여 국가행정의 실질적 책임은 국무원이 가지고 있었고, 대통령은 "명목상·의례상의 존재"에 불과하였다.[7] 대통령제임에도 불구하고 대통령이 국가원수로서의 지위

[우측 여백 주석] 대통령의 법적 지위에 관한 규정의 연혁

---

6) 동지, 헌재 1994. 4. 28. 89헌마221, 판례집 제6권 1집, 239; 최근 판례로는 헌재 2021. 1. 28. 2020헌마264 등, 고위공직자범죄수사처 설치 및 운영에 관한 법률위헌확인.

뿐만 아니라 행정부의 수반으로서의 지위까지 가진 첫 번째 헌법은 유신헌법이었으며, 현행헌법은 이 유신헌법 제43조의 규정과 같은 내용을 이어 받고 있다.

박일경의 최고
영도자론

1972년 유신헌법에 관하여 쓴 박일경은 국가원수로서의 지위에 대하여 다음과 같이 설명하고 있다.

"원래 「국가원수」(head of a state, Staatsoberhaupt)라 함은, 모든 국가권력을 단일의 자연인이 장악한 군주주의적인 전제군주를 의미하였고, 이는 일찍이 羅馬公法의 원수이론에서 볼 수 있다. 그러나, 전제군주제 내지 공화제의 성립과 더불어 이러한 국가원수론은 유지할 수 없게 되고, 여기에 모든 국가에 공통되는 국가원수의 개념으로서 「그 권한에 의하여 대내·대외적 특히 대외적으로 국가를 대표하는 국가기관」 내지 「대외적으로 국가를 대표하는 자격을 가진 국가기관」이라는 개념이 성립하게 되었다. 그러므로, 헌법 제43조 제1항의 규정에 의하여 대통령은 국가원수로서의 지위를 가지게 되는 것이며, 이 지위에서의 대통령은 조약을 체결·비준하고 외교사절을 신임·접수 또는 파견하며, 선전포고와 강화를 하는 것이다(제50조).

그러나 국가대표권과 함께 헌법은 제43조 제2항에서 대통령이 국가의 독립·영토의 보전·국가의 계속성과 헌법을 수호할 책임을 짐을 규정하고, 제3항에서 대통령의 평화적 통일의무를 규정하고 있고, 또 제36조 제2항에서 대통령이 통일정책결정기관이며 정상국가기관인 통일주체국민회의의 의장임을 규정하고 있으므로, 현행법하의 대통령은 국가대표기관으로서의 지위와 함께 국정의 최고영도자로서의 지위까지도 보유하는 국가원수라고 할 수 있다. 그리고 이러한 지위에 대응하는 주요권한으로서 국민투표회부권(제49조), 긴급조치권(제53조), 국회해산권(제59조) 등이 인정되고 있다."[8]

영도자적 지위
더 이상 부존
재

그러나 현행 헌법은 유신헌법과 같은 통일주체국민회의제도와 국회해산권은 더 이상 없으며, 또한 대통령의 국가긴급권도 유신헌법과

---

7) 박일경, 축조 한국헌법, 진명문화사 1960, 257면.
8) 박일경, 유신헌법, 박영사 1972, 255면.

같은 정도의 절대적인 긴급조치권을 내용으로 하고 있지 않으므로, 유신헌법에서와 같은 대통령의 국가원수로서 소위 "영도자적 지위"는 더 이상 존재하지 않는다.

나. 국가원수와 대표로서의 지위

헌법은 제66조 제1항에서 대통령이 국가원수이며, 외국에 대하여 국가를 대표하는 지위를 가짐을 선언하고 있다.

국가원수로서의 지위는 의원내각제 국가에 있어서는 형식적·의전적 지위만을 의미한다고 볼 수 있으나, 대통령제 국가에서는 이러한 형식적·의전적 지위뿐만 아니라, 대통령에게 어느 정도의 실질적인 국가원수로서의 지위와 권한도 인정하고 있다.

형식적·의전적 지위 및 실질적 국가원수로서의 지위

우선 형식적·의전적 지위에 해당하는 것으로서는 영전수여권(제80조)을 들 수 있다. 그리고 어느 정도 실질적인 국가원수로서의 지위나 권한에 해당하는 것으로서는 가령 헌법기관의 구성원(대법원장, 대법관 - 헌법 제104조 제1항, 제2항, 헌법재판소장, 헌법재판관 - 제111조 제2항, 감사원장과 감사위원 - 제98조 제2항, 제3항, 국무총리, 국무위원 - 제86조 제1항, 제87조 제1항: 행정부의 수반으로서의 지위도 중첩)에 대한 임명권, 사면 · 감형 · 복권권(제79조)을 들 수 있다.

형식적 의전적 지위

실질적 국가원수로서의 지위

그리고 대통령이 가지는 국가의 독립 · 영토의 보전 · 국가의 계속성과 헌법을 수호할 책무(제66조 제3항), 평화적 통일의무(제66조 제4항) 역시 국가원수로서의 지위에서 나오는 책무라고 할 수 있을 것이다.

국가원수로서의 지위로부터의 책무

한편 외국에 대한 국가의 대표로서의 지위에 해당하는 것으로는 조약의 체결 · 비준권, 외교사절의 신임 · 접수, 파견권, 선전포고와 강화권(제73조) 등을 들 수 있을 것이다.

국가의 대표로서의 지위

다. 행정부의 수반으로서의 지위(제66조 제4항)

행정권은 대통령을 수반으로 하는 정부에 속한다. 이는 입법권은 국회에 속한다고 하는 헌법 제40조 제1항과 또한 사법권은 법관으로 구성된 법원에 속한다고 하는 헌법 제101조 제1항에 대비되는 것으로서

행정부의 수반

전통적인 3권분립을 명시하고 있는 규정 중 하나라고 할 수 있다.

행정권

행정권은 법률을 집행하는 집행기능과 또한 국가를 다스리고 이끌어 나가는 정부기능 등을 모두 포함하는 개념이라고 할 수 있을 것이다.

대통령령 제정권

헌법 제75조에 따라 대통령도 법률이 구체적으로 범위를 정하여 위임해 준 범위 내에서 그리고 법률을 집행하기 위하여 필요한 경우에 대통령령을 발할 수 있는데, 이러한 시행령제정권도 행정권의 범위에 포함된다고 할 수 있다.

> **[판례]** 신행정수도의건설을위한특별조치법위헌확인
>
> 대통령은 국가원수로서 국가를 상징하고 정부의 수반으로서 국가운용의 최고 통치권자이며 의회는 주권자인 국민이 선출한 대표들로 구성된 대의기관으로서 오늘날의 간접민주주의 통치구조 하에서 주권자의 의사를 대변하고 중요한 국가의사를 결정하는 중추적 역할을 담당하므로 이들 두 개의 국가기관이야말로 국가권력의 중심에 있고 국가의 존재와 특성을 외부적으로 표현하는 중심이 되기 때문이다.
>
> (헌재 2004. 10. 21. 2004헌마554 등, 판례집 16-2하, 1 [위헌], 37.)

> **[판례]** 대통령의 선거중립의무 준수요청 등 조치 취소
>
> 이 사건은 청구인이 대통령의 지위에 있다는 점이 논란의 근본적 배경으로 되어있으므로 대통령의 헌법상 지위가 어떠한지 검토하여야 할 것인바, 헌법상 대통령의 국가원수로서의 지위, 집행부 수반으로서의 지위 등 여러 중첩적 지위 중에서도, 이 사건과 관련하여서는 특히 정치적 지도자로서의 대통령에 대한 이해가 필요하다.
>
> (헌재 2008. 1. 17. 2007헌마700, 판례집 20-1상, 139 [기각], 199.)

2. 대통령의 임기: 제70조

대통령의 임기는 5년, 중임불가

대통령의 임기는 5년이며, 중임은 불가하다.

대통령의 임기연장 또는 중임변경을 위한 헌법개정은 그 헌법개정 제안 당시의 대통령에 대하여는 효력이 없다(제128조 제2항). 이 조항은 헌법개정의 한계조항이 아니라, 헌법개정효력의 제한규정이라고 하는 것은 이미 언급한 바와 같다.

3. 대통령의 선거: 제67조

가. 선거의 원칙: 제67조 제1항

대통령은 국민의 보통·평등·직접·비밀선거에 의하여 선출한다. 이 선거의 원칙에 관해서는 국회의원 선거와 관련한 선거의 원칙(제41조 제1항)에서 설명한 내용들이 거의 그대로 적용된다고 할 수 있다.9)

민주선거의 원칙에 따라 대통령 선출

나. 결선투표제도

대통령선거의 경우 최고득표자가 2인일 경우 국회 재적의원 과반수가 출석한 회의에서 다수결로 결정한다(제67조 제2항).

결선투표제

다. 대통령의 피선거권 연령

대통령으로 선거될 수 있는 자는 국회의원의 피선거권이 있고, 선거일 현재 40세에 달하여야 한다(제67조 제4항).

선거일 현재 40세

라. 대통령선거의 시기

(1) 임기만료에 의한 선거

대통령의 임기가 만료되는 때에는 임기만료 70일 내지 40일 전에 후임자를 선거한다(제68조 제1항).

70일 내지 40일 전

(2) 궐위 등에 의한 경우

대통령이 궐위된 때 또는 대통령 당선자가 사망하거나 판결 기타의 사유로 그 자격을 상실한 때에는 60일 이내에 후임자를 선거한다(제68조 제2항).

60일 이내

마. 선거제도 법정주의: 제67조 제5항

대통령선거와 관련한 사항 역시 법률로 정하도록 하고 있으며, 공직선거법이 이에 관하여 자세하게 규정하고 있다.

공직선거법

---

9) 위 제2장, 제6절, 제3관, Ⅱ. 2. 선거의 원칙 참조.

4. 대통령의 권한대행

대통령이 궐위되거나 사고로 인하여 직무를 수행할 수 없을 때에는
국무총리, 법률이 정한 국무위원의 순서로 그 권한을 대행한다(제71조).

지난번 박근혜 전 대통령에 대한 국회의 2016년 12월 9일 탄핵가
결에 의하여 헌법재판소에 의한 탄핵심판이 있을 때까지 박근혜 대통령
의 권한행사는 정지되었고, 헌법 제71조에 따라서 황교안 국무총리가
대통령의 권한을 대행하게 되었다. 당시 대통령권한대행의 구체적 직무

범위와 관련하여 몇 가지 검토해 봐야 할 문제들이 제기된 바 있었
다.10)

가. 헌법적 근거와 원리

(1) 헌법적 근거

대통령의 권한대행의 헌법적 근거는 전술한 헌법 제71조이다.

헌법 제71조의 의미에서 궐위란 대통령의 사망, 탄핵심판의 인용결
성에 따른 파면, 판결에 의한 피선자격의 상실, 사임 등으로 인하여 대
통령이 없게 된 경우라고 할 수 있고, 사고란 그 밖에 질병이나 해외여
행, 국회의 탄핵소추의결에 따라 헌법재판소의 탄핵결정이 있을 때까지
권한행사가 정지(헌법 제65조 제3항)된 경우라고 할 수 있다.11)

(2) 대통령권한대행의 신분이 대통령인지 아니면 국무총리인지?

대통령이 탄핵소추에 의하여 그 권한행사가 정지된 경우 헌법 제65
조에 따른 사고에 해당하여 국무총리가 대통령의 권한을 대행하게 되었
다 하더라도 국무총리가 대통령이 되는 것은 아니고, 단지 대통령의 권
한을 대신 행사하는 일을 맡게 된 것일 뿐이다. 따라서 국무총리의 신분
상의 변동은 없다.

그것은 국무총리가 대통령의 권한을 대행하게 되었다 하더라도, 헌

---

10) 이하의 내용은 국회입법조사처 정치행정조사실 정치의회팀(담당 김선화 입법조
사연구관)의 의뢰를 받아 2016. 12. 20. 저자가 제출한 "대통령권한대행의 구체적
직무범위"에 관한 자문의견을 기초로 한 것이다.

11) 한수웅, 헌법학 제8판, 법문사 2018, 1228면; 이상경, 헌법 제71조, (사) 한국헌법학
회 편, 헌법주석 [국회, 정부] 제40조~제100조, 경인문화사 2017, 586-593(588)면.

법 제69조에 따른 대통령의 취임선서를 하지 않는다는 점, 탄핵심판의 최종 결론에 따라서 탄핵심판청구가 기각되는 경우에는 직무에 복귀하는 대통령이, 탄핵심판청구가 인용될 경우에는 그로부터 2개월 내에 이루어질 대통령선거에 따라서 선출된 새 대통령이 취임할 때까지 잠정기간 동안만 임시적으로 대통령의 직무를 대행하는 것일 뿐이라는 점, 헌법이 "대통령권한대행"이라고 하는 별도의 직함이나 호칭을 별도로 사용하고 있지 않다는 점에서 그 근거를 찾을 수 있다.

(3) 대통령권한대행의 직무범위 판단에 있어서 고려해야 할 헌법적 원칙

첫째, 대통령은 국민의 직접선거로 선출된 권력으로서 민주적 정당성이 있었으나, 그 직무집행에 있어서 헌법이나 법률을 위배하여 국회에 의하여 탄핵의 소추가 의결되었기 때문에 헌법에 의하여 그 권한행사가 정지된 것이다. 비록 헌법재판소의 탄핵심판결정이 남아 있기는 하지만, 국회가 탄핵소추를 압도적인 다수로 의결하였다는 것은 대통령의 헌법위반에 대하여 레드카드(퇴장명령)를 보여 준 것이므로, 그 대통령에 의하여 임명되어 공동의 정치적 책임을 진다고 할 수 있는 국무총리 역시 원칙적으로 대통령과 동일한 운명임을 직시하고 모든 권한대행에 있어서 자제가 요구되며, 매사에 국회의 의견을 존중하는 태도가 요망된다.

> 국무총리와 대통령은 민주적 정당성의 측면에서 차이가 있으므로 가급적 국회의견 존중 필요

둘째, 헌법재판소는 대통령의 탄핵심판에 대하여 조속히 결정을 함으로써 탄핵가결로 인하여 초래된 대통령의 권한행사의 정지라고 하는 비정상적 헌법상황을 가능한 한 조속히 정상적 상황으로 회복시켜야 할 헌법적 의무가 있다. 탄핵심판은 결코 형사소송이 아니라(탄핵심판에도 불구하고 대통령은 민·형사상의 책임이 면제되는 것은 아님 - 헌법 제65조 제4항), 대통령에 의하여 파괴된 헌법질서를 다시 복원한다는 의미에서 헌법질서의 수호를 위한 고유한 헌법재판에 해당하므로, 헌법재판소는 탄핵심판청구서에 기재되어 있는 탄핵사유 가운데서 어느 것 하나라도 대통령에게 대통령직을 더 이상 허용할 수 없을 정도로 중대한 헌법위반에 해당한다는 결론에 도달하는 즉시, 나머지 사유에 대하여는 더 이상 살펴볼 필요도 없이 탄핵인용결정을 내려야 한다고 생각된다.

> 비정상적 헌법상황을 조속히 정상으로 회복시켜야 하는 헌법재판소의 헌법적 의무

정상적 상황에서의 대통령의 권한과 직무를 모두 행사할 수는 없음

셋째, 대통령의 권한행사가 정지된 기간 동안 잠정적으로 권한행사를 대행할 뿐인 국무총리는 결코 국민의 직접선거에 의하여 선출된 기관이 아니므로, 정상적인 상황에서 대통령이 행사할 수 있는 권한과 직무를 모두 다 행사할 수 있는 것은 아니다. 잠정적인 상태는 가능한 한 빨리 제거해야 할 비정상적 상태라고 할 수 있다.

소극적 관리행위에 머물러야 함

넷째, 대통령권한대행은 국민에 의하여 선출되어 민주적으로 정당화된 대통령이 복귀하거나 새 대통령이 선출될 때까지만 잠정적으로 필수적인 국가기능이 원활하게 작동될 수 있도록 하는 소극적 활동과 정상적 헌법상황을 다시 복원하기 위한 관리행위에 머물러야지, 추후에 민주적으로 정당화된 진정한 대통령의 뜻과 합치하지 않거나 방해 내지는 장애가 초래될 가능성이 있는 정책결정이나 인사를 적극적으로 수행 또는 단행하여서는 아니 된다.[12]

나. 대통령 권한대행의 구체적인 직무범위

(1) 인사권 행사 관련

대통령권한대행자는 헌법기관의 임명행위만 가능

국무위원의 임명, 헌법기관(대법원장/대법관/헌법재판소장/헌법재판관) 임명은 민주적으로 선출된 대통령에 의하여 이루어져야 할 행위로서 권한대행이 하기에는 민주적 정당성의 관점에서 적절치 않을 것으로 보인다.

국회와 대법원장 지명 헌법재판관의 임명은 관리행위로서 가능

다만 헌법재판관 임명에 있어서 국회와 대법원장이 지명한 헌법재판관에 대한 대통령의 임명은 요식행위에 불과하므로, 국회나 대법원장의 헌법재판관 지명 이후 이들을 정식으로 헌법재판관으로 임명하는 행위는 대통령권한대행이라 하더라도 할 수 있는 것으로 봐야 할 것이다.

공무원 인사 및 정부부처 산하 기관장 임명은 자제

그 밖의 공무원 인사와 정부부처 산하 기관장 임명 역시, 추후 복귀하거나(탄핵 기각의 경우) 또는 새로이 선출될(탄핵 인용의 경우) 대통령의 의중과 합치하지 않을 수 있는 가능성이 있으므로, 이것 역시 자제하되, 불가피한 경우에 있어서 관리적 차원으로만 하는 것은 가능하다고 보아야 할 것이다.

---

12) 동지, 한수웅 (주 11), 1229면: "소극적이고 현상유지적인 권한행사".

(2) 외교/안보 등 권한과 정상회담 등 가능여부

외교 · 안보 영역에서와 정상회담 등의 경우 특히 민주적 정당성이 요청되는 분야라고 할 수 있으므로, 극도로 자제하여야 하나, 순수히 관리적 성격의 경우, 즉 가령 돌발적으로 안보에 대한 위협사태가 발생하거나 그와 유사한 경우에는 그에 걸 맞는 조치를 즉각적으로 취함으로써 위기사태를 관리할 수 있어야 할 것이다.

외교 및 안보 영역에 대한 관리적 권한

그러나 국제조약의 체결이나 정상회담 등 적극적인 외교행위는 선출된 대통령의 뜻과 합치하지 않을 수 있는 가능성이 있으므로 자제하는 것이 맞다고 생각된다.

적극적인 외교행위는 자제

(3) 정책 결정 및 법안 발의, 대통령령 제 · 개정 등 주요결정 여부

이 부분 역시 민주적으로 정당화된 대통령의 정책과 뜻에 합치하지 않을 가능성이 있으므로, 이러한 적극적인 정책수행과 법안 발의 및 대통령령의 제(개)정은 자제하는 것이 바람직하나, 객관적으로 누가 보더라도 불가피하게 관리적 차원에서 하지 않으면 안 되는 사정이 있는 경우에는 이를 제한적으로 할 수 있다고 보아야 할 것이다.

정책수행, 법안발의, 대통령령의 제·개정의 자제 필요

한편 헌법 제76조의 대통령의 긴급재정경제명령 등과 헌법 제77조의 대통령의 계엄선포권 등은 대통령이 재직 시에도 국가적 비상사태가 있을 경우에만 예외적으로 취할 수 있는 조치로서 헌법상의 요건을 충족할 경우에만 예외적으로 취할 수 있는 조치에 해당한다. 따라서 민주적으로 정당화되지 않은 대통령권한대행 국무총리는 극도로 예외적인 국가적 비상사태가 존재하지 않는 한 이러한 조치를 취할 수 없다고 보아야 할 것이다.

긴급재정경제명령 및 계엄선포는 극도로 예외적인 국가비상사태가 존재하지 않는 한 불가

제80조 훈장 및 영전의 수여는 대통령의 국가원수로서의 지위에서 할 수 있는 직무라고 할 수 있고, 훈장 및 영전의 수여가 이러한 잠정기간 동안 반드시 해야 할 관리행위에 해당한다고 볼 수는 없을 것이므로 자제하는 것이 바람직할 것이다.

훈장 및 영전의 수여 자제

(4) 대통령 권한대행으로서의 역할과 총리로서의 역할 구분의 기준

위에서도 언급하였듯이 대통령의 궐위나 사고의 경우에 대통령의 권한을 대신하여 행사하는 것을 권한대행이라고 할 수 있으며, 이러한

대통령권한대행자의 직함

직책을 수행하는 자의 신분에 대한 직함이나 호칭을 우리 헌법은 따로 두고 있지 아니하다. 따라서 권한대행이라고 하는 명칭 역시 그 자체가 일정한 신분이라고 할 수는 없고, 오로지 일정한 기관이 대통령의 권한을 대신하여 행사하는 임무를 일컬을 뿐, 권한대행의 임무를 수여받은 기관 자신이 신분상 대통령이 되는 것은 아니다.

대통령권한대행자는 본래의 법적 지위 유지

따라서 국무총리는 여전히 국무총리로서의 법적 지위를 유지하는 것이며, 헌법이 부여한 국무총리로서의 직무에 충실하여야 한다. 그렇지 않을 경우 국무총리의 직 역시 사고에 해당한다고 할 수 있기 때문에 법적으로는 국무총리에 대한 권한대행을 또 세워야 할 수밖에 없을 것이기 때문이다.

국회의 요구가 있을 경우 국회에 출석하여 답변할 의무가 있음

따라서 국무총리의 신분을 여전히 가지고 있으며 대통령권한을 대행해야 하는 국무총리는 헌법 제62조 제2항에 따라 국회의 요구가 있을 경우에는 출석·답변을 하여야 한다.

다. 대통령 권한대행의 예우, 의전 및 청와대비서진의 보좌 가능 여부

대통령권한대행자는 재직 중 형사상 소추을 받을 수 있음

위에서도 언급하였듯이 대통령 권한대행은 국무총리로서의 신분에 변화가 있는 것이 아니고 권한대행이라고 하여 대통령이 되는 것이 아니기 때문에, 헌법 제84조를 대통령 권한대행인 국무총리에게 적용할 수는 없다. 그러므로 국무총리는 대통령권한대행의 경우라 하더라도 재직 중 형사상의 소추를 받을 수 있다고 봐야 할 것이다.

대통령권한대행자에게 대통령의 신분 및 예우를 적용하지 않음

마찬가지로 대통령권한대행을 하는 국무총리는 대통령이 아니기 때문에, 그에게 헌법 전직대통령의 신분과 예우에 관하여 법률로 정하도록 위임하고 있는 헌법 제85조를 적용할 수는 없다.

다만 국무총리가 대통령의 권한을 대행하기 위해서는 기존 청와대 비서진들의 보좌가 필요할 것이기 때문에 청와대 보좌진의 대통령권한대행에 대한 보좌는 가능하다고 봐야 할 것이다.

5. 대통령의 책무와 권한

가. 책 무

대통령은 국가의 독립·영토의 보전·국가의 계속성과 헌법을 수호할 책무를 진다(제66조 제2항). 그리고 대통령은 조국의 평화적 통일을 위한 성실한 의무를 진다(제66조 제3항).

이러한 대통령의 책무는 취임선서에 관한 헌법 제69조에도 들어 있다. 즉 "나는 헌법을 준수하고 국가를 보위하며 조국의 평화적 통일과 국민의 자유와 복리의 증진 및 민족문화의 창달에 노력하여 대통령으로서의 직책을 성실히 수행할 것을 국민 앞에 엄숙히 선서합니다."

대통령 선서에 명시

그리고 대통령은 국무총리·국무위원·행정각부의 장 기타 법률이 정하는 공사의 직을 겸할 수 없다(제83조).

(1) 국가의 독립·영토의 보전·국가의 계속성을 수호할 책무

헌법이 국가의 독립, 영토의 보전, 국가의 계속성을 따로 열거하는 대신 방점으로 연결한 것은 특별한 이유가 있을 것으로 보인다. 즉 이 세 가지 요소는 서로 밀접 불가분의 관계에 있는 내용들이기 때문이다.

3요소의 불가분성

국가의 독립이 없이 영토가 보전될 수 없고, 또한 국가가 계속 지속할 수 없는 것은 당연하다. 어떻게 본다면 이 세 가지 요소는 국가의 생명과도 같은 가장 중요하고도 본질적인 국가의 실존에 관한 문제인데, 이 국가의 실존과 그 계속성을 수호하는 것, 즉 대한민국이라고 하는 국가를 보전하고 항구적으로 발전할 수 있도록 모든 노력을 기울이는 것이 대통령의 가장 중요한 책무에 해당하는 것이다.

국가 실존의 보전 핵심적 책무

국가의 독립은 대한민국이 독립된 주권을 행사할 수 있을 때 진정한 독립된 국가라고 할 수 있을 것이다. 특히 대한민국의 존립과 안전에 관하여 가장 중요하다고 볼 수 있는 것이 자주국방이며 군사주권일 것이다. 이러한 관점에서 최근 세계에서 군사력이 6위에 해당된다고 평가[13]된 바 있는 대한민국이 스스로를 지키기 위한 전시작전통제권을 가지고 있지 못하다고 하는 것은 과연 대한민국이 독립된 주권을 가지고

자주국방 및 군사주권은 국가의 독립된 주권행사에 해당

---

13) 연합뉴스, "한국 군사력 세계 6위…북한은 25위→28위로 떨어져"https://www.yna.co.kr/view/AKR20210116025400504 (최종방문일: 2021. 2. 24.)

있는 나라인지를 의심케 할 수 있는 부분이다.[14] 이러한 의미에서 전시
작전권을 환수하는 문제는 국가의 독립 및 주권과도 직결되는 문제이기
때문에 대통령이 영토의 보전, 국가의 계속성과 함께 이 문제 역시 소홀
하지 말아야 할 책무 중 하나에 해당된다고 봐야 할 것이다.

(2) 헌법을 수호할 책무

헌법을 수호할
책무

다음으로 대통령은 헌법을 수호할 책무를 진다. 여기에서 과연 대
통령이 어떠한 국가기관에 의하여 헌법이 침해될 때, 이를 바로 잡고 헌
법을 수호할 권한과 책임을 가지는가 하는 문제가 제기된다.

대통령의 헌법
수호의 책무는
헌법재판소의
위헌심판기능
과 다름

그런데 헌법은 제6장에서 헌법재판소를 설치해 두고, 제111조 제1
항에서 국가 공권력의 위헌행위에 대한 심판권한을 대통령이 아니라 헌
법재판소에 맡겨 두고 있음을 알 수 있다. 따라서 여기에서 말하는 헌법
수호의 책무라고 하는 것은 헌법재판소가 관장하는 위헌심판 기능과는
다른 것임을 알 수 있다.

기본권을 존중
하고 보호할
의무

그렇다면 과연 헌법을 수호할 책무라고 하는 것이 무엇일까? 대통
령 역시 국가 공권력으로서 우선 국민의 기본권을 침해하지 말아야 할
의무가 있다. 이는 대통령 역시 헌법 제10조 제2문에 따라 개인이 가지
는 불가침의 기본적 인권을 확인하고 이를 보장할 의무를 지는 기본권
보장의무의 수범자이기 때문이다.

헌법과 법률의
준수의무

나아가 대통령은 그 스스로 자신의 직무를 수행함에 있어서 헌법과
법률에 위반되어서는 안 된다. 이는 헌법상 법치국가원리로부터 도출되
는 법의 최고성(헌법의 우위와 법률유보, 행정의 합법률성의 원칙 등)[15]으로부
터 나오는 것이다. 만일 대통령이 그 직무를 수행함에 있어서 헌법과 법
률을 위반하는 경우 헌법 제65조에 따라 탄핵심판을 받을 수 있다.

법률안 거부권

나아가 어느 정도는 적극적인 헌법수호자로서의 기능을 발휘할 수
도 있다. 가령 국회가 위헌적인 법률을 가결하여 정부로 이송하는 경우,

---

14) 6.25 동란 중 이승만 전 대통령이 연합군사령관 맥아더 장군에게 대한민국의 전
   시작전지휘권을 위임하게 된 배경과 내용, 유효성, 경과 및 전망에 대하여는 최
   창동, 국군 작전지휘권 이양의 법적 문제점, 비교법연구 제3호(2002), 221-252
   (249)면 참조. 이에 관해서는 아래 (7) 국군통수권 참조.
15) 이에 대해서는 위 제2장, 제7절 법치국가원리, 제2관 참조.

대통령은 법률안거부권을 통하여 국회의 위헌입법을 통제할 수 있는 가능성이 있다. 물론 그 법률의 최종적인 위헌심사는 헌법재판소의 권한에 속하지만, 대통령은 나름대로 법안을 헌법에 비추어 심사해 보고, 만일 그것이 위헌적인 요소가 있다고 판단되면 법률안 거부권을 행사할 수 있으며, 그럼에도 불구하고 국회가 재의결하는 경우, 그 위헌여부의 심사는 위헌법률심판이나 헌법소원심판을 통해서 헌법재판소가 하게 될 것이다.

나아가 만일 어떠한 정당의 목적이나 활동이 민주적 기본질서에 위배될 경우에는 정당해산심판을 헌법재판소에 청구할 수 있다.

정당해산심판 청구를 통한 헌법보호기능

결국 대통령의 헌법을 수호할 책무는 그 스스로 헌법을 준수할 책무와 또한 타 국가기관이나 정당이 헌법에 위반할 경우 이에 대하여 헌법재판소에 위헌심판을 제소함으로써 이를 저지하고 헌법을 수호하는 것에 있다.

(3) 평화적 통일을 위한 성실한 의무

또한 평화적 통일을 성실하게 추진하는 것도 대통령의 가장 중요한 의무 중 하나라고 할 수 있다.

평화적 통일 추진의 의무

헌법 제4조는 대한민국은 통일을 지향하며, 자유민주적 기본질서에 입각한 평화적 통일정책을 수립하고 이를 추진한다고 규정하고 있다.

그리고 헌법 제3조는 대한민국의 영토는 한반도와 그 부속도서로 한다고 규정하고 있다.

이 양 조항의 관계에 관하여 모순·충돌관계로 보는 학설들도 있으나, 제3조 영토조항은 결국 통일의 영토적 한계를 말해주는 조항으로서 제4조와 함께 통일과 관련되는 조항으로 조화롭게 해석할 수 있음은 전술한 바와 같다.[16]

나. 권 한

(1) 행정권

행정권은 대통령을 수반으로 하는 정부에 속한다(제66조 제4항). 정

법률을 집행하

---

16) 위 제1장, 제5절, I, 3. 참조.

부의 수반으로서 대통령은 행정권을 가진다. 행정권은 입법권과 사법권
의 3권 중의 하나로서 법률을 집행하고 국가를 운영하는 권한이라고 할
수 있다.

행정권은 행정의 합법률성의 원칙에 따라서 정부가 일정한 행정행
위를 하기 위해서는 법률을 근거로 해야 한다고 하는 법률유보의 원칙
에 따라야 한다. 그리고 또한 법률을 위반해서는 안 된다고 하는 위반금
지, 그리고 법률의 위헌여부에 대해서는 권한 있는 기관(헌법재판소)에
의하여 그것이 확인되기 전까지는 법률을 적용해야 한다고 하는 적용명
령에 따라서 법률을 집행해야 한다.[17]

(2) 국가기관구성권

대통령은 다음과 같은 국가기관을 구성할 수 있는 권한을 가진다.

(가) 행정부구성권

대통령은 우선 국무총리(제86조 제1항)[18], 국무위원임명권(제87조 제1
항), 행정각부의 장(제94조), 감사원장과 감사위원(제98조 제2항 제3항) 임
명권을 가진다.

(나) 사법부 구성권

대통령은 사법부를 구성할 권한을 가진다. 즉 대법원장은 국회의
동의를 얻어 대통령이 임명하며, 대법관은 대법원장의 제청으로 국회의
동의를 얻어 대통령이 임명한다(제104조 제1항, 제2항)

(다) 헌법재판소 구성권

헌법재판소는 법관의 자격을 가진 9인의 재판관으로서 구성되는데
재판관은 대통령이 임명한다(제111조 제2항). 물론 재판관 9인 중 3인은
국회에서 선출하는 자를, 그리고 3인은 대법원장이 지명하는 자를 임명
하도록 되어 있기 때문에(제111조 제3항), 헌법재판관에 대한 실질적 임
명권은 나머지 3인에 대해서만 가지는 것이고, 국회가 선출한 3인 및
대법원장이 지명한 3인에 대해서는 대통령이 임명하기는 하지만 이는
요식절차에 불과하다고 봐야 할 것이다.

좌측 여백 주석:
고 국가를 운영하는 권한

법률의 위반금지 적용의무

대통령의 행정부구성권

사법부구성권

헌법재판소구성권

---

17) 위 제2장, 제7절, 제2관, I, 2. 참조.
18) 헌재 1998. 7. 14. 98헌라1, 대통령과 국회의원간의 권한쟁의, 판례집 제10권 2집, 1

그리고 헌법재판소장은 국회의 동의를 얻어 재판관 중에서 대통령이 임명한다(제111조 제4항).

(라) 중앙선거관리위원회위원 3인 임명권

선거와 국민투표의 공정한 관리 및 정당에 관한 사무를 처리하기 위하여 선거관리위원회를 두는데(헌법 제114조 제1항), 중앙선거관리위원회는 대통령이 임명하는 3인, 국회에서 선출하는 3인과 대법원장이 지명하는 3인의 위원으로 구성한다(제114조 제2항).

중앙선거관리위원회위원 3인 임명권

(3) 국민투표 회부권

대통령은 필요하다고 인정할 때에는 외교·국방·통일 기타 국가안위에 관한 중요정책을 국민투표에 붙일 수 있다(제72조).

외교·국방·통일 등에 관한 정책국민투표 회부권

이러한 국민투표는 정책국민투표이지 대통령의 신임을 묻는 신임국민투표는 여기에 포함되지 않는다고 하는 것이 헌법재판소 판례이다.[19]

(4) 조약 체결 · 비준권

대통령은 조약을 체결 · 비준한다(제73조).

조약체결에 있어서 상호원조 또는 안전보장에 관한 조약, 중요한 국제조직에 관한 조약, 우호통상항해조약, 주권의 제약에 관한 조약, 강화조약, 국가나 국민에게 중대한 재정적 부담을 지우는 조약 또는 입법사항에 관한 조약의 체결·비준에 대해서는 국회가 동의권을 갖는다(제60조).

대통령의 조약 체결 · 비준권

헌법 제6조에 의하면 헌법에 의하여 체결된 조약과 일반적으로 승인된 국제법규는 국내법과 같은 효력을 가진다. 조약의 경우 국회의 동의를 거쳐야 하는 조약은 법률과 같은 효력을 가지고 행정협정과 같은 경우에는 시행령과 같은 효력을 가지는 것으로 이해된다.

조약과 국제법규는 국내법과 같은 효력

아무튼 조약은 결국 국내에서 적용되는 법규범으로서의 효력을 가지고 국민의 권리를 제한하거나 의무를 부과할 수 있다. 그렇다면 이러한 사항들은 본질적인 입법사항으로서 헌법 제37조 제2항의 법률유보원칙에 따라 입법자인 국회가 결정하는 법률에 의하거나 적어도 조약의

국민의 권리 제한 및 의무 부과 조약은 국회의 동의 필요

---

19) 헌재 2004. 5. 14. 2004헌나1, 판례집 제16권 1집, 609 [기각].

체결 여부에 대해서 국회가 동의하지 않으면 안 된다(의회유보). 결국 국회의 동의를 요하는 조약의 범위를 결정함에 있어서는 바로 이러한 의회유보의 원칙을 고려하여, 국민의 기본권을 제한하는 내용의 조약인지[20], 그 밖에도 국가조직에 관한 본질적인 내용을 담고 있는지 등 소위 의회유보의 원칙과, 본질성이론에 따라서 국회 스스로가 이에 대하여 평가할 필요가 있다.[21]

(5) 외교사절 신임·접수 또는 파견권

대통령은 외교사절을 신임·접수 또는 파견한다(제73조).

대한민국 정부의 대표

'외교사절'이란 외국이나 국제기구 등에 파견되어 대한민국 정부를 대표하여 외교를 수행하는 인물이라고 할 수 있다. 대통령이 외교사절을 신임한다는 것은 외국에 파견하는 외교사절에게 신임장을 교부하는 것을 뜻한다.[22] 그리고 외교사절을 접수한다는 것은 외국으로부터 우리나라에 파견된 외교사절의 신임장을 접수하는 것을 말한다.[23]

이러한 외교사절의 신임·접수 또는 파견은 국회의 동의가 없이 대통령이 독자적으로 할 수 있는 권한에 해당된다.

(6) 선전포고 및 강화조약 체결권

선전포고 및 강화조약 체결 시 국회동의 필요

대통령은 선전포고와 강화를 한다(제73조). 물론 선전포고에 있어서와 강화조약의 체결·비준에 있어서는 국회의 동의를 얻어야 한다(제60조).

강화의 의미 실질적 해석 필요

여기에서 강화의 의미를 살펴볼 필요가 있다. 강화란 일반적으로 외국과의 전쟁이 벌어진 경우, 이 전쟁을 종료하고 평화협정을 체결하는 것을 의미한다.

남북한의 상호 대립의 현실

그런데 대한민국 정부가 수립된 이후 전쟁을 경험한 것은 북한과의 6.25 전쟁뿐이고, 아직까지도 남북은 군사적 적대관계를 청산하지 못한 채 상호 대립하고 있는 것이 현실이다.

---

20) 같은 취지로 유진오, 헌법해의, 명세당 1949, 139면.
21) 조약체결과 의회유보의 문제에 대하여는 방승주, 위안부 피해자 문제에 대한 한일외교장관회담의 헌법적 문제점, 민주법학 제60호(2016. 3), 105-144(111)쪽. 위 제3장, 제10절, VI, 5. 참조.
22) 유진오 (주 20), 139면.
23) 유진오 (주 20), 139면.

그런데 북한의 법적 지위와 관련해서는 상호 국가로 인정을 하지 않고 있기 때문에, 북한과 맺은 남북합의서는 조약 개념에 포함을 시키지 않으며 신사협정에 지나지 않는다고 보는 것이 헌법재판소와 대법원의 입장임은 전술한 바와 같다. 그러나 만일 이러한 냉전적 사고방식과 논리에 의한다면 현실적으로 헌법 제60조에 규정된 "강화조약"과 헌법 제73조의 "강화" 개념에는 북한과의 종전 및 평화협정은 포함되지 않는다고 볼 수밖에 없을 것이다. 그러나 그것은 매우 비현실적인 헌법해석이고 접근이라고 생각된다. 왜냐하면 대한민국이 경험한 유일한 전쟁 당사국이 북한인데, 남북이 상호 국가임을 인정하지 않는다는 이유에서, 그리고 남북합의서는 헌법상 조약에 해당되지 않는다고 하는 이유에서, 북한과의 종전선언과 평화협정의 체결이 "강화조약" 개념에 포함되지 않는다고 해석한다면, 이 "강화조약"은 과연 그 어떠한 나라와 체결하게 될 것인가 하는 문제가 제기되는 것이다. 냉전시대에 성립된 남북합의서에 대한 법적 성격 규정은 사실상 이 "강화조약"에 관한 헌법조항 마저 사문화시키고 남북간의 종전협정 및 평화협정 체결의 가능성을 사실상 영구히 배제할 수밖에 없는, 상당히 문제가 있는 해석이라고 볼 수밖에 없을 것이다.

무릇 헌법의 해석은 국가적 현실에서 일어나는 문제들을 제대로 포섭할 수 있어야 하고, 그 문제들을 적절하게 해결할 수 있어야 하며, 그러한 의미에서 최대한 헌법으로서의 규범력을 발휘할 수 있도록 뿐만 아니라, 정치적 공동체가 최대한 통합될 수 있는 방향으로 이루어져야 한다.

이러한 관점에서 본다면 이 "강화조약" 개념에는 무엇보다도 전쟁의 당사국이었던 남북의 종전협정과 평화협정이 포함되는 것으로 보지 않으면 안 될 것이다. 이것이 지난 70년간 이어져 온 남북간의 적대정책을 떨쳐 버리고, 새로운 평화와 협력, 그리고 궁극적으로는 자유민주적 기본질서에 입각한 통일의 시대를 앞당길 수 있는 창의적 헌법해석이라고 생각된다. 그리고 이러한 해석이 헌법상 평화통일조항(제4조)과, 대통령이 가지는 평화통일을 성실히 추진할 의무(제66조 제3항)조항에 합

강화조약과 강화 개념에 북한과의 종전 및 평화협정 포함되지 않는 문제

현실문제를 포섭하여 규율할 수 있도록 규범력을 발휘할 수 있는 해석 필요

강화조약에 남북의 종전협정 및 평화협정이 포함되는 것으로 해석할 필요성 존재

치될 수 있는 해석이며, 또한 그와 실제적으로 조화가 될 수 있는 해석이라고 생각된다.

(7) 국군통수권

대통령은 헌법과 법률이 정하는 바에 의하여 국군을 통수한다(제74조 제1항). 국군의 조직·편성은 법률로 정한다(제74조 제2항).

국군에 대한 통수 역시 일종의 군사행정에 속하기 때문에, 행정의 수반인 대통령에게 있는 것은 당연하다. 국군은 외적의 침입으로부터 국가를 방위하고 국가의 안전을 보위하기 위해서 존재하므로, 국군에 대한 통수는 평상시 국군의 훈련과 작전, 병력의 이동, 군인사와 군사행정을 포함한 국군의 운영 전반을 포함할 뿐만 아니라, 전시 작전지휘와 통제, 외국으로의 파병, 집단안보체제 하에서의 군사작전에의 참여 등을 모두 포함한다고 할 수 있다.

그리고 선전포고와 강화 등은 외교와 국방과 관련되는 군사적 행정이기도 하면서, 동시에 국가를 대표하는 국가원수로서 국가의 독립·영토의 보전·국가의 계속성과 헌법을 수호하기 위한 대통령의 책무와도 밀접 불가분의 관계에 있는 고도의 정치적 결단에 해당하는 일이기도 하다.

다만 이와 같이 국가와 국민의 운명을 좌우하게 할 뿐만 아니라, 궁극적으로 국민의 권리·의무관계에 많은 영향을 미치게 될 정치적 결단을 대통령 혼자 하는 것은 많은 위험이 따를 수 있으며, 대통령의 자의적 결정에 맡겨 둘 경우 자칫 나라의 운명이 어떻게 될지 알 수 없게 될 수 있으므로, 대통령이 이러한 모든 결정을 내리기 위해서는 당연히 헌법과 법률에 따라서 해야 할 뿐만 아니라, 선전포고와 강화조약 등을 위해서는 국민의 의사를 대변하는 국회의 동의를 얻지 않으면 안 되도록 하고 있는 것이다.

이 국군통수권에는 작전지휘권이 포함되나, 전술한 바와 같이 6.25 동란이 발발하자 UN군사령부가 설치된지 하루 후인 1950년 7월 14일 이승만 전 대통령이 UN군사령관인 맥아더장군에게 작전지휘권의 이양에 관한 서한을 보내고, 맥아더가 7월 15일 이를 수신하여 7월 16일 작

[좌측 여백 주석]

국군에 대한 통수는 평시 국군훈련 및 작전, 전시 작전지휘와 통제 등 모두 포함

선전포고와 강화는 국가원수로서의 대통령의 고도의 정치적 결단에 해당

국가적 운명을 좌우하는 결단을 대통령의 독단적 결정에 맡길 수는 없음

전시작전권 이양 과정

전지휘권을 인수할 의사를 밝히는 수락공한을 회신했고, 이승만은 7월 18일 주한 미 대사 무초(J.J. Muccio)를 통하여 이것을 수신함으로써 대한민국 군사주권의 핵심인 작전지휘권이 미국군 장성에게 넘어가게 된 후, 전시작전권환수를 공약 사항 중 하나로 내걸었던 문재인 정부에 들어와서도 아직까지 이것이 실현되지 못하고 있는 상태에 있다.

물론 6.25 동란 중에 전쟁의 효율적 수행을 위해서 UN군사령관에게 작전지휘권을 이양(위임)하지 않으면 안 되는 불가피한 사정이 있었다고 볼 수도 있을 것이나, 이렇게 군사주권을 외국군에 이양하는 것은 당시 헌법 제42조에 따라 국회의 동의를 요하는 것이었음에도 불구하고 국회의 동의를 거치지 않았다거나, 헌법 제66조에 따라 국무총리와 관계 국무위원의 부서를 하도록 되어 있었음에도 그마저 없었기 때문에 이 전시작전지휘권의 이양(위임)은 당시 헌법상으로도 위헌이었으며[24], 그리고 또한 당시 UN군사령관인 맥아더 장관은 합법적으로 조약을 체결할 수 있는 지위에 있지 않았기 때문에, 이승만이 맥아더 장군에게 보낸 '작전지휘권 이양 서한'은 국제법적으로도 유효하지 않았다고 지적된다.[25]

> 국회동의 없는 전시작전지휘권 이양 위헌론

아무튼 그 이후에도 미국은 한국의 정권이 바뀔 때 마다 '국제연합군 사령관'의 이름으로 '작전통제권 이양'을 기정사실화하기 위한 후속조치들을 강구해 왔으며, 이에 따라 장면 정권이 1960년 9월 29일 작전통제권 이양을 재확인해 주었고, 박정희도 1961년 5.16쿠데타 3일 후인 5월 19일 이전 정권의 작전통제권이양의 효력을 미국 측 요구대로 재확인해 주었다.[26] 작전통제권 전환을 최초로 공론화한 정부는 노태우 정부였으며, 김영삼 정부 들어와서는 1994년 12월 1일에 평시작전권이 환수되었고[27], 김영삼 대통령은 전시작전통제권(이하 '전작권')도 2000년까지 환수하겠다는 목표를 제시하기도 하였으나 이때까지는 한국 정부의

> 전작권 환수에 관한 한미 정부간 논의 상황

---

24) 동지 최창동 (주 14), 233 – 237면 참조.
25) 최창동 (주 14), 238 – 241면.
26) 최창동 (주 14), 228면.
27) 최창동 (주 14), 230면; 전시 작전통제권 T/F, 전시 작전통제권 환수 문제의 이해, 2006. 8. 17, 5면. 이렇게 평시작전통제권이 환수된 이후부터 작전통제권 환수문제는 이제 전시작전통제권 환수문제로 용어가 바뀌었다고 할 수 있다.

희망사항으로 언급되었을 뿐이었다가, 한미간의 전작권 환수 논의가 구체화·가속화되기 시작한 것은 노무현 정부에 들어와서였고, 2007년 2월 한미 국방장관 회담에서 2012년 4월 17일까지 전작권을 환수하고 한미연합사도 해체하기로 하는 합의에 이르기도 하였다.[28] 2008년 버락 오바마 후보가 대통령으로 당선된 이후에도 이러한 전작권 환수 합의는 유지되었으며, 2009년 10월에 열린 한미연례안보협의회의(SCM)에서도 2012년 4월 17일 전작권 전환에 대한 양측의 의사를 재확인하였다.[29] 그러나 2010년 들어 이명박 정부가 전작권 환수 연기를 미국에 다시 타진하기 시작하였으며, 2010년 6월 27일 이명박 대통령과 미국의 버락 오바마 대통령의 한미 정상회담에서 전작권 전환 시기를 2015년 12월로 연기하기로 합의하였다. 그런데 북한이 장거리 로켓을 발사하고(2012. 12. 12.), 제3차 핵실험을 강행하는 등(2013. 2. 12.) 한반도에서의 군사적 위기와 긴장이 고조되던 상태에서 2013년 2월 25일 출범한 박근혜 정부는 그 해 5월말부터 미국에 전작권 환수 재연기를 타진하기 시작하였다.[30] 그 후 2014년 10월 23일 미국 워싱턴에서 열린 한미안보협의회에서 한미 국방부 장관은 전작권 전환 시기를 정하지 않고 2020년대 중반에 한반도의 안보상황이 개선되고 한국군의 대북 억지능력이 적정 수준으로 강화되었을 때 등 소위 "조건에 기초한 전작권 전환"을 추진하기로 합의하였다.[31] 전작권의 조기 전환을 공약으로 내걸었던 문재인 정부에 들어와서 개최된 2020년 10월 14일의 제52차 한미안보협의회의 공동성명은 "양 장관은 전작권 전환을 위해 조건에 기초한 전시작전통제권 전환계획에 지정된 이행과업의 추진현황을 검토하고 조건에 기초한 전작권 전환계획 관련 진전에 주목하였으며 완전운용능력(FOC) 검증을 포함한 미래연합사로의 전작권 전환의 향후 추진방향에 대해 논의하였다. 양 장관은 전시 작전권이 미래 연합사로 전환되기 전에 상호 합의

---

28) 정욱식, 전시작전권 환수는 왜 번번이 무산되어 왔나? 황해문화 2020. 12., 219-236(226)면.

29) 정욱식 (주 28), 227면.

30) 정욱식 (주 28), 228면.

31) 정문식, 헌법 제74조, (사) 한국헌법학회 편, 헌법주석 [국회, 정부] 제40조~제100조, 경인문화사 2017, 613-618(617)면, 각주 14) 참조; 정욱식 (주 28), 230면.

된 '조건에 기초한 전작권 전환계획'에 명시된 조건들이 충분히 충족되어야 한다는 점을 재확인하였다."고 밝히고 있다. 이제 새로이 조 바이든 정부가 출범한 상태에서 앞으로 이 한미간의 "조건에 기초한 전작권 전환계획"과 주한미군의 방위비부담 협상이 어떻게 진행될 것인지를 주목해 봐야 할 시점이 되었다.

아무튼 대한민국의 국군이 전시작전통제권을 독자적으로 가지지 못하고 있는 이러한 비정상적이고 위헌적 상태가 현재 여전히 존재하고 있다고 할 수 있다. 이와 같이 전시작전지휘(통제)권을 자국군이 가지지 못한 나라는 우리나라가 거의 지구상에서 유일한 사례[32]로서 대한민국의 주권은 국민에게 있고, 모든 권력은 국민으로부터 나온다고 하는 국민주권에 관한 헌법 제1조에 명백히 위반되는 상태일 뿐만 아니라, 헌법이 대통령으로 하여금 헌법과 법률이 정하는 바에 의하여 국군통수권을 부여하고 있는 헌법 제74조에도 위반되는 상태인 것이므로, 이 위헌상태를 합헌으로 회복하기 위해서는 이 전시작전통제권을 하루속히 대한민국으로 환수해 오지 않으면 안 될 것이다. 이것은 주권의 회복에 관한 문제이다.

한편 국군의 해외 파견과 관련된 헌법소원심판[33]에서 헌법재판소는 소위 통치행위이론을 적용하여 심판청구를 각하하였다. 그러나 이 판례는 고도의 정치적 성격을 띤 행위라 하더라도 헌법재판소의 위헌심사의 대상이 된다고 본 헌법재판소의 종래의 판례태도[34]에 배치됨에도 불구하고 아무런 명시적 판례변경도 없이 심판청구를 각하한 것이기 때문에 문제가 있다고 생각된다.

(8) 대통령령 제정권

대통령은 법률에서 구체적으로 범위를 정하여 위임받은 사항과 법률을 집행하기 위하여 필요한 사항에 관하여 대통령령을 발할 수 있다

(여백 주석)
전시작전통제권 환수는 주권회복의 문제

제2차 이라크 파병(차이툰부대) 헌법소원에서 통치행위이론을 적용하여 각하한 헌재결정의 문제점

대통령의 위임명령권 및 집행명령권

---

32) 최창동 (주 14), 221면, 각주 1) 참조.

33) 헌재 2004. 4. 29, 2003헌마814, 일반사병 이라크파병 위헌확인, 판례집 제16권 1집, 601, 601-602.

34) 가령 헌재 1996. 2. 29. 93헌마186, 긴급재정명령등 위헌확인, 판례집 제8권 1집, 111 [기각, 각하].

(제75조).

결국 대통령은 국회에 의하여 위임받은 입법사항에 대한 위임명령과, 또한 법률을 집행하기 위해서 필요한 집행명령을 발할 수 있는 것이다.

포괄위임입법
금지원칙의 헌
법적 근거

이 조항은 일반적으로 소위 포괄위임입법금지의 원칙의 헌법적 근거조항으로 받아들여지고 있다. 물론 이 조항이 없다 하더라도 이 포괄위임입법금지원칙은 위임에 있어서 명확성의 원칙이라 할 수 있으므로 법치국가원리에서 도출되는 원칙으로서 입법자가 입법사항을 법률로 규정하지 않고서 행정입법으로 위임할 경우에는 구체적으로 어떠한 입법사항을 위임할 것인지 위임이 내용과 범위 그리고 그 정도에 대해서 구체적이고 명확하게 하여야 한다는 것이다.

예측가능성,
위임의 허용
전제

헌법재판소는 국민이면 누구나 다 위임입법으로부터 어떠한 내용이 위임되는 것인지 예측할 수 있어야 한다고 하면서 소위 예측가능성을 기준으로 포괄위임입법금지원칙의 위반여부를 판단하고 있음은 이미 법치국가원리에서 설명한 바와 같다. 그리고 포괄위임입법금지원칙은 위임을 전제로 하여 위임가능한 입법사항 가운데서 위임을 하더라도 구체적으로 범위를 정해서 위임해야 한다는 것을 말하는 섯이므로 위임허용을 전제로 하는 데 반하여, 의회유보의 원칙은 어떠한 입법사항이 본질적인 내용이라서 반드시 국회가 결정하지 않으면 안 된다는 의미에서 위임금지를 의미하는 것이며, 끝으로 법률유보의 원칙은 어떠한 행정행위이든지 그것이 국민의 기본권을 제한하기 위해서는 반드시 법률적 근거가 있지 않으면 안 된다는 것인데, 여기에서 말하는 법률적 근거는 형식적 의미의 법률 그 자체뿐만 아니라(법률에 의한 제한), 법률을 근거로 제정된 행정법규도 극 법률적 근거에 포함될 수 있다고 하는 점(법률을 근거로 하는 제한)에서, 반드시 형식적 입법자인 국회가 제정하는 법률에 의하지 않으면 안 된다고 하는 의미의 의회유보의 원칙과 구별된다고 하는 것도 이미 설명한 바와 같다.[35]

시행령에 대한
국회의 수정요

그리고 박근혜 전 대통령 시절 국회가 시행령에 대하여 경우에 따라 수정요구를 할 수 있는 법률적 근거를 도입하는 국회법개정안을 통

---

35) 위 제2장, 제7절, 제2관, Ⅱ, 2. 참조.

과시켰으나, 박근혜 전 대통령이 그것은 소위 행정입법권[36]을 침해하며 권력분립의 원칙에도 반한다고 하면서 강력 반발하였고, 학계에서도 이에 관한 찬반론[37]이 대립된 바 있었으며, 박근혜 전 대통령은 법률안거부권을 행사한 끝에 그 국회법개정을 무산시킨 바 있었다.

구권 도입 좌절의 문제점

그러나 대통령령은 어디까지나 명령이지 법률이 아니다. 법률의 제정권 즉 입법권은 국회에 속하는 것이다(헌법 제40조). 다만 국회가 입법을 함에 있어서 본질적이고 중요한 사항은 법률로 정하고, 나머지 본질적이지 않은 세부적 내용들은 헌법 제75조에 따라 대통령령으로 위임할 수 있다. 대통령과 행정부가 행정입법을 할 수 있는 권한은 국회가 위임해 준 범위 내에서이다.

대통령령은 명령이지 법률이 아님

집행명령은 법률의 내용을 집행하기 위한 것이므로 개념 내재적으로 법률의 내용을 벗어나는 새로운 내용의 시행령을 제정할 수 없는 것은 자명하다. 이러한 헌법적 원리를 오해하고, 마치 행정입법권이 행정부의 고유한 권한인양, 국회가 시행령에 대하여 수정·변경을 요구하는 것은 행정입법권에 대한 침해라거나 또는 권력분립원칙에 위배된다고 하는 모든 주장들[38]은 헌법상 권력분립질서를 잘못 오해한 데서 나오는 위헌적 논리라고 할 것이다.[39]

집행명령으로 법률내용을 벗어나는 새로운 내용의 명령 불가

다음으로 대통령이나 총리 또는 각부 장관이 시행령이나 부령 등 행정입법을 해야 할 의무가 있음에도 하지 않음으로 인하여 기본권이 침해되었다고 주장하는 소위 행정입법부작위에 대한 헌법소원[40]이 문제될 수 있다.

행정입법부작위에 대한 헌법소원

---

36) 정극원, 헌법 제75조, (사) 한국헌법학회 편, 헌법주석 [국회, 정부] 제40조~제100조, 경인문화사 2017, 619-631(620)면.
37) 가령 이인호, 국회가 행정입법에 대한 직접적 수정권한 가질 수 있나, 법률신문 2015년 6월 4일자 11면; 방승주, 국회가 행정입법에 대한 직접적 수정권한 가질 수 있나, 법률신문 2015년 6월 4일자 11면.
38) 가령 이인호 (주 37).
39) 이에 대하여 자세한 것은 방승주, 국회의 시행령수정·변경요구(청)권의 위헌여부, 공법연구 제44집 제2호(2015. 12), 1-29면; 김선택, 행정입법에 대한 국회 관여권 -수정·변경 요구권 유보부 위임의 합헌성, 공법학연구 제16집 제4호, 2015. 11, 95-124면.
40) 이에 대해서는 방승주 외 3인, 공권력의 불행사에 대한 헌법소원심판 구조 연구, 헌법재판연구 제29권, 헌법재판소 2018, 163-168면 참조.

행정명령을 제
정할 법적 의
무, 상당한 기
간 경과, 명령
제정권 불행사

헌법재판소는 "행정권력의 부작위에 대한 헌법소원은 공권력의 주
체에게 헌법에서 유래하는 작위의무가 특별히 구체적으로 규정되어 이
에 의거하여 기본권의 주체가 행정행위를 청구할 수 있음에도 공권력의
주체가 그 의무를 해태하는 경우에 허용되고, 특히 행정명령의 제정 또
는 개정의 지체가 위법으로 되어 그에 대한 법적 통제가 가능하기 위하
여는 첫째, 행정청에게 시행명령을 제정(개정)할 법적 의무가 있어야 하
고 둘째, 상당한 기간이 지났음에도 불구하고 셋째, 명령제정(개정)권이
행사되지 않아야 한다"41)고 밝히고 있다. 그러면서 "국회가 특정한 사
항에 대하여 행정부에 위임하였음에도 불구하고 행정부가 정당한 이유
없이 이를 이행하지 않는다면 권력분립의 원칙과 법치국가 내지 법치행
정의 원칙에 위배되는 것"이라고 보고, 따라서 군법무관의 보수의 지급
에 관하여 대통령령을 제정하여야 하는 것은 헌법에서 유래하는 작위의
무를 구성하며 이러한 행정입법부작위에 대하여 위헌을 확인하였다.42)

(9) 국가긴급권

(가) 서 론

국가긴급권은
국가적 긴급
(위기)상황의
극복을 위한
헌법보호제도

국가긴급권이라고 하는 것은 한 나라가 천재지변이나 내란 또는 외
환 등으로 인하여 국가적 위기상황을 맞았을 때, 통상적인 법적 절차에
의해서는 이러한 위기를 극복하기 힘들 경우, 비상상황에 대비한 특별
한 헌법적 절차를 통하여 그러한 위기상황을 극복하기 위하여 마련해
놓은 헌법보호제도이다.

대한민국 헌법은 국가적 긴급상황에 대비하기 위한 제도로서 긴급
재정·경제처분·명령제도 및 긴급명령제도와 또한 계엄제도가 있다.

긴급 재정·
경제처분·명
령제도, 긴급
명령제도, 계
엄제도

즉 국가가 내우, 외환, 천재, 지변 또는 중대한 재정·경제상의 위
기를 맞는 경우에 대통령이 긴급 재정·경제명령을 발할 수 있으며(긴급
재정경제명령제도: 헌법 제76조 제1항), 또한 국가의 안위에 관계되는 중대
한 교전상태에 있어서 국가를 보위하기 위하여 긴급한 조치가 필요하고
국회의 집회가 불가능한 때에는 법률의 효력을 가지는 명령을 발할 수

---

41) 헌재 1998. 7. 16. 96헌마246, 판례집 제10권 2집, 283, 305-306; 헌재 2004. 2. 26.
2001헌마718, 판례집 제16권 1집, 313, 320-321.
42) 헌재 2004. 2. 26. 2001헌마718, 판례집 제16권 1집, 313, 320-321.

있다(긴급명령제도: 제76조 제1항, 제2항). 그리고 전시, 사변 또는 이에 준하는 국가비상사태에 있어서 병력으로써 이에 대처해야 할 필요가 있는 경우에 대통령은 계엄을 선포할 수 있으며, 계엄에는 비상계엄과 경비계엄이 있고, 비상계엄이 선포된 경우에는 법률이 정하는 바에 의하여 영장제도, 언론·출판·집회·결사의 자유, 정부나 법원의 권한에 관하여 특별한 조치를 할 수 있다(계엄제도: 제77조).

이하에서는 국가긴급권의 헌법적 기초를 먼저 살펴본 후, 긴급재정경제명령제도와 계엄제도에 대하여 고찰해 보기로 한다.

(나) 국가긴급권의 헌법적 기초[43]

1) 국가긴급권의 필요성 내지는 정당화

계엄은 국가긴급권의 일종이다. 계엄이 국가긴급권제도에서 차지하고 있는 위치를 이해하기 위해서는 국가긴급권제도에 대한 이해가 선행되어야 한다.

> 계엄은 국가긴급권의 일종

국가긴급권은 "긴급사태(Notstand)"를 전제로 한다. 이러한 긴급사태는 우선 일반적인 법질서에서도 인정되고 있다. 즉 일정한 긴급상황 내지 특정한 법익에 대한 위험상황이 초래될 경우에는 이러한 위험을 제거하기 위해서 그 자체적으로 볼 때에는 위법한 행위들이 개별적으로 상세히 규정된 전제조건 하에서 허용되거나 최소한 면책될 수 있도록 하고 있는 규정들이 바로 그것이다(형법상 여러 위법성 조각사유 내지 정당화사유들을 그 예로 들 수 있을 것이다). 이러한 구성요건들은 물론 원칙적으로 개인적 행위와 관련되며 또한 개인적 법익에 대한 위험의 경우 정당성과 관련될 뿐이다. 이러한 구성요건들은 법질서를 특징지우고 있는 법익형량의 표현이라고 할 수 있을 것이다. 그런데 형법에서나 사법에서도 이러한 구성요건들이 종국적인 규정들이라고 할 수 있는지, 아니면 초실정법적 긴급상황에 의하여 그 구성요건들에 대한 보충이 허용되

> 긴급사태 전제

> 초실정법적 긴급상황에 의하여 법적 구성요건의 보충이 가능한지 문제 제기됨

---

43) 이하 (나)와 (라)의 내용은 박종보/이인호/방승주, 계엄법 개정방안 연구, 합동참모본부 2005. 11., 119−158 중 저자의 집필 부분(5−15면, 119−126면, 131−133면)과 方勝柱, 大韓民國憲法の 國家緊急權制度, 關西大學法學研究所, 『ノモス』, 2012年 6月, 29−46면을 기초로, 그 사이 개정된 계엄법 내용을 반영하여 수정·보완한 것임.

는 것인지의 문제가 제기되고 있는 것이다. 마찬가지 차원에서 국가긴
급권과 관련해서는 국가긴급권에 관한 실정법적 규정에도 불구하고 초
실정적 국가긴급권이 인정될 수 있을 것인지의 문제가 제기되는 것이
다. 아무튼 중요한 것은 긴급상황에서는 국가적 법질서가 일정한 행위
방식에 대하여 정당화할 수 있거나 또는 면책을 허용하는 규정들을 필
요로 하고 있다는 점이다. 왜냐하면 이러한 방법을 통해서만 보다 우위
의 법익이 보호될 수 있기 때문이다.[44]

국제법상으로
도 국가존립을
위한 자위권행
사는 정당화되
고 면책사유
인정됨

　　나아가 국가적 법질서를 넘어서 국제법 역시 개별 국가에 대하여
정당화사유를 허용하고 있다. 가령 UN헌장 제2조 제4호의 무력사용금
지규정에도 불구하고 국제법은 무력침공의 경우에 모든 국가에게 자위
권을 보장하고 있으며 이를 기본권 내지 자연권으로 인정하고 있는 것
이다. 국제법이론과 국제적 실무에서 자위 개념은 상이하게 해석되고
있지만 결정적인 것은 국제법은 그 성립 이래로 개별 국가에 대해서 극
단적인 긴급상황, 특히 자기보존(Selbsterhaltung)의 필요성을 그 국가의
정당화사유나 면책사유로서 인정하고 있다는 점이다.[45] 국제사법재판소
는 자기보존의 사유를 항상 엄격하게 해석하여 왔다. 그러나 자기보존,
생존위협과 계속적 생존은 어떠한 국가가 이러한 법익을 지키기 위해서
면밀한 가치형량 가운데서 현존하는 실정법적 의무를 유월한 경우에도,
정당화사유나 면책사유로서 적용되었다.[46]

국가긴급권 행
사시 구체적,
개별적 상황의
문제

　　요컨대 긴급사태에 있어서는 국가적 법질서에 있어서는 개인에게,
그리고 국제법질서에서는 개별 국가에게 원칙적으로 인정된 하나의 "일
반적인 법원칙"이 적용된다고 할 수 있다. 다툼이 되고 있는 것은 이러
한 원칙이 아니라, 이로부터 나오는 구체적이고 개별적인 결론들이라고
할 수 있을 것이다.

　　이러한 원칙을 고려할 때, 긴급상황은 한 국가 내에서의 국가적 행

---

44) 이하 Klaus Stern, Das Staatsrecht der Bundesrepublik Deutschland, Bd II, München
　　1980, S. 1289 f.를 주로 참조함. 그리고 비상사태헌법에 관한 최근 독일 문헌으로
　　는 Anna-Bettina Kaiser, Ausnahmeverfassungsrecht, Tübingen 2020.
45) Klaus Stern (주 44), S. 1290 f.
46) Klaus Stern (주 44), S. 1291.

위에 어느 정도로 영향을 미칠 수 있을 것인지, 특히 국가가 긴급상황을 극복하기 위해서 정상적 법규정들로부터 어느 정도까지 벗어날 수 있을 것인지의 문제가 제기되었다. 이와 같이 긴급상황에서 비상적 위험을 극복하기 위한 국가의 비상적 권한(das äußerste Recht)을 소위 국가긴급권{"ius extremae necessitatis", "ius (imperium) eminens": Staatsnotrecht}이라고 칭하였다.47)

긴급상황을 극복하기 위한 국가의 비상적 권한을 국가긴급권이라 함

2) 국가긴급권의 헌법화 경향

1848년 이전 시대의 몇몇 헌법전들은 이러한 국가긴급권을 당연한 것으로 보았기 때문에, 왕의 이러한 국가긴급권을 명시적으로 언급할 필요성이 없다고 생각하였으나, 이러한 경향은 1848년 이후에 이르러서 바뀌었다. 즉 이 때부터 비상적 권한은 전쟁이나 내란의 경우에만 1830. 8. 14.의 프랑스 입헌주의 헌법의 모델에 따라서, 또는 소위 martial law에 따라서 행사할 수 있었다. 1850년 프로이센 헌법 제111조와 같이 독일 제국들 역시 대동소이하게 이러한 matial law의 내용을 채택하였다. 1849. 3. 28. 독일 제국 헌법안 제197조48)는 보다 많은 제한을 두고 있었다.

1848년 이후 국가긴급권의 실정화 경향

국가긴급권은 이와 같이 하여 소위 "헌법화"되었으며, 국가긴급권의 행사는 일정한 요건에 의하여 제한되었다. 이를 일컬어서 "전쟁사태" 또는 "비상사태"(1852. 8. 17. Waldeck 헌법 제96조; 1867. 12. 21. 오스트리아 헌법 제20조) 내지는 "군사적 또는 정치적 포위사태(Belagerungszustand)"라고 하였다.49)

전쟁사태, 비상사태, 포위사태

---

47) Klaus Stern (주 44), S. 1291.

48) 동조는 다음과 같은 내용을 가지고 있었다. "전쟁이나 내란의 경우에 체포, 가택수색과 집회권에 관한 기본권은 제국정부나 개별 영방국가정부에 의하여 지역별로 그리고 한시적으로 그 효력이 정지될 수 있다. 하지만 다음과 같은 조건하에서 그러하다. 1. 이 조치는 모든 개별적인 경우에 제국 또는 개별 영방국가의 전체내각에 의해서 발해져야 한다. 2. 의회가 현재 집회중인 경우에는 제국 내각은 제국의회의 동의를, 개별영방국가 내각은 영방국가 의회의 동의를 즉시 얻어야 한다. 의회가 집회중이지 않은 경우, 이들 의회를 소집하여 취해진 조치의 동의를 구하지 아니한 채, 이 조치를 14일 이상 지속해서는 안된다." Klaus Stern (주 44), S. 1292 f.

49) Klaus Stern (주 44), S. 1293. 군사적 포위사태(군사계엄 état de siège réel)는 포위된 요새의 사령관에게 정부의 전권을 수여하는 고래의 관행에 의거하는 것이며,

국가에 국가긴
급권이 당연히
부여된다는 인
식

이렇게 국가긴급권이 헌법화되었음에도 불구하고, 긴급권을 사용할 수 있는 권한이 헌법에 의해서 국가에게 비로소 주어지는 것이 아니라, 국가가 이를 사실상(ipso facto) 당연히 가지며, 다만 이를 합헌적 형태로 행사하는 것만이 문제될 뿐이라는 인식에는 아무런 변화가 없었다. 개인이 자기보존권을 가지듯이, 모든 "조직적 공동체", 그리고 모든 국가 역시 이러한 권리를 갖는다.50)

긴급사태에 대
한 헌법적 규
율의 필요성

아무튼 긴급사태에 관한 법리적 발전에서 알 수 있듯이 법질서는 일찍이 이러한 현상에 대하여 주목하여 왔으며, 개인을 위해서나 국가를 위해서 긴급사태에 관하여 특별한 법률적 규정이 필요하다고 생각해 왔다. 특히 국가에 대한 긴급사태(Notstandsfall)는 19세기가 경과하는 과정에서 비로소 보다 분명한 윤곽을 가질 수 있게 되었고, 이때까지 보통 긴급사태나 가장 긴박한 필요가 있을 경우에는 비상적 조치의 적용을 허용하는 것으로 만족해 왔다. 하지만 국가가 보다 더 헌법국가가 되면 될 수록, 국가긴급권(Staatsnotrecht)도 헌법적으로 규율할 필요성이 더욱 커지게 되었는데 이 가운데 그러한 극단적 상황으로서 최우선적으로 본 것이 외부(전쟁)나 내부(내란, 폭동)로부터의 국가적 존립의 위협이었다.51)

비상사태라 함
은 "헌법에 규
정된 통상적
수단으로서가
아니라 예외적
수단으로 극복
될 수 있는,
국가의 존립이

오늘날 많이 인용하고 있는 긴급사태 또는 비상사태에 대한 정의는 일반적으로 "헌법에 규정된 통상적 수단으로가 아니라 예외적 수단으로 극복될 수 있는, 국가의 존립이나 공공의 안녕·질서에 대한 심각한 위험"이라고 정의할 수 있을 것이다.52) 이러한 정의는 과거의 긴급사태에 대한 설명과 비교할 때 부분적으로는 더 좁고, 부분적으로는 더 넓다. 왜냐하면 이러한 정의는 한편으로는 긴급사태를 보호대상과 관련하여

정치적 포위사태(정치계엄 état de siège politique)는 비무장의 민간지역이 적침 또는 반란의 위협을 받을 때에 법적으로 이것을 포위된 것으로 간주하고, 정부는 그 지역에서 포위된 요새의 사령관의 경우와 같은 권한을 가진다는 것이다(김도창, 국가긴급권론, 청운사 1968, 108면 이하).

50) Klaus Stern (주 44), S. 1293.
51) Klaus Stern (주 44), S. 1294.
52) Klaus Stern (주 44), S. 1294; 콘라드 헷세 저(계희열 역), 통일 독일헌법원론, 박영사 2001, 428면. 같은 취지로 헌재 2015. 3. 26. 2014헌가5, 판례집 27-1상, 226.

구체화시키고 있으며, 다른 한편으로는 긴급사태를 전쟁이나 내란의 경우로 국한시키는 것을 포기하고 있기 때문이다. 다만 비상적 긴급권이 정확하게 확정되고 있지는 않지만 그것이 인정되고 있는 것만은 여전하다.[53]

슈테른(Stern)은 이러한 정의에 따른 긴급사태가 과연 국가의 모든 긴급사태의 사례들을 포괄하는 종국적인 개념인가, 다시 말해서 이러한 긴급사태 외에 "당연한" 또는 "자연법적인" 긴급권이 더 이상 인정될 여지가 없는가, 그리고 긴급사태의 경우에 순수한 권리보호국가로부터 산업사회에서의 생존배려국가 내지 사회국가로 전환되는 과정에서 발생하는 요건들도 포함될 수 있는가의 문제를 제기하고 있다.[54]

오늘날 헌법적으로 정립된 자유민주적, 사회적 법치국가에 있어서 이러한 문제제기는 매우 중요하다. 그리고 전술한 긴급사태의 정의는 여러 긴급사태의 현상들을 대략적으로 기술하는 데는 충분할는지 모르지만 언제 비정상적 상황이 존재하며, 어떠한 수단으로 이에 대처할 수 있을 것인지를 확정하려 하는 경우에는 충분치 않다고 하는 것을 알 수 있다. 다시 말해서 현대 국가에 있어서도 긴급상황은 불가피하며, 또한 국가와 국민에 대한 위험상황은 늘 수반되기 마련이기 때문에, 이러한 긴급상황은 유동적인 상태로 있어서도 안 되며, 또한 그에 대하여 대처해야 할 기관의 권한과 수단이 불명확한 상태로 있어서도 안 된다. 국가권력을 국민의 자유와 안전을 위하여 헌법적 질서에 구속시키는 것이 바로 헌법국가의 징표라고 할 수 있기 때문에, 이것은 긴급사태와 예외적인 긴급권한에 대해서도 더욱 강력하게 적용되는 것이다. 결국 슈테른이 결론을 짓고 있듯이 긴급사태는 그 요건과 그리고 이를 극복할 수 있는 수단에 따라서 파악될 수 있을 것이다.[55]

3) 국가긴급권에 대한 법적 규율의 필요성

전통적으로 영미국가에서는 소위 "필요는 법을 모른다(Not kennt kein Gebot)"라고 하는 속담에 따라서 불문법적으로 국가긴급권이 인정

53) Klaus Stern (주 44), S. 1295.
54) Klaus Stern (주 44), S. 1295.
55) Klaus Stern (주 44), S. 1295.

법적규율의 필
요성

되어 왔다. 그러나 "필요는 법을 모른다"고 하는 속담을 법적인 규율로
서 간주하는 것은 긴급사태를 법적으로 극복하려 하는 것과 정반대의
태도라고 할 수 있다. 왜냐하면 그러한 말은 그 자체가 아무런 한계를
제시해 주고 있지 않기 때문이다. 다시 말해서 그러한 말에는 법에 내재
되어 있는 규율기능과 한계설정기능이 결여되어 있기 때문이다. 따라서
긴급사태를 법적으로 파악하고 규율할 필요성은 매우 초기부터 인정되
어 왔다. 특히 이 경우에 긴급상황을 극복하기 위하여 주어지는 비상대
권의 남용의 위험을 법적 규율로써 제한하고자 하는 것이 관건이 되었
던 것이다.56)

국가긴급권을
처음부터 규정
하지 않는 입
법례는 긴급권
남용 가능성 내
포

이러한 남용의 위험을 막기 위한 방법으로 국가긴급권을 처음부터
전혀 규정하지 않는 입법태도가 있을 수 있다. 그러나 이와 같이 하게
되면, 정상적 헌법상황에서는 국가긴급권이 남용될 위험이 없으나, 실제
로 긴급사태가 발생하게 될 경우에는 긴급권한의 주체가 행사할 수 있
는 권한에 대하여 아무런 법적 근거나 기준이 없기 때문에, 초헌법적 또
는 불문의 긴급권을 행사할 수밖에 없고, 결국 긴급권을 더욱 남용할 수
밖에 없다고 하는 문제가 있다.57)

국가긴급권에 관한 규정이 없는 경우에 이러한 긴급사태를 해결해
야 할 불가피성으로 인하여 다음과 같은 두 가지 상황을 생각해 볼 수
있다.

내재적 권한을
근거로 긴급사
태 극복을 위
한 전권부여

첫째, 법규정의 흠결을 인정하는 경우이다. 법규정의 흠결은 어떠
한 법적 문제가 제기되기는 하나 입법자가 의도적으로 이에 대하여 답
변을 하지 않은 경우라고 할 수 있다. 미국과 같은 경우 대통령에게 사
령관으로서의 지위가 주어진 것으로 간주하고 그에게 소위 "내재적 권
한(implied and inherent powers)"을 근거로 긴급사태 극복을 위한 전권을
부여하는 경우가 바로 그 예이다.58)

초헌법적 권한
의 원용은 법

둘째, 초헌법적 권한(extrakonstitutionelle Befugnisse)을 원용하는

---

56) Klaus Stern (주 44), S. 1296.
57) 이에 대하여 자세한 것은 계희열, 서독의 국가긴급사태법, 고려대학교 법학연구
소, 법학논집 제23집(1985), 313면.
58) Klaus Stern (주 44), S. 1299.

경우가 있을 수 있다. 긴급사태를 극복하기 위한 권한은 실제적 권력이 가장 큰 자 또는 이러한 긴급사태를 가장 잘 극복할 수 있는 것으로 보이는 자에게 주어진다. 상황에 대한 지배자로서 그는 권한에 대한 지배자가 되기도 하는 데, 그는 자신의 권력에 대하여 스스로 한계를 그어야 하는 독재자 외에 달리 지칭되지 않는다. 그 결과는 법치국가의 해체를 불러올 것이며 국민의 자유에 대하여 극도의 위해를 끼치게 될 것이라는 점은 불을 보듯 뻔한 일이다. 따라서 헌법에 긴급사태에 관한 규정이 "배제"된 경우에는, 무제약적인 비상적 권력을 달리 어떻게 제한할 것인지의 문제가 존재하지 않을 수 없다. 결국 이와 같이 국가긴급권을 헌법으로부터 배제하는 경우 남용의 위험이 더욱 커질 수 있기 때문에, 불문의 긴급권을 원용하는 것은 남용을 방지하기 위한 해결책이 될 수 없다.[59]

그러므로 긴급사태의 극복은 이러한 규정의 흠결이나 초헌법적 국가긴급권 영역으로부터 벗어나서, 법제도로서 헌법에 편입될 때 가장 잘 해결될 수 있다.[60]

우리 헌법도 역시 국가긴급사태에 대한 규율의 필요성을 인식하고 제헌헌법 이래로 국가긴급권에 관한 규정을 해 오고 있으며, 계엄제도는 전통적으로 전쟁이나 내란에 의한 국가긴급사태를 대처하기 위한 제도로서 국가긴급권의 중핵이 되는 제도라고 할 수 있다.

다만 이 계엄은 프랑스의 계엄제도에서 유래하는 바, 과거 입헌주의 초기에 전쟁법으로서 전통적인 전쟁상태나 포위상태를 전제로 한 국가긴급권제도였다는 점에서, 전쟁의 양상이나 형태가 과거에 비해 현격하게 달라진 오늘날에도 그대로 적용될 수 있을 것인지의 문제가 제기

[우측 난외주]
치국가의 해체 초래

법제도로서 헌법에 편입될 필요

국가긴급권에 관하여 헌법적 규율해 옴

계엄제도는 프랑스 계엄제도인 포위사태에서 유래

---

59) Klaus Stern (주 44), S. 1301.

60) 같은 취지로 법질서의 정지를 의미하는 "헌법으로부터의 예외(Ausnahmen von der Verfassung)"가 아니라, 오히려 비상사태를 법질서 내에서 극복하기 위한 "헌법 내에서의 예외(Ausnahmen in der Verfassung)"가 중요하다고 강조하면서 결코 비상사태 하에서도 헌법의 정지는 있을 수 없으며, 기본권의 본질내용도 침해되어서는 안 됨을 역설하고 있는 Anna–Bettina Kaiser (주 46) 38과 같은 이의 "Covid–19 und die Verfassung – Ausnahmeverfassungsrecht" vom 18. November 2020, (Internationale Online–Konferenz, Seoul 2020 발표문), S. 6 참고.

된다고 하겠다. 이와 관련하여 독일은 명시적으로 과거의 포위사태
(Belagerungszustand)제도를 포기하고 다양한 국가긴급사태의 단계를 구분
하고 그에 따른 긴급사태의 확인과 선포 및 법적 효과에 따른 상세한
규율을 하고 있는 것[61]은 긴급권의 남용을 많이 겪었던 우리 헌정사를
고려할 때 시사하는 바가 매우 크다고 할 것이다.

(다) 긴급 재정 · 경제 처분 · 명령권

국회의 집회를
기다릴 여유가
없을 때

대통령은 내우·외환·천재·지변 또는 중대한 재정·경제상의 위기에 있
어서 국가의 안전보장 또는 공공의 안녕질서를 유지하기 위하여 긴급한
조치가 필요하고 국회의 집회를 기다릴 여유가 없을 때에 한하여 최소
한으로 필요한 재정·경제상의 처분을 하거나 이에 관하여 법률의 효력을
가지는 명령을 발할 수 있다(제76조 제1항).

긴급명령권

대통령은 국가의 안위에 관계되는 중대한 교전상태에 있어서 국가
를 보위하기 위하여 긴급한 조치가 필요하고 국회의 집회가 불가능한
때에 한하여 법률의 효력을 가지는 명령을 발할 수 있다(제76조 제2항).

국회의 승인

대통령은 위와 같은 처분 또는 명령을 한 때에는 지체 없이 국회에
보고하여 그 승인을 얻어야 한다(제76조 제3항). 그리고 이 승인을 얻지
못한 때에는 그 처분 또는 명령은 그때부터 효력을 상실한다. 이 경우
그 명령에 의하여 개정 또는 폐지되었던 법률은 그 명령이 승인을 얻지
못한 때부터 당연히 효력을 회복한다(제76조 제4항). 대통령은 제3항과
제4항의 사유를 지체없이 공포하여야 한다(제76조 제5항).

금융실명제도
입을 위한 긴
급재정경제명
령

이 대통령 긴급재정경제명령과 관련해서는 과거 김영삼 대통령이
금융실명제와 관련한 긴급재정경제명령을 발한 바 있었고, 이에 대한
헌법소원심판이 청구된 바 있었다.

통치행위에 해
당되기는 하나
위헌심사가 배
제되는 것은
아님(헌재)

이 사건에서 대통령의 고도의 정치적 결단에 해당하는 소위 통치행
위에 대한 헌법소원심판의 경우 사법심사가 배제될 것인지 여부의 문제
와 관련하여 헌법재판소는 "대통령의 긴급재정경제명령은 국가긴급권
의 일종으로서 고도의 정치적 결단에 의하여 발동되는 행위이고 그 결

---

61) 방승주, 독일 기본법상 국가긴급권제도, 동아법학 제40호(2007. 8), 59-103면 참
조.

단을 존중하여야 할 필요성이 있는 행위라는 의미에서 이른바 통치행위에 속한다고 할 수 있으나, 통치행위를 포함하여 모든 국가작용은 국민의 기본권적 가치를 실현하기 위한 수단이라는 한계를 반드시 지켜야하는 것이고, 헌법재판소는 헌법의 수호와 국민의 기본권 보장을 사명으로 하는 국가기관이므로 비록 고도의 정치적 결단에 의하여 행해지는 국가작용이라고 할지라도 그것이 국민의 기본권 침해와 직접 관련되는 경우에는 당연히 헌법재판소의 심판대상이 된다."고 판시한 바 있다.[62]

그리고 긴급재정경제명령의 발동요건과 관련해서는 "긴급재정경제명령은 정상적인 재정운용·경제운용이 불가능한 중대한 재정·경제상의 위기가 현실적으로 발생하여(그러므로 위기가 발생할 우려가 있다는 이유로 사전적·예방적으로 발할 수는 없다) 긴급한 조치가 필요함에도 국회의 폐회 등으로 국회가 현실적으로 집회될 수 없고 국회의 집회를 기다려서는 그 목적을 달할 수 없는 경우에 이를 사후적으로 수습함으로써 기존질서를 유지·회복하기 위하여(그러므로 공공복지의 증진과 같은 적극적 목적을 위하여는 발할 수 없다) 위기의 직접적 원인의 제거에 필수불가결한 최소의 한도내에서 헌법이 정한 절차에 따라 행사되어야 한다."고 밝히고 있다.[63]

긴급재정경제명령의 발동요건

이러한 요건들에 입각하여 이 사건 긴급재정경제명령의 위헌여부에 대하여 심사한 결과 헌법재판소는 "대통령이 기존의 금융실명법으로는 재정·경제상의 위기상황을 극복할 수 없다고 판단하여 이 사건 긴급명령을 발한 것임을 알 수 있고, 대통령의 그와 같은 판단이 현저히 비합리적이고 자의적인 것이라고는 인정되지 않으므로 이는 존중되어야 할 것"[64]이라고 하면서 당시의 재정·경제상황의 심각성과 그에 대한 긴급한 처방의 필요성을 고려할 때 이 사건 긴급명령은 헌법이 정한 절차와 요건에 따라 헌법의 한계 내에서 발포된 것이고 따라서 이 사건 긴급명령 발포로 인한 청구인의 기본권 침해는 헌법상 수인의무의 한계내에 있다고 판단하였다.

위헌심사의 결론 기각

---

62) 헌재 1996. 2. 29. 93헌마186, 판례집 제8권 1집, 111.
63) 헌재 1996. 2. 29. 93헌마186, 판례집 제8권 1집, 111.
64) 헌재 1996. 2. 29. 93헌마186, 판례집 제8권 1집, 111(123).

(라) 계엄제도
1) 계엄의 의의와 본질
① 계엄의 헌법적 근거

우리 헌법 제77조는 제1항에서 "대통령은 전시·사변 또는 이에 준하는 국가비상사태에 있어서 병력으로써 군사상의 필요에 응하거나 공공의 안녕질서를 유지할 필요가 있을 때에는, 법률이 정하는 바에 의하여 계엄을 선포할 수 있다"고 규정하고 있고, 제2항에서 "계엄은 비상계엄과 경비계엄으로 한다." 그리고 제3항에서 "비상계엄이 선포된 때에는 법률이 정하는 바에 의하여 영장제도, 언론·출판·집회·결사의 자유, 정부나 법원의 권한에 관하여 특별한 조치를 할 수 있다."고 규정하고 있으며, 제4항에서 "계엄을 선포한 때에는 대통령은 지체없이 국회에 통고하여야 한다"고 하고 있고, 끝으로 제5항에서 "국회가 재적의원 과반수의 찬성으로 계엄의 해제를 요구한 때에는 대통령은 이를 해제하여야 한다"고 규정하고 있다.

이처럼 우리 헌법은 계엄의 요건과 그 종류에 대하여 개략적으로만 규정하고 있을 뿐, 계엄이 무엇이며 그 구체적 법적 효과가 무엇인지에 관해서는 법률에 위임해 놓고 있다.

② 계엄의 의의

우리 헌법이 규정하고 있는 계엄이 무엇인지를 알기 위해서는 일단 계엄법을 고려하지 않을 수 없다.

계엄법은 제2조 제1항에서 "계엄은 비상계엄과 경비계엄으로 한다"고 규정하고 있고, 제2항에서 "비상계엄은 대통령이 전시·사변 또는 이에 준하는 국가비상사태 시 적과 교전(交戰) 상태에 있거나 사회질서가 극도로 교란(攪亂)되어 행정 및 사법(司法) 기능의 수행이 현저히 곤란한 경우에 군사상 필요에 따르거나 공공의 안녕질서를 유지하기 위하여 선포한다."고 규정하고 있고, 제3항에서 "경비계엄은 대통령이 전시·사변 또는 이에 준하는 국가비상사태 시 사회질서가 교란되어 일반 행정기관만으로는 치안을 확보할 수 없는 경우에 공공의 안녕질서를 유지하기 위하여 선포한다."고 규정하고 있다.

국가비상사태에 있어서 병력으로써 군사상의 필요에 응하거나 공공의 안녕질서를 유지할 필요가 있을 때 계엄 선포

비상계엄과 경비계엄

우리 헌법과 계엄법의 이와 같은 규정들을 고려할 때, 우리 헌법상 계엄이란 일응 "전시·사변 또는 이에 준하는 국가비상사태에 있어서 적과 교전상태에 있거나 사회질서가 교란되어 행정 및 사법기능의 수행이 현저히 곤란한 경우에, 병력으로써 군사상의 필요에 응하거나 공공의 안녕질서를 유지하기 위하여 선포하는 비상조치"라고 할 수 있을 것이다.

③ 계엄의 본질

한 나라가 국가비상사태를 당하는 경우에, 그에 응하는 방법은 여러 가지가 있을 수 있다. 그런데, 전시나 사변 기타 이에 준하는 국가비상사태를 당하여 병력을 통하여 군사상의 필요에 응하거나 공공의 안녕질서를 유지할 필요가 있을 때에 취하는 비상조치가 계엄이라고 할 수 있다.

우리 헌법 제77조는 "병력으로써 군사상의 필요에 응하거나 공공의 안녕질서를 유지할 필요가 있을 때"라고 하는 필요성의 원칙을 분명히 하고 있다. 따라서 이러한 필요가 없음에도 불구하고 병력을 정치적 목적을 추구하기 위한 수단으로 사용하는 것은 처음부터 계엄의 본질에 어긋나는 것으로서 위헌이라고 볼 수 있다.

우리 헌법이 여러 가지 국가긴급권제도를 마련하고 있으면서 한편으로 병력을 통한 국가비상사태의 해결가능성을 두고 있는 것은 비상사태를 조기에 수습하여 정상적인 헌법상태로 회복하기 위한 목적을 가지는 것이다. 따라서 정상적인 헌법질서 하에서 통상적인 국가기관에 의하여 비상사태가 충분히 해결될 수 있을 경우에는 아직 계엄을 발동할 요건이 충족되지 못하였다고 할 수 있는 것이다.

어느 나라이든지 국가적 비상사태에 대하여 헌법적으로이든 아니면 초헌법적 조치로서이든 이를 극복하고자 하는 국가긴급권제도를 발달시켜 왔으며, 우리 헌법도 역시 예외는 아니다.

계엄 역시 국가적 비상사태를 극복하기 위한 최후의 마지막 수단임에도 불구하고 그것이 가지는 소위 "입헌적 독재"의 성격 때문에, 정치적 목적을 위한 수단으로 남용되었던 역사적 사례들이 외국에는 물론

계엄의 정의

전시나 사변 기타 이에 준하는 국가비상사태

병력으로써 군사상의 필요에 응하거나 공공의 안녕질서를 유지할 필요가 있을 때

통상적인 수단으로 해결가능할 경우 계엄 선포의 요건 미충족

국가비상사태를 극복하기 위한 최후 수단

우리나라의 헌정사에도 수없이 많이 존재하고 있다. 이 점을 고려하여
서 각국 헌법들은 국가적 비상사태를 극복할 수 있는 비상사태헌법을
사전에 미리 규정하되, 그와 같은 예외적 권력의 남용을 방지하고 긴급
권한의 사용에 대하여 통제할 수 있는 여러 가지 제도적 장치들을 마련
하고 있으며, 비상사태 하에서도 결코 법치국가원리는 포기될 수 없는
원리임을 분명히 보여 주고 있다.

비상사태 하에
서도 법치국가
원리는 포기할
수 없음

국가긴급권의
남용을 방지할
수 있는 법적
대비책 마련
필요

그러므로 계엄제도는 그것이 결코 그 자체를 위한 것이 아니라, 국
가긴급사태를 맞아서 정상적 헌법질서를 회복하기 위한 최후의 수단으
로서의 성격을 지니는 것임을 정확하게 인식하고, 헌법상 계엄제도를
구체화시키는 법률은 비상사태를 극복하기 위한 여러 가지 절차와 내용
을 규정하되, 긴급권의 남용을 방지할 수 있는 철저한 법적 대비책을 마
련하여야 한다. 이러한 의미에서 긴급권의 남용가능성을 내포하고 있는
모든 규정들은 헌법이 규정하고 있는 필요성의 원칙 내지 과잉금지의
원칙상 위헌임을 고려하여 모두 개정되어야 할 필요가 있다고 하겠다.

2) 현행 계엄법의 문제점과 개정방안

① 계엄법의 연혁

1949년 법률
제69호 계엄법
의 내용

계엄에 관해서는 계엄법이 따로 마련되어 있어 이 계엄법에서 계엄
에 관하여 규정하고 있다. 이 계엄법은 1949. 11. 24. 법률 제69호로 처
음 제정되었다. 이 1949년 계엄법은 제1장 계엄의 선포, 제2장 계엄의
효력, 제3장 계엄의 해제로 이루어져 있으며, 전체 23조로 구성된 매우
간단한 법률이다. 주요 내용만을 간단히 살펴보면, 대통령은 전시, 사변
또는 이에 준하는 국가비상사태에 제하여 병력으로써 군사상이나 또는
공공의 안녕질서를 유지할 필요가 있을 때에는 특히 경비에 필요한 지
역을 구획하여 본법이 정하는 바에 의하여 계엄을 선포한다. 대통령이
전항에 의하여 계엄을 선포할 때에는 그 선포의 이유, 종류, 시행지역
또는 계엄사령관을 공고하여야 한다(제1조). 계엄은 경비계엄과 비상계
엄으로 나눈다(제2조). 경비계엄은 전시, 사변 또는 이에 준하는 비상사
태로 인하여 질서가 교란된 지역에 선포한다(제3조). 비상계엄은 전쟁 또
는 전쟁에 준할 사변에 있어서 적의 포위공격으로 인하여 사회질서가

극도로 교란된 지역에 선포한다(제4조). 이렇게 제1장에서 계엄의 종류
와 요건을 규정하였고, 대통령의 비상계엄 선포 또는 추인 시 국회통고
의무(제5조), 교통·통신의 두절로 인하여 대통령의 계엄선포를 기다릴
여유가 없을 시 당해 지방을 관할하는 군사책임자의 계엄선포권(제6조)
과 대통령에 의한 추인(제7조), 계엄 지역과 종류의 변경가능성(제8조)을
내용으로 한다. 제2장에서는 계엄의 효력 하에서는 계엄사령관은 지역
계엄의 경우 국방부장관, 전국 계엄의 경우 대통령의 지휘감독을 받도
록 하고(제9조), 경비계엄선포 시 계엄사령관의 군사에 관한 행정사무와
사법사무의 관장(제10조), 비상계엄선포시 계엄지역 내 모든 행정사무와
사법사무의 관장(제11조), 경비계엄과 비상계엄 선포 시 당해 지역 내 행
정기관과 사법기관에 대한 계엄사령관의 지휘감독(제12조), 비상계엄지
역 내에서의 기본권(체포, 구금, 수색, 거주, 이전, 언론, 출판, 집회 또는 단체
행동)에 관한 특별한 조치(제13조), 비상계엄지역 내에서의 징발법에 의
한 징용, 징발 및 국민재산의 파괴 또는 소화 및 보상(제14조), 이러한
특별조치에 응하지 않는 자나 언론에 대한 처벌(제15조), 특정 범죄에 대
한 군법회의재판(제16조) ― 여기에는 무고죄, 간음죄까지 포함됨, 계엄선포
중 국회의원의 불체포특권(제17조), 비상계엄지역 내에 법원이 없거나 당
해 관할법원과의 교통이 차단된 경우 모든 형사사건의 군법회의 관할
(제18조), 군법회의에서 재판을 받은 자의 불복의 경우 재심청구(제19조)
를 내용으로 한다. 그리고 제3장 계엄의 해제에서는 계엄사태가 평상사
태로 회복된 때 대통령의 계엄해제(제20조), 국회의 계엄해제 요구 시 대
통령의 해제의무(제21조), 계엄해제 시 모든 행정사무와 사법사무의 평상
사태로의 복귀(제22조), 군법회의 계속 중인 재판사건에 대한 군법회의관
할 1개월 연장(제23조)를 내용으로 한다.

    이 1949년 계엄법은 1979. 12. 12. 쿠데타로 정권을 장악한 전두환
신군부에 의하여 1980. 5. 17. 비상계엄조치가 전국(종전 제주도 제외에서
제주도까지 확대)으로 확대되어 1981. 1. 24. 해제된 후인 1981. 4. 17. 처
음으로 개정되었다. 이 개정 계엄법은 오히려 전문 개정이라고 하지만
오히려 전체 법조문의 수는 14개 조로 더 줄어들었다. 내용적 차이를

1981년 최초
개정 계엄법의
내용

살펴보면, 구법에서의 비상계엄의 요건이 "전쟁 또는 전쟁에 준할 사변에 있어서 적의 포위공격으로 인하여 사회질서가 극도로 교란된 지역"에 선포한다고 되어 있던 것이 "전시·사변 또는 이에 준하는 국가비상사태에 있어서 적과 교전상태에 있거나 사회질서가 극도로 교란되어 행정 및 사법기능의 수행이 현저히 곤란한 경우에 군사상의 필요에 응하거나 공공의 안녕질서를 유지하기 위하여" 선포하는 것으로 바뀌었다. 그리고 경비계엄의 경우는 구법에서는 "전시, 사변 또는 이에 준하는 비상사태로 인하여 질서가 교란된 지역"에 선포한다고 되어 있던 것이 "전시·사변 또는 이에 준하는 국가비상사태에 있어서 사회질서가 교란되어 일반 행정기관만으로는 치안을 확보할 수 없는 경우에 공공의 안녕질서를 유지하기 위하여" 선포하는 것으로 바뀌었다. 그리고 계엄선포의 공고에 관한 규정(제3조)이 추가되었으며, 계엄사령관은 현역장관급 장교 중에서 국방부장관이 추천한 자를 국무회의의 심의를 거쳐 대통령이 임명하는 것으로 하고, 계엄사령부에 관한 조항을 추가하였다(제5조). 그리고 비상계엄지역 내에서의 기본권제한조치("특별한 조치')와 관련하여 "압수"와 "결사"가 추가되었다. 또한 비상계엄지역 안에서 작전상 부득이하게 국민재산을 파괴 또는 소훼한 경우에는 보상하도록 하고 있는 구법 규정에 추가하여 "정당한 보상을 하되 그 절차는 대통령령으로 정한다."고 규정하여 보상절차에 관하여 대통령령으로 위임을 하였다. 비상계엄 하 군법회의 관할 범죄 목록 가운데 18가지 범죄[65]가 삭제되고, 새로이 5가지 범죄가 추가되었다.[66] 그리고 대통령이 계엄을 해제하고자 할 때에는 국무회의의 심의를 거치도록 하였으며(제11조 제2항), 국방부장관 또는 내무부장관의 계엄해제건의권을 도입하였다(동조 제3항). 국회의원의 불체포특권이나 계엄사령관의 지시나 조치에 대한 불응 시 처벌조항은 그대로 존치되었다. 대체적으로 구법에 비해서 내

---

65) 구법(1949) 제16조에서 범인은닉 또는 증빙인멸죄, 소요죄, 일수에 관한 죄, 음료수에 관한 죄, 문서위조죄, 유가증권위조죄, 인장위조죄, 위증죄, 무고죄, 간음죄, 상해죄, 체포 또는 감금죄, 협박죄, 절도죄, 횡령 또는 배임죄, 장물죄, 훼기 또는 장익죄.

66) 공안을 해하는 죄, 폭발물에 관한 죄, 강도의 죄, 국가보안법에 규정된 죄, 총포·도검·화약류단속법에 규정된 죄가 그것이다(1981년 계엄법 10조).

용적으로 크게 달라진 부분은 없다고 보인다.

그리고 2006. 10. 4. 법률 제8021호로 비상계엄지역 안에서 작전상 부득이 파괴하거나 소훼한 국민의 재산에 대한 보상기준 및 절차 등에 관하여 대통령령으로 정하도록 한 것을 법률로 직접 규정하기 위한 개정[67]이 이루어졌으며, 그 후에는 한자를 한글로 바꾸거나 부처명칭 변경 등을 반영하는 사소한 수정 외에 이렇다 할 만 한 내용적 개정은 없었다.[68]

② 계엄의 종류

계엄에는 비상계엄과 경비계엄의 두 가지 종류가 있다.

이것은 의용계엄령에서의 임전지경과 합위지경(의용계엄령 제2조)에 대응한 것이다.

비상계엄과 경비계엄은 그 선포의 요건과 효력이 각각 다르며, 선포권자, 선포절차, 국회의 통제 등과 관련해서는 서로 차이가 없다.

그리고 군사상의 목적에 의한 것인가 아니면 공공의 안녕질서를 유지할 목적에 의한 것인가에 따라서 "군사계엄"과 "행정계엄"으로 나누고 있기도 하다.[69]

다만 비상계엄과 경비계엄의 경우 그 요건구분이 상당히 모호하다고 하는 점을 고려하여 보다 명확한 구성요건을 법률적으로 규정할 필요가 있다고 하겠다.

우리 계엄법이 구분하고 있는 비상계엄과 경비계엄의 연원은 일단 일본의 계엄제도로 거슬러 올라간다. 전술한 바와 같이 일본의 1882년의 「계엄령」은 1791년에 제정된 프랑스의 계엄법을 참조한 것이었다. 당시 프랑스의 계엄법은 심각한 긴급사태를 "포위상태(état de siège)"로, 정도가 심하지 않은 긴급사태를 "전투상태(état de guerre)"로 분류하고 있었는데[70], 이를 거의 그대로 모방하여 état de siège를 "合圍地境"으로, état de guerre를 "臨戰地境"으로 번역하였던 것이다. 그러므로 이와 같

(측주)
2006년 개정 계엄법 보상절차 법률로 상향조정

비상계엄과 경비계엄

군사계엄과 행정계엄 구분의 견도 있음

비상계엄과 경비계엄의 요건 구분이 불명확

비상계엄과 경비계엄의 연원은 일본의 계엄제도

---

67) 2006. 10. 4. 법률 제8021호.
68) 계엄법의 개정 방안에 관해서는 위 박종보/이인호/방승주 (주 43) 참조.
69) 이러한 구분은 김도창 (주 49), 233면.
70) 동지, 오병헌, 계엄법의 기원과 문제점, 사법행정 1994. 1, 61면.

은 상태를 구분하고자 하였다면 그 역사적 성격을 분명히 고려하여 오늘날에도 이러한 구분이 필요한 것인지 검토하여야 할 것이다.

독일 기본법상 비상사태의 단계화

계엄의 종류를 구분함에 있어서, 독일 기본법이 국제적 긴장상태의 단계에 따라서 긴장사태, 동의사태, 동맹사태, 방위사태의 단계로 구분하여 대비하고 있는 점은 시사해 주는 바가 크다고 할 수 있다.71)

국가긴급사태 정도에 비례하는 대비태세 필요

국제적인 외교적 마찰로 인하여 발생하는 긴장은 차츰 고조되다가 나중에야 비로소 무력충돌로까지 비화되는 것이 보통이다. 그러므로 국가긴급사태를 보다 효율적으로 극복하고 정상적 헌법상황을 회복하기 위해서는 이러한 긴급사태의 정도에 따라서 대비태세를 달리하여야 할 것이라고 생각한다. 이것이 법치국가원리에서 나오는 비례의 원칙에 부합하는 것이기 때문이며, 이러한 비례의 원칙은 국가긴급사태에서도 여전히 효력을 발휘하는 것이기 때문이다.

③ 계엄의 요건

ⅰ) 헌법상 요건

헌법상 계엄의 요건

우리 헌법 제77조 제1항은 "대통령은 전시·사변 또는 이에 준하는 국가비상사태에 있어서 병력으로써 군사상의 필요에 응하거나 공공의 안녕질서를 유지할 필요가 있을 때에는 법률이 정하는 바에 의하여 계엄을 선포할 수 있다."고 하고 있다. 그리고 제2항에서 "계엄은 비상계엄과 경비계엄으로 한다"고 규정하고 있지만, 비상계엄과 경비계엄의 요건을 따로 규정하고 있지는 않다.

계엄법상 계엄 선포의 요건

이에 반하여 현행 계엄법은 계엄선포의 요건을 비상계엄과 경비계엄으로 나누고, 비상계엄은 대통령이 전시·사변 또는 이에 준하는 국가비상사태 시 적과 교전(交戰) 상태에 있거나 사회질서가 극도로 교란(攪亂)되어 행정 및 사법(司法) 기능의 수행이 현저히 곤란한 경우에 군사상 필요에 따르거나 공공의 안녕질서를 유지하기 위하여 선포한다(계엄법 제2조 제2항)고 규정하고 있고, 경비계엄은 대통령이 전시·사변 또는 이에 준하는 국가비상사태 시 사회질서가 교란되어 일반 행정기관만으로는 치안을 확보할 수 없는 경우에 공공의 안녕질서를 유지하기 위

---

71) 독일의 국가긴급권제도에 대해서는 방승주 (주 61), 참조.

하여 선포한다(계엄법 제2조 3항)고 규정하고 있다.

우선 전시·사변 또는 이에 준하는 국가비상사태 시 "병력으로써 군사상의 필요에 응하거나 공공의 안녕질서를 유지할 필요가 있을 때에는"의 요건은 그 의미가 모호하므로 계엄선포의 목적을 고려하여 그 의미를 분명하게 할 필요가 있다.

즉 "병력으로써 군사상의 필요에 응하거나"라고 하는 요건에서 과연 군사상의 필요가 무엇인지가 분명하지 않다. 따라서 "국가의 존립과 국민의 생명·신체와 재산을 보호하거나"라고 하는 분명한 목적규정을 삽입할 필요가 있다고 생각된다. 왜냐하면 계엄이 선포되면 군사상의 필요 여하에 따라서 국민의 생명·신체와 재산이 군사적 목적을 위한 수단이 되어도 무방한 것인지가 분명하지 않기 때문이고, 과거에 계엄의 남용사례에 비추어 보면 이러한 목적규정의 필요성은 더욱 분명해진다고 할 것이다.

또한 "공공의 안녕질서를 유지할 필요가 있을 때"라고 하는 요건에도 "일반 행정기관이나 경찰력만으로 공공의 안녕질서를 유지할 수 없을 때"라고 하는 요건으로 바꾸어서 병력의 투입은 최후의 수단이라고 하는 것을 명시할 뿐만 아니라[72], 이와 같이 긴급사태의 정도와 필요에 따라서 비례의 원칙에 입각하여 단계적으로 병력이 투입되어야 한다고 하는 점을 보다 분명하게 언급할 필요가 있다고 생각한다.

이하에서 비상계엄과 경비계엄의 요건을 각기 따로 고찰하기로 한다.

ⅱ) 비상계엄의 요건

비상계엄의 선포요건으로서 계엄법은 헌법이 들고 있는 계엄의 요건인 "전시·사변 또는 이에 준하는 국가비상사태", "병력으로써 군사상의 필요에 응하거나" 또는 "(병력으로써) 공공의 안녕질서를 유지할 필요가 있을 때"라는 요건 외에, "적과 교전상태에 있거나 사회질서가 극도로 교란되어 행정 및 사법기능의 수행이 현저히 곤란한 경우"를 추가하고 있다.

우선 전시라 함은 이른바 전쟁시로서, 전쟁이 개시된 때부터 종료

불명확한 계엄 요건 목적규정의 문제

국가의 존립과 국민의 생명, 신체, 재산보호 등 분명한 목적 명시 필요

공공의 안녕질서를 유지할 필요가 있을 때의 요건도 더욱 구체화 필요

적과 교전상태에 있거나 사회질서가 극도로 교란되어 행정 및 사법 기능의 수행이 현저히 곤란한 경우

전시

---

72) 같은 취지의 해석으로는 허영, 한국헌법론, 2020, 1049면.

된 때까지의 전 기간을 일컫는다.73) 전쟁은 적군에 의한 무력 공격이
현실화되었을 경우를 말한다고 할 것이다.

사변   사변이라 함은 국토를 참절하거나 국헌을 문란할 목적으로 한 무장
반란집단의 폭동행위를 말한다고 한다.74)

이에 준하는
국가비상사태
요건의 문제점
          이에 준하는 국가비상사태라 함은 전시 또는 사변에 해당하지 아니
하는 경우로서, 무장 또는 비무장의 집단이나 군중에 의한 사회질서교
란상태와 자연적 재난으로 인한 사회질서교란상태를 말한다고 한다.75)
이러한 상태들까지 계엄을 발동할 요건으로 봐야 할 것인지는 의문스럽
다. 왜냐하면 비무장 집단이나 군중에 의한 사회질서교란상태나 자연적
재난으로 인한 사회질서교란상태는 병력을 동원하여야 할 만큼의 국가
존립에 위협을 끼칠 만한 긴급사태라고 평가하기 힘들기 때문이다. 오
히려 요건을 명확하게 하여 소위 자연재해사태를 따로 규정하여 이의
극복을 위하여 필요한 조치들을 상세하게 규정하고 군병력은 가급적 투
입하지 않도록 하는 것76)이 계엄의 남용을 줄이는 데 더 도움이 될 것

경찰력만으로
충분히 방어할
수 있는 경우
병력투입 불필
요
이라고 본다. 그리고 비무장집단에 의한 사회질서교란상태의 경우는 일
반적으로 경찰력만으로도 충분히 방어할 수 있을 것이기 때문에 이 경
우에도 병력을 투입해야 할 필요는 없다고 할 수 있을 것이다. 따라서
계엄의 요건과 관련해서는 전통적으로 전쟁과 내란으로 인한 국가긴급
사태의 극복을 위한 비상조치가 계엄이었던 점을 감안하여, 이에 준하
는 비상사태라고 하는 요건은 삭제하든지 아니면, 그 밖의 가능한 비상
사태를 보다 더 구체적으로 규정하는 방향으로 개정함이 바람직하다고
할 것이다.

엄격한 요건의
규정과 엄격한
해석 필요
          비상계엄의 요건과 관련하여 계엄법이 보다 엄격한 요건을 추가하
고 있는 것은 다행이라고 생각된다. 다시 말해서 적과 교전상태에 있거
나 사회질서가 극도로 교란되어 행정 및 사법기능의 수행이 현저히 곤

---

73) 김도창 (주 49), 227면.; 이상철, 계엄법에 관한 문제점 고찰, 안암법학 제12호,
    2000, 39면.
74) 김도창 (주 49), 228면; 이상철 (주 73), 39면.
75) 김도창 (주 49), 229면; 이상철 (주 73), 39면.
76) 전술한 바와 같이 독일의 경우 자연재해사태나 급양긴급사태 등과 같은 경우에
    는 연방군대의 동원이 금지된다.

란한 경우를 추가하고 있는데, 이러한 의미에서 행정기능 특히 경찰력
만으로도 그 방어가 충분한 경우에는 아직 계엄의 요건이 성숙되지 않
았다고 엄격하게 해석하여야 할 것이다.

그리고 1949년 제정 계엄법에서는 비상계엄의 경우 "전쟁 또는 전
쟁에 준할 사변에 있어서", "적의 포위공격으로 인하여", "사회질서가
극도로 교란된 지역"에 선포하도록 규정함으로써 훨씬 더 까다로운 요
건을 가지고 있었기 때문에, 경비계엄과의 구분을 위해서는 이와 같이
보다 까다로운 요건으로 규정하였어야 하지 않을까 생각된다.

iii) 경비계엄의 요건

계엄법 제2조 제3항은 "경비계엄은 대통령이 전시·사변 또는 이
에 준하는 국가비상사태에 있어서, 사회질서가 교란되어 일반 행정기관
만으로는 치안을 확보할 수 없는 경우에 공공의 안녕질서를 유지하기
위하여 선포한다."고 규정하고 있다.

이 경비계엄의 요건은 비상계엄의 요건과는 달리 "적과 교전상태에
있거나 사회질서가 극도로 교란되어"라고 하는 조건 대신, "사회질서가
교란되어"라는 조건을 두고 있을 뿐이고, 또한 "행정 및 사법기능의 수
행이 현저히 곤란한 경우" 대신 "일반 행정기관만으로는 치안을 확보할
수 없는 경우에"라는 조건을 두고 있을 뿐이다. 그리고 비상계엄에 비하
여 "군사상의 필요에 응하거나"라고 하는 조건이 빠져 있다. 이 조건은
헌법 제77조에서 규정하고 있는 조건이기 때문에 계엄법이 경비계엄의
경우만 이를 배제하였다고 볼 수는 없을 것이다.[77] 따라서 경비계엄의
경우에도 이를 넣든지 아니면 반대로 비상계엄의 경우에도 이를 빼든지
일원적으로 규정하여야 할 것이다.[78]

일단 비상계엄에 있어서 "사회질서가 극도로 교란되어"라고 하는
조건과 경비계엄에 있어서 "사회질서가 교란되어"라고 하는 조건을 비
교하여 보면, "극도로"라고 하는 말의 유무의 차이지 사회질서가 교란되
어야 한다는 조건에 있어서는 큰 차이가 없다. 교란의 정도를 이와 같이

77) 동지, 이상철 (주 73), 40면.
78) 동지, 이상철 (주 73), 39-40면.

"극도로"라고 하는 수식어로 구분할 수 있는 것인지 분명치가 않다. 따라서 이 점에서 비상계엄과 경비계엄의 구분이 애매모호하다고 볼 수 있다. 뿐만 아니라 사회질서가 교란된 경우 이러한 공공의 안녕질서를 유지할 책임이 있는 기관은 일반적으로 경찰이나 행정기관이라고 하는 점을 고려할 때, "행정 및 사법기능의 수행이 현저히 곤란한 경우"와 "일반 행정기관만으로는 치안을 확보할 수 없는 경우에"라고 하는 조건의 차이도 상대화될 수밖에 없다. 결론적으로 비상계엄과 경비계엄의 구분이 애매모호하다고 하는 점은 여전히 남는다.

구성요건 및 법적효과의 명확한 구분 필요

비상계엄과 경비계엄을 나누고 있다면 그 구성요건을 명확하게 구분할 뿐만 아니라, 법적 효과도 명확하게 구분하여야 할 필요가 있다고 본다.

④ 계엄의 선포권자와 선포절차

ⅰ) 계엄의 선포권자

계엄의 선포권자: 대통령

우선 계엄의 선포권자를 대통령으로 하고 있다. 그런데 전술한 바와 같이 국가긴급권의 행사자와 확인자 또는 선포자는 분리하여 놓는 것이 국가긴급권선포의 남용방지에 효과적이라고 할 수 있다.

행사자, 확인자, 선포자의 분리 필요

이 점을 고려할 때, 가령 전시·사변 또는 이에 준하는 국가비상사태가 존재하는지 여부에 대하여 국회의원 재적 과반수 또는 재적 과반수가 포함된 투표자 2/3에 의하여 국가비상사태의 확인을 하게 하는 방법을 도입할 수 있을 것이다. 만일 국회가 비상사태를 확인하는 경우 대통령이 이를 선포하여 필요한 국가긴급조치를 행사할 수 있게 될 것이다.

이와 같은 경우 국가비상사태가 존재한다고 대통령이 판단할 경우에는 바로 국회에 국가비상사태의 확인을 요청하도록 할 수 있을 것이다.

독일 기본법상 공동위원회와 같은 비상입법부 도입 가능

다만 적의 무력 공격에 의해서 국회의 소집이 불가능할 경우를 대비하여 가령 독일 기본법상 공동위원회에 관한 규정과 같이 일정한 조건 하에 여야 원내교섭단체 비율에 따른 소수 국회의원으로 구성되는 "비상입법부"를 출범하여, 이 비상입법부로 하여금 계엄의 요건이 존재하는지 여부를 확인하게 할 수 있을 것이다.

한편 국가비상사태가 초래되었음에도 불구하고 선포권자가 계엄을 선포할 수 없을 경우를 대비하여 선포의제제도를 둘 것인지 여부에 대해서도 고려하여야 할 것이다. 즉 독일 기본법 제115a조 제4항이 규정하고 있듯이, 대한민국 영토가 적의 무력공격을 받고, 무장된 적의 국경침입이 명백하고 현존하는 경우에, 그리고 대통령이나 국회가 이를 확인하고 선포할 수 없을 경우에, 대통령의 계엄이 이미 선포된 것으로 간주하는 제도가 그것이다.

선포의제제도

ii) 선포절차

우리 현행 헌법과 계엄법은 선포절차와 관련하여서 특별한 규정을 두고 있지 아니하나, 다만 계엄을 선포한 경우에 대통령은 지체 없이 이를 국회에 통고하도록 되어 있다.

계엄법의 선포 절차

현행 헌법상 계엄은 대통령만이 선포할 수 있다. 다만 국방부장관 또는 행정안전부장관은 제2항 또는 제3항에 해당하는 사유가 발생한 경우에는 국무총리를 거쳐 대통령에게 계엄의 선포를 건의할 수 있다(계엄법 제2조 제6항). 대통령이 계엄을 선포할 경우에는 국무위원의 심의를 거쳐서, 국무총리와 관계국무위원이 부서하여야 한다(헌법 제89조 제5호, 계엄법 제2조 제5항; 헌법 제82조).

대통령의 계엄 선포권

국방부장관 또는 행정안전부장관의 계엄선포 건의

대통령이 계엄을 선포할 때에는 그 이유, 종류, 시행일시, 시행지역 및 계엄사령관을 공고하여야 한다(계엄법 제3조). 대통령은 국무회의의 심의를 거쳐 계엄의 종류, 시행지역 또는 계엄사령관을 변경할 수 있다(계엄법 제2조 제4항, 제5항). 대통령이 계엄을 선포하였을 때에는 지체 없이 국회에 통고하여야 하고(헌법 제77조 제4항, 계엄법 제4조 제1항), 이 경우에 국회가 폐회중인 때에는 지체 없이 국회의 임시회의 집회를 요구하여야 한다(계엄법 제4조 제2항).

계엄선포시 공고사항

지체없이 국회에 통고

대통령이 계엄을 선포한 경우에 국회에 통고를 하게 되면, 국회가 이를 승인하지 않는 경우에 바로 해제요구를 할 수 있을 것이기 때문에, 이러한 사후 통고와 국회의 해제요구권은 대통령의 계엄선포권을 통제하는 중요한 도구가 된다고 할 수 있다.

국회의 해제요구권

계엄선포절차와 관련하여 국방부장관과 행정안전부장관의 건의를
과연 인정하는 것이 타당한가 하는 문제를 제기하는 견해79)가 있다.
"실질적 국정통제권을 행사하지 못하는 상황에 있는 대통령에게 강압으
로 계엄선포건의를 하고 대통령이 그에 의해 계엄을 선포하는 경우를
간과할 수 없다"고 하면서 이러한 점을 고려하여 국방부장관과 행정안
전부장관에게 인정하고 있는 계엄선포건의권은 삭제함이 바람직하다고
하는 것이다. 이는 과거의 우리 헌정사에서 군사쿠데타 세력에 의해서
계엄이 남용되던 시절을 염두에 둔 주장이라고 생각되나, 건의권은 건
의권에 지나지 않고 그것이 법적으로 구속력을 가지는 것은 아니기 때
문에 오늘날과 같이 민주화된 시기에는 과거와 같은 문제를 일으킬 수
있는 소지가 그렇게 많지 않으며, 오히려 군사적 목적의 계엄은 국방장
관이 그리고 경찰적 목적의 계엄은 행정자치부장관이 사전에 판단할 필
요가 인정될 수 있고, 또한 국무총리를 거쳐서 대통령에게 건의하도록
하고 있기 때문에 나름대로 규정목적이 존재하는 것 아닌가 하는 생각
이 든다.

뿐만 아니라 계엄선포 후 국회통고제도에 대해서 단순히 통고만 하
는 것으로 끝날 것이 아니라 국회의 승인을 득하도록 하여야 한다고 하
는데80) 경청할 만한 지적이라고 생각된다. 하지만 현행 규정에 따를 때
에도 국회가 과반수의 찬성으로 계엄해제를 요구하면 계엄을 해제하여
야 하기 때문에, 대통령에 대한 통제의 결과에 있어서는 크게 다르지 않
는가 생각된다.

⑤ 계엄의 효력

비상계엄이 선포된 때에는 법률이 정하는 바에 의하여 영장제도,
언론·출판·집회·결사의 자유, 정부나 법원의 권한에 관하여 특별한
조치를 할 수 있다(헌법 제77조 제3항). 헌법의 위와 같은 법률에의 위임
에 따라 현행 계엄법은 다음과 같은 내용으로 이를 구체화하고 있다.

대통령이 계엄을 선포할 경우에는 계엄사령관을 임명하여야 한다.

[좌측 여백 주석]
국방부장관과
행정안전부장
관의 계엄선포
건의제도의 문
제

나름 입법목적
존재

국회의 승인을
얻도록 할 필
요

영장제도, 언
론·출판·집
회·결사의 자
유 및 정부·
법원의 권한에
대한 특별한
조치

---

79) 이상철 (주 73), 41면.
80) 이상철 (주 73), 39-40면.

계엄사령관은 현역 장성급(將星級) 장교 중에서 국방부장관이 추천한 사람을 국무회의의 심의를 거쳐 대통령이 임명한다(계엄법 제5조 제1항). 계엄사령관의 계엄업무를 시행하기 위하여 계엄사령부를 두며, 이 경우 계엄사령관은 계엄사령부의 장이 된다(법 제5조 제2항). 계엄사령관은 계엄지역이 2개 이상의 도(특별시, 광역시 및 특별자치도를 포함한다)에 걸치는 경우에는 그 직무를 보조할 지구계엄사령부(地區戒嚴司令部)와 지구계엄사령부의 직무를 보조하는 지역계엄사령부를 둘 수 있다(동조 제3항).

계엄사령관의 임명

계엄사령관은 계엄의 시행에 관하여 국방부장관의 지휘·감독을 받는다. 다만, 전국을 계엄지역으로 하는 경우와 대통령이 직접 지휘·감독을 할 필요가 있는 경우에는 대통령의 지휘·감독을 받는다(법 제6조 제1항).

국방부장관의 계엄사령관에 대한 지휘·감독

계엄사령관이 계엄지역의 행정기관 및 사법기관을 지휘·감독할 때 그 지역이 1개의 행정구역에 국한될 때에는 그 구역의 최고책임자를 통하여 하고, 2개 이상의 행정구역에 해당될 때에는 해당 구역의 최고책임자 또는 주무부처의 장(법원의 경우에는 법원행정처장)을 통하여 하여야 한다(법 제8조 제2항).

계엄이 선포된 경우에 이루어질 수 있는 특별한 조치의 대상은 국민의 기본권과 그리고 행정사무 및 사법사무이다.

특별한 조치의 대상

　ⅰ) 기본권제한조치

헌법 제77조 제3항에 따르면 비상계엄이 선포된 때에는 법률이 정하는 바에 의하여 영장제도, 언론·출판·집회·결사의 자유, 정부나 법원의 권한에 관하여 특별한 조치를 할 수 있다. 계엄법 제9조에 따르면, 비상계엄지역에서 계엄사령관은 군사상 필요할 때에는 체포·구금(拘禁)·압수·수색·거주·이전·언론·출판·집회·결사 또는 단체행동에 대하여 특별한 조치를 할 수 있지만, 이 경우 계엄사령관은 그 조치내용을 미리 공고하여야 한다.

기본권제한조치

여기에서 계엄법은 헌법 제77조 제3항의 기본권에 거주·이전의 자유와 단체행동권에 대한 특별한 조치를 추가하고 있다고 할 수 있다. 그러므로 과연 이러한 추가적인 기본권제한조치가 가능한지 아니면 위

계엄법상의 추가적 기본권제한조치의 위헌성

헌인지의 문제가 제기된다.

　이에 대하여는 헌법 제77조 제3항의 기본권은 예시적 규정으로서 비상계엄 하에서는 계엄의 목적을 달성하기 위하여 불가피한 경우에는 거주·이전의 자유에 대한 제한도 가능하다고 보는 입장81)이 있는가 하면, 계엄제도가 국민의 기본권보장에 대한 중대한 예외가 되는 것이므로 헌법상 기본권제한규정은 엄격하게 해석하여 더 이상의 추가적 제한은 허용되지 않는다고 보아야 한다는 입장82)이 대립하고 있다.

　헌법 제77조 제3항은 "비상계엄이 선포된 경우에 법률이 정하는 바에 의하여 기본권에 대하여 특별한 조치를 할 수 있다."고 포괄적으로 규정하고 있는 것이 아니라, 제한이 가능한 기본권들을 몇 가지로 뽑아 열거하고 있다. 따라서 비상계엄이라 하더라도 이러한 기본권 외에는 제한이 가능하지 않다고 보아야 할 것이다.

　다만 추가적인 기본권제한을 위해서는 헌법 제37조 제2항에 따라서 국가안전보장·질서유지·공공복리를 위하여 필요한 경우에 법률로써 제한을 할 수 있을 뿐이라고 보아야 하기 때문에, 이러한 범위 내에서 거주·이전의 자유에 대한 제한은 가능한 것으로 보아야 하지 않는가 생각된다. 왜냐하면 군사적 목적을 위해서 필요한 경우에는 적군에 의해서 포위된 지역의 주민들을 경우에 따라서는 소개할 수 있는 가능성이 있어야 하기 때문이다.

　하지만 단체행동권에 대한 제한가능성을 두고 있는 계엄법 규정은 문제가 있다고 보인다. 독일 기본법이 국가긴급권을 행사하고 있는 동안에도 노동법상의 쟁의행위에 대하여 그 어떠한 이유에서도 제한할 수 없도록 규정하고 있는 것83)은 노동쟁의가 오히려 국가긴급사태를 선포하는 원인으로 잘못 이용되는 것을 금지하기 위한 목적이라고 생각된다. 국제

---

81) 김철수, 헌법학신론, 박영사, 2013, 1503면.
82) 허영 (주 72), 1048면; 권영성, 헌법학원론, 법문사, 2010, 990면; 약간 유보적으로 성낙인 (주 1), 605면; 홍성방, 헌법학(하), 박영사, 2014, 220면.
83) 방승주 (주 61), 95면. 독일 기본법 제9조 제3항 제3문은 다음과 같다. "제12a조, 제35조, 제2항 및 제3항, 제87a조 제4항과 제91조에 의한 조치는, 제1문의 의미에서의 단체가 근로조건과 경제조건의 유지와 개선을 위해서 하는 노동쟁의에 대하여 취해질 수 없다."

법률가위원회가 제안하고 있는 37개항에 달하는 국가비상사태에 관한 필수적 규율대상 중의 하나로서, "비상조치를 취함으로써, 언론, 노동조합, 전문직, 조직체 및 민중운동기관의 자유로운 활동을 저지하는 일이 있어서는 안 된다."[84]고 하는 지적은 시사하는 바가 크다고 할 것이다.

　독일의 국가긴급권제도가 도입되는 과정에서도 긴급사태법 초안의 경우에는 많은 기본권을 제한하려 하였으나, 논의를 거듭하는 과정에서 그 수가 점차 줄었으며, 그 가운데서도 정치적 자유권과 근로자의 단체행동권을 제한하지 않기로 한 것은 매우 시사하는 바가 큰 것이다.[85] 그리고 독일의 긴급사태법들도 이와 같이 독일 기본법이 규정하고 있는 이상으로 기본권을 제한하고 있지 않으며, 정상헌법에 의하여 허용되는 정도를 넘는 기본권제한을 위한 수권을 포함하고 있지 않다고 하는 점을 주목해야 할 것이다.

　우리 헌법은 언론·출판·집회·결사의 자유와 같이 민주주의에 있어서 없어서는 안 되는 정치적 자유를 제한할 수 있도록 하고 있는데, 이 점은 헌법적으로도 개정되어야 할 필요가 있다고 본다. 왜냐하면 국가긴급사태에서라 하더라도 정치적 자유권이 보장되어야만 긴급권의 남용에 대해서 국민이 알고 이에 대하여 비판함으로써 통제할 수 있게 될 것이기 때문이다.

　아무튼 헌법이나 계엄법이 기본권제한가능성을 두고 있다손 치더라도 그것은 철저하게 과잉금지의 원칙의 적용 하에서만 가능하다는 점을 명심하여야 한다. 따라서 비상계엄 상태라 하더라도 불필요한 기본권제한조치는 과잉금지의 원칙에 위반되어 위헌이라고 할 것이고 사후에 사법적 심사의 대상이 될 것이다.

　다음으로 계엄법 제9조 제2항은 비상계엄지역에서 계엄사령관은 법률에서 정하는 바에 따라 동원(動員) 또는 징발을 할 수 있으며, 필요

(방주) 독일 국가긴급권제도 도입과정에서도 단체행동권을 제한하지 않기로 한 것은 시사하는 바 큼

(방주) 언론·출판·집회·결사의 자유 등 정치적 자유권의 제한은 헌법적으로 개정할 필요

(방주) 국가긴급권 하에서도 과잉금지원칙 적용

(방주) 동원 또는 징발

---

84) State of Emergency - Their Impact on Human Rights, A Study prepared by the International Commission of Jurists: "10. The right to take emergency measures should be limited by the duty not to take measures which threaten the viability of a free press, independent trade unions, professional organisations and popular organisations." 오병헌 (주 70), 65면.

85) 방승주 (주 61), 83면.

한 경우에는 군수(軍需)로 제공할 물품의 조사·등록과 반출금지를 명할 수 있다고 규정하고 있다. 동원 또는 징발은 신체의 자유나 거주·이전의 자유 또는 재산권이나 직업선택의 자유 등에 대한 제한을 초래하는 것이며, 군수품을 위한 조사 등록과 반출금지나, 경우에 따라서는 국민재산에 대한 파괴 또는 소각조치는 재산권에 대한 제한을 초래하는 것이다.

국민재산에 대한 파괴 또는 소각 등은 재산권 제한 초래

이러한 규정 역시 헌법 제77조에 열거되어 있지 않는 기본권을 제한하는 조치라고 할 수 있으나, 헌법 제37조 제2항에 따라서 정상적 헌법상황 하에서도 국가안전보장·질서유지를 위해서 필요한 경우에 법률로써 기본권을 제한할 수 있는 것이므로, 과잉금지의 원칙에 따라서 필요한 최소한의 기본권제한은 가능하다고 보아야 할 것이다.

과잉금지 원칙에 따라 필요한 최소한 제한

다만 국회의원의 불체포특권은 현행범의 경우를 제외하고 비상계엄에 의해서도 제한할 수 없다(계엄법 제13조).

불체포특권 제한 불가

계엄법은 비상계엄지역에서의 부득이한 국민 재산에 대한 파괴 또는 소각의 경우 이에 대한 손실보상원칙의 선언(제9조의2), 보상의 기준(제9조의3), 보상 제외(제9조의4), 공탁(제9조의5), 보상청구권의 소멸시효(제9조의6)에 관하여 종전의 대통령령에 있던 규정을 법률로 격상시켜 규정하고 있다.

비상계엄지역에서의 손실보상

ⅱ) 행정사무와 사법사무 관장에 관한 특별조치

비상계엄의 선포와 동시에 계엄사령관은 계엄지역의 모든 행정사무와 사법사무를 관장한다(계엄법 제7조 제1항). 그리고 경비계엄의 선포와 동시에 계엄사령관은 계엄지역의 군사에 관한 행정사무와 사법사무를 관장한다(동조 제2항).

계엄사령관의 행정사무와 사법사무 관장

계엄지역의 행정기관(정보 및 보안 업무를 관장하는 기관 포함) 및 사법기관은 지체 없이 계엄사령관의 지휘·감독을 받아야 한다(계엄법 제8조 제1항). 계엄사령관이 계엄지역의 행정기관 및 사법기관을 지휘·감독할 때 그 지역이 1개의 행정구역에 국한될 때에는 그 구역의 최고책임자를 통하여 하고, 2개 이상의 행정구역에 해당될 때에는 해당 구역의 최고책임자 또는 주무부처의 장(법원의 경우에는 법원행정처장)을 통하여

계엄사령관의 지휘 및 감독

하여야 한다(동조 제2항).

비상계엄이 선포된 경우에 계엄지역의 모든 행정사무와 사법사무에 대한 계엄사령관의 관장과, 그리고 경비계엄이 선포된 경우에 계엄지역의 군사에 관한 행정사무와 사법사무에 대한 관장이 국가기능에 대한 특별조치에 해당된다.

그러나 이러한 관장권한은 외환이나 내란과 같은 국가비상사태를 극복하고 정상상태를 회복하기 위한 조치로서 불가피하게 필요할 경우에만 극히 예외적으로, 그리고 보충적으로 이루어져야 할 것이다. 달리 말해서 외적이 침입하거나 내란이 발생하는 등의 국가비상사태가 도래하는 경우에 군의 고유한 업무는 국가와 국민의 존립과 안전을 보호하고 유지하는 일이 될 것이다. 여기에 추가하여 다른 국가기관이나 지방자치단체의 고유권한 내지 기능에 해당한다고 할 수 있는 행정사무와 사법사무까지 관장하게 되면, 외환과 내란을 효과적으로 제압하고 국가의 존립과 헌법적 질서를 수호하는 일에 오히려 부담이 될 소지도 없지 않다. 그러므로 비상계엄이 선포될 경우에 계엄사령관이 행정사무와 사법사무를 모두 자동으로 관장하게 하는 것은 우선 그것이 과연 국가비상사태의 극복을 위해서 반드시 필요한 일인지(필요성의 관점)와 그리고 과연 그것이 어느 정도로 효과가 있을 것인지(효율성의 관점)의 측면에서 문제가 제기된다. 그러므로 이러한 행정사무와 사법사무의 관장의 문제는 과연 어떠한 경우에 군이 행정사무와 사법사무에 직접 개입하여 이를 관장할 필요가 있을 것인지를 보다 현실적으로 파악하여 그에 대비하는 보다 구체적인 규정을 두는 방향으로 개선할 필요가 있다고 생각된다.

특히 사법사무와 관련해서 사법사무의 본질은 재판인데, 과연 국가비상사태가 발생하였다고 해서 사법부의 고유임무와 권한인 재판업무를 관장할 수 있을 것인지 의문이다.

그러므로 군사재판을 해야 할 극히 예외적인 경우를 제외하고는 사법부를 비롯한 모든 국가기능이 가능한 한 정상적으로 기능할 수 있도록 보조하는 역할에 머물러야 할 것이다.

행정과 사법사무에 대한 관장

국가비상사태를 극복하고 정상상태를 회복하기 위하여 불가피하게 필요할 경우에만 관장

사법사무의 관장 필요성 희박

국가기능이 정상적으로 기능할 수 있도록 보조하는 역할에 머물러야

iii) 군사재판에 대한 특별조치

특히 헌법 제77조 제3항은 비상계엄이 선포된 때에는 법원의 권한에 관하여 특별한 조치를 할 수 있다고 하고 있으며, 또한 헌법 제110조 제4항은 비상계엄 하에서는 평상시와 달리 군사재판이 이루어질 수 있음을 암시하고 있다.

이러한 헌법적 위임에 따라 계엄법은 일정한 사항에 대하여 군사재판 관할사항에 대하여 열거하고 있다.

즉 비상계엄지역에서 제14조 또는 다음 각 호의 어느 하나에 해당하는 죄를 범한 사람에 대한 재판은 군사법원이 한다. 다만, 계엄사령관은 필요한 경우에는 해당 관할법원이 재판하게 할 수 있다. 1. 내란(內亂)의 죄, 2. 외환(外患)의 죄, 3. 국교(國交)에 관한 죄, 4. 공안(公安)을 해치는 죄, 5. 폭발물에 관한 죄, 6. 공무방해(公務妨害)에 관한 죄, 7. 방화(放火)의 죄, 8. 통화(通貨)에 관한 죄, 9. 살인의 죄, 10. 강도의 죄, 11. 「국가보안법」에 규정된 죄, 12. 「총포·도검·화약류 등의 안전관리에 관한 법률」에 규정된 죄, 13. 군사상 필요에 의하여 제정한 법령에 규정된 죄가 그것이다(법 제10조 제1항). 그리고 비상계엄지역에 법원이 없거나 해당 관할법원과의 교통이 차단된 경우에는 제1항에도 불구하고 모든 형사사건에 대한 재판은 군사법원이 하도록 하고 있다(동조 제2항).

이러한 죄들은 대부분 국가의 존립·안전에 대한 법익을 침해하는 죄에 해당된다고 할 수 있고, 그리하여 이러한 죄들은 국가비상사태 하에서는 군사재판에 의하게 할 필요성이 어느 정도까지는 인정될 수 있을 것이지만, 일반재판을 통하여 가능한 경우는 일반재판에 의할 수 있도록 해야 할 것이다. 그리고 특히 공무방해에 관한 죄의 경우 그 구성요건이 상당히 광범위하고 넓기 때문에 남용될 수 있는 가능성도 배제할 수 없을 것으로 보인다.

한편 비상계엄지역에 관할 법원이 없는 경우에는 모든 형사사건에 대한 재판을 군사법원이 관할하게 하는 것은 필요성의 측면에서나 또는 보충성의 관점에서 볼 때에 국민의 기본권이 지나치게 침해될 수 있다고 하는 문제가 있다.

⑥ 계엄의 해제

계엄을 선포한 때에는 대통령은 지체 없이 국회에 통고하여야 한 다. 그리고 국회가 재적의원 과반수의 찬성으로 계엄의 해제를 요구한 때에는 대통령은 계엄을 해제하여야 한다(헌법 제77조 제4항, 제5항).

계엄의 해제

헌법은 국회의 계엄해제요구권만을 규정하고 있지만, 대통령의 계 엄선포 요건을 규정함으로써, 더 이상 계엄을 유지해야 할 필요성이 없 어졌을 경우에는 이를 즉시 해제하여야 함을 묵시적으로 천명하고 있다 고 할 수 있다. 다시 말해서 전시·사변 또는 이에 준하는 국가비상사 태에 있어서 병력으로써 군사상의 필요에 응하거나 공공의 안녕질서를 유지할 필요가 더 이상 없어졌을 경우에는 선포한 계엄을 즉시 해제해 야 한다고 하는 것은 헌법 제77조 제1항의 계엄선포요건에 대한 반대해 석에 의하여 당연히 도출된다고 할 수 있다.

국회의 계엄해 제요구권

그리하여 계엄법도 계엄해제와 관련하여 대통령이 직접 해제하는 경우와 국회가 요구하는 경우를 모두 규정하고 있다. 즉 대통령은 계엄 상황이 평상상태로 회복되거나 국회가 계엄의 해제를 요구한 경우에는 지체 없이 계엄을 해제하고 이를 공고하여야 한다. 대통령이 계엄을 해 제하려는 경우에는 국무회의의 심의를 거쳐야 한다. 국방부장관 또는 행정안전부장관은 계엄 상황이 평상상태로 회복된 경우에는 국무총리를 거쳐 대통령에게 계엄의 해제를 건의할 수 있다(법 제11조).

지체없는 계엄 해제와 그 공 고

다만 이와 관련하여 국회의 계엄해제 요구가 있는 때에도 대통령이 계엄해제를 하기 위해서는 국무회의를 거쳐야 한다고 하고 있는데, 국 회가 계엄해제를 요구한 경우에는 국무회의를 거치지 않더라도 즉시 계 엄을 해제할 수 있도록 하기 위하여 이와 관련한 부분(헌법 제89조 제5항, 계엄법 제11조)은 개정할 필요가 있다고 생각된다.[86]

국무회의를 거 치지 않더라 도 즉시 계엄 해제 가능하도 록 개정 필요

⑦ 계엄에 대한 통제

ⅰ) 국회에 의한 통제

계엄에 대한 통제와 관련하여 우리 헌법은 계엄선포시 대통령의 국 회에 대한 통고의무를 두고 있으며(헌법 제77조 제4항), 계엄의 선포와 해

국회에 의한 계엄의 통제

---

86) 동지, 박종보/이인호/방승주 (주 43), 145면.

제는 필요적 국무회의 심의사항으로 하고 있고, 국회가 계엄해제를 요구한 경우에는 대통령이 계엄을 해제하도록 하고 있다. 이러한 규정은 대통령의 국가긴급권을 의회의 요구에 따라 해제하게 함으로써, 국가긴급권을 남용하지 못하도록 하기 위한 통제제도라고 할 수 있다.

ii) 국무회의에 의한 통제

국 무 회 의 의 심의를 통한 계엄의 통제

계엄의 선포와 해제에 대하여 국무회의의 심의를 거치도록 한 것 역시 대통령이 계엄선포를 독단적으로 하지 못하도록 하기 위한 일종의 견제장치에 해당한다고 할 수 있다.

계엄법은 국방부장관과 행정안전부 장관으로 하여금 국무총리를 거쳐서 계엄해제를 건의할 수 있도록 하고 있다(제11조 제3항).

계엄이 해제된 때로부터 모든 행정사무와 사법사무는 평상 상태로 복귀한다(제12조 제1항).

iii) 사법부에 의한 통제

사법부에 의한 계엄의 통제

대통령의 계엄선포와 또한 계엄 선포기간 중에 이루어진 모든 비상 조치들이 과연 계엄이 해제되고 나서 사법부에 의한 심사대상이 되는가가 논란될 수 있다.

계엄선포에 대한 위헌심사 가능성

그러한 계엄선포와 해제는 고도의 통치행위적 성격을 띠는 것으로서 사법심사의 대상이 되지 않는다고 보는 입장이 있을 수 있으며, 반대로 고도의 통치행위적 성격은 인정된다 하더라도, 위헌법률심판과 헌법소원심판 등 국가행위 전반의 위헌여부에 대하여 판단할 수 있는 헌법재판소가 대통령의 국가긴급권의 행사로 내린 모든 조치에 대하여 그 위헌여부를 판단할 수 있다고 보는 입장이 있을 수 있다.

계엄에 대한 사법심사 가능

생각건대 후자의 입장이 옳다고 생각된다. 즉 대통령의 국가긴급권은 국가의 비상사태를 극복하고 통상적인 헌법질서를 회복하기 위하여 불가피하게, 그리고 필요한 최소한으로 그리고 보충적으로 행사할 수 있는 권한에 불과하며 따라서 여전히 법치국가원리로부터 파생되는 과잉금지의 원칙을 준수하여야 한다.

헌법재판소의 사후통제

따라서 그러한 원칙을 준수하였는지 여부는 헌법재판소가 사후통제기관으로서 심사할 수 있다고 보아야 할 것이다. 대통령의 긴급재정

경제명령에 대한 헌법소원심판 사건[87]에서 헌법재판소는 이를 분명히
한 바 있다.

(11) 공무원 임면권

이 대통령의 공무원 임면권은 헌법 제7조의 직업공무원제와 밀접
한 관련을 가진다. 나아가 헌법 제66조 제4항에 따라 행정의 수반으로
서 대통령이 행정권을 행사하기 위한 인적 기초를 스스로 구성할 수 있
음을 보장하는 것이 바로 이 헌법 제78조의 공무원 임면권에 관한 규정
이다.

공무원은 봉건시대와 같이 귀족만이 될 수 있는 것이 아니라, 국민
이면 누구나 다 공무를 담임할 수 있는 권리(공무담임권)와 또한 선거를
통해서 선거직공무원이 될 수 있는 권리(피선거권)를 가지는 것이므로,
이 대통령의 공무원 임면권은 국민의 이러한 공무담임권과 피선거권,
그리고 헌법기관 구성에 관한 여러 헌법조항에 의한 일정한 한계 내에
서 이루어진다.

(가) 연 혁

공무원의 임면권은 연혁적으로 보면 1948년 헌법에서는 임면권(제
62조)으로 되어 있었으나, 내각책임제였던 제2공화국 헌법에서는 임명확
인권(제62조), 제3공화국 헌법에서는 임명권을 거쳐서 현행 헌법에서 다
시 임면권(제78조)으로 환원되었다.[88]

(나) 의의와 범위

대통령은 헌법과 법률이 정하는 바에 의하여 공무원을 임면한다(제
78조). 임면권은 공무원을 임명할 수 있는 권한인 임명권과 또한 그 공
무원을 면직또는 해직, 즉 공무원직을 박탈[89]시킬 수 있는 면직권을 포
함한다. 그리고 이 임면권에는 보직, 전직, 휴직, 징계처분 및 파면권도
포함된다고 한다.[90]

───────────────

87) 헌재 1996. 2. 29, 93헌마186, 판례집 제8권 1집, 111.
88) 정극원, 헌법 제78조, (사) 한국헌법학회 편, 헌법주석 [국회, 정부] 제40조~제
100조, 경인문화사 2017, 685–695(686)면.
89) 정극원 (주 88), 689면.
90) 유진오 (주 20), 143면; 성낙인 (주 1), 652면.

(여백 주석)
직업공무원제
와의 관련성

공무원 임면권
의 한계

공무원 임면권
의 연혁

임명권, 면직
권, 보직·전
직·휴직·징
계처분 및 파
면권

(다) 헌법 제7조의 직업공무원제와의 관계

직업공무원제
도의 기초

우선 국가를 경영하기 위해서는 국가경영을 담당할 공무원이 존재하지 않으면 안 되는데 그 공무원에 대한 임면권이 바로 대통령에게 귀속된다고 하는 것이다. 그러므로 이 대통령의 공무원임면권은 직업공무원제도의 기초를 이루는 인적 구성에 관한 규정이므로 헌법 제7조와 밀접 불가분의 관계에 있다고 할 것이다.

헌법 제7조는
직업공무원제
의 핵심원칙을
선언한 제도보
장(헌재)

헌법 제7조가 "공무원은 국민전체에 대한 봉사자이며, 국민에 대하여 책임을 진다. 공무원의 신분과 정치적 중립성은 법률이 정하는 바에 의하여 보장된다"고 규정한 것은 전통적인 직업공무원제의 핵심원칙을 선언한 것으로서 입법자가 이러한 직업공무원제의 핵심을 침해하지 않으면서 그 내용을 법률로 구체화하도록 하는 소위 제도보장의 하나이다.91)

직업공무원제
원칙: 안정된
행정 실현

헌법이 이러한 직업공무원제를 원칙으로 선언하고 있는 것은 공무원이 정치적 세력들로부터 영향을 받지 아니하고 법적·경제적으로 독립하여 그 직무를 수행할 수 있도록 보장함으로써, 우리 헌법이 보장하고 있는 자유민주주의와 사회적 법치주의 하에서 안정된 행정을 실현하기 위한 것이다. 그러므로 직업공무원제의 전통적인 원칙에는 한편으로 공무원의 법적 독립성을 위한 신분보장과 다른 한편으로 공무원의 경제적 독립성을 위한 생활보장이 중요한 요소로 포함된다.92)

(라) 헌법과 법률상의 한계

임면권의 헌법
상 한계

이 대통령의 공무원 임면권 역시 헌법과 법률이 정하는 바에 의하여 행사하여야 한다.

지방자치단체
장의 선임방법

우선 헌법상 한계를 보면 첫째, 국회의원이나 지방의회의원과 같이 선거직 공무원은 국민의 선거에 의하여 임명되는 것이기 때문에 이들에 대한 임명권은 없다. 이것은 민주화된 오늘날 보면 당연한 것으로 볼 수도 있겠지만 우리의 암울했던 헌정사에서는 국회의원의 1/3을 대통령이 사실상 직접 지명한 시절도 있었기 때문에 당연한 것은 아니다.93) 그리

---

91) 헌재 1989. 12. 18. 89헌마32 등, 판례집 제1권, 343, 353; 방승주, 헌법소송사례연구, 박영사 2002, 74면.
92) 방승주 (주 91), 74면.

고 지방자치단체장의 경우 헌법 제118조 제2항이 "선임방법"이라고 하는 개념을 쓰고 있는 바, 이 개념이 반드시 "선거"에 국한된다고 할 수는 없으나, 과거 권위주의 정부 하에서와 같이 지방자치단체장을 대통령이 직접 임명하는 것은 민주주의원리나 지방자치제도의 헌법적 보장 차원에서 더 이상 불가하다고 봐야 할 것이다.[94]

둘째, 국무총리(제86조), 감사원장(제98조 제2항), 대법원장과 대법관(제104조 제1항, 제2항), 헌법재판소장(제111조 제4항)의 임명은 국회의 동의를 받도록 되어 있고, 또한 헌법재판관 중 3인은 국회가 선출하는 자를, 다른 3인은 대법원장이 지명하는 자를 임명하도록 하고 있는 규정(제111조 제3항)은 대통령의 공무원 임면권에 대한 헌법적 한계규정으로 작용한다.

헌법기관의 임명에 대한 국회동의

셋째, 임명에 있어서 헌법기관의 장의 제청이 필요한 경우가 있는데, 국무위원(제87조 제1항), 행정각부의 장(제94조 제1항), 대법관(제104조 제2항), 감사위원(제98조 제3항)의 경우가 그러하다.

헌법기관의 장의 제청

넷째, 검찰총장·합동참모의장·각군참모총장·국립대학교총장·대사 기타 법률이 정한 공무원과 국영기업체관리자의 임명은 국무회의의 심의를 필히 거치도록 하고 있다(제89조 제16호).

국무회의의 심의

다음으로 법률상의 제한을 본다면, 첫째, 임명자격에 관하여 법률

임면권의 법률상 제한

---

93) 1972년의 소위 유신헌법 하에서 대통령은 국회의원의 1/3을 사실상 임명할 수 있었다. 즉 통일주체국민회의는 국회의원 정수의 3분의 1에 해당하는 수의 국회의원을 선거하였으며(제40조 제1항), 이 통일주체국민회가 선거하는 국회의원의 후보자는 대통령이 일괄 추천하며, 후보자 전체에 대한 찬반을 투표에 붙여 재적대의원 과반수의 출석과 출석대의원 과반수의 찬성으로 당선을 결정하도록 헌법에 규정되어 있었다(제40조 제2항). 그리고 국회의원선거법은 의원의 정수를 선거구에서 선거하는 의원과 국민회의가 선거하는 의원을 합하여 219인으로 하였는데(1972. 12. 30. 법률 제2404호로 제정된 국회의원선거법 제3조), 지역구 국회의원 정수는 그때그때 별표로 선거구를 획정함으로써 정하였고, 각 선거구 당 의원이 2인이 당선되도록 하였다(국회의원선거법 제16조 제2항). 당시 지역구는 73개였으므로, 지역구 국회의원 146명 중 1/2인 73명과, 통일주체국민회의 선거 - 사실상 대통령이 추천하는 - 국회의원 73명을 합쳐서 헌법개정이 가능한 정족수인 국회의원 재적의원 2/3인 146명이 여당의원으로 당선되도록 제도적 장치가 마련되어 있었다.

94) 이에 관하여 방승주, 헌법 제118조, (사) 한국헌법학회 편, 헌법주석 [법원, 경제질서 등] 제101조~제130조, 경인문화사 2017, 1427-1467(1446)면.

이 정하고 있는 경우에는 그 요건이 충족되어야 해당 공무원이 임명될 수 있다. 우선 국가공무원법은 "공무원의 임용은 시험성적·근무성적, 그 밖의 능력의 실증에 따라 행한다. 다만, 국가기관의 장은 대통령령 등으로 정하는 바에 따라 장애인·이공계전공자·저소득층 등에 대한 채용·승진·전보 등 인사관리상의 우대와 실질적인 양성 평등을 구현하기 위한 적극적인 정책을 실시할 수 있다."고 규정(제26조)하고 있다.

국회의 인사청문회

둘째, 국회법(제65조의2)이나 인사청문회법이 정하는 주요 공직후보자들의 임명을 위해서는 국회의 인사청문회를 거쳐야 하나, 이는 법률상 규정이므로, 국무위원이나 행정각부의 장등에 대한 대통령의 헌법상 임명권 자체를 법률로 제한할 수는 없다.

국가공무원법상의 절차

셋째, 국가공무원법은 임용권자와 관련하여 행정기관 소속 5급 이상 공무원 및 고위공무원단에 속하는 일반직공무원은 소속 장관의 제청으로 인사혁신처장과 협의를 거친 후에 국무총리를 거쳐 대통령이 임용하되, 고위공무원단에 속하는 일반직공무원의 경우 소속 장관은 해당 기관에 소속되지 아니한 공무원에 대하여도 임용제청할 수 있으며, 이 경우 국세청장은 국회의 인사청문을 거쳐 대통령이 임명한다고 규정하고 있다(제32조 제1항). 나머지 공무원들은 소속 장관이 그리고 각 헌법기관 소속 공무원들은 국회의장, 대법원장, 헌법재판소장, 중앙선거관리위원회위원장이 임용하되, 이 임용권의 일부를 소속 기관의 장이나 사무총(처)장 등에 위임할 수 있다(제32조 제2항~제7항).

지방공무원의 임용권의 경우 지방공무원법에 따라 자치단체장이 소유

넷째, 지방공무원의 임용권은 지방공무원법에 따라 지방자치단체장이 가진다. 즉 지방공무원법은 지방자치단체의 장(특별시·광역시·도 또는 특별자치도의 교육감 포함)에게 지방공무원법이 정하는 바에 따라 그 소속 공무원의 임명·휴직·면직과 징계를 하는 권한(이하 "임용권"이라 한다)을 부여하고 있다(제6조).

헌법과 법률상 절차 위반시 직업공무원제와 공무담임권 침해 가능

결국 이러한 여러 헌법과 법률이 정하는 바와 절차를 어기고서 대통령이 어떠한 공무원에 대하여 자의적으로 임명하거나 면직하는 것은 헌법 제7조의 직업공무원제와 헌법 제24조의 공무담임권 그리고 국가공무원법 등에 위반될 수 있다.

(마) 헌법재판소 판례

대통령이 공무원 임면권을 헌법과 법률에 의하지 않고 자의적으로 남용한 것 아닌지 문제가 된 사례로서 박근혜 전 대통령에 대한 탄핵심판사건[95]을 들 수 있다.

공무원 임면권의 남용사례

2016년 12월 9일 국회는 박근혜 전 대통령(피청구인)에 대하여 탄핵소추를 가결[96]하였는데, 그 사유 중 하나가 피청구인은 최○원 등이 추천하거나 그들을 비호하는 사람을 청와대 간부나 문화체육관광부의 장·차관으로 임명하였고, 이들이 최○원 등의 사익추구를 방조하거나 조장하도록 하였으며, 또 피청구인은 최○원 등의 사익추구에 방해될 공직자들을 자의적으로 해임시키거나 전보시켰다는 것이다. 그리고 이는 직업공무원제도의 본질적 내용을 침해하고 대통령의 공무원 임면권을 남용하였으며, 법집행을 할 때 불평등한 대우를 하지 말아야 한다는 평등원칙을 위배하는 한편, 정부재정의 낭비를 초래하였다는 것이다.

박근혜 전 대통령에 대한 국회의 탄핵소추

이러한 청구인의 주장에 대하여 헌법재판소는 피청구인이 최○원이 추천한 인사를 다수 공직에 임명하였고 이렇게 임명된 일부 공직자는 최○원의 이권 추구를 돕는 역할을 하였음을 인정하고서 피청구인의 이러한 일련의 행위는 최○원 등의 이익을 위해 대통령으로서의 지위와 권한을 남용한 것으로서 공정한 직무수행이라 할 수 없으며, 헌법 제7조 제1항, 국가공무원법 제59조, 공직자윤리법 제2조의2 제3항, 부패방지권익위법 제2조 제4호 가목, 제7조를 위배하였다고 확인하였다.[97] 다만 피청구인이 최○원 등의 사익 추구에 방해되는 노○강과 진○수의 문책성 인사를 지시하고 유○룡을 면직하는 한편 1급 공무원에게 사직서를 제출하도록 압력을 행사하여 직업공무원제도의 본질을 침해하고 공무원 임면권을 남용하였다고 하는 청구인의 소추사유에 대해서는 피청구인이 노○강과 진○수에 대하여 문책성 인사를 하도록 지시한 이유

헌법재판소의 탄핵심판

---

95) 헌재 2017. 3. 10. 2016헌나1, 판례집 제29권 1집, 1 [인용(파면)].
96) 재적의원 300명 가운데 299명이 투표에 참여해 찬성 234명, 반대 56명, 기권 2명, 무효 7명으로 가결: https://www.yna.co.kr/view/AKR20161209109900001 (최종방문일: 2021. 2. 24.)
97) 헌재 2017. 3. 10. 2016헌나1, 판례집 제29권 1집, 1, 38.

가 이들이 최○원의 사익 추구에 방해가 되기 때문이었다고 보기는 부족하고, 달리 이 사건에서 이러한 사실을 인정할 수 있는 증거가 없으며, 또 피청구인이 유○룡을 면직한 이유나 대통령비서실장이 1급 공무원 6인으로부터 사직서를 제출받도록 지시한 이유도 이 사건에서 제출된 증거만으로는 분명하지 않다고 하면서 이를 받아들이지 않았다.[98]

증거부족으로 배척

(12) 사면·감형·복권명령권

(가) 사면의 의의와 헌법적 근거

대통령의 사면·감형·복권 명령권

헌법 제79조 제1항은 대통령은 법률이 정하는 바에 의하여 사면·감형 또는 복권을 명할 수 있다고 규정함으로써 대통령에게 넓은 의미[99]의 사면권을 보장하고 있다. 일반사면을 명하려면 국회의 동의를 얻어야 한다(동조 제2항). 사면·감형 및 복권에 관한 사항은 법률로 정한다(동조 제3항).

행정부의 사법부에 대한 유일한 관여

원래 형의 선고는 법원의 권한임에도 불구하고, 이를 변경시킬 수 있는 권한은 전통적으로 국가원수에게 속해 있었으며, 따라서 이 대통령의 사면권은 사법부에 대한 행정부의 유일한 관여로서 권력분립의 예외로 이해되고 있다.[100]

> **판례** 사면은 형의 선고의 효력 또는 공소권을 상실시키거나, 형의 집행을 면제시키는 국가원수의 고유한 권한을 의미하며, 사법부의 판단을 변경하는 제도로서 권력분립의 원리에 대한 예외가 된다. 사면제도는 역사적으로 절대군주인 국왕의 은사권(恩赦權)에서 유래하였으며, 대부분의 근대국가에서도 유지되어 왔고, 대통령제국가에서는 미국을 효시로 대통령에게 사면권이 부여되어 있다. 사면권은 전통적으로 국가원수에게 부여된 고유한 은사권이며, 국가원수가 이를 시혜적으로 행사한다. 현대에 이르러서는 법 이념과 다른 이념과의 갈등을 조정하고, 법의 이념인 정의와 합목적성을 조화시키기 위한 제도로도 파악되고 있다.[101]

---

98) 헌재 2017. 3. 10. 2016헌나1, 판례집 제29권 1집, 1, 42.
99) 홍정선, 제79조 사면권, 김철수 외 9인 공저, 주석헌법, 법원사 1992, 428면.
100) 유진오 (주 20), 143면; 홍정선 (주 99), 429면.
101) 헌재 2000. 6. 1. 97헌바74, 공보 제46호, 448, 449−450. 이에 대하여 국민주권의 원리에서 보면 사면권은 궁극적으로는 국민으로부터 대통령에게 부여된 권한으로서 법이념의 구현을 위한 법적 제도이며 권력을 장악한 자가 임의로 베푸는 은혜의 행위 또는 은사가 아님을 강조하는 견해로, 송기춘, 헌법 제79조, (사) 한국

(나) 사면의 종류

사면, 감형 및 복권에 관한 사항을 규정하기 위하여 사면법이 제정되어 있다. 이 사면법은 사면의 종류를 일반사면과 특별사면으로 구분한다(사면법 제2조).

일반사면과 특별사면

(다) 사면의 대상

사면, 감형 및 복권의 대상은 일반사면의 경우 죄를 범한 자이고, 특별사면 및 감형의 경우 형을 선고받은 자, 그리고 복권의 경우 형의 선고로 인하여 법령에 따른 자격이 상실되거나 정지된 자이다(사면법 제3조).

사면, 감형 및 복권의 대상

(라) 사면의 법적 효과(사면법 제5조)

일반사면의 법적 효과는 형 선고의 효력이 상실되며, 형을 선고받지 아니한 자에 대하여는 공소권이 상실된다. 다만 특별한 규정이 있을 때에는 예외로 한다.

일반사면의 법적효과

특별사면의 법적 효과는 형 집행의 면제이다. 특별한 사정이 있을 때에는 이후 형 선고의 효력을 상실하게 할 수 있다.

특별사면의 법적효과

일반에 대한 감형의 경우 특별한 규정이 없는 때에는 형의 변경이다.

특정한 자에 대한 감형의 경우 형집행의 경감이다. 다만 특별한 사정이 있을 때에는 형을 변경할 수 있다.

복권의 경우 형 선고의 효력으로 인하여 상실되거나 정지된 자격이 회복된다.

복권의 법적효과

형의 선고에 따른 기성(既成)의 효과는 사면, 감형 및 복권으로 인하여 변경되지 않는다.

(마) 사면과 입법자의 형성의 자유

헌법 제79조 제3항은 사면·감형 및 복권에 관한 사항은 법률로 정하도록 함으로써 사면·감형, 복권의 종류, 대상, 범위, 절차, 효과 등에 대해서 규정하는 것은 입법형성의 자유에 맡겨져 있다.

사면, 감형, 복권에 관한 규정에 있어서 입법형성의 자유

헌법학회 편, 헌법주석 [국회, 정부] 제40조~제100조, 경인문화사 2017, 696-707 (698).

> [판례] 우리 헌법 제79조 제1항은 "대통령은 법률이 정하는 바에 의하여 사면·감형 또는 복권을 명할 수 있다"고 대통령의 사면권을 규정하고 있고, 제3항은 "사면·감형 및 복권에 관한 사항은 법률로 정한다"고 규정하여 사면의 구체적 내용과 방법 등을 법률에 위임하고 있다. 그러므로 사면의 종류, 대상, 범위, 절차, 효과 등은 범죄의 죄질과 보호법익, 일반국민의 가치관 내지 법감정, 국가이익과 국민화합의 필요성, 권력분립의 원칙과의 관계 등 제반사항을 종합하여 입법자가 결정할 사항으로서 입법자에게 광범위한 입법재량 내지 형성의 자유가 부여되어 있다.
>
> 따라서 특별사면의 대상을 "형"으로 규정할 것인지, "사람"으로 규정할 것인지는 입법재량사항에 속한다 할 것이다.
>
> (헌재 2000. 6. 1. 97헌바74, 공보 제46호, 448, 450.)

병과된 형의 일부만 사면 합헌

헌법재판소는 사면의 은사적 성격 및 특별사면의 입법취지 등을 종합하면 병과된 형의 일부만을 사면하는 것은 헌법에 위반된다고 볼 수 없다고 본다.[102]

(13) 훈장·영전 수여권[103]

훈장·영전 수여권

대통령은 법률이 정하는 바에 의하여 훈장 기타의 영전을 수여한다(헌법 제80조). 훈장 기타의 영전 수여에 관한 법률로서 상훈법이 있다.

훈장 및 영전의 효력

훈장 등의 영전은 이를 받은 자에게만 효력이 있고, 어떠한 특권도 이에 따르지 아니한다(헌법 제11조 제3항). 훈장 또는 포장을 받은 사람에게는 부상(副賞)을 함께 수여할 수 있다(상훈법 제32조). 대통령이 외국인에 대하여 훈장 기타의 영전을 수여하는 것은 국가원수로서의 지위에서 대한민국을 대표하여 행하는 것이다.[104]

상훈법의 규정

상훈법은 대한민국 훈장(勳章) 및 포장(褒章)은 대한민국 국민이나 우방국 국민으로서 대한민국에 뚜렷한 공적(功績)을 세운 사람에게 수여한다는 원칙을 선언하고 있고(제2조), 또한 서훈은 서훈 대상자의 공적 내용, 그 공적이 국가와 사회에 미친 효과의 정도, 그 밖의 사항을 고려하여 결정한다고 하여 서훈의 기준을 제시하고 있다(제3조).

---

102) 헌재 2000. 6. 1. 97헌바74, 공보 제46호, 448, 450.
103) 이에 대하여는 송기춘 (주 101), 헌법 제80조, 708-713면 참조.
104) 송기춘 (주 103), 709면.

헌법재판소 판례로는 애국지사로 등록되어 예우를 받기 위해서는 독립운동을 한 사실 외에 그 공로로 건국훈장·건국포장 또는 대통령 표창을 받을 것을 요건으로 규정하고 있는 독립유공자법(2008. 3. 28. 법률 제9083호로 개정된 것) 제4조 제2호 후단 부분이 독립유공자와 그 유족의 사회보장수급권과 평등권을 침해하지 않는다고 한 판례가 있다.105)

애국지사로 등록되어 예우받기 위한 요건 합헌

한편 헌법재판소는 국가에게 독립유공자와 그 유족에 대한 예우를 해 줄 헌법상 의무가 있다고 봤으며, 독립유공자(순국선열 및 애국지사)로 인정받기 위한 전제로서 요구되는 서훈추천을 국가보훈처장이 거부한 것에 대한 행정부작위 헌법소원과 대통령의 영전 미수여 행위에 대해 행정부작위 헌법소원은 모두 부적법하다고 하면서 각하하였다.106)

서훈추천 거부에 대한 헌법소원 각하

(14) 국회출석·발언권

대통령은 국회에 출석하여 발언하거나 서한으로 의견을 표시할 수 있다(헌법 제81조). 이 대통령의 국회출석·발언권은 행정의 수반으로서 대통령이 국회에 출석하여 자신의 국정운영의 방향이나 정책을 국회에 알림으로써, 국회의 협조를 구할 수 있는 권한이라는 데에 의미가 있다. 입법부와 행정부는 권력분립의 원칙에 따라서 서로 견제와 균형의 관계에 있지만, 오늘날 민주주의 국가가 국민의 의사에 따라서 잘 운영될 수 있기 위해서는 행정부와 의회가 협력할 것은 협력하고 견제할 것은 견제하면서 상호 유기적 관계에 있지 않으면 안 되기 때문이다.107)

대통령의 국회출석 및 발언권

나아가 대통령은 국가원수로서의 지위도 있기 때문에, 외교, 국방, 통일 등 국정 전반에 걸쳐서 국가가 나아갈 방향에 대해서 국회와 국민에게 알리고 국민의 이해를 구하는 차원에서도 대통령은 국회에 출석하여 발언할 수 있다고 봐야 할 것이다.

국회에 출석하여 발언함으로써 국민의 알권리 충족

---

105) 헌재 2010. 6. 24. 2009헌바111, 독립유공자예우에 관한 법률 제4조 제2호 위헌소원, 판례집 제22권 1집 하, 529 [합헌].
106) 헌재 2005. 6. 30. 2004헌마859, 판례집 제17권 1집, 1016 [각하].
107) 김상겸, 헌법 제81조, (사) 한국헌법학회 편, 헌법주석 [국회, 정부] 제40조~제100조, 경인문화사 2017, 714-721면 참조.

다. 대통령의 특권

(1) 형사상 불소추특권

형사상 불소추
특권

헌법 제84조는 내란 외환죄를 범한 경우를 제외하고 재직 중 형사상의 소추를 받지 아니한다고 규정함으로써, 형사상 불소추특권을 보장하고 있다.

국정의 원활한
수행 목적

헌법이 대통령의 형사상 불소추특권을 보장하는 것은 대통령의 국가원수로서의 지위에서 국정을 원활하게 수행하기 위한 목적으로 이를 도입한 것이지, 대통령이 일반 국민보다 개인적으로 특별한 지위나 특권을 가지기 때문은 아님을 헌법재판소는 분명히 강조하고 있다.[108]

헌법 제84조는
국가소추권행
사의 법률상
장애사유이므
로 공소시효
진행 정지(헌
재)

그리고 위와 같은 헌법 제84조의 규정취지와 함께 공소시효제도나 공소시효정지제도의 본질에 비추어 보면, 비록 헌법 제84조에는 "대통령은 내란 또는 외환의 죄를 범한 경우를 제외하고는 재직중 형사상의 소추를 받지 아니한다"고만 규정되어 있을 뿐 헌법이나 형사소송법 등의 법률에 대통령의 재직중 공소시효의 진행이 정지된다고 명백히 규정되어 있지는 않다고 하더라도, 위 헌법규정은 바로 공소시효진행의 소극적 사유가 되는 국가의 소추권행사의 법률상 장애사유에 해당하므로, 대통령의 재직중에는 공소시효의 진행이 당연히 정지되는 것으로 보아야 한다고 판시하였다.[109]

반대의견

이에 반하여 헌법 제37조 제2항의 정신에 비추어 공소시효의 정지는 반드시 법률로써 명문의 규정을 둔 경우에 한하여 인정되는 것으로 보아야 하고, 그러하지 아니하는 한 공소시효의 진행은 방해받지 아니한다고 아여야 함이 법치주의원칙의 당연한 귀결이라고 하면서, 만일 헌법 제84조의 뜻을 다수의견과 같이 풀이할 때에는, 공소시효제도의 실질이 형사피의자의 이익을 위한 제도임에도 불구하고, 그 진행을 정지시킬 수 있는 예외적인 사유를 법률로써 명문으로 규정하지 아니한 경우에도 헌법이나 법률의 해석을 통하여 이를 인정하는 것으로 되고, 따라서 공소시효제도에 의하여 보장되는 피의자의 법적 이익을 법률의

---

108) 헌재 1995. 1.20, 94헌마246, 판례집 제7권 1집, 15, 15 – 16.
109) 헌재 1995. 1.20, 94헌마246, 판례집 제7권 1집, 15, 16.

근거 없이 침해하는 것으로 되어 우리 헌법의 기본이념의 하나인 법치주의에 반하는 결과에 이르게 되고, 헌법재판소의 결정으로 새로운 공소시효의 정지사유를 신설하는 내용의 적극적인 입법을 하는 것으로 되기 때문에 권력분립의 원칙에 따른 헌법재판제도의 한계를 벗어난 것이 아닌가 하는 문제가 생길 수 있다고 하는 반대의견도 개진된 바 있다.[110]

　　생각건대 비록 형사소송법에 명문규정이 없다 하더라도 헌법 제84조의 내란죄와 외환죄를 제외한 다른 범죄에 대한 불소추특권을 법률상 소추장애 사유로 해석하고 있는 다수견해가 타당하다고 생각된다.

다수의견 타당

　　헌법재판소의 이 판례는 사실상 그 해 12월에 심판청구의 취하로 심판절차종료가 선언된 95헌마221 사건에서 비록 심판청구가 취하되었다 하더라도 헌법해명의 필요성이 있기 때문에 심판선고를 함이 마땅하다고 하는 입장의 반대의견을 개진한 김진우, 이재화, 조승형 재판관은 이 반대의견[111]에서, 이 헌법소원심판청구가 취하되기 전에 이루어진 평의에서 집권에 성공한 내란의 가벌성에 관하여 헌법재판소법상 인용결정에 필요한 정족수를 넘은 의견으로 밝힌 내용이 무엇인지에 대하여 헌법재판소 판례집에 밝히고 있는데, 여기에서도 헌법재판소는 『더욱이 우리 헌법 제84조는 "대통령은 내란 또는 외환의 죄를 범한 경우를 제외하고는 재직 중 형사상의 소추를 받지 아니한다"고 규정함으로써(구헌법도 모두 동일하게 규정하고 있었다), 대통령도 퇴직한 후에는 일반국민과 다름없이 모든 범죄에 대하여 당연히 소추받을 수 있음을 전제로, 특별히 내란 또는 외환의 죄에 대하여만 다른 범죄와는 달리 재직 중에도 소추받을 수 있다는 뜻을 밝히고 있는 것이므로, 결국 내란의 죄에 대하여는 내란의 성공 여부를 불문하고 언제든지 처벌할 수 있다는 헌법적 결단을 내리고 있는 것임이 명백하다.』[112]고 하는 입장이었음을 알 수

심판절차종료
선언에서 반대
의견 재판관들
이 다수의견
입장 공개

110) 헌재 1995. 1. 20. 94헌마246, 판례집 제7권 1집, 15, 18-19, 69면 이하 참조.
111) 헌재 1995. 12. 14. 95헌마221 등, 판례집 제7권 2집, 697, 749 이하 [취하].
112) 이는 심판선고가 된 것이 아니라 심판절차 종료선언에 불과하므로 헌법재판소의 정식 판례로 볼 수는 없기는 하나 재판관들의 의견으로서는 받아들일 수 있다.

있다.

(2) 전직대통령의 예우

전직대통령의
신분과 예우

전직대통령의 신분과 예우에 관하여는 법률로 정한다(헌법 제84조). 전직대통령의 신분과 예우에 관한 법률로 전직대통령 예우에 관한 법률이 있다.

전직대통령이
란

이 법에서 전직대통령이란 헌법에서 정하는 바에 따라 대통령으로 선출되어 재직하였던 사람을 말한다(법 제2조). 다만 전직대통령이 재직중 탄핵결정을 받아 퇴임한 경우와 금고 이상의 형이 확정된 경우, 형사처분을 회피할 목적으로 외국정부에 도피처 또는 보호를 요청한 경우, 대한민국의 국적을 상실한 경우에는 경호·경비 등 법 제6조 제4항 제1호에 따른 예우를 제외하고는 이 법에 따른 전직대통령으로서의 예우를 하지 않는다(법 제7조).

라. 대통령의 권한에 대한 통제 메커니즘

내부적 통제와
외부적 통제

헌법상 대통령의 권한에 대한 통제 메커니즘은 내부적 통제와 외부적 통제로 나누어 볼 수 있다.

(1) 내부적 통제

(가) 문서주의와 부서제도

문서주의: 사
후통제의 가
능성
부서제도: 내
부적 통제 목
적

대통령의 국법상 행위는 문서로써 하며, 이 문서에는 국무총리와 관계 국무위원이 부서한다(헌법 제82조). 이는 대통령의 국법상의 행위를 문서로 남겨 사후 통제의 가능성을 마련할 뿐만 아니라, 관계국무위원이 부서하게 함으로써, 대통령의 독단적인 결정을 내부적으로 통제할 수 있도록 하기 위한 목적에서 마련된 제도라고 할 수 있다.

(나) 국무회의의 심의

국무회의 심의
사항: 독단적
결정 방지

헌법 제89조는 국무회의의 심의를 거쳐야 하는 사항을 열거하고 있다. 이 국무회의를 반드시 거치도록 한 이유는 중요한 국정사항에 관하여 대통령이 혼자 독단적으로 결정하지 않고, 국무위원들과 협의 하에 신중한 결정을 하게 하기 위한 것이다. 그러므로 필요적 심의 사항에 대하여 국무회의를 거치지 않았다고 한다면 그 자체 절차 위반으로서 위헌적인 것이다. 따라서 헌법상 국무회의의 심의사항에 대한 열거와 강제는 대통령의 권한에 대한 행정부 내부의 통제로서의 의미를 가진다고 하겠다.

(2) 외부적 통제

대통령의 권한에 대한 외부적 통제는 국회에 의한 통제와 사법부 (헌법재판소와 법원)에 의한 통제로 나누어 볼 수 있다.

국회와 사법부에 의한 통제

그리고 헌법상 모든 통제가 작동하지 않을 경우 대통령의 위헌적 행위를 저지하기 위한 불문의 수단으로 국민의 저항권도 들 수 있다.

(가) 국회에 의한 통제

국회에 의한 통제로서는 대통령의 권한행사를 위해서 국회의 동의를 거치도록 하고 있는 것은 모두 국회에 의한 통제를 받게 하기 위한 것이다.

국회의 동의요구

국회의 동의를 요하도록 하고 있는 것으로는 조약의 체결·비준(헌법 제60조), 주요 헌법기관(국무총리: 제86조, 감사원장: 제98조 제2항, 대법원장과 대법관: 제104조 제1항, 제2항, 헌법재판소장: 제111조 제4항)에 대한 임명, 일반사면(제79조 제2항), 선전포고, 국군의 외국에의 파견 또는 외국군대의 대한민국 영역 안에서의 주류(헌법 제60조 제2항)이 그것이다.

국회의 동의가 필요한 사항

(나) 헌법재판소에 의한 통제

대통령의 권한을 가장 효과적으로 통제할 수 있는 제도적 메커니즘은 역시 헌법재판이라 할 수 있다.

탄핵심판을 통한 대통령의 권한 통제

우선 2004년 5월 14일 노무현 전대통령, 2017년 3월 10일 선고된 박근혜 전 대통령에 대한 헌법재판소의 탄핵심판[113]에서 알 수 있듯이, 대통령이 헌법과 법률에 중대하게 위반하는 경우 국회는 재적의원 과반수의 동의로 탄핵을 발의하여 재적의원 2/3의 찬성에 의하여 탄핵소추를 가결할 수 있다(제65조 제2항). 이 경우 대통령은 즉시 직무가 정지되며, 국무총리가 대통령의 권한을 대행하고 탄핵심판은 헌법재판소가 한다.

다음으로 대통령이 다른 국가기관의 권한을 침해하는 경우에 대통

권한쟁의심판

---

113) 헌재 2004. 5. 14. 2004헌나1, 대통령(노무현) 탄핵, 판례집 제16권 1집, 609 [기각]; 헌재 2017. 3. 10. 2016헌나1, 대통령(박근혜) 탄핵.

령을 피청구인으로 하여 권한쟁의심판을 청구할 수 있다.

헌법소원심판

그리고 대통령이 그 권한행사를 통하여 국민의 기본권을 침해하는 경우에 기본권을 침해받은 국민은 대통령을 피청구인으로 하여 헌법소원심판을 청구할 수 있다.[114]

(다) 법원에 의한 통제

행정소송을 통한 통제

행정부의 수반으로서 대통령의 행정권 행사나 행정부의 행정행위가 위법하여 국민의 권리를 침해하는 경우에 국민들은 행정소송법상 행정부의 행위의 위법성을 다투는 행정소송을 제기할 수 있다. 이러한 소송을 통해서 행정부의 행위를 바로 잡을 수 있는 바, 이는 법원에 의한 행정부에 대한 통제라 할 수 있다.

(라) 저항권

저항권

대통령이 권한을 남용하여 자유민주적 기본질서를 제거하거나 헌법질서를 파괴하는 경우 헌법상의 통제를 위한 나머지 모든 절차들을 동원해서도 이러한 문제가 해결되지 않을 때에는, 국민은 최후에는 저항권을 행사할 수 있을 것이다.

저항권의 헌법적 근거

이 저항권의 헌법적 근거는 독일 기본법과는 달리 우리 헌법에 명문으로 규정된 바는 없다. 그러나 "3·1운동으로 건립된 대한민국임시정부의 법통과 불의에 항거한 4·19민주이념을 계승하고"라고 하는 헌법전문은 일제에 맞선 민족적 저항과 헌법파괴를 일삼은 이승만 정권에 맞선 4·19 혁명의 저항권 행사를 우리 헌법이 명시적으로 언급하고 있기 때문에, 이 헌법전문은 저항권의 헌법적 근거를 간접적으로 암시하고 있다고 할 수 있다.[115]

최후수단성, 보충성, 성공가능성

저항권행사를 위해서는 최후수단성[116], 보충성[117], 성공가능성[118]

---

114) 가령 헌재 1996. 2. 29. 93헌마186, 판례집 제8권 1집, 111.

115) 권영성, 헌법학원론, 법문사 2010, 80면 에 따르면 1987년의 개헌협상과정에서 저항권의 명시 여부가 여·야간에 쟁점이 된 바 있지만, 결국 저항권을 명시하지 아니하고, 헌법전문에 "불의에 항거한 4·19민주이념을 계승하고"라는 문구를 추가함으로써 저항권규정을 대신하기로 합의하였다고 한다; 양건, 헌법강의 제9판, 법문사 2020, 113, 1138면.

116) 권영성 (주 115), 79면; 양건 (주 115), 1140면.

117) 허영 (주 72), 343면; Maurer (주 3), S. 757; Sachs, in Sachs (Hrsg), Grundgesetz, 8. Aufl., 2018, Art 20, Rn. 172.

등 의 요건이 필요하다고 일컬어지고 있으나 이러한 요건, 특히 "성공가능성"의 요건이 만족되는 경우는 현실적으로 거의 불가능에 가깝다고 할 수 있다. 그러므로 이 성공가능성 요건은 저항권의 행사를 위한 요건으로서 유효한 개념인지는 의심스럽다.[119] 어쨌든 최후수단성과 보충성의 원칙에 따라서 현실적인 법제도를 통한 통제의 노력을 최대한 기울인 후, 그것 가지고도 해결될 수 없는 상황이 되었을 때, 국민이 무너진 자유민주적 기본질서와 헌법을 회복하기 위하여 마지막 남은 수단은 저항권의 행사라고 봐야 할 것이다.

성공가능성의 요건 현실적으로 거의 불가능

그리고 다른 한편으로 저항권의 남용 역시 방지하려면 저항권을 행사하기 위한 요건이 대통령이나 국가기관의 단순한 헌법위반 정도만으로는 안 되고, 오히려 자유민주적 기본질서를 배제하고 파괴하려는 그러한 행위와 기도(企圖)(Unternehmen)가 대통령이나 국가권력(또는 사인 역시)에 의해서 행해지게 될 때, 가능한 모든 법적 절차와 수단을 동원해서 그에 대하여 맞서고 그렇게 해도 안 될 경우 최후수단으로서 이 저항권을 행사하되[120], 가능한 한 비폭력적, 평화적인 방법으로 그리고 가능한 한 낮은 단계의 완화된 수단을 사용하지 않으면 안 될 것이다.

자유민주적 기본질서의 배제와 파괴

Ⅲ. 행정부

헌법은 제4장 정부 하에서 대통령과 행정부를 절로 나누고, 이 제2절 행정부 하에서 제1관 국무총리와 국무위원, 제2관 국무회의, 제3관 행정각부, 제4관 감사원을 규정하고 있다. 이하에서도 헌법의 이러한 순서에 따르되 국무총리와 국무위원만 나누어서 설명하기로 한다.

헌법상 행정부에 대한 편제

1. 국무총리

가. 임 명

---

118) 홍성방, 헌법학(상), 박영사 2016, 97면.
119) 동지 홍성방 (주 118), 97면; 정종섭, 헌법학원론, 박영사, 2018, 72면.
120) 같은 취지, 권영성 (주 115), 79면 이하.

문민주의 원칙　　　　국무총리는 국회의 동의를 얻어 대통령이 임명한다(제86조 제1항). 군인은 현역을 면한 후가 아니면 국무총리나 국무위원으로 임명될 수 없다. 이것을 우리는 문민주의 원칙(제86조 제3항, 제87조 제4항)이라고 한다.

나. 국무총리서리 임명의 위헌여부

국회의 동의없
는 국무총리서
리 임명의 위
헌여부　　　　국회의 동의를 받지 않고서 대통령이 국무총리를 임명하는 경우, 대통령의 국무총리서리 임명행위의 유효성이 논란될 수 있다.[121] 과거 권위주의 정권 하에서 국회는 거의 항상 여대야소(與大野小)로 구성되었으므로, 대통령의 국무총리에 대한 국회동의는 사실상 요식행위에 지나지 않았다고 해도 과언이 아니었다. 그리하여 대통령이 국무총리를 임명할 때에는 흔히 국무총리서리로 임명한 후, 국회의 동의를 요청하였으며, 국회는 국무총리임명을 사실상 추인하는 의미의 동의를 하는 것이 오랜 관행이었다.[122] 그런데 김영삼 문민정부가 들어선 이후 대한민국 헌정사에서 첫 번째 수평적 정권교체로 평가받는 김대중 대통령 정부 때, 김종필 국무총리에 대한 임명동의안이 국회에서 제대로 처리되지 않고 지지부진해지자, 김대중 대통령은 국정공백을 우려한 나머지 김종필을 그대로 국무총리서리로 임명한 바 있었다. 이로 인하여 당시 야당인 한나라당 국회의원들은 김대중 대통령의 이러한 국무총리서리 임명행위는 국회의 동의권한 뿐만 아니라 국회의원의 동의권을 침해한 것이라고 주장하면서 대통령을 피청구인으로 하여 이 사건 권한쟁의심판[123]을 청구하였다.

재판관들의 견
해　　　　이 권한쟁의심판에서 헌법재판소 재판관들의 견해는 다기하게 갈라졌으나 결론은 이 사건 심판청구가 부적법하여 각하한다는 것이었다.

---

121) 이에 관해서는 성낙인 (주 1), 619면.

122) 김대환, 헌법 제86조, (사) 한국헌법학회 편, 헌법주석 [국회, 정부] 제40조～제100조, 경인문화사 2017, 755－785(770)면.

123) 헌재 1998. 7. 14. 98헌라1, 대통령과 국회의원간의 권한쟁의, 판례집 10－2, 1 [각하]. 한편 효력정지 및 직무집행정지 가처분신청 역시 기각되었다. 헌재 1998. 7. 14, 98헌사31, 공보 제29호, 595, 국무총리서리 임명행위의 효력정지 및 직무집행정지 가처분신청.

그 각하의견들 중 하나인 김용준 재판관(소장)은 국회의 동의권의 주체
는 국회이지 개별 국회의원이 아니며, 개별 국회의원이 국회 권한에 대
한 침해를 자신들의 이름으로 주장하면서 권한쟁의심판을 청구하는 소
위 제3자소송담당은 소수의원이나 소수의원으로 구성된 교섭단체에게
인정할 수 있는 것으로서 재적의원 과반수를 이루는 다수의원이나 다수
의원으로 구성된 교섭단체에게는 허용되지 않는다고 하면서, 청구인들
의 이러한 제3자소송담당 주장을 배척하고 이 사건 심판청구를 각하해
야 한다고 주장하였다.[124] 당시 여소야대로 야당의원이 오히려 국회 과
반수를 차지하였으므로, 만일 권한쟁의심판을 청구하려면 개별 국회의
원이 아니라 국회가 자신의 이름으로 청구할 수도 있었으나, 그렇게 하
지 않고 현경대 외 149인의 국회의원들이 대통령을 상대로 개별 국회의
원들의 이름으로 청구한 이 사건 권한쟁의심판은 부적법했던 것이다.

　　아무튼 과거 헌법[125]과는 달리 소위 유신헌법부터는 대통령이 국회　　국회동의가 없

---

124) 이러한 권한쟁의심판에서 제3자소송담당 불가론은 나중에 헌법재판소의 확립된
　　판례가 되었다고 할 수 있다. 즉 "권한쟁의심판에 있어 '제3자 소송담당'을 허용
　　하는 법률의 규정이 없는 현행법 체계 하에서 국회의 구성원인 청구인들은 국회
　　의 조약에 대한 체결·비준 동의권의 침해를 주장하는 권한쟁의심판을 청구할 수
　　없다 할 것이므로, 청구인들의 이 부분 심판청구는 청구인적격이 없어 부적법하
　　다."는 것이다. 헌재 2007. 7. 26. 2005헌라8, 판례집 제19권 2집, 26, 33−34; 따름
　　판례로는 헌재 2007. 10. 25. 2006헌라5, 국회의원과 대통령 등 간의 권한쟁의, 판
　　례집 제19권 2집, 436 [각하]; 헌재 2008. 1. 17. 2005헌라10, 국회의원과 대통령
　　등 간의 권한쟁의, 판례집 제20권 1집 상, 70 [각하].
125) 가령 1948년 헌법 제69조에서는 "국무총리는 대통령이 임명하고 국회의 승인을
　　얻어야 한다. 국회의원총선거후 신국회가 개회되었을 때에는 국무총리임명에 대
　　한 승인을 다시 얻어야 한다."고 규정하였으며, 1960년 제2공화국 헌법 제69조는
　　"국무총리는 대통령이 지명하여 민의원의 동의를 얻어야 한다. 단, 대통령이 민
　　의원에서 동의를 얻지 못한 날로부터 5일 이내에 다시 지명하지 아니하거나 2차
　　에 걸쳐 민의원이 대통령의 지명에 동의를 하지 아니한 때에는 국무총리는 민의
　　원에서 이를 선거한다. 전항의 동의나 선거에는 민의원의원재적 과반수의 투표를
　　얻어야 한다. 대통령이 국무총리를 지명한 때에는 민의원은 그 지명을 받은 때로
　　부터 24시간이후 48시간이내에 동의에 대한 표결을 하여야 하며 제1항단서에 의
　　하여 국무총리를 선거할 때에는 그 사유가 발생한 날로부터 5일이내에 선거를
　　하여야 한다. 대통령은 민의원의원총선거후 처음으로 민의원이 집회한 날로부터
　　5일이내에 국무총리를 지명하여야 한다."고 함으로써 의원내각제 하에서 실질적
　　국정의 최고책임자인 국무총리에 대한 대통령의 임명절차에 대하여 상세한 규정
　　을 두고 있었다. 1962년 제3공화국 헌법 제84조 제1항은 "국무총리는 대통령이
　　임명하고, 국무위원은 국무총리의 제청으로 대통령이 임명한다."규 규정하여 국

는 국무총리서
리 임명은 위헌

의 동의를 얻어 국무총리를 임명하도록 하고 있으므로, 국회동의를 거치지 않고서 국무총리서리를 임명하는 행위는 위헌이라고 봐야 할 것이다.[126] 다만 대통령선거 후 새 대통령이 당선되어 정부를 출범할 즈음에 국무총리를 임명하기 위해서 국회 동의절차를 밟고, 국회가 동의한 후에 국무총리의 제청을 받아 국무위원을 임명하는 절차를 거치게 되면, 이러한 절차가 진행되는 동안 국정공백이 발생하는 현상은 피할 수 없게 된다. 그러므로 대통령직 인수에 관한 법률(대통령직인수법)은 대통령당선자는 대통령에 취임하기 전에 국무총리와 국무위원후보자를 지명하여 국회 동의절차를 거칠 수 있도록 하되 국무위원지명에 있어서는 국무총리후보자의 추천을 받도록 하고 있다(제5조). 또한 만일 대통령이 국무총리를 해임하고 후임 국무총리를 임명해야 하는 상황에서 여전히 국회동의절차가 지연되는 경우 국무총리에 의한 국무위원임명 제청 역시 지연될 수밖에 없을 것이므로, 국정공백을 방지하기 위해서는 전임 국무총리가 후임 국무총리에 대한 임명절차가 완전히 마무리되기 전까지는 그 직을 수행하게 해야 할 것이고, 필요한 경우 신임 국무위원의 임명까지 제청할 수 있도록 하면 국정공백을 최소화할 수 있을 것이다.[127]

국무총리의 직
무대행

국무총리의 유고가 발생할 경우에는 정부조직법이 정한 순서(정부조직법 제22조)에 따라 기획재정부장관인 부총리 등이 국무총리의 직무를 대행한다.

다. 기 능

(1) 대통령의 보좌 및 행정각부 통할 기능

대통령 보좌,
행정각부 통할

국무총리의 헌법상 기능은 대통령을 보좌하며, 행정에 관하여 대통

무총리 임명에 있어서 국회의 동의가 필요하지 않았다. 국무총리에 관한 헌법연혁에 대해서는 김대환 (주 122), 헌법 제86조, 757−759면.

126) 동지, 김대환 (주 122), 헌법 제86조, 772면; 원칙적으로 위헌론이 타당하다고 보면서도, 국무총리임명을 위하여 적법한 절차를 취하였음에도 불구하고 국회에서 이를 적법하게 처리하지 못할 경우에는 잠정적으로 부득이하게 국무총리서리를 임명할 수밖에 없다고 보는 견해로는, 성낙인 (주 1), 620면.

127) 국무총리서리임명의 필요성과 그 위헌여부에 대한 학계의 논란에 대해서는 김대환 (주 122), 헌법 제86조, 769−772면과 그곳에서 인용된 문헌들 참조.

령의 명을 받아 행정각부를 통할하는 것이다(제86조 제2항).

이 보좌의 범위와 관련해서는 대통령의 국가원수로서의 지위에서 나오는 책무뿐만 아니라 행정부의 수반으로서의 행정권 등 국정 전반에 관한 대통령의 직무가 모두 국무총리의 보좌대상에 포함된다.[128]

이 대통령을 보좌하고 그의 명을 받아 행정각부를 통할하는 국무총리의 기능은 대통령에 대한 보좌기능이라는 점에서 제2공화국의 의원내각제 하에서 국무원의 의장으로서 국무원을 대표하여 의안을 국회에 제출하고 행정각부를 지휘·감독함으로써 실질적 집행권을 가지는 국무총리나 다른 의원내각제 국가의 수상의 기능과는 완전히 다른 것은 사실이다.[129] 그러나 우리 헌법은 행정에 관하여 대통령의 명을 받아 행정각부를 통할하는 권한을 부여하였기 때문에, 그러한 권한이 단순히 형식적인 권한에 지나지 않는다는 소극적 해석 역시 헌법문언에 반하는 해석이며, 그것은 과거 권위주의 정부 하에서 익숙했던 관행적 선입견일 수 있다. 따라서 헌법이 비록 국무총리의 대통령에 대한 보좌기관으로서의 역할을 명시하였다 하더라도, 거기서 머무르는 것이 아니라 "행정에 관하여 대통령의 명을 받아 행정각부를 통할"하는 기능까지 열거하고 있는 점에 보다 더 주목을 한다면 국무총리의 실질적 권한행사의 실현에 도움이 되는 해석이 될 것이라고 생각된다.

이와 관련하여 국무총리의 통할을 받지 않는 대통령 직속 행정기관의 설치가 가능한지 여부가 문제된 바 있었다. 즉 국가안전기획부(현 국가정보원의 옛 명칭) 설치근거와 그 직무범위를 규정한 정부조직법 제14조 제1항 및 국가안전기획부법 제4조와 제6조가 헌법에 위반되는지 여부가 문제된 1994. 4. 28. 89헌마221 정부조직법 제14조 제1항 등의 위헌여부에 관한 헌법소원심판에서 헌법재판소의 다수의견은 국무총리의 관할을 받지 않는 대통령직속기관인 국가안전기획부의 설치근거와 직무범위 등을 정한 정부조직법 제14조와 국가안전기획부법 제4조 및 제6조의 규정은 헌법에 위배된다고 할 수 없다고 판시하였다.[130]

국가원수로서의 지위와 행정부수반으로서의 지위 모두 보좌

행정각부를 통할하는 실질적 기능

국무총리의 통할을 받지 않는 대통령 직속 행정기관의 설치 가능성

---

128) 김대환 (주 122), 헌법 제86조, 773-774면.
129) 성낙인 (주 1), 625면; 김대환 (주 122), 헌법 제86조, 757면.
130) 헌재 1994. 4. 28. 89헌마221, 판례집 제6권 1집, 239, 259-261. 같은 취지, 헌재

이에 반하여 변정수 재판관은 국가안전기획부는 행정부의 권한에 속하는 사항을 집행하는 중앙정부기관이므로 성질상 국무총리의 통할 하에 두어야 할 "행정각부"에 속하는 것이 명백하므로, 국가안전기획부를 행정각부에 넣지 않고 대통령의 직속 하에 두어 국무총리의 지휘, 감독을 받지 않도록 한 정부조직법 제14조 제1항은 헌법 제86조 제2항 및 제94조에 위반된다고 하는 취지의 반대의견을 개진하였다.131)

(2) 국무회의 부의장

국무회의의 부의장

국무총리는 국무회의의 부의장이 된다(제88조 제3항). 따라서 국무총리는 대통령이 해외 순방 중이라든가 '사고'의 이유로 국무회의를 주재할 수 없는 상황에서는 대통령을 대리하여 국무회의를 주재할 수 있다. 물론 대통령이 유고되어 그와 의사소통이 되지 않는 예외적 상황이 아닌 한, 대통령의 명을 받아 국무회의를 주재해야 할 것이다.

대통령의 해외순방 중 정당해산심판청구서 제출안에 대한 의결 위법하지 않음(헌재)

2014년 통합진보당에 대한 정당해산심판132)에서 대통령이 해외순방 중일 때에 국무총리 주재 하에서 이루어진 국무회의 의결의 유효성이 문제된 바 있었는데, 이에 대하여 헌법재판소는 대통령은 국무회의의 의장으로서 회의를 소집하고 이를 주재하지만 대통령이 사고로 직무를 수행할 수 없는 경우에는 국무총리가 그 직무를 대행할 수 있고, 대통령이 해외 순방 중인 경우는 '사고'에 해당되므로, 대통령의 직무상 해외 순방 중 국무총리가 주재한 국무회의에서 이루어진 정당해산심판 청구서 제출안에 대한 의결은 위법하지 아니하다고 판시한 바 있다.

다. 권 한

(1) 국무위원 임명제청권

국무위원 임명제청권

국무총리는 국무위원에 대한 임명제청권을 갖는다(제87조 제1항).

대통령이 만일 국무총리의 국무위원에 대한 임명제청을 받지 않고

1994. 4. 28. 89헌마86, 판례집 제6권 1집, 371 [기각].

131) 헌재 1994. 4. 28. 89헌마221, 판례집 제6권 1집, 239, 270 이하; 마찬가지로 최근 고위공직자수사처 설치와 관련한 헌법소원심판, 헌재 2021. 1. 28. 2020헌마264 등

132) 헌재 2014. 12. 19. 2013헌다1, 판례집 제26권 2집, 1 [인용·(해산)].

서 국무위원을 임명하는 경우 그 효력은 어떻게 될 것인가의 문제가 제기된다. 우선 여대야소, 즉 대통령이 소속된 여당이 다수를 점하는 국회 구조 하에서는, 국무총리에 대한 임명권뿐만 아니라 해임권까지 가지는 대통령에게 그의 뜻에 반하는 국무위원을 국무총리가 임명제청하는 일을 생각하기는 극히 어려운 일이다. 왜냐하면 대통령은 국무총리와 국무위원을 임명하면서 여당을 비롯하여 국무총리와 다양하게 의견조율을 거친 후에 국무총리로 하여금 국무위원 임명제청을 하게끔 하는 것이 보통일 것이기 때문이다. 만일 국무총리가 사전 조율 없이 대통령의 뜻에 반하는 국무위원을 임명제청하였다가 대통령이 이를 받아들이지 않는 사태가 발생하는 경우는 결국 대통령이 국무총리에 대하여 신임을 하지 않는다는 것이므로, 국무총리는 더 이상 그 직을 수행할 수 없게될 것이다. 그러므로 여대야소(輿大野小)의 국회 구조 하에서 국가원수이자 행정의 수반인 대통령에게 국무총리가 국무위원 임명제청권을 행사한다고 하는 것 자체에 그렇게 커다란 의미를 부여하기는 어려울 것이다.

임명제청 없는 국무위원 임명의 문제

그러나 대통령의 임기와 국회의원의 임기가 각각 5년과 4년으로 서로 달라서 경우에 따라 여소야대(輿小野大)의 국회가 구성될 수 있는 현행 헌법 하에서 정치적 상황에 따라서는 국회의원선거의 결과 (단일) 야당이 국회의원 다수를 점하는 국회가 출현하지 말라는 법은 없다. 이러한 상황에서 이제 대통령에 대한 국회의 동의권을 비롯한 각종 통제권은 여대야소의 정국 하에서와는 완전히 달라질 것이다. 과거 김대중 대통령이 소위 DJP연합에 의하여 김종필 자민련 총재를 국무총리로 임명했던 사례처럼, 야당 출신 국무총리와 사실상 동거정부가 시작될 경우, 이 국무총리는 국무위원 임명제청 과정에서도 일부 국무위원을 자기가 제청하는 사람으로 임명해 줄 것을 대통령에게 요구할 가능성도 완전히 배제할 수는 없다.[133] 이러한 상황에서는 국무총리의 이 국무위원 임명제청권은 상당히 대통령의 권한을 견제하는 실질적인 의미를 발휘하게

여소야대 동거정부의 경우 임명제청권은 대통령의 공무원 임명권에 대한 실질적 견제기능

[133) 현행 헌법 하에서 이러한 이원집정부제적 또는 동거정부적 현상의 출현가능성과 그에 따른 협치의 필요성에 대하여는 성낙인, 정부형태와 협치: 한국의 경험과 가능성, 공법연구 제47집 제2호(2018. 12), 67-85(한글), 82면 참조.

될 것이다.

(2) 국무위원 해임건의권

국무총리는 국무위원의 해임을 대통령에게 건의할 수 있는 국무위원 해임건의권을 가진다(제87조 제3항). "건의"라고 하는 문언의 의미를 고려해 볼 때, 이 건의에 대통령이 반드시 법적으로 구속된다고 할 수는 없지만, 이러한 해임건의를 존중해야 한다고 봐야 할 것이다. 그렇지 않으면 이 국무총리의 국무위원 해임건의제도는 있으나 마나 한 유명무실한 제도가 되고 말 것이기 때문이다. 만일 국무총리가 국무위원의 해임을 건의하였음에도 불구하고 대통령이 이에 따르지 않는 경우에는 역시 대통령이 국무총리에 대한 불신임을 표현하는 결과가 된다. 이 경우에도 역시 국무총리는 그 직을 더 이상 수행할 수 없는 상황이 될 것이다.

그러나 가령 (단일) 야당이 국회의 다수를 점하는 여소야대의 사실상 동거정부가 출현한 경우에는 사정이 다르다. 즉 야당 출신 국무총리가 임명제청하여 임명된 일부 국무위원을 포함하여 그 밖의 국무위원들에 대해서도 해임건의를 할 경우 그 동거정부를 계속 유지하기 위해서는 대통령은 사실상 그 건의에 구속될 수밖에 없을 것이다. 그렇지 않을 경우 동거정부 하에서 대통령과 국무총리가 정치적으로 서로 대립하고 충돌하여 더 이상 원활하게 국정을 수행하기 힘들게 될 뿐만 아니라, 여소야대로 구성된 국회의 국정협조를 더 이상 얻기 힘들게 될 것이기 때문이다.

(3) 국무회의에서의 심의·의결권

국무총리는 국무회의의 부의장으로서 국무회의에서 안건을 심의하고 의장이 '사고'로 회의를 개최할 수 없을 경우 의장을 대행할 수 있는 권한이 있다.

(4) 총리령 발령권

국무총리는 소관사무에 관하여 법률이나 대통령령의 위임 또는 직권으로 총리령을 발할 수 있다. 이는 마치 헌법이 대통령으로 하여금 법률이 구체적으로 범위를 정하여 위임해 준 범위 내에서 그리고 법률을 집행하기 위해서 필요한 사항에 관하여 대통령령을 제정할 수 있도록

규정한 것(제75조)과 같이, 국무총리와 행정각부의 장으로 하여금 위임이
나 직권에 의하여 총리령이나 부령을 발할 수 있게 한 것이다.

(5) 국회 출석·발언권

국무총리·국무위원 또는 정부위원은 국회나 그 위원회에 출석하
여 국정 처리상황을 보고하거나 의견을 진술하고 질문에 응답할 수 있
다(헌법 제62조 제1항).

국회 출석·
발언권

(6) 부서권

전술하였듯이 대통령의 국법상의 행위는 문서로서 하되 이 문서에
는 국무총리와 관계 국무위원의 부서하도록 되어 있다. 군사에 관한 것
도 마찬가지다(헌법 제82조).

대통령의 국법
상 행위에 대
한 부서권

만일 이 부서가 없이 대통령의 국법상의 행위가 이루어진 경우 그
행위의 유효여부에 대해서는 유효설과 무효설로 갈라지고 있다. 유효설
에 의하면 대통령의 행위가 부서가 없이 이루어졌다고 해서 당연히 무
효가 되는 것은 아니고 다만 탄핵소추의 사유가 될 수 있을 뿐이라는
것이다. 이에 반하여 무효설[134]은 부서가 없는 대통령의 국법상 행위는
형식적 요건을 흠결한 것인데, 헌법이 직접 이 부서제도를 명하고 있으
므로 부서가 없는 행위는 효력을 가질 수 없다고 보는 것이다.

유효설과 무효
설

생각건대 국무총리와 관계 국무장관의 부서는 전술하였듯이 대통
령에 대한 행정부 내부적 통제를 위한 것이다. 따라서 대통령의 독단적
인 파행적 국정운영을 막기 위해서는 국무총리와 관계 국무위원이 그
문서에 반드시 부서를 하지 않으면 안 되고, 부서 없이 이루어진 대통령
의 국법상 행위는 모두 헌법적 효력이 없으며, 또한 당연히 탄핵소추의
사유도 된다고 하겠다.

부서없는 행위
는 무효

(7) 대통령 권한대행권

대통령이 궐위되거나 사고로 인하여 직무를 수행할 수 없을 때에는
국무총리, 법률이 정하는 국무위원의 순서로 그 권한을 대행한다(제71조).

이 권한대행의 범위는 대통령의 국가원수로서의 지위뿐만 아니라,
행정부의 수반으로서의 지위까지 모두 대행하는 것이나, 국무총리는 국

대통령 권한대
행권

---

134) 가령 성낙인 (주 1), 624면.

회의 동의를 통한 간접적인 정당성 밖에 없는 기관으로서 선거를 통하여 민주적 정당성을 가진 대통령을 대통령의 궐위라고 하는 위기 시에 무제한하게 대통령의 권한을 행사하는 것은 바람직하지도 또한 필요하지도 않다. 따라서 대통령 권한대행은 관리적 차원에서 소극적으로 새 대통령이 민주적 선거를 통해서 선출될 때까지 국가운영을 유지해 나가는 기능에 머물러야 한다는 것은 앞에서 설명한 바와 같다.135)

2. 국무위원

가. 임 명

국무위원은 국무총리의 제청으로 대통령이 임명한다(제87조 제1항).

문민주의 원칙
준수

국무총리와 마찬가지로 국무위원의 경우 역시 군인은 문민주의 원칙에 따라 현역을 면한 후가 아니면 국무위원으로 임명될 수 없다(제87조 제4항).

나. 기 능

대통령에 대한
보좌기능, 국
무회의 구성원
의 기능

국무위원은 국정에 관하여 대통령을 보좌하며, 국무회의의 구성원으로서 국정을 심의한다(제87조 제2항).

따라서 국무위원은 대통령에 대한 보좌기능과 국무회의의 구성원으로서의 기능을 수행한다.

다. 권 한

(1) 국무회의 심의권

국무회의 심의
권

국무위원은 국무회의에서 정부의 권한에 속하는 중요정책에 대하여 심의를 할 권한을 가진다. 과거 제2공화국의 의원내각제 하에서 국무원제도를 채택하고 있을 때에 이 국무위원들은 내각의 일원으로서 정부의 정책에 관하여 심의권과 의결권을 모두 가지고 있었으나, 대통령제 하에서 보좌기관으로서 국무위원들의 경우 의결권까지는 가지지 못

---

135) 이에 대하여는 위 제11절, Ⅱ, 4. 대통령의 권한대행 참조.

하는 것으로 이해된다.

다만 대통령의 국법상의 행위에 대해서는 관계 국무위원이 부서를 하도록 되어 있는 점, 그리고 헌법 제89조가 열거하고 있는 중요한 정책사항들에 대해서는 반드시 국무회의의 심의를 거치도록 하고 있는 점 등을 고려할 때, 대통령이 국가정책사항을 결정함에 있어서 국무위원의 의사에 반하여 독단적으로 할 수 있는 것은 아니라고 봐야 할 것이기 때문에 이 심의권이 아무런 법적 구속력이 없는 단순한 자문에 불과하다고 할 수는 없을 것이다.

심의권이 아무 런 법적 구속 력 없는 단순 한 자문에 불 과하다고 볼 수는 없음

(2) 부서권

국무위원 역시 국무총리와 마찬가지로 대통령의 국법상의 행위에 대하여 부서를 할 권리와 의무를 가진다(헌법 제82조).

관계 국무위원의 부서 없이 이루어진 대통령의 국법상 행위는 국무총리의 부서의 경우와 마찬가지로 효력이 없다고 봐야 할 것이다.

부서없는 행위 는 무효

3. 국무회의

가. 구 성

국무회의는 대통령·국무총리와 15인 이상 30인 이하의 국무위원으로 구성한다(제88조 제2항).

국무회의의 구 성

대통령은 국무회의의 의장이 되고, 국무총리는 부의장이 된다(제88조 제3항).

> **판례** 대통령은 국무회의의 의장으로서 회의를 소집하고 이를 주재하지만 대통령이 사고로 직무를 수행할 수 없는 경우에는 국무총리가 그 직무를 대행할 수 있고, 대통령이 해외 순방 중인 경우는 '사고'에 해당되므로, 대통령의 직무상 해외 순방 중 국무총리가 주재한 국무회의에서 이루어진 정당해산심판청구서 제출안에 대한 의결은 위법하지 아니하다.
> (헌재 2014. 12. 19. 2013헌다1, 판례집 26-2하, 1 [인용(해산)])

나. 기 능

국무회의는 정부의 권한에 속하는 중요한 정책에 대하여 심의를 한

중요정책에 대한 심의

다(제88조 제1항).

다. 필요적 심의사항

필요적 심의사항

다음 사항들은 국무회의의 심의를 거쳐야 한다(제89조).

1. 국정의 기본계획과 정부의 일반 정책
2. 선전·강화 기타 중요한 대외정책
3. 헌법개정안·국민투표안·조약안·법률안 및 대통령령안
4. 예산안·결산·국유재산처분의 기본계획·국가의 부담이 될 계약 기타 재정에 관한 중요사항
5. 대통령의 긴급명령·긴급재정경제처분 및 명령 또는 계엄과 그 해제
6. 군사에 관한 중요사항
7. 국회의 임시회 집회의 요구
8. 영전수여
9. 사면·감형과 복권
10. 행정각부간의 권한의 확정
11. 정부안의 권한의 위임 또는 배정에 관한 기본계획
12. 국정처리상황의 평가·분석
13. 행정각부의 중요한 정책의 수립과 조정
14. 정당해산의 제소
15. 정부에 제출 또는 회부된 정부의 정책에 관계되는 청원의 심사
16. 검찰총장, 합동참모의장, 각군참모총장, 국립대학교총장, 대사 기타 법률이 정한 공무원과 국영기업체관리자의 임명
17. 기타 대통령·국무총리 또는 국무위원이 제출한 사항

국가정책사항 전반

이상의 사항들을 살펴보면 헌법이 필요적 심의사항으로 열거하고 있는 것이 거의 국가정책사항 전반에 걸쳐 있음을 알 수 있다. 우리 헌법이 국무총리제와 국무회의제를 도입하여 상당히 의원내각제적 요소들을 존치시키고 있음을 고려할 때, 국가 정책에 관한 사항들은 전반적으로 국무회의의 심의를 거쳐서 결정을 하는 것이 헌법정신에 부합한다고

봐야 할 것이다.

라. 국가원로자문회의

(1) 구 성

국정의 중요한 사항에 관한 대통령의 자문에 응하기 위하여 국가원로로 구성되는 국가원로자문회의를 둘 수 있다(제90조 제1항).

즉 이 국가원로자문회의는 임의적 기구라 할 수 있다.

(2) 기 능

국가원로자문회의는 국정의 중요한 사항에 관하여 대통령의 자문에 응한다(제90조 제1항).

(3) 조 직

국가원로자문회의의 의장은 직전대통령이 되며, 없을 경우 대통령이 지명한다(제90조 제2항)

국가원로자문회의의 조직·직무범위 기타 필요한 사항은 법률로 정한다.(제90조 제3항).

국정의 중요사항에 관한 자문기구

마. 국가안전보장회의

국가안전보장에 관련되는 대외정책·군사정책과 국내정책의 수립에 관하여 국무회의의 심의에 앞서 대통령의 자문에 응하기 위하여 국가안전보장회의를 둔다(제91조 제1항). 그러므로 이 국가안전보장회의는 필요적 기구이다.

(1) 기 능

국가안전보장회의는 대외정책·군사정책과 국내정책의 수립에 관하여 국무회의의 심의에 앞서 대통령의 자문에 응하는 기능을 한다(제91조)

(2) 회의의 주재

국가안전보장회의는 대통령이 주재한다(제91조 제2항).

(3) 조직·직무범위 등

국가안전보장회의의 조직·직무범위 기타 필요한 사항은 법률로

대외정책·군사정책 관련 자문기구

정한다(제91조 제3항).

이에 따라 국가안전보장회의의 구성과 직무범위, 그 밖에 필요한 사항을 규정하기 위하여 국가안전보장회의법이 있다.

바. 민주평화통일자문회의

통일정책 자문
기구

평화통일정책의 수립에 관한 대통령의 자문에 응하기 위하여 민주평화통일자문회의를 둘 수 있다(제92조 제1항).

즉 이 민주평화통일자문회의는 임의기구이다.

(1) 기 능

이 회의의 기능은 평화통일정책의 수립에 관한 대통령의 자문에 응하는 것이다(제92조 제1항).

(2) 조직 · 직무범위 등

민주평화통일자문회의의 조직 · 직무범위 기타 필요한 사항은 법률로 정한다(제92조 제2항).

이에 따라 민주평화통일자문회의의 조직과 직무 범위 및 그 밖에 필요한 사항을 정하기 위하여 민주평화통일자문회의법이 있다.

사. 국민경제자문회의

국민경제의 발
전을 위한 중
요정책의 수립
에 관한 자문
기구

국민경제의 발전을 위한 중요정책의 수립에 관하여 대통령의 자문에 응하기 위하여 국민경제자문회의를 둘 수 있다(제93조). 이는 임의적 기구이다.

(1) 기 능

국민경제자문회의의 기능은 국민경제의 발전을 위한 중요정책의 수립에 관하여 대통령의 자문에 응하는 것이다.

(2) 조직 · 직무범위 등

국민경제자문회의의 조직 · 직무범위 기타 필요한 사항은 법률로 정한다.(제93조 제2항). 국민경제의 발전을 위한 중요 정책의 수립에 관하여 대통령의 자문에 응하기 위하여 국민경제자문회의를 설치하고, 그 구성 · 직무범위와 그 밖에 필요한 사항을 규정함으로 목적으로 국민경제자문회의법이 있다.

4. 행정각부

가. 행정각부의 의미

행정각부의 장은 국무위원 중에서 국무총리의 제청으로 대통령이 임명한다(제94조).

행정각부의 장 임명

행정각부가 무엇인지에 관해서 헌법은 아무런 규정을 하고 있지 않고 그 설치, 조직과 직무범위에 대해서는 입법자가 정하도록 위임하고 있다. 따라서 행정각부의 조직과 직무범위를 정함에 있어서 입법자는 넓은 형성의 자유를 가진다고 할 수 있다.

행정각부의 설치, 조직, 직무범위는 법률에 위임

일단 헌법의 제 규정들을 종합해서 헌법상 행정각부의 개념을 추출해 본다면 행정각부란 대통령을 보좌하여 소관사무를 관장하는 중앙행정기관이라 할 수 있다. 헌법이 행정각부의 설치·조직과 직무범위는 법률로 정하도록 하고 있으며(제96조), 이를 위한 법으로 정부조직법이 제정되어 있으므로, 행정각부를 입법자가 어떻게 정의하고 있는지를 법률적으로 살펴볼 필요가 있다.

대통령을 보좌하여 소관사무를 관장하는 중앙행정기관

정부조직법은 제4장에 행정각부를 두고 대통령의 통할 하에 다음의 행정각부를 둔다고 하면서, 기획재정부, 교육부, 과학기술정보통신부, 외교부, 통일부, 법무부, 국방부, 행정안전부, 문화체육관광부, 농림축산식품부, 산업통상자원부, 보건복지부, 환경부, 고용노동부, 여성가족부, 국토교통부, 해양수산부, 중소벤처기업부의 18개 행정각부를 두고 있다(제26조 제1항). 그리고 행정각부에 장관 1명과 차관 1명을 두되, 장관은 국무위원으로 보하고, 차관은 정무직으로 한다. 다만 기획재정부·과학기술정보통신부·외교부·문화체육관광부·보건복지부·국토교통부에는 차관 2명을 둔다(동조 제2항). 장관은 소관사무에 관하여 지방행정의 장을 지휘·감독한다(동조 제3항).

정부조직법상 규정

따라서 정부조직법 역시 행정각부의 정의규정을 따로 두지 않고 있으나, 소관사무를 관장하는 부를 18개로 설치하고, 그 부의 인적 조직과 관장사무에 관하여 제27조 이하에서 상세하게 규정하고 있다.

정부조직법상
중앙행정기관
과 다른 법률
상 행정기관

따라서 이상 헌법과 정부조직법의 규정을 고려할 때 일단 행정각부
는 정부조직법이 정하는 18개의 부로서 각 부에 할당한 소관사무를 관
장하기 위하여 설치한 중앙행정기관이라고 할 수 있을 것이다. 다만 정
부조직법이 열거하고 있지 않은 다른 법률(가령 국가정보원법, 고위공직자
수사처법 등)에 의한 그 밖의 행정기관이라고 해서 행정기관이 아니라고
할 수는 없다. 정부조직법은 법률에 불과하기 때문에 정부조직법의 규
정에도 불구하고 다른 법률이 중앙행정기관을 설치할 경우에 그 중앙행
정기관으로서의 법적 성격을 배제할 수는 없기 때문이다.

헌법재판소 판
례

헌법재판소는 국가안전기획부(지금의 국가정보원)를 국무총리의 통할
을 받지 않고 대통령직속 행정기관으로 설치하고 있는 정부조직법 제14
조와 국가안전기획부법 제4조 및 제6조의 규정의 위헌여부에 대하여 심
사하면서 헌법에서 규정하고 있는 행정각부가 무엇인지에 대하여 잘 서
술하고 있으므로 판례의 내용을 보면 다음과 같다.

판례 (나) 1) 헌법 제86조 제2항에서 "국무총리는 행정에 관하여 대통령의 명을
받아 행정각부를 통할한다"라고, 헌법 제94조에서 "행정각부의 장은 국무위원
중에서 국무총리의 제청으로 대통령이 임명한다"라고 각 규정하고 있을 뿐 그
"행정각부"가 무엇을 가리키는 것인지에 관하여는 헌법상 아무런 직접적 규정
이 있음을 볼 수 없고 한편 헌법은 제4장 제2절 제3관에서 별도로 행정각부에
관한 규정을 두면서 제96조에서 "행정각부의 설치·조직과 직무범위는 법률로
정한다"라고만 규정하고 있다. 이와 같이 헌법이 "행정각부"의 의미에 관하여
아무런 규정을 두지 아니하고 그 "설치"에 관한 사항까지도 법률에 위임한 이
상 헌법 제86조 제2항의 "행정각부"가 어떤 행정기관을 가리키는 것인지는 그
위임된 법률의 규정에 의하여 해석, 판단할 수밖에 없다.
헌법 제4장 제2절 제3관(행정각부)의 "행정각부"의 의의(意義)에 관하여 학설
상으로는 정부의 구성단위로서 대통령 또는 국무총리의 통할하에 법률이 정하
는 소관사무를 담당하는 중앙행정기관이라든가, 또는 대통령을 수반으로 하는
집행부의 구성단위로서 국무회의의 심의를 거쳐 대통령이 결정한 정책과 그
밖의 집행부의 권한에 속하는 사항을 집행하는 중앙행정기관이라는 등으로 일
반적으로 설명되고 있다.
그런데 위에서 본 바와 같이 헌법이 "행정각부"의 의의에 관하여는 아무런
규정도 두고 있지 않지만, "행정각부의 장(長)"에 관하여는 "제3관 행정각부"의

관(款)에서 행정각부의 장은 국무위원 중에서 임명되며(헌법 제94조) 그 소관 사무에 관하여 법률이나 대통령령의 위임 또는 직권으로 부령을 발할 수 있다 (헌법 제95조)고 규정하고 있는바, 이는 헌법이 "행정각부"의 의의에 관하여 간 접적으로 그 개념범위를 제한한 것으로 볼 수 있다. 즉, 성질상 정부의 구성단 위인 중앙행정기관이라 할지라도, 법률상 그 기관의 장(長)이 국무위원이 아 니라든가 또는 국무위원이라 하더라도 그 소관사무에 관하여 부령을 발할 권한 이 없는 경우에는, 그 기관은 우리 헌법이 규정하는 실정법적(實定法的) 의미 의 행정각부로는 볼 수 없다는 헌법상의 간접적인 개념제한이 있음을 알 수 있다. 따라서 정부의 구성단위로서 그 권한에 속하는 사항을 집행하는 모든 중앙행정기관이 곧 헌법 제86조 제2항 소정의 행정각부는 아니라 할 것이다. 또한 입법권자는 헌법 제96조에 의하여 법률로써 행정을 담당하는 행정기관을 설치함에 있어 그 기관이 관장하는 사무의 성질에 따라 국무총리가 대통령의 명을 받아 통할할 수 있는 기관으로 설치할 수도 있고 또는 대통령이 직접 통 할하는 기관으로 설치할 수도 있다 할 것이므로 헌법 제86조 제2항 및 제94조 에서 말하는 국무총리의 통할을 받는 행정각부는 입법권자가 헌법 제96조의 위임을 받은 정부조직법 제29조에 의하여 설치하는 행정각부만을 의미한다고 할 것이다. 대통령직속기관으로 국가안전보장회의(헌법 제91조), 감사원(제97 조)을 필요적 기관으로, 국가원로자문회의(제90조), 민주평화통일자문회의(제92 조) 및 국민경제자문회의(제93조)를 임의적 기관으로 설치하도록 규정하고 있 는바 이는 그 기관이 담당하는 업무의 중요성을 감안하여 특별히 헌법에 그 설치근거를 명시하여 업무의 중요성을 감안하여 특별히 헌법에 그 설치근거를 명시하여 헌법기관으로 격상한 것에 불과하다 할 것이므로, 대통령직속의 헌 법기관이 별도로 규정되어 있다는 이유만을 들어 법률에 의하더라도 헌법에 열거된 헌법기관 이외에는 대통령직속의 행정기관을 설치할 수 없다든가 또는 모든 행정기관은 헌법상 예외적으로 열거된 경우 등 이외에는 반드시 국무총 리의 통할을 받아야 한다고는 말할 수 없다 할 것이고 이는 현행 헌법상 대통 령중심제의 정부조직원리에도 들어맞는 것이라 할 것이다.

  2) 다만 대통령이 이러한 직속기관을 설치하는 경우에도 자유민주적 통치구 조의 기본이념과 원리에 부합되어야 할 것인데 그 최소한의 기준으로서 ㄱ) 우 선 그 설치·조직·직무범위 등에 관하여 법률의 형식에 의하여야 하고 ㄴ) 그 내용에 있어서도 목적·기능 등이 헌법에 적합하여야 하며 ㄷ) 모든 권한이 기 본권적 가치실현을 위하여 행사되도록 제도화하는 한편 ㄹ) 권한의 남용 내지 악용이 최대 억제되도록 합리적이고 효율적인 통제장치가 있어야 할 것이다.

(다) 1) 헌법 제96조에서 "행정각부의 설치·조직과 직무범위는 법률이 정한다"라고 규정하고 있고 동 규정에 의거한 정부조직법을 보면 이 법은 제1장 총칙(정부조직에 관한 총칙 규정, 제1조 내지 제9조), 제2장 대통령(대통령 및 그 소속기관과 국무회의에 관한 규정, 제10조 내지 제14조), 제3장 국무총리(국무총리 및 그 소속기관에 관한 규정, 제15조 내지 제28조), 제4장 행정각부(행정각부의 구분과 조직에 관한 규정, 제29조 내지 제41조) 및 부칙 규정으로 구성되어 있고, "제4장 행정각부"의 장(章)의 첫번째 조항인 제29조 제1항에 "대통령의 통할하에 다음의 행정각부를 둔다"하여 "외무부"를 비롯한 행정각부를 구체적, 열거적으로 규정하고 있으며 국가안전기획부는 국가안전보장에 관련되는 정보·보안 및 범죄수사에 관한 사무집행을 위하여 같은 법 제14조에 근거를 두고 이를 바탕으로 국가안전기획부법에 규정된 준칙에 따라서 설치된 기관으로서 그 법적 성격은 대통령직무를 보좌하기 위하여 대통령비서실(위 같은 법 제11조)과 함께 "정부조직법 제2장 대통령"의 장 안에 규정되어 있는 국가안전보장에 관련한 대통령의 직무를 보좌하는 대통령직속의 특별보좌기관이라 할 것이므로 이는 국무총리의 통할을 받는 행정각부에 속하지 아니한다 할 것이다.

2) 자유민주주의 국가에 있어서도 국가의 존립과 안전보장을 위하여 정보기관을 설치·운영하는 것 자체는 허용된다고 보아야 할 것이고 이 점에 관하여는 별다른 이론(異論)이 없는 것 같다. 그런데 국가가 어떤 정보기관을 설치·운영하는 경우에 그것을 대통령직속기관(소위 의원내각제국가에 있어서는 수상직속기관)으로 할 것인가 또는 다른 어떤 국가기관의 통제나 규제를 받는 기관으로 할 것인가의 문제는 기본적으로 각국의 입법정책의 영역에 속하는 문제로서, 그것이 그 나라의 헌법이념이나 헌법규정에 위배되지 아니하는 한 위헌이라고 볼 수 없을 것이다. 우리 나라와 같이 대통령중심제의 정부형태를 취하고 있는 경우에는 국가안전기획부의 직무내용(국가안전기획부법 제2조 참조)으로 보아 이를 대통령직속기관으로 하는 것이 합리적이고 효율적이다. 그리고 이러한 입법이 우리 헌법의 다른 규정이나 헌법이념에도 반한다고 볼 수 없다. 또 정보기관인 국가안전기획부의 설치근거를 헌법에 두지 아니하고 법률(정부조직법 제14조)에 두었다 하여 위헌이라고 할 수 없다.

3) 국가안전기획부법 제4조 제1, 2항에는 국가안전기획부 구성원인 부장·차장 및 기획조정실장을 비롯한 직원에 관하여 규정하고 있고, 같은 법 제6조에는 국가안전기획부장은 대통령이 임명하고 차장 및 기획조정실장은 부장의 제청에 의하여 대통령이 임명하는 규정(제1항)을 비롯하여 부장·차장 및 기획조

정실장의 업무처리에 관한 사항(제2항 내지 제4항)과 기타 직원의 인사에 관하여 따로 법률로 정한다는 규정(제5항)을 함으로써, 내부적으로 부장은 대통령에게 직접적 책임을 지고, 대외적으로는 이를 임명한 대통령이 정치적·법적 책임을 부담하게 됨을 알 수 있다. 또 국가안전기획부의 활동에 관한 통제수단으로는 국회는 그 행정부 최고책임자인 대통령에 대한 탄핵소추의결권(헌법 제65조), 당해 업무에 관한 국정감사 및 조사권(헌법 제61조), 예산안 심의의결권(헌법 제54조)의 행사를 통하여, 사법부는 동 기관의 명령·규칙·처분에 대한 최종적인 위헌·위법심사권(헌법 제107조 제2항)의 행사를 통하여, 헌법재판소는 이들 기관을 포함한 공권력의 부당한 행사 등으로 인한 기본권의 침해가 있을 때에는 헌법소원심판권의 행사를 통하여 각 그 통제가 가능하다 할 것이다.

따라서 그 목적·직무범위·통제방법 등의 관점에서 헌법이 요구하는 최소한의 요건은 갖추었다 할 것으로서, 국무총리의 통할을 받지 아니하는 대통령 직속기관인 국가안전기획부의 설치근거와 그 직무범위 등을 정한 정부조직법 제14조와 국가안전기획부법 제4조 및 제6조의 규정은 헌법에 위배된다고 할 수 없다.

(헌재 1994. 4. 28. 89헌마221, 판례집 제6권 1집, 239, 261-266)

판례 고위공직자범죄수사처 설치 및 운영에 관한 법률위헌확인(공수처법 위헌확인 사건)

수사처의 소속에 대하여 정부조직법에는 아무런 규정을 두고 있지 않지만, 다른 법령에서 수사처를 '행정기관'으로 규정하고 있다. 예를 들어 '공공감사에 관한 법률' 제2조 제2호에서는 중앙행정기관을 '정부조직법 제2조에 따른 부·처·청과 감사원, 국가인권위원회, 국민권익위원회, 공정거래위원회, 금융위원회, 방송통신위원회 및 그 밖에 대통령령으로 정하는 기관'으로 정의하면서, 동법 시행령 제2조에서 수사처를 그 중 하나로 규정하고 있다. 공직자윤리법 제5조 제1항에서는 공직자가 재산을 등록하여야 하는 등록기관을 구분하면서 제5호에서 '정부의 부·처·청(대통령령으로 정하는 위원회 등의 행정기관을 포함한다) 소속 공무원은 그 부·처·청'에 등록하는 것으로 규정하였는데, 동법 시행령 제4조의3 제1항 제6호의2에서는 수사처가 위에서 말하는 '대통령령으로 정하는 위원회 등의 행정기관'에 포함되는 것으로 규정하고 있다.

이상의 사정들을 종합하면, 수사처는 행정업무를 수행하면서도 입법부·행정부·사법부 어디에도 속하지 않는 기관이 아니라 그 관할권의 범위가 전국에 미치는 행정부 소속의 중앙행정기관으로 보는 것이 타당하다.

(헌재 2021. 1. 28. 2020헌마264 등)

나. 임 명

행정각부의 장은 국무위원 중에서 국무총리의 제청으로 대통령이 임명한다(제94조)

다. 총리령과 부령

총리령, 부령
발령권

국무총리 또는 행정각부의 장은 소관사무에 관하여 법률이나 대통령령의 위임 또는 직권으로 총리령 또는 부령을 발할 수 있다(제95조).

총리령과 부령
의 경우에도
포괄위임입법
금지원칙 적용

헌법 제75조와 마찬가지로 법률이 구체적으로 범위를 정하여 위임해 준 범위 내에서 위임입법이 가능하다. 따라서 총리령이나 부령의 경우에도 법률이나 대통령령이 입법사항을 위임할 경우에는 포괄적으로 위임해서는 안 되고, 구체적으로 범위를 정해서 위임을 하여야 한다. 헌법 제75조가 총리령이나 부령보다 발령주체 면에서 더 상위라고 할 수 있는 대통령이 정하는 대통령령에 대해서 "법률에서 구체적으로 범위를 정하여 위임받은 사항"이라고 한정하여 규정하고 있다면, 그 보다 하위인 국무총리나 행정각부가 발령하는 총리령이나 부령의 경우에도 이러한 위임에 있어서의 명확성의 요구는 마찬가지로 적용된다고 봐야 할 것이다.

라. 설치·조직, 직무범위 등

정부조직법으
로 규정

행정각부의 설치·조직과 직무범위는 법률로 정한다(제96조). 이를 위하여 정부조직법이 있다.

그리고 행정기관은 중앙선관위의 지시에 응할 의무를 진다(제115조 제2항).

5. 감사원

감사원의 설치
목적

국가의 세입·세출의 결산, 국가 및 법률이 정한 단체의 회계검사와 행정기관 및 공무원의 직무에 관한 감찰을 하기 위하여 대통령 소속 하에 감사원을 둔다(제97조).

가. 구 성

감사원은 원장을 포함한 5인 이상 11인 이하의 감사위원으로 구성 한다(제98조 제1항).

원장은 국회의 동의를 얻어 대통령이 임명하고, 그 임기는 4년으로 하며, 1차에 한하여 중임할 수 있다.

감사위원은 원장의 제청으로 대통령이 임명하고, 그 임기는 4년으로 하며, 1차에 한하여 중임할 수 있다.

감사원장 임명동의안의 처리가 국회에서 무산된 후 대통령이 국회 의 동의없이 감사원장서리를 임명한 데 대하여 다수당 소속 국회의원들 이 국회 또는 자신들의 권한침해를 주장하면서 권한쟁의심판을 청구할 수 있는지 여부에 대하여 헌법재판소는 각하결정[136]을 한 바 있다.

나. 기 능

감사원은 국가의 세입·세출의 결산, 국가 및 법률이 정한 단체의 회계검사와 행정기관 및 공무원의 직무에 관하여 감찰하는 기능을 한다 (제97조).

감사원은 세입·세출의 결산을 매년 검사하여 대통령과 차년도국 회에 그 결과를 보고하여야 한다(제99조).

> 판례 헌법이 감사원을 독립된 외부감사기관으로 정하고 있는 취지, 중앙정부와 지방자치단체는 서로 행정기능과 행정책임을 분담하면서 중앙행정의 효율성과 지방행정의 자주성을 조화시켜 국민과 주민의 복리증진이라는 공동목표를 추구하는 협력관계에 있다는 점을 고려하면 지방자치단체의 자치사무에 대한 합목적성 감사의 근거가 되는 이 사건 관련규정은 그 목적의 정당성과 합리성을 인정할 수 있다.
> 또한 감사원법에서 지방자치단체의 자치권을 존중할 수 있는 장치를 마련해두

---

136) 헌재 1998. 7. 14, 98헌라2, 판례집 제10권 2집, 39,

원장은 대통령이 임명

감사원장서리 임명에 대한 권한쟁의심판 청구 각하(헌재)

세입·세출결산, 회계검사, 직무감찰

고 있는 점, 국가재정지원에 상당부분 의존하고 있는 우리 지방재정의 현실, 독립성이나 전문성이 보장되지 않은 지방자치단체 자체감사의 한계 등으로 인한 외부감사의 필요성까지 감안하면, 이 사건 관련규정이 지방자치단체의 고유한 권한을 유명무실하게 할 정도로 지나친 제한을 함으로써 지방자치권의 본질적 내용을 침해하였다고는 볼 수 없다.

(헌재 2008. 5. 29. 2005헌라3, 판례집 제20권 1집 하, 41, 41-41)

다. 조직·직무범위 등

감사원의 조직, 직무범위, 감사위원의 자격 등 자세한 사항은 법률로 규정

감사원의 조직·직무범위·감사위원의 자격·감사대상공무원의 범위 기타 필요한 사항은 법률로 정한다(제100조). 감사원의 조직, 직무 범위, 감사위원의 임용자격, 감사 대상 기관 및 공무원의 범위와 그 밖에 필요한 사항을 규정하기 위하여 감사원법이 있다.

제 12 절 법 원

Ⅰ. 법원의 구성과 조직

1. 법원의 구성과 조직

법원은 최고법원인 대법원과 각급법원으로 조직된다(제101조 제2항).

대법원과 각급 법원

가. 대법원

(1) 일반법원의 최고법원으로서 대법원

일반법원으로서 최고법원은 대법원이다. 헌법재판소가 존재하지 않았을 때에는 명실공히 대법원이 최고법원이었다고 할 수 있다. 그러나 1987년 헌법에 의하여 헌법재판소가 도입되어 설치된 이후로 헌법적 사법권을 관장하는 기관은 법원이 아니라 헌법재판소가 되었다. 즉 종전에는 법원이 위헌심사권을 가지고 있었으나, 헌법재판소가 설치된 이후로는 헌법재판소가 바로 이 위헌심사권을 가지게 된 것이다. 그리고 헌법은 최고의 효력을 가지는 규범이기 때문에, 이 헌법에 대한 해석과 적용의 결과인 헌법재판은 법원을 비롯한 모든 국가기관을 구속할 수밖에 없다. 그러므로 넓은 의미의 사법기능에서 실질적인 최고 효력을 가지는 사법기능은 헌법재판이고, 이를 관장하는 기관은 헌법재판소이므로 실질적으로는 헌법재판소가 최고의 사법기관이라 할 것이다.

사법권의 분리

헌법재판의 최고법원으로서 헌법재판소

다만 일반 재판과 관련하여 최고의 사법기관은 대법원이라 할 수 있으므로, 여기에서 말하는 최고법원의 의미는 일반재판의 최고법원이라고 하는 의미일 뿐이다.

일반재판의 최고법원으로서 대법원

한편 헌법재판을 하는 사법기관인 헌법재판소 역시 법률의 위헌여부에 대하여 심사하기 위해서는 법률을 해석·적용할 수밖에 없다. 왜냐하면 법률에 대한 해석을 법원이 한 번도 하지 않는 상태에

헌법재판소의 법률의 해석 및 적용

서 그 법률의 위헌여부가 헌법재판에서 심판대상이 될 수도 있기 때문이다.

대법원과 헌법재판소의 법률에 대한 해석권한

이러한 의미에서 법률에 대한 해석권한은 대법원을 최고법원으로 하는 법원에 전속된 권한이라고 하면서 헌법재판소의 법률에 대한 해석은 단순한 견해에 불과하다고 하는 이유로 헌법재판소의 한정위헌이나 한정합헌결정의 기속력을 부인하는 대법원의 판례[1]는 앞으로 변경되어야 할 것이다.

(2) 대법원의 조직

부, 대법관, 법관

다음으로 헌법은 대법원에 부를 둘 수 있으며(제102조 제1항), 대법원에는 대법관을 두고, 또한 대법관이 아닌 법관을 둘 수 있음을 규정하고 있다(제102조 제2항).

법원조직법으로 규정

대법원과 각급법원의 조직에 대해서는 법률로 정하도록 입법자에게 위임하고 있고(제102조 제3항), 이를 위하여 법원조직법이 있다.

(3) 대법원장과 대법관

대법원장과 대법관의 임명

대법원장은 국회의 동의를 얻어 대통령이 임명한다(제104조 제1항). 대법관은 대법원장의 제청으로 국회의 동의를 얻어 대통령이 임명한다(제104조 제2항).

나. 각급법원

구체적 조직은 법원조직법에서 규정

헌법은 각급법원에 대해서는 명칭만 쓰고 있고, 그 조직에 관해서는 법률로 정하도록 하고 있기 때문에 각급법원의 구체적 조직은 법원조직법에서 확인할 수 있다.

법관의 자격에 대한 법률유보

헌법은 법관의 자격은 법률로 정한다(제101조 제3항)고 함으로써, 법관의 자격을 법률에 유보하고 있다.

법원의 종류

법원조직법은 법원을 대법원, 고등법원, 특허법원, 지방법원, 가정법원, 행정법원, 회생법원의 7가지 종류로 두고 있다. 그리고 지방법원 및 가정법원의 사무의 일부를 처리하게 하기 위하여 그 관할구역에 지

---

[1] 대법원 1996. 4. 9. 선고 95누11405 판결; 대법원 2001. 4. 27. 선고 95재다14 판결 등.

원(支院)과 가정지원, 시법원 또는 군법원 및 등기소를 둘 수 있다(법원조직법 제3조 제1항, 제2항)

2 법 관

일반 법관은 대법관회의의 동의를 얻어 대법원장이 임명한다(제104조 제3항). 법관의 자격은 법률로 정하도록 하고 있는데, 이에 따라 법원조직법은 대법원장과 대법관이 아닌 법관은 판사로 칭하면서(법원조직법 제5조 제1항), 고등법원·특허법원·지방법원·가정법원·행정법원 및 회생법원에 판사를 두고 있다(법원조직법 제5조 제2항). 판사의 수는 법원조직법이 따로 법률로 정하도록 하고 있으며, 이에 따라 제정된 소위 『각급 법원 판사 정원법』은 단 1개조로 되어 있으며, 여기에서 현재 판사의 수는 3,214명으로 하고 있다. 각급 법원에 배치할 판사의 수는 대법원규칙으로 정한다(법원조직법 제5조 제3항).

법관의 임명, 판사의 수 3,214명

Ⅱ. 법원의 권한

1. 사법권

가. 사법권의 의의

사법권은 법관으로 구성된 법원에 속한다(제101조). 사법권은 법을 둘러싸고 분쟁이 벌어졌을 경우 당사자의 신청에 의하여 권한 있는 기관이 무엇이 법인지에 관하여 유권적으로 해석하고 구체적 사건에 그 법을 적용할 수 있는 권한이다. 이러한 사법권을 우리 헌법은 법원에 부여하고 있다.

법을 둘러싼 분쟁을 전제로 법을 해석하고 구체적 사건에 이를 적용하는 권한

그리고 법관은 이러한 사법작용, 즉 무엇이 법인지를 밝히고, 법을 해석하여 구체적 사실에 이를 적용하고 법적 분쟁에 대하여 판단하는 사무를 전담하는 공무원이다. 우리 헌법은 법관이 될 수 있는 자격을 직접 정하지 않고 법률에 맡기고 있으며(제101조 제3항), 이에 따라 법원조직법이 제정되어 있다.

법관은 사법사무를 전담하는 공무원

나. 헌법재판과의 구별

그리고 무엇이 헌법인지를 둘러싸고 분쟁이 발생할 경우, 당사자의 신청에 의하여 권한 있는 기관이 무엇이 헌법인지 유권적으로 해석하고 구체적 사건에 그 헌법을 적용하는 기능이 헌법재판이다. 우리 헌법은 통상적인 사법권은 법원에, 헌법재판권 즉 헌법적 사법권은 헌법재판소에 관장시키고 있다.

법원은 헌법에 특별한 규정이 있는 경우를 제외한 모든 법률상의 쟁송을 심판하고 법원조직법을 비롯한 법률이 정하는 권한을 가진다(법원조직법 제2조).

다. 사법권에 관한 헌법재판소의 판례

헌법재판소는 "사법(司法)의 본질은 법 또는 권리에 관한 다툼이 있거나 법이 침해된 경우에 독립적인 법원이 원칙적으로 직접 조사한 증거를 통한 객관적 사실인정을 바탕으로 법을 해석·적용하여 유권적인 판단을 내리는 작용"이라고 하면서 "특조법 제7조 제7항이 특정 사안에 있어 법관으로 하여금 증거조사에 의한 사실판단도 하지 말고, 최초의 공판기일에 공소사실과 검사의 의견만을 듣고 결심하여 형을 선고하라는 것은 입법에 의해서 사법의 본질적인 중요부분을 대체시켜 버리는 것에 다름 아니어서 우리 헌법상의 권력분립원칙에 어긋나는 것"이라고 하고 있다. 즉 우리 헌법은 권력 상호간의 견제와 균형을 위하여 명시적으로 규정한 예외를 제외하고는 입법부에게 사법작용을 수행할 권한을 부여하지 않고 있음에도 입법자가 법원으로 하여금 증거조사도 하지 말고 형을 선고하도록 하는 법률을 제정한 것은 헌법이 정한 입법권의 한계를 유월하여 사법작용의 영역을 침범한 것이라고 보았다.[2]

그리고 대한변호사협회징계위원회에서 징계를 받은 변호사는 법무부변호사징계위원회에서의 이의절차를 밟은 후 곧바로 대법원에 즉시항고토록 하고 있는 변호사법 제81조 제4항 내지 제6항이 법관에 의한 재

---

2) 헌재 1996. 1. 25, 95헌가5, 판례집 제8권 1집, 1, 17−18; 헌재 2001. 3. 15, 2001헌가1, 판례집 제13권 1집, 441, 462−463.

판을 받을 권리를 침해할 뿐만 아니라, 또한 전심절차로서 기능하여야 할 법무부변호사징계위원회를 최종적인 사실심으로 기능하게 함으로써, 일체의 법률적 쟁송에 대한 재판기능을 대법원을 최고법원으로 하는 법원에 속하도록 규정하고 있는 헌법 제101조 제1항 및 제107조 제3항에 위반된다고 보았다.3)

하는 것은 재판청구권 침해

나아가 헌법재판소는 국가배상법 제16조 중 "심의회의 배상결정은 신청인이 동의한 때에는 민사소송법의 규정에 의한 재판상의 화해가 성립된 것으로 본다"라는 부분에 대하여 신청인의 재판청구권을 과도하게 제한하는 것이어서 헌법 제37조 제2항의 과잉금지의 원칙에 위반될 뿐만 아니라, 사법권을 법원에 귀속시키고 있는 헌법정신에도 위배되는 것으로 보았다.4)

심의회의 배상 결정에 동의하는 경우 재판상 화해성립 간주는 재판청구권 침해

2. 대법원의 규칙제정권5)

대법원은 법률에 저촉되지 아니하는 범위 안에서 소송에 관한 절차, 법원의 내부규율과 사무처리에 관한 규칙을 제정할 수 있다(헌법 제108조).

소송에 관한 절차, 내부규율, 사무처리에 관한 규칙 제정

가. 서 론

헌법 제108조는 "대법원은 법률에 저촉되지 아니하는 범위 안에서 소송에 관한 절차, 법원의 내부규율과 사무처리에 관한 규칙을 제정할 수 있다"고 규정하고 있다. 이 헌법 제108조는 대법원의 규칙제정권의 범위와 한계를 나타내 주고 있는 가장 중요한 근거조항이라고 할 수 있다. 하지만 대법원규칙제정권의 범위와 한계를 확정하기 위해서는 이 조항 말고도, 기본적 인권의 확인 및 보장의무에 관한 헌법 제10조 제2문, 기본권제한의 한계에 관한 헌법 제37조 제2항, 포괄위임입법금지원

헌법 제108조 규칙제정권의 범위와 한계

---

3) 헌재 2000. 6. 29, 99헌가9, 판례집 제12권 1집, 753, 754.
4) 헌재 1995. 5. 25. 91헌가7, 판례집 제7권 1집, 598 [위헌].
5) 이하는 2008년 한국공법학회가 대법원으로부터 발주 받아 제출한 대법원의 규칙제정권에 관한 연구용역에서 저자가 집필한 "대법원의 규칙제정권의 범위와 한계"부분 원고를 기초로 수정·보완한 것임.

칙을 규정하고 있는 헌법 제75조, 그 밖에 형사소송절차에 있어서 인신 보호에 관한 규정으로서 헌법 제12조 제1항, 또한 입법, 행정, 사법권의 소재규정(제40조, 제66조 제4항, 제101조 제1항), 그리고 다른 헌법기관들의 자율적 규칙제정권한을 보장하고 있는 규정(헌법 제64조 제1항, 제113조 제2항, 제114조 제6항, 제117조 제1항) 등과의 체계적 관련을 전반적으로 고려하지 않으면 안 될 것이다.

"법률에 저촉되지 아니하는 범위 안에서"

특히 헌법 제108조는 "법률에 저촉되지 아니하는 범위 안에서"라고 하는 분명한 한계에 관한 규정을 담고 있다. 다른 헌법기관들의 자치규칙에 관한 권한을 부여하는 조항(헌법 제64조, 헌법 제113조 제2항, 헌법 제114조 제6항)의 경우 "법령의 범위 안에서"와 "법률에 저촉되지 아니하는 범위 안에서"라고 하는 한계규정들을 분명히 구분해서 쓰고 있는 점을 고려해 볼 때, "법률"개념과 "법령"개념은 분명히 다른 개념이라고 보아야 할 것이다. 따라서 이러한 차이에도 불구하고 이 "법률" 개념에 과연 법규명령 등도 포함되는 것으로 볼 수 있을 것인지의 문제가 제기된다.

소송절차에 관한 규칙과 위임입법

대법원규칙에는 법원의 내부규율과 사무처리에 관한 규칙도 있지만, 소송에 관한 절차에 관한 규칙도 존재한다. 이 소송절차에 관한 규칙은 민사소송법이나 형사소송법 등 소송에 관한 법률이 대법원규칙으로 정할 것을 위임한 경우, 그 위임에 근거한 위임입법인 경우도 있지만, 이러한 위임이 없이도 규칙제정권의 범위 내에서 대법원이 자체적으로 정한 규정도 있을 수 있다. 따라서 위임입법으로서의 대법원규칙의 한계와, 자율적 규칙으로서 대법원규칙의 한계는 서로 같은지 다른지, 만일 서로 다르다면 각 대법원규칙의 한계는 어디까지인지의 문제가 제기된다.

위임입법의 요건 필요

우선 위임입법으로서 대법원규칙의 한계로서 위임입법이 갖추어야 할 요건을 다 갖추어야 할 것이다. 위임입법의 가장 중요한 전제는 위임근거가 있는가 여부이다. 특히 헌법 제75조는 구체적으로 범위를 정하여 위임하도록 하고 있는데, 이러한 규정은 대법원규칙의 경우에도 그대로 준용되어야 할 것이다. 이러한 의미에서 "구체적으로 범위를 정하여"의 의미를 어떻게 새겨야 할 것인지? 그리고 그러한 위임이 있는 경

포괄위임입법 금지의 원칙

우에는 여타 법령이 갖추어야 할 법치국가적인 형식적 요건을 갖추지 않으면 안 될 것이다. 가령 명확성의 원칙 등이 그것이다. 여기에서 본질성이론에 따라 반드시 법률로 규율하지 않으면 안 되는 중요한 사항임에도 불구하고 대법원규칙으로 규정하였다면 이 역시 위임입법의 한계를 일탈하는 것으로서 위헌이라고 보아야 할 것이다. 본질성이론에 따르면 결국 본질적으로 중요한 사항을 형식적 의미의 입법자가 아니라 법규명령 등 행정입법으로 규정하는 경우에, 그 위임근거가 된 법률도 위헌이 될 수 있지만, 그 법규명령 자체도 위헌이 될 수 있으므로, 이러한 본질성이론은 위임입법의 한계를 그어줄 수 있는 중요한 이론적 도구가 될 수 있을 것이다.

의회입법의 원칙. 본질성이론

한편 위임이 없지만 자율적 규칙제정권한에 입각하여 제정한 규칙이라 하더라도, 만일 그것이 국민의 기본권을 제한하는 규정인 경우, 헌법 제37조 제2항의 한계에 부딪힐 수 있다. 다시 말해서 우리 헌법 제37조 제2항은 국민의 모든 자유와 권리는 국가안전보장·질서유지·공공복리를 위하여 필요한 경우에 한하여 법률로써 제한할 수 있다고 규정하고 있기 때문에, 이러한 소위 법률유보규정에 의하여 기본권의 제한은 원칙적으로 형식적 의미의 법률이 아니면 안 된다. 자율적 규칙의 경우 과연 그것이 국민의 기본권을 제한하는 규정인지 아니면 단순히 법률상의 권리를 제한하는데 지나지 않는지 구분을 하여야 할 것이다. 그리고 기본권제한규정의 경우 법률에 의하거나 또는 법률에 근거가 있지 않으면 안 될 것이다. 그리고 대법원규칙으로서 법률상의 권리를 제한할 수 있는지의 문제도 제기된다.

헌법 제37조 제2항의 법률유보원칙

결국 대법원규칙의 한계는 헌법 제75조와 헌법 제37조 제2항 등의 헌법규정과의 체계적 해석가운데서 도출하지 않으면 안될 것으로서 이러한 대법원규칙에만 적용되는 별도의 헌법적 한계가 있을 것인지는 의문이다.

별도의 헌법적 한계 존재 여부

다음으로 대법원규칙의 한계와 관련해서는 어떠한 규율대상이 과연 본질적으로 중요하여 반드시 형식적 의미의 법률로 하여야 할 것인지 아니면 대법원의 규칙으로 위임해도 무방한지 그 기준이 무엇인지에

어떠한 규율대상이 의회입법사항인지 규칙사항인지의 문제

관한 문제가 매우 중요하고도 핵심적인 문제가 될 수 있다. 법원조직법
의 개정과정을 뒤돌아 보면, 가령 민사소송 사물관할이 입법사항인지
아니면 규칙사항인지가 논란된 바 있었다. 그리고 형사소송법과 관련해
서도 소송법에 규정되지 아니한 사항에 관한 대법원의 규칙이 과연 규
칙제정권의 한계를 넘어선 것은 아닌지의 문제가 제기된 바 있다.

소송에 관한
절차와 법원의
내부규율과 사
무처리의 의미

다음으로 대법원규칙제정권의 범위와 관련해서는 헌법 제108조에
서 규정하고 있는 대법원규칙의 각 종류의 의미를 밝힐 필요가 있다. 즉
"소송에 관한 절차", "법원의 내부규율과 사무처리"의 의미이다. 그리고
이러한 규칙 외의 다른 규칙은 제정할 수 없는지 다시 말해서 이러한
규정은 열거규정인지 아니면 예시규정인지를 밝혀야 할 것이다.

법규명령으로
서의 대법원규
칙과 행정명령
으로서의 대법
원규칙

대법원규칙의 유형을 여러 가지 기준에 따라 분류해 보면 다음과
같다. 우선 대외적 효력을 가지고 있는지 여부에 따라서 법규명령으로
서의 대법원규칙과 행정규칙으로서의 대법원규칙으로 나눌 수 있을 것이
다. 헌법 제108조의 소송절차에 관한 규칙은 대부분 법규명령으로서
의 효력을 가진 것으로 볼 수 있을 것이고, 이에 반하여 법원의 내부규
율과 사무처리에 관한 규칙은 행정규칙으로서의 의미를 가진 것이 대부
분일 것이다. 결국 법규명령으로서의 대법원규칙은 국민의 기본권제한
을 내용으로 하는 것이고, 행정규칙으로서의 대법원규칙은 기본권제한
을 내용으로 하지 않는 것이라고 할 수 있을 것이나, 경우에 따라서 행
정규칙이 법규명령과 더불어서 대외적인 효력을 발휘하여 국민의 기본
권을 제한하는 효과를 나타내는 경우도 있을 수 있는 바, 대법원규칙의
경우도 마찬가지라고 보아야 할 것이다.

대법원규칙에
대한 헌법적
통제 역시 이
한계에 좌우

결국 각 유형의 대법원규칙의 헌법적 한계를 나누어서 살펴보아야
할 것이며, 대법원규칙에 대한 헌법적 통제의 문제도 이러한 한계에 좌
우된다고 보아야 할 것이다.

이러한 문제들을 살펴보기에 앞서서 헌법상 권력분립구조 내에서
대법원규칙이 차지하는 위치 내지 비중을 먼저 검토해 보아야 할 것이
다.

나. 헌법상 권력분립구조 내에서 대법원의 규칙제정권과 대법원규칙

(1) 권력분립구조 내에서 대법원의 규칙제정권

우리 헌법 제108조가 대법원에 규칙제정권을 부여하고 있는데, 그 취지나 입법목적 또는 배경이 무엇인지 의문이 제기된다. 왜냐하면, 우리 헌법은 입법권은 국회에(제40조) 행정권은 대통령을 수반으로 하는 정부에(제66조 제4항) 그리고 사법권은 법원에 속한다(제101조 제1항)고 분명히 천명하고 있기 때문이다. 규칙제정권은 실질적인 의미에서 입법권에 해당되기 때문에, 사법부인 법원에 규칙제정권을 부여한 것은 사법부에 예외적인 입법권한을 부여한 것으로 이해되고 있다.

입법목적과 배경

더구나 이러한 법원의 규칙제정권은 대륙법계가 아니라 영미법계에서 유래한 것으로 대륙법계의 헌법과 법체계를 계수한 우리나라에서의 대법원 규칙제정권의 인정은 매우 이질적인 제도로서 영국이나 미국에서 인정받고 있는 대법원규칙의 성격이나 의미를 어느 정도라도 유추하고자 하는 시도[6]도 있는 것이 사실이다.

영미법계에서 유래

그러나 이러한 제도가 과연 어떠한 법체계로부터 계수된 것인가 하는 것 보다는 우리 헌법 전체의 권력분립의 구조와 체계 내에서 이러한 권한을 어떻게 이해할 것인가가 더 중요하다고 생각된다.

헌법상 권력분립의 구조와 체계 내에서 규칙제정권의 의미파악 중요

다시 말해서 대륙법계통의 대표적인 나라라고 할 수 있는 독일 기본법의 경우, 연방의회나 연방참사원 등 여러 합의체 헌법기관에 대해서는 자율적인 규칙제정권을 보장하여 내부규율이나 사무처리에 관하여 독자적인 규칙을 제정할 수 있도록 하고 있음을 알 수 있다. 그리고 헌법적 차원은 아니지만 법원조직법에서 연방헌법재판소를 비롯한 각 연방법원들에 대해서 자율적 규칙을 제정할 수 있도록 수권하고 있다.[7] 따라서 자율적 규칙제정권과 관련하여 마치 이러한 제도가 영미국가로

독일 자율적인 규칙제정권 보장

---

6) 가령, 이영섭, 대법원의 규칙제정권, 고려대학교 50주년기념논문집, 1955, 351−372면.
7) 심지어 헌법적 차원에서 규칙제정권에 관한 명시적 규정이 없는 경우에도 이것이 곧 그 헌법기관이 어떠한 규칙을 제정할 수 없다고 하는 것을 의미하는 것은 아니라 오히려 그 헌법기관은 자신의 헌법적인 자기조직권능(Selbstorganisationsfähigkeit)을 근거로 해서 항상 규칙을 제정할 수 있다고 보기도 한다. 가령 Thorsten Ingo Schmidt, Die Geschäftsordnungen der Verfassungsorgane als individuell−abstrakte Regelungen des Innenrechts, AöR 2003, S. 608 ff.(620).

부터 유래한 것으로만 이해하는 것은 상당한 오해가 아닌가 생각된다.

법률보다 하위
의 규범

그것은 특히 우리 헌법이 비슷한 규정을 가지고 있는 일본헌법과는 달리, "법률에 저촉되지 아니하는 범위 안에서"라고 하는 규정을 가지고 있기 때문에 대법원규칙은 법률보다 하위의 규범임을 분명히 밝히고 있다는 점에서, 법률우위설과 규칙우위설을 둘러싸고 논란이 벌어지고 있는 일본의 사정과 다르다고 할 수 있다.[8] 그리고 우리 헌법은 대법원 말고도 국회와 헌법재판소 그리고 중앙선거관리위원회와 각 지방자치단체에 자율적인 규칙제정권을 부여하고 있다. 그리고 헌법재판소에게는 심판절차에 관한 규칙제정권도 부여하고 있다.

법률개폐적 효력을 가지는 영미식 제도를 따랐다고 보기 어려움

따라서 이러한 여러 가지 점들을 고려해 볼 때, 우리 헌법상 대법원의 규칙제정권은 결코 법률개폐적 효력을 가지는 영미식의 제도를 따랐다고 보기 어려우며, 또한 다른 헌법기관과 구별되는 별도의 입법권한을 부여하였다고 하기 보다는 법률에 저촉되지 아니하는 범위 안에서, 헌법기관 내부규율과 사무처리에 관한 규칙을 제정할 수 있는 권한을 부여받았으며, 또한 소송에 관한 규칙도 역시 국회가 일일이 법률로 제정하거나 개정하기에 적합하지 않은 세부적이고 기술적인 사항들에 대해서 보다 전문적인 입장에서 법원이 스스로 규율하도록 일종의 입법권한을 예외적으로 위임받은 데 불과하다고 보아야 할 것이다.

사법권의 독립과는 별개의 문제

그러므로 이러한 견지에서 대법원의 규칙제정권을 사법권의 독립과 연관시키는 것[9]은 다소 무리가 있는 관점이라고 생각된다. 왜냐하면 사법권의 독립은 구체적인 재판에 있어서 어떠한 다른 국가기관이나 외부적인 지시나 간섭을 받지 아니하고 법관이 양심에 따라서 헌법과 법률에 의하여 독자적으로 판단하는 것이 보장되어야 한다는 원칙(물적 독립)이며, 또한 이러한 판단으로 인하여 어떠한 신분상의 불이익을 당하

---

8) 물론 제헌헌법 당시에 이러한 한계 조항은 없었지만 헌법초안을 작성한 유진오 박사의 설명에 의하면 대법원의 규칙제정권은 법률에 반하지 아니하는 범위 내에서 인정되었으며(유진오, 헌법해의, 명세당 1949, 26면), 1962년 헌법에서 이러한 문구가 추가되기에 이르렀다.

9) 가령 양건, 헌법강의 제9판, 법문사 2020, 1424면; 권영호, 헌법 제108조, (사) 한국헌법학회 편, 헌법주석 [법원, 경제질서 등] 제101조～제130조, 경인문화사 2017, 1159-1167(1161, 1167)면

여서는 아니된다(인적 독립)고 하는 원칙이다. 그러므로 법관의 독립을 보장하기 위해서는 재판에 대한 외부적 간섭을 막고 독립적이고 공정한 재판을 제도적으로 보장하면 되는 것이지, 어떠한 규범을 법원에게 독자적으로 규정하도록 권한을 부여하는 것은 사법기관의 본질상 적합하지 않는 것이다. 사법기관은 입법부가 제정한 규범을 전제로 구체적인 사건에서 그 의미가 무엇인지를 밝히는 기능을 하는 기관인 것이지 규범을 제정하는 기관인 것은 아니기 때문이다. 그러므로 가령 소송절차와 관련해서 세부적이고 기술적인 사항들에 대하여 법원이 국회보다 입법하기에 더 용이한 예외적인 경우가 있다 하더라도, 법원은 애당초 사법기관이지 입법기관이 아니라고 하는 대원칙에 입각하여서 규칙제정권의 범위와 한계의 문제를 풀어나가지 않으면 안 될 것이라고 생각된다.

권력분립원칙의 원 취지는 법률을 제정하는 기관과 법률을 시행하는 기관 그리고 법률을 둘러싸고 분쟁이 벌어졌을 경우에 그 법률의 의미를 확인하는 기관을 각각 독립된 국가기관으로 하여 서로 견제할 수 있게 하기 위한 목적이었던 것이다. 따라서 법이 무엇인지를 밝히는 사법기관이 법을 제정하는 일은 될 수 있으면 예외적으로 하는 것이 권력분립의 원칙에 부합하며, 결국 헌법기관 내부적인 규율과 사무처리 등 행정규칙적 성격을 지니는 대법원규칙 외의 법규명령적 성격을 띠는 대법원규칙의 경우는 의회입법의 원칙에 입각한 위임입법[10]의 한계의 법리가 그대로 적용될 수 있는 영역이라고 생각된다.

> 권력분립원칙에 입각한 위임입법의 한계법리 적용
>
> 사법부의 입법기능 수행은 예외

(2) 법단계구조 내에서 대법원규칙의 서열

한편 법의 단계구조와 관련해서 대법원규칙이 우리 국법질서 가운데 어느 정도의 서열을 가지는지가 밝혀져야 할 것이다. 헌법 제108조는 명시적으로 "법률에 저촉되지 아니하는 범위 안에서"라고 하는 표현을 쓰고 있다. 위에서도 언급하였듯이 가령 헌법 제114조 제6항의 경우 "중앙선거관리위원회는 법령의 범위 안에서 선거관리·국민투표관리 또는 정당사무에 관한 규칙을 제정할 수 있으며, 법률에 저촉되지 아니하는 범위 안에서 내부규율에 관한 규칙을 제정할 수 있다"고 규정하고

> 행정부의 법규명령과 대법원 규칙의 서열

---

10) 권영호 (주 9), 1160면.

있는 것을 고려하면 헌법제(개)정자는 자율적 규칙제정권과 관련하여 "법률"과 "법령"을 분명히 구분하여 규정하고 있음을 알 수 있다. 그러므로 "법률"은 형식적 의미의 법률이라고 보아야 할 것이다. 그렇다면 대법원은 법률에 저촉되지 아니하는 범위 안에서" 규칙을 제정할 수 있기 때문에, 경우에 따라서는 행정부의 법규명령과 저촉될 수도 있다. 이러한 경우 과연 행정부의 법규명령이 우선하는지 아니면 대법원의 규칙이 우선하는지 하는 문제가 발생할 수 있다. 대법원의 규칙이 만일 위임입법으로서 법규명령적 성격을 띤 것이라면, 기존의 법규명령과 마찬가지의 효력을 가진 것이므로, 신법우선의 원칙에 입각하여 해결하여야 할 것이다. 이에 비하여 만일 대법원규칙이 행정규칙으로서의 효력을 가지는 경우에는 기존의 법규명령과 법규명령적 성격의 대법원규칙에 저촉되어서는 안 될 것이다. 따라서 행정규칙으로서의 대법원규칙이 만일 기존의 법규명령에 위반되는 경우에는 기존의 법규명령이 우선한다고 보아야 할 것이다.

신법우선의 원칙

법규명령이 행정규칙에 우선

3. 대법원의 규칙제정권의 한계

형식적 요건과 실질적 요건

대법원의 규칙도 국가의 법 단계구조 내에 포함되어 있는 규범으로서 국가규범이 일반적으로 갖추어야 할 형식적 요건과 실질적 요건을 갖추지 않으면 안 된다. 따라서 이러한 규범이 갖추어야 할 요건을 먼저 살펴보면 다음과 같다.

가. 규범으로서의 요건: 일반적·추상적 규율

일반적·추상적 규율내용

규범이 규범일 수 있기 위해서는 우선 어떠한 법문이 규율대상에 대하여 일반적이고도 추상적인 규율내용을 가지고 있어야 한다. 특히 어떠한 규범이 대외적인 효력을 가지고 있는 경우에는 국민의 권리의무에 변동을 초래하는 것을 내용으로 하는 일반적이고도 추상적인 규율이 바로 규범이라고 할 수 있을 것이다.

개별적·구체적 규율로서

이러한 규범과 정반대에 위치하고 있는 것이 일정한 대상에 대한 개별적이고도 구체적인 규율로서의 처분이라고 할 수 있을 것이다. 따

라서 규범이 규범으로서의 속성을 잃지 않으려면 개별적이고도 구체적 │ 의 처분
처분을 내용으로 하는 것이 아니라, 일반적이고도 추상적인 규율을 내
용으로 하는 것이어야 한다.

　　여기에서 말하는 일반성이라고 하는 것은 규범의 수범자의 수와 관 │ 일반성은 수범
련해서 일정한 수의 집단에게만 한정된 것이 아니라, 모든 사람들에게 │ 자의 포괄성을
일반적으로 적용되어야 한다는 의미이고, 또한 추상적이라고 하는 것은 │ 의미
규율대상과 관련해서 특정한 대상만을 구체적이고 한정적으로 규율하는 │ 추상성은 규율
것이 아니라, 해당되는 모든 규율대상이 다 포함될 수 있도록 그 의미내 │ 대상의 포괄성
용이 추상적으로 규정되어야 한다고 하는 것이다. │ 을 의미

　　대법원규칙 역시 구체적 처분이 아니라 규범으로서의 성질을 유지 │ 규범의 대외적
하기 위해서는 이와 같이 일반적이고 추상적인 규율이 되어야 하나, 대 │ 효력
외적 효력을 가지느냐 여부에 따라서 일반성과 개별성의 정도는 달리할
수 있을 것이다.

　　즉, 국민의 권리·의무관계에 변동을 초래할 수 있는 대외적 효력 │ 일반성·추상
을 가진 법규명령으로서의 대법원규칙의 경우는 일반성과 추상성을 그 │ 성
규범적 특성으로 하여야 할 것이다.

　　이에 반하여 내부규율과 사무처리에 관한 규칙의 경우는 규율의 수 │ 개별적·추상
범자가 주로 법원의 판사와 공무원 그리고 법원과 관계된 관련 공무원 │ 적인 행정규칙
들이라고 할 수 있기 때문에 수범자의 측면에서 일반적 규범이라고 하
기 힘들다. 그러므로 행정규칙으로서의 성격을 띤 대법원규칙의 경우는
개별성과 추상성을 함께 지닌 내부적 규범이라고 볼 수 있을 것이다.[11]

나. 법률유보

(1) 법규명령으로서의 대법원규칙

　　국가의 법규범에는 국민의 권리·의무에 영향을 미쳐서 대외적인 │ 대외적 효력
효력을 가지는 규범과 그렇지 않고 국가기관 내부에서만 효력을 발하는 │ 과 내부효력
규범이 있다.

　　먼저 국민의 권리·의무관계에 영향을 미치는 대외적인 효력을 가 │ 헌법과 법률에
│ 합치

---

11) Thorsten Ingo Schmidt (주 7), S. 608 ff.(613).

지는 규범의 경우, 그것이 효력을 가지려면, 헌법과 법률에 합치되지 않으면 안 된다. 법률의 경우 법률이 가져야 할 여러 가지 법치국가적 요건을 충족하지 않으면 안되는 것과 마찬가지로, 대외적인 효력을 가지는 법규명령의 경우, 그리고 그러한 성격을 가지는 대법원규칙[12] 역시 최소한 법률에 근거가 있지 않으면 안 된다.[13] 왜냐하면 헌법 제37조 제2항에 따라서 국민의 자유와 권리를 제한하기 위해서는 원칙적으로 형식적 의미의 법률로써 하도록 되어 있기 때문이다. 따라서 국민의 자유와 권리를 제한하는 대법원규칙은 법률의 위임이 없이는 안 된다. 이와 같이 위임이 있는 경우에도 법률이 대법원규칙에 포괄적으로 위임하게 되면, 의회입법의 원칙에 위반될 수 있다.

(2) 행정규칙으로서의 대법원규칙

독자적 규칙 제정 가능

이에 반하여 행정규칙으로서의 대법원규칙은 법원 내부에서만 효력을 가지는 규범이기 때문에 대국민적 효력이 없다. 따라서 이러한 규칙의 경우 굳이 법률의 위임이 없다 하더라도 대법원은 독자적으로 그러한 규칙을 제정할 수 있다. 특히 법원의 내부규율과 사무처리에 관한 규칙의 경우가 그러한 예에 해당될 수 있을 것이다.

행정규칙의 기본권제한 문제

다만 이렇게 법원 내부적인 효력을 가진 행정규칙으로서의 대법원규칙이라 하더라도, 대법원이나 법원에 소속되어 있는 판사나 공무원의 신분과 관계되거나 그들의 기본권에 영향을 줄 수 있는 규율이 있을 수 있다. 이러한 규율의 경우 그 판사나 공무원 역시 국민의 일원임에도 그들의 기본권이 법률의 위임이 없이도 대법원의 내부적 규칙에 의하여 제한될 수 있는가의 문제가 제기될 수 있다.

법원공무원의 신분이나 권리에 영향을 미치는 규칙의 경우 법률의 위임이나 근거 필요

만일 판사나 법원공무원의 신분과 관련하여 또는 그들의 권리의무에 변동을 초래할 수 있는 그러한 규칙의 경우는 여전히 헌법과 법률에 위반되어서는 안될 뿐만 아니라, 판사나 공무원의 기본권을 제한하는 규칙에 해당하므로 그러한 규칙은 법률의 위임이 없이는 허용될 수 없다고 하여야 할 것이다.[14] 그에 반하여 이들의 기본권과 상관없는 범위

---

12) 마찬가지로 대법원규칙에 대하여 법규명령의 성질을 가지는 것과 행정규칙의 성질을 가지는 것으로 나누는 견해로는 권영성, 헌법학원론, 법문사 2007, 1094면.
13) 동지, 권영호 (주 9), 1166면.

내에서 순수히 법원 내부의 규율이나 사무처리와 관련되는 규칙의 경우
는 그러한 법률의 위임이 없이도 가능하다고 보아야 할 것이다.

한편 행정규칙에 해당하기는 하지만 상위의 법규명령과 함께 국민
의 권리의무에 변동을 초래할 수 있는 법규명령으로서의 기능을 수행하
는 행정규칙으로서의 대법원규칙이 있다면, 이러한 규칙의 경우는 법률
의 위임이 없이도 가능하지만, 상위의 법규명령에 해당하는 대법원규칙
은 법률의 위임이 없이는 안될 것이다. 그러한 행정규칙으로서의 대법
원규칙 역시 포괄적으로 공권력의 행사성을 가지므로 헌법소원의 대상
이 될 수 있는 것은 별개의 문제이다.

법규명령과 더불어서 대외적 효력을 가지는 행정규칙으로서의 대법원규칙의 경우

다. 법률사항인가 규칙사항인가?

어떠한 규율대상이 과연 형식적 의미의 입법자가 규율해야 하는 법
률사항인가 아니면 대법원규칙에 의해서 규율될 수 있는 규칙사항인가
의 문제를 구분하는 것은 쉽지 않은 문제이다. 결국 이 문제는 첫째, 입
법자가 소송법을 제정하면서 대법원규칙으로 위임하는 경우에 과연 그
것이 법률사항임에도 불구하고 대법원규칙에 위임하는 것은 아닌지 하
는 문제와 관련하여 제기될 수 있으며, 둘째, 내부규율과 사무처리에 관
한 사항의 경우 대법원의 규칙사항으로 볼 수 있는 바, 일정한 사항이
과연 이러한 내부규율과 사무처리에 관한 사항인지 아니면 국민의 기본
권제한과 관련되어 법률로 규정할 사항인지의 문제가 제기될 수 있다.

법률사항과 규칙사항의 구분

우선 첫 번째 문제와 관련하여 검토해 본다면 다음과 같다. 일단
형식적 의미의 입법자, 즉 국회가 직접 제정해야 하는 규율대상은 국민
의 기본권제한과 관련된 본질적으로 중요한 내용이라고 보아야 할 것이
다. 본질적으로 중요한 내용에 관하여 입법자가 대부분 규정하고, 그 후
구체적으로 범위를 정하여서 행정입법에 규율을 위임할 수 있는 것과

국민의 기본권제한과 관련된 본질적인 내용은 국회의 입법사항

---

14) 이와 관련하여 법원공무원이 징계의결요구를 받은 경우에는 승진임용될 수 없다
고 규정한 법원공무원규칙 제33조 제1항 제1호에 대하여 헌법소원심판이 청구되
었으나, 이 조항은 기본권침해의 직접성이 없다고 하는 이유로 각하된 바 있다.
헌재 제3지정재판부, 2005. 7. 5. 2005헌마587 법원공무원규칙 제33조 제1항 제1
호 위헌확인.

마찬가지로, 역시 소송에 관한 절차에 관한 문제는 본질적으로 중요한 내용은 소송법으로 규정하고, 그 나머지의 비본질적인 내용에 해당하는 것으로서 세부적이고도 기술적인 시행과 관련된 내용은 대법원의 규칙으로 위임할 수 있다고 보아야 할 것이다.[15]

국민의 기본권 제한과 상관 없는 내부규율 및 사무처리는 자율적 규율영역

그리고 두 번째 문제와 관련해서는 만일 어떠한 규율대상이 법원의 내부규율 및 사무처리와 관련된 문제로서 국민의 권리·의무에 대하여는 아무런 영향을 미치지 아니하는 순수하게 법원의 자율적 규율영역이라고 할 수 있을 경우에는, 헌법 제108조에 따라서 대법원이 넓은 형성의 자유를 가지고서 규칙으로서 규율할 수 있다고 보아야 할 것이다. 이러한 경우에는 굳이 헌법 제37조 제2항의 법률유보도 필요하지 않으며 그 밖에 어떠한 법률의 위임이 필요하지 않은 영역이라고 할 수 있을 것이다.

개별 규율대상에 따라 차이

그렇다면 과연 어떠한 내용이 본질적으로 중요한 내용으로서 법률사항이며, 어떠한 내용이 본질적으로 중요하지 않은 것으로서 규칙사항에 해당하는 것인가? 이 문제에 대한 답변은 그때 그때 구체적인 규율대상을 보면서 답변할 수밖에 없다고 할 것이다.

법원조직법의 개정과 관련하여 제기되거나 또는 형사소송법상 제기된 문제들을 예로 들어 구체적인 사례를 살펴보기로 한다.

(1) 지방법원 및 가정법원 항소부 설치 문제

지방법원 및 가정법원지원에 항소부 설치문제

2001. 1. 29. 법률 제6408호로 개정된 법원조직법은 고등법원의 심판대상으로 지방법원 및 가정법원 단독판사의 제1심 판결·심판·명령에 대한 항소 또는 항고사건으로서 형사사건을 제외한 사건 중 대법원규칙으로 정하는 사건을 추가하고 대법원규칙으로 정하는 지방법원 및 가정법원의 지원에 항소부를 설치할 수 있도록 하는 것이었다.

법사위의 논의 과정

그런데 이와 관련한 국회 법제사법위원회의 논의과정을 살펴보면 이러한 개정은 제1심 판결에 불복해서 항소하는 국민들의 재판을 받을 권리에 영향을 미치는 제도인데 이것을 대법원규칙으로 위임하는 것은 신중치 못한 것 아닌지 하는 의문이 제기된 바 있다.[16]

---

15) 권영호 (주 9), 1165면; 김철수, 헌법학개론, 박영사 2007, 1643면.
16) 조순형위원, 제216회 국회 법제사법위원회회의록, 2001. 1. 8. 23면; 최병국위원, 같은 곳, 25면.

결국 대법원규칙이 정하는 지방법원 및 가정법원지원에 항소부를 두는 데 대하여 대법원규칙에 의하여 일반적으로 지원에 항소부를 둘 수 있도록 하는 것은 문제가 있다고 보아 소송경제상 주민의 불편이 극심한 일부지역에 대해서만 법률에서 직접 항소부를 두도록 수정한 법사위의 수정안대로 본회의에서 통과되었다.[17]

법률로 항소부 설치

(2) 민사사물관할

1980. 1. 4. 법률 제3245호로 개정된 법원조직법은 민사사물관할을 대법원규칙으로 위임하는 내용을 담고 있었다.

민사사물관할을 대법원 규칙으로 위임하는 문제

이러한 개정은 계속적인 물가상승에 따른 합의부 관할사건의 증가로 인하여 발생하는 합의부와 단독판사간의 사무분담의 불균형을 시정하기 위하여 법원조직법을 빈번히 개정하는 것을 피하고, 정형적이고 경미한 형사사건의 간이·신속한 처리로 사건관계 국민의 시간적·경제적 심리적 부담을 덜어주는 동시에 관계기관간의 업무량을 합리적으로 조정하기 위하여 순회판사가 관할하는 즉결심판의 범위를 확대하며, 기타 법원의 업무를 합리적으로 수행할 수 있도록 하려는 것이었다.

이에 대한 검토보고서 의견에 따르면, "하위법규인 대법원규칙에 위임하는 경우, 그 제정 및 개정이 법률과는 달라 일반 국민에게 주지되기가 어려우므로, 국민은 법원의 관할에 혼란을 일으킬 우려도 있어 원안을 그대로 채택하기는 어렵다고 판단되고, 따라서 현실적인 경제여건으로 보아 관할의 조정이 시급한 만큼, 현행대로 관할을 법률사항으로 유지하되, 일정한 한도 내에서만 대법원 규칙이 물가변동에 따라 관할조정을 할 수 있도록 수정하는 것이 타당하다"고 한 바 있었다.[18]

관할을 법률사항으로 유지, 대법원규칙이 물가변동에 따라 관할조정

결국 이러한 개정안에 따라서 민사사물관할의 결정은 대법원규칙사항으로 하여 오늘날에 이르고 있다.

(3) 기 타

그 밖에도 법원조직법이나 소송법의 개정과정에서 과연 일정한 규율대상이 법률사항인지 아니면 대법원규칙에 위임해도 좋은 사항인지에

본질적인 문제는 법률사항,

---

17) 제216회 국회 본회의회의록, 2001. 1. 9, 8면.
18) 조병완 전문위원, 제103회 국회 법제사법위원회회의록 제6호, 1979. 11. 23, 3면.

비본질적 문제는 규칙사항

관해서는 논란이 될 수 있는 문제가 많이 있을 수 있다고 본다. 이 경우에 국민의 기본권제한과 관련한 본질적인 문제에 대하여는 반드시 형식적 의미의 입법자인 국회의 법률사항인데 반하여, 본질적이지 않고, 단지 세부적 기술적인 사항에 불과한 경우에는 대법원규칙사항이라고 구분하여 처리할 수 있을 것이다.

라. 헌법상의 한계

헌법과 기본권에 기속

최고 헌법기관 중 하나로서 대법원은 헌법과 기본권에 기속되는 것은 당연하다(헌법 제10조). 따라서 대법원이 규칙을 제정함에 있어서는 헌법에 위반되어서는 안 되며, 특히 기본권을 침해하여서는 안 된다.

소송법의 위임 규정 필요

우선 소송절차에 관한 규칙은 국민의 재판을 받을 권리, 신체의 자유에 대한 제한을 초래할 수 있다. 그러므로 이러한 기본권의 제한을 내용으로 하는 규칙은 소송법에 위임을 반드시 필요로 한다. 그렇지 않을 경우 법률유보의 원칙에 위반된다고 할 수 있다.

신분상 불이익을 가하는 규칙의 문제

그리고 내부규율과 사무처리에 관한 규칙의 경우에도 가령 법원공무원규칙에서 법원공무원의 신분과 관련하여 적절하지 않은 사유로 신분상의 불이익을 가하는 경우 이는 헌법 제7조의 직업공무원제와 공무원의 공무담임권을 침해할 수 있다.

과잉금지원칙 적용

그 밖에 전통적으로 인정되어 온 헌법상의 원칙들에 위반되어서도 안 된다. 그러한 의미에서 법치국가원리로부터 나오는 여러 가지 기본권제한의 한계의 법리가 대법원의 규칙제정에 있어서도 적용될 수 있다. 특히 과잉금지의 원칙은 대법원 규칙제정권에 있어서도 가장 중요한 한계원리로 작용한다고 할 수 있을 것이다.

(1) 목적상의 한계

형식적·실질적 의미의 법률

헌법 제37조 제2항에 따라 국민의 모든 자유와 권리는 국가안전보장·질서유지·공공복리를 위하여 필요한 경우에 한하여 법률로써 제한할 수 있다. 여기에서 말하는 법률은 원칙적으로 형식적 의미의 법률이지만 그렇다고 하여 실질적 의미의 법률, 즉 행정입법을 배제하는 의미는 아니라고 본다.

대법원규칙 역시 법률의 위임을 받은 경우에 일정한 범위 내에서 기본권제한입법을 할 수 있는 바, 기본권제한적 대법원규칙은 기본권제한입법이 가지는 여러 가지 헌법적 한계를 준수하지 않으면 안 된다는 것은 자명하다.

헌법적 한계의 준수

우선 목적상의 한계로서 대법원이 규칙을 통하여 국민의 기본권을 제한하고자 하는 경우에는 법률이 위임해 준 범위 내에서 헌법 제37조 제2항의 "국가안전보장", "질서유지", "공공복리"에 부합하는 목적을 추구하여야 한다.

국가안전보장, 질서유지, 공공복리

기본권을 제한하는 대법원규칙은 주로 소송절차에 관한 규칙이 될 것이다. 이러한 소송절차에 관한 규칙과 관련될 수 있는 국민의 기본권은 주로 재판을 받을 권리나 그 밖에 형사소송의 경우 인신의 자유와 관계될 것이다. 이러한 기본권의 제한을 통해서 추구하는 목적은 대부분 "질서유지"를 위한 것이 대부분일 것이다.

질서유지의 목적

그 밖에 다른 사람의 기본권보호 역시 기본권제한의 목적이 될 수 있다. 왜냐하면 대법원 역시 국가기관으로서 기본권보호의무를 지기 때문이다. 가령 사생활의 비밀과 자유의 보호나 다른 사람의 명예권이나 인격권은 알권리 등과 충돌할 수 있기 때문에 이러한 경우에 충돌하는 기본권의 보호를 위해서 대법원이 일정한 경우에 알권리를 제한하는 조치를 취할 수 있을 것이다.

타인의 기본권 보호의 목적

(2) 방법상의 한계 - 과잉금지의 원칙

기본권제한에 있어서 법치국가원리에서 도출되는 과잉금지의 원칙(비례의 원칙)과 실제적 조화의 원리 등이 적용된다. 따라서 규칙을 통하여 추구하는 목적을 달성하기 위하여 선택한 수단이 목적달성에 기여를 하는 것이어야 하고(방법의 적정성), 또한 선택한 수단이 가장 덜 침해적인 수단이어야 하며(침해의 최소성), 추구하는 목적의 중요성이 제한되는 기본권의 중대성보다 큰 것이어야 한다(법익의 균형성).

과잉금지의 원칙 및 실제적 조화의 원리 적용

또한 충돌하는 헌법적 법익들이 존재하는 경우에는 가급적 양 법익이 최대한 실현될 수 있도록 적절한 조화점을 찾기 위해서 노력하여야 하지, 어떠한 한 법익을 다른 법익에 비하여 일방적으로 우선시하는 것

법익간의 조화로운 형량 필요

은 헌법상의 법익형량의 방법이라고 할 수 없다. 따라서 규칙을 제정함에 있어서 규칙제정자는 충돌하는 법익들간의 조화점을 찾기 위해서 신중하게 형량하여야 한다.

(3) 내용상의 한계

본질내용침해 금지

헌법 제37조 제2항에 따르면 기본권을 제한하는 경우에도 그 본질적인 내용은 침해할 수 없다. 따라서 대법원 역시 규칙을 통하여 국민의 기본권을 제한함에 있어서도 그 본질적인 내용은 침해할 수 없는 것이다.

절대설과 상대설

이러한 본질내용침해금지 규정의 의미에 대하여는 절대설과 상대설로 나뉜다. 절대설은 기본권의 일정한 핵심적 내용은 그 어떠한 경우에도 침해할 수 없다고 하는 의미이며, 상대설은 각 기본권에 침해할 수 없는 핵심적 내용이 존재한다고 하기 보다는 구체적이고 개별적인 경우마다 그 본질내용은 달리 측정될 수 있다고 보는 입장이다. 다시 말해서 구체적인 사례에서 비례의 원칙에 맞는 제한의 경우는 본질내용을 침해했다고 볼 수 없으며, 또한 비례의 원칙에 반하는 제한의 경우는 그 기본권의 본질내용을 침해하였다고 보는 것이다. 이러한 상대설에 따르면 본질내용침해금지라고 하는 원칙은 별도의 심사기준이라고 하기 보다는 비례의 원칙과 마찬가지의 부수적 심사기준으로 여겨지고 따라서 별도의 독립된 내용은 없는 것이다.

상대설에 따른 이해 타당

결론적으로 본질내용침해금지의 원칙은 상대설의 입장에 따라 이해하는 것이 타당하다고 생각되며, 대법원규칙의 위헌여부의 문제도 결국 과잉금지의 원칙 내지 비례의 원칙에 입각하여 심사하면 되고, 본질내용을 침해하였는지를 별도의 심사기준에 따라서 심사해야 하는 것은 아니라고 생각된다.

인간존엄 침해는 본질내용의 침해와 연결

다만 인간으로서의 존엄과 가치는 인간의 신체적·정신적 정체성과 완전성을 침해받지 아니할 권리로서, 그 자체가 거의 본질로 이루어진 기본권이라고 할 수 있다. 경우에 따라서 어떠한 기본권의 침해의 결과 인간으로서의 존엄과 가치, 즉 인간의 신체적·정신적 정체성과 완전성을 침해하는 정도의 기본권제한이 있다면 그것은 인간존엄의 침해

로 연결될 수 있으며, 결국 이러한 제한은 그 기본권의 본질내용까지도
침해하는 것이라고 할 수 있을 것이다. 하지만 이러한 제한의 경우는 대
부분 과잉금지의 원칙에도 위반된다고 할 수 있을 것이다.

(4) 형식상의 한계

형식상의 한계로서는 대법원규칙으로서 기본권제한입법의 형식을
갖춘 것이어야 한다.

기본권제한입
법의 형식

첫째, 전술한 바와 같이 규범으로서 대법원규칙은 일반적 추상적
규율이 되어야 한다. 따라서 법규명령으로서의 성격을 띠는 대법원규칙
의 경우는 개별사건규칙 내지는 처분규칙이 되어서는 안될 것이다. 물
론 처분규칙이 있을 수는 있겠으나, 이 경우 평등의 원칙 위반을 야기할
수 있다. 다만 차별을 정당화할 수 있는 합리적 사유가 있는 경우에는
그러한 차별도 평등원칙에 위반되지 않을 수 있기 때문에, 이러한 경우
에 예외적으로 정당화사유가 있는 경우에는 개별사건규칙도 가능하다고
할 수 있겠지만 원칙적으로 대외적 효력을 가지는 대법원규칙의 경우
이러한 개별사건규칙은 허용되지 않는다고 보아야 할 것이다.

일반적·추상
적 규율

다만, 내부규율에 불과한 행정규칙으로서의 성격을 띠는 대법원규
칙의 경우는 전술한 바와 같이 개별적 추상적 규율이 될 수도 있을 것이
다.

둘째, 명확성의 원칙을 준수하여야 한다. 대법원규칙도 규범이기
때문에 일반성 추상성을 띨 수밖에 없고, 따라서 상당히 많은 불확정개
념을 내용으로 할 수 있다. 하지만 이러한 불확정 개념들은 통상적인 법
해석방법을 통해서 해석이 가능해야 한다. 지나치게 불확정적이고 다의
적인 개념이나, 또는 과도하게 광범위한 내용을 담은 개념을 사용하는
경우에는 규범이 가져야 할 명확성의 원칙에 위반될 수 있다. 그러므로
대법원규칙 역시 규범으로서 갖추어야 할 명확성을 갖추지 않은 경우에
헌법상 법치국가원리에서 나오는 명확성의 원칙 위반으로 위헌이 될 수
있다.

명확성의 원칙
준수

(5) 권한상의 한계: 재위임의 가능여부

다음으로 과연 대법원이 법률로 위임받은 사항에 대하여 다시 하급

재위임은 불가

법원이나 행정부의 규칙으로 재위임할 수 있을 것인가의 문제가 제기된다. 만일 소송법이 대법원규칙으로 위임한 경우에 대법원은 이를 더 이상 다른 법원이나 행정부에 재위임할 수 없다고 보아야 할 것이다. 대법원규칙은 헌법 제108조에 대법원이 규정하도록 수권하고 있는 것이기 때문에, 법률에 의하여 위임받은 사항에 대하여 다른 법원에 재위임할 수 없다.

한편 법규명령으로서의 대법원규칙이 아니고, 법원의 내부규율이나 사무처리에 관한 규칙, 즉 행정규칙으로서의 대법원규칙을 제정하면서 대법원이 다른 법원의 내규로 제정하도록 위임할 수 있을 것인가의 문제가 제기된다.

대법원 역시 하급법원의 내부규율 내지 사무처리에 관해서는 자세히 알지 못할 수 있으며, 기술적 내지는 합목적적 견지에서 각급 법원이 내부규율이나 사무처리에 관한 사항을 자체적인 내규에 따라서 제정하도록 하는 것이 더 바람직할 수 있다. 그렇다면 이러한 범위 내에서 대법원은 법원의 내부규율이나 사무처리에 관하여 각급 법원에 위임하여 처리하도록 할 수 있다고 보아야 할 것이다.

(6) 입법부작위의 문제

한편 법률이 대법원규칙으로 위임을 하였음에도 불구하고 대법원이 위임입법을 하지 않는 경우, 그로 인하여 국민의 기본권에 대한 침해가 발생하는 경우에는 위헌적인 입법부작위가 될 수 있다. 물론 이 경우 대법원이 전혀 규칙을 제정하지 않는 경우(진정입법부작위)와 규칙을 제정하기는 하였으나 불완전·불충분하게 한 경우(부진정입법부작위)로 나누어 볼 수 있음은 여타 입법부작위의 경우와 마찬가지라고 할 수 있겠다.

또한 진정입법부작위에 대한 헌법소원이 적법하기 위해서는 헌법으로부터 유래하는 작위의무나 보호의무가 있을 것을 요구하는 것이 헌법재판소의 입장임은 주지하는 바와 같다.

(7) 구체적 사례

(가) 법무사법시행규칙 제3조 제1항에 대한 헌법소원사건

1) 사건의 개요

(좌측 여백 주석)

다른 법원의 내규제정 위임 가능 문제

법원내부규율이나 사무처리에 관하여 각급 법원으로 위임은 가능

위헌적인 입법부작위 발생

헌법으로부터 유래하는 작위의무나 보호의무

청구인이 주장하는 심판청구 이유의 요지는, 청구인은 법무사사무소 사무원으로 15년, 변호사사무소 사무원으로 12년을 종사해 오면서 법무사가 되고자 법무사시험의 준비를 하여 왔는데 법무사법시행규칙 제3조 제1항은 법무사시험을 반드시 정기적으로 실시하도록 한 법무사법 제4조 제1항 제2호의 취지에 반하여 법무사시험의 실시여부를 전적으로 법원행정처장의 자유재량에 맡김으로써 법원행정처장이 법무사시험을 실시하지 아니할 수도 있게 하였고, 이 때문에 법원행정처장은 법정기간 이상을 근무하고 퇴직한 법원공무원이나 검찰공무원만으로도 법무사 충원에 지장이 없다는 이유로 법무사시험을 실시하지 아니하고 있는 바, 결국 법무사법시행규칙 제3조 제1항은 본법인 법무사법 제4조 제1항 제2호에 의하여 청구인이나 그 밖에 법무사가 되고자 하는 사람들에게 부여된 법무사시험 응시의 기회를 박탈함으로써 평등권을 침해한 것이므로 이러한 시행규칙의 취소 또는 그 위헌확인을 구한다는 것이다.[19]

    2) 헌법재판소의 판단

이에 대하여 헌법재판소의 다수의견은 다음과 같이 판시하였다.

> **판례** 법무사법 제4조 제1항 제2호에서 법무사시험에 합격한 자에게 법무사의 자격을 인정하는 것은 법무사시험이 합리적인 방법으로 반드시 실시되어야 함을 전제로 하는 것이고, 따라서 법무사법 제4조 제2항이 대법원규칙으로 정하도록 위임한 이른바 "법무사시험의 실시에 관하여 필요한 사항"이란 시험과목 · 합격기준 · 시험실시방법 · 시험실시시기 · 실시횟수 등 시험실시에 관한 구체적인 방법과 절차를 말하는 것이지 시험의 실시여부까지도 대법원규칙으로 정하라는 말은 아니다. 그럼에도 불구하고 법무사법시행규칙 제3조 제1항은 "법원행정처장은 법무사를 보충할 필요가 있다고 인정되는 경우에는 대법원장의 승인을 얻어 법무사시험을 실시할 수 있다."라고 규정하였는 바, 이는 법원행정처장이 법무사를 보충할 필요가 없다고 인정하면 법무사시험을 실시하지 아니해도 된다는 것으로서 상위법인 법무사법 제4조 제1항에 의하여 청구인을 비롯한 모든 국민에게 부여된 법무사자격 취득의 기회를 하위법인 시행규칙으로 박탈하고 법무사업을 법원 · 검찰청 등의 퇴직공무원에게 독점시

---

19) 헌재 1990. 10. 15, 89헌마178, 판례집 제2권, 365, 368-369.

키는 것이 되며, 이는 결국 대법원이 규칙제정권을 행사함에 있어 위임입법권
의 한계를 일탈하여 청구인이나 기타 법무사자격을 취득하고자 하는 모든 국
민의 헌법 제11조 제1항의 평등권과 헌법 제15조의 직업선택의 자유를 침해한
것이다.[20]

한편 다음과 같은 반대의견도 나왔었다.

반대의견 법무사의 업무내용의 특수성, 법무사의 자격에 관한 규정방식의 특
수성의 검토에서 나타나는 법무사법의 입법취지를 고찰하여 보면 법무사법 제
4조 제2항이 법무사시험의 실시에 관하여 필요한 사항을 대법원규칙으로 정하
게 한 것은 다수의견이 단정하고 있는 바와 같이 모든 국민에게 법무사 자격
의 문호를 개방하여 법무사시험에 합격한 자는 누구나 법무사업을 선택하여
이를 행사할 수 있게 하려는 데에 있고, 따라서 법무사시험이 합리적인 방법으
로 반드시 실시되어야 함을 전제로 하는 것은 아니고, 오히려 법원조직법 제2
조에 의하여 법무사에 관한 사무를 관장 또는 감독할 권한이 있는 법원에게
법무사를 보충할 필요가 있다고 인정되어 동법 제4조 제2항 제2호에 의한 법
무사시험을 실시하는 경우에 시험과목, 시험방법, 시행내용, 합격기준 등 그
시험실시에 관한 구체적 방법과 절차 뿐만 아니라 그 실시시기까지 아울러 규
정할 수 있도록 위임한 것이라고 해석되므로 법무사법시행규칙 제3조 제1항이
그 시험실시 시기에 관하여 다른 유사한 자격제도에 있어서와는 달리 정기적
이 아니라 법무사를 보충할 필요가 있다고 인정되는 경우에 이를 실시할 수
있다고 규정한 것은 법무사법 제4조 제2항의 입법취지에 부합하는 것이라 할
것이므로 이러한 입법취지를 가지고 있는 법무사법의 규정이 바로 헌법상 보
장된 직업선택의 자유나 평등의 원칙에 위배되는지의 여부는 별문제로 하고
위 대법원의 규칙이 상위법규인 법무사법의 위 규정에 어긋나는 것으로서 위
임입법권의 한계를 일탈한 것이라고는 볼 수 없는 것이다.[21]

3) 사 견
그러나 위에서 헌법재판소의 다수의견이 잘 언급하였듯이 법무사
법이 위임한 것은 법무사시험의 실시방법에 관한 것이었지, 실시여부에

---

20) 헌재 1990. 10. 15, 89헌마178, 판례집 제2권, 365, 372-373.
21) 재판관 이성렬의 반대의견, 헌재 1990. 10. 15, 89헌마178, 판례집 제2권, 365, 378-379.

관한 것이 아니었음에도 불구하고 법무사법시행규칙 제3조는 "법원행정처장은 법무사를 보충할 필요가 있다고 인정되는 경우에는 대법원장의 승인을 얻어 법무사시험을 실시할 수 있다."라고 규정함으로써 법무사시험의 실시여부까지도 법원행정처장이 결정할 수 있는 것으로 규정함으로써 법무사법의 위임의 범위와 한계를 일탈하여 청구인의 평등권과 직업선택의 자유를 침해하였다고 할 수 있을 것이다.

법무사법의 위임의 범위와 한계를 일탈

(나) 형사소송규칙 제40조에 대한 헌법소원사건

1) 사건의 개요

청구인이 1991.5.1. 국가보위법위반 혐의로 기소되어 서울지방법원 91고합723 사건으로 재판을 받던 중, 청구인의 변호인들은 법원의 공판정에서 녹취를 하고자 그 허가신청을 하였다. 그러나 법원이 그해 6.17. 형사소송규칙(1982.12.31. 대법원규칙 제828호, 이하 "규칙"이라 한다) 제40조를 내세워 녹취불허결정을 함으로써 변호인들은 공판정에서 피고인, 증인 등의 신문내용을 녹취할 수 없게 되었다.

이에 형사피고인인 청구인은 1991.7.1. 규칙 제40조로 말미암아 적법한 절차에 의하여 재판을 받을 권리, 변호인의 조력을 받을 권리 등 사법절차 상의 기본권을 침해당했다고 주장하면서 위 규칙조항을 대상으로 한 이 사건 헌법소원심판을 청구하였다.[22]

2) 헌법재판소의 판단

이에 관하여 헌법재판소의 다수의견은 다음과 같이 판결하였다.

> 판례 피고인이나 변호인에 의한 공판정에서의 녹취는 진술인의 인격권 또는 사생활의 비밀과 자유에 대한 침해를 수반하고, 실체적 진실발견 등 다른 법익과 충돌할 개연성이 있으므로, 녹취를 금지해야 할 필요성이 녹취를 허용함으로써 달성하고자 하는 이익보다 큰 경우에는 녹취를 금지 또는 제한함이 타당하다. 따라서 형사소송법 제56조의2 제2항의 규정은 반드시 공판정에서의 속기 또는 녹취권을 당사자의 절대적인 권리로서 보장하려는 취지라고 볼 수는 없고, 단지 당사자가 자신의 비용으로 속기 또는 녹취를 할 수 있다는 근거를 마련한데 불과하며, 반드시 법원이나 재판장의 허가를 배제하는 취지는

---

22) 헌재 1995. 12. 28, 91헌마114, 판례집 제7권 2집, 876, 878-879.

아니다.

형사소송규칙 제40조는 합리적인 이익형량에 따라 녹취를 제한할 수 있는 기속적 재량을 의미하는 것으로서, "녹취를 하지 아니할 특별한 사유"가 없는 한 이를 원칙적으로 허용하여야 하는 것으로 풀이함이 상당하고, 녹취허부에 관한 구체적인 기준을 설정하지 않았다는 이유만으로 법률이나 헌법에 위반된다고 단정할 수 없다.[23]

이에 반하여 김진우, 조승형, 정경식 재판관은 다음과 같이 반대의견을 표하였다.

반대의견 형사소송법 제56조의2 제2항은 "피고인, 변호인 또는 검사는 각자의 비용부담으로 전항의 필기 또는 녹취를 할 수 있다"고 규정하고 있는바, 이 조항은 위 필기와 녹취행위를 당사자인 피고인·변호인 또는 검사의 권리로써 인정하고 그 권리의 행사 여부를 오직 당사자의 임의행사에 맡긴 규정이라고 해석하여야 할 것이다. 그러므로 "검사, 피고인 또는 변호인이 법 제56조의2 제2항의 규정에 의하여 속기 또는 녹취를 하고자 할 때에는 미리 법원의 허가를 받아야 한다"고 규정하고 있는 심판대상 규칙조항은 위 형사소송법 조항에 정면으로 저촉되고, 그 결과 헌법과 법률에 반하여 헌법 제27조 제1항에 보장된 재판청구권을 침해하는 것이다.[24]

3) 사 견

법률유보와 위임입법의 한계 일탈

반대의견에 찬성한다. 앞의 법무사법시행규칙의 경우에서도 그러하듯이 형사소송법은 이미 피고인, 변호인, 검사에게 필기 및 녹취권을 부여하였음에도 형사소송규칙이 이를 법원의 허가사항으로 한 것은, 권리제한에 있어서 법률유보와 위임입법의 한계를 일탈한 것이라고 볼 수 있기 때문이다.

어쨌든 형사소송규칙 제40조는 2007. 10. 29. 현재 삭제된 상태이다.

(다) 공탁금의 이자에 관한 규칙에 대한 헌법소원사건

---

23) 헌재 1995. 12. 28, 91헌마114, 판례집 제7권 2집, 876, 876-877.
24) 헌재 1995. 12. 28, 91헌마114, 판례집 제7권 2집, 876, 876-877.

1) 사건의 개요

청구인은 청구외 정○환에게 채무 금 21,647,000원을 변제하고자 하였으나 위 정○환이 수령거부할 것이 명백하다는 이유로 1989.12.8. 전주지방법원 정주지원 소속 공탁공무원으로부터 위 정○환을 공탁물 수령자로 하고 공탁금을 금 21,647,000원으로 한 변제공탁의 수탁처분을 받은 다음, 같은 달 11. 주식회사 ○○은행 정주지점에 공탁금 21,647,000원을 납입함으로써 변제공탁하였다. 그런데 청구인과 위 정○환은 1990. 11. 10. 위 변제공탁금을 청구인이 회수하기로 화해하였고, 이에 따라 청구인은 같은 해 12. 7. 위 공탁금의 회수를 청구하여 위 지원의 공탁공무원으로부터 위 공탁원금 및 당시 시행 중이던 공탁금의이자에관한대법원규칙 제2조 및 제4조에 따라 위 공탁원금 중 1만 원 미만의 단수를 공제한 나머지 금원에 대한 연1%의 비율에 의한 공탁금이자(이자소득세를 원천징수하였음)를 합한 금 21,835,871원의 회수인가처분을 받은 다음, 같은 날 이자를 별도로 청구하겠다는 이의를 유보한 채 위 공탁금을 회수하였다.

이에 청구인은 1990. 12. 14. 위 대법원규칙 제2조 및 제4조가 청구인의 평등권, 재산권, 재판청구권을 직접 침해하였다고 주장하면서 위 대법원규칙 제2조 및 제4조에 대하여 헌법재판소법 제68조 제1항에 의한 헌법소원심판을 청구하였다.[25]

2) 헌법재판소의 판단

헌법재판소는 이에 대하여 다음과 같이 판시하였다.

> **판례** 공탁과 예금은 그 제도의 본질을 달리하는 것으로 국가가 공탁금을 직접 보관 관리할 것인가 또는 은행에 입금하여 보관 관리시킬 것인가 등의 공탁금 보관방법의 선택은 입법정책의 문제라 할 것이므로, 현행 공탁법(供託法)상 공탁금보관자지정제도를 둠으로써 은행으로 하여금 공탁금을 보관하는 방법을 선택하였다 하더라도 공탁자 내지 공탁금수령자를 은행의 다른 예금주 또는 이자 있는 채권의 채권자와 비교하여 불리하게 대우하여 평등원칙에 반하는 것으로 볼 수는 없다.

---

25) 헌재 1995. 2. 23, 90헌마214, 판례집 제7권 1집, 245, 248.

국가로서는 어떠한 명목으로든 국민으로부터 금원(金員)을 수령하여 보관하는 경우에 있어서 이를 선량한 관리자로서 보관하여야 할 의무가 있다고 할 것이나, 이자는 금전의 보관만으로 당연히 발생하는 것이 아니고 당사자 사이의 특별한 약정이 있거나 법률에 특별한 규정이 있는 경우에 한하여 발생하는 것이다. 현행 공탁금이자도 공탁법(供託法)의 규정에 의하여 입법정책적 차원에서 발생되는 것이며 법원도 현재의 은행예금 제도하에서 최선의 관리를 하고 있다 할 것인바, 그 밖에 공탁수수료가 징수되지 않고 있는 점, 공탁제도가 원래 공탁자의 이익을 위한 제도이지 국가가 공탁자에게 무조건 공탁을 강요하는 것이 아니라는 점 등을 고려할 때 현재의 대법원의 공탁금 관리방법이 공탁자 또는 공탁금수령자의 재산권을 침해하는 것이라 할 수 없다.

공탁금이율의 높고 낮음이 국민의 공탁제도 이용에 영향을 주는 것은 예상되나 공탁은 그 원인에 따라 고유의 기능을 갖고 있고 국민으로서는 그 기능에 따라 공탁제도를 이용하는 것이므로 공탁금이율이 낮다는 이유만으로 재판청구권이 침해되었다고는 볼 수 없다.[26]

3) 사 견

재산권침해가
발생하지 않도
록 대법원규칙
보완될 필요

만일 공탁금을 법원이 받아서 은행에 보관하고 있는 경우, 그로부터 받는 이자수입이 공탁금관리비용 등을 제외하고 모두 국고로 들어가는 경우에는 국가가 부당이득을 취하는 것이 아닌가 하는 의문이 제기될 수는 있을 것 같다. 따라서 공탁금에 관하여 실제로 은행으로부터 이자를 법원이 받은 경우에는 공탁금관리 등의 비용을 제외하고 그 나머지는 당사자에게 돌려 줘야 하는 것 아닌가 하는 것이다. 따라서 법원이 이와 같이 하지 아니하고 이를 국고로 환수하는 경우에는 부당하게 당사자의 재산권을 제한하는 측면이 있을 수 있으므로, 이 부분에 대하여 국민의 재산권침해가 발생하지 않도록 대법원규칙을 보완하는 조치가 따라야 하지 않나 생각된다.

(라) 법무사법시행규칙 제35조 제4항에 대한 헌법소원사건

1) 사건의 개요

청구인들은 서울 중구 태평로 2가 69의 20 소재 법무사 최군호사무소의 사무원(총 10명)으로 근무하던 중 법무사법시행규칙이 개정되어

---

26) 헌재 1995. 2. 23, 90헌마214, 판례집 제7권 1집, 245, 246.

(1994.12.30. 대법원규칙 제1327호) 법무사의 사무원의 총수는 5인을 초과할 수 없고(위 규칙 제35조 제4항), 위 개정규칙 시행일인 1995. 1. 1. 현재 소관지방법원장의 승인을 얻어 채용된 법무사 사무원에 대하여도 1996. 1. 1.부터 위 개정규칙이 적용되도록 됨에 따라(위 규칙 부칙 제2항) 1995. 10. 31. 위 최군호 법무사에 의하여 해고되었다.

이에 청구인들은 법무사법시행규칙 제35조 제4항이 청구인들의 헌법상 보장된 기본권인 평등권, 직업선택의 자유, 행복추구권을 직접 침해하였다고 주장하며 1995.11.15. 이 사건 심판을 청구하였다.[27]

2) 헌법재판소의 판단

> 판례 법무사 사무원의 수를 제한하는 것은 법무사사무원의 업무수행상 특수성으로 인하여 법무사의 사무원에 대한 감독권을 강화하고 업무의 파행적 운영을 막아 사건 의뢰인의 이익을 보호하고 사법운영의 원활화 및 사법에 대한 국민의 신뢰를 구축한다는 입법목적을 달성함에 있어 유효 적절한 수단 중의 하나임이 분명하고 달리 현저하게 불합리하고 불공정한 것이라고 볼 사정이 없으므로 헌법에 위반되지 아니한다.[28]

3) 사 견

그러나 과연 직업선택의 자유에 대한 제한이 법률이 아닌 대법원규칙의 형식으로 가능한가, 다시 말해서 기본권제한의 형식적 한계를 일탈한 것은 아닌가 하는 의문이 제기된다.

기본권제한을 위헤서는 법률유보 필요

대법원규칙이 국민의 기본권을 제한하는 내용을 가지려면 최소한 법률의 위임이 있어야 한다. 만일 이러한 위임이나 수권이 없이 국민의 기본권을 제한한다면 이는 헌법 제37조 제2항의 형식적 요건을 일탈한 것으로서 위헌이라고 하지 않을 수 없다.

법률적 수권없는 기본권제한은 위헌

그럼에도 불구하고 헌법재판소는 이러한 법률유보의 문제에 관해서는 살펴보지도 않은 채, 과연 법무사사무실의 사무원의 수를 제한할 필요성이 있는지 그러한 제한이 직업선택의 자유를 침해한 것인지에 대

법률유보 위반 여부에 대한 심사 안했음 (헌재)

---

27) 헌재 1996. 4. 25, 95헌마331, 판례집 제8권 1집, 465, 466-467.
28) 헌재 1996. 4. 25, 95헌마331, 판례집 제8권 1집, 465, 465-466.

해서만 심사하고 있다. 따라서 이것은 중대한 판단유탈이라고 생각된다.

직업행사의 자유에 대한 과도한 제한으로서 위헌이라 생각됨

그리고 직업선택의 자유의 제한과 관련해서도, 사무원의 수를 어느 정도로 둘 것인지 하는 문제는 직업행사의 자유의 본질적인 내용으로서 그로 인하여 공익에 대한 위험이 발생하지 않는 한 널리 국민의 자유로 보호되어야 할 사항이다. 법원이 우려하듯이 사무원의 수가 과도하게 많아서 법률사건 브로커 등의 사회적 해악현상이 발생할 우려가 있을 수 있다 하더라도, 그러한 문제는 별도로 형법적으로 규율할 문제이지, 사무원의 수를 제한하는 것은 법무사의 직업행사의 자유를 과도하게 제한하는 것이기 때문에 위헌이라고 생각된다.

마. 법률상의 한계: "법률에 저촉되지 아니하는 범위 안에서"의 의미

(1) "법률"의 개념: 형식적 의미인가? 실질적 의미인가?

형식적 의미의 법률

여기에서 말하는 "법률"은 다른 자치규칙에 관한 헌법규정이 "법령"의 개념을 쓴 것을 고려해 볼 때, 실질적 의미의 법률이 아니라, 형식적 의미의 법률이라고 이해된다. 다시 말해서 대법원은 형식적 의미의 법률에 저촉되지 아니하는 범위 내에서 규칙을 제정할 수 있다는 것이다.

(2) "저촉되지 아니하는 범위 안에서"의 의미

법률위임없는 경우, 상위법에 위반되는 경우

법률에 저촉되는 경우는 두 가지 방법으로 발생할 수 있다. 첫째는 법률유보에 따라 법률사항임에도 불구하고 법률의 위임이 없이 규칙이 제정되는 경우와, 둘째, 내용상 상위법인 법률에 위반되는 경우를 들 수 있다.

법률에 정해진 범위를 넘은 규칙제정은 불허

우선 법규명령적 성격의 대법원규칙의 경우, 법률이 구체적으로 범위를 정하여서 규칙사항을 위임한 경우에, 대법원규칙은 이러한 범위를 넘어서는 아니될 것이다. 만일 위임규정이 명확하지 않은 경우에는 위임규정 자체가 명확성이 없어서, 헌법 제37조 제2항의 법률유보원칙에 위반될 수 있으며, 또한 제75조를 유추하여 볼 때, 법치국가원리에서 도출되는 의회입법의 원칙 내지 포괄위임입법금지의 원칙에 위반될 수 있다.[29] 그러나 이와 같이 법률유보원칙이나 포괄위임입법금지의 원칙에

위반되지 않을 정도로 위임규정이 불명확할 경우에는 대법원이 나름대로의 재량에 따라서 소송절차에 관한 규칙등을 제정할 수 있을 것이라고 생각된다.

구체적으로 위임이 없는 경우에 법규명령적 성격의 대법원규칙의 제정은 가능한가? 이에 관해서는 "반드시 법률의 구체적 위임을 필요로 하는 것은 아니며, 법률에서 정하고 있지 않은 사항에 관하여 법률의 위임없이 제정할 수 있다고 보아야 할 것이다. 다만 형사소송절차에 관해서는 죄형법정주의 및 적법절차에 관한 헌법 제12조 제1항의 규정에 비추어, 법률에서 중요한 사항을 규정한 경우에 그 세부에 관해서만 대법원규칙으로 제정할 수 있다고 보아야 할 것"이라고 보는 견해[30]도 있으나, 이미 위에서도 언급하였듯이 법규명령적 성격의 대법원규칙은 대외적 효력을 가진 것으로서 국민의 기본권제한을 가능하게 하는 것이기 때문에, 헌법 제37조 제2항의 법률유보원칙에 따라 법률의 위임이 없이는 불가능하다고 보아야 할 것이다. 따라서 대법원이 법률의 위임이 없이 법규명령적 성격의 대법원규칙을 제정하는 경우에, 이는 법률유보원칙에 위반되며 결국 이는 법률에 저촉되는 대법원규칙에 해당된다고 해야 할 것이다.

위임이 없는 경우 법규명령적 규칙제정 불가

다음으로 법률의 위임이 있는지 여부와 상관없이 만일 어떠한 대법원규칙이 기존의 법률에 위반되는 내용을 담고 있는 경우 그것은 법률에 저촉된다고 보아야 할 것이다.[31] 일단 소송절차에 관한 규칙의 경우 그 상위법에 해당하는 각종 소송법과 그 밖의 다른 법률의 내용에 위반되어서는 아니될 것이다. 그리고 내부규율과 사무처리에 관한 규칙의 경우도, 그 규칙의 상위법은 물론 그 밖의 다른 법률에 위반되어서는 아니될 것이다.

기존의 법률에 위반되는 경우 법률에 저촉됨

29) 헌법상의 자치입법권에 의거한 입법권의 수권과 이에 따른 입법은 통상적인 의미에서의 위임입법의 경우와는 사뭇 다르며, 따라서 통상적인 위임입법과는 상이한 법리가 적용될 여지가 있다고 하면서도 그 구체적인 차이에 대해서는 별다른 언급이 없는 견해로, 김철용 외 2인, 위임입법의 한계에 관한 연구(헌법재판연구 제8권), 헌법재판소 1996, 30면.
30) 양건 (주 9), 1424면.
31) 김철수 외, 주석헌법 §§ 1-130, 법원사 1995, 604면.

내부규율과 사무처리에 관한 규칙은 자율적 규정 가능

그리고 내부규율과 사무처리에 관한 규칙, 즉 행정규칙으로서의 성격을 띤 대법원규칙이 기존의 법규명령과 상충되는 내용을 담고 있는 경우 이를 어떻게 보아야 할 것인지가 문제될 수 있다. 헌법 제108조는 명시적으로 "법률에 저촉되지 아니하는 범위 안에서" 법원의 내부규율과 사무처리에 관한 규칙을 제정할 수 있다고 직접 대법원에 수권하고 있기 때문에, 이를 근거로 제정된 법원의 내부규율과 사무처리에 관한 규칙은 그것이 국민의 기본권제한을 내용으로 하는 것이 아닌 한, 다른 법규명령에 우선한다고 보아야 할 것이다. 다른 법규명령의 경우 헌법 제75조에 따라 통상적인 행정입법으로 규정된 것인 데 반하여, 법원의 내부규율과 사무처리에 관해서는 법원이 자율적으로 규정하도록 입법권을 수권한 것이기 때문에, 그러한 범위 내에서 다른 법규명령을 배제한다고 보아야 할 것이다.

(3) 구체적 사례

(가) 형사소송규칙 제57조 제1항과 형사소송법 제105조

1) 사건의 개요

상소기간 중 소송기록이 원심법원에 있는 때의 구속에 관한 결정 관할

상소기간 중 또는 상소 중 소송기록이 원심법원에 있는 때의 구속에 관한 결정에 관하여 형사소송법 제105조와 형사소송규칙 제57조의 규정 내용이 다르다.

형사소송법 제105조(상소와 구속에 관한 결정)는 "상소기간 중 또는 상소 중의 사건에 관하여 구속기간의 갱신, 구속의 취소, 보석, 구속의 실행정지와 그 정지의 취소에 대한 결정은 소송기록이 원심법원에 있는 때에는 원심법원이 하여야 한다"라고 규정하고 있는 데 반하여, 형사소송규칙 제57조(상소 등과 구속에 관한 결정) 제1항은 "상소기간 중 또는 상소 중의 사건에 관하여 피고인의 구속, 구속기간 갱신, 구속취소, 보석, 보석의 취소, 구속집행 정지와 그 정지의 취소의 결정은 소송기록이 상소법원에 도달하기까지는 원심법원이 이를 하여야 한다"라고 규정하고 있다.

형사소송규칙 제57조 제1항은 형사소송법 제105조와 달리 소송기록이 원심법원에 있는 때까지의 원심법원의 권한으로 '피고인의 구속'과

'보석취소'를 인정하고 있는데, 이 형사소송규칙 제57조 제1항의 규정이 형사소송법 제105조의 규정에 저촉되는지의 문제[32]가 제기되는 것이다.

이와 관련하여 제2심 법원은 형사소송규칙 제57조 제1항은 형사소송법 제105조에 저촉된다는 이유로 그 규정의 적용을 거부하고 변호인의 구속취소 청구에 대하여 형사소송법 제105조를 적용하여 제1심 법원의 구속영장 발부를 권한없는 행위로 판단하고, 그 위법상태를 즉시 제거하기 위하여 구속취소 결정을 하였다.

2) 대법원의 판단

그러나 대법원은 형사소송규칙 제57조 제1항의 규정이 형사소송법 제105조의 규정에 저촉된다고 볼 수 없다는 전제하에 제1심 법원의 구속영장발부가 위법하다고 볼 수 없다고 판단하였다. 대법원의 판시내용을 보면 다음과 같다.

대법원 판례 "상소제기 후 소송기록이 상소법원에 도달하지 않고 있는 사이에는 피고인을 구속할 필요가 있는 경우에도 기록이 없는 상소법원에서 구속의 요건이나 필요성 여부에 대한 판단을 하여 피고인을 구속하는 것이 실질적으로 불가능하다는 점 등을 고려하면, 상소기간 중 또는 상소 중의 사건에 관한 피고인의 구속을 소송기록이 상소법원에 도달하기까지는 원심법원이 하도록 규정한 형사소송규칙 제57조 제1항의 규정이 형사소송법 제105조의 규정에 저촉된다고 보기는 어렵다."[33]

3) 비판 및 사견

이러한 대법원 판례에 대하여는 "형사소송법 입법자가 분명한 의사로 피고인에게 가장 불리한 두 가지 경우 즉, 구속과 보석취소를 원심법원의 권한에서 명백히 **뺀 것**"이라고 전제하고 "결국 형사소송규칙 제57조 제1항은 형사소송법 제105조에 저촉되므로 그 규칙은 개정되어야 한다"고 하는 비판론이 있다.[34]

형소법 제105
조 저촉설

---

32) 이에 관하여는, 차정인, 상소기간 중 또는 상소 중 원심법원의 피고인 구속 - 대상결정: 대법원 2007. 7. 10. 선고 2007모460 결정, 부단대학교 법학연구, 제48집 제1호(2007. 8), 727면 이하 참조.
33) 대법원 2007. 7. 10. 선고 2007모460 결정【구속취소결정에대한재항고】[공2007.8.15.(280),1305].

형사소송법에
규정되어야 할
것

소송기록이 상소법원에 도달하기 전까지 피고인을 계속 구속할 필요가 있는 경우에 이를 원심법원이 하도록 해야 할 필요성이 있을 수는 있다. 그러나 이러한 인신구속은 신체의 자유에 대한 중대한 제한이라고 할 수 있기 때문에 이러한 문제에 관해서는 형사소송법에 명확하게 규정되어야 하는 것이 아닌가 하는 의문이 제기된다.[35]

(나) 형사소송규칙 제155조와 형사소송법 제361조의3 제1항

1) 사건의 개요

형사소송법 제361조의3 제1항은 항소인 또는 변호인은 소송기록접수통지를 받은 날로부터 20일 이내에 항소이유서를 항소법원에 제출하여야 한다고 규정하고 있고, 이를 받은 형사소송규칙 제155조는 항소이유서 또는 답변서에는 항소이유 또는 답변내용을 구체적으로 간결하게 명시하여야 한다고 규정하고 있다.

그런데 원심판결 이유에 의하면, 원심은, 검사가 소송기록접수통지를 받은 날로부터 20일을 경과한 뒤에서야 항소이유서를 제출하였으나 항소장에 적법한 항소이유의 기재가 있는 것으로 볼 수 있다는 전제에서, 이 사건 주위적 공소사실과 예비적으로 추가된 공소사실의 기본적 사실관계가 동일하다고 하여 검사의 공소장변경신청을 허가한 다음, 이 사건 예비적 공소사실을 유죄로 인정하였다.[36]

이 사건에서 과연 형사소송규칙 제155조가 형사소송법 제361조의3 제1항에 저촉되는지 여부에 대하여 대법원이 판시하였다.

2) 대법원의 판단

그러나 대법원은 이 사건 항소장에 적법한 항소이유의 기재가 있는

---

34) 차정인 (주 32), 745면. 형사소송규칙 제57조 제1항이 청구인의 기본권을 침해한다고 주장하면서 검사의 구속영장 집행과 더불어서 청구한 헌법소원심판에 대하여 헌법재판소는 동조항의 기본권침해의 가능성을 배척하면서 각하한 바 있다. 헌재 2018. 8. 14. 2018헌마741, 형사소송규칙 제57조 제1항 위헌확인 등.

35) 한편 동시에 대법원규칙의 제정권자는 대법원임에도 불구하고 이 대법원규칙의 위법여부에 대하여 대법원 스스로가 판단한다는 것은 자기 사건에 대하여 자기 스스로 판단하는 경우가 되기 때문에 문제가 있다고 생각되나 이 점은 대법원규칙에 대한 통제와 관련해서 다루기로 한다.

36) 대법원 2003. 12. 12. 선고 2003도2219 판결 【특정경제범죄가중처벌등에관한법률위반(횡령)】 [공2004.1.15.(194),200].

것으로 볼 수 있다는 원심의 판단은 수긍하기 어렵다고 하면서 원심판
결을 파기 환송하면서 다음과 같이 판시하였다.

> **대법원 판례** 형사소송법 제361조의3 제1항은 항소인 또는 변호인은 소송기록접
> 수통지를 받은 날로부터 20일 이내에 항소이유서를 항소법원에 제출하여야 한
> 다고 규정하고 있고, 이를 받은 형사소송규칙 제155조는 항소이유서 또는 답변
> 서에는 항소이유 또는 답변내용을 구체적으로 간결하게 명시하여야 한다고 규
> 정하고 있는바, 위 형사소송규칙은 헌법 제108조에 규정된 대법원의 규칙제정
> 권에 근거하여 형사소송절차를 규율하는 것으로서 형사소송법에 저촉되는 것
> 이라거나 형사소송법의 효력을 부당하게 변경·제한하는 것이라거나 또는 항
> 소권을 부당하게 제한하는 것이라고는 할 수 없다(대법원 2002. 2. 23. 선고
> 2000모216 결정 참조).[37]

형사소송법에
의 저촉 부인

3) 사 견

이 사건 형사소송규칙은 특별히 형사소송법에 의하여 위임된 바 없
이도 항소이유서 제출과 관련하여 필요한 사항을 규정한 것이라고 보인
다. 그런데, 항소이유서 또는 답변서에는 항소이유 또는 답변내용을 구
체적으로 간결하게 명시하여야 한다고 하는 것으로서 어찌 보면 당연한
내용을 규정한 것에 불과하다고 볼 수도 있다. 그러나 다른 한편으로 항
소인이나 변호인의 입장에서 보면 20일 이내에 구체적인 항소이유서를
작성하지 못한 경우가 있을 수 있으며, 이때에는 일단 간결하게라도 항
소이유를 밝히고 자세한 사항은 추후에 보완하기로 하는 식의 항소이유
서를 작성하여 제출할 수도 있을 것이다. 하지만 법원이 형사소송규칙
155조의 "구체적으로"라는 기준을 판단하기에 따라서 항소이유서가 구
체적이지 못하다는 이유로 이를 각하할 수 있는 여지가 있기 때문에 그
러한 범위 내에서 당사자의 항소권, 즉 재판을 받을 권리가 제한되는 측
면이 없지 아니 하다.

재판청구권 제
한가능성 배제
되지 않음

그러므로 이 대법원규칙이 형사소송법에 저촉되거나 형사소송법의
효력을 부당하게 변경·제한하는 것이라거나, 또는 항소권을 부당하게

대법원의 판시
수긍하기 어려
움

---

37) 대법원 2003. 12. 12. 선고 2003도2219 판결 【특정경제범죄가중처벌등에관한법률
위반(횡령)】 [공2004.1.15.(194),200].

제한하는 것이 아니라고 본 대법원의 판시는 당사자의 재판을 받을 권리의 측면에서 보면 수긍하기 어려운 점이 있다고 하겠다.

(다) **형사소송규칙 제119조와 형사소송법 제260조 제2항**

1) 사건의 개요

먼저 원심사건의 개요을 살펴 보면 다음과 같다.

가. 신청인은 피의자가 2000. 4. 13. 실시된 제16대 국회의원 선거 당시 경주시 선거구 무소속 후보로서 다음과 같은 여러 건의 공직선거 및선거부정방지법위반죄를 범하였다는 이유로 2000. 10. 6. 피의자를 대구지방검찰청 경주지청에 고소하고, 신청인 소속 정당인 한나라당은 위와 같은 이유로 2000. 10. 11. 피의자를 같은 지청에 고발하였다.

(1) 피의자는 2000. 4. 2. 경주시에 있는 월성초등학교에서 열린 제1차 합동연설회장에서 "경주시민들은 김일윤 후보가 당시 선거법위반으로 당선이 무효될까봐 겁이 나서 제일 먼저 신한국당에 입당한 것으로 그렇게 알고 있습니다. 이렇게 거짓말을 밥먹듯이 하는 사람에게 표를 또 주시겠습니까. 이러한 사람에게 절대로 속아서 표를 주어서는 안됩니다."라고 연설을 하여 김일윤 후보를 당선되지 못하게 할 목적으로 공연히 허위사실을 공표하고, 후보자를 비방하였다.

(2) 피의자는 2000. 4. 2. 위 제1차 합동연설회장 및 2000. 4. 8. 경주시에 있는 동천초등학교에서 열린 제2차 합동연설회장에서 "지금까지 3선 12년 동안에 특별히 한 일도 없고 더욱이 국회건설교통위원장까지 지내면서 아무 것도 한 일이 없는 사람에게 4선까지 시켜준들 무엇을 기대할 수 있겠습니까. 의정보고서에 있는 도로건설등은 이미 지방자치단체 내지 국가에서 계획된 것을 예정대로 집행한 것 뿐입니다. 김일윤 후보가 특별히 자신이 했다고 내세울만한 것이 아무것도 없습니다."라는 취지로 연설을 하여 김일윤 후보를 당선되지 못하게 할 목적으로 공연히 허위사실을 공표하고, 후보자를 비방하였다.

(3) 피의자는 2000. 4. 9. 경주시 안강읍에 있는 안강제일초등학교내에서 개최된 피의자의 개인 연설회에서 "김일윤 후보는 당선되면 학원비리로 집권당에 들어갈 수밖에 없다는 것이 정설이며, 이는 민주당 후

보로 얼마전까지 안기부 간부를 지낸 이종웅이 주장하는 사실이다."라
는 취지로 연설을 하여 김일윤 후보를 당선되지 못하게 할 목적으로 공
연히 허위사실을 공표하고, 후보자를 비방하였다.

　나. 대구지방검찰청 경주지청은 신청인의 고소사건을 2000년 형제
8552호로 수리하여 같은 지청 소속 이헌상 검사에게 이를 수사하도록
하였고, 이헌상 검사가 고소인과 피의자 및 참고인 등을 소환하여 조사
를 하던 중 한나라당이 위에서 본 바와 같이 동일한 내용으로 고발을
함에 따라 한나라당의 고발사건을 2000년 형제8730호로 수리하여 역시
이헌상 검사에게 수사하도록 하였는데, 이헌상 검사는 이를 수사한 다
음 2000. 10. 11. 위 고소 및 고발사건에 대하여 모두 혐의가 없다는 이
유로 피의자를 불기소한다는 결정을 한 후 2000. 10. 13. 신청인 및 한
나라당에게 이를 각 통지하였다.

　다. 한편, 신청인은 검사의 불기소 처분 통지서를 송달받기 전인
2000. 10. 11. 대구지방검찰청 경주지청에 재정신청서를 제출하여 위 고
소 사건에 대한 재정신청을 하였는데, 당시 위 재정신청서의 신청이유
에, "대구지방검찰청 경주지청 검사 이헌상은 피의자 정종복에 대한 공
직선거및선거부정방지법위반 피의사건에 대하여 공소시효만기 10일전
까지 공소를 제기하지 않았기에 이는 부당하므로 공직선거및선거부정방
지법 제273조에 의거 부심판 결정을 구하고자 합니다."라고만 기재하였
다.

　라. 그후 신청인은 2000. 10. 26.에 이르러 변호사를 대리인으로 선
임하였고, 대리인은 2000. 11. 14.에 이 법원에 재정신청이유서와 참고
자료를 제출하면서 재정신청의 대상이 되는 사건의 범죄사실과 증거등
을 기재하였다.[38]

　이러한 재정신청에 대하여 원심인 대구고법은 다음과 같은 이유로
재정신청을 기각하였다.

---

38) 대구고등법원 2000. 11. 18. 선고 2000초53 판결【재정신청(공직선거및선거부정방
　　지법위반)】.

대구고법 판례   (1) 재정신청은 검사로부터 공소를 제기하지 아니한다는 통지를
받은 날로부터 10일 이내에 제기하여야 하고, 검사가 당해 선거범죄의 공소시
효만료일전 10일까지 공소를 제기하지 아니한 때에는 그 때 검사로부터 공소
를 제기하지 아니한다는 통지가 있는 것으로 보게 되며, 재정신청서에는 법원
의 심판에 부해야 할 사건의 범죄사실 및 증거 등 재정신청을 이유있게 하는
사유를 기재하여야 하는데, 범죄사실의 기재는 공소장에서와 같이 엄격함을
요하지는 않지만 범죄사실을 기재하였는지가 불분명하거나 전혀 범죄사실의
기재가 없는 때에는 그 신청은 법률상의 방식에 위배되어 부적법한 것으로 보
아야 할 것이고, 또한 재정신청서를 제출할 당시에 재정신청을 이유있게 하는
사유를 기재하지 않았다고 하더라도 적어도 검사로부터 공소를 제기하지 아니
한다는 통지를 받은 날로부터 10일 이내에는 이와 같은 사유를 기재한 서면을
제출하여야 할 것이다.(대법원1997. 4. 22. 선고 97모30 결정 참조)

  (2) 그런데, 위에서 살펴 본 바에 의하면, 신청인은 2000. 10. 11.자 재정신청
서에 검사가 공소시효만료일전 10일이 되기까지 공소를 제기하지 아니하는 것
은 부당하다는 이유만을 기재하였을 뿐 범죄사실 및 증거등을 전혀 표시하지
않았고, 검사가 불기소 처분 통지를 한 후에도 아무런 서면과 자료를 제출하지
않고 있다가 2000. 11. 14.에 이르러 재정신청이유서와 참고자료를 제출하면서
비로소 범죄사실 및 증거 등 재정신청을 이유 있게 하는 사유를 기재하였는데,
신청인이 그 사유를 기재한 서면을 이 법원에 제출한 것은 검사로부터 공소를
제기하지 아니한다는 통지를 받은 날로부터 10일이 경과하였음이 역수상 명백
하므로, 따라서 이 사건 재정신청은 제기기간내에 법원의 심판에 부해야 할 사
건의 범죄사실 및 증거 등 재정신청을 이유있게 하는 사유를 기재하지 아니한
경우에 해당하여 법률의 방식에 위배된다고 할 것이다.[39]

  이에 신청인이 대법원에 재항고한 사건이다.

    2) 대법원의 판단

  이에 대하여 대법원은 다음과 같이 판시하였다.

대법원 판례   공직선거및선거부정방지법 제273조 제2항에 의하여 제1항에 규정
된 죄에 대한 재정신청에 적용되는 형사소송법 제260조 제2항은 재정신청은

서면으로 하여야 한다는 취지를 규정하고 있고, 이를 받은 형사소송규칙 제 119조는 "재정신청서에는 재정신청의 대상이 되는 사건의 범죄사실과 증거 등 재정신청을 이유 있게 하는 사유를 기재하여야 한다."라고 규정하여 법원 심판의 범위를 한정하고 신청의 근거를 밝힐 것을 요구하고 있으므로 그 형 사소송규칙조항은 공직선거및선거부정방지법 제273조 제1항에 규정된 죄에 대한 재정신청에도 적용되는 것이라고 할 것인데, 그 형사소송규칙조항은 헌 법 제108조에 규정된 대법원의 규칙제정권에 근거하여 형사소송절차를 규율 하는 것으로서 형사소송법에 저촉되는 것이라거나 형사소송법의 효력을 부당 하게 변경, 제한하는 것이라거나 또는 재정신청권을 부당하게 제한하는 것이 라고는 할 수 없다.[40]

3) 사 견

이 사건의 경우도 앞서 항소이유서와 관련한 사건에서와 같이 재정 신청서의 작성에 있어서 기재하여야 할 사항을 대법원규칙이 규정한 데 지나지 않는다고 볼 수도 있겠지만, 그러한 사항을 준수하지 않는 경우 에 재정신청 자체가 기각될 수 있는 여지가 있어서 그러한 범위 내에서 재판청구권에 대한 제한적 요소가 있으며, 이와 같이 기본권을 제한할 경우에는 법률의 위임이 필요하다고 하는 것은 전술한 바와 같다. 따라 서 그러한 법률의 위임이 없이 기재사항의 누락의 경우에 재정신청권을 제한할 수 있도록 한 대법원규칙은 법률에 저촉된다고 할 수 있을 것이 다. 그러므로 이 사건 규칙이 형사소송법의 효력을 변경하거나 제한한 다든가 그 밖의 재판청구권을 제한하는 내용이라고 볼 수 없다고 본 대 법원의 입장은 수긍하기 어려운 측면이 있다고 생각된다.

> 법률의 위임 없는 재정신청 권제한은 법률 에 저촉

4. 대법원의 규칙제정권의 범위

대법원의 규칙제정권의 범위와 관련해서는 헌법 제108조가 명시하 고 있다. 즉 소송절차에 관한 규칙, 법원의 내부규율에 관한 규칙, 사무 처리에 관한 규칙이 그것이다. 여기에서 문제가 되는 것은 각 규칙의 내 용이 무엇이며, 또한 이러한 규칙들은 열거규정인지 아니면 예시규정인

> 소송절차에 관 한 규칙, 법원 의 내부규율에 관한 규칙, 사 무처리에 관한 규칙

---

40) 대법원 2002. 2. 23. 선고 2000모216 결정【재정신청기각에대한재항고】[공2002.4.15.(152),836].

지의 문제이다.

가. 규칙제정권의 범위와 내용

(1) 소송절차에 관한 규칙

(가) 소송절차에 관한 규칙의 내용과 한계

1962년 헌법에
도입

헌법 제108조에 소송절차에 관한 규칙이 들어온 것은 1962년 헌법
에 의해서이다. 그 전까지는 이러한 규정이 없었다.

아마도 영국이나 미국에서는 소송에 관한 대법원규칙이 거의 소송
법을 이루고 있으므로, 이러한 데 영향을 받아 대법원규칙과 관련해서
소송절차에 관한 규칙을 삽입한 것으로 추측된다.

소송절차에 관
한 자세한 소
송법을 둔 대
륙법계의 경우
영미법계와 다
름

그렇지만 민사소송법, 형사소송법 등 소송법에 관하여 자세한 법률
을 마련하고 있는 대륙법계 국가인 우리나라에서는 소송에 관한 절차에
관한 대법원의 규칙의 의미가 영미의 경우와 결코 같을 수는 없다고 생
각된다.

소송절차에 관
한 규율은 재
판청구권이나,
신체의 자유
등에 대한 제
한 초래

특히 위에서도 언급하였듯이 소송절차에 관한 규율은 국민의 재판
청구권이나, 신체의 자유 등 기본권에 대한 직접적인 제한을 초래할 수
있기 때문에, 헌법 제37조 제2항의 법률유보원칙에 따라서 법률의 위임
이 없이는 허용될 수 없다고 생각된다. 다만 헌법 제37조 제2항의 "법
률"은 원칙적으로 형식적 의미의 입법자가 제정한 법률을 의미하지만
구체적으로 범위를 정하는 경우에는 역시 기본권제한적 규율이라 하더
라도 행정입법 등에 위임할 수 있는 것으로 이해되고 있으며, 다만 본질
적인 내용만은 형식적 입법자인 국회가 제정한 법률에 규율하여야 한다
는 것이다.

기본권 제한의
경우 법률적
근거 필요

그러므로 대법원규칙이 형사소송규칙이나 민사소송규칙을 통해서
국민의 기본권을 제한하고자 하는 경우에는 반드시 법률유보가 있어야
만 한다. 다만 기본권제한과 상관없는 소송절차의 세부적인 사항이나
기술적인 사항을 보완하고자 하는 입법의 경우는 대법원의 규칙제정권
의 범위를 넘어서는 것이 아니라고 보아야 할 것이다.[41)]

---

41) 그러한 예로서 가령 형사소송규칙 제44조 제1항을 들 수 있다. 이 조항에 대하여

(나) 구체적인 위임사례

소송에 관한 절차와 관련하여 각 소송법이 대법원규칙으로 위임하고 있는 내용들을 살펴보면 다음과 같은 것들이 있다.

1) 형사소송법

우선 형사소송법이 대법원규칙으로 정할 것을 위임하고 있는 사항으로는, 개인정보 보호조치의 방법과 절차 그 밖에 필요한 사항(제35조 제4항), 재판소의 기명날인(제41조 제3항), 확정판결서 등의 열람·복사와 관련된 개인정보보호조치(제59조의3 제2항, 제6항), 공시송달의 방식(제64조 제1항), 법정기간의 연장(제67조), 영장의 방식(제114조 제1항). 동석할 수 있는 신뢰관계에 있는 자의 범위, 동석의 절차 및 방법 등에 관하여 필요한 사항(제163조의2 제4항), 재정신청기각이나 재정신청의 취소가 있는 경우 신청절차에 의하여 생긴 비용의 지급범위와 절차 등(262조의3 제4항), 장애인 등 특별히 보호할 필요가 있는 피고인과 동석할 수 있는 신뢰관계에 있는 자의 범위, 동석의 절차 및 방법 등에 관하여 필요한 사항(제276조의2 제2항), 전문심리위원에 대한 수당지급과 전문심리위원의 수당지급 등과 그 밖에 전문심리위원의 지정에 관하여 필요한 사항(제279조의4 제2항, 제3항), 도면·사진·녹음테이프·비디오테이프·컴퓨터용디스크, 그 밖에 정보를 담기 위하여 만들어진 물건으로서 문서가 아닌 증거의 조사에 관하여 필요한 사항(제292조의3) 등이 있다.

형사소송법이 대법원규칙으로 위임하고 있는 사항

2) 민사소송법

민사소송법이 대법원규칙으로 정할 것을 위임하고 있는 사항으로

민사소송법이 대법원규칙으

헌법재판소 제1지정재판부는 "청구인의 상고를 기각하여 상고심 절차에서의 방어권 행사와 절차적 권리에 제한을 가하는 내용의 기본권침해 가능성은 이 사건 규칙조항이 아니라, 상고이유서의 제출기간을 제한하고 그것을 도과한 경우 상고기각결정을 하도록 한 형사소송법 제379조 제1항, 제380조로 인해 발생하는 것으로 보아야 한다. 그에 반해 이 사건 규칙조항은 소송행위를 한 자의 주거 또는 사무소의 소재지가 법원 또는 검찰청 소재지와 멀리 떨어져 있는 경우에 법정기간을 인정해 주는 조항으로서 피고인의 방어권 또는 절차적 권리를 적정하게 보장하기 위한 규정이다. 따라서 이 사건 규칙조항은 청구인에 대해 피고인으로서의 방어권 또는 신체의 자유에 대한 절차적 권리를 제한하는 조항이라 볼 수 없어 이 사건 규칙조항의 기본권침해 가능성을 인정할 수 없다"고 판시한 바 있다. 헌재 제1지정재판부, 2005. 8. 16. 2005헌마713, 형사소송규칙 제44조 제1항 위헌확인.

는, 소송대리인의 자격의 예외와 법원의 허가를 받을 수 있는 사건의 범위, 대리인의 자격 등에 관한 구체적인 사항(제88조 제2항), 소송비용으로 인정할 수 있는 변호사의 보수(제109조 제1항), 담보제공방식(제122조), 소송구조요건의 구체적인 내용과 소송구조절차에 관한 상세한 사항(제128조 제4항), 소송구조비용의 유예나 면제(제129조 제1항 제4호), 진술보조인의 자격 및 소송상 지위와 역할, 법원의 허가 요건 · 절차 등 허가 및 취소에 관한 사항(제143조의2 제3항), 조서기재의 생략(제155조 제1항), 녹음테이프나 속기록의 요지를 정리하여 조서를 작성하여야 하는 경우(제159조 제3항), 소송기록의 열람과 증명서의 교부청구와 재판이 확정된 소송기록의 열람신청에 관한 사항(제162조 제1항, 제2항), 소송기록의 열람신청 시 열람을 불허하는 당해 소송관계인의 범위 및 동의 등에 관하여 필요한 사항, 소송기록의 열람 · 복사의 수수료 등(제162조 제3항, 제5항), 확정판결서의 열람 · 복사의 제한(제163조의2 제1항), 개인정보보호조치 등(동조 제2항, 제5항), 전문심리위원의 수당지급, 전문심리위원의 지정과 그 밖에 필요한 사항(제164조의4 제2항, 제3항), 기일통지의 간이한 방법(제167조 제2항), 송달방법과 송달 장소, 공시송달 방법, 송달통지 등(제176조 제1항, 제185조 제2항, 187조, 제188조 제4항, 제190조 제1항, 193조, 제195조), 증인이 출석하지 아니한 경우 감치에 처하는 재판절차 및 그 집행 그 밖에 필요한 사항(제311조 제9항), 증인신문의 절차와 방법, 그 밖에 필요한 사항(제327조의2, 제3항), 도면 · 사진 · 녹음테이프 · 비디오테이프 · 컴퓨터용 자기디스크, 그 밖에 정보를 담기 위하여 만들어진 물건으로서 문서가 아닌 증거의 조사에 관한 사항(제374조), 공시최고의 공고방법(제480조), 제권판결의 공고방법(제489조) 등이 그것이다.

3) 행정소송법

행정소송법이 대법원규칙으로 정할 것을 위임하고 있는 사항은 없는 것으로 보인다.

4) 가사소송법

가사소송법이 대법원규칙으로 정하도록 위임한 사항으로는 가정법원의 관할사항과 절차(제2조 제2항, 제3항), 수수료(제5조), 가사조사관의 사실조사의 방법과 절차에 관한 사항(제6조 제2항), 가족관계등록부 기록 등의 촉탁(제9조), 기록의 열람 등 신청 수수료(제10조의2 제4항), 가사사건의 재판과 조정의 절차에 관하여 필요한 사항(제11조), 가사비송사건 관할(제35조 제1항), 즉시항고와 기간(제43조 제1항, 제5항), 가사비송사건의 관할(제44조 제1항 제8호), 라류 가사비송사건의 심판과 관련 사건관계인에 대한 심문의 예외(제45조), 재산명시 절차 방법 등에 대하여 필요한 사항(제48조의2 제2항), 재산조회(제48조의3 제3항), 감치를 명하는 재판절차 기타 필요한 사항(제70조) 등이 그것이다.

로 정하도록 위임한 사항

5) 비송사건절차법

비송사건절차법이 대법원규칙으로 위임한 것은 외국인에 관한 비송사건절차로서 조약에 의하여 특별히 정하여야 할 사항이 있다(제251조).

비송사건절차 법이 위임한 사항

6) 소액사건심판법

소액사건심판법이 대법원규칙으로 위임한 것으로는 이 법의 적용 범위(제2조 제1항)와 시행에 관하여 필요한 사항(제16조)이 있다.

소액사건심판 법이 위임한 사항

(2) 내부규율에 관한 규칙

(가) 내용과 한계

내부규율에 관한 규칙이라 함은, 대법원을 비롯한 각급 법원에 소속된 대법관, 판사, 법원 공무원 등의 임면과 인사, 보직, 보수, 교육, 연수, 파견 등 일체의 법원 내부적인 운영사무와 관련된 내용에 대한 규칙이 바로 그것이라고 할 수 있을 것이다.

법원 내부 인 사와 운영사무

이러한 사항들에 대한 대부분의 중요한 내용은 주로 법원조직법이 규정하고 있으며, 보다 구체적인 사항과 시행에 관한 사항으로서 그야말로 대외적 효력을 가지지 않은 많은 내부규율에 관한 대법원규칙이 존재하고 있다.

내부적 효력만 가지는 내부규 율

물론 이러한 내부규율에 관한 대법원규칙이라고 해서 그것이 헌법이나 법률에 저촉될 수 있는 것은 아니기 때문에, 헌법이나 법률에 저촉되지 아니하는 범위 내에서 법원이 자율적으로 제정할 수 있으며, 또한 많은 사항에 대해서는 법원조직법 등에서 대법원규칙으로 제정하도록

헌법에 저촉되 지 않는 범위 내 자율적 제 정가능

위임해 놓고 있다. 그러므로 그러한 위임입법에 해당하는 대법원규칙 역시 내부규율에 관한 규칙이라고 보아야 할 것이다.

이러한 법원의 내부규율에 관한 사항은 가급적 법원의 넓은 재량이 인정될 수 있는 영역이라고 보아야 할 것이다.

(나) 법원조직법의 위임사례

1) 제1편 총칙

법원조직법 총칙에서 위임된 규칙사항으로서는 등기소의 설치·폐지 및 관할구역(제3조 제3항), 각급법원에 배치할 판사의 수(제5조 제3항), 대법원장의 사법행정사무 지휘·감독권의 일부위임(제9조 제2항), 판사회의를 두는 지원의 결정(제9조의2 제1항), 사무국을 두는 지원의 결정, 사무국 외의 국을 두는 고등법원과 지방법원의 결정(제10조 제1항), 과(課)의 설치 및 분장 사무(제10조 제2항), 사무국장을 법원부이사관 또는 법원서기관으로 보하는 지원의 결정(제10조 제3항) 등이 있다.

2) 제2편 대법원

제2편 대법원에서 위임된 규칙사항으로서는 판사가 아닌 재판연구관의 직제 및 자격 등(제24조 제4항), 파견재판연구관의 수당지급(제24조 제6항), 법관인사위원회의 조직과 운영에 관하여 필요한 사항(제25조의2 제2항) 등이 있다.

3) 제3편 각급법원

제3편 각급법원에서 위임된 규칙사항으로는 고등법원의 심판권(제28조 제2호), 민사사건에 관한 지방법원과 지원의 합의부 심판권(제32조 제1항 제2호), 가정법원 및 가정법원 지원의 합의부 심판권(제40조 제1항 제1호) 등이 있으며, 이는 심판권과 관련되기 때문에 단순한 내부규율에 해당되지 않고 소송절차에 관한 규칙으로서의 성격도 겸유할 수 있다고 보인다.

4) 제4편 법관

제4편 법관에서 규칙으로서는 판사의 근무성적 평정에 관한 사항(제44조의2 제4항), 판사의 연임절차에 관하여 필요한 사항(제45조의2 제3항), 법관의 금지행위(제49조), 휴직기간 중의 보수 지급에 관한 사항(제51

조 제2항), 보직(겸임)법관의 수(제52조 제3항) 등이 있다.

　　5) 제5편 법원직원

　제5편 법원직원에서 위임된 규칙사항으로는 법관 외 법원공무원의 수(제53조), 사법보좌관의 업무(제54조 제2항), 사법보좌관의 처분에 대한 이의신청(제54조 제3항), 사법보좌관의 자격, 직제 및 인원과 그 밖에 필요한 사항(제54조 제4항, 제5항), 기술심리관의 자격, 직제 및 인원과 그 밖에 필요한 사항(제54조의2 제5항), 조사관의 업무(제54조의3 제2항), 조사관의 자격, 직제 및 인원과 그 밖에 필요한 사항(제54조의3 제4항), 집행관의 보증금 및 집행관의 수수료에 관한 사항(제55조 제4항), 법원보안관리대의 설치와 조직 및 분장사무에 관한 사항(제55조의2 제1항) 등이 있다.

　　6) 제6편 재판

　제6편 재판에서 위임된 규칙사항으로는 감치 등에 관한 재판에 관한 절차 기타 필요한 사항(제61조 제6항)이 있다.

　　7) 제7편 대법원의 기관

　제7편 대법원의 기관에서 위임된 규칙사항으로는 법원행정처장의 위임사항(제67조 제4항), 법원행정처 실·국 및 과의 설치 및 분장사무(제71조 제1항), 법원행정처 심의관 또는 담당관의 직명과 사무분장(제71조 제3항), 사법연수생 수습기간의 변경(제72조 제2항), 학사 또는 석사학위를 취득한 자로서 사법연수원 교수의 실적 또는 경력(제74조 제2항 제4호), 신규채용되는 사법연수원 교수의 임용기간(제74조의2 제2항), 사법연수원 교수의 직명과 임용 등에 관하여 필요한 사항(제74조2 제4항), 초빙교수의 임용절차와 임용조건 및 복무에 관하여 필요한 사항(제74조의3 제2항), 파견교수의 수당(제74조의4 제2항), 사법연수원운영위원회 심의사항(제74조의5 제1항), 사법연수원운영위원회의 조직과 운영에 관하여 필요한 사항(74조의5 제3항), 사법연수원에 사무국, 과의 설치 및 분장사무(제75조 제1항), 사법연수생의 임명·수습 및 보수 기타 사법연수원의 운영에 관하여 필요한 사항(제76조), 법원공무원교육원의 운영 등에 관하여 필요한 사항(제80조), 법원도서관의 조직·운영등에 관하여 필요한 사항(제81조 제4항) 등이 있다.

8) 제8편 양형위원회

제8편 양형위원회에서 위임된 규칙사항으로는 양형위원회의 조직에 관하여 법률이 규정한 외의 필요한 사항(제81조의12 제1항)이 있다.

(3) 사무처리에 관한 규칙

소송절차에 관한 사무와 법원의 내부규율에 관한 사무

사무처리에 관한 규칙은 두 가지로 나누어 볼 수 있다. 소송절차에 관한 사무와 법원의 내부규율에 관한 사무가 그것이다. 소송절차에 관한 사항 중 기술적이고 사무적인 내용은 이 사무처리에 관한 규율사항이 될 것이며, 그 밖에 법원 내부, 즉 판사나 공무원 등의 인사나 보직, 보수, 연수, 훈련, 파견 등과 관련하여 발생하는 각종 사무처리와 관련된 규율대상은 바로 이 사무처리에 관한 규칙의 대상이라고 할 수 있을 것이다.

세부적이고 기술적인 사항

그리고 이에 관한 중요한 사항은 법원조직법이 규정하나, 그 밖의 세부적이고 기술적인 사항으로서 법원에 위임해야 할 사항들은 대법원규칙으로 위임하는 것이 합목적적이라고 할 수 있을 것인데, 위에서 언급한 법원조직법상의 많은 위임규정이 바로 그러한 것들에 해당한다고 할 수 있을 것이다.

나. 열거규정인지 예시규정인지?

열거규정인가 예시규정인가

소송절차에 관한 규칙, 법원의 내부규율에 관한 규칙, 사무처리에 관한 규칙이 과연 열거규정인가 예시규정인가? 다시 말해서 대법원은 이러한 영역 외에도 필요한 경우에 대법원규칙을 제정할 수 있는가에 관한 문제이다.

열거규정으로 볼 필요 없음

우리 헌법 제108조는 대법원이 "법률에 저촉되지 아니하는 범위 안에서" 대법원규칙을 제정하도록 명하고 있기 때문에, 위에서 말한 여러 규율대상이 굳이 열거규정이라고 할 필요는 없을 것으로 생각된다. 다시 말해서 위의 여러 분야뿐만 아니라, 그 밖의 경우에도 사법사무와 관련하여 필요하다고 생각되는 사항이 있다면, 법률과 헌법에 저촉되지 아니하는 범위 안에서 규칙으로 제정할 수 있다고 보아야 할 것이다.[42]

---

42) 동지, 김철수 외 8인 (주 31), 608면.

그리고 "소송절차", "내부규율", "사무처리"라고 하는 개념 자체가 매우 추상적이기 때문에 이러한 개념에 거의 대부분이 포섭될 수 있다고 할 수 있다. 따라서 이러한 규정이 열거규정인가 아니면 예시규정인가의 여부는 결과에 있어서 큰 차이가 없다고 볼 수 있을 것이다.

개념의 추상성으로 인하여 열거규정과 예시규정의 구별의 의미는 거의 없음

5. 관련 헌법재판소 판례

헌법재판소는 대법원 규칙의 위헌여부에 대한 헌법소원심판에서 대법원 규칙의 헌법소원대상성을 인정하였다. 즉 헌법 제107조 제2항에 따라 명령·규칙의 위헌여부가 재판의 전제가 된 경우에는 대법원이 이를 심판하여 그에 따라 재판하지만, 만일 명령·규칙 자체가 국민의 기본권을 직접 침해하는 경우에는 이에 대하여 헌법소원심판을 청구할 수 있다고 하는 것이다. 이 판례 이후 이는 확립된 판례가 되었다.[43]

대법원규칙의 헌법소원대상성 인정

대법원규칙으로의 위임 역시 헌법 제75조의 포괄위임입법금지의 원칙이 적용되는지 여부에 대하여 헌법재판소는 긍정적으로 보고 있으나 반대의견도 있다.

포괄위임입법금지의 원칙 적용

> **판례** **채무자 회생 및 파산에 관한 법률 제247조 제4항 등 위헌소원**
>
> 대법원 역시 입법권의 위임을 받아 규칙을 제정할 수 있다 할 것이고, 헌법 제75조에 근거한 포괄위임금지원칙은 법률에 이미 하위법규에 규정될 내용 및 범위의 기본사항이 구체적으로 규정되어 있어서 누구라도 당해 법률로부터 하위법규에 규정될 내용의 대강을 예측할 수 있어야 함을 의미하므로, 위임입법이 대법원규칙인 경우에도 수권법률에서 이 원칙을 준수하여야 함은 마찬가지이다.
>
> **재판관 김이수, 재판관 이진성, 재판관 강일원의 별개의견**
>
> 헌법 제75조와 달리 헌법 제108조는 법률의 위임을 요구하지 않고 '법률에 저촉되지 아니하는 범위 안에서' 소송절차 등에 관하여 대법원규칙을 제정할 수 있도록 하고 있으므로, 대법원규칙에는 법률에 저촉되지 않는 한 법률에 명시적인 위임규정이 없더라도 소송절차에 관한 행위나 권리를 제한하는 규정을 둘 수 있다. 헌법 제108조가 대법원의 규칙제정권을 인정하면서 법률의 위임을

---

43) 헌재 1990. 10. 15. 89헌마178, 판례집 제2권, 365 [위헌].

요구하지 않는 것은 권력분립의 정신에 비추어 사법의 자주성과 독립성을 보
장하기 위한 것이고, 소송절차 등에 관한 사항에 관하여 재판실무에 정통한 사
법부에서 직접 정하는 것이 전문성과 효율성을 더 살릴 수 있다는 점을 고려
한 것이다. 이러한 헌법 제108조의 규정상 국회가 소송절차 등에 관한 사항을
법률로 규정하면서 구체적 내용은 대법원규칙으로 정하도록 위임한다면, 이는
헌법이 인정하는 대법원의 규칙제정권을 확인하는 것에 불과하므로, 수권법률
에 대해서는 포괄위임금지원칙 위반 여부를 심사할 필요가 없다.

(헌재 2016. 6. 30. 2014헌바456 등, 판례집 28-1하, 535 [합헌,각하])

Ⅲ. 법관의 독립

1. 서 론

**법관의 독립과
법관의 기속**

법관의 독립에 관해서는 헌법 제103조가 규정하고 있는데, 이 조항
은 한편으로는 법관의 독립을 보장하면서도, 다른 한편으로는 법관의
기속을 명령하는 규정이다.

**헌법과 법률에
의하여 양심에
따라**

법관의 독립은 법관이 어떠한 외부나 내부 권력의 명령이나 지시로
부터 독립하여 자유로이 재판을 하여야 한다는 원칙이다. 이에 반하여
법관의 법에 대한 기속은 법관이 헌법과 법률에 의하여 양심에 따라 재
판을 해야 한다고 하는 원칙이다.

이 법관의 독립과 기속원칙의 헌법적 근거와, 그 구체적 내용, 이
법관의 독립과 기속의 원칙이 침해 되었을 경우 어떻게 이를 구제할 것
인지가 모두 문제될 수 있다.

법관의 탄핵

최근 박근혜 전 대통령과 양승태 전 대법원장 체제 하에서 벌어진
법원행정처의 소위 사법농단사태로 인하여 법관의 독립에 대한 문제가
크게 제기된 바 있었고, 또한 국회는 최근 뒤늦은 감이 없지 않지만 사
법농단 관련 판사에 대한 탄핵소추를 가결하여 헌법재판소에 법관에 대
한 탄핵심판이 계류 중이다. 우선 소위 사법농단사태는 한편으로는 사
법부 내부로부터 또는 사법행정으로부터 법관의 독립의 문제이며, 다른
한편으로 사법농단 피해자들의 신속하고도 정당한 재판을 받을 권리 등
기본권 보호의 문제이기도 하다. 그리고 법관탄핵은 법관이 헌법과 법

률에 위반되는 행위를 하였을 때, 그를 법관직으로부터 파면하여 침해된 헌법의 효력을 회복시키기 위한 목적으로 국회가 소추하고, 헌법재판소가 심판하는 제도이기 때문에, 이는 법관의 독립과 헌법과 법률에 대한 법관의 기속을 보장하기 위한 헌법보호제도 중 하나라고 할 수 있다.

2. 법관의 독립의 헌법적 근거

우리 헌법은 "법관은 헌법과 법률에 의하여 그 양심에 따라 독립하여 심판한다."고 규정하고 있다(제103조). 이것이 법관의 독립의 헌법적 근거규정인데 이 법관의 독립에 관한 규정은 1919. 9. 11. 대한민국임시헌법 제45조[44], 1944. 4. 22. 대한민국임시헌장 제51조[45]에도 규정되어 있었고, 1948년 광복헌법 이래 계속 유지되어 왔다.[46] 이 명문의 조항은 법관의 독립의 헌법적 근거가 된다.

헌법상 법관의 독립 규정의 연혁

또한 혹 법관의 독립에 관한 명문조항이 없다 하더라도, "심판"이나 "재판"이라고 하는 것은 무엇이 법인지를 둘러싸고 분쟁이 발생하였을 경우, 당사자의 신청에 의하여 공정하고 중립적인 제3의 기관이 독립적으로 무엇이 법인지를 선언하는 작용이기 때문에, 재판이라고 하는 개념 자체로부터, 그리고 사법부에 의한 권리구제제도를 제도적 요소 중의 하나로 두고 있는 법치국가원리[47]로부터 도출되는 원칙이라고 할 것이다. 그러므로 법치국가원리는 이 법관의 독립의 불문의 근거라고 할 수 있을 것이다.

법치국가원리는 불문의 근거

3. 법관의 독립과 헌법원리와의 관계

법관의 독립이 과연 어떠한 헌법원리와 가장 밀접한 관련이 있는지

헌법원리와의 관계

---

44) "司法官은 獨立하야 裁判을 行하고 上級官廳의 干涉을 受치 아니함." 김광재, 대한민국 헌법의 탄생과 기원, 윌비스 2018, 265면.

45) "審判委員長及 審判委員은 獨立하여 審判을 行하고 任可機關 或 個人의 干涉을 받지 아니함." 김광재 (주 44), 294면.

46) 석인선, 헌법 제103조, (사) 한국헌법학회 편, 헌법주석 [법원, 경제질서 등] 제101조~제130조, 경인문화사 2017, 978–994(980)면.

47) 위 제7절, 제2관, VII, 3. 참조.

또는 어떠한 헌법원리로부터 이 원칙이 도출된다고 할 수 있는지의 문제가 제기될 수 있다.[48] 왜냐하면 헌법상 구조원리들은 서로 다른 헌법적 배경을 가지고서 발전된 원리들이기 때문에 무엇을 강조하느냐에 따라서 법관의 독립의 구체적 내용이나 방향도 그 만큼 달라질 수 있게 될 것이기 때문이다.

민주주의원리
보다는 법치국
가원리와 관련 민주주의원리는 정치적 공동체를 다스릴 통치자와 국민의 대표를 선출하고 그 대표가 국가적 의사결정을 함에 있어서 국민의 뜻에 따라 하게 해야 한다는 의미에서 다수결에 의한 통치 내지 지배원리라고 할 수 있다. 법관의 독립은 이 민주주의원리와 관련된다고 하기 보다는, 법치주의원리의 가장 중요한 제도적 구성부분에 해당된다고 할 수 있다. 왜냐하면 법치주의는 우선 법에 의한 지배원리인데, 무엇이 법인지를 둘러싸고 분쟁이 발생한 경우에는 입법부와 행정부로부터 독립된 법관이 무엇이 법인지를 헌법과 법률에 의하여 자신의 양심에 따라서 올바로 판단하지 않으면 안 되며, 이러한 법관의 독립적이고도 공정한 재판을 통하여 국민들의 자유가 보장될 수 있게 되기 때문이다. 따라서 법관의 독립과 국민 기본권의 보호 그리고 사법적 정의의 실현에 있어서는 민주주의원리보다는 법치국가원리가 주된 구조원리로 등장한다고 봐야 할 것이다.

물적 독립과
인적 독립 특히 법관의 독립은 어떠한 명령이나 지시로부터의 자유를 의미하며, 재판 내용과 관련된 소위 물적 독립과 재판을 이유로 신분상 불이익을 당하지 않는다고 하는 인적 독립을 내용으로 하고 있는데, 전자의 물적 독립은 의회와, 행정부, 그리고 사법부 자체로부터의 독립뿐만 아니라, 나아가 사회의 여러 세력이나 여론으로부터의 독립까지도 포함하는 개념이라고 할 수 있다.[49]

민주주의원리
에 근거 할 경 만일 사법부가 법치주의가 아니라 민주주의원리에 따라 움직여야

---

48) 사법부 역시 제도적 정당성이나 기능적 정당성 등, 민주적 정당성을 일부나마 가지고 있다고 하는 취지의 주장을 하면서도 우리나라의 경우 선거제도의 혼탁 가능성을 이유로 법관 선거 자체에는 반대하는 견해로 임지봉, 사법권 독립의 제 문제, 공법연구 제31집 제3호(2003. 3), 165 – 189(170 – 174)면.

49) Schulze – Fielitz, in: H. Dreier (Hrsg), GG – Kommentar, Bd. III, 3. Aufl., 2018, Art. 97, Rn. 46.

한다면, 재판마저도 국민 다수의 여론에 따라서 하여야 한다는 말이 되 우의 문제
는데, 그렇게 되면 이는 법관이 헌법과 법률에 따라 재판을 해야 한다고
하는 법관의 독립 원칙 자체가 흔들릴 수밖에 없게 될 것이다.

　　그러므로 이 법관의 독립원칙과 관련해서는 법치국가원리에 따라 사법행정에
대해서는 민
주주의적 요
소 도입 필요
그 내용을 형성하도록 하는 것이 적절한 방향이 될 것이라고 본다. 다만
법관의 인사 등 사법행정과 관련되는 영역에는 상당히 민주주의적 요소
들을 도입하여 법관들에 대해서도 민주적 정당성을 보완할 수 있도록
하는 장치를 마련해 볼 수 있을 것이다.

4. 무엇으로부터의 독립인가?

　　법관의 독립은 앞서 언급하였듯이 재판에 있어서 어떠한 지시나 명 법관 독립의
내용
령으로부터 독립해서 법과 양심에 따라서 재판을 하여야 한다고 하는
물적 독립과 그리고 재판을 이유로 해서 어떠한 신분상의 불이익도 받
아서는 안 된다고 하는 인적 독립을 주 내용으로 한다.

가. 물적 독립: 모든 지시와 명령으로부터의 독립.

(1) 입법부로부터의 물적 독립

　　특히 구체적인 재판사건과 관련되는 개별사건법률로 재판에 영향 개별사건법률
로 재판에 영
향
을 미치려 하는 입법자의 행위는 법관의 독립을 해치는 것이다. 하지만
일반적 · 추상적인 법률적 상황의 변경을 통하여 문제가 있는 판례에 대
하여 대응하는 해결방식을 취함으로써 그와 관련된 사례 전체에 대하여
영향을 미치는 것은 가능하다고 할 수 있다.[50]

　　그러나 의회가 가령 결의안 등의 비공식적 조치들을 통해서 구체적 비공식적 조치
로 재판에 영
향
재판에 대하여 압력을 가하려는 시도 역시 법관의 독립에 반한다.[51] 가
령 국정감사기간 동안 국회의원들이 사법행정처장에게 구체적인 재판에
대하여 거론을 하면서 재판결과에 영향을 미치고자 하는 것은 법관의
독립을 해하는 일이다. 고위공직자범죄수사처 설치 및 운영에 관한 법

---

50) Schulze－Fielitz (주 49), Rn. 23.
51) Schulze－Fielitz (주 49), Rn. 25.

률(공수처법) 등에 대한 신속처리안건처리절차에 따른 법안처리 과정에
서 발생한 여야의원들의 폭력사태로 인하여 다수 의원들에 대하여 기소
된 바 있는데, 이러한 경우 법원에 대한 국정감사절차에서 그러한 재판
에 대하여 재판의 결론에 대하여 질문을 한다거나 영향을 주려 한다면
이는 법관의 독립에 위해를 가하는 것이 될 것이다.

법관에 대한
탄핵소추는 헌
법보호장치

한편 국회가 헌법과 법률에 반하는 행위를 한 법관에 대하여 탄핵
소추를 하는 것은 헌법보호장치를 가동시키는 것이기 때문에 그 자체가
법관의 독립을 침해하는 것은 아니다.

(2) 행정부로부터의 독립

행정부로부터
의 독립

법관의 독립은 주로 군주나 국왕으로부터의 독립의 역사52)였다고
할 수 있기 때문에 무엇보다도 법관의 독립이 문제되는 것은 행정부로
부터의 독립이라고 할 수 있다.53)

박근혜 전 대통령 정부 하에서 양승태 전 대법원장 산하 법원행정
처가 상고법원을 설치하기 위하여 청와대는 물론 국회의원들에게까지
전방위적으로 로비를 벌였던 것은 주지하는 사실이다. 그러한 과정에서
청와대가 법원행정처를 고리로 재판에 영향을 미치고자 했었던 것은 행
정부로부터의 법관의 독립의 필요성을 단적으로 드러내 주는 대표적인
사례라고 할 수 있다.

이러한 관점에서 청와대에 판사나 판사출신이 파견되어 근무하는
것은 이 법관의 독립의 관점에서 문제가 될 수 있으므로 이러한 제도들
은 지양되어야 마땅할 것이다.

(3) 사법부로부터의 독립

심급제도와 법
관의 독립

법관에 대하여 사법부 내에서 구체적인 재판에 영향을 미친다면 그

---

52) 법관의 독립사상이 가장 먼저 나타난 영국에서는 국왕과 의회간의 1세기에 걸친
논란을 거쳐서 발전되었다. 즉 법관의 독립은 이미 1215년 마그나 카르타에서도
언급되었기는 하지만, 왕권으로부터 독립된 사법제도가 결정적으로 보장되기 시
작한 것은 17세기에 이르러서 권리청원(1628), 인신보호법(1679)과 왕위계승법
(Act of Settlement)(1701)에 법관의 독립이 명문화되면서부터였다. Schulze—Fielitz
(주 49), Rn. 1. 그 밖에 미국, 일본, 독일 등 입헌례에 대해서는 석인선 (주 46),
981—986면.

53) 정덕장, 헌법 제103조, 법관의 독립, 김철수 외 8인, 주석헌법, 법원사 1992, 540면.

것도 역시 법관의 독립을 해치는 일이므로 허용되지 않는다. 다만 심급
제도의 경우는 공정한 재판을 보장하기 위하여 헌법과 법률이 정하는
제도이기 때문에, 하급심이 상급심의 파기·환송 판결에 구속되는 것은
법관의 독립을 해하는 것이 아니라, 오히려 공정한 재판을 위하여 불가
피한 일이라고 할 것이다.[54]

<table>
<tr><td>

그러나 심급제도 내에서가 아니라, 전술한 양승태 전 대법원장 산
하의 법원행정처에서 벌어졌던 사법농단 사태에서와 같이 법원행정처가
구체적인 재판에 대하여 영향을 미치고, 또한 대법원의 판례와 다른 판
결을 하급심에서 내리는 경우(이른바 "돌출판결") 징계위원회나 인사위원
회를 소집하여 그 판사에게 불이익을 가할 방법을 강구하는 등의 행위
는 명백하게 그 판사의 법관의 독립을 침해하는 행위이기 때문에 위헌
이라고 봐야 할 것이며, 이러한 사법농단에 직·간접적으로 연루된 판
사들은 헌법 제103조의 법관의 독립조항을 침해하였을 뿐만 아니라, 또
한 구체적 재판에 대한 관여가 일어난 경우에는 당해사건 당사자들의
공정한 재판을 받을 권리도 침해했다고 할 수 있으므로, 이러한 사법농
단의 가담자들은 법관탄핵의 대상이 된다고 봐야 할 것이다.

</td><td>사법농단과 법관의 독립의 저해</td></tr>
</table>

특히 우리 법관인사는 대법관회의의 동의를 얻어 대법원장이 하도
록 되어있다(헌법 제104조 제3항). 또한 법관 임기는 10년이고 법률이 정
하는 바에 따라 연임할 수 있는 것으로 되어 있기 때문에(헌법 제105조
제3항), 이 10년이 경과하고 난 후에는 절차에 따라 대법원장이 법관을
재임용하도록 되어 있는데, 이 법관재임용제도와 또한 소위 경향교류
원칙에 입각한 법관정기인사제도는 대법원장이 전국 법관을 사실상 1인
지배 체제로 복속시키는 수단으로 이용되어 왔던 것이 사실이다. 그리
하여 이 대법원장을 정점으로 하는 소위 사법부의 "줄서기"와 "관료화"
를 깨기 위하여 소위 사법평의회제도 도입 등 법관인사제도를 포함하는
사법행정제도에 대한 여러 가지 개혁논의가 계속되고 있는 것이다.

(오른쪽 방주: 대법관회의의 동의, 임기 10년)

그러므로 법관으로 하여금 행정부로부터의 그 어떠한 지시나 영향
에도 굴복하지 않고 독립적으로 재판을 할 수 있도록 하기 위해서는 대

(오른쪽 방주: 법관정기인사제도 개혁 필요)

---

54) 정덕장 (주 53), 541-542면; 석인선 (주 46), 991면.

법원장을 정점으로 하여 법원행정처에 독점되어 있는 법관인사제도와 법관정기인사제도부터 개혁해 나갈 필요가 있다고 생각된다.

사법행정은 행정영역

이 사법행정은 법이 무엇인지를 밝히는 사법영역이 아니라 일종의 행정영역에 속한다고 하는 점을 염두에 둔다면, 이러한 행정을 담당할 주체들을 사법부의 구성원들에게 맡길 것인지, 아니면 유럽의 여러 나라들이 자국의 사정에 맞게 다양하게 설치하고 있는 소위 사법행정위원

사법평의회제도

회 내지 사법평의회(Rat der Gerichtsbarkeit)[55]와 같은 별도의 기관에게 맡길 것인지, 아니면 가령 독일[56]과 같이 법무부 산하에 둘 것인지 등에 대해서는 특별히 우리 헌법은 구체적으로 규정하지 않은 상태에서 전술하였듯이 법원의 조직에 대해서는 법률로 정한다고 하고 있을 뿐이다

입법자의 형성의 자유

(제102조 제3항). 따라서 이러한 내용은 법원의 조직에 관하여 규정할 수 있는 입법자, 즉 국회의 넓은 형성의 자유에 맡겨져 있다고 할 것이다.

사법행정위원회 구성과 법관의 임명 추천권 부여

다만 법관의 임명과 관련하여 법관 인사를 특정한 국가권력에 종속되지 않고 보다 독립적으로 할 수 있도록 하기 위한 목적으로 사법행정위원회를 구성하되, 그 구성을 법관에 국한하지 않고서 검사나 변호사 그 밖에 법과대학교수나 고위 관료 등으로 출신을 다양하게 한 후, 이 사법행정위원회가 법관을 임명하게 하는 것은 헌법개정을 전제로 해서만 가능할 것이나, 현행 헌법 에서도 최종 임명권이 대법원장에게 유보되어 있는 한에서는 이러한 사법행정위원회가 법관의 임명을 추천하는 권한을 갖는 것도 가능할 것이다.

현행 헌법 하에서 사법행정위원회 설치 가능

그리고 현행 헌법 하에서 사법행정위원회를 둘 경우 법관의 임명은 대법관회의의 동의를 얻어 대법원장이 하도록 되어 있기 때문에 이러한 헌법적 틀을 해치지 않는 범위 내에서 여러 가지 법원행정업무와 예산을 담당할 행정기관을 설치하고, 법원행정처의 업무를 그 기관으로 이양하는 것은 얼마든지 가능하다고 보인다.

---

55) 이에 대하여는 Gert Schernthanner, Internationaler Rechtsvergleich über die Organisation der Spitzen der Justizverwaltung aller EU-Mitgliedsstaaten, DRiZ 2007, S. S. 272 ff.

56) 독일, 오스트리아, 스위스의 법관 임명제도에 대해서는 Fabian Wittreck, Die Verwaltung der dritten Gewalt, Tübingen 2006, S. 532 f.

이 때 그러한 사법행정위원회의 위원장을 누가 맡게 할 것인가와 관련하여 제21대 국회에서 제출된 이탄희의원 대표발의한 법원조직법중 일부개정법률안[57]은 대법원장이 이를 맡게 하고 있는바, 만일 그와 같이 하게 되면 사법행정에 관하여 여전히 대법원장이 지배할 수 있게 될 것이기 때문에 종래 대법원장이 가지고 있는 소위 '제왕적 대법원장'[58]의 역할을 제거하지 못할 가능성이 크다고 보인다. 물론 대법원장의 이러한 비대한 권한(대법관 임명제청권, 헌법재판관 3인 지명권, 법관 임명권)은 헌법개정이 없이는 잘 해결되지 않을 것이라고 생각된다.

대법원장이 사법행정위원회 위원장을 맡는 것은 바람직하지 않음

(4) 정당으로부터의 독립

다음으로 법관은 정당으로부터도 독립되어야 한다. 특히 정당은 국민의 정치적 의사형성에 참여하는 기능을 하는 단체이지만, 궁극적으로 각 정당들의 현실적 목표는 차기 대통령선거나 국회의원선거 그리고 지방자치단체장 및 지방의회 선거에서 승리하여 정권을 쟁취하거나 의회의 다수를 점하는 것이 목표이다. 이러한 목표 달성을 위하여 정당들은 오늘날도 가능한 모든 수단들을 동원하고 있는 것이 현실이다. 그리하여 가령 영장전담판사의 영장발부를 포함하여, 지난번 추미애 전 법무부 장관의 윤석열 검찰총장에 대한 직무정지 및 징계처분에 대한 가처분 결정들의 사례에서도 드러났듯이 정당들은 자신들의 정치적 이해득실에 따라서 법관의 영장발부여부나 가처분신청의 인용여부에 대한 결정에 대해서 그때그때 상당한 비판의견을 정당 차원에서 표명해 온 사례가 적지 않다. 그러나 정당의 ─ 여야를 불문하지만 특히 여당의 경우에 더욱 ─ 법관의 재판에 대한 비판은 법관에 대한 독립을 침해할 우려가 있기 때문에, 정당 활동의 자유의 합헌적 보호영역을 넘어서지

정당활동의 자유영역을 넘어선 관여 자제

---

57) 2020. 7. 6. 의안번호 1458.

58) 위 이탄희 의원 대표발의안 자체에서 법안제출의 이유에 대하여 전술한 사법농단사태의 주된 이유가 이 제왕적 대법원장제도에 있다고 파악하고 있다. 즉 "양승태 대법원장 시절 법원행정처는 상고법원 도입을 위해 행정부와 입법부에 로비하고, 상고법원 도입을 반대하는 사람들을 사찰했으며, 비판적인 판사들의 블랙리스트를 만들어 관리하는 등 '사법행정권을 남용'하였음. 나아가 강제징용·통상임금·전교조 사건 등에서 재판절차에 개입하고 박근혜 정부와 '재판거래'를 시도했다는 의혹이 드러났음. 이러한 사태는 제왕적 대법원장·법관의 관료화 등 견제받지 않은 사법행정에 기인한 것임."

않는 범위 내에서 이를 자제해야 할 필요가 있다고 하겠다.

(5) 사회로부터의 독립

사회의 각종
영향으로부터
보호 필요

마지막으로 법관을 사회로부터의 각종 영향으로부터 보호하는 것
도 매우 중요하다고 생각된다. 특히 재벌, 노동조합, 경제인단체 등 각
종 이익단체와 경제적 능력 있는 사인으로부터 법관의 재판의 독립성을
보장하는 것 역시 국가로부터 법관의 독립을 보장하는 것 못지않게 중
요하다고 생각된다.

사회구성원들
은 동시에 기
본권주체

다만 사회에 소속되어 있는 사인들은 일단 국가기관과 달리 기본권
의 주체라고 하는 점을 감안하지 않으면 안 된다. 다시 말해서 이들은
언론·출판, 집회·결사의 자유와 학문·예술의 자유, 선거운동의 자유
등의 기본권주체로서 어떠한 재판에 대하여 자유로이 비판을 하고, 또
한 학문적 차원에서도 자유로이 비판하고 토론을 할 수 있는 것이다.[59]
그렇다면 이들의 표현행위가 재판의 독립을 이유로 금지될 수 있는 것
은 아니라고 봐야 할 것이다.[60] 혹 재판의 독립을 저해할 우려가 있다
하더라도, 충돌하는 양 법익이 실제적 조화의 차원에서 최대한 실현될

---

59) 동지, 석인선 (주 46), 991-992면.

60) 이러한 차원에서 이러한 법관의 독립은 일종의 법관의 기본권으로서 대국가적
효력뿐만 아니라 대사인적 효력이 적용되어야 할 것이라고 하면서 "입법자는 이
러한 헌법규정의 정신에 따라 사법권독립의 원칙을 비국가적 영역에까지 확대하
라는 헌법적 위임을 받고 있으므로, 그에 따라 이를 보장하기 위한 법률을 제정
하여야 하고, 실정법의 해석에 있어서도 이러한 요청을 고려하여야 한다."고까지
강조하는 견해{정덕장 (주 53), 544면}가 있으며, 이와 유사하게 독일에서 사회의
단체나 여론으로부터 법관의 독립을 보호하는 것은 경우에 따라서는 입법자의
보호의무를 성립시킬 수도 있다는 취지의 주장{Schulze-Fielitz (주 49), Rn. 46.
참조}도 있으나 이러한 주장이나 이론이 설득력이 있으려면 첫째, 법관의 독립이
독일에서의 논의와 같이 법관의 주관적인 기본권 내지 기본권유사적 권리로서
볼 필요성과 가능성이 있을 것인지, 둘째, 가사 그러한 필요성과 가능성을 인정
하고서 그 기본권의 대사인적 효력을 인정한다 하더라도, 그렇게 할 경우에 오히
려 기본권의 수범자인 법관에게 기본권의 주체성을 인정함으로써 사인의 기본권
이 제한되는 불측의 부작용이 일어날 수 있는 것은 아닌지, 셋째, 국가기관이 법
관의 독립을 해할 경우에는 이러한 이론적 가능성을 인정할 필요도 어느 정도 인
정해 볼 수 있고, 그러한 의미에서 법관의 독립이라고 하는 헌법적 법익이 중요
하지만 그것이 언론·출판의 자유와 학문·예술의 자유 등 사인의 기본권 보다 언
제나 우월한 헌법적 법익이라고 할 수 있는 이유는 무엇인지, 즉 만일 양자가 충
돌할 경우에 이러한 기본권들과의 실제적 조화의 가능성은 없는지 등에 대해서
좀 더 심도있게 검토해 본 후 그에 대한 결론을 내릴 필요가 있다고 생각된다.

수 있도록 헌법을 해석하지 않으면 안 될 것이다.

나. 인적 독립

법관은 탄핵 또는 금고이상의 형의 선고에 의하지 아니하고는 파면 되지 아니하며, 징계처분에 의하지 아니하고는 정직·감봉 기타 불리한 처분을 받지 아니한다(제106조 제1항). 법관이 중대한 심신상의 장해로 직무를 수행할 수 없을 때에는 법률이 정하는 바에 의하여 퇴직하게 할 수 있다(제106조 제2항).

법관의 재판을 이유로 인사상 불이익의 금지

이와 같이 헌법이 규정하는 예외적인 경우 외에는 법관의 재판을 이유로 인사상 불이익한 처분을 받을 수 없도록 한 것이 법관의 인적 독립이다. 법관이 재판을 이유로 신분상 불이익을 받게 될 것을 안다면, 법관이 헌법과 법률에 따라 양심에 의하여 재판을 할 수 없게 될 것이 다. 그러므로 이 법관의 인적 독립은 물적 독립과 밀접 불가분의 관계에 있는 것이다.

인적독립은 물적독립과 관련

헌법재판소는 법원의 근무성적평정에 관한 사항을 대법원규칙으로 위임한 것은 포괄위임입법금지의 원칙에 위반되지 않으며, 또한 연임결 격조항은 사법의 독립을 침해한다고 볼 수 없다고 판단한 바 있다.

법원의 근무성적평정 대법원규칙 위임 합헌(헌재)

> **[판례]** 구 법원조직법 제45조의2 제2항 제2호 등 위헌소원
>
> 1. 입법권이 사법권에 간섭하는 것을 최소화하여 사법의 자주성과 독립성을 보장한다는 측면과 사법권의 적절한 행사에 요구되는 판사의 근무와 관련하여 내용적·절차적 사항에 관해 전문성을 가지고 재판 실무에 정통한 사법부 스스로 근무성적평정에 관한 사항을 정하도록 할 필요성에 비추어 보면, 판사의 근무성적평정에 관한 사항을 하위법규인 대법원규칙에 위임할 필요성을 인정 할 수 있다. 또한 관련조항의 해석과 판사에 대한 연임제 및 근무성적평정제 도의 취지 등을 고려할 때, 이 사건 근무평정조항에서 말하는 '근무성적평정에 관한 사항'이란 판사의 연임 등 인사관리에 반영시킬 수 있는 것으로 사법기능 및 업무의 효율성을 위하여 판사의 직무수행에 요구되는 것, 즉 직무능력과 자 질 등과 같은 평가사항, 평정권자 및 평가방법 등에 관한 사항임을 충분히 예 측할 수 있으므로 이 사건 근무평정조항은 포괄위임금지원칙에 위배된다고 볼 수 없다.

2. 이 사건 연임결격조항의 입법목적과 관련조항의 해석 및 용어의 사전적 의미 등을 종합하면, 이 사건 연임결격조항에서 말하는 '근무성적이 현저히 불량한 경우'란 판사의 직무수행에 관한 평가 결과가 뚜렷이 드러날 정도로 나쁜 경우로 충분히 해석할 수 있으며, 그 내용이 불명확하여 수범자인 판사에게 예측가능성을 제공하지 못하거나 법 집행자에게 자의적인 법해석이나 법집행을 허용하고 있다고 할 수 없으므로 명확성원칙에 위배되지 아니한다.

3. 이 사건 연임결격조항은 직무를 제대로 수행하지 못하는 판사를 그 직에서 배제하여 사법부 조직의 효율성을 유지하기 위한 것으로 그 정당성이 인정된다. 판사의 근무성적은 공정한 기준에 따를 경우 판사의 사법운영능력을 판단함에 있어 다른 요소에 비하여 보다 객관적인 기준으로 작용할 수 있고, 이를 통해 국민의 재판청구권의 실질적 보장에도 기여할 수 있다. 나아가 연임 심사에 반영되는 판사의 근무성적에 대한 평가는 10년이라는 장기간 동안 반복적으로 실시되어 누적된 것이므로, 특정 가치관을 가진 판사를 연임에서 배제하는 수단으로 남용될 가능성이 크다고 볼 수 없다. 근무성적평정을 실제로 운용함에 있어서는 재판의 독립성을 해칠 우려가 있는 사항을 평정사항에서 제외하는 등 평정사항을 한정하고 있으며, 연임 심사과정에서 해당 판사에게 의견진술권 및 자료제출권이 보장되고, 연임하지 않기로 한 결정에 불복하여 행정소송을 제기할 수 있는 점 등을 고려할 때, 판사의 신분보장과 관련한 예측가능성이나 절차상의 보장이 현저히 미흡하다고 볼 수도 없으므로, 이 사건 연임결격조항은 사법의 독립을 침해한다고 볼 수 없다.

재판관 김이수, 재판관 이진성, 재판관 강일원의 이 사건 근무평정조항에 대한 별개의견

이 사건 근무평정조항은 헌법 제108조에서 허용한 대법원규칙의 제정범위에 속하는 것이며, 이 부분에 관하여 대법원규칙과 저촉되는 내용을 규정하고 있는 법률 규정이 존재하지 않으며, 오히려 법률은 근무성적평정에 관한 사항을 대법원규칙으로 정하도록 명시적으로 확인하고 있을 뿐이므로, 이 사건 근무평정조항에 대한 포괄위임금지원칙 위반 여부를 심사할 필요가 없다.

(헌재 2016. 9. 29. 2015헌바331, 판례집 28-2상, 455 [합헌])

5. 법관의 독립의 주체

법관 독립의
주체

　　법관의 독립의 주체가 과연 법관인가 아니면 사법부(법원)인가 하는 문제를 제기해 볼 수 있다. 특히 전술한 양승태 전 대법원장 산하의 법

원행정처는 상고법원 설치를 위하여 법원행정처의 정책이나 지시에 따르지 않는 법관들에 대하여 사찰하고, 블랙리스트를 작성하고, 심지어 소위 '돌출판결'을 하는 판사에 대하여는 인사위원회나 징계위원회를 소집하는 등의 각종 인사상 불이익을 가했지만 이러한 법원행정처가 아이러니 하게도 사법부의 독립을 더욱 강조해 왔었기 때문이다.

헌법 제103조는 법관은 헌법과 법률에 의하여 그 양심에 따라 독립하여 심판한다고 규정하고 있으므로, 독립의 주체와 관련하여 헌법이 직접 언급하고 있는 것은 "법관"이다. 그러므로 사법부의 독립과 법관의 독립이 서로 충돌하는 현상을 가정한다면 그러한 경우에는 법관의 독립이 우선한다고 봐야 할 것이다. 물론 구체적 재판과 관련해서 최고법원의 판례와 다른 하급심 판결은 최종적으로 상고심에 올라가서 파기·환송될 가능성이 크지만 이 문제는 상급심과 하급심간의 갈등의 문제라고 하기 보다는 공정한 재판의 제도적 보장을 위함이라는 것은 전술한 바와 같다. 이러한 심급제도 외에서 법원행정처의 정책방향과 개별 법관의 재판이 서로 충돌할 경우 소위 사법부의 독립이나 혹은 사법부의 이익을 유지하기 위한 명목으로 법원행정처가 법관의 재판에 직접 개입하거나 관여하려 하는 것은 법관의 독립을 해치는 일이다. `법관이 주체`

다만 법원행정처가 이와 같이 법관의 독립을 저해하려 시도하였던 예외적인 사례 외의 영역에서는 사법부의 독립이 없는 법관의 독립은 생각하기 힘들다. 따라서 헌법 제103조가 언급하고 있는 법관의 독립은 넓게는 사법부, 즉 법원의 독립을 포함하는 것으로 봐야 할 것이다. `법원의 독립을 포함`

다만 사법부의 독립을 말한다고 해서 그것이 곧 순수한 재판기능과 상관없는 모든 분야, 가령 법관의 인사권, 법원의 예산편성권 등을 포함하는 법원행정기능이 모두 반드시 행정부로부터 독립적으로 이루어져야 한다는 의미는 아니다. 오히려 이러한 법원행정 영역은 독일이나 오스트리아, 스위스처럼 법무부 소관으로 두거나, 그 밖의 남서 유럽의 여러 나라들과 같이 소위 사법평의회라고 하는 제도를 두고서 그 구성과 운영에 있어서 민주적 정당성의 요소를 가미하게 할 수도 있음은 전술한 바와 같다. `법원행정기능은 제외`

6. 심판(재판)의 기준

가. 헌법과 법률

(1) 헌 법

법관의 헌법에
의 구속

법관이 구속되는 첫 번째 규범은 헌법이다. 헌법은 국가의 최고 효력을 가지는 법적 기본질서이다. 그리고 이 헌법에 모든 국가기관이 구속되는 것은 헌법이 가지는 최고의 효력으로부터 당연히 나오는 것이지만 이 최고규범성은 전술[61]하였듯이 헌법 제10조 제2문이나 헌법 제107조 제1항과 제2항, 헌법 제111조 제1항 등으로부터 알 수 있다.

성문헌법국가
에서 헌법관습
법의 존재가능
성은 거의 희
박

그리고 이 헌법에는 소위 헌법관습법도 포함될 수 있으나, 불문법 국가가 아니고 성문법 국가인 우리나라에서 헌법의 명문규정에 반하는 내용의 헌법적 효력을 가지는 국가적 관행을 인정하기 힘들고, 또한 혹 헌법에서 규정하지 않은 국가적 생활영역이 있다고 하더라도 그러한 흠결은 헌법재판소의 헌법해석을 통하여 적절히 구체화되거나 보충될 수 있다고 하는 점 등을 고려할 때, 헌법관습법의 존재가능성은 거의 희박하다고 생각된다.[62]

(2) 형식적 의미의 법률

형식적 의미의
법률에의 구속

형식적 의미의 법률이란 형식적 입법자인 국회가 제정하여 대통령이 공포한 규범이다. 법관은 법적 분쟁이 발생하여 소송이 제기된 경우 이 사건에 적용될 법률을 해석하고 적용하여 결론을 내는 작용이므로 법관은 당연히 이 형식적 의미의 법률에 구속된다.

(3) 실질적 의미의 법률: 법규명령, 관습법, 조리, 규칙, 자치법규

법규명령, 관
습법, 조리에
구속

나아가 법관은 대통령령, 총리령, 부령과 같이 헌법 제75조와 제95조에 따라 제정된 법규명령과 규칙(국회: 헌법 제64조 제1항, 대법원: 제108조, 헌법재판소: 제113조 제2항, 중앙선거관리위원회: 제114조 제6항), 자치법규(헌법 제117조 제1항), 나아가 관습법 및 조리에도 구속된다. 물론 조리라고 하는 것은 법관이 형성한 법관법의 일종이라 할 수 있을 것이며, 만일 이것이 최고법원인 대법원의 확립된 판례로 굳어졌다면 법관들도 이

---

61) 헌법의 최고규범성에 대해서는 위 제1절, Ⅱ, 1. 참조.
62) 헌법재판소의 관습헌법론에 대한 비판으로는 위 제1절, I, 4. 참조.

확립된 판례나 조리에 원칙적으로 구속된다고 봐야 할 것이다. 이러한 구속이 영미법상의 선례구속의 원칙(stare decisis)[63]과 같은 정도라고 할 수야 없겠지만, 만일 그렇지 않을 경우 그 재판은 당사자의 헌법상 평등권을 침해할 가능성도 있기 때문이다. 다만 구체적 사건에서 최고 법원에 의하여 확립된 판례로부터 벗어나야 할 합리적 사유가 있는 경우에는 당연히 이 확립된 판례에 구속될 필요가 없이 법률에 대한 다른 해석을 할 수 있다고 하겠다. 우리 법원조직법 제8조가 상급법원 재판에서의 판단은 해당 사건에 관하여 하급심을 기속한다고 규정하고 있는 것도 이와 같은 맥락이라고 이해되고 있다.[64]

(4) 국제규범

그 밖에 헌법 제6조에 따라 헌법에 의하여 체결 · 공포된 조약과 일반적으로 승인된 국제법규는 국내법과 같은 효력을 가지기 때문에, 이러한 국제규범에 법관이 구속되는 것은 당연하다.

조약과 국제법 규에의 구속

나. 양 심

헌법 제103조는 헌법과 법률에 의하여 양심에 따라 독립하여 심판한다고 규정하고 있다. 이 "양심에 따라"라고 하는 문구는 1962년 헌법 때 처음으로 추가되었다.[65]

법관의 양심에 구속

학계에서는 이 "양심"의 개념은 법관 개인의 주관적 양심이 아니라 법관으로서의 직업적(객관적) 양심이라고 하는 점을 강조하면서, 비록 법관의 개인적 양심이 사형을 반대하더라도, 그 이유만으로 사형판결을 포기해도 안 되고, 또는 일부다처제를 신봉하고 있다 하더라도 간통죄를 무죄로 선고해서는 안 된다고 한다.[66]

직업적, 객관적 양심

---

63) 정덕장 (주 53), 542면.

64) 정덕장 (주 53), 541−542면

65) 1960년 헌법 때까지만 하더라도 "법관은 헌법과 법률에 의하여 독립하여 심판한다."고 규정되어 있었으나 1962년 헌법 제98조에서부터 이 조항에 "그 양심에 따라"라고 하는 문구가 추가되었다.

66) 정덕장 (주 53), 537면 – 이 주석은 헌법재판소에 의하여 간통죄가 위헌결정(헌재 2015. 2. 26. 2009헌바17 등)되기 훨씬 전의 것이다. 이러한 구분론과 달리 양자의 구별에 대하여 회의적인 견해로는 양건 (주 9), 1415면.

주관적 판단의
개입 문제

    적어도 법관이 재판기관으로서 헌법과 법률에 따라 공정하게 재판을 하기 위해서는 자신의 개인적 양심이나 신념 또는 신앙적 확신에 따라서가 아니라, 헌법과 법률에 따라서 재판을 해야 하는 것은 당연하지만 그 헌법과 법률을 해석함에 있어서 어느 정도 법관 개인의 주관적 확신이나 양심이 작용할 수밖에 없는 것이 사실일 것이다. 왜냐하면 법규범의 일반성, 추상성으로 인하여 그에 대한 해석이 항상 일의적일 수만은 없고, 다양한 차원에서 법관의 주관적 판단이 개입되어 구체적인 결론에 이를 수밖에 없기 때문이다.

위헌법률심판
제청

    이 경우 어떠한 법률이 위헌임에도 불구하고 그 법률을 적용해야 하는가 하는 문제와 관련해서는 가령 법관이 재판의 전제가 된 법률이 헌법에 위반된다고 확신하거나 위헌이라고 하는 합리적 의심에 이른 경우에 법관은 헌법 제107조 제1항에 따라 헌법재판소에 그 위헌여부의 심판을 제청하여 그 심판에 따라 재판을 하여야 한다. 그리고 명령·규칙의 위헌여부가 재판의 전제가 된 경우에는 대법원이 최종적으로 심사할 권한을 가진다.

개인적 양심과
직업적 양심의
충돌, 법관의
회피가능성 있
어야 함

    이와 같이 위헌제청을 하였음에도 불구하고 헌법재판소가 가령 사형제도에 대한 헌법재판소의 합헌결정의 사례와 마찬가지로 여전히 합헌결정을 내렸을 경우, 그리고 법관에게 허용된 양형재량을 다 사용하더라도 사형판결 밖에 내릴 수 없는 경우와 같이 개인적 양심과 직업적 양심이 여전히 충돌하는 상황에서는 결국 자신의 개인적 양심의 자유를 유지하기 위해서는 그 사건으로부터 회피하거나, 혹은 법관직을 사임할 수밖에 없을 것이다. 그러나 후자의 경우는 지나치게 가혹할 수 있고, 오히려 이것이 소위 법관의 독립원칙을 해칠 수 있다. 그러므로 이 경우에는 법관의 회피가능성을 열어 두어야 할 것이다. 왜냐하면 직업 법관이라고 해서 헌법상 양심의 주체이기도 한 법관의 개인적 양심이 허용하지 않음에도 불구하고 객관적 양심에 따른 재판을 강요할 수는 없을 것이기 때문이다.

7. 법관의 독립에 대한 침해의 구제

가. 객관적 헌법보호제도

만일 국가기관, 즉 입법부나 행정부 또는 사법행정처 소속 법관 등 이 법관의 독립을 해하는 행위를 한 경우 그에 대한 쟁송수단이나 헌법 보호제도으로서 다음과 같은 권리구제절차나 소송을 생각해 볼 수 있을 것이다.

쟁송수단, 권 리구제절차

첫째, 현재 양승태 전 대법원장을 비롯하여 소위 사법농단 연루 판 사들의 재판이 계류중인 것과 같이 그들에 대한 직권남용죄의 형사책임 을 묻는 방법이다.

형사재판

둘째, 법관의 독립을 침해한 공무원에 대한 탄핵심판을 할 필요가 있다. 즉 법관의 독립을 해한 자들의 형사책임을 묻는 방법은 그들이 저 지른 책임이 단순히 형법적인 것 뿐 아니라, 헌법 제103조의 법관의 독 립이라고 하는 헌법적 원칙과 당사자의 신속하고도 공정한 재판을 받을 권리(헌법 제27조 제1항)를 침해한다고 하는 점에서 위헌적 행위라 할 수 있기 때문에, 침해된 헌법의 효력을 회복하는 차원에서 탄핵의 대상이 될 수 있는 공무원들에 대해서는 국회가 탄핵소추를 할 수 있을 것이다.

탄핵심판

나. 주관적 권리보호제도

독일에서 법관의 독립은 주관적으로는 법관의 주관적 공권이라고 하는 시각을 우리도 주목해 볼 필요가 있다. 만일 법관의 독립이 해쳐지 게 되는 경우 법관은 주관적으로 자신의 권리(기본권유사적 권리)가 침해 된다고 할 수 있기 때문에[67], 그러한 침해행위에 대하여 헌법소원심판 을 청구하거나 그 행위의 위법을 다투는 행정소송을 제기할 수 있어야 할 것이다.

헌법소원심판 청구

이러한 쟁송가능성이 있다면 다양한 유형의 법원행정을 통한 법관 의 독립에 대한 침해는 사후적으로라도 방지될 수 있을 것이다. 물론 그 것은 또 다른 형태의 재판이 될 수밖에 없으나, 가령 헌법소원의 경우는

법관독립과 관 련 법관의 헌 법소원심판청 구 가능성 도 입 검토 필요

---

67) Schulze — Fielitz (주 49), Rn. 16.

헌법재판소를 통한 것이기 때문에 법관의 독립이 해쳐졌는지 그리하여 그 침해행위가 위헌인지 여부를 판단할 수 있다는 점에서 우리 법제 하에서의 수용을 검토해 볼 필요가 있다고 하겠다.

이 경우 법관 인사와 관련한 침해에 대하여 헌법소원심판을 청구한 사례[68]에서는 소청심사를 거치지 않았다거나 행정소송을 거치지 않았다는 이유로 보충성원칙 위반으로 각하한 사례(방○선 판사 사건)[69]가 있으나, 이 사건 심판에서 변정수 재판관의 반대의견[70]이 잘 주장하고 있듯이 법관의 독립에 대한 침해를 확인하고 인사불이익에 대한 구제를 받고자 하여 청구한 헌법소원심판에서 최종적으로는 법원행정처의 소관이라 할 수 있는 소청심사나 또는 최고법원인 대법원에 의한 최종심을 받을 수밖에 없는 행정소송을 거칠 것을 요구하는 것은 권리구제의 기대가능성이 없어 보충성의 예외를 인정했어야 하는 사례로 봤어야 하지 않을까 하는 생각이 든다.

법관인사에 관한 헌법소원 보충성원칙 결여 각하

변정수 재판관의 반대의견

8. 관련 헌법재판소 판례

헌법재판소는 법관의 독립이 전술한 물적 독립과 인적 독립의 보장임을 확립된 판례로서 정립하고 있다.[71]

그리고 전술한 바와 같이 법관에 대한 인사불이익에 대한 헌법소원심판청구에 대하여 보충성원칙 결여로 각하한 사례가 있다.

> 판례 **방○선 판사 사건: 인사명령취소**
> 공무원은 임용권자가 누구인가를 가리지 아니하고 국민에 대한 봉사자이며,

---

68) 이 사건에서 청구인은 피청구인(대법원장)의 1992.8.21.자 청구인에 대한 전보발령처분이 법관에 대한 정당한 인사교류를 목적으로 한 것이 아니고, 명백히 청구인의 귀경을 저지하기 위한 자의적인 처분이어서 헌법상 보장된 청구인의 평등권, 법관의 독립과 신분보장제도를 침해한 것이라는 이유를 들어 이의 취소를 구하고 있다. 여기에서 법관의 독립을 자신의 주관적 권리로 주장하지는 않았지만 위 독일 Schulze-Fielitz (주 49)의 주장과 상당히 유사한 청구였다고 할 수 있다.

69) 헌재 1993. 12. 23. 92헌마247, 판례집 제5권 2집, 682 [각하].

70) 헌재 1993. 12. 23. 92헌마247, 판례집 제5권 2집, 682, 713.

71) 헌재 1992. 11. 12. 91헌가2, 판례집 제4권, 713, 727 [한정위헌]; 헌재 2012. 2. 23. 2011헌마233, 공보 제185호, 521 [기각], 523.

국민에 대하여 책임을 지는 지위에 있고, 특히 법관은 헌법 제103조가 "법관은 헌법과 법률에 의하여 그 양심에 따라 독립하여 심판한다"고 규정하여 법관의 독립을 보장하고 있을 뿐만 아니라 헌법과 법률에 의하여 그 신분을 두텁게 보장함으로써 이를 뒷받침하고 있는 것이므로 소청심사위원이나 행정소송의 재판을 담당할 법관에 대한 인사권자와 청구인에 대한 이 사건 인사처분권자가 동일인이라는 이유만으로 소청이나 행정소송절차에 의하여서는 권리구제의 실효성을 기대하기 어렵다고 할 수 없다. 만약, 이 사건과 같은 경우까지를 위 보충성의 원칙에 대한 예외적인 사유가 있는 것으로 인정한다면, 사실상 사법행정과 관련된 일체의 쟁송은 국가권력에 의한 개인의 권리침해를 구제하여야할 일차적이고도 기본적인 권한과 책임을 가지고 있는 법원의 관할에서 완전히 배제되고 오로지 헌법재판소만이 이를 담당해야 한다는 결론에 이르게 되고, 그것은 바로 사법제도의 본질과 헌법상의 법치주의의 원칙에도 반하는 것이 된다.

재판관 변정수의 반대의견

헌법 제106조에 규정된 법관의 신분보장상의 "불리한 처분"에는 법관의 의사에 반하는 전보처분도 당연히 포함되므로, 청구인에 대한 경우 객관적 · 합리적 이유에서가 아니라 피청구인에게 잘못 보여 청구인의 의사에 반하여 광주지방법원 목포지원에서 광주지방법원(본원)으로 전보발령되었다면 이는 불리한 인사처분으로서 피청구인의 법관인사권 남용이고 헌법 제106조에 의하여 보장된 법관의 신분보장권 침해이며, 청구인은 정당한 이유 없이 다른 법관에 비하여 불리한 처분을 당한 것이어서 평등권을 침해받은 것이다.

(헌재 1993.12.23, 92헌마247, 판례집 제5권 2집, 682, 693-694)

한편 법률이 법관의 양형재량의 여지가 거의 없게 법정형을 규정한 경우 이는 법관의 독립의 원칙에 위배될 뿐만 아니라 법관에 의한 재판을 받을 권리를 침해한다고 하는 것이 헌법재판소의 확립된 판례[72]이다.

법관의 양형재량이 없는 법정형 위헌(헌재)

---

72) 합헌: 헌재 1995. 4. 20, 93헌바40, 판례집 제7권 1집, 539, 555; 헌재 2006. 12. 28. 2005헌바35, 공보 제123호, 44, 47. 위헌: 헌재 2003. 11. 27, 2002헌바24, 판례집 제15권 2집 하, 242, 243-244.

Ⅳ. 법관의 법적 지위

1. 임 기

대법원장 6년 중임금지, 대법관 6년 연임 가능, 법관 10년 연임가능

대법원장의 임기는 6년이며 중임할 수 없다(제105조 제1항). 대법관의 임기는 6년이며, 법률이 정하는 바에 의하여 연임할 수 있다(제105조 제2항). 그리고 일반 법관의 임기는 10년으로 하며, 법률이 정하는 바에 의하여 연임할 수 있다(제105조 제3항).

2. 법관자격 법정주의

법관의 자격은 법률로 정한다(제101조 제3항).

대법원장과 대법관 대통령 임명, 판사 대법원장 임명

대법원장은 국회의 동의를 받아 대통령이 임명한다. 대법관은 대법원장의 제청으로 국회의 동의를 받아 대통령이 임명한다. 판사는 인사위원회의 심의를 거치고 대법관회의의 동의를 받아 대법원장이 임명한다.(헌법 제104조. 법원조직법 제41조).

3. 신분보장

인적 독립에 관한 조항

법관은 탄핵 또는 금고이상의 형의 선고에 의하지 아니하고는 파면되지 아니하며, 징계처분에 의하지 아니하고는 정직·감봉 기타 불리한 처분을 받지 아니한다(제106조 제1항).[73] 이 조항은 법관의 인적 독립에 관한 조항임은 전술한 바와 같다.

심신장해로 인한 직무수행 불능의 경우

법관이 중대한 심신상의 장해로 직무를 수행할 수 없을 때에는 법률이 정하는 바에 의하여 퇴직하게 할 수 있다(제106조 제2항).

> 판례 헌법에 의하여 그 신분이 직접 보장되고 있는 법관이 적법절차에 의하지 않고 그 의사에 반하여 해직이 강제된다면 사적으로는 법관 개인의 인간적인 존엄과 가치 및 행복추구권에 심각한 상처를 입게 되겠지만, 공적으로도 사법

---

73) 이 조항은 연혁적으로 1919. 9. 11. 대한민국임시헌법 제46조로 거슬러 올라간다. 즉 "사법관은 형법의 선고 또는 징계의 저분에 의하지 않으면 면직당하지 않는다"(저자가 현대 어법으로 수정함.) 김광재 (주 44), 265면.

권독립과 법치주의에 중대한 위협이 될 것이다. 위에 설시한 적법절차는 비단 신체의 자유(헌법 제12조)에서만이 아니고 모든 기본권보장과 관련이 있는 것이고(헌법재판소 1990.11.19. 선고, 90헌가48 결정 참조), 법치주의의 구체적 실현원리라고 할 것이다.

(헌재 1992. 11. 12. 91헌가2, 판례집 4, 713 [한정위헌])

V. 법원의 재판권

1. 위헌법률심판제청권

법률이 헌법에 위반되는 여부가 재판의 전제가 된 경우에는 법원은 헌법재판소에 제청하여 그 심판에 의하여 재판한다(헌법 제107조 제1항). 따라서 법률의 위헌여부가 문제될 경우 법원이 할 수 있는 것은 헌법재판소에 그 위헌여부를 제청하는 것이다. 이를 위헌법률심판제청권이라 한다.

> 법관의 위헌법률심판제청권

2. 명령 · 규칙 처분의 위헌 · 위법여부 심판권

이에 반하여 명령 · 규칙 또는 처분이 헌법이나 법률에 위반되는 여부가 재판의 전제가 된 경우에는 대법원은 이를 최종적으로 심사할 권한을 가진다.

> 대법원의 위헌·위법 심사권

이와 관련하여 명령 · 규칙에 대한 헌법소원심판이 청구된 경우에 헌법재판소가 명령·규칙의 위헌여부에 대하여 심판할 수 있는지 여부에 대하여 논란이 된 바 있으나, 헌법재판소는 명령 · 규칙의 위헌여부가 재판의 전제가 된 것이 아니라, 직접 국민의 기본권을 침해하는 경우에는 이에 대한 직접적인 헌법소원이 가능하며 헌법재판소는 그 위헌여부에 대하여 심판할 수 있다고 한 바 있다.[74]

> 기본권침해와 관련 시 헌법소원 가능

이와 관련하여 대법원의 명령 · 규칙의 위헌여부에 대한 결론과 헌법재판소의 그것이 서로 다를 경우가 발생할 수 있는데 이 경우 그 법

> 헌법재판소 결정의 일반적 기속력 및 대세적 효력

---

74) 헌재 1990. 10. 15. 89헌마178, 판례집 제2권, 365 [위헌].

적 효과가 어떻게 될 것인지가 문제될 수 있다. 그러나 대법원의 명령·
규칙에 대한 위헌결정은 당해사건에만 효력을 미치는 것인 데 반하여,
헌법재판소의 명령·규칙에 대한 위헌결정은 헌법소원에 대한 인용결정
으로서 모든 국가기관과 지방자치단체를 기속하는 대세적 효력을 가지
는 것이므로, 대법원 역시 헌법재판소의 위헌결정에 기속된다고 할 수
있다(헌재법 제75조 제1항).75)

3. 행정심판제도

재판의 전심절차

재판의 전심절차로서 행정심판을 할 수 있다. 행정심판의 절차는
법률로 정하되, 사법절차가 준용되어야 한다(제107조 제3항).

사법절차 미준용시 재판청구권 침해

헌법재판소는 만일 입법자가 행정심판을 전심절차가 아니라 종심
절차로 규정함으로써 정식재판의 기회를 배제하거나, 어떤 행정심판을
필요적 전심절차로 규정하면서도 그 절차에 사법절차를 준용시키지 않
는다면 이는 헌법 제107조 제3항, 나아가 재판청구권을 보장하고 있는
헌법 제27조에도 위반된다고 보고 있다. 여기서 말하는 "사법절차"를
특징지우는 요소로는 판단기관의 독립성·공정성, 대심적(對審的) 심리
구조, 당사자의 절차적 권리보장 등을 들 수 있으나, 위 헌법조항은 행
정심판에 사법절차가 "준용"될 것만을 요구하고 있으므로 위와 같은 사
법절차적 요소를 엄격히 갖춰야 할 필요는 없다고 할지라도, 적어도 사
법절차의 본질적 요소를 전혀 구비하지 아니하고 있다면 "준용"의 요구
마저 위반된다고 한다.76)

행정심판의 절차는 법률로 규정

이어서 헌법재판소는 헌법 제107조 제3항은 행정심판의 절차를 법
률로 정하도록 하고 있으므로 입법자는 행정심판을 통한 권리구제의 효
율성, 행정청에 의한 자기시정의 개연성, 문제되는 행정심판사항의 특성
등 여러 가지 요소를 감안하여 입법정책적으로 행정심판절차의 구체적
모습을 형성할 수 있다고 한다.77)

---

75) 동지, 남복현, 헌법 제107조, (사) 한국헌법학회 편, 헌법주석 [법원, 경제질서
　　등] 제101조~제130조, 경인문화사 2017, 1038-1058(1137)면.
76) 헌재 2000. 6. 1, 98헌바8, 판례집 제12권 1집, 590, 590-592.
77) 헌재 2000. 6. 1, 98헌바8, 판례집 제12권 1집, 590, 590-592.

행정심판절차와 관련된 그 밖의 주요 헌법재판소의 판례를 인용하면 다음과 같다.

헌법재판소 판례

> **판례** 행정심판법 제49조 제1항 위헌소원
>
> 헌법 제101조 제1항과 제107조 제2항은 입법권 및 행정권으로부터 독립된 사법권의 권한과 심사범위를 규정한 것일 뿐이다. 헌법 제107조 제3항은 행정심판의 심리절차에서도 관계인의 충분한 의견진술 및 자료제출과 당사자의 자유로운 변론 보장 등과 같은 대심구조적 사법절차가 준용되어야 한다는 취지일 뿐, 사법절차의 심급제에 따른 불복할 권리까지 준용되어야 한다는 취지는 아니다. 그러므로 이 사건 법률조항은 헌법 제101조 제1항, 제107조 제2항 및 제3항에 위배되지 아니한다.
>
> (헌재 2014. 6. 26. 2013헌바122, 판례집 26-1하, 561 [합헌])

> **판례** 행정심판위원회에서는 위원회의 최종 의사 형성에 관하여 토의가 이루어지는데 자유롭고 활발하며 공정한 심리·의결이 보장되기 위해서는 심리·의결 과정에서 누가 어떤 발언을 하였는지가 외부에 공개되지 않도록 보장할 필요가 있으므로 행정심판법 제26조의2(이하 '이 사건 조항'이라 한다)가 위원의 발언 내용을 비공개대상으로 하는 것은 입법목적에 합리적인 정당성이 있다. 행정심판회의록을 당해 재결이 확정되었다는 이유만으로 공개하기 시작하면 장래 있게 될 행정심판에서 위원회의 위원은 자신들의 발언도 재결확정 후에는 공개될 것을 우려하여 공정하고 자유로운 토론 및 심리·의결이 방해받을 수 있게 되기 때문에 위원의 발언 내용은 행정심판위원회 재결이 확정 후에도 비공개상태를 유지할 필요가 있고, 위원의 발언내용을 선별하여 그 중 일부를 부분공개하는 형태의 입법을 채택하기도 어렵다.
>
> 결국, 이 사건 조항상의 비공개제도 외에 달리 청구인의 알 권리를 덜 제한하는 입법수단이 존재한다고 할 수 없으므로, 이 사건 조항은 피해의 최소성 원칙을 구비하고 있고, 그밖에 이 사건 조항은 기본권 침해에 있어서 방법의 적정성 및 법익균형성도 갖추고 있으므로, 헌법 제37조 제2항에서 정하는 기본권 제한의 한계를 벗어나 청구인의 정보공개청구권을 침해하였다고 볼 수 없다.
>
> (헌재 2004. 8. 26. 2003헌바81 등, 행정심판법 제26조의2 위헌소원, 판례집 16-2상, 284 [합헌])

VI. 재판과 심리의 공개 원칙

1. 원칙적 공개

가. 연혁과 의의

재판의 심리와
판결 조항의
연혁

재판의 심리와 판결은 공개한다(제109조 제1문).[78] 연혁적으로 이 조항은 1919. 9. 11. 대한민국임시헌법 제47조[79]와 1944. 4. 22. 대한민국임시헌장 제52조[80]로 거슬러 올라가며[81], 1948년 광복헌법 이래 계속해서 규정되어 왔다.

공개재판을 받
을 권리

이와 관련하여 헌법 제27조 제3항 제2문은 "형사피고인은 상당한 이유가 없는 한 지체 없이 공개재판을 받을 권리를 가진다"고 함으로써 신속하고 공정한 재판을 받을 권리 중 하나로 형사피고인의 경우 공개재판을 받을 권리를 추가하고 있다. 그러나 이 공개재판을 받을 권리는 비단 형사피고인에게만 국한되는 것이 아니라, 헌법 제109조와 헌법 제27조를 연결하여 생각해 볼 때 모든 국민에게 인정되는 권리라고 봐야 할 것이다.[82]

공정한 재판을
위해 재판의
공개 필수

만일 비공개로 재판이 이루어지게 되는 경우에는 형사재판의 경우 당사자들에게 보장된 적법절차와 기본권이 제대로 보장되지 않은 채 공정한 재판을 받기 어렵게 될 수도 있다. 또한 민사소송이나 행정소송의 경우에도 각 재판에서 소송에 관여된 사람들은 물론 일반인들이 재판을 방청할 수 있는 가능성이 있고, 또한 언론기관이 재판에 대하여 보도할 수 있는 자유를 허용하게 되면, 법원이 재판권을 자의적으로 남용할 수

---

78) 재판공개의 원칙의 독일 미국 등의 입헌례에 대하여는 지성우, 헌법 제109조, (사) 한국헌법학회 편, 헌법주석 [법원, 경제질서 등] 제101조~제130조, 경인문화사 2017, 1168-1189면 참조.

79) "법원의 재판은 공개하되 안녕질서 또는 선량풍속에 방해가 있다고 인정될 시에는 공개하지 아니한다."(저자가 현대 어법으로 수정), 김광재 (주 44), 265면.

80) "各級 審判機關의 審判은 公開하되 安寧秩序와 善良風俗에 妨害가 있다고 認할 때에는 祕密히 함". 김광재 (주 44), 294면.

81) 우리 헌법에서의 법원의 재판공개원칙은 제헌헌법에서부터 유래한다고 한 견해 {지성우 (주 78), 1170면}가 있으나, 이 조항은 1919. 9. 11. 대한민국임시헌법 제47조에서부터 유래한다.

82) 지성우 (주 78), 1176면.

없게 될 것이다. 이러한 의미에서 공개재판의 원칙은 결국 공정한 재판을 담보하고 당사자의 기본권을 보장하여 재판에 대한 국민의 신뢰를 확보하기 위한 제도적 장치[83])로서 앞서 언급하였듯이 1919년 대한민국 임시헌법에서부터 유래하여 1948년 광복헌법 이래 한번도 빠짐없이 규정되어 왔던 제도이다.

그러한 의미에서 이 재판공개의 원칙 역시 의사공개의 원칙과 마찬가지로 우리 헌법의 동일성과 계속성에 해당되는 요소이고, 법치국가원리의 중요한 구성부분 중 하나라 할 수 있으므로, 헌법개정의 한계에 해당하는 조항이라고 봐야 할 것이다.

헌법개정의 한계조항에 해당

나. 공개의 의미

공개란 소송당자자 및 이해관계인 이외의 일반인들이 재판에 참석하여 방청할 수 있음을 의미한다. 또한 여기에는 기자나 언론기관에 대한 재판취재와 보도의 허용을 포함한다. 다만 재판정은 일정한 공간을 전제로 하는 것이기 때문에 누구에게나 제한 없이 방청을 허용할 수는 없고, 방청석이 허용하는 범위 내에서 어느 정도의 제한은 가능하다고 봐야 할 것이다.

일반인 재판 참석 및 재판취재와 보도의 허용

다. 공개의 대상

(1) 재 판

재판은 민사, 형사, 행정, 선거 등의 사건의 소송절차를 말한다. 따라서 이러한 소송절차가 아닌 비송사건절차나 가사심판절차 등은 공개의 대상이 되지 아니한다.[84]

민사, 행정, 선거 등 사건의 소송절차

공판을 위한 준비기일은 공개함을 원칙으로 하는데, 다만 공개할 경우 절차의 진행이 방해될 우려가 있는 때에는 공개하지 아니할 수 있다(형사소송법 제266조의7 제4항).[85]

공판을 위한 준비기일 공개 원칙

(2) 심리와 판결

---

83) 지성우 (주 78), 1170면.
84) 정덕장 (주 53), 588−589면.
85) 지성우 (주 78), 1176−1177면.

당사자의 주장
과 구두변론

　　심리란 소송당사자자가 법관 앞에서 구두로 주장하는 바를 진술하고 그들에게 질문을 하며 상호 변론을 하게 함으로써 법관이 재판의 결론을 도출해 내기 위한 과정이라 할 수 있다. 민사소송에서의 구두변론이나 형사소송에서의 공판절차가 이러한 심리에 해당되어 공개되어야 하나 이를 위한 준비절차는 공개될 필요가 없다. 결정, 명령 등과 같이 소송절차의 핵심적이 아닌 부분에 관해서는 심리가 행해지지 아니하였다 하여 이 조항에 위반되는 것은 아니다.[86]

소송법상 판결
의 공개, 심판
합의 비공개

　　판결은 소송당사자인 원고 또는 검찰관의 청구에 대하여 법원이 심리의 결과에 따라 내리는 사건에 대한 실체적 판단을 의미한다.[87] 따라서 소송법상의 판결은 이 헌법 제109조의 의미에서의 판결에 해당하나, 소송법상의 결정·명령은 반드시 이 판결개념에 포함되는 것은 아니다. 그리고 판결에 이르기까지의 심판의 합의는 공개하지 아니한다(법원조직법 제65조).[88]

판결서 공개

　　그러나 판결서는 적절한 방법으로 공개하여 희망자가 이를 볼 수 있게 하여야 한다.

2. 예외적 비공개

국가안전보장,
안녕질서, 선
량한 풍속을
해할 염려

　　심리는 국가의 안전보장 또는 안녕질서를 방해하거나 선량한 풍속을 해할 염려가 있을 때에 법원의 결정으로 공개하지 아니할 수 있다(제109조 제2문, 법원조직법 제57조)

판결은 비공개
금지

　　이와 같이 명시적으로 예외적인 비공개가능성에 대하여 언급한 것은 심리에 대해서뿐이므로 판결은 비공개로 할 수 없다. 판결에 대한 비공개를 위한 법익은 찾을 수 없기 때문이다.[89]

3. 공개위반의 효과

공개위반의 경
우 상소이유

　　재판의 공개 여부는 조서 또는 공판조서의 필요적 기재사항이며,

---

86) 정덕장 (주 53), 589면.
87) 정덕장 (주 53), 589면.
88) 정덕장 (주 53), 591면.
89) 한수웅, 헌법학, 제8판, 2018, 1371면.

공개하여야 함에도 공개를 하지 아니한 경우 위헌으로 상소이유가 된다. 형사소송법에 따르면 공판의 공개에 관한 규정에 위반하는 경우 항소이유가 된다(제361조의5 제9호). 그리고 민사소송법에 따르면 변론공개의 규정에 위반하면 절대적 상고이유가 된다(제424조 제5호).[90]

4. 관련 헌법재판소 판례

재판의 공개원칙과 관련한 주요 헌법재판소 판례로는 다음과 같은 것들을 들 수 있다.

관련 헌재판례

판례 **군사법원 판결문 인터넷 비공개 위헌확인**

이 사건 부칙조항은 판결서 공개제도를 실현하는 과정에서 그 공개범위를 일정 부분 제한하여 판결서 공개에 필요한 국가의 재정이나 용역의 부담을 경감·조정하고자 하는 것이다. 어떤 새로운 제도를 도입할 때에는 그에 따른 사회적 비용도 함께 고려하여 부분적인 개선 방식을 취할 수도 있으므로, 입법자는 현실적인 조건들을 감안해서 위 부칙조항과 같이 판결서 열람·복사에 관한 개정법의 적용 범위를 일정 부분 제한할 수 있으며, 청구인은 비록 전자적 방법은 아니라 해도 군사법원법 제93조의2에 따라 개정법 시행 이전에 확정된 판결서를 열람·복사할 수 있다. 이 사건 부칙조항으로 인해 청구인이 전자적 방법을 통해 열람·복사할 수 있는 판결서의 범위가 제한된다 하더라도 이는 입법재량의 한계 내에 있으므로, 위 부칙조항이 청구인의 정보공개청구권을 침해한다고 할 수 없다.

(헌재 2015. 12. 23. 2014헌마185, 공보 제231호, 184 [기각])

판례 **형사소송법 제262조의2 등 위헌소원**

기록열람 금지조항은 피의자의 사생활 침해, 수사의 비밀 저해 및 민사사건에 악용하기 위한 재정신청의 남발 등을 막기 위한 것으로서 그 입법목적의 합리성이 인정되고, 형사소송법 제262조의2 단서는 재정신청사건을 심리하는 법원이 그 증거조사과정에서 작성된 서류의 전부 또는 일부의 열람 또는 등사를 허가할 수 있도록 규정하고 있다. 따라서 기록열람 금지조항은 합리적인 입법재량의 한계를 벗어나지 않았으므로 청구인의 재판청구권을 침해한다고 볼 수 없다.

---

90) 양건 (주 9), 1433면.

(헌재 2013. 9. 26. 2012헌바34, 공보 제204호, 1331 [합헌])

Ⅶ. 군사법원

1. 특별법원의 의의와 원칙적 금지

가. 특별법원의 의의

특별(예외)법원의 도입은 원칙적 금지

헌법은 군사재판을 관할하기 위하여 특별법원으로서 군사법원을 둘 수 있다(제110조 제1항)고 규정하고 있어서 특별법원제도를 도입하고 있다. 특별법원이라고 하는 것은 예외법원이라고도 불리우는데, 법관의 자격조건이나 재판절차 등에 대하여 일반 재판절차와 다른 예외를 두는 경우가 많아 법관의 독립원칙이나 재판을 받을 권리 등 법치국가원리에 위반되는 요소들이 많기 때문에 그 도입에 매우 신중을 기하지 않으면 안 된다. 우리 헌법은 특별법원으로서 군사법원 설치의 가능성을 열어 놓고 있고 그 밖의 특별법원의 도입은 금지된다.

나. 특수법원과의 구별

특수·전문법원과의 구별

특별법원과 구별해야 할 법원은 가령 행정법원이나 가정법원이나 특허법원과 같은 특수 내지 전문법원의 경우이다. 이 특수법원 또는 전문법원은 예외법원이 아니고 일반 법관에 의하여 통상적인 소송법에 따라 재판이 이루어지기 때문에 이를 특별법원이라 할 수는 없다.[91]

다. 그 밖의 모든 형태의 특별법원의 금지

그 밖의 모든 예외법원 금지

헌법이 특별법원으로서 설치하고 있는 법원은 군사법원인데, 국민이 만일 이러한 군사법원을 통하여 재판을 받게 되면 그 과정에서 국민의 기본권이 제한될 수 있는 가능성이 크기 때문에 비록 이것이 헌법에 규정되어 군사법원제도의 도입 자체가 헌법에 위반된다고 하기는 어렵지만, 그 구체적인 내용을 형성함에 있어서 군사법원의 존치 목적에 부합하는 필요한 최소한의 범위 내에서만 특별법원으로 운용하여야 하도

---

91) 양건 (주 9), 1427면.

록 할 것이다. 따라서 그 밖의 모든 형태의 국민의 재판을 받을 권리를
제한하는 특별법원 내지 예외법원은 금지된다고 봐야 할 것이다.

2. 조직·권한 및 재판관의 자격 법정주의

우선 헌법은 군사법원의 상고심은 대법원에서 관할한다(제110조 제2
항)고 규정함으로써 아무리 특별법원으로서 군사법원의 설치가능성을
인정하였다 하더라도 그 최종심은 대법원이 관할하게 함으로써 예외법
원의 가능성을 최소한으로 줄이려 하였다.

최종심 대법원
관할

> **판례** 헌법이 군사법원을 특별법원으로 설치하도록 허용하되 대법원을 군사재
> 판의 최종심으로 하고 있고, 구 군사법원법 제21조 제1항은 재판관의 재판상의
> 독립을, 같은 조 제2항은 재판관의 신분을 보장하고 있으며, 또한 같은 법 제
> 22조 제3항, 제23조 제1항에 의하면 군사법원의 재판관은 반드시 일반법원의
> 법관과 동등한 자격을 가진 군판사를 포함시켜 구성하도록 하고 있는바, 이러
> 한 사정을 감안하면 구 군사법원법 제6조가 일반법원과 따로 군사법원을 군부
> 대 등에 설치하도록 하였다는 사유만으로 헌법이 허용한 특별법원으로서 군사
> 법원의 한계를 일탈하여 사법권의 독립을 침해하고 위임입법의 한계를 일탈하
> 거나 헌법 제27조 제1항의 재판청구권, 헌법 제11조의 평등권을 본질적으로 침
> 해한 것이라고 할 수 없고, 또한 같은 법 제7조, 제23조, 제24조, 제25조가 일반
> 법원의 조직이나 재판부구성 및 법관의 자격과 달리 군사법원에 관할관을 두
> 고 군검찰관에 대한 임명, 지휘, 감독권을 가지고 있는 관할관이 심판관의 임
> 명권 및 재판관의 지정권을 가지며 심판관은 일반장교 중에서 임명할 수 있도
> 록 규정하였다고 하여 바로 위 조항들 자체가 군사법원의 헌법적 한계를 일탈
> 하여 사법권의 독립과 재판의 독립을 침해하고 죄형법정주의에 반하거나 인간
> 의 존엄과 가치, 행복추구권, 평등권, 신체의 자유, 정당한 재판을 받을 권리
> 및 정신적 자유를 본질적으로 침해하는 것이라고 할 수 없다.
>
> (헌재 1996.10.31, 93헌바25, 판례집 제8권 2집, 443, 443-444)

군사법원의 조직·권한 및 재판관의 자격은 법률로 정하도록 하고
있으며(제110조 제3항), 이에 따라 군사법원법이 제정되어 있다.

군사법원의 종류는 보통군사법원과 고등군사법원이 있다(군사법원법

군사법원의 조
직·권한 등

보통군사법원
과 고등군사
법원

제5조). 고등군사법원은 국방부에 설치하고 보통군사법원은 육해공군의 본부와 각 사령부에 설치한다(동법 제6조 제1항, 제2항).

관할관제도

　군사법원에 소위 관할관을 두는데, 고등군사법원의 관할관은 국방부장관으로 하고, 보통군사법원의 관할관은 그 설치되는 부대와 지역의 사령관, 장 또는 책임지휘관으로 한다. 그리고 국방부 보통군사법원의 관할관은 고등군사법원의 관할관이 겸임한다(제7조).

관할관의 권한

　이 관할관의 권한은 고등군사법원 관할관은 그 군사법원의 행정사무를 관할하고 국방부직할통합부대와 각 군 본부 보통군사법원의 행정사무를 지휘·감독한다(제8조 제1항). 그리고 보통군사법원의 관할관은 그 군사법원의 행정사무를 관장한다.

　대법원은 군사법원 판결의 상고사건에 대하여 심판한다(제9조).

심판관의 임명

　심판관은 법에 관한 소양이 있고, 재판관으로서의 인격과 학식이 충분한 영관급 이상의 장교 중에서 관할관이 임명하도록 되어 있다(제24조 제1항). 관할관의 부하가 아닌 장교를 심판관으로 할 때에는 해당 군 참모총장이 임명한다(제24조 제2항).

　보통군사법원과 고등군사법원의 재판관 등 자세한 것은 군사법원법에 규정되어 있다.

3. 비상계엄 하의 군사재판 원칙적 단심

비상계엄 하
단심재판

　비상계엄 하의 군사재판은 군인·군무원의 범죄나 군사에 관한 간첩죄의 경우와 초병·초소·유독음식물공급·포로에 관한 죄 중 법률이 정한 경우에 한하여 단심으로 할 수 있다. 다만 사형을 선고한 경우에는 그러하지 아니하다(제110조 제4항).

> 판례 우리 헌법은 개별적인 인간존재의 근원인 생명을 빼앗는 사형에 대하여 정면으로 이를 허용하거나 부정하는 명시적인 규정을 두고 있지 아니하지만, 헌법 제12조 제1항이 "모든 국민은 … 법률과 적법절차에 의하지 아니하고는 처벌·보안처분 또는 강제노역을 받지 아니한다."고 규정하는 한편, 헌법 제110조 제4항이 "비상계엄하의 군사재판은 … 법률이 정하는 경우에 한하여 단심으로 할 수 있다. 다만, 사형을 선고한 경우에는 그러하지 아니하다."고 규정

함으로써 적어도 문언의 해석상으로는 간접적이나마 법률에 의하여 사형이 형벌로서 정해지고 또 적용될 수 있음을 인정하고 있는 것으로 보인다.

(헌재 1996.11.28, 95헌바1, 판례집 제8권 2집, 537, 544-545)

4. 군사법원제도의 헌법적 문제점과 군사법원법의 개정

군사법원법에 따른 군사법원재판의 경우 재판관 임명, 자격, 재판절차 등이 일반 재판절차에 비하여 현격하게 다르며, 특히 심판관을 관할관이 영관급 장교 중에서 지명할 수 있게 하고 있다든가, 그리고 실형이 선고되는 경우 그 형을 임의로 감경할 수 있도록 한 관할관의 확인조치(제379조) 등은 문제라고 보인다. 입법론으로서 평시에는 군사법원제도를 폐지해야 한다는 주장도 제기되고 있다.[92] 일반재판절차와의 차이 및 관할관의 확인조치, 임의감경의 문제

그 사이에 군사법원법도 여러 차례 개정되었으나, 이러한 비판과 관련하여 의미 있는 개정은 최근 2016. 1. 6. 법률 제13722호에 의하여 이루어진 바 있다.[93] 이 개정법률의 개정이유는 "군사법원의 독립 및 군 사법제도(司法制度)의 효율적인 운영을 통한 국민의 신속하고 공정한 재판을 받을 권리를 보장하기 위하여 보통군사법원이 설치되는 부대 등을 축소하고, 보통군사법원은 원칙적으로 군판사 3명으로 구성하여 예외적인 경우에만 심판관을 재판관으로 지정할 수 있도록 하며, 관할관이 형을 감경할 수 있는 대상과 범위를 제한하는 등 현행 군사재판의 운영상 나타난 문제점을 개선·보완하려는 것"이다. 군사법원제도의 개선

위에서 지적된 비판과 관련하여 개정된 주요 내용은 다음과 같다. 첫째, 평시 사단급 보통군사법원 폐지(제6조제2항)이다. 육군은 사단급 이상, 해군은 함대급 이상, 공군은 비행단급 이상의 부대에서 설치·운영하고 있던 보통군사법원을 원칙적으로 군단급 이상의 부대에서 설치·운영하도록 하였다. 둘째, 심판관 제도 원칙적 폐지(제26조제1항, 제27조의2 신설)이다. 보통군사법원도 국방부 고등군사법원과 동일하게 군 군사법원법 개정 내용

---

[92] 송기춘, 군사재판에 관한 헌법학적 연구 -군사법원의 구성과 운영의 개선방안, 공법연구 제33권 제3호, 273-296(284면 이하); 양건 (주 9), 1429면.

[93] 양건 (주 9), 1429면.

판사 3명으로 재판부를 구성하되, 관할관이 지정한 사건에 한하여 심판관을 재판관으로 하며, 관할관이 지정한 사건을 「군형법」 및 「군사기밀 보호법」에 규정된 죄에 관한 사건 중 고도의 군사적 전문지식과 경험이 필요한 사건으로 정한다. 셋째, 관할관 확인 감경권이 대폭 제한되었다(제379조제1항). 즉 관할관이 무죄, 면소, 공소기각, 형의 면제, 형의 선고유예, 형의 집행유예, 사형, 무기징역 또는 무기금고의 판결을 제외한 판결을 확인하고, 감경권을 행사할 수 있는 대상 범죄를 작전 등 업무를 성실히 수행하는 과정에서 발생한 범죄로 한정하고, 형의 감경 비율도 3분의 1 미만으로 제한하여 군사재판의 공정성과 투명성을 제고하였다.

제 13 절   헌법재판소

1987년 여·야 합의에 따라 개정된 현행 헌법은 가장 중요한 헌법 들어가며 개정 중 하나로 헌법재판소 제도를 도입하였다. 그리고 헌법재판소가 1988년 9월부터 활동을 하기 시작한 이래, 우리나라의 입헌주의와 법치주의 확립에 많은 역할을 수행하였다. 주지하듯이 헌법소원심판, 위헌법률심판, 권한쟁의심판을 비롯해서 탄핵심판과 정당해산심판에 이르기까지 이제 실행을 해 보지 않은 심판이 없다. 더구나 2차례에 걸친 대통령 탄핵심판 중 2017년 3월 10일 박근혜 전 대통령에 대한 탄핵심판청구는 헌법재판소가 인용[1]하여 대통령을 파면하는 결정을 하였다.[2] 그리고 2014년 12월에는 통합진보당에 대한 정당해산심판에서 정당해산결정[3]을 한 바도 있다.

이하에서는 우선 헌법재판이란 무엇인가 하는 문제를 포함하여 헌법재판일반론에 대하여 먼저 다룬 후, 헌법재판제도의 개요에 대해서만 간략하게 살피기로 한다.

I. 헌법재판일반론

1. 헌법재판이란 무엇인가?

헌법의 해석과 적용을 둘러싼 분쟁이 발생하였을 경우 당사자의 청 헌법재판이란?

---

1) 헌재 2017. 3. 10. 2016헌나1, 판례집 제29권 1집, 1 [인용(파면)].
2) 그리고 헌정사상 최초로 2021. 2. 4. 국회에서 임성근 판사에 대한 탄핵소추안이 가결되어 이제 헌법재판소는 법관에 대한 탄핵심판도 다루게 되었다. 연합뉴스, "국회, 임성근 탄핵안 가결, 헌정사 첫 법관 탄핵소추https://news.naver.com/main/read.nhn?mode=LPOD&mid=sec&oid=001&aid=0012185223&isYeonhapFlash=Y&rc=N (최종방문일: 2021. 2. 4.).
3) 헌재 2014. 12. 19. 2013헌다1, 판례집 제26권 2집 하, 1 [인용(해산)].

구에 의하여 권한있는 기관이 헌법이 무엇인지를 유권적으로 판단하는 법인식작용을 헌법재판이라고 할 수 있다.

헌법을 둘러싸고 발생한 분쟁 전제

헌법재판은 헌법을 둘러싸고 분쟁이 발생하였을 것을 조건으로 한다. 가령 국가 공권력이 국민의 기본권을 침해한 경우, 또는 재판의 전제가 된 법률의 위헌여부가 문제된 경우, 또는 국가기관 상호간의 권한의 존부나 범위에 대하여 분쟁이 발생한 경우, 국가의 고위공직자가 헌법이나 법률을 위반하였는지 여부가 문제된 경우, 그 밖에 정당의 목적이나 활동이 민주적 기본질서에 위반되는지 여부가 문제되는 경우를 들수 있다.

당사자의 청구

이러한 경우에 헌법재판이 시작되기 위해서는 당사자의 헌법재판에 대한 청구가 있지 않으면 안 된다. 헌법소원심판청구, 위헌법률심판제청, 권한쟁의심판청구, 탄핵소추의결, 정당해산심판청구가 그것이다. 따라서 헌법재판소는 다른 법원과 마찬가지로 이러한 청구에 종속되어 있으며, 이러한 청구가 없이 독자적으로 법적 견해를 피력하거나 독자적인 심판을 시작할 수 없다.

권한있는 기관 특정

이러한 헌법재판에 관해서는 각 나라의 헌법에 따라서 권한있는 기관을 특정해 놓고 있다. 가령 일반 법원에서 헌법재판을 할 수 있도록한 경우도 있고, 별도의 특별한 헌법재판소제도를 마련하여 헌법재판소가 헌법재판을 하도록 한 경우도 있다.

독립 헌법재판소형과 일반 법원형

오늘날 독일, 오스트리아, 스페인, 이태리와 새로이 민주헌법을 가지게 된 러시아, 헝가리, 폴란드를 비롯한 동유럽의 여러 국가들이 헌법재판소제도를 채택하고 있고, 미국, 스위스, 일본 등은 일반 법원의 형태로 헌법재판이 이루어지는 나라에 속한다.

헌법재판소제도의 도입 연혁

우리나라에서의 헌법재판소제도는 제2공화국 헌법에 도입되었으나 제2공화국 헌법의 단명으로 인하여 헌법재판소는 구성되지도 못하였다. 헌법재판소가 최초로 활성화된 것은 현행 헌법 때부터이다. 또한 헌법위원회제도가 있었던 때가 있었으나 거의 유명무실하였고, 제3공화국 때에는 법원이 위헌법률심판을 하기도 하였다. 즉 소위 이중배상금지규정에 대한 위헌심판이 그것이다.

헌법이 무엇인지를 유권적으로 판단하는 법인식작용을 하는 것이 헌법재판이다. 다시 말해서 헌법소원심판에서는 기본권침해 여부, 위헌법률심판에서는 법률의 위헌여부, 권한쟁의심판에서는 권한의 침해여부, 탄핵심판에서는 고위공직자의 헌법위반여부, 정당해산심판에서는 정당의 위헌여부를 판단하는 작용을 하는 것이다.

헌법이 무엇인지를 유권적으로 판단하는 법인식 작용

여기에서 유권적이라 함은 그러한 권한있는 기관의 결정에 대하여 더 이상 불복할 수 없다는 의미에서 최종적이며, 모든 국가기관이 그 결정에 구속된다고 하는 의미라고 보아야 할 것이다.

모든 국가기관이 구속되는 최종적 결정

2. 헌법재판과 일반재판과의 관계

가. 재판소원이 허용되어 있는 경우 헌법재판과 일반재판의 문제[4]

우리 헌법재판소법 제68조 제1항은 재판을 헌법소원의 대상에서 제외하고 있어 이 조항은 입법론이든 해석론이든 헌법재판소와 대법원 간의 관계와 관련하여 가장 많은 논란의 대상이 되어 왔음은 주지하는 바와 같다.

재판소원 배제

헌법재판소법 제정 당시 재판을 헌법소원의 대상으로 삼는 데 대하여 강력하게 반대한 견해들의 논거는 재판을 헌법소원의 대상으로 삼는

재판소원 인정 시 헌법재판소가 초상고심이

---

4) 이에 관한 문헌으로는 Ekkehard Schumann, Verfassungs—und Menschenrechtsbeschwerde gegen gerichtliche Entscheidungen, Berlin 1963; Hans—Jürgen Papier, „Spezifisches Verfassungsrecht" und „einfaches Recht" als Argumentationsformel des Bundesverfassungsgerichts, in: BVerfG und GG, Bd. 1 (1976), S. 432 ff.; Steinwedel, „Spezifisches Verfassungsrecht" und „einfaches Recht", Baden—Baden 1976; Günther Barbey, Bundesverfassungsgericht und einfaches Gesetz, Berlin/New York 1986; Dieter Lincke, Die Bedeutung der „Eingriffsintensität für den Umfang der Nachprüfung gerichtlicher Entscheidungen durch das Bundesverfassungsgericht, EuGRZ 1986, S. 60 ff.; Wolf—Rüdiger Schenke, Verfassungsgerichtsbarkeit und Fachgerichtsbarkeit, Heidelberg 1987; Christian Kirchberg, Willkürschutz statt Grundrechtsschutz?, NJW 1987, S. 1988 ff.; Roman Herzog, Das Bundesverfassungsgericht und die Anwendung einfachen Gesetzesrechts, München 1991; Christian Starck, Verfassungsgerichtsbarkeit und Fachgerichte, JZ 1996, S. 1033 ff.; Jörg Berkemann, Das Bundesverfassungsgericht und seine Fachgerichtsbarkeiten — Auf der Suche nach Funktion und Methodik, DVBl. 1996, S. 1028 ff.

될 것에 대한 우려

경우에는 헌법재판소가 제4심 또는 초상고심이 된다고 하는 점이었다.[5] 과연 재판을 헌법소원의 대상으로 삼는 경우에는 헌법재판이 일반 재판의 초상고심이 되는가 아니면 헌법재판과 일반재판의 구분을 통한 재판소원제도의 합리적 운영이 가능한가의 문제는 헌법재판과 일반 법원과의 관계와 관련하여 중요한 이론적 문제를 제기한다고 할 수 있다.

헌법재판과 일반재판의 관계

그러므로 먼저 재판소원이 허용되어 있는 경우에 헌법재판과 일반재판의 관계의 문제에 관하여 재판소원이 허용되어 있는 독일에서의 논의를 검토한 후, 우리의 문제를 살펴보기로 한다.

(1) 문제제기

독일의 Elfes판결

1957년 1월 16일 독일 연방헌법재판소의 제1재판부는 유명한 Elfes판결(BVerfGE 6, 32)에서 모든 사람은 헌법소원의 방법으로 자신의 행위의 자유를 제한하는 법률이 개별 헌법규정들이나 일반적인 헌법원칙들을 침해하는 경우에 이 법률은 헌법질서에 속하지 않으며 따라서 기본법 제2조 제1항의 기본권이 침해되었다고 주장할 수 있다고 판시하였다.[6] 이것을 간단히 표현한다면 모든 위법한 침해는 동시에 기본권침해라는 것이다. 그로부터 1년 후인 1958년 1월 15일 같은 제1재판부는 획기적인 Lüth판결(BVerfGE 7, 198)에서 기본권은 우선적으로 국민의 대국가적 방어권이라고 하면서도 기본권규정에는 헌법적 근본결단으로서 모든 법분야에 효력을 가지는 "객관적인 가치질서"가 구현되어 있다고 하면서 스멘트(Smend)[7]에 의하여 전개된 기본권의 객관적인 가치질서로서의 기능을 수용하였다.

독일의 Lüth판결

기본권의 객관적 가치질서로서의 기능 수용

법원의 판결이 헌법소원의 대상

이 Elfes판결과 Lüth판결의 영향을 기본권의 보호영역에 국한시키는 것은 거의 불가능하였다. 자율적이라고 생각되던 일반 법률의 기반은 무너졌고, 헌법재판소의 일반법원의 법적용에 대한 헌법적, 헌법소송법적 통제는 언제든지 가능하였기 때문에 연방헌법재판소와 법원간에

---

5) 이강국, 헌법재판소법의 제정에 관하여, 법무부 법무자료 제95집, 헌법재판제도, 47-54(52)면. 헌법재판소법의 제정방향 - 세미나토론내용, 같은 책, 94-136(101); 이에 반대하여 계희열, 헌법재판소법의 제정방향 - 세미나토론내용, 같은 책, 94-136(107) 참조.

6) BVerfGE 6, 40 (41).

7) Rudolf Smend, Verfassung und Verfassungsrecht, 1928.

제도적으로 규정된 업무분담이 지속적으로 상대화되지 않을 수 없었고[8] 가치질서로서의 기본권의 방사(파급)효과와 그 영향을 올바로 고려하지 못한 모든 법원의 판결은 기본권의 침해로서 헌법소원의 대상이 되었다.

이러한 상황에 접하게 되자 연방헌법재판소는 일반재판의 초상고심이 되지 않으면서도 효과적으로 기본권보장기능을 수행하기 위하여 일반재판과 헌법재판의 기능적 한계를 긋기 위한 많은 시도를 하여 왔다.

일반재판과 헌법재판의 기능적 한계 긋기 위한 시도

판결에 대한 헌법소원이 쇄도하는 것을 막으면서도 헌법재판소의 통제가능성을 열어 놓기 위하여 연방헌법재판소의 제1재판부 재판관이었던 헥크(Heck)가 1964년에 헌법재판소의 심사의 한계를 제안(BVerfGE 18, 85)한 이래 헌법재판의 기능적인 한계에 대한 문제도 지배적인 논의의 대상이 되고 있다.

소위 헥크(Heck)의 기준

논의의 초점은 두 가지 점과 관련되었다. 즉 하나는 일반 법원의 기능적 자율에 대한 문제이고, 다른 하나는 실체적 헌법의 우위의 문제였다. 헥크(Heck)의 기준이 제시된 이래로 적합한 통제기준에 대한 연구는 끊이지 않았다. 그러면서 문제영역의 구조가 점차 명백하여졌다. 즉 기본권은 동시에 실질적인 가치질서의 표현이라고 하는 것은 더 이상 다투어지지 않았다.[9]

일반법원의 기능적 자율, 실체적 헌법의 우위

(2) 헥크(Heck)의 기준(BVerfGE 18, 85 [92])

(가) 특수한 헌법(spezifisches Verfassungsrecht)의 침해인지 여부

특수한 헌법의 침해의 경우에만 헌재가 개입

독일 연방헌법재판소는 BVerfGE 18, 85 (92) 판결에서 법원의 판결요소들을 세분화하고서 "절차의 형성, 사실의 확인과 평가, 법률의 해석과 개별사례에 대한 적용은 이에 대하여 일반적인 권한이 있는 법원의 사항일 뿐이고 연방헌법재판소에 의한 심사는 배제된다. 단지 법원이 특수한 헌법(spezifisches Verfassungsrecht)을 침해하는 경우에만 연방헌법재판소는 헌법소원을 통해서 개입할 수 있다."[10]고 판시하였다.[11]

---

8) 이하 Jörg Berkemann (주 4), S. 1028 f.를 주로 참고함.

9) Jörg Berkemann (주 4).

10) BVerfGE 18, 85 (92); Jörg Berkemann (주 4), S. 1030.

기능법적, 실
체법적 의미
부여

　　이 판결은 급속도로 임의적인 논증으로 발전하였다. 이러한 논리는 주로 재판소 내부적으로 구체적인 심사를 거부하는 방향으로 기능하였으며, 기능법적인 또는 실체법적인 의미가 부여되었다. 즉 연방헌법재판소는 항상 강조하기를 연방헌법재판소는 다른 법원의 판결을 "일반적인 내용적 심사 하에 둘" 권한이 없다[12]거나 연방헌법재판소는 일반적이고 포괄적인 법적 통제를 해야 하는 것은 아니라는 것이다.[13] 또한 법률의 해석과 여기에서 적용되어야 하는 방법의 선택은 법원의 사항이라든가, 헌법재판소는 원칙적으로 올바른지 여부(Richtigkeit)를 심사하지는 않는다는 것이다. 그밖에 법적용이나 해당 절차에서의 오류 "그 자체"는 관심이 없다든가[14], 법원이 "전통적인" 해석방법론을 취한 경우에는 헌법적인 이의가 발생하지 않는다는 것이며[15] 이것은 특히 법률의 해석이 "납득할 만한(vertretbar)" 경우에는 그렇다는 등이다.[16]

　　(나) 비　판

특수한 헌법이
라고 하는 표
현의 애매모호
성

　　이에 대하여 학계는 이러한 기준은 위 판례가 제시한 이론적인 취약성 때문에 통제가능하지 않은 기준이라는 점을 지적하고 있다. 이러한 기준은 헌법재판소의 기능에 대한 포괄적인 언급을 빼고는 헌법재판소가 통제를 자제해야 하는 정당성을 제시하고 있지 않다는 것이다. 헌법재판소의 통제가 적극적으로 행해져야 하는 영역은 단지 막연하게 정해지고 있다.[17] 그리고 당시에는 "특수한 헌법(spezifisches Verfassungsrecht)"이라고 하는 표현이 무엇을 의미하는 것인지도 불분명했다.[18] 또한 이것은 일방적으로 주로 통제를 삼가는 방향으로 초점이 맞추어져 있었기

---

11) 우리 헌법재판소도 가령 1994. 12. 29. 89헌마2결정(판례집 제6권 2집, 395 [407]) 에서 "헌법재판소는 일반법원과는 달리 일반법률의 해석이나 사실인정의 문제를 다루는 기관이 아니다." 등의 판시를 보면 이와 같은 입장에 있음을 알 수 있다.

12) Jörg Berkemann (주 4), S. 1032,

13) Jörg Berkemann (주 4), S. 1032.

14) Jörg Berkemann (주 4), S. 1032.

15) Jörg Berkemann (주 4), S. 1032.

16) Jörg Berkemann (주 4), S. 1032.

17) Jörg Berkemann (주 4), S. 1032.

18) Jörg Berkemann (주 4), S. 1032; Christian Starck (주 4), S. 1035 그는 이 논문에서 특수한 헌법이란 주로 기본권과 법관의 법률에 대한 기속규정(기본법 제20조 제3 항)을 포함하는 헌법 이외에 아무것도 아니라고 한다.

때문에 잘못되었다는 것이다.[19]

그리고 이러한 연방헌법재판소의 모델에는 중요한 사례유형이 결여되어 있으며 자율적으로 이해된 법발견의 의미에서의 법관법형성(법관의 법보충적 해석)이라고 하는 넓은 영역을 처음부터 간과하고 있었다는 것이다. 법관의 법발견에 대한 이러한 금기는 아직까지 극복되지 못한 법실증주의의 후유증으로서 이해될 수 있다는 것이다. 왜냐하면 이 판결에서 내용과 기능에 따라 전제가 되고 있는 3단논법은 단지 우선적으로 포섭가능한 규범이 "성립되어 있었을" 경우에만 존재하였기 때문이다.[20]

중요한 사례유형의 결여, 법관법형성 영역 간과

그 밖에 헌법과 법률의 한계를 명확하게 긋는 것은 매우 어렵다는 전제에서 법적인 대강질서로서의 헌법의 기능을 강조하며[21] 절차적 기본권을 구체화하는 법률의 경우에 이 절차법의 해석에 대하여 헌법재판소가 모두 심사하는 것은 안 되고 헌법적 최소한이 보장되고 있는지의 여부에 한하여 절차법의 준수와 관련한 심사가 이루어져야 한다는 점도 지적되고 있다.[22]

헌법과 법률의 한계를 명확히 긋는 것은 매우 어려움

(3) 슈만(Schumann)의 기준

(가) 내 용

헥크(Heck)의 기준(BVerfGE 18, 85 [92])과 거의 비슷한 시기에 슈만(Schumann)은 법원의 판결에 대하여 헌법재판소가 심사함에 있어서 적극적 심사와 소극적 심사 간의 한계설정을 위하여 간단한 시험절차를 제안했다.[23]

적극적 심사와 소극적 심사 간의 한계설정을 위한 테스트절차

슈만(Schumann)은 불확정한 헌법개념과 확정적 헌법개념을 구분하면서 불확정한 헌법개념의 경우에는 확정적 헌법개념에 있어서와는 달리 불확정한 헌법규정 내지는 그 구체화를 위하여 이루어진 법규의 잘못된 해석이 반드시 기본권침해를 의미하는 것은 아니라고 전제하고 있

법원의 법률해석의 오류에 대해 개입

---

19) Jörg Berkemann (주 4), S. 1032.
20) Jörg Berkemann (주 4), S. 1032.
21) Wolf-Rüdiger Schenke (주 4), S. 30 ff. (34)
22) Wolf-Rüdiger Schenke (주 4), S. 30 ff. (36)
23) Ekkehard Schumann (주 4), S. 206 ff.

다. 즉 이 경우에 해석을 잘못한 법관은 입법자도 규정할 수 있는 그러
한 결론에 이른 것이며, 이 경우에 기본권과 객관적 헌법의 유지라고 하
는 관점에서 그러한 해석의 오류는 문제될 것이 없다는 것이다. 다시 말
하면 어떠한 내용을 규정함에 있어서 입법자가 기본권을 침해하지 않으

법관의 해석을
입법자가 법률
로 규정하였다
는 가정 하에
그것이 기본권
을 침해할 경
우 헌법재판소
가 개입할 수
있다는 것

면서 법관에 의한 (일응의) 올바르지 못한 해석과 동일한 법효과에 이를
수 있는 경우에, 법률에 대한 법관의 (일응의) 잘못된 해석은 헌법재판소
에게는 중요하지 않다는 것이다. 이 말을 역으로 표현하면 일반 법률에
대한 법관의 올바르지 못한 해석은 만일 입법자가 기본권을 침해하지
않고서는 같은 내용의 규정을 제정할 수 없는 경우에는 헌법재판소가
개입할 만한 중대한 경우라고 할 수 있다. 요컨대 입법자가 법률로서 제
정할 수 없는 내용의 법효과를 법관이 받아들인 경우에는 법관의 해석
에 대한 헌법소원이 성공할 수 있다는 것이다.[24]

판결에 포함된
법문을 위헌심
사의 대상으로
전환

슈만(Schumann)은 문제된 판결에 포함된 법문을 – 이것이 적시되
었건 그렇지 않건 – 헌법재판소의 법률심사의 대상으로 전환할 것을
제안하였다. 입법자가 동일한 내용의 법률을 제정할 수 있었다면 법문
은 헌법적으로 문제가 없어야 한다는 것이다. 이러한 고찰방법은 최소
한 Heck의 기준(BVerfGE 18, 85 [92])에 비해서 방법론적인 성과라고 할
수 있다. 왜냐하면 헌법소원으로 이루어진 법원의 판결에 대한 공격이

법률해석이 헌
법재판소의 통
제를 벗어날 수
없게 됨

판결의 내용이나 방법과 관련되는지의 문제로 연결되기 때문이다. 해석
은 원칙적으로 더 이상 헌법재판소의 통제를 벗어나지 못하게 되었
다.[25]

(나) 비 판

법규범과 법규
범의 구체화를
위한 법관법을
동일시

이러한 슈만(Schumann)의 기준은 방법론에서 점차적으로 인정된 법
관활동의 법창조적 성격에 관한 인식을 고려한 것이다. 이것은 법규범
과 이러한 법규범의 구체화에 기여하는 법관법을 동일시하는 것을 정당
화하고 있다.[26]

두가지 문제점

슈만(Schumann)은 1963년에 이러한 기준이 종국적인 한계설정을 위

---

24) Ekkehard Schumann (주 4), S. 206 f.
25) Jörg Berkemann (주 4), S.1033.
26) Wolf-Rüdiger Schenke (주 4), S. 30 ff. (42 f.)

하여 충분하다고 보았다. 그러나 이러한 생각은 두 가지 면에서 잘못이라고 지적되고 있다. 우선 입법자와 법관은 규정제정과정에서 동일하게 취급될 수 없다. 의회의 절차의 법적인 결과의 정당성과 입법자에 의하여 수정될 수 있는 사법적 판단의 정당성은 원칙적으로 상이하다. 하지만 슈만(Schumann)의 기준은 제한된 형태로 유지될 수 있다. 즉 입법자가 제정할 수 없는 것에 대하여는 법원도 법관법형성을 할 수 없다는 것이다. 연방헌법재판소는 이러한 이론을 나중에 명시적으로 판시하였다. 즉 법원은 입법자 스스로에게 금지되는 그러한 규율을 하여서는 안 된다는 것이다.[27]

법제정과정에서 입법자와 법관이 같이 취급될 수 없음

더욱 중요한 비판은 기본법이 법관의 법발견을 최소한 부분적으로나마 명하여야 하고 바로 이러한 부분은 헌법적으로 통제될 수 있는 것이 아닌지의 문제이다. 이에 대하여 슈만(Schumann)은 사실상 "자의금지(恣意禁止)"[28]만을 통제기준으로서 제시하고 있는데 이것은 너무 미약하였다는 것이다.[29]

통제기준의 미약성 문제

자의금지만을 통제기준으로 제시

일반법의 개념은 변하기 시작하였다. 헥크(Heck)의 기준도 또한 슈만(Schumann)의 기준도 "객관적 가치질서"로서의 기본권을 비판적으로 통제할 수 있기에는 부적합한 많은 사례영역들이 발생하였다. 이미 뤼트(Lüth)판결은 개별사례와 관련한 형량이론을 제시하였다. 이것은 기본권적으로 구성된 이익충돌로 전환되었다. 레바흐(Lebach)판결(BVerfGE 35, 202)에서 기초가 된 형량모델은 심지어 극도로 광범위하여서 많은 비판의 여지를 남겼다. 슈만(Schumann)의 기준은 일반법률의 해석 사례가 문제됨에도 불구하고 그러한 사례에 대하여 아무런 해결책을 제공하지 못하였다. 나아가서 헌법합치적 해석이 잘못되었거나 이루어지지 않은 경우는 헌법재판소의 통제대상이 될 수 있었다. 이 경우에도 기본권은 객관적인 가치질서의 일부로서 실현되어야 했다. 그 후 발달된 기본권이론이 추가된다. 즉 70년대 초반에는 기본권이 보완적인 절차보장의 의미를 지닌다는 이론이 전개되었다. 이러한 입장과 거의 자매를 이루고

적용 부적합한 영역 발생

슈만 기준의 한계

---

27) Jörg Berkemann (주 4), S. 1033.
28) Ekkehard Schumann (주 4), S. 209.
29) Jörg Berkemann (주 4), S. 1033.

있는 것으로서 본질적인 문제에 대한 의회유보이론을 들 수 있다. 다음
으로 90년대 초반부터 제3자효의 문제는 점차 기본권의 보호의무의 문
제로서 다루어지기 시작했다. 이러한 3가지의 영역들은 판단되어야 하
는 사회적 갈등이 비록 종국적이지는 않더라도 기본권적인 내용에 의하
여 규율될 수 있었다는 것을 공통분모로 하고 있다.30)

사회적 갈등들
은 기본권을
기준으로 판단
될 수 있음

(4) 그 밖의 이론의 발전31)

기준의 한계와
문제점 발생

기본권이론의 이러한 세분화현상에 직면하여 연방헌법재판소가 헥
크(Heck)의 기준이나 슈만(Schumann)의 기준을 무비판적으로 따르는 경
우에 일반법률의 모든 영역을 통제적으로 그리고 개입적으로 면밀하게
대하는 것은 점점 어려워지게 되었다. 그렇다고 하여 이러한 기준들을
완전히 포기할 만큼 이러한 기준들의 한계와 문제점이 심각한 것은 아

헥크의 표현을
인용하며 슈만
기준을 내용으
로 심사

니었다. 하지만 연방헌법재판소는 판결에 대한 헌법소원의 거의 4/5에
대하여 헥크(Heck)의 표현을 인용하면서 내용적으로는 슈만(Schumann)의
기준을 이용해서 해결하고 있다.

인적, 제도적
한계

그러나 인적인 한계뿐 아니라 제도적인 한계 때문에 연방헌법재판
소는 불가피하게 일반법률의 모든 분야에서 나타나고 있는 거의 무한정
한 헌법의 효력을 슈만(Schumann)의 기준 외에 제한적인 그리고 유동적
인 통제모델을 통해서 보완하지 않을 수 없었다. 이러한 새로운 시도는
70년대 중반에 시작되었다. 입법자가 독일 연방헌법재판소에 대하여 헌
법소원심판에 대한 과중한 업무부담을 입법적으로 해결해 주지 않자 자

통제의 강도를
통한 한계설정
과 조절

신의 방법을 개발함으로써 대응하였다. 즉 제도적으로 제한된 업무수행
능력을 이제부터는 통제의 강도(Kontrollintensität)라는 개념과 이로써 간
접적으로 이루어지는 헌법재판과 일반법원의 재판과의 한계설정에 의하
여 조절하게 되었다. 연방헌법재판소는 실체법이라고 하는 옷을 입혀서 사

미국 연방대법
원의 상고허가
절차와 비슷한
절차를 발전시
킴

실상 미국의 연방대법원(Supreme Court)의 상고허가절차(certiorari-Verfahren)
와 비슷한 절차를 발전시켰다.32) 즉 "법의 문제가 아니라 법관의 건전
한 재량의 문제(Not a matter of right, but of sound judicial discretion)"라는 것

---

30) Jörg Berkemann (주 4), S. 1033.
31) 이하 Jörg Berkemann (주 4), S. 1034 참조.
32) Jörg Berkemann (주 4), S. 1034.

이다.33)

행정법상의 재량의 하자이론을 적용함으로써 법관의 이익형량에는 최대한 그 재량의 여지를 부여하지만 기본권침해가 중대할 경우에는 이러한 재량이 영(零)으로 수축된다고 봄으로써 헌법재판소가 특별히 강도 높은 통제를 하기도 한다. 기본권침해가 중대하면 할수록 헌법재판소는 그만큼 적극적으로 개입하지 않을 수 없다는 것이다.34) 연방헌법재판소는 "기본권의 방사효과"와 또한 "기본권의 의의에 대하여 원칙적으로 올바르지 못한 견해"라고 할 수 있는 경우에는 형량과정을 통제하기도 한다.35)

이렇게 하여 헌법재판소의 통제프로그램을 위한 세 가지의 새로운 기초가 개발되었다. 즉 명백성(Evidenz), 보호의 필요성(Schutzbedürftigkeit)과 침해의 강도(Intensität)가 바로 그것이다. 이러한 기준들 상호간의 관계가 어떠한지는 방법론적으로 오늘날까지 불분명하다. 이러한 개념들에 있어서 공통된 것은 법관의 법발견과정에 대하여 법이론적으로 상세히 분석한다고 해서 헌법재판과 일반재판간의 올바른 한계설정을 위한 열쇠가 제공되지는 못한다는 판단이다.36)

나. 재판소원이 배제되어 있는 한국에서 헌법재판과 일반재판의 관계

재판에 대한 헌법소원이 허용되어 있지 아니한 우리나라에서 헌법재판과 일반재판의 관계의 문제는 독일과는 다른 시각에서 다루어야 할 것이다.

즉 이러한 문제가 우리나라에서 왜 제기되는가를 먼저 생각해 보아야 할 것이다. 그것은 우리나라에서 비록 재판에 대한 헌법소원이 허용되어 있지 않지만, 헌법재판소 역시 상당 부분 법원의 재판에 대하여 영향을 미치고 있으며, 간혹 법원의 재판과 상반되는 내용의 재판을 하기도 할 뿐만 아니라, 법원 역시 헌법재판소의 결정에 상반되는 결정을 내

---

33) Jörg Berkemann (주 4), S. 1034 참조.
34) Wolf-Rüdiger Schenke (주 4), S. 46.
35) Jörg Berkemann (주 4), S. 1035.
36) Jörg Berkemann (주 4), S. 1034 참조.

행정법상 재량의 하자이론 적용

명백성, 보호의 필요성, 침해강도

재판소원이 배제되어 있는 한국에서는 달리 접근 필요

헌법재판과 일반재판의 한계설정의 문제

리기도 하기 때문에, 헌법재판과 일반재판의 한계가 어디까지인가가 문제될 수 있을 것이다.

따라서 그 문제의 원인이 어디에 있으며, 지금까지 구체적으로 나타난 문제들은 어떠한 것들이 있는지, 구체적 해결방안은 무엇인지 등을 염두에 두고서 헌법재판과 일반재판의 관계에 관한 문제를 다루어야 할 것이다.

(1) 재판소원배제의 문제점

우리 헌법재판소법은 재판을 헌법소원의 대상에서 배제함으로써 여러 가지 문제들을 야기시키고 있다.

현행 헌법재판소법이 개정될 당시에 재판을 헌법소원대상에서 제외할 것을 강력히 주장한 것은 바로 법원 측이다. 만일 재판소원제도를 도입하게 될 경우, 대법원은 헌법재판소의 하급법원 격이 될 것이라는 우려 때문이었다. 재판을 헌법소원대상에서 제외하는 대신 그 타협의 산물로 들어가게 된 것이 헌재법 제68조 제2항의 소위 위헌소원제도이다. 즉 재판에서 전제가 된 법률의 위헌여부에 대한 당사자의 위헌법률심판제청신청을 법원이 기각한 경우에는 헌법재판소에 헌법소원심판을 청구할 수 있도록 한 제도이다. 아무튼 이 제도가 들어갔음에도 불구하고 재판이 헌법소원대상에서 제외됨으로써 발생하는 문제점은 다음과 같이 요약할 수 있다.

첫째, 헌재법 제68조 제1항 단서의 소위 보충성의 원칙과 결합하여 가장 중요한 국가공권력 작용이라고 할 수 있는 행정처분마저도 실질적으로는 헌법소원대상에서 제외되는 결과가 초래된다.

헌재법 제68조 제1항은 "공권력의 행사 또는 불행사로 인하여 헌법상 보장된 기본권을 침해받은 자는 법원의 재판을 제외하고는 헌법재판소에 헌법소원심판을 청구할 수 있다. 다만, 다른 법률에 구제절차가 있는 경우에는 그 절차를 모두 거친 후가 아니면 청구할 수 없다"고 하고 있다. 이러한 단서조항으로 인하여 행정청의 행정처분에 의하여 기본권 침해를 받은 경우에도 일단 법원에 행정소송을 다투지 않으면 헌법소원심판을 청구할 수 없다. 그런데 행정소송으로 다툰 결과 패소를 하는 경

[방주]

대법원이 헌법재판소의 하급법원 격이 될 것이라는 우려

보충성의 원칙과 결합하여 처분소원마저 배제되는 결과 초래

사법작용과 행정작의 헌법소원 대상 배제

우에도 법원의 재판은 헌법소원의 대상에서 제외되어 있기 때문에 헌법
소원을 할 수 없고, 또한 원래의 처분에 대하여 다시 헌법소원심판을 청
구할 수 있겠는가의 문제가 논란될 수 있는데, 이에 대하여 헌법재판소
는 재판이 헌법소원의 대상이 될 수 있는 예외적인 경우에만 원래의 처
분도 헌법소원의 대상이 될 수 있다고 보고 있고, 그 밖의 경우에는 원
래의 처분만 따로 헌법소원을 하는 것은 허용하지 않고 있다.[37] 그러므
로 국가의 3대 공권력작용 중 사법작용과 행정작용은 사실상 헌법소원
의 대상에서 제외되고 있어서 헌법소원이 무력화 또는 유명무실화될 위
험에 처해 있는 것이 사실이다(재정신청이 전 범죄로 확대되기 전까지 헌법소
원의 주종을 이루는 것은 대부분 법령에 대한 헌법소원과 불기소처분[38]에 대한
헌법소원이었다[39]).

다행히 헌법재판소는 창립 이래로 헌법 제107조 제2항에 대한 해
석을 통하여 명령·규칙에 대한 직접적인 헌법소원심판을 인정하는가
하면, 그동안 법원이 행정소송의 대상으로 인정하지 않아왔던 권력적
사실행위, 그 밖에 검사의 불기소처분 등에 대한 헌법소원심판청구가
가능한 것으로 받아들여 헌법소원대상을 많이 넓혀 왔던 것은 사실이
나, 실상 헌법소원의 진정한 대상은 재판과 행정처분이어야 함에도 이
러한 가장 중요한 국가 공권력작용이 헌법재판소의 통제 대상에서 제
외되는 결과를 가져왔고, 이것은 모든 국가권력에 대한 입헌주의적 통
제의 관점에서도 매우 바람직스럽지 못한 결과가 되었다고 아니할 수
없다.

2006년에 법원은 행정소송의 대상에 권력적 사실행위와 법규명령
까지도 포함시키는 것을 포함하는 행정소송법개정안을 준비하여 그간

> 헌법재판소가
> 헌법소원심판
> 의 대상이 되
> 는 공권력행사
> 적극적으로 발
> 굴

> 행정처분에 대
> 한 헌재의 통
> 제 사실상 배
> 제되는 문제

> 재판소원 도입
> 의 필요성

---

37) 헌재 1997. 12. 24. 96헌마172, 헌법재판소법 제68조 제1항 위헌확인 등, 판례집
제9권 2집, 842; 헌재 1998. 5. 28. 91헌마98, 93헌마253(병합), 양도소득세등부과
처분에 대한 헌법소원, 판례집 제10권 1집, 660.
38) 재정신청의 전면적인 확대로 인하여 불기소처분은 더 이상 헌법소원의 대상으로
삼을 필요가 없게 되었다.
39) 형사소송법의 개정으로 재정신청이 모든 범죄로 확대되어 불기소처분에 대한 헌
법소원심판청구가 보충성의 원칙 결여로 더 이상 적법하지 않게 되기 전까지 그
러하였다.

헌법재판소가 제도적으로 열악한 환경 가운데서도 어렵게 넓혀 왔던 헌법소원대상의 외연을 다시 법원의 행정소송의 대상으로 삼아 **빼앗아** 가고자 하였다.[40] 법원이 보다 폭넓게 활동하는 것은 국민의 권리구제의 측면에서 그리고 법치국가 실현의 한 축으로서의 사법기능의 관점에서 볼 때 바람직한 일이라고 할 수 있으나, 지금까지 헌법재판소가 헌법소원의 대상으로 확대하여 온 소송물을 법원이 행정소송의 대상으로 삼아 가져가고자 한다면(물론 이러한 것을 행정소송의 대상으로 포함시키지 않는 경우에도 역시 마찬가지로), 재판에 대한 헌법소원을 포함시키는 방향으로 헌법재판소법 제68조 제1항도 개정하여, 법원이 국민의 권리구제를 다하지 못할 경우에 헌법재판소가 한번 더 통제할 수 있는 장치를 마련하여야 할 것이라고 본다.

(2) 헌법소원에 있어서 보충성의 원칙

보충성 원칙

헌법재판소법 제68조 제1항 단서는 헌법소원은 다른 법률에 구제절차가 있는 경우에는 그 절차를 모두 거친 후가 아니면 청구할 수 없다고 규정하고 있다. 이것을 소위 보충성의 원칙이라고 한다. 이러한 보충성의 원칙은 헌법소원이 최종적이고도 비상적인 권리구제수난임[41]을 말해 주고 있다. 따라서 기본권이 침해된 경우에는 가능한 모든 권리구제절차를 거친 후에 비로소 헌법소원을 청구할 수 있다.[42]

헌법재판소의 업부부담 경감

이러한 보충성의 원칙은 헌법소원을 청구하기 전에 법원의 재판을 먼저 거치도록 함으로써 헌법재판소의 업무부담을 덜고 사실관계의 정리와 법적 판단에 필요한 법원의 자료를 우선 얻을 수 있게 하는 기능을 한다. 그럼으로써 헌법재판소로 하여금 헌법적인 문제의 판단에 집중할 수 있게 하는 역할을 하는 것이다.[43]

최종적이고 비상적인 권리구제수단

보충성의 원칙을 둔 목적은 헌법소원을 최종적이고 비상적인 권리구제수단으로 하고자 함이다. 그러나 이러한 보충성의 원칙의 강요

---

40) 대법원 행정소송법 개정의견, 2006. 9.
41) 그러나 이러한 "비상적 권리구제수단"의 개념은 재판에 대한 헌법소원이 인정될 경우에만 가능하다고 보는 견해로는 정태호, 헌법소원의 개념과 역사적 발전, 안암법학 제4집, 101-158 (110-111)면.
42) Wolf-Rüdiger Schenke (주 4), S. 15 ff.
43) Wolf-Rüdiger Schenke (주 4), S. 15 ff.

로 오히려 국민의 효율적인 권리구제를 막는 것은 헌법이 바라는 바는 아니다. 또한 다른 권리구제절차를 거친 후에 헌법소원을 청구할 수 있다고 하는 의미는 법원에 의한 권리구제수단을 거친 후에도 기본권 보호가 제대로 되지 않는 경우에 최종적으로 헌법재판소가 나섬으로써 국민의 기본권보호에 만전을 기하겠다는 것이다. 그러므로 보충성의 원칙이 헌법재판소와 대법원의 관할을 배타적으로 분담시키는 도구로 이해하는 것은 잘못이라고 하겠다. 단지 시간적 선후관계를 규정할 뿐이다.

우리 헌법재판소는 법률에 대한 직접적인 헌법소원의 경우에 보충성의 원칙의 예외에 해당한다고 하고 있다.[44] 또한 그 밖의 공권력의 행사나 불행사에 의한 기본권의 침해의 경우에도 다른 권리구제절차를 거치는 것이 불필요한 우회절차를 강요하는 것이 되거나, 다른 권리구제절차에 의한 권리보호가 기대가능성이 없는 경우에는 보충성의 원칙의 예외에 해당되어 직접 헌법소원을 제기할 수 있다고 하고 있다.[45] 따라서 이러한 보충성원칙의 예외를 인정하는 것은 헌법재판소에 의한 헌법소원심판을 우선적으로 청구할 수 있는 길을 열어 주는 것이라고 하겠다.

보충성 원칙의 예외

독일 연방헌법재판소의 판례에 따르면 보충성의 원칙은 법률에 대한 직접적 헌법소원의 경우에도 적용된다.[46] 그러나 독일 연방헌법재판소는 보충성의 원칙의 적용이 효과적인 기본권보호를 보장하지 않는 결과를 초래해서는 안 된다고 하면서 연방헌법재판소는 법률이 수범자로 하여금 나중에는 더 이상 돌이킬 수 없는 결정을 현재 강제하거나, 나중의 법률집행 후에는 더 이상 돌이킬 수 없는 처분을 현재 유발하는 경우에, 또는 보충성의 원칙이 추구하는 목적, 즉 사실문제와 법적 문제에 대한 법원의 해명을 유도하는 것이 불가능할 경우[47]나 그러한 해명이

독일 법률에 대한 직접적 헌법소원 인정

---

44) 판례집 제1권, 9 (20); 제3권, 227 (232); 제3권, 585 (1991. 11. 25. 공립학교교원의 노동삼권에 관한 헌법소원, 89헌마99) 등 확립된 판례임.
45) 가령 판례집 제4권, 194 (202)
46) BVerfGE 74, 69 (74); 84, 90 (16)
47) BVerfGE 74, 69 (76 f.)

필요 없을 경우48)에는 법률에 대한 직접적인 헌법소원을 위한 권리보호의 필요성을 행정행위가 발하여지기 전이라도 예외적으로 인정하였다.

원 행정처분에 대한 헌법소원 심판 적법한 것으로 허용 필요

혹자는 우리 헌법재판소법이 재판소원을 배제하고 있는 결과, 보충성의 원칙은 단지 대법원과 헌법재판소간의 관할권을 배타적으로 분배시키는 역할을 할 뿐이라고 보는 견해도 있고, 헌법재판소 역시 원행정처분의 헌법소원대상성을 부인하고 있으나, 국민의 기본권보호에 만전을 기하기 위해서는 경우에 따라서 행정소송의 대상이 되는 공권력작용이라 하더라도 보충성의 원칙적용의 예외를 인정하여 헌법소원심판을 청구할 수 있음을 인정해야 할 것이고, 또한 법원의 기각결정이 있다 하더라도 원래의 행정처분에 대한 헌법소원심판을 허용함으로써 헌법재판소가 기본권침해의 관점에서 다시 한 번 국가공권력의 위헌여부를 심사하게 하는 것이 헌법소원제도를 둔 입법취지를 충분히 살리는 길이라고 생각된다.

권력적 사실행위, 명령, 규칙의 항고소송 대상성 도입 행정소송법 개정안

전술한 바와 같이 최근 권력적 사실행위와 명령·규칙의 항고소송 대상성을 인정하는49) 행정소송법개정안이 국회에 제출된 바 있는데, 만일 이 개정안이 국회에 의해서 통과되어 입법화되는 경우, 이제 권력적 사실행위와 명령·규칙에 대한 헌법소원도 대법원의 관할로 넘어가게 되어 헌법재판소가 더 이상 이에 대한 위헌심사를 할 수 없게 될 것이다. 그러나 보충성원칙을 원래적 의미로 바로 이해한다면, 이 경우에도 대법원에 의해서 권리구제를 제대로 받지 못한 경우나, 또는 권리구제를 받을 기대가능성이 없는 등의 경우에는 헌법재판소가 이러한 공권력의 위헌여부를 다시 한 번 심사하는 기회를 가질 수 있게 될 것이기 때문에 이러한 법개정은 오히려 국민의 권리구제에 보다 만전을 기할 수 있게 될 것이라는 점에서 긍정적으로 평가될 수 있다는 것이다.

국민의 권리구제에 만전 기한다는 의미에서 긍정적

비상적 권리구제수단

결론적으로는 보충성의 원칙은 헌법소원심판을 비상적 권리구제수단으로 삼고자 하는 것이고, 다른 법률에 의한 구제수단을 통해서 구제가 되지 않는 경우에 최종적 권리구제수단이 되게 하고자 하는 것이다.

---

48) BVerfGE 91, 294 (306); 90, 128 (137 f.).
49) 국회에 제출되어 있는 대법원의 행정소송법 개정의견, 2006. 9. 3면 참조.

그러므로 이러한 취지를 살려서 국민의 기본권구제를 위해서 불가피하게 필요한 경우에는 다른 권리구제절차를 거치지 않아도 헌법소원심판을 청구할 수 있도록 보충성의 원칙의 예외를 분명히 명시할 필요가 있다고 생각된다.

(3) 원 행정처분의 헌법소원대상성의 문제

행정소송을 거친 원행정처분이 헌법소원심판의 대상이 될 수 있을 것인지에 관해서는 긍정하는 견해[50]와 부정하는 견해[51]로 나뉘고 있다.

긍정하는 견해의 핵심적인 논거는 헌법 제107조 제2항의 규정은 재판의 전제가 되는 경우에 대법원에 최종적인 심사권이 있다고 하는 것으로서 원행정처분에 의하여 직접 기본권을 침해받은 경우에 이에 대한 헌법소원가능성을 배제하는 것은 아니라는 점과 헌법재판소법 제68조 제1항의 규정 및 제75조 제3, 4, 5항의 규정의 취지는 결코 원행정처분의 헌법소원대상성을 배제하는 것이 아니라 오히려 이를 전제로 하고 있는 규정이라는 것이다. 원행정처분에 대한 헌법소원을 인용할 경우에 대법원의 확정판결의 기판력과의 충돌문제에 대하여는 헌법재판소법 제75조 제1항의 기속력규정에 우위를 둠으로써 문제될 것이 없다고 보고 있다.

이를 부정하는 견해 역시 헌법 제107조 제2항의 규정을 가장 중요한 근거로 들고 있다. 이에 따르면 헌법 제107조 제2항에서는 처분이 재판의 전제가 된 경우라고 하는 것은 처분 자체가 문제가 된 행정소송을 포함하여 일컬음이고 이 경우에 대법원은 최종적인 심사권이 있기 때문에 원처분에 대한 헌법소원은 이 규정에 의하여 헌법적으로 배제된다고 하는 것이며 또한 대법원의 확정판결에 대하여 기판력이 발생하기 때문에 원처분에 대한 헌법재판소의 인용결정이 이러한 기판력을 배제한다고 하는 명문의 규정이 없기 때문에 이에 대한 헌법소원은 배제된다는 것이다.

우리 헌법재판소는 "공권력행사인 행정처분에 대하여 구제절차로

(우측 여백 주석)
긍정설·부정설

원처분의 헌법소원대상성 긍정설

원처분의 헌법소원대상성 부정설

헌법재판소는 부인설 선택

---

50) 황도수, 원처분에 대한 헌법소원, 헌법논총 제6집(1995), 191면 이하.
51) 정태호, 원처분의 헌법소원대상성에 관한 소고, 헌법논총 제6집(1995), 249면 이하.

서 법원의 재판을 거치는 경우, 그 처분의 기초가 된 사실관계의 인정과 평가, 단순한 일반법규의 해석·적용의 문제는, 원칙적으로 헌법재판소 심판사항이라고 할 수 없을 것이다."고 하면서 원행정처분의 문제를 단순한 일반법규의 해석·적용의 문제인 것으로 돌리고 이에 대한 판단을 회피 내지는 유보하여 왔으나[52], 1998. 5. 28. 91헌마98, 93헌마253(병합) 사건 이래 원처분에 대한 헌법소원대상성을 원칙적으로 부인하여 오고 있다.

행정처분의 직접적인 기본권 침해 가능

문제가 되는 것은 행청처분의 기초가 된 사실관계의 인정과 평가, 단순한 일반법규의 해석·적용의 문제는 원칙적으로 법원의 관장사항이라 할지라도 그로 인하여 직접 기본권이 침해되는 경우를 왜 상정할 수 없겠는가이다. 헌법재판소는 명령·규칙이 재판의 전제가 된 경우가 아니라, 이로 인하여 직접 기본권이 침해된 경우에는 그에 대한 헌법소원 심판가능성을 인정하였다. 그러한 논리를 그대로 이 경우에도 적용한다면 원행정처분 자체에 의하여 기본권이 침해되었다고 볼 수 있는 경우도 있을 수 있다. 즉 행정처분의 기초가 되는 법률을 해석·적용함에 있어서 기본권이 가지는 객관적 가치질서로서의 의의(기본권의 방사효과: Ausstrahlungswirkung)를 잘못 인정하고 법을 해석·적용하는 경우에는 원행정처분은 물론 법원의 재판도 위헌일 수 있기 때문에 헌법재판사항이 될 수 있는 것이다(독일 연방헌법재판소의 Lüth판결 BVerfGE 7, 198).

---

52) 헌재 1992. 6. 26. 90헌마73, 판례집 제4권, 429 (433); 판례집 제5권, 299 (305) 등 확립된 판례. 마찬가지로 헌법재판소는 판례집 제7권 1집, 557 (562)의 사건에서 "청구인들의 이 사건 헌법소원심판의 청구는 그들을 중등교원으로 임용함에 있어 적용할 법률조항이 헌법재판소에 의하여 이미 위헌결정이 된 위 법률조항인지 아니면 위 위헌의 결정에 따라 교사의 신규채용을 공개전형에 의하도록 한 개정 교육공무원법 제11조 제1항과 그 부칙 제2항인가의 문제이므로 결국 법률에 대한 위헌결정의 효력을 규정한 헌법재판소법 제47조 제2항의 해석·적용에 관한 문제로 귀착된다."고 하고 있으나 이것은 위헌결정의 효력을 밝혀주고 이를 잘못 적용한 경우에는 바로 잡는 것이 헌법재판소의 임무라고 하는 점에서 원처분의 헌법소원대상성 여부에 대한 미묘한 문제를 회피해 가고 있는 것이 아닌가 하는 인상을 풍기고 있다. 한편 원행정처분의 헌법소원대상성에 대하여 열어 놓고 있는 판례로는 헌재 1993. 7. 29. 91헌마47, 판례집 제5권, 137 (141): "이와 같이 구제절차로서 법원의 재판을 거친 후에 원래의 행정처분 및 기타의 공권력작용에 대하여 헌법소원을 제기할 수 있느냐에 관하여는 헌법재판소법의 해석상 의문이 있으나..."(헌재 1992. 6. 26. 선고, 89헌마161 결정 참조)."

법률에 대한 위헌법률심판권은 헌법재판소에 있고 명령·규칙 또는 처분에 대한 최종적인 위헌심사권은 대법원에 맡겨두는 경우에는 법률과 명령·규칙 또는 처분의 위헌여부에 관한 결론이 다를 가능성을 배제할 수 없기 때문에 법적용에 있어서 법적 불안정성이 발생할 소지가 있다. 이것은 헌법제정자가 처음부터 위헌심판권을 헌법재판소와 대법원에 나누어 놓음으로써 발생하는 문제라고 할 것이다. 그러나 이러한 규정에도 불구하고 모든 국가기관은 헌법의 보장의무가 있으며 헌법에 직접적으로 기속되기 때문에(헌법 제10조), 헌법생활의 통일성을 유지하기 위해서는 모든 헌법문제에 대한 최종적인 유권적 해석권한은 헌법재판소에 부여해야 할 것이며 헌법재판소가 헌법적 문제를 한번 판단하는 경우에는 모든 국가기관은 이를 존중하고 이에 기속되어야 할 것이다.

> 헌법문제에 대한 최종적인 유권적 해석은 헌법재판소 권한

만일 헌법재판소가 원행정처분의 헌법소원대상성을 인정하여 심사한 후 이를 인용하는 경우에는 이러한 인용결정은 모든 국가기관과 지방자치단체를 기속한다(헌법재판소법 제75조 제1항). 따라서 이와 다른 결론에 입각하여 이루어진 재판에 대하여 대법원은 재심을 허용하고 헌법재판소의 결정에 따라야 할 것이다. 이러한 해석은 결코 법원의 재판을 헌법소원의 대상에서 제외한 헌법재판소법 제68조 제1항의 취지에 반하는 것이 아니며 오히려 이 조항에서 규정하고 있는 공권력의 행사 또는 불행사 개념에는 원행정처분도 당연히 인정된다고 보아야 할 것이다. 그렇게 해석하는 것이 헌법재판소법 제68조 제1항 단서규정에서 다른 법률에 의한 구제절차를 거친 후에 헌법소원심판청구를 할 수 있다고 하는 규정의 취지에 부합한다고 할 수 있다.[53]

> 원행정처분에 대한 헌법소원 인용결정은 국가기관을 기속

만일 이와 같이 해석할 경우에는 행정소송에서 패소한 모든 당사자가 곧바로 헌법재판소에 원행정처분에 대한 헌법소원심판을 청구함으로써 원행정처분에 대한 헌법소원심판사건이 폭주하고 실질적으로 헌법재판소가 행정소송의 초상고심이 되는 것은 아닌지 하는 우려가 있을 수 있다. 그러나 이에 대하여는 헌법재판소가 판시하고 있듯이 행청처분의

> 헌법소원 폭주 우려

---

53) 동지, 황도수 (주 50), 202면.

적법요건 단계
에서 걸러내줄
수 있을 것

기초가 된 사실관계의 인정과 평가, 단순한 일반법규의 해석·적용의 문제는 원칙적으로 법원의 관장사항으로 돌려 각하하고, 처분이 국민의 기본권을 침해하였는지 여부가 쟁점이 되어 헌법재판소의 헌법적 판단이 필요한 사건은 받아들여 그 위헌여부를 심판할 수 있도록 하면 해결될 수 있을 것이다.

사실관계의 판
단, 법률의 해
석·적용에
있어서 기본권
효력 중시 효
과

원행정처분을 헌법소원의 심판대상으로 삼고 이에 대하여 헌법재판소가 본격적으로 심판을 수행할 경우에 나타나게 될 효과로서 제일 먼저 들 수 있는 것은 법원이 사실관계의 판단, 법률의 해석·적용에 있어서 기본권이 갖는 의의를 보다 신중히 고려할 수 있게 한다는 점이다(소위 기본권의 방사효과). 이렇게 될 때에 법률의 해석·적용을 담당하는 또 하나의 기능이 헌법재판소에 의하여 효과적으로 통제됨으로써 법원은 간접적으로 헌법재판소에 의한 통제를 받게 되고 국민의 기본권은 보다 효율적으로 보호될 수 있다고 할 수 있을 것이다. 이것은 법원의 재판이 헌법소원의 대상에서 제외되어 있는 현실 가운데서 헌법재판소가 가지고 있는 통제기능을 발휘함으로써 보다 효율적인 기본권보호작용을 가능하게 할 수 있다는 점에서 중요한 의미가 있다고 할 수 있다.

헌재의 인용결
정에 대법원이
따르지 않는
사태 빈발우려
근거 없음

헌법재판소의 인용결정에 대하여 대법원이 따르지 않는 사태가 더욱 빈발해 질 수 있다고 하는 문제는 기속력을 따르지 않는 기관의 위헌적 행위에 대하여 효과적으로 대처해야 할 입법자의 법개정에 맡길 일이지 이것을 우려하여 헌법재판소가 원행정처분에 대한 헌법소원심판권이 법적으로 존재함에도 불구하고 이를 사문화시키는 것은, 기본권보장의무[54]의 불이행이라고 볼 수 있을 것이다.

헌재법 제75조
는 원행정처분
에 대한 헌법
소원을 전제

한편 헌법재판소법 제68조 제1항과 제75조 제3, 4, 5항의 규정취지를 볼 때 입법자는 원행정처분에 대한 헌법소원을 전제로 하고 있다고 보이는 바, 이 규정을 통하여 입법자는 헌법 제107조 제2항의 불분명한 규정을 나름대로 해석하고 이를 고려하여 헌법 제111조 제1항 제5호의 헌법소원의 대상을 구체화하였다고 보인다. 이러한 입법이 입법자의 형

---

54) 이에 대하여는 방승주, 헌법 제10조, (사) 한국헌법학회 편, 헌법주석 (I), 박영사 2013, 283–388(342면 이하).

성의 자유를 넘어서 헌법 제107조 제2항의 규정에 명백히 위배된다고
볼 수는 없을 것이다.[55]

　　그럼에도 불구하고 헌법재판소는 1998. 5. 28. 선고된 91헌마98, 93
헌마253(병합) 양도소득세등부과처분에 대한 헌법소원심판[56]에서 원행
정처분은 헌법소원의 대상이 될 수 없다고 판시함으로써 그동안 원처분
에 대한 헌법소원가능성에 대한 일말의 가능성을 시사해 왔던 종래의
입장을 특별한 이유도 없이 변경하고야 말았다.

원처분 헌법소원 각하

　　그런데 행정소송의 기판력 때문에 원행정처분이 헌법소원의 대상
이 될 수 없다는 것은 헌법재판제도의 완전한 오해에서 비롯된 주장이
다. 기판력은 같은 소송물을 추후의 재판으로 다시 다툴 수 없도록 법원
과 소송당사자를 기속하는 효력이라고 할 수 있다. 행정소송이 기판력
을 갖는다고 해서 당연히 원행정처분에 대한 헌법소원이 부적법한 것은
아니다. 이러한 이론에 의할 것 같으면 재판에 대한 헌법소원도 이 기판
력이론 때문에 불가능하다고 보아야 할 것이나 그러한 이론적 주장은
존재하지 않는다. 헌법소원은 다른 권리구제절차에 의하여서도 구제받
지 못한 기본권을 최종적으로 구제받을 수 있는 비상적 권리구제절차이
기 때문에, 헌법 특히 기본권에 대한 의의와 효력을 잘못 이해하고 적용
함으로써 국민의 기본권을 구제하지 못한 행정소송의 경우는 헌법재판
소법이 헌법소원의 길을 열어 놓고 있다고 할 수 있다. 그러므로 헌법적
판단이 잘못된 행정소송의 기판력은 원처분에 대한 헌법소원을 차단할
수 없다.

행정재판의 기판력을 깰 수 있는 것이 헌재 위헌결정의 기속력

　　원처분에 대한 헌법소원에 있어서는 행정소송에 있어서와는 달리,
사실의 확인, 일반 법률에 대한 해석·적용이 아니라 처분의 위헌여부
의 문제를 대상으로 한 소송물을 구성한다고 볼 수 있고, 헌법심에 관한
한 행정소송의 초상고심이라고 못할 바 없으며, 이에 대한 헌법소원결
정은 헌법재판소법 제75조 제1항에 따라 모든 국가기관과 지방자치단체
에 대하여 기속력을 가지기 때문에 법원도 당연히 이에 기속되며 헌법

처분의 위헌여부가 심판대상 (소송물)

55) 그러나 정태호 (주 51), 291−292면.
56) 판례집 제10권 1집, 660.

소원의 인용결정의 경우에는 재심을 허용하여야 할 것이다. 기판력보다 더욱 중요한 것은 헌법판단을 잘못한 재판에 의하여 초래된 국민의 기본권침해의 구제이다.

원행정처분 배제는 헌법소원 제도의 해석론적 왜곡

요컨대 제68조 제1항에서의 헌법소원대상에서 법원의 재판을 제외한 것은 헌법소원제도에 대한 입법론적 왜곡이라면, 원행정처분을 제외한 것은 헌법소원제도에 대한 해석론적 왜곡이라 아니할 수 없다. 전자의 책임은 입법자, 후자의 책임은 헌법재판소에 있다.

예외적 헌법소원의 대상

다만 헌법재판소는 헌법재판소에 의하여 위헌으로 결정된 법률을 계속 적용함으로써 국민의 기본권을 침해한 경우에는 법원의 재판을 거친 원처분이라 하더라도 예외적으로 헌법소원의 대상이 된다고 보고 있다.[57]

(4) 위헌법률심판형 헌법소원제도(소위 위헌소원)의 문제

위헌법률심판 제청신청을 기 각한 경우 이 기각결정에 대 하여 헌법소원 의 길 열어 놓음

우리 헌법재판소법 제68조 제2항은 당사자의 위헌법률심판제청신청에 대하여 법원이 기각한 경우에 이 기각결정에 대하여 헌법소원의 길을 열어 놓고 있다. 사실 이러한 소위 위헌소원제도는 법원이 자의적으로 어떠한 법률이 위헌임에도 불구하고 합헌이라는 전제하에 구체적 사건에 해석·적용하는 것을 막고 헌법재판소로 하여금 당사자의 주장에 대하여 한 번 더 심판할 수 있는 기회를 주고자 함이다. 이러한 결과 법원이 어떠한 법률이 위헌이 아니라고 판단하고서 위헌법률심판제청신청을 기각하고 본안 재판을 속행하는 경우에 헌법재판소에 별도의 위헌소원심판이 제기되어, 사실상 두 가지 재판이 진행되는 경우가 있을 수 있다. 이 때 대법원의 상고심이 당사자의 청구를 기각하였음에도 경우에 따라서는 헌법재판소가 청구인의 헌법소원심판을 인용하는 경우가 있을 수 있다. 물론 이러한 경우 법원은 헌재법 제75조 제7항에 따라서 헌법재판소의 인용결정에 따라 재심을 허용하여야 한다.

위헌소원에서 의 한정위헌결 정의 경우 헌 재법 제75조

하지만 헌법재판소가 이러한 소위 위헌소원에서 한정위헌결정을 내린 경우 대법원은 이 한정위헌결정은 헌재법 제75조 제7항의 "헌법소원이 인용된 경우"에 포함시키지 않고서 재심을 기각한 바 있다.[58] 요

---

57) 헌재 1997. 12. 24. 96헌마172등(병합), 판례집 제9권 2집, 842.

컨대 대법원은 종래의 자신의 판례에 배치되는 헌법재판소 한정위헌결정이 나온 경우, 이 한정위헌결정의 기속력을 부인하고서 그 결정을 따르지 않고 있으며, 이로 인하여 법률을 구체적 사건에 적용하여야 하는 국가기관이나 국민들의 법생활에 커다란 불안정을 초래하고 있다.

제7항의 "헌법 소원이 인용된 경우"에 불포함(대법원)

하지만 헌법재판소의 한정위헌결정은 법률에 대한 헌법합치적 해석의 결과로서 모든 헌법재판기관에 대하여 인정할 수 있는 결정유형의 하나로서 대법원은 헌법재판소의 한정위헌결정을 존중하여야 할 것이다. 다만 위에서 논하는 바와 같이 결정의 기속력과 관련하여 우리 헌재법은 위헌결정 내지 인용결정의 기속력만을 인정하고 있어, 이와 같은 한정위헌결정의 기속력을 법원이 부인하는 경우가 있으나, 법생활의 안정성을 위하여 결코 바람직하지 않다고 볼 것이다. 오히려 헌법재판소의 모든 결정유형(합헌이든 위헌이든 아니면 한정위헌결정이든)에 기속력을 인정하는 쪽으로 헌법재판소법을 명시적으로 개정할 필요성이 있다고 보인다.

한정위헌결정의 기속력 인정 필요

그리고 재판을 헌법소원의 대상에 포함시키는 입법개선을 하는 경우 더 이상 헌재법 제68조 제2항에 따른 위헌법률심판형 헌법소원제도는 존재할 이유가 없으므로 그러한 조건하에 이 제도는 폐지하는 것이 바람직하다고 할 것이다. 다만 재판소원을 도입하지 않는 한에서는 이 제도가 법원에 대한 헌법재판소의 간접적 통제장치로서 유지되어야 할 것이다.

재판소원제도 도입 시 소위 위헌소원제도 불필요

(5) 명령·규칙의 위헌심사권의 문제

우리 헌법 제107조 제1항은 법률이 헌법에 위반되는 여부가 재판의 전제가 된 경우에는 법원은 헌법재판소에 제청하여 그 심판에 의하여 재판하도록 하고 있고, 제107조 제2항은 명령·규칙 또는 처분의 위헌여부가 재판의 전제가 된 경우 그 위헌여부에 대해서는 대법원이 이

재판의 전제가 된 경우 대법원이 최종적 심사

---

58) 대법원 2001. 4. 27. 선고 95재다14 판결. 이에 대하여는 방승주, 국가배상법 제2조 제1항 단서에 대한 한정위헌결정의 기속력, 인권과 정의, 2001/12(제304호), 102면 이하; 방승주, 한정위헌결정의 기속력을 부인한 대법원 판결의 위헌여부, 헌법소송사례연구, 2002, 343-373면 및 헌재 2003. 4. 24. 2001헌마386, 헌법재판소법 제68조 제1항 위헌확인 등, 판례집 제15권 1집, 443.

를 최종적으로 심사하여 재판하도록 규정하고 있다. 따라서 법률의 위헌여부는 헌법재판소에, 그리고 법률의 위임을 받아서 제정된 명령·규칙의 위헌여부는 대법원이 이를 심사하도록 하고 있는 것이다.[59]

결론 달라질 수 있음

이와 같이 위헌여부의 판단을 이원적으로 함으로써 사실상 법률의 위헌여부와 이를 근거로 한 명령·규칙의 위헌여부의 결론이 서로 달라질 수 있을 가능성이 처음부터 내재되어 있다.

명령·규칙의 직접적 기본권 침해 경우 헌법소원 가능

뿐만 아니라, 명령·규칙이 재판의 전제가 된 경우가 아니라 직접 국민의 기본권을 침해하는 경우에는 헌법재판소에 그 명령·규칙에 대한 직접적인 헌법소원심판을 청구할 수 있기 때문에, 그에 대한 헌법재판소의 결론과 대법원의 명령·규칙의 위헌여부에 대한 결론이 달라질 수 있는 가능성이 상존한다. 물론 헌법재판소의 명령·규칙의 위헌여부에 대한 결정은 그 자체가 대세적 효력을 가지고 있기 때문에 일반적 기속력을 가지는 데 반하여, 대법원의 명령·규칙에 대한 위헌여부의 결론은 대세적 효력이 아니라, 구체적 사건에서만 효력을 가지는 데 불과하다는 방향으로 해석을 하면 충돌가능성의 문제는 훨씬 줄어들 수 있는 것은 사실이지만, 앞에서도 언급한 법률의 위헌여부의 결론과 명령·규칙의 위헌여부의 결론이 상이할 수 있는 가능성은 언제든지 존재한다는 데 문제가 있다.

위헌법률심판에 있어서 한정위헌결정의 한계

이로 인하여 헌법재판소는 위헌법률심판을 함에 있어서 법률은 문제가 되지 않는데 반하여 그 법률을 근거로 제정된 명령의 내용이 위헌인 경우에, 이에 대하여 위헌결정을 할 수 없다 보니, 법률 내용을 명령 내용대로 해석하는 한도 내에서 위헌이라고 하는 식의 한정위헌결정을 내린 적도 있다("해당시설을 자기소유이어야 하는 것으로 해석하는 한 헌법에 위반된다")[60]. 그런데 이러한 결정은 사실상 위헌법률심판에서 법률이 아

---

59) 관련규정을 살펴 보면, 행정소송법 제6조 제1항은 "행정소송에 대한 대법원판결에 의하여 명령·규칙이 헌법 또는 법률에 위반된다는 것이 확정된 경우에는 대법원은 지체없이 그 사유를 총무처장관에게 통보하여야 한다" "제1항의 규정에 의한 통보를 받은 총무처장관은 지체없이 이를 관보에 게재하여야 한다."(제2항)라고 규정되어 있다.

60) 헌재 1992. 6. 26. 90헌가23, 정기간행물의등록등에관한법률 제7조 제1항의 위헌심판, 판례집 제4권, 300.

니라 명령의 위헌을 선언하는 것과 마찬가지라는 점에서 위헌법률심판
의 한계를 넘어섰다고 하는 비판이 가능하다.

이와 같은 문제점을 해결하고 위헌법률심판과 명령·규칙의 위헌
여부에 대한 심판의 일관성을 유지하기 위해서는 명령·규칙의 위헌여
부의 문제 역시 헌법재판소의 판단에 맡겨서 일원화시키는 것이 바람직
하다고 볼 수 있을 것이다.

명령·규칙의
위헌여부 심판
권도 헌재

(6) 한정위헌결정의 기속력 문제

우리나라에서 헌법재판과 일반재판과의 관계와 관련하여 현안이
되었던 문제로서 한정위헌결정의 기속력에 관한 문제가 있다. 즉 법률
에 대한 헌법합치적 해석을 둘러싸고 그 권한이 누구에게 귀속되는가
그리고 그 기속력은 어디까지 인정될 것인가를 둘러싸고 헌법재판소와
대법원간의 첨예한 권한분쟁으로 비화된 바 있다.

한정위헌결정
의 기속력

한정위헌결정의 기속력을 부인한 대법원의 판결은 지금까지 여러
차례에 걸쳐서 나왔는데, 95누11405판결과 95재다14판결, 2004두10289
판결이며, 그리고 최근에 2012재두299판결과, 헌재 2012. 12. 27. 2011
헌바117 결정에 따라 청구인이 재심청구할 경우 이에 대하여도 대법원
은 재심기각을 할 것으로 전망된다(2021. 2. 19. 현재까지 재심기각 결정은
확인되지 않고 있음).

한정위헌결정
의 기속력을
부인한 대법원
판례

대법원이 1996. 4. 9 선고한 95누11405판결은 동작세무서장의 이길
범씨에 대한 양도소득세 부과처분에 대하여 이길범씨가 취소소송을 제
기하였으나, 상고심인 대법원이 기각판결을 한 것이다.

이러한 기각판결은 종전에 양도차익의 계산은 기준시가를 원칙으
로 하나 대통령령에 의할 경우에는 실지거래가액에 따른다고 하는 내용
의 구소득세법 제23조 제4항 단서와 45조 제1항 1호 단서 등 규정에 대
하여 헌법재판소가 포괄위임입법금지의 원칙에 위반된다는 이유로 한정
위헌결정(94헌바40, 95헌바13 병합)을 선고한 이후에 이루어진 것이다. 다
시 말해서 대법원은 이러한 한정위헌결정은 법률에 대한 해석이며, 법
률에 대한 해석권한은 대법원을 정점으로 하는 법원에만 전속된 권한이
므로 헌법재판소가 행한 법률에 대한 헌법합치적 해석인 한정위헌결정

한정위헌결정
의 기속력을
부인한 대법원
의 최초 판결:
95누11405

은 기속력이 없는 단순한 견해에 불과하다고 하는 것이다.

**양도소득세부
과처분취소소
송 기각**

　　이와 같이 대법원이 양도소득세부과처분취소소송을 기각하자 당사자인 이길범씨는 동작세무서장의 과세처분과 대법원의 기각판결 그리고 재판을 헌법소원의 대상에서 제외하고 있는 헌재법 제68조 제1항 모두에 대하여 헌법소원심판을 청구(96헌마172)하였으며, 이 헌법소원에서 헌법재판소는 1997. 12. 24. 헌재법 제68조 제1항에 대하여 헌법재판소가 위헌으로 결정한 법령을 계속 적용함으로써 국민의 기본권을 침해한 재판도 포함되는 것으로 해석하는 한 헌법에 위반된다고 하는 취지의 한정위헌을 선고하고, 이와 같이 헌재가 한정위헌결정을 선고하였음에도 그 기속력을 부인한 대법원의 판결을 취소하고, 동시에 원행정처분에 해당하는 동작세무서장의 양도소득세부과처분에 대해서도 취소하는 결정을 선고하였다.

**한정위헌결정
의 기속력을
부인하며 재심
청구를 기각한
대법원 판결:
95재다14**

　　다음으로 95재다14결정이다. 이 사건은 군인이 민간인과 공동으로 불법행위책임을 지고 다른 군인에게 공상을 입혔을 경우, 민간인이 부진정연대채무에 따라서 국가의 부담부분까지 모두 배상을 한 후, 국가에게 구상권을 청구하는 경우, 대법원의 판결(1994. 5. 27. 선고 94다6741)에 따르면 헌법 제29조 제2항의 이중배상금지의 원칙에 따라서 국가에 대한 구상권을 인정할 수 없다는 데 반하여, 헌법재판소는 국가배상법 제2조 제1항 단서 규정에 대하여 그러한 구상권을 행사할 수 없는 것으로 해석하는 한 위헌이라고 함으로써, 한정위헌결정(1994. 12. 29. 93헌바21)을 내림으로써, 대법원과 상반된 한정위헌결정을 내린 데 따른 대법원의 또 한 차례의 반발이라고 할 수 있다. 청구인은 이와 같은 한정위헌결정이 선고되자, 종전에 구상권을 부인하였던 대법원판결을 재심대상 판결로 하여 대법원에 다시 재심의 소를 제기하였으나, 대법원은 2001. 4. 27. 95재다14사건에서 한정위헌결정이 선고된 경우는 헌재법 제75조 제7항의 '헌법소원이 인용된 경우'에 해당되지 아니하며, 한정위헌결정은 해석에 불과하므로 기속력이 없다고 하는 종전의 판례를 인용하면서 재심의 소를 기각하였다. 그러자 청구인은 이 재심기각판결을 대상으로 다시 헌법재판소에 헌법소원심판(2001헌마386)을 청구하였다가 추후에 헌법소원을 취하하였으며, 헌법재판소는 2003. 4. 24. 심판절차 종료선언을 하였다. 그러나 헌법재판소의 한정위헌결정의 기속력을 부인한 이 대법원판결은 위헌으로서 예외적으로 취소대상이 되었던 판결에 해당된다고 본다.[61] 대법원은 이 95재다14판결을 선고하기 전에 전원합의체 판결로써 자신이 가지고 있던 종전의 확립된 판례, 즉 공동불법행위책임을 지는 경우 부진정연대채무로서 피해자에게 100% 배상책임이 있다고 하는 판례를 변경하여 민간인과 국가가 공동으로 불법행위책임을 질 경우에는 50%만 배상해도 좋다고 하는 쪽으로 판례를 변경하였다. 이와 같이 판례를 바꿀 바에야 오히려 군인과 민간인이 공동으로 불법행위책임을 지고 다른 군인에게 공상 등을 입힌 경우에는 민간인의 국가에 대한 구상권을 인정하는 쪽으로 판례변경을 하는 것이 바람직스러울 뿐만 아니라, 차후의 헌법재판소와의 불필요한 충돌을 막는 방법이 되지 아니하였겠나 생각된다.

대법원의 2004두10289사건에서 문제가 된 것은 구 상속세법 제18조 제1항으로 "상속인은 상속재산 중 각자가 받았거나 받을 재산의 점유비율에 따라 상속세를 연대해 납부할 의무가 있다"고 한 규정이다. 피상속인이 사망하기 전에 재산을 증여받고 상속을 포기한 자가 상속인에 포함되는지 여부가 쟁점이 된 사건이다.

상속인의 범위와 관련된 한정위헌결정의 기속력을 부인한 대법원 판결: 2004두10289

> **대법원 판례** 『구 상속세법(1993. 12. 31. 법률 제4662호로 개정되기 전의 것) 제4조 제1항, 제18조 제1항 등의 규정에 의하면, 피상속인이 피상속인의 적극재산의 가액에서 채무 등을 공제한 상속재산가액에 피상속인이 상속개시 전 일정기간 이내에 상속인 또는 상속인 이외의 자에게 증여한 재산의 가액을 가산한 금액을 상속세과세가액으로 하고, 이에 대한 상속세는 상속인, 수유자, 사인증여의 수증자에게만 그 납세의무를 부과하고 있는바, 1순위 상속인이었던 자가 상속을 포기한 경우에는 그 소급효에 의하여 상속개시 당시부터 상속인이 아니었던 것과 같은 지위에 놓이게 되므로, 구 상속세법 제18조 제1항 소정의 '상속인'에 해당하지 않게 되고, 이에 따라 그 자가 수유자 등에 해당하지 아니하는 한 상속세 납세의무가 없다 할 것이며, 또한 그 자가 피상속인으로부

---

61) 동지, 헌재 2003. 4. 24. 2001헌마386, 헌법재판소법 제68조 제1항 위헌확인 등, 판례집 제15권 1집, 443, 455, 김영일, 송인준 재판관의 반대의견.

터 상속개시 전 5년 이내에 재산을 증여받음으로써 그 가액이 제4조 제1항의 규정에 의하여 상속재산가액에 가산된다 하더라도 위 규정은 상속세과세가액 산정의 방식에 관한 규정일 뿐이므로 위 규정이 상속을 포기한 자의 상속세 납세의무의 근거가 될 수도 없다.」[62]고 판시한 바 있었다.

헌재의 한정위헌결정

그러나 헌법재판소는 다음과 같이 판시함으로써 한정위헌결정을 하였다.

판례 『응능부담의 원칙을 상속세의 부과에서 실현하고자 하는 입법목적이 공공복리에 기여하므로 목적정당성을 인정할 수 있으나, 상속포기자를 제외하는 것은 응능부담 원칙의 실현이라는 입법목적 달성에 적절한 수단이 될 수 없어서 방법의 적절성 원칙에 위배되며, "상속개시 전에 피상속인으로부터 상속재산가액에 가산되는 재산을 증여받고 상속을 포기한 자"를 "상속인"의 범위에 포함시키는 별도의 수단이 존재하는데도 이를 외면하는 것이므로 침해의 최소성 원칙에 위배되고, 상속을 승인한 자가 상속을 포기한 자가 본래 부담하여야 할 상속세액을 부담하게 되는 재산상의 불이익을 받게 되는 반면에 달성되는 공익은 상대적으로 작다고 할 것이어서 법익 균형성 원칙에도 위배되기 때문에, 구 상속세법 제18조 제1항 본문 중 "상속인"의 범위에 "상속개시 전에 피상속인으로부터 상속재산가액에 가산되는 재산을 증여받고 상속을 포기한 자"를 포함하지 않는 것은 상속을 승인한 자의 헌법상 보장되는 재산권을 침해한다.」[63]

대법원의 반응

이에 대하여 대법원은 다음과 같이 판결함으로써, 헌법재판소의 한정위헌결정의 기속력을 다시 한번 부인하고 상속개시전에 증여받고 상속을 포기한 자는 상속인에 속하지 아니한다는 종전의 입장을 거듭 확인한 바 있다.

대법원 판례 『[1] 상속개시 전에 피상속인으로부터 구 상속세법 제4조 제1항에 의하여 상속재산가액에 가산되는 재산을 증여받고 상속을 포기한 자는 구 상속세법(1993. 12. 31. 법률 제4662호로 개정되기 전의 것) 제18조 제1항에 정한

---

62) 대법원 1998. 6. 23. 선고 97누5022 판결 【상속세부과처분취소】 [공1998.8.1. (63), 2020].

63) 헌재 2008. 10. 30. 2003헌바10, 판례집 제20권 2집 상, 727.

상속세 납세의무를 부담하는 '상속인'에 해당한다고 보기 어렵다. 따라서 그 자가 수유자 등에 해당하지 아니하는 한 상속세를 납부할 의무가 없다.

[2] 제1순위 공동상속인들 중 일부가 상속개시 전에 피상속인으로부터 상속세과세가액에 포함되는 재산을 증여받고 상속을 포기함에 따라 나머지 상속인이 부담하게 될 상속세액을 산출하는 경우, 구 상속세법(1993. 12. 31. 법률 제4662호로 개정되기 전의 것) 제18조 제1항에 정한 상속인별 상속세 분담비율의 산정기준이 되는 '상속재산(같은 법 제4조의 규정에 의하여 상속재산에 가산한 증여재산 중 상속인 또는 수유자가 받은 증여재산을 포함한다) 중 각자가 받았거나 받을 재산의 점유비율'에서 말하는 괄호 안의 '상속인이 받은 증여재산'은, 같은 법 제4조 제1항에 의하여 상속재산에 가산되는 '상속인에게 증여한 재산'의 개념과 동일하게 보아 '상속을 포기한 자가 받은 증여재산'도 포함하는 것으로 해석함이 상당하다. 따라서 상속을 포기하지 않은 상속인은 상속포기자의 사전 증여재산 등을 포함한 상속재산 중 자신이 받았거나 받을 재산의 점유비율에 따라 산출된 상속세를 납부할 의무가 있다.

[3] 구체적 분쟁사건의 재판에 즈음하여 법률 또는 법률조항의 의미·내용과 적용 범위가 어떠한 것인지를 정하는 권한, 곧 법령의 해석·적용 권한은 사법권의 본질적 내용을 이루는 것이고, 법률이 헌법규범과 조화되도록 해석하는 것은 법령의 해석·적용상 대원칙이다. 따라서 합헌적 법률해석을 포함하는 법령의 해석·적용 권한은 대법원을 최고법원으로 하는 법원에 전속하는 것이며, 헌법재판소가 법률의 위헌 여부를 판단하기 위하여 불가피하게 법원의 최종적인 법률해석에 앞서 법령을 해석하거나 그 적용 범위를 판단하더라도 헌법재판소의 법률해석에 대법원이나 각급 법원이 구속되는 것은 아니다.」 [64]

한편 같은 날짜에 헌법재판소(2005. 11. 24. 2004헌가28, 도로교통법 제78조 제1항 단서 제5호 위헌제청)와 대법원(2005. 11. 24. 2005두8061, 자동차운전면허취소처분취소, 원심 서울고등법원 2005. 7. 6, 2004누15118 자동차운전면허취소처분취소)이 같은 문제에 대하여 각각 달리 판결하는 사건이 벌어졌으며, 또한 그 대법원 판결에 대해서 헌법소원심판(2005헌마1198·1231)도 청구된 바 있었는데, 과연 이러한 경우 대법원의 판결은 예외적으로 헌법소원의 대상이 될 수 있는 재판이라고 하여야 할 것인지 여부를 둘러싸

같은 날 헌재와 대법원이 상반된 결정을 선고하는 경우

64) 대법원 2009. 2. 12. 선고 2004두10289 판결 【상속세부과처분무효확인등】 [공2009상,343].

고 실제로 문제가 제기된 사례이다 - 이 사건의 경우 왜 이러한 동시 선고가 발생하게 되었는지 현재의 시스템을 가지고 생각해 볼 때에도 의아한 부분이 있다. 다시 말해서 어떠한 법원이 위헌법률심판을 제청할 경우에는 대법원을 경유하여 위헌제청을 하는 것이 보통이다. 아마도 이 사건의 경우도 대법원을 경유하여 위헌제청을 하였을 것이기 때문에, 헌법재판소에서 도로교통법 조항의 위헌여부심판을 포함하는 선고목록이 최소한 며칠 전이라도 공고된 상황에서는 대법원이 헌재의 결론을 주의해 보아야 했던 것 아닌가 하는 의문이 든다. 현행법상 헌법재판소가 위헌선고하는 경우에 대법원이 법률을 합헌으로 간주하고 기각결정을 동시에 선고하는 경우에는 본의 아니게 위헌선언된 법률의 적용을 자초하는 것이기 때문에, 그와 같이 하지 않기 위해서는 대법원은 헌법재판소의 선고기일과 목록을 주의해야 할 필요가 있다고 본다. 그리고 이와 같은 사례가 발생하지 않도록 하기 위하여 헌재법상 위헌결정의 발효시점을 '그 결정이 있는 때로부터 즉시'로 개정하고자 하는 시도[65]가 있었으나, 선고시점을 날이 아니라 시로 변경하는 것은 적절하지 않다고 보인다. 국회도 논의 후 이러한 개정안을 폐기한 바 있다. 이러한 현상은 헌법재판소와 대법원이 선고목록을 상호간에 사전 통지함으로써 실무적 차원에서 충분히 방지할 수 있는 문제라고 생각된다.

청구취하에도 불구 객관적 헌법해명의 필요성 인정되는 경우 심판선고 필요

그리고 재판에 대한 헌법소원사건들이 연이어 취하가 되고 있으며, 헌법재판소 역시 취하 후에는 심판절차 종료선언이나 사건 종결처리를 하고 있는 것으로 보이는데, 헌법재판소 결정의 기속력에 위반되는 판결에 대한 헌법소원 사건의 경우, 비록 청구가 취하된다 하더라도 객관적인 헌법해명의 차원에서 심판선고를 해야 할 것이 아닌가 하는 생각이 든다. 가령 이 사건의 경우에도 헌법재판소법에 따르면 법률의 위헌결정은 결정이 있는 날로부터 효력을 발하므로, 법문상 결정이 선고된 날로부터 그 효력을 상실하는 것으로 보아야 할 것이다. 그렇다면 대법원의 기각결정은 사실상 위헌결정된 법률에 기하여 기각된 것이므로,

---

65) 2005. 12. 30. 양승조 의원 등 16인, 헌법재판소법 일부개정법률안: "위헌으로 결정된 법률 또는 법률의 조항은 그 결정이 있는 때로부터 즉시 효력을 상실한다."

헌재가 위헌으로 결정한 법령을 계속 적용함으로써 국민의 기본권을 침해한 재판에 해당한다고 보아야 할 것이다. 따라서 예외적으로 취소의 대상이 될 수 있는 재판이었다고 할 것인데, 청구인이 헌법소원을 취하하였다는 이유로 심판절차종료선언을 한 것은 문제라고 생각된다.

3. 사법적극주의와 사법소극주의? 헌법재판소의 기능적 한계

사법적극주의냐 아니면 사법소극주의냐 하는 문제는 헌법재판소가 다른 국가권력에 대한 통제를 어느 정도까지 할 수 있을 것인가의 문제와 관련되는데, judicial self-restraint와 judicial activism을 번역한 개념이라고 생각된다. 사법부가 다른 정치기관을 통제할 경우에 스스로 자제하여야 한다고 하는 원칙이 바로 사법자제이다. 그리고 이 원칙을 위반했을 경우에 비판적인 용어로서 judicial activism이라고 하는 용어를 쓴 것으로 이해된다. 따라서 이 문제는 결국 헌법재판소가 타 국가기관을 통제함에 있어서 한계가 어디인가의 문제로 바꾸어 말할 수 있다. 그러므로 이하에서는 이러한 헌법재판소의 기능적 한계의 문제를 다루어 보기로 한다.

헌법재판소의 기능적 한계

가. 사법자제(司法自制)(judicial self-restraint)

다른 국가기관에 대한 헌법재판의 한계설정을 위한 논의로서 흔히 제일 먼저 사법자제의 원칙(judicial self-restraint)[66]이 거론되곤 한다. 사법자제란 사법기관이 다른 국가기관에 보장된 자유로운 정치적 형성의 영역에 개입해서는 안 되고 또한 다른 국가기관에 맡겨진 "정책수행"을 대신해서는 안 된다는 것을 말한다.

정치적 형성의 영역에 개입 금지

그러나 사법자제의 원칙은 어떻게 보면 당연한 것을 의미하고 있으며 그 내용이 너무 일반적이기 때문에 헌법재판의 기능적 한계를 밝혀주는 데는 한계가 있을 수밖에 없다. 사법자제는 사법부가 자기 스스로

사법자제원칙의 한계

---

66) 이에 대하여는 Schlaich/Korioth, Das Bundesverfassungsgericht, München 2018, Rn. 505 ff; Gunnar Folke Schuppert, Self-restraints der Rechtsprechung, DVBl. 1988, S. 1191 ff.

를 제한해야 한다는 것인데 "自己制限이라고 하는 것은 自己授權을 전제로 하기 마련"이며 "재판소에게 결정권한이 주어져 있음에도 불구하고 자제하는 것은 권한을 유월하는 것"이라고 볼 수 있다. 헌법판단문제가 중대할 경우에는 사법자제가 원칙이 아니라 적극적으로 개입하고 관여하는 것이 헌법재판소의 임무이고 또한 국가권력의 고유한 권한이 존중되어야 하는 경우에는 헌법재판소의 사법자제가 요청된다고 볼 수 있기 때문에 일반적인 원칙으로서의 사법자제만으로는 헌법재판소와 타 국가기관과의 관계설정문제를 해결하는 데에 별로 도움이 되지 않는다고 할 수 있다. 특히 사법자제를 법적인 원칙으로서 일반적으로 받아들이는 경우에는 재판소의 권위가 위협될 수 있다. 왜냐하면 이 원칙은 어떠한 한계나 내용이 정해져 있는 것이 아니기 때문에 헌법재판소의 결정의 이유를 설명하고 방어하거나 또는 비판하는 데 별로 유용성이 없다. 또한 마음에 들지 않는 결정들이 나오는 경우에 헌법재판소가 이 사법자제의 원칙을 일탈했다고 쉽사리 비난될 수 있기 때문이다.[67]

정치문제이론
(통치행위이론)

법과 정치를 구분함으로써 정치적인 문제는 헌법재판소의 사법심사의 대상에서 제외시키고자 하는 소위 정치문제이론(political question doctrine) 역시 이와 같은 맥락에 있는 이론이다. 헌법이 분명한 지침을 주고 있지 않아서 사법판단가능성(Justitiabilität)이 결여된 이른바 정치문제는 헌법재판소의 사법심사에서 배제된다는 것이다. 그러나 이러한 이론들은 국가기능에 대한 헌법재판소의 통제제도를 보장하고 있는 헌법규정에 위배되는 이론이다. 헌법재판소는 정치적인 문제를 제외하고 순수히 법적인 문제만을 해결하기 위한 사법기관인 것은 아니다. 헌법재판 자체는 정치적 성격을 띨 수밖에 없고 오히려 그것이 헌법재판의 본질내용의 일부라고 할 수 있다. 그리고 헌법이 개방성 추상성을 띠고 있는 것은 예외가 아니라 헌법규범의 원칙적 특성이라고 할 수 있다. 따라서 헌법 자체가 구체적인 지침을 주고 있지 않다고 해서 헌법재판소의 심사에서 정치문제가 배제된다고 하는 것은 우리 현행헌법상 타당하지 못한 논리라고 할 수 있고 헌법재판소도 역시 이러한 입장에 서 있다.[68]

---

67) Schlaich/Korioth (주 66), Rn. 505.

나. 전통적 헌법해석방법론의 문제점

전통적인 헌법해석방법[69]에 따르면 헌법재판의 과제와 한계는 개별 사례와 관련되는 실체적 헌법규정을 해석하고 적용하는 과정에서 그어진다고 보았다. 즉 헌법은 통제기준으로서 헌법재판소에게 헌법이 헌법재판소의 기능과 권한영역의 근거이자 한계임을 명령하고 있다는 것이다. 그러나 이러한 전통적인 관점은 헌법재판소에게 사실상 "權限에 대한 權限(Kompetenz-Konpetenz)"을 부여하는 셈이 되었다. 헌법재판소의 권한의 광범성, 헌법규범의 개방성, 헌법의 광범위한 위임규정들, 그리고 헌법해석방법론의 다양성으로 인하여 헌법재판소가 자신이 선호하는 결론에 도달할 수 있는 헌법해석방법을 임의로 선택할 수 있는 가능성이 있다는 점 등, 헌법해석과 관련한 이러한 모든 특징들은 통제기준으로서의 헌법에 헌법재판소를 기속시키면 다른 정치권력들에 대한 헌법재판의 한계도 정해진다고 하는 생각에 회의를 가져다주기에 충분하였다. 심지어 일부 학자들은 이러한 생각은 단순한 허구(Fiktion)에 지나지 않는다고 보기도 하였다.[70]

생각건대, 헌법해석방법론의 추구만 가지고서는 헌법재판소의 기능적 한계를 명확히 설정할 수 없다. 왜냐하면 헌법재판소 외의 모든 국가기관들도 헌법에 기속되며 또한 일정한 법칙에 따라서 헌법을 해석할 권한이 있을 뿐 아니라 의무도 갖기 때문이다. 전통적인 법학방법론이 결과로서의 법적 결정만을 그 고찰대상으로 보고 있기 때문에 이 경우

전통적 헌법해석방법은 헌재에 권한에 대한 권한 부여한 셈

전통적 헌법해석방법론의 한계

---

68) 헌재 1996. 2. 29. 93헌마186, 판례집 제8권 1집, 111 (116); 이에 반하여 외국에의 국군의 파견결정과 같이 성격상 외교 및 국방과 관련된 고도의 정치적 결단이 요구되는 사안에 대한 국민의 대의기관의 결정은 사법심사의 대상이 되지 아니한다고 하면서 각하한 결정이 있으나, 이러한 결정은 종전의 판례의 입장에 배치되는 것으로서 명시적 판례변경이 필요했음에도 불구하고 이러한 판례변경이 없이 과거의 판례와 달리 판단했던 사례가 아니었는가 생각된다. 헌재 2004. 4. 29, 2003헌마814, 판례집 제16권 1집, 601.

69) 이에 대하여는 E.-W. Böckenförde, Die Methoden der Verfassungsinterpretation, NJW 1976, S. 2089 ff.; ders., Grundrechtstheorie und Grundrechtsinterpretation, NJW 1974, S. 1529 ff.; ders., Grundrechte als Grundsatznorm, Der Staat 1990, S. 1 ff. 헌법해석의 방법론에 관한 국내문헌으로는 桂禧悅 편역, 憲法의 解釋 1992 참조.

70) Alfred Rinken, AK-GG (2. Aufl.), 1989, vor Art. 93, Rn. 95.

입법의 결과만
을 중시할 뿐
입법과정은 등
한시

헌법해석의 우
선권을 독점권
으로 변질시킬
가능성

헌법재판소 결
정의 기능적 한
계를 위한 규
범적 원칙 개
발 필요성 대
두

에는 결정의 과정을 전반적으로 등한시하게 되며 또한 결과에 대한 책
임문제를 소홀하게 할 수 있다는 것이다.[71] 뿐만 아니라 헌법해석의 한
계를 헌법재판의 한계와 동일시하는 입장들은 헌법재판소로 하여금 타
국가기관에 대하여 자신의 헌법해석을 강요하고 헌법해석의 우선권을
헌법해석의 독점권으로 변질시킴으로써 타국가기관의 권한을 침해해도
이를 저지할 수 없다는 점을 간과하고 있는 것이다.[72]

그러므로 헌법재판의 한계를 긋기 위한 논의는 계속해서 확대되지
않을 수 없다. 헌법재판소가 헌법에 의하여 주어진 자신의 기능적 한계
를 유지해야 한다고 하는 원칙은 구체화될 필요가 있으며 헌법재판의
제도적 한계와 더불어 결정의 한계를 그어 줄 수 있는 여러 가지 규범
적 원칙들을 발전시킬 필요가 있게 된 것이다.[73]

다. 권력분립원칙과 기능법적 관점

권력분립원칙
으로부터 기능
적 한계를 도
출하려는 관점
주목

헌법재판의 기능적 한계의 문제를 해결하기 위해서는 헌법재판소
도 하나의 국가기능으로서 다른 국가기관들의 책임영역에 속하는 본질
적인 기능을 침해해서는 안 된다고 하는 국가기관 상호간의 기능분배
(권력분립)원칙[74]으로부터 헌법재판의 기능적 한계를 설정하려는 이론들
을 주목할 필요가 있다.[75]

적절한 역할분
담과 협력가능
성

오늘날 권력분립의 원칙은 그 의의가 전통적인 의미에서의 엄격한

---

71) Alfred Rinken (주 70), Rn. 96; 그밖에 F. Müller, Normstruktur und Normativität,
    Berlin 1966에 대하여 비판적으로 Gerhard Zimmer, Funktion — Kompetenz —
    Legitimation, Gewaltenteilung in der Ordnung des Grundgesetzes, Berlin 1979, S.
    137.
72) Hans—Peter Schneider, Verfassungsgerichtsbarkeit und Gewaltenteilung, NJW 1980,
    S. 2103 ff. (2104); ders., Diskussionsbeitrag, in: Die Verfassungsgerichtsbarkeit im
    Gefüge der Staatsfunktionen, VVDStRL 39 (1981), S. 191 f.
73) Schlaich/Korioth (주 66), Rn. 506.
74) Konrad Hesse, Funktionelle Grenzen der Verfassungsgerichtsbarkeit, in: Ausgewählte
    Schriften, Heidelberg 1984, S. 311 ff.; Hans—Peter Schneider (주 72), NJW 1980, S.
    2103 ff.; 권력분립원칙에 대한 국내문헌으로는 장영수, 현행헌법상 권력분립의 기
    본체계, 고려대학교 법학연구소, 법학논집 제31집 1995, 23—86면과 그곳의 문헌들
    참조.
75) 계희열, 헌법재판과 국가기능, 헌법재판소(간), 헌법재판의 회고와 전망, 1998,
    201—266면.

삼권분립에 입각한 상호간의 견제와 균형의 측면에 국한된다고 하기 보
다는 국가적 과제의 효과적인 달성을 위하여 국가권력 상호간의 과제와
기능을 고유한 책임영역에 따라 분배하고 협력하는 원칙으로 변천되어
가고 있다.76) 이러한 권력분립의 현대적 이해에 따라서 "기능법적" 관
점은 입법, 행정, 사법 그리고 헌법재판소 등, 국가기관들의 상이한 기
능과 능력, 그리고 그들의 행위재량과 작업방식 및 그들 상호간의 협력
과 업무분담가능성, 요컨대 국가기관들간의 적절한 역할분담에 초점을
맞춘다. 헌법재판소의 역할도 이와 같은 관점에서 정해지게 된다. 기능
법적 관점들은 헌법재판소가 다른 국가기관들과의 협력 하에 무엇을 할
수 있는가, 어떠한 역할을 할 수 있는가를 묻게 된다.77)

　　즉 헌법재판이 절차, 조직, 정보수집, 문제분석, 심리, 민주적 정당
성 등 여러 가지 기능적인 제약들 가운데서 재판관들의 평의에 의하여
이루어진다는 점을 고려할 때 정치적 공동체의 일정한 문제들은 헌법재
판소가 사리에 맞게 해결하기 힘든 것들이 있다고 할 수 있다. 이러한
경우에 다른 기관들의 행위재량을 불가피하게 받아들이지 않을 수 없다고
보고서 권한의 한계가 분명하지 않을 경우에 법제정절차와 기관의 구조로
부터 권한을 역 추론함으로써 핵심영역 밖에 속하고 있는 권한들의 한계
설정의 문제를 해결하려는 시도들이 바로 기능법적 관점(funktionell-re-
chtlicher Ansatz)78)에 속하는 이론들이다.

법제정절차와
기관의 구조로
부터 권한을
역추론

---

76) Vgl. BVerfGE 62, 1 (51)
77) Schlaich/Korioth (주 66), Rn. 507.
78) 이러한 기능법적 관점들은 최근 독일 학계에서 매우 유력하게 주장되고 있으며
독일 연방헌법재판소의 판례에 많은 영향을 미쳐 오고 있다. 가령 Hans-Peter
Schneider (주 72), S. 2103 ff.; Konrad Hesse, Funktionelle Grenzen der
Verfassungsgerichtsbarkeit, in: Ausgewählte Schriften, Heidelberg 1984, S. 311 ff.;
ders., Die verfassungsgerichtliche Kontrolle der Wahrnehmung grundrechtlicher
Schutzpflichten des Gesetzgebers, in FS für E. G. Mahrenholz, Baden-Baden 1994,
S. 541 ff.; ders., Verfassungsrechtsprechung im geschichtlichen Wandel, JZ 1995, S.
265 ff.; Wiltraut Rupp-v. Brünneck, Verfassungsgerichtsbarkeit und gesetzgebende
Gewalt, AöR 1977, S. 1 ff.; Wolf-Rüdiger Schenke, Der Umfang der bundesver-
fassungsgerichtlichen Überprüfung, NJW 1979, S. 1321 ff.; Gerhard Zimmer (주 71);
Gunnar Folke Schuppert, Funktionell-rechtliche Grenzen der Verfassungsinterpretation,
1980; ders. (주 66), S. 1191 ff.; Ulrich Scheuner, Verfassungsgerichtsbarkeit und
Gesetzgebung, DÖV 1980, S. 473 ff.; Dieter Grimm, Verfassungsgerichtsbarkeit, in:

라. 사법기관과 통제자로서 헌법재판소

사법기관과 통
제자로서 헌법
재판소

헌법재판소가 국가의 기능질서 가운데서 어떠한 기능을 가지는 것인가에 대하여 입법작용설, 사법작용설, 정치적 사법작용설, 제4의 국가기관설 등이 주장될 수 있으나 헌법재판소가 구체적인 법적 분쟁이 발생하였을 때에 재판청구에 의하여 무엇이 법인지를 유권적으로 선언하는 작용을 하는 사법적 기능과 특성을 그대로 가지고 있다는 점에서 사법기관이라는 점에는 이의가 있을 수 없다.[79] 다만 헌법재판소의 특성상 단순한 법적 분쟁이 아니라 헌법적 분쟁에 대하여 무엇이 헌법인지를 최종적·유권적으로 해석하고 결정한다는 점에서 헌법적 사법기관이라고 할 수 있을 것이다. 헌법재판이 경우에 따라 매우 정치적 성격을 띠는 것은 그것이 정치기관이기 때문이 아니라 헌법이 가지는 정치적 특성으로 인한 것이며 정치적인 분쟁들도 헌법재판의 대상이 될 수 있고, 다른 재판과는 달리 헌법재판소의 결정은 그 정치적 파급효과가 매우 클 수 있다는 점에서 나오는 것이다. 그러나 이러한 헌법재판의 성격이 헌법재판소의 사법기관으로서의 성격을 부인하는 논거가 될 수는 없다.

위헌법률심판이 결코 입법작용은 아님

위헌법률심판의 결정이 경우에 따라 예외적으로 경과규정적 성격을 띠거나, 이른바 법률적 효력을 가질 수 있다고 해서 이것이 입법작용에 해당하는 것은 아니다. 헌법재판소는 입법자와의 관계에서는 공동생

Wolfgang Hoffmann—Riem (Hrsg.), Sozialwissenschaften im Studium des Rechts, München 1977, S. 83 ff.; Brun—Otto Bryde, Verfassungsentwicklung, Baden—Baden 1982; Wolfgang Zeidler, Die Verfassungsrechtsprechung im Rahmen der staatlichen Funktionen, EuGRZ 1988, S. 207 ff.; Alfred Rinken (주 70), vor Art. 93, 94.; Seung—Ju Bang, Übergangsregelungen in Normenkontrollentscheidungen des Bundesverfassungsgerichts, Diss. Hannover 1996; 이에 대하여 비판적으로는 Klaus Schlaich, Die Verfassungsgerichtsbarkeit im Gefüge der Staatsfunktionen, VVDStRL 1981, S. 99 ff.; Werner Heun, Funktionell—rechtliche Schranken der Verfassungsgerichtsbarkeit, Baden—Baden 1992; 이에 대한 국내문헌으로는 방승주, 독일 연방헌법재판소의 입법자에 대한 통제의 범위와 강도, 헌법논총 제7집 1996, 299—348면; 계희열 (주 75), 201—266면; 한수웅, 헌법재판의 한계 및 심사기준, 헌법논총 제8집 1997, 185—241면; 박승호, 헌법재판의 기능적 한계, 운남 서정호교수 정년기념 논문집, 법과 국가 1997, 124—165면.

79) 계희열 (주 75), 206면.

산자가 아니라 통제자에 지나지 않는다. 슐라이히(Schlaich)는 이것을 "품질검사는 결코 생산이 아니다"라는 말로 비유하고 있다.80)

"헌법재판소가 사법기능을 가진다고 하는 관점으로부터 헌법재판의 중요한 기능법적 한계를 찾을 수 있다. 즉 헌법재판소는 결코 심판청구가 없이는 주도적으로 재판을 시작할 수 없으며 일정한 심판청구의 유형과 그 심판절차에 구속된다. 사법기관으로서 헌법재판소는 자신이 통제하는 국가기관과는 달리 사후적이고, 사건중심적이며 통제적인 역할을 수행하게 된다."81)

마. 결 어

이러한 기능법적 방법도 실체법적인 헌법규범을 떠나서는 성립될 수 없는 것은 당연하다. 따라서 기본권을 비롯한 실체적인 헌법규범과 국가의 기능법질서의 상호관계 속에서 헌법재판의 기능적 한계를 찾지 않을 수 없다. 따라서 헌법규정의 규범밀도를 항상 염두에 두고서 헌법규범이 구체적인 내용을 많이 포함하고 있으면 있을수록 헌법재판소의 개입가능성의 여지가 커지고 반대로 헌법규범의 규범밀도가 적어지면 적어질수록 그만큼 다른 국가기관의 권한을 존중하여야 한다는 지적이 있을 수 있는데82) 이러한 기준들도 헌법재판의 기능적 한계에 대하여 확실한 선을 그어주기 보다는 원칙적인 의미밖에는 없다고 할 수 있다. 따라서 헌법재판소는 구체적인 위헌법률심판에서 전술한 여러 가지 기능법적 관점들을 고려하여 적절하게 통제의 강도를 조절할 수밖에 없다.83)

품질검사는 결코 생산이 아니다
사후적 통제자로서의 역할

기능법적 관점하 통제의 강도 조절

---

80) Schlaich/Korioth (주 66), Rn. 511.
81) Schlaich/Korioth (주 66), Rn. 512. "다만 이와 같은 사법기관으로서의 성격으로부터 나오는 헌법재판소의 기능법적 한계는 입법자와의 관계에서는 타당하나 일반 법원과의 관계에서는 큰 의미를 주지는 못한다고 보여진다" 계희열 (주 75), 207면.
82) Konrad Hesse (주 78), in: Festschrift für Ernst Gottfried Mahrenholz, S. 541 ff.(542 f.)
83) 이에 관해서는 위 제1장, 제3절 참조.

4. 공동체의 기본가치와 헌법재판

가. 공동체의 기본가치란 무엇인가?

공동체의 존속
과 유지를 위
해서 가장 중
요하고도 기본
적인 것들

"가치"라고 하는 개념은 어떠한 정신적 또는 물질적 존재가 인간사
회에 대하여 가지는 중요성이라고 볼 수 있을 것이다. 다시 말해서 가치
라고 하는 것은 인간사회가 어떠한 사물이나 사람에 대하여 그것을 어
느 정도로 중요하게 생각하고 있는가에 대한 평가라고 할 수 있을 것이
다. 이러한 평가들 가운데서 어떠한 공동체의 존속과 유지를 위해서 가
장 중요하고도 기본적인 것들을 공동체의 기본가치라고 볼 수 있을 것
이다.

공동체의 다양
한 기본가치들

이러한 공동체의 기본가치로 들 수 있을 만한 것들을 들어 보면,
가령 "인간의 존엄과 가치", "자유", "평등", "권리", "박애", "혼인", "가
족", "평화", "전통", "미풍양속", "공중도덕", "사회윤리", "종교", "법",
"국가", "사회", "정치", "경제", "문화", "민주주의", "법치주의", "사회적
연대", "환경" 등, 다시 말해서 인간이 인간으로서, 그리고 공동체의 구
성원으로서 함께 더불어 살아가는 데 없어서는 안 되는 여러 가지 인석,
물적, 정신적으로 필수 불가결한 존재, 상태, 관계 등이라고 할 수 있다.

헌법은 공동체
의 기본가치의
보고

헌법은 바로 이러한 공동체의 기본가치의 寶庫라고 할 수 있다. 헌
법은 정치적 공동체의 기본질서로서, 국가기관의 조직, 구성, 권한 그리고
국민과 국가와의 관계, 정치적 공동체의 기본적 가치와 이념을 내용으로
하고 있는 최고의 효력을 가진 법이다. 따라서 이러한 헌법에 대한민국이
추구하는 기본적인 이념과 가치가 모두 드러나 있다고 볼 수 있다.

인간존엄, 자
유·평등을 보
장하는 자유민
주주의적 법치
국가

대한민국 헌법이 추구하는 기본가치와 이념은 인간의 존엄과 가치
를 최고의 이념과 가치로 존중하고 국민의 자유와 평등을 보장하는 자
유민주주의적 법치국가라고 요약할 수 있을 것이다.

나. 공동체의 기본가치와 헌법의 해석

추상적, 개방
적, 정치적

이러한 공동체의 기본가치와 이념은 그 내용이 무엇인지를 확인하
기 위해서는 해석을 필요로 한다. 그러나 그러한 공동체의 기본가치와

이념은 매우 추상적이며 또한 개방적이고 매우 정치적이기도 하다.

이러한 개념은 전통적인 해석방법론에 의하여 해석될 수 없는 것이 대부분이다. 물론 헌법이라고 해서 문법적 해석, 논리적 해석, 역사적 해석, 체계적 해석 등 전통적인 해석방법을 떠날 수는 없다. 하지만 그러한 방법만 가지고서 충분히 헌법해석의 과제가 해결될 수 있는 것은 아니다.

오히려 헌법이 가지고 있는 특성을 살려서 해석을 해야 한다. 새로운 헌법해석방법으로서 다음과 같은 5가지 관점을 들 수 있는데84), 이러한 관점들은 완결된 것이 아니라, 그때 그때 헌법재판 과정에서 또 다른 관점들이 더 추가적으로 고려될 수 있다는 점에서 미래를 향하여 개방된 것들이다.

다. 헌법해석의 변화와 헌법재판

공동체의 기본가치와 이념은 시대의 흐름에 따라 변화할 수 있다. 또한 이러한 가치와 이념을 담고 있는 헌법에 대한 해석도 해석자와 공동체의 가치관의 변화에 따라서 변화될 수 있는 것이다.

헌법의 해석을 담당하고 있는 헌법재판소는 헌법을 해석함에 있어서, 이러한 공동체의 가치관의 변화를 주목하지 않으면 안될 것이다. 왜냐하면 헌법의 해석은 헌법적 가치를 확인하는 것이며, 이러한 헌법적 가치는 공동체의 기본적인 가치관이 밑받침되지 않으면 안 된다.

하지만 그렇다고 하여 헌법재판소가 여론의 흐름에 따라서 또는 민주주의적 다수관계에 따라서 헌법재판을 하여야 한다는 것은 아니다. 왜냐하면 헌법재판은 다수의 횡포로부터 소수자의 기본권을 보호할 책무를 가진 기관이기 때문이다. 국민의 여론과 민주주의적 다수관계를 반영하는 것은 국회의 과제이다. 국회가 다수결로 헌법의 고유한 가치를 훼손하거나 또는 소수자의 기본권을 침해하는 결정을 하는 경우에는, 헌법재판소는 헌법상 변할 수 없는 공동체의 기본가치와 이념을 확

기본가치에 대한 해석에 있어서 전통적인 해석방법론의 한계

새로운 해석방법

기본가치와 이념의 변화가능성

공동체의 가치관의 변화 주목 필요

여론의 흐름에 따른 재판은 불가

소수자의 기본권보호와 공동체의 기본가치와 이념의 확인 중요

---

84) 이에 관하여는 계희열, 헌법학(상), 박영사 2005, 80면 이하. 그리고 앞의 제1장, 제2절, Ⅲ. 참조.

인하여 이를 실현하도록 하여야 하는 것이다.

그렇다면 이와 같이 변할 수 없는 공동체의 기본가치와 이념에 해당하는 것은 어떠한 것인가? 이에 대하여 독일 기본법은 헌법개정의 한계를 명문으로 두고 있다. 우리 헌법은 이러한 명문규정은 두고 있지 아니하지만, 가령 인간으로서의 존엄과 가치를 비롯한 기본적 인권과 민주주의, 법치주의 등 우리 헌법의 근간이 되는 기본질서는 결코 헌법개정의 방법으로도 바꿀 수 없는 것으로 이해한다. 이러한 법리를 여기에 적용해 본다면, 인간존엄과 민주주의, 법치주의 등 우리 헌법이 가지는 기본적인 가치질서는 결코 공동체의 법감정이나 가치관의 변화에 따라 처분될 수 있는 성질의 것이 아니라는 점을 주의해야 할 것이다.

라. 몇 가지 구체적 사례들

(1) 전통적 가족제도와 양성평등

헌법재판소는 우리 민법이 전통적인 가족제도로서 채택하고 있던 동성동본금혼제와 호주제[85]를 헌법불합치 선언하였다. 뿐만 아니라, 子는 父의 姓과 本을 따른다고 하는 민법상의 姓제도도 이혼한 여성이 자녀를 데리고 재혼한 경우, 친부의 성을 그대로 유지할 수밖에 없음으로 인하여 받게 되는 여러 가지 불이익 등을 고려하여 예외규정을 마련하지 않은 것에 대해서도 헌법불합치 결정을 내리기에 이르렀다.

이러한 전통적인 가족과 혼인제도에는 사실상 여러 가지 양성평등에 위반되는 요소들이 내재되어 있던 것이 사실이다. 우리 헌법은 제헌 이래로 평등원칙을 천명하고 있었음에도 불구하고, 남녀평등이 사회 현실 속에서 그 규범력을 발휘하게 된 것은, 남녀차별적 규정들에 대하여 국회가 적극적으로 나서서 민법을 개정하기 시작하면서부터라고 할 수 있다. 이러한 국회의 민법개정에도 불구하고 남녀차별적 요소들이 계속해서 잔존하고 있었는데, 이러한 차별적 요소들을 헌법재판소가 헌법불합치로 확인함으로써, 혼인과 가족생활 영역에서 양성평등을 실현하는 데 일조하였다.

---

85) 호주제의 위헌여부에 대하여는 방승주 (주 58), 374면 이하.

그러나 헌법재판소가 이러한 양성차별적 가족제도의 위헌을 확인한 것은 정부 차원에서 민법개정 논의가 시작되거나 국회가 민법을 개정하기로 한 후에 이루어진 것이 보통이어서 헌법재판소가 소위 "뒷북을 치는 것 아닌가?"하는 평가로부터 자유롭지 못했던 것도 사실이다. 우리 헌법이 추구하고 있는 남녀평등의 가치와 이념을 확인하고 이를 적극적으로 실현해야 할 책임이 있는 기관은 물론 국회이기도 하지만 헌법재판소 역시 그에 못지않다. 따라서 국회가 그러한 책무를 등한시할 경우에는 헌법재판소가 나서서 먼저 그 위헌을 확인함으로써, 헌법적 가치를 분명히 확인해 주고 공동체가 나가야 할 방향을 제시하는 용기도 필요하다고 보인다.

(2) 사형제의 합헌결정

우리 헌법재판소는 사형제에 대하여 7명의 다수의견으로 합헌결정을 한 바 있다.[86] 그러나 나머지 2명의 재판관은 사형제가 인간으로서의 존엄과 가치 그리고 생명권의 본질내용을 침해하는 것으로서 위헌이라고 하는 입장을 밝혔다. 2010년 2월 25일 헌법재판소는 다시 사형제도에 관하여 5:4로 합헌결정을 내렸다.[87]

테러범이나 인질범에 대한 사살명령이나, 군인 또는 경찰, 소방공무원 등을 생명이 위협되는 곳에 투입시키는 명령 등이 보여주고 있듯이 일정한 경우에는 다른 국민의 생명을 보호하기 위해서 이들의 생명권을 국가가 제한하는 경우가 있을 수 있으며, 이러한 경우에는 그 본질내용을 침해하는 것이라고 볼 수는 없을 것이다. 그러나 이미 상황이 종료된 후 살인범 등에 대하여는 국가가 그 범인의 생명을 반드시 죽여야만 범죄가 예방된다고 볼 수는 없다. 특별예방으로는 무기징역으로 족하고, 사형제의 일반예방효과는 과학적으로 입증된 바도 없다. 따라서 사형제도는 우리 헌법상 인간의 존엄과 생명권의 본질내용을 침해하고 있다고 하는 측면에서 반대의견에 찬성하는 바이다.

우리나라도 서서히 사실상 사형폐지국가에 속하게 되었다고 하는

국회가 헌법적 의무 등한시 할 때 헌재가 보다 적극적으로 나설 필요

국회가 헌법적 의무 등한시 할 때 헌재가 보다 적극적으로 나설 필요

사형제 합헌결정

반대의견에 찬성

판례변경 필요

---

86) 헌재 1996. 11. 28. 95헌바1, 형법 제250조 등 위헌소원, 판례집 제8권 2집, 537.
87) 헌재 2010. 2. 25. 2008헌가23, 형법 제41조 등위헌제청, 판례집 제22권 1집 상, 36.

바, 인간존엄을 최고의 가치로 천명하고 있는 헌법 하에서 가장 잔인하
고도 무서운 형벌인 사형제가 존치되고 있다는 것은 헌법과 현실 사이
에 아직까지 많은 괴리가 존재하고 있다는 것을 보여주는 단면이 아닌
가 생각된다. 사형제와 관련해서도 헌법재판소가 이러한 인간존엄의 헌
법적 가치를 분명히 확인할 때가 되지 않았는가 생각된다.

(3) 간통죄, 혼인빙자간음죄 위헌결정

간통죄 위헌결정

우리 헌법재판소는 간통죄에 대한 몇 차례의 헌법소원심판에서 간
통죄의 처벌이 성적자기결정권을 침해하는 것은 아니라고 하며 합헌으
로 판단한 바 있었으며[88], 한 인기 연예인이 간통죄가 위헌이라며 위헌
제청신청한 것을 법원이 받아들여 헌법재판소에 위헌제청을 한 사건을
헌법재판소가 4:5로 합헌결정을 한 바 있었다.[89] 결국 2015년 헌법재판
소는 간통죄에 대하여 과거의 합헌결정을 변경하여 드디어 7:2로 위헌
결정을 하기에 이르렀다.[90]

민주적으로 정
당화된 입법자
의 논의에 맡
길 필요

국가가 개인의 성적 자기결정권과 관련된 사생활영역까지 간섭하
여 처벌하는 것이 과연 바람직한 것인지 그것이 혼인의 순결과 가족제
도의 유지를 위해서 필수불가결한 것인지의 문제는 단순히 헌법 제36조
제1항과 헌법 제10조의 행복추구권의 해석으로만 해결하기는 용이하지
않을 것이다. 이와 같이 논란이 될 수 있는 문제는 민주적으로 정당화된
입법자의 논의에 맡겨서 입법자가 국민의 가치관과 법감정의 변화를 고
려하여 주도적으로 개선해 나가도록 하는 것이 합리적일 수 있다. 하지
만 국회가 이렇다 할 행동을 보여주지 않자, 형벌조항의 위헌결정의 소
급효를 과거 합헌결정이 선고된 시점까지로만 소급하도록 한 헌법재판
소법조항이 개정되어, 간통죄의 위헌결정의 무제약적 소급효에 대한 우
려가 사라지자 위헌결정을 선고한 것으로 볼 수 있다.

혼인빙자간음
죄 위헌결정

한편 헌법재판소는 혼인빙자간음죄에 대하여 위헌결정[91]을 함으로

---

88) 헌재 1990. 9. 10. 89헌마82, 판례집 제2권, 306; 헌재 1993. 3. 11, 90헌가70, 판례
   집 제5권 1집, 18; 헌재 2001. 10. 25, 2000헌바60, 판례집 제13권 2집, 480.
89) 헌재 2008. 10. 30. 2007헌가17, 판례집 제20권 2집 상, 696.
90) 헌재 2015. 2. 26. 2009헌바17 등, 판례집 제27권 1집 상, 20 [위헌].
91) 헌재 2009. 11. 26. 2008헌바58 등, 판례집 제21권 2집 하, 520 [위헌].

써, 형벌규정에 대한 위헌결정의 소급효에 따라서 과거 이 죄로 처벌되었던 모든 자들이 재심을 청구할 수 있도록 되었다. 하지만 과거의 법감정에 따를 때, 처벌받아 마땅하다고 생각했고, 또한 헌법재판소 역시 합헌으로 결정했던 바 있던 법률을 그 합헌결정이 선고된 시점 이전까지 모두 포함하여 소급적으로 위헌의 효과가 발생하게 하는 것은 다소 문제가 있는 것 아닌가 하는 비판이 제기된다. 저자도 가령 소급효를 과거 합헌결정의 시점까지로만 제한하는 등의 방법으로 소급효를 제한하는 것이 맞지 않겠는가 하는 문제를 제기한 바 있으며[92], 결국 헌법재판소법 역시 그와 같은 방향으로 개정된 바 있다.[93]

> [판례] 이 사건 법률조항의 경우 입법목적에 정당성이 인정되지 않는다. 첫째, 남성이 위력이나 폭력 등 해악적 방법을 수반하지 않고서 여성을 애정행위의 상대방으로 선택하는 문제는 그 행위의 성질상 국가의 개입이 자제되어야 할 사적인 내밀한 영역인데다 또 그 속성상 과장이 수반되게 마련이어서 우리 형법이 혼전 성관계를 처벌대상으로 하지 않고 있으므로 혼전 성관계의 과정에서 이루어지는 통상적 유도행위 또한 처벌해야 할 이유가 없다. 다음 여성이 혼전 성관계를 요구하는 상대방 남자와 성관계를 가질 것인가의 여부를 스스로 결정한 후 자신의 결정이 착오에 의한 것이라고 주장하면서 상대방 남성의 처벌을 요구하는 것은 여성 스스로가 자신의 성적자기결정권을 부인하는 행위이다. 또한 혼인빙자간음죄가 다수의 남성과 성관계를 맺는 여성 일체를 '음행의 상습 있는 부녀'로 낙인찍어 보호의 대상에서 제외시키고 보호대상을 '음행의 상습없는 부녀'로 한정함으로써 여성에 대한 남성우월적 정조관념에 기초한 가부장적·도덕주의적 성 이데올로기를 강요하는 셈이 된다. 결국 이 사건 법률조항은 남녀 평등의 사회를 지향하고 실현해야 할 국가의 헌법적 의무(헌법 제36조 제1항)에 반하는 것이자, 여성을 유아시(幼兒視)함으로써 여성을 보호한다는 미명 아래 사실상 국가 스스로가 여성의 성적자기결정권을 부인하는 것이 되므로, 이 사건 법률조항이 보호하고자 하는 여성의 성적자기결정권은 여성의 존엄과 가치에 역행하는 것이다.
>
> 결혼과 성에 관한 국민의 법의식에 많은 변화가 생겨나 여성의 착오에 의한

---

92) 법률신문 2009. 11. 30. "세태따른 형법조항 위헌 …'소급효' 논란"(https://www.lawtimes. co.kr/Legal-News/Legal-News-View?serial=50090. 최근방문 2017. 3. 8),

93) 아래 제13절, Ⅲ. 8. 나. 참조.

혼전 성관계를 형사법률이 적극적으로 보호해야 할 필요성은 이미 미미해졌고, 성인이 어떤 종류의 성행위와 사랑을 하건, 그것은 원칙적으로 개인의 자유 영역에 속하고, 다만 그것이 외부에 표출되어 명백히 사회에 해악을 끼칠 때에만 법률이 이를 규제하면 충분하며, 사생활에 대한 비범죄화 경향이 현대형법의 추세이고, 세계적으로도 혼인빙자간음죄를 폐지해 가는 추세이며 일본, 독일, 프랑스 등에도 혼인빙자간음죄에 대한 처벌규정이 없는 점, 기타 국가형벌로서의 처단기능의 약화, 형사처벌로 인한 부작용 대두의 점 등을 고려하면, 그 목적을 달성하기 위하여 혼인빙자간음행위를 형사처벌하는 것은 수단의 적절성과 피해의 최소성을 갖추지 못하였다.

이 사건 법률조항은 개인의 내밀한 성생활의 영역을 형사처벌의 대상으로 삼음으로써 남성의 성적자기결정권과 사생활의 비밀과 자유라는 기본권을 지나치게 제한하는 것인 반면, 이로 인하여 추구되는 공익은 오늘날 보호의 실효성이 현격히 저하된 음행의 상습없는 부녀들만의 '성행위 동기의 착오의 보호'로서 그것이 침해되는 기본권보다 중대하다고는 볼 수 없으므로, 법익의 균형성도 상실하였다.

결국 이 사건 법률조항은 목적의 정당성, 수단의 적절성 및 피해최소성을 갖추지 못하였고 법익의 균형성도 이루지 못하였으므로, 헌법 제37조 제2항의 과잉금지원칙을 위반하여 남성의 성적자기결정권 및 사생활의 비밀과 자유를 과잉제한하는 것으로 헌법에 위반된다.

재판관 이강국, 재판관 조대현, 재판관 송두환의 합헌의견

이 사건 법률조항이 부녀만 보호대상으로 규정한 이유는 여자가 남자에 대하여 혼인을 빙자하는 경우에는 남자의 성적자기결정권이 침해될 가능성이 적다고 보았기 때문인데, 남녀는 신체구조가 다르고 성관계에 대한 윤리적·정서적 인식에도 차이가 있는 점을 고려하면, 이러한 입법자의 판단이 남녀를 불합리하게 차별하는 것이라고 보기 어렵다. 또한 혼인빙자의 상대가 음행의 상습 없는 부녀인 경우에는 음행의 상습 있는 부녀의 경우보다 혼인빙자로 인하여 기망에 빠져 정교에 응할 가능성이 크다고 본 것이므로, 음행의 상습 있는 부녀를 불합리하게 차별한다고 보기 어렵고, 가부장적 정조관념이나 부녀의 혼전 순결을 강요하는 것이라고 볼 수 없다.

혼인을 빙자하여 부녀를 간음하는 행위는 자신만의 영역을 벗어나 다른 인격체의 법익을 침해하는 행위이기 때문에 자기결정권의 내재적 한계를 벗어나는 것이고, 따라서 이 사건 법률조항이 혼인을 빙자하여 음행의 상습없는 부녀를 간음한 남자의 성적자기결정권을 침해한다고 볼 수는 없다. 또한 남성이 혼인할 의사가 없으면서 혼인하겠다고 속이는 행위까지 헌법 제17조에 의하여 보호되는 사생활에 속한다고 할 수는 없으므로, 남자가 혼인빙자행위라는 부정한 수단을 사용한 이상, 상대방 부녀가 거짓을 알아차리지 못한 과실이 있다고 하여 혼인빙자 간음행위의 가벌성을 부정할 수 없다.

남자의 혼인빙자로 인하여 여자가 속아서 정교에 응하여 피해를 입었다고 고소하는 경우에는 사생활의 영역과 기본권의 내재적 한계를 벗어나 사회질서 침해의 문제로 표출된 것이므로, 이러한 단계에서는 사회질서 유지의 필요성이 당사자들의 사생활을 보호할 필요성보다 훨씬 크다. 또한 개인의 사생활이 타인의 법익을 침해할 경우에는 순전한 개인의 영역을 벗어나는 것이고 기본권의 내재적 한계를 벗어나는 것이기 때문에 그 한도에서 헌법 제17조의 보호범위를 벗어난다고 봄이 상당하므로, 남자가 혼인을 빙자하여 부녀를 간음한 행위를 처벌한다고 하여 법익균형이 잘못되었다고 볼 수 없다.

혼인빙자행위와 정교 동의 및 정교 사이에 인과관계가 인정되어 가벌성이 뚜렷한 경우만 처벌하기 위한 것으로서 합리적인 이유가 있다고 할 것이므로, 평등의 원칙에 위반된다고도 보기 어렵다.

재판관 송두환의 합헌의견에 대한 보충의견

이 사건 법률조항이 남녀간의 은밀한 사통 행위 자체를 처벌하는 조항이라면 모르되, 피해 부녀가 상대방의 위계, 기망에 의한 피해를 입고 상대방에 대한 조사 및 처벌을 적극적으로 요청(이 사건 죄는 친고죄이다)하는 경우를 남녀간의 내밀한 사사(私事)에 불과하다고 하여 국가가 개입해서는 안되는 영역이라고 할 수 없다.

우리 사회의 여성들 모두가 더 이상 헌법이나 법률의 보호와 배려를 필요로 하지 않게 되었다고는 볼 수 없고, 아직도 헌법이나 법률의 보호와 배려를 필요로 하는 소수의 여성들이 존재한다고 보는 이상, 이 사건 법률조항을 지금 시점에서 서둘러 폐기하여야 한다고 할 수는 없다.

이 사건 법률조항은 오직 남성이 여성을 쾌락의 대상으로 여겨 혼인의사도 없이 혼인빙자의 위계로써 기망하여 성관계를 편취하는 반사회적인 행위를 제재하는 것일 뿐인바, 이러한 점들을 무시하고 이 사건 법률조항이 남성의 성적 자기결정권을 침해하는 것이라고 한다면 이는 결과적으로 성관계에 관하여 위계, 기망, 편취의 자유를 인정하는 셈이 될 것이며, 이것이 부당함은 명백하다.

(헌재 2009.11.26, 2008헌바58, 공보 제158호, 2157, 2157-2159)

(4) 배아의 인간존엄의 주체문제

배아의 기본권
주체성 불인정
판결

그리고 생명윤리법에 대한 헌법소원사건이 던져주고 있듯이 과연 배아도 우리 헌법이 보장하는 인간으로서의 존엄과 가치의 기본권주체가 될 수 있을 것인지의 문제도 중요한 공동체의 기본가치와 관련된 문제가 될 것이라고 본다.[94]

> [판례] 출생 전 형성 중의 생명에 대해서 헌법적 보호의 필요성이 크고 일정한 경우 그 기본권 주체성이 긍정된다고 하더라도, 어느 시점부터 기본권 주체성이 인정되는지, 또 어떤 기본권에 대해 기본권 주체성이 인정되는지는 생명의 근원에 대한 생물학적 인식을 비롯한 자연과학·기술 발전의 성과와 그에 터 잡은 헌법의 해석으로부터 도출되는 규범적 요청을 고려하여 판단하여야 할 것이다.
>
> 초기배아는 수정이 된 배아라는 점에서 형성 중인 생명의 첫걸음을 떼었다고 볼 여지가 있기는 하나 아직 모체에 착상되거나 원시선이 나타나지 않은 이상 현재의 자연과학적 인식 수준에서 독립된 인간과 배아 간의 개체적 연속성을 확정하기 어렵다고 봄이 일반적이라는 점, 배아의 경우 현재의 과학기술 수준에서 모태 속에서 수용될 때 비로소 독립적인 인간으로의 성장가능성을 기대할 수 있다는 점, 수정 후 착상 전의 배아가 인간으로 인식된다거나 그와 같이 취급하여야 할 필요성이 있다는 사회적 승인이 존재한다고 보기 어려운 점 등을 종합적으로 고려할 때, 기본권 주체성을 인정하기 어렵다.
>
> (헌재 2010. 5. 27. 2005헌마346, 판례집 22-1하, 275, 275-276)

(5) 헌법재판소의 판례변경

법적·사실적
상황의 변화

헌법재판소는 헌법에 대한 해석이 바뀌는 경우에는 자신의 종래의 판례를 변경할 수 있다. 이러한 판례의 변경은 공동체의 가치관의 변화나 그 밖에 법적·사실적 상황의 변화와 밀접한 관련이 있을 수 있다.

헌법재판소가 판례변경을 한 사례들을 들면 다음과 같다.

– 재외국민 선거권[95]

---

94) 이 문제에 대하여는 방승주, 배아와 인간존엄, 법학논총, 제25집 제2호(2008. 6), 1–37면; 방승주 (주 54), 283면 이하(207–321) 및 그곳의 문헌들 참조.

95) 헌재 2007. 6. 28. 2004헌마644, 공보 제129호, 763; 이에 관하여는 방승주, 재외국민 선거권제한의 위헌여부, 헌법학연구 제13권 제2호(2007. 6), 305–349면.

- 실화책임에 관한 법률[96]
- 금고이상의 형의 선고유예를 받은 경우 공무원의 당연퇴직 사건[97]
- 구 사립학교법 제53조의2 제3항 위헌소원[98]
- 교원지위향상을위한특별법 제10조 제3항 위헌제청 등[99]
- 간통죄 사건[100]
- 형법 제304조(혼빙간) 위헌결정[101]
- 교통사고처리특례법 제4조 제1항 위헌[102]
- 폭력행위등처벌에관한법률 제3조 제2항 위헌제청[103]
- 특정경제범죄가중처벌등에관한법률 제5조 제4항 제1호 등 위헌제청[104]
- 지방자치법 제111조 제1항 제3호 위헌확인[105]
- 국적법 제12조 제2항 본문 등 위헌확인[106]

그 밖에도 과거에 합헌으로 결정된 법률에 대하여 다시 그 위헌여부의 문제가 된 사건들이 있다.

(6) 4(합헌) : 5(위헌)의 합헌결정 사례들

위헌여부에 대한 의견이 갈리었으나 6인의 정족수를 채우지 못하여서 위헌이 아니라 합헌결정된 사례들이 다수 있다. 이러한 사건들은 재판관들 간에 위헌여부에 대한 의견이 극명하게 갈리는 사례에 해당되

위헌의견이 5인이나 위헌결정에 필요한 정족수에 미달

---

96) 헌재 2007. 8. 30. 2004헌가25, 공보 제131호, 931.
97) 헌재 2002. 8. 29. 2001헌마788, 판례집 제14권 2집, 219.
98) 헌재 2003. 2. 27. 2000헌바26, 판례집 제15권 1집, 176, 176－176; 헌재 2003. 12. 18, 2002헌바14, 판례집 제15권 2집 하, 466.
99) 헌재 2006. 2. 23. 2005헌가7, 판례집 제18권 1집 상, 58, 58－58.
100) 헌재 2008. 10. 30. 2007헌가17, 판례집 제20권 2집 상, 696. → 헌재 2015. 2. 26. 2009헌바17 등(병합).
101) 헌재 2002. 10. 31. 99헌바40 등, 판례집 제14권 2집, 390 [합헌] → 헌재 2009. 11. 26. 2008헌바58 등, 판례집 제21권 2집 하, 520 [위헌]
102) 헌재 1997. 1. 16. 90헌마110 등, 판례집 제9권 1집, 90 [기각,각하] → 헌재 2009. 2. 26. 2005헌마764 등, 판례집 제21권 1집 상, 156 [위헌]
103) 헌재 2004. 12. 16. 2003헌가12, 판례집 16－2하, 446.
104) 헌재 2006. 04. 27, 2006헌가5, 판례집 제18권 1집 상, 491.
105) 헌재 2010. 9. 2. 2010헌마418, 판례집 22－2상, 526 [헌법불합치].
106) 헌재 2020. 9. 24. 2016헌마889, 공보 제288호, 1274.

되어 합헌결정
된 사례들

는데, 이러한 사건들은 추후의 재판관의 구성이 달라질 경우 판례가 변경될 수 있는 사례들에 해당한다. 그리고 이러한 재판관의 의견 차이는 일정한 문제를 둘러싼 공동체의 가치관과 견해의 대립을 반영하기도 한다. 그러한 사례들을 들면 다음과 같다.

- 5.18특별법 사건[107]
- 교통사고처리특례법 제4조 제1항 사건[108]
- 특정경제범죄가중처벌등에관한법률 제9조 제1항 등 위헌제청[109]
- 수산업법 제81조 제1항 등 위헌소원[110]
- 구 상속세법 제34조의2 제2항 위헌소원[111]
- 청소년의성보호에관한법률 제20조 제2항 제1호 등 위헌제청[112]

마. 입법자의 반복입법(Normwiederholung)의 문제

위헌결정에도
불구 반복입법
이 가능한가

헌법재판소에 의하여 법령이 위헌결정되었음에도 불구하고 국회가 같은 내용의 입법을 반복함으로써, 또 다시 위헌여부의 문제를 야기하는 경우도 있다. 가령 안마사에관한규칙 제3조 제1항 제1호 등 위헌확인[113] 사건과 가끔 제기되는 군가산점제도의 부활 시도 등이 그것이다.

위헌결정의 기
속력의 주관
적·객관적 범
위 문제

이러한 경우에 헌법재판소의 위헌결정의 기속력이 어디까지 미치는가 즉 기속력의 객관적 범위가 문제된다. 만일 헌법재판소가 위헌으로 결정한 법률과 똑같은 내용과 형식으로 반복입법을 한다면 이것은 헌법재판소의 위헌결정의 기속력에 반한다. 문제는 같은 내용이기는 하지만 법형식이 다른 경우, 또는 그 내용이 어느 정도 개정되어 있는 경우 이것이 금지된다고 볼 것인가의 문제이다. 후자의 경우는 완전히 금

---

107) 헌재 1996. 2. 16. 96헌가2, 5.18민주화운동등에관한특별법 제2조 위헌제청 등.
108) 헌재 1997. 1. 16. 90헌마110, 판례집 제9권 1집, 90.
109) 헌재 1999. 7. 22. 98헌가3.
110) 헌재 2001. 3. 21. 99헌바81(병합).
111) 헌재 2001. 8. 30. 99헌바90.
112) 헌재 2003. 6. 26. 2002헌가14.
113) 헌재 2006. 5. 25. 2003헌마715, 판례집 제18권 1집 하, 112; 의료법 제61조 제1항 (2006. 9. 27. 일부개정 법률 제8007호)에 대한 헌법소원 사건.

지된다고 보기는 어렵다. 왜냐하면 위헌결정의 기속력의 객관적 범위는 주문과 주요이유에 미치기 때문에, 법형식과 내용에 어느 정도 변화가 있는 입법의 경우는 동일한 입법의 반복이라고 하기 힘들기 때문이다. 헌법재판소 역시 국회의 해당 의료법 개정은 헌법재판소의 위헌결정의 기속력에 반하지 않는다고 판단하였다.114)

바. 결어: 헌법의 가치결단을 확인하고 실현하는 기관으로서의 헌법재 판소

공동체의 기본가치를 확인할 수 있기 위한 가장 좋은 방법은 헌법 상의 가치결단을 확인하는 것이다. 우리 헌법의 가치결단은 모든 국민 이 인간으로서의 존엄과 가치를 가지며 행복을 추구할 수 있는 권리를 가진 존재로서, 이러한 인간의 존엄과 행복이 국가가 존재하는 목적이 라고 하는 점이다. 이러한 가치결단을 비롯하여 자유민주적 기본질서 등 우리 헌법의 근본질서는 그 어떠한 상황에서도 흔들릴 수 없는 대한 민국의 근본결단이라고 할 수 있을 것이다.

헌법상의 가치 결단 확인 필 요

따라서 헌법재판소는 이러한 흔들릴 수 없는 헌법상의 기본가치와 이념을 비롯한 개인적 인권을 확인115)하여야 할 뿐만 아니라 이를 보장 하여야 하며, 헌법 스스로가 공동체의 합의에 유보하고 있는 많은 가치 의 문제들에 대해서는 그때그때 공동체의 기본적 합의와 가치관을 헤아 려서 그것을 기초로 헌법을 구체화할 수 있도록 하여야 할 것이다.

흔들릴 수 없 는 헌법상의 기본가치

II. 헌법재판제도의 개요

헌법은 우선 제111조에서 헌법재판소의 관장사항, 헌법재판소의 구 성과 재판관의 임명을 규정하고 있다(헌법 제111조 제1항). 그리고 재판관 의 임기와 정치관여금지, 신분보장에 대하여 규정하였고(헌법 제112조), 주요 심판에서의 인용결정의 정족수, 규칙제정권, 조직과 운영 기타 필

헌법은 제111 조 관장사항

---

114) 헌재 2008. 10. 30. 2006헌마1098 등, 판례집 제20권 2집 상, 1089 [기각].
115) 헌법재판소의 기본권 확인의무에 대하여는 방승주 (주 54), 370면 이하 참조.

요한 사항에 대한 입법위임을 규정하였다(헌법 제113조).

1. 구 성

재판관 9인,
대통령 임명

헌법재판소는 법관의 자격을 가진 9인의 재판관으로 구성하며, 재판관은 대통령이 임명한다(제111조 제2항).

3인 국회 선출, 3인 대법원장 지명

재판관 9인 중 3인은 국회에서 선출하는 자를, 3인은 대법원장이 지명하는 자를 임명한다(제111조 제3항).

2. 관 할

관장 사항

헌법재판소는 다음 사항을 관장한다(제111조 제1항).

1. 법원의 제청에 의한 법률의 위헌여부 심판
2. 탄핵의 심판
3. 정당의 해산 심판
4. 국가기관 상호간, 국가기관과 지방자치단체간 및 지방자치단체 상호간의 권한쟁의에 관한 심판
5. 법률이 정하는 헌법소원에 관한 심판

3. 재판관의 임기와 법적 지위

가. 임 기

6년임기, 연임 가능

재판관의 임기는 6년으로 하며 법률이 정하는 바에 의하여 연임할 수 있다(제112조 제1항. 헌법재판소법 제7조).

나. 법적 지위

탄핵, 금고이상의 형 선고시 파면

헌법재판소 재판관은 탄핵 또는 금고이상의 형의 선고에 의하지 아니하고는 파면되지 아니한다(제112조 제3항).

4. 재판관의 정치적 중립의무

재판관은 정당에 가입하거나 정치에 관여할 수 없다(제112조 제2항). 정치 관여 금지

5. 위헌 또는 인용결정의 정족수

가. 재판관 6인 이상의 찬성(제113조 제1항)

법률의 위헌결정, 탄핵의 결정, 정당해산의 결정, 헌법소원에 관한 인용결정을 할 때에는 재판관 6인 이상의 찬성이 있어야 한다(제113조 제1항). 6인 이상 찬성

나. 과반수

권한쟁의심판의 경우 5인 이상의 찬성이 있으면 된다. 5인 이상 찬성

6. 규칙제정권

법률에 저촉되지 아니하는 범위 안에서 심판에 관한 절차, 내부규율과 사무처리에 관한 규칙을 제정할 수 있다(제113조 제2항). 규칙제정권

7. 조직과 운영 등

헌법은 헌법재판소의 조직과 운영 기타 필요한 사항은 법률로 정하도록 하고 있으며(제113조 제3항), 그에 따라 헌법재판소법이 제정되어 있다. 헌법재판소법 규정

Ⅲ. 위헌법률심판

1. 위헌법률심판의 의의

법률의 위헌여
부가 재판의
전제

위헌법률심판이라 함은 법률의 위헌여부가 재판의 전제가 된 경우에 법원의 제청에 의하여 법률의 위헌여부에 대하여 결정하는 헌법재판소의 심판이다.

2. 위헌법률심판의 근거조항

가. 헌 법

헌법 제107조
제1항

헌법 제107조 제1항에 따르면, 법률이 헌법에 위반되는 여부가 재판의 전제가 된 경우에는 법원은 헌법재판소에 제청하여 그 심판에 의하여 재판한다고 규정하고 있다. 그리고 헌법 제111조 제1항 제1호에서는 법원의 제청에 의한 법률의 위헌여부심판을 헌법재판소의 첫 번째 관장사항으로 명시하고 있다.

나. 헌법재판소법

헌법재판소법
제41조

헌법재판소법 제41조는 이러한 헌법조항을 그대로 받아들여 "법률이 헌법에 위반되는 여부가 재판의 전제가 된 때에는 당해 사건을 담당하는 법원은 직권 또는 당사자의 신청에 의한 결정으로 헌법재판소에 위헌여부의 심판을 제청한다"고 규정하고 있다.

결국 헌법재판소는 헌법이 규정하고 있는 "법원의 제청"을 직권에 의한 결정과 당사자의 신청에 의한 결정의 두 가지 방법으로 가능한 것으로 열어 두고 있다.

위헌제청신청
기각 시 헌법
소원 가능(헌
재법 § 68 Ⅱ)

이러한 당사자의 위헌법률심판제청에 대한 신청이 법원에 의하여 기각된 경우에는 헌재법 제68조 제2항에 의하여 헌법소원심판을 청구할 수 있다.

3. 위헌법률심판제청의 절차

가. 직권에 의한 경우

위에서도 언급하였듯이 법률의 위헌여부가 재판의 전제가 된 경우에는 법원은 직권으로 위헌법률심판을 헌법재판소에 제청할 수 있다.

법원의 직권

나. 당사자의 제청신청에 의한 경우

또한 당사자가 위헌법률심판제청을 신청할 수 있으며, 그 신청을 법원이 인용하여 헌법재판소에 위헌법률심판을 제청할 수 있다. 당사자가 위헌법률심판제청신청을 할 수 있다고 하는 것이 당사자가 헌법재판소에 직접 위헌제청을 할 수 있다는 의미는 아니다. 법원이 그 신청을 인용할 경우에 법원이 직접 헌법재판소에 위헌제청을 할 수 있다는 것이다.[116]

당사자의 신청

이 당사자 개념에 당해소송의 보조참가인이 포함될 것인지 문제될 수 있다. 이에 관하여 헌법재판소의 실무제요에 따르면 보조참가인은 당해소송에서 자기 명의로 독립하여 소송행위를 할 수 있는 자이며, 당해소송의 결과에 법률상 이해관계가 있는 자이므로 이에 포함된다고 해석하는 것이 타당하다고 보고 있다.[117]

보조참가인 포함

다. 제청서의 기재사항

법원이 법률의 위헌여부를 헌법재판소에 제청할 때에는 제청서에 ① 제청법원의 표시, ② 사건 및 당사자의 표시, ③ 위헌이라고 해석되는 법률 또는 법률의 조항, ④ 위헌이라고 해석되는 이유를 기재하여야 한다(법 제43조)

기재사항 4가 지

라. 제청의 효과: 재판의 정지

법원이 법률의 위헌여부의 심판을 헌법재판소에 제청한 때에는 당

재판절차 정지

---

116) 헌재 1994. 6. 30. 94헌아5, 판례집 제6권 1집, 714.
117) 헌법재판소, 헌법재판실무제요, 제2개정판, 2015, 111면.

해 소송사건의 재판은 헌법재판소의 위헌여부의 결정이 있을 때까지 정지된다. 다만, 법원이 긴급하다고 인정하는 경우에는 종국재판 외의 소송절차를 진행할 수 있다(법 제42조).

적용중지를 명하는 헌법불합치결정 시 입법개선 후 재판 속행

다만 헌법재판소가 법률에 대하여 헌법에 합치하지 아니하다고 주문을 선고한 경우(헌법불합치결정), 그것이 위헌성의 제거를 입법자에게 일임하여 입법개선의무를 부과하는 의미에서의 헌법불합치결정인 경우에는 이러한 결정이 선고되었다 하더라도, 법원은 입법자의 법률 개정 시까지 기다렸다가, 법률이 개정된 후에, 재판을 속행하도록 하여야 할 것이다. 왜냐하면 당해 법률이 위헌으로 판단되었다 하더라도, 가령 당사자에 대하여 그 법률에 의한 보호나 혜택의 범위에 포함시켜야 할 것인지 여부를 헌법재판소가 입법자에게 일임한 이상, 입법자의 결정에 따라서 재판을 계속하여야 할 것이기 때문이다.

마. 의견제출 등

의견서 제출

당해 소송사건의 당사자 및 법무부장관은 헌법재판소에 법률의 위헌여부에 대한 의견서를 제출할 수 있다(법 제44조).

4. 위헌여부심판제청결정에 대한 불복

당해사건 소송절차에서 동일한 사유로 위헌제청신청 불가

위헌여부심판의 제청에 관한 결정에 대하여는 항고할 수 없으나(헌재법 제41조 제4항), 위헌제청신청이 기각된 때에는 그 신청을 한 당사자는 헌법재판소에 헌법소원심판을 청구할 수 있다. 이 경우 그 당사자는 당해 사건의 소송절차에서 동일한 사유를 이유로 다시 위헌여부심판의 제청을 신청할 수 없다(헌재법 제68조 제2항).

5. 위헌법률심판의 적법요건심사

가. 제청권자

(1) 법 원

법원

위헌법률심판제청의 주체는 법원이다. 따라서 당사자는 위헌법률심

판을 제청할 수 없다.

여기에서 말하는 법원이라 함은 법원조직법상 법원과 군사법원법상 군사법원을 모두 포함한다. 그리고 이 때의 법원은 사법행정기관으로서의 법원이 아니라, 재판기관으로서의 법원을 의미하며, 합의부이든 단독 재판기관이든 상관없다. *재판기관으로서의 법원*

한편 민사조정위원회(민사조종법 제8조 이하)와 가사조정위원회(가사소송법 제49조 이하)는 사법적 분쟁해결기관의 하나로서 법관이 아닌 조정위원이 참여하기는 하지만 법적 분쟁의 해결이 법관의 주도로 이루어지는 것이므로 역시 법원으로서의 성격을 갖는다고 보고 있다.[118] *민사조정위원회, 가사조정위원회 포함*

하지만 각종 행정심판을 담당하는 기관들의 경우는 위헌법률심판제청권한을 가지는 기관이라고 볼 수는 없다고 보고 있다. *행정심판 담당기관 제외*

그리고 최근 도입된 배심제 내지 참심제로 인하여 민간인인 배심원 내지 참심원이 재판에 참여할 수 있게 되었으나, 이들의 견해는 최종적으로 권고적인 효력을 가질 뿐, 재판의 최종적 결론은 법관이 내리는 것이므로 그러한 법원의 경우에도 위헌제청권자로서의 자격에는 아무런 영향이 없다고 보아야 할 것이다.[119] *배심제 법원성격 영향 없음*

이 밖에 중재재판소나 외국 법원은 위헌법률심판제청권한이 있는 법원이라고 할 수 없다. *중재재판소·외국 법원*

(2) 헌법재판소?

한편 헌법재판소가 헌법소원심판이나 위헌법률심판 등 다른 심판절차를 심리하면서, 당해 심판의 재판의 전제가 되는 법률의 위헌여부를 심판할 수 있을 것인지가 문제된다.

이 점과 관련하여 우선 헌법재판소는 어떠한 공권력의 행사의 위헌성이 그 근거가 된 법률의 위헌성에 있다고 생각될 때에는 그 법률의 위헌을 선언할 수 있다(법 제75조 제5항).

그리고 헌법재판소의 어떠한 법률조항의 위헌으로 인하여 다른 법률조항이 더 이상 의미가 없다고 인정할 경우에는 그 법률조항 내지는

---

118) 허영, 헌법소송법론, 2018, 203면; 정종섭, 헌법소송법 제9판, 2019, 264면.
119) 허영 (주 118), 203면.

전체 법률의 위헌까지도 선고할 수 있다.

별도의 심판절
차에서 결정
가능

따라서 일정한 심판에서 적용되어야 할 법률의 위헌여부가 선결문제로서 제기되는 경우에 헌법재판소는 그 문제에 대하여 별도의 심판절차에서 결정할 수도 있겠고, 그 반대로 같은 심판절차에서 선결문제로서 그 법률의 위헌여부를 심판할 수도 있다고 생각된다. 오스트리아 헌법재판소는 그러한 경우 직권으로 위헌법률심판을 할 수 있음을 명시하고 있다(오스트리아 헌법 제140조 제1항 제1문).

나. 위헌제청의 대상

법률

위헌제청의 대상은 원칙적으로 법률이다. 그러나 법률적 효력을 가지는 그 밖의 규범들의 경우 위헌제청의 대상이 될 수 있는지 여부가 문제된다. 각각 개별적으로 살펴본다.

(1) 법 률

유효한 법률

헌법 제107조 제1항과 헌재법 제41조 제1항은 법률이 헌법에 위반되는 여부가 재판의 전제가 된 때에 위헌법률심판을 제청할 수 있다고 규정하고 있다. 여기에서 말하는 법률은 원칙적으로 유효한 법률이어야 한다. 다시 말해서 국회에서 제정이 된 형식적 의미의 법률로서 대통령이 공포하여 이미 효력을 발하고 있는 법률이어야 한다.

계속 적용 중
인 폐지된 법
률

다만 폐지된 법률의 경우에는 이미 폐지가 되었음에도 불구하고 재판을 위한 근거법률로서 여전히 그 사건에 대하여 적용되고 있다면, 그 법률은 위헌법률심판의 제청대상이 된다.

시행되지 않은
법률은 제외

그리고 이미 공포가 되었지만 아직까지 시행되지 않는 법률의 경우 위헌제청의 대상이 될 수 있는지가 문제될 수 있다. 아직 시행되지 않고 있는 법률의 경우는 재판에 적용될 수 없기 때문에 위헌제청의 대상이 될 수는 없을 것이다. 이 점이 헌법소원의 경우와 다르다고 보아야 할 것이다. 다시 말해서 아직 시행중이지 않은 법률이라 하더라도 곧 시행될 예정이어서 기본권침해가 확실히 예측될 수 있는 경우에는 기본권침해가 아직 현재 존재하지 않더라도 예외적으로 침해가능성을 인정하여 헌법소원의 대상으로 삼는 것이다. 하지만 위헌법률심판의 경우는 다르다고 보아야 할 것이다.

> **판례** 법률의 위헌여부심판의 제청대상 법률은 특별한 사정이 없는 한 현재 시
> 행중이거나 과거에 시행되었던 것이어야 하기 때문에, 제청 당시에 공포는 되
> 었으나 시행되지 않았고 이 결정 당시에는 이미 폐지되어 효력이 상실된 법률
> 은 위헌여부 심판의 대상법률에서 제외되는 것으로 해석함이 상당하다.[120]

> **판례** 폐지된 법률도 그 위헌 여부가 관련 소송사건의 재판의 전제가 되어 있다
> 면 당연히 헌법재판소의 위헌심판의 대상이 된다. [121]

(2) 기 타

그 밖의 여러 가지 사례들이 위헌제청의 대상이 될 수 있는지 개별
적으로 살펴본다.

(가) 입법부작위?

또한 입법부작위는 우리 통설과 판례[122]에 의하면 원칙적으로 위헌
법률심판의 대상이 될 수 없다.[123] 입법부작위는 헌법재판소 판례와 통
설에 따르면 진정입법부작위와 부진정입법부작위로 나뉜다. 전자는 헌
법으로부터 유래하는 작위의무나 보호의무가 있음에도 불구하고 입법자
가 전혀 입법을 하지 않을 경우이다. 그리고 후자의 경우 헌법상 입법의
무를 입법자가 이행하기는 하였으나 불완전 · 불충분하게 입법한 경우를
말한다. 따라서 불완전 · 불충분한 입법의 결과가 불완전 · 불충분한 법
률로 제정되어 있는 것이므로, 이 부진정입법부작위의 경우는 위헌법률
심판의 대상이 될 수 있다. 이에 반하여 입법자가 헌법상 입법의무를 전
혀 이행하지 않은 진정입법부작위는 위헌법률심판으로 다툴 수는 없는
것이다.

*부진정 입법부
작위만 대상*

---

120) 헌재 1997. 9. 25. 97헌가4, 판례집 제9권 2집, 332, 332－333.
121) 헌재 1994. 6. 30. 92헌가18, 판례집 제6권 1집, 557.
122) 입법부작위에 관한 학설과 판례에 대해서는 방승주 외 3인, 공권력의 불행사에
    대한 헌법소원심판 구조 연구, 헌법재판연구 제29권, 헌법재판소 2018, 121－160
    면 참조.
123) 이에 반하여 독일 연방헌법재판소는 최근 입법부작위를 이유로 하는 위헌법률
    심판제청에서 법원의 제청이 적법법하다고 받아들인 사례가 있다. BVerfGE 142,
    313. 이에 관해서는 방승주 외 3인 (주 122), 104면 이하.

진정입법부작위와 부진정입법부작위의 새로운 구분 필요

그러나 과연 헌법으로부터 유래하는 작위의무나 보호의무, 즉 입법 의무를 전혀 이행하지 않은 것인지, 아니면 불완전·불충분하게 하고 만 것인지는 보는 관점과 견지에 따라, 달라질 수 있다. 그리고 그 반대로 진정입법부작위라 평가할 수 있는 경우에도, 그와 유사한 규율대상을 규정하고 있는 다른 법률에서 그것을 입법하지 않고 있는 것에 대하여 불완전·불충분하게 입법하였다고 평가할 해석의 여지가 전혀 없는 것은 아니다.[124]

(나) 행정입법으로서 명령·규칙

행정입법으로서 법규명령과 행정규칙은 불포함

다음으로 행정입법으로서 법규명령과 행정규칙이 위헌제청의 대상이 될 수 있는지가 문제된다. 헌법 제107조 제1항과 헌재법 제41조 제1항의 법률은 형식적 의미의 법률을 의미하는 것이지 실질적 의미의 법률 즉, 행정입법까지 모두 포함하는 것은 아니다. 그러므로 행정입법으로서 명령·규칙은 위헌제청의 대상이 될 수 없다.[125]

자율입법으로서의 규칙 불포함

그 밖에 헌법기관들의 자율입법으로서의 규칙 역시 법률보다 하위의 규범이라고 볼 수 있으며, 이러한 자율입법에도 법규명령적 성격을 가지는 것과 행정규칙의 성격을 가지는 것이 있을 수 있다. 역시 이러한 자율입법으로서의 규칙도 위헌제청의 대상이 될 수 없는 것은 당연하다.

헌법재판소 역시 대법원규칙은 위헌제청의 대상이 될 수 없음을 밝힌 바 있다.[126]

(다) 헌법의 개별규정

헌법의 개별규정 위헌심사의 대상 될 수 없음(헌재)

다음으로 헌법의 개별규정이 위헌제청의 대상이 될 수 있는지가 문제될 수 있다. 이에 대하여 헌법재판소는 헌법의 개별규정은 법률이 아니므로 위헌제청의 대상이 될 수 없을 뿐만 아니라, 헌법소원의 대상도

---

124) 그러므로 이와 같이 전혀 입법을 하지 않은 경우와, 아니면 불완전·불충분하게 입법한 경우라고 하는 매우 애매모호하고 불명확한 기준을 진정입법부작위와 부진정입법부작위의 구분기준으로 삼는 것은 결국 헌법재판실무에서 위헌법률심판이나 헌법소원심판의 적법요건에 대하여 매우 자의적으로 판단하게 하는 요소가 될 수 있다. 최근 이러한 비판적 문제의식 하에 저자가 소위 새로운 구분론을 제시한 바 있는 바, 앞으로 이에 대하여 실무와 학계에서 진지한 토론을 이어나갈 수 있게 되기를 바란다. 방승주 외 3인 (주 122), 28면 이하 참조.

125) 헌재 1996. 10. 4, 96헌가6, 판례집 제8권 2집, 308.

126) 헌재 2001. 2. 22. 99헌바87, 공보 제54호, 196.

될 수 없다고 판시한 바 있다. 다만 최근 하경철 재판관의 반대의견에 따르면 헌법의 개별규정 역시 위헌법률심판과 헌법소원심판의 대상이 될 수 있다고 한 바 있다.127)

생각건대, 예외적으로 헌법의 개별규정 역시 위헌법률심판과 헌법소원심판의 대상이 될 수 있다고 본다. 그 경우는 헌법개정의 한계가 지켜지지 않은 채, 헌법이 개정된 경우 그러한 헌법개정을 통하여 성립된 헌법의 개별규정은 위헌으로서 위헌법률심판은 물론 헌법소원심판의 대상이 될 수 있다고 하는 것이다. · 포함시킬 필요 있음(사견)

그 헌법개정의 한계는 특히 두 가지 차원에서 생각해 볼 수 있는데, 하나는 형식적 합법성의 위반, 다른 하나는 실질적 정당성의 결여, 즉 보다 우위의 근본적인 헌법적 결단에 해당한다고 볼 수 있는 헌법규범에 위반되는 헌법개정을 들 수 있다.128) · 두 가치 차원의 헌법개정의 한계

(라) 조약과 일반적으로 승인된 국제법규

다음으로 조약과 일반적으로 승인된 국제법규의 경우 국내법과 같은 효력을 갖는다. 그러므로 조약과 일반적으로 승인된 국제법규가 위헌법률심판의 대상이 될 수 있는지 문제가 된다. · 국내법과 같은 효력

우선 합헌적으로 성립된 조약의 경우 법률과 같은 효력을 가진다고 볼 수 있다. 따라서 그러한 조약은 위헌제청의 대상이 될 수 있다. 다만 우리나라의 경우 조약에 대하여 별도의 동의법의 형식으로 국회에서 통과시키지는 않기 때문에 동의법 자체의 위헌여부의 문제가 제기될 여지는 없다. 그리하여 조약 그 자체의 위헌여부가 문제될 수 있을 뿐인데, 국민의 권리·의무관계에 변동을 초래하는 일정한 조약의 경우 그 위헌여부가 문제되는 경우에는 법원이 헌법재판소에 그 위헌여부를 제청할 수 있다고 보아야 할 것이다.129) · 합헌적으로 성립된 조약 포함

다만 조약은 국가간의 계약이므로 그것이 헌법재판소에 의하여 위헌결정되는 경우 국가간의 신뢰가 훼손될 수 있다고 하는 문제가 있으 · 헌법합치적 해석 필요

---

127) 헌재 1995. 12. 28. 95헌바3, 판례집 제7권 2집, 841; 헌재 2001. 2. 22. 2000헌바 38, 판례집 제13권 1집, 289.
128) 이에 대하여 자세한 것은 방승주 (주 58), 86면 이하.
129) 동지 헌재 1999. 4. 29, 97헌가14, 판례집 제11권 1집, 273, 282.

므로, 조약의 위헌결정에 대해서는 가령 헌법합치적 해석 등의 방법으로 신중하게 접근해야 할 필요성이 있다.

일반적으로 승인된 국제법규도 심판대상

다음으로 일반적으로 승인된 국제법규의 경우 어떠한 정도의 효력을 가지는지에 대해서 논란이 되고 있으나, 헌법의 규범력과 국제평화주의 등을 고려해 볼 때, 헌법보다는 하위이며 법률보다는 상위의 효력을 가진다고 볼 필요가 있다. 따라서 일반적으로 승인된 국제법규의 경우도 그 위헌여부가 문제되는 경우에는 법원이 헌법재판소의 위헌제청을 할 수 있다고 보아야 할 것이다. 이러한 일련의 절차들은 일반적으로 승인된 국제법규의 국내법적 적용여부를 확인하는 의미를 갖게 될 것이다.

(마) 긴급명령

긴급재정경제처분·명령

대통령은 내우·외환·천재·지변 또는 중대한 재정·경제상의 위기에 있어서 국가의 안전보장 또는 공공의 안녕질서를 유지하기 위하여 긴급한 조치가 필요하고 국회의 집회를 기다릴 여유가 없을 때에 한하여 최소한으로 필요한 재정·경제상의 처분을 하거나 이에 관하여 법률의 효력을 가지는 명령을 발할 수 있다(헌법 제76조 제1항). 그리고 대통령은 국가의 안위에 관계되는 중대한 교전상태에 있어서 국가를 보위하기 위하여 긴급한 조치가 필요하고 국회의 집회가 불가능한 때에 한하여 법률의 효력을 가지는 명령을 발할 수 있다(제76조 제2항).

긴급명령의 위헌제청 가능

이러한 긴급명령의 경우 법률적 효력을 가지므로, 그 위헌여부가 문제될 경우에 법원은 헌법재판소에 그 위헌제청을 할 수 있다고 보아야 할 것이다.

(바) 긴급조치

긴급조치에 대한 위헌심판 가능

유신헌법 제53조에 기초하여 대통령이 내린 긴급조치가 위헌법률심판 또는 헌법소원심판의 대상이 되는지 여부가 문제되었다. 이에 대하여 헌법재판소는 처음에는 대상이 되지 않는다고 보았었으며, 대법원은 그것은 명령·규칙에 해당한다는 이유로 그 위헌여부의 심사는 자신의 관할이라고 보았다. 헌법재판소도 역시 나중에 판례를 변경하여 긴급조치는 법률과 같은 효력을 가지기 때문에 위헌법률심판의 대상이 되

는 것으로 그 위헌여부는 헌법재판소의 전속적 관할사항이라고 하였다.130)

다. 재판의 전제성요건131)

(1) "재판"의 개념

헌법재판소법(憲法裁判所法) 제41조 제1항에서 말하는 "재판(裁判)"이라 함은 원칙적으로 그 형식(形式) 여하와 본안(本案)에 관한 재판(裁判)이거나 소송절차에 관한 것이거나를 불문하며, 판결(判決)과 결정(決定) 그리고 명령(命令)이 여기에 포함된다.132)

체포·구속133)·압수·수색영장, 구속적부심사청구134), 보석허가에 관한 재판135)도 재판의 개념에 포함된다.136)

또한 헌법재판소는 "헌법재판소법 제68조 제2항에 의한 헌법소원심판은 심판대상이 된 법률조항이 헌법에 위반되는 여부가 관련사건에서 재판의 전제가 된 경우에 한하여 청구될 수 있는데, 여기서 "재판"이라 함은 판결·결정·명령 등 그 형식 여하와 본안에 관한 재판이거나 소송절차에 관한 재판이거나를 불문하며, 심급을 종국적으로 종결시키는 종국재판뿐만 아니라 중간재판도 이에 포함된다. 법 제295조에 의하여 법원이 행하는 증거채부결정은 당해 소송사건을 종국적으로 종결시키는 재판은 아니라고 하더라도, 그 자체가 법원의 의사결정으로서 헌법 제107조 제1항과 헌법재판소법 제41조 제1항 및 제68조 제2항에 규정된 재판에 해당된다."고 하고 있다.137)

한편 재심사유가 없음에도 법원의 재심개시결정이 확정됨으로써 어떤 법률조항이 재판의 전제가 된 경우 재판의 전제성 충족여부와 관

(여백 주석)
판결, 결정, 명령

재판의 의미

법원의 재심개시결정

---

130) 헌재 2013. 3. 21. 2010헌바132 등, 판례집 제25권 1집, 180, 180－181.
131) 이하 헌법재판소 (주 117), 133면 이하 참조.
132) 헌재 1994. 2. 24. 91헌가3, 판례집 제6권 1집, 21.
133) 헌재 1996. 2. 16. 96헌가2 등. 판례집 제8권 1집, 51, 68.
134) 헌재 1995. 2. 23. 92헌바18, 판례집 제7권 1집, 177, 186.
135) 헌재 1993. 12. 23. 93헌가2, 판례집 제5권 2집, 578, 589.
136) 헌법재판소 (주 117), 155면.
137) 헌재 1996. 12. 26. 94헌바1, 판례집 제8권 2집, 808.

련하여 헌법재판소는 이를 긍정하고 있다.[138]

　　(2) "전제성"의 의의

재판의 결론　　　법률의 위헌여부에 대한 결론에 따라서 그 재판의 결론도 달라질 수 있는 경우에 그 법률의 위헌여부가 재판의 전제가 된다고 볼 수 있다.

이유가 달라질 경우　　　우리 헌법재판소는 한 걸음 더 나아가 재판의 결론이 달라지지는 않는다 하더라도, 결론에 이르는 이유의 구성이 달라질 수 있는 경우에도 재판의 전제성이 인정될 수 있다고 보고 있다.

재판의 전제성 요건　　　헌법재판소 판례에 의할 경우 재판의 전제성 요건은 다음과 같은 요소로 이루어진다.

> **판례** 여기에서 재판의 전제성이라 함은 원칙적으로 ① 구체적인 사건이 법원에 계속 중이어야 하고, ② 위헌 여부가 문제되는 법률이 당해 소송사건의 재판에 적용되는 것이어야 하며, ③ 그 법률이 헌법에 위반되는지의 여부에 따라 당해 사건을 담당하는 법원이 다른 내용의 재판을 하게 되는 경우를 말한다. 여기서 다른 내용의 재판을 하게 되는 경우라 함은 원칙적으로 법원이 심리 중인 당해 사건의 재판의 결론이나 주문에 어떤 영향을 주는 경우뿐만 아니라 문제된 법률의 위헌 여부가 비록 재판의 주문자체에는 아무런 영향을 주지 않는다고 하더라도 재판의 결론을 이끌어 내는 이유를 달리하는 데 관련되어 있거나 또는 재판의 내용과 효력에 관한 법률적 의미가 달라지는 경우도 포함된다고 할 것이다(헌법재판소 1992.12.24. 선고, 92헌가8 결정;1993.5.13. 선고, 92헌가10, 91헌바7, 92헌바24, 50(병합) 결정;1990.6.25. 선고, 89헌가98 내지 101(병합) 결정 등 참조). 그리고 위 재판의 전제성은 법률의 위헌여부심판제청시만 아니라 심판시에도 갖추어져야 함이 원칙이다.[139]

　　(가) 구체적인 사건이 법원에 계속 중일 것

　　① 원　칙

법원에 계속 중　　　구체적인 사건이 법원에 계속 중이어야 한다는 것은 위헌법률심판제청 당시 뿐만 아니라, 위헌법률심판이 계속 중인 동안에도 구체적 사

---

138) 헌재 2000. 1. 27. 98헌가9, 판례집 제12권 1집, 1, 1-2.
139) 헌재 1993. 12. 23. 93헌가2, 판례집 제5권 2집, 578, 587-588.

건이 법원에 계속 중이어야 한다는 것을 의미한다.

② 예 외

다만 당해소송에서 소가 취하된 경우라 하더라도 헌법해명의 필요성이 인정될 수 있는 경우에는 비록 당해소송재판이 계속중이 아니라 하더라도 위헌법률심판의 이익을 인정하여 심판할 수 있다고 하는 것이 헌법재판소의 판례이다.[140]

헌법해명의 필요성 인정 시

(나) 위헌여부가 문제되는 법률이 당해 소송사건의 재판에 적용되는 법률일 것

일단 위헌여부가 문제되는 법률이 당해소송 사건에서 적용될 수 없는 법률이라면 재판의 전제성이 있을 수 없다. 그러므로 재판의 전제성 요건을 갖추기 위해서는 일단 당해소송사건에서 적용되는 법률이어야 한다.

당해소송사건에 적용 법률

위헌법률심판 제청사건에서는 법관이 당해소송 사건에서 적용되지도 않는 법률의 위헌여부를 제청한다는 것은 생각하기 힘든 경우라고 할 수 있다. 그러나 간혹 법원의 제청사건이라 하더라도, 제청법원이 당해사건에 적용되는 법률이라고 하여 위헌제청한 법률이 그 당해사건에 적용될 수 없는 법률이라고 판단될 때에 헌법재판소는 이에 대하여 재판의 전제성이 없다는 이유로 각하할 수 있을 것이다. 하지만 보통의 경우 구체적인 사건에 어떠한 법률을 적용할 것인지의 문제는 담당 법원이 가장 잘 안다고 할 수 있을 것이기 때문에 헌법재판소는 가급적 법원의 의견을 존중하여야 할 것이다.[141]

당해사건에 적용되지 않는 법률은 각하

하지만 법률이 재판의 전제가 되는 요건을 갖추고 있는지의 여부는 제청법원의 견해를 존중하는 것이 원칙이나, 재판의 전제와 관련된 법률적 견해가 유지될 수 없는 것으로 보이면 헌법재판소가 직권으로 조사할 수도 있다는 것이 헌법재판소 판례이다.[142]

가급적 제청법원의 견해 존중, 헌법재판소 직권 조사 가능

그리고 조규광, 최광률, 김문희 재판관은 다음과 같은 반대의견을 밝히고 있다.

반대의견

---

140) 헌재 1993. 12. 23. 93헌가2, 판례집 제5권 2집, 578, 578-579.
141) 헌재 1996. 10. 4. 96헌가6, 판례집 제8권 2집, 308, 308-309.
142) 헌재 1997. 9. 25. 97헌가4, 판례집 제9권 2집, 332.

"헌법재판소가 위헌법률심판을 함에 있어서 재판의 전제성 문제는 사건의 기록을 가지고 있고, 그에 대한 재판을 하는 법원의 의견을 되도록 존중하여 판단함이 마땅하다(헌법재판소 1993.5.13. 선고, 92헌가10, 91헌바7, 92헌바24, 92헌바50(병합) 결정 참조). 그러나 재판의 전제성 여부가 헌법과 헌법재판소법에 정한 헌법소송의 기능·본질 및 효력 등 헌법재판제도에 관한 헌법적 선결문제의 해명에 따라 전적으로 좌우되는 경우에는 헌법재판소는 마땅히 법원의 법률적 견해에 구애받지 아니하고 법원의 위헌법률심판제청이 적법한 것인가의 여부를 독자적으로 결정하여야 한다. 왜냐 하면 실체법에 관한 것이든 절차법에 관한 것이든 헌법 또는 헌법재판제도의 문제에 대한 해명은 헌법재판소의 독자적 판단사항이기 때문이다."143)

심판대상 변경 가능

예외적으로 제청된 법률조항이 아니라, 다른 법률조항이 재판의 전제가 되었다고 볼 수 있는 경우에 헌법재판소는 심판의 대상을 바꾸어서 헌법재판소가 판단할 때 재판의 전제가 된다고 본 법률조항의 위헌여부를 판단한 사례도 있다.144)

한편 심판대상법조항이 당해사건의 재판에 간접적으로 적용되는 경우에도 재판의 전제성이 인정된다.145)

(다) **법률의 위헌여부에 따라 재판의 내용이 달라질 것**

① 재판의 주문이 달라지는 경우

재판의 주문 달라지는 경우

법률의 위헌여부의 결론에 따라서 재판의 주문이 달라지는 경우 재판의 전제성이 인정된다.146)

② 재판의 이유가 달라지는 경우

재판의 이유 달라질 경우

법률의 위헌여부에 따라 법원이 "다른 내용의" 재판을 하게 되는 경우라 함은 원칙적으로 제청법원이 심리 중인 당해 사건의 재판의 결

---

143) 헌재 1994. 6. 30. 92헌가18, 판례집 제6권 1집, 557, 571–572.; 헌법재판소 (주 117), 162면에서는 이러한 반대의견이 마치 헌법재판소의 다수의견인 것처럼 인용되고 있으나 반대의견임을 주의할 것.

144) 헌재 2000. 8. 31. 97헌가12, 판례집 제12권 2집, 167 [헌법불합치,각하].

145) 헌재 2000. 1. 27. 99헌바23, 판례집 제12권 1집, 62.

146) 헌재 1998. 12. 24. 97헌바33, 판례집 제10권 2집, 871, 889–890; 헌재 1998. 5. 28. 96헌가12, 판례집 제10권 1집, 560, 566.

론이나 주문에 어떠한 영향을 주는 것뿐만이 아니라, 문제된 법률의 위
헌여부가 비록 재판의 주문 자체에는 아무런 영향을 주지 않는다고 하
더라도 재판의 결론을 이끌어내는 이유를 달리 하는데 관련되어 있거나
또는 재판의 내용과 효력에 관한 법률적 의미가 전혀 달라지는 경우에
는 재판의 전제성이 있는 것으로 보아야 한다.[147]

(3) 전제성 판단의 시점과 사정변경

(가) 법률의 위헌성에 대한 의심의 정도

헌법재판소에 따르면, "헌법 제107조 제1항과 헌법재판소법 제41조
(위헌여부심판의 제청), 제43조(제청서의 기재사항) 등의 각 규정의 취지는,
법원은 문제되는 법률조항이 담당법관 스스로의 법적 견해에 의하여 단
순한 의심을 넘어선 합리적인 위헌의 의심이 있으면 위헌여부심판을 제
청하라는 취지"라고 하고 있다.[148]

<small>합리적 위헌의
의심</small>

(나) 사정변경으로 재판의 전제성을 부인한 경우

헌법재판소는 사회보호법 사건에서 재판의 전제성 상실로 인하여
각하를 하고 있다. 즉 "피감호청구인에 대한 공소장의 기재내용에 의하
면 피감호청구인은 사회보호법 제5조 소정의 "별표"에 규정된 죄 이외
의 죄인 형법 제335조, 제334조 제1항, 제2항의 죄로 공소가 제기된 사
실을 알 수 있는 바이므로 이 사건 위헌법률심판의 제청은 위헌여부의
심판대상이 된 법률 조항이 더 이상 재판의 전제가 될 수 없게 되었다
할 것이고, 피감호청구인에 대한 관계에서 이미 폐지된 위 조항의 위헌
여부를 판단해야 할 별다른 이익이 있다고 인정되지도 아니한다. 그러
므로 이 사건 위헌법률심판의 제청은 심판의 대상이 된 법률 조항이 재
판의 전제성을 잃게 됨으로써 결국 심판제청의 이익이 없게 되어 이를
각하하여야 할 것"[149]이라는 결정이 그것이다.

<small>사정변경과 재
판의 전제성
상실</small>

(다) 재판의 전제성이 상실된 경우에도 심판의 이익을 인정
하는 경우

헌법재판소는 주관적 권리보호이익이 상실된 경우에도 헌법해명의

<small>헌법해명의 필
요성</small>

---

147) 헌재 1992. 12. 24. 92헌가8, 판례집 제4권, 853.
148) 헌재 1993. 12. 23. 93헌가2, 판례집 제5권 2집, 578, 592.
149) 헌재 1989. 4. 17. 88헌가4, 판례집 제1권, 27, 29.

필요성을 인정하여 객관적인 심판의 이익을 받아들인 헌법재판소의 판례를 재판의 전제성의 요건에도 적용하고 있다.150)

   (라) 재판의 전제성 여부가 모호할 경우 일단 이를 인정하고 본안판단으로 넘어간 경우

재판의 전제성 여부가 확실하지 않음에도 불구하고 그것은 당해 법원이 판단할 일이라고 보고, 이를 일단 인정하고 본안판단으로 넘어간 사례도 있다.151)

6. 위헌법률심판의 결정유형: 소위 변형결정문제

가. 정형결정과 변형결정의 의의

정형결정

위헌법률심사에서 법률이 위헌이면 위헌결정을, 합헌이면 합헌결정을 내려야 한다. 이러한 위헌결정과 합헌결정을 정형결정이라고 할 수 있을 것이다. 물론 헌법소원심판의 경우에는 인용결정과 기각결정이 여기에 해당될 수 있다.

변형결정

그런데 법률의 위헌성을 확인하였음에도 불구하고 위헌결정을 하지 아니하고, 위헌을 제거할 수 있는 방법이 여러 가지인 경우에 입법자의 형성의 자유를 존중하기 위하여, 또는 위헌결정의 효력을 잠정적으로 유예시킬 목적으로 헌법에 합치하지 않는다고 하거나, 법률에 대한 헌법합치적 해석을 통하여 일정한 해석유형에 대해서만 위헌선언하거나 그 밖에 합헌결정임에도 불구하고 그 이유에서는 법률이 위헌이거나 아니면 위헌으로 될 수 있는 가능성에 대하여 입법자에게 경고하고 법개정을 촉구하는 유형의 결정들을 모두 변형결정이라고 할 수 있다.

나. 독일에서의 변형결정의 성립배경과 유형

위헌법률의 소급적 무효

변형결정을 처음에 전개한 것은 독일 연방헌법재판소이다. 독일에

---

150) 헌재 1993. 12. 23. 93헌가2, 판례집 제5권 2집, 578, 590−591; 헌재 2004. 3. 25. 2002헌바104, 판례집 제16권 1집, 386, 386−387; 헌재 2001. 4. 26. 98헌바79, 판례집 제13권 1집, 799, 799; 헌재 2000. 7. 20. 99헌가7, 판례집 제12권 2집, 17.

151) 헌재 2001. 10. 25. 2001헌바9, 판례집 제13권 2집, 491, 491−492.

서는 법률이 위헌이면 당연히(ipso-iure) 소급적으로(ex-tunc) 무효이다. 으레 법률의 무효선언에 대해서는 일정한 법률이 위헌(헌법불합치)이며 따라서 무효이다라고 하는 주문형식을 취하였다. 그런데 이러한 연결고리가 끊어지기 시작하였다.

즉 일정한 집단에 대하여 혜택을 부여하는 것 자체는 위헌이 아니지만 그러한 혜택을 받지 못하게 되는 또 다른 집단과 비교할 경우에 그러한 혜택부여는 평등의 원칙에 위반될 수 있다. 이러한 경우에 평등을 실현하기 위해서 기존에 부여하던 혜택을 폐지할 것인지 아니면 아직까지 받지 못하던 집단에게도 그 혜택을 부여할 것인지의 선택은 입법자에게 달려 있다. 따라서 헌법재판소는 이러한 평등에 위반되는 혜택배제의 사례의 경우, 법률이 헌법에 합치되지 아니한다고 하는 것만을 확인하고, 구체적으로 그 위헌성을 제거하는 것은 입법자에게 맡기는 헌법불합치결정을 내리기 시작하였으며, 이러한 헌법불합치결정에는 무효라고 하는 확인이 사라지기 시작하였다.

평등의 원칙과 헌법불합치 결정

다른 한편으로 법률이 제정된 후 상당기간 적용되어 오던 법률이 소급적으로 무효가 되는 경우에는 그로 인하여 많은 법적 불안정성이 야기될 수 있는 등 문제가 발생할 수 있다. 물론 독일 연방헌법재판소법 제79조에서는 이러한 무효선언의 소급효를 완화하는 규정을 두고 있지만, 이로써 모든 문제가 해결되는 것은 아니다. 따라서 이러한 위헌무효선언의 소급효를 제한해야 할 필요성도 있었던 것이 사실이다.

무효결정으로 인한 법적 혼란 야기 가능성

그리하여 위헌결정으로 발생할 수 있는 법적 공백상태를 방지하거나 혼란상태를 방지하기 위한 목적으로도 이러한 헌법불합치결정을 사용하기 시작하였다. 즉 위헌결정으로 인하여 지금까지보다 더 위헌적인 상태가 발생할 수 있을 경우에는 헌법에 합치하지 아니한다고 하면서, 무효확인을 하지 않은 채 법률의 효력을 잠정적으로 유지시키고 계속적용하는 소위 계속효력(적용)명령을 내리기도 한다.

법적 공백이나 혼란상태 회피하기 위함

그 밖에도 이러한 헌법불합치결정과 더불어서 연방헌법재판소가 입법자에게 구체적인 경과규정을 결정주문에 선고하기도 하며, 이러한 경과규정을 무효선언과 더불어서 하는 경우도 있다.

결정주문에 무효선언과 더불어 경과규정 제시

촉구결정,
경고결정

끝으로 법률의 위헌성을 이유에서는 확인하였지만, 결정주문에서는 (아직은) 합헌이라고 함으로써, 법률의 효력을 유지시키거나, 또는 이유에서 법률이 앞으로 위헌으로 될 수 있는 가능성을 경고하고, 주문에서는 (아직은) 합헌이라고 하는 결정유형을 선택하기도 한다. 이러한 유형의 경우는 입법자에게 법률을 사회현실에 적응시킬 수 있는 시간적 적응의 자유를 부여하고자 하는 경우에 주로 나오게 된다. 이를 소위 촉구결정 내지 경고결정이라고 한다.

위와 같이 합헌결정과 위헌(무효)결정이라고 하는 정형적 결정에서 벗어나는 모든 유형의 결정유형을 변형결정이라고 할 수 있다.

다. 변형결정의 허용성

헌법적 허용성
문제

법률이 합헌이면 합헌결정을, 그리고 위헌이면 위헌결정을 내려야 하지, 과연 헌법재판소가 위헌과 합헌의 중간적 결정, 즉 헌법불합치결정이나 한정위헌·한정합헌결정 등을 내려도 되는 것인지가 그 헌법적 허용성 여부가 문제될 수 있다.

헌법적 정당성
존재

우선 헌법불합치결정의 경우, 위에서도 지적하였듯이 입법자의 형성의 자유의 존중과 입법공백상태의 방지 등 결과고려의 관점에서 헌법적으로 정당화될 수 있고, 이러한 헌법불합치결정의 필요성에 대해서는 대법원 역시 인정하고 있다.

기속력 문제

다음으로 법률에 대한 헌법합치적 해석의 결과로 나오게 되는 한정위헌·한정합헌결정이 허용될 것인가와 관련해서 대법원은 법률에 대한 해석권한은 대법원을 정점으로 하는 법원에 전속된 권한이며, 헌재의 법률해석은 단지 견해에 불과하여 그 기속력을 인정할 수 없다고 하는 입장이다.

법률에 대한
헌법합치적 해
석 적용

그러나 법률에 대한 헌법합치적 해석의 필요성은 헌법재판을 행하는 모든 나라에서 이미 실무적으로 인정해 온 것으로서, 어떠한 법률이 위헌으로 해석될 수도 있고, 합헌으로 해석될 수도 있을 경우에는 위헌으로 해석될 수 있는 가능성을 버리고, 합헌으로 해석될 가능성을 선택하여 법률의 효력을 유지시켜야 한다는 원칙이 바로 법률에 대한 헌법합치적 해석이다. 만일 이것을 인정하지 않을 경우에는 이와 같이 해석을 통하여 법률의 효력을 유지시킬 수 있음에도 불구하고 빈번히 법률의 효력을 상실시켜야 하기 때문에, 입법자의 권한을 침해할 수 있다. 그리고 입법자가 나름대로 헌법해석의 결과 통과시켜 제정한 법률은 합헌성이나 유효성을 추정받을 수 있으며, 그 밖에 법률의 효력상실로 인한 법정 공백상태의 방지나 법적 불안정성의 야기를 최소화시키기 위하여 가능한 한 법률의 해석을 통하여 위헌선언을 회피할 수 있다면 회피하는 것이 바람직스럽다고 할 수 있다. 그리고 국제조약에 대한 동의법의 경우 위헌결정으로 인한 국가간의 신뢰손상 등을 방지하기 위해서 법률에 대한 헌법합치적 해석이 요구되기도 한다.

따라서 이러한 여러 가지 관점에서 헌법재판소의 법률에 대한 헌법합치적 해석은 필요하며 정당화될 수 있다. 그리고 위헌법률심판을 하는 기관은 필연적으로 그 심판대상인 법률과 그 위헌여부의 심판 기준인 헌법에 대한 해석권한을 가지는 것은 당연하다.

그러므로 대법원이 헌법재판소의 법률에 대한 해석권한을 부인하는 태도는 하루속히 시정되어야 하리라고 본다.

다음으로 이유에서 법률의 위헌성을 확인하였음에도 결정주문에서 합헌결정을 내리는 소위 촉구결정을 독일 연방헌법재판소의 경우 종종 구사한 바 있으나, 이러한 촉구결정은 차라리 헌법불합치결정으로 하는 것이 바람직하지 않나 생각된다.

다만 시간적 적응의 자유를 부여하는 차원에서 법률이 점점 위헌으로 되어가고 있는 경우에는 입법자에게 그 개정을 촉구 내지는 경고하는 소위 "아직은 합헌"결정의 경우는 법률의 위헌선언으로 인한 충격을 최대한 완화할 수 있는 유용한 결정이 될 수 있으므로, 이러한 아직은 합헌결정 내지는 경고결정은 적극적으로 도입할 필요가 있다고 보인다.

헌법합치적 해석의 정당화

헌재의 법률에 대한 해석권한 부인하는 태도 지양할 필요

촉구결정의 문제

합헌결정, 경고결정의 도입 필요

라. 변형결정의 구체적 사례들

(1) 헌법불합치결정152)

---

152) 이에 대하여는 방승주, 헌법불합치결정의 문제점과 그 개선방안, 헌법학연구 제

입법자에게 입법개선의무 부과

법률이 위헌인 경우에는 원칙적으로 위헌선언을 해야 하지만 위헌을 제거할 수 있는 방법이 여러 가지인 경우에 입법자의 형성의 자유를 존중하기 위해서 위헌선언대신에 헌법불합치로 선언하면서 입법자에게 동법률의 개정을 촉구하는 결정유형을 헌법불합치결정[153]이라고 한다.

상대적 위헌성에 대한 대처

특히 평등원칙의 위반사례의 경우 입법자는 그 동안 혜택을 받아오던 집단들의 혜택을 배제할 수도 있고, 그 반대로 그동안 혜택을 받지 못하던 집단들에게 혜택을 확대할 수도 있다. 입법자가 어느 한 집단에 혜택을 부여한 행위 그 자체가 위헌이라고 할 수는 없고 그 집단들 상호간의 관계에서 비로소 불평등의 문제가 제기되는 것이다(상대적 위헌성)[154]. 이와 같이 입법자에게 차별을 제거할 수 있는 여러 가지 가능성이 있는 경우에 헌법재판소는 문제된 규정을 위헌(무효)으로 선언하기 보다는 헌법불합치로 선언한다. 그리고 입법자에게 이러한 평등위반을 조속히 제거하도록 개정을 명령하거나 촉구한다.

법적공백상태 회피

우리 헌법재판소는 이와 같이 평등위반의 경우가 아니더라도 입법자가 여러 가지로 개정할 수 있는 가능성이 있는 경우와 위헌선언의 경우에 발생하게 될 법적 공백상태의 회피를 위하여 헌법불합치선언을 하기도 한다.

두 가지 이유의 구분

그러나 법개정가능성이 여러 가지가 있다는 이유로 입법자의 형성의 자유를 존중하기 위하여 단순위헌선언을 하지 않고 헌법불합치선언을 하는 경우와 위헌선언으로 인한 법적 공백상태나 혼란을 방지하기 위하여 잠정적으로 그 효력을 유지시키기 위한 헌법불합치선언의 경우는 구분되어야 할 것이다.[155] 전자의 경우는 순수히 불합치선언이라고 할 수 있으나 후자와 같은 결정유형은 계속효력명령(Weitergeltungsanordnung)이라고

13권 제3호(2007. 9), 49-106면 참고할 것.

153) 이에 대하여는 Peter E. Hain, Die Unvereinbarerklärung verfassungswidriger Gesetze durch das Bundesverfassungsgericht, Baden-Baden 1988; Schlaich/Korioth (주 66), Rn. 394 ff.; Jörn Ipsen, Rechtsfolgen der Verfassungswidrigkeit von Norm und Einzelakt, Baden-Baden 1980, S. 107 ff.

154) Jörn Ipsen (주 146), S. 109.

155) 이에 대하여 방승주, 독일연방헌법재판소에 의한 경과규정의 법적 효과, 운남서 정호교수정년기념논문집, 법과 국가 1997, 166-196 (169이하)

명명함이 타당할 것이다. 순수한 불합치선언의 경우에는 위헌법률의 적용
금지(Anwendungssperre)와 법원에 의한 절차의 정지의무(Aussetzungspflicht)가
그 법적 효과라고 할 수 있는 반면, 계속효력명령의 경우에는 입법자가
법을 개정할 때까지 위헌적인 법률의 효력을 잠정적으로 유지하는 것이
그 법적 효과라고 할 수 있다. 그렇지 않을 경우에는 지금까지의 상태보
다 더욱 위헌적인 상태가 발생될 것이기 때문이다. 따라서 엄밀하게 말
하면 입법자의 형성의 자유를 존중하기 위한 결정은 전자의 경우라고
할 수 있고 헌법재판소와 입법자와의 관계와 관련하여 문제될 수 있는
것은 바로 이러한 순수한 불합치선언이라고 할 것이다. 그러나 지금까
지의 우리 헌법재판소의 헌법불합치결정에서는 입법자의 형성의 자유의
관점과 법적 불안정성의 회피라고 하는 두 가지 관점이 동시에 나타나
는 경우가 많다.

(2) 한정위헌결정과 한정합헌결정

어떠한 법률이 통상적인 해석방법에 따를 때 여러 가지로 해석될
가능성이 있는 경우에 헌법과 합치되는 해석을 선택하고 위헌적인 해석
가능성을 배제하는 것을 헌법합치적 해석이라고 한다.

독일 연방헌법재판소는 외교정책적인 통제시에 특히 조약에 대한
동의법의 위헌여부를 심사할 경우에 동의법에 대한 장래의 해석·적용
을 헌법재판소의 해석에 국한시킬 것을 요구한다.[156] 즉 판결주문에서
는 이유에 설시된 바에 따라서 기본법과 합치한다고 결정하면서 판결이
유에서 법률의 위헌성을 자세히 부각시키고 그러한 해석은 위헌이며 따
라서 배제되어야 함을 분명히 한다. 헌법합치적 해석은 동의법의 위헌
결정으로 인한 외교정책적 영향에 대하여 고려하면서도 법률의 위헌성
을 부각시켜 이를 배제하는 결정유형으로 잘 쓰이고 있다고 할 수 있
다.[157]

우리 헌법재판소는 심판대상이 되는 법률이 위헌적으로 해석될 가
능성도 있고 합헌적으로 해석될 가능성도 있을 경우에 위헌적인 해석가

통상적인 해석
규칙

외교정책적
영향 고려

한정합헌결정
과 한정위헌결
정을 통한 법

---

156) 가령 기본조약판결(BVerfGE 36, 1), 마스트리트판결(BVerfGE 89, 155)
157) 그밖에 독일 연방헌법재판소의 헌법합치적 해석의 사례들은 Schlaich/Korioth
(주 66), Rn. 441.

률에 대한 헌
법합치적 해석

능성을 배제하면서 …로 해석하는 한, 헌법에 위반되지 아니한다는 한정
합헌결정이나 반대로 위헌적 해석가능성이나 일정한 적용상황을 적시하
면서 …로 해석하는 한 또는 …에 적용하는 것은 헌법에 위반된다고 하
는 한정위헌결정을 사용함으로써 법률에 대한 헌법합치적 해석을 하고
있다.

입법자에 대한
존중

　　이러한 헌법합치적 해석은 법질서의 통일성과 민주적으로 정당화
된 입법자에 대한 존중을 그 정당화근거로 하고 있다.[158] 나아가 헌법
재판소의 한정합헌결정이나 한정위헌결정은 위헌선언으로 인한 법적 공
백상태를 피하기 위한 결정유형으로서도 정당화될 수 있다. 즉 한편으
로는 법률이 합헌적으로 해석될 수 있는 한 그 효력을 유지시킴으로써
입법자의 법률에 대한 개폐권한에 가급적 개입하지 않으려는 것이다.
따라서 이것은 입법자의 형성의 자유를 존중하는 측면이라고 할 수 있
다. 뿐만 아니라 이러한 헌법합치적 해석은 법률에 대한 위헌선언으로
발생하게 될 법적 공백상태나 혼란을 회피하기 위한 수단으로서도 사용
된다고 할 수 있다.[159] 1990. 6. 25. 국가보안법 제7조 제5항에 대한 위
헌법률심판결정(90헌가11)에서 헌법재판소 역시 이 점을 분명히 하고 있
다. 즉 "이와 같은 합헌해석은 헌법을 최고법규로 하는 통일적인 법질서
의 형성을 위하여서 필요할 뿐 아니라, 입법부가 제정한 법률을 위헌이
라고 하여 전면폐기하기 보다는 그 효력을 되도록 유지하는 것이 권력
분립의 정신에 합치하고 민주주의적 입법기능을 최대한 존중하는 것이
어서 헌법재판의 당연한 요청이기도 하다. …만일 법률에 일부 위헌요소
가 있을 때에 합헌적 해석으로 문제를 수습하는 길이 없다면 일부 위헌
요소 때문에 전면위헌을 선언하는 길밖에 없을 것이며 그렇게 되면 합

---

158) 헌재 1989. 7. 21. 89헌마38 판례집 1, 131 (144-5): "일반적으로 어떤 법률에 대
　　한 여러 갈래의 해석이 가능할 때에는 원칙적으로 헌법에 합치되는 해석 즉 합헌
　　해석(合憲解釋)을 하여야 한다. 왜냐하면 국가의 법질서는 헌법을 최고법규로 하
　　여 그 가치질서에 의하여 지배되는 통일체를 형성하는 것이며 그러한 통일체내
　　에서 상위규범은 하위규범의 효력근거가 되는 동시에 해석근거가 되는 것이므로,
　　헌법은 법률에 대하여 형식적인 효력의 근거가 될 뿐만 아니라 내용적인 합치를
　　요구하고 있기 때문이다."
159) 이에 대하여 방승주, 헌법재판소의 헌법합치적 해석의 효력, 김남진교수정년기
　　념논문집, 현대공법학의 재조명 1997, 411-444면(431이하) 참조.

헌성이 있는 부분마저 폐기되는 충격일 것으로 이는 헌법재판의 한계를 벗어날뿐더러 법적 안정성의 견지에서 도저히 감내할 수 없는 것이 될 것이다."는 것이다160)

그러나 이러한 헌법합치적 해석도 권력분립원칙으로부터 나오는 국가권력의 기능법적 관점에서 보면 일정한 한계 하에 놓인다고 할 수 있다.

기능법적 관점에서 헌법합치적 해석의 한계

헌법재판소와 입법자와의 관계에서는 누가 헌법의 구체화에 있어서 우선권을 가지는가의 문제와 관련이 된다. 법제정을 통한 국가 공동체의 생활형성권은 선거에 의하여 민주적으로 정당화된 국회에 우선적으로 속한다고 볼 수 있기 때문에 헌법의 구체화도 입법자가 우선권을 가진다고 할 수 있다. 따라서 입법자가 제정한 법률의 문구나 입법목적을 벗어나서 헌법합치적 해석을 통하여 적극적으로 다른 내용을 삽입시키는 경우는 헌법합치적 해석의 한계를 벗어나는 경우라고 할 수 있을 것이다.161)162) 입법자에게 법률에 대한 일정한 해석만을 강요하는 것은

입법자와의 관계에서 헌법해석의 우선권

---

160) 헌재 1990. 6. 25. 90헌가11, 판례집 제2권, 165 (170, 171)

161) 우리 헌법재판소도 역시 법의 문구와 목적에 따른 한계를 지적하고 있다. 즉 법률의 조항의 문구가 간직하고 있는 말의 뜻을 넘어서 말의 뜻이 완전히 다른 의미로 변질되지 아니하는 범위내에서 이루어져야 한다고 하는 문언적 한계와 입법권자가 그 법률의 제정으로써 추구하고자 하는 입법목적을 헛되게 하는 내용으로 해석해서는 안된다고 하는 것이다. (판례집 제1권, 69 [86]). 헌법합치적 해석의 기능법적 한계에 대하여는 Konrad Hesse, Grundzüge des Verfassungsrechts der Bundesrepublik Deutschland, Heidelberg 1995, Rn. 83; 방승주 (주 152), 435면 이하. 헌법합치적 해석에 있어서 기능법적 논거의 유용성에 대하여 매우 제한적으로 보는 시각으로는 Werner Heun (주 78), S. 27 이하. 그러나 Heun도 역시 헌법합치적 해석을 통하여 법률 내용을 확대하는 것은 기능법적 한계를 벗어나는 점임을 인정하고 있다. 그러한 한도내에서 헌법합치적 해석의 한계가 실체법적으로 뿐만 아니라 기능법적으로도 요청된다는 것이다. (S. 29)

162) 이러한 관점에서 볼 때 정당추천후보자에게 무소속 후보자에 비하여 소형인쇄물을 2종 더 제작·배부할 수 있도록 한 국회의원선거법 제56조의 규정이 불평등한 것으로서 위헌적인 규정이지만 무소속후보자에게 소형인쇄물을 추가로 배부할 수 있도록 허용하는 경우에는 위헌성의 소지가 제거될 수 있으므로 위 규정 역시 당해 지역구에서 정당이 소형인쇄물 2종을 추가 배부하는 경우에는 무소속 후보자에게도 그에 준하는 종류의 소형인쇄물을 제작·배부할 수 있도록 선거운동의 기회를 균등하게 허용하지 아니하는 한 헌법에 위반된다고 한 1992. 3. 13. 92헌마37(병합)결정은 오히려 위헌 내지는 헌법불합치로 결정되어야 하지 않았을까 생각된다.

위헌(무효)선언을 통하여 법률을 폐기하는 경우보다 입법자의 형성의 자유를 더욱 심하게 침해할 수 있다. 입법자의 의사가 존중되는 대신에 헌법재판소에 의하여 입법자의 의사가 대체될 수 있는 위험이 있다.[163] 이와 같은 경우에 헌법재판소는 자신의 기능적 한계를 유월한다고 볼 수 있다.

(3) 촉구결정과 경고결정

법률이 그 자체로 위헌이 되었으나 합헌선언을 하면서 입법개선을 촉구

어떠한 법률이 그 자체로 볼 때 위헌임에도 불구하고 입법자에게 개정할 수 있는 시간적 여유를 부여하여야 하거나 아니면 헌법재판소 스스로 이를 폐기할 수 있는 권한이 없는 경우에 이 법률에 대하여 아직은 헌법에 합치한다고 하면서 법률의 위헌성과 이를 개정해야 할 입법자의 의무를 결정이유에서나 또는 주문에서 밝히는 판결유형을 촉구판결(결정)이라고 한다.

아직은 합헌일 경우

한편 제정당시에는 법률이 아무런 문제가 없었지만 시간이 흐름에 따라 위헌으로 되어 가는 경우가 있을 수 있다. 이 경우에 법률이 아직은 합헌이지만 앞으로 입법자가 이에 대하여 대처하지 않을 경우에는 위헌으로 될 것이라는 것을 밝히는 판결유형을 취할 수 있다. 이러한 판결유형을 경고판결(결정)이라고 한다.[164]

촉구판결의 사례는 오히려 헌법불합치결정이 더 적합해 보임

전자의 경우에 법률이 그 자체 위헌임에도 불구하고 이를 위헌으로 결론내리지 못하고 아직은 합헌이라고 하는 주문을 택하고 있기 때문에 이 경우에는 오히려 헌법불합치결정을 내려야 옳았다고 볼 수 있다. 이러한 결정유형은 우리 헌법재판소 판례에서는 아직 찾을 수 없고 독일 연방헌법재판소의 판례에서 그 예를 찾아 볼 수 있다. 그리고 경고판결의 경우는 법률이 위헌으로 되어 가고 있기는 하지만 그야 말로 아직은 합헌인 경우에 입법자에게 이에 대한 개정 내지는 개선을 촉구하는 결정유형으로서 위헌적 상황에 대하여 헌법재판소가 입법자와 공동으로

---

163) Wolf-Rüdiger Schenke (주 78), S. 325.

164) 학계에서는 양자를 아직 구별하지 않고서 촉구판결이라고 한다. 양자를 구별하는 견해는 Hans-Peter Schneider (주 72), S. 2103 ff.(2110 Anm. 91); Seung-Ju Bang (주 78), S. 38 ff.; 이하에서는 특별히 구별을 필요로 하는 경우가 아닌 한 양개념을 구분하지 않고 촉구판결로 쓰기로 한다.

대처하는 협력작용의 일환으로 볼 수 있다. 이러한 경고판결의 사례도 역시 독일 연방헌법재판소 판례에서는 흔히 볼 수 있으나 우리 헌법재판소판례에서는 아직 찾아 볼 수 없고 다만 소수의견에서만 그러한 의견이 나왔을 뿐이다.

촉구판결의 경우는 법률이 위헌으로 되어 가는 상황에서 가장 부작용 없이 효과적으로 위헌적 상황에 대처할 수 있는 방법이라고 할 수 있다. 헌법재판소는 입법자의 영역을 최대한 존중하되 입법자의 개선이 이루어지지 않는 경우에 앞으로는 그 법률에 대하여 위헌으로 선언할 수 있다는 것을 경고함으로써 법률의 위헌성을 입법자 스스로가 치유할 수 있도록 기회를 부여하는 것이다. 따라서 법개정에 대한 헌법재판소의 촉구는 법률의 위헌가능성을 근거로 한 것이므로 그러한 한도에서 정당하다고 할 수 있고 입법자의 헌법에 대한 기속으로부터 입법촉구의 기속력은 도출될 수 있다.

위헌적 상황에 대처

이러한 촉구판결이 이루어지는 경우는 사실적 상황의 변화로 인하여 입법자의 부작위나 법률이 위헌으로 되어져 가는 경우에 적극적으로 입법을 하거나 이러한 사실적 상황에 맞게 법률을 적응시키고 개선해야 하는 경우 그리고 복잡한 사실관계를 입법자가 규율할 경우에 이에 대한 시간적 여유가 충분히 부여되어야 하는 경우에 가능하다. 이 경우에 법 자체가 가지고 있는 일정한 헌법적 문제점에 대하여 아직은 위헌으로 선언할 수 없다고 판단하되 이에 대한 대처와 개선을 입법자에게 경고하고 촉구하게 된다. 따라서 이러한 결정유형은 입법자에게 법개정을 위한 상당한 시간적 여유를 부여하는 것이고 따라서 입법행위 그 자체만을 위헌성 판단의 기초로 삼은 것이 아니라 법개정과 관련한 입법자의 제반 형편을 고려하여 위헌 여부를 결정하는 것으로서 이 경우에는 행위통제 내지는 납득가능성통제에 머무르며 헌법재판소가 스스로 자제하는 경우라고 볼 수 있다. 따라서 촉구판결 내지는 경고판결의 유형은 입법자의 형성의 자유를 시간적인 측면에서 광범위하게 인정해 주는 결정유형이라고 할 수 있다.

법개정의 시간적 여유 부여

우리 헌법재판소의 판례에서는 소수의견에 의한 촉구 내지는 경고

소수의견에 의한 촉구 내지

경고결정   만을 찾을 수 있을 따름이다. 그밖에 입법자에게 법개정의 시간적인 여유가 인정이 될 수 있다고 본 사례가 있으나 이 경우에 단순한 합헌선언 대신에 위와 같은 입법개선의무를 명하는 경고판결의 형태가 이루어졌다면 더욱 바람직스러웠을 것이다.(교통사고처리특례법 제4조에 관한 결정)

7. 헌법재판소결정의 기속력문제

헌법재판소의
개입 필요성   원칙적으로 행위규범으로서의 헌법을 우선적으로 실현하는 과제는 입법자에게 있다. 그러나 국가권력으로서 입법자가 헌법이 부여한 한계를 일탈하거나 국민의 기본권을 과잉으로 침해하는 경우에는 헌법재판소가 이에 대하여 적극적으로 개입하지 않을 수 없다. 즉 헌법재판소는 그러한 경우 법률에 대한 위헌선언으로 대처할 수 있다. 헌법재판소가 법률을 위헌으로 선언하는 경우에 그 법률은 결정이 있는 날로부터 효력을 상실한다(헌법재판소법 제47조 제2항, 제75조 제6항). 다만 예외적으로 헌법재판소의 잠정효력명령의 경우에는 법률의 효력이 입법자가 개정할 때까지 잠정적으로 지속된다고 할 수 있다. 잠정효력명령이 있는 경우에도 입법자는 이를 최대한 빠른 시일 내에 위헌법률을 개정해야 할 의무를 진다. 법률의 위헌결정은 법원 기타 국가기관 및 지방자치단체를 기속한다(헌법재판소법 제47조 제1항).

헌법재판소 결
정의 기판력,
기속력, 일반
적 구속력   헌법재판소의 결정에는 명문의 규정은 없지만 기판력이 인정되고 또한 국가기관과 지방자치단체를 기속하는 기속력이 인정되며 법률에 대한 헌법재판소의 위헌결정은 일반적 구속력을 가진다고 할 수 있다.[165]

---

165) 독일 연방헌법재판소법 제31조 제1항은 기속력을 제31조 제2항은 법률적 효력을 규정하고 있다. 우리 헌법재판소의 경우 법률적 효력 개념을 두고 있지 않다. 입법단계에서 당시 야당안은 제43조 제2항에 "위헌법률심판과 법령의 위헌여부에 관한 헌법소원심판의 종국심판은 법률적 효력을 갖는다"고 규정되어 있었으나 민정당안과 통합한 단일안에서는 이와 같은 규정이 빠지고 현행법과 같은 조항으로 통과되었다(제143회 법제사법위원회 제3차회의록, 92면 참조). 법률적 효력의 구체적인 요건과 효과를 명시적으로 두고 있지 않은 현행법하에서 독일 연방헌법재판소법 제31조 제2항의 규정을 맹목적으로 추종하여 헌법재판소의 결정에 법률적 효력을 부여하는 것은 온당치 못하다. 단지 법률에 대한 위헌결정은 그 심판대상인 법률의 일반적 효력이 상실된다는 의미에서 그 결정이 대세적 효력, 즉 일반적 구속력을 가진다고는 할 수 있을 것이다.

가. 기속력의 주관적 한계: 규범반복금지의 문제[166]

헌법재판소의 위헌결정의 기속력이 미치는 주관적인 한계는 국가기관과 지방자치단체이다.

그런데 헌법재판소가 법률을 위헌으로나 아니면 헌법불합치로 선언하는 경우에 입법자는 위헌 내지는 불합치 선언된 법률과 같은 내용의 법률을 반복하여서 제정해도 되는지의 문제가 발생한다. 즉 이것은 헌법재판소의 법률에 대한 위헌결정의 기속력의 주관적 범위에 입법자가 포함되느냐의 문제이다.

독일에서는 1987년 10월 6일의 고용촉진법 제12a조에 관한 판결[167]이 내려지기 전까지는 헌법재판소가 법률에 대하여 한번 위헌결정을 내리면 입법자는 같은 내용의 법규정을 반복해서 제정할 수 없다고 하는 소위 규범반복금지가 일반적으로 인정되었다. 그러나 위 판결에서 독일연방헌법재판소는 "연방헌법재판소법 제31조와 규범폐기적인 헌법재판의 기판력은 입법자로 하여금 동일한 또는 유사한 내용의 개정법률을 제정하는 것을 방해하지 않는다"[168]고 판시하였다. 즉 입법부는 행정부나 사법부와는 달리 기본법 제20조 제3항에 따라서 법적 질서가 아닌 헌법적 질서에만 기속된다는 것이다.

독일 연방헌법재판소의 위 판결에 대하여는 반대하는 견해[169]도 주장되었지만 위 판결에서 연방헌법재판소가 규범반복금지원칙을 포기한 것은 국가기능의 협력질서내에서의 헌법재판소의 지위에 기능법적으로 부합하는 판결이라는 견해[170]와 같이 찬성하는 견해도 유력하게 주장되

위헌결정의 기속력의 주관적 한계(범위)

입법자 기속 여부

독일에서는 BVerfGE 77, 84 이전에는 입법자 기속설이 통설 판례

입법자 비기속을 선언한 BVerfGE 77, 84

독일 연방헌재 판례에 대한 찬반론

---

166) 이에 대하여는 방승주, 독일연방헌법재판소에 의한 경과규정의 법적 효과, 운남 서정호교수 정년기념논문집, 법과 국가 1997, 166-196면 (172-175) 참조.

167) BVerfGE 77, 84 (103)

168) BVerfGE 77, 84 (103)

169) 반대하는 견해로는 Berkemann, Aus der Rechtsprechung des Bundesverfassungsgerichts, JR 1988, S. 230 ff. (237); Michael Sachs, Der Fortbestand der Fristenlösung für die DDR und das Abtreibungsurteil des Bundesverfassungsgerichts, DtZ 1990, S. 193 ff. (198); Steffen Detterbeck, Normwiederholungsverbote aufgrund normverwerfender Entscheidungen des Bundesverfassungsgerichts?, AöR 1991, S. 390 ff.; ders., Streitgegenstand und Entscheidungswirkungen im öffentlichen Recht, Tübingen 1995, S. 366 ff.; Benda/Klein, Verfassungsprozessrechts, 2020, Rn. 1532 ff; Christian Pestalozza, Verfassungsprozeßrecht, 1991, § 20 Rn. 85.

었다.171) 이러한 규범반복금지의 문제는 본질적으로 헌법재판소와 입법
자와의 관계가 국가기능의 구조 안에서 어떻게 규정되어야 할 것인지와
직결되는 문제이다. 규범폐기적 판결 이후에도 입법자가 규범반복금지
의 의무를 지지 않는다고 보는 경우에는 입법자의 기속을 근거지우기
위해서는 입법자가 타국가기관의 결정을 존중해야 한다고 하는 헌법기
관충성172)원칙을 원용할 수밖에 없을 것이다.

우리 헌법과
헌법재판소법
하에서 어떻게
봐야 할 것인
가? 그러나 독일에서의 위 판례에 대한 찬성논의가 우리의 헌법적 현실
에서도 그대로 타당할 수 있을지는 의문이다. 즉 독일의 경우에는 입법
자가 헌법재판소의 판결의 문구 하나 하나에 신경을 쓸 정도로 헌법재
판소의 판결을 존중하고 법적인 기속력을 가지지 아니하는 부수적 의견
에 지나지 않는 것들에 대해서도 입법자는 거의 그대로 따르기 때문에
헌법재판소의 판결에 대한 입법자의 법적·사실적 기속력은 가히 우리
의 상상을 초월한다.173) 그렇기 때문에 독일과 같은 경우에는 헌법재판
소의 무효선언이나 불합치선언으로부터 규범반복금지의무가 나오는 것
위헌결정된 법
률과 같은 내
용의 반복입법
은 헌법위반 은 아니라고 하더라도 별로 문제될 것이 없다. 하지만 헌법재판소의 위
헌결정에 모든 국가기관이 기속된다고 규정하였기 때문에 이와 같은 규
정을 두고서도 입법자 스스로가 헌법재판소에 의하여 위헌으로 결정된

---

170) Stefan Korioth, Die Bindungswirkung normverwerfender Entscheidungen des Bundesverfassungsgerichts für den Gesetzgeber, Der Staat 1991, S. 549 ff.(562)

171) 동의하는 견해로는 Gerber, Die Rechtssetzungsdirektiven des Bundesverfassungsgerichts, DÖV 1989, S. 698 ff. (705); Volker Busse, Kontinuität und Wandelbarkeit in der verfas－sungsgerichtlichen Judikatur, ZG 1988, S. 353 ff.; Stefan Korioth, Die Bindungswirkung normverwerfender Entscheidungen des Bundesverfassungsgerichts für den Gesetzgeber, Der Staat 1991, S. 549 ff; Schlaich/Korioth (주 66), Rn. 483 f.; Werner Heun, Funktionell－rechtliche Schranken der Verfassungsgerichtsbarkeit, Baden－Baden, 1992, S. 81 f.; Klaus Rennert, in: Umbach/Clemens (Hrsg.), Mitarbeiterkommentar, Rn. 67 (S. 550 f.); Gregor Stricker, Subjektive und objektive Grenze der Bindungswirkung verfassungsgerichtlicher Entscheidungen gemäß § 31 Abs. 1 BVerfGG, DÖV 1995, S. 978 ff. (982)

172) Stefan Korioth, (주 171), S. 549 ff. (566 f.); 이 개념에 대하여는 Wolf－Rüdiger Schenke, Verfassungsorgantreue, Berlin 1977 참조.

173) 독일 연방헌법재판소의 입법자에 대한 개정명령, 개정촉구, 개정권고 등에 대한 입법자의 실행에 관해서 자세한 것은 Seung－Ju Bang(방승주), Übergangsregelungen in Normenkontrollentscheidungen des Bundesverfassungsgerichts, Diss. Hannover 1996, S. 196 ff. 참조.

것과 같은 내용의 규정을 반복한다면 이 기속력 규정 뿐 아니라 헌법 제10조의 기본권보장의무규정에 위배된다고 할 것이다. 즉 위헌결정은 규범반복금지를 포함한다고 보아야 할 것이다. 다만 법적·사실적 상황 이 변경되어서 동일한 내용을 제정하는 경우에도 종전과는 다른 의미로 적용될 수 있는 경우에는 헌법재판소결정의 기속력의 시간적 한계를 벗어나는 경우라고 할 것이기 때문에 입법자는 헌법재판소의 위헌결정에 더 이상 기속되지 않는다고 할 것이다.[174]

한편 헌법재판소의 위헌결정 내용에 규범반복금지가 포함된다면 국회가 한번 위헌으로 결정된 법률의 내용과 동일한 내용을 담은 법규 정은 자동으로 효력이 없다고 볼 수 있겠는가의 문제가 제기된다. 이를 인정하는 경우에는 어떠한 방법으로든지 입법자가 법문구나 그 형식만을 개정했을 뿐 내용은 그대로인 새로운 법규정이 도대체 당연히 무효인지 아니면 계속 효력을 가지는지가 법적용기관들에게 불분명해진다고 할 수 있다. 따라서 그러한 한 헌법재판소는 그 규정에 대하여 다시 위헌법률심판이 제청되거나 헌법소원이 제기되는 경우에는 이에 대한 본안판단을 하고 종전의 판결이유와 같은 이유로 법률의 위헌을 선언해 주어야 할 것이다. 헌법재판소도 이러한 입장에 서 있다고 볼 수 있다.

규범반복금지

나. 기속력의 객관적 한계: 주요한 이유가 포함되는지?

기속력의 객관적인 한계와 관련 우선 결정주문(Tenor)은 기속력을 가진다는 점에 대하여는 이론이 없으나 결정주문의 논리필연적 근거이 며 헌법해석이라고 할 수 있는 주요한 결정이유(tragende Gründe)도 기속 력을 가지는지의 문제가 논란이 된다.

독일 연방헌법재판소의 확립된 판례에 따르면 판결의 주요한 이유 (ratio decidendi)도 그것이 헌법의 해석에 대한 설명을 포함하는 경우에

결정주문은 당
연히 포함

(주요한) 결정
이유도 포함되
는가?

주요한 이유
(ratio decidendi)

---

174) 위헌결정으로부터 규범반복금지가 나온다고 보는 경우에도 실질적으로는 이와 같이 기속력의 시간적 한계에 의해서 입법자는 법적·사실적 상황이 변경된 경 우에는 더 이상 헌법재판소의 종전의 결정에 기속되지 않는다고 보기 때문에 결 과적으로는 규범반복금지를 부인하는 견해와 비슷한 결론에 도달하게 된다고 할 것이다.

는 기속력을 갖는다.[175] 주문의 기속력만으로는 헌법재판의 목적을 보
장하는데 충분치 못하다는 이유이다.[176] 주요한 이유도 기속력을 갖는
다고 하는 이론으로 연방헌법재판소는 스스로 유권적인 헌법해석권한을
소지하게 되었다.[177]

주요한 이유
기속력 인정설
논거

이러한 입장에 동의하는 견해에 따르면 주요한 이유의 기속력은 연
방헌법재판소법 제31조 제1항이 반복사건과 유사사건을 배제하는 것을
목적으로 하고 있기 때문에 요청된다는 것이다.[178]

주요한 이유
기속력 인정설
에 대한 비판
론

이러한 견해는 주요한 이유의 기속력에 대한 결정적인 근거제시라
고 할 수 없다. 왜냐하면 반복위험은 이미 기판력에 의하여 전반적으로
배제되었기 때문이다. 기속력의 주관적 확대를 근거로 이것은 유사소송
에 있어서도 마찬가지이다.[179] 문헌에서는 흔히 연방헌법재판소의 판례
에 비추어서 무엇이 "주요"하고 따라서 "기속력 있는" 이유인지를 확정
하기가 쉽지 않다는 것이 비판적으로 지적되고 있다.[180] 이밖에 주요한
이유에 기속력을 인정하게 되면 민주적 과정에서 그 내용이 구체화되어
야 하는 개방적 헌법규범의 성문화를 초래하게 될 것이라는 것이다.[181]
독자적인 소제기권이 없기 때문에 헌법재판소는 다른 참여자들이 헌법
분쟁을 수행하는 경우에만 자신의 판례를 수정하거나 정정할 수 있
다[182]는 것이다. 헌법재판소의 실무에 아무런 유연성의 여지도 주지 않
는 헌법의 고착화의 위험이 지적되기도 한다.[183]

독일 연방헌법
재판소 위헌결

독일에서 연방헌법재판소의 법적 견해는 이미 사실적 관점에서 결

---

175) BVerfGE 1, 14 (37); Schlaich/Korioth (주 66), Rn. 485 m.w.N.; Klaus Rennert, §
    31 BVerfGG, Mitarbeiterkommentar und Handbuch, 1992, Rn. 71 ff.; Benda/Klein,
    Verfassungsprozessrechts, 2020, Rn. 1521.
176) Christoph Gusy, Parlamentarischer Gesetzgeber und Bundesverfassungsgericht,
    Berlin 1985, S. 236.
177) Stefan Korioth, Der Staat 1991, S. 549 ff. (557) m.w.N.
178) Klaus Rennert (주 175), Rn. 72
179) Christoph Gusy (주 176), S. 242
180) Wolfgang Hoffmann-Riem, Beharrung oder Innovation, Der Staat, 13 (1974), S.
    334 ff. (349); Christoph Gusy (주 176), S. 241 f.; Schlaich/Korioth (주 66), Rn. 488;
    이에 반해 Klaus Rennert (주 175), Rn. 73 f.; Benda/Klein (주 175), Rn. 1521 ff.
181) Christoph Gusy (주 176), S. 238 f.; Schlaich/Korioth (주 66), Rn. 490.
182) Wolfgang Hoffmann-Riem (주 180), S. 334 ff. (339 f.)
183) Christoph Gusy (주 176), S. 239 f.

코 과소평가할 수 없는 선결적 효과(präjudizielle Wirkung)를 발휘한다. 법
원과 행정청은 흔히 그들이 법적인 의무가 있는지와는 상관없이 "사실
적 의무"(Obrigkeit)를 지향하곤 한다. 따라서 헌법의 계속적 발전을 위해
서 실체법적으로 법적용기관의 책임 있는 독자적 판단권한이 가능한 한
광범위하게 인정되어야184) 하기 때문에 헌법재판소의 주요한 이유에는
기속력이 인정되어서는 안 된다는 주장도 독일에서는 나름대로 설득력
있게 주장되고 있다.

정의 선결적
효과

　　그러나 이러한 주장이 우리의 경우에도 그대로 타당하다고 볼 수는
없을 것이다. 우선 주요한 이유와 부수적 이유와의 구별이 어렵다 하더
라도 일단 그것은 존재한다고 하는 점에는 이의가 있을 수 없다. 그리고
심판대상의 위헌여부에 대한 결정을 지탱하고 있는 논리필연적 이유는
그 자체가 법적인 기속력을 가지지 않으면 판결주문만 가지고서는 헌법
재판소의 취지가 쉽게 이해되기 어려운 점이 있기 때문에 헌법재판소의
결정이 간혹 무시될 수도 있으며 따라서 주요한 이유에도 법적인 기속
력이 미친다고 보아야 할 것이다.

주요한 이유
기속설에 대한
비판론이 우리
의 경우에도
타당하다고 보
기는 힘듦

주요한 이유에
도 법적인 기
속력 미침

　　다음으로 헌법불합치결정에서의 입법자에 대한 개정명령 내지는
촉구는 심판대상에 대한 결론에 포함된다고 볼 수는 없고 따라서 부수
적 의견에 속한다고 할 수 있다. 그러나 이러한 개정명령 내지는 촉구는
현대적 권력분립원칙으로부터 나오는 기능법적인 관점에 따라 위헌성을
제거하면서도 법적 안정성을 기함에 있어서 헌법재판소와 입법자간의
효율적인 협동작용의 한 수단으로서 이해될 수 있기 때문에 헌법적으로
이는 정당화된다고 할 수 있고 따라서 입법자는 이에 기속된다고 할 수
있다. 즉 개정명령의 기속력은 입법자의 헌법보장의무 내지는 보호의무
를 규정하고 있는 헌법 제10조와 위헌법률심사제도를 두고 있는 우리
헌법규정들로부터 나온다고 할 수 있다. 따라서 입법자가 장기간 헌법
재판소의 개정명령에 응하지 않는 경우에 이는 위헌적인 부작위185)라고
할 수 있다. 만일 입법자가 헌법재판소의 개정명령에 응하지 않고서 오

입법개선의무
의 입법자에
대한 기속력은
헌법 제10조와
헌법 제111조
제1항으로부
터 나오는 효
력임

---

184) Wolfgang Hoffmann—Riem (주 180), S. 334 ff. (342)
185) 이에 대한 헌법소원 가능성에 대하여는 방승주 외 3인 (주 122), 121–160면 참조.

랫동안 위헌적인 법률을 방치해 놓는 경우에 법원이 합헌적인 판결을 하기 위해서는 헌법재판소에 의하여 확인된 범위내에서 합헌적인 방법으로 법률을 적용함으로써 직접적으로 기본권보장 및 보호의무를 실현하는 수밖에 다른 통제수단은 없다고 할 것이다.186)

4(합헌):5(위헌) 합헌결정이나 소수의견에서 드러난 헌법적 문제에도 주의기울여야 함.

그 밖에도 주의할 것은 입법자는 위헌선언의 정족수를 채우지 못하여 합헌선언한 경우나 기각한 소위 위헌불선언187)이나 또는 소수의견에서 드러난 헌법적 문제점에도 귀를 기울여야 한다는 점이다. 다수의견이 위헌결정으로 인하여 초래될 결과에 대한 종합적인 고려로 위헌결정을 삼가는 경우도 배제할 수 없기 때문에 입법자는 소수의견이나 아니면 합헌선언의 경우에도 결정이유에서 드러난 헌법적 문제점을 감안하여 계속적으로 입법개선의무를 이행해야 한다는 점이다. 이러한 입법개선의무는 헌법 제10조에서 도출되는 의무라고 할 수 있다.

부수적 의견도 사실상의 기속력을 발휘할 수 있으므로 헌재는 신중을 기해서 의견제시 필요

그 밖에 부수적 의견(obiter dicta)의 효력이 문제된다. 최근 우리 헌법재판소가 1997. 3. 27. 95헌가14, 민법 제847조 제1항 친생부인의소제척기간에 관한 결정188)에서와 같이 입법자의 개정의 편의를 위해서 제시하고 있는 헌법재판소의 부수적인 견해표명은 입법자에 대하여 직접적인 법적 구속력을 가지지는 않는다고 보아야 할 것이다. 이것은 부수적인 견해이고 심판대상에 관한 결정이거나 주요한 이유(ratio decidendi)에 해당하는 것은 아니기 때문이다. 그러나 입법자가 합헌적인 개정을 함에 있어서 헌법재판소의 부수적인 견해는 적지 않은 사실적 구속력을

---

186) Vgl. BVerfGE 82, 126 (155)

187) 가령 판례집 제9권 2집, 881. 이러한 소위 위헌불선언은 5.18특별법 사건(헌재 1996. 2. 16. 96헌가2 등, 판례집 제8권 1집, 51)을 계기로 헌법재판소가 포기한 결정주문 형태이다.

188) 판례집 제9권 1집, 193 (206-7): "우리 재판소는 국회의 광범위한 입법형성의 자유를 제약하기 위해서가 아니고 추상적 기준론에 의한 입법형성의 현실적 어려움을 감안하여 일응의 준거가 될만한 사례를 제시하고자 하는바, 친생부인의 소는 부가 자와의 사이에 친생자관계가 존재하지 아니함을 알게 된 때로부터 1년내에 이를 제기할 수 있으나 다만 그 경우에도 자의 출생후 5년이 경과하면 이를 제기할 수 없다고 규정하고 있는 스위스 가족법의 규정이 부와 자 사이의 이익을 충분히 고려하여 조화를 이루고 있는 입법례로 보인다." 하지만 입법자는 헌법재판소의 이러한 권고에 따르지 않고 독일법의 예에 따라서 개정한 것으로 보인다(2005. 3. 31. 법률 제7427호로 전문개정된 민법 제847조).

가지기 때문에 헌법재판소의 부수적 견해표명은 최대한 신중히 하여야
할 것이다.

다. 기속력의 시간적인 한계

헌법재판소가 결정할 당시의 법적·사실적 상황이 변경된 경우에
는 입법자는 헌법재판소의 결정에 더 이상 기속되지 않는다. 따라서 위
헌결정된 것과 유사한 문구를 가진 규정이라 하더라도 법전체의 체계변
화나 사실적 상황의 변화에 따라 종전과 전혀 다른 의미를 가지게 되는
경우에는 더 이상 위헌결정된 규정의 반복제정이라고 할 수는 없을 것
이다. 그러므로 기속력의 시간적 한계의 개념은 헌법재판소의 결정으로
인하여 법발전이 고착화[189]되는 것을 방지할 수 있다.

법적·사실적
상황이 변하지
않는 범위 내
에서 기속력이
미침

8. 위헌결정의 시적 효력

법률에 대한 위헌결정은 위에서도 언급하였듯이 소급효(ex-tunc
Wirkung)와 현재효(ex-nunc Wirkung) 그리고 미래효(pro-futuro Wirkung)
의 세가지가 있을 수 있다.[190]

소급효, 현재
효, 미래효

이 가운데 우리 헌법재판소법이 채택하고 있는 것은 원칙적 현재효
와 예외적 소급효라고 할 수 있다. 즉 "위헌으로 결정된 법률 또는 법률
의 조항은 그 결정이 있는 날로부터 효력을 상실한다. 다만 형벌에 관한
법률 또는 법률의 조항은 소급하여 그 효력을 상실한다"(헌재법 제47조
제2항). 그런데 최근 2014년 5월 20일 헌재법 개정으로 "다만, 해당 법률
또는 법률의 조항에 대하여 종전에 합헌으로 결정한 사건이 있는 경우
에는 그 결정이 있는 날의 다음 날로 소급하여 효력을 상실한다"고 하
는 단서가 붙게 되었으며, 이에 따라 최근 위헌결정된 간통죄에 대한 위
헌의 효과도 종전 합헌결정의 다음날까지인 2008년 10월 31일까지만
소급효가 미치게 되었다.

형벌조항의 위
헌결정은 소급
효, 나머지는
현재효

---

189) Vgl. BVerfGE 77, 84 (103 f.)
190) 방승주, 헌법불합치결정의 문제점과 그 개선방안, 헌법학연구 제13권 제3호
(2007. 9), 49-106(50)면.

현재효에도 불구 당해사건의 경우 예외적 소급효

하지만 이러한 현재효에 의할 경우, 형벌조항을 제외한 나머지의 경우에는 헌법소원심판을 청구한 청구인 자신도 헌법재판소의 위헌결정에도 불구하고 자신의 기본권침해를 구제받을 수 없게 된다. 따라서 이러한 헌재법 제47조 제2항이 위헌이 아닌지 여부의 문제가 제기된 바 있었다. 이에 관한 결정에서 헌법재판소는 원칙적으로 현재효이지만 헌법소원을 청구한 당해사건에 대해서는 예외적으로 소급효가 인정된다고 하는 취지의 판시를 한 바 있다. 그리고 위헌결정의 소급효의 범위에 대해서 대법원은 헌법재판소보다 더 광범위하게 인정하고 있는 바, 헌법재판소와 대법원의 입장을 살펴보기로 한다.

가. 예외적 소급효의 범위

(1) 헌법재판소의 입장

위헌결정의 소급 여부는 입법정책적 문제

1) 헌법재판소에 의하여 위헌으로 선고된 법률 또는 법률의 조항이 제정 당시로 소급하여 효력을 상실하는가 아니면 장래에 향하여 효력을 상실하는가의 문제는 특단의 사정이 없는 한 헌법적합성의 문제라기 보다는 입법자가 법적 안정성과 개인의 권리구제 등 제반이익을 비교형량하여 가면서 결정할 입법정책의 문제인 것으로 보인다. 우리의 입법자는 헌법재판소법 제47조 제2항 본문의 규정을 통하여 형벌법규를 제외하고는 법적 안정성을 더 높이 평가하는 방안을 선택하였는바, 이에 의하여 구체적 타당성이나 평등의 원칙이 완벽하게 실현되지 않는다고 하더라도 헌법상 법치주의의 원칙의 파생인 법적 안정성 내지 신뢰보호의 원칙에 의하여 정당화된다 할 것이고, 특단의 사정이 없는 한 이로써 헌법이 침해되는 것은 아니라 할 것이다.

예외적 소급효의 인정 필요성

2) 그렇지만 효력이 다양할 수밖에 없는 위헌결정의 특수성 때문에 예외적으로 부분적인 소급효의 인정을 부인해서는 안 될 것이다. 첫째, 구체적 규범통제의 실효성의 보장의 견지에서 법원의 제청·헌법소원 청구 등을 통하여 헌법재판소에 법률의 위헌결정을 위한 계기를 부여한 당해 사건, 위헌결정이 있기 전에 이와 동종의 위헌여부에 관하여 헌법재판소에 위헌제청을 하였거나 법원에 위헌제청신청을 한 경우의 당해

사건, 그리고 따로 위헌제청신청을 아니하였지만 당해 법률 또는 법률
의 조항이 재판의 전제가 되어 법원에 계속 중인 사건에 대하여는 소급
효를 인정하여야 할 것이다. 둘째, 당사자의 권리구제를 위한 구체적 타
당성의 요청이 현저한 반면에 소급효를 인정하여도 법적 안정성을 침해
할 우려가 없고 나아가 구 법에 의하여 형성된 기득권자의 이득이 해쳐
질 사안이 아닌 경우로서 소급효의 부인이 오히려 정의와 평등 등 헌법
적 이념에 심히 배치되는 때에도 소급효를 인정할 수 있다. 어떤 사안이
후자와 같은 테두리에 들어가는가에 관하여는 본래적으로 규범통제를
담당하는 헌법재판소가 위헌선언을 하면서 직접 그 결정주문에서 밝혀
야 할 것이나, 직접 밝힌 바 없으면 그와 같은 경우에 해당하는가의 여
부는 일반법원이 구체적 사건에서 해당 법률의 연혁·성질·보호법익
등을 검토하고 제반이익을 형량해서 합리적·합목적적으로 정하여 대처
할 수밖에 없을 것으로 본다.191)

> **판례** 헌법재판소법 제47조 제2항 위헌소원
> 형벌법규 이외의 법률 또는 법률조항에 대한 위헌결정에 대하여 소급효를 인
> 정하지 아니하는 헌법재판소법 제47조 제2항 본문이 위헌인지 여부(소극).
> (헌재 2008. 9. 25. 2006헌바108, 판례집 20-2상, 488 [합헌])

(2) 대법원의 입장

(가) 헌법재판소에 법률의 위헌결정을 위한 계기를 부여한 당해 사건

"법률의 위헌 여부의 심판제청은 그 전제가 된 당해 사건에서 위헌   당해사건
으로 결정된 법률조항을 적용받지 않으려는 데에 그 목적이 있고, 헌법
제107조 제1항에도 위헌결정의 효력이 일반적으로는 소급하지 아니하
더라도 당해 사건에 한하여는 소급하는 것으로 보아, 위헌으로 결정된
법률 조항의 적용을 배제한 다음 당해 사건을 재판하도록 하려는 취지

---

191) 헌재 1993. 5. 13. 92헌가10, 판례집 제5권 1집 , 226, 227－228; 헌재 2000. 8. 31.
  2000헌바6, 공보, 49, 744－746; 헌재 2001. 12. 20. 2001헌바7·14(병합), 판례집 제
  13권 2집, 854.

가 포함되어 있다고 보여질 뿐만 아니라, 만일 제청을 하게 된 당해 사건에 있어서도 소급효를 인정하지 않는다면, 제청 당시 이미 위헌 여부심판의 전제성을 흠결하여 제청조차 할 수 없다고 해석되어야 하기 때문에, 구체적 규범통제의 실효성을 보장하기 위하여서라도 적어도 당해사건에 한하여는 위헌결정의 소급효를 인정하여야 한다고 해석되고, 이와 같은 해석은 이 사건에 있어서와 같이 헌법재판소가 실질적으로 위헌결정을 하면서도 그로 인한 법률 조항의 효력상실시기만을 일정기간 뒤로 미루고 있는 경우에도 마찬가지로 적용된다."192)

당해사건과 위헌결정 전에 제소된 일반사건

(나) 당해사건 + 위헌결정 전에 제소된 일반사건

"헌법재판소의 위헌결정의 효력은 위헌제청을 한 당해 사건만 아니라 위헌결정이 있기 전에 이와 동종의 위헌 여부에 관하여 헌법재판소에 위헌여부심판제청이 되어 있거나 법원에 위헌여부심판제청신청이 되어 있는 경우의 당해 사건과 별도의 위헌제청신청 등은 하지 아니하였으나 당해 법률 또는 법조항이 재판의 전제가 되어 법원에 계속된 모든 일반 사건에까지 미친다."193)

(다) 당해사건 + 위헌결정 전에 제소된 일반사건 + 위헌결정 후에 제소된 일반사건

위헌결정 이후 제소된 일반사건에도 소급효 인정

나아가 대법원은 헌법재판소와는 달리 위헌결정 이후에 제소된 일반사건에 대해서도 소급효를 인정하기 시작하였다.

"헌법재판소의 위헌결정의 효력은 위헌제청을 한 당해 사건, 위헌결정이 있기 전에 이와 동종의 위헌 여부에 관하여 헌법재판소에 위헌여부심판제청을 하였거나 법원에 위헌여부심판제청신청을 한 경우의 당해 사건과 따로 위헌제청신청은 아니하였지만 당해 법률 또는 법률의 조항이 재판의 전제가 되어 법원에 계속중인 사건뿐만 아니라 위헌결정이후에 위와 같은 이유로 제소된 일반사건에도 미친다."194)

---

192) 대법원 1991. 6. 11. 선고 90다5450 판결 【부당이득금반환】, [집39(3)민,1;공1991.8.1. (901), 1895]; 같은 취지: 대법원 1991. 6. 28. 선고 90누9346 판결 【면직처분무효확인】[집39(3)특,479;공1991. 8. 15. (902), 2056]

193) 대법원 1992. 2. 14. 선고 91누1462 판결 【공매대금배분처분취소】[공1992.4.1.(917),1065] .

194) 대법원 1993. 1. 15. 선고 92다12377 판결 【소유권이전등기】[공1993.3.1.(939),698].

대법원은 이러한 자신의 판례를 헌법재판소가 헌재법 제47조 제2항이 합헌이라고 하면서 예외적 소급효를 헌재가 위헌결정을 하기 전에 제소된 일반사건에까지 미친다고 판결한 이후에도 여전히 바꾸지 않고 유지하고 있다.

즉 "헌법재판소의 위헌결정의 효력은 그 결정 이후에 당해 법률 또는 법률의 조항이 재판의 전제가 되었음을 이유로 법원에 제소된 사건의 경우에도 미친다."[195]

다만 조세채권의 우선권규정에 관한 위헌결정 관련 부당이득금 사건에 대한 판결에서 원심법원이 위 92헌가10등 결정의 이유를 원용하면서 법적 안정성이나 당사자의 신뢰보호 등을 고려하여 위헌결정의 소급효를 부정한 데 대하여 이를 인정하면서 기존 판례의 입장을 확인한 후 다음과 같은 제한을 가한 바 있다.[196]

"위헌결정의 효력은 그 미치는 범위가 무한정일 수는 없고 법원이 위헌으로 결정된 법률 또는 법률의 조항을 적용하지는 않더라도 다른 법리에 의하여 그 소급효를 제한하는 것까지 부정되는 것은 아니라 할 것이며, 법적 안정성의 유지나 당사자의 신뢰보호를 위하여 불가피한 경우에 위헌결정의 소급효를 제한하는 것은 오히려 법치주의의 원칙상 요청되는 바라 할 것이다."[197]

> **대법원 판례** "원심이 적법하게 확정한 사실과 기록에 의하여 인정되는 다음과 같은 사정, 즉 이 사건 위헌결정이 이 사건 법률조항이 위헌이라고 한 취지는 공무원이 저지른 범죄의 종류나 내용을 가리지 않고, 금고 이상의 형의 선고유예를 받게 되면 공무원에서 당연히 퇴직하는 것으로 규정되어 과잉금지의 원칙에 위반된다는 것이었는데, 원고는 직무와 관련하여 허위공문서작성 및 동

[여백 주석]
입장불변

부당이득금반환 청구사건

법적 안정성이나 당사자의 신뢰보호를 위하여 불가피한 경우 위헌결정의 소급효 제한

같은 취지: 대법원 1993. 2. 26. 선고 92누12247 판결 【재직기간합산승인처분취소】 [공1993.4.15.(942),1100].

195) 대법원 1993. 7. 16. 선고 93다3783 판결 【토지소유권이전등기】 [공1993.9.15.(952), 2290].
196) 헌법재판소, (주 117), 182면.
197) 대법원 1994. 10. 25. 선고 93다42740 판결 【부당이득금】 [공1994.12.1.(981),3077]; 대법원 2006. 6. 15. 선고 2005두10569 판결 【군인연금지급정지금반환청구에대한거부처분취소】; 대법원 2006. 6. 9. 선고 2006두1296 판결 【군인연금지급정지금액반환거부처분취소】

행사죄 등으로 징역 8월의 선고유예판결을 받고 당연퇴직한 점, 원고가 당연퇴직될 당시 국가공무원법, 경찰공무원법, 군인사법 등 다수의 공무원 관련 법령이 금고 또는 자격정지 이상의 형의 선고유예를 받은 경우 구 지방공무원법(2002. 12. 18. 법률 제6786호로 개정되기 전의 것) 제61조, 제31조 제5호와 같은 내용의 당연퇴직규정을 두고 있어 금고 또는 자격정지 이상의 형의 선고유예를 받는 등 당연퇴직사유가 있으면 공무원의 신분이 상실(당연퇴직)된다고 일반적으로 받아들여졌는데, 새삼스럽게 위헌결정의 소급효를 인정하여 이미 발생한 당연퇴직의 효력을 소멸시키고 공무원의 신분을 회복하게 하여 그 근무기간을 경력과 호봉의 산정에 있어 재직기간으로 산입하게 되면 공무원 조직에 상당한 혼란을 주게 될 뿐 아니라 공무원연금에 상당한 재정적 부담을 주게 되어 결국에는 국가 또는 지방자치단체의 사무의 적정한 행사 및 조직의 안정은 물론 재정에도 악영향을 미칠 것으로 보이는 점, 특별채용된 모든 당연퇴직공무원에 대하여 일률적으로 경력 및 호봉을 불산입하도록 규정한 임용결격공무원 등에 대한 퇴직보상금지급 등에 관한 특례법(1999. 8. 31. 법률 제6008호로 제정된 것) 제7조 제5항 본문이 '선고유예'를 받은 경우를 달리 취급하지 않음으로써 당연퇴직사유의 경중을 고려하지 않고 그 사유발생 이후의 사실상의 근무경력을 기준으로 하여 퇴직보상금의 지급액, 특별채용시 반영할 호봉을 정하였다고 하더라도 그 기준이 지나치게 불합리하거나 자의적이어서 청구인의 평등권을 침해한 것이라고 할 수 없는 점(헌법재판소 2004. 6. 24. 선고 2003헌바111 결정 참조) 등을 종합하여 보면, 이 사건 위헌결정 이후 제소된 일반사건인 이 사건에 대하여 위헌결정의 소급효를 인정할 경우 그로 인하여 보호되는 원고의 권리구제라는 구체적 타당성 등의 요청에 비하여 종래의 법령에 의하여 형성된 공무원의 신분관계에 관한 법적 안정성과 신뢰보호의 요청이 현저하게 우월하므로 이 사건 위헌결정의 소급효는 제한되어 이 사건에는 미치지 아니한다고 할 것이다."[198]

대법원 판례 "금고 이상의 형의 선고유예를 받은 경우에 공무원직에서 당연히 퇴직하는 것으로 규정한 구 지방공무원법(2002. 12. 18. 법률 제6786호로 개정되기 전의 것) 제61조 중 제31조 제5호 부분에 대한 헌법재판소의 위헌결정의 소급효를 인정할 경우 그로 인하여 보호되는 퇴직공무원의 권리구제라는 구체적 타당성 등의 요청에 비하여 종래의 법령에 의하여 형성된 공무원의 신분관계에 관한 법적 안정성과 신뢰보호의 요청이 현저하게 우월하다는 이유

---

198) 대법원 2006. 6. 9. 선고 2004두9272 판결 【호봉산정처분취소등】.

로, 위 위헌결정 이후 제소된 일반사건에 대하여 위 위헌결정의 소급효가 제한된다".199)

이러한 소급효는 확정판결의 기판력200)이나 행정처분의 확정력201) 등의 법리에 의해서 제한되는 것으로 보고 있다.

헌법재판소가 이러한 대법원 입장을 따르고 있는 판례도 보인다.

확정판결의 기판력이나 행정처분의 확정력 등의 법리로 제한

> 판례 이미 취소소송의 제기기간을 경과하여 확정력이 발생한 행정처분의 경우에는 위헌결정의 소급효가 미치지 않는다고 보아야 할 것이고, 일반적으로 법률이 헌법에 위반된다는 사정이 헌법재판소의 위헌결정이 있기 전에는 객관적으로 명백한 것이라고 할 수는 없으므로 특별한 사정이 없는 한 이러한 하자는 행정처분의 취소사유에 해당할 뿐 당연무효 사유는 아니다. 따라서 설령 이 사건 각 부과처분의 근거법률이 위헌이라고 하더라도 그 위헌성이 명백하다는 등 특별한 사정이 있다고 볼 자료가 없는 한 각 부과처분에는 취소할 수 있는 하자가 있음에 불과하고 각 부과처분에 불가쟁력이 발생하여 더 이상 다툴 수 없는 이상 각 부과처분의 하자가 각 압류처분의 효력에 아무런 영향을 미칠 수 없으므로, 각 부과처분의 근거법률의 위헌 여부에 의하여 당해사건인 압류처분취소의 소의 주문이 달라지거나 재판의 내용과 효력에 관한 법률적 의미가 달라지는 경우로 볼 수 없다.202)

유사한 헌재 판례

> 판례 국가공무원법상 당연퇴직은 법에 정한 결격사유가 있을 때 법률상 당연히 퇴직하는 것이지 공무원관계를 소멸시키기 위한 별도의 행정처분을 요하는 것이 아니며, 당연퇴직의 인사발령은 법률상 당연히 발생하는 퇴직사유를 공

---

199) 대법원 2005. 11. 10. 선고 2005두5628 판결 【호봉부여처분취소등】 [공2005.12. 15.(240),1971] ; 같은 취지: 대법원 2005.11.10. 선고 2003두14963 판결 【당연퇴직 처분취소등처분취소】.

200) "과세처분의 취소소송에서 청구가 기각된 확정판결의 기판력은 다시 그 과세처분의 무효확인을 구하는 소송에도 미친다." 대법원 1993.4.27. 선고 92누9777 판결 【증여세등부과처분무효확인】 [공1993. 7. 1. (947), 1609].

201) "위헌인 법률에 근거한 행정처분이 당연무효인지의 여부는 위헌결정의 소급효와는 별개의 문제로서, 위헌결정의 소급효가 인정된다고 하여 위헌인 법률에 근거한 행정처분이 당연무효가 된다고는 할 수 없고, 오히려 이미 취소소송의 제기기간을 경과하여 확정력이 발생한 행정처분에는 위헌결정의 소급효가 미치지 않는다고 보아야 한다." 대법원 1994.10.28. 선고 92누9463 판결 【압류처분등무효확인】 [공1994. 12. 1. (981), 3139].

202) 헌재 2004. 1. 29, 2002헌바73, 판례집 제16권 1집, 103.

적으로 확인하여 알려주는 이른바 관념의 통지에 불과하다. 그렇다면, 과거에 이미 법률상 당연한 효과로서 당연퇴직 당한 제청신청인이 자신을 복직 또는 재임용시켜 줄 것을 요구하는 신청에 대하여 그와 같은 조치가 불가능하다는 통지를 보낸 이 사건 거부행위는 당연퇴직의 효과가 법률상 계속하여 존재하는 사실을 알려주는 일종의 안내에 불과한 것이므로 제청신청인의 실체상의 권리관계에 직접적인 변동을 일으키는 것으로 해석되기는 어렵다. 또한 이 사건 법률조항에 대하여 헌법재판소가 위헌결정을 선고함으로써 위 법률조항이 비록 규범으로서의 효력을 잃게 된다고 하더라도 제청신청인과 같이 당연퇴직된 이후 오랜 시간이 흘러 징계시효기간까지도 경과한 경우에 당연퇴직의 내용과 상반되는 처분을 해줄 것을 구하는 조리상의 신청권을 인정할 수 없다. 따라서 당해사건은 이 사건 제청법원이 이 사건 법률조항이 헌법에 위반되는지의 여부와 관계없이 각하를 하여야 할 사건이라고 할 것이므로 이 사건 법률조항의 재판의 전제성은 인정될 수 없다.[203]

재판관 윤영철, 재판관 하경철, 재판관 권 성, 재판관 주선회의 반대의견

1. 문제된 법률조항이 재판의 전제성 요건을 갖추고 있는지 여부는 되도록 제청법원의 이에 관한 법률적 견해를 존중하여 진행되도록 하는 것이 원칙이며, 바람직한 판단 방법이라고 할 것이다. 따라서 제청법원의 견해를 배척하기 위해서는 의문의 여지없는 명백한 사유를 제시할 것이 요청된다고 할 것인바, 이 사건 위헌제청의 다수의견은 그와 같은 명백한 사유를 제시하지 못하고 있다고 생각한다.

2. 우리 헌법재판소는 지난 2002. 8. 29. 2001헌마788 등 결정에서 이 사건 법률조항과 동일한 구조 및 내용을 갖는 지방공무원법 조항에 대하여 공무담임권을 침해하는 위헌적인 조항으로 판단을 한 바 있으며, 제청법원은 이 사건 위헌제청의 판단에서 위 헌법재판소의 결정을 조리상의 신청권 인정 및 위헌제청 판단의 중요한 요소로서 적극적으로 고려하고 있음을 알 수 있다. 그렇다면 제청법원이 이 사건 법률조항이 위헌의 의심이 있다는 전제 하에, 국가공무원법 등에 제청신청인의 권리회복을 위한 실정법상의 근거가 없으므로 상위규범인 헌법상의 공무담임권 등의 기본권을 근거로 하여 정의, 형평의 관념에 기초한 조리상의 신청권을 인정하였다면 이와 같은 판단이 결코 그 법률적 견해가 명백히 인정될 수 없는 부당한 경우라고 단정할 수는 없다고 생각한다.[204]

---

203) 헌재 2003. 10. 30, 2002헌가24, 판례집 제15권 2집 하, 1, 2-3.
204) 헌재 2003. 10. 30, 2002헌가24, 판례집 제15권 2집 하, 1, 2-3.

판례 하자있는 행정처분이 당연 무효가 되기 위해서는 그 하자가 중대할 뿐만 아니라 명백한 것이어야 하는데, 일반적으로 법률이 헌법에 위반된다는 사정이 헌법재판소의 위헌결정이 있기 전에는 객관적으로 명백한 것이라고 할 수는 없으므로 특별한 사정이 없는 한 이러한 하자는 위 행정처분의 취소사유에 해당할 뿐 당연 무효사유는 아니고(대법원 1998. 4. 10. 선고 96다52359 판결 ; 2001. 3. 23. 선고 98두5583 판결 등 참조), 이미 취소소송의 제기기간을 경과하여 확정력이 발생한 행정처분에는 위헌결정의 소급효가 미치지 않는다고 보아야 할 것(대법원 1994. 10. 25.선고 93다42740 판결 등 참조)인바, 가사 이 사건 심판에서 이 사건 법률조항에 대하여 위헌결정이 선고된다 하더라도 이 사건 토지를 일반주거지역에 지정한 도시계획결정을 얻은 것으로 의제된 1992. 3. 11.자 안산신도시 2단계 건설사업실시계획에 대한 건설부장관의 승인행위가 이미 취소소송의 제기기간이 경과하여 확정력이 발생한 이상 위헌결정의 소급효가 미치지 아니하여 그대로 유효하므로 이 사건 토지가 도시계획상 일반주거지역으로 유효하게 지정되었음을 전제로 구 조감법 제55조 제1항 제1호, 같은 법 시행령 제54조 제1항 소정의 8년 이상 자경농지로서 양도소득세 감면대상제외 농지인지 여부를 판정하여야 할 것이다.[205)

나. 형벌조항에 대한 위헌결정의 소급효

(1) 소급효

헌법재판소법 제47조 제3항에 따라 형벌에 관한 법률과 법률조항에 대한 위헌결정은 소급효를 갖는다. 또한 전술한 바와 같이 "다만, 해당 법률 또는 법률의 조항에 대하여 종전에 합헌으로 결정한 사건이 있는 경우에는 그 결정이 있는 날의 다음 날로 소급하여 효력을 상실한다." <신설 2014.5.20.>

형벌조항에 대한 위헌결정은 소급효

다만 합헌결정이 선고된 경우 그 다음날까지로만 소급

판례 **헌법재판소법 제47조 제3항 단서 위헌소원**
종전에 합헌으로 결정한 사건이 있는 형벌조항에 대하여 위헌결정이 선고된 경우 그 합헌결정이 있는 날의 다음 날로 소급하여 효력을 상실하도록 한 헌법재판소법(2014. 5. 20. 법률 제12597호로 개정된 것) 제47조 제3항 단서가 평등원칙에 위반되는지 여부(소극).

---

205) 헌재 2002. 10. 31, 2002헌바29, 공보 제74호, 960, 964.

헌법재판소가 당대의 법 감정과 시대상황을 고려하여 합헌이라는 유권적 확인을 하였다면, 그러한 사실 자체에 대하여 법적 의미를 부여하고 그것을 존중할 필요가 있다. 헌법재판소가 특정 형벌법규에 대하여 과거에 합헌결정을 하였다는 것은, 적어도 그 당시에는 당해 행위를 처벌할 필요성에 대한 사회구성원의 합의가 유효하다는 것을 확인한 것이므로, 합헌결정이 있었던 시점 이전까지로 위헌결정의 소급효를 인정할 근거가 없다.

해당 형벌조항이 성립될 당시에는 합헌적인 내용이었다고 하더라도 시대 상황이 변하게 되면 더 이상 효력을 유지하기 어렵거나 새로운 내용으로 변경되지 않으면 안 되는 경우가 발생할 수 있다. 그런데 합헌으로 평가되던 법률이 사후에 시대적 정의의 요청을 담아내지 못하게 되었다고 하여 그동안의 효력을 전부 부인해 버린다면, 법집행의 지속성과 안정성이 깨지고 국가형벌권에 대한 신뢰가 무너져 버릴 우려가 있다. 그러므로 심판대상조항은 현재의 상황에서는 위헌이더라도 과거의 어느 시점에서 합헌결정이 있었던 형벌조항에 대하여는 위헌결정의 소급효를 제한함으로써 그동안 쌓아 온 규범에 대한 사회적인 신뢰와 법적 안정성을 확보하는 것이 중요하다는 입법자의 결단에 따라 위헌결정의 소급효를 제한한 것이므로, 이러한 소급효 제한이 불합리하다고 보기는 어렵다.

결국 심판대상조항이 종전에 합헌결정이 있었던 형벌법규의 경우 위헌결정의 소급효를 제한하여 합헌결정이 없었던 경우와 달리 취급하는 것에는 합리적 이유가 있으므로 평등원칙에 위배된다고 보기 어렵다.

(헌재 2016. 4. 28. 2015헌바216, 판례집 28-1하, 30 [합헌])

재심청구 가능

이렇게 위헌결정된 형벌조항에 기하여 내려진 유죄의 확정판결에 대해서는 재심을 청구할 수 있다(헌재법 제47조 제4항).

위헌결정의 소급효가 오히려 불리할 경우에는 제한

한편 형벌규정에 대한 위헌결정의 소급효는 그것이 당사자에게 유리할 경우에만 미치는 것이지, 오히려 불리할 경우에는 소급효가 제한되는 것으로 보아야 할 것이다.[206] 그렇지 않을 경우 당사자는 헌법재판소의 위헌결정으로 인하여 오히려 가중된 처벌을 받게 되거나 아니면 처벌되지 않던 행위가 처벌되는 것으로 되어 오히려 죄형법정주의에서 나오는 형벌불소급의 원칙의 정신에 위반되는 효과가 발생할 것이기 때

---

206) 헌재 1997. 1. 16. 90헌마110·136(병합); 정종섭, 헌법소송법 제9판, 2019, 351면.

문이다.207)

> **판례** 특례법 제4조 제1항은 비록 형벌에 관한 것이기는 하지만 불처벌의 특례
> 를 규정한 것이어서 위 법률조항에 대한 위헌결정의 소급효를 인정할 경우 오
> 히려 형사처벌을 받지 않았던 자들에게 형사상의 불이익이 미치게 되므로 이
> 와 같은 경우까지 헌법재판소법 제47조 제2항 단서의 적용범위에 포함시키는
> 것은 그 규정취지에 반하고, 따라서 위 법률조항이 헌법에 위반된다고 선고되
> 더라도 형사처벌을 받지 않았던 자들을 소급하여 처벌할 수 없다.208)

이에 반하여 다른 결정에서 위헌결정된 형벌규정이 소급효를 가지 는 경우는 가급적 형사실체법에만 국한되는 것으로 좁게 해석해야 한다 고 하는 재판관 한병채, 이시윤, 김문희의 보충의견이 있었다.

형벌규정의 소 급효인정은 형 사실체법에만 국한(보충의 견)

"헌법재판소법 제47조 제2항 단서규정에 의하여 위헌결정의 법규 적 효력에 대하여 소급효가 인정되는 "형벌에 관한 법률 또는 법률의 조 항"의 범위는 실체적인 형벌법규에 한정하여야 하고 위헌으로 결정된 법 률이 형사소송절차에 관한 절차법적인 법률인 경우에는 동 조항이 적용 되지 않는 것으로 가급적 좁게 해석하는 것이 제도적으로 합당하다."209)

그리고 대법원 역시 이 보충의견과 마찬가지로 형사실체법에 국한 하는 입장을 취하고 있다.

대법원은 헌재 보충의견과 같 은 입장

> **판례** 헌법재판소법 제47조 제2항은 "위헌으로 결정된 법률 또는 법률의 조항은
> 그 결정이 있는 날로부터 효력을 상실한다. 다만 형벌에 관한 법률 또는 법률
> 의 조항은 소급하여 그 효력을 상실한다."고 규정하고 있는바, 여기의 '형벌에
> 관한 법률 또는 법률의 조항'이라 함은 위 규정의 문언과 같은 조 제3항의 취
> 지 등에 비추어 보면, 범죄의 성립과 처벌에 관한 실체적인 법률 또는 법률의
> 조항을 의미하는 것으로 해석하여야 할 것이고, 형사소송법 등 절차적 법률 또
> 는 법률의 조항은 비록 그 법률의 내용이나 성실상 실체적인 법률 또는 법률
> 의 조항과 동일시 될 수 있을 정도의 중대한 것이라고 하더라도 여기에 포함
> 되는 것으로는 해석될 수 없다.210)

---

207) 이에 대하여는 방승주, 헌법소송사례연구, 박영사 2002, 446면 이하 참조.
208) 헌재 1997. 1. 16, 90헌마110, 판례집 제9권 1집, 90.
209) 헌재 1992. 12. 24, 92헌가8, 판례집 제4권, 853, 854.

판례 헌법재판소에 의하여 위헌으로 선고된 법률 또는 법률의 조항이 제정 당시로 소급하여 효력을 상실하는가 아니면 장래에 향하여 효력을 상실하는가의 문제는 특단의 사정이 없는 한 헌법적합성의 문제라기보다는 입법자가 법적 안정성과 개인의 권리구제 등 제반이익을 비교형량하여 가면서 결정할 입법정책의 문제인 것으로 보인다. 우리의 입법자는 헌법재판소법 제47조 제2항 본문의 규정을 통하여 형벌법규를 제외하고는 법적 안정성을 더 높이 평가하는 방안을 선택하였는바, 이에 의하여 구체적 타당성이나 평등의 원칙이 완벽하게 실현되지 않는다고 하더라도 헌법상 법치주의의 원칙의 파생인 법적 안정성 내지 신뢰보호의 원칙에 의하여 정당화된다 할 것이고, 특단의 사정이 없는 한 이로써 헌법이 침해되는 것은 아니라 할 것이다.

형벌은 본질상 사회윤리적인 불승인과 행위자 개인에 대한 비난이 포함되는 데 반하여, 택상법 상의 부담금은 택상법 상의 목적을 실현하기 위한 이행강제수단에 불과할 뿐, 초과택지소유행위에 대한 사회윤리적인 불승인이나 행위자 개인에 대한 비난을 당연히 포함하고 있는 것은 아닐 뿐만 아니라, 형벌을 받은 자는 전과기록(수형인명부, 수형인명표, 수사자료표)에 기재되기 때문에 집행을 종료한 후에도 법률상·사실상의 불이익을 받을 수 있으므로 형벌에 관한 법률 또는 법률의 조항에 대하여 위헌결정이 선고된 경우에는 그 소급효를 인정하여 그 조항으로 인한 국민의 불이익을 해소할 필요가 더욱더 크다고 하겠다. 따라서 비록 헌법재판소법 제47조 제2항 단서가 형벌에 관한 법률 또는 법률의 조항에 한하여 위헌결정의 소급효를 인정하였다고 하더라도 이는 형벌과 택상법 상의 부담금과의 위와 같은 본질적 차이 내지 법률상·사실상의 차이로 인하여 생기는 것으로 이를 두고 자의적인 차별이라고 할 수 없다.[211]

(2) 형벌규정의 위헌결정과 법원의 재판

면소판결이 아니라 무죄판결

위헌결정일 이전에 공소가 제기되어 법원에 계속 중인 사건에서는 면소판결이 아니라 무죄를 선고하여야 한다(형소법 제325조). 법원의 판결 후 확정되기 이전에 헌법재판소의 위헌결정이 있으면 판결에 영향을 미친 헌법·법률의 위반이 있는 때에 해당하여 항소와 상고의 이유가 된다

---

210) 대법원 1999. 8. 9. 선고 98모143 결정 【재심청구기각에대한재항고】 [공1999. 11.1. (93),2260].

211) 헌재 2001.12.20, 2001헌바7, 판례집 제13권 2집, 854, 854－855.

(형소법 제361의 5, 제383조 제1호).[212)

> 판례 "위헌결정으로 인하여 형벌에 관한 법률 또는 법률조항이 소급하여 그 효력을 상실한 경우에는 당해 법조를 적용하여 기소한 피고 사건은 범죄로 되지 아니한 때에 해당한다."(대법원 2003. 6. 27. 선고 2002도7403 판결 참조)[213)

다. 위헌결정 후 집행의 허용여부

택지소유상한에관한법률에 대한 위헌결정 후, 위헌결정 전부터 택상법에 의한 부담금을 납부하지 아니한 당사자들에 대하여 체납처분절차를 속행하여 가압류 등을 집행할 수 있을 것인지의 문제가 제기된 바 있다.[214)

이에 대하여 우리 헌법재판소법은 명문의 규정이 없으나, 가령 독일 연방헌법재판소법 제79조 제2항 제2문은 "무효선언된 규정에 근거한 결정의 집행은 허용되지 아니한다"고 명시하고 있다.

이러한 비교법적 입법례를 고려해 볼 때, 헌법재판소가 이미 위헌으로 결정한 법률에 기한 처분의 집행은 더 이상 허용되지 않는다고 보는 것이 타당하다고 생각된다.

대법원 판례 역시 이러한 입장이라고 할 수 있다.

> 판례 헌법재판소는 1999. 4. 29.자로 구 택지소유상한에관한법률(1998. 9. 19. 법률 제5571호로 폐지되기 전의 것, 이하 '택상법'이라 한다)이 헌법에 위반된다는 결정을 하였는바, 위헌으로 결정된 법률 조항은 그 결정이 있는 날로부터 효력을 상실하는 것이므로 택상법은 1999. 4. 29.부터 효력을 상실하였다고 할 것이다(대법원 1990. 3. 2. 선고 89그26 결정 참조). 그렇다면 택상법에 대한

(우측 난외 주기)
위헌결정 후 강제집행 허용여부

위헌결정된 법률에 기한 처분의 집행은 불허

---

212) 정종섭 (주 118), 351면.
213) 대법원 2005. 3. 10. 선고 2001도3495 판결 【음반·비디오물및게임물에관한법률위반】; 대법원 2006. 6. 9. 선고 2006도1955 판결 【특정경제범죄가중처벌등에관한법률위반(수재등)·부동산실권리자명의등기에관한법률위반】; 대법원 2007. 6. 28. 선고 2005도8317 판결 【의료법위반】 [공2007.8.1.(279),1206]; 대법원 2005. 4. 15. 선고 2004도9037 판결 【폭력행위등처벌에관한법률위반(야간집단·흉기등협박)·폭력행위등처벌에관한법률위반 (야간·공동상해)】
214) 이에 대하여는 남복현, 위헌법률에 기한 처분의 집행력 허용여부에 관한 검토, 헌법실무연구 제1권(2000), 419면 이하 참조할 것.

위헌결정 이전에 부담금 등에 대한 수납 및 징수가 완료된 경우에는 법적 안정성의 측면에서 부득이 과거의 상태를 그대로 유지시켜 그 반환청구를 허용할 수 없다고 하더라도, 위헌결정 이후에는 국민의 권리구제의 측면에서 위헌법률의 적용상태를 그대로 방치하거나 위헌법률의 종국적인 실현을 위한 국가의 추가적인 행위를 용납하여서는 아니 된다고 할 것이고(대법원 2002. 8. 23. 선고 2002두4372 판결, 2003. 9. 2. 선고 2003다14348 판결 등 참조), 한편 부담금 물납의 대상이 부동산인 경우에는 이에 관한 소유권이전등기가 경료되어야 비로소 그 물납의 이행이 완결된다고 할 것이니, 결국 위 법률의 위헌결정 이후에는 부담금의 물납을 위한 소유권이전등기촉탁도 허용되지 않는다 할 것이다.215)

Ⅳ. 탄핵심판

헌법 제65조와 제111조 제1항 제2호와 그리고 헌법재판소법 제48조 이하는 탄핵의 심판에 관하여 규정하고 있다.

1. 탄핵심판의 의의

직무집행에 있어서 헌법이나 법률을 위배한 때

대통령 · 국무총리 · 국무위원 · 행정각부의 장 · 헌법재판소 재판관 · 법관 · 중앙선거관리위원회위원 · 감사원장 · 감사위원 기타 법률이 정한 공무원이 그 직무집행에 있어서 헌법이나 법률을 위배한 때에 국회가 의결하는 탄핵소추에 대하여 헌법재판소가 결정하는 심판을 탄핵심판이라고 한다.

국회 재적의원 1/3, 대통령 탄핵소추는 재적의원 2/3 이상 찬성

탄핵소추는 국회 재적의원 1/3의 발의가 있어야 하며, 그 의결은 국회재적의원 과반수의 찬성이 있어야 한다. 다만, 대통령에 대한 탄핵소추는 국회재적의원 과반수의 발의와 국회재적의원 2/3 이상의 찬성이 있어야 한다. 탄핵소추의 의결을 받은 자는 탄핵심판이 있을 때까지 그 권한행사가 정지된다. 그리고 탄핵결정은 공직으로부터 파면함에 그친다. 그러나 이에 의하여 민사상이나 형사상의 책임이 면제되지는 않는다(헌법 제65조).

---

215) 대법원 2005. 4. 15. 선고 2004다58123 판결 【부당이득금】.

탄핵심판절차는 행정부와 사법부의 고위공직자에 의한 헌법침해로부터 헌법을 수호하고 유지하기 위한 제도이다.

탄핵심판의 본질과 기능에 대하여 헌법재판소는 다음과 같이 판시하고 있다.

탄핵심판절차는 헌법보호(수호)제도

> **판례** 헌법 제65조는 행정부와 사법부의 고위공직자에 의한 헌법위반이나 법률위반에 대하여 탄핵소추의 가능성을 규정함으로써, 그들에 의한 헌법위반을 경고하고 사전에 방지하는 기능을 하며, 국민에 의하여 국가권력을 위임받은 국가기관이 그 권한을 남용하여 헌법이나 법률에 위반하는 경우에는 다시 그 권한을 박탈하는 기능을 한다. 즉, 공직자가 직무수행에 있어서 헌법에 위반한 경우 그에 대한 법적 책임을 추궁함으로써, 헌법의 규범력을 확보하고자 하는 것이 바로 탄핵심판절차의 목적과 기능인 것이다.
>
> 헌법 제65조는 대통령도 탄핵대상 공무원에 포함시킴으로써, 비록 국민에 의하여 선출되어 직접적으로 민주적 정당성을 부여받은 대통령이라 하더라도 헌법질서의 수호를 위해서는 파면될 수 있으며, 파면결정으로 인하여 발생하는 상당한 정치적 혼란조차도 국가공동체가 자유민주적 기본질서를 수호하기 위하여 불가피하게 치러야 하는 민주주의 비용으로 간주하는 결연한 자세를 보이고 있다. 대통령에 대한 탄핵제도는 누구든지 법 아래에 있고, 아무리 강한 국가권력의 소유자라도 법 위에 있지 않다는 법의 지배 내지 법치국가원리를 구현하고자 하는 것이다.
>
> 우리 헌법은 헌법수호절차로서의 탄핵심판절차의 기능을 이행하도록 하기 위하여, 제65조에서 탄핵소추의 사유를 '헌법이나 법률에 대한 위배'로 명시하고 헌법재판소가 탄핵심판을 관장하게 함으로써 탄핵절차를 정치적 심판절차가 아니라 규범적 심판절차로 규정하였고, 이에 따라 탄핵제도의 목적이 '정치적 이유가 아니라 법위반을 이유로 하는' 대통령의 파면임을 밝히고 있다.
>
> (헌재 2004. 5. 14. 2004헌나1, 판례집 제16권 1집 , 609, 632-632)

2. 탄핵심판의 대상

> **판례** 헌법재판소는 사법기관으로서 원칙적으로 탄핵소추기관인 국회의 탄핵소추의결서에 기재된 소추사유에 의하여 구속을 받는다. 따라서 헌법재판소는 탄핵소추의결서에 기재되지 아니한 소추사유를 판단의 대상으로 삼을 수 없다.

> 그러나 탄핵소추의결서에서 그 위반을 주장하는 '법규정의 판단'에 관하여 헌법재판소는 원칙적으로 구속을 받지 않으므로, 청구인이 그 위반을 주장한 법규정 외에 다른 관련 법규정에 근거하여 탄핵의 원인이 된 사실관계를 판단할 수 있다. 또한, 헌법재판소는 소추사유의 판단에 있어서 국회의 탄핵소추의결서에서 분류된 소추사유의 체계에 의하여 구속을 받지 않으므로, 소추사유를 어떠한 연관관계에서 법적으로 고려할 것인가의 문제는 전적으로 헌법재판소의 판단에 달려있다.
>
> (헌재 2004. 5. 14. 2004헌나1, 판례집 제16권 1집, 609, 625-625)

3. 헌법상 탄핵사유

> **판례** 여기서 헌법 제65조에 규정된 탄핵사유를 구체적으로 살펴보면, '직무집행에 있어서'의 '직무'란, 법제상 소관 직무에 속하는 고유 업무 및 통념상 이와 관련된 업무를 말한다. 따라서 직무상의 행위란, 법령·조례 또는 행정관행·관례에 의하여 그 지위의 성질상 필요로 하거나 수반되는 모든 행위나 활동을 의미한다. 이에 따라 대통령의 직무상 행위는 법령에 근거한 행위뿐만 아니라, '대통령의 지위에서 국정수행과 관련하여 행하는 모든 행위'를 포괄하는 개념으로서, 예컨대 각종 단체·산업현장 등 방문행위, 준공식·공식만찬 등 각종 행사에 참석하는 행위, 대통령이 국민의 이해를 구하고 국가정책을 효율적으로 수행하기 위하여 방송에 출연하여 정부의 정책을 설명하는 행위, 기자회견에 응하는 행위 등을 모두 포함한다.
>
> 헌법은 탄핵사유를 "헌법이나 법률에 위배한 때"로 규정하고 있는데, '헌법'에는 명문의 헌법규정뿐만 아니라 헌법재판소의 결정에 의하여 형성되어 확립된 불문헌법도 포함된다. '법률'이란 단지 형식적 의미의 법률 및 그와 등등한 효력을 가지는 국제조약, 일반적으로 승인된 국제법규 등을 의미한다.
>
> (헌재 2004. 5. 14. 2004헌나1, 판례집 제16권 1집 , 609, 633-633)

4. 탄핵소추

가. 탄핵소추의 발의

탄핵소추의 발의 시 본회의 보고, 법제사

국회법 제130조는 탄핵소추의 발의와 관련하여 탄핵소추의 발의가 있은 때에는 의장은 발의된 후 처음 개의하는 본회의에 보고하고, 본회

의는 의결로 법제사법위원회에 회부하여 조사하게 할 수 있다고 규정하고 있다(제1항)

법위원회 회부·조사

본회의가 제1항에 의하여 법제사법위원회에 회부하기로 의결하지 아니한 때에는 본회의에 보고된 때로부터 24시간이후 72시간 이내에 탄핵소추의 여부를 무기명투표로 표결한다. 이 기간내에 표결하지 아니한 때에는 그 탄핵소추안은 폐기된 것으로 본다(제2항).

24시간이후 72시간 내 표결

탄핵소추의 발의에는 피소추자의 성명·직위와 탄핵소추의 사유·증거 기타 조사 상 참고가 될 만한 자료를 제시하여야 한다(제3항).

사유·증거 등 자료제시

나. 회부된 탄핵소추사건의 조사

법제사법위원회가 제130조의 발의를 회부 받았을 때에는 지체없이 조사·보고하여야 한다(제131조 제1항). 이러한 조사에 있어서는 국정감사및조사에관한법률이 규정하는 조사의 방법 및 조사상의 주의의무규정을 준용한다(제131조 제2항).

법제사법위원회의 조사 및 보고

> **판례** 피청구인은 국회가 대통령에 대한 탄핵소추를 하려면 소추의 사유와 그 증거를 충분히 조사하여 헌법재판소가 즉시 탄핵심판의 당부를 판단할 수 있을 정도로 소추사유와 증거를 명백하게 밝혀야 한다고 주장한다. 물론, 국회가 탄핵소추를 하기 전에 소추사유에 관하여 충분한 조사를 하는 것이 바람직하나, 국회법 제130조 제1항에 의하면 "탄핵소추의 발의가 있은 때에는 …본회의는 의결로 법제사법위원회에 회부하여 조사하게 할 수 있다."고 하여, 조사의 여부를 국회의 재량으로 규정하고 있으므로, 이 사건에서 국회가 별도의 조사를 하지 않았다 하더라도 헌법이나 법률을 위반하였다고 할 수 없다.
>
> (헌재 2004. 5. 14. 2004헌나1, 판례집 제16권 1집 , 609, 629-629)

다. 탄핵소추의 의결

본회의의 탄핵소추의 의결은 피소추자의 성명·직위 및 탄핵소추의 사유를 표시한 문서(이하 "소추의결서"라 한다)로 하여야 한다(제133조).

소추의결서 작성

본회의에서의 탄핵소추의 투표와 가결은 적법하게 이루어져야 한다. 다만 국회의장에 의하여 가결이 선포된 한, 투표과정에 있어서 어느

투표와 가결은 적법절차에 따라

국회의 자율권
존중

정도의 문제점이 노정되었다 하더라도, 국회의 자율권을 존중하는 측면
에서 헌법재판소는 헌법이나 법률에 대한 명백한 위반이 아닌 경우에는
그러한 투표와 가결의 적법성을 문제 삼지 않고 있음을 볼 수 있다.[216]

의결절차 없이
소추사유추가
부적법

또한 국회가 탄핵소추안을 가결한 뒤 별도의 의결절차 없이 소추사
유를 추가하는 것은 적법한 심판대상으로 보지 않고 있다.

> [판례] 국회가 탄핵심판을 청구한 뒤 별도의 의결절차 없이 소추사유를 추가하
> 거나 기존의 소추사유와 동일성이 인정되지 않는 정도로 소추사유를 변경하는
> 것은 허용되지 아니한다. 따라서 청구인이 2017. 2. 1. 제출한 준비서면 등에서
> 주장한 소추사유 중 소추의결서에 기재되지 아니한 소추사유를 추가하거나 변
> 경한 것으로 볼 여지가 있는 부분은 이 사건 판단 범위에서 제외한다.
> (헌재 2017. 3. 10. 2016헌나1, 공보 제245호, 1 [인용(파면)])

> [판례] **국회 의결절차의 위법 여부**
> 탄핵소추절차는 국회와 대통령이라는 헌법기관 사이의 문제이고, 국회의 탄핵
> 소추의결에 따라 사인으로서 대통령 개인의 기본권이 침해되는 것이 아니며
> 국가기관으로서 대통령의 권한행사가 정지될 뿐이다. 따라서 국가기관이 국민
> 에 대하여 공권력을 행사할 때 준수하여야 하는 법원칙으로 형성된 적법절차
> 의 원칙을 국가기관에 대하여 헌법을 수호하고자 하는 탄핵소추절차에 직접
> 적용할 수 없다(헌재 2004. 5. 14. 2004헌나1). 그 밖에 이 사건 탄핵소추절차에
> 서 피소추인이 의견 진술의 기회를 요청하였는데도 국회가 그 기회를 주지 않
> 았다고 볼 사정이 없으므로, 피청구인의 이 부분 주장 역시 받아들일 수 없다.
> (헌재 2017. 3. 10. 2016헌나1, 공보 제245호, 1 [인용(파면)])

8인 재판관에
의한 심리도
심리정족수 문
제 없음.

그리고 재판관 1인이 퇴임하여 8인 재판관에 의해서 탄핵심판 결정
을 하게 된 데 대해서도 심리정족수는 충족하므로 문제될 것이 없다고
보았다.

> [판례] **8인 재판관에 의한 탄핵심판 결정 가부**
> 헌법재판관 1인이 결원이 되어 8인의 재판관으로 재판부가 구성되더라도 탄핵
> 심판을 심리하고 결정하는 데 헌법과 법률상 아무런 문제가 없다. 또 새로운

---

216) 헌재 2004. 5. 14. 2004헌나1, 판례집 제16권 1집, 609, 629–632.

헌법재판소장 임명을 기다리며 현재의 헌정위기 상황을 방치할 수 없는 현실적 제약을 감안하면 8인의 재판관으로 구성된 현 재판부가 이 사건 결정을 할 수밖에 없다. 탄핵의 결정을 하기 위해서는 재판관 6인 이상의 찬성이 있어야 하는데 결원 상태인 1인의 재판관은 사실상 탄핵에 찬성하지 않는 의견을 표명한 것과 같은 결과를 가져 오므로, 재판관 결원 상태가 오히려 피청구인에게 유리하게 작용할 것이라는 점에서 피청구인의 공정한 재판받을 권리가 침해된다고 보기도 어렵다. 따라서 이 부분 피청구인의 주장도 받아들이지 아니한다. (헌재 2017. 3. 10. 2016헌나1, 공보 제245호, 1 [인용(파면)])

라. 소추위원

탄핵심판에 있어서는 국회법제사법위원회의 위원장이 소추위원이 된다. 소추위원은 헌법재판소에 소추의결서의 정본을 제출하여 그 심판을 청구하며, 심판의 변론에 있어 피청구인을 심문할 수 있다.

국회법제사법위원회 위원장

마. 소추의결의 법적 효과

탄핵소추의 의결이 있은 때에는 의장이 지체없이 소추의결서의 정본을 법제사법위원장인 소추위원에게, 그 등본을 헌법재판소 · 피소추자와 그 소속기관의 장에게 송달하도록 규정하고 있다(국회법 제134조 제1항).

소추의결서 정본 등 송달

소추의결서가 송달된 때에는 피소추자의 권한행사는 정지되며, 임명권자는 피소추자의 사직원을 접수하거나 해임할 수 없다(국회법 제134조 제2항, 헌재법 제50조).

피소추자 권한행사 정지, 임명권자 해임 불가

권한행사의 정지기간은 헌법재판소의 탄핵심판이 있을 때까지이다(헌재법 제50조).

5. 탄핵심판

가. 당사자

(1) 탄핵소추의 주체

탄핵소추의 주체는 국회이다. 즉 국회가 헌법과 국회법의 규정에 따라 위 공무원들이 그 직무집행에 있어서 헌법이나 법률을 위배한 때

탄핵소추의 주체는 국회

에는 탄핵의 소추를 의결할 수 있다.

그러므로 탄핵심판청구가 요건을 갖춘 것으로서 적법한가 하는 문제에 있어서는 우선 국회의 탄핵소추의 의결이 적법하게 이루어졌는지 여부가 문제될 수 있다.

다만 국회의 의사절차가 적법하게 이루어졌는가에 대한 헌법재판소의 심사는 그것이 명백한 경우에만 그러한 심사가 이루어질 수 있다고 하면서 소위 명백성통제로 자제를 하고 있음을 볼 수 있다.

> **판례** 국회는 국민의 대표기관이자 입법기관으로서 의사(議事)와 내부규율 등 국회운영에 관하여 폭넓은 자율권을 가지므로 국회의 의사절차나 입법절차에 헌법이나 법률의 규정을 명백히 위반한 흠이 있는 경우가 아닌 한, 그 자율권은 권력분립의 원칙이나 국회의 위상과 기능에 비추어 존중되어야 하며, 따라서 그 자율권의 범위 내에 속하는 사항에 관한 국회의 판단에 대하여 다른 국가기관이 개입하여 그 정당성을 가리는 것은 바람직하지 않고, 헌법재판소도 그 예외는 아니다(헌재 1998. 7. 14. 98헌라3, 판례집 10-2, 74, 83).
> 또한, 국회의장은 국회법 제10조에 의거 원칙적으로 의사진행에 관한 전반적이고 포괄적인 권한과 책임이 부여되어 있으므로, 본회의의 의사절차에 다툼이 있거나 정상적인 의사진행이 불가능한 경우에 의사진행과 의사결정에 대한 방법을 선택하는 문제는 국회의장이 자율적으로 결정하여야 할 사항으로서, 이러한 국회의장의 의사진행권은 넓게 보아 국회자율권의 일종으로서 그 재량의 한계를 현저하게 벗어난 것이 아닌 한 존중되어야 하므로 헌법재판소도 이에 관여할 수 없는 것이 원칙이다(헌재 2000. 2. 24. 99헌라1, 판례집 12-1, 115, 128).
>
> (헌재 2004. 5. 14. 2004헌나1, 판례집 제16권 1집 , 609, 628-629)

탄핵심판에 있어서는 국회법제사법위원회의 위원장이 소추위원이 된다(헌재법 제49조 제1항). 소추위원은 헌법재판소에 소추의결서의 정본을 제출하여 그 심판을 청구하며, 심판의 변론에 있어서 피청구인을 신문할 수 있다(제49조 제2항).

(2) 피청구인(피소추자)

헌법(제65조 제1항)과 헌재법(제48조 제1항)이 규정하고 있는 탄핵대상이 될 수 있는 공무원은 대통령 · 국무총리 · 국무위원 · 행정각부의 장 · 헌법재판소 재판관 · 법관 · 중앙선거관리위원회위원 · 감사원장 · 감사위원 기타 법률이 정한 공무원이다.

기타 법률이 정한 공무원은 어떠한 공무원인가 하는 문제가 제기되나, 각 법률이 탄핵결정을 염두에 두고 규정한 내용이 있을 경우 그 공무원 역시 탄핵심판의 대상이 될 수 있는 공무원이라고 할 수 있다.

> 법률이 공무원의 탄핵을 전제로 했을 경우 인정가능

가령 검사(검찰청법 제33조 제3항, 검사징계법 제24조), 경찰청장(경찰법 제24조) 등이 그것이다.

나. 탄핵심판의 개시

탄핵심판은 소추위원인 국회 법제사법위원장이 국회의 탄핵소추의결서의 정본을 헌법재판소에 제출함으로서 개시된다. 소추위원은 탄핵심판의 변론에 있어서 피소추인(피청구인)을 심문할 수 있다.

> 소추의결서 정본을 헌재에 제출함으로써 개시

다. 탄핵의 요건

탄핵의 요건은 직무집행에 있어서 헌법이나 법률을 위배하는 것이다. 그리고 여기에서 말하는 헌법이나 법률에 대한 위배는 중대한 위반이어야 한다.

> 헌법, 법률에 대한 중대한 위반

> [판례] **가. 직무집행에 있어서 헌법이나 법률 위배**
>
> 헌법은 탄핵소추 사유를 '헌법이나 법률을 위배한 경우'라고 명시하고 헌법재판소가 탄핵심판을 관장하게 함으로써 탄핵절차를 정치적 심판절차가 아닌 규범적 심판절차로 규정하고 있다. 탄핵제도는 누구도 법 위에 있지 않다는 법의 지배 원리를 구현하고 헌법을 수호하기 위한 제도이다. 국민에 의하여 직접 선출된 대통령을 파면하는 경우 상당한 정치적 혼란이 발생할 수 있지만 이는 국가공동체가 자유민주적 기본질서를 지키기 위하여 불가피하게 치러야 하는 민주주의의 비용이다.
>
> 헌법 제65조는 대통령이 '그 직무집행에 있어서 헌법이나 법률을 위배한 때'를 탄핵사유로 규정하고 있다. 여기에서 '직무'란 법제상 소관 직무에 속하는 고유 업무와 사회통념상 이와 관련된 업무를 말하고, 법령에 근거한 행위뿐만 아니라 대통령의 지위에서 국정수행과 관련하여 행하는 모든 행위를 포괄하는

개념이다. 또 '헌법'에는 명문의 헌법규정뿐만 아니라 헌법재판소의 결정에 따라 형성되어 확립된 불문헌법도 포함되고, '법률'에는 형식적 의미의 법률과 이와 동등한 효력을 가지는 국제조약 및 일반적으로 승인된 국제법규 등이 포함된다(헌재 2004. 5. 14. 2004헌나1).

나. 헌법이나 법률 위배의 중대성

헌법재판소법 제53조 제1항은 '탄핵심판 청구가 이유 있는 경우' 피청구인을 파면하는 결정을 선고하도록 규정하고 있다. 그런데 대통령에 대한 파면결정은 국민이 선거를 통하여 대통령에게 부여한 민주적 정당성을 임기 중 박탈하는 것으로서 국정 공백과 정치적 혼란 등 국가적으로 큰 손실을 가져올 수 있으므로 신중하게 이루어져야 한다. 따라서 대통령을 탄핵하기 위해서는 대통령의 법 위배 행위가 헌법질서에 미치는 부정적 영향과 해악이 중대하여 대통령을 파면함으로써 얻는 헌법 수호의 이익이 대통령 파면에 따르는 국가적 손실을 압도할 정도로 커야 한다. 즉, '탄핵심판청구가 이유 있는 경우'란 대통령의 파면을 정당화할 수 있을 정도로 중대한 헌법이나 법률 위배가 있는 때를 말한다.

대통령의 파면을 정당화할 수 있는 헌법이나 법률 위배의 중대성을 판단하는 기준은 탄핵심판절차가 헌법을 수호하기 위한 제도라는 관점과 파면결정이 대통령에게 부여한 국민의 신임을 박탈한다는 관점에서 찾을 수 있다. 탄핵심판절차가 궁극적으로 헌법의 수호에 기여하는 절차라는 관점에서 보면, 파면결정을 통하여 손상된 헌법질서를 회복하는 것이 요청될 정도로 대통령의 법 위배 행위가 헌법 수호의 관점에서 중대한 의미를 가지는 경우에 비로소 파면결정이 정당화된다. 또 대통령이 국민으로부터 직접 민주적 정당성을 부여받은 대의기관이라는 관점에서 보면, 대통령에게 부여한 국민의 신임을 임기 중 박탈하여야 할 정도로 대통령이 법 위배행위를 통하여 국민의 신임을 배반한 경우에 한하여 대통령에 대한 탄핵사유가 존재한다고 보아야 한다(헌재 2004. 5. 14. 2004헌나1).

(헌재 2017. 3. 10. 2016헌나1, 공보 제245호, 1 [인용(파면)])

라. 탄핵결정의 내용

공직에서 파면 선고

탄핵심판청구가 이유 있는 경우에는 헌법재판소는 피청구인을 해당 공직에서 파면하는 결정을 선고한다(법 제53조 제1항).

피청구인이 결정 선고 전에 해당 공직에서 파면되었을 때에는 헌법재판소는 심판청구를 기각하여야 한다(법 제53조 제2항).

마. 틴핵결정의 효력

탄핵결정은 피청구인의 민사상 또는 형사상의 책임을 면제하지 아니한다(법 제54조 제1항).

민·형사상 책임 불변

탄핵결정에 의하여 파면된 사람은 결정 선고가 있은 날부터 5년이 지나지 아니하면 공무원이 될 수 없다(법 제54조 제2항).

라. 탄핵심판청구의 철회[217]

한번 청구한 탄핵심판을 철회할 수 있을 것인가가 문제될 수 있다. 이에 관하여 우리 헌재법은 아무런 규정을 두고 있지 아니하다.

한핵심판청구의 철회 미규정

따라서 이 문제에 관하여는 탄핵절차에 대하여 준용하도록 하고 있는 형사소송법과 그 밖에 일반소송법이라고 할 수 있는 민사소송법 등을 통하여 유추하여 철회의 허용여부와 그리고 철회할 경우에 어떠한 정도의 정족수로 할 수 있을 것인지 등의 결론을 도출할 수밖에 없을 것이다. 또한 탄핵심판을 청구한 후, 의회가 새로 구성되었을 경우에 그 의회가 탄핵심판청구를 철회할 수 있는가의 문제가 제기된다.

탄핵절차 준용 규정 유추해석

이와 관련하여 과거 노무현 대통령에 대한 탄핵심판이 청구된 후, 탄핵소추의결에 참여하였던 정당이 국회의원 총선거에서 참패하고, 그에 반하여 노무현대통령을 지지하던 정당이 원내다수를 점하게 되면서, 탄핵심판청구의 철회가 법적으로 가능한지 여부의 문제가 제기된 바 있었다.

탄핵철회의 허용 여부

탄핵심판절차는 당사자처분권주의가 지배하는 당사자소송구조를 가지고 있으면서도, 대통령을 비롯한 고위 공직자의 헌법과 법률위반으로 인한 파면의 문제를 다루는 것이기 때문에, 상당히 객관소송적 성격을 강하게 띠고 있을 뿐만 아니라, 그러한 범위 내에서 당사자처분권주의가 직권주의에 의해서 수정될 수 있는 가능성이 있는 점 등을 고려할

당사자처분권주의와 직권주의의 긴장관계

---

217) 이에 관하여는 방승주, 탄학철회의 법적 허용성, 법률신문 2004. 4. 29(제3262호), 15면 참조.

수 있을 것이다.

정치적 갈등관
계의 해소로
인한 사정변경

국회가 대통령에 대하여 탄핵소추의결을 한 것은 양 헌법기관간의 정치적 갈등으로 인한 것일 수 있는데, 혹 사정이 변경되어 그와 같은 정치적 갈등이 해소되거나, 또는 탄핵소추를 주도한 의회의 다수가 물러가고 새로이 구성된 의회가 더 이상 이러한 탄핵소추를 계속 진행할 의사를 가지고 있지 아니한 경우에는 일단 그 국회가 철회를 의결할 수 있을 것이다. 다만 철회의 의결정족수에 관해서는 헌재법이나 국회법에 아무런 규정이 없으므로 신중하게 접근을 해야 할 필요성이 있다.

탄핵철회에도
객관적인 헌법
해명의 필요성
있는 경우 심
판선고 가능

다음으로 철회, 즉 탄핵심판청구의 취하가 있을 경우에 헌법재판소는 심판절차의 종료를 선언해야 할 것인지 아니면, 그럼에도 불구하고 객관적인 헌법해명의 필요성을 인정하고 소송절차를 계속할 것인지 여부가 문제될 수 있으나 이에 대하여는 헌법재판소가 판단하여 객관적인 헌법해명의 필요성이 있다고 인정될 경우에는 심판을 계속할 수도 있다고 보아야 할 것이다.

V. 정당해산심판

1. 들어가며

2013년 통합진
보당 정당해산
심판청구

2013년 11월 5일 법무부장관은 정부를 대표하여 통합진보당에 대하여 정당해산심판청구서 및 정당활동정지가처분신청서를 헌법재판소에 제출하였다. 이로써 1988년 9월 헌법재판소가 활동하기 시작한 이래로 아직까지 한 번도 청구가 되어 본 적이 없었던 정당해산심판마저 청구됨으로써, 헌법재판소의 관할에 속하는 5가지 심판유형이 헌법재판소에 의하여 모두 실행되게 되었다.

헌법 제8조 제
4항의 실질적
해석의 기회

중요한 것은 이와 같이 정당해산심판이 최초로 청구됨에 따라서 아직까지 헌법 제8조 제4항에서 규정하고 있는 정당해산규정이 그 동안 추상적으로만 해석되어 왔다고 한다면, 이제 구체적인 사건을 통해서 보다 실질적으로 해석될 수 있는 기회를 가지게 되었다는 점이다.

헌법해석의 변

헌법의 해석은 단순히 현실과 괴리된 상태로 단지 조문의 의미나

체계만을 추상적으로 풀어내는 것만 가지고 해결될 수는 없고, 구체적 증법적 과정
인 현실과 만나면서 그러한 현실에 비추어서 헌법조문이 해석되어야 하
고, 또한 구체적인 사건 자체도 헌법이 예정하고 있는 조문에 비추어 해
석함으로써 어떠한 사실관계가 헌법적으로 의미가 있는 것인지를 밝히
는 변증법적 작업이 필요하다고 할 수 있다.

이하에서는 헌법 제8조 제4항의 정당해산의 헌법적 의의와 요건,
법적 효과 등에 대하여 살펴 본 후, 독일에서의 정당해산심판의 구체적
사례와, 우리 헌법재판소의 통진당 해산선고의 쟁점과 결정요지에 대해
서 알아보기로 한다.

2. 정당해산의 의의

정당해산이란 정당의 목적이나 활동이 (자유) 민주적 기본질서에 위 정당의 목적이
배될 경우에 권한있는 기관의 제소로 헌법재판소나 법원이 위헌성을 확 나 활동이 민
인하고 그 해산을 명령하는 제도이다. 주적 기본질서
에 위배될 경
이러한 정당해산제도는 히틀러의 나치독재를 경험한 독일이 기본 우
법을 제정하면서 더 이상 자유민주적 기본질서에 위협을 가하거나 이를
배제 또는 파괴하려는 정당을 허용하지 않고 이에 대하여 적극적으로 방어적
투쟁하고 방어하고자 도입한 헌법보호의 수단으로서 소위 방어적 민주 민주주의
주의의 일환이라고 할 수 있다.

방어적 민주주의란 이와 같이 자유민주적 기본질서에 대항하는 정 방어적 민주주
당을 허용하지 않는 정당해산제도나 또는 언론·출판의 자유나 집회· 의란 자유민주
결사의 자유 등 민주주의적 기본권을 이용하여 자유민주적 기본질서를 적 기본질서에
파괴하려 하는 자들에 대하여 기본권을 인정하지 않는 소위 기본권실효 적대하는 정당
제도와 같이 민주주의를 파괴하려 하는 기도에 대하여 적극적으로 맞서 이나 개인에
서 투쟁하고 방어하는 민주주의로서 결코 가치 상대주의적 민주주의가 대하여 방어하
아니라 일정한 가치를 지향하는 민주주의를 일컫는다. 고 투쟁하는
민주주의라는
의미

우리 헌법은 제8조 제4항에서 이러한 정당해산제도를 둠으로써, 자 일종의 헌법보
유민주적 기본질서를 파괴하려 하는 정당에 대한 헌법보호수단을 두고 호제도
있다.

오히려 역으로
민주주의의 위
협가능성도 내
포

그러나 정당해산은 그로 인하여 발생하는 정당의 자유와 정치적 표현의 자유에 대한 침해 가능성 때문에, 자유민주적 기본질서를 수호하려다가 오히려 역으로 민주주의를 위협할 수 있는 가능성이 내포되어 있다.

예외적, 최후
의 수단으로서
만 사용 필요

그러므로 그 적용은 극히 예외적인 경우에 거의 최후의 수단으로서 사용하지 않으면 안되고, 또한 정당해산 자체가 기본권에 대한 헌법적 제한 내지는 유보라고 할 수 있기 때문에, 엄격한 비례의 원칙이 적용되지 않으면 안된다.

> **[판례]** 정당해산심판제도는 정부의 일방적인 행정처분에 의해 진보적 야당이 등록취소되어 사라지고 말았던 우리 현대사에 대한 반성의 산물로서 제3차 헌법개정을 통해 헌법에 도입된 것이다. 우리나라의 경우 이 제도는 발생사적 측면에서 정당을 보호하기 위한 절차로서의 성격이 부각된다. 따라서 모든 정당의 존립과 활동은 최대한 보장되며, 설령 어떤 정당이 민주적 기본질서를 부정하고 이를 적극적으로 공격하는 것으로 보인다 하더라도 국민의 정치적 의사형성에 참여하는 정당으로서 존재하는 한 헌법에 의해 최대한 두텁게 보호되므로, 단순히 행정부의 통상적인 처분에 의해서는 해산될 수 없고, 오직 헌법재판소가 그 정당의 위헌성을 확인하고 해산의 필요성을 인정한 경우에만 정당정치의 영역에서 배제된다. 그러나 한편 이 제도로 인해서, 정당활동의 자유가 인정된다 하더라도 민주적 기본질서를 침해해서는 안 된다는 헌법적 한계역시 설정된다.
>
> (헌재 2014. 12. 19. 2013헌다1, 판례집 26-2하, 1 [인용(해산)])

3. 정당해산의 요건

정당의 목적이
나 활동이 민
주적 기본질서
에 위배될 때

우리 헌법 제8조 제4항은 정당의 목적이나 활동이 민주적 기본질서에 위배될 때에는 정부는 헌법재판소에 그 해산을 제소할 수 있고, 정당은 헌법재판소의 심판에 의하여 해산된다고 규정하고 있다.

가. 정당의 목적

정당이 추구하
는 궁극적인

정당의 목적은 정당이 추구하는 궁극적인 정치적 목적이라고 할 수 있을 것이다. 일반적으로 정당은 정권을 획득할 목적으로 선거에 후보를 출마시켜 선거에 승리하게 함으로써, 국민의 정치적 의사형성에 참여하는 것이 목적이라고 할 수 있을 것이다. 정치적 목적

그러나 여기에서 말하는 목적은 이러한 일반적인 목적을 넘어서 보다 구체적인 정치적 지향점이 무엇인가의 문제라고 할 수 있을 것임. 즉 모든 결사체는 그것을 설립한 궁극적 목적이 있기 마련인데 정당 역시 국민의 어떠한 계층의 이익을 주로 대변하고자 하며, 또한 정치적으로 어떠한 이념을 추구하고 정권을 획득할 경우에 형성하고자 하는 국가적 질서와 정책은 무엇인가에 따라서 각 정당이 추구하는 궁극적 목적은 다를 수 있다. 구체적인 정치
적 지향점

이러한 목적은 주로 정당의 당헌이나 강령에 명시적으로 드러나기 마련이며, 또한 당규나 그 밖에 정강정책에 대한 선전 또는 홍보문구나, 당원교육자료, 당 기관지, 그 밖에 정당간부의 연설문 등을 통해서 파악할 수 있을 것이다. 정당의 당헌이
나 강령, 선전
또는 홍보문구
등을 통해 파
악

문제는 단순히 목적이 민주적 기본질서에 위배될 뿐, 민주적 기본질서에 대한 구체적 위험이나 위협이 존재하지 않을 경우에 정당해산의 요건이 갖추어졌다고 할 수 있을 것인지의 문제가 제기된다. 구체적 위험이
나 위협이 존
재하지 않을
경우

그러나 이와 같이 구체적인 위험이나 위협의 존재를 요구하는 것은 특정 정당의 목적이 민주적 기본질서에 위배되어 해산을 해야 할 필요성이 있는지를 심사하는 단계에서 비례의 원칙의 적용의 한 단계로 포섭해 줄 수 있을 것으로 생각된다. 즉 정당해산의 경우에도 반드시 비례의 원칙이 엄격하게 적용되지 않으면 안 된다고 본다. 엄격한 비례의
원칙 적용

비례의 원칙
적용의 한 단
계로 포섭하여
해결 가능

다음으로 정당의 강령이나 당헌 등에 명시되어 있는 목적은 단순히 명목적이거나 허울뿐이고, 실질적으로 그 정당이 추구하는 목적은 다른 곳에 있을 수도 있을 것이다. 명시적 목적과
실질적 목적

특히 민주적 기본질서에 적대하고자 하는 정당의 경우는 그와 같이 자유민주적 기본질서에 반하는 정당의 목적을 명시적으로 드러내 놓고 활동할 것을 기대하기는 힘들 것이다.

이러한 경우 그 정당의 진정한 목적을 무엇으로 판단할 것인가의 정당의 진정한
목적 판단

정당의 활동은
정당의 진정한
목적을 판단할
수 있는 도구

문제가 제기되는데 이와 같은 경우를 대비하여 당원들의 활동을 통하여 그 정당의 목적을 확인할 수 있을 것이다. 그러한 의미에서 두 번째 요건인 "정당의 활동"은 "정당의 목적"과 불가분의 관계에 있는 것으로서 정당의 목적을 분명하게 확인할 수 있는 도구가 된다고 보인다.

나. 정당의 활동

당수, 당 간부
의 활동

정당의 활동은 정당과 관련된 사람들의 활동이라고 할 수 있을 것인데 그 범위가 문제된다. 우선 당수를 비롯한 당 간부의 활동은 대부분 정당의 목적을 실현하기 위한 행위로서 이들의 활동으로부터 정당의 목적도 알 수 있을 것이다.

정당의 위임을
받은 당원의
활동

그리고 당원들의 활동 역시 그것이 정당의 위임을 받은 활동의 경우에는 정당의 활동이라고 할 수 있을 것이나, 단순히 정당원의 개별적인 활동이 모두 정당의 활동으로 귀속될 수 있는 것은 아니라고 할 것이다. 결국 정당의 목적에 비추어 볼 때 개별 당원의 행위가 정당의 행위로 귀속될 수 있는 성질의 것인지가 그 기준이 되어야 할 것이다.

추종자의 행위
는 불포함

또한 정당에 대한 추종자의 행위가 정당의 활동에 해당될 것인지가 문제될 수 있으나, 단순히 추종자의 활동을 모두 정당의 활동에 귀속시키기는 힘들지 않겠나 생각된다. 왜냐하면 추종자가 정당의 목적과 상관없이 임의로 판단하여 수행한 행위를 모두 정당 활동으로 귀속시킬 수는 없기 때문이다. 다만 정당이나 정당의 간부의 위임이나 지시, 명령에 의거하여 한 행위로서 궁극적으로 정당의 활동으로 귀속될 수 있는 성질의 행위는 정당의 활동이라고 할 수 있을 것이다.

정당에게 귀속
시킬 수 있는
활동

판례 '정당의 목적'이란, 어떤 정당이 추구하는 정치적 방향이나 지향점 혹은 현실 속에서 구현하고자 하는 정치적 계획 등을 통칭한다. 이는 주로 정당의 공식적인 강령이나 당헌의 내용을 통해 드러나겠지만, 그밖에 정당대표나 주요 당직자 등의 공식적 발언, 정당의 기관지나 선전자료와 같은 간행물, 정당의 의사결정과정에서 일정한 영향력을 가지거나 정당의 이념으로부터 영향을 받은 당원들의 행위 등도 정당의 목적을 파악하는 데에 도움이 될 수 있다. 만약 정당의 진정한 목적이 숨겨진 상태라면 이 경우에는 강령 이외의 자료를 통해 진정한 목적을 파악해야 한다.

한편 '정당의 활동'이란, 정당 기관의 행위나 주요 정당관계자, 당원 등의 행위로서 그 정당에게 귀속시킬 수 있는 활동 일반을 의미한다.

　(헌재 2014. 12. 19. 2013헌다1, 판례집 26-2하, 1 [인용(해산)])

판례　헌법 제8조 제4항은 정당해산심판의 사유를 "정당의 목적이나 활동이 민주적 기본질서에 위배될 때"로 규정하고 있는데, 여기서 말하는 민주적 기본질서의 '위배'란, 민주적 기본질서에 대한 단순한 위반이나 저촉을 의미하는 것이 아니라, 민주사회의 불가결한 요소인 정당의 존립을 제약해야 할 만큼 그 정당의 목적이나 활동이 우리 사회의 민주적 기본질서에 대하여 실질적인 해악을 끼칠 수 있는 구체적 위험성을 초래하는 경우를 가리킨다.

　(헌재 2014. 12. 19. 2013헌다1, 판례집 26-2하, 1 [인용(해산)])

판례　강제적 정당해산은 헌법상 핵심적인 정치적 기본권인 정당활동의 자유에 대한 근본적 제한이므로, 헌법재판소는 이에 관한 결정을 할 때 헌법 제37조 제2항이 규정하고 있는 비례원칙을 준수해야만 한다. 따라서 헌법 제8조 제4항의 명문규정상 요건이 구비된 경우에도 해당 정당의 위헌적 문제성을 해결할 수 있는 다른 대안적 수단이 없고, 정당해산결정을 통하여 얻을 수 있는 사회적 이익이 정당해산결정으로 인해 초래되는 정당활동 자유 제한으로 인한 불이익과 민주주의 사회에 대한 중대한 제약이라는 사회적 불이익을 초과할 수 있을 정도로 큰 경우에 한하여 정당해산결정이 헌법적으로 정당화될 수 있다.

　(헌재 2014. 12. 19. 2013헌다1, 판례집 26-2하, 1 [인용(해산)])

다. 민주적 기본질서

판례　헌법 제8조 제4항이 의미하는 '민주적 기본질서'는, 개인의 자율적 이성을 신뢰하고 모든 정치적 견해들이 각각 상대적 진리성과 합리성을 지닌다고 전제하는 다원적 세계관에 입각한 것으로서, 모든 폭력적·자의적 지배를 배제하고, 다수를 존중하면서도 소수를 배려하는 민주적 의사결정과 자유·평등을 기본원리로 하여 구성되고 운영되는 정치적 질서를 말하며, 구체적으로는 국민주권의 원리, 기본적 인권의 존중, 권력분립제도, 복수정당제도 등이 현행 헌법상 주요한 요소라고 볼 수 있다.

　(헌재 2014. 12. 19. 2013헌다1, 판례집 26-2하, 1 [인용(해산)])

민주적 기본질
서와 자유민주
적 기본질서

동일시설과 구
별설

민주적 기본질서가 무엇을 의미하는지 특히 헌법 전문의 자유민주적 기본질서와 같은지 다른지 등에 대하여 논란이 있다.[218]

이에 대하여는 대체로 독일 연방헌법재판소의 사회주의제국당 판결[219]에서 자유민주적 기본질서에 대하여 내린 정의나 또는 우리 헌법재판소에서 국가보안법에 관한 한정합헌결정에서 자유민주적 기본질서에 대하여 내린 정의[220]를 들면서 이러한 자유민주적 기본질서가 바로 민주적 기본질서에 해당한다고 보는 동일설과 민주적 기본질서는 자유민주적 기본질서와 사회민주적 기본질서를 모두 포함하는 보다 큰 개념이라고 하면서 구분하는 입장도 있다.

문구적으로 다
름

문구적으로 볼 때 분명 민주적 기본질서는 자유민주적 기본질서와 다르다. 민주적 기본질서는 민주주의를 구성하는 법적 기본질서라고 할 수 있을 것인데, 그렇다면 민주주의의 구성요소가 무엇인가가 문제될 것이다.

국민의, 국민
에 의한, 국민
을 위한 정치
질서의 필수요
소
국민주권

민주주의는 국민의 국민에 의한 국민을 위한 정치질서라고 할 수 있을 것이다. 그러한 정치질서의 필수적 구성요소들을 뽑아 본다면 다음 사항들을 들 수 있을 것이다.

첫째, 국가의 주권이 국민에게 있으며 모든 권력이 국민으로부터

---

218) 이에 대한 최근 문헌으로는 전광석, 민주적 기본질서와 자유민주적 기본질서, 헌법재판연구원, 통일과 헌법재판 제3권, 2018, 46－94면; 허완중, 통일의 이념적 기초인 자유민주적 기본질서, 헌법재판연구원, 통일과 헌법재판 제3권, 2018, 95－138면.

219) "기본법 제21조 제2항의 의미에서 자유민주적 기본질서란 모든 폭력의 지배나 자의적 지배를 배제하고 그때 그때의 다수의사에 따른 국민의 자결 그리고 자유와 평등을 기초로 한 법치국가적 통치질서를 말한다. 이 질서의 기본적 원리에는 적어도 다음과 같은 것이 포함되어야 한다. 즉 기본법에 구체화된 기본적 인권, 특히 생명권과 인격의 자유로운 발현권의 존중, 국민주권, 권력분립, 정부의 책임성, 행정의 합법률성, 사법권의 독립, 복수정당제의 원리와 헌법상 야당의 구성과 활동의 권리를 가진 모든 정당의 기회균등이다."(BVerfGE 2, 1)

220) "모든 폭력적 지배와 자의적 지배를 배제하고 다수의 의사에 의한 국민의 자치, 자유·평등의 기본원칙에 의한 법치주의적 통치질서를 말하고 구체적으로는 기본적 인권의 존중, 권력분립, 의회제도, 복수정당제도, 선거제도, 사유재산과 시장경제를 골간으로 한 경제질서 및 사법권의 독립 등 우리의 내부체제를 말한다."(국가보안법상찬양·고무죄 사건. 헌재 1990. 4. 2. 89헌가113, 판례집 제2권, 49, 64; 헌재 2001. 9. 27. 2000헌마238, 판례집 제13권 2집, 383, 400－402 참조).

나오는 국가(국민주권)이다.

둘째, 선거를 통하여 국민대표를 선출하여 그에게 일정기간 국가적 지배를 위임하는 국가(선거와 대의제도의 보장)이다.

셋째, 입법, 행정, 사법 등 국가권력이 분립되어 견제와 균형을 이루는 국가(권력분립)이다.

넷째, 정당의 설립과 활동의 자유를 보장하는 국가(복수정당제도)이다.

다섯째, 다수결의 원리와 소수자의 보호(다수결의 원리)이다.

여섯째, 인간으로서의 존엄과 가치를 포함하는 자유와 평등의 보장 (기본적 인권의 보장)이다.

대부분의 서구 민주국가의 경우 이러한 민주적 기본질서가 핵심을 이루고 있음을 볼 수 있다.

그 밖에 가령 연방제와 지방자치제도 등은 수직적 권력분립과 민주주의를 위해서 더욱 바람직할 수는 있으나 그것이 없다고 하여 민주주의가 아니라고 말하기는 곤란하다.

대통령제이든 내각제이든 둘 다 모두 민주주의적 정부형태라고 할 수 있으므로 어느 것을 택하는가는 문제되지 않는다.

여기에서 경제질서가 민주적 기본질서에 포함될 것인지의 문제가 제기될 수 있다. 왜냐하면 우리 헌법재판소는 사회적 시장경제질서까지 자유민주적 기본질서에 포함시키고 있기 때문이다. 현행 헌법은 개인과 기업의 자유와 창의를 전제로 하는 경제질서를 기본으로 하되, 경제의 민주화와 경제에 대한 국가적 개입과 조정을 가능하게 하는 소위 사회적 시장경제질서라고 할 수 있을 것이다. 그러나 가령 국가적 개입과 조정을 거의 배제하는 자유시장경제질서라고 해서 그것이 민주적 기본질서에 위배된다고 할 수는 없다.

다만 생산수단의 국·공유화를 원칙으로 하는 계획경제질서의 경우는 자유시장경제질서와 전혀 상반된 것으로서 이러한 경제질서는 민주적 기본질서에 공통적으로 존재하는 경제질서와 맞지 않는다고 볼 수 있을 것이다.

경제질서의 포
함 필요성

결론적으로 민주적 기본질서는 주로 정치적 질서를 기본으로 한다고 볼 수 있으나, 재산권의 보장을 통한 사유재산제도의 보장이 기본이라고 할 수 있기 때문에 경제질서와 관련해서도 최소한 자유시장경제를 골간으로 하되 국가가 개입·조정을 할 수 있는 사회적 시장경제질서가 민주적 기본질서의 허용되는 범위라고 할 수 있을 것이다.

따라서 생산수단의 국·공유화를 원칙으로 하고 사유재산제도를 인정하지 않는 질서를 추구하는 정당은 민주적 기본질서에 위배되는 정당이라고 할 수 있을 것이다.

구체적 위험
초래 가능성

다만 이 경우에 그러한 정당의 목적이 구체적 위험을 초래할 정도인가의 문제는 별론이나 구체적 위험을 초래할 정도까지는 아닌 경우에는 헌법이 보장하고 있는 또 다른 가치인 언론의 자유를 위하여 반드시 정당해산이 필요한 경우는 아니라고 해석하는 것이 헌법에 대한 조화로운 해석이라고 보아야 할 것이다. 즉 사상의 자유시장에서 자유로운 비판과 토론을 통하여 자연스럽게 검증될 수 있도록 하고 또한 유권자의 판단에 의하여 자연스럽게 도태될 수 있도록 하는 방법을 취할 수도 있을 것이다.

(사회적) 시장
경제질서 보장
필요

결국 민주적 기본질서에는 경제질서에 관한 것이 완전히 배제된다고 하기는 어렵다. 즉 재산권과 사유재산제도, 직업의 자유, 거주·이전의 자유 등의 기본적 인권을 통한 원칙적으로 자유로운 시장경제질서가 보장되어야 한다고 할 수 있을 것이다.

라. 위 배

민주적 기본질
서에 반하는
것

민주적 기본질서에 위배된다고 하는 것은 원칙적으로 민주적 기본질서에 반한다고 하는 것을 의미한다.

비민주적 행위
나 양태들의
경우

그렇다면 여기에서 제기되는 것은 가령 정당의 운영과정에서 발생할 수 있는 모든 비민주적 행위나 양태들이 존재하는 경우에 정당해산을 제소할 수 있는가 하는 문제이다.

비민주적 요소
들은 당내민주
주의로 해결해

그러나 이와 같은 통상적인 정당운영에서 발생하는 비민주적 요소들은 당내민주주의의 문제로서 보다 민주적 방향으로 개선해 나가야할 정치적 문제인것이고 그것이 바로 정당해산의 대상이 될 수 있는 것은 아니라고 보아야 할 것이다. 왜냐하면 정당해산제도 자체가 자유민주적 기본질서를 파괴하고 배제하는 것을 목적으로 하는 전체주의적 정당을 배제하기 위한 방어적 민주주의의 차원에서 구상되고 도입된 제도라고 하는 점 때문이다.

야 할 문제

따라서 우리 헌법 제8조 제4항이 비록 "위배"라고 하는 표현을 쓰고 있다 하더라도 오히려 더욱 엄격하고 제한적으로 해석하여 단순히 위반할 경우를 넘어서 적극적으로 민주적 기본질서를 배제하고 파괴하려 드는 경우로 제한하여야 할 필요성이 있다고 볼 수 있다.

엄격, 제한적 해석 필요

물론 이것은 정당해산심판이 청구되어 구체적인 정당을 해산할 것인지를 심사하면서 엄격하게 비례의 원칙을 적용함으로써 그와 같은 엄격한 해석을 취할 수 있을 것이다.

엄격한 비례의 원칙 심사 필요

만일 그와 같이 하지 않는 경우 집권 여당이 반대당이나 정적을 축출하기 위한 목적으로 정당해산제도가 남용될 수 있는 가능성이 있기 때문이다.

남용 가능성

4. 정당해산심판의 절차적 측면

가. 심판청구의 주체: 제소권자, 재량인지 기속재량인지?

정당해산심판의 제소권자는 정부이다.

제소권자는 정부

통합진보당은 법무부장관이 정당해산심판청구를 할 당시 박근혜 대통령이 국외 출장중이었으므로 국무회의를 제대로 거치지 않아서 절차적으로 위법하다고 주장하고 있으므로 과연 그러한지 여부가 문제되었다.

정당해산의 제소는 필요적 국무회의 심의사항이다(헌법 제89조 제14호). 따라서 정당해산의 제소에 관하여 국무회의에서 정식으로 심의를 하지 않았다면 제소를 위한 절차적 요건을 결여한 것으로 문제가 있다고 할 수 있을 것이다.

국무회의 심의 사항

국무회의 의장은 대통령이며 부의장은 국무총리인데, 대통령이 해외 순방 중이어서 부의장이 대리로 국무회의를 주재하고, 이곳에서

국무총리가 주재한 국무회의

에서의 제소의
결 적법

다루어진 국무회의의 안건을 대통령이 추후에 재가하였다면 절차적으로 크게 문제될 것은 없지 않았나 생각되고 헌법재판소도 마찬가지 입장이었다.

정당해산심판
청구는 기속적
재량

다음으로 위헌정당이 존재할 경우에 헌법재판소에 정당해산심판을 청구하는 것이 정부의 재량인지 아니면 의무인지 여부에 대하여 학계에서 논란이 된 바 있다. 그러나 모든 국가기관은 헌법에 구속되며, 이에 따라 어떠한 정당이 민주적 기본질서에 위배되는 목적을 가지고 활동을 한다고 판단되는 경우에 그 정당에 대한 해산심판을 제소하는 것은 헌법수호의 의무를 가진 대통령의 당연한 의무라고 보아야 할 것이나, 정당의 목적이나 활동이 민주적 기본질서에 어느 정도로 위배될 경우에 정당해산심판을 청구할 수 있을 것인지의 문제는 정부가 여러 가지 상황을 판단하여 결정할 문제이므로, 결국 기속적 재량에 해당한다고 보아야 할 것이다.

나. 피청구인: 정당

정치적 의사형
성에 참여할
목적으로 자발
적으로 설립된
결사체

정당은 국민의 정치적 의사형성에 참여할 목적으로 국민에 의하여 자발적으로 형성된 결사체라고 할 수 있다.[221]

정당법상 정당은 중앙선관위에 등록함으로써 성립하며, 5 이상의 시·도당의 수(제17조)와 1천인 이상의 시·도당원의 수(제18조)의 요건을 충족시켜야 한다.

이러한 요건을 갖추고 중앙선관위에 등록한 정당의 경우 정당해산심판청구의 대상이 될 수 있는 정당으로 보아야 할 것이다.

다. 정당해산심판의 절차

(1) 사건의 접수 및 통지

사건의 접수

법무부장관이 정당해산심판의 청구서를 제출하면 헌법재판소의 접수공무원은 이를 사건으로 접수하여 사건기록을 편성하고, 사건번호와 사건명을 부여하여 사건을 특정하며, 이러한 사항들을 헌법재판소정보

---

221) 정당의 정의에 대하여는 위 제5절, 제3관, Ⅳ. 2. 참조.

시스템에 입력한다(접수규칙 제4조, 제7조).[222]

헌법재판소가 정당해산심판의 청구를 받은 때에는 그 청구서의 등
본을 피청구인에게 송달하여야 한다(법 제27조). — 등본 송달

피청구인이 청구서를 송달받으면 헌법재판소에 답변서를 제출할
수 있다(법 제29조). — 답변서 제출

헌법재판소장은 정당해산심판의 청구가 있는 때, 그리고 가처분결
정을 한 때 및 그 심판이 종료한 때에는 그 사실을 국회와 중앙선거관
리위원회에 통지하여야 한다(법 제58조 제1항). — 국회, 중앙선거관리위원회 통지

정당해산을 명하는 결정서는 피청구인 외에 국회, 정부 및 중앙선
거관리위원회에도 송달하여야 한다(제58조 제2항). — 결정서 송달

(2) 심 리

정당해산심판은 탄핵심판과 권한쟁의심판과 마찬가지로 구두변론
에 의한다(법 제30조 제1항). — 구두변론

재판부가 변론을 열 때에는 기일을 정하여 당사자와 관계인을 소환
하여야 한다(동조 제3항). — 변론 시 당사자와 관계인 소환

재판부는 정당해산심판의 심리를 위하여 필요하다고 인정하는 경
우에는 당사자의 신청 또는 직권에 의하여 증거조사를 할 수 있다(법 제
31조). — 신청 및 직권에 의한 증거조사

또한 재판부는 결정으로 다른 국가기관 또는 공공단체의 기관에 심
판에 필요한 사실을 조회하거나, 기록의 송부나 자료의 제출을 요구할
수 있다. 다만 재판·소추 또는 범죄수사가 진행 중인 사건의 기록에
대하여는 송부를 요구할 수 없다(법 제32조). — 사실조회, 자료제출 요구

(3) 심판의 장소

심판의 결론과 종국결정의 선고는 심판정에서 한다. 다만 헌법재판
소장이 필요하다고 인정하는 경우에는 심판정 외의 장소에서 변론 또는
종국결정의 선고를 할 수 있다(법 제33조). — 원칙적으로 심판정에서 종국결정선고

(4) 심판의 공개

심판의 변론과 결정의 선고는 공개한다. 다만 서면심리와 평의는 — 변론, 결정선고 공개

---

222) 헌법재판소 (주 117), 460면.

공개하지 아니한다(법 제34조 제1항).

(5) 종국결정

종국결정과 정
당해산

재판부가 심리를 마쳤을 때에는 종국결정을 한다(법 제36조).

정당의 해산을 명하는 결정이 선고된 때에는 그 정당은 해산된다(법 제59조).

(6) 결정의 집행

결정의 집행

정당해산 결정의 집행은 정당법에 따라 중앙선거관리위원회가 한다(법 제60조)

라. 정당해산심판의 정족수

재판관 6인의
찬성

재판관 6인 이상의 찬성이 있어야 정당을 해산할 수 있다(헌법 제113조 제1항, 법 제23조 제2항 제1호)

마. 가처분의 가능성: 헌법상 법률유보원칙 위반?

가처분 가능성

피청구인(통합진보당)은 헌법이 가처분가능성을 명문으로 위임하고 있지 않음에도 불구하고 헌재법이 가처분제도를 두고 있으므로 이는 헌법에 위반된다고 하고 있으므로 과연 그러한지 여부가 문제된다.

헌재법 제57조
헌법소원 기각

그리고 피청구인은 정당해산심판의 가처분 근거조항인 헌재법 제57조는 이에 관한 헌법상의 근거가 없어 위헌이라는 주장을 하면서 아래 헌재법 제40조 제1항에 대한 헌법소원과 함께 이 조항의 위헌확인을 구하는 헌법소원심판을 정당해산심판이 계속 중인 2014. 1. 7. 헌법재판소에 청구하였다. 이에 대하여 헌법재판소는 다음과 같이 결정하였다.

> **판례** 가처분조항은 정당해산심판이 갖는 헌법보호라는 측면에 비추어 그 필요성이 인정되므로 입법목적의 정당성 및 수단의 적절성이 인정된다. 또한 가처분 결정이 인용되려면 인용요건이 충족되어야 하고, 그 인용범위도 종국결정의 실효성을 확보하고 헌법질서를 보호하기 위해 필요한 범위 내로 한정되며, 인용 시 종국결정 선고 시까지만 정당의 활동을 정지시키므로 기본권 제한 범위가 광범위하다고 볼 수 없다. 나아가 가처분과 동등하거나 유사한 효과가 있는 보다 덜 침해적인 사후적 수단이 존재한다고 볼 수도 없으므로 침해최소

성의 요건도 충족한다. 아울러 정당해산심판의 실효성 확보 및 헌법질서의 유지 및 수호라는 공익은 정당해산심판의 종국결정 시까지 잠정적으로 제한되는 정당활동의 자유에 비하여 결코 작다고 볼 수 없으므로 법익균형성요건도 충족하였다. 따라서 가처분조항은 정당활동의 자유를 침해한다고 볼 수 없다.

(헌재 2014. 2. 27. 2014헌마7, 판례집 26-1상, 310, 310-311)

이 문제는 소송법의 준용을 통해서 해결해야 할 것이다. 다른 심판유형의 경우에도 가처분과 관련하여 아무런 규정을 두고 있지 않음에도 불구하고 헌재법은 가처분제도를 두고 있으며 헌법소원의 경우에는 헌재법 자체에도 아무런 언급이 없음에도 불구하고 판례로 가처분이 가능한 것으로 인정하고 있다. **｜소송법의 준용**

정당해산의 경우에도 가처분신청은 가능하다고 보아야 할 것이다. 다만 가처분의 경우는 가처분을 인용하고 나중에 본안결정을 기각할 경우에 발생할 불이익과 가처분을 기각하고 나중에 본안결정을 인용할 경우에 발생할 불이익을 비교·형량하여 결정을 하게 된다. **｜가처분신청 가능**

바. 준용규정

헌재법 제40조 제1항은 헌법재판소의 심판절차에 관하여 특별한 규정이 없을 경우에 민사소송에 관한 법률을 준용하도록 하고 있으며, 탄핵심판의 경우에 형사소송에 관한 법률을 그리고 권한쟁의심판과 헌법소원심판의 경우에는 행정소송법을 준용하도록 하고 있다. 따라서 정당해산의 경우에는 단순히 민사소송법만을 준용하도록 하고 있으나 이번 진보당정당해산심판청구에서 피청구인은 정당해산심판에 있어서도 형사소송법을 준용할 필요성을 제기하였다. **｜민사소송법 준용**

피청구인은 형사소송절차에서 위법하게 수집한 증거의 경우 증거능력이 부인되는데, 같은 증거를 사용하여 정당해산심판이 청구된 경우에는 이 심판에서도 역시 그 증거능력을 부인해야 할 것이라는 취지의 주장이다. **｜위법수집증거 능력 배제원리 준용 주장**

특히 소위 이○기 의원 내란음모 사건의 경우 피청구인에 의하면 국정원이 진보당원을 매수하여 녹취한 것을 증거로 삼고 있으나 이는 **｜이○기 의원 내란음모 사건**

위법수집증거라고 할 수 있으며, 증거능력이 부인된다는 것이다.

　　정부가 정당의 위헌적 활동을 파악하기 위해서 적법한 절차에 의하지 아니하고 위법하게 수집한 증거를 활용한다면 그것 자체가 법치국가질서를 위반하는 것이고 위헌적 행위에 해당한다고 할 수 있다. 위법수집증거의 증거능력 부인의 입법목적 자체가 형사절차에서 피의자와 피고인의 인권을 보호하기 위한 것이라 할 수 있다. 정당해산의 경우에는 민주적 기본질서를 수호하기 위한 목적의 제도라 하더라도 이를 조사하고 입증하는 과정에서 여전히 법치국가원리와 적법절차가 적용되어야 한다고 할 수 있으므로, 위법하게 수집한 증거를 정당해산심판절차에서 활용해서는 안 되고, 헌법재판소는 그 증거능력을 부인하여야 한다고 생각된다.

　　헌법재판소 역시 적법절차 원리는 단순한 형사소송법적인 적법절차에 지나지 않는 것이 아니라 국가작용의 실질적 정당성을 요구하는 하나의 헌법원리[223]라고 판시한 바 있으며, 이는 위헌정당해산의 경우에도 여전히 적용되어야 하는 원리라고 할 수 있을 것이다.

　　이와 관련하여 통합진보당은 이와 같이 정당해산심판절차에서 형사소송법이 아니라 민사소송법을 준용하도록 한 헌재법 제40조 제1항이 피청구인의 공정한 재판을 받을 권리를 침해하였다고 주장하면서 정당해산심판이 계속 중인 2014. 1. 7. 헌법재판소에 헌법소원심판을 청구하였다.

　　이에 대하여 헌법재판소는 심판청구를 다음과 같이 기각하였다.

> **판례** 　준용조항은 헌법재판에서의 불충분한 절차진행규정을 보완하고, 원활한 심판절차진행을 도모하기 위한 조항으로, 그 절차보완적 기능에 비추어 볼 때, 소송절차 일반에 준용되는 절차법으로서의 민사소송에 관한 법령을 준용하도록 한 것이 현저히 불합리하다고 볼 수 없다. 또한 '헌법재판의 성질에 반하지

---

223) "적법절차의 원칙은 헌법조항에 규정된 형사절차상의 제한된 범위내에서만 적용되는 것이 아니라 국가작용으로서 기본권제한과 관련되든 관련되지 않든 모든 입법작용 및 행정작용에도 광범위하게 적용된다고 해석하여야 할 것이고, 나아가 형사소송절차와 관련시켜 적용함에 있어서는 형벌권의 실행절차인 형사소송의 전반을 규율하는 기본원리로 이해하여야 하는 것이다." 헌재 1992. 12. 24. 92헌가8, 판례집 제4권, 853, 874−878.

아니하는 한도'에서 민사소송에 관한 법령을 준용하도록 규정하여 정당해산심판의 고유한 성질에 반하지 않도록 적용범위를 한정하고 있는바, 여기서 '헌법재판의 성질에 반하지 않는' 경우란, 다른 절차법의 준용이 헌법재판의 고유한 성질을 훼손하지 않는 경우로 해석할 수 있고, 이는 헌법재판소가 당해 헌법재판이 갖는 고유의 성질·헌법재판과 일반재판의 목적 및 성격의 차이·준용절차와 대상의 성격 등을 종합적으로 고려하여 구체적·개별적으로 판단할 수 있다. 따라서 준용조항은 청구인의 공정한 재판을 받을 권리를 침해한다고 볼 수 없다.

(헌재 2014. 2. 27. 2014헌마7, 판례집 26-1상, 310, 310-311)

이에 반하여 김이수 재판관은 『다른 헌법재판이나 민사소송과 구별되는 정당해산심판의 특수성을 고려할 때, 민사소송법령의 준용범위는 제한적으로 해석되어야 한다. 특히 정당해산심판의 청구인인 정부가 제출하는 수사서류 대부분은 공문서이고, 이에 대한 진정성립 추정 시 정당의 방어권 행사에 상당한 지장을 초래하는 점을 고려하면, 적어도 민사소송법상 공문서의 진정성립 추정에 관한 규정은 준용될 수 없으며, 형사소송법상 전문증거의 증거능력 제한이나 위법수집증거와 임의성이 의심되는 자백의 증거능력을 배제하고 범죄사실의 인정은 합리적인 의심이 없는 정도의 증명에 이르러야 한다는 규정 등을 준용해야 할 것이다. 이러한 제한해석을 전제로 준용조항은 헌법에 위반되지 아니한다.』고 하는 별개의견을 제출하였다.

(헌재 2014. 2. 27. 2014헌마7, 판례집 26-1상, 310, 311-311)

5. 정당해산심판 결정의 법적 효과

가. 정당의 해산

헌법재판소가 해산결정을 선고한 때에는 그 정당은 해산된다(법 제59조)

정당해산의 효과는 헌법재판소의 결정의 선고로 즉시 발생하는 것이며, 중앙선관위가 헌법재판소의 통지를 받고, 등록을 말소한 후 이를 공고하는 행위는 단순한 사후적 행정조치에 불과하다. _{즉시해산}

해산된 정당의 잔여재산은 국고에 귀속된다.(정당법 제48조 제2항) _{잔여재산 국고귀속}

나. 대체정당의 금지

대체정당설립
금지, 동일명
칭 사용불가

해산된 정당과 동일하거나 유사한 목적을 가진 이른바 대체정당의
설립도 역시 금지되며(정당법 제40조), 해산된 정당과 동일한 명칭은 다시
정당의 이름으로 사용할 수 없다(정당법 제41조 제2항)

다. 의원직 상실 여부

의원직 상실의
문제

정당이 해산되는 경우에 정당 소속 국회의원의 의원직 상실여부에
대하여는 별도의 명문규정이 없으나, 정당이 위헌으로 해산되면 의원직
도 상실하는 것이 당연하다고 하는 견해와, 의원은 국민의 대표이기 때
문에 여전히 그 직을 유지한다고 보는 견해로 갈린다.

의원직 상실이
타당

그러나 만일 정당소속 국회의원이 민주적 기본질서를 파괴하려는
목적을 가지고 활동을 한 경우에는 그 의원직 역시 상실되는 것으로 보
는 것이 자연스러운 것으로 보인다.

> **판례** 헌법재판소의 해산결정으로 정당이 해산되는 경우에 그 정당 소속 국회
> 의원이 의원직을 상실하는지에 대하여 명문의 규정은 없으나, 정당해산심판제
> 도의 본질은 민주적 기본질서에 위배되는 정당을 정치적 의사형성과정에서 배
> 제함으로써 국민을 보호하는 데에 있는데 해산정당 소속 국회의원의 의원직을
> 상실시키지 않는 경우 정당해산결정의 실효성을 확보할 수 없게 되므로, 이러
> 한 정당해산제도의 취지 등에 비추어 볼 때 헌법재판소의 정당해산결정이 있
> 는 경우 그 정당 소속 국회의원의 의원직은 당선 방식을 불문하고 모두 상실
> 되어야 한다.
>
> (헌재 2014. 12. 19. 2013헌다1, 판례집 26-2하, 1 [인용(해산)])

독일의 경우

독일의 경우 사회주의제국당 판결 당시에 별도의 명문규정이 없었
음에도 의원직상실까지 선고하였으며, 또한 의원직 상실로 인하여 의원
의 법정수 역시 줄어들게 됨과 이로 인하여 의회의 의결의 효력은 영향
을 받지 않음을 선고하였다.[224]

의원직 상실
명문화

그리고 추후에 연방선거법에서 위헌정당 해산시 의원직을 상실한
다는 규정을 명문화하였다(동법 제46조 제47조).[225]

---

224) BVerfGE 2, 1

6. 정당해산의 사례

가. 독 일

(1) 1952. 10. 23. 사회주의제국당(SRP) 판결

이 사건은 나치당(NSDAP)의 노선을 추종하면서 나치의 회귀를 지향 독일 나치당의
정당해산심판
하는 극우정당인 사회주의제국당에 대하여 연방정부가 1951년 11월 19
일 정당해산심판을 청구한 사건이다.

연방정부는 사회주의제국당의 내부적 질서는 민주주의 원칙에 부 연합정부의 주
장
합하지 않으며 오히려 총통원리(Führerprinzip)에 입각하고 있다고 주장하
였다. 그리고 사회주의제국당은 소위 나치당인 국가사회주의당(NSDAP)
의 후신이며, 나치당과 동일하거나 유사한 목적을 추구하고 또한 자유
민주적 기본질서를 제거하려 한다고 주장하면서 관련된 증거들과 서류
를 연방헌법재판소에 제출하였다.

이 결정에서 연방헌법재판소는 "가. 사회주의제국당은 위헌임. 나. 사회주의제국
당 해산판결의
결정주문
사회주의제국당을 해산함. 다. 사회주의제국당에 대한 대체조직을 창설
하거나 기존 조직을 대체조직으로서 계속 유지하는 것을 금지함. 라. 사
회주의제국당의 공천으로 선출되거나 또는 판결선고 당시에 사회주의제
국당에 소속된 연방의회 및 주의회 의원들은 그 직을 상실함. 관련 의회
의 법정 의원수는 상실된 의원직의 수만큼 감소되며 그로 인하여 의회
결정의 효력은 영향을 받지 아니함. 마. 사회주의제국당의 재산은 독일
연방공화국 국고로 환수함"을 내용으로 하는 결정을 선고하였다.

(2) 1956. 8. 17. 독일 공산당(KPD) 판결

한편 마르크스 레닌의 프로레타리아 독재이론을 신봉하면서, 프로 독일 공산당
정당해산심판
레타리아와 독재를 추구하던 독일 공산당(KPD)에 대하여 1951년 11월
22일(접수일은 28일) 독일 연방정부는 연방헌법재판소에 정당해산심판을
청구하였다.

연방정부는 KPD는 그 목적과 당원활동에 의거해 볼 때 자유민주적 연방정부의 주
장
기본질서를 침해하고자 하며, 연방공화국의 존립에 위협을 가한다고 주

---

225) 헌법재판소 (주 117), 469면

장하였다. 그러한 결론은 KPD에 구속력을 가진다고 할 수 있는 마르크스 레닌 이론으로부터 뿐만 아니라, KPD의 구체적인 목적설정으로부터도 나온다는 것이다. KPD는 마르크스 레닌의 투쟁정당으로서, 대중에 대한 선동 하에 폭력혁명을 통하여 연방공화국의 권력을 장악하고자 하는 혁명적 정당이라는 것이었다.

독일 공산당
정당해산심판
결정주문

연방헌법재판소는 이 판결에서 가. 독일 공산당은 위헌임. 나. 독일 공산당을 해산함. 다. 독일 공산당에 대한 대체조직을 창설하거나 기존 조직을 대체조직으로서 계속 유지하는 것을 금지함. 라. 독일 공산당의 재산은 독일 연방공화국 국고로 환수함을 내용으로 하는 결정을 선고하였다.

(3) NPD 위헌확인 판결

독일민족민주
당 위헌확인과
해산불인정

최근 2017년 1월 17일 독일연방헌법재판소는 독일민족민주당(NPD)에 대한 정당해산심판청구에 대하여 그 위헌은 확인하였지만 해산을 받아들이지는 않았다.[226] 즉 독일 연방헌법재판소는 기본법 제21조 제2항 제1문의 의미에서 "...하려 하는(Darauf ausgehen)"은 정당의 헌법적대적 행위가 자유민주적 기본질서에 대항하는 목적을 달성할 수 있는 잠재성을 가지고 있음을 전제로 한다고 하면서 기존 공산당 판결(BVerfGE 5, 85)에서의 판례를 변경하였다. 그러면서 독일민족민주당은 헌법적대적이며, 그리고 특히 계획적이고 전문적으로 자유민주적 기본질서의 제거를 목적하였으며 나아가 국가사회주의(나치)와 본질적으로 유사하다고 판단하였다. 하지만 그 목적달성의 가능성이 결여 되어 있다는 이유로 정당해산 자체는 하지 않았다. 소송비용보상 역시 기각하였다. 결국 위헌정당이라 하더라도 자유민주적 기본질서를 제거할 수 있는 가능성 자체가 없다고 하는 이유로 종전의 판례를 변경하면서 위헌정당을 해산까지는 하지 않았는데 우리 헌법재판소의 통합진보당 해산판결과 상당히 대조를 이루고 있다고 보인다.

독일민족민주
당(NPD)의 위
헌성을 확인하
면서도 해산은
하지 않고 국
고보조금지원
은 금하는 판
결을 선고

---

226) BVerfG, Urteil vom 17. Januar 2017 - 2 BvB 1/13 -, BVerfGE 144, 20-369. 이 결정에 대한 국내 문헌으로는 박선영, 위헌정당해산사유로서의 '민주적 기본질서' - 통합진보당과 독일국가민주당(NPD)의 강제해산사건을 중심으로, 공법연구 제46집 제1호(2017. 10), 87-116면.

나. 터 키

터키의 경우 연합공산당 사건 등에서 터키 헌법재판소는 정당이 정 터키 연합공산 당 정당해산선 고
당법상 금지되어 있는 공산당이라는 이름을 사용하였다는 점, 그 밖에
영토의 순수성과 국가의 일체성에 위협을 가할 수 있는 행위를 하였다
는 점 등을 이유로 검사가 제소한 정당해산심판청구사건에서 정당해산
을 선고하였다.

그러나 이에 대하여 유럽인권법원에 제소한 결과 유럽인권재판소 유럽인권재판 소
에서는 충분한 합리적 이유가 별도로 존재하지 않는 한, 단순히 금지된
명칭을 사용하였다는 이유만으로 정당해산을 하는 것은 유럽인권협약
제11조에 위반된다고 하는 취지의 결정을 선고하였다.[227]

7. 통합진보당에 대한 정당해산심판

피청구인(대표 이○희)은 2011. 12. 13. 민주노동당, 국민참여당이 통합진보당 정 당해산심판 개 요
진보신당 탈당파 주도 하에 설립된 조직인 '새로운 진보정당 건설을 위
한 통합연대(이하 '새진보통합연대'라 한다)'와 함께 신설합당 형식으로 창
당한 정당이다. 청구인은 2013. 11. 5. 국무회의의 심의·의결을 거쳐,
피청구인의 목적과 활동이 민주적 기본질서에 위배된다고 주장하면서
피청구인의 해산 및 피청구인 소속 국회의원에 대한 의원직 상실을 구
하는 이 사건 심판을 청구하였으며, 헌법재판소는 변론을 거쳐서 2014.
12. 19. 통합진보당에 대한 해산을 선고하였고, 통합진보당 소속 의원들
의 의원직상실도 확인하였다.[228]

---

227) ECHR 1998. 1. 30. 19392/92, 이성환 외 3인, 정당해산심판제도에 관한 연구, 헌
법재판소 2004, 67면.
228) 헌재 2014. 12. 19. 2013헌다1, 판례집 제26권 2집 하, 1 [전원재판부].

Ⅵ. 권한쟁의심판

1. 권한쟁의심판의 의의

국가기관 상호간의 권한분쟁

국가기관 상호간 또는 국가기관과 지방자치단체 그리고 지방자치단체 상호간에 권한의 존부 또는 범위를 둘러싸고 분쟁이 발생한 경우 당사자의 청구에 따라 헌법재판소가 행하는 심판을 권한쟁의심판이라고 한다.

헌법 제111조 제1항 제4호는 국가기관 상호간, 국가기관과 지방자치단체간 및 지방자치단체 상호간의 권한쟁의에 관한 심판에 대하여 헌법재판소가 관장할 수 있도록 하고 있으며, 이 규정에 따라서 헌법재판소법은 제4절에서 권한쟁의심판에 대하여 규정하고 있다.

2. 권한쟁의심판의 특성

각국 권한쟁송법제 참조하여 입법

입법자가 헌법재판소법을 제정함에 있어서 독일뿐만 아니라, 오스트리아, 스페인, 이탈리아 등의 여러 권한쟁송법제를 참조하여 우리의 현실적 여건까지 고려하여 제정하였다.[229]

3. 권한쟁의심판의 기능

가. 유형별 권한쟁의심판의 공통된 기능

기능

권한쟁의심판의 기능은 권한질서의 수호 및 유지이다.

나. 국가기관 상호간의 권한쟁의

(1) 정치적 평화보장기능

정치적 평화보장

국가기관 상호간에 권한의 존부와 범위를 둘러싸고 벌어지는 권한다툼에 대하여 제3의 기관이 헌법재판소가 심판함으로써 정치적 평화를 보장하는 기능을 한다. 대부분의 권한쟁의심판은 매우 정치적인 다툼임

---

229) 이하 김하열, 헌법소송법 2018. 참조.

에도 그 정치과정 자체를 법적 기준으로 심사하여 판단하는 것이다. 다만 정치과정이 자율적으로 해결해야 할 성격의 것, 특히 국회의원과 국회의장간의 권한쟁의에 대해서는 국회의 자율권을 존중하는 차원에서 명백히 국회의원의 심의·표결권을 침해하는 경우가 아닌 한 헌법재판소가 각하나 기각결정을 함으로써 국회로 다시 공을 넘기는 형태의 결정을 하는 경우가 많이 있다.

국회의 자율권 존중

(2) 소수자 보호기능

정부와 여당이 권력을 남용할 때 야당 등 소수파가 이용할 수 있는 수단이 됨. 독일의 경우 헌법기관의 부분기관에게 당사자능력을 명문으로 인정하고 있으나 우리의 경우 헌법재판소가 판례로 가령 국회의원, 국회의장과 같은 부분기관에게 당사자능력을 인정하고 있다. 그러므로 이러한 부분기관들이 당사자능력을 인정받는 경우 권한쟁의심판을 통하여 소수집단의 권한침해를 구제받는 수단으로 사용할 수 있다.

국회의 부분기관에게 당사자능력 인정

그러므로 대통령의 조약체결·비준에 대한 국회의 동의권침해를 개별 국회의원들이 자신들의 이름으로 주장하면서 대통령을 상대로 권한쟁의심판을 청구하는 경우 헌법재판소는 제3자소송담당을 인정하지 않고 있다.[230] 다수 국회의원들은 원할 경우 국회의 이름으로 권한쟁의심판을 청구하는 것은 별론이다.

제3자소송담당 불인정

다. 국가기관과 지방자치단체 간의 권한쟁의

국가기관과 지방자치단체 간의 권한쟁의는 중앙정부에 의한 지방정부의 자치권한 침해로부터 지방정부를 보호하는 기능을 한다.

지방정부 보호 기능

라. 지방자치단체 상호간의 권한쟁의

지방자치단체 상호간의 분쟁종식 기능과 지방자치의 원활한 기능을 보장하는 기능을 한다.

지방자치의 원활한 기능 보장

---

230) 헌재 1998. 7. 14. 98헌라1, 판례집 제10권 2집, 1.

4. 헌법재판소의 권한쟁의심판과 법원의 다른 소송과의 관계

가. 권한쟁의심판과 기관소송

행정소송법 제3조는 행정소송을 항고소송, 당사자소송, 민중소송, 기관소송으로 나누면서 기관소송을 국가 또는 공공단체의 기관상호간에 있어서의 권한의 존부 또는 그 행사에 관한 다툼이 있을 때에 이에 대하여 제기하는 소송으로 정의하고 있다. 다만, 행정소송법 제3조 제4호의 규정에 의하여 헌법재판소의 관장사항으로 되는 소송은 제외한다고 함으로써, 헌법재판소의 관할로 되는 권한쟁의심판의 경우는 기관소송의 대상이 될 수 없음을 명백히 하고 있고, 따라서 이와 관련하여 권한쟁의심판과 기관소송은 중복될 수 있는 소지가 처음부터 배제되어 있다.

나. 권한쟁의심판과 지방자치법상의 소송

(1) 위법·부당한 명령·처분의 시정에 대한 소송과 권한쟁의심판

지방자치법 제169조 제1항에 의하면 지방자치단체의 사무에 관한 그 장의 명령이나 처분이 법령에 위반되거나 현저히 부당하여 공익을 해친다고 인정되면 시·도에 대하여는 주무부장관이, 시·군 및 자치구에 대하여는 시·도지사가 기간을 정하여 서면으로 시정할 것을 명하고, 그 기간에 이행하지 아니하면 이를 취소하거나 정지할 수 있다. 이 경우 자치사무에 관한 명령이나 처분에 대하여는 법령을 위반하는 것에 한한다. 그리고 동조 제2항에 의하면 지방자치단체의 장은 제1항에 따른 자치사무에 관한 명령이나 처분의 취소 또는 정지에 대하여 이의가 있으면 그 취소처분 또는 정지처분을 통보받은 날부터 15일 이내에 대법원에 소(訴)를 제기할 수 있다고 규정하고 있다.

이러한 소송과는 별도로 자치단체장은 주무장관이나 상급지방자치단체에 의한 자신의 자치사무에 관한 명령이나 처분의 취소 또는 정지에 대하여 권한쟁의심판을 청구할 수 있을 것이다. 이러한 범위 내에서 이 지방자치법상의 소송은 권한쟁의심판과 중복하여 제기될 가능성이

있으며, 경우에 따라 대법원과 헌법재판소의 결론이 달라질 가능성도 배제할 수 없다.[231]

중복제소가능성의 문제와 관련하여 위헌이라는 논란이 있을 수 있다는 견해[232]와 국가와 지방자치단체간의 권한쟁의심판을 헌법재판소의 관장사항으로 정하고 있는 헌법과 헌법재판소법의 취지에 비추어 볼 때 지방자치단체의 장의 중복제소가 있는 경우 헌법재판소가 우선적인 심판권을 갖는다고 보고, 지방자치법이 권한쟁의심판청구의 길을 봉쇄하지 않는 한 위헌이라고 보기는 어렵다고 하는 견해[233], 입법자가 이 규정을 제정할 때에, 권한쟁의심판제도의 존재에 대하여 간과한 채 경솔하게 제정[234]한 것으로 평가하면서 이 조항을 삭제함으로써 자연스럽게 이러한 권한분쟁이 헌법재판소의 권한쟁의심판의 대상으로 되도록 할 필요가 있다는 견해[235], 이러한 소송은 헌법재판소의 권한쟁의심판사항으로 집중화·통일화 할 필요성이 있다는 견해[236] 등이 있다.

중복제소가능
성 문제에 대
한 학설

(2) 지방자치단체의 장에 대한 직무이행명령에 대한 소송

한편 지방자치법 제170조는 지방자치단체의 장이 법령의 규정에 따라 그 의무에 속하는 국가위임사무나 시·도위임사무의 관리와 집행을 명백히 게을리 하고 있다고 인정되면 시·도에 대하여는 주무부장관이, 시·군 및 자치구에 대하여는 시·도지사가 기간을 정하여 서면으로 이행할 사항을 명령할 수 있도록 규정하고 있다(제1항). 그리고 주무부장관이나 시·도지사는 해당 지방자치단체의 장이 제1항의 기간에 이행명령을 이행하지 아니하면 그 지방자치단체의 비용부담으로 대집행하거나 행정상·재정상 필요한 조치를 할 수 있다. 이 경우 행정대집행에 관하여는 「행정대집행법」을 준용한다(제2항).

직무이행명령
에 대한 소송

---

231) 헌법재판소 (주 117), 412면.
232) 헌법재판소 (주 117), 412면.
233) 허영 (주 118), 321－321면.
234) 이 조항을 내용으로 담고 있는 최초의 법률안은 1986년 10. 10.일자 정부제출 지방자치법안(의안번호 120280)인데 법안에 대한 심사보고서에 헌법재판소의 권한쟁의심판과의 중복가능성 우려 등에 관한 언급은 보이지 않는 것으로 보아서 이 점에 대하여는 입법당시에 크게 문제되지 않았던 것으로 보인다.
235) 류지태·박종수, 행정법신론 제15판, 박영사, 2011, 989면.
236) 김하열 (주 229), 609면.

이행명령에 대
한 소

지방자치단체의 장은 이러한 이행명령에 이의가 있으면 이행명령
서를 접수한 날부터 15일 이내에 대법원에 소를 제기할 수 있다. 이 경
우 지방자치단체의 장은 이행명령의 집행을 정지하게 하는 집행정지결
정을 신청할 수 있다(제3항).

기관소송의 성
격

이러한 소송은 지방자치단체의 고유한 사무나 권한을 둘러싼 다툼
이 아니라 지방자치단체의 장이 하위 기관의 지위에서 상급 감독기관을
상대로 제기하는 것이므로 기관소송의 성격을 띠는 것이라 할 수 있
다.237)

다. 권한쟁의심판과 행정소송법상 항고소송 및 당사자소송

항고소송에 있
어서 지자체의
원고적격논란

지방자치단체도 행정소송법상 항고소송의 원고적격이 될 수 있는
지 여부에 대하여는 학계에서 논란이 되고 있으며, 실무에서는 아직까
지 하급심 판결에서만 이를 인정하고 있는 것으로 보인다.238)

권한쟁의심판
과 중복 소지

만일 지방자치단체의 항고소송의 원고적격을 인정하는 경우, 이러
한 항고소송의 쟁점은 국가나 상급지방자치단체의 위법한 처분에 의하
여 하급지방자치단체의 권한이 침해되었다는 것이므로 이러한 점에서
권한쟁의심판과 중복될 소지가 있다.

헌법재판소에
우선적 관할

국가와 지방자치단체 그리고 지방자치단체 상호간의 권한의 존부
와 범위를 둘러싸고 발생하는 분쟁에 대한 관할권은 우리 헌법 제111조
제1항 제4호가 헌법재판소의 관할로 하고 있는 것이므로, 만일 지방자
치단체의 항고소송적격을 인정함으로써, 이 소송과 헌법재판소의 권한
쟁의심판이 중복될 수 있는 경우에는 우선적 관할이 헌법재판소에게 있
다고 하는 쪽으로 해석을 함으로써, 관할의 중복 내지는 충돌을 피해야
할 것이다.

법원과 헌재
판단 경합 또
는 충돌될 가
능성

이것은 사인이 국가나 지방자치단체의 처분이 위법하다고 하면서
그 취소를 구하는 항고소송에 있어서 국가기관이나 지방자치단체의 권
한의 존부가 선결문제로 되는 경우에 법원은 이에 대하여 판단을 해야

---

237) 헌법재판소 (주 117), 412면.
238) 방승주, 지방자치제도의 발전을 위한 헌법개정의 방향, 지방자치법연구 제9권
제2호(2009. 6), 3-30(16).

할 것이며, 이 경우 다른 지방자치단체는 그 처분권한이 자신에게 있음을 주장하면서 자신의 헌법상 또는 법률상 권한의 침해를 이유로 헌법재판소에 권한쟁의심판을 청구할 수 있을 것이다. 이러한 경우에도 권한의 존부 또는 범위에 관한 판단을 둘러싸고 법원과 헌법재판소의 판단이 경합 또는 충돌될 가능성이 있다. 그러나 법원의 선결문제에 대한 판단은 기판력이 없거나 예외적으로 당사자만을 구속하는 데 반하여, 헌법재판소의 권한쟁의심판은 모든 국가기관을 구속하는 기속력이 있으므로, 혹 충돌이 있다 하더라도 헌법재판소의 심판이 우선한다고 보아야 할 것이다.[239]

헌재결정은 국가기관과 법원을 기속

한편 일정한 관할이나 권한이 자신에게 있지 아니하고 국가나 상급지방자치단체에게 있다고 하면서 국가나 상급지방자치단체가 그 관할권을 행사하지 아니함으로 인하여 기초지방자치단체가 관장할 수밖에 없게 됨으로 말미암아 이로 인하여 행정비용이 지출되는 등 권한이 침해되었다고 주장하면서, 일정한 관할권이 피청구인 쪽에 있고, 자신에게는 없다고 하는 소위 소극적 권한쟁의가 가능하다고 보는 경우에는 비용상환청구 등 당사자소송과의 중복이 발생할 수 있다.[240]

당사자소송의 중복 문제

소위 소극적 권한쟁의

다만 헌법재판소는 이러한 소극적 권한쟁의의 성격을 띤 심판청구에 대하여 단순한 채권·채무관계의 분쟁에 불과한 것으로 파악하고 각하한 바 있다.

헌재는 소극적 권한쟁의의 성격을 띤 청구 각하

> **판례** 이 사건 분쟁의 본질은 어업면허의 유효기간연장의 불허가처분으로 인한 어업권자에 대한 손실보상금채무를 처분을 행한 청구인이 부담할 것인가, 그 기간연장에 동의하지 아니한 피청구인이 부담할 것인가의 문제로서, 이와 같은 다툼은 유효기간연장의 불허가처분으로 인한 손실보상금 지급권한의 존부 및 범위 자체에 관한 청구인과 피청구인 사이의 직접적인 다툼이 아니라, 그 손실보상금 채무를 둘러싸고 어업권자와 청구인, 어업권자와 피청구인 사이의 단순한 채권채무관계의 분쟁에 불과하므로, 이 사건 심판청구는 청구인이 피청구인을 상대로 권한쟁의 심판을 청구할 수 있는 요건을 갖추지 못한 것으로서 부적법하다.

---

239) 헌법재판소 (주 117), 413-415면.
240) 헌법재판소 (주 117), 413-415면.

(헌재 1998. 6. 25. 94헌라1, 판례집 제10권 1집 , 739, 739-739)

5. 권한쟁의심판의 청구사유

상호간 권한의 유무 또는 범위에 관하여 다툼이 있을 때

국가기관 상호간, 국가기관과 지방자치단체간 및 지방자치단체 상호간에 권한의 유무 또는 범위에 관하여 다툼이 있을 때에는 해당 국가기관 또는 지방자치단체는 헌법재판소에 권한쟁의심판을 청구할 수 있다.

그리고 이 심판청구는 피청구인의 처분 또는 부작위가 헌법 또는 법률에 의하여 부여받은 청구인의 권한을 침해하였거나 침해할 현저한 위험이 있는 때에 한하여 이를 할 수 있다.

6. 권한쟁의심판의 종류

가. 국가기관 상호간의 권한쟁의심판

국회, 정부, 법원 및 중앙선거관리위원회 상호간의 권한쟁의심판

나. 국가기관과 지방자치단체간의 권한쟁의심판

(1) 정부와 특별시·광역시 또는 도간의 권한쟁의심판
(2) 정부와 시·군 또는 지방자치단체인 구(이하 "자치구"라 한다)간의 권한쟁의심판

단체장이 행정심판의 재결청의 지위에서 행한 처분은 국가기관과 지자체간의 권한쟁의로 파악

지방자치단체장이 행정심판의 재결청의 지위에서 행한 처분이 관할구역 내 하급지방자치단체의 권한을 침해하였는지 여부가 문제된 권한쟁의사건에서 헌법재판소는 이를 국가기관과 지방자치단체 간의 권한쟁의로 파악한 바 있다.

> **판례** 이 사건의 쟁점은 피청구인이 재결청의 지위에서 행정심판법 제37조 제2항의 규정에 따라 행한 직접처분이 청구인의 권한을 침해하는가 여부이다. 따라서 이 사건은 지방자치단체인 청구인(성남시)과 국가기관인 재결청으로서의 피청구인(경기도지사) 사이의 권한쟁의 사건이라고 할 것이다.
> (헌재 1999. 7. 22. 98헌라4, 판례집 제11권 2집, 51, 65-65)

하지만

> 판례 "도시계획사업실시계획인가사무는 시장·군수에게 위임된 기관위임사무
> 로서 국가사무라고 할 것이므로, 청구인의 이 사건 심판청구 중 인가처분에 대
> 한 부분은 지방자치단체의 권한에 속하지 아니하는 사무에 관한 것으로서 부
> 적법"하다고 보았다.
>
> (헌재 1999. 7. 22. 98헌라4, 판례집 제11권 2집 , 51, 66-66)

다. 지방자치단체 상호간의 권한쟁의심판

(1) 특별시·광역시 또는 도 상호간의 권한쟁의심판

(2) 시·군 또는 자치구 상호간의 권한쟁의심판

(3) 특별시·광역시 또는 도와 시·군 또는 자치구간의 권한쟁의심판

권한쟁의가 지방교육자치에관한법률 제2조의 규정에 의한 교육·
학예에 관한 지방자치단체의 사무에 관한 것인 때에는 교육감이 권한쟁
의심판의 당사자가 된다.

<aside>교육·학예에 관한 지자체사무에 관한 경우 교육감이 당사자</aside>

7. 권한쟁의심판의 적법요건

당사자능력이란 권한쟁의심판청구의 당사자가 될 수 있는 능력을
일컫는다. 다시 말해서 헌법과 헌법재판소법이 열거하고 있는 권한쟁의
의 당사자의 범위에 포함되는지 여부의 문제이다.

<aside>당사자가 될 수 있는 능력</aside>

이 당사자능력과 구별되는 개념으로서 당사자적격은 마치 헌법소
원심판에 있어서 기본권침해의 관련성을 문제삼는 것처럼, 권한침해의
관련성이 있는가의 문제라고 할 수 있을 것이다. 그러므로 이하에서는
당사자능력과 당사자적격을 나누어서 살펴보기로 한다.

<aside>당사자적격은 권한침해의 관련성</aside>

가. 당사자능력

권한쟁의심판의 당사자는 각 권한쟁의심판의 종류에 따라 다르다.

> 판례 권한쟁의 심판에 있어서 당사자가 될 수 있는 국가기관이란 국가의사 형
> 성에 참여하여 국법질서에 대하여 일정한 권한을 누리는 헌법상의 지위와 조
> 직이라고 할 수 있다. 이러한 '국가기관'에 해당하는지 여부를 판별함에 있어서

는, 그 국가기관이 헌법에 의하여 설치되고 헌법과 법률에 의하여 독자적인 권한을 부여받고 있는지 여부, 헌법에 의하여 설치된 국가기관 상호간의 권한쟁의를 해결할 수 있는 적당한 기관이나 방법이 있는지 여부 등을 종합적으로 고려하여야 할 것이다(헌재 1997. 7. 16. 96헌라2, 판례집 9-2, 154, 163).

(헌재 2008. 6. 26. 2005헌라7, 판례집 20-1하, 340, 362)

(1) 국가기관 상호간의 권한쟁의심판

국가기관 상호간의 권한쟁의심판의 경우 헌법재판소법 제62조 제1항 제1호는 국회, 정부, 법원 및 중앙선거관리위원회 상호간의 권한쟁의심판으로 열거하고 있다.

규정에 열거되지 않은 국가기관 포함

초기 헌법재판소는 이 규정을 열거규정으로 파악하여 국회의원의 당사자능력을 부인한 바 있었으나[241], 판례를 변경하여 이 규정은 열거규정이 아니라, 예시규정으로 파악하였으며, 국회의 구성원인 국회의원도 당사자능력을 가질 수 있는 것으로 판단하였고, 그 이후 이 판례는 확립되었다.[242] 따라서 이 규정에서 열거되어 있지 아니한 국가기관의 경우도 권한쟁의심판의 당사자가 될 수 있다.

헌법에 의하여 설치, 헌법과 법률에 의하여 독자적인 권한 부여 받은 국가기관

또한 헌법상 국가에게 부여된 임무 또는 의무를 수행하고 그 독립성이 보장된 국가기관이라고 하더라도 오로지 법률에 설치근거를 둔 국가기관이라면 국회의 입법행위에 의하여 존폐 및 권한범위가 결정될 수 있으므로 이러한 국가기관은 '헌법에 의하여 설치되고 헌법과 법률에 의하여 독자적인 권한을 부여받은 국가기관'이라고 할 수 없다고 하면서 국가인권위원회의 권한쟁의당사자능력을 부인하였다.[243]

정부기간 상호간에 대해 당사자능력 불인정

권한쟁의 당사자능력을 인정받을 수 있는 정부기관은 대통령, 국무총리, 행정각부의 장 등을 들 수 있을 것인데[244], 다만 정부기관 상호간에서가 아니라, 다른 국가기관 가령 국회나 그 밖에 지방자치단체간의 권한쟁의의 경우 정부의 부분기관들도 권한쟁의의 당사자능력을 가질

---

241) 헌재 1995. 2. 23. 90헌라1, 판례집 제7권 1집, 140, 147－150.
242) 헌재 1997. 7. 16. 96헌라2, 판례집 제9권 2집, 154, 162－165.
243) 헌재 2010. 10. 28. 2009헌라6, 판례집 제22권 2집 하, 1, 1－2. 재판관 3인의 반대의견 있음.
244) 헌법재판소 (주 117), 389면 이하.

수 있다고 보아야 할 것이고, 정부기관 상호간에는 결국 상명하복의 관계에 있거나, 가령 국무회의 등에서 서로 갈등관계가 조정될 수 있기 때문에, 권한쟁의로 다투는 것은 의미가 없을 것이며, 굳이 그들 상호간에 당사자능력을 인정해야 할 필요도 없다고 할 것이다.

(가) 국 회

우선 전체기관으로서 국회가 권한쟁의심판의 당사자능력을 갖는다는 것은 당연하다.

이 전체기관으로서의 국회가 아니라, 부분기관인 국회의장, 국회부의장, 상임위원회 위원장, 원내교섭단체 등이 당사자로 될 수 있을 것인지 여부가 문제될 수 있다.

국회의장을 피청구인으로 한 권한쟁의심판사건은 여러 차례 있었다.

국회부의장의 경우 국회의원과 국회의장 등 간의 권한쟁의심판에서의 국회부의장의 피청구인적격을 부인한 것으로는 헌재 2009. 10. 29. 2009헌라8이 있다.[245)

국회의원이 국회의장을 상대로 권한쟁의심판을 청구하고 그 당사자능력을 인정한 판례는 많이 있다.[246)

국회의원의 소수집단이 당사자가 될 수 있을 것인지가 문제될 수 있다. 헌법재판소법 제61조 제2항에서는 "헌법 또는 법률에 의하여 부여받은 권한"이라고 규정하고 있어서 국회규칙에 의하여 부여받은 권한도 여기에 포함되는지 여부에 따라 해석이 달라질 수 있을 것인데, 국회규칙도 여기에 포함된다고 보는 주장도 있을 수 있다. 이와 관련하여 표결시에 임의로 형성되는 다수파나 소수파는 당사자의 지위가 인정되지 않는다고 본다.[247) 그러나 일정수의 국회의원에게 동의권, 발의권, 요구권 등이 주어진 경우(가령 재적의원 과반수에 의한 헌법개정의 발의, 재적의원

오른쪽 여백 주기:
국회

국회의장을 상대로 청구

국회의원의 소수집단의 당사자능력

---

245) 김하열 (주 229), 616면은 이 결정을 헌재가 국회부의장의 당사자능력을 인정한 판례로 들고 있으나, 이 결정은 국회부의장의 피청구인적격을 부인한 판례임.

246) 헌재 1997. 7. 16. 96헌라2; 헌재 2010. 12. 28. 2008헌라7 등. 대통령을 상대로 한 것 - 헌재 1998. 7. 14. 98헌라1; 헌재 2007. 10. 25. 2000헌라5. 상임위원회 위원장; 헌재 2010. 12. 28. 2008헌라7 등, 판례집 제22권 2집 하, 567 [인용(권한침해), 기각, 각하]

247) BVerfGE 2, 143을 인용하며, 정종섭 (주 118), 518면.

1/3이상에 의한 국무총리·국무위원의 해임건의의 발의)에는 그 권한의 행사 결과 형성된 국회의원의 집단에 해당 권한의 행사에 있어서 당사자로서의 지위를 인정할 필요가 있는데 그 이유는 이와 같은 소수 국회의원의 집

소수자 내지 야당에 의한 권력통제 가능

단이나 원내교섭단체248), 국회의원에게 당사자로서의 지위를 인정하게 되면 소수자 내지 야당에 의한 권력통제가 가능해질 것이기 때문이다.249)

제 3 자소송담당 불인정(헌재)

헌법재판소는 국회의 국회의 구성원인 국회의원이 국회의 권한침해를 주장하는 권한쟁의심판에서 제3자소송담당을 인정하지 않고 있기 때문에 청구인적격을 갖지 못한다고 보고 있다.250)

(나) 정 부

정부, 대통령, 국무총리, 국무위원, 행정 각부의 장, 감사원

전체로서의 정부251), 대통령252), 국무총리, 국무위원, 행정 각부의 장253), 감사원254)은 헌법기관으로서 당사자가 될 수 있다.

(다) 법 원

원칙적으로 법원 청구인적격 인정

법원은 재판을 담당하는 헌법기관으로서 이론적으로는 대법원과 각급법원이 권한쟁의의 당사자가 될 수 있을 것이나, 심급제도나 법원 상호간의 상하 위계질서에 의하여 법원 내부간의 갈등의 문제는 자연스럽게 해결될 수 있을 것이다. 다만 가령 대법원장이 대법관회의의 동의

---

248) 김하열 (주 229), 616면.

249) 정종섭 (주 118), 519면.

250) 헌재 2015. 11. 26. 2013헌라3, 판례집 제27권 2집 하, 126. 재판관 3인의 반대의견 있음.

251) 헌재 2005. 12. 22. 2004헌라3 - 정부의 법률안제출행위를 문제삼았으나 헌재는 정부의 피청구인적격을 부인하였음. 다만 법률안제출권 외에 예산안 편성 등 예산에 관한 정부의 권한 등은 대통령이 아니라 정부의 권한이므로, 정부가 당사자가 되어야 함 (김하열 (주 230), 617면).

252) 98헌라1, 2005헌라8, 2006헌라5, 서울특별시/강남구가 청구인이 되어 대통령령에 의한 지방자치권한 침해 여부를 다툰 사건(헌재 2002. 10. 31. 2001헌라1). 국가인권위원회가 대통령령에 의한 직제축소를 다투었던 사건(헌재 2010. 10. 28. 2009헌라6). 김하열 (주 230), 617면.

253) 지방자치단체가 청구인이 되어 중앙정부로부터의 권한침해를 다툰 사건들은 많음(헌재 2001. 10. 25. 2000헌라3, 헌재 2002. 10. 31. 2002헌라2, 헌재 2006. 3. 30. 2003헌라2, 헌재 2006. 3. 30. 2005헌라1, 헌재 2005. 12. 22, 2005헌라5, 헌재 2007. 3. 29. 2006헌라7, 헌재 2009. 5. 28, 2006헌라6 등. 이상 김하열 (주 230), 617면.

254) 감사원의 포괄적 감사권 행사로 인하여 지방자치권한이 침해되었는지 여부가 문제되었던 사건 헌재 2008. 5. 29, 2005헌라3.

가 없이 법관을 임명하는 경우, 대법관이 대법원장을 상대로 권한쟁의 심판을 청구하는 것을 가정해 볼 수 있을 것이다. 그 밖에 대법원규칙이나 사법행정 등과 관련하여 다른 국가기관과 권한분쟁이 발생하는 경우를 가정해 볼 수 있을 것이다.[255]

(라) 헌법재판소

그리고 헌법재판소가 당사자능력을 가질 것인지는 논란이 될 수 있다. 헌법재판소가 권한쟁의의 당사자능력을 가지게 되면, 당사자로서 자신의 문제에 대하여 자신이 판단해야 한다는 모순이 있을 수 있다. 그러므로 헌재의 당사자능력의 인정여부의 문제는 신중히 접근해야 할 것이다. 헌재 스스로도 헌법재판소는 당사자가 될 수 없다고 판시한 바도 있다. "그 심판을 담당하는 국가기관으로서 스스로 당사자가 될 수 없다"[256]

헌법재판소의 당사자능력 불인정

(마) 중앙선거관리위원회

헌재법 제62조 제1항 제1호의 명문규정으로 볼 때 중앙선거관리위원회가 당사자가 될 수 있음은 당연하다. 각급 선거관리위원회 역시 당사자능력을 가진다.[257]

중앙선거관리위원회의 당사자능력 인정

(바) 정 당

한편 정당이 권한쟁의심판의 당사자능력이 있는지 여부에 대하여는 긍정설[258]과 부정설[259]이 갈리고 있다.

긍정설, 부정설

독일 연방헌법재판소의 경우, 정당을 헌법기관의 일종으로 보고 정당의 헌법적 지위와 관련된 분쟁일 경우에는 정당이 권한쟁의심판을 청구할 수 있음을 인정하고 있다.[260] 독일 기본법 제93조 제1항 제1호가 권한쟁의심판의 당사자로서 "연방최고기관과 다른 참가자(anderer Beteiligter)"로 규정하고 있기 때문에 비국가적인 기관에 대하여 당사자로서의 지위

독일 연방헌법재판소 판례의 추이

---

255) 김하열 (주 230), 618면.
256) 헌재 1995. 2. 23. 90헌라1, 판례집 제7권 1집, 140, 148; 김하열 (주 230), 618면.
257) 헌재 2008. 6. 26. 2005헌라7, 판례집 제20권 1집 하, 340, 352-353.
258) 정태호, 국가기관 상호간의 권한쟁의제도와 정당, 심천계희열박사 화갑기념논문집, 정당과 헌법질서, 1995, 385-443(442)면.
259) 정종섭 (주 118), 524면; 김하열 (주 230), 619-620면.
260) BVerfGE 4, 27; BVerfGE 44, 125; BVerfGE 66, 107, 김하열 (주 230), 620면.

를 부여할 실정법적 근거를 마련하고 있는 데 반하여 그러한 조항이 없는 우리 헌법과 헌재법의 해석상 정당의 당사자능력인정을 회의적으로 보는 견해도 있다.[261]

당사자능력 인정할 경우 야당의 정부여당에 대한 통제 가능성 높여 주는 효과

생각건대, 정당이 국민의 정치적 의사형성을 매개하는 기능을 가지고 각종 선거에 참여하는 등 국가기관에 버금갈 만한 공적 지위와 기능을 가지고 있는 것은 사실이다. 그리고 정당에게 권한쟁의의 당사자능력을 인정하게 되면 결과적으로는 야당에게 정부여당에 대한 통제권한을 확대시켜주는 효과를 낳게 되는 것도 또한 인정할 수밖에 없다. 특히 오늘날 정부여당에게 권력이 집중되어 있다 보니 그에 대한 통제를 효과적으로 해야 할 야당이 필요하다고 하는 관점에서는 권한쟁의심판의 당사자능력을 정당, 특히 야당에게도 인정하는 쪽으로 확대 해석해야 한다는 견해도 나올 수 있는 것이다.[262]

정치사회적 영역에 뿌리를 두고 있는 국민의 자발적 조직이므로 국가기관적 성격은 없다고 보는 것이 타당

그러나 정당은 전술한 바와 같이 여전히 정치사회적 영역에 뿌리를 두고 있으며, 국민의 자발적인 조직인 것도 분명한 사실이다. 정당이 공적 기능을 갖는다고 해서 바로 국가기관이 되는 것은 아니다. 그리고 독일 연방헌법재판소법에는 다른 참가자들도 권한쟁의심판에 참가할 수 있도록 명문규정을 두고 있다. 그러나 우리 헌법이나 헌법재판소법에는 그러한 규정이 없고, 오로지 국가기관과 국가기관 또는 국가기관과 지방자치단체 상호간의 권한의 유무와 범위에 관한 다툼이 발생할 경우에 제기할 수 있는 소송이 바로 권한쟁의심판이다. 이러한 점을 고려해 볼 때, 국가기관 상호간의 권한의 유무나 범위에 관한 다툼이라고 할 수 있는 권한쟁의심판에 있어서 정당의 당사자능력을 인정하기는 쉽지 않아 보인다.[263]

---

261) 김하열 (주 230), 620면.
262) 방승주, 권력구조의 민주화와 정당 – 야당기능의 활성화와 당내민주주의를 중심으로, 헌법학연구 제8권 제2호(2002. 8), 9－52(15－16)면; 정태호 (주 259), 443면.
263) 동지, 김하열 (주 230), 620면. 그리고 위 제2장, 제3관, Ⅳ, 5, 나. 참조.

(2) 국가기관과 지방자치단체 상호간의 권한쟁의

법 제62조 제1항 제2호는 국가기관과 지방자치단체 간의 권한쟁의를 "정부와 특별시·광역시 또는 도 간의 권한쟁의, 정부와 시·군 또는 지방자치단체인 구 간의 권한쟁의"로 규정하고 있다.

이 경우에도 정부 외의 다른 국가기관은 당사자가 될 수 없는가의 문제가 제기되나, 여기에서도 정부는 예시규정으로서 그 밖의 국가기관들이나 부분기관들을 포함하는 넓은 의미로 새겨야 할 것이고, 헌법재판소 역시 마찬가지로 서울시와 행정자치부간의 권한쟁의심판을 적법한 것으로 받아들인 바 있었으며,264) 그 밖에 대통령265), 행정자치부장관266), 건설교통부장관267), 감사원(헌재 2008. 5. 29. 2005헌라3)의 경우 정부의 부분기관으로서 당사자능력을 인정한 바 있었다.

또한 겉으로는 지방자치단체간의 권한쟁의 같아 보이지만, 광역지방자치단체가 행정심판의 재결청으로서의 지위에서 행한 처분으로 인한 권한분쟁의 경우에는 이를 국가기관과 지방자치단체간의 권한쟁의로 파악하기도 하였다.268)

> 판례 이 사건의 쟁점은 피청구인이 재결청의 지위에서 행정심판법 제37조 제2항의 규정에 따라 행한 직접처분이 청구인의 권한을 침해하는가 여부이다. 따라서 이 사건은 지방자치단체인 청구인(성남시)과 국가기관인 재결청으로서의 피청구인(경기도지사) 사이의 권한쟁의 사건이라고 할 것이다.
>
> (헌재 1999. 7. 22, 98헌라4, 판례집 제11권 2집 , 51, 65-65)

그리고 국회는 지방자치단체가 청구하는 소위 규범통제적 권한쟁의심판의 피청구인으로서 당사자가 된다.

> 판례 헌법재판소법 제62조 제1항 제2호는 국가기관과 지방자치단체 간의 권한

정부 외의 다른 국가기관의 당사자능력

국회는 규범통제적 권한쟁의심판의 피청구인

---

264) 헌재 2009. 5. 28. 2006헌라6, 판례집 제21권 1집 하, 418 서울특별시와 정부 간의 권한쟁의
265) 헌재 2002. 10. 31. 2001헌라1, 판례집 제14권 2집, 362; 헌재 2007. 7. 26. 2005헌라8, 공보 130, 824. 헌법재판소 (주 117), 400면.
266) 헌재 2001. 10. 25. 2000헌라3, 판례집 제13권 2집, 465.
267) 헌재 2006. 3. 30. 2003헌라2, 공보 114, 523.
268) 헌법재판소 (주 117), 404-405면.

쟁의심판에 대한 국가기관측 당사자로 '정부'만을 규정하고 있지만, 이 규정의 '정부'는 예시적인 것이므로 대통령이나 행정각부의 장 등과 같은 정부의 부분기관뿐 아니라 국회도 국가기관과 지방자치단체 간 권한쟁의심판의 당사자가 될 수 있다.(헌재 2003. 10. 30. 2002헌라1, 판례집 15-2하, 17, 27; 헌재 2005. 12. 22. 2004헌라3, 판례집 17-2, 650, 658 참조). 따라서 피청구인 국회는 당사자 능력이 인정된다.

(헌재 2008. 6. 26. 2005헌라7, 판례집 20-1하, 340, 351-351)

(3) 지방자치단체 상호간의 권한쟁의

지방자치단체 상호간

지방자치단체 상호간의 권한의 유무 내지는 침해에 관한 다툼이 있을 경우 지방자치단체 상호간은 모두 권한쟁의심판의 당사자가 될 수 있다.

각 지방자치단체장이 대표

법 제62조 제1항 제3호는 지방자치단체 상호간의 권한쟁의심판으로 특별시, 광역시 또는 도 상호간의 권한쟁의심판, 시·군 또는 자치구 상호간의 권한쟁의심판, 특별시, 광역시 또는 도와 시·군 또는 자치구 간의 권한쟁의심판을 규정하고 있다. 따라서 당사자는 특별시, 광역시, 도, 시, 군, 자치구이며 각 지방자치단체장이 이를 대표한다(지방자치법 제92조).

지방자치단체 상호간의 권한쟁의의 당사자는 지방자치단체 그 자체이지 단체장이 아니다. 단체장은 그 지방자치단체를 대표할 뿐이다.

> 판례 국가기관으로서의 평택시장이 이 사건 제방을 자신의 토지대장에 등록함으로써, 이 사건 제방에 대한 관할권한의 다툼이 당진군과 평택시간에 발생하였으므로, 지방자치단체 상호간의 권한쟁의가 성립한다. 따라서 청구인 당진군과 피청구인 평택시는 청구인적격과 피청구인적격을 각각 가진다.
>
> (헌재 2004. 9. 23, 2000헌라2, 판례집 제16권 2집 상, 404, 422-422)

> 판례 **당사자능력을 결하여 각하한 사례**
> 권한쟁의 심판청구는 헌법과 법률에 의하여 권한을 부여받은 자가 그 권한의 침해를 다투는 헌법소송으로서 이러한 권한쟁의심판을 청구할 수 있는 자에 대하여는 헌법 제111조 제1항 제4호와 헌법재판소법 제62조 제1항 제3호가 정하고 있는바, 이에 의하면 지방자치단체의 장은 원칙적으로 권한쟁의 심판청

구의 당사자가 될 수 없다. 다만 지방자치단체의 장이 국가위임 사무에 대해
국가기관의 지위에서 처분을 행한 경우에는 권한쟁의 심판청구의 당사자가 될
수 있다. 그런데 이 사건 ○○ 주식회사에 대한 피청구인 순천시장의 과세처
분은 지방자치단체의 권한에 속하는 사항에 대하여 지방자치단체사무의 집행
기관으로서 한 과세처분에 불과하므로 피청구인 순천시장은 이 사건 지방세
과세 권한을 둘러싼 다툼에 있어 권한쟁의 심판청구의 당사자가 될 수 없고,
청구인 광양시장 또한 마찬가지이다. 따라서 청구인 광양시장의 피청구인들에
대한 심판청구와 청구인 광양시의 피청구인 순천시장에 대한 심판청구는 모두
당사자능력을 결한 청구로서 부적법하다.

(헌재 2006. 8. 31, 2003헌라1, 판례집 제18권 2집, 319, 319-320

국가기관의 경우와는 달리 헌법 제117조 제2항에서 지방자치단체 | 지방자치단체
의 종류는 법률로 정하도록 위임하고 있다, 해석을 통하여 당사자능력 | 의 종류 법률
여부를 결정해야 하는 어려움은 국가기관의 경우와는 달리 발생하지는 | 에 위임
않는다. 다만 지방자치단체의 기관, 가령 지방자치단체의 장과 지방의회
가 당사자가 될 수 있는지 여부에 대해서는 논란이 되고 있다.

(가) 긍정설

긍정설은 권한쟁의심판제도의 취지와 성질을 근거로 일반적으로 | 권한쟁의의 취
긍정하고자 한다.[269] | 지와 성질을
 | 근거로 긍정

(나) 제한적 긍정설

제한적 긍정설은 지방자치단체 기관의 당사자성을 제한적으로, 즉 | 지방자치단체
지방자치단체 기관 상호간의 권한쟁의심판은 허용되지 않지만 지방자치 | 의 장, 지방의
단체 기관과 국가기관 간에는 달리 보아야 한다는 입장이다. 즉 국가기 | 회 당사자 제
관과 지방자치단체 기관 간에 그리고 상이한 지방자치단체에 속하는 기 | 한적 인정서
관 간에 권한분쟁이 발생할 수 있고, 이러한 경우에 중앙권력 등에 의한
자치권한의 침해를 보호받을 수 있는 사법적 구제수단이 필요한데, 행
정소송법상의 기관소송은 자기소송으로서 공법상의 법인 내부에서의 권
한분쟁의 해결수단이라는 것이 그 본질이므로, 각기 다른 권리주체에
귀속하는 기관 간의 권한분쟁을 기관소송의 관할로 인정하는 것이 쉽지

---

269) 정종섭 (주 118), 522면.

않으므로, 이러한 경우에는 제한적으로 지방자치단체 기관의 당사자성을 인정하는 것이 타당하다는 것이다.[270]

(다) 부정설

지방자치단체의 장, 지방의회 당사자 부정설

국가의 경우 "국가기관"이라고 명시하였음에도 지방자치단체의 경우 "지방자치단체"라고 규정하고 있는 헌법의 문언상 지방자치단체의 기관은 권한쟁의심판의 당사자가 될 수 없다.

따라서 ⅰ) 동일 지방자치단체에 속하는 기관 간의 권한분쟁, ⅱ) 상이한 지방자치단체에 속하는 기관간의 권한분쟁, ⅲ) 지방자치단체의 기관과 국가기관 간의 권한분쟁은 헌법재판소의 권한쟁의심판권의 대상이 될 수 없다. ⅱ), ⅲ)의 권한분쟁에 관한 한 현행법상 관할의 흠결이 발생하지만 "지방자치단체"에 그 기관까지 포함한다고 해석하는 것은 입법론으로는 모르되 해석론으로서는 무리한 확장해석이다.[271]

헌재는 지자체 기관의 당사자 능력 부인

헌법재판소는 지방자치단체 기관의 당사자능력을 부인하고 있다.[272]

나. 당사자적격

권한을 침해하였거나 침해할 현저한 위험

권한쟁의심판을 청구하려면 청구인과 피청구인 상호간에 헌법 또는 법률에 의하여 부여받은 권한의 존부 또는 범위에 관하여 다툼이 있어야 하고, 피청구인의 처분 또는 부작위가 헌법 또는 법률에 의하여 부여받은 청구인의 권한을 침해하였거나 침해할 현저한 위험이 있는 경우이어야 한다(헌재 1998. 6. 25. 94헌라1, 판례집 10-1, 739, 751-752 참조). (헌재 2004. 9. 23. 2000헌라2, 판례집 제16권 2집 상, 404, 416-416)

청구인적격과 피청구인적격

당사자적격은 청구인적격과 피청구인적격으로 나누어 검토해 볼 수 있다.

> 판례 **청구인적격**

---

270) 헌재 2007. 5. 29. 2006헌라7: 부산광역시 동래구청장 <-> 건설교통부장관. 당사자능력 구비 여부 판단하지 않고 청구기간 경과로 각하. 김하열 (주 230), 622면.
271) 김하열 (주 229), 623면.
272) 헌재 2006. 8. 31. 2003헌라1; 헌재 2010. 4. 29. 2009헌라11; 헌재 2010. 4. 29. 2009헌라11, 판례집 제22권 1집 상, 596, 600-603. 재판관 2인의 반대의견 있음.

지방자치단체 상호 간의 권한쟁의심판에 있어서 청구인적격은 침해당하였다고 주장하는 헌법상 내지 법률상 권한과 적절한 관련성이 있는 자에게 인정된다. 청구인은 이 사건 법률조항에 의하여 이 사건 도로들, 제방, 섬들이 자신의 관할구역으로 변경되었는데 피청구인의 이 사건 부작위 및 점용료부과처분으로 위 토지들에 대한 청구인의 자치권한이 침해되었다고 주장하고 있는바, 주장 자체에서 일응 청구인이 주장하는 피침해권한과 청구인이 무관하다고 볼 수 없으므로 청구인에게 이 사건 심판의 청구인적격이 인정된다.

  (헌재 2006. 8. 31, 2004헌라2, 판례집 제18권 2집 , 356, 363-363)

판례 **피청구인적격**

지방자치단체 상호 간의 권한쟁의심판의 피청구인적격은 권한을 침해하는 처분 또는 부작위를 행하여 법적 책임을 지게 되는 자에게 인정된다. 청구인이 권한침해를 야기하였다고 주장하는 이 사건 부작위 및 점용료부과처분은 모두 피청구인의 이름과 책임으로 행해진 것이므로 피청구인에게는 이 사건 심판의 피청구인적격이 인정된다.

  (헌재 2006. 8. 31, 2004헌라2, 판례집 제18권 2집, 356, 363-363)

국회부의장: 국회의원과 국회의장 등 간의 권한쟁의심판에서의 국회부의장의 피청구인적격을 부인한 것으로는 헌재 2009. 10. 29. 2009헌라8이 있다.
국회부의장

판례 권한쟁의심판에서는 처분 또는 부작위를 야기한 기관으로서 법적 책임을 지는 기관만이 피청구인적격을 가지므로, 이 사건 심판은 의안의 상정·가결선포 등의 권한을 갖는 국회의장을 상대로 제기되어야 한다. 국회부의장은 국회의장의 직무를 대리하여 법률안을 가결선포할 수 있을뿐(국회법 제12조 제1항), 법률안 가결선포행위에 따른 법적 책임을 지는 주체가 될 수 없으므로, 국회부의장에 대한 이 사건 심판청구는 피청구인 적격이 인정되지 아니한 자를 상대로 제기되어 부적법하다(이하, '피청구인'이라고만 표시되었을 경우 이는 국회부의장이 '피청구인 국회의장'의 직무를 대리한 것을 의미한다).

  (헌재 2009. 10. 29. 2009헌라8 등, 판례집 21-2하, 14, 15.)

－ 국회의장:
국회의장

판례 피청구인의 부작위에 의하여 청구인의 권한이 침해당하였다고 주장하는 권한쟁의심판은 피청구인에게 헌법상 또는 법률상 유래하는 작위의무가 있음에도 불구하고 피청구인이 그러한 의무를 다하지 아니한 경우에 허용된다. 이 사건 당일 국회의장에게 국회 외교통상통일위원회(이하 '외통위'라 한다) 전체 회의가 원만히 이루어지도록 질서유지조치를 취할 구체적 작위의무가 있었다고 보기 어려우므로, 이를 전제로 한 국회의장에 대한 이 사건 심판청구는 피청구인 적격이 인정되지 아니하여 부적법하다.

(헌재 2010. 12. 28. 2008헌라7 등, 판례집 22-2하, 567, 567-568)

전체로서의 국회

－전체로서의 국회: 인정

판례 헌법재판소법 제62조 제1항 제2호는 국가기관과 지방자치단체 간의 권한쟁의심판에 대한 국가기관측 당사자로 '정부'만을 규정하고 있지만, 이 규정의 '정부'는 예시적인 것이므로 대통령이나 행정각부의 장 등과 같은 정부의 부분기관뿐 아니라 국회도 국가기관과 지방자치단체 간 권한쟁의심판의 당사자가 될 수 있다.(헌재 2003. 10. 30. 2002헌라1, 판례집 15-2하, 17, 27; 헌재 2005. 12. 22. 2004헌라3, 판례집 17-2, 650, 658 참조). 따라서 피청구인 국회는 당사자 능력이 인정된다.

(헌재 2008. 6. 26, 2005헌라7, 판례집 20-1하 , 340, 351)

소극적 권한쟁의

소위 소극적 권한쟁의의 가능성 인정여부의 문제가 제기된다.

소극적 권한쟁의라 함은 자신에게 권한이 없고 다른 기관에게 권한이 있음에도 불구하고 다른 기관이 권한행사를 하지 않음으로 인하여 자신의 권한이 침해되었다고 주장하면서 권한쟁의심판을 하는 경우라고 할 수 있다.

객관적 권한질서의 유지, 국가업무의 지속적 수행 목적 달성(인정설)

이 문제에 대하여 인정설은 헌법 제111조 제1항 제4호의 취지는 모든 권한쟁의를 헌법재판소의 원칙적 관할로 규정하고 있으며, 법 제61조 제1항에서 정하고 있는 "권한의 존부 또는 범위에 관한 다툼"에는 소극적 권한쟁의도 당연히 포함되고, 소극적 권한쟁의를 인정하지 않을 경우, 객관적 권한질서의 유지와 국가업무의 지속적 수행이라는 권한쟁의심판제도의 목적을 충분히 달성할 수 없다는 입장이다.[273]

다른 소송제도

한편 부인설은 헌법 제111조 제1항 제4호는 소극적 권한쟁의를 반

---

273) 헌법재판소 (주 117), 408면 이하.

드시 인정하여야 할 근거가 될 수 없고 그 인정 여부는 입법자에게 맡겨져 있으며, 법 제61조 제2항에서 청구인의 권한이 침해되었거나 침해될 현저한 위험성이 있을 것을 요구하고 있는데 소극적 권한쟁의는 이 요건을 충족할 수 없고, 현행 사법제도상 소극적 권한쟁의를 법적으로 해결할 길이 전혀 없는 것도 아니라는 입장이다.

비교법적으로는 독일은 소극적 권한쟁의를 인정하지 않고 있으며, 오스트리아와 스페인에서는 명문으로 이를 인정하고 있다.

생각건대 우리 헌법재판소법 제61조는 제1항에서 권한의 유무 또는 범위에 관하여 다툼이 있을 때를 심판청구의 요건으로 들고 있지만 또한 제2항에서 피청구인의 처분 또는 부작위가 헌법 또는 법률에 의하여 부여받은 청구인의 권한을 침해하였거나 침해할 현저한 위험이 있는 경우에만 할 수 있다고 규정하고 있기 때문에, 서로 권한이 없음을 다투는 경우에는 부작위에 의하여 권한이 침해되는 경우를 제외하고는 구체적으로 권한이 침해될 가능성이 없다고 보이기 때문에, 소극적 권한쟁의는 결국 부작위에 의한 권한침해의 문제로 다툴 수 있을 것이라고 생각된다. 따라서 소극적 권한쟁의에 대해서는 이를 인정할 필요가 없다고 생각된다.

헌법재판소 역시 아직까지 명시적으로 소극적 권한쟁의라고 하는 표현을 사용한 것은 아니지만 사실상 소극적 권한쟁의의 성격을 띤 권한쟁의심판청구에 대하여 모두 부적법하다고 하면서 각하한 바 있다.[274]

권한쟁의심판에 있어서 제3자소송담당이 가능한지 여부의 문제가 제기된다. 제3자소송담당이란 전술한 바와 같이 다른 사람의 권리를 자신의 이름으로 주장하는 것을 말한다. 현행 헌법재판소법은 권한쟁의심판과 관련해서도 제3자소송담당의 가능여부에 대해서 아무런 규정을 두고 있지 아니하다. 전술하였듯이 헌법재판소는 국가기관의 부분기관이 국가기관 전체를 위하여 제3자소송담당으로 전체 기관의 권한침해를 이

로 해결할 수 있음(부인설)

독일 불인정, 오스트리아, 스페인 인정

소극적 권한쟁의 인정 불필요

헌재 부적법·각하

제3자소송담당 인정 여부

---

274) 헌재 1998. 6. 25. 94헌라1, 영일군과 정부간의 권한쟁의, 판례집 제10권 1집, 739 [각하]; 헌재 1998. 8. 27. 96헌라1, 시흥시와 정부간의 권한쟁의, 판례집 제10권 2집, 364 [기각]. 김하열 (주 229), 640면.

유로 제기한 권한쟁의심판에서 제3자소송담당 가능성을 부인하였다.275)

이와 관련하여 학계에서는 제3자소송담당을 인정해야 한다는 설과 그렇지 않다는 설로 나뉜다.

제3자소송담당 인정설의 논거: 소수자와 야당의 보호

인정설의 헌법이론적 근거는 소수의 보호와 여당과 야당간의 기능적인 권력통제를 통한 헌법의 기능보호에서 찾고 있다.276) 또한 헌법재판소의 다수의견이 제3자소송담당을 인정하게 되면 의회주의의 본질에 어긋난다고 하는 주장에 대하여 제3자 소송담당은 의회 내 다수파의 정략적 묵인으로 대정부 견제라는 의회주의의 본질이 훼손되는 상황에서 이를 회복하기 위하여 강구되는 것이므로 오히려 의회주의를 강화하는 수단이라고 할 것이라고 하며, 또한 헌재 다수의견의 권한쟁의심판남용 우려에 대하여 권한쟁의심판은 일반 국민이 아니라 국민의 대표자로서 헌법기관인 국회의원 또는 이들로 구성되는 국회의 부분기관만이 청구할 수 있는 소송유형일 뿐만 아니라, 제3자 소송담당의 자격을 교섭단체 또는 그에 준하는 정도의 실체를 갖춘 의원 집단에 한하여 인정할 경우 더욱 남용의 우려가 없다고 반박을 하고 있다.277)

제3자소송담당 부인설: 법적 근거 없음

이에 반하여 부인설은 우리 권한쟁의심판에서 아무런 법적 근거가 없음에도 불구하고 부분기관에게 전체기관을 갈음한 소송수행권 혹은 심판절차수행권을 보편적으로 부여한다는 것은 불가능하다고 한다.278)

예외적으로 인정 필요

생각건대 제3자소송담당이 헌법재판소법에 명문으로 규정되어 있지 아니한 이상 일반 소송법상의 법리를 유추하여 적용할 수밖에 없을 것인데, 이와 같은 방법에 의하지 아니하고는 권리주체가 전혀 아무런 권한침해에 대한 법적 구제를 받을 수 있는 방법이 없다고 할 수 있는 예외적인 경우에는 제3자소송담당을 인정하여야 할 것이다. 다만 국회

---

275) 헌재 1998. 7. 14. 98헌라1, 대통령과 국회의원간의 권한쟁의, 판례집 제10권 2집, 1 [각하]; 헌재 2007. 7. 26. 2005헌라8, 국회의원과 정부간의 권한쟁의, 판례집 제19권 2집, 26 [각하]; 헌재 2007. 10. 25. 2006헌라5, 국회의원과 대통령 등간의 권한쟁의, 판례집 19-2, 436 [각하]; 헌재 2008. 1. 17. 2005헌라10, 국회의원과 대통령 등 간의 권한쟁의, 판례집 제20권 1집 상, 70 [각하].

276) 허영 (주 118), 328-329면.

277) 김하열 (주 229), 641면; 그 밖에 인정설로는 허영 (주 118), 328면; 성낙인 외, 헌법소송론, 2012, 323면.

278) 신평, 헌법재판법, 법문사 2011, 544면.

다수당에 소속된 국회의원들의 경우에는 그들이 의결을 통하여 국회의 이름으로 동의권을 행사하거나 혹은 헌법재판소에 권한침해에 대하여 다툴 수 있는 방법이 있기 때문에, 원내 다수파에게까지 제3자소송담당을 인정해야 할 필요성은 적어 보인다.[279] 그에 반하여 원내 소수파와 그 교섭단체에 대하여는 그들이 국회의 권한침해를 자신들의 이름으로 주장할 수 있도록 하는 경우 실질적 권력분립의 견지에서 실질적으로 정부를 견제할 수 있는 야당의 법적 지위를 강화할 수 있다는 점에서 권한쟁의에서도 제3자소송담당을 인정할 필요와 실익이 있다고 할 수 있을 것이다. 또한 다른 한편으로 정당에 대하여 권한쟁의심판의 당사자 능력을 인정하게 되면 이러한 문제는 자연스럽게 해결될 수도 있다고 할 수 있을 것이다.

원내 다수파에게까지 인정할 필요는 없음

야당의 법적 지위를 강화하기 위해서라도 인정 필요

다. 피청구인의 처분 또는 부작위의 존재

권한쟁의심판청구가 적법하기 위해서는 권한쟁의의 심판대상이 될 수 있는 피청구인의 처분 또는 부작위가 존재하여야 한다.

여기서 '처분'이란 법적 중요성을 지닌 것에 한하므로, 청구인의 법적 지위에 구체적으로 영향을 미칠 가능성이 없는 행위는 '처분'이라 할 수 없어 이를 대상으로 하는 권한쟁의심판청구는 허용되지 않는다.[280]

청구인의 법적 지위에 영향을 미치는 처분

처분에는 개별적 행위뿐만 아니라 일반적 규범의 정립까지도 포함된다.

개별적 행위와 일반적 규범의 정립

입법영역에서의 처분은 법률제정과 관련된 행위[281]를 포함한다. 법률의 제·개정행위가 문제되는 경우 국회의장이 피청구인이 된다.

법률의 제·개정 행위

행정영역에서의 처분은 행정소송법상 처분개념보다 넓어 법규의 제·개정행위[282], 개별적 행정행위가 포함된다. 장래의 처분[283]도 예외

법규의 제·개정행위, 개별

---

279) 이에 반하여 다수파이든 소수파이든 국회의원들에게 부분기관으로서 국회의 권한침해에 대하여 다툴 수 있어야 한다고 보는 견해로는 정종섭 (주 118), 519면.

280) 헌재 2005. 12. 22. 2004헌라3, 판례집 제17권 2집, 650, 658.

281) 예컨대 법률안 가결·선포행위, 헌재 1997. 7. 16. 96헌라2; 2006. 2. 2. 2005헌라6), 법률의 제·개정행위(헌재 2005. 12. 22. 2004헌라3; 2006. 5. 25. 2005헌라4).

282) 대통령령의 경우 - 헌재 2002. 10. 31. 2001헌라1; 조례개정행위 - 헌재 2004. 9. 23. 2003헌라3.

적 행정행위,
장래의 처분

적으로 인정된다. 정부가 법률안을 제출하는 행위는 권한쟁의심판의 독자적 대상이 될 수 없다.[284]

부작위

부작위란 헌법이나 법률로부터 유래하는 작위의무가 존재함에도 불구하고 그러한 의무를 이행하지 않는 행위를 말한다.[285]

라. 헌법 또는 법률에 의하여 부여받은 권한의 침해가능성

권한침해가능
성

피청구인의 처분 또는 부작위에 의하여 청구인이 헌법이나 법률에 의하여 부여받은 권한이 침해될 수 있는 가능성이 있어야 한다.

권한을 침해하였거나 침해할 현저한 위험이 있는 때

헌법재판소법 제61조 제2항에서는, 피청구인의 처분 또는 부작위가 헌법 또는 법률에 의하여 부여받은 청구인의 권한을 침해하였거나 침해할 현저한 위험이 있는 때에 한하여 권한쟁의심판을 청구할 수 있다고 규정하고 있다. 여기서 '권한의 침해'란 피청구인의 처분 또는 부작위로 인한 청구인의 권한침해가 과거에 발생하였거나 현재까지 지속되는 경우를 의미하며, '현저한 침해의 위험성'이란 아직 침해라고는 할 수 없으나 침해될 개연성이 상당히 높은 상황을 의미한다. 권한쟁의심판청구의 적법요건 단계에서 요구되는 권한침해의 요건은, 청구인의 권한이 구체적으로 관련되어 이에 대한 침해가능성이 존재할 경우 충족된다.[286]

침해가능성 부
인 사례

권한침해의 가능성이 부인된 사례로는 기관위임사무[287], 도시계획사업실시계획인가사무[288], 행정동 명칭에 관한 권한[289], 관리권자가 피청구인이 아니라 청구인인 경우[290]를 들 수 있다. 마지막 사건은 헌법

---

283) 헌재 2004. 9. 23. 2000헌라2, 판례집 제16권 2집 상, 404, 405.
284) 헌재 2005. 12. 22. 2004헌라3, 판례집 제17권 2집, 650.
285) 헌재 1998. 7. 14. 98헌라3, 국회의장과 국회의원간의 권한쟁의, 판례집 제10권 2집, 74 [각하].
286) 헌재 2006. 5. 25. 2005헌라4, 판례집 제18권 1집 하, 28, 35 – 36; 헌재 2009. 11. 26. 2008헌라4, 판례집 제21권 2집 하, 469, 478 – 479.
287) 헌재 1999. 7. 22. 98헌라4, 판례집 제11권 2집, 51, 64 – 65 참조); 헌재 2004. 9. 23. 2000헌라2, 판례집 제16권 2집 상, 404, 418; 헌재 2008. 12. 26. 2005헌라11, 판례집 제20권 2집 하, 547.
288) 헌재 1999. 7. 22. 98헌라4, 판례집 제11권 2집, 51.
289) 헌재 2009. 11. 26. 2008헌라4, 판례집 제21권 2집 하, 469, 482.
290) 헌재 1998. 8. 27. 96헌라1, 판례집 제10권 2집, 364, 385 – 386.

재판소의 1998. 8. 27. 96헌라1 시흥시와 정부간의 권한쟁의 사건과 함께 전술한 소위 소극적 권한쟁의의 인정여부에 대하여 논란을 불러일으킨 사건이기도 하다.291)

문제가 되고 있는 제방이 청구인의 관할권한에 속하는지 여부는 본안판단 단계에서 확정될 것이므로, 적법요건단계에서는 이 사건 제방에 대한 자치권한이 청구인에게 부여될 수 있는 가능성이 존재하기만 하면 충분하다고 한 판례도 있다.292) 권한침해의 가능성이 인정된 사례로는 장래처분293), 특정 정보를 인터넷 홈페이지에 게시하거나 언론에 알리는 것과 같은 행위294) 등이 있다.

침해의 가능성 인정사례

마. 청구기간

권한쟁의의 심판은 그 사유가 있음을 안 날로부터 60일 이내에, 그 사유가 있은 날로부터 180일 이내에 청구하여야 한다(헌재법 제63조 제1항). 이 기간은 불변기간으로 하고 있다(동조 제2항).

60일, 180일

장래의 처분에 대한 청구의 경우는 청구기간의 적용이 없다.295) 부작위의 경우도 부작위가 계속되고 있는 한 청구기간이 경과될 가능성은 없다.296)

장래의 처분, 부작위 청구기간 적용 없음

청구기간은 불변기간이므로 헌법재판소가 이를 늘리거나 줄일 수 없다. 하지만 주소 또는 거소가 멀리 떨어져 있는 곳에 있는 자를 위하여 부가기간을 정할 수 있다(헌재법 제40조, 민소법 제172조 제1항, 제2항). 또한 청구인이 책임질 수 없는 사유로 말미암아 청구기간을 지킬 수 없는 경우에는 그 사유가 없어진 날로부터 2주일 내에 소송행위를 보완할 수 있다(헌재법 제40조, 민소법 제173조 제1항). 불변기간의 준수여부는 헌법재판소의 직권조사사항에 해당된다.297)

불변기간

---

291) 방승주, 중앙정부와 지방자치단체와의 관계 – 지방자치에 대한 헌법적 보장의 내용과 한계를 중심으로, 공법연구 제35집 제1호(2006. 10), 55–119(106–107)면.
292) 헌재 2004. 9. 23. 2000헌라2, 판례집 제16권 2집 상, 404, 422–423.
293) 헌재 2004. 9. 23. 2000헌라2, 판례집 제16권 2집 상, 404, 423.
294) 헌재 2010. 7. 29. 2010헌라1, 판례집 제22권 2집 상, 201, 201–202.
295) 헌재 2004. 9. 23. 2000헌라2, 판례집 제16권 2집 상, 404, 423.
296) 헌재 2006. 8. 31. 2004헌라2, 판례집 제18권 2집, 356, 364.

법률의 공포일
로부터 기산

법률의 제정에 대한 권한쟁의심판의 경우, 청구기간은 법률이 공포되거나 이와 유사한 방법으로 일반에게 알려진 것으로 간주된 때부터 기산되는 것이 일반적이라고 하였으며, 법률의 공포일에 국회의 법률개정행위가 있었다고 보아 이 날을 기산점으로 삼기도 하였다.298)

바. 권리보호이익

(1) 원 칙

침해된 권한의
구제 가능성

권한쟁의심판에 있어서도 다른 여타의 심판청구에 있어서와 마찬가지로 청구인의 심판청구를 통하여 침해된 권한이 구제될 수 있는 가능성이 있어야 한다. 그러할 경우에 권리보호이익이 있다고 할 수 있다.

(2) 예 외

객관적 헌법해
명의 필요성

예외적으로 주관적인 권리보호이익이 상실되었을 경우에도 객관적으로 헌법해명의 필요성이 인정될 경우에는 심판의 이익을 인정할 수 있다.

심판의 이익
인정 사례

심판의 이익이 인정된 사례로는 상임위원회 위원의 개선, 즉 사·보임행위299), 중앙행정기관장의 합동감사행위300) 등이 있고, 부인된 사례로는 학교법인 등이 '자율형 사립고 지정·고시 취소처분'의 취소 등을 구하는 소에서 전라북도교육감이 한 위 각 취소처분을 취소하는 판결이 확정되었다는 이유로 전라북도교육감에 대하여 한 각 '자율형 사립고 지정·고시 취소 시정명령'301)의 사례를 들 수 있다.

사. 청구서의 기재사항

청구서 기재사
항

권한쟁의심판의 청구서에는 다음 사항을 기재하여야 한다.

(1) 청구인 또는 청구인이 속한 기관 및 심판수행자 또는 대리인

297) 헌법재판소 (주 117), 432면.
298) 헌재 2006. 5. 25. 2005헌라4, 판례집 제18권 1집 하, 28, 28-29.
299) 헌재 2003. 10. 30. 2002헌라1, 판례집 제15권 2집 하, 17, 28-29.
300) 헌재 2003. 10. 30. 2002헌라1, 판례집 제15권 2집 하, 17, 29; 헌재 2009. 5. 28. 2006헌라6, 판례집 제21권 1집 하, 418, 427.
301) 헌재 2011. 8. 30. 2010헌라4, 판례집 제23권 2집 상, 240, 240-241.

의 표시

(2) 피청구인의 표시

(3) 심판대상이 되는 피청구인의 처분 또는 부작위

(4) 청구의 이유

(5) 기타 필요한 사항

8. 가처분

헌법재판소가 권한쟁의심판의 청구를 받은 때에는 직권 또는 청구인의 신청에 의하여 종국결정의 선고시까지 심판대상이 된 피청구인의 처분의 효력을 정지하는 결정을 할 수 있다

권한쟁의심판에서의 가처분결정은 피청구기관의 처분 등이나 그 집행 또는 절차의 속행으로 인하여 생길 회복하기 어려운 손해를 예방할 필요가 있거나 기타 공공복리상의 중대한 사유가 있어야 하고 그 처분의 효력을 정지시켜야 할 긴급한 필요가 있는 경우 등이 그 요건이 된다. 그리고 본안사건이 부적법하거나 이유없음이 명백하지 않은 한, 가처분을 인용한 뒤 종국결정에서 청구가 기각되었을 때 발생하게 될 불이익과 가처분을 기각한 뒤 청구가 인용되었을 때 발생하게 될 불이익에 대한 비교형량을 하여 행한다.302)

권한쟁의심판에서 가처분신청을 인용한 사례로 성남시의 경기도지사를 상대로 하는 권한쟁의심판 가처분신청사건303)이 있다.

처분의 효력정지

회복하기 어려운 손해 예방, 공공복리상의 중대한 사유

9. 결 정

가. 심판의 정족수

재판관 9인 중 7인 이상의 출석으로 사건을 심리하며, 과반수의 찬성으로 사건에 관하여 결정한다(헌재법 제23조).

7인 이상의 출석, 과반수 찬성

---

302) 헌재 1999. 3. 25. 98헌사98, 판례집 제11권 1집, 264.

303) 헌재 1999. 3. 25. 98헌사98, 판례집 제11권 1집, 264, 264−265

나. 결정의 내용

권한의 유무,
범위에 관하여
판단

헌법재판소는 심판의 대상이 된 국가기관 또는 지방자치단체의 권한의 유무 또는 범위에 관하여 판단한다.

처분취소나 무
효확인

이 경우 헌법재판소는 권한침해의 원인이 된 피청구인의 처분을 취소하거나 그 무효를 확인할 수 있고, 헌법재판소가 부작위에 대한 심판청구를 인용하는 결정을 한 때에는 피청구인은 결정취지에 따른 처분을 하여야 한다(헌재법 제66조).

(1) 권한의 유무 또는 범위에 대한 확인

권한 확인 사
례

지방자치단체간 권한쟁의의 경우 권한의 확인 사례로 공유수면매립 사건304)과 섬에 대한 관할권 확인 사건305)이 있다.

(2) 권한의 침해 확인

권한 침해 사
례

국가의 지방자치단체의 권한에 대한 침해를 확인한 사례로 정부합동감사사건306)이 있으며, 권한의 침해는 확인하였으나 처분의 효력은 유지한 사례로 미디어법 등 소위 날치기 통과로 인한 국회의원과 국회의장 간 권한쟁의심판사건307)이 있다.

비판

이 사건의 경우 권한쟁의심판에 있어서 변형결정의 사례에 해당되는 것이 아닌가 생각되기는 하지만, 권한침해를 인정하면서도 처분행위의 무효를 선언하지 않음으로 결과적으로는 그 유효성을 인정해 준 격이 되어, 이유와 결론이 상반되는 모순적 판결이 아니었나 하는 비판이 가능하다고 본다.

(3) 처분의 취소 또는 무효확인

처분취소 또는
무효확인 사례

처분의 취소 또는 무효를 확인한 사례로는 다음과 같은 것들이 있다.

> **판례** 피청구인이 행한 두차례의 인용재결에서 재결의 주문에 포함된 것은 골프연습장에 관한 것뿐으로서, 이 사건 진입도로에 관한 판단은 포함되어 있지 아니함이 명백하고, 재결의 기속력의 객관적 범위는 그 재결의 주문에 포함된 법률적 판단에 한정되는 것이다. 청구인은 인용재결내용에 포함되지 아니한

---

304) 헌재 2004. 9. 23. 2000헌라2, 판례집 제16권 2집 상, 404, 407.
305) 헌재 2008. 12. 26. 2005헌라11, 판례집 제20권 2집 하, 547, 549.
306) 헌재 2009. 5. 28. 2006헌라6, 판례집 제21권 1집 하, 418, 420.
307) 헌재 2009. 10. 29. 2009헌라8, 판례집 제21권 2집 하, 14, 14－15.

이 사건 진입도로에 대한 도시계획사업시행자지정처분을 할 의무는 없으므로, 피청구인이 이 사건 진입도로에 대하여까지 청구인의 불이행을 이유로 행정심판법 제37조 제2항에 의하여 도시계획사업시행자지정처분을 한 것은 인용재결의 범위를 넘어 청구인의 권한을 침해한 것으로서, 그 처분에 중대하고도 명백한 흠이 있어 무효라고 할 것이다.

　(헌재 1999. 7. 22. 98헌라4, 판례집 제11권 2집, 51, 51-52)

판례 처분의 무효를 확인한 사례

이 사건 매립지 중 제1별지 도면 표시 가, 나, 다, 라, 마, 바, 사, 아, 자의 각 점을 순차 연결한 선(1974년 발행 국가기본도상의 해상경계선)의 오른쪽(동쪽) 부분은 청구인 광양시의 관할권한에 속하고, 피청구인 순천시가 2003. 7. 1. ○○ 주식회사에 대하여 부과한 도시계획세, 공동시설세 등의 부과처분 중 위와 같은 청구인 광양시의 관할권한에 속하는 목적물에 대하여 이루어진 부분은 청구인 광양시의 지방자치권(자치재정권)을 침해하여 권한이 없는 자에 의하여 이루어진 과세처분으로서 그 효력이 없다.

　(헌재 2006. 8. 31. 2003헌라1, 판례집 제18권 2집 , 319, 321-321)

판례 단체장의 처분을 취소한 사례

　지방자치단체의 지방자치사무에 관해 단체장이 행한 처분은 지방자치단체의 대표이자 집행기관인 단체장이 지방자치법 제9조 소정의 지방자치단체의 사무처리의 일환으로 당해 지방자치단체의 이름과 책임으로 행한 것이므로 지방자치단체를 피청구인으로 한 권한쟁의심판절차에서 단체장의 처분을 취소할 수 있다.

　서울특별시광진구등9개자치구설치및특별시·광역시·도간관할구역변경등에관한법률(이하 '이 사건 법률'이라 한다)이 1994. 12. 22. 법률 제4802호로 제정되어 1995. 3. 1.부터 시행되었는데, 이 사건 법률 제8조에 따라 이 사건 계쟁 토지가 청구인인 부산광역시 강서구의 관할구역으로 변경되었다. 피청구인은 지방자치법 제5조에 따라 위 토지들에 대한 사무와 재산을 청구인에게 인계할 의무가 있음에도 이를 이행하지 않고 있는 부작위는 위법하다. 청구인의 관할구역으로 변경된 위 토지에 대하여 피청구인이 점용료부과처분을 한 것은 처분권한 없는 자가 한 처분으로서 위법한 것이므로 취소되어야 한다.

　(헌재 2006. 8. 31. 2004헌라2, 판례집 제18권 2집, 356, 356-357)

(4) 부작위의 위헌확인

부작위 위헌확
인의 효과

헌법재판소가 피청구인의 부작위에 대하여 위헌으로 확인한 경우에 피청구인은 결정취지에 따라 구체적 처분을 하여야 한다(헌재법 제66조).

다. 결정의 효력

권한쟁의심판
결정의 기속력

헌법재판소의 권한쟁의심판의 결정은 모든 국가기관과 지방자치단체를 기속한다(제67조 제1항).

이미 생긴 효
력

국가기관 또는 지방자치단체의 처분을 취소하는 결정은 그 처분의 상대방에 대하여 이미 생긴 효력에 영향을 미치지 아니한다(제67조 제2항).

(1) 기속력

인용이든 기각
이든 심판 자
체의 기속력임

위헌법률심판이나 헌법소원심판의 경우에는 위헌결정이나 인용결정의 경우에만 기속력을 규정하고 있는 데 반하여 권한쟁의심판의 경우에는 권한쟁의심판 결정 자체, 즉 인용결정이든 기각결정이든 그 밖의 취소결정이든 무효확인결정이든 모든 결정이 국가기관과 지방자치단체를 기속한다고 규정하고 있다.

피청구인의 부
작위에 대하여
다툰 권한쟁의
심판 기각 사
례

헌법재판소는 법률안 가결선포행위가 청구인들의 법률안 심의·표결권을 침해한 것임을 확인한 권한침해확인결정의 기속력으로 피청구인이 구체적인 특정한 조치를 취할 작위의무를 부담한다고는 볼 수 있을 것인지 여부와 관련하여 재판관들의 의견이 갈렸으나, 결론적으로는 피청구인의 부작위로 인하여 심의·표결권을 침해받았다고 주장하는 권한쟁의심판청구를 기각하였다.[308]

(2) 처분취소결정의 효력제한

처분의 상대방
에 생긴 효력
에 영향 없음

국가기관 또는 지방자치단체의 처분을 취소하는 결정은 그 처분의 상대방에 대하여 이미 생긴 효력에 영향을 미치지 아니한다(법 제67조 제2항).

---

308) 헌재 2010. 11. 25. 2009헌라12, 판례집 제22권 2집 하, 320, 320-323.

Ⅶ. 헌법소원심판

1. 헌법소원심판이란 무엇인가?

헌법소원심판이란 공권력의 행사 또는 불행사에 의하여 국민이 기본권을 침해받은 경우 헌법재판소에 그 구제를 청구하는 심판이다. 우리 헌법재판소법 제68조 제1항은 여기에서 법원의 재판을 제외하고 있으며, 다른 법률에 의한 구제절차를 거치도록 하고 있다.

의의

이러한 헌법소원심판은 헌법 제111조 제1항 제5호에서 법률이 정하는 헌법소원에 관한 심판을 헌법재판소의 관장사항으로 하고 있는 것을 입법자가 헌법재판소법을 통하여 구체화한 것이다.

헌법 제111조 제1항 제5호의 구체화

우리 헌법재판소법 제68조 제2항은 위헌법률심판제청신청이 기각된 경우에도 헌법소원심판을 청구할 수 있도록 하고 있다. 이러한 헌법소원심판은 위헌법률심판형 헌법소원이라고 할 수 있을 것이다.

소위 § 68 Ⅱ에 따른 위헌소원 제도

2. 헌법소원심판청구의 요건

헌법소원심판이 적법하게 청구되기 위해서는 다음과 같은 요건들을 갖추어야 하는데, 이러한 요건들을 갖추지 못한 경우에 헌법재판소는 심판청구를 각하할 수 있다.

가. 공권력의 행사 또는 불행사: 대상적격

먼저 기본권침해의 사유가 되는 공권력의 행사 또는 불행사가 존재하여야 한다. 그런데 어떠한 국가적 작용이 헌법소원심판의 대상이 되는 공권력행사에 해당되는지 여부의 판단은 전형적인 것은 쉽게 할 수 있으나, 그렇지 않은 경우에는 간단한 것이 아니다. 결국 이 문제는 구체적 사례에서 개별적으로 판단하여야 한다.

공권력의 행사, 불행사의 존재

공권력행사는 입법, 행정, 사법으로 나눌 수 있으므로 각각에 대하여 살펴보면 다음과 같다.

(1) 입법작용

법률

입법작용으로서 공권력 행사의 대표적인 것은 우선 법률을 들 수 있다.

다만 법률에 대한 헌법소원이 가능하기 위해서는 다른 집행행위를 매개로 하지 아니하고 직접 국민의 기본권을 침해하여야 한다.

폐지된 법률

폐지된 법률의 경우도 예외적으로 헌법소원의 대상이 될 수 있다.309)

헌법의 개별조항 부인

그리고 헌법의 개별조항은 법률이 아니기 때문에 헌법소원의 대상이 되지 아니한다는 것이 헌법재판소의 판례이다.310)

헌법개정행위 역시 부인

그러나 헌법이 형식적 합법성과 실질적 정당성을 잃은 헌법개정에 의하여 이루어진 헌법개정행위는 그 자체가 공권력의 행사에 해당한다고 할 수 있으며, 그로 인하여 국민의 기본권이 직접 침해될 수 있으므로, 헌법소원의 대상이 될 수 있어야 한다고 본다.311)

조약

국내법과 같은 효력을 가지는 조약도 공권력의 행사에 해당하므로 헌법소원심판의 대상이 된다.312)

상임위원회 위원 임명행위 부인

그 밖에 국회가 상임위원회 위원을 임명한 행위는 국회의 내부적 행위로서 국민에게 대외적인 법적 효과를 발생시키는 것이 아니기 때문에 공권력의 행사에 해당되지 아니하다고 하는 것이 헌법재판소 판례이다.313)

입법부작위

다음으로 입법작용으로서 공권력의 불행사314)에 해당하는 것은 입법부작위라고 할 수 있다. 입법부작위란 국회가 법률을 제정해야 함에도 불구하고 제정하지 않는 것을 의미한다. 입법부작위에 대한 헌법소원심판이 적법하기 위해서는 헌법으로부터 유래하는 작위의무나 보호의무가 존재하여야 한다. 헌법으로부터 유래하는 입법의무 자체가 존재하지 않는 경우에 입법부작위에 대한 헌법소원심판은 각하한다.

진정입법부작

입법부작위는 진정입법부작위와 부진정입법부작위로 나눌 수 있다.

---

309) 헌재 1995. 5. 25. 91헌마67, 판례집 제7권 1집, 722, 735.
310) 헌재 1998. 6. 25. 96헌마47.
311) 이에 대하여는 방승주 (주 58), 86면 이하.
312) 헌재 2001. 3. 21. 99헌마139 등, 판례집 제13권 1집, 676, 692.
313) 헌재 1999. 6. 24. 98헌마472, 판례집 제11권 1집, 854, 854-854.
314) 이에 관하여는 방승주 외 3인 (주 122) 참조.

진정입법부작위는 입법자가 헌법상 입법의무가 존재함에도 불구하고 전혀 입법의무를 이행하지 아니한 경우라고 할 수 있다. 이에 반하여 부진정입법부작위는 입법자가 입법의무를 이행하기는 하였으나, 불완전 또는 불충분하게 한 경우라고 할 수 있다. 후자의 경우에는 불완전하거나 불충분하게 입법된 법률 그 자체에 대하여 직접 헌법소원심판을 청구하여야 한다. 따라서 부진정입법부작위의 경우 입법부작위에 대하여 헌법소원심판을 청구하는 경우 요건불비로 각하될 수 있다.

진정입법부작위의 경우 위헌사례로는 가령 조선철도주식회사 사건315) 등을 들 수 있다(치과의사전문의 사건의 경우는 행정입법부작위 사건이다).316)

그리고 입법의무가 부인된 사례로는 침구사사건317), 외국 대사관저 강제집행 사건318), 포락토지사건319), 주민투표사건320) 등을 들 수 있다.

부진정입법부작위에 해당한다고 본 사례로는 1980년 국가보위비상대책위원회의 정화계획에 의하여 강제해직된 정부산하기관 임직원의 구제입법321), 개발제한구역지정으로 인하여 재산권을 제한받은 자에 대한 보상입법322), 재외국민의 선거권행사절차 입법323) 등을 들 수 있다.

> **사례** "공직선거및선거부정방지법 제37조 제1항은 국민 중 국내에 주민등록이 되어 있는 국민에 대하여 선거권을 인정하고 있을 뿐 국내에 주민등록이 되어 있지 아니한 재외국민에 대하여서는 선거권을 인정할 수 없음을 분명히 하고 있으므로 이른바 부진정입법부작위에 해당한다."324)

위, 부진정입법부작위

진정입법부작위 위헌사례

입법의무 부인된 사례

부진정입법부작위 사례

---

315) 헌재 1994. 12. 29. 89헌마2, 판례집 제6권 2집, 395, 409.
316) 입법부작위에 대한 헌법소원 사례들은 방승주 외 3인 (주 122), 121-160면 참조.
317) 헌재 1991. 11. 25. 90헌마19, 판례집 제3권, 599, 603.
318) 헌재 1998. 5. 28. 95헌마44, 판례집 제10권 1집, 687, 691.
319) 헌재 1999. 11. 25. 98헌마456, 판례집 제11권 2집, 634, 640.
320) 헌재 2001. 6. 28. 2000헌마735, 판례집 제13권 1집, 1431, 1437.
321) 헌재 1996. 11. 28. 93헌마258, 판례집 제8권 2집, 636, 644. - 헌법재판소 (주 117), 236면.
322) 헌재 1999. 1. 28, 97헌마9, 판례집 제11권 1집, 45, 51.
323) 헌재 1999. 1. 28. 97헌마253 등, 판례집 제11권 1집, 54, 64.
324) 헌재 1999. 1. 28. 97헌마253, 판례집 제11권 1집, 54, 55.

(2) 행정작용

행정작용으로서 공권력의 행사에 드는 대표적인 것은 행정처분이
라고 할 수 있으며, 그 밖에 행정계획, 행정입법, 권력적 사실행위 등도
공권력행사에 포함된다.

(가) 공권력의 행사

1) 행정입법

우선 명령·규칙 등 행정입법은 헌법소원심판청구의 대상이 될 수
있는 공권력행사에 해당한다. 물론 헌법 제107조 제2항에 따라 그 위헌
여부가 재판의 전제가 된 경우에는 대법원이 이를 최종적으로 심사할
수 있지만, 명령·규칙이 직접 국민의 기본권을 침해하는 경우 해당 국
민은 그 명령·규칙에 대하여 헌법재판소에 헌법소원심판을 청구할 수
있는 것은 당연하다.325)

한편 이른바 행정규칙은 행정조직 내부에서만 효력을 가지는 것이
고 대외적인 구속력을 갖는 것이 아니어서 원칙적으로 헌법소원의 대상
이 될 수 없다.326)

다만 행정규칙이 재량권행사의 준칙으로서 되풀이 시행되어 행정
관행이 이룩될 경우 평등의 원칙이나 신뢰보호의 원칙에 따라 행정관청
은 이 행정규칙에 따라야 할 자기구속을 당하게 되므로 이 경우에는 행
정규칙이라 하더라도 대외적 구속력을 가질 수 있다는 것이 헌재 판례
이다.327) 뿐만 아니라 상위법령과 결합하여 대외적 구속력을 가지는 경
우도 있다. 즉 "법령의 직접적인 위임에 따라 수임행정기관이 그 법령을
시행하는데 필요한 구체적 사항을 정한 것이면, 그 제정형식은 비록 법
규명령이 아닌 고시, 훈령, 예규 등과 같은 행정규칙이더라도, 그것이

상위법령의 위임한계를 벗어나지 아니하는 한, 상위법령과 결합하여 대
외적인 구속력을 갖는 법규명령으로서 기능하게 된다고 보아야 한
다"328)

---

325) 헌재 1990. 10. 15. 89헌마178, 판례집 제2권, 365.
326) 헌재 1991. 7. 8. 91헌마42, 판례집 제3권, 380, 383.
327) 헌재 1990. 9. 3. 90헌마13, 판례집 제2권, 298.
328) 헌재 1992. 6. 26. 91헌마25, 판례집 제4권, 444, 449.

2) 원 행정처분[329]

행정처분의 경우 보충성의 원칙에 의하여 행정소송을 먼저 다투지 않으면 안 된다. 그런데 법원에서 행정소송을 다투어 패소한 후 헌법재판소에 헌법소원심판을 청구하려 하더라도, 재판에 대한 헌법소원이 배제되어 있기 때문에 복잡한 문제가 발생한다. 다시 말해서 재판은 제외하고, 원래의 처분에 대해서만 따로 헌법재판소에 헌법소원심판을 청구할 수 있는지의 문제가 제기되는데, 헌법재판소는 1998. 5. 28. 양도소득세부과처분취소 사건[330]에서 예외적으로 재판에 대한 헌법소원이 허용되는 경우를 제외하고는 원 행정처분에 대한 헌법소원심판은 허용되지 않는다고 하면서 부적법하여 각하한 이래로 원행정처분에 대한 헌법소원은 원칙적으로 각하되고 있다.

이러한 태도는 현행 헌법재판소법이 행정처분에 대한 헌법소원을 염두에 두고 규정한 여러 규정들(가령 헌재법 제68조 제1항 보충성의 원칙, 헌재법 제75조 제5항 등)을 거의 유명무실하게 하고 있는 것으로서 3대 국가공권력 작용 중의 하나를 헌법소원의 대상에서 제외해 버리고 만 것으로 해석론적 왜곡이라 아니할 수 없다.

3) 권력적 사실행위

권력적 사실행위에 대해서 헌법재판소는 국제그룹해체사건[331]에서 권력적 사실행위의 공권력행사성을 인정한 바 있다.[332]

그 밖에 미결수용자의 서신검열 · 지연발송 · 지연교부행위[333], 교도소내 접견실의 칸막이 설치행위[334], 유치장내 차폐시설이 안된 화장실사용강제행위[335], 재소자용수의착용강제[336], 신체에 대한 정밀수색행위[337] 등의 권력적 사실행위성을 인정하였다.

---

329) 이에 대한 학설 대립에 대하여는 제13절, I, 2, 나, (3) 참조.
330) 헌재 1998. 5. 28. 91헌마98 등, 판례집 제10권 1집, 660 [각하]
331) 헌재 1993. 7. 29. 89헌마31, 판례집 제5권 2집, 87.
332) 헌재 1993. 7. 29. 89헌마31, 판례집 제5권 2집, 87, 87 – 88.
333) 헌재 1995. 7. 21. 92헌마144, 판례집 제7권 2집, 94, 102.
334) 헌재 1997. 3. 27. 92헌마273, 판례집 제9권 1집, 337, 342.
335) 헌재 2001. 7. 19. 2000헌마546, 판례집 제13권 2집, 103, 109.
336) 헌재 1999. 5. 27. 97헌마137 등, 판례집 제11권 1집, 653, 658.
337) 헌재 2002. 7. 18. 2000헌마327, 판례집 제14권 2집, 54.

부인 사례

이에 반하여 대한선주 사건[338]에서는 권력적 사실행위성을 인정하지 않았다.

4) 행정계획

행정계획의 공권력 행사성

행정계획이란 행정에 관한 전문적·기술적 판단을 기초로 하여 특정한 행정목표를 달성하기 위하여 서로 관련되는 행정수단을 종합·조정함으로써 장래의 일정한 시점에 있어서 일정한 질서를 실현하기 위한 활동기준으로 설정된 것을 말한다.[339]

비구속적 행정계획안, 행정지침 포함

비구속적 행정계획안이나 행정지침이라도 국민의 기본권에 직접적으로 영향을 끼치고, 앞으로 법령의 뒷받침에 의하여 그대로 실시될 것이 틀림없을 것으로 예상될 수 있을 때에는, 공권력행위로서 예외적으로 헌법소원의 대상이 될 수 있다.[340]

행정계획의 공권력 행사성 인정사례

행정계획의 공권력 행사성을 인정한 사례로는 1994년 서울대학교 입시요강사건[341]을 들 수 있다. 대학입시기본계획과 관련한 교육부의 통보행위도 어느 경우는 공권력행사성을 인정한 것[342]도 있고, 어느 경우는 인정하지 않은 경우[343]도 있다.

5) 공 고

국가기관의 공고행위

국가기관의 공고행위가 헌법소원의 대상이 되는 공권력의 행사인지 여부가 문제될 수 있다. 헌법재판소는 1999년도 공무원임용시험 시행계획사건의 경우[344]와 그리고 2000년도 공무원 임용시험 시행계획에서 제42회 사법시험 제1차 시험일자를 일요일로 정하여 공고한 것에 대해서는 공고의 헌법소원대상성을 인정하였으나, 2000년도 공무원 임용시험 시행계획에서 제36회 기술고등고시 및 제6회 지방고등고시의 응시

---

338) 헌재 1994. 5. 6. 89헌마35, 판례집 제6권 1집, 462, 490.
339) 대법원 1996. 11. 29. 선고 96누8567 판결, 공1997상, 210; 헌법재판소 (주 117), 246면.
340) 헌재 2000. 6. 1. 99헌마538 등, 판례집 제12권 1집, 665 [각하].
341) 헌재 1992. 10. 1. 92헌마68, 판례집 제4권, 659.
342) 헌재 1996. 4. 25. 94헌마119, 판례집 제8권 1집, 433. 교육부가 1996. 8. 7. 발표한 綜合生活記錄簿制度改善補完施行指針, 헌재 1997. 7. 16. 97헌마38, 판례집 제9권 2집, 94, 96−97.
343) 헌재 1997. 7. 16. 97헌마70, 판례집 제9권 2집, 131, 141; 헌재 1997. 12. 19, 97헌마317, 판례집 제9권 2집, 751.
344) 헌재 2000. 1. 27. 99헌마123, 판례집 제12권 1집, 75, 78.

연령제한 공고는 공무원인사규칙의 응시연령에 관한 규정들과 실질적으로 동일한 내용으로서 그 확인의 의미만을 갖고 있을 뿐 응시연령에 아무런 변경을 가져오는 것은 아니라는 이유로 헌법소원대상성을 부인한 바 있다.

6) 검사의 처분

그리고 검사의 불기소처분은 재정신청의 대상이 전면적으로 확대됨에 따라 법원을 통해 구제받을 수 있게 되었다. 따라서 보충성의 원칙상 직접적인 헌법소원은 부적법하게 되었다. 즉 개정 형사소송법(2008. 1. 1. 시행) 제260조에 의하면, 고소권자로서 고소를 한 자가 불기소처분 통지를 받은 때에는 당해 지방검찰청 소재지의 관할 고등법원에 재정신청을 할 수 있게 되었다. 다만, 불기소처분이 재정신청의 대상이 되지 아니하는 등 적절한 권리구제 수단이 없는 경우에는 헌법소원심판을 청구할 수 있다.

기소유예처분의 경우는 여전히 헌법소원의 대상이 될 수 있다고 할 것이다.[345]

(나) 공권력의 불행사

행정작용의 불행사는 처분부작위, 행정입법부작위 등을 들 수 있다. 이 역시 헌법으로부터 유래하는 작위의무 내지 보호의무가 먼저 존재하여야 한다. 이러한 의무에도 불구하고 행정부가 처분을 하지 않는다든가 행정입법을 하지 않는 경우에는 부작위에 대한 헌법소원심판이 가능하다. 지금까지 행정입법에 대한 부작위를 위헌확인 한 사례로는 치과전문의자격시험불실시 위헌확인 사건[346]과 평균임금결정·고시부작위 위헌확인[347], 군법무관보수에 관한 입법부작위[348] 등이 있다.

1) 처분부작위

행정청이 처분을 발하여야 할 헌법상의 의무가 있음에도 불구하고 그와 같이 하지 아니하는 경우는 처분부작위라고 할 수 있다. 이러한 행

──────────

345) 헌재 1999. 3. 25. 98헌마303, 판례집 제11권 1집, 251.
346) 헌재 1998. 7. 16. 96헌마246, 판례집 제10권 2집, 283.
347) 헌재 2002. 7. 18. 2000헌마707, 판례집 제14권 2집, 65.
348) 헌재 2004. 2. 26. 2001헌마718, 판례집 제16권 1집, 313.

(여백 주석)
검사의 불기소처분 재정신청 확대로 보충성 원칙상 부적법 각하

기소유예처분 포함

처분부작위, 행정입법부작위

행정처분부작위 인정사례

정청의 부작위가 인정된 사례로는 임야조사서 열람·복사 거부349), 공정
거래위원회의 형사고발부작위350) 사건 등이 있다.351)

**행정처분부작
위 불인정 사
례**

행정청의 부작위가 인정되지 아니한 사례로는 공훈사실확인청구에
대한 확인불능의 민원회신352), 탈세사실을 고발, 제보한 자에 대하여 세
무서장이 소송계속사실을 알리지 아니하고 증인으로 신청하지 아니한
행위353), 국방부장관이 국가유공자의 유족이 보상금을 받도록 유가족등
록이나 대리등록을 하지 아니한 행위354), 도시저소득주민의주거환경개
선을위한임시조치법을 시행하면서 대지일부의 도로편입에 대한 보상을
하지 아니한 행위355), 부산광역시장이 임야에 관하여 고시된 도시계획
결정을 취소하지 않은 행위356), 한일 양국정부의 분쟁을 해결하기 위한
방법으로서 중재에 회부하지 아니한 행위357) 등이다.

**행정청의 거부
처분이 있는
경우**

그리고 행정청의 거부처분이 있는 경우에는 별도의 부작위위헌확
인심판청구는 부적법하다는 것이 헌법재판소 판례이다.358)

다음으로 행정청의 부작위의 경우 어떠한 처분을 하여야 할 작위의
무가 인정되는 경우에도 그러한 부작위에 대해서는 보충성의 원칙상 행
정심판법상의 의무이행심판 및 행정소송법상 부작위위법확인소송으로
먼저 다투어야 할 것이다.359)

**행정부작위 위
헌확인 사례**

2011년 8월 30일 정부가 일본군 위안부에 대한 일본의 사과와 피
해보상문제를 해결하기 위한 노력을 제대로 하지 않고 있는 부작위에
대해서 이것은 위안부 피해자에 대한 국가의 보호의무를 다하지 않는

---

349) 헌재 1989. 9. 4. 88헌마22, 판례집 제1권, 176, 185

350) 헌재 1995. 7. 21. 94헌마136, 판례집 제7권 2집, 169, 173.

351) 이에 대해서는 방승주 외 3인 (주 122), 169–185면 참조.

352) 헌재 2000. 6. 29. 98헌마391: 이 사례에 대하여는 방승주 (주 58), 공훈사실확
    인청구에 대한 "확인불능"의 민원회신이 헌법소원의 대상이 되는지 여부, 284면
    이하.

353) 헌재 1993. 2. 2. 93헌마2, 판례집 제5권 1집, 4, 6.

354) 헌재 1998. 2. 27. 97헌가10 등, 판례집 제10권 1집, 15, 27.

355) 헌재 2001. 1. 18. 90헌마636, 판례집 제13권 1집, 129, 137.

356) 헌재 1999. 11. 25. 99헌마198, 공보 40, 936, 938.

357) 헌재 2000. 3. 30. 98헌마206, 판례집 제12권 1집, 393, 408.

358) 헌재 1993. 5. 10. 93헌마92, 판례집 제5권 1집, 222.

359) 방승주 (주 58), 291면.

것으로서 그들의 인간존엄권을 침해하는 것이라는 위헌결정을 선고한 바도 있다.360)

2) 행정입법부작위

행정입법의무위반의 요건에 대하여 헌법재판소는 다음과 같이 밝히고 있다.

사례 "우리 헌법은 국가권력의 남용으로부터 국민의 자유와 권리를 보호하려는 법치국가의 실현을 기본이념으로 하고 있고, 자유민주주의 헌법의 원리에 따라 국가의 기능을 입법·행정·사법으로 분립하여 견제와 균형을 이루게 하는 권력분립제도를 채택하고 있어, 행정과 사법은 법률에 기속되므로, 국회가 특정한 사항에 대하여 행정부에 위임하였음에도 불구하고 행정부가 정당한 이유 없이 이를 이행하지 않는다면 권력분립의 원칙과 법치국가의 원칙에 위배되는 것이다."361)

또한 행정입법부작위가 인정되기 위한 요건으로는 "행정권력의 부작위에 대한 헌법소원은 공권력의 주체에게 헌법에서 유래하는 작위의무가 특별히 구체적으로 규정되어 이에 의거하여 기본권의 주체가 행정행위를 청구할 수 있음에도 공권력의 주체가 그 의무를 해태하는 경우에 허용되고(헌재 1996. 6. 13. 94헌마118등, 판례집 8−1, 500), 특히 행정명령의 제정 또는 개정의 지체가 위법으로 되어 그에 대한 법적 통제가 가능하기 위하여는 첫째, 행정청에게 시행명령을 제정(개정)할 법적 의무가 있어야 하고 둘째, 상당한 기간이 지났음에도 불구하고 셋째, 명령제정(개정)권이 행사되지 않아야 한다."362)

행정입법부작위의 경우도 입법은 하였으나 불완전 불충분하게 된 경우에는 부진정입법부작위로서 그 법령 자체에 대하여 다투어야 하지 행정입법부작위로 다투면 부적법하다는 것이 헌재 판례이다.363)

(3) 사법작용

---

360) 헌재 2011. 8. 30. 2006헌마788, 판례집 제23권 2집 상, 366.

361) 헌재 2004. 2. 26. 2001헌마718, 판례집 제16권 1집, 313.

362) 헌재 1998. 7. 16. 96헌마246, 판례집 제10권 2집, 283, 305.

363) 헌재 1998. 11. 26. 97헌마310, 판례집 제10권 2집, 782, 791. 행정입법부작위에 대한 헌법소원심판 사례에 대하여는 방승주 외 3인 (주 122), 163−168면 참조.

행정입법의무 위반 요건

행정입법부작위가 인정되기 위한 요건

행정입법부작위의 경우에도 진정·부진정입법부작위로 나뉨

재판부작위　　　　사법작용으로서 공권력의 행사는 재판이며, 불행사는 재판부작위이다. 그러나 재판은 헌재법 제68조 제1항에 의하여 헌법소원의 대상에서 제외되어 있다.

　　　　(가) 재　판

예외적 인정　　　　다만 헌재가 위헌으로 결정한 법령을 계속 적용함으로써, 국민의 기본권을 침해하는 재판의 경우는 예외적으로 헌법소원의 대상이 될 수 있다고 하는 것이 헌법재판소의 판례이다.[364]

원칙적 재판소
원 불가　　　　지금까지 이와 같은 사례에 해당하는 재판으로서 헌법소원의 대상이 되었던 사례가 몇 차례 있었으나 모두 헌법소원이 취하되어 헌법재판소는 심판절차종료를 선언하였다.[365]

　　　　그리고 헌법재판소가 위헌이라고 결정한 법령에 기한 행정처분이 당연무효가 아니라 취소할 수 있는 행정행위에 불과하다고 판단한 법원의 재판은 예외적으로 헌법소원의 대상이 될 수 있는 재판에 해당되지 않는다는 것이 헌법재판소의 입장이다.[366]

　　　　(나) 대법원의 규칙

대법원 규칙　　　　대법원이 제정한 입법으로서 대법원의 규칙이 있다. 이러한 규칙 역시 법령의 하나로서 헌법소원의 대상이 되는 것은 당연하다.[367]

　　　　(다) 재판부작위

재판부작위와
재판지연에 대
한 헌법소원은
재판소원으로
부적법　　　　법원이 재판을 하지 아니하는 행위가 재판부작위[368]이며, 재판지연 역시 재판부작위의 범위에 포함되는 것으로서 헌법재판소는 모두 헌법소원의 대상이 될 수 없는 것으로 보고 있다.[369].

　　　　다만 소수의견은 법원이 헌법소원 계속 중 이미 재판처리를 하였다 하더라도 재판지연 사례가 발생할 소지가 많다는 이유로 심판의 이익을 인정할 필요가 있다고 하는 견해도 있다.[370]

---

364) 헌재 1997. 12. 24. 96헌마172.
365) 헌재 2003. 4. 24. 2001헌마386. 이에 대하여는 방승주 (주 58), 343면 이하.
366) 헌재 1998. 4. 30. 95헌마93, 판례집 제10권 1집, 452.
367) 헌재 1990. 10. 15. 89헌마178, 판례집 제2권, 365, 373.
368) 이에 대하여는 방승주 외 3인 (주 122), 186-193면 참조.
369) 헌재 1998. 5. 28. 96헌마46.
370) 헌재 1993. 11. 25. 92헌마169, 판례집 제5권 2집, 489, 489-490.

나. 보충성의 원칙

(1) 보충성의 원칙의 의의

보충성의 원칙이란 헌법소원심판은 비상적 권리구제절차이기 때문에 다른 통상적 권리구제절차가 있는 경우에는 그 절차를 거친 후에 헌법소원심판을 청구하여야 한다는 것을 의미한다. 다시 말해서 통상적 권리구제절차가 우선이고 원칙이며, 헌법소원심판은 보충적으로 활용하여야 한다는 원칙이다.

이러한 원칙을 받아들인 것이 우리 헌법재판소법 제68조 제1항 단서 조항이다.

그런데 이미 설명한 바와 같이 이 보충성의 원칙은 재판소원이 허용되어 있는 경우에 의미가 있다. 우리 헌재법 제68조 제1항은 재판소원을 배제해 놓고 있으면서, 보충성의 원칙까지 둠으로써 이 두 가지가 상승작용을 하여 실상 헌법소원의 가장 중요한 두 가지 공권력작용, 즉 행정작용과 사법작용에 대한 헌법소원심판의 청구가 사실상 불가능하게 만들었다.

(2) 입법작용, 즉 법률의 경우

우선 공권력행사가 입법작용, 즉 법률이거나 입법부작위일 경우에는 이를 대상으로 하는 다른 법률의 구제절차가 존재하지 않는다. 따라서 법률이 직접 국민의 기본권을 침해하는 경우에는 곧바로 헌법소원심판을 청구하더라도 보충성의 원칙에 위반될 여지가 없다.[371]

따라서 법률에 대한 직접적인 헌법소원의 경우는 보충성의 원칙의 예외라고 하는 표현을 쓰기 보다는 보충성의 원칙이 적용되지 않는 사례라고 하는 표현이 더 적절하다. 하지만 헌법재판소는 보충성의 원칙의 예외라고 하는 표현을 그대로 쓰고 있다. 보충성의 원칙의 예외라고 하는 것은 다른 법률의 구제절차가 존재하지만 그러한 절차를 거치지 아니하고 헌법소원심판을 청구한 경우에도 예외적으로 헌법소원심판을 받아들이는 경우를 일컫는다.

통상적 권리구제절차를 먼저 경유

보충성원칙은 재판소원이 허용되어 있을 때 의미

적용 예외

법률에 대한 직접적 헌법소원

---

371) 헌재 1990. 10. 15. 89헌마178, 판례집 제2권, 365, 366; 헌재 1993. 5. 13. 91헌마190, 판례집 제5권 1집 , 312.

그렇지만 법률에 대한 직접적인 헌법소원의 경우 보충성의 원칙 역할을 하는 것은 바로 후술하는 "직접성의 요건"이다.

(3) 행정작용

(가) 원 칙

전심절차의 불이행 시 각하

행정작용의 경우 행정심판과 행정소송을 통하여 구제받을 수 있는 경우에는 이러한 구제절차를 거친 후 헌법소원심판을 청구하지 않으면 전심절차의 불이행을 이유로 그에 대한 헌법소원심판은 각하된다.

검사의 불기소처분의 경우

검사의 불기소처분의 경우, 다른 법률의 구제절차는 항고와 재항고가 될 것이다. 하지만 최근 형사소송법의 개정으로 재정신청의 대상이 전면적으로 확대되었으므로(개정 형사소송법 제260조, 2008년 1월 1일 시행), 불기소처분에 대하여는 항고를 거쳐서 관할 고등법원에 재정신청을 하면 될 것이기 때문에 이러한 재정신청이 다른 법률의 구제절차가 되었으며, 이러한 절차를 거치지 아니하면 헌법소원은 부적법하여 각하될 것이다. 그리고 재정신청의 경우 그 인용여부는 고등법원의 관할이 되며 그 결정에 대해서는 더 이상 불복할 수 없을 뿐만 아니라, 또한 재판소원은 금지되어 있기 때문에, 관할 고등법원의 기각결정에 대한 헌법소원은 허용되지 아니한다.

재정신청의 대상이 될 수 없는 예외적인 경우

다만 재정신청의 대상이 될 수 없는 예외적인 경우에는 헌법소원의 대상이 될 수 있을 것이다.

> 판례 재정신청과 검찰항고는 모두 검사의 불기소처분에 대한 불복제도로서 현행법상 병존적·선택적 제도라고 할 수 있으나, 두 제도를 모두 거치는 것은 시간적으로 불가능하게 되어 있고, 재정신청을 거친 경우에 헌법소원을 제기할 수 있는지 여부에 관하여는 재판소원금지의 원칙과의 관계에서 의문이 있을 수 있으므로, 재정신청과 검찰항고가 모두 가능한 범죄에 관한 불기소처분에 대하여 헌법소원을 제기함에 있어서 그 구제절차로서 검찰항고를 선택하여 이를 모두 거친 경우에는 재정신청을 거치지 아니하였더라도 다른 법률에 의한 구제절차를 모두 거친 것으로 해석하여야 한다.
> (헌재 1993. 7. 29. 92헌마262, 판례집 5-2, 211, 212-212)

(나) 예 외

다만 대법원이 행정소송의 대상으로 받지 않거나 소의 이익이 없다 하여 각하하는 행정작용들의 경우는 행정소송을 거치지 않고 헌법소원 심판을 청구하더라도 보충성의 원칙의 예외를 인정하여 받아들여 주고 있다. 다른 구제절차를 거쳐 봐야 불필요한 우회절차를 경유하는 것에 지나지 않거나, 권리구제의 기대가능성이 없다고 볼 수 있는 경우에는 이와 같이 보충성의 예외를 인정하는 것이다.372)

다른 구제절차 경유가 불필요 한 우회절차에 지나지 않는 경우 예외

그 밖에 지목변경신청반려처분373), 세법상 조리상의 경정청구 거부 처분374)의 경우 보충성의 원칙의 예외사례에 해당하는 것으로 보았다.

예외 사례

처분부작위에 대한 헌법소원의 경우에도 행정소송에서 부작위위법 확인소송을 통해서 구제받을 수 있는 가능성이 없을 경우에는 보충성의 원칙의 예외를 적용하고 있다.375) 또한 임야조사서 열람거부사건(公權力 에 의한 재산권침해에 대한 헌법소원)에서 헌법재판소는 다음과 같이 판시 함으로써 보충성원칙의 예외를 인정하였다.

처 분 부 작 위 소원

> 판례 "사실상의 부작위에 대하여 행정소송을 할 수 있는지의 여부를 잠시 접어 두고 그에 관한 대법원의 태도가 소극적이고 아울러 학설상으로도 그 가부가 확연하다고 할 수 없는 상황에서 법률의 전문가가 아닌 일반국민에 대하여 전 심절차의 예외없는 이행을 요구하는 것이 합당하겠는가의 의문이 생겨나는 것 이다. 그러나 헌법소원심판 청구인이 그의 불이익으로 돌릴 수 없는 정당한 이유있는 착오로 전심절차를 밟지 않은 경우 또는 전심절차로 권리가 구제될 가능성이 거의 없거나 권리구제절차가 허용되는지의 여부가 객관적으로 불확 실하여 전심절차 이행의 기대가능성이 없을 때에는 그 예외를 인정하는 것이 청구인에게 시간과 노력과 비용의 부담을 지우지 않고 헌법소원심판제도의 창 설취지를 살리는 방법이라고 할 것이므로, 본건의 경우는 위의 예외의 경우에 해당하여 적법하다고 할 것이다.
> (헌재 1989. 9. 4. 88헌마22, 판례집 1, 176 [인용(위헌확인),기각])

---

372) 헌재 1995. 12. 28. 91헌마80, 판례집 제7권 2집, 851, 851−852; 헌재 1995. 7. 21. 94헌마136, 판례집 제7권 2집, 169; 헌재 1998. 7. 16. 96헌마246, 판례집 제10권 2 집, 283, 283−284; 헌재 1992. 11. 12. 91헌마146, 판례집 제4권, 802.

373) 헌재 1999. 6. 24. 97헌마315, 판례집 제11권 1집, 802, 823.

374) 헌재 2000. 2. 24. 97헌마13, 판례집 제12권 1집, 252, 253.

375) 헌재 1995. 7. 21. 94헌마136, 판례집 제7권 2집, 169 [기각].

(4) 사법작용

예외적 재판소
원의 경우 보
충성 원칙 적
용 여부

예외적으로 헌법소원의 대상이 될 수 있는 재판의 경우, 그 전제조
건의 하나로서 보충성의 원칙이 적용될 것인지 여부가 문제될 수 있다.

헌법재판소가 위헌으로 결정한 법령을 계속 적용함으로써, 국민의
기본권을 침해한 재판의 경우 헌법소원의 대상이 될 수 있다. 다만 여기
에서 보충성의 원칙상 전심절차를 거치지 않으면 안된다. 따라서 하급

심급절차를 거
쳐서 청구해야

심의 경우, 상급심인 항소와 상고를 거쳐서 확정판결을 받은 후 그 판결
에 대해서 헌법소원을 청구하여야 할 것이다.

다. 청구기간

청구기간이란 헌법소원심판을 청구하기 위하여 준수하여야 하는
제소기간이라고 할 수 있다.

그 사유가 있
음을 안 날부
터 90일, 그
사유가 있은
날부터 1년 이
내

우리 헌재법 제69조는 "헌법소원의 심판은 그 사유가 있음을 안 날
부터 90일 이내에, 그 사유가 있은 날부터 1년 이내에 청구하여야 한다.
다만 다른 법률에 의한 구제절차를 거친 헌법소원이 심판은 그 최종결
정을 통지받은 날로부터 30일 이내에 청구하여야 한다"고 규정하고 있
다.(2003. 3. 12. 개정)

> **사례** 사유가 있음을 안 날의 의미: 헌법소원의 제기기간으로서 "사유가 있음을
> 안 날로부터 60일"이라 함에 있어 "사유가 있음을 안 날"이라고 함은 적어도
> 공권력행사에 의한 기본권침해의 사실관계를 특정할 수 있을 정도로 현실적으
> 로 인식하여 심판청구가 가능해진 경우를 뜻한다.[376]

> **사례** 헌법소원청구기간의 기산점인 "사유가 있음을 안 날"이라 함은 법령의
> 제정 등 공권력의 행사에 의한 기본권침해의 사실관계를 안 날을 뜻하는 것이
> 지, 법률적으로 평가하여 그 위헌성 때문에 헌법소원의 대상이 됨을 안 날을
> 뜻하는 것은 아니라 할 것으로, 헌법소원의 대상이 됨을 안 날은 청구기간을
> 도과한 헌법소원을 허용할 "정당한 사유"의 평가자료로 참작됨은 별론이로되
> 청구기간의 기산점과는 무관한 사항이라 할 것이다.[377]

---

376) 헌재 1993. 7. 29. 89헌마31, 판례집 제5권 2집, 87, 88.
377) 헌재 1993. 11. 25. 89헌마36, 판례집 제5권 2집, 418.

청구기간의 적용 역시 법령에 대한 헌법소원의 경우와 그 밖의 경우를 나누어서 살펴 볼 필요가 있다.

(1) 법령에 대한 헌법소원

법령에 대한 헌법소원의 경우 법령의 시행과 동시에 기본권침해의 사유가 발생한 경우에는 법령의 시행일을 청구기간의 기산점으로 삼으면 된다. 따라서 이러한 경우에는 법령의 시행을 안 날부터 90일 이내에, 그리고 법령이 시행된지 1년 이내에 청구하여야 한다.

하지만 법령의 시행 이후에 법령에 해당하는 사유가 발생한 경우에는 이 날을 기산점으로 삼는다. 따라서 이러한 경우에는 법령에 해당하는 사유가 있음을 안 날부터 90일, 그 사유가 있은 날부터 1년 이내에 헌법소원심판을 청구하면 된다.378)

소위 상황성숙성이론에 의하면 현재성요건이 인정될 경우에는 불필요하게 청구기간이 앞당겨져서 청구인이 불이익을 받을 가능성이 있었다. 그리하여 헌법재판소는 판례를 변경하여 이러한 상황성숙성이론을 포기한 것이다. 최근 제대군인가산점 판결에서도 장래의 기본권침해가 확실히 예측될 수 있어 예외적으로 현재성을 앞당겨서 인정하는 경우에는 청구기간의 도과의 문제가 발생할 여지가 없다고 하는 것을 분명히 밝히고 있다.379)

법령에 영업의 자유를 제한하는 규정을 신설하고 경과조치로서 유예기간을 둔 경우의 기본권침해 시점이 문제될 수 있는데 이에 대하여는 재판관들의 의견이 나뉘었으나 결과적으로 관련 헌법소원심판청구는 청구기간 경과로 각하되었다. 각하의견과 반대의견의 요지는 다음과 같다.

> **판례** 종래 합법적으로 영위하여 오던 직업의 행사를 유예기간 이후 금지하는 법규정의 경우, 이미 이 법규정의 시행에 의하여 청구인의 종래 법적 지위가 유예기간의 종료 후에는 소멸되는 권리로 청구인에게 불리하게 구체적으로 형성되는 것이기 때문에, 유예기간이 경과한 후에 비로소 기본권에 대한 침해가

[우측 여백 주석]
법령의 시행과 동시에 기본권 침해의 사유가 발생한 경우

법령의 시행 이후에 해당하는 사유가 발생한 경우

상황성숙성이론 포기

경과조치로 유예기간을 둔 경우

---

378) 헌재 1996. 3. 28. 93헌마198, 판례집 제8권 1집, 241, 241-242.
379) 헌재 1999. 12. 23. 98헌마363, 판례집 제11권 2집, 770, 781-781.

발생하는 것이 아니라, 이미 법규정의 시행 당시에 청구인의 기본권이 현실적·구체적으로 침해되는 것이다.

경과규정의 경우 이미 법령의 시행 당시 구체적으로 확정된 기본권의 제한을 수규자의 입장에서 완화하고, 수규자에게 변화한 법적 상황에 대처할 수 있는 적절한 기간을 부여하기 위한 것이므로 기본권에 대한 침해가 법령의 시행 당시에 이미 존재하는 것이지 장래에 발생하는 것이 아니다.

헌법소원심판절차에서 청구기간에 관한 규정은 '개인의 권리구제'라는 측면과 '법적 안정성'이라는 측면이 적절한 조화가 이루어지도록 해석·적용되어야 하는 것인데, 일정한 유예기간을 두는 경과규정에 있어서 청구기간의 기산점을 '기본권침해의 사유가 있는 날', 즉 '기본권의 침해를 받은 때'가 아니라 '유예기간의 종료시점'으로 파악하는 것은 헌법재판소법 제69조 제1항의 법문에 반하는 법률해석이자 개인의 권리구제에 일방적으로 집착하여 법적 안정성을 해치는 결과를 가져오는 법률해석으로서, 법치국가의 관점에서 그 타당성을 인정하기 어렵다.

재판관 윤영철, 재판관 하경철, 재판관 김영일, 재판관 권 성, 재판관 주선회의 반대의견

청구인은 경과규정이 시행된 이후에도 계속 영업을 할 수 있는 것이고 실제로 영업을 금지당하는 것은 경과규정에 의한 기간이 도과한 이후부터인 것이다. 경과규정이 시행된 시점을 청구기간의 기산점으로 파악한다면, 청구인의 경우 종래와 마찬가지로 계속 영업을 한다는 점에서는 현실적으로 어떠한 변화도 없는 상태에서, 즉 구체적으로 기본권침해가 발생하기 전에 헌법소원을 청구할 것을 요구하게 되는 것이다.

일반국민은 자신과 관련되는 어떠한 법규정이 제정·개정·폐지되는지 사실상 조감하기 어렵고, 대부분의 경우 유예기간이 종료될 무렵에야 관계기관으로부터 통보를 받는 등 자신의 기본권을 제한하는 법규정에 대하여 적시에 대처하기 어렵다는 것이 엄연한 현실이고, 국민의 기본권보장이라는 헌법소원의 본질에 비추어 보더라도, 헌법재판소가 굳이 청구기간의 기산점을 앞당겨서 헌법소원의 청구인으로 하여금 본안판단을 받을 기회를 박탈하기보다는, 법적 안정성을 해하지 않는 범위 내에서 청구기간에 관한 규정을 국민의 기본권보장을 강화하는 방향으로 해석함으로써 본안판단의 기회를 폭넓게 인정하는 것이 보다 바람직하다.

(헌재 2003. 1. 30. 2002헌마516, 판례집 15-1, 161 [전원재판부])

(2) 법령에 대한 헌법소원이 아닌 경우

법령에 대한 헌법소원이 아닌 경우에는 기본권침해의 사유가 있음을 안 날부터 90일 이내에, 그리고 기본권침해의 사유가 있은 날부터 1년 이내라고 하는 기준을 그대로 적용하면 될 것이다.

기본권침해의 사유가 있음을 안 날

(3) 부작위에 대한 헌법소원의 경우

부작위에 대한 헌법소원의 경우 기본권침해의 사유는 계속되는 것이므로 청구기간은 적용되지 아니한다는 것이 헌법재판소 판례이다.380)

부작위소원의 경우 청구기간 비적용

다만 생명권보호의무에 대한 행정부작위에 의하여 생명권침해를 받은 경우 그 기본권침해는 계속되고 있다고 볼 수는 없을 것이므로, 이 경우 청구기간 적용이 배제된다고 볼 수 있을 것인지는 논란의 여지가 있을 수 있으나 청구기간적용이 배제된다고 봐야 할 것이다.381)

다만 부진정입법부작위의 경우 불완전한 또는 불충분한 입법의 결과인 법률에 대하여 직접 헌법소원심판을 청구하여야 하므로 청구기간의 적용을 받는다.382)

부진정입법부작위 헌법소원 청구기간 적용

(4) 청구기간 적용의 예외

헌재법 제40조 제1항에 따라서 헌법소원의 경우는 행정소송법이 준용된다. 따라서 행정소송법 제20조 제2항 단서에서 규정하고 있는 청구기간 경과의 경우 정당한 사유의 적용 역시 헌법소원의 경우에도 준용될 수 있으므로, 혹 청구기간이 경과하였다 하더라도 정당한 사유가 있는 경우에는 헌법소원이 적법한 것으로 받아들여 줄 수 있다.383)

정당한 사유가 있는 청구기간의 경과

> **사례** 기소유예처분에 대한 헌법소원에 있어서 청구기간의 적용
>
> 다수의견: "검사가 피의자에게 기소유예처분의 통지를 하지 아니한 경우, 청구기간의 도과에 정당한 사유를 인정할 수 있는지 여부와 관련하여 헌법재판소는 "피청구인이 청구인에게 형사소송법 제258조 제2항 소정의 통지를 하지 아

---

380) 가령 헌재 1994. 12. 29. 89헌마2, 판례집 제6권 2집, 395, 408; 헌재 1998. 7. 16. 96헌마246, 판례집 제10권 2집, 283, 298-299.
381) 세월호 헌법소원(2014헌마1189, 2015헌마9)과 관련하여 방승주, 헌법사례연습, 박영사 2015, 145-156면 참조.
382) 헌재 1996. 10. 31, 94헌마204.
383) 헌재 1993. 7. 29. 89헌마31, 판례집 제5권 2집, 87, 88-89; 헌재 2000. 11. 30. 2000헌마224, 판례집 제12권 2집, 373.

니하였다 하더라도, 청구인은 스스로 피의자이고 반성문까지 작성제출하였으므로, 심판청구기간내에 기소유예처분이 있은 것을 알았거나 쉽게 알 수 있었다고 할 것이어서 청구기간을 도과한 것에 정당한 사유가 있다고 볼 수 없다" 재판관 이영모, 재판관 하경철, 재판관 권성의 반대의견: "형사소송법 제258조 제2항은 검사가 불기소처분을 한 때에는 피의자에게 즉시 그 취지를 통지하여야 한다고 규정하고 있다. 그럼에도 불기소처분사실을 통지하지 아니하고 별도의 고지절차도 취하지 아니하였다면, 비록 피의자라 하더라도 그 불기소처분이 있음을 바로 알 수 있는 처지에 있다고는 할 수 없으므로, 이를 알았거나 쉽게 알 수 있어서 심판청구기간 내에 심판청구가 가능하였다는 특별한 사정이 없는 한 정당한 사유가 있는 때에 해당한다고 보아야 한다."384)

검찰 인지사건 기소유예처분의 경우 정당한 사유 인정할 필요

생각건대, 검찰의 인지사건의 경우에는 기소유예처분에 대하여 당사자에게 통지하지 아니하고 반성문만 받고서 기소유예를 하는 것이 보통이며, 이 경우 당사자는 기소유예처분이 있었는지 조차 알 수도 없을 경우도 비일비재하기 때문에, 처분이 있었음을 알 수도 없었음에도 청구기간을 적용하는 것은 부당하다. 따라서 이러한 경우에는 비록 처분이 있은 날부터 1년이 지났다 하더라노 정당한 사유가 존재한 것으로 인정하여야 할 것이다.385)

> **판례 변경** 기소유예처분취소 - 판례를 변경한 것으로 보이나 판례변경에 대한 명시적 언급이 없는 것으로 보이는 사례가 있다.
> 검사가 청구인에 대하여 기소유예처분을 함에 있어 그 처분사실을 통지하지 아니하고, 별도의 고지절차도 취하지 아니하였을 뿐만 아니라 사전에 청구인을 소환하여 조사하지도 않았고, 반성문이나 서약서조차 징구하지 아니하였다면, 비록 피의자라 하더라도 그 불기소처분이 있음을 쉽게 알 수 있는 처지에 있다고는 할 수 없으므로 피의자였던 청구인은 불기소처분이 있음을 알지 못하는 데에 과실이나 책임이 있다고 할 수 없으므로, 청구인이 불기소처분사실을 알았거나 쉽게 알 수 있어서 심판청구기간 내에 심판청구가 가능하였다는 특별한 사정이 없는 한 정당한 사유가 있는 때에 해당한다고 보아야 할 것이다.
> (헌재 2001. 12. 20. 2001헌마39, 공보 제64호, 79 [기각])

---

384) 헌재 2000. 11. 30. 2000헌마224, 판례집 제12권 2집, 373.
385) 이에 대하여는 방승주 (주 58), 272면 이하 참고할 것.

라. 대리인 선임

우리 헌법재판소법은 변호사강제주의를 택하고 있다. 따라서 헌법소원심판을 청구할 경우에는 변호사를 대리인으로 선임하지 않으면 안 된다.

변호사강제주의

사선대리인을 선임할 만한 경제적 능력이 없는 경우에는 무자력을 소명하여 국선대리인선임을 신청할 수 있다. 무자력의 소명을 위해서는 재산세미과세증명 등을 제출하면 된다.

국선대리임선임 신청

국선대리인선임신청을 하는 경우 신청일을 헌법소원심판을 청구한 날로 간주한다(제70조 제1항 후문).386)

헌법소원청구와 관련하여 반드시 대리인 선임을 획일적으로 강제하는 것은 문제라고 본다. 가령 변호사 자격은 없다 하더라도, 헌법소원심판을 독자적으로 청구하고 수행하는 데 아무런 지장이 없다고 인정할 만한 자들이 있을 수 있다. 이러한 경우에는 획일적으로 변호사 선임을 강제할 것이 아니라, 구체적 개별적으로 판단하여 독자적 헌법소원수행도 가능하도록 해야 할 필요가 있다고 생각되나 이러한 문제는 헌재법의 개정을 요하는 문제라고 볼 수 있을 것이다.

대리인선임강제의 문제

마. 기본권침해의 관련성

(1) 기본권침해의 관련성의 의의

헌법소원심판청구가 적법하기 위해서는 공권력의 행사 또는 불행사에 의하여 청구인의 기본권이 관련되지 않으면 안 된다. 만일 청구인의 기본권과 관련이 없음에도 불구하고 헌법소원청구를 가능하게 하는 경우 헌법소원심판은 민중소송387)이 될 수 있는 가능성이 있다. 따라서 주관적 권리구제의 수단으로서 헌법소원의 제도적 의의를 살리고 재판소로 하여금 소송폭주로 인한 과중한 업무로부터 벗어날 수 있게 하기 위해서는 헌법소원심판의 경우에 구체적으로 청구인의 기본권과 직접

민중소송화와 소송폭주 현상 방지를 위하여 자기, 현재, 직접관련성 필요

---

386) 헌재 1998. 7. 16. 96헌마268, 판례집 제10권 2집, 312, 336 등; 헌법재판소 (주 117), 383면.

387) 동지, Dieter Dörr, Die Verfassungsbeschwerde in der Prozeßpraxis, 2 Aufl., Köln 1997, S. 57.

관련성이 있는 헌법소원만 골라내 이에 대한 위헌여부를 집중적으로 심리하게 할 필요가 있다.

기본권침해의 관련성

이러한 목적으로 헌법소원청구의 전제조건의 하나로 헌법재판소가 판례에 의하여 정립한 요건이 바로 기본권침해의 관련성이라고 할 수 있다.

청구적격 심사

결국 이러한 기본권침해의 관련성은 청구적격(Beschwerdebefugnis)[388]의 심사에 다름 아니라고 볼 수 있을 것이다.

청구(인)능력 개념과 구별 필요성

이와 관련하여 청구능력(Beschwerdefähigkeit)개념과 청구적격개념은 구분되어야 한다. 청구능력이라 함은 기본권주체가 될 수 있는 능력을 소송법적으로 표현한 것이라고 볼 수 있을 것이다. 즉 기본권주체가 될 수 있어야 헌법소원의 청구능력을 가지게 되는 것이다. 따라서 기본권주체가 될 수 없는 자가 헌법소원을 청구하는 경우에는 헌법소원청구(인)능력이 없어서 각하되어야 할 것이다.

> **사례** 대통령의 기본권 주체성 여부: "대통령도 국민의 한사람으로서 제한적으로나마 기본권의 주체가 될 수 있는바, 대통령은 소속 정당을 위하여 정당활동을 할 수 있는 사인으로서의 지위와 국민 모두에 대한 봉사자로서 공익실현의 의무가 있는 헌법기관으로서의 지위를 동시에 갖는데 최소한 전자의 지위와 관련하여는 기본권 주체성을 갖는다고 할 수 있다(헌재 2004. 5. 14. 2004헌나1, 판례집 16-1, 609, 638 참조)."[389]

자기관련성, 현재관련성, 직접관련성

다음으로 헌법소원청구능력이 있는 자가 헌법소원을 청구하였다 하더라도, 구체적으로 자신의 기본권이 현재 직접적으로 관련되지 않으면 안 되는데 이러한 요건을 청구적격이라고 할 수 있다.

요컨대 기본권침해의 관련성은, 자기관련성, 현재관련성, 직접관련성으로 나누어서 살펴 볼 수 있다. 이러한 자기관련성, 현재관련성, 직접관련성의 요건은 애당초 법률에 대한 직접적인 헌법소원의 경우에 독일 연방헌법재판소가 요구하던 전제조건이었으나, 그것이 점차 일반화

---

388) Dieter Dörr (주 387).
389) 헌재 2008. 1. 17. 2007헌마700.

된 것이다.[390]

이 문제, 즉 청구인적격의 3가지 요소가 인정될 것인지 여부의 문제가 잘 드러난 사례는 직장의보와 지역의보와의 통합사건[391]이라고 할 수 있다.

사례

(2) 자기관련성

(가) 자기관련성의 의의

헌법소원심판을 청구하기 위해서는 자기의 기본권이 공권력에 의하여 침해되었음을 주장하여야 한다. 즉 공권력의 행사 또는 불행사가 자신의 기본권과 관련되어야 한다는 것이다. 이것을 자기관련성이라고 한다.

자신의 기본권
과 관련

(나) 원칙과 예외

자기관련성의 요건 역시 법령과 관련해서는 특수한 문제를 제기한다. 다시 말해서 청구인이 법령의 구성요건에 따를 때 그 규정의 수범자인 경우에는 보통 자기관련성이 인정된다. 이러한 인적 범위는 경우에 따라서 해석을 통해서 확인된다.[392]

비수범자의 자
기관련성 예외
적 인정 범위

문제는 법령의 수범자가 아닌 사람들이 어떠한 조건하에서 자기관련성을 가질 수 있는가 하는 문제이다.

이 문제에 대하여 독일 연방헌법재판소는 어떠한 불리한 효과가 이 사람들에 대해서도 제한이라고 할 수 있을 경우에, 즉 단순히 반사적 효과에 불과한 것이 아닐 경우에만 자기관련성을 인정하고 있다. 그러한 반사적 효과는 청구인에 대하여 단지 사실적 또는 간접적으로만 관련되기 때문에 자기관련성을 인정하기에는 충분하지 않다는 것이다.[393] 언제 그러한 간접적 내지는 사실적 작용이 반사적 효과의 범위를 넘어서는 것인지에 관해서 독일 연방헌법재판소 판례는 분명하지 않다.

반사적 효과가
아닌 경우

우리 헌법재판소 역시 공권력작용이 단지 간접적, 사실적 또는 경

사실상의 경제
적 불이익의

---

390) Dieter Dörr (주 387), S. 58.

391) 헌재 2000. 6. 29. 99헌마289, 판례집 제12권 1집, 913, 913-913, 국민건강보험법 제33조 제2항 등 위헌확인.

392) Dieter Dörr (주 387), Rn. 142

393) BVerfGE 70, 1 (23); 47, 327 (364); 6, 273 (277) - Dieter Dörr (주 387), Rn. 143.

경우 자기관련성 부인(헌재)

제적인 이해관계로만 관련되어 있는 제3자, 나아가 반사적으로 불이익을 받은 자에게는 자기관련성이 인정되지 않는다고 하고 있다.394)

종합적 고려 필요

　　법률에 의한 기본권침해의 경우에 제3자의 자기관련성을 어떠한 경우에 인정할 것인가의 문제와 관련하여 헌법재판소는 무엇보다도 법의 목적 및 실질적인 규율대상, 법규정에서의 제한이나 금지가 제3자에게 미치는 효과나 진지성의 정도 등을 종합적으로 고려하여 판단하여야 한다고 한다.395)

(다) 제3자소송담당 문제

제3자소송담당

　　제3자소송담당이란 타인의 권리를 자기의 이름으로 주장할 수 있는지 그리고 어떠한 전제조건 하에서 그러할 수 있는지의 문제이다.396)

원칙적 금지

　　독일 연방헌법재판소는 자기관련성의 요건 때문에라도 헌법소원심판에서 제3자소송담당은 인정되지 않는다는 입장을 가지고 있다.

예외적 허용

　　하지만 연방헌법재판소는 일정한 경우에는 청구인이 타인의 권리를 자신의 이름으로 주장할 수 있다고 허용한 바 있다. 이 결정들은 소위 직권에 의한 당사자와 그 밖에 법률적 제3자소송담당의 사례들, 즉 유언집행자397) 유산관리인398), 파산관재인399) 그리고 독일 민법 제2039조에 따른 소송수행자격이 있는 공동상속인 등이 그것이다.400)

독일 연방헌재의 부인사례

　　이에 반하여 독일 연방헌재는 토지의 양도인이 토지에 대한 공용수용에 대하여 청구한 헌법소원심판의 경우 양수인의 헌법소원심판의 수행을 허용하지 아니하였다.401) 그리고 연방헌재는 단체가 자신의 구성원들을 위하여 청구한 많은 헌법소원사건에 있어서 제3자소송담당 남용에 관한 규정의 적용 대신 자기관련성요건 결여를 이유로 그들의 소송수행자격을 부인하였다.402)

---

394) 헌재 1993. 3. 11. 91헌마233, 판례집 제5권 1집, 104.
395) 헌재 1997. 9. 25, 96헌마133, 판례집 제9권 2집, 410, 416; 헌재 2006. 4. 27. 2005
　　헌마1047, 판례집 제18권 1집 상, 601, 614; 헌법재판소 (주 117), 293면.
396) Dieter Dörr (주 388), Rn. 160.
397) BVerfGE 21, 319 (143).
398) BVerfGE 27, 326 (333).
399) BVerfGE 65, 182 (190).
400) Dieter Dörr (주 387), Rn. 161.
401) BVerfGE 56, 296 (297) ― Dieter Dörr (주 387), Rn. 162.

이와 관련한 우리 판례는 다음과 같은 것들이 있다.

우리 헌재 관
련 판례

> **판례** **단체가 구성원을 위하여 헌법소원을 하는 경우:**
> "단체는 특별한 예외적인 경우를 제외하고는 원칙적으로 단체 자신의 기본권
> 을 직접 침해당한 경우에만 그의 이름으로 헌법소원심판을 청구할 수 있을 뿐
> 이고, 그 구성원을 위하여 또는 구성원을 대신하여 헌법소원심판을 청구할 수
> 없다. 청구인 사단법인 ○○미술협회는 회원의 자질향상과 상호간의 친목 및
> 권익을 도모함을 목적으로 하는 법인인바, 이 사건 법률조항들에 의하여 자신
> 의 기본권이 직접 침해된다고 보기 어렵다."403)

> **판례** 제3자의 기본권침해 주장: 청구인은 액화석유가스 판매사업자로서 헌법재
> 판소법 제68조 제1항에 의한 헌법소원을 제기하면서 이 사건 법률조항으로 인
> 하여 소비자의 행복추구권도 침해된다는 주장을 하고 있으나, 이러한 주장은
> 청구인의 기본권이 침해되었다는 주장이 아니므로 따로 판단하지 아니한
> 다.404)

> **판례** 형사소송법 제225조 제2항에서 피해자가 사망한 경우 그 배우자, 직계친
> 족 또는 형제자매에게 고소권을 인정하고 있는 취지에 비추어 볼 때, 피해자인
> 고소인이 고소 후에 사망한 경우 피보호법익인 재산권의 상속인은 자신들이
> 따로 고소를 할 것 없이 피해자 지위를 수계하여 피해자가 제기한 당해 고소
> 사건에 관한 검사의 불기소처분에 대하여 항고, 재항고도 할 수 있고 또한 헌
> 법소원심판도 청구할 수 있다.405)

(3) 현재관련성

(가) 의 의

현재관련성이라 함은 공권력에 의한 기본권침해가 현재 존재하여
야 한다는 것을 말한다. 따라서 기본권침해가 장래 발생할 것임을 이유

기본권침해의
현재 존재

---

402) Dieter Dörr (주 387), Rn. 162.
403) 헌재 2007. 7. 26. 2003헌마377, 공보 제130호, 851, 855. 헌법소원에서 단체소송
     을 부인한 독일 연방헌재의 유사판례: BVerfGE 31, 275 (280); 16, 147 (158); 13,
     54 (89); 13, 1 (9); 11, 30 (35); 10, 134 (136); 2, 292 (294) 예외적으로 BVerfGE
     77, 263과 다시 이를 상대화시킨 판례로 BVerfGE 79, 1 (19) Dieter Dörr (주 388),
     Rn. 162.
404) 헌재 2007. 6. 28. 2004헌마540, 공보 제129호, 750, 751.
405) 헌재 1993. 7. 29. 92헌마234, 판례집 제5권 2집, 196.

로 헌법소원심판을 청구하는 경우 이는 원칙적으로 각하사유가 된다.

(나) 예 외

장래에 확실히 기본권 침해가 발생할 것이 예측되는 경우

그러나 기본권침해가 장래에 발생할 것이 확실히 예측될 뿐만 아니라, 장래 기본권침해가 발생할 때까지 기다렸다가 헌법소원심판을 청구할 경우에는 이미 기본권구제가 어려워질 경우에는 예외적으로 현재성 요건을 앞당겨서 인정한다.

> **사례** 청구인들은 심판청구 당시 이 사건 규칙조항으로 인한 기본권 침해를 현실적으로 받았던 것은 아니다. 그러나 청구인 신○웅, 이○석, 박○수를 제외한 나머지 청구인들이 심판청구 당시 안마사업을 위한 준비(스포츠마사지 교육 수강)를 하고 있었고, 또 실제로 2003. 10. 21. 심판청구 후 같은 달 28. 서울특별시장에게 안마사자격인정신청을 하였다가 같은 해 11. 6. 그 신청이 반려된 점 등에 비추어 보면, 이 사건 규칙조항으로 인한 기본권침해가 틀림없이 있을 것으로 심판청구 당시에 이미 확실히 예측되었다 할 것이므로 기본권구제의 실효성을 보장하기 위하여 기본권침해의 현재성을 인정할 수 있다(헌재 1992. 10. 1. 92헌마68 등, 판례집 4, 659, 669 참조).[406]

예외적으로 현재성 인정할 경우 청구기간 경과의 문제는 없음

또한 이와 같이 장래 확실히 기본권침해가 예측되어, 현재관련성을 인정하는 이상 청구기간 도과의 문제는 발생할 여지가 없다. 즉 청구기간을 준수하였는지 여부는 이미 기본권침해가 발생한 경우에 비로소 문제될 수 있는데, 이 사건의 경우 심판청구 당시 아직 기본권침해가 없으나 장래 확실히 기본권침해가 예측되므로 미리 앞당겨 현재의 법적 관련성을 인정하는 것이기 때문이다(헌재 1999. 12. 23. 98헌마363, 판례집 11-2, 770, 781 참조).[407]

(4) 직접관련성

기본권침해의 직접관련성

기본권침해의 관련성과 관련하여 독일 연방헌법재판소 판례는 우리 판례에 직접적으로 많은 영향을 주었다고 할 수 있으므로 먼저 독일 연방헌법재판소의 직접관련성에 관한 입장을 살펴 본 후 우리 헌재 판례를 살펴보기로 한다.

---

406) 헌재 2006. 5. 25. 2003헌마715, 판례집 제18권 1집 하, 112, 118-119.
407) 헌재 2006. 5. 25. 2003헌마715, 판례집 제18권 1집 하, 112, 118-119.

(가) 독일 연방헌법재판소 판례[408]

독일연방헌법재판소는 직접관련성 인정 여부의 기준을 우선 법률이 집행행위를 전제로 하고 있는지 여부에 두고 있으며, 한편 집행행위를 전제로 하고 있지 않다 하더라도 법원에 의한 권리보호의 기대가능성이 있는 경우에는 보충성의 원칙에 따라서 법원에 의한 구제절차를 거칠 것을 요구하면서 그 직접성을 부인한다. 그러면서도 또한 보충성원칙의 예외사유가 인정될 수 있는 경우에, 즉 법률 자체가 집행권력으로 하여금 당사자에 대하여 더 이상 만회하거나 수정할 수 없는 처분을 유발하는 경우에, 그리고 법원을 통한 권리구제절차가 존재한다 하더라도, 그와 같은 절차를 거치는 것이 무의미하거나 성공가능성이 없는 경우에, 끝으로 보충성원칙의 목적이 달성될 수 없거나 필요하지 아니한 경우, 다시 말해서 법원에 의하여 사실관계의 해명이나 법적 문제의 설명이 불가능하거나 또는 그러한 필요성이 인정되지 아니하는 경우에는 법원에 의한 구제절차가 있다 하더라도 예외적으로 법률에 의한 기본권침해의 직접관련성을 인정하고 있다.

법률의 집행행위 전제

(나) 우리 헌법재판소 판례

1) 원 칙

우리 헌법재판소도 역시 법률이 집행행위를 매개로 하고 있는지 여부를 기준으로 하여 기본권침해의 직접관련성을 판단하고 있다.

집행행위의 매개여부 기준

직접관련성이란 어떠한 공권력에 의하여 직접 국민의 기본권이 침해되어야 한다는 것을 말한다. 다시 말해서 그 공권력행위에 의해서 직접 기본권이 침해된 것이 아니라, 어떠한 집행행위의 매개에 의하여 권리의 제한, 법적 지위의 박탈, 의무의 부과 등 국민의 권리·의무관계에 변동이 초래되는 경우에는 직접관련성이 존재하지 않는다.

집행행위의 매개가 없이 권리의 제한, 의무의 부과, 법적 지위의 박탈

이 직접관련성은 주로 법률에 대한 직접적인 헌법소원의 경우에 매우 중요한 요건이 된다. 왜냐하면 보통 법률은 집행기관의 법률집행행위에 의해서 그 효력이 발생되는 것이 보통이기 때문이다. 법률에 대한 헌법소원의 경우 결국 이 직접관련성의 요건이 보충성의 원칙과 같은

법률에 대한 직접적 헌법소원의 경우 중요

---

408) 이에 대하여는 방승주 (주 58), 411면 이하 참고할 것.

헌법소원심판청구의 여과기능을 수행하는 것이다.

강행규정과
재량규정

보통 강행규정의 경우는 직접성이 인정되며, 집행기관에 일정한 재량을 부여한 재량규정의 경우(가령 "건설교통부장관은 개발제한구역을 지정하여 고시할 수 있다")는 집행행위를 전제로 하고 있기 때문에 그에 대한 헌법소원은 직접성이 결여되어 부적법하다. 오히려 당사자는 집행행위의 구체적 기본권침해행위, 즉 건설교통부장관의 개발제한구역 지정·고시행위 등에 대하여 그 취소를 구하는 행정소송을 먼저 다투어야 할 것이다.409)

하위규범 시행
예정시 직접성
부인

그리고 여기에서 말하는 집행행위에는 입법행위도 포함되므로 법률규정이 그 규정의 구체화를 위하여 하위규범의 시행을 예정하고 있는 경우에는 당해 법률의 직접성은 부인된다는 것이 헌재 판례이다.410)

그러나 여기에서 말하는 직접성요건이 필요하다고 하여서 법률상 제재규정등에 대한 위반행위를 무릅쓸 것을 요구할 수는 없다.411)

2) 예 외

직접관련성의
예외사유

이러한 직접관련성에도 예외가 존재한다. 다시 말해서 집행행위의 매개를 통해서 비로소 기본권이 침해될 수 있는 경우라 하더라도, 그 집행행위에 대한 구제절차가 존재하지 않거나 존재한다고 하더라도 권리구제의 기대가능성이 없어서 그 집행행위를 먼저 다투도록 요구하는 것이 불필요한 우회절차를 강요하는 것 밖에 되지 않는 경우에는 비록 집행행위를 매개로 하는 법률이라 하더라도, 그에 대한 직접적인 헌법소원심판을 허용하는 것이다.412)

바. 권리보호이익

(1) 원 칙

헌법소원을 통
하여 권리구제

권리보호이익의 요건은 헌법소원심판청구를 통하여 청구인이 달성

---

409) 헌재 1992. 11. 12. 91헌마192, 판례집 제4권, 813, 813-814.
410) 헌재 1996. 2. 29. 94헌마213, 판례집 제8권 1집, 147, 154.
411) 헌재 1998. 3. 26. 97헌마194, 판례집 제10권 1집, 302, 312-313.
412) 헌재 1992. 4. 14. 90헌마82, 판례집 제4권, 194, 202-203; 헌재 2006. 4. 27. 2005헌마1047, 판례집 제18권 1집 상, 601, 614; 헌재 2006. 4. 27. 2005헌마997, 판례집 제18권 1집 상, 586, 592-593; 헌재 2002. 6. 27. 99헌마480, 판례집 제14권 1집, 616, 625-626; 헌재 2006. 4. 27. 2005헌마997, 판례집 제18권 1집 상, 586, 592-593.

하고자 하는 목적을 달성할 수 있는 가능성이 있는가에 대한 심사이다. 만일 청구인이 헌법소원심판을 통해서도 자신이 달성하고자 하는 기본권침해에 대한 구제목적을 달성할 수 있는 가능성이 없을 경우에는 권리보호이익이 없다고 할 수 있다.

가능성이 있을 경우

헌법소원심판청구 당시에는 권리보호이익이 존재하다가 소송 계속 중에 권리보호이익이 상실될 수도 있다. 가령 헌법소원이 계류중인 때에, 청구인이 다투고 있던 법률이 개정 또는 폐지되어 목적하던 바가 달성되거나 달성될 수 있는 가능성이 생기게 된 때와 같은 경우가 그것이다.413)

소송계속 중 권리보호이익 상실 가능

(2) 예 외

하지만 헌법소원심판은 주관적인 권리구제의 기능도 가지고 있지만 헌법질서의 수호 내지는 헌법해명이라고 하는 객관소송으로서의 기능도 가지고 있는 것이 사실이다. 따라서 주관적인 권리구제의 가능성이 없는 경우라 하더라도 헌법해명을 위해서 심판을 해야 할 객관적인 필요성이 인정될 경우에는 심판의 이익을 인정할 수 있기 때문에, 행정소송에 있어서보다는 권리보호이익이 훨씬 넓게 인정될 수 있다.

객관적 헌법해명의 필요성

따라서 가령 권력적 사실행위에 의한 기본권침해와 같이 한번 발생하여 더 이상 돌이킬 수 없이 종료된 사건의 경우에도 행정소송의 경우라면 소의 이익이 없어서 각하될 사건의 경우도 헌법소원의 경우는 그 위헌여부를 확인할 객관적인 필요성이 인정될 수 있으며, 그러한 한도 내에서 심판의 이익을 인정하는 것이 보통이다.

권력적 사실행위에 의한 기본권침해의 경우

그리고 또한 헌법소원심판을 인용한다고 하더라도, 청구인의 주관적 권리가 구제될 수 있는 가능성이 존재하지 않는다 하더라도, 그러한 기본권침해행위가 앞으로도 계속해서 반복될 수 있는 가능성이 있을 경우에 헌법재판소는 객관적인 헌법해명의 필요성을 인정하고 심판의 이익을 인정하고 있다.414)

기본권침해의 반복 가능성

---

413) 헌재 1993. 11. 25. 92헌마169, 판례집 제5권 2집, 489.
414) 헌재 1994. 7. 29. 91헌마137, 판례집 제6권 2집, 122; 헌재 1997. 1. 16. 89헌마240, 판례집 제9권 1집, 45, 45-46.

제 14 절 선거관리

I. 선거관리의 의의와 규정의 목적 및 연혁

1. 선거관리의 의의

선거관한 사무
공정 관리 기
관 필요

선거관리사무
는 행정

제7장의 제목
은 "선거관리"

선거는 민주주의에 있어서 국민의 대표를 선출하는 절차이다. 이 절차를 얼마나 공정하게 그리고 국민의 진정한 뜻을 담아 하느냐에 따라서 민주주의의 성패가 달렸다 해도 과언이 아니다. 그러므로 이 선거에 관한 사무를 공정하게 관리할 수 있는 기관이 필요한데, 이 선거관리 사무는 국가의 권력 구조의 틀 안에서 본다면 일종의 행정이라고 할 수 있을 것이다.

그러므로 이 선거관리사무에 대하여 굳이 헌법에 규정하지 않고 법률로 규율하는 나라들도 있는데서 알 수 있듯이 선거관리에 관한 사무를 담당하는 기관이 전통적인 권력분립의 구조 하에서 별도의 "제5의 국가권력"으로 이해[1]하는 것은 적절하지 않다고 할 것이다.

우리 헌법제(개)정자 역시 국가권력에 관한 장으로, 제3장 국회, 제4장 정부, 제5장 법원, 제6장 헌법재판소로 규정한 데 반하여, 이 제7장의 경우 "선거관리위원회"라고 하는 주체가 아니라, 단순히 "선거관리"라고 하는 일종의 기능개념을 제목으로 쓴 것은 이 선거관리위원회가 국가권력구조의 틀 안에서 별도의 권력주체로 두고자 한 것은 아니었음을 간접적으로 알 수 있다고 하겠다. 이는 제8장 "지방자치"의 경우도 마찬가지로 일종의 기능개념을 씀으로써 가령 "지방자치단체"라고 하는

---

[1] 가령 최순문, 선거관리위원회의 사명, 선거관리 1-1(1968), 15; 허영, 중앙선거관리위원회의 헌법상 지위와 권한, 선거관리 제41호(1995), 164면: 박종보, 헌법 제114조 및 제115조, (사) 한국헌법학회 편, 헌법주석 [법원, 경제질서 등] 제101조~제130조, 경인문화사 2017, 1341-1352(1348) 각주 8)에서 재인용.

주체개념을 쓰지 않은 것도 마찬가지로 이해할 수 있을 것이다.

어쨌든 이 선거관리라고 하는 기능은 선거를 자유롭고 공정하게 실시함으로써 민주주의를 실현하기 위한 중요한 요소라 할 수 있다.

민주주의의 실현을 위한 요소

2. 선거관리 규정의 입헌목적과 개정 필요성

헌법 제114조 제1항은 "선거와 국민투표의 공정한 관리 및 정당에 관한 사무를 처리하기 위하여 선거관리위원회를 둔다."고 규정하고 있다. 우리나라가 다른 입헌례와는 달리 선거관리에 관한 헌법조항들을 별도의 장을 마련하여 둔 이유는 과거 이승만 전 대통령의 3.15 부정선거에 항거하여 4.19의거로 이승만 정권을 몰아내고 민주혁명을 이루어 내고 나서, 선거가 공정하게 이루어질 수 있도록 관리하는 객관적이고 중립적인 국가기관이 무엇보다도 절실하다고 판단을 한 우리 헌법개정자의 결단에 의한 것이었으며, 그러한 규정이 지금까지 죽 이어져 내려오는 것이라 할 수 있을 것이다.[2]

객관적 · 중립적 국가기관의 필요

따라서 이제 과거와 같은 관권선거 등이 사라졌다고 볼 수 있는 오늘날에는 이러한 선거관리에 관한 규정을 굳이 헌법에 둘 필요 없이 법률로 규정해도 무방하다든가, 민주화가 안정기에 접어 든 시점에는 통상적인 선거관리는 일반 행정기관에 맡기고, 중앙선거관리위원회는 정치활동의 투명성 확보를 위한 기구로 재정립되어야 한다[3]거나 혹은 그동안의 선거관리위원회의 기능과 역할을 고려하여 헌법사항으로 두되 독립된 장으로 두지는 말고, 총강 편으로 이동시키고 조문의 조정이 필요하다[4]는 등의 입법개선의견들이 나오고 있는 것이다.

중앙선거관리위원회를 굳이 헌법에 규정할 필요 없다고 하는 헌법개정론도 있음

생각건대 과거에 성행했던 관권선거나 금권선거가 완전히 사라졌다고 할 수 있는지가 의문이라는 점, 그 밖에 인터넷과 정보통신이 발달한 현대에는 과거와 완전히 다른 형태(가령 소위 매크로에 의한 댓글조작 등)의 불법 선거운동의 출현가능성 등을 고려한다면 오늘날에도 여전히

독립적 선거관리 기구의 필요

---

2) 박종보 (주 1), 1342-1344면.
3) 성낙인, 헌법학 2021, 703면.
4) 헌법연구자문위원회, 헌법연구자문위원회 보고서, 2009, 299-300면: 박종보 (주 1), 1350면에서 재인용.

선거의 공정을 위하여 감독하고 관리해야 할 독립적 선거관리 기구를 둘 필요성은 여전하다는 데에는 이견이 없을 것이다.5) 그러므로 이 선거관리에 관한 규정을 헌법에 둘 것인지 아니면 법률에 둘 것인지의 문제 보다는 대한민국의 현실에서 어떻게 하면 선거운동을 자유롭게 보장하면서도, 동시에 선거의 공정한 관리를 조화롭게 실현할 것인가에 초점을 맞추어 입법을 형성해 나갈 필요가 있다고 하겠다.

2. 연 혁

대한민국임시헌법에는 선거관리에 관한 규정 없었음

1948년 헌법에도 규정 없었음

행정부 비독립 기구

1960년 도입

1962년 헌법 제107조·제108조에 규정

1919. 4. 11. 대한민국임시헌장부터 1944. 4. 22. 대한민국임시헌장에 이르기까지 대한민국임시헌법은 선거관리에 관한 규정은 따로 두지 않고 있었다.

1948년 광복헌법 역시 선거관리에 관한 규정을 따로 두고 있지는 않았다.

1952년 제1차 및 1954년 제2차 개정헌법 때 선거위원회라고 하는 기구가 헌법(제53조 제3문 또는 제3항)에서 언급되고 있었지만 행정부로부터 독립된 기구는 아니었다.

1960년 4.19의거로 새로이 출범한 제2공화국의 1960. 6. 15. 제3차 개정헌법 제6장 "중앙선거위원회"의 제목 하에 제75조의2로 중앙선거위원회가 새로이 도입되었는데, "선거의 관리를 공정하게 하기 위하여 중앙선거위원회를 둔다. 중앙선거위원회는 대법관 중에서 호선한 3인과 정당에서 추천한 6인의 위원으로 조직하고 위원장은 대법관인 위원 중에서 호선한다. 중앙선거위원회의 조직, 권한 기타 필요한 사항은 법률로써 정한다."고 규정하였다.

1962년 5.16 박정희 군사쿠데타로 이루어진 1962년 제5차 개정헌법 제4절 "선거관리"라는 제목 하에 현행헌법과 거의 동일한 내용의 제107조와 제108조의 두 규정을 두었다. 다만 "중앙선거관리위원회는 대

---

5) 우리나라의 특수한 헌정경험과 선거관리의 정치적 중립성이 민감한 문제로 받아들여지고 있는 우리나라의 현실에서 선거관리기구의 독립성을 중요한 문제로 강조하는 견해로 박종보 (주 1), 1350면.

통령이 임명하는 2인, 국회에서 선출하는 2인과 대법원 판사회의에서 선출하는 5인의 위원으로 구성하였으며, 위원장은 위원중에서 호선하였다(제107조 제2항). 그리고 위원의 임기는 5년으로 하며 연임될 수 있었다(동조 제3항).

1972년 제7차 개정헌법인 소위 유신헌법은 이 선거관리에 관한 장을 제9장으로 이동시켜서 제112조와 제113조로 규정하였으며 내용은 크게 바뀌지 않았지만, 중앙선거관리위원회 위원 중 3인은 국회에서 선출하는 자를, 3인은 대법원장이 지명하는 자를 포함해서 9인과 그리고 위원장도 대통령이 임명하였다. 국회의원 1/3이 헌법상 대통령에 의하여 임명된 국회구성을 고려할 때 국회에서 선출하는 3인도 결국 대통령의 뜻대로 임명했을 가능성이 있어 과연 중앙선거관리위원회의 독립성이 지켜졌을 것인지 회의적이다.

> 1972년 제112조·제113조에 규정

1979년 12월 12일 전두환 신군부가 쿠데타로 실권을 장악하고 제8차로 개정된 1980년 헌법은 선거관리의 장을 제7장으로 이동하면서 115조부터 117조의 3개 조문을 두었다. 현행헌법 제115조의 관계행정기관에 대한 지시권과 지시에 응할 의무가 제116조로 이때 최초로 도입되었으며, 중앙선거관리위원회 위원 9인의 임명방법은 동일하였으나 위원장은 호선으로 환원되었다.

> 1980년 헌법 제115조 – 제117조에 규정

1987년 제9차 헌법개정에 의한 현행 헌법은 제8차 개정 헌법을 거의 그대로 계승하고 있으나, 중앙선거관리위원의 임기를 5년에서 6년으로 늘렸으며, "법령의 범위안에서 선거관리·국민투표관리 또는 정당사무에 관한 규칙제정권"에 더하여 "법률에 저촉되지 아니하는 범위 안에서 내부규율에 관한 규칙"이라고 하는 문구를 추가하였다.

> 1987년 일부 개정

Ⅱ. 선거관리위원회의 구성과 조직

1. 중앙선거관리위원회의 구성

중앙선거관리위원회는 대통령이 임명하는 3인, 국회에서 선출하는 3인과 대법원장이 지명하는 3인의 위원으로 구성한다. 위원장은 위원중

> 대통령 임명 3인, 국회 선출 3인, 대법원장 지명 3인

에서 호선한다.

2. 위원의 임기

임기 6년

위원의 임기는 6년으로 한다. 이는 대통령의 임기가 5년, 국회의원과 지방자치단체장 및 지방의회의원 임기가 4년이므로, 그러한 공직들의 임기와 겹치지 않게 함으로써 매 선거 때마다 선거업무를 중립적이고 공정하게 치를 수 있도록 하기 위한 것이라 이해된다.

3. 각급선거관리위원회의 조직 등 법정주의

선거관리위원회법 규정

각급 선거관리위원회의 조직·직무범위 기타 필요한 사항은 법률로 정한다(제114조 제7항). 이에 따라 선거관리위원회법이 제정되어 있다. 선거관리위원회의 종류와 위원정수는 다음과 같다(법 제2조).

가. 중앙선거관리위원회 9인

나. 특별시·광역시·도선거관리위원회 9인

다. 구·시·군선거관리위원회 9인

라. 읍·면·동선거관리위원회 7인

Ⅲ. 선거관리위원회의 법적 지위

9인 합의제 기구, 정치적 중립적 독립기관

선거관리위원회는 헌법상 기구이며, 독임제 행정기관이 아니라 9인의 합의제 기구이다. 그리고 위원들은 정당가입이나 정치관여가 금지되어 있기 때문에(제114조 제4항) 정치적으로 중립적인 독립기관이다.

Ⅳ. 선거관리위원회 권한

1. 선거와 국민투표의 관리권

선거·국민투표 관리권

선거관리위원회는 선거와 국민투표의 공정한 관리 및 정당에 관한 사무를 처리하기 위하여 헌법에 의하여 설치된 기관이다. 따라서 선거와 국민투표를 관리할 수 있는 권한이 있다.

2. 정당에 관한 사무처리권

뿐만 아니라 오늘날 정당민주주의 하에서 선거는 정당이 없이는 거의 불가능하다. 따라서 선거와 동시에 정당에 관한 사무처리도 선거관리위원회의 관할이요 또한 권한이다.

정당에 관한
사무처리권

3. 규칙제정권

가. 법령의 범위 안에서의 선거관리·국민투표관리 또는 정당사무에 관한 규칙 제정권

중앙선거관리위원회는 법령의 범위 안에서 선거관리·국민투표관리 또는 정당사무에 관한 규칙을 제정할 수 있다(제114조 제6항).

규칙제정권

여기에서 말하는 법령은 다음에서 법률과 법규명령을 다 포함하는 개념이라 할 수 있다. 결국 선거관리·국민투표관리 또는 정당사무에 관한 규칙들은 대부분 국민의 선거권, 국민투표권, 정당설립과 활동의 자유 등과 밀접한 관련이 있으며, 내용에 따라서는 그에 대한 제한이 될 수도 있다. 그러한 의미에서 이 규칙들은 법규명령적 성격의 규칙이라 할 수 있다.

법규명령적
규칙

법규명령적 규칙은 법치국가원리에서 도출되는 법률유보의 원칙에 따라 법률의 위임이 있어야 가능하다고 할 수 있음은 대법원규칙6)과 관련하여 설명한 바와 마찬가지이다.

법률의
위임필요

나. 법률에 저촉되지 아니하는 범위 안에서의 내부규율에 관한 규칙 제정권

중앙선거관리위원회는 나아가 법률에 저촉되지 아니하는 범위 안에서 내부규율에 관한 규칙을 제정할 수 있다. 이것은 행정부 내부적 효력을 가지는 규칙이라 할 것이므로 법규명령이 아니라 행정명령 내지

행정명령(규
칙)적 성격

---

6) 제12절, II, 2, 가. 참조.

행정규칙적 성격을 가지는 규칙이라 할 것이다.

재량에 따른
제정 가능

이러한 내부규율에 관한 규칙은 법률에 저촉되지만 않다면 특별히 법률의 위임이 없이도 중앙선거관리위원회의 넓은 재량에 따라 제정할 수 있다고 할 것임은 대법원의 규칙의 경우와 마찬가지라 할 것이다.

4. 관계행정기관에 대한 지시권

관계행정기관
에 대한 지시
권

각급 선거관리위원회는 선거인명부의 작성 등 선거사무와 국민투표사무에 관하여 관계행정기관에 필요한 지시를 할 수 있으며, 이러한 지시를 받은 당해 행정기관은 이에 응하여야 한다(제115조).

사무의 효율적
처리 및 선거
관리 · 감독

선거와 관련한 사무를 효율적으로 처리하고 또한 선거의 공정이 침해되었는지 여부에 대하여 감독하고 관리하기 위해서는 당해 행정기관에 필요한 자료의 제출이나 조치에 대하여 지시를 할 수 있어야 하므로 이에 관한 규정이 전술하였듯이 1980년 제8차 헌법 당시 도입된 것이다.

V. 선거운동의 법정주의와 기회균등

1. 선거운동의 자유

선거운동관련
헌법근거조항

헌법 제118조 제1항은 "선거운동은 각급 선거관리위원회의 관리 하에 법률이 정하는 범위 안에서 하되, 균등한 기회가 보장되어야 한다."고 규정하고 있는바, 이 조항은 선거운동과 관련한 유일한 헌법적 근거조항이다.

선거운동의 자
유, 균등한 기
회보장의 강조

다만 여기에서는 법률이 정하는 범위 안에서의 선거운동의 자유와 균등한 기회의 보장이 강조되고 있기 때문에, 선거운동의 자유의 측면이 다소 소홀히 되고 있는 듯한 인상이 없지 않지만, 이 선거운동의 자유는 헌법 제24조의 선거권, 그리고 헌법 제21조 제1항의 언론 · 출판의 자유, 헌법 제8조 제2항으로부터 나오는 정치적 의사형성의 자유 그리고 자유선거의 원칙으로부터 도출되는 민주주의에서 없어서는 안 되는 중요한 자유라고 할 수 있다.

그러므로 과거 관권선거와 금권선거로 인한 타락선거가 난무하여 국민의 저항권을 통해 정권을 퇴진시킬 당시와 민주화가 진전되고 책임 있는 민주시민의식이 상당해 진 오늘날 선거운동을 "선거관리위원회의 관리 하에 그리고 법률이 정하는 범위 안에서" 해야 한다고 하는 것은 매우 시대에 뒤떨어진 헌법조항으로서 우리 공직선거법이 각종 선거운 동에 관한 제한과 규제를 하게 되는 헌법적 근거조항이 되고 있다고 보 인다. 그러므로 앞으로 헌법개정의 기회에 이 조항은 선거운동의 자유 가 보다 더 강조되는 방향으로 개정되어야 하리라고 본다.

선거운동의 자유의 보호영역, 제한 그리고 제한의 한계와 관련 헌법 재판소 판례 등에 대해서는 헌법강의 Ⅱ-기본권론에서 다루기로 한다.

2. 균등한 선거운동기회의 보장

전술하였듯이 헌법 제118조 제1항은 선거운동의 균등한 기회가 보 장되어야 함을 강조하고 있다.

이 선거운동의 균등한 기회의 보장은 결국 그 뿌리는 헌법 제11조 제1항의 평등권 뿐만 아니라 헌법 제41조 제1항 및 헌법 제67조 제1항 의 평등선거의 원칙으로부터도 나오는 원칙으로서 선거운동에 있어서 특별한 평등권이라 할 수 있을 것이다.[7]

3. 선거운동의 자유에 대한 법률적 제한과 그 한계

헌법 제116조 제1항은 "선거운동은 법률이 정하는 범위 안에서 하 되"라고 규정하고 있다. 그리고 헌법 제24조의 선거권 역시 법률이 정 하는 바에 의하여 보장한다고 되어 있다. 결국 선거권과 선거운동의 구 체적 내용은 모두 입법자에 의하여 형성될 수밖에 없다.

다만 선거권과 선거운동의 자유는 국민주권을 실현하고 국민의 대

---

7) 이에 대해서는 방승주, 선거운동의 자유와 제한에 대한 평가와 전망, 헌법학연구 제23권 제3호(2017. 9), 25-67(11)면 참조.

표를 선출하여 대의민주주의를 가능하게 하는 기본권이므로, 그에 대한 제한은 불가피한 사유가 이를 정당화할 수 있는 예외적인 경우가 아니면 안 된다.

과잉금지원칙
준수

선거운동의 자유는 결국 선거의 공정과 또한 선거운동의 기회균등을 위해서 불가피하게 제한되어야 할 수도 있으나, 이에 대한 제한은 헌법 제37조 제2항의 과잉금지의 원칙에 따라서 필요한 최소한에서 하여야 한다.8)

VI. 선거공영제

1. 선거공영제의 의의와 취지

공직선거에
관한 경비부담
원칙

선거에 관한 경비는 법률이 정하는 경우를 제외하고는 정당 또는 후보자에게 부담시킬 수 없다(제118조 제2항). 이와 같이 공직선거에 관한 경비를 정당 또는 후보에게 부담시키지 않고 국가가 부담하는 원칙을 선거공영제라 한다.9)

경제적 능력없
는 국민도 참
여 가능

공직선거후보자로 출마하여 국민대표가 되는 것은 선거직 공무원이 되어서 국민을 위해서 봉사하기 위한 것이다. 그리고 참정권 특히 피선거권을 행사하는 것은 책임 있는 민주시민(Citoyen)의 신성한 권리이자 책무이기 때문에, 이러한 선거과정에 참여하기 위하여 드는 비용은 원칙적으로 국가가 부담하여 경제적 능력이 없는 국민이라 하더라도 얼마든지 국민대표로 출마할 수 있도록 하고자 하는 데 이 선거공영제의 취지가 있다고 하겠다.

선거비용의 보
전

다른 한편으로 만일 후보자가 부담하는 선거비용이 지나치게 낮은 경우 후보난립으로 인하여 유권자의 선택에 어려움이 발생할 수 있으며, 국가가 부담해야 할 선거비용으로 인하여 국민에게 초래될 조세의 부담이 높아질 수 있다.10) 그러므로 선거비용보전을 어떻게 할 것인지

---

8) 이에 대해서도 자세한 것은 방승주 (주 7), 35-38면 참조.
9) 박종보 (주 1), 1369면.
10) 박종보 (주 1), 1370면.

하는 문제는 국가의 재정형편과 국민의 담세능력 등을 고려하여 입법자가 결정해야 할 입법형성의 자유의 영역에 속한다고 할 수 있다.

선거공영제의 유형에는 관리공영제와 비용공영제가 있다. 관리공영제는 정당 또는 후보자의 선거비용을 국가가 직접 관리하는 형태이고 비용공영제는 정당 또는 후보자의 선거비용을 보조하는 형태이다. 전자의 경우 국가의 관리로 인하여 선거운동방법이 획일화되고 후보자들의 선거운동의 자유가 과도하게 제한될 수 있는 문제점이 있다. 후자의 경우 정당 또는 후보자의 선거비용 중 일정부분을 국가 또는 지방자치단체가 직접 부담하거나 비용을 보전해 줌으로써 경제력차이에 의한 선거운동 기회의 불균형을 시정하기 위한 제도이다. 현행 공직선거법(제122조의2)은 비용공영제를 채택하고 있다.[11]

관리공영제 · 비용공영제

2. 선거공영제원칙에 대한 입법자의 형성의 자유와 그 한계

헌법 제118조가 선거공영제를 헌법적으로 확인하고 있다 하더라도, "법률이 정하는 경우를 제외하고는"의 법률유보를 달아 놓았기 때문에, 결국 이 선거공영제의 구체적 형성도 입법자의 몫으로 돌아간다.

선거공영제는 입법사항

그러나 그렇다고 해서 입법자가 선거비용과 관련해서 선거후보자에게 지나치게 부담이 되도록 선거법이나 정치자금법을 규정하게 되면 선거공영제의 취지가 훼손되어 자력 없는 정치신인이 새로이 정치권에 진입하기 어렵게 될 것이다. 그렇게 되면 기존의 기득권을 가진 정치인들만 선거에서 유리한 고지를 점하게 될 것이기 때문에 정치에 개혁이 이루어지기 힘들다. 그러므로 헌법이 아무리 법률이 정하는 경우에 대해서는 후보자에게 비용부담을 지울 수 있도록 규정하였다 하더라도 이 선거공영제의 본질 내용을 침해해서는 안 된다고 할 것이다.

본질내용침해 금지 원칙준수

선거공영제와 관련된 법률의 위헌여부의 문제는 결국 기본권제한의 한계의 문제로 돌아가서 개별적 구체적으로 심사할 수밖에 없다고 할 것이다.

개별적, 구체적 심사 필요

---

11) 박종보 (주 1), 1370-1371면.

3. 선거공영제에 관한 주요 입법내용

가. 선거비용보전

(1) 선거비용보전 대상

선거운동비용에 관해서는 공직선거법 제8장에서 규정하고 있다. 이 가운데 선거비용의 보전에 관해서는 제122조의2에서 규정하고 있다.

선거구선거관리위원회는 적법한 선거운동을 위하여 지출한 선거비용(즉 정치자금법 제40조의 규정에 따라 제출한 회계보고서에 보고된 선거비용으로서 정당하게 지출한 것으로 인정되는 선거비용)을 선거비용제한액의 공고에 관한 규정(공직선거법 제122조)에 따라 공고한 비용의 범위 안에서 대통령선거 및 국회의원선거에 있어서는 국가의 부담으로, 그리고 지방자치단체의 의회의원 및 장의 선거에 있어서는 당해 지방자치단체의 부담으로 선거일 후 보전한다(법 제122조의2 제1항).

여백 주석: 대통령선거 및 국회의원선거는 국가부담, 지방자치단체 의회의원 및 장의 선거는 지방자치단체의 부담

(가) 대통령선거, 지역구국회의원선거, 지역구지방의회의원선거 및 지방자치단체의 장선거의 경우

1) 후보자가 당선되거나 사망한 경우 또는 후보자의 득표수가 유효투표총수의 100분의 15이상인 경우: 후보자가 지출한 선거비용의 전액을 보전한다.

여백 주석: 15%이상 득표시 후보자 지출 선거비용 전액 보전

2) 후보자의 득표수가 유효투표총수의 100분의10 이상 100분의15미만인 경우: 후보자가 지출한 선거비용의 100분의 50에 해당하는 금액을 보전한다.

여백 주석: 10%이상 15%미만 득표시 후보자 지출 선거비용의 50% 보전

(나) 비례대표국회의원선거 및 비례대표지방의회의원선거의 경우

후보자명부에 올라 있는 후보자중 당선인이 있는 경우에 당해 정당이 지출한 선거비용의 전액을 보전한다(법 제122조의2 제2항).

여백 주석: 전액보전

(2) 선거비용보전 제외 대상

위 선거비용의 보전에 있어서 다음 각 호의 어느 하나에 해당하는 비용은 보전하지 않는다. 1. 예비후보자의 선거비용, 2. 정치자금법 제40조(회계보고)의 규정에 따라 제출한 회계보고서에 보고되지 아니하거나 허위로 보고된 비용, 3. 공직선거법에 위반되는 선거운동을 위하여 또는 기부행위제한규정을 위반하여 지출된 비용, 4. 공직선거법 제64조

여백 주석: 선거비용보전 제외 대상

또는 제65조에 따라 선거벽보와 선거공보를 관할 구·시·군선거관리
위원회에 제출한 후 그 내용을 정정하거나 삭제하는데 소용되는 비용,
5. 공직선거법에 따라 제공하는 경우 외에 선거운동과 관련하여 지출된
수당·실비 그 밖의 비용, 6. 정당한 사유 없이 지출을 증빙하는 적법한
영수증 그 밖의 증빙서류가 첨부되지 아니한 비용, 7. 후보자가 자신의
차량·장비·물품 등을 사용하거나 후보자의 가족·소속 정당 또는 제3
자의 차량·장비·물품 등을 무상으로 제공 또는 대여받는 등 정당 또
는 후보자가 실제로 지출하지 아니한 비용, 8. 청구금액이 중앙선거관리
위원회규칙으로 정하는 기준에 따라 산정한 통상적인 거래가격 또는
임차가격과 비교하여 정당한 사유 없이 현저하게 비싸다고 인정되는
경우 그 초과하는 가액의 비용, 9. 선거운동에 사용하지 아니한 차량·
장비·물품 등의 임차·구입·제작비용, 10. 휴대전화 통화료와 정보
이용요금. 다만, 후보자와 그 배우자, 선거사무장, 선거연락소장 및 회
계책임자가 선거운동기간 중 선거운동을 위하여 사용한 휴대전화 통화
료 중 후보자가 부담하는 통화료는 보전한다. 11. 그 밖에 위 각 호의
어느 하나에 준하는 비용으로서 중앙선거관리위원회규칙으로 정하는
비용이 그것이다,

(3) 국가 또는 지방자치단체 부담 대상

다음 각 호의 어느 하나에 해당하는 비용은 국가 또는 지방자치단 국가부담대상
체가 후보자를 위하여 부담한다. 이 경우 제3호의2 및 제5호의 비용은
국가가 부담한다. 1. 공직선거법 제64조에 따른 선거벽보의 첩부 및 철
거의 비용(첩부 및 철거로 인한 원상복구 비용을 포함한다), 2. 제65조에 따른
점자형 선거공보(같은 조 제11항에 따라 후보자가 제출하는 저장매체를 포함한
다.)의 작성비용과 책자형 선거공보(점자형 선거공보 및 같은 조 제9항의 후
보자정보공개자료를 포함한다) 및 전단형 선거공보의 발송비용과 우편요금,
3. 제66조(선거공약서)제8항의 규정에 따른 점자형 선거공약서의 작성비
용, 3의2. 활동보조인(예비후보자로서 선임하였던 활동보조인을 포함한다)의
수당과 실비, 4. 제82조의2(선거방송토론위원회 주관 대담·토론회)의 규정에
의한 대담·토론회(합동방송연설회를 포함한다)의 개최비용, 5. 제82조의3

(선거방송토론위원회 주관 정책토론회)의 규정에 의한 정책토론회의 개최비용, 6. 제161조(投票參觀)의 규정에 의한 투표참관인 및 제162조에 따른 사전투표참관인의 수당과 식비, 7. 제181조(開票參觀)의 규정에 의한 개표참관인의 수당과 식비가 그것이다.(법 제122조의2 제3항)

나. 기탁금의 반환

기탁금반환의 문제

공직선거후보자에게 출마를 위해서 기탁금을 납부하도록 한 뒤 일정 득표율을 얻지 못한 경우 선거비용을 제외하고 난 나머지를 국고로 귀속하도록 하는 선거법규정들이 계속 시행되어 왔다. 이 반환기준이 지나치게 높은 경우에는 사실상 재력이 없는 공직선거후보자의 경우 기탁금반환을 받지 못할 것을 우려한 나머지 출마를 포기하게 되는 현상이 비일비재하게 될 것이다.

그러한 의미에서 이는 선거운동비용과도 밀접한 관련이 있는 문제라고 할 수 있다.

선거일 후 30일 이내

현행 공직선거법은 제57조에서 관할선거구선거관리위원회는 다음 각 호의 구분에 따른 금액을 선거일 후 30일 이내에 기탁자에게 반환하도록 하고 있다. 이 경우 반환하지 않는 기탁금은 국가 또는 지방자치단체에 귀속한다.

(1) 대통령선거, 지역구국회의원선거, 지역구지방의회의원선거 및 지방자치단체의 장선거

15% 득표시 기탁금 전액반환
10%이상 15%미만 득표시 기탁금의 50% 반환

(개) 후보자가 당선되거나 사망한 경우와 유효투표총수의 100분의 15 이상을 득표한 경우에는 기탁금 전액

(내) 후보자가 유효투표총수의 100분의 10 이상 100분의 15 미만을 득표한 경우에는 기탁금의 100분의 50에 해당하는 금액

(대) 예비후보자가 사망하거나, 당헌·당규에 따라 소속 정당에 후보자로 추천하여 줄 것을 신청하였으나 해당 정당의 추천을 받지 못하여 후보자로 등록하지 않은 경우에는 제60조의2제2항에 따라 납부한 기탁금 전액

(2) 비례대표국회의원선거 및 비례대표지방의회의원선거

당해 후보자명부에 올라 있는 후보자 중 당선인이 있는 때에는 기탁금 전액을 반환한다. 다만, 제189조 및 제190조의2에 따른 당선인의 결정전에 사퇴하거나 등록이 무효로 된 후보자의 기탁금은 제외한다.

이 공직선거법상 득표율 10%와 15%를 기준으로 하는 기탁금 반액과 전액 반환기준에 대해서는 결국 기득권을 가진 기존 정치인에게 유리하게 되는 반면 정치신인에게는 불리하게 됨으로써 선거공영제의 본래 목적인 선거의 기회균등원칙에 부합하지 않는다고 하는 비판[12]도 제기되고 있다.

> 득표율 10%와 15% 비율은 기존 정치인들에게 유리하고 정치신인에게는 불리하다는 비판

4. 관련 헌법재판소 판례

가. 기탁금의 반환기준

우선 기탁금의 국고귀속 기준과 관련해서 헌법재판소는 유효투표 총수의 1/3을 득표하지 못한 경우 선거비용을 공제하고 난 나머지를 국고로 귀속하도록 한 국회의원선거법 제34조가 규정한 득표율을 기준으로 한 기탁금 반환기준이 지나치게 높다고 보고서 이 기준에 대하여 청구한 헌법소원심판에서 헌법재판소는 헌법불합치결정을 선고한 바 있다.[13] 즉 기탁금 국고귀속에 관한 규정은 후보자의 난립방지와 선거공영제의 확립이라는 본래의 목적을 벗어나 그 기탁금이 고액인데다가 그 국고귀속의 기준이 너무 엄격해서 결과적으로 재산을 가지지 못한 자나 젊은 계층의 후보등록을 현저히 제한하고 있을 뿐만 아니라 기탁금 중 선거비용으로 충당되는 비용이 불과 기탁금액의 10%(무소속의 경우)~20%(정당공천자의 경우)에 불과한데 그 나머지 금액은 국고에 귀속되게 되어 낙선하게 되면 입후보를 한 책임에 따른 제재의 수단으로 국고에 귀속시키는 것으로 볼 수밖에 없는 바, 이는 선거를 국민의 주권행사라는 차원보다 선거의 질서유지 차원으로만 보고 입안한 것으로 신성한

> 고액의 기탁금 및 국고귀속의 기준 문제

기본권의 행사가 보장되어야 할 국민 참정권의 본질을 유린하는 규정이며, 주권재민의 원리(헌법 제1조)와 선거공영제의 원리(헌법 제116조)에도 반한다고 보았다.

7% 및 5% 기준 합헌결정

그러나 그 이후 대통령선거와 관련하여 득표율 7% 및 5%를 기준으로 국고부담연설비용의 공제여부와 기탁금 잔액의 반환여부를 정한 것은 입법자가 기탁금제도의 목적달성을 위한 필요와 기탁금 반환에 있어서의 기술적 문제 등을 고려한 정책적 판단에 따른 것으로서 현저히 불합리하다거나 그밖에 입법재량의 범위를 벗어난 것이라고 할 수 없다고 하면서 이 7% 및 5%의 득표율에 따른 기탁금 반환기준에 대해서 합헌결정을 선고하였다.[14]

그리고 국회의원선거와 관련한 득표율 15%를 기준으로 하는 공직선거법상 국회의원선거의 기탁금 반환기준에 대해서도 합헌으로 보았다.

> **판례** 기탁금제도가 실효성을 유지하기 위해서는 일정한 반환기준에 미달하는 경우 기탁금을 국고에 귀속시키는 것이 반드시 필요하지만, 진지하게 입후보를 고려하는 자가 입후보를 포기할 정도로 반환기준이 높아서는 안될 헌법적 한계가 있다.
>
> 그러므로 보건대, 기탁금제도의 대안으로서 유권자추천제도를 실시할 경우에 후보자난립을 방지할 정도에 이르는 유권자의 추천수, 역대 선거에서의 기탁금반환비율의 추이, 기탁금반환제도와 국고귀속제도의 입법취지 등을 감안하면, 유효투표총수를 후보자수로 나눈 수 또는 유효투표총수의 100분의 15 이상으로 정한 기탁금반환기준은 입법자의 기술적이고 정책적 판단에 근거한 것으로서 현저히 불합리하거나 자의적인 기준이라고 할 수 없다.
>
> (헌재 2003. 8. 21. 2001헌마687 등, 판례집 15-2상, 214)

선거범죄로 당선 무효된 자에 관한 반환규정 합헌

한편 선거범죄로 당선이 무효로 된 자에게 이미 반환받은 기탁금과 보전받은 선거비용을 다시 반환하도록 한 구 공직선거법(2005. 8. 4. 법률 제7681호로 개정되고, 2010. 1. 25. 법률 제9974호로 개정되기 전의 것) 제265조의2 제1항 전문 중 '제264조의 규정에 의하여 당선이 무효로 된 자'에

---

14) 헌재 1995. 5. 25. 92헌마269 등, 판례집 제7권 1집, 768.

관한 부분(이하 '이 사건 법률조항'이라 한다)은 공무담임권과 재산권 그리고 평등권을 침해하지 않는다고 보았다.[15]

나. 선거비용보전 기준

선거공영제나 선거비용보전과 관련된 공직선거법 규정에 대한 헌법소원사건에서 헌법재판소는 위에서 언급한 현행 공직선거법(제122조의 2)상 선거비용보전 기준 득표율 15%, 10%의 기준들에 대하여 합헌으로 보고 있다.[16]

15%, 10%기준 합헌

---

15) 헌재 2011. 4. 28. 2010헌바232, 판례집 제23권 1집 하, 62.
16) 방승주 (주 7), 59면 참조.

제 15 절   지방자치제도[1]

제 1 관   지방자치제도의 헌법적 보장

Ⅰ. 기본개념과 입헌취지

헌법상 지방자치제도 규정

헌법 제117조와 제118조는 지방자치제도에 관하여 규정하고 있다. 먼저 제117조 제1항에서는 지방자치단체의 사무와 권한에 관하여 규정하고 있으며, 제2항에서 지방자치단체의 종류를 입법자에게 위임하고 있다.

지방자치제도 란?

"지방자치제도는 일정한 지역을 단위로 일정한 지역의 주민이 그 지방주민의 복리에 관한 사무, 재산관리에 관한 사무, 기타 법령이 정하는 사무(헌법 제117조 제1항)를 그들 자신의 책임 하에서 자신들이 선출한 기관을 통하여 직접 처리하게 함으로써 지방자치행정의 민주성과 능률성을 제고하고 지방의 균형 있는 발전과 아울러 국가의 민주적 발전을 도모하는 제도이다(헌재 1991. 3. 11. 91헌마21, 판례집 3, 91, 99-100)"[2].

1. 지방자치단체의 개념

지방자치단체 가 무엇인지에 대해서는 정의 하지 않음

지방자치단체가 무엇인지에 관해서는 헌법이나 지방자치법이 아무런 정의를 내리지 않고 있다. 그러나 헌법 제117조 제1항은 "지방자치단체는 주민의 복리에 관한 사무를 처리하고 재산을 관리하며, 법령의

---

1) 이하 방승주, 헌법 제8장 지방자치(헌법 제117조~제118조), (사) 한국헌법학회 편, 헌법주석 [법원, 경제질서 등] 제101조~제130조, 1381-1467면을 수정·보완한 것임.
2) 헌재 2009. 3. 26. 2006헌마240·371(병합), 판례집 제21권 1집 상, 592(604); 헌재 2009. 3. 26. 2006헌마67, 판례집 제21권 1집상, 512(525); 헌재 2009. 3. 26. 2006헌마14, 판례집 제21권 1집 상, 482(492); 헌재 2007. 3. 29. 2005헌마985·1037, 2006헌마11(병합), 판례집 제19권 1집, 287(301); 헌재 2004. 12. 16. 2004헌마376, 판례집 제16권 2집 하, 598(604); 헌재 1996. 6. 26, 96헌마200, 판례집 제8권 1집, 500(557) 등.

범위 안에서 자치에 관한 규정을 제정할 수 있다"고 규정하고 있으며, 제2항에서는 "지방자치단체의 종류는 법률로 정한다"고 규정하고 있다. 이 규정에 근거하여 지방자치법 제2조는 지방자치단체의 종류를 규정하고 있고, 제3조 제1항에서 "지방자치단체는 법인으로 한다"고 규정하고 있을 뿐이다.

이러한 헌법과 지방자치법의 규정을 근거로 할 때, 지방자치단체란 일정한 지역을 기반으로 주민에 의하여 선출된 기관에 주민의 복리에 관한 사무를 자율적으로 처리할 수 있는 권한이 부여된, 주민을 구성원으로 하는 공법상의 법인이라고 할 수 있다.[3] 지방자치단체는 권리와 의무의 주체라는 의미에서 권리능력을 가지는 법인(지방자치법 제3조 제1항)이고, 주민(지방자치법 제12조)으로 구성된다는 점에서 사단이며, 또한 공법에 의하여 설립되며 고권적 수단을 가지고 공적 임무를 수행(헌법 제117조 제1항)한다고 하는 의미에서 공법상의 법인이기도 하다.[4]

> 일정한 지역을 기반으로 주민에 의하여 선출된 기관에 주민복리사무를 자율적으로 처리할 수 있는 권한을 가진 공법상의 사단

2. 지방자치단체의 종류에 대한 규정과 입법형성의 한계

가. 지방자치단체의 종류

헌법 제117조 제2항은 지방자치단체의 종류는 법률로 정하도록 입법자에게 위임하고 있으며, 지방자치법은 지방자치단체의 종류를 두 가지로 나누고 있다. 즉 ① 특별시, 광역시, 특별자치시, 도, 특별자치도와 ② 시, 군, 구가 바로 그것이다(지방자치법 제2조 제1항).

> 지방자치단체 두 종류

그리고 특수한 목적을 위하여 특별지방자치단체를 설치할 수 있으며, 특별지방자치단체의 설치·운영을 위하여 필요한 사항은 대통령령으로 정한다(지방자치법 제2조 제3항, 제4항).

> 특별지방자치단체 설치

나. 지방자치단체의 종류 규정에 있어서 입법형성의 한계

최근 정치권에서는 지방자치단체의 통합을 통하여 지방자치단체를

> 행정구역개편 입법

---

3) 홍정선, 신 지방자치법, 박영사, 2015, 4면 이하; 성낙인, 헌법학, 법문사, 2021, 679-680면.

4) 양건, 헌법강의, 법문사, 2020, 1616면; 홍정선(주 3), 91.

보다 광역화하고, 기존의 중층구조를 단층화시킴으로써, 행정의 중복을 피하고 보다 효율성있고 경쟁력있는 지방행정체제를 구축한다는 목적으로 행정구역개편을 추진하여 왔으며.5), 2010년 10월 「지방행정체제개편에 관한 특별법」이 제정되었다가, 기존의 「지방분권촉진에 관한 특별법」과 통·폐합되어 현재는 「지방자치분권 및 지방행정체제개편에 관한 특별법」이라는 이름으로 시행되고 있다.

지방자치단체의 종류와 그 규정의 헌법상 한계

그런데, 지방행정체제개편은 불가피하게 지방자치단체의 종류와 행정구역에 영향을 미치지 않을 수 없다. 아무리 헌법이 지방자치단체의 종류를 법률로 정하도록 위임을 하였다 하더라도, 헌법이 보장하고 있는 지방자치제도의 취지상 행정구역의 개편과 지방자치단체의 종류를 정함에 있어서는 일정한 한계를 지키지 않으면 안 된다고 보아야 할 것이다.6) 입법자가 지방자치단체의 종류를 정함에 있어서 고려해야 할 헌법상의 원칙과 한계가 무엇인지를 먼저 검토해 보면 다음과 같다.

(1) 지역적 유대와 민주적 정당성

지역적 유대와 민주적 정당성

지역적 동일성과 정체성

지방자치단체는 그 개념 자체에 내포되어 있는 "지방"의 특색과 정체성을 살리는 방향으로 구성되지 않으면 안 된다. 어떠한 지방이나 지역적 공동체는 오랜 기간 동안 내려온 역사와 전통, 그리고 그 지역에만 고유한 풍습이나 언어 등의 지역적 동일성과 정체성을 특징으로 하는

---

5) 그 문제점에 대하여는 방승주, "지방행정체제 개편에 관한 특별법안의 헌법적 문제점", 공법학연구 제11권 제3호(2010), 63 이하(63-64); 홍정선, "지방자치단체 계층구조 개편의 공법적 문제", 지방자치법연구 제9권 제1호(2009. 3), 39면 이하; 하승완, "「지방행정체제 개편에 관한 특별법」에 대한 고찰 -기초지방자치단체의 광역화와 통합절차의 문제점을 중심으로-", 법학논총 제18집 제1호(2011), 223면 이하(223-224); 선정원, "기초자치단체의 통폐합과 관련된 법해석상의 쟁점들의 검토", 지방자치법연구 제9권 4호(2009. 12), 89면 이하; 강기홍, "지방행정구역 자율통합의 법적 의미와 과제, 지방자치법연구 제10권 제1호(2010. 3)", 33면 이하; 신봉기, "지방자치단체통합 「법안」 및 「의결」의 문제점", 지방자치법연구 제10권 제1호(2010. 3), 103 이하; 조성규, "지방행정체제 개편의 규범적 한계 - 지방행정체제 개편에 관한 특별법(안)을 중심으로", 지방자치법연구 제10권 제3호(2010. 9), 147면 이하; 최철호, 지방행정체제개편특별법 조명, 지방자치법연구 제11권 제4호(2011. 12), 53면 이하; 강기홍, "시·군 통합에 따른 갈등과 법제도적 관리방안", 지방자치법연구 제11권 제4호(2011. 12), 155면 이하.

6) 이에 관하여는 방승주, "행정구역개편론의 헌법적 검토", 헌법학연구 제15권 제1호(2009. 3), 1면 이하.

것이 보통이다. 이러한 공동체는 또한 지리적으로도 일정한 공간적 유   공간적 유대감
대감을 가지고 있는 것이 일반적이다. 그러므로 지방자치단체를 획정함
에 있어서는 이러한 역사적, 전통적인 정체성이나, 지역적 유대를 기본
적인 출발점으로 삼지 않으면 안 된다. 이러한 지역적 유대를 무시한 상
태에서 이질적인 지역이나 지방을 하나의 지방자치단체로 통합하게 되
는 경우, 그 지역 주민들의 반발을 초래할 수 있으며, 그로 인하여 자치
에 있어서 주민들간의 갈등이 빚어질 수 있을 뿐만 아니라, 그 지방자치
단체의 대표구성에 있어서도 민주적 정당성이 훼손될 수 있다. 그러므
로 지방자치단체의 종류를 정함에 있어서는 바로 이러한 원칙을 준수하
지 않으면 안 된다.[7]

(2) 주민근접성과 조망가능성

지방자치단체의 종류와 크기를 정함에 있어서는 또한 지방자치제   주민근접성 및
조망가능성
도가 추구하는 목적상 주민이 가까이 접근할 수 있는 근거리 행정의 가
능성, 즉 주민근접성의 원칙이 지켜져야 할 뿐만 아니라, 또한 어떠한
지방자치단체가 자치와 관련된 결정을 함에 있어서, 그 지역 주민들이
어떠한 사항이 문제가 되고 있고, 또한 어떠한 이해관계가 밑바탕이 되
어서 그러한 방향으로 결정되었으며, 그러한 결정이 구체적으로 어떠한
이익과 불이익을 초래할 수 있는지에 관하여 파악하고 조망할 수 있어
야 한다고 하는 소위 조망가능성의 원칙이 지켜지지 않으면 안 된다.

만일 행정의 효율성만을 강조하여, 지방자치단체를 지나치게 광역   행정의 효율성
만 강조할 경
우 주민근접성
과 조망가능성
원칙에 위반가
능성
화하는 경우에는 지방자치행정에 주민이 근거리에서 접근할 수 있는 가
능성이 점점 작아질 뿐만 아니라, 또한 지방자치단체의 결정과정의 투명
성이 그만큼 저하될 수밖에 없다. 그렇게 되면 주민근접성과 조망가능성
의 원칙에 반할 수 있기 때문에[8], 이 점을 유의하지 않으면 안된다.[9]

---

7) 방승주 (주 5), 66-67면; 같은 의견으로 김성호·김해룡, "지방행정체제 개편의
 법적 쟁점", 공법연구 제38집 제2호(2009. 12), 437면 이하(441); 동일한 생활권을
 강조하는 견해로, 허영, 한국헌법론, 박영사, 2020, 877면; 이에 반하여 지역관련
 성의 문제는 상대적인 것으로서 입법자에게 광범위한 형성의 자유가 인정된다고
 보는 견해로는 홍정선 (주 5), 51, 57면.
8) 같은 의견으로 김성호·김해룡 (주 7), 442-443면.
9) 방승주 (주 5), 69-70면.

(3) 자치행정의 계층문제

자치행정의 계
층화

지방자치제도의 이념은 단순히 행정의 효율성의 문제가 아니라, 주민근거리 행정을 통한 주민자치, 풀뿌리민주주의[10]의 실현이라 할 수 있기 때문에, 행정의 효율성의 이념만으로 자치계층을 단층화시키려 하는 것은 지방자치제도의 헌법적 보장의 원칙에 반할 수 있다.[11]

입법자의 재량

이와 관련하여 우리 헌법재판소는 자치계층을 중층화하든 아니면 단층화하든 지방자치단체를 전체적으로 보장하는 한에서는 지방자치단체의 종류를 정하는 것은 입법자의 재량이므로 헌법상 문제될 것이 없다고 보고 있다.[12]

보충성의 원칙
상 중층구조
필요

그러나 만일 지방자치단체를 광역화함으로써, 광역지방자치단체만을 존속시킨 채, 기초자치단체를 폐지하거나 사실상 국가의 지방행정구역으로만 존속시킬 경우에는, 될 수 있으면 보다 작은 규모의 행정단위가 처리할 수 있는 일은 그에게 맡겨야 한다고 하는 헌법상의 원칙으로서 보충성의 원칙에 반할 수 있다. 다시 말해서, 지방행정구역은 가장 작은 기초단위로부터 중간단위를 거쳐서, 대단위가 있을 수 있는데, 이를 모두 생략한 채 기초자치단체나 또는 광역자치단체 어느 하나만을 두게 되는 경우, 어떠한 사무에 대하여는 지나치게 큰 규모이기 때문에 자치단체가 처리할 수 없게 되는 데 반하여, 어떠한 사무는 또한 사실상 작은 규모의 주민자치에 맡겨야 할 사항임에도 불구하고 대단위 자치단체가 맡아 처리를 하게 됨으로써, 근거리 주민자치의 정신에 반할 수 있게 된다.

자치계층의 단
층화는 지방자
치의 헌법적
보장정신에 위
배

그러므로 행정구역개편과 관련하여 자치계층의 단층화는 원칙적으로 지방자치제도의 헌법적 보장의 정신에 반한다고 보아야 할 것이다.[13]

---

10) 허영 (주 7), 876면; 양건 (주 4), 1610면; 헌재 1991. 3. 11 선고, 91헌마21, 판례집 제3권, 91(100).
11) 방승주 (주 5), 76−78면; 이에 반하여 지방자치단체의 계층구조를 단층구조로 할 것인지 중층구조로 할 것인지는 선택의 문제로서 다수결의 원리에 의할 수밖에 없다고 보는 견해로는 홍정선 (주 5), 58면.
12) 헌재 2006. 4. 27, 2005헌마1190, 판례집 제18권 1집 상, 652(659).
13) 방승주 (주 4), 76−77면. 동지, 최우용, "지방행정체제개편과 자치권보장에 관한

3. 지방자치제도의 본질과 법적 성격

가. 지방자치의 본질

지방자치의 본질이 무엇인가에 대하여 우리나라에서는 일반적으로 주민자치와 단체자치의 두 가지 관념으로 설명되고 있다.[14]

주민자치와 단체자치

첫째 지방자치를 주민자치로 이해하는 관념에 의하면, 지방자치의 본질은 지방의 사무를 지방의 주민의 의사에 의해 처리하는 것이라고 본다. 이러한 관념은 지방자치를 민주주의적 관점에서 파악한 것이며 흔히 '정치적 의미의 자치'라고 부르고, 일찍이 영국에서 발전되어 왔다고 한다.

주민자치

둘째, 지방자치를 단체자치로 이해하는 관념이다. 그에 의하면 지방자치의 본질은 국가 안의 일정한 지역을 토대로 하는 단체, 즉 지방자치단체가 국가로부터 독립하여 그 기관을 통해 지방의 사무를 처리하는 것이라고 본다. 이는 지방자치를 지방분권적 관점에서 파악한 것이며 이를 흔히 '법적인 의미의 자치'라고 부른다. 이러한 관념은 독일 등 유럽대륙에서 발전되어 왔다고 한다.

단체자치

우리 헌법 제117조와 제118조는 주로 지방자치단체 위주로 규정하고 있기 때문에 단체자치 관념에 기초하고 있는 것 같은 외관을 가지고 있으나, 이는 헌법상 지방자치보장이 법적인 측면에 치중하고 있기 때문에 그러한 것이고, 그렇다고 하여 지방자치의 본질이 주민자치에 있음을 부인하는 것은 아니다.[15] 요컨대 우리 헌법상 지방자치제도는 이러한 주민자치와 단체자치의 관념을 모두 포함하고 있다고 보아야 할 것이다.[16]

주민자치와 단체자치 모두 포함

공법적 고찰", 공법학연구 제10권 제4호(2009), 371면 이하(381).

14) 김철수, 헌법학신론, 박영사, 2013, 1555−1556면: 양건 (주 4), 1608면; 홍성방, 헌법학(下), 박영사, 2014, 74−75면; 김동희, 행정법 II, 박영사, 2017, 49면 이하; 장태주, 행정법개론, 법문사, 2011, 999면; 정하중, 행정법개론, 법문사, 2019, 906면; 박균성, 행정법론(하), 박영사, 2020, 63면; 유상현, 행정법 II, 형설출판사, 2002, 108면; 이에 관한 헌법재판소의 판례분석으로, 이승환, "지방자치단체 자치권의 본질과 범위 − 헌법 지방자치편 관련", 지방자치법연구 제11권 제3호(2011. 9), 3면 이하.

15) 양건 (주 4), 1608면.

나. 지방자치제도의 법적 성격

법적 성격에
관한 학설

지방자치제도의 법적 성격이 무엇인가와 관련해서는 지방자치권이 시원적 권력인가 아니면 국가로부터 파생된(전래된) 권력으로 볼 것인가에 따라서 고유권설, 전래설, 제도적 보장설, 신고유권설17) 등의 학설이 제시되어 있다.18) 또한 크게 대별하여 국가의 기능을 지방자치단체에 위임한 것에 불과하다고 하는 자치위임설과, 지방자치권은 주민들에 의해 구성된 자치단체가 고유하게 보유하는 것이라는 자치고유권설로 대별19)하기도 하면서, 지방자치의 발달사를 고려해 볼 때, 전자는 대륙법계, 후자는 영미법계의 이론으로 역사적 배경을 달리하는 논거라고 설명되기도 한다.20) 통설21)이나 판례22)는 지방자치를 전래설 중의 하나라고 할 수 있는 제도보장으로 이해해 왔다. 제도보장이란 전통적으로 내려오던 공법 또는 사법상의 제도를 헌법이 보장함으로써, 입법자가 그 제도의 핵심을 더 이상 배제하지 못하고, 다만 구체화하고 형성할 수 있을 따름이라는 것이다. 이러한 제도보장에 해당하는 대표적인 것이 바로 지방자치제도라고 하는 것이다.

생각건대 지방자치권은 제도사적으로 보거나, 헌법해석론적으로 보

16) 헌재 2006. 2. 23, 2005헌마403, 판례집 제18권 1집 상, 320(334); 홍성방 (주 14), 74-75면.
17) 헌법이 지방자치제도를 보장함에 있어서 지방주민의 자치권을 최대한으로 보장하여야 할 것이라고 하면서 신고유권설을 지지하는 견해로 김철수 (주 13), 1555면.
18) 이에 관하여는 홍정선 (주 3), 8면 이하; 그러한 논쟁을 진부한 것으로 보는 입장으로는 방승주, 지방자치법제의 헌법적 접근, 지방자치법연구 제6권 제2호(2006. 12), 31면 이하(32면 각주 6)); 류지태·박종수, 행정법신론, 박영사, 2011, 854면 참조.
19) 홍성방 (주 14), 75면.
20) 정종섭, 헌법학원론, 박영사, 2018, 1012면.
21) 가령 김철수 (주 13), 1556-1557면; 권영성, 헌법학원론, 법문사, 2010, 239면; 홍성방 (주 14), 75면; 김철용, 행정법, 고시계사, 2020, 772면; 김동희 (주 14), 51-52면; 장태주 (주 14), 1001면; 정하중 (주 14), 907면; 박균성 (주 14), 64면; 류지태·박종수 (주 17), 857, 861면; 유상현 (주 14), 128면; 특히 제도보장이론의 무용론에 대해 비판을 하는 논문으로 김세진, "제도적 보장으로서의 지방자치제도 - 제도보장이론의 무용론에 관한 비판과 새로운 해석론적 이해", 공법연구 제36집 제1호(2007. 10), 429면 이하(432면 이하).
22) 가령 헌재 2014. 6. 26. 2013헌바122, 공보 213, 1076(1078); 헌재 1995. 3. 23. 94헌마175, 판례집 제7권 1집, 438(448).

거나 이를 시원적 권력, 즉 고유권으로 볼만한 근거는 없다고 보인다. 지방자치권도 헌법이 지방자치단체에게 부여한 국가로부터 위임된 권력, 내지 파생된 권력에 지나지 않는다고 할 수 있기 때문에, 고유권설은 타당하지 않다고 보인다.[23] 그렇다고 하여 우리 헌법상 지방자치제도를 과거 독일 바이마르시대에 칼 슈미트(Carl Schmitt)에 의하여 주장된 제도보장으로만 보는 것도 적절치 않다고 생각된다. 최근 지방자치제도를 제도보장으로 이해하는 종래의 시각으로부터 탈피하여 그와 같이 칼 슈미트(Carl Schmitt)의 제도보장적 이해에 입각하지 않고서도 충분히 헌법상 지방자치에 대한 보장내용을 끌어낼 수 있다고 보는 학설들을 주목할 필요가 있다.[24] 요컨대 칼 슈미트(Carl Schmitt)의 제도보장이론은 당시 바이마르 헌법에서 지방자치제도가 입법자를 구속하지 못하고 있는 점을 보완하기 위하여 전개한 이론으로서, 이러한 제도보장론이 당시에는 지방자치제도를 위한 순기능적 역할을 수행하였을는지 모르지만, 지방자치제도에 대하여 헌법이 광범위하게 보장하고 이러한 보장이 직접 입법자를 구속하는 헌법 하에서는 순기능을 하는 것이 아니라, 지방자치에 대하여 소위 "최소한 보장"이라고 하는 족쇄로서만 기능할 수 있기 때문에, 더 이상 이와 같은 논리를 받아들일 필요가 없다고 생각된다.[25] 우리 헌법 제117조와 제118조는 그 자체로서 입법자를 구속하는

포괄적 지방자치에 관한 헌법적 보장

---

23) 자세히는 방승주 (주 18), 32면 각주 6) 참조할 것; 같은 의견으로 김배원, "현행 헌법상 지방자치제도의 개정 필요성과 방향", 헌법학연구 제16권 제3호(2010. 9), 147면 이하(153－154).

24) 가령 오동석, 지방자치의 제도적 보장론 비판, 공법연구 제29집 제1호(2000. 11), 219면 이하 등과 방승주, "중앙정부와 지방자치단체와의 관계", 공법연구 제35집 제1호(2006. 10), 55면 이하(75면 각주 93))의 문헌; 홍준형, 분권화, 헌법을 통해야 산다, 최병선/김선혁 공편, 분권헌법, EAI 2007, 91, 104－105면; 류시조, "지방자치제의 보장을 위한 논의와 한계", 공법학연구 제11권 제1호(2010), 56면 이하; 김진한, "지방자치단체 자치입법권의 헌법적 보장 및 법률유보 원칙과의 관계－헌법재판소 결정례의 비판적 분석을 중심으로－", 헌법학연구 제18권 제4호(2012. 12), 105면 이하(115－116); 허영 (주 7), 878면; 정종섭 (주 20), 1012면.

25) 동지, 정종섭, "기본권조항 이외의 헌법규정으로부터의 기본권 도출에 관한 연구", 헌법논총 제5집(1994), 239면 이하(275－284); 이종수, "기본권의 보장과 제도적 보장의 준별론에 관한 비판적 보론", 헌법실무연구 제3권, 박영사 2002, 181면 이하(199); 같은 이, "헌법적 의미에서의 지방자치와 민주주의", 지방자치법연구 제10권 제2호(2010. 6.), 3면 이하(6); 오동석 (주 24), 227면; 방승주 (주 24), 76면;

포괄적인 지방자치에 관한 헌법적 보장이라고 할 수 있다.26)

4. 지방자치보장의 헌법적 의의와 기능

3대 헌법적 기
능

지방자치보장의 헌법적 의의 내지 기능은 다음과 같이 세 가지로 말할 수 있다.27)

가. 민주주의의 실현기능

민주주의 실현
기능

지방자치제도는 우선 민주주의의 실현기능을 가진다. 민주주의라고 하는 것은 국민이 스스로 지배하고 다스리는 통치제제를 일컫는다. 이와 같이 국민이 스스로 지배하고 다스린다고 하는 이념을 가장 잘 실현할 수 있는 것은 직접민주주의일 것이나, 말 그대로 국민이 직접 지배하고 다스리는 것은 거의 불가능28)하므로 오늘날의 민주주의는 대의민주주의이며, 여러 가지 직접민주주의적 요소를 가미하는 것이 보통이다.

대의제와 직접
민주주의 혼합

지방자치 역시 마찬가지이다. 지역의 사무와 현안들에 대하여는 그 지역 주민들이 직접 결정하고 다스리게 히는 것이 가장 바람직스러울 것이다. 실제로 주민총회형 지방자치제도는 지역주민이 지역의회를 구성하고 동시에 집행에 관한 책임을 지는 제도로서 스위스나 미국 동북주에서 실시되고 있다고 한다.29) 그러나 가장 작은 규모의 지방자치단체라 하더라도 그 주민들이 모두가 직접 다스리는 것은 사실상 불가능하므로 역시 대의민주주의를 채택하지 않을 수 없고, 여기에 주민투표

김수연, "지방자치제의 헌법 개정의 필요성과 방향", 헌법학연구 제16권 제2호 (2010. 6), 229면 이하(315－318); 이호용, "지방자치의 헌법적 보장에 관한 담론", 지방자치법연구 제11권 제4호(2011. 12), 31면 이하(39－40); 김진한 (주 24), 114－116면; 김상태, "지방분권의 헌법적 보장", 법학연구 제49집(2013. 3), 277면 이하(281－282).

26) 그 구체적인 내용은 Ⅲ. 지방자치제도에 대한 헌법적 보장의 내용 참조.

27) 이에 관하여는 방승주 (주 24), 77－80면; 같은 견해로 김진한 (주 24), 122면; 한편 민주주의실현, 주민참여, 행정능률의 확보라고 하는 세 가지 관점에서 지방자치의 기능을 파악하는 견해로는 장영수, 헌법학 제10판, 홍문사, 2017, 317면 이하.

28) 계희열, 헌법학(상), 박영사 2005. 221면.

29) 권영성 (주 21), 240면; 김철수 (주 14), 1557면.

제도나 주민소환제도 등 직접민주주의적 요소를 가미할 수 있다.

주민은 우선 지방자치단체 선거에서 선거권이나 피선거권을 행사 함으로써, 자신의 대표를 뽑거나 직접 대표로 출마하여 지방대표(지방자 치단체장이나 지방의원)로 활동할 수 있게 되는데 이러한 과정에서 중앙정 치무대에서의 참정권행사를 위한 훈련을 쌓을 수 있게 된다. 따라서 지 방자치제도는 풀뿌리민주주의로서 민주주의를 위한 학습장이나 훈련장 이 될 수 있는 것이다.

구체적으로 이러한 민주주의의 실현기능을 하는 지방자치법제로서 는 지방의원과 지방자치단체장의 선거와, 주민투표제도(지방자치법 제14 조, 주민투표법), 주민소환제도(지방자치법 제20조, 주민소환30)에 관한 법률) 등 을 들 수 있을 것이다.31)

민주주의를 위 한 학습장 및 훈련장 기능

민주주의의 실 현기능 지방자 치법제

나. 분권과 수직적 권력분립의 실현기능

지방자치제도의 헌법적 보장을 통하여 지역의 균형있는 발전을 도 모할 수 있다. 오늘날 지방자치단체가 처리해야 할 과제를 지역주민의 복리에 관한 사무라고 할 때, 만일 대부분 지역주민의 생활유지를 가능 하게 하는 제반 공적 사무까지 국가가 관장하게 될 경우, 사실상 지방자 치단체의 역할은 공동화될 수밖에 없다. 그러므로 가능한 한 지방자치 단체가 처리할 수 있는 일은 지방자치단체의 사무로 할 수 있도록 이관 할 필요가 있으며, 지역에 관한 사무는 별도의 규정이 없다 하더라도, 지방자치단체가 우선적 관할권이 있는 것으로 이해하지 않으면 안 된 다. 이러한 원칙을 소위 보충성의 원칙32)이라고 하는데, 우리 헌법상 지

분권과 수직적 권력분립의 실 현기능

보충성의 원칙

---

30) 이에 관하여는 김병기, "주민소송·주민투표·주민소환을 중심으로 한 주민참여법제 소고", 지방자치법연구 제11권 제3호(2011. 9), 33면 이하; 김재호, "지방자치제도 상 주민참여법제 소고 - 주민소환제와 주민감사청구제를 중심으로", 지방자치법 연구 제11권 제4호(2011. 12), 209면 이하; 이동훈, "주민소환제의 헌법적 의미 - 헌재 2009. 3. 26. 선고 2007헌마843 결정을 중심으로", 지방자치법연구 제12권 제 3호(2012. 9), 3면 이하; 백종인,"한국의 지방자치제도 개혁과 주민직접참여제도", 지방자치법연구 제14권 제3호(2014. 9), 307면 이하.

31) 방승주 (주 18), 49–55면.

32) 이기우, 지방자치이론, 학현사, 1996, 203면 이하; 정하중 (주 14), 909면; Franz– Ludwig Knemeyer, Die verfassungsrechtliche Gewährleistung des Selbstverwaltungsrechts

방자치의 보장으로부터 이와 같은 원칙이 도출되는 것으로 이해할 수 있다.

또한 지방자치제도의 보장은 국가에게 집중되어 있는 고권을 지방 자치단체에 나누어 줌으로써, 수직적 권력분립을 가능하게 해 준다.[33] 권력분립의 진정한 헌법적 의미는 권력상호간의 견제와 균형, 그리고 이를 통한 국민 기본권의 보장이라고 볼 수 있을 것이다. 중앙정부와 지 방자치단체 정부 간에 권한을 분배하는 것은, 양 권력이 상호 견제와 감 시를 하고, 이러한 과정에서 공권력 행사의 투명성과 이를 통한 국민 기 본권의 보장에 기여하게 하기 위한 것이라고 일응 말할 수 있을 것이다. 그러나 우리의 지방자치법제의 현실상 중앙정부의 지방자치에 대한 감 시와 통제제도는 법적으로 다양하게 갖추어진 데 반하여, 지방자치단체 의 중앙정부의 정책결정에 대한 참여나 의견제시 가능성은 매우 열악한 것이 사실이다. 이러한 상태에서 지방자치단체의 중앙정부에 대한 견제 와 통제기능을 기대하기는 매우 어려운 것이 현실이라고 할 수 있으므 로, 이 점은 앞으로 개선되어야 할 사항이라고 생각된다.[34]

수직적 권력분립 가능

지방자치단체의 참여가능성 매우 제한

---

der Gemeindes und Landkreise, in: Albert von Mutius (Hrsg), Selbstverwaltung im Staat der Industriegesellschaft, Festgabe zum 70. Geburtstag von Georg Christoph von Unruh, Heidelberg 1983, S. 209 ff.(220). 이를 헌법상 보장되는 지방자치의 본질적 내용은 아니지만 지방자치의 정신에 비추어 요청되는 지방자치의 기본원리라고 보는 견해로, 박균성 (주 13), 64−65면.

33) "지방자치제도는 현대입헌민주국가의 통치원리인 권력분립 및 통제·법치주의·기 본권보장 등의 제원리를 주민의 직접적인 관심과 참여 속에서 구현시킬 수 있어 바로 자율과 책임을 중시하는 자유민주주의 이념에 부합되는 것이므로 국민(주 민)의 자치의식과 참여의식이 제고된다면 권력분립원리가 지방자치차원에서도 실현을 가져다 줄 수 있을 뿐 아니라(지방분권) 지방의 개성 및 특징과 다양성을 국가전체의 발전으로 승화시킬 수 있고, 나아가 헌법상 보장되고 있는 선거권·공 무담임권(피선거권) 등 국민의 기본권의 신장에도 크게 기여할 수 있는 제도이 다." 헌재 1995. 5. 25. 91헌마67, 판례집 제7권 1집, 722(744−745).

34) 김해룡 외, 지방분권제도의 실질적 구현을 위한 법제정비에 관한 연구, 전국시도 지사협의회, 2008, 89면 이하; 법률적 차원에서 지방원을 도입하자는 견해로, 홍 준형, "국가 입법·정책결정에 대한 지방자치단체의 참여", 공법연구 제36집 제2호 (2007. 12), 71면 이하; 김남철, "지방자치단체 국정참여의 공법적 과제", 지방자치 법연구 제10권 제3호(2010. 9), 113면 이하; 독일 사례에 대하여는 임현, "국가 입법과정에 대한 지방자치단체의 참여 − 독일의 연방, 주 및 지방자치단체의 관 계를 중심으로", 지방자치법연구 제14권 제1호(2014. 3), 137면 이하.

다. 주민의 기본권실현기능과 사회국가원리 실현기능

지방자치를 통해서 주민들은 지방정치에 다양하게 참여할 수 있는 가능성이 열리게 된다. 가령 지방자치단체장이나 의회의 선거권이나 피선거권의 행사, 주민투표[35]에의 참여, 청문회, 공청회, 각종 독립위원회에의 참여, 그리고 지방자치단체의 지역적 정책결정 과정에서의 주민의 여론형성이나 정책집행과정에 대한 감시 등을 통한 다양한 참여를 통해서 주민들은 헌법상 보장되는 여러 가지 민주주의적 기본권을 행사할 수 있게 된다.[36]

또한 지방자치제도를 통해서 여러 지방자치단체가 그 지역주민들을 위한 최소한의 사회기반시설의 구축 등, 골고루 잘 살기 위한 여러 가지 전제조건들을 갖추지 않을 수 없게 되는데, 이러한 과정에서 그 지역주민은 간접적으로 최소한의 인간다운 생활을 할 권리를 보장받을 수 있게 된다. 결국 지방자치제도는 이러한 의미에서 사회국가원리의 실현기능도 동시에 수행하게 되는 것이라고 할 수 있다.

II. 헌법상 지방자치제도의 연혁[37]

광복헌법(1948. 7. 17)은 제8장 지방자치에서 "제96조 지방자치단체는 법령의 범위내에서 그 자치에 관한 행정사무와 국가가 위임한 행정사무를 처리하며 재산을 관리한다. 지방자치단체는 법령의 범위 내에서 자치에 관한 규정을 제정할 수 있다. 제97조 지방자치단체의 조직과 운영에 관한 사항은 법률로써 정한다. 지방자치단체에는 각각 의회를 둔

주민의 기본권 실현과 사회국가원리 실현기능

사회국가원리의 실현기능

1948년–1961년 지방자치제도의 연혁

---

35) 헌법재판소는 주민투표권 행사를 위한 요건으로 주민등록을 요구함으로써 국내 거소신고만 할 수 있고 주민등록을 할 수 없는 국내거주 재외국민에 대하여 주민투표권을 인정하지 않고 있는 주민투표법(2004. 1. 29. 법률 제7124호로 제정된 것, 이하 '법'이라 한다) 제5조 제1항(이하 '이 사건 법률조항'이라 한다) 중 "그 지방자치단체의 관할 구역에 주민등록이 되어 있는 자"에 관한 부분은 국내거주 재외국민의 평등권을 침해한다고 본 바 있다. 헌재 2007. 6. 28. 2004헌마643, 판례집 제19권 1집, 843.
36) 방승주 (주 24), 79면.
37) 이하 방승주 (주 24), 81–82면 에서 역사적 해석 부분을 전재함. 그 밖에 우리나라 지방자치의 발전과정에 대하여는 정하중 (주 14), 912면 이하 참조할 것.

다. 지방의회의 조직, 권한과 의원의 선거는 법률로써 정한다."고 규정
하였다. 1949년에는 지방자치법까지 제정되었으나, 6.25의 발발로 그 시
행이 지연되다가 1952년에 비로소 최초의 지방의회가 구성되었다. 제2
공화국에서는 지방자치법을 개정하여 명실상부한 지방자치제의 실시를
시도하였지만, 1961년에 군사쿠데타로 집권한 박정희군사정부에 의하여
지방의회가 해산되고 지방자치에관한임시조치법이 실시되어 그에 저촉
되는 지방자치법의 효력은 정지되었다.[38]

1962년 현행헌
법과 같이 개
정

　　이러한 제헌헌법의 내용은 거의 그대로[39] 유지되다가 현행헌법과
같은 문언으로 개정된 것은 1962. 12. 26. 헌법이며, "제5절 지방자치
제109조 ① 지방자치단체는 주민의 복리에 관한 사무를 처리하고 재산
을 관리하며 법령의 범위안에서 자치에 관한 규정을 제정할 수 있다. ②
지방자치단체의 종류는 법률로 정한다. 제110조 ① 지방자치단체에는
의회를 둔다. ② 지방의회의 조직·권한·의원선거와 지방자치단체의
장의 선임방법 기타 지방자치단체의 조직과 운영에 관한 사항은 법률로
정한다."는 내용으로 현행헌법 제8장과 그 내용이 같다. 위 내용을 보면
과거 헌법은 지방자치단체에게 법령의 범위 내에서 자치사무와 위임사
무처리권 및 재산관리권 그리고 자치입법권을 부여한 것을 알 수 있다.

자치사무와 위
임사무 비구별

　　그런데 비하여 1962년 헌법부터는 자치사무와 위임사무의 구별이 없
이 "주민의 복리에 관한 사무"로 단일화되었으며, "법령의 범위 안에서"
라고 하는 수식어는 단지 자치입법권만을 수식하고 있을 뿐이다. 다시 말
해서 "주민의 복리에 관한 사무처리권"과 재산관리권은 헌법이 직접 보장
하고 있는 지방자치단체의 권한임을 분명히 하고 있다고 할 수 있다. "법
령의 범위 안에서"라고 하는 수식어의 위치가 이와 같이 바뀐 것은 지방
자치권을 헌법적으로 강화하고자 한 시도가 아니었나 추측된다.[40]

---

38) 권영성 (주 21), 242면.
39) 다만 4.19 혁명 이후 개정된 1960년 개정헌법에서는 제97조에 "지방자치단체의
　　장의 선임방법은 법률로써 정하되 적어도 시, 읍, 면의 장은 그 주민이 직접 이를
　　선거한다.<신설 1960.6.15>"라는 조항이 제2문으로 삽입되었다.
40) 당시 헌법개정을 위한 헌법심의위원회 전문위원회의록(대한민국국회, 헌법개정심
　　의록 제1집, 1967)을 보면 지방자치를 강화하기 위한 문언을 삽입하고자 하였던
　　것을 알 수 있다. 가령 "지방자치를 더 중요시한다는 무엇을 넣어야 됩니다."(강

1972년 유신헌법은 그 부칙에서 지방의회의 구성을 조국이 통일되는 때까지 유예하였으며, 또한 제5공화국헌법 부칙에서는 지방의회의 구성을 지방자치단체의 재정자립도를 감안하여 순차적으로 하되 그 구성 시기는 법률로 정한다고 규정하였다. 1987년 헌법에 이르러서 이러한 유예조항들이 삭제되고, 1991년에 지방의회선거가 실시되었으며, 지방자치단체장 선거의 실시는 1995년 6월에 이르러서야 비로소 실시되어, 이때부터 지방자치시대는 본격화되었다.

1972년 유신헌법 지방의회 구성 조국통일시까지 유예

1991년 최초 지방의회선거 실시 1995년 자치단체장 선거

Ⅲ. 지방자치제도에 대한 헌법적 보장의 내용

헌법재판소는 지방자치의 본질적 내용은 자치단체의 보장, 자치기능의 보장 및 자치사무의 보장이고(헌재 1994. 12. 29. 94헌마201, 6-2, 510(522)), 우리 헌법상 자치단체의 보장은 단체자치와 주민자치를 포괄한다고 한다.[41] 헌법 제117조와 제118조가 보장하고 있는 지방자치제도의 헌법적 보장 내용은 자치단체의 보장, 자치권한의 보장, 자치사무의 보장, 주관적인 법적 지위의 보장으로 나누어서 살펴 볼 수 있다.

지방자치의 본질적 내용

1. 자치단체의 보장

가. 자치단체보장의 의미

우선 우리 헌법은 제117조와 제118조에서 지방자치단체와 그리고 그 의결기구로서 지방의회를 보장하고 있다. 여기에서 우리 헌법이 개

자치단체의 보장

병두 위원, 92면), "용어상 지방자치를 어떻게 강화하느냐...."(강병두 위원, 95면), "현행 헌법보다 지방자치를 강화할 것인가?"(96면). 다만 부칙 제7조에서 "③ 이 헌법에 의한 최초의 지방의회의 구성시기에 관하여는 법률로 정한다"고 함으로써 지방의회 구성시기를 법률에 위임하였으며, 제3공화국의회는 지방의회선거법 등을 마련하지 않음으로써 무의회지방자치 상태가 계속되었던 것은 본문 규정과는 달리 지방자치제도가 매우 취약하게 실현되고 있었음을 말해 준다.

41) 헌재 2009. 3. 26. 2007헌마843, 판례집 제21권 1집 상, 651(667); 헌재 2006. 2. 23. 2005헌마403, 판례집 제18권 1집 상, 320(334). 동지 판례 헌재 1994. 12. 29. 94헌마201, 판례집 제6권 2집, 510(522); 헌재 2001. 6. 28. 2000헌마735, 판례집 제13권 1집, 1431(1438); 헌재 2006. 3. 30. 2003헌라2, 공보 114, 523; 같은 설명으로 허영(주 7), 884면.

별 지방자치단체의 존속을 보장하는지 여부가 논란이 될 수 있으며, 이를 긍정하는 견해도 주장되고 있다. 그러나 지방자치단체를 보장한다고 하는 말은 개별 지방자치단체 자체의 존속을 보장한다고 하는 의미는 아니며42), 지방자치제도의 단위라고 할 수 있는 지방자치단체라고 하는 제도의 존재를 보장한다고 하는 의미로 새겨야 한다. 왜냐하면 우리 헌법은 지방자치제도 그 자체를 보장하고 있는 것이지, 개별 지방자치단체를 보장하고 있는 것은 아니기 때문이다. 지방자치단체의 종류를 법률로 정하고 있는 것(제117조 제2항)도 역시 지방자치단체의 종류에 대한 변경가능성을 전제로 한 것이다. 만일 지방자치단체 자체의 존속을 보장한다고 한다면, 한번 구성된 지방자치단체는 더 이상 폐지할 수 없게 될 것이기 때문에, 지방자치제도에 대한 입법자의 형성의 자유가 극도로 축소될 수밖에 없게 될 것이다.

개별 지방자치단체의 존속보장의 의미는 아님

　　물론 지방자치단체의 종류를 변경하거나 지방자치단체를 통·폐합함에 있어서는 전술하였듯이 그와 같은 개편을 통해서 얻을 수 있는 공익이 훨씬 커야 한다고 하는 공익원리43)와, 지방자치단체의회의 동의나 주민투표를 거쳐야 한다고 하는 청문원리44)를 준수하지 않으면 안 된다.

자치단체의 통·폐합의 경우 공익원리와 청문원리의 준수

---

42) 헌재 2006. 4. 27. 2005헌마1190, 판례집 제18권 1집 상, 652(652−653): "헌법상 지방자치제도보장의 핵심영역 내지 본질적 부분이 특정 지방자치단체의 존속을 보장하는 것이 아니며 지방자치단체에 의한 자치행정을 일반적으로 보장하는 것이므로, 현행법에 따른 지방자치단체의 중층구조 또는 지방자치단체로서 특별시·광역시 및 도와 함께 시·군 및 구를 계속하여 존속하도록 할지 여부는 결국 입법자의 입법형성권의 범위에 들어가는 것으로 보아야 한다. 같은 이유로 일정 구역에 한하여 당해 지역 내의 지방자치단체인 시·군을 모두 폐지하여 중층구조를 단층화하는 것 역시 입법자의 선택범위에 들어가는 것이다."

43) 방승주 (주 6), 41면; 김성호·김해룡 (주 7), 441−442면; 김소남, "중앙에 의한 시·군·구 지방자치단체 통·폐합논의의 법적 쟁점 연구", 토지공법연구 제53집 (2011), 407면 이하(411−413).

44) 이에 관하여는 방승주 (주 6), 41면; 조성규, "행정구역개편을 통한 통합형 지방자치단체의 사무개선을 위한 법적 과제", 지방자치법연구, 제10권 제1호(2010. 3), 3면 이하(6); 하승완 (주 5), 246−251면; 한편, 2010년 통합 창원시의 추진과정에 대한 비판으로, 하승완, "지방행정체제개편에 관한 논의와 성과에 대한 고찰─ 「지방행정체제개편에 관한 특별법안」의 성립과 그 문제점을 중심으로─", 법학논총 제17집 제2호(2010), 337면 이하(358).

나. 지방자치단체의 폐치·분합과 기본권과의 관계

한편 지방자치단체의 폐치·분합은 관련 지방자치단체 주민의 기본권의 제한을 초래할 수 있다. 이 점을 헌법재판소는 다음과 같이 판시하고 있다.

지방자치단체의 폐치·분합

> 판례 지방자치법 제4조 제1항에는 지방자치단체의 폐지·병합은 법률로써 할 수 있도록 규정하였다. 그러므로 지방자치단체를 폐지하고 병합하는 법률을 제정할 수 있으나, 지방자치단체의 이러한 폐지·병합은 지방자치단체의 자치권의 침해문제와 더불어 그 주민의 헌법상 보장된 기본권의 침해문제도 발생할 수 있다. 예컨대 자치단체의 폐지·병합에 있어서 그 절차상 필요한 적법절차로서 그 주민이 폐지·병합과 관련한 자기의 이해관계에 관하여 불이익한 결과를 초래할 수 있는 공권력의 행사에 있어 의견을 개진할 수 있는 청문권이 침해될 수도 있다. 특히 지방자치법 제4조 제2항에는 지방자치단체의 폐지·병합에는 그 지방의회의 의견을 듣게 되어 있을 뿐만 아니라 동법 제13조의2는 주민투표를 실시할 수 있도록 규정하여 지방자치단체의 폐지·병합에 관한 의견개진을 명문으로 보장하고 있으므로 이러한 절차에 있어 적법절차의 한 내용인 청문권의 침해문제가 발생할 수 있다. 때로는 지방자치단체의 폐지·병합에 있어 그 주민을 타지방자치단체와 차별하여 헌법 제11조에서 보장한 평등권침해문제도 생길 수 있다. 또한 자치단체가 폐지·병합됨으로써 헌법 제24조 및 제25조에 보장된 그 주민의 참정권 내지 공무담임권이 침해될 수도 있다. 법률조항의 규정에 의하여 자치단체가 폐지되는 경우 이러한 주민의 기본권들의 침해는 별도의 집행행위의 매개를 거치지 않고 직접 그 법률조항의 시행에 의하여 발생할 수 있다.[45]

국민의 참정권, 공무담임권의 침해 가능성 존재

이와 관련하여 다음과 같은 문제를 제기할 수 있다. 우선 지방자치단체의 폐지·병합이 지방의회나 주민투표에 의하여 부결된 경우, 국회는 그러한 결정에 구속되지 않는다고 하였는데, 그렇다면 행정구역개편에 대한 지방의회의 부결이나 주민투표의 법적 효력은 어떠한 것인가?[46] 그리고 행정구역의 통·폐합이 가져다주는 공익이 그로 인하여

입법자의 이익형량에 명백한 잘못 입증되는 경우 헌법재판소의 사후 위헌선언 가능

---

45) 헌재 1995. 3. 23. 94헌마175, 판례집 제7권 1집, 438(448–449); 헌재 1994. 12. 29. 94헌마201, 판례집 제6권 2집, 510(523).
46) 이에 관하여 선정원 (주 5), 89면 이하(94).

발생하는 비용이나 손해보다 더 커야 한다고 하는 소위 공익원리에 따라 입법자가 이익형량을 하였다 하더라도, 추후에 통·폐합으로 인하여 오히려 입법자가 추구하던 예산절감이나 주민에 대한 편익증진 등 전체적인 공익이 달성되지 못한 경우에는 입법자의 판단이 잘못되었다고 볼 수 있으며, 따라서 잘못된 사실판단에 입각한 행정구역개편은 취소대상이 될 수 있는가 하는 문제이다. 만일 입법자가 공익에 대한 형량을 명백하게 잘못한 것이 입증된다면 헌법재판소가 사후 심판청구가 있는 경우에 행정구역개편에 관한 법률 자체를 위헌선언할 수 있어야 할 것이다.47)

2. 자치권한의 보장

자치권한의 보장: 헌법상 권한과 법률상 권한

헌법이 지방자치단체에 직접 보장하는 자치권한(헌법직접적 권한)의 내용은 자치행정권, 자치재정권, 자치입법권으로 나눌 수 있다. 또한 지방자치단체의 조직과 운영에 관한 사항은 법률로 정하도록 하고 있는 바(제118조 제2항), 이러한 위임에 따라 법률상 보장되고 있는 권한(법률적 권한)이 있다.48)

가. 헌법직접적 권한

(1) 주민의 복리에 관한 사무처리권(자치행정권)

주민복리에 관한 사무처리(자치행정)권

먼저 주민의 복리에 관한 사무가 무엇인지가 문제된다. 일단 지방자치단체의 관할 구역에 속한 주민의 복리와 관련되는 사무라고 한다면 그것은 그 지방자치단체의 사무라고 볼 수 있을 것이기 때문이다.

생존에 관련된 사무

주민의 복리에 관한 사무는, 우선 주민이 생존하기 위하여 필요한 모든 물건과 시설의 제공과 관련한 사무라고 할 수 있다. 가령 전기, 수도, 가스의 공급을 비롯하여, 상·하수도, 생활 쓰레기의 배출 등 주민이

---

47) 가령 그러한 사례로서 독일연방헌법재판소의 1992. 5. 12. 니더작센주 행정구역개편환원법에 대한 위헌무효결정을 들 수 있다. BVerfGE 86, 90. 이 판례에 대한 소개로는 방승주 (주 6), 27-33면.

48) 방승주 (주 18), 35-47면.

생존을 하기 위하여 필요한 모든 생활수단과 시설의 공급 및 처리와 관련된 사무를 들 수 있다.

또한 주민의 건강증진, 체력단련, 여가, 문화 등 건강하고 즐겁게 생활하기 위하여 필요한 모든 복지와 관련된 시설의 건설과 유지 및 관리 등의 사무 역시 주민의 복리에 관한 사무라고 할 수 있을 것이다. 뿐만 아니라, 주민의 사적인 생활과 각종 직업생활을 위하여 필요한 행정서비스의 제공 역시 주민의 복리에 관한 사무라고 할 수 있을 것이다.[49]

다만 문제는 한 지역의 기초지방자치단체의 주민은 동시에 보다 광역의 지방자치단체의 주민이기도 하면서 최종적으로는 대한민국의 국민이기도 하다. 그리하여 한 지역의 주민의 복리는 동시에 보다 광역의 주민, 나아가서는 전체 국민의 복리와도 관련될 수 있다. 가령 광역의 도시계획이나 도로의 건설, 그 밖의 사회간접자본의 구축 등은 가장 작은 단위의 기초자치단체 주민만의 복리라고 볼 수는 없을 것이며, 그 규모에 따라서는 광역자치단체 주민이나 전체 국민의 복리와 관련된 사무일 수 있다.[50]

그러므로 어떠한 지역의 주민의 복리에 관한 사무라 하더라도 그것이 항상 그 지방자치단체의 배타적 관할사항이라고 할 수는 없을 것이

(우측 여백 주석)
건강하고 즐겁게 생활하기 위해 필요한 사무

전체 국민의 복리와 관련된 사무

국가의 사무로 확장 가능

---

49) 지방자치법 제9조는 지방자치단체의 사무범위의 예시로서, 1. 지방자치단체의 구역, 조직, 행정관리 등에 관한 사무, 2. 주민의 복지증진에 관한 사무, 3. 농림·상공업 등 산업 진흥에 관한 사무, 4. 지역개발과 주민의 생활환경시설의 설치·관리에 관한 사무, 5. 교육·체육·문화·예술의 진흥에 관한 사무, 6. 지역민방위 및 소방에 관한 사무 등을 들고 있다.

50) 방승주 (주 24), 83면. 지방자치법 제11조는 국가사무에 해당되어 원칙적으로 지방자치단체가 처리할 수 없는 사무로서 1. 외교, 국방, 사법(사법), 국세 등 국가의 존립에 필요한 사무, 2. 물가정책, 금융정책, 수출입정책 등 전국적으로 통일적 처리를 요하는 사무, 3. 농산물·임산물·축산물·수산물 및 양곡의 수급조절과 수출입 등 전국적 규모의 사무, 4. 국가종합경제개발계획, 국가하천, 국유림, 국토종합개발계획, 지정항만, 고속국도·일반국도, 국립공원 등 전국적 규모나 이와 비슷한 규모의 사무, 5. 근로기준, 측량단위 등 전국적으로 기준을 통일하고 조정하여야 할 필요가 있는 사무, 6. 우편, 철도 등 전국적 규모나 이와 비슷한 규모의 사무, 7. 고도의 기술을 요하는 검사·시험·연구, 항공관리, 기상행정, 원자력개발 등 지방자치단체의 기술과 재정능력으로 감당하기 어려운 사무를 들고 있다.

며, 오히려 그 사무의 규모나 성격상 광역지방자치단체나 또는 국가의 사무가 될 수 있다.[51]

그렇지만 어떠한 사무가 그 지역의 주민과 밀접한 관련을 맺고 있어서, 그 지역성이 크면 클수록, 그 지방자치단체의 관할의 배타성은 더 높아진다고 볼 수 있을 것이다.

아무튼 우리 헌법은 독일 기본법 제28조 제2항 제1문과 같이 전권한성을 명문화하고 있지는 않지만, 그 지역의 주민의 복리 및 복지와 관련된 모든 사무는 원칙적으로 그 지방자치단체의 관할이라고 보아야 할 것이다.

그리고 어떠한 사무가 하위단위의 능력으로 처리할 수 있는 경우에는 원칙적으로 그 하위단위의 관할에 속하는 것으로 보고, 그에게 우선적 관할권을 인정해야 한다는 것이 보충성의 원칙이다. 이러한 원칙상 광역지방자치단체나 국가는 원칙적으로 하위단위가 처리할 수 없는 예외적인 경우에만 개입하는 것을 원칙으로 해야 한다.

(2) 재산관리권(자치재정권)

다음으로 헌법 제117조 제1항은 지방자치단체가 재산을 관리할 수 있다고 규정하고 있다. 재산을 관리한다고 하는 말은 이미 지방자치단체에게 귀속된, 귀속되고 있는, 뿐만 아니라 앞으로 귀속될 모든 적극적 및 소극적 재산, 즉 재정 전반에 대하여 관리하는 것을 의미한다. 따라

---

51) 경상남도와 정부 간의 권한쟁의 심판에서 헌법재판소는 '4대강 살리기 일환으로 낙동강 유역에서 행해지는 낙동강 살리기 사업에 관한 사무'에 관하여 "청구인은 국가하천인 낙동강의 유지·보수권한은 하천법상 경상남도지사에 귀속되어 있고, 지방자치단체는 주민의 복리에 관한 사무를 처리할 권한을 가지고 있어, 낙동강 사업은 국가하천인 낙동강을 유지·보수하는 사업이므로 청구인의 권한에 속하는 것이라고 주장하나, 4대강 사업 및 낙동강 사업은 국토해양부장관이 관리하는 국가하천에 관한 하천공사이므로 일단 지방자치법 제11조 제4호 소정의 국가사무에 해당하며, 4대강 사업은 국토전역에 걸쳐 전국적 규모로 시행되고 정부에 의하여 일괄적으로 마스터 플랜으로 확정되어 있는 등을 고려할 때, 공사 전체를 하나의 포괄적인 국가사업으로 보아야 할 것이다. 물론 낙동강 사업을 시행하는 과정에서 청구인은 지역경제의 이익과 주민의 복리를 도모할 수 있는 많은 기회를 가지게 될 터인데, 사업시행권 회수로 인하여 더 이상 이러한 경제적·복지적 이익을 추구할 수 없게 되었으나, 이는 사실상의 간접적 불이익에 지나지 않는다." 고 판시하였다. 헌재 2011. 8. 30. 2011헌라1, 판례집 제23권 2집 상, 249(264−269).

서 공법인으로서 지방자치단체에 속해 있는 청사와 소속 토지와 같은 부동산을 비롯해서, 시설물과 그 시설물의 유지와 보수를 위한 모든 장비, 다른 공·사 법인들이나 사인간의 계약과 관련된 채권·채무, 특정한 자금운용을 위한 기금의 설치(지방자치법 제142조) 등의 모든 재산관계들이 그 지방자치단체의 관리 하에 들어간다고 할 수 있다.

결국 이와 같이 지방자치단체가 자치를 위하여 필요한 모든 재산적 가치 있는 공·사법상의 권리를 지방자치단체의 재산권이라고 본다면, 이러한 재산권을 행사하고 관리하는 책임이 지방자치단체에 존재한다고 보아야 할 것이다. 지방자치단체
의 관리책임
존재

그런데 여기에서 더 나아가 지방자치단체가 자기 스스로를 유지하고 관리하며 자치를 위하여 필요한 비용을 충당하기 위하여 적극적으로 세원을 발굴하고, 주민들에 대하여 과세를 할 수 있을 것인지, 즉 소위 조세고권[52]도 이러한 재산관리권에 포함될 것인지 여부가 문제될 수 있다.[53] 현행 지방세기본법에 따르면 지방자치단체는 이 법에 정하는 바에 의하여 지방세로서 보통세와 목적세를 부과·징수할 수 있으며(제4조, 제7조), 또한 지방자치단체는 지방세의 세목, 과세객체, 과세표준, 세율 기타 부과·징수에 관하여 필요한 사항을 정함에 있어서는 이 법이 정하는 범위 안에서 조례로써 하여야 한다고 규정하고 있다(제5조). 따라서 지방자치단체는 이와 같이 법률이 정하는 범위 내에서 조세고권을 행사할 수 있다고 할 수 있으나, 가령 중요한 세목이 법률상 국세로 분류되고, 지방세의 세원은 국세에 비할 경우에 세수격차가 많이 나고 있다는 점이 문제가 된다.[54] 조세고권 포함
여부

사실상 지방자치를 위해서 소요되는 비용을 자치단체가 스스로 충당할 수 없어서 국가의 재정에 의존[55]하게 되면, 국가나 상급지방자치 세목신설권,
지방세조례주
의론

---

52) 허영 (주 7), 890면.
53) 지방자치단체가 과세를 면제하는 조례를 제정하고자 할 때 내무부장관의 사전허가를 얻도록 한 것에 대하여 헌법재판소는 합헌으로 본 바 있다. 헌재 1998. 4. 30. 96헌바62, 판례집 제10권 1집, 380.
54) 현재 국세와 지방세의 비율이 약 80:20이 유지되고 있음은 주지의 사실이다. 방승주 (주 18), 46면과 그곳의 인용자료 참조; 김해룡 외 (주 34), 160면.
55) 김해룡 외 (주 34), 171면.

단체에 종속될 수밖에 없기 때문에, 진정한 자치가 이루어지기 힘든 것이 사실이다. 그러한 의미에서 지방자치가 제대로 실현되기 위해서는 조례에 의한 세목신설권56)을 인정하자고 한다든가, 지방세의 경우 법률유보 대신 조례유보가 적용되는 것으로 보아야 한다는 지방세조례주의론57)이 주장되기도 한다.

조세고권은 법률적 근거 필요

그러나 이러한 조세고권의 경우는 직접적으로 주민들의 재산권을 제한하는 행위이기 때문에, 이와 같이 주민의 기본권을 제한하는 지방자치단체의 행위는 우리 헌법 제37조 제2항과 헌법 제59조에 따라서 법률에 의하거나 법률에 근거가 있지 않으면 안 된다.58) 여기에서 말하는 법률은 반드시 형식적 의미의 법률만을 말하는 것은 아니고 행정입법까지 포함하는 실질적 의미의 법률이라고 하는 점은 대체로 인정되고 있으나, 과연 이 법률 개념에 지방자치단체가 제정하는 자치에 관한 규정, 즉 조례도 포함될 것인지 여부에 대해서는 논란이 되고 있다.

지방재정조정에 관한 제도 마련 필요

세원 지방정부로 이양 필요

아무튼 헌법 제37조 제2항이나 제59조를 근거로 지방자치단체가 조세를 부과할 권한은 최소한 법률에 그 근거가 있어야 한다고 하더라도, 헌법 제117조가 지방자치를 헌법적으로 보장하는 취지를 고려할 때, 입법자는 지방자치단체의 재정적 독립, 즉 자주재정을 통한 지방자치가 가능하도록 국가에 귀속되는 세원을 적극적으로 지방자치단체에 이양해야 할 뿐만 아니라, 지방재정조정에 관한 제도를 제대로 마련해야 할 의무가 있다. 현재의 지방교부금제도만으로는 지방자치단체가 재정적 측면에서 중앙정부에 지나치게 의존할 수밖에 없는 구조로 되어 있기 때문에, 이러한 지방교부세의 경우 아예 처음부터 지방자치단체의 재원으로 이양하는 등 획기적 조치가 있지 않으면 안된다고 지적59)되고 있는

---

56) 김해룡 외 (주 34), 184면; 김완석, "지방자치단체의 지방세 세목 결정권에 관한 연구", 토지공법연구 제27집(2005. 9), 249면 이하.

57) 조성규, "조세법률주의하에서 지방세조례주의의 허용성", 행정법연구 제19호 (2007. 12), 17면 이하; 이동식, "지방자치단체의 과세자주권 확보방안", 지방자치법연구 제11권 제2호(2011. 6), 119면 이하; 김태호, "지방정부의 과세자주권 강화를 위한 입법적 개선방안에 관한 연구", 지방자치법연구 제14권 제3호(2014. 9), 411면 이하.

58) 방승주 (주 18), 36면.

59) 김해룡 외 (주 34), 184면 이하; 이동식, "지방재정의 자율성 강화방안", 지방자치

것도 그 때문이다.

(3) 법령의 범위 안에서 자치에 관한 규정 제정권(자치입법권)

다음으로 헌법 제117조는 지방자치단체가 법령의 범위 안에서 자 조례제정권의
범위와 한계
치에 관한 규정을 제정할 수 있다고 하고 있다. 여기에서 법령의 범위
안에서의 의미가 무엇인지, 그리고 자치에 관한 규정, 즉 조례제정권의
범위와 한계는 어디까지인지가 문제될 수 있다.

(가) 법령의 범위 안에서

1) '법령'의 의미

헌법은 법령과 법률을 분명히 구분하고 있다. 가령 헌법 제114조 법령의 의미
제6항은 "중앙선거관리위원회는 법령의 범위 안에서 선거관리·국민투표
관리 또는 정당사무에 관한 규칙을 제정할 수 있으며, 법률에 저촉되지
아니하는 범위 안에서 내부규율에 관한 규칙을 제정할 수 있다"고 규정
하고 있는 것이 그것이다.

헌법제(개)정자가 법령과 법률을 구분하고 있다면 법령은 형식적 법령에 포함
의미의 법률이 아님을 알 수 있다. 우선 법령에는 헌법이 포함된다. 모
든 국가기관을 비롯해서 지방자치단체와 그 기관 역시 최고효력을 가지
는 헌법에 구속되고, 그에 위반되어서는 안 된다고 하는 것은 당연하
다.[60] 다음으로 국회가 제정한 형식적 의미의 법률은 물론, 법규명령이
법령에 포함된다고 할 수 있다.[61] 나아가 행정기관 내부에서만 효력을
가지는 행정명령이나 행정규칙은 법규명령이 아니므로 법령에 일단 포
함되지 않는다고 보아야 하지만, 이러한 행정명령이 상위의 법규명령과

법연구 제12권 제4호(2012. 12), 75면 이하; 김영순, "지방자치단체의 과세자주권
확보를 위한 지방세 경쟁에 대한 연구", 지방자치법연구 제14권 제3호(2014. 9),
609면 이하.

60) 방승주 (주 24), 96면.

61) 서울시 의회는 지방자치단체의행정기구와정원기준등에관한규정 제14조 제1항·
제2항 및 제16조 제3항이 헌법 제117조, 제118조 및 지방자치법 제15조, 제82조
및 제83조에서 보장된 지방의회의 자치입법권을 제한하고, 주민의 참정권을 침해
하는 것으로서 헌법에 위반된다는 이유로 1996. 10. 17. 헌법재판소법 제68조 제1
항에 의한 헌법소원심판청구를 제기하였으나, 지방의회는 헌법소원의 청구적격
이 없다고 하는 이유로 각하된 바 있었다. 헌재 1998. 3. 26. 96헌마345, 판례집
제10권 1집, 295(296-297).

더불어서 대외적 효력을 가지는 경우에는 법규명령의 일부로 볼 수 있기 때문에, 이러한 경우에는 법령의 개념에 포함된다고 보아야 할 것이다.[62) 헌법재판소 역시 이와 같은 입장이라고 할 수 있다.[63)

헌법과 법률, 법규명령(법령)의 범위 안에서

'법령에 저촉되지 않은 범위 안에서'와 구분

그렇다면 지방자치단체가 가지는 자치에 관한 규칙을 제정할 수 있는 권한은 헌법과 법률, 그리고 법규명령의 범위 안에서이다.

2) '범위 안에서'의 의미

그리고 "법령의 범위 안에서"라고 하는 말은 "법령에 저촉되지 아니하는 범위 안에서"라고 하는 말과 다르다. 헌법이 만일 "법령에 저촉되지 아니하는 범위 안에서"라고 하는 의미를 표하고자 의도하였다면, 그러한 표현을 직접 사용하면 되었을 것임에도, 그러한 표현을 사용하지 아니하고서 "법령의 범위 안에서"라고 하는 표현을 사용하였음을 고려할 때, "법령에 저촉되지 아니하는 범위 안에서"보다는 더 넓은 의미를 포함하고자 하였음을 알 수 있다. 그렇다면 그 의미는 무엇일까가 문제되는데, 이는 "법령이 위임하는 범위 안에서"라고 하는 추가적 의미로 이해할 수 있을 것이다.

위임이 있을 경우 위임범위 안에서, 위임이 없을 경우 저촉되지 않는 범위 안에서

따라서 "법령의 범위 안에서"라고 하는 말은 법령이 위임을 한 경우에는 "법령이 위임하는 범위 안에서", 그리고 법령의 위임이 없는 경우에는 "법령에 저촉되지 아니하는 범위 안에서"라고 하는 말로 새길 수 있을 것이다.

법령의 우위와 법률유보원칙의 포함

그런데 위에서도 잠깐 언급되었듯이, 헌법 제37조 제2항은 국민의 모든 자유와 권리는 국가안전보장·질서유지·공공복리를 위해서 필요한 경우에 한하여 법률로써 제한할 수 있다고 하고 있기 때문에, 기본권을 제한하는 조례는 최소한 법률에 근거가 있지 않으면 안 된다. 따라서 이러한 기본권제한에 있어서 법률유보원칙까지 종합적으로 고려해 볼 때, 법령의 범위 안에서의 의미는 법령의 우위와 법률유보의 원칙[64)을 포함하는 개념이라고 하는 결론이 나온다.

---

62) 동지, 홍정선 (주 3), 300–301면.
63) 헌재 2002. 10. 31. 2001헌라1, 판례집 제14권 2집, 362(371); 헌재 2002. 10. 31. 2002헌라2, 판례집 제14권 2집, 378(379).
64) 동지, 정종섭 (주 20), 1022면.

① 법령의 우위

우선 "법령의 범위 안에서"라고 하는 말은 "법령에 위반되지 아니하는 범위 안에서"[65]나 또는 "법령에 저촉되지 아니하는 범위 안에서"라고 하는 의미로서 법령의 우위[66]를 나타내 주는 말로 해석할 수 있다. 따라서 일단 법령에 저촉되거나 위반되지 아니하는 한, 법령의 위임이 없다 하더라도 광범위하게 자치입법권을 행사할 수 있다고 볼 수 있다.

> 법령에 위반되지 않는 한 광범위한 입법재량

그러나 위에서도 언급하였듯이 기본권의 제한을 초래하는 자치입법권의 경우에는 법률의 위임이 있지 않으면 안 된다.

> 법률의 위임

② 법률유보

지방자치의회 역시 주민의 직접선거에 의하여 선출된 의원이므로 그러한 의원들로 구성된 지방의회는 나름대로 지역적인 민주적 정당성을 가지고 있다고 할 수 있다.[67] 그리하여 나름대로 주민의 권리를 제한하고 의무를 부과하는 자치입법권을 행사할 수 있다고 볼 수 있지만, 그 지역에는 다른 지방자치단체 주민을 비롯하여 기업 등 그 지역 주민이 아닌 국민들이 통행을 하고, 기업 및 직업 활동을 수행하고, 투자를 하는 등 여러 가지 기본권행사를 할 수 있는데, 그들의 기본권을 제한하기 위해서는 최소한 전체 국민에 의하여 직접 선출된 국회에 의하여 제정된 법률에 근거가 있지 않으면 안 된다.[68] 따라서 이러한 의미에서

> 기본권 제한시 법률적 근거 필요

---

65) 대법원 2004. 7. 22, 선고 2003추51 판결.

66) 동지, 양건 (주 4), 1624면; 정종섭 (주 20), 1022면.

67) 방승주 (주 24), 92-95면.

68) 동지, 성낙인 (주 3), 685-686면; 심경수, "자치입법권에 대한 실증적 연구", 법학연구 제23권 제1호(2012), 9면 이하(13); 이에 반하여 조례 역시 법률과 마찬가지로 민주국가적인 법률유보의 원칙을 만족시킨다고 보면서 지방자치단체에 의한 기본권제한은 반드시 법률의 유보가 없이도 조례로서도 가능하다고 보는 견해로, 이기우, 부담적 조례와 법률유보에 관한 비판적 검토, 헌법학연구 제13권 제3호 (2007. 9), 353면 이하(375); 김진한 (주 23), 133-136면; 한편 헌법 제117조를 '법률의 범위 내'에서 자치입법권을 보장하고 지방자치단체의 전권한성과 자기책임성이 명시되도록 개정하면서, 동시에 지방자치법 제22조 본문도 '법률의 범위 안에서'로 개정하고 제22조 단서는 삭제되어야 한다는 의견으로, 김해룡, "분권형 국가를 지향하는 헌법의 개정", 지방자치법연구 제12권 제4호(2012. 12), 3면 이하 (13-14); 문병효, "지방의회의 자치입법제도 운영현황 및 문제점", 강원법학 제38권(2013. 2), 384면 이하(403 이하); 지방자치법 제22조 단서 삭제에 관한 견해로,

기본권을 제한하는 자치입법권의 행사를 위해서는 법률적 근거를 필요
로 한다고 할 수 있고, 현행 지방자치법 제22조 단서는 이를 확인하고
있을 뿐이므로 헌법적으로 문제될 것이 없다.[69]

권리제한적 조
례의 경우 법
률적 근거 필
요(헌재)

헌법재판소는 보도상 시설물 영업행위를 하기 위한 허가의 요건과
범위를 규정하는 구 서울특별시 보도상영업시설물 관리 등에 관한 조례
(2007. 11. 1. 조례 제4581호로 개정되고, 2008. 7. 30. 조례 제4660호로 개정되기
전의 것) 제3조 제4항과 제5항에 대하여 이는 도로점용 갱신을 통하여
시설물 영업을 계속하고자 하는 청구인들에 대한 의무부과 내지 권리제
한적 사항이라고 볼 여지가 있다고 하면서 이러한 조례를 제정하기 위
해서는 법령의 위임 내지 근거가 있어야 한다고 보았다.[70]

③ 의회유보

의회유보원칙
준수

의회유보란 가령 국민의 기본권과 관련되는 내용과 같이 중요하고
도 본질적인 입법사항은 형식적 의미의 입법자가 직접 제정한 법률로
하여야 한다는 원칙으로, 법률유보가 행정입법으로의 위임가능성을 포
함한 개념인데 반하여, 의회유보 내지 의회입법원칙은 행정입법으로의
위임금지를 뜻하는 개념이다.[71]

핵심적 내용
은 국회가

지방자치법 제117조 제1항이 지방자치단체가 "법령의 범위 안에서"
자치입법권을 행사할 수 있다고 하고 있음에도 불구하고, 자치입법권과

장욱, "지방자치단체의 문화고권과 문화조례 -안동시 문화조례를 중심으로-", 지
방자치법연구 제12권 제3호(2012. 9), 105면 이하(113-114); 고인석, "자치입법에
서 입법갈등 문제와 개선방안 -조례 제·개정의 입법과정에서 나타나는 자치입법
갈등을 중심으로-", 제도와 경제 제8권 제1호(2014. 2), 127면 이하(150-151).

69) 방승주 (주 24), 97면과 각주 172)에서 인용된 문헌들 참조. 그 밖에 양건 (주 4),
1624면; 정종섭 (주 20), 1022면; 장태주 (주 14), 1037면; 정하중 (주 14), 941면;
김춘환, "지방자치단체의 사무와 조례제정에 관한 판례검토", 법학논총 제21집 제
1호(2014), 166면 이하(183); 대법원 1995. 6. 30, 93추83 판결. 대법원 1997. 4. 25,
96추251 판결; 이에 반하여 헌법 제117조 제1항을 헌법스스로가 헌법 제40조나
헌법 제37조 제2항의 예외로서 지방자치단체에 자치입법권을 배분한 규정으로
보는 견해로, 문상덕, "국가와 지방자치단체 간 입법권 배분 - 자치입법권의 해석
론과 입법론", 지방자치법연구, 제12권 제4호(2012. 12), 49면 이하(59-60).

70) 헌재 2008. 12. 26. 2007헌마1422, 판례집 20-2하, 910(923); 헌재 2008. 12. 26.
2007헌마1387, 판례집 20-2하, 882(901).

71) 이에 대하여는 방승주, "법률유보와 의회유보", 헌법실무연구회(편), 헌법실무연
구 제10권(2009), 1면 이하.

관련되는 중요하고도 본질적인 내용 내지 지방자치제도의 핵심영역과 관련된 내용들은 형식적인 입법자인 국회가 법률로 제정하지 않으면 안 된다.[72]

이러한 의회유보의 원칙은 국회가 입법의무를 등한시하고 자신이 담당해야 할 입법사항을 행정부로 지나치게 넘기는 경우에, 이를 방지하고 그럼으로써 행정입법의 남용으로부터 국민의 기본권을 보호하고자 하는 데 그 취지가 있다고 할 수 있다.

마찬가지 차원에서, 국회가 지방자치제도의 핵심내용을 보장하고 지방자치의 이념을 실현하는 대신, 그에 관한 입법사항을 과도하게 행정입법으로 위임하는 경우에, 지방자치단체의 자치권한이 침해될 수 있는 소지가 상당히 크다고 할 수 있다. 따라서 이러한 현상을 방지하기 위해서는 지방자치제도와 관련된 입법사항은 형식적인 의미의 입법자인 국회가 직접 제정하지 않으면 안된다고 하는 논리가 나올 수 있는 것이다.

결국 의회유보 사상은 자치입법권을 행정입법으로부터 보호하는 기능을 수행하기도 하는 것이다.[73]

④ 위임입법의 한계

다음으로 국회는 일정한 입법사항에 대하여 행정입법으로 제정하도록 위임할 수 있지만(헌법 제75조), 조례로 정하도록 위임할 수도 있다. 이러한 경우 국회는 위임입법을 지나치게 포괄적으로 하게 되면, 이것 역시 의회유보 내지 의회입법의 원칙에 위반될 수 있다. 그러나 지방자치단체의 조례는 지방주민에 의하여 민주적으로 정당화된 입법자인 지방의회가 제정하는 규범이므로, 이에 대한 위임에 있어서는 행정입법으로 위임하는 경우에 비하여 좀 더 포괄적으로 한다고 하더라도 헌법적으로 문제될 것이 없으며, 오히려 그와 같이 해야만 자치입법권이 보다 더 넓게 보장될 수 있다고 할 수 있다.[74] 헌법재판소 역시 『조례의 제

의회유보원칙은 기본권보호의 취지

입법사항에 대한 과도한 행정입법으로의 위임은 자치권한 침해 소지

자치입법권을 행정입법으로부터 보호

포괄위임입법의 금지

조례로 위임하는 경우 보다 포괄적으로 위임 가능

---

[72] 권영성 (주 21), 248면: 홍정선 (주 3), 324면; 이에 반하여 의회유보의 원칙(본질사항유보설이나 중요사항유보설)은 적어도 지방의회가 제정한 조례에 대해서는 적용되지 않는다고 보는 견해로 이기우 (주 32), 376면.
[73] 방승주 (주 18), 39면.

정권자인 지방의회는 선거를 통해서 그 지역적인 민주적 정당성을 지니고 있는 주민의 대표기관이고, 헌법이 지방자치단체에 대해 포괄적인 자치권을 보장하고 있는 취지로 볼 때 조례제정권에 대한 지나친 제약은 바람직하지 않으므로 조례에 대한 법률의 위임은 법규명령에 대한 법률의 위임과 같이 반드시 구체적으로 범위를 정하여 할 필요가 없으며 포괄적인 것으로 족하다고 할 것이다』라고 판시한 바 있다.75)

(나) 자치에 관한 규정

자치에 관한 규정

"자치에 관한 규정"이란 지방자치단체가 자신의 주민과 그 지역의 자치를 위하여 제정한 규정이라고 할 수 있을 것이다.

1) "자치"의 의미

자치는 자기 스스로 다스리는 것

"자치"는 "자기 스스로 다스리는 것"을 의미한다.76) 보통 자치를

---

74) 동지, 정종섭 (주 20), 1011면.

75) 헌재 1995. 4. 20. 92헌마264, 판례집 제7권 1집, 564(572); 헌재 2004. 9. 23. 2002헌바76, 판례집 제16권 2집 상, 501(507); 헌재 2008. 12. 26, 2007헌마1422, 판례집 제20권 2집 하, 910(922); 헌재 2011. 4. 28. 2009헌바167, 판례집 제23권 1집 하, 28(36); 헌재 2012. 11. 29. 2012헌바97, 공보 194, 1851(1853); 한편 점용료의 징수에 관하여 필요한 사항을 대통령령의 범위 내에서 조례로 규정하도록 한 도로법 제43조 제2항 중 '기타 도로'에 관한 부분(이하 '이 사건 법률조항'이라 한다)이 포괄위임금지원칙에 위배되는지 여부에 대하여 포괄위임입법금지의 원칙에 위반되지 아니한다는 헌법재판소의 다수견해에 반대하여, "이 사건 법률조항은 지방자치에 관한 헌법원리에 의한 심사가 요구되는 조항으로서 위임입법의 한계에 관한 일반적인 심사기준과 헌법이론만으로 위헌 여부를 심사할 수는 없고 지방자치단체의 자치입법권을 보장한 헌법원리에 따라 심사하여야 하며, 그러한 심사에 의할 경우 이 사건 법률조항은 헌법 제117조 제1항에 위반된다"고 보는 의견 (재판관 김종대)도 있었다. 헌재 2007. 12. 27. 2004헌바98, 판례집 제19권 2집, 725(733); 한편 '사실상 노무에 종사하는 공무원'의 범위를 조례에서 정하도록 하는 것이 위임입법의 법리를 위반한 것인지 여부와 관련하여 헌법재판소는 "이 사건 법률 제58조 제1항에서는 노동운동을 하면 형사처벌을 받는 공무원과 그렇지 않은 공무원을 명확히 구분하고 있고, 같은 조 제2항에서 형사처벌에서 제외되는 공무원을 조례에 위임하고 있는 바, 이에 해당하는 공무원을 각각의 지방자치단체의 특수한 사정을 감안하지 아니하고 법률에서 일일이 정하는 것은 곤란한 일이므로 미리 법률로써 자세히 정할 수 없는 부득이한 사정이 있는 경우에 해당한다 할 것이다. 한편, '사실상 노무에 종사하는 공무원'은 앞에서 설시한 바와 같이 그 의미가 명확하여 달리 해석될 여지가 없어 하위법령에서 원래의 취지와 다른 규정을 둘 수는 없음이 명백하고, 이 사건 법률 제58조 제2항에서 위임하는 사항은 사실상 노무에 종사하는 공무원의 '범위'임이 분명하다"고 하는 이유로 위임입법의 한계를 일탈하지 아니하였다고 보았다. 헌재 2005. 10. 27. 2004헌바96, 판례집 제17권 2집, 238(251 - 252).

말할 경우는 일정한 인적 집단들이 국가나 외부기관의 지시나 명령을 받지 아니하고, 자신들의 관심사에 대하여 자신들이 자율적으로 결정하고, 또한 결정한 사항을 집행하는 것을 일컬으며, 이러한 자치는 우리 헌법이 도처에서 보장하는 민주주의의 가장 기초적 개념이라고 할 수 있다. 이러한 의미에서의 자치 내지 자율에 관하여는 우리 헌법이 여러 군데에서 규정하고 있다. 가령 "자율과 조화를 바탕으로"(전문), 대학의 자율성(헌법 제31조 제4항), 농어민과 중소기업의 자율적 활동보장(헌법 제123조 제5항) 등이 그것이다. 그리고 이러한 명문의 규정이 없다 하더라도, 헌법이 기본권으로 보장하고 있는 각종의 집단적 자유(가령 결사의 자유, 단결의 자유, 정당의 자유)는 단체를 설립하고 단체활동을 할 수 있는 자유를 보장하는 것인데, 그러한 범위 내에서 그 구성원들은 자신들의 이해관계와 관심사에 대하여 자율적으로 결정할 수 있다.

자신들의 이해관계와 관심사에 대하여 자율적으로 결정

2) "자치에 관한 규정"의 의미

지방자치단체의 경우는 지역을 중심으로 결성된 주민의 자치조직이라고 할 수 있다. 다만 그 설립 자체가 주민 스스로 임의로 이루어지기 보다는 지방자치법이라고 하는 공법에 의하여 지방자치단체의 종류와 그 영역이 설정되고 또한 자치단체의 조직이 구성되며, 그 지역에 거주하는 주민들의 경우는 당연히 그 지방자치단체 소속 주민이 된다고 하는 점이 다르다. 아무튼 이러한 지방자치단체의 경우도 "자치"를 행사한다고 할 수 있기 위해서는 국가나 광역지방자치단체, 또는 그 밖의 외부기관의 지시나 명령으로부터 자유롭게 그 지역과 주민의 복리와 관련된 사무에 대하여 자율적으로 결정하고 집행할 수 있어야 한다. 따라서 우선 국가나 광역지방자치단체의 지시나 명령과 상관없이, 주민 복리에 관한 사무에 관하여 자율적으로 규율하고 적용할 규범이라고 한다면 우선적으로 "자치에 관한 규정"에 해당된다고 할 수 있을 것이다.

상부, 외부기관의 지시나 명령에 자유로운 결정

다음으로 지방자치단체는 지역과 관련된 영역사단(Gebietskörperschaft)이기도 하지만 동시에 국가의 하부 행정단위[77]로서의 기능도 수행한다.

국가의 하부 행정단위의 기능

---

76) 방승주 (주 24), 83면.
77) Schmitt-Aßmann, Perspektiven der Selbstverwaltung der Landkreise, DVBl. 1996, S. 533 ff.(536).

따라서 국가는 지방자치단체에 일정한 국가사무를 위임하여 지방자치단
체가 처리하도록 할 수 있으며, 아무리 국민 전체의 이익과 관련한 국가
적 사무라 하더라도 그 구체적이고 세부적인 시행은 지역적 특색에 맞게
지방자치단체가 자율적으로 하도록 하는 것이 민주주의적 관점에서 더
바람직스럽다고 할 수 있기 때문에, 그러한 의미에서 위임사무가 존재할
수 있다. 이러한 위임사무에 대해서도 결국 각 지방자치단체가 국가로부
터 부여받은 재량의 범위 내에서 그러한 사무를 구체적으로 어떻게 처리

위임사무에 대
한 조례제정도
가능

할 것인지에 관하여 자율적으로 결정할 수 있을 것인데, 그러한 의미에서
위임사무에 대하여도 지방자치단체는 자치에 관한 규정을 제정할 수 있
다고 보아야 할 것이다.

순수한 국가적
사무에 대해서
는 자율적 결
정 불가

그러나 만일 사무처리와 관련하여 지방자치단체의 재량이 개입될
여지가 없는 순수한 국가적 사무를 하부행정단위로서의 지방자치단체에
위임하여 처리하게 하는 경우에 이에 대하여는 지방자치단체가 자율적
으로 규정할 여지가 없다고 보아야 할 것이다. 따라서 이러한 사무에 대
하여는 지방자치단체가 그에 관한 규정을 제정할 수 없다고 보아야 할
것이다.

조례가 규칙에
우선

그리고 자치에 관한 규정에는 지방자치단체 의회가 제정하는 조례
(지방자치법 제22조, 제26조)와 지방자치단체장이 제정하는 규칙(지방자치
법 제23조)이 있다. 조례와 규칙간에 있어서는 조례가 규칙보다 상위규범
이라고 할 수 있고,[78] 또한 광역지방자치단체의 조례와 규칙은 기초지
방자치단체의 조례와 규칙에 우선한다(지방자치법 제24조).

(다) 특히 조례에 대하여

1) 조례의 의의

자치입법의 형
식

조례란 지방의회가 법정의 절차를 거쳐 제정하는 자치입법의 한 형
식[79]이라고 할 수 있다. 지방자치법 제22조는 "지방자치단체는 법령의
범위 안에서 그 사무에 관하여 조례를 제정할 수 있다. 다만, 주민의 권
리 제한 또는 의무 부과에 관한 사항이나 벌칙을 정할 때에는 법률의

---

78) 대법원 1995. 7. 11, 선고 94누4615 판결; 홍정선 (주 3), 300면.
79) 홍정선 (주 3), 299면.

위임이 있어야 한다"고 규정하고 있다.

이와 같이 지방자치법은 그 내용이 무엇이든 간에 법령의 범위 안에서 지방자치단체의 사무에 관한 규범으로서 조례를 제정할 수 있다고 하고 있기 때문에, 형식적 측면에서 일단 지방의회가 제정한 모든 규범은 조례라고 할 수 있을 것이다. 그러나 조례로서 규정할 수 있는 사항은 헌법과 법령의 범위 안에서 제정되어야 하고, 또한 지방자치단체의 사무에 관한 것이어야 한다.[80]

이와 관련하여 내용적으로 국가의 위임사무에 관한 내용도 조례에 포함될 수 있을 것인지 여부가 문제될 수 있으나[81], 일단 헌법상 지방자치단체는 법령의 범위 안에서 자치에 관한 규정을 제정할 수 있다고 하고 있기 때문에, 가령 국가가 법령으로 지방자치단체에 일정한 사항을 조례로 규정하도록 위임하는 경우에는 그러한 위임사항에 대하여 조례로서 규정하여야 하고 또한 할 수 있다고 보아야 할 것이다. 그러나 국가가 국가적 사무를 과도하게 지방자치단체에 위임하거나 아니면 사무만 위임하고 그 처리를 위한 경비의 지원은 하지 않는 경우에는 그 업무의 과중이나 재정적 부담으로 자신의 고유사무를 제대로 처리할 수 없게 될 수 있다. 이러한 경우는 지방자치단체의 자치권을 침해하는 것이라고 할 수 있을 것이다.[82]

이와 관련하여 대법원은 『헌법 제117조 제1항과 지방자치법 제15조에 의하면 지방자치단체는 법령의 범위 안에서 그 사무에 관하여 자치조례를 제정할 수 있으나 이 때 사무란 지방자치법 제9조 제1항에서 말하는 지방자치단체의 자치사무와 법령에 의하여 지방자치단체에 속하게 된 단체위임사무를 가리키므로 지방자치단체가 자치조례를 제정할 수 있는 것은 원칙적으로 이러한 자치사무와 단체위임사무에 한한다. 그러므로 국가사무가 지방자치단체의 장에게 위임된 기관위임사무는 원칙적으로 자치조례의 제정범위에 속하지 않는다 할 것이고, 다만 개별 법령에서 일정한 사항을 조례로 정하도록 위임하고 있는 경우에는 위임

지방의회가 제정한 모든 규범

국가의 위임사무에 대한 조례제정도 가능

경비지원 없는 사무만의 이양은 자치권 침해

대법원의 입장

---

80) 성낙인 (주 3), 691면.
81) 홍정선 (주 3), 301면.
82) 전광석, 한국헌법론, 집현재, 2021, 766면.

받은 사항에 관하여 개별법령의 취지에 부합하는 범위 내에서 이른바 위임조례를 정할 수 있다. 그리고 법령상 지방자치단체의 장이 처리하도록 규정하고 있는 사무가 자치사무인지 기관위임사무에 해당하는지 여부를 판단함에 있어서는 그에 관한 법령의 규정 형식과 취지를 우선 고려하여야 할 것이지만 그 외에도 그 사무의 성질이 전국적으로 통일적 처리가 요구되는 사무인지 여부나 그에 관한 경비부담과 최종적인 책임귀속의 주체 등도 아울러 고려하여 판단하여야 할 것이다(대법원 2001. 11. 27, 선고 2001추57 판결 참조)』[83]고 판시하고 있다.

2) 조례의 법적 성격

조례는 국가권력분립의 틀 안에서 보면 행정영역에 속함

조례는 지방주민의 직접선거에 의하여 구성된 지방의회에 의하여 규정된 규범이라 하더라도 국가의 권력분립적 차원에서 보면 행정영역에 속하는 것이지, 이것이 결코 입법작용이라고 할 수는 없다.[84] 독일 연방헌법재판소 역시 지방자치단체의 입법활동은 여러 가지 관점에서 입법적 성격을 띠고 있는 것과 상관없이 권력분립의 체계에서 볼 때 행정영역에 속한다는 점을 확인[85]한 바 있다.[86] 조례는 결국 일종의 행정입법에 해당한다고 보아야 할 것이다.[87]

국가로부터 파생된 자율적 입법

다음으로 조례가 지방자치단체의 고유한 입법인지 아니면 국가로부터 전래된 입법인지 여부가 우리나라에서는 논란이 되고 있다.[88] 이러한 논란은 지방자치권이 시원적 권력인가 아니면 파생된 권력인가에

---

83) 대법원 2004. 6. 11, 선고 2004추34 판결 【조례안재의결무효확인】
84) 동지, 홍정선 (주 3), 304면; 전광석 (주 81), 767면; 조성규, 조례의 제정과정에 대한 법적 검토, 지방자치법연구 제7권 제1호(2007. 3), 69면 이하(74); Herbert Bethge, Parlamentsvorbehalt und Rechtssatzvorbehalt für die Kommunalverwaltung, NVwZ 1983, S. 577 ff.(580); 이에 대한 문제제기로, 이기우 (주 32), 378면.
85) BVerfGE 65, 283 (289).
86) Jörn Ipsen, JZ 1990, S. 791.
87) Vogelgesang/Lübking/Ulbrich, Kommunale Selbstverwaltung, Berlin 2005, S. 119. 동지, 조성규 (주 83), 74면: "다만 그 민주적 정당성으로부터 조례는 일반적 행정입법과는 달리, 오히려 법률에 준하는 속성을 가지게 되는 것으로 이해하여야 할 것이다." 우리 대법원은 "조례가 집행행위의 개입 없이도, 그 자체로서 직접 국민의 구체적인 권리의무나 법적 이익에 영향을 미치는 등의 법률상 효과를 발생하는 경우 그 조례는 항고소송의 대상이 되는 행정처분에 해당한다고 보고 있다. 대법원 1996. 9. 20, 선고 95누8003 판결.
88) 가령, 홍정선 (주 3), 305면 이하.

대한 이해와도 밀접한 관련이 있는 것인데, 우리 헌법상 지방자치권은 지방자치의 제도사적 측면에서 보거나, 헌법해석론적으로 보거나 시원적 권력으로 인정할 수 있는 여지는 거의 없으며, 전술한 바와 같이 이미 이것은 진부한 논쟁에 불과하다고 본다.[89] 지방자치단체의 자치입법권은 헌법 제117조가 "법령의 범위 안에서" 하도록 하고 있으며, 지방자치단체의 종류도 법률로 정하도록 하고 있는 취지를 볼 때, 조례가 지방자치단체의 고유한 입법이라고 할 수는 없고, 국가가 허용한 자치의 한계 내에서 행할 수 있는, 국가로부터 파생(전래)된 자율적 입법이라고 보아야 할 것이다.

3) 조례의 유형

조례의 유형에는 우선 대내외적 효력 여하에 따라서, 지방자치주민이나 그 밖에 토지소유자, 기업체나 시설 이용자 등에게 대외적 효력을 가지는 일반적·추상적 규율로서의 조례, 토지구획이나 건설계획 등의 계획을 담은 계획적·프로그램적 성격의 조례, 지방자치단체의 예산계획을 담은 예산조례, 지방자치단체 조직 등에 관한 조례와 같이 자치단체 내부적 효력만을 가지는 조례로 나누어 볼 수 있다.[90]

대외적 효력을 가지는 조례와 내부적 효력만을 가지는 조례

그리고 조례제정과 관련하여 지방자치단체의 재량 여부에 따라서 지방자치단체가 자율적으로 규정한 임의조례(freiwillige Satzungen)와 국가가 조례로 정할 것을 의무로 하고 있는 의무조례(Pflichtsatzungen)로 나눌 수 있다. 임의조례란 제정여부가 지방자치단체의 정책적인 재량에 놓여 있는 조례를 말하며, 의무조례란 지방자치단체가 반드시 제정해야 할 의무를 지는 조례를 말한다.[91]

임의조례, 의무조례

또한 국가의 위임 여부에 따라서 위임조례와 자치조례로 나눌 수 있다. 위임조례란 조례제정의 근거가 법령에서 개별적으로 위임되어 있는 경우이며, 자치조례란 지방의회가 법령의 범위 안에서 스스로의 판

위임조례, 자치조례

---

89) 위 I. 3. (2) 참조. 지방자치제도의 법적 성격에 대해서는 방승주 (주 18), 31면 이하(32면, 각주 6) 참조.

90) Hartmut Maurer, DÖV 1993, S. 184 ff.(186); Vogelgesang/Lübking/Ulrich (주 87), S. 123.

91) Vogelgesang/Lübking/Ulrich (주 87), S. 124; 홍정선 (주 2), 301면.

단에 따라 제정하는 조례를 말한다.[92]

4) 조례의 적용범위와 효력

장소적 적용범 위와 인적 적 용범위

조례의 장소적 적용범위는 해당 지방자치단체의 구역 내에서라고 할 수 있다.[93] 그리고 인적 적용범위는 당해 지방자치단체의 주민(자연인)과 법인[94], 그리고 그 지역의 토지와 시설 등을 이용하거나 그 지역을 방문 하는 다른 지역 주민과 법인 및 외국인도 포함될 수 있을 것이다.

조례의 효력

법령상 근거가 있는 경우에는 다른 지방자치단체와의 협약을 통하 여 체결한 조례가 있을 경우에는 해당 지방자치단체의 지역적 범위를 넘어서서 효력을 미칠 수도 있을 것이다.[95]

시적 효력범위

별다른 규정이 없는 한, 조례는 시행과 더불어서 폐지되기 전까지 효력을 가지며, 효력기간에 관한 규정이 있을 경우에는, 그 기간의 경과 와 더불어서 효력을 상실하고, 그 밖에 조례의 효력에 반하는 상위규범 의 제정이나 조례의 무효를 확인하는 법원의 판결이 있을 경우 그 효력 은 상실된다.[96]

5) 조례제정의 헌법상의 의무

조례제정 부작 위 위헌선언

헌법재판소는 일정한 경우에 지방자치단체가 조례를 제정하여야 할 헌법상의 의무가 있음을 확인하고 이를 제정하지 않은 부작위에 대 하여 위헌선언을 한 바 있다.

헌법재판소 판 례

『지방공무원법 제58조 제2항은 '사실상 노무에 종사하는 공무원'의 구체적인 범위를 조례로 정하도록 하고 있기 때문에 그 범위를 정하는 조례가 제정되어야 비로소 지방공무원 중에서 단결권·단체교섭권 및 단체행동권을 보장받게 되는 공무원이 구체적으로 확정된다. 그러므로 지방자치단체는 소속 공무원 중에서 지방공무원법 제58조 제1항의 '사 실상 노무에 종사하는 공무원'에 해당하는 지방공무원이 단결권·단체 교섭권 및 단체행동권을 원만하게 행사할 수 있도록 보장하기 위하여

---

92) 홍정선 (주 3), 302-303면.
93) 홍정선 (주 3), 346면.
94) 홍정선 (주 3), 346면.
95) 홍정선 (주 3), 346면.
96) 홍정선 (주 3), 346면.

그 구체적인 범위를 조례로 제정할 헌법상 의무를 부담하며, 지방공무 원법 제58조가 '사실상 노무에 종사하는 공무원'에 대하여 단체행동권을 포함한 근로3권을 인정하더라도 업무 수행에 큰 지장이 없고 국민에 대한 영향이 크지 아니하다는 입법자의 판단에 기초하여 제정된 이상, 해당 조례의 제정을 미루어야 할 정당한 사유가 존재한다고 볼 수도 없다』[97]

　　6) 조례와 규칙에 대한 통제

　　조례와 규칙에 대한 통제로서는 합헌성통제와 합법성 통제가 있다. 만일 조례와 규칙에 의하여 국민의 기본권이 침해된 경우에는 헌법재판 소에 헌법소원심판을 청구할 수 있다. 이와 관련하여 만일 조례가 처분 적 성격이 있는 것으로 법원이 항고소송의 대상성을 인정한다면[98], 보 충성의 원칙상 그러한 조례에 대한 헌법소원심판은 각하될 것이지만 그 렇지 않은 경우에는 유효하게 헌법재판소에서 다툴 수 있다.

> 합헌성 통제, 합법성 통제

　　한편 지방자치단체의 장은 지방의회가 제정한 조례안에 대하여 재 의를 요구할 수 있고(지방자치법 제26조 제3항), 재의결된 사항이 법령에 위반된다고 판단되는 때에는 대법원에 제소할 수 있다(지방자치법 제107 조, 제172조 제3항). 그리고 시·군·자치구의 조례나 규칙은 시·도의 조 례나 규칙을 위반하여서는 안된다(지방자치법 제24조).

> 조례안에 대한 재의요구권

　　(라) 자치입법권의 한계에 관한 대법원 판례[99]

　　헌법 제117조 제1항과 지방자치법 제22조에 따라 지방자치단체는 법령의 범위 안에서 그 사무에 관하여 자치조례를 제정할 수 있다. 이 때 사무란 지방자치법 제9조 제1항에서 말하는 지방자치단체의 자치사 무와 법령에 따라 지방자치단체에 속하게 된 단체위임사무를 가리키므 로 지방자치단체가 자치조례를 제정할 수 있는 것은 원칙적으로 이러한 자치사무와 단체위임사무에 한한다는 것이 대법원 판례이다. 즉 국가사 무가 지방자치단체의 장에게 위임된 기관위임사무와 같이 지방자치단체

> 자치사무라 할 수 없는 국가 사무는 조례제 정의 대상이 될 수 없음

97) 헌재 2009. 7. 30. 2006헌마358, 판례집 제21권 2집 상, 292(293).
98) 가령 대법원 1996. 9. 20. 선고 95누8003 판결.
99) 이하는 방승주 (주 18), 39면 이하의 "② 자치입법권의 한계에 관한 대법원 판례" 의 앞부분을 그대로 옮김. 나머지 구체적 사례는 위 문헌 참조할 것.

의 장이 국가기관의 지위에서 수행하는 사무일 뿐 지방자치단체 자체의
사무라고 할 수 없는 것은 원칙적으로 자치조례의 제정 범위에 속하지
않는다는 것이다.100)

자치사무와 기
관위임사무의
판단기준

법령상 지방자치단체의 장이 처리하도록 규정하고 있는 사무가 자
치사무인지 기관위임사무에 해당하는지를 판단함에 있어서는 그에 관한
법령의 규정 형식과 취지를 우선 고려하여야 할 것이지만 그 외에도 그
사무의 성질이 전국적으로 통일적인 처리가 요구되는 사무인지 여부나
그에 관한 경비부담과 최종적인 책임귀속의 주체 등도 아울러 고려하여
판단하여야 한다고 한다.101)

상위법령 위배
금지, 고유권
한 침해금지

한편 대법원은 지방자치단체가 그 자치사무에 관하여 조례로 제정
할 수 있다고 하더라도 상위 법령에 위배할 수는 없고(지자법 제15조), 특
별한 규정이 없는 한 지방자치법이 규정하고 있는 지방자치단체의 집행
기관과 지방의회의 고유권한에 관하여는 조례로 이를 침해할 수 없으
며, 나아가 지방의회가 지방자치단체장의 고유권한이 아닌 사항에 대하
여도 그 사무집행에 관한 집행권을 본질적으로 침해하는 것은 지방자치
법의 관련규정에 위반되어 허용될 수 없다고 한다.102)

지방의 실정에
맞는 별도 규
율 용인

그리고 조례가 규율하는 특정사항에 관하여 그것을 규율하는 국가
의 법령이 이미 존재하는 경우에도 조례가 법령과 별도의 목적에 기하
여 규율함을 의도하는 것으로서 그 적용에 의하여 법령의 규정이 의도
하는 목적과 효과를 전혀 저해하는 바가 없는 때, 또는 양자가 동일한
목적에서 출발한 것이라고 할지라도 국가의 법령이 반드시 그 규정에
의하여 전국에 걸쳐 일률적으로 동일한 내용을 규율하려는 취지가 아니
고 각 지방자치단체가 그 지방의 실정에 맞게 별도로 규율하는 것을 용
인하는 취지라고 해석되는 때에는 그 조례가 국가의 법령에 위반되는
것은 아니라고103) 하고 있다.

---

100) 대법원 2001. 11. 27. 선고 2001추57 판결.
101) 대법원 2001. 11. 27. 선고 2001추57 판결.
102) 대법원 2001. 11. 27. 선고 2001추57 판결.
103) 대법원 1997. 4. 25. 선고 96추244 판결.

나. 법률적 권한

헌법 제118조 제2항은 지방자치단체의 조직과 운영에 관한 사항은 법률로 정한다고 규정하고 있기 때문에, 이러한 위임에 따라 지방자치법을 비롯한 많은 법률들이 지방자치단체의 권한에 관하여 규정하고 있다. 이러한 권한은 지역고권[104], 조직고권, 인사고권, 계획고권, 조세고권 등으로 나누어 볼 수 있다.[105]

조직과 운영에 관한 사항

3. 자치사무의 보장

우리 헌법은 자치사무와 관련하여 "주민의 복리에 관한 사무"라고만 규정하고 있을 뿐, 어떠한 사무에 대하여 지방자치단체가 처리할 수 있는지에 관해서는 자세하게 규정하고 있지 아니하다. 이 점이 과거 헌법(1948년 헌법과 제2공화국 헌법)이 고유사무와 위임사무를 구별하던 것과 다른 점이다.[106]

자치사무의 보장

지방자치단체의 사무는 주민의 복리에 관한 사무에 해당하는 자치사무 내지 고유사무와, 또한 단체위임사무[107], 즉 법령에 따라 국가 또는 다른 지방자치단체로부터 위임된 사무(지방자치법 제9조 제1항), 그리고 기관위임사무, 즉 국가나 다른 지방자치단체로부터 지방자치단체장에게 위임된 사무로 나누어 볼 수 있다(지방자치법 제102조).[108] 단체장이

고유사무, 단체위임사무, 기관위임사무

기관위임사무의 경우

---

104) 헌법재판소는 지방자치단체의 영토고권은 인정하지 않고 있다. "지방자치제도의 보장은 지방자치단체에 의한 자치행정을 일반적으로 보장한다는 것뿐이고, 마치 국가가 영토고권을 가지는 것과 마찬가지로 지방자치단체에게 자신의 관할구역 내에 속하는 영토·영해·영공을 자유로이 관리하고 관할구역 내의 사람과 물건을 독점적·배타적으로 지배할 수 있는 권리가 부여되어 있다고 할 수는 없다." 헌재 2006. 3. 30. 2003헌라2, 공보 114, 523(525).

105) 이에 관한 자세한 내용은 홍정선 (주 3), 52면 이하; 장태주 (주 14), 1030면 이하; 류지태·박종수 (주 18), 984면 이하; 방승주 (주 18), 43-47면; 전훈, "지방분권과 지방자치단체의 조직고권과 인사고권", 지방자치법연구 제12권 제2호(2012. 6), 153면 이하.

106) 방승주 (주 24), 89면.

107) 대표적인 단체위임사무로서 국세징수법에 의한 시·군의 국세징수사무, 하천법에 의한 국유하천의 점용료 등의 징수사무(하천법 제38조 제2항), 시·군의 도세징수사무(지방세법 제53조), 전염병예방법에 의한 예방접종사무, 지역보건법에 의한 보건소운영, 농촌진흥법에 의한 농촌지도소운영, 국민기초생활보장법에 의한 생활보호사무 등이 있다고 한다. 홍성방 (주 14), 83면; 박균성 (주 14), 160면 참조.

단체장이 국가
행정기관으로
서의 지위에서
수행

기관위임사무를 처리할 경우에는 지방자치단체장의 지위로서가 아니라, 국가행정기관으로서의 지위에서 이를 행하는 것이다. 기관위임사무는 개별법령에 의하여 그 위임이 정해지는 경우도 있지만, 행정권한의 위임 및 위탁에 관한 규정이 그에 관한 일반적 근거규정을 두고 있다.[109] 이러한 사무들 중 어디에 속하느냐에 따라서 지방의회의 관여여부, 국가감독의 정도, 경비부담, 조례제정권 등에 있어서 각각 차이가 날 수 있다.[110] 단체위임사무의 경비는 지방자치단체와 국가(상급지방자치단체) 가 분담하며, 기관위임사무의 경비는 원칙적으로 국가(상급지방자치단체) 가 전담한다.[111] 단체위임사무와 기관위임사무의 구별은 쉽지 않기 때문에 입법론상 기관위임사무를 폐지하고 국가사무를 지방자치단체에 위임할 때에는 단체위임사무로 위임하도록 하는 것이 바람직하다고 지적되고 있다.[112]

포괄적 처리권

지방자치단체는 그 지역과 관련한 주민들의 이해관계와 복리에 관한 사무에 대하여 자신의 능력이 닿는 한 포괄적으로 처리할 수 있는 것으로 보아야 할 것이다. 비록 독일 기본법과 같이 "전권한성의 원칙"이 명문화되어 있지 아니하다 하더라도, 이러한 "주민의 복리에 관한 사무"라고 하는 개념 자체가 포괄성을 띠고 있는 데서 볼 수 있듯이 우리 헌법 역시 주민의 복리에 관한 사무는 일단 지방자치단체의 포괄적인 권한사항으로 규정한 것이라고 보아야 할 것이다.[113]

보충성 원칙

다음으로 주민의 복리에 관한 사무는 동시에 보다 광역의 상급지방자치단체의 주민이나 또는 전체 국민의 복리에 관한 사무일 수도 있다. 그렇다면 일정한 사무에 대하여는 광역자치단체나 국가와의 관할이 중복될 가능성도 배제할 수 없다. 그러나 우리 헌법이 보장하는 지방자치제도의 이념에 비추어 볼 때, 작은 단위의 지방자치단체가 처리할 수 있

---

108) 양건 (주 4), 1622면.
109) 박균성 (주 14), 160면.
110) 양건 (주 4), 1622면.
111) 홍성방 (주 14), 84면; 헌재 2010. 12. 28. 2009헌라2, 판례집 제22권 2집 하, 612면.
112) 박균성 (주 14), 166면.
113) 홍정선 (주 3), 42면.

는 사무를 광역지방자치단체나 국가가 처리하여서는 안되고, 가장 작은 단위인 기초지방자치단체가 처리하도록 하여야 한다고 하는 것이 소위 보충성의 원칙이라고 할 수 있다. 지방분권 및 지방행정체제개편에 관한 특별법 제9조는 사무배분의 원칙을 규정하면서 이러한 보충성의 원칙을 잘 반영하고 있다.

또한 전술한 바와 같이 "자치"가 진정한 의미의 "자치"가 되려면, 자신의 관심사와 이해관계에 대하여 자기 책임 하에 자율적으로 결정할 수 있지 않으면 안 되는데, 바로 이것을 "자기책임성의 원칙"이라고 한다. 이러한 자기책임성의 원칙 역시 독일 기본법과는 달리 우리 헌법에는 명문으로 규정되어 있지 않지만, "지방자치"라고 하는 개념으로부터 도출되는 원리로서 우리 헌법에 역시 내포되어 있는 원리라고 보아야 할 것이다. 자기책임성의 원칙 준수

이러한 헌법규정에 따라 지방자치법은 지방자치단체의 사무범위와 기능에 대하여 예시적으로 규정하고 있으며(제9조), 또한 광역지방자치단체와 기초지방자치단체간의 사무배분(제10조) 및 지방자치단체가 처리해서는 안 되는 국가사무(제11조)에 대하여 명시하고 있다. 사무범위와 기능

4. 주관적인 법적 지위의 보장

끝으로 헌법은 지방자치단체가 국가기관이나 타 지방자치단체에 의하여 권한을 침해받을 경우, 헌법재판소[114]에 권한쟁의심판[115]을 청구할 수 있도록 보장하고 있다(헌법 제111조). 또한 행정소송법상 지방자치단체가 항고소송의 원고적격이 될 수 있는지 여부에 대하여는 학계에서 논란이 있지만, 지방자치단체 역시 항고소송의 원고적격이 될 수 있다고 보는 입장[116]에 따르면, 행정소송 역시 지방자치단체의 권한이 침 주관적인 법적 지위(권리구제 가능성) 보장

---

114) 성낙인, "지방자치제도 발전을 위한 헌법재판의 과제", 지방자치법연구 제11권 제3호(2011. 9), 123면 이하.

115) 이에 관하여 노희범, "지방자치관련 권한쟁의심판사건의 주요 쟁점", 지방자치법연구 제11권 제3호(2011. 9), 73면 이하.

116) 이에 대하여는 방승주, "지방자치제도의 발전을 위한 헌법개정의 방향", 지방자치법연구 제9권 제2호(2009. 6), 3면 이하, 각주 61)과 62)의 문헌과 판례 참조할 것; 그 밖에 이호용 (주 25), 46면; 성낙인 (주 114), 142−143면; 문상덕, "지방자

해될 경우에 이를 구제할 수 있는 권리구제절차가 된다고 볼 수 있다.

지역주민의 헌법소원심판 청구 가능, 지방자치단체의 위헌법률심판 제청신청 가능

한편 국가가 지방자치단체의 자치권한을 부당하게 침해함으로써, 이로 인하여 지역 주민이 자신의 기본권이 침해될 경우에는, 헌법소원심판을 청구할 수 있다.[117] 반면 지방자치단체는 공법인이기 때문에 기본권주체성이 인정되지 않으며, 따라서 헌법소원심판을 청구할 수 있는 능력이 없다.[118] 또한 지방자치단체의 자치권을 제한하는 법률이 재판의 전제가 된 경우에는, 당사자로서 지방자치단체는 위헌법률심판제청을 신청할 수 있을 것이며, 결국 법원의 위헌제청에 의하여 헌법재판소는 위헌법률심판을 할 수 있다.

주관적 법적 지위 보장

이렇게 지방자치단체의 권한침해를 구제할 수 있는 여러 가지 권리구제절차를 헌법이 보장하고 있다는 측면에서 헌법은 지방자치단체에게 주관적인 법적 지위를 보장하고 있다고 할 수 있다.

Ⅳ. 개정의 필요성에 대한 검토

헌법개정론

지방자치제도가 전면적으로 실시된 지 언 25년이 넘는 이 시점에, 아직까지 지방분권의 관점에서 미흡한 점이 많다고 하는 진단과 함께, 단순히 지방자치법 등 법률상의 개선[119] 차원을 넘어서, 헌법을 개정해

치쟁송과 민주주의", 지방자치법연구 제10권 제2호(2010. 6), 23면 이하(38-39); 박균성 (주 14), 68면.

117) 헌재 1995. 3. 23. 94헌마175, 판례집 제7권 1집, 438(448-449); 헌재 1994. 12. 29, 94헌마201, 판례집 제6권 2집, 510(523).

118) 가령 헌재 2006. 2. 23, 2004헌바50, 판례집 제18권 1집 상, 170. 구 농촌근대화촉진법 제16조 위헌소원; 이에 반하여 헌법소원청구능력을 인정하는 견해로, 장태주 (주 14), 1011면; 정하중 (주 14), 911면.

119) 민선지방자치 출범 이후 변화된 지방행정환경을 반영하여 새로운 시대에 걸맞은 주민중심의 지방자치를 구현하고 지방자치단체의 자율성 강화와 이에 따른 투명성 및 책임성을 확보하기 위하여 지방자치단체의 기관구성을 다양화할 수 있는 근거를 마련하고, 지방자치단체에 대하여 주민에 대한 정보공개 의무를 부여하며, 주민의 감사청구 제도를 개선하고, 중앙지방협력회의의 설치 근거를 마련하며, 특별지방자치단체의 설치·운영에 관한 법적 근거를 마련하고, 관할구역 경계조정 제도를 개선하는 한편, 주민의 조례에 대한 제정과 개정·폐지 청구에 관한 사항을 현행 법률에서 분리하여 별도의 법률로 제정하기로 함에 따라 관련 규정을 정비하는 등 그 내용을 반영하여 전부개정된 「지방자치법」(법률 제

야 할 필요가 있다고 하는 헌법개정론도 다양하게 주장되어 왔다.[120]

주요 헌법개정론

그러한 내용들 가운데 주요한 사항을 들면, 1. 지방자치단체의 종류 명시 필요성, 2. 전권한성, 자기책임성, 보충성 등 명시 필요성, 3. 지방세조례주의 및 자치입법과 관련 조례유보조항의 신설 필요성, 4. 지방자치헌법소원제도의 도입 필요성, 5. 선거의 원칙 명문화 필요성, 6. 조직구성권한의 조례유보조항 신설 필요성, 7. 지방분권형 국가이념의 삽입 필요성, 8. 주민주권이념의 명문화 필요성, 9. 주민참여에 관한 헌법적 근거규정의 도입 필요성, 10. 지방자치단체 협의회 등의 법률안 제출권 도입 필요성, 11. 지방자치 관련 국회입법에 있어서 지방자치단체의 개입가능성 도입 필요성, 12. 감사제도와 관련한 명문화 필요성 등이 그것이다.[121]

2017년 문재인 대통령 헌법개정안에는 헌법 제1조 제3항에 "대한민국은 지방분권국가를 지향한다."고 하는 지방분권국가이념을 신설하고(위 7호 명문화), 지방분권을 획기적으로 강화한 바 있었다. 이 헌법개정안이 위에서 지적된 개정필요성 항목들을 어떻게 반영하였는지를 살펴보면 다음과 같다.

2017년 문재인 대통령 헌법개정안

우선 지방자치에 관한 제9장 제12조 제1항에서 종전의 "지방자치단체" 대신 "지방정부"라고 하는 명칭을 사용하였다. 그리고 "지방정부의 자치권은 주민으로부터 나온다. 주민은 지방정부를 조직하고 운영하는 데 참여할 권리를 가진다."고 함으로써 마치 현행 헌법 제1조와 같이 국민주권원리에 대비되는 소위 주민주권주의를 천명한 것이다(위 8호 명

지방정부 명칭 사용

17893호, 2021. 1. 12.)이 2022. 1. 13. 시행될 예정에 있다.

120) 이에 관하여는 방승주 (주 116), 3–30면; 최봉석, "실질적 자치권 보장을 위한 헌법개정의 방향", 지방자치법연구 제9권4호(2009. 12), 123면 이하; 김수연 (주 24), 315–318면; 안성호, 양원제 개헌론 – 지역대표형 상원연구, 신광문화사 2013; 최봉석, "분권헌법으로의 전환을 위한 개헌과제 – 지방의회민주주의 강화를 위한 과제", 지방자치법연구 제10권 제3호(2010. 9), 273면 이하; 김해룡 (주 67), 3–19면; 최철호, "한국의 지방분권개혁의 성과와 과제", 지방자치법연구 제12권 제3호(2012. 9), 35면 이하; 조성규, "지방자치법제에 있어 분권개헌의 의의 및 과제", 지방자치법연구 제12권 제3호(2012. 9), 73면 이하; 김성호, "지방자치단체의 국회입법과정 참여방안", 지방자치법연구 제12권 제4호(2012. 12), 21면 이하. .

121) 이에 관한 저자의 사견은 앞의 논문 (주 116) 참조할 것.

문화). 지방정부라고 하는 명칭을 사용하는 경우 중앙정부에 대비되는 지방정부로서 현행 헌법보다 독립적인 정부로서 지방분권이 더욱 강화되는 듯한 느낌을 받게 된다. 그리고 "지방정부의 종류 등 지방정부에 관한 주요 사항은 법률로 정한다."고 하는 동조 제2항은 현행 제117조 제2항과 비슷한 규정이라고 할 수 있다. 동조 제3항에서 "주민발안, 주민투표 및 주민소환에 관하여 그 대상, 요건 등 기본적인 사항은 법률로 정하고, 구체적인 내용은 조례로 정한다."고 함으로써 직접민주주의적 요소들을 대거 헌법에 명문화하였을 뿐만 아니라, 그 구체적인 내용은 조례로 정하도록 하고 있다(위 9호 명문화). 그리고 동조 제4항은 "국가와 지방정부 간, 지방정부 상호 간 사무의 배분은 주민에게 가까운 지방정부가 우선한다는 원칙에 따라 법률로 정한다."고 규정함으로써 자치사무의 경우 지방정부 우선의 원칙을 천명하고 있다(위 2호의 자기책임성과 보충성의 원칙 명문화).

민주선거원칙 명문화

나아가 헌법개정안 제122조에서는 "지방정부에 보통·평등·직접·비밀·선거로 구성하는 지방의회를 둔다."고 함으로써 민주선거원칙을 명문화하였다(위 5호). 동조 제2항은 "지방의회의 구성 방법, 지방행정부의 유형, 지방행정부의 장의 선임 방법 등 지방정부의 조직과 운영에 관한 기본적인 사항은 법률로 정하고, 구체적인 내용은 조례로 정한다."고 함으로써, 지방정부와 지방의회의 조직 구성에 관하여 지방정부와 의회가 자율적으로 정하도록 보장해 놓았다(위 6호 명문화).

기본권제한 조례의 경우 법률유보 명문화

헌법개정안 제123조 제1항은 지방의회 조례제정권을 규정하면서도 권리를 제한하거나 의무를 부과하는 경우 법률의 위임이 있어야 한다고 함으로써 논란이 되어 왔던 기본권제한에 있어서 법률유보원칙을 확고하게 유지하고 있다. 동조 제2항은 "지방행정부의 장은 법률 또는 조례를 집행하기 위하여 필요한 사항과 법률 또는 조례에서 구체적으로 범위를 정하여 위임받은 사항에 관하여 자치규칙을 정할 수 있다."고 함으로써, 현행 헌법 제75조와 같은 위임명령과 집행명령에 준하는 위임규칙과 집행규칙에 관하여 명문화하고 있다.

비용부담원칙

헌법개정안 제124조 제1항은 "지방정부는 자치사무의 수행에 필요한 경비를 스스로 부담한다. 국가 또는 다른 지방정부가 위임한 사무를 집행하는 경우 그 비용은 위임하는 국가 또는 다른 지방정부가 부담한 다.“고 함으로써 자치사무의 경우 경비조달의 자기책임원칙(위 2호의 자 기책임성)과, 위임사무의 경우 위임자 비용부담원칙을 명문화하였다. 동 조 제3항은 ”지방의회는 법률에 위반되지 않는 범위에서 자치세의 종목 과 세율, 징수 방법 등에 관한 조례를 제정할 수 있다.“고 규정하고 있 는데, 이는 그간 주장되어 오던 지방세조례주의 원칙을 명문화하고 지 방정부가 조세고권을 행사할 수 있는 근거규정을 마련한 것이다(위 3호). 동조 제3항은 ”조세로 조성된 재원은 국가와 지방정부의 사무 부담 범 위에 부합하게 배분되어야 한다.“고 함으로써 재원배분에 있어서 사무 부담 비례의 원칙을 명문화하였다. 동조 제4항은 ”국가와 지방정부, 지 방정부 상호 간에 법률로 정하는 바에 따라 적정한 재정조정을 시행한 다.“고 함으로써 국가와 지방정부 그리고 지방정부 상호간의 재정조정 제도를 도입하고자 하였다.

지방세조례주 의 원칙

　　현행헌법이 지방자치와 관련하여 제117조와 제118조의 2개조 4개 항만 가지고 있는 데 반하여, 이 헌법개정안은 총 4개조, 12개항을 둠으 로써 지방분권과 관련하여 단순히 분권이념만을 천명하는 수준을 넘어 서, 그동안 제기되어 왔던 지방분권 강화 헌법개정안들의 상당 부분을 거의 반영 내지 명문화하한, 그야 말로 획기적인 지방분권 강화 헌법개 정안이라고 평가할 수 있을 것이다. 앞으로 헌법개정안이 다시 논의될 경우, 적어도 이러한 정도만이라도 먼저 수용하게 되면 지방분권은 괄 목할 만하게 발전할 수 있을 것이라고 확신한다. 그러한 단계를 거쳐서 국가균형발전과 장차 통일시대를 대비한 한국형 연방제도의 도입[122]문 제도 차차 검토하고 진지하게 논의해 나갈 필요가 있을 것이다.

획기적인 지방 분권 강화 헌 법개정안

---

122) 이에 관해서는 방승주, 국가균형발전에 대한 헌법적 고찰과 제도개선 방안연구, 2019년도 국가균형발전위원회 정책연구용역 최종보고서, 2020. 138－140면 참조.

제 2 관 지방의회 및 지방선거

Ⅰ. 헌법 제118조의 의의와 연혁

1. 헌법 제118조의 의의

지방의회선거
와 지방자치단
체장 선임방
법 등 법률위
임

헌법 제117조는 지방자치단체의 권한을 헌법적으로 보장하며, 또한 지방자치단체의 종류를 법률로 위임하고 있는 규정인 데 반하여, 헌법 제118조는 지방자치단체의 의결기관[123]이라고 할 수 있는 지방의회를 헌법적으로 보장하고, 구체적으로 지방의회의 조직과 그 권한, 지방의회 의원선거와 또한 지방자치단체의 집행기관[124]이라고 할 수 있는 지방자치단체장의 선임방법과 기타 지방자치단체의 조직과 운영에 관한 사항을 법률로 정할 것을 위임하고 있는 규정이다.

광복헌법 제97
조의 의미

현행 헌법 제118조의 전신이라고 할 수 있는 1948년 광복헌법 제97조의 의미에 대하여 유진오 박사는 그의 『헌법해의』에서 다음과 같이 설명하고 있다.

지방의회가 완
전한 의결권을
가져야 완전한
의미의 지방자
치법률로 규정

"본조 제2항은 지방자치단체에는 각각 의회를 둘 것을 규정하였는데, 그것은 지방자치단체는 반드시 의결기관을 가져야 한다는 것을 의미한다. 만일 지방의회가 의결권을 가지지 아니하고 다만 국가의 행정기관인 지사, 시장 등의 자문에 응할 뿐이라면 그것은 완전한 의미의 지방자치라 할 수 없다. 지방자치는 지방적 사항에 관하여서는 법률의 범위 내에서 지방민이 선거한 지방민의 대표로서 조직된 지방의회가 완전한 의결권을 가짐으로써 비로소 달성되는 것이다."[125]

---

123) 김철수 (주 14), 1561면; 권영성 (주 21), 244면; 성낙인 (주 3), 685면.
124) 김철수 (주 14), 1562-1563면; 권영성 (주 21), 244면; 성낙인 (주 3), 687-688면.
125) 유진오, 헌법해의, 명세당, 1949, 202면.

"본조 제1항은 지방자치단체의 조직과 운영에 관한 사항은 법률로써 정할 것을 규정하였는데 그것은 지방자치라는 것은 지방적 사항에 관하여는 행정부의 간섭을 배제하고 법률의 범위 내에서 지방민의 자치로써 처리하는 것을 의미하는 것이기 때문이다. 그러하므로 지방자치에 관한 사항은 반드시 법률로써 정하여야 한다. 만일 대통령령으로써 지방자치에 관한 사항을 규정한다면 그것은 지방자치의 본의에 위배되는 것이다"126)

"본조 제3항은 지방의회의 조직, 권한과 의원의 선거는 법률로써 정할 것을 규정하였는데, 그것은 첫째로는 이러한 것을 대통령령으로써 정할 수 없음을 명시하기 위한 것이며, 둘째로는 지방자치라 하더라도 각 지방단체가 비등사항에 관하여 각각 자의로 규정을 함으로써 우리나라가 지나친 지방분권으로 흐르는 것을 방지하고 그것을 국가의 법률로써 일정하고자 하기 위한 것이다. 그것은 우리나라는 미국이나 제정독일과 같이 다수한 독립국가가 모여서 형성한 연방이 아니고 단일 민족으로 구성된 단일국가이기 때문에 지방자치를 인정하면서도 고도의 국가적 통일을 유지하여야 하겠기 때문이다."127)

1948년 광복헌법 초안마련에 기여한 유진오 박사는 결국 두 가지 점을 강조하고 있다고 보인다. 첫째, 시장이나 도지사 등의 자문기관이 아닌 의결기관으로서의 지방의회의 설치, 둘째, 지방의회의 조직, 권한, 의원선거 등 지방자치단체의 조직과 운영에 관한 사항은 대통령령이 아니라 반드시 법률로써 규정하여야 하는데 그 이유는 아무리 지방자치라 하더라도 전국적인 통일성을 기하기 위한 것이라는 점이다.

이 가운데 첫 번째 강조점은 이제 당연한 사항이 되었기 때문에 문제가 되지 않는다. 그러나 두 번째, 지방자치단체와 지방의회의 조직과 운영에 관한 사항들을 반드시 법률로써만 규정하고 대통령령에 위임해서는 안되는지의 문제가 제기된다. 이는 의회유보를 강조한 것으로 보이나, 헌법이 "법률로" 정한다고 하였다 하더라도 이러한 법률개념에는

지방자치에 관한 사항의 법률유보

선거에 대해 법률 규정 금지

지방자치를 인정하면서도 고도의 국가적 통일유지 필요

의결기관으로서 지방의회설치 등은 반드시 법률로 규정

---

126) 유진오 (주 123), 201면.
127) 유진오 (주 123), 202면(오늘날 맞춤법에 따라 저자가 약간 교정하였음).

기본권관련 사
항은 법률로
규정

행정입법이나 조례로의 위임가능성을 포함한 실질적 법률로 이해할 수
있다고 보아야 할 것이기 때문이다. 다만 어떠한 사항은 반드시 법률로
규정하고 어떠한 사항은 행정입법으로 위임해도 되는가 하는 점이다.
이 문제는 획일적으로 답할 수는 없고, 국민의 기본권과 관련되는 사항
이나 지방자치의 본질적인 문제는 반드시 국회가 제정한 형식적 의미의
법률로 하여야 하지만 나머지 사항에 대하여는 대통령령이나 또는 조례
로 위임해도 된다고 보아야 할 것이다. 그 구체적인 문제는 항목을 달리
하여 다루기로 한다.

2. 헌법 제118조의 연혁

광복헌법 제97
조

1948년 광복헌법 제97조에서는 "지방자치단체의 조직과 운영에 관
한 사항은 법률로써 정한다. 지방자치단체에는 각각 의회를 둔다. 지방
의회의 조직, 권한과 의원의 선거는 법률로써 정한다."고 규정하였으며,
이 조항은 제3차 개정헌법 때까지 유지되어 왔다.

1960년 장의
선임방법에 관
한 규정 도입

그러나 1960년 제2공화국 헌법인 제4차 개정헌법 제97조에서는
"① 지방자치단체의 조직과 운영에 관한 사항은 법률로써 정한다. ② 지
방자치단체의 장의 선임방법은 법률로써 정하되 적어도 시, 읍, 면의 장
은 그 주민이 직접 이를 선거한다.<신설 1960.6.15.> ③ 지방자치단체
에는 각각 의회를 둔다. ④ 지방의회의 조직, 권한과 의원의 선거는 법
률로써 정한다."고 함으로써, 지방자치단체의 장의 선임방법에 관한 법
률위임 규정이 처음으로 도입되었으며, 동시에 적어도 시, 읍, 면의 장
에 대해서는 주민에 의한 직접선거를 헌법적으로 보장하도록 함으로써,
민주적 관점에서 보다 진전된 지방자치제도를 보장하고자 하였음을 알
수 있다.

1962년 구성시
기 입법자에
위임

그러나 제6차 헌법개정(1962. 12. 26)에 의하여 개정된 소위 제3공화
국 헌법 제110조에서 현행 헌법과 같은 규정을 두게 되었다. 즉 "① 지
방자치단체에는 의회를 둔다. ② 지방의회의 조직·권한·의원선거와
지방자치단체의 장의 선임방법 기타 지방자치단체의 조직과 운영에 관
한 사항은 법률로 정한다." 한편 부칙 제7조 제3항에 "이 헌법에 의한

최초의 지방의회의 구성시기에 관하여는 법률로 정한다."고 규정함으로 써, 지방의회의 구성시기를 입법자에게 위임하였으나 지방선거는 이루 어지지 않았다.

그리고 제7차 헌법개정(1972. 12. 27)에 의하여 개정된 소위 유신헌 법은 부칙 제10조에서 "이 헌법에 의한 지방의회는 조국통일이 이루어 질 때까지 구성하지 아니한다."고 규정함으로써, 통일되기 전까지 사실 상 지방자치제도를 실시할 의사가 없음을 분명히 하였다.[128]

그 후 제8차 헌법개정(1980. 10. 27)에 의하여 개정된 소위 제5공화 국 헌법 부칙 제10조에서는 "이 헌법에 의한 지방의회는 지방자치단체 의 재정자립도를 감안하여 순차적으로 구성하되, 그 구성시기는 법률로 정한다."고 함으로써, 다시 구성시기를 입법자에게 위임하였으나 제5공 화국 헌법당시에도 지방의회는 구성되지 아니하였다.

그러나 현행 헌법인 제9차 개정헌법은 지방의회의 구성과 관련하 여 아무런 부칙을 두지 않았으며, 제118조의 규정에 따라 1991년 지방 의회의 선거를 실시하여 지방의회를 구성하였고 1995년에는 지방자치 단체장과 지방의회의원 선거가 동시에 이루어져 이때부터 지방자치시대 가 본격화되기 시작하였다.

제118조의 헌법개정의 전체 과정을 살펴보면, 제2공화국 헌법 당시 가 지방자치단체장의 직접선거까지 보장하는 등 가장 강력하게 지방자 치기구를 민주적으로 구성하고자 하였고, 오히려 현행 헌법은 소위 제3 공화국 헌법에서 구성된 내용을 변함없이 유지하고 있음을 알 수 있다.

Ⅱ. 지방의회의 헌법적 보장

제118조는 지방의회를 둘 것을 헌법적으로 명령하고 있으며, 나아 가 지방의회의 조직, 권한, 의원선거와 지방자치단체의 장 등 지방자치 단체의 조직과 운영에 관한 사항은 법률로 정할 것을 규정하고 있다.

지방의회란 지방자치단체의 의결기관으로서 주민에 의하여 선출된

---

128) 김철수, 헌법학개론, 박영사, 2007, 1504면.

(여백 주석)
1972년 유신헌 법 지방자치제 도 실시의사 없음 분명히 함

1980년 지방의 회 미구성

1995년 지방자 치 본격화

제118조의 헌 법개정 전체 과정

헌법 제118조 지방의회 조 직 명령

의결기관, 합 의제기관

의원을 구성원으로 하는 합의제기관이라고 할 수 있다.[129]

지방의 자치
행정 자율적,
효율적, 전문
적 수행 목적

지방자치단체에 의회를 두는 목적은 지역 주민들로 하여금 자신들을 대신하여 자치와 관련한 의정을 담당할 수 있는 대표를 선출하여 지방의 자치행정을 자율적으로 그리고 효율적이고 전문적으로 수행할 수 있게 하기 위함이다.

아무리 작은
지방자치단체
라 하더라도
대의제가 필수
적

지방자치단체의 인구규모를 보면 기초지방자치단체의 경우에도 수만 내지 수십만[130]에 달한다. 이러한 정도의 인구규모에서는 아무리 지방자치행정이라 하더라도 주민들이 자치사무에 대하여 일일이 직접 결정할 수는 없는 것이다. 따라서 효율적인 지방자치를 가능하게 하려면 주민들의 의사를 대변할 수 있는 대의제에 의한 의사결정방법이 필수적이라고 할 수 있다. 우리 헌법은 바로 그러한 이유에서 지방의회를 두도록 헌법적으로 보장하고 있는 것이다.

Ⅲ. 지방의회의 조직과 권한

1. 지방의회의 조직

가. 지방의회의 조직의 개관

지방의회 기구

지방의회의 조직이란 지방의회를 어떻게 구성할 것이며, 지방의회 산하 기구들을 어떻게 둘 것인가에 관한 문제라고 할 수 있다.

단원제, 양원
제

우선 지방의회의 경우도 국회구성의 경우와 마찬가지로 단원제로 할 것인가 양원제로 할 것인가의 문제가 제기될 수 있으나, 지방자치의 경우 주민으로 구성된 의회가 구성되어 자치입법기관으로 기능한다 하더라도 국가의 권력분립구조에서 본다면 전술한 바와 같이 행정기능에

---

129) 권영성 (주 21), 244면.

130) 서울특별시의 경우 2020년을 기준으로 전체인구가 9,161,568명인데 가장 인구가 많은 기초지방자치단체는 송파구로서 629,546명이며, 가장 적은 구는 중구로서 117,951명이다. KOSIS 국가통계포털, 행정구역(시군구)별 총인구, 남자, 여자 인구수, 자료갱신일 2020. 8. 28, http://kosis.kr/statisticsList/statisticsListIndex.do?menuId=M_01_01&vwcd=MT_ZTITLE&parmTabId=M_01_01?menuId=M_01_01&vwcd=MT_ZTITLE&parmTabId=M_01_01&parentId=A#SelectStatsBoxDiv (2021. 2. 19. 방문)

속한다고 볼 수 있기 때문에[131], 지방의회를 양원제로 구성하여 이원적으로 운영하는 것은 행정의 효율성의 관점에서 바람직하지 않다고 볼 수 있다.

비례대표선거까지 포함

다음으로 지방의회를 구성함에 있어서도 주민에 의한 직접 선거에 의해서 선출된 의원으로만 구성할 것인지 아니면, 비례대표제를 통한 정당명부에 의한 의원도 포함시킬 것인지가 문제될 수 있다. 이와 관련하여 현행 공직선거법은 광역지방자치단체와 기초지방자치단체 의원선거에 비례대표선거까지 포함시키고 있다(공직선거법 제22조 제4항; 제23조 제3항).

조직에 관한 문제

그리고 지방의회를 구성한 후 구체적으로 그 기구를 어떻게 둘 것인지에 관하여 정하여야 한다. 즉 의장을 어떻게 선출할 것인지, 그리고 부의장을 몇 명을 둘 것이며, 어떻게 선출할 것인지, 지방의회가 조례를 제정함에 있어서는 어떠한 심의절차를 거칠 것인지, 지방의회의 운영을 위하여 상임위원회를 둘 것인지, 둔다면 어떠한 위원회를 어느 정도의 규모로 둘 것인지 등의 문제가 모두 지방의회의 조직에 관한 문제라고 할 수 있을 것이다.

지방의회 내 교섭단체

이와 관련하여 국회의 경우와 마찬가지로 지방의회 내에 교섭단체를 둘 것인지 여부도 중요한 문제라고 보아야 할 것이다. 이는 지방자치선거에서 중앙정당이 역할을 하게 할 것인지 여부의 문제하고도 밀접한 관련이 있다고 할 것이다. 지방자치법에서는 원내교섭단체에 관한 규정이 없으나, 조례에 따라서는 이에 관한 규정을 둔 사례도 있다.[132]

나. 지방자치법상 지방의회의 조직

(1) 지방의회의 구성과 임기

지방의회의원의 임기 4년

지방의회의원은 주민의 보통·평등·직접·비밀선거에 의하여 선출된다(지방자치법 제31조). 지방의회의원의 임기는 4년으로 한다(동법 제32조).

(2) 의장과 부의장

---

131) Herbert Bethge (주 84), S. 577 ff.(580); 홍정선 (주 3), 229면.
132) 홍정선 (주 3), 255면. 서울특별시의회 교섭단체 및 위원회 구성과 운영에 관한 조례.

의장, 부의장,
임기 2년

지방의회의 조직으로서 우선 의장과 부의장이 있다. 지방의회는 의원 중에서 시·도의 경우 의장 1명과 부의장 2명을, 시·군 및 자치구의 경우 의장과 부의장 각 1명을 무기명투표로 선거하며, 지방의회의원 총선거 후 선출하는 의장·부의장 선거는 최초 집회일에 실시하고 의장과 부의장의 임기는 2년이다(지방자치법 제48조).

(3) 위원회

상임위원회,
특별위원회,
윤리특별위원
회

지방의회는 조례로 정하는 바에 따라 위원회를 둘 수 있다. 위원회의 종류는 소관 의안과 청원 등을 심사·처리하는 상임위원회와 특정한 안건을 일시적으로 심사·처리하기 위한 특별위원회 두 가지로 한다. 위원회의 위원은 본회의에서 선임한다(지방자치법 제56조). 의원의 윤리심사 및 징계에 관한 사항을 심사하기 위하여 윤리특별위원회를 둘 수 있다(동법 제57조).

(4) 전문위원

전문지식을
가진 위원

위원회에는 위원장과 위원의 자치입법활동을 지원하기 위하여 의원이 아닌 전문지식을 가진 위원(이하 "전문위원"이라 한다)을 둔다(지방자치법 제59조 제1항). 전문위원은 위원회에서 의안과 청원 등의 심사, 행정사무감사 및 조사, 그 밖의 소관 사항과 관련하여 검토보고 및 관련 자료의 수집·조사·연구를 한다(동법 제59조 제2항). 그리고 위원회에 두는 전문위원의 직급과 정수 등에 관하여 필요한 사항은 대통령령으로 정하도록 하고 있는데(동법 제59조 제3항), 지방자치제도를 조금이라도 활성화하고 자치권을 강화하기 위해서는 대통령령이 아니라 조례로 정하도록 하는 것이 더 적절하지 않는가 생각된다.

(5) 사무기구와 직원

사무처장, 지
방공무원 직원

시·도의회에는 사무를 처리하기 위하여 조례로 정하는 바에 따라 사무처를 둘 수 있으며, 사무처에는 사무처장과 지방공무원으로 보하는 직원을 두도록 하고 있다(지방자치법 제90조).

2. 지방의회의 권한

가. 지방의회의 권한 개관

다음으로 지방의회의 권한은 지방의회가 지방자치사무와 관련하여 어떠한 일을 할 수 있게 할 것인가의 문제이다.

우선 헌법 제117조는 지방자치단체는 법령의 범위 안에서 자치에 관한 규정을 제정할 수 있다고 규정하고 있기 때문에, 이러한 자치에 관한 규정의 제정권한은 지방의회가 행사할 수 있게 하는 것은 당연한 것이다.

자치에 관한 규정 제정권

다음으로 지방의회가 지방행정을 직접 담당하게 할 것인지, 아니면 지방자치단체장을 별도로 선출하여 그에게 행정업무를 담당시킬 것인지가 문제될 수 있다. 헌법 제118조는 지방자치단체의 선임방법에 대하여는 법률로 정하도록 하고 있다. 헌법은 지방자치단체와 관련하여 "선임방법"이라고 규정함으로써, 지방의원을 선거로 뽑도록 명문화한 것과 다른 규정을 하고 있다. 지방자치단체장에 대하여 "선임"이라고 하는 용어를 선택한 헌법의 취지를 고려할 때, 지방의회가 가령 지방자치단체장을 지방의원 가운데서 선출하는 방법을 생각할 수 있다. 이 경우에는 지방의회 의장이 지방자치단체장을 겸임하게 하는 방법이 있을 수 있으며, 또는 지방의회 의장과 별도로 지방자치단체장을 의원 가운데서 의원들이 선출하는 방법이 있을 수 있다.

지방행정의 담당자

그러나 우리 지방자치법은 지방의회로 하여금 지방자치행정까지 관장하도록 하지는 않고 주민의 직접선거에 의하여 선출된 단체장이 지방자치행정을 관장하도록 하고 있다. 즉 특별시에 특별시장, 광역시에 광역시장, 특별자치시에 특별자치시장, 도와 특별자치도에 도지사를 두고, 시에 시장, 군에 군수, 자치구에 구청장을 두도록 하고 있다(제93조).

선출된 단체장이 지방자치행정 관장

결국 지방의회는 집행기관인 단체장에 대하여 감독하고 통제하는 권한을 가져야 할 것이며, 또한 단체장이 제출한 예산안에 대하여 주민대표기관으로서 이를 수용할 것인지 아니면 삭감할 것인지 결정하고, 또한 단체장이 제출한 결산에 대하여 이를 사후적으로 통제하는 등의 권한을 가지지 않으면 안 될 것이다.

지방의회는 단체장에 대한 감독, 통제권

나. 지방자치법상 지방의회의 권한

(1) 지방의회의 의결사항

의결사항

지방의회는 1. 조례의 제정·개정 및 폐지, 2. 예산의 심의·확정, 3. 결산의 승인, 4. 법령에 규정된 것을 제외한 사용료·수수료·분담금·지방세 또는 가입금의 부과와 징수, 5. 기금의 설치·운용, 6. 대통령령으로 정하는 중요 재산의 취득·처분, 7. 대통령령으로 정하는 공공시설의 설치·처분, 8. 법령과 조례에 규정된 것을 제외한 예산 외의 의무부담이나 권리의 포기, 9. 청원[133])의 수리와 처리, 10. 외국 지방자치단체와의 교류협력에 관한 사항, 11. 그 밖에 법령에 따라 그 권한에 속하는 사항에 대하여 의결한다. 그리고 이러한 사항 외에 조례로 정하는 바에 따라 지방의회에서 의결되어야 할 사항을 따로 정할 수 있다(지방자치법 제39조).

(2) 행정사무 감사권 및 조사권

매년 1회, 14일 범위, 감사 및 조사실시

지방의회는 매년 1회 그 지방자치단체의 사무에 대하여 시·도에서는 14일의 범위에서, 시·군 및 자치구에서는 9일의 범위에서 감사를 실시하고, 지방자치단체의 사무 중 특정 사안에 관하여 본회의 의결로 본회의나 위원회에서 조사하게 할 수 있다(지방자치법 제41조).

(3) 출석·답변 요구권

단체장 출석, 답변요구권

지방자치단체의 장이나 관계 공무원은 지방의회나 그 위원회가 요구하면 출석·답변하여야 한다. 다만, 특별한 이유가 있으면 지방자치단체의 장은 관계 공무원에게 출석·답변하게 할 수 있다(지방자치법 제42조).

(4) 지방의회규칙 제정권

규칙제정권

지방의회는 내부운영에 관하여 지방자치법에서 정한 것 외에 필요한 사항을 규칙으로 정할 수 있다(지방자치법 제43조).

---

133) 헌법재판소는 지방의회에 청원을 하고자 할 때에 반드시 지방의회 의원의 소개를 얻도록 한 것은 청원권의 과도한 제한에 해당되지 않는다고 보았다. 헌재 1999. 11. 25. 97헌마54, 판례집 제11권 2집, 583.

Ⅳ. 지방의회의원의 선거

1. 지방의회의원선거의 의의

헌법 제118조는 지방의회의원에 대하여 선거를 하도록 헌법적으로 명령하고 있다. 선거란 주민이 그들의 자유로운 의사에 따라 다수결의 원칙에 입각하여 다수의 후보들 가운데서 그들의 대표를 선출하는 행위를 의미한다.134)

지방의회의원 선거

2. 선거의 원칙135)

지방의회의원에 대한 선거를 어떻게 할 것인가에 관하여는 헌법 제118조가 그 최소한의 요건도 명문으로 규정하고 있지 아니하고 전적으로 법률로 위임을 하고 있다. 그러나 국회의원선거나 대통령선거와 관련하여 헌법이 보장하고 있는 선거의 원칙은 지방의회의원 선거에서도 역시 준수되지 않으면 안될 것이다. 그 이유와 근거는 지방자치제도가 가지는 민주주의 실현기능에 있다고 할 수 있다.136) 헌법이 지방자치제도를 보장하는 이유는 지역적 사무에 대하여 주민이 직접 처리하게 함으로써 풀뿌리민주주의의 이념을 실현하는 것이라고 할 수 있다. 그러한 이념을 제대로 실현하기 위해서는 우선 주민의 대표를 선출하는 것부터 민주적인 선거원칙에 따라서 하지 않으면 안되는 것이다. 따라서 헌법상 명문의 규정이 없다 하더라도 입법자는 지방의원의 선거에 관한 제도를 구체화함에 있어서는 이러한 민주적 선거의 원칙, 즉 보통, 평등, 직접, 비밀(지방자치법 제31조), 자유선거의 원칙에 따르지 않으면 안된다.137)

민주적 선거의 원칙, 자유선거 원칙 준수

---

134) 허영 (주 7), 885면 이하.
135) 이에 대하여는 방승주, 헌법 제41조, (사) 한국헌법학회 편, 헌법주석 [국회, 정부] 제40조~제100조, 경인문화사, 2017, 17~67면, Ⅲ. 선거의 원칙, 21-41면 참조.
136) 이에 대하여는 방승주 (주 24), 77면.
137) 방승주, "재외국민 선거권제한의 위헌여부", 헌법학연구 제13권 제2호(2007. 6), 305면 이하(318 각주 22)).

가. 보통선거의 원칙

(1) 의 의

보통선거의 원
칙의 의의

지방의회의원 선거와 관련하여 보통선거의 원칙이란 일정한 선거
연령에 해당하는 주민이라면 누구나 다 지방의회의원의 선거에 참여하
거나 후보로 나설 수 있어야 한다는 원칙이다. 보통선거는 제한선거138)
에 대립된 개념으로서 재산의 다과, 사회적 신분, 경제적 능력과 상관없
이 그 지역의 주민이라면 누구나 다 그 지방선거에 참여할 수 있어야
한다는 것이다.139)

재외국민의 지
방선거 배제
문제

이와 관련하여 재외국민들을 지방선거에서 배제하는 것이 보통선
거의 원칙에 위반되는지 여부가 문제될 수 있다. 그러나 지방선거의 경
우 그 지역에 거주하는 주민들이 지역의 현안들에 대하여 자율적으로
결정하고 처리하는 시스템이라고 할 수 있기 때문에, 비록 대한민국 국
적을 가지고 있다 하더라도, 외국에 거주하는 경우에는 지방선거에 참
여할 수 없게 한다 하더라도 보통선거의 원칙에 위반된다고 볼 수는 없
을 것이다. 다만 재외동포의 출입국과 법적 지위에 관한 법률에 따라 국
내에 거소신고를 필하고 국내에 거주하는 재외국민의 경우에는 국내의
일정한 지방에 거주하는 것이 입증될 수 있으므로, 그 지역의 지방선거
에 참여할 수 있다고 보아야 할 것이다. 이러한 의미에서 헌법재판소는
국내에 거주하는 재외국민들에게도 주민등록을 요구함으로써 지방선거
권을 제한하는 것은 국내거주 재외국민들의 평등권과 지방의회 의원선
거권, 그리고 피선거권과 공무담임권을 침해한 것이라고 한 바 있다.140)

(2) 헌법재판소 판례

지방공사직원
의 지방의회
의원 겸직 금
지

이와 관련 헌법재판소는 지방공사의 직원이 지방의회의원직을 겸
할 수 없도록 한다 하더라도 이는 공공복리를 위한 필요성이 인정되고
겸직금지로 인하여 공무담임권이나 평등권, 또는 직업선택의 자유 등
기본권이 제한된다 하여도 이때에 얻는 이익은 지방공사의 직원들이 이

---

138) 성낙인 (주 3), 177-178면.
139) 방승주 (주 137), 309면 이하.
140) 헌재 2007. 6. 28. 2004헌마644, 2005헌마360(병합), 판례집 제19권 1집, 859
(882-884).

사건 법률조항으로 말미암아 지방의회의원직과 지방공사의 직원의 직 중에서 어느 한 쪽을 선택해야 함으로써 잃는 이익과 비교 형량하여 볼 때 결코 적다고 할 수 없어 헌법에 위배된다고 할 수 없다고 판시하였 다.[141] 또한 국회의원의 경우 지방공사 직원의 겸직이 허용되는 반면, 지방의회의원의 경우 지방공사 직원의 직을 겸할 수 없게 하는 것이 평 등권을 침해하는지 여부에 대하여, 헌법재판소는 "지방공사와 지방자치 단체, 지방의회의 관계에 비추어 볼 때, 지방공사 직원의 직을 겸할 수 없도록 함에 있어 지방의회의원과 국회의원은 본질적으로 동일한 비교 집단이라고 볼 수 없다"고 하면서 평등권침해를 부인하였다.[142]

한편 지방의회의원선거법 제35조 제1항 제7호에서는 농업협동조 합·수산업협동조합·축산업협동조합·농지개량조합·산림조합·엽연 초생산협동조합·인삼협동조합의 조합장이 지방의회의원의 입후보자가 되고자 하는 때에는 지방의회의원의 임기만료일 전 90일까지 그 직에서 해임되어야 하고(다만 동법 부칙 제2조에 의하면 이 법 시행후 최초로 실시하 는 지방의회의원선거에 있어서는 선거일 공고일로부터 5일 이내에 그 직에서 해 임되어야 한다고 규정하였다), 지방자치법 제33조 제1항 제6호에 의하면 지 방의회의원은 농업협동조합 등의 조합장의 직을 겸할 수 없게 되어 있 었는데, 이는 국민의 참정권을 제한함에 있어서 합리성이 없는 차별대 우라고 하면서 헌법에 위반된다고 판시한 바 있다.[143] 그리고 헌법재판 소는 정부투자기관의 경영에 관한 결정이나 집행에 상당한 영향력을 행 사할 수 있는 지위에 있다고 볼 수 없는 직원을 임원이나 집행간부들과 마찬가지로 취급하여 지방의회의원직에 입후보를 하지 못하도록 하고 있는 구 지방의회의원선거법 제35조 제1항 제6호의 입후보 제한규정은, 정부투자기관의 직원이라는 사회적 신분에 의하여 합리적인 이유 없이 청구인들을 차별하는 것이어서 헌법 제11조의 평등원칙에 위배되고, 헌 법 제37조 제2항의 비례의 원칙에 어긋나서 청구인들의 기본권인 공무 담임권을 침해하는 것이므로 헌법에 위반된다(한정위헌)고 보았다.[144]

조합장의 지방
의회의원 겸직
가능

이에 반하여 "선거범으로서 50만원 이상의 벌금형의 선고를 받은 후 6년을 경과하지 아니한 자"에 대하여 지방의회의원의 피선거권을 정지하도록 규정한 지방의회의원선거법 제12조 제3호는 위헌이라고 할 수 없다고 보았다.[145]

후보자의 기탁금 제도

또한 헌법재판소는 지방의회의원 후보자의 기탁금제도와 관련하여 『기탁금의 금액은 필요한 최소한도의 공영비용부담금에 성실성 담보와 과열방지를 위한 약간의 금액이 가산된 범위에 있어서만 헌법상 그 정당성이 인정될 수 있는 극도액(極度額)이라고 할 것이다. 그러한 관점에서 볼 때, 시·도의회의원 후보자에 대한 700만원의 기탁금 규정은 무자력계층의 지방의회진출을 사실상 봉쇄하고 그 때문에 유권자도 자신이 선출하고 싶은 자를 선출할 수 없게 될 소지가 있어 이는 헌법이 기본권으로 보장하고 있는 선거권·공무담임권·평등권 등을 침해하고 있는 것이며, 아울러 국민주권주의 및 자유민주주의라는 헌법의 최고이념에도 합치되지 않는다』고 밝힌 바 있다.[146]

나. 평등선거의 원칙

(1) 의 의

평등선거원칙 준수

평등선거의 원칙은 유권자 누구에게나 동일한 수의 표를 부여하여야 한다고 하는 소위 계산가치의 평등과, 의석배분에 미치는 영향에 있어서 동일한 가치를 부여하여야 한다고 하는 결과가치의 평등을 내용으로 하는 원칙이다.[147]

계산가치의 평등

유권자 누구에게나 동일한 수의 표를 부여하여야 한다고 하는 계산가치의 평등의 문제는 누구에게나 1표 또는 2표(지역구선거와 비례대표선거)를 동일하게 부여하면 해결되지만, 결과가치의 평등의 문제는 간단하지 아니하다. 특히 선거구간의 인구편차가 지나치게 큰 경우에는 큰 선

---

144) 헌재 1995. 5. 25. 91헌마67, 판례집 제7권 1집, 722(750).
145) 헌재 1993. 7. 29. 93헌마23, 판례집 제5권 2집, 221(228).
146) 헌재 1991. 3. 11. 91헌마21, 판례집 제3권, 91(112).
147) 계희열, 헌법학(상), 박영사, 2005, 310면; 성낙인 (주 3), 164면; 허영 (주 7), 824-825면.

거구의 유권자는 작은 선거구의 유권자보다 투표의 가치가 덜할 수 있기 때문에, 평등선거의 원칙에 위반될 수 있다.

(2) 헌법재판소 판례

이와 관련하여 우리 헌법재판소는 지방선거의 경우 의원 1인당 평균인구수 상하 60% 인구편차(상한인구수와 하한인구수의 비율 4:1) 이내일 경우에는 평등선거의 원칙에 위반되지 않는다고 보고 있어 국회의원선거의 경우 상하인구수 2:1의 비율[148]을 기준으로 하는 것 보다 아직은 훨씬 완화된 기준을 적용하고 있다.[149]

지방선거의 경우 아직 상·하한인구수 비율 4:1 기준

또한 선거구획정과 관련하여 입법자가 가지는 형성의 자유와 입법시 주의해야 할 사항에 대하여 헌법재판소는 다음과 같이 판시하였다. 『우리 헌법 제118조 제2항은 "지방의회의 조직·권한·의원선거와 지방자치단체의 장의 선임방법 기타 지방자치단체의 조직과 운영에 관한 사항은 법률로 정한다."고 규정함으로써 지방의회의원 선거제도와 선거구 획정에 관한 구체적인 결정을 국회에 맡기고 있다. 즉 국회는 지방의회의원 선거구를 획정함에 있어서 투표가치 평등의 원칙을 고려한 선거구간의 인구의 균형뿐만 아니라, 우리나라의 행정구역, 지세, 교통사정, 생활권 내지 역사적, 전통적 일체감 등 여러 가지 정책적·기술적 요소를 고려할 수 있는 폭넓은 입법형성의 자유를 가진다고 할 것이다.』[150]

선거구획정에 대한 넓은 입법형서의 자유 보장

또한 기초의회의원을 선출할 때에 의원 1인당 인구수가 나타내는 투표가치의 평등보다 읍·면의 개수나 지역대표성을 더 중시하지 않는다 하더라도 헌법상 지방자치제도의 취지에 어긋나는 것은 아니라고 하

투표가치의 평등

---

148) 종전 헌재 2001. 10. 25. 2000헌마92, 판례집 제13권 2집, 502. 공직선거및선거부정방지법 [별표1] '국회의원지역선거구구역표' 위헌확인 사건에서 상하인구수비율 3:1을 유지하다가, 최근 헌재 2014. 10. 30. 2012헌마192 등 결정에서 2:1을 기준으로 이를 넘어서는 국회의원지역선거구구역표에 대하여 헌법불합치 선언을 하였다.

149) 헌재 2007. 3. 29. 2005헌마985, 판례집 제19권 1집, 287; 헌재 2009. 3. 26. 2006헌마240·371(병합), 판례집 제21권 1집 상, 592(607-608); 헌재 2009. 3. 26, 2006헌마67, 21-1상, 512(528). 경상북도 시·군의회의원 선거구와 선거구별 의원 정수에 관한 조례 [별표] 위헌확인; 헌재 2009. 3. 26. 2006헌마14, 판례집 제21권 1집 상, 482(496); 헌재 2010. 12. 28. 2010헌마401, 판례집 제22권 2집 하, 834(848); 헌재 2012. 2. 23. 2010헌마282, 판례집 제24권 1집 상, 303(314).

150) 헌재 2009. 3. 26. 2006헌마240, 판례집 제21권 1집 상, 592(604-605).

고 있다.[151]

선거일 90일 전까지 사퇴조 항 합헌
그리고 지방의회의원이 국회의원선거나 지방자치단체의 장 선거에 입후보할 경우 선거일 전 90일까지 그 직을 그만두도록 규정하고 있는 공직선거및선거부정방지법 제53조 제1항 제1호는 헌법에 위반되지 않는다고 보았다.[152]

다. 직접선거

의의
직접선거의 원칙이란 주민의 선거에 의하여 주민대표자가 직접 결정되어야 한다는 원칙이다. 즉 유권자와 대표자결정의 중간 단계에 제3의 기관의 의사가 개입되어서는 안된다고 하는 것을 말한다.

지방선거에서 도 1인 2표에 의한 비례대표 제
우리 헌법재판소는 국회의원선거와 관련하여 1인 1표에 의한 전국구 비례대표제 선거의 경우 직접선거의 원칙에 위반된다고 판시한 바 있다.[153] 그 후 입법자는 공직선거법을 개정하여 비례대표제 선거의 경우 정당명부에 대하여 선택할 수 있도록 1인 2표제를 도입하였으며, 이는 지방선거(광역지방자치단체 의원선거)에도 그대로 적용되고 있다(공직선거법 제13조 제1항 제2호, 제20조 제2항).

라. 비밀선거

비밀선거원칙 준수
비밀선거의 원칙이란 유권자가 어느 후보를 선출하였는지 선출하는지 그리고 선출할 것인지에 대하여 자신의 의사에 반하여 밝히지 않고 비밀리에 선거할 수 있어야 한다는 것을 말한다. 만일 누구를 뽑을 것인지 또는 뽑을 예정인지를 밝힐 것을 강요당하게 된다면, 자유로운 의사로 대표자를 선출할 수 없다. 그러므로 비밀선거는 자유선거를 보장하기 위하여 반드시 필요한 제도라고 보아야 할 것이다.[154]

보통선거를 위 한 예외
다만 보통선거를 가능하게 하기 위하여 불가피한 경우에는 선거의

---

151) 헌재 2009. 3. 26. 2006헌마203, 판례집 제21권 1집 상, 582(588).

152) 헌재 1998. 4. 30. 97헌마100, 판례집 제10권 1집, 480.

153) 헌재 2001. 7. 19. 2000헌마91, 판례집 제13권 2집, 77. 공직선거및선거부정방지법 제146조 제2항 위헌확인, 공직선거및선거부정방지법 제56조 등 위헌확인, 공직선거및선거부정방지법 제189조 위헌확인.

154) 계희열 (주 147), 314면.

비밀이 침해될 수도 있다. 그러나 선거의 비밀이 지켜질 수 없다 하더라도 유권자로서 선거에 참여할 의사가 있다고 한다면, 이러한 보통선거권이 비밀선거권보다 우월하다고 보아야 할 것이기 때문에, 비밀선거가 지켜질 수 없다고 하는 이유로 선거권행사를 제한하는 것은 주객이 전도된 것이라 아니할 수 없다. 이러한 의미에서 장기간 원양에서 체류할 수밖에 없는 원양선원들에 대하여 팩시밀리 등을 통한 선상부재자투표 제도를 도입하지 아니하는 것은 원양선원들의 선거권을 침해하는 것이라고 하는 헌법재판소 판례 역시 타당하다고 본다.[155]

이러한 법리를 지방선거에도 적용해 본다면, 지방선거에 있어서도 원양선원들의 경우는 팩시밀리 등을 통해서 지방선거에 참여할 수 있는 가능성이 보장되어야 할 것이며, 이러한 부재자투표 과정에서 발생할 수 있는 선거비밀의 직·간접적 침해가능성의 문제는 예외적으로 감수할 수 있는 것으로 보아야 할 것이다.

> 팩시밀리를 통한 선거 참여 가능성 보장

마. 자유선거

자유선거의 원칙은 선거에 참여할 것인지 말 것인지, 그리고 참여한다면 누구를 뽑을 것인지를 자신의 의사에 따라 자유롭게 결정할 수 있어야 한다는 것을 의미한다. 이는 언급하였듯이 비밀선거와도 밀접한 관계가 있는 것으로서 제3자의 영향을 받지 아니하고서 자신의 자유로운 의사대로 대표를 뽑는 것이 보장될 때에 자유선거가 실현되었다고 할 수 있다. 이러한 자유선거는 선거운동의 자유와도 밀접한 관련이 있다.[156]

> 자유선거원칙 준수

지방선거의 경우에도 유권자는 어떠한 후보를 대표자로 뽑을 것인지를 자신의 의사로 자유롭게 결정할 수 있어야 한다.

> 자신의 의사로

---

155) 헌재 2007. 6. 28. 2005헌마772, 판례집 제19권 1집, 899.
156) 이에 관하여는 방승주 (주 135), Ⅲ. 5. 마. (4), 40－41면; 방승주, "재외국민 선거권 행사의 공정성 확보방안 연구", 대검찰청, 2011. 9, 67－107면 참조.

3. 지방의원선거에 있어서 정당이 개입하게 할 것인지
여부와 그 범위

정당추천 허용
여부

지방의원선거에 있어서 과연 후보자에게 정당추천을 허용할 것인가의 문제가 제기된다.157) 이 문제에 관하여 우리 헌법은 아무런 규정을 두고 있지 아니하다. 따라서 지방선거에 있어서 정당추천을 허용할 것인지 여부에 대하여는 입법자에게 광범위한 형성의 자유가 부여되어 있다고 볼 수 있을 것이다.158)

정당공천제 반
대 논거

지방선거에 있어서 정당공천제를 반대하는 논거159)로는 주로 기초 지방자치선거와 관련하여 지적되어 왔는데, 첫째, 국회의원이나 원외지구당위원장이 단체장이나 지방의원을 장악할 가능성, 둘째, 개인적 능력이나 정치적 소신과 상관없이 공천헌금에 따라 후보자를 공천할 가능성, 셋째, 지방선거가 인물이나 정책대결보다는 중앙정치적 이슈에 좌우될 수 있는 가능성, 넷째, 지방자치가 중앙정치에 예속될 가능성 등이 있어, 이로 인하여 전체적으로 지역주민에 의한 근거리·밀착형 지방자치의 이념과 본질이 퇴색될 수 있다는 점을 들 수 있다.

정당공천제 찬
성 논거

이에 반하여 정당공천제를 찬성하는 논거160)로는 첫째, 지방자치에

---

157) 이에 관한 논의에 대하여는 방승주 (주 18), 31면 이하(51−53); 정당개입의 필요성을 긍정하는 견해로 허영 (주 7), 843−844면; 성낙인 (주 3), 701면; 원칙적 긍정설의 입장으로, 양건 (주 4), 1610−1611면.

158) 이 문제는 법리적 문제라고 하기 보다는 법정책적 선택의 문제라고 보는 견해로 정만희, "지방선거와 정당참여에 관한 헌법적 고찰," 공법연구 제33집 제1호(2004. 11), 1면 이하.

159) 방승주 (주 18), 52면; 안성호, "지방선거에 대한 정당관여: 정당공천제의 문제점과 개혁과제", 지역사회 2002 제1호(2002), 54면 이하; 박진우, "지방선거에서의 정당공천제 개선방안에 관한 연구", 세계헌법연구 제19권 제2호(2013), 55면 이하; 이종훈, "지방자치와 정당공천제 − 기초의회의원을 중심으로", 세계헌법연구 제19권 제3호(2013), 21면 이하; 금창호·라휘문, "지방선거제도의 역할제고를 위한 개혁과제와 논의", 한국정책연구 제14권 제2호(2014. 6), 23면 이하(39).

160) 정당의 참여를 허용하는 것은 정당의 활동 여하에 따라 자칫하면 지역적 문제를 자율적으로, 그리고 지역주민의 의사와 이익에 부합되도록 처리한다는 지방자치제도의 근본취지에 반하는 결과를 야기할 수도 있다고 지적하면서도, 정당참여를 배제하는 것보다는 정당의 민주화와 지방정당의 형성 등을 통하여 해결하는 것이 바람직하다는 견해로는 장영수 (주 27), 300−301면; 같은 취지, 김남철, "다양한 정치세력의 지방선거참여를 위한 법적 과제", 공법연구 제35집 제3호(2007), 173면 이하; 김봉채, "정당의 지방선거 참여에 관한 소고 − 정당의 지방선거후보

있어서도 정당이 정치적 의사형성의 매개기능을 수행할 수 있다는 점, 둘째, 정치지망생으로 하여금 지방선거를 통하여 중앙정치무대에 진출 할 수 있는 발판을 마련해 줄 수 있는 가능성, 셋째, 지방자치가 가치중 립적인 정책집행으로서의 지방행정이 아니라, 가치배분을 결정하는 지 방정치이므로 지방차원에서도 정당정치를 통한 대의민주주의를 활성화 할 필요가 있다는 점 등을 들 수 있으며161), 헌법재판소 역시 기초지방 의회의원에 대한 정당공천제배제조항을 합헌으로 보았던 과거의 판 례162)를 변경하여 위헌163)으로 판단한 바 있다.

　　그러나 기초지방자치단체 의원선거에 있어서는 정당의 영향력을 배제할 필요가 있다고 생각된다. 지역현안에 대하여 그 지역주민들이 직접 처리하게 함으로써, 주민근접 행정을 도모하는 지방자치제도의 취 지를 고려할 때, 기초지방자치단체 의원선거에까지 중앙정당이 영향력 을 행사하게 되는 경우, 오히려 자치단체의 지역적 특성을 살리지 못한 채, 지방행정이 중앙정당에 의하여 획일화될 수도 있다. 물론 헌법재판

정당의 영향력 배제 필요

추천제를 중심으로", 토지공법연구 제51집(2010. 11), 447면 이하; 성낙인, "선거제 도와 선거운동", 저스티스 통권 제130호(2012. 6), 6면 이하(28);. 궁극적으로는 정 당공천의 투명화를 통한 해결을 입법적으로 도모해야 하지만 그렇지 못할 경우 에는 정당공천제를 유예해야 한다고 보는 견해로 음선필, "지방선거에서의 정당 공천에 관한 입법학적 고찰", 입법학연구 제10권 제2호(2013), 243면 이하; 정당공 천제를 허용하되 당내민주화를 통하여 문제를 해결하자고 하는 견해로, 정연주, "기초지방선거 정당공천제 폐지의 문제점", 법조 제63권 제6호(2014), 5면 이하; 조소영, "지방자치단체장의 정당공천 여부에 관한 헌법적 검토", 공법학연구 제15 권 제2호(2014. 5), 1면 이하.

161) 방승주 (주 18), 52면.
162) 헌재 1999. 11. 25. 99헌바28, 판례집 제11권 2집, 543면.
163) 헌법재판소는 지방의회의원 후보자로 하여금 정당표방을 금지하고 있는 구 공 직선거및선거부정방지법 제84조의 규율내용이 과연 지방분권 및 지방의 자율성 확보라는 목적의 달성에 실효성이 있는지도 매우 의심스러우며, 또한, 위 조항은 정당표방을 제한함에 있어서 예컨대 파급력이 큰 선전벽보·선거공보·소형인쇄 물·현수막 등 특정한 표방수단이나 방법에 한정하여 규제하지 않고 일체의 표 방행위를 전면적으로 금지하고 있으므로, 기본권의 제한을 최소화해야 하는 요건 을 갖추지 못한 것으로 볼 여지가 있고, 위 조항은 지방자치 본래의 취지 구현이 라는 입법목적의 달성에 기여하는 효과가 매우 불확실하거나 미미한 데 비하여 위 조항으로 인해 기본권이 제한되는 정도는 현저하다고 하면서 지방의회의원 후보자의 정치적 표현의 자유와 평등권을 침해하는 것으로 보았다. 헌재 2003. 1. 30. 2001헌가4, 판례집 제15권 1집, 7(17－19); 헌재 2011. 3. 31. 2009헌마286, 판 례집 제23권 1집 상, 398(404－406).

소의 위 위헌결정에서 전개된 논거들도 상당히 일리가 있는 부분이 있지만, 중앙정당이 지방선거에 있어서의 공천권까지 사실상 좌우하는 현재의 지방선거 현실164)을 염두에 둔다면, 지방자치 차원에서의 정당정치와 이를 통한 대의민주주의의 구현이라고 하는 이상실현의 과제는 어느 정도 속도조절이 필요한 것 아닌가 생각된다. 요컨대 기초지방자치단체 의원선거의 경우에는 정당추천을 배제하고, 중앙정당정치와 별개로 순수한 지역살림을 책임질 지역대표들에 의해서 주민들에게 근접한 근거리 지방자치가 이루어지게 하는 것이 바람직하지 않는가 생각된다.165)

중앙정부와의
협력 필요시
정당정치 허용

　　다만 광역지방자치단체 의회의 경우에는 그 규모가 상당히 크고 중앙정부와의 긴밀한 협력 내지는 견제와 균형이 필요하다고 하는 차원에서 정당정치를 허용하도록 하여야 할 것이다.

V. 지방자치단체장의 선임방법

1. 지방자치단체장의 선임

가. 지방자치단체장의 선임의 의의와 방법

단체장의 선임

　　헌법 제118조는 지방자치단체장의 선임방법을 법률로 정하도록 위임하고 있다. "선임"은 선거와는 다른 의미라고 할 수 있다. 선임은 선출하여 임명한다고 하는 뜻을 내포하므로, 반드시 국민에 의한 직접선거가 아니라, 중앙정부에 의한 선임, 지방의회에 의한 선임 등 여러 가

---

164) 2010년 지방선거의 분석을 기초로 공천경쟁의 제도화를 비롯, 중앙정치의 과도한 개입을 줄이고 유권자의 후보인지를 높일 수 있는 제도적 방안들이 함께 모색되어야 한다는 견해로, 황아란, "지방선거의 정당공천제와 중앙정치의 영향: 2010년 지방선거의 특징과 변화", 21세기정치학회보 제20집 제2호(2010. 9), 31면 이하.

165) 동지, 한국지방자치법학회 대국회·대정부 건의문, 지방자치법연구 제1권 제2호(2001), 298면; 정만희 (주 158), 9면; 류지태, 지방자치와 직접민주제, 법제(2006. 6), 5-19, 48면; 신봉기, "기초단체장 정당공천제와 단체장 후원회제의 법적 검토", 지방자치법연구 제5권 제1호(2005. 6), 143면 이하(159); 방승주 (주 18), 51-53면.

지 선출과 함께 임명가능성을 담고 있다고 할 수 있다.[166] 그러므로 각각의 가능성에 대하여 헌법적 관점에서 검토해 보면 다음과 같다.

첫째, 중앙정부에 의한 임명방법이다. 이는 과거에 시장이나 도지사 등을 대통령이 임명하던 사례와 마찬가지로, 지방자치가 국가행정의 지방조직의 일부로서만 이해되고 진정한 의미의 지방자치가 실시되지 않던 시절에 사용되어 왔던 방식으로서, 민주주의의 실현이라고 하는 지방자치의 기능적 관점에서 볼 때, 받아들일 수 없는 방법이라고 할 수 있다. 중앙정부가 임명한 후, 지방의회가 동의하는 방법[167]도 있을 수 있으나, 자치단체장에 대한 직접선거실시가 이미 전통으로 확립되어 가고 있는 현실에서 볼 때, 민주적 정당성이 덜한 방법을 택하여야 할 이유가 없다. 중앙정부에 의한 임명방식과 문제점

둘째, 지방의회에 의한 임명방법이다. 가령 지방의회에서 자치단체장을 선출하여 임명하는 방법을 생각할 수 있을 것이다. 그런데 이는 마치 대통령을 국회에서 임명하는 것과 같은 간선제[168]에 해당한다고 볼 수 있다. 지방자치단체장도 역시 주민의 대표자로서 자치행정의 집행업무를 담당하는 기관이라고 할 수 있다. 그러므로 민주선거의 원칙상 단체장 역시 주민에 의한 직접선거에 의하여 선출할 때, 민주주의이념이 제대로 실현될 수 있다. 다시 말해서 자치단체장을 지방의회가 선출하게 되면, 자치단체장에 대한 직접선거의 원칙이 침해될 가능성이 있는 것이다. 그러므로 이러한 지방의회에 의한 선임 역시 민주선거의 원칙상 받아들이기 어렵다. 다만 지방자치단체의 집행을 의원내각제 형식[169]으로 운영하는 차원에서라면, 지방의회가 단체장을 임명하는 방식도 민주적 방식이 아니라고 말할 수는 없을 것이다. 지방의회에 의한 임명방식과 문제점

셋째, 그렇다면 남는 것은 주민에 의한 직접선거에 의한 방법 밖에 없다. 우리 지방자치법 역시 자치단체장을 주민의 보통·평등·직접· 직접선출방식

---

166) 과거 지방자치단체장 선임방법에 관해서는, 안청시/손봉숙, "한국의 지방선거제도", 한국정치학회보 제20권 제1호(1986), 37면 이하(52-54).

167) 홍정선, "지방자치단체 계층구조 개편의 공법적 문제", 지방자치법연구 제9권 제1호(2009. 3), 39면 이하(50).

168) 단체장 간선제도 고려해 볼 필요가 있다는 견해로, 성낙인 (주 3), 689면.

169) 김철수 (주 128), 1502면; 홍정선 (주 167), 51면; 성낙인 (주 3), 682면.

비밀선거에 따라 선출하도록 규정하고 있다(지방자치법 제94조). 자치단체장 선거에 있어서도 보통·평등·직접·비밀·자유선거라고 하는 민주적인 선거의 원칙이 적용되는 것이다.

나. 지방자치단체장에 대한 선거권과 피선거권이 기본권인지 여부

이와 관련하여 지방자치단체장에 대한 선거권이나 피선거권이 과연 헌법상의 기본권[170]인지 여부가 문제될 수 있다. 헌법 제118조가 지방의회의원의 경우에 선거를 하도록 명시하고 있는 데 반하여, 지방자치단체장의 경우에는 "선임"이라고 하는 용어를 쓰고 있기 때문이다.

구 지방자치법중개정법률(1990. 12. 31. 법률 제4310호) 부칙 제2조 제2항에서는 그 법률에 의한 최초의 지방자치단체의 장 선거는 1992. 6. 30. 이내에 실시한다고 규정한 바 있었으며, 구 지방자치단체의장선거법(제정 1990. 12. 31. 법률 제4312호, 폐지 1994. 3. 16. 법률 제4739호) 제95조 제3항 및 부칙 제6조에서는 그 법률에 의한 최초의 단체장선거의 선거일은 대통령이 선거일 전 18일까지 공고한다고 규정하였음에도 불구하고, 대통령이 위 규정들에 의한 공고 마감일에 해당하는 1992년 6월 12일이 지나도록 단체장선거의 선거일을 공고하지 아니한 데 대하여 헌법소원심판이 청구된 바 있었으나 헌법재판소는 권리보호이익이 없다는 이유로 각하하였다.[171]

이와 관련하여 다수의견은 권리보호이익이 없어 심판청구를 각하하였으나, 재판관 조규광과 김진우는 단체장 선거권 및 피선거권은 법률에 의하여 보장되는 법률상의 권리에 불과하다고 본 데 반하여, 재판관 변정수와 김양균은 이를 헌법상 보장되는 기본권으로 본 바 있다.[172]

한편 주민등록이 되어 있지 않음을 이유로 재외국민들의 선거권과 피선거권을 제한한 관련규정들에 대한 헌법불합치결정에서 헌법재판소

(좌측 난외 주기)
단체장에 대한 선거권, 피선거권

단체장선거 불공고 헌법소원 각하

반대의견

재외국민들의 선거권과 피선거권

---

170) 헌법상의 기본권으로 보는 견해로 김철수 (주 128), 1513면.
171) 헌재 1994. 8. 31. 92헌마126, 판례집 제6권 2집, 176; 헌재 1994. 8. 31, 92헌마184. 이에 대하여 ⅰ) 사건심리의 지나친 지연으로 인한 국민 권리보호의 적실성 상실, ⅱ) 기본권보호의 범위에 대한 지나친 축소, ⅲ) 헌법소원의 청구가능성에 대한 과도한 제한을 초래한다고 하는 비판적 견해로는 성낙인 (주 3), 681면.
172) 위 판례집 제6권 2집, 176(178−179).

는 다음과 같이 판시하였다. 『헌법이 지방자치단체의 장에 대해서는 '선임방법'이라고 표현함으로써 지방의원의 '선거'와는 구별하고 있으므로 지방자치단체의 장의 선거권을 헌법상 기본권이라 단정하기는 어렵다. 하지만 지방자치단체의 장의 선거권을 법률상의 권리로 본다 할지라도, 비교집단 상호간에 차별이 존재할 경우에 헌법상 기본권인 평등권 심사까지 배제되는 것은 아니므로, 지방선거권에 대한 제한은 지방의원의 경우이든 지방자치단체의 장의 경우이든 모두 헌법상의 기본권에 대한 제한에 해당한다.』[173]

헌법재판소가 위 결정에서 밝히고 있듯이 헌법은 지방자치단체장과 관련해서는 "선임"이라고 하는 용어를 쓰고 있기 때문에 "선거"라고 하는 용어를 쓰고 있는 지방자치의회 의원의 경우와는 분명히 구별을 하고 있다고 할 수 있으므로, 자치단체장에 대한 선거권과 피선거권이 반드시 헌법상 보장된 기본권이라고 단정하기는 힘들고 법률상의 권리라고 보는 것이 타당하다고 생각된다.[174] 다만 그렇다고 하여 자치단체장 선임과 관련하여 과거와 같이 정부의 임명제로 회귀하는 것은 사실상 불가능하며[175], 이러한 방법은 불문의 헌법원리[176]라고 할 수 있는 민주선거의 원칙에도 반한다고 할 수 있을 것이다. 다만 지방의회가 선출하는 방법의 경우를 생각할 수 있을 것인데 이것이 완전히 금지된다고 할 수는 없으나, 단체장의 경우에도 주민의 직접선거에 의하여 선출하는 것이 민주주의 이념에 더욱 부합한다고 할 수 있을 것이다.[177]

민주선거의 원칙상 단체장도 주민의 직접선출 필요

2. 선거의 원칙

지방자치단체장 선거에 있어서도 보통·평등·직접·비밀선거의 원칙(지방자치법 제94조)과 자유선거의 원칙이 적용되어야 한다. 개별적으

민주선거의 원칙

---

173) 헌재 2007. 6. 28. 2004헌마644, 판례집 제19권 1집, 859(882).
174) 동지, 양건 (주 4), 914면; 정종섭 (주 20), 755면.
175) 동지, 계희열, 헌법학(중), 박영사, 2007, 606면; 권영성 (주 21), 597면.
176) 방승주 (주 137), 318면, 각주 22).
177) 방승주 (주 137), 316-318면; 헌재 2004헌마644. 공직선거 및 선거부정 방지법 제15조 제2항 등 위헌확인 사건에 대한 참고인 방승주 견해, 헌법재판자료집 제13집(2007. 12), 133면 이하(142-144).

로 살펴보면 다음과 같다.

가. 보통선거의 원칙

의의

일정한 선거연령에 달한 모든 주민은 지방자치단체장의 선거에 참여할 수 있어야 할 뿐만 아니라, 스스로 단체장의 후보로 나설 수 있어야 한다는 것을 의미한다.

60일 이상 관할구역에 주민등록

이와 관련하여 지방자치단체장의 후보로 출마하기 위해서는 60일 이상 그 관할구역에 주민등록이 되어 있어야 함을 요하는 현행 공직선거법 제16조 제3항은 역시 지방의회의원의 경우와 마찬가지로 지방자치제도의 취지상 합헌이라고 보아야 할 것이다.[178] 1994년 공직선거및선거부정방지법 제16조 제3항에서는 이 기간을 90일[179]로 정하였으며, 1998. 4. 30. 법률 제5537호로 개정된 법 제16조 제3항에서부터 이 기간은 60일로 단축된 바 있다.

재외국민에 대한 피선거권 제한 위헌

다만 이 조항이 지방선거에서 피선거권을 행사하기 위하여 60일 이상 주민등록이 되어 있을 것을 요구하기 때문에, 국내에 거소신고를 하고 거주를 증명할 수 있는 재외국민들도 지방자치단체장에 대한 피선거권을 행사할 수 없는 것에 대하여 헌법재판소는 그들의 지방선거 참여권과 공무담임권을 침해하는 것이라고 확인한 바 있다.[180] 이 헌법불합치결정 후 2009년 2월 12일 공직선거법 제16조 제3항은 개정되어 주민등록의 개념에 국내거소신고인명부에 올라 있는 경우를 포함시켰다가, 이후 2015년 8월 13일에 재외국민의 국내거소신고제도가 폐지되고 재외국민용 주민등록증을 발급하도록 주민등록법이 개정됨에 따라 다시 "주민등록이 되어 있는 주민"으로 개정되었다(공직선거법 제16조 제3항).

재임을 3기로 제한 합헌

자치단체장의 재임을 3기로 제한하는 것(지방자치법 제95조)은 다른 선출직 공직자의 경우와 비교하여 평등권을 침해하는 것이 아닌지에 대한 문제에 대하여 헌법재판소는 장기집권으로 인한 지역발전저해 방지

---

178) 헌재 2004. 12. 16. 2004헌마376, 판례집 제16권 2집 하, 598.

179) 합헌결정으로 헌재 1996. 6. 26, 96헌마200, 판례집 제8권 1집, 550.

180) 헌재 2007. 6. 28. 2004헌마644, 2005헌마360(병합), 판례집 제19권 1집, 859 (881 – 885).

와 유능한 인사의 자치단체 장 진출확대의 목적상 정당화될 수 있는 것으로서 헌법에 위반되지 아니한다고 판단하였다.[181]

지방자치단체의 장은 그 임기 중에 그 직을 사퇴하여 대통령선거, 국회의원선거, 지방의회의원선거 및 다른 지방자치단체의 장 선거에 입후보할 수 없다고 하는 공직선거및선거부정방지법 제53조 제3항에 대하여 헌법재판소는 지방자치단체장의 피선거권을 과도하게 제한하여 민주주의실현에 부정적 효과를 미친다고 보았다.[182] 이러한 위헌결정 후에 지방자치단체의 장으로 하여금 당해 지방자치단체의 관할구역과 같거나 겹치는 선거구역에서 실시되는 지역구 국회의원선거에 입후보하고자 하는 경우 당해 선거의 선거일 전 180일까지 그 직을 사퇴하도록 한 동법 제53조 제3항 역시 평등의 원칙과 공무담임권을 침해한다고 하며 위헌선언을 하였다.[183] 위헌 결정 이후 2003년 10월 30일 개정으로 선거일 전 120일까지 그 직을 그만두어야 하는 것으로 개정되었으며, 2010년 1월 25일 개정에서는 제53조 제3항의 내용이 제5항으로 이동되었고 여기에 단서를 신설하였는데, 그 지방자치단체의 장이 임기가 만료된 후에 그 임기만료일부터 90일 후에 실시되는 지역구국회의원선거에 입후보하려는 경우에는 선거일 전 120일까지 그만두지 않아도 되도록 예외조항을 두었다.

한편 폐지되는 지방자치단체의 장이 통합시의 시장선거에 입후보하려는 경우 그 직을 가지고 입후보할 수 있도록 규정한 조항('경상남도 창원시 설치 및 지원특례에 관한 법률' 부칙 제2조 제3항 단서)에 대한 위헌확인 사건에서 헌법재판소는 이 부칙조항으로 인하여 청구인의 공무담임권이나 평등권이 침해될 가능성이 없다고 하는 이유로 이 사건 청구를 각하하였다.[184]

지방자치단체 장에 대한 국정선거 및 지자체장 선거 입후보 제한조항(공직선거법 제53조 제3항) 위헌(헌재)

예외조항

통합시 예외조항 헌법소원 각하

---

181) 헌재 2006. 2. 23. 2005헌마403, 판례집 제18권 1집 상, 320; 이에 대하여 위헌으로 보는 견해로는 오준근, "지방자치단체장의 3기연임 제한제도에 관한 공법적 검토", 지방자치법연구 제5권 제1호(2005. 6), 121면 이하.
182) 헌재 1999. 5. 27. 98헌마214, 판례집 제11권 1집, 675. 공직선거및선거부정방지법 제53조 제3항 등 위헌확인.
183) 헌재 2003. 9. 25. 2003헌마106, 판례집 제15권 2집 상, 516.
184) 헌재 2010. 6. 24. 2010헌마167, 판례집 제22권 1집 하, 656(664-666).

나. 평등선거의 원칙

평등선거원칙
준수

단체장 선거에 있어서도 역시 평등선거의 원칙은 적용된다. 즉 단체장의 선거에 있어서 평등선거의 원칙은 지역주민이면 누구에게나 한 표씩 행사할 수 있게 하는, 계산가치의 평등에 그 본질이 있다고 하겠다.

사표의 발생

다만 자신이 뽑은 후보자가 단체장으로 당선되지 못하였을 경우, 사표로 되는 문제가 발생하지만 이것은 다수대표제에 따라서 발생할 수밖에 없는 어쩔 수 없는 현상이라고 보아야 할 것이다. 지방의회의원선거와는 달리 이러한 사표를 방지하기 위하여 비례대표제를 도입할 수 있는 것도 아니기 때문에, 결국 단체장 선거에 있어서 평등선거의 문제는 계산가치의 평등의 문제로 귀착된다고 할 수 있을 것이다.

다. 직접선거의 원칙

직접선거 원칙
준수

직접선거의 원칙은 전술한 바와 같이 유권자의 투표로 바로 누가 단체장이 될 것인지가 결정되어야 함을 요구하는 것이다. 즉, 지방의회에서 단체장을 뽑게 되면, 지역주민들이 직접 단체장을 뽑지 못하게 되기 때문에, 일종의 간선제이며 이는 직접선거의 원칙에 반할 수 있다.

라. 비밀선거의 원칙과 자유선거의 원칙

비밀선거와 자유선거의 원칙에 대하여는 지방의회의원선거와 관련하여 설명한 것이 그대로 적용된다.

3. 자치단체장 선거에 있어서 정당이 개입하게 할 것인지 여부와 그 범위[185]

후보자 정당추
천 허용문제

지방자치단체장의 선거에 있어서 후보자에게 정당추천을 허용할 것인가의 문제가 논란이 되고 있다. 그러나 기초지방자치단체의 경우에는 지역사무에 대하여 주민이 직접 또는 그 대표에 의하여 간접적으로 처리함으로써, 지역살림을 스스로 책임지게 하는 데 그 의의가 있다는

---

185) 위 Ⅳ. 3. 참조.

점을 고려할 때, 기초지방자치단체장의 선거에 있어서는 정당의 추천이 배제되도록 하는 것이 바람직하다고 생각된다. 즉 중앙정당의 입김이 기초지방자치에까지 미치도록 할 것이 아니라, 오히려 지역 현안에 대하여 중앙정당의 지배와 상관없이 주민 스스로가 자율적으로 처리하도록 하기 위해서는 중앙정당의 공천을 받지 아니하고, 지역주민들의 광범위한 지지를 받는 지역 주민이 대표로 선출되는 것이 바람직하다고 보아야 할 것이다.

광역지방자치단체장의 경우에는 정당추천을 허용하게 함으로써, 중앙정치와 지방정치 간의 수직적 권력분립과 통제가 가능하게 한다고 하는 의미에서 보면 바람직스러울 수 있다.

광역단체장의 경우

4. 헌법개정 사항

오늘날 지방자치단체장을 과거와 같이 정부가 임명하게 한다든가, 또는 지방의회에서 선임하게 하는 것은 민주주의적 관점에서 바람직스럽지 않다. 그리고 지방자치법 역시 자치단체장을 선거를 통하여 선출하도록 하고 있다.

임명이나 의회 간선은 비민주적

따라서 지방자치단체장에 대하여 "선임"이라고 하는 표현을 "선거"로 바꾸고 지방선거와 관련해서도 민주선거의 원칙을 명문화하는 것186) 이 바람직하다고 생각된다.

"선임"을 "선거"로

VI. 기타 지방자치단체의 조직과 운영에 관한 사항

1. 지방자치단체의 조직과 운영에 관한 사항

제118조는 기타 지방자치단체의 조직과 운영에 관한 사항에 대하여는 법률로 정하도록 입법자에게 위임하고 있다.

기타 지방자치단체의 조직과 운영에 관한 사항으로는 지방의회의 조직과 권한, 그리고 의원선거, 지방자치단체장의 선임방법 외에 기타

조직과 운영에 관한 사항

---

186) 방승주 (주 116), 3면 이하(24).

지방자치단체 내부의 조직, 예산, 회계, 감사, 기타 재정운영, 공공사업, 지방자치단체 상호간의 협력 등 지방자치단체의 자치를 위하여 필요한 모든 사항을 포함한다고 할 수 있을 것이며 여기에는 교육자치에 관한 문제도 포함된다.

2. 지방자치법상 규율내용

조직과 운영에 관한 사항 예시

종류

기타 지방자치단체의 조직과 운영에 관한 사항에 해당한다고 볼 수 있는 지방자치법 규정들을 정리해 보면 다음과 같은 예를 들 수 있다.

첫째, 지방자치단체의 종류에 관한 규정이다. 현재 지방자치단체는 ① 특별시, 광역시, 특별자치시, 도, 특별자치도와 ② 시, 군, 구의 두 가지가 있다(지방자치법 제2조).

관할구역

둘째, 지방자치단체의 관할구역(제1장 제2절)이다. 여기에서는 지방자치단체의 명칭과 구역, 자치구가 아닌 구와 읍·면·동 등의 명칭과 구역, 구역을 변경하거나 폐치·분합할 때의 사무와 재산의 승계[187], 사무소의 소재지, 시·읍의 설치기준 등이 규정되어 있다.

기능과 사무

셋째, 지방자치단체의 기능과 사무(제1장 제3절)의 절에서는 사무처리의 기본원칙, 지방자치단체의 사무범위, 지방자치단체의 종류별 사무배분기준, 국가사무의 처리제한 등이 규정되어 있다.

주민

넷째, 주민(제2장)의 장에서는 주민의 자격, 권리, 주민투표[188], 조례의 제정과 개폐청구[189], 주민청구조례안의 심사절차, 주민의 감사청

---

187) 헌법재판소는 지방자치단체인 청구인의 불법점유를 이유로 한 부당이득금 반환청구에서 청구인의 점유가 다른 지방자치단체로부터의 승계가 아니라 청구인 스스로의 사실상 지배를 이유로 하여 인정되는 경우 지방자치단체 간의 사무와 재산의 승계에 관하여 규정한 구 지방자치법 제5조 제1항(이하 '이 사건 법률조항'이라 한다)은 재판의 전제가 되지 않는다고 보았다. 헌재 2008. 1. 15. 2007헌바145, 판례집 제20권 1집 상, 64.

188) 주민투표를 실시함에 있어서 투표인명부 작성기준일을 투표일 전 19일로 정한 주민투표법(2009. 2. 12, 법률 제9468로 개정된 것) 제6조 제1항에 대한 헌법소원심판에서 헌법재판소는 작성기준일 이후에 전입신고를 한 청구인으로 하여금 주거지역에서 주민투표를 할 수 없도록 한 것은 투표인명부의 확정에 소요되는 기간을 감안한 것으로서 합리적인 이유가 있어 청구인의 평등권을 침해한다고 볼 수 없다고 하였다. 헌재 2013. 7. 25. 2011헌마676, 공보 202, 1005.

189) 헌법재판소는 법령을 위반하는 사항에 관한 주민의 조례제정청구를 지방자치단

구, 주민소송, 손해배상금 등 지불청구, 변상명령 등, 주민소환[190], 주민
의 의무가 규정되어 있다.

다섯째, 조례와 규칙(제3장)의 장에서는 조례와 규칙제정권, 조례와   조례와 규칙
규칙의 입법한계, 지방자치단체를 신설하거나 격을 변경할 때의 조례·
규칙의 시행, 조례와 규칙의 제정 절차, 조례위반에 대한 과태료, 조례
와 규칙에 대한 제정과 개폐에 대한 보고의무가 규정되어 있다.

여섯째, 집행기관(제6장)의 장에서는 지방자치단체장의 지위[191], 권   집행기관
한[192], 지방의회와의 관계, 보조기관[193], 소속행정기관, 하부행정기관,

체의 장이 각하하도록 한 구 지방자치법 제13조의3 제1항 제1호 및 제6항은 명확
　성원칙에 위배되지 않으며 또한 지방자치의 제도적 보장에 반하는지 않는다고
　한 바 있다. 헌재 2009. 7. 30. 2007헌바75, 판례집 제21권 2집 상, 170.

190) 헌법재판소는 주민소환제도에 관하여 하남시장이 청구한 헌법소원심판에서 주
　민소환투표의 구체적인 요건을 설정하는 데 있어 입법자의 재량이 매우 크고, 이
　청구요건이 너무 낮아 남용될 위험이 클 정도로 자의적이라고 볼 수 없으며, 법
　제7조 제3항과 법 시행령 제2조가 특정 지역 주민의 의사에 따라 청구가 편파적
　이고 부당하게 이루어질 위험성을 방지하여 주민들의 전체 의사가 어느 정도 고
　루 반영되도록 하고 있으므로, 이 조항이 과잉금지원칙에 위반하여 청구인의 공
　무담임권을 침해한다고 볼 수 없다고 판시하였다. 헌재 2009. 3. 26, 2007헌마843,
　판례집 제21권 1집 상, 651(652); 또한 주민소환투표청구를 위한 서명요청활동을
　'소환청구인서명부를 제시'하거나 '구두로 주민소환투표의 취지나 이유를 설명하
　는' 두 가지 경우로만 제한하고, 이를 위반하는 경우 형사처벌하는 '주민소환에
　관한 법률'에 대하여 헌법재판소는 정치적으로 악용되거나 남용되는 것을 막고
　주민소환투표청구자의 진정한 의사가 왜곡되는 것을 방지하려는 입법목적의 정
　당성이 인정되며, 이 사건 법률은 표현활동을 방법적으로 제한하고 있을 뿐이지
　단순한 의견개진이나 준비활동 등 정치적·사회적 의견 표명은 제한하고 있지
　않는 점을 비추어 볼 때 개인의 표현의 자유를 제한함에 있어 과잉금지원칙을 위
　반하지 않는다고 하여 합헌결정을 내렸다. 헌재 2011. 12. 29. 2010헌바368, 판례
　집 제23권 2집 하, 658(659).

191) 지방자치단체장을 위한 별도의 퇴직급여제도를 마련하지 않은 입법부작위에 관
　한 헌법소원심판에서 헌법재판소는 헌법상 지방자치단체장을 위한 퇴직급여제도
　에 관한 사항을 법률로 정하도록 위임하고 있는 조항은 존재하지 않으며, 지방자
　치단체장은 선거에 의하여 선출되는 공무원이라는 점에서 헌법 제7조 제2항에
　따라 신분보장이 필요하고 정치적 중립성이 요구되는 공무원에 해당한다고 보기
　어려워 헌법 제7조의 해석상 지방자치단체장을 위한 퇴직급여제도를 마련하여야
　할 입법적 의무가 도출되지 않는다고 하면서 이 입법부작위에 대한 헌법소원은
　헌법소원의 대상이 될 수 없는 입법부작위를 그 심판대상으로 한 것으로 부적법
　하다고 판시하였다. 헌재 2014. 6. 26. 2012헌마459, 공보 213, 1076(1076).

192) 헌법재판소는 지방의회 사무직원의 임용권을 지방자치단체의 장에게 부여하고
　있는 구 지방자치법(2007. 5. 11, 법률 제8423호로 개정되고, 2012. 12. 11. 법률
　제11531호로 개정되기 전의 것) 제91조 제2항이 지방의회와 지방자치단체의 장

교육·과학 및 체육에 관한 기관 등이 규정되어 있다.

재무

일곱째, 재무(제7장)의 장에서는 재정운영의 기본원칙, 예산과 결산, 수입과 지출, 재산 및 공공시설, 지방재정운영에 관한 별도의 법률제정 문제, 지방공기업의 설치·운영에 관한 사항 등이 규정되어 있다.

지자체 상호간의 관계

여덟째, 지방자치단체 상호간의 관계(제8장)의 장에서는 지방자치단체간의 협력과 분쟁조정, 행정협의회, 지방자치단체조합, 지방자치단체장 등의 협의체 등이 규정되어 있다.

국가의 지도·감독

아홉째, 국가의 지도·감독(제9장)의 장에서는 지방자치단체의 사무에 대한 지도와 지원, 국가사무나 시·도사무 처리의 지도·감독, 중앙

사이의 상호견제와 균형의 원리에 어긋나는지 여부와 관련하여, "지방자치법 제101조와 같은 법 제105조의 취지는 중앙정부와 국회의 관계와 같이 인적·물적으로 독립된 권력기관을 상정하기보다는 중앙권력으로부터의 자치라는 과제를 중심으로 지방자치단체 내에서는 집행기관의 장과 의회가 견제와 균형을 통해 협력·보완해 나간다는 원칙을 상정한 것이라고 볼 수 있고, 지방자치단체 구성에 관한 위와 같은 기본원칙은 헌법 제117조, 제118조의 취지를 우리 사회의 현재 상황에 맞게 적절히 반영하고 있다고 할 수 있다."고 하여 합헌결정을 내렸다. 헌재 2014. 1. 28. 2012헌바216, 공보 208, 317.

193) 헌법재판소는 "지방자치단체의 장이 금고 이상의 형의 선고를 받은 경우 부단체장으로 하여금 그 권한을 대행하도록 한 지방자치법 제101조의2 제1항 제3호(이하 '이 사건 법률규정'이라 한다)의 입법목적은, 금고 이상의 형을 선고받은 지방자치단체의 장을 형이 확정될 때까지 잠정적으로 그 직무에서 배제함으로써 주민의 신뢰회복, 직무의 전념성 확보, 행정의 안정성과 효율성 제고, 주민의 복리와 지방행정의 원활한 운영에 대한 위험을 예방하기 위한 것이라고 할 것이다. 이와 같은 입법목적은 입법자가 추구할 수 있는 헌법상의 정당한 공익이라 할 것이고 이를 실현하는데 있어서 이 사건 권한대행제도는 매우 효과적인 수단이 된다고 할 것이다"고 하면서 권한대행제도(현행 제111조 제1항 제2호)를 합헌으로 본 바 있다. 헌재 2005. 5. 26. 2002헌마699, 판례집 제17권 1집, 734. 지방자치단체의 장이 공소 제기된 후 구금상태에 있는 경우에 관한 지방자치법 제111조 제1항 제2호의 위헌여부와 관련하여 마찬가지 취지로 헌재 2011. 4. 28. 2010헌마474, 판례집 제23권 1집 하, 126(127−128); 다만 지방자치단체의 장이 금고 이상의 형을 선고 받고 그 형이 확정되지 아니한 경우 부단체장이 그 권한을 대행하도록 한 것에 대해 헌법재판소는 불구속상태에 있는 이상 직무를 수행하는 데 아무런 지장이 없고, 형이 확정되기 전이라도 미리 직무를 정지시켜야 할 이유가 명백한 범죄를 저질렀을 경우로 한정할 필요가 있으며, 장차 무죄판결을 받을 경우 이미 침해된 공무담임권은 회복될 수 없는 등의 심대한 불이익을 입게 된다는 점을 들어 이 사건 법률조항이 청구인의 공무담임권과 평등권을 침해한다고 판단하였으나, 단순 위헌의견이 5 헌법불합치 의견이 1 합헌의견이 3으로 나뉘어 결론적으로 헌법불합치 결정을 선고하였다. 헌재 2010. 9. 2. 2010헌마418, 판례집 제22권 2집 상, 526(539−547).

행정기관과 지방자치단체 간 협의조정, 위법·부당한 명령·처분의 시
정, 지방자치단체의 장에 대한 직무이행명령, 지방자치단체의 자치사무
에 대한 감사194), 지방의회 의결의 재의와 제소 등이 규정되어 있다.

열째, 서울특별시 등 대도시와 세종특별자치시 및 제주특별자치도   행정특례
의 행정특례(제10장)의 장에서는 대도시와 특별자치시·도에 대한 특례
가 규정되어 있다.

3. 지방교육자치에 관한 법률상 규율내용

지방자치단체의 교육·과학·기술·체육 그 밖의 학예에 관한 사   지방교육자치
에 관한 사항
무를 관장하는 기관의 설치와 그 조직 및 운영 등에 관한 사항은 지방
교육자치195)에 관한 법률에서 따로 정하고 있으며, 이에 따라서 의결기
관으로서 시·도의회 내에 교육위원회196), 집행기관으로서 교육감을 두

---

194) 이와 관련 헌법재판소는 서울특별시의 거의 모든 자치사무를 감사대상으로 하
　　고 구체적으로 어떠한 자치사무가 어떤 법령에 위반되는지 여부를 밝히지 아니
　　한 채 개시한 행정안전부장관 등의 합동감사는 구 지방자치법 제158조 단서 규
　　정상의 감사개시요건을 전혀 충족하지 못하여 헌법 및 지방자치법에 의하여 부
　　여된 지방자치권을 침해한 것이라고 판단하였다. 헌재 2009. 5. 28. 2006헌라6, 판
　　례집 제21권 1집 하, 418.

195) 헌법재판소는 지방교육자치에 대하여 "지방교육자치는 지방자치권 행사의 일환
　　으로 보장되는 것으로서 중앙권력에 대한 지방적 자치로서의 속성을 지니고 있
　　지만, 동시에 그것은 헌법 제31조 제4항이 보장하고 있는 교육의 자주성·전문
　　성·정치적 중립성을 구현하기 위한 것이므로 정치권력에 대한 문화적 자치로서
　　의 속성도 아울러 지니고 있는 것이다. 이러한 '이중의 자치'의 요청으로 말미암
　　아 지방교육자치의 민주적 정당성 요청은 어느 정도 제한이 불가피하게 되고, 결
　　국 지방교육자치는 '민주주의·지방자치·교육자주'라고 하는 세 가지의 헌법적
　　가치를 골고루 만족시킬 수 있어야만 하는 것이다(헌재 2008. 6. 26. 2007헌마
　　1175, 판례집 제20권 1집 하, 460(464-465) 참조)"고 강조하고 있다. 헌재 2009.
　　9. 24. 2007헌마117, 2008헌마483·563(병합), 판례집 제21권 2집 상, 709(718); 헌
　　재 2011. 11. 29, 2010헌마285, 판례집 제23권 2집 하, 862(871-873).

196) 이와 관련하여 지방교육자치에관한법률 제10조 제2항은 교육경력 또는 교육행
　　정경력이 10년 이상 있을 것을 요구하여 교육감에 비하여 기간적으로 가중된 요
　　건을 규정하고 있으나, 이는 교육위원회가 교육의원으로만 구성되는 것이 아니라
　　시·도의회 의원이 거의 절반 정도의 비율로 참여하고 있음을 고려하여, 교육위
　　원회의 원활한 운영 및 교육의 전문성을 확보할 수 있도록 규정한 것이라 할 것
　　이므로 지나치게 과중한 제한이라 보기 어려우며, 또한 교육감이 되고자 하는 사
　　람에게 5년 이상의 교육경력이나 교육공무원으로서 교육행정경력을 쌓았을 것을
　　요구하는 것은 유아교육법, 초·중등교육법, 고등교육법, 교육공무원법이 요구하

고 있다(제4조, 제18조). 교육위원회위원은 과거에는 학교운영위원회 위원 전원으로 구성197)된 선거인단에서 선임하였으나, 주민직선제로 개정되어 시행되다가(제8조, 제51조)198), 2010. 2. 26. 법률 제10046호 부칙 제2조 제1항의 규정에 의하여 제2장 교육위원회 규정 및 제7장 교육의원199)선거200)에 관한 규정은 2014년 6월 30일까지만 효력을 가지면서 교육의원선거는 더 이상 실시되지 않았다.201)

는 자격기준을 충족하여, 학문적으로나 실체적으로 교육에 관한 식견을 갖추었다고 객관적으로 인정될 수 있는 교육전문가가 교육행정을 총괄하는 교육감이 될 수 있도록 하기 위한 것으로서 교육에 관한 헌법적 요청에 부합한다고 하는 것이 헌법재판소 입장이다. 헌재 2009. 9. 24. 2007헌마117, 2008헌마483 · 563(병합), 판례집 제21권 2집 상, 709(721).

197) 헌법재판소는 교육위원 및 교육감의 선거인단을 학교운영위원회 위원 전원으로 구성하도록 규정하고 있는 법률조항은 주민들의 선거권을 침해하지 않는다고 보았다. 헌재 2002. 3. 28 선고, 2000헌마283, 판례집 제14권 1집, 211. 한편 국 · 공립학교와는 달리 사립학교의 경우에 학교운영위원회의 설치를 임의적인 사항으로 규정하고 있는 구 지방교육자치에관한법률 제44조의2 제2항은 학부모의 교육 참여권을 침해하지 않는다고 보았다. 헌재 1999. 3. 25. 97헌마130, 판례집 제11권 1집, 233.

198) 헌법재판소는 교육위원의 선거에 있어서 선거공보의 발행 · 배포와 소견발표회의 개최 이외에 일체의 선거운동을 금지하고 있는 구 지방교육자치에관한법률 제5조의4 및 이 규정을 위반한 자에 대하여 2년 이하의 징역 또는 벌금에 처하도록 규정한 같은 법 제53조는 청구인의 평등권 · 언론의 자유 · 공무담임권 등을 침해하지 않는다고 보았다. 헌재 2000. 3. 30. 99헌바113, 판례집 제12권 1집, 359.

199) 헌법재판소는 지방교육위원선거에서 다수득표자 중 교육경력자가 선출인원의 2분의 1 미만인 경우에는 득표율에 관계없이 경력자 중 다수득표자 순으로 선출인원의 2분의 1까지 우선 당선시킨다는 지방교육자치에관한법률 제115조 제2항이 비경력자인 청구인의 공무담임권을 침해하지 않는지 여부에 대하여 5인의 재판관이 위헌으로 판단하였으나 위헌정족수 부족으로 기각된 바 있다. 헌재 2003. 3. 27, 2002헌마573, 15 - 1, 319.

200) 일부 선거구에서 시와 군이 하나의 선거구에 속하도록 정해진 전라북도 지역 교육위원 선거구획정은 교육위원 선거에서의 투표가치의 평등을 침해하거나 교육의 자주성과 지방자치제도를 보장하는 헌법정신에 반하지 않는다고 본 판례로 헌재 2002. 8. 29. 2002헌마4, 판례집 제14권 2집, 233.

201) 교육위원회를 폐지하는 부칙조항에 대한 헌법소원심판이 청구되었으나 헌법재판소는 청구기간의 도과를 이유로 각하하였다. 헌재 2014. 3. 11. 2014헌마103. 한편 현재 교육위원회는 지자체 지방의회의 상임위 차원으로 운영되고 있다. 다만, 「제주특별자치도 설치 및 국제자유도시 조성을 위한 특별법」에 의해 제주도만 교육의원을 선출하고 있다. 그럼에도 당시까지 교육위원회 조항이 남아있음에 따라, 해당 조항을 부칙과 함께 보지 않으면 교육의원(교육위원에서 교육의원으로 변경됨)이 존재하는 것처럼 보여 국민들이 혼란스러울 수 있다고 하는 이유로 이 조항들은 아예 삭제되었다.

지방교육자치에 관한 법률은 지방자치법에 대하여 특별법이라고 할 수 있으며, 성질에 반하지 않는 한 지방교육자치에 관한 법률에 규정이 없을 경우에는 지방자치법이 준용된다(제3조).

지방교육자치
에 관한 법률

한편 교육·학예에 관한 사무의 집행기관으로서 임기 4년의 교육감 역시 주민의 보통·평등·직접·비밀선거에 따라 선출하지만(제43조), 교육감선거에 있어서는 정당202)이 후보자를 추천할 수 없도록 하고 있는데(제46조 제1항), 교육·학예에 관한 집행기관의 정치적 중립유지를 위한 목적이라고 할 수 있을 것이다.203) 교육감에 대하여는 겸직금지조항을 두고 있으며(제23조), 헌법재판소는 이에 대하여 합헌으로 보고 있다.204) 교육감은 교육·학예에 관하여 조례안, 예산안, 결산서의 작성 및 제출에 관한 사항 및 교육규칙의 제정에 관한 사항 등을 관장한다(제20조).

지방자치법 준
용

4. 기타 지방자치에 관한 법률

그 밖에도 지방자치를 구체화하고 있는 법률로서는 지방공무원법, 지방공기업법, 서울특별시 행정특례에 관한 법률, 세종특별자치시 설치

지방자치를 구
체화된 법률

---

202) 헌법재판소는 교육감 후보자 자격에 관하여 후보자 등록신청개시일부터 과거 2년 동안 정당의 당원이 아닌 자로 규정하고 있는 '지방교육자치에 관한 법률' 제24조 제1항은 청구인의 공무담임권이나 평등권을 침해하지 않는다고 보았다. 헌재 2008. 6. 26. 2007헌마1175, 판례집 제20권 1집 하, 460; 또한 교육감선거운동과정에서 후보자의 과거 당원경력 표시를 금지시키는 '지방교육자치에 관한 법률'(2010. 2. 26. 법률 제10046호로 개정된 것) 제46조 제3항에 대해서 교육의 정치적 중립성을 확보하기 위한 수단으로 교육감선거후보자의 정치적 표현의 자유를 침해하지 않는다고 본 판례로 헌재 2011. 12. 29. 2010헌마285, 판례집 제23권 2집 하, 862.

203) 사전선거운동을 처벌하고 있는 지방교육자치에관한법률 제158조 제2항 제1호 중 "각종 인쇄물을 사용하여 선거운동을 한 자" 부분은 과잉금지의 원칙에 위배하여 선거운동의 자유를 침해하는 것은 아니라고 보았다. 헌재 2006. 2. 23. 2003헌바84, 판례집 제18권 1집 상, 110.

204) 지방교육자치에관한법률은 별도로 교육위원 정수의 2분의 1 이상과 집행기관인 교육감의 자격을 일정기간 이상 교육 관련 경력이 있는 자로 제한하여(동법 제8조, 제32조 제2항) 교육의 자주성, 전문성이 충분히 보장되도록 규정하고 있으므로 동법 제9조 제1항 제2호가 교육위원과 초·중등학교 교원의 겸직을 금지하였다고 하여도 그것만으로 교육의 전문성을 보장한 헌법 제31조 제4항에 위반된다고 할 수 없다. 헌재 1993. 7. 29. 91헌마69, 판례집 제5권 2집, 145.

등에 관한 특별법, 제주특별자치도 설치 및 국제자유도시 조성을 위한 특별법, 지방재정법, 지방세법, 지방교부세법, 지방교육자치에 관한 법률, 지방교육재정교부금법, 지방자치분권 및 지방행정체제개편에 관한 특별법, 국가균형발전 특별법, 주민투표법, 주민소환에 관한 법률, 지방자치단체를 당사자로 하는 계약에 관한 법률, 지방자치단체 기금관리기본법, 지방자치단체출연 연구원의 설립 및 운영에 관한 법률 등이 있다.

또한 도로법, 하천법 등에도 지방자치에 관한 규정이 포함되어 있다.[205]

Ⅶ. 헌법 제118조 제2항의 법률유보("법률로 정한다")의 의미

1. 법률유보와 의회유보

법률로 정한다는 것의 의미

다음으로 제118조 제2항은 지방의회의 조직·권한·의원선거와 지방자치단체의 장의 선임방법 기타 지방자치단체의 조직과 운영에 관한 사항은 법률로 정한다고 하고 있다. 여기에서 "법률로 정한다"고 하는 것의 의미가 문제된다.

형식적의미의 법률? 실질적 의미의 법률?

우선 여기에서 말하는 "법률"은 국회가 제정한 형식적 의미의 법률만을 말하는 것인지 아니면 실질적 의미의 법률, 즉 행정입법과 조례까지 포함되는 것인지가 문제될 수 있다.

형식적, 실질적 의미의 법률

일단 헌법제정자가 제1항에서의 "법령"과는 달리 "법률"이라고 하는 용어를 쓴 것으로 볼 때, 제2항에서의 법률은 원칙적으로 형식적 의미의 법률을 의미한다고 보아야 할 것이다. 그렇다면 국회는 지방자치단체의 조직과 운영 및 지방의회와 지방자치단체장의 선거에 관한 것은 반드시 법률로만 규정하여야 하고, 더 이상 행정입법이나 조례로 위임할 수는 없는 것인지의 문제가 제기된다. 즉 다시 말하면 어느 범위까지가 의회에 유보된 사항인가의 문제가 제기된다. 이 문제는 일반적인 의회유보의 법리, 다시 말하면 중요하고도 본질적인 입법사항은 반드시

---

205) 박균성 (주 14), 65면.

의회가 결정하여야 하며, 나머지 비본질적인 사항은 행정입법이나, 조례로 위임할 수 있다고 하는 원칙으로 접근할 수 있을 것이다.[206]

그렇다면 무엇이 중요하고도 본질적인 사항인가의 기준이 문제될 것이다. 여기에 관해서는 가령 '그것을 빼버리면 그 제도의 구조나 형태가 바뀔 정도로 그 제도와 밀착된 사항'이 바로 제도의 본질적 요소라고 주장하는 제도밀착기준설, 지방자치제도에 대한 입법적 제한사항을 제외하고도 아직 지방자치라고 평가할 만한 요소가 남아 있느냐를 판단기준으로 삼는 공제설, 지방자치제도의 발전역사나 발전과정에 비추어 마땅히 있어야 할 지방자치의 표현형태에 따라 판단하고자 하는 제도사적 판단설 등이 제시되고 있으나[207], 구체적인 경우에 이러한 기준들을 종합적으로 고려하면서도[208], 다음과 같은 점을 유의해야 할 것이다.

즉 우선 국민의 기본권과 관련되는 것은 중요한 입법사항이라고 보아야 할 것이다. 특히 지방세와 같이 주민의 재산권을 제한하는 효과가 있는 사항의 경우에는 반드시 조세법률주의(제59조)에 따라서 법률에 그 과세대상과 세율 등 과세요건에 관하여 명확하게 규정하여야 하며, 나머지 사항에 대하여는 조례로 위임할 수 있다고 할 수 있을 것이다. 또한 형벌을 위임할 경우에도 법률에 명확한 근거가 있지 않으면 안 될 것이다. 그리고 지방자치단체 관할 구역 내의 일정한 시설에 대한 이용의 허가나 기업활동에 대한 허가의 문제는 당사자의 일반적 행동의 자유나, 직업선택의 자유 등에 대한 제한을 초래할 수 있기 때문에 법률에 그 근거가 있어야 할 것이며, 그러한 위임을 받아 조례가 규정하는 형식이 되어야 할 것이다.

일단 지방자치제도와 관련하여 법률로 정하도록 하는 것은 유진오[209] 박사의 해설에서도 나타나는 바와 같이 사실상 행정입법으로 지방자치제도의 본질을 침해하지 못하도록 하는 데도 그 목적이 있다고

본질적인 사항

기본권관련 사항

핵심적 제도에 관한 내용은 국회가 직접 규정해야

---

206) 양건 (주 4), 1624면.
207) 이에 관하여는 허영 (주 7), 883면; 이기우 (주 32), 132면 이하; 정하중 (주 14), 911면 이하; 류지태·박종수 (주 18), 858면.
208) 허영 (주 7), 883면; 동지, 정종섭 (주 20), 1015면; 홍성방 (주 14), 76면.
209) 유진오 (주 125), 202면.

볼 수 있다. 지방자치의 핵심적 제도에 관한 내용을 국회가 직접 규정하
지 아니하고, 행정입법으로 위임하는 것은, 헌법 제118조 제2항의 취지
에 부합하지 않는다고 볼 수 있다. 여기에서 그 한계가 문제되는데, 결
국 지방자치단체와 지방의회를 구성하기 위한 선거에서부터 그 조직과
운영에 관한 지방자치 전반에 관한 문제를 일단 국회가 법률로 제정하
여야 한다는 것을 의미한다. 다만 이 경우에 주민의 복리에 관한 사무를
지방자치단체가 스스로 처리하도록 하고 있는 지방자치에 대한 헌법적
보장의 취지를 고려할 때, 이와 관련한 내용 중 조례로 위임할 수 있는
것은 조례로 위임해도 좋을 것이나, 행정입법으로 위임하는 것은 오히
려 지방자치권한을 침해할 가능성이 있다는 점을 주의해야 할 것이다.
즉 지방자치에 대한 행정적 제한은 그것이 충분한 법률적 근거를 결한
경우, 그리고 그 전제조건이 충족되지 않은 경우나 또는 행정적 조치가
수권의 목적을 넘어서는 경우에는 더 이상 법률의 유보에 포함되지 않
으며 따라서 위헌이라고 보아야 할 것이다.210)

주변영역이라
하더라도 국회
가 직접 규정
하거나 조례로
위임해야

　　그 밖에 지방자치의 핵심영역이 아니라 주변영역211)이라 하더라도,
지방자치단체의 조직과 운영에 관한 사항이라면, 이것을 행정입법으로
위임하는 것은 그렇게 하지 않으면 안되는 불가피한 사정이 있을 경우
에만 허용하고, 그렇지 않을 경우에는 법률로 규정하거나 바로 조례로
위임하여 지방자치단체가 자율적으로 규정할 수 있도록 하여야 할 것이
다.

최소보장의 원
칙에 따라 심
사(헌재)

　　이와 관련하여 지방자치제도는 제도보장이기 때문에 입법자에게
넓은 형성의 자유가 인정되고, 또한 입법자가 지방자치단체의 권한을
침해하였는지 여부에 대하여는 소위 "최소한 보장"의 원칙에 따라서 심
사해야 한다고 하는 것이 헌법재판소의 판례이다.212) 지방자치제도와

---

210) 방승주 (주 24), 98면.
211) 독일 연방헌법재판소 역시 입법자의 자치권형성의 한계를 자치보장의 핵심영역
　　으로부터 끌어내고 있으면서도 이것이 지방자치단체에게 아무런 효과적인 보호
　　를 가져다주지 못하자 다른 한편으로 핵심영역보장의 전단계, 즉 자치보장의 주
　　변영역에서도 역시 법적 효과를 전개한다고 보고 있다. BVerfGE 79, 127 (147 ff.).
　　자세한 것은 방승주 (주 24), 62면.
212) 그런데 지방자치제도는 제도적 보장의 하나로서(헌재 1994. 4. 28. 91헌바15 등,

관련한 입법사항은 헌법이 법률로 정하도록 하였으므로, 입법자는 원칙
적으로 넓은 형성의 자유213)를 가진다고 할 수 있으나, 지방자치의 헌
법적 성격이 단순히 제도보장으로서의 의미만을 가지는 것이 아니라,
민주주의와 법치주의 그리고 사회국가이념을 각각 실현하기 위하여 헌
법이 광범위하게 보장하고 있는 점을 고려한다면, 구체적 개별적으로는
자치권침해여부에 관한 심사단계에서 헌법재판소는 자치권의 중요성에 비례의 원칙에
따라서 통제의 강도214)를 조절할 수 있으며, 경우에 따라서는 비례의 입각한 엄격한
원칙에 입각한 엄격한 심사를 하여야 할 필요도 있다는 점을 주의해야 심사를 할 수
할 것이다.215) 도 있음

그러므로 헌법 제118조 제2항에서 "법률로 정한다"고 하는 법률유 법률유보는 행
보 내지 의회유보의 원칙은 결국 한편으로는 지방자치제도와 관련한 본 정부의 처분으
질적인 문제에 대해서는 의회가 직접 결정하도록 함으로써, 행정부에 로부터 자치권
의한 처분으로부터 지방자치를 보호하고자 하는 취지도 분명히 있음을 보호의 목적
주의해야 할 것이다.216)

요컨대 여기에서 법률로 정한다고 하는 법률유보 내지 의회유보 원 법률유보와 의
회유보

판례집 제6권 1집, 317(339); 헌재 1998. 4. 30. 96헌바62, 판례집 제10권 1집,
380(384))「제도적 보장은 객관적 제도를 헌법에 규정하여 당해 제도의 본질을
유지하려는 것으로서, 헌법제정권자가 특히 중요하고도 가치가 있다고 인정되고
헌법적으로 보장할 필요가 있다고 생각하는 국가제도를 헌법에 규정함으로써 장
래의 법발전, 법형성의 방침과 범주를 미리 규율하려는 데 있다. 다시 말하면 이
러한 제도적 보장은 주관적 권리가 아닌 객관적 법규범이라는 점에서 기본권과
구별되기는 하지만 헌법에 의하여 일정한 제도가 보장되면 입법자는 그 제도를
설정하고 유지할 입법의무를 지게 될 뿐만 아니라 헌법에 규정되어 있기 때문에
법률로써 이를 폐지할 수 없고, 비록 내용을 제한한다고 하더라도 그 본질적 내
용을 침해할 수는 없다. 그러나 기본권의 보장은 … (중략) … '최대한 보장의 원
칙'이 적용되는 것임에 반하여, 제도적 보장은 기본권 보장의 경우와는 달리 그
본질적 내용을 침해하지 아니하는 범위 안에서 입법자에게 제도의 구체적인 내
용과 형태의 형성권을 폭넓게 인정한다는 의미에서 '최소한 보장의 원칙'이 적
용」된다(헌재 1997. 4. 24. 95헌바48, 판례집 제9권 1집, 435(444−445)). 헌재
2006. 2. 23. 2005헌마403, 판례집 제18권 1집 상, 320(334−335).
213) 정종섭 (주 20), 1015면.
214) 이에 대하여는 방승주, "헌법재판소의 입법자에 대한 통제의 범위와 강도", 공법
    연구 제37집 제2호(2008. 12), 113면 이하.
215) 방승주 (주 24), 100, 110면. 이 점에 관하여 자세한 것은 방승주 (주 1), 헌법 제
    117조, I. 3. (나), 1387−1389면 참조할 것.
216) 방승주 (주 24), 99면.

칙은 지역주민의 기본권과 관련되는 사항, 그리고 지방자치제도와 관련하여 본질적이고도 중요한 사항은 형식적 의미의 법률로 정하여야 한다는 것을 의미한다고 할 수 있다.

2. 명확성의 원칙과 포괄위임입법금지의 원칙

구체적, 명확한 규정

한편 의회유보의 원칙은 동시에 어떠한 법률조항이 지나치게 불명확하거나 과도하게 광범위한 내용이 아니라, 가능한 한 구체적이고 명확한 내용을 담을 것을 요구한다.

즉 지방자치단체의 조직과 운영, 지방의회의 조직과 권한, 의원선거와 지방자치단체장의 선임방법 등에 관한 지방자치제도 전반에 관한 규정은 가능한 한 명확하게 규정을 하여야만 하고, 또한 일정한 입법사항을 조례로 위임할 경우에도 역시 어떠한 입법사항을 어떠한 범위 내에서 위임하는지 위임의 범위와 한계가 명확하여야 할 것이다.

포괄위임입법금지 원칙 적용 문제

국회가 조례로 지방자치제도와 관련한 사항을 위임하는 경우에 포괄위임입법금지의 원칙(헌법 제75조)이 적용될 것인가의 문제가 논란이 될 수 있다. 왜냐하면 헌법 제75조의 경우는 대통령령으로 위임할 경우에만 적용될 수 있는 헌법적 기준이기 때문이다.

그러나 위에서도 지적하였듯이 국민의 기본권과 관련되거나 지방자치제도의 본질적이고도 중요한 사항에 대하여는 지방의회가 아닌 국회가 직접 결정을 하여야 한다는 것이 헌법 제118조 제2항의 취지라고 할 수 있기 때문에, 가급적이면 지방자치제도의 조직과 운영에 관한 사항은 명확하게 규정되어야 하고, 또한 조례로 위임을 하는 경우에도 지나치게 포괄적으로 위임을 하여서는 안 된다고 하는 법리가 나올 수 있다.

조례로 위임 시, 명확성의 정도 덜 엄격

다만 행정입법으로 위임하는 경우와는 달리 지방의회 역시 그 지역주민에 의하여 민주적으로 정당화된 기관이라고 할 수 있으므로, 일정한 입법사항에 대하여 조례로 위임할 경우에 그 위임의 명확성의 정도는 행정입법으로 위임할 경우보다는 덜 엄격하게 요구된다고 하는 것이 헌법재판소의 판례[217]이다.

3. 헌법재판소 판례

헌법 제118조에서 지방자치단체의 조직과 운영, 지방의회의 조직과 권한, 지방의원과 지방자치단체장 선거와 관련한 사항에 대한 문제와 관련하여 국회가 직접 규정하지 아니하고 행정입법으로 위임한 것이 법률유보원칙에 위반되어 결과적으로 지방자치단체의 자치권한을 침해한 것은 아닌지 여부에 대한 문제는 헌법재판소 판례에서 찾아보기 힘들다.

행정입법으로의 위임의 위헌 여부

다만 일정한 사항을 조례로 위임한 경우에 그러한 법률적 규정이 위임입법의 한계를 일탈한 것이 아닌지 여부에 대하여는 헌법재판소가 결정을 한 바 있다. 가령 '사실상 노무에 종사하는 공무원'의 범위를 조례에서 정하도록 하는 것은 위임입법의 법리를 위반한 것이 아니라고 판단한 것이 그것이다.[218]

사실상 노무에 종사하는 공무원의 범위 조례위임 합헌

한편 명확성의 원칙과 관련하여 헌법재판소는 "지방자치단체의 장이 제4항의 기간(즉, 이의신청을 받은 날로부터 60일)내에 결정을 하지 아니할 때에는 그 기간이 종료된 날로부터 60일 이내에 ... 관할고등법원에 소를 제기할 수 있다"고 규정한 지방자치법 제131조 제5항 전단은 통상의 주의력을 가진 이의신청인이 제소기간에 관하여 명료하게 파악할 수 없을 정도로 그 규정이 모호하고 불완전하며 오해의 소지가 많으므로 법치주의의 파생인 불변기간 명확성의 원칙에 반할 뿐만 아니라 헌법 제27조 제1항의 재판청구권을 침해하는 위헌규정이라고 판시한 바 있다.[219]

지방자치법 제131조 제5항 전단 명확성원칙에 위배

그에 반하여 100만 원 이상의 벌금형이 선고되면 공무담임권을 제한하면서도, 선거범죄와 그 밖의 죄가 병합되어 재판받게 된 경우, 선거범죄에 대해 따로 그 형을 분리하여 선고하는 등의 규정을 두지 아니한 지방교육자치에관한법률 제164조는 명확성의 원칙 및 평등의 원칙에 위배되지 않는다고 보았다.[220]

선거범죄에 대해 그 형을 분리하여 선고하도록 규정하지 않은 것 합헌

217) 헌재 1995. 4. 30. 92헌마264, 판례집 제7권 1집, 564(572).
218) 헌재 2005. 10. 27. 2003헌바50, 판례집 제17권 2집, 238(260-261).
219) 헌재 1998. 6. 25. 97헌가15, 판례집 제10권 1집, 726.
220) 헌재 2004. 2. 26. 2002헌바90, 판례집 제16권 1집, 253.

▨ 판례색인 ▨

• 독일 연방헌법재판소 판례

• 유럽인권재판소 판례

⦚ 사항색인 ⦚

저자 약력

- 고려대학교 법과대학 법학과 (법학사)
- 동 대학원 법학과 공법전공 (법학석사)
- 독일 Phillips-Universität Marburg L.L.M.
- 독일 Leibniz Universität Hannover Dr. jur. (법학박사)
- 전 헌법재판소 헌법연구원
- 미국 하버드 로스쿨 풀브라이트 방문학자 (Harvard Law School Fulbright Visiting Scholar) (2013. 9~2014. 8)
- 독일 콘슈탄츠 대학교(Universität Konstanz) 법과대학 방문학자 (2017. 9~2018. 2)
- 현 국회 입법지원위원
- 현 한양대학교 법학전문대학원 교수

주요 저서 및 논문

- 헌법소송사례연구 (2002)
- 헌법사례연습 (2015)
- 공권력의 불행사에 대한 헌법소원심판 구조 연구 (2018) (공저)
- 코로나19사태에 대비한 국회 입격회의와 원격표결제도 도입에 관한 헌법적 고찰 (공법연구 2020)
- 사후적으로 위헌선언된 긴급조치에 대한 국가배상책임 (헌법학연구 2019)
- 민주공화국 100년의 과제와 현행헌법 (헌법학연구 2019)
- 선거운동의 자유와 제한에 대한 평가와 전망 (헌법학연구 2017)
- 박근혜 대통령 탄핵심판에 있어서 생명권보호의무 위반여부 (헌법학연구 2017)
- Constitutionality of the Agreement between the Foreign Affairs Ministers of the Republic of Korea and Japan on the Issue of 'Comfort Women' on 28 December 2015 (ICL Journal 2016) 외 다수

헌법강의 I

초판발행   2021년 3월 25일

지은이   방승주
펴낸이   안종만 · 안상준

편 집   김상인
기획/마케팅   조성호
표지디자인   이미연
제 작   고철민 · 조영환

펴낸곳   (주) **박영사**
            서울특별시 금천구 가산디지털2로 53, 210호(가산동, 한라시그마밸리)
            등록 1959. 3. 11. 제300-1959-1호(倫)
전 화   02)733-6771
f a x   02)736-4818
e-mail   pys@pybook.co.kr
homepage   www.pybook.co.kr
ISBN   979-11-303-3868-2   93360

정 가   43,000원